합격까지 박문각
합격 노하우가 다르다!

# 한용호 손해평가사

## 2차 | 기본서

**1권** 농작물재해보험 및 가축재해보험의 이론과 실무
**2권** 농작물재해보험 및 가축재해보험 손해평가의 이론과 실무

한용호 편저 | 이영복 감수    동영상강의 www.pmg.co.kr

2025년 농업정책보험금융원 이론서 **완벽 반영**

브랜드만족 **1위** 박문각

**제2판**

# 박문각 손해평가사

# PREFACE
이 책의 머리말

손해평가사 시험이 어느덧 11회 시행을 앞두고 있습니다.

2차 시험을 준비하는 과정에 있는 수험생에게 농업정책보험금융원의 업무방법서는 곧 시험출제의 기준이며 수험서 그 자체이기도 합니다. 하지만 업무방법서를 학습하는 수험생들이면 누구나 경험하는 공통적이고 가장 큰 어려움은 그 내용을 충분히 이해하여 최종적으로 제대로 된 정리를 하는 것이 쉽지 않다는 점입니다.

그럼에도 불구하고 시중에 출간되는 다수의 2차 수험서는 대체로 단지 번호체계만을 바꾸어 업무방법서를 그대로 기술하거나 또는 약간의 문제를 추가하여 출간하는 것이 일반적입니다. 그러나 이러한 수험서는 수험생들이 직면한 어려움을 근본적으로 해결할 수 없다는 한계점을 가지고 있습니다.

본 저자는 수험생이 원하고 필요로 하는 '수험서가 지녀야 하는 기본은 무엇일까?'에 대해 항상 고민하고 많은 시간을 할애하면서 이를 해결하고자 「손해평가사 2차 기본서」 원고를 준비하였습니다.

> 이 책의 특징은 다음과 같습니다.
>
> 1. 보험이론의 장황한 내용은 추후 출간될 「핵심정리 및 기출예상문제집」과 연계하여 서술형문제에 대비할 수 있도록 필요한 부분에 요약하여 기술하였습니다.
> 2. 업무방법서에서 보험기간을 표로 구성하여 그 내용을 정리하기 힘든 것을 고려하여 타임테이블을 이용한 보험상품 판매시기가 반영된 그림을 통해 이해하기 쉽도록 하였습니다.
> 3. 평년착과량, 평년수확량에 대한 복잡한 식을 충분히 이해할 수 있도록 표와 그림 등으로 구현하여 설명하였습니다.
> 4. 본문의 내용 중에서 이해는 가능하나 정리가 어려운 부분은 표와 그림 등을 통해 명확하게 정리할 수 있도록 하였습니다.
> 5. 업무방법서에 별표로 구성된 내용 중에서 본문의 학습에 필요한 부분이라면 바로 그 아래 Tip으로 추가 기술하여 학습의 연계성을 유지하였습니다.

수험생이라면 주어진 시간 내에 학습 대상의 효율적인 선택과 그에 대한 집중을 통해 성과를 달성하여야 합니다. 박문각에서 제공하는 이 교재가 여러분의 수험생활에 많은 도움이 되길 진심으로 바랍니다.

그리고 이 책이 출간될 때까지 마치 저자의 심정으로 꼼꼼하게 원고를 검토하고 정리해주신 박문각의 모든 직원분들께 진심으로 감사의 뜻을 전합니다.

편저자 한용호

# GUIDE
이 책의 구성과 특징

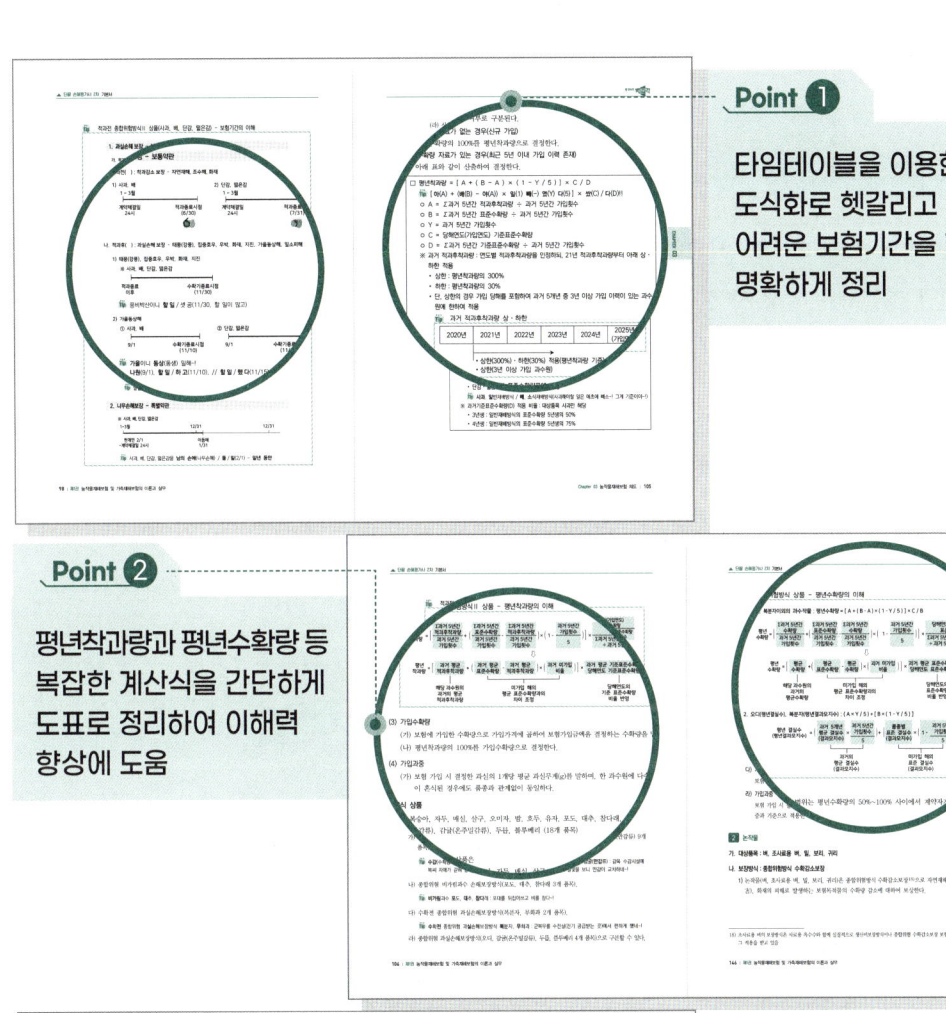

**Point 1**
타임테이블을 이용한 도식화로 헷갈리고 어려운 보험기간을 한눈에 명확하게 정리

**Point 2**
평년착과량과 평년수확량 등 복잡한 계산식을 간단하게 도표로 정리하여 이해력 향상에 도움

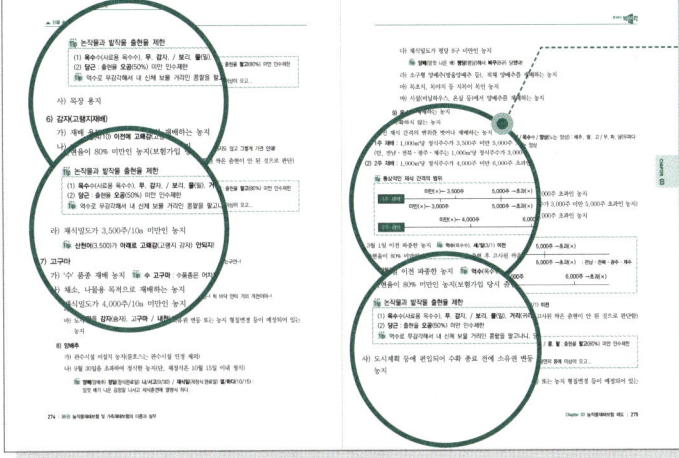

**Point 3**
중요 학습 포인트를 Tip으로 요약정리하여 2차 시험 대비를 위한 단권화에 최적화된 구성

**GUIDE**
이 책의 시험안내

## 1 손해평가사란

농업재해보험의 손해평가를 전문적으로 수행하는 자로서 자연재해·병충해·화재 등 농업재해로 인한 보험금 지급사유 발생 시 신속하고 공정하게 그 피해사실을 확인하고 손해액을 평가하는 일을 수행한다.

## 2 손해평가사의 수행직무

농업재해보험의 손해평가사는 공정하고 객관적인 농업재해보험의 손해평가를 하기 위해 피해사실의 확인, 보험가액 및 손해액의 평가, 그 밖의 손해평가에 필요한 사항에 대한 업무를 수행한다.

## 3 시험응시자격

제한 없음

※ 단, 부정한 방법으로 시험에 응시하거나 시험에서 부정한 행위를 하여 시험의 정지·무효 처분이 있은 날부터 2년이 지나지 아니하거나, 손해평가사의 자격이 취소된 날부터 2년이 지나지 아니한 자는 응시할 수 없다(농어업재해보험법 제11조의4 제4항).

## 4 시험실시기관 및 소관부처

| 구분 | 담당기관 |
| --- | --- |
| 시험실시기관 | 한국산업인력공단(http://www.q-net.or.kr/site/loss) |
| 소관부처 | 농림축산식품부(재해보험정책과) |
| 운용기관 | 농업정책보험금융원(보험2부) |

## 5 시험과목 및 시험시간

| 구분 | 시험과목 | 문항 수 | 시험시간 | 시험방법 |
| --- | --- | --- | --- | --- |
| 제1차 시험 | 1. 「상법」 보험편<br>2. 농어업재해보험법령(「농어업재해보험법」, 「농어업재해보험법 시행령」 및 농림축산식품부 장관이 고시하는 손해평가 요령을 말함)<br>3. 농학개론 중 재배학 및 원예작물학 | 과목별<br>25문항<br>(총 75문항) | 90분 | 객관식<br>(4지<br>택일형) |
| 제2차 시험 | 1. 농작물재해보험 및 가축재해보험의 이론과 실무<br>2. 농작물재해보험 및 가축재해보험 손해평가의 이론과 실무 | 과목별<br>10문항 | 120분 | 주관식<br>(단답형,<br>서술형) |

※ 기활용된 문제, 기출문제 등도 변형·활용되어 출제될 수 있음

※ 답안 작성 기준
- 제1차 시험의 답안은 시험시행일에 시행되고 있는 관련 법령 등을 기준으로 작성
- 제2차 시험의 답안은 농업정책보험금융원에서 등재하는 「농업재해보험·손해평가의 이론과 실무」를 기준으로 작성

「농업재해보험·손해평가의 이론과 실무」는 농업정책보험금융원 홈페이지(자료실-손해평가사 자료실)에서 확인 가능

## 6 합격기준

| 구분 | 합격결정기준 |
| --- | --- |
| 제1차 시험 | 매 과목 100점을 만점으로 하여 매 과목 40점 이상과 전 과목 평균 60점 이상을 득점한 사람을 합격자로 결정 |
| 제2차 시험 | 매 과목 100점을 만점으로 하여 매 과목 40점 이상과 전 과목 평균 60점 이상을 득점한 사람을 합격자로 결정 |

# CONTENTS
이 책의 차례

## 1권  농작물재해보험 및 가축재해보험의 이론과 실무

### Chapter 01 보험의 이해
- **제1절** 위험과 보험 · 10
- **제2절** 보험의 의의와 원칙 · 24
- **제3절** 보험의 기능 · 30
- **제4절** 손해보험의 이해 · 35

### Chapter 02 농업재해보험 특성과 필요성
- **제1절** 농업의 산업적 특성 · 55
- **제2절** 농업재해보험의 필요성과 성격 · 59
- **제3절** 농업재해보험의 특징 · 64
- **제4절** 농업재해보험의 기능 · 66
- **제5절** 농업재해보험 법령 · 68

### Chapter 03 농작물재해보험 제도
- **제1절** 제도 일반 · 72
- **제2절** 농작물재해보험 상품내용 · 93
- **제3절** 계약 관리 · 251

### Chapter 04 가축재해보험 제도
- **제1절** 제도 일반 · 290
- **제2절** 가축재해보험 약관 · 304
- **제3절** 가축재해보험 특별약관 · 325
- <별표> 미경과비율표 · 333

## 2권  농작물재해보험 및 가축재해보험 손해평가의 이론과 실무

### Chapter 01 농업재해보험 손해평가 개관
**제1절** 손해평가의 개요 ··············································································· 338
**제2절** 손해평가 체계 ················································································· 339
**제3절** 현지조사 내용 ················································································· 343

### Chapter 02 농작물재해보험 손해평가
**제1절** 손해평가 기본단계 ··········································································· 346
**제2절** 과수작물 손해평가 및 보험금 산정 ················································· 348
**제3절** 논작물(벼, 맥류) 손해평가 및 보험금 산정 ····································· 490
**제4절** 밭작물 손해평가 및 보험금 산정 ····················································· 511
**제5절** 종합위험 시설작물 손해평가 및 보험금 산정 ································· 571
**제6절** 농업수입감소보장방식의 손해평가 및 보험금 산정 ······················· 589

### Chapter 03 가축재해보험 손해평가
**제1절** 손해의 평가 ····················································································· 611
**제2절** 특약의 손해평가 ·············································································· 625
**제3절** 보험금 지급 및 심사 ········································································ 629
<별표> ············································································································ 635

### 부록
**부록 01** 관련 용어 ······················································································ 710
**부록 02** 주요 법령 ······················································································ 720
**부록 03** 참고문헌 ······················································································· 770

합격까지 박문각

# 1권

# 농작물재해보험 및 가축재해보험의 이론과 실무

Chapter 01 보험의 이해
Chapter 02 농업재해보험 특성과 필요성
Chapter 03 농작물재해보험 제도
Chapter 04 가축재해보험 제도
[별표] 미경과비율표

# CHAPTER 01 보험의 이해

## 제1절 위험과 보험

### 1 일상생활과 위험

우리는 일상생활에서 많은 위험에 직면한다. 개인의 경우 아침에 잠에서 깨어나서부터 아침 식사를 하고 일터로 가서 하루 일과를 마치고 집으로 돌아와 저녁 식사를 하고 잠자리에 들 때까지 곳곳에서 다양한 위험에 노출된다. 아침 인사로 "안녕히 주무셨습니까?"라든가 "별고 없으십니까?" 등 간밤에 무탈하게 지냈는지 안부를 물으면서 하루를 시작한다. 자동차로 출근하거나 일터로 가는 도중에는 교통사고를 조심해야 한다. 일터에서는 화재나 기계적 오작동 등에 의한 사고 위험이 있다. 농업인은 농기계를 몰고 농장으로 가는 도중에 교통사고 위험에 노출되고 농장에서는 농기계로 농사일을 하다가 고장이 날 위험은 없는지 주의해야 한다. 일할 때만이 아니라 여행을 갈 때에도 위험은 존재한다. 여행지에 도착할 때까지 교통사고의 위험, 갑작스러운 날씨 변화로 소나기를 만날 위험, 맛있게 먹은 점심으로 배탈이나 식중독이 발생할 위험 등 걱정거리가 많다. 한편 가정에서는 가족의 질병이나 사고, 가장의 실직이나 소득원의 단절, 가족의 사망 등의 위험이 상존한다.

개인뿐만 아니라 기업이나 국가 입장에서도 위험은 산재해 있다. 기업의 경우 제품을 생산하는 공장에서 화재가 발생하지 않을지, 활발히 영업활동을 하는 직원이 질병이나 사고를 당하지는 않을지, 경쟁업체의 신제품 출시로 판매량(액)이 급감하지는 않을지, 자금 회전이 제때에 이루어지지 않아 부도날 위험은 없는지 걱정한다.

국가는 국민의 생명과 재산을 보호할 의무가 있는데 언제 어디서 위험한 상황이 벌어질지 예측하기 어렵다. 대형 건물의 화재나 붕괴, 육·해·공에서의 교통사고, 공단에서의 폭발사고, 강력한 태풍으로 인한 대규모 정전이나 인명 피해 및 농작물 피해 등 많은 위험이 곳곳에 산재해 있다. 국제적으로는 외교상의 마찰, 무역 마찰, 전쟁 등의 위험도 상존한다.

이와 같이 개인이든 기업이든 국가든 일단 위험이 발생하면 육체적 및 정신적 고통과 아울러 막대한 경제적 손실을 초래한다. 그러나 이러한 위험이 항상 발생하는 것이 아니라 발생 가능성이 상존하는 것이며, 실제로 언제 어떤 규모로 발생할지는 누구도 알 수 없다. 따라서 위험 발생 가능성이 있다고 해서 불안해할 필요는 없으며 일상생활이 위축되어서도 안된다. 평소에 정상적인 주의를 가지고 위험에 대비하면서 활동하면 대부분의 위험은 피할 수 있기 때문이다.

## 2 위험의 개념 정의 및 분류

### 가. 위험의 정의

위험(危險)이라는 말을 자주 사용하지만 위험에 대한 정의는 명쾌하게 정의된 것은 없으며, 논자의 관점에 따라 각양각색이다. 일반적으로 위험은 '앞으로 안 좋은 일이 일어날 수 있는 가능성'을 뜻하는 말로 쓰이는데, 이 말을 들여다보면 ①미래의 일이고, ②안 좋은 일이며, ③가능성으로 구성되어 있다고 볼 수 있다(석승훈 2020 : 14). 그러나 위험이라는 말의 어원에서부터 위험을 사용하는 분야나 관점에 따라서도 정의는 매우 다양하다.

> **Tip** 위험(危險)
> 앞으로 안 좋은 일이 일어날 수 있는 가능성 : ① 미래의 일  ② 안 좋은 일  ③ 가능성

위험(Risk)의 사전적 정의는 "위험에 직면할[손해를 볼, 상처(따위)를 입을] 가능성이나 기회"(possibility or chance of meeting danger, suffering, loss, injury, etc)로, 우리는 흔히 위험을 'risk'로 번역하여 동일한 의미로 사용한다. 그러나 보험에서 위험의 종류를 특정 지을 때와 같이 (예. 태풍 리스크, 화재 리스크 등), 영어 발음 그대로의 '리스크(risk)'를 '위험'과 구분하여 사용하는 경우도 있다. 본문에서는 '위험(危險, risk)'이라는 단어로 통일하기로 한다.

이렇게 위험에 대해 합의된 정의는 없지만 제시된 다양한 정의를 종합 정리해 보면 손실의 기회(the chance of loss), 손실의 가능성(the possibility of loss), 불확실성(uncertainty), 실제 결과와 기대했던 결과와의 차이(the dispersion of actual from expected result), 기대와는 다른 결과가 나올 확률(probability of any outcome different from the one expected) 등(최정호 2014; 4)이라고 할 수 있다.

위험과 불확실성의 구분에 대한 명확한 합의는 없지만, 일부는 위험과 불확실성을 구분해서 표현하기도 한다. 이런 경우, 위험은 결과(outcome)와 결과의 발생 가능성이 정확히 알려져 있는 사건(event)에 해당하며, 불확실성은 결과와 결과의 발생 가능성이 정확히 알려져 있지 않은 사건에 해당한다. 예를 들어, 동전을 던져서 앞면이 나올 확률은 일반적으로 0.5로 알려져 있고 이는 위험(risk)한 사건에 해당한다. 반면, 특정한 장소에서의 지진 발생은 불확실한(uncertain) 사건에 해당한다.

> **Tip** 위험과 불확실성의 구분
> ① 위험 : 결과(outcome)와 결과의 발생 가능성이 정확히 알려져 있는 사건(event)에 해당
> ② 불확실성 : 결과와 결과의 발생 가능성이 정확히 알려져 있지 않은 사건에 해당

### 나. 위험과 관련 개념

위험(risk)과 관련이 깊은 용어로는 위태(hazard), 손인(peril), 그리고 손해(loss)가 있다.

1) 위태(Hazard)

Hazard는 위험 상황 또는 위험한 상태를 말하며, 이를 줄여 '위태'(危殆)라고 한다. Hazard를 '위험 상황'이나 '위험' 또는 '해이' 등으로 사용하기도 하는데 여기에서는 위태(危殆)로 사용하기로 한다. 위태는 특정한 사고로 인하여 발생할 수 있는 손해의 가능성을 새로이 창조하거나 증가시킬 수 있는 상태를 말한다.

2) 손인(Peril)

Peril은 손해(loss)의 원인으로서 이를 줄여 손인(損因)이라고 하기도 한다. 화재, 폭발, 지진, 폭풍우, 홍수, 자동차 사고, 도난, 사망 등이 바로 손인이다. 일반적으로 '사고'라고 부르는 것이다.

3) 손해(Loss)

위험한 상황(hazard)에서 사고(peril)가 발생하여 초래되는 것이 물리적·경제적·정신적 손해이다. 즉, 손해(損害, loss)는 손인의 결과로 발생하는 가치의 상실 혹은 감소를 의미한다.

4) 위태, 손인 및 손해의 관계

위태와 손인 및 손해의 관계를 그림으로 나타내면 〈그림 1-1〉과 같다. 위태는 사고 발생 가능성은 있으나 사고가 발생하지는 않은 단계이고 손인은 이러한 위험 상황에서 실제로 위험이 발생한 단계를 말하며, 손해는 위험사고가 발생한 결과 초래되는 가치의 감소 즉 손실을 의미한다.

〈그림 1-1〉 위태, 손인, 손해의 구분

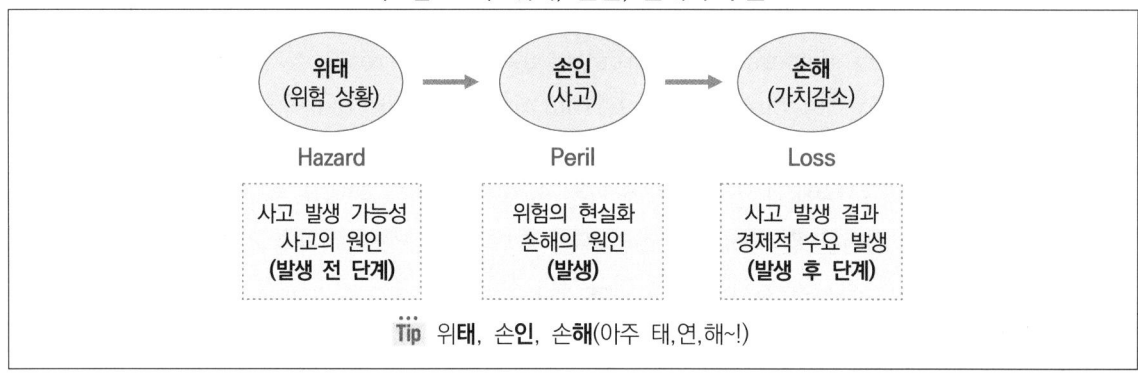

다. 위험의 분류

위험의 유형은 위험의 속성을 측정할 수 있는가 또는 손실의 기회(chance of loss)나 이득의 기회 (chance of gain)가 존재하는가, 위험의 속성이 시간에 따라 변하는가, 그리고 위험이 미치는 범위가 얼마나 큰가에 따라 구분할 수 있다.

위험의 분류가 중요한 이유는 위험이 지니는 속성에 따라 보험이라는 사회적 장치를 통해 전가할 수 있는지를 판가름하기 때문이다(허연 2000 : 23~26).

### 1) 객관적 위험과 주관적 위험

위험 속성의 측정 가능성 여부에 따라 객관적 위험(objective risk)과 주관적 위험(subjective risk)으로 구분한다. 객관적 위험은 실증자료 등이 있어 확률 또는 표준편차와 같은 수단을 통해 측정 가능한 위험을 말한다. 이에 비해 주관적 위험은 개인의 특성에 따라 평가가 달라져 측정이 곤란한 위험을 말한다. 페퍼(Irving Pfeffer)와 나이트(Frank H. Knight)처럼 측정 가능한 것을 위험, 측정이 불가능한 것을 불확실성으로 분류하는 학자도 있다(보험경영연구회 2021 : 11). 보험의 대상이 되는 위험은 객관적 위험이다.

> **Tip** 위험 속성의 측정 여부에 따른 구분
> ① 객관적 위험 : 측정 가능한 위험
> ② 주관적 위험 : 개인의 특성에 따라 평가가 달라져 측정이 곤란한 위험

### 2) 순수위험과 투기적 위험

위험의 속성에 손실의 기회(chance of loss)만 있는가, 이득의 기회(chance of gain)도 함께 존재하는가에 따라 순수위험(pure risk)과 투기적 위험(speculative risk)으로 구분한다.

순수위험은 손실의 기회만 있고 이득의 기회는 없는 위험이다. 즉, 순수위험은 이득의 범위가 0에서 $-\infty$이다. 흔히 '잘해야 본전'이라는 말을 하는데 이러한 경우를 말한다. 홍수, 낙뢰, 화재, 폭발, 가뭄, 붕괴, 사망이나 부상 및 질병 등이 여기에 해당한다.

반면 투기적 위험은 손실의 기회도 있지만 이익을 얻는 기회도 있는 위험을 말한다. 따라서 투기적 위험의 이득의 범위는 $-\infty$부터 $+\infty$까지 광범위하다. 보험의 대상이 되는 위험은 순수위험이다.

> **Tip** 위험의 속성에 손실의 기회만 있는가, 이득의 기회도 함께 존재하는가에 따른 구분
> ① 순수위험 : 손실의 기회만 있고 이득의 기회는 없는 위험
>   ㉠ 재산손실위험   ㉡ 간접손실위험   ㉢ 배상책임위험   ㉣ 인적손실위험
> ② 투기적 위험 : 손실의 기회도 있지만 이익을 얻는 기회도 있는 위험

순수위험에는 초래하는 손실의 특성에 따라 ① 재산손실위험(property loss risk), ② 간접손실위험(indirect loss risk), ③ 배상책임위험(liability risk) 및 ④ 인적손실위험(human risk)이 있다.(보험경영연구회 2013; 17~20)

재산손실위험은 문자 그대로 자연재해 또는 사고에 의하여 각종 재산 상의 손실을 초래하는 위험이다. 재산손실위험은 일반적으로 자연재해나 사고의 직접적인 결과로 입게되는 재산상 피해위험을 의미한다. 간접손실위험은 재산손실위험에서 파생되는 2차적인 경제적 손실위험을 말한다. 예를 들어 화재로 공장 가동이 중단되거나 영업활동을 못 하게 되는 경우 생산을 못 하고 영업을 할 수 없더라도 고정비용은 지출되어야 하고 추가적인 비용도 발생한다. 그뿐만 아니라 생산 중단이나 영업 중단으로 순소득도 감소하게 되는데, 이러한 것들을 간접손실위험이라고 한다.

배상책임위험은 자신의 과실이나 부주의로 제3자에게 물질적, 정신적 피해를 입힌 경우 법적으로 그러한 피해에 대하여 배상할 책임이 있는데, 이러한 손해배상책임으로 인한 손실위험을 배상책임위험이라고 한다. 배상책임위험은 피해자가 야기한 손해의 법적 회복에 필요한 추가 비용의 발생, 기업 활동의 제약 또는 법규의 준수 강제, 벌금 납부, 기업 이미지 손상 등을 동반한다.

인적손실위험은 사망, 질병, 부상, 노령화, 실직 등 조직이나 개인에게 직접적으로 영향을 미치는 위험을 말한다. 이러한 인적손실위험은 소득의 감소 및 단절, 신체 및 생명의 손실 등을 야기하는데 단기적인 것도 있지만 장기적이거나 영구적인 것도 있다.

> **Tip 순수위험의 구분**
> ① **재산손실위험** : 자연재해 또는 사고에 의하여 각종 재산 상의 손실을 초래하는 위험
> ② **간접손실위험** : 재산손실위험에서 파생되는 2차적인 경제적 손실위험
> ③ **배상책임위험** : 자신의 과실이나 부주의로 제3자에게 물질적, 정신적 피해를 입힌 경우 법적으로 그러한 피해에 대하여 배상할 책임이 있는데, 이러한 손해배상책임으로 인한 손실위험
> ④ **인적손실위험** : 사망, 질병, 부상, 노령화, 실직 등 조직이나 개인에게 직접적으로 영향을 미치는 위험
>
> > **Tip 순수**위험 - **재**산손실위험, **간**접손실위험, **배**상책임위험, **인**적손실위험 : (순수한 사람은 (재간둥이(사기꾼)에게 배인적이 많다(당한 적이 많다))

### 3) 정태적 위험과 동태적 위험

위험의 발생 빈도나 발생 규모가 시간에 따라 변하는지 그 여부에 따라 정태적 위험(static risk)과 동태적 위험(dynamic risk)으로 구분한다.

정태적 위험은 화산 폭발, 지진 발생, 사고와 같이 시간의 경과에 따라 성격이나 발생 정도가 크게 변하지 않을 것으로 예상되는 위험을 말한다.

동태적 위험은 시간 경과에 따라 성격이나 발생 정도가 변하여 예상하기가 어려운 위험으로 소비자 기호의 변화, 시장에서의 가격 변동, 기술의 변화, 환율 변동과 같은 것이 이에 해당한다.

> **Tip 위험의 발생 빈도나 발생 규모가 시간에 따라 변하는지 그 여부에 따른 구분**
> ① **정태적 위험** : 시간의 경과에 따라 성격이나 발생 정도가 크게 변하지 않을 것으로 예상되는 위험
> ② **동태적 위험** : 시간 경과에 따라 성격이나 발생 정도가 변하여 예상하기가 어려운 위험

### 4) 특정적 위험과 기본적 위험

위험이 미치는 범위가 얼마나 넓은가 혹은 좁은가에 따라 특정적 위험(specific risk)과 기본적 위험(fundamental risk)으로 구분할 수 있다.

특정적 위험은 한정적 위험으로, 기본적 위험은 근원적 위험으로 불리기도 한다. 특정적 위험은 피해 당사자에게 한정되거나 매우 제한적 범위 내에서 손실을 초래하는 위험을 말한다. 주택 화재나 도난, 가족의 사망이나 부상 등은 가족이나 가까운 친척에게 영향을 준다.

반면에 기본적 위험은 불특정 다수나 사회 전체에 손실을 초래하는 위험을 의미한다. 대규모 파업, 실업, 폭동, 태풍 같은 위험은 사회 전체에 영향을 준다. 2020년 초부터 발생하여 아직 해소되지 않는 코로나(covid-19)는 전 세계적으로 영향을 미치고 있는데 대표적인 기본적 위험이라고 할 수 있다.

> **Tip** 위험이 미치는 범위가 얼마나 넓은가 혹은 좁은가에 따른 구분
> ① **특정적 위험** : 피해 당사자에게 한정되거나 매우 제한적 범위 내에서 손실을 초래하는 위험
> ② **기본적 위험** : 불특정 다수나 사회 전체에 손실을 초래하는 위험

### 5) 담보위험과 비담보위험 및 면책위험

보험계약이 성립되었을 때 보험자가 책임을 부담하는 여부에 따라 담보위험, 비담보위험 및 면책위험으로 구분할 수 있다. 담보위험은 보험자가 책임을 부담하는 위험이다. 자동차보험에서 운행으로 인한 사고 등이 여기에 해당한다.

비담보위험(부담보위험)은 보험자가 담보하는 위험에서 제외한 위험으로, 이를 통해 보험자가 담보하는 범위를 한정한다. 자동차보험에서 산업재해에 해당하는 위험을 제외한 경우 등을 예로 들 수 있다. 면책위험은 보험자가 책임을 면하기로 한 위험으로, 보험자의 담보범위에 있는 사고가 발생한 경우에도 보험자의 책임이 면제되는 점에서 비담보위험과 구분된다. 고의에 의한 사고를 대표적인 예라 할 수 있다.

> **Tip** 보험자의 책임 부담 여부에 따른 구분
> ① **담보위험** : 보험자가 책임을 부담하는 위험
> ② **비담보위험(부담보위험)** : 보험자가 담보하는 위험에서 제외한 위험
> ③ **면책위험** : 보험자가 책임을 면하기로 한 위험(보험자의 담보범위에 있는 사고가 발생한 경우에도 보험자의 책임이 면제됨)

이와 같이 위험은 여러 가지로 분류할 수 있는데 보험에 적합한 위험은 객관적 위험, 순수위험, 정태적 위험 및 특정적 위험이라고 할 수 있다. 그러나 기본적 위험과 동태적 위험의 경우 어떤 종류는 설령 손실 규모가 너무 크고 손실 발생의 예측이 어렵기는 하지만 사회복지나 경제 안정을 위해 국가가 직접 또는 간접적으로 개입하여 보험화하는 위험도 있다.

> **Tip** 보험에 적합한 위험
> ① 객관적 위험   ② 순수위험   ③ 정태적 위험   ④ 특정적 위험
>   **Tip** **특**정적위험, **정**태적위험, **순**수위험, **객**관적위험 (보험회사가 원하는고객 - 특정 순수한 고객)

## 라. 농업부문 위험의 유형

일반적으로 크게 아래와 같은 4가지 유형의 농업부문위험(Risk in Agriculture)이 있다.

## 1) 생산 위험

농축산물 생산과정에서 기후변화나 병해충, 가축질병 발생 등으로 인한 생산량과 품질의 저하에 따른 위험을 말한다. 농업은 다른 산업에 비해 기후, 병해충, 가축질병 등 인간이 통제하기 어려운 다양한 변수들에 의해 당초 예상한 것보다 생산량감소나 품질저하 등이 자주 발생하는 생산위험이 존재한다.

## 2) 가격 위험

생산한 농산물의 가격변동에 따른 위험을 말한다. 농산물 생산에 일정한 기간이 소요되기 때문에 생산 결정을 내리는 시점에는 산출물의 가격이 알려져 있지 않다. 또한 시장이 청산(clear)되기 위해 가격이 조절되기 때문에, 전술한 생산 위험은 가격 위험에 영향을 미치게 된다. 특히, 농산물 시장은 경쟁적 시장이기 때문에 농산물 가격은 시장의 수요와 공급에 의해 결정되며, 개별 생산자는 시장 가격에 영향을 미치지 못하기 때문에 가격 위험은 농업 부문 위험의 중요한 요인이다.

## 3) 제도적 위험 처리

농업관련 세금, 농산물 가격 및 농업소득지지, 환경규제, 식품안전, 노동 및 토지 규제 등 정부정책과 제도 등의 변동에 따른 위험을 말한다. 많은 국가에 있어서 농업 부문에 높은 수준의 정책 개입이 이루어지고 있기 때문에, 제도적 위험은 농업에서 중요한 역할을 한다. 정부가 시행하는 농업 정책의 변화는 농가의 농업생산과 투자에 있어서 위험을 창출하게 된다. 그 밖에도 FTA 등 수입 개방정책 역시 농업경영 위험으로 작동한다.

## 4) 인적 위험

인적위험은 개별 농민 혹은 농가 구성원의 사고, 질병, 사망 등에 따른 위험을 말한다.

> **Tip** 농업부문 위험의 유형
>
> ① 생산 위험 : 농축산물 생산과정에서 기후변화나 병해충, 가축질병 발생 등으로 인한 생산량과 품질의 저하에 따른 위험
> ② 가격 위험 : 생산한 농산물의 가격변동에 따른 위험을 말한다.
> ③ 제도적 위험 : 농업관련 세금, 농산물 가격 및 농업소득지지, 환경규제, 식품안전, 노동 및 토지 규제 등 정부 정책과 제도 등의 변동에 따른 위험을 말한다.
> ④ 인적 위험 : 개별 농민 혹은 농가 구성원의 사고, 질병, 사망 등에 따른 위험을 말한다.
>
> **Tip** **생**산위험, **가**격위험, 제**도**적위험, **인**적위험(농사짓는 생**가**(농가)에서 **도**를 닦는 농**부**)

## 3 위험관리(Risk management)의 의의 및 구성 요소

### 가. 위험관리의 의의 및 목적

위험관리란 위험을 발견하고 그 발생 빈도나 심도를 분석하여 가능한 최소의 비용으로 손실 발생을 최소화하기 위한 제반 활동을 의미한다.

위험관리[1]는 우연적인 손실이 개인이나 조직에 미칠 수 있는 바람직하지 않은 영향을 최소화하기 위한 합리적, 조직적인 관리 또는 경영활동의 한 형태로 의사결정자에게 유리한 방향으로 확률이나 성과를 변경하는 관리업무를 지칭한다.

위험관리의 일반적인 목표는 첫째, 최소의 비용으로 손실(위험비용)을 최소화하는 것이며, 둘째, 개인이나 조직의 생존을 확보하는 것이다.

> **Tip** 위험관리의 일반적인 목표
> 
> ① 최소의 비용으로 손실(위험비용) 최소화   ② 개인이나 조직의 생존 확보

위험관리의 목적은 사전적 목적과 사후적 목적으로 구분할 수 있다. 사전적 목적은 경제적 효율성 확보, 불안의 해소, 타인에 전가할 수 없는 법적 의무의 이행 그리고 기업의 최고 경영자에게 예상되는 위험에 대하여 안심을 제공하는 것 등이다. 이에 비해 사후적 목적은 생존, 활동의 계속, 수익의 안정화, 지속적 성장, 사회적 책임의 이행 등을 들 수 있다.

> **Tip** 위험관리의 목적
>
> ① 사전적 목적
>    경제적 효율성 확보, 불안의 해소, 타인에 전가할 수 없는 법적 의무의 이행, 기업의 최고 경영자에게 예상되는 위험에 대한 안심 제공
> ② 사후적 목적
>    생존, 활동의 계속, 수익의 안정화, 지속적 성장, 사회적 책임의 이행

## 나. 위험관리의 구성 요소

### 1) 지식(Knowledge)

위험 원인과 잠재적인 결과(outcomes) 등을 파악하는 활동을 의미한다. 즉, 앞서 언급한 불확실성과 위험의 구분에 따르면, 지식은 결과와 결과의 발생 가능성이 정확히 알려져 있지 않은 사건에서 결과와 결과의 발생 가능성이 정확히 알려져 있는 사건으로의 전환, 즉 불확실성(uncertainty)에서 위험(risk)으로의 전환을 의미한다. 농업에 있어서는 생산량, 기온, 강수량 등의 분포를 파악하는 활동이 이에 해당한다.

### 2) 보험(Insurance)

위험관리 차원에서 사고로부터 발생가능한 손실의 위험을 적정한 보험상품 가입을 통해 전가하는 것이다. 농업에 있어서는 농업재해보험 가입이 이에 해당한다.

---

[1] 최근에는 위험관리보다 광범한 위험치리(危險治理, risk governance)라는 용어가 쓰이기 시작했다. 위험치리는 현대 사회에서 위험이 거대해짐에 따라 개인이나 조직의 입장에서 위험에 대처하고 관리하는 데 한계가 있음을 깨닫고 국가나 국제적인 차원의 대처가 필요하다는 자각과 함께 발전된 개념이라고 할 수 있다(석승훈 2020 : 50).

### 3) 보호(Protection)

좋지 않은 결과의 가능성을 축소하는 활동을 의미한다. 농업에 있어서는 농업용수관리, 관개 체계 정비, 경지정리, 예방 접종, 농약 살포 등의 활동이 이에 해당한다.

### 4) 대응(Coping)

좋지 않은 결과를 사후적으로(ex post) 완화하는 활동을 의미한다. 농업에 있어서는 다양한 판매 및 유통경로 개척, 효율적 노동 및 재무관리 등의 활동이 이에 해당한다.

> **Tip** 위험관리의 구성 요소
> ① **지식**(Knowledge) : 위험 원인과 잠재적인 결과(outcomes) 등을 파악하는 활동
> ② **보험**(Insurance) : 위험관리 차원에서 사고로부터 발생가능한 손실의 위험을 적정한 보험상품 가입을 통해 전가하는 것
> ③ **보호**(Protection) : 좋지 않은 결과의 가능성을 축소하는 활동
> ④ **대응**(Coping) : 좋지 않은 결과를 사후적으로(ex post) 완화하는 활동
>
> **Tip** **관구요**(위험관리의 구성 요소, 관둬요) - **지**식, **보**험, **보**호, **대**응 : (지엄한 척 보대네~!)

## 4 위험관리 방법

위험관리 방법은 발생할 위험을 어떻게 대응하느냐에 따라 위험통제를 통한 대비 방법과 위험자금 조달을 통한 대비 방법으로 구분한다. 전자는 발생하는 위험을 줄이거나 해소하기 위하여 동원하는 물리적 방법을 의미하며, 후자는 위험 발생으로 인한 경제적 손실을 해결하는 재무적 방법을 의미한다.

### 가. 물리적 위험관리 : 위험 통제(risk control)를 통한 대비

#### 1) 위험회피

위험회피(risk avoidance)는 가장 기본적인 위험 대비 수단으로서 손실의 가능성을 원천적으로 회피해버리는 방법이다.

자동차 사고가 위험하다고 생각해 자동차를 타지 않는다든지 고소공포증이 있어 비행기를 타지 않는다든지 물에 빠지는 것을 무서워해 배를 타지 않는 것 등이 위험회피에 해당한다. 손실 가능성을 회피하면 별다른 위험관리 수단이 필요 없다는 점에서 가장 편리한 방법일 수 있으나 위험회피가 항상 가능한 것은 아니다. 또한 위험회피는 또 다른 위험을 초래할 수도 있으며, 상당한 이득을 포기해야 하는 경우도 발생한다. 예를 들어 자동차 사고가 무서워 자동차를 타지 않으면 다리도 아프고 시간이 많이 걸려 매우 비효율적이다.

#### 2) 손실통제

손실통제(loss control)는 손실의 발생 횟수나 규모를 줄이려는 기법, 도구, 또는 전략을 의미한다. 손실통제는 손실이 발생할 경우 그것을 복구하기 위해 소요되는 비용은 간접비용과 기타 비용으로 인

해 급격히 증가할 수 있으므로 손실의 발생을 사전적으로 억제, 예방, 축소하는 것이 바람직하다는 인식을 전제로 하고 있다. 손실통제는 손실 예방과 손실 감소로 구분할 수 있다.

손실예방(loss prevention)은 특정 손실의 발생 가능성 또는 손실 발생의 빈도를 줄이려는 조치를 말한다. 예를 들면 고속도로의 속도제한, 홍수 예방 댐 건설, 음주단속, 방화벽 설치, 교통사고 예방 캠페인 등이 손실 예방에 해당한다. 손실 감소(loss reduction)는 스프링클러와 같이 특정 손실의 규모를 줄이는 조치를 말한다. 자동차에 에어백을 설치하는 것도 이에 해당한다.

손실 감소는 다시 사전적 손실 감소와 사후적 손실 감소로 구분할 수 있는데, 사전적 손실 감소는 특정 사건이나 사고로부터 피해를 입을 수 있는 재산, 인명 또는 기타 유가물의 수와 규모를 줄이는 데 초점을 둔다. 자동차의 에어백과 안전띠 장착도 손실 감소의 예에 해당한다. 한편 사후적 손실 감소는 손실의 확대를 방지하고 사고의 영향이 확산되는 것을 억제하기 위하여 비상 대책이나 구조대책, 재활 서비스, 보험금 또는 보상금의 청구 등에 초점을 둔다.

### 3) 위험 요소의 분리

위험 요소의 분리는 잠재적 손실의 규모가 감당하기 어려울 만큼 커지지 않도록 하는 데 초점을 두는 것이다.

위험 분산 원리에 기초하며, 복제(duplication)와 격리(separation)로 구분할 수 있다. 복제는 주요한 설계 도면이나 자료, 컴퓨터 디스크 등을 복사하여 원본이 파손된 경우에도 쉽게 복원하여 재난적 손실을 방지할 수 있다.

격리는 손실의 크기를 감소시키기 위하여 시간적·공간적으로 나누는 방법으로써 위험한 시간대에 사람들이 한꺼번에 몰리지 않도록 하거나 재산이나 시설 등을 여러 장소에 나누어 격리함으로써 손실 규모가 커지지 않도록 한다. 위험물질이나 보관물품을 격리 수용하는 방법도 이에 해당한다.

위험 요소의 분리와 반대로 위험 결합을 통한 위험관리 방법도 가능하다. 제품의 다양화를 통해 단일 제품 생산으로 인한 위험 집중을 완화할 수 있다. 또한 대규모 시설을 분산 설치하여 큰 위험 발생으로 인한 경제적 손실 가능성을 감소시키며, 위험의 심도와 빈도를 줄일 수 있다.

### 4) 계약을 통한 위험 전가

계약을 통한 위험 전가(risk transfer)란 발생 손실로부터 야기될 수 있는 법적, 재무적 책임을 계약을 통해 제3자에게 전가하는 방법이다. 임대차 계약이나 하도급 또는 하청 작업 등이 이에 해당한다.

### 5) 위험을 스스로 인수

위험에 대해 어떠한 조치도 취하지 않고 방치하는 경우이다. 즉 스스로 위험을 감당(risk taking)하는 것이다. 위험으로 인한 손실이 크지 않을 수도 있고, 위험으로 인식하지 못하거나 인식하지만 별다른 대응 방법이 없는 경우에 해당된다고 할 수 있다.

## 나. 재무적 위험관리 : 위험자금 조달(risk financing)을 통한 대비

### 1) 위험보유

위험보유(risk retention)는 우발적 손실을 자신이 부담하는 것을 말한다.

위험을 스스로 인수하여 경제적 위험을 완화하는 것으로 각자의 경상계정에서 손실을 흡수하는 것을 말한다. 즉, 준비금이나 기금의 적립, 보험 가입 시 자기책임분 설정, 자가보험 등이 이에 해당한다. 위험보유는 자신도 모르는 사이에 위험을 보유하는 소극적 위험보유와 위험 발생 사실을 인지하면서 위험관리의 효율적 관리를 목적으로 위험을 보유하는 적극적 위험보유로 구분할 수 있다.

### 2) 위험을 제3자에게 전가

계약을 통해 제3자에게 위험을 전가하는 것을 말한다.

물론 제3자에게 위험을 전가하는 데에는 그만큼 비용이 발생한다. 보험(insurance)은 계약자 또는 피보험자의 위험을 계약에 의해 보험자에게 떠넘기는 것으로 위험전가의 대표적인 방법이다.

### 3) 위험 결합을 통한 위험 발생 대비

다수의 동질적 위험을 결합하여 위험 발생에 대비하는 것으로 보험이 이에 해당한다.

비슷한 위험을 가진 사람들끼리 모여 공동으로 위험에 대응함으로써 개인이 감당할 수 없는 규모의 위험을 대비하는 방법이다.

> **Tip** 위험관리 방법
> 
> ① 물리적 위험관리 : 위험 통제(risk control)를 통한 대비
>   ㉠ 위험회피 : 손실의 가능성을 원천적으로 회피
>   ㉡ 손실통제
>     ⓐ 손실예방 : 특정 손실의 발생 가능성 또는 손실 발생의 빈도를 줄이려는 조치
>     ⓑ 손실감소
>       (ㄱ) 사전적 손실 감소 : 특정 사건이나 사고로부터 피해를 입을 수 있는 재산, 인명 또는 기타 유가물의 수와 규모를 줄이는 데 초점
>       (ㄴ) 사후적 손실 감소 : 손실의 확대를 방지하고 사고의 영향이 확산되는 것을 억제에 초점
>       > **Tip** 손실**통제** - 손실**예**방, 손실**감**소 : (똥쌀 것 같은 예, 감~!)
>   ㉢ 위험 요소의 분리
>     ⓐ 복제 : 원본이 파손된 경우에도 쉽게 복원가능
>     ⓑ 격리 : 손실의 크기를 감소시키기 위하여 시간적·공간적으로 나누는 방법
>   ㉣ 계약을 통한 위험 전가 : 임대차 계약이나 하도급 또는 하청 작업 등
>   ㉤ 위험을 스스로 인수 : 위험으로 인한 손실이 크지 않은 경우, 위험으로 인식하지 못하거나 인식하지만 별다른 대응 방법이 없는 경우

> **Tip** 물관 – 위험회**피**, 손실**통**제 / (위험 요소의 분리(**이**)), 계약을 통한 위험 **전**가 / 위험을 스스로 인**수**
> (피, 똥, 쌀 것은 이,전,시키는 수, 밖에~!)

② 재무적 위험관리 : 위험자금 조달(risk financing)을 통한 대비

　㉠ 위험보유 : 준비금이나 기금의 적립, 보험 가입 시 자기책임분 설정, 자가보험 등
　㉡ 위험을 제3자에게 전가 : 비용을 지불하고 계약을 통해 제3자에게 위험을 전가하는 것 = 보험 계약
　㉢ 위험 결합을 통한 위험 발생 대비(위험전가 대표적 방법) : 다수의 동질적 위험을 결합하여 위험 발생에 대비하는 것 = 보험

> **Tip** 재**무**적 위험**관리** – 위험**보**유, 위험을 제**3**자에게 전가, 위험 **결합**을 통한 위험 발생 대비 : (재무관이라는 식당에서 돈내고 보,쌈을 입에 넣어 합죽이가 됩시다~! 합~!

## 다. 위험관리 방법의 선택

위에서 살펴본 바와 같이 개인이나 기업 차원에서 위험관리에 동원할 수 있는 방법은 다양하다. 개인이나 기업의 사정에 따라 위험관리를 선택할 방법은 상이하고 경우에 따라서는 제한적일 수 있다. 현실적으로는 각자가 처한 상황에서 최선의 방법을 선택하는 것이고 어느 하나의 방법만을 고집할 필요는 없고 가능한 다양한 방법을 동원하면 그만큼 위험관리가 신축성이 있고 효과도 클 것이다.

위험관리 방법을 선택할 경우에는 다음 세 가지 사항을 고려할 필요가 있다.

첫째, 위험 발생 빈도와 손실 규모를 예측해야 한다.

둘째, 각각의 위험통제 기법과 위험재무 기법이 위험의 속성(발생 빈도 및 손실 규모)에 미칠 영향과 예상 손실 예측에 미칠 영향을 고려해야 한다.

셋째, 각각의 위험관리 기법에 소요될 비용을 예측해야 한다. 위험관리 방법은 다양하여 모든 것을 활용할 수 없고, 그렇게 할 필요도 없으며 각자에게 가장 바람직한 방법을 선택하면 된다.

> **Tip** 위험관리 방법을 선택할 경우 세 가지 고려사항
>
> ① 예상 손실의 발생 빈도와 손실 규모
> ② 위험통제 기법과 위험재무 기법이 위험의 속성(발생 빈도 및 손실 규모)에 미칠 영향과 예정손실 예측에 미칠 영향
> ③ 위험관리 기법에 소요될 비용

위험의 발생 빈도와 평균적인 손실 규모에 따라 아래 표와 같은 네 가지 위험관리 수단이 고려될 수 있다. 손실 규모와 발생 빈도가 낮은 경우(①)는 개인이나 조직 스스로 발생 손실을 부담하는 위험 보유가 적절하다.

손실의 빈도는 낮지만 발생 손실의 규모가 큰 경우(②)에는 외부의 보험기관에 보험을 가입함으로써 개인이나 조직의 위험을 전가하는 것이 바람직하다.

발생 빈도가 높지만 손실 규모가 상대적으로 작은 경우(③)에는 손실통제를 위주로 한 위험관리 기법이 경제적이다.

손실 발생 빈도가 높고 손실 규모도 큰 경우(④)에는 위험회피가 적절하다.

〈위험 특성에 따른 위험관리 방법〉

| 손실규모(심도) \ 손실횟수(빈도) | 적음(少) | 많음(多) |
|---|---|---|
| 작음(小) | ① 위험보유 | ③ 손실통제 |
| 큼(大) | ② 위험전가 - 보험 | ④ 위험회피 |

Tip 위험**보**유, 위험**전**가(보험), 손실**통**제, 위험**회**피(보전을 통해서 관리?)

### 라. 농업부문 위험관리 방안

농업의 특수성으로 인해 농업은 다른 산업에 비해 위험이 더 크게 존재한다. 대표적인 농업 부문 위험 요인인 생산 위험과 가격 위험을 관리하기 위한 방안들은 다음과 같다.

#### 1) 생산 위험 관리 방안

생산의 위험을 여러 종류의 생산물에 분산시켜 전체 생산의 위험을 감소시키는 영농 다각화(diversification) 방법이 있다. 어느 한 농작물의 생산이 감소할 경우, 다른 농작물의 생산으로 이를 완화하는 방식이 생산의 다각화이다.

다음으로 농작물 보험에 가입하는 것이다. 수확량의 감소로 손실을 입었을 때, 보험에 가입하여 생산량 감소로 인한 수입 감소의 위험을 어느 정도 줄일 수 있다. 농작물보험의 한 형태인 농업재해보험(yield insurance)에 가입하여 기상재해나 병충해 등 생산의 위험을 완화할 수 있다. 우리나라를 비롯한 미국, EU, 일본 등 주요국들은 농가가 직면하는 생산위험을 줄여주기 위해 보험료를 일부를 지원해 주는 정책보험 형태로 농작물 보험제도를 운영하고 있다.

이외에도 재해대비 기술의 수용을 통해 생산 위험을 관리할 수 있다. 예를 들어 농가는 방상팬 설치를 통해 냉해를 방지하여 생산 위험을 감소시킬 수 있다.

#### 2) 가격 위험 관리 방안

영농 다각화는 생산의 위험뿐만 아니라 가격 위험도 낮출 수 있다. 특히 서로 다른 시기에 동일한 작물을 경작하는 시간 배분적 다각화를 통해 가격 변동의 위험을 완화할 수 있다.

또한 농작물을 시기적으로 분산하여 판매하는 분산 판매를 통해 가격의 연중 변동에 따른 위험을 감소할 수 있다. 단, 이때 판매시기를 분산시키 위해 농산물을 저장해야 하는데 이에 따른 저장비용을 감안해야 한다.

또한 농작물 보험의 한 형태인 수입보장보험 가입을 통해 수확량 감소 위험 뿐만 아니라 가격하락에 따른 위험을 완화할 수 있다. 실제 농업수입이 보장된 기준 농업수입보다 적을 경우 그 차액을 보험금으로 지급하기 때문에, 수확량 감소와 가격 하락 위험을 모두 부분적으로 관리할 수 있다.

이외에도 현재 정해진 가격으로 미래의 일정 시점에 상품의 인도 및 대금 지급을 약정하는 선도거래 (forward transaction), 농가가 대량수요처나 가공공장 등과 장기 공급계약을 하고 생산 및 판매하는 계약생산 등을 통해 가격 위험을 관리할 수 있다.

### 3) 농업위험에 대한 정책개입의 이유와 주요 정책 수단

국내외적으로 다양한 농업경영위험에 직면하는 농업생산자들은 영농다각화, 계약재배, 선도거래, 선물 및 옵션시장 활용, 판매시기 조절, 가공제품 개발 등의 자구적 노력을 하고 있다.

하지만 농업은 다른 산업에 비해 기후와 병해충 등 인간이 통제하기 어려운 다양한 변수들에 의해 많은 영향을 받을 뿐 아니라 수급 특성상 가격 불확실성이 매우 크기 때문에 개별 농업생산자가 직면하는 다양한 경영위험을 관리하기는 매우 어려운 측면이 있다.

따라서 어느 국가나 개별 농가가 모두 해결하기 어려운 경영위험을 줄여주기 위한 정책 수단을 마련하는 것이 필수적이다. 특히 미국, EU, 일본 등 주요 선진국들은 농가가 직면하는 다양한 경영위험별로 아래 표와 같은 정책수단을 주로 사용하고 있다.

〈농업위험의 유형과 정책수단〉

| 위험의 유형 | 주요 정책 수단 |
|---|---|
| 생산위험 | 농작물재해보험(수량보험, 수입보험), 비보험작물재해지원, 긴급농업재해대책 |
| 가격위험 | 최저가격보장제, 가격손실보상제, 수입손실보상제, 수입보장보험 |
| 제도위험 | 환경보전 및 식품안전 규제에 대한 비용분담, 장려금 지원, 영농컨설팅 및 전업을 위한 교육훈련 지원, FTA 피해보전직불제 등 |
| 인적위험 | 농업인안전보험, 농기계보험, 농업고용인력 중개지원 등 |

세계적인 기상이변으로 인한 자연재해의 빈발과 1995년 WTO 체제 출범 이후 가격지지정책에 의한 농업경영 및 소득지원이 한계에 달한 상황에서 국제적으로 농업재해보험제도가 농가의 경영위험을 줄여주기 위한 정책수단의 하나로 적극 활용하고 있다.

농업재해보험은 크게 농작물의 생산수량 감소에 대응하기 위한 단수보험(yield insurance)이 있고, 가격하락 위험까지 고려한 수입보험(revenue insurance)으로 구분할 수 있으며, 특히 미국, 일본 등 선진국에서는 최근 빈발하는 농업재해와 농산물 가격변동성 증대에 대비한 농가의 농업경영위험 관리의 핵심 수단으로 자리매김하고 있다. 이에 농업재해보험의 가입은 농가의 위험관리 의사결정의 중요한 요소로 인식되어야 한다.

## 제2절 보험의 의의와 원칙

### 1 보험의 정의와 특성

#### 가. 보험의 정의

보험(保險, insurance)은 위험관리의 한 방법으로 미래에 예측할 수 없는 재난이나 사고의 위험에 대비하여 자신의 위험을 제3자에게 전가하는 제도이다. 보험에 대한 정의도 논자의 관점에 따라 다양하다. 다양한 보험의 정의를 종합하면, 보험이란 위험 결합으로 불확실성을 확실성으로 전환시키는 사회적 제도를 말한다. 즉, 보험은 다수의 동질적인 위험을 한 곳에 모으는 위험 결합 행위(pooling)를 통해 가계나 기업이 우연적인 사고 발생으로 입게 되는 실제 손실(actual loss)을 다수의 동질적 위험의 결합으로 얻게 되는 평균손실(average loss)로 대체하는 것이다.

좀 더 구체적으로 말하면 보험은 다수가 모여 보험료를 갹출하여 공동재산을 조성하고, 우연적으로 사고가 발생한 경우 손실을 입은 자에게 일정한 방법으로 보험금을 지급하는 제도(수단)라고 정의할 수 있다.

> **Tip** 보험의 정의
>
> 가계나 기업
> 실제손실 (actual loss) — 다수의 동질적인 위험의 결합 (pooling) → 평균손실 (average loss)
> (불확실성)　　　　　　　　　　　　　　　　　　　　　　　　　　　　　(확실성)

보험에 대한 정의가 다양한 것은 보험이 본질적으로 다양한 속성을 지니고 있기 때문이며, 적어도 경제적, 사회적, 법적 및 수리적 관점에서 정의될 수 있다. (이경룡 2013 : 105)

첫째, 경제적 관점에서 보험의 근본 목적은 재무적 손실에 대한 불확실성 즉, 위험의 감소(reduction of risk)이며, 그것을 달성하기 위하여 위험 전가(transfer of risk) 및 위험 결합(pooling or combination of risk)을 이용한다. 보험은 개별적 위험과 집단적 위험을 모두 감소시키는 기능을 갖고 있다. 경제적 관점에서 특히 중요한 보험의 속성은 위험을 결합하여 위험을 감소시키는 것이다. 따라서 위험의 합리적 결합 방법을 이용하지 않는 수단 또는 제도는 보험이라고 할 수 없다.

둘째, 사회적 관점에서 보험은 사회의 구성원에게 발생한 손실을 다수인이 부담하는 것을 목적으로 하며, 손실의 분담(sharing of loss)을 가능케 하는 것은 다수인으로부터 기금을 형성하는 것이다. 예기치 못한 손실이 사회에 발생하지만 그 손실이 누구에게 나타나는가는 불확실하며, 이러한 불확실성(위험)에 대비하기 위하여 사회적 제도로서 보험을 고안한 것이다. 보험의 사회적 특성을 가장 잘 표현하고 있는 문구는 "만인은 일인을 위하여, 일인은 만인을 위하여"라고 할 수 있다. 이 문구가 함축하고 있는 뜻을 살펴보면, 우선 보험은 소수인으로 성립할 수 없고 다수인이 참여할 때 보험다운 보험이 성립할 수 있다는 것이다. 다음에 상부상조의 정신에 입각해 다수의 힘으로 소수를 돕는 운영원리이다. 끝으로 보험의 건전한 운영과 발전을 위하여 구성원 모두가 각각 개별적으로 중요한 책임을 갖고 있다는 것이다.

셋째, 법적인 관점에서 보험은 보험자와 피보험자 또는 계약자 사이에 맺어진 재무적 손실의 보전(indemnity of financial loss)을 목적으로 하는 법적 계약이다. 법적인 관점에서 보험의 이해가 중요한 것은 보험과 다른 제도를 명확히 구별하고 실질적 제도 운용의 원칙과 방법을 파악하는 데에 있다. 법에 의한 제도적 뒷받침 없이 보험은 현실적으로 존재할 수 없다.

넷째, 수리적 관점에서 보험은 확률이론과 통계적 기법을 바탕으로 미래의 손실을 예측하여 배분하는 수리적 제도이다. 즉 보험제도의 실제 운영은 수리적 이론과 기술을 바탕으로 하고 있기 때문에 보험에 대한 이해가 수리적 관점에서 필요하다.

> **Tip** 보험의 다양한 속성에 따른 정의
>
> ① 경제적 관점 : 위험의 결합과 전가를 통해 재무적 손실에 대한 불확실성을 감소시키는 제도
> ② 사회적 관점 : 기금을 형성하여 사회 구성원의 손실을 다수인이 분담하는 제도
> ③ 법적인 관점 : 재무적 손실의 보전을 목적으로 보험자와 피보험자 또는 계약자 사이에 맺어진 법적 계약
> ④ 수리적 관점 : 확률이론과 통계적 기법을 바탕으로 미래의 손실을 예측하여 배분하는 수리적 제도
>
> > **Tip** 보험의 다양한 속성 - **경**제적 관점, **사**회적 관점, **법**적인 관점, **수**리적 관점 : (제사 지내는 것에도 다양한 법리가 있어~! 홍동백서 등등~!)

## 나. 보험의 특성

### 1) 예기치 못한 손실의 집단화

예기치 못한 손실이란 계약자나 피보험자의 입장에서 전혀 예상할 수 없었던 불의의 손실을 의미하며, 계약자나 피보험자의 고의적인 손실은 보상하지 않는다는 의미이다. 이는 계약자나 피보험자의 입장에서 고의적이지 않은 손실은 모두 보상된다는 의미이다.

손실의 집단화(the pooling of fortuitous losses)란 손실을 한데 모음으로써 개별위험을 손실집단으로 전환시키는 것을 의미한다. 위험을 집단화하기 전에는 각자가 개별위험에 대해 책임을 져야 하지만 손실을 집단화함으로써 개별적 위험의 의미는 퇴색하고 개인이 부담해야 하는 실제 손실은 위험집단의 평균손실로 대체된다.

손실을 집단화할 때 중요한 것은 발생 빈도와 평균손실의 규모 면에서 동종의 손실이거나 그와 비슷한 것이어야 한다. 이질적인 손실을 집단화하게 되면 보험료 책정이나 보상 측면에서 동일한 기준을 적용하는 과정에서 많은 문제가 발생하게 된다.

### 2) 위험 분담

위험의 집단화는 다른 측면에서 보면 위험을 서로 나누어 부담하는 위험 분담(risk sharing)이 된다. 위험 분산은 개별적으로 부담하기 힘든 손실을 나누어 분담함으로써 손실로부터의 회복을 보다 용이하

게 한다. 이러한 상호부조 관계가 당사자 간의 자율적인 시장거래를 통해 달성된다는 점이 보험의 주요한 특징이다.

### 3) 위험 전가

보험은 계약에 의한 위험의 전가(risk transfer)이다. 계약을 통해 재정적으로 능력이 취약한 개인이나 조직이 재정적인 능력이 큰 보험자에게 개인의 위험을 전가하는 것이다. 특히 빈도는 적지만 규모가 커서 스스로 부담하기 어려운 위험을 보험자에게 전가함으로써 개인이나 기업이 위험에 대해 보다 효과적으로 대응할 수 있게 해주는 장치이다.

### 4) 실제 손실에 대한 보상

보험자가 보상하는 손실 보상(indemnification)은 실제로 발생한 손실을 원상회복하거나 교체할 수 있는 금액으로 한정되며 보험 보상을 통해 이익을 보는 경우는 없다. 실제 손실에 대한 보상(實損補償)은 중요한 보험의 원칙 중 하나로 발생손실만큼만 보상을 받게 되면 보험사기 행위와 같은 도덕적 해이를 줄일 수 있다.

### 5) 대수의 법칙

보험에는 대수의 법칙이 적용된다. 대수의 법칙(the law of large numbers)은 표본이 클수록 결과가 점점 예측된 확률에 가까워진다는 통계학적 정리이다. 즉, 표본의 수가 늘어날수록 실험 횟수를 보다 많이 거칠수록 결과값은 예측된 값으로 수렴하는 현상을 대수의 법칙 또는 평균의 법칙(the law of averages)이라고 한다. 계약자가 많아질수록 보험자는 보다 정확하게 손실을 예측할 수 있다.

〈그림 1-2〉 위험의 분담, 전가, 결합 및 보험의 관계

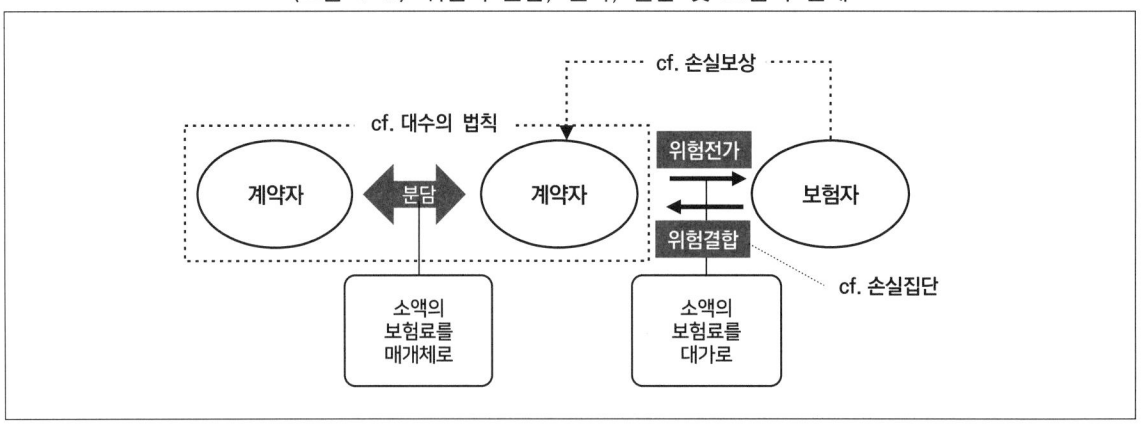

> **Tip** 보험의 특성
>
> ① 예기치 못한 손실의 집단화
>   ㉠ 예기치 못한 손실 : 계약자나 피보험자의 입장에서 전혀 예상할 수 없었던 불의의 손실
>   ㉡ 손실의 집단화 : 발생 빈도와 평균손실의 규모 면에서 동종의 손실이거나 그와 비슷한 손실을 한데 모음으로써 개별위험을 손실집단으로 전환시키는 것
> ② 위험 분담
>   위험을 서로 나누어 부담하는 것으로 위험의 집단화를 다른 측면에서 보는 경우에 해당
> ③ 위험 전가
>   계약을 통해 재정적으로 능력이 취약한 개인이나 조직이 재정적인 능력이 큰 보험자에게 개인의 위험을 전가하는 것
> ④ 실제 손실에 대한 보상
>   보험자가 보상하는 손실보상은 실제로 발생한 손실을 원상회복하거나 교체할 수 있는 금액으로 한정
> ⑤ 대수의 법칙(평균의 법칙)
>   표본이 클수록 결과가 점점 예측된 확률에 가까워진다는 통계학적 정리에 따라 계약자가 많아질수록 보험자는 보다 정확하게 손실을 예측할 수 있음
>
>   **Tip** **보특**(보톡스, 보험의 특성) - **예**기치 못한 **손**실의 **집**단화, 위험 **분**담, 위험 **전**가, 실제 손실에 대한 **보상**, **대수**의 법칙(평균의 법칙) : (얘는 손(으로) 찝(어서 병원 안가고) 본전 뺐대~!)

## 2  보험의 성립 조건

앞에서 살펴보았듯이 보험은 위험관리의 한 방법이다. 위험 분류상으로 순수위험과 객관적 위험이 보험 가능한 위험이라고 했으나, 이들 위험도 일정한 조건을 갖추어야 보험으로 성립할 수 있고 제 기능을 할 수 있다. 보험은 아래의 조건을 모두 충족하면 가장 이상적이지만 현실적으로는 쉽지 않으며, 분야에 따라서는 가능하지 않을 수도 있다. 그렇다고 해서 보험이 전혀 불가능한 것은 아니며, 보완적인 방법이나 유사한 조건으로 불완전하지만 보험을 설계할 수는 있다.

### 가. 동질적 위험의 다수 존재

동질적 위험이란 발생의 빈도와 피해 규모가 같거나 유사한 위험을 의미한다.
특성이 같거나 유사한 위험끼리 결합되어야 동일한 보험료(체계)가 적용되어도 형평성을 유지할 수 있기 때문이다. 자가용 승용차와 영업용 택시에 동일한 보험료 체계가 적용되면 상대적으로 운행 거리가 짧고 운행 시간도 적은 자가용 승용차가 불리할 것이다. 마찬가지로 일반주택과 고층 아파트 및 고층 건물을 동일하게 취급할 수는 없다.
동질적 위험이 '다수' 존재해야 한다는 것은 손실 예측이 정확해지기 위해서는 대수의 법칙이 적용될 수 있을 정도로 사례가 많아야 하는데, 이를 위해서는 계약자가 많을수록 좋다.
또한 이러한 동질적 위험이 각각 독립적이어야 한다. 독립적이라는 것은 하나의 손실 발생이 다른 손실

발생과 무관하다는 것을 의미한다. 예를 들어 1미터 간격으로 건설된 공장건물의 경우 한 공장건물에서 화재가 발생하면 인접한 공장건물로 옮겨붙을 가능성이 매우 높기 때문에 개별 위험으로 보지 않고 하나의 위험으로 간주하게 된다.

그러나 동질적 위험 특성을 엄격히 적용하다가는 개별위험에 대한 동질성을 파악하는 데 많은 시간과 노력이 소모되고 대수의 법칙을 적용할 수 있는 수준에 도달하지 못하면 개별위험에 대한 속성 파악과 보험료 산정에 지나친 비용을 소비하는 비효율이 발생하게 된다. 따라서 일반적으로는 위험 속성이 크게 다르지 않고 유사하다면 동질적 위험으로 보고 보험을 실행하면서 문제점을 보완해 간다.

### 나. 손실의 우연적 발생

보험이 가능하려면 손실이 인위적이거나 의도적이지 않고, 누구도 예기치 못하도록 순수하게 우연적으로 발생한 것이어야 한다.

계약자의 고의나 사기 의도가 개입될 여지가 없는 통제 불가능한 위험만이 보험화가 가능하다. 사고 발생 여부가 고의성이 있는지 모호할 경우 보험자가 고의성을 입증해야 하며, 입증하지 못하면 우연적인 것으로 간주된다.

### 다. 한정적 손실

보험이 가능하기 위해서는 피해 원인과 발생 시간, 장소 및 피해 정도 등을 명확하게 판별하고 측정할 수 있는 위험이어야 한다.

피해 원인과 피해 장소 및 범위, 그리고 피해 규모 등을 정확하게 판단하기 어려우면 정확한 손실 예측이 어렵고 이에 따라 보험료 계산이 불가능하기 때문에 보험으로 인수하기 어렵다.

급속하게 퍼지는 전염병이나 질병의 경우 언제 어떻게 어느 정도의 규모로 발생할지 또 후유증 유무 및 정도 등을 예측할 수 없어 손실을 한정 지을 수 없다. 즉, 전염병이나 대규모로 발생하는 질병은 보험 대상으로 하기 어렵다. 전염병이나 질병의 경우 국민의 건강과 직결되기 때문에 국가 차원에서 대응하는 것이 보통이며, 상황에 따라서는 국가의 적극적 개입 하에 보험화하는 경우가 있다.

### 라. 비재난적 손실

손실 규모가 지나치게 크지 않아야 한다.

손실이 재난적일 만큼 막대하다면 보험자가 감당하기 어려워 파산하게 되고 결국 대다수 계약자가 보장을 받을 수 없는 상황으로 전개될 수 있다. 보험자가 안정적으로 보험을 운영하기 위해서는 감당할 만한 수준의 위험을 인수해야 한다.

재난적 규모의 손실 발생은 천재지변의 경우에 자주 발생한다. 지진이나 쓰나미 등이 이러한 천재지변에 해당한다. 최근에는 천재지변만이 아닌 9·11사건과 같이 인위적인 사고도 재난 규모로 발생하기도 한다. 그러나 천재지변에 해당하는 재난적 손실도 국가 차원에서 국민의 생명과 재산을 보호하기 위해 국가가 직접 보험사업을 추진하거나 민영보험사를 통해 운영하기도 한다.

## 마. 확률적으로 측정 가능한 손실

보험으로 가능하기 위해서는 손실 발생 가능성, 즉 손실발생 확률을 추정할 수 있는 위험이어야 한다. 장차 발생할 손실의 빈도나 규모를 예측할 수 없으면 보험료 계산이 어렵다. 정확하지 않은 예측을 토대로 보험 설계 시 손실을 보전할 수 있는 충분한 수준의 보험료가 확보되지 못해 보험을 지속적으로 운영하기 어려우며, 결국 보험을 중단하게 되는 상황도 벌어진다.

## 바. 경제적으로 부담 가능한 보험료

확률적으로 보험료 계산이 가능하더라도, 또는 정확도 높은 손실발생 확률을 반영한 보험료를 산출했더라도 보험료 수준이 너무 높아 보험 가입대상자들에게 부담으로 작용하면 보험을 가입할 수 없어 보험으로 유지되기 어렵다.

보험이 가능한 위험이 되기 위해서는 그 위험이 발생하는 빈도와 손실 규모로 인한 손실이 종적(시간적) 및 횡적(계약자 간)으로 분산 가능한 수준이어야 한다.

국가의 개입이 필요한 대규모 손실이나 재난적 손실의 보험화의 경우, 보험가입자의 부담 경감을 위해 국가가 보험료를 지원하기도 하며, 농작물재해보험과 가축재해보험이 이에 해당된다.

> **Tip 보험의 성립 조건**
>
> ① 동질적 위험의 다수 존재
>   ㉠ 동질적 위험 : 발생의 빈도와 피해 규모가 같거나 유사한 위험
>   ㉡ 다수 존재 : 대수의 법칙이 적용될 수 있을 정도로 사례(계약자)가 많아야 함
>   ㉢ 각각 독립적 : 하나의 손실 발생이 다른 손실 발생과 무관해야 한다는 것 함
> ② 손실의 우연적 발생
>   손실이 인위적이거나 의도적이지 않고, 누구도 예기치 못하도록 순수하게 우연적으로 발생한 것
> ③ 한정적 손실
>   피해 원인과 발생 시간, 장소 및 피해 정도 등을 명확하게 판별하고 측정할 수 있는 위험이어야 함
> ④ 비재난적 손실
>   손실 규모가 지나치게 크지 않아 보험자가 안정적으로 보험을 운영할 수 있는 감당할 만한 수준의 위험
> ⑤ 확률적으로 계산 가능한 손실
>   손실 발생확률(손실 발생 가능성)을 추정할 수 있는 위험
> ⑥ 경제적으로 부담 가능한 보험료
>   확률적으로 보험료를 계산할 수는 있어도 가입 대상자들이 부담 가능한 수준
>
>> **Tip 보립조**(보험의 성립 조건, 보리줘, 먹을 것 줘~!) - **손실의 우연적 발생, 동질적 위험의 다수 존재, 한정적 손실, 비재난적 손실, 확률적으로 측정 가능한 손실, 경제적으로 부담 가능한 보험료** : 보리줘! 옛다 손위에 똥이다! 그래도 한손은 비었지? 확 다 가져가, 부담 가네...

## 제3절 보험의 기능

위험관리 수단으로 활용되는 보험은 보험 가입 당사자는 물론 국가·사회적으로 다양한 순기능이 있다. 그러나 다른 한편으로는 보험의 역기능도 발생한다.

### 1 보험의 순기능

#### 가. 손실 회복

보험의 일차적 기능은 손실이 발생하였을 경우 계약자에게 보험금을 지급함으로써 경제적 손실을 회복하거나 최소화한다.

보험에 가입하지 않은 상황에서 불시에 발생한 위험으로 인한 경제적 충격이 클 경우 개인이나 기업이 파산에 이르기도 하는데 보험금은 이러한 극단적인 상황을 피할 수 있게 해준다. 또한, 보험금을 바탕으로 경제활동을 지속할 수 있어 단기간에 원상회복이 가능할 수 있다.

#### 나. 불안 감소

보험은 개인이나 기업에게 불안감을 해소시켜준다.

개인이나 기업은 언제 어떻게 발생할지 불확실한 위험에 보험으로 대비함으로써 안심하고 경제활동을 할 수 있다. 이렇다 할 대책이 마련되지 않은 상황에서 대규모 재해가 발생하면 피해 당사자는 물론 국가·사회적으로도 불안 요인으로 작용한다. 보험을 통해 이러한 위험에 대비하여 다수의 개인과 기업이 안정되면 사회도 안정되고 국가도 국정을 원만하게 운영할 수 있다.

#### 다. 신용력 증대

보험은 계약자의 신용력을 높여준다.

보험은 예기치 않은 대규모 위험이 닥치더라도 일정 수준까지는 복구할 수 있는 보호 장치이기 때문에 그만큼 계약자의 신용력은 높아진다. 금융기관에서 개인이나 기업에게 대출할 경우 보험 가입 여부를 확인하거나 일정한 보험을 가입하도록 권유하는 것은 보험을 통해 계약자의 일정 수준의 신용력을 확보하기 위해서이다.

#### 라. 투자 재원 마련

계약자에게는 소액에 불과할지라도 다수의 계약자로부터 납부된 보험료가 모이면 거액의 자금이 형성된다. 이러한 자금을 자금이 필요한 기업 등에게 제공함으로써 경제성장에도 기여할 수 있다.

보험자 입장에서는 수익을 올려 보험사업을 보다 안정적으로 운용할 수 있게 되고, 기업 입장에서는 원활하게 필요자금을 조달함으로써 기업경영에 도움이 된다.

## 마. 자원의 효율적 이용 기여

개인이나 기업 등의 경제주체는 한정된 자원을 효율적으로 투자하여 최대의 성과를 얻으려고 한다. 각 경제주체는 투자할 때 각각의 자원 투입에 따른 기대수익 및 위험도 등을 고려하여 의사결정을 하게 된다. 설령 기대수익이 높은 것으로 판단되어도 손실 발생이 우려된다고 판단하면 투자를 주저하게 된다. 이런 경우에 보험을 통해 예상되는 손실 위험을 해소할 수 있다면 투자자 입장에서는 유한한 자원을 보다 효율적으로 활용하게 된다. 이는 개인이나 기업이나 마찬가지이다.

## 바. 안전(위험 대비) 의식 고양

보험에 가입한다는 것은 이미 위험에 대비할 필요성을 인지하고 있다고 볼 수 있다.

보험에 가입하더라도 보험료 부담을 줄이기 위해서는 각종 위험 발생에 스스로 대비하는 노력을 하도록 한다. 보험의 제도적 측면에서는 일정한 요건을 갖추어야 보험 가입이 가능하다거나 보험 가입 중이더라도 위험에 대비하는 조치나 장치를 한 경우에는 보험료를 경감해 주는 것도 위험에 대한 대비를 권장하기 위한 것이다. 이러한 안전 의식이 고양되면 보험은 보다 안정적으로 운영 될 수 있을 것이다.

> **Tip** 보험의 순기능
>
> ① 손실 회복
>   손실이 발생하였을 경우 계약자에게 보험금을 지급함으로써 경제적 손실을 회복하거나 최소화한다.
> ② 불안 감소
>   개인이나 기업에게 불안감을 해소시켜준다.
> ③ 신용력 증대
>   보험은 예기치 않은 대규모 위험이 닥치더라도 일정 수준까지는 복구할 수 있는 보호 장치이기 때문에 그만큼 계약자의 신용력은 높아진다.
> ④ 투자 재원 마련
>   계약자로부터 납부된 보험료로 조성된 거액의 자금은 이를 필요한 기업 등에게 제공함으로써 경제성장에도 기여할 수 있다.
> ⑤ 자원의 효율적 이용 기여
>   보험을 통해 예상되는 손실위험을 해소할 수 있다면 투자자 입장에서는 유한한 자원을 보다 효율적으로 활용하게 된다.
> ⑥ 안전(위험 대비) 의식 고양
>   위험 대비의 필요성을 인지하여 보험에 가입하고 보험료 부담을 줄이기 위해 위험 발생에 스스로 대비하는 노력을 하도록 한다.
>
> > **Tip** 순기능 - **손**실 **회**복, **불**안 **감**소, 자원의 **효**율적 **리**(이)용 기여, **안**전(위험대비)의식 **고**양, **투자재**원 마련, **신용력 증대** : 손에 불감증이 왔어요~! 그런데 효리가 안아주고 자제시켜주니 다 나았네? 용하대~!

## 2 보험의 역기능

### 가. 사업비용의 발생

보험사업을 유지하기 위해서는 불가피하게 비용이 초래된다.

이러한 비용(지출)은 보험이 없다면 다른 분야에 유용하게 사용될 수 있는 것이다. 즉, 사회 전체로 보면 기회비용이라고 할 수 있다. 주요 비용 항목은 보험자 직원의 인건비를 비롯해 보험 판매 수수료, 건물 임차료 및 유지비, 각종 세금 및 공과금, 영업이윤 등이다. 이 외에 광고비 및 판촉비도 적지 않다. 보험시장이 경쟁적일수록 이러한 비용은 커지게 된다.

보험사업을 운영하기 위해 어느 정도의 비용 발생은 불가피하다고 하더라도 운영을 방만하게 하면 계약자의 위험 대비 수단으로서의 기능은 저하될 것이다.

### 나. 보험사기의 증가

보험은 만일의 경우에 대비하는 것인데 사고의 발생, 원인 또는 내용에 관하여 보험자를 기망하여 보험금을 청구하기 위해 보험에 가입하는 경우도 발생한다. 더욱이 고의로 사고를 발생시켜 보험금을 받는 보험사기도 종종 발생한다.

다수가 결합하여 위험에 대비하는 건전한 제도임에도 불구하고 이를 악용하는 사례가 증가하면 보험 본연의 취지를 퇴색시키고 사회 질서를 문란하게 한다. 이러한 사례가 증가할 경우, 이로 인해 발생하는 추가 비용은 다수의 선의의 계약자에게 부담으로 전가되어 보험사업의 정상적 운영을 어렵게 하고 극단적인 경우에는 보험 자체가 사라지는 결과를 초래할 수도 있다.

### 다. 손실 과장으로 인한 사회적 비용 초래

보험에 가입한 손실이 발생할 경우 손실의 크기를 부풀려 보험금 청구 규모를 늘리려는 경향이 있다. 예를 들어 자동차 충돌로 인한 사고 발생 시 충돌로 인한 고장이나 부품만이 아니라 사고 전에 있던 결함이 있는 부분까지도 자동차보험으로 청구하는 경우가 있다. 또한 경미한 자동차 사고로 병원에 입원한 경우 과잉 진료를 하거나 완치되었음에도 불구하고 진료비를 늘리기 위하여 퇴원을 미루어 결과적으로 보험금이 과잉 지급되는 결과를 초래하기도 한다. 이러한 보험금 과잉 청구도 보험의 정상적인 운영에 지장을 초래하며, 사회적으로도 불필요한 비용을 발생시킨다.

> **Tip 보험의 역기능**
>
> ① 사업비용의 발생
>   보험사업을 유지하기 위한 불가피한 비용 초래
> ② 보험사기의 증가
>   보험금을 타기 위해 보험에 가입하거나 고의로 사고를 발생시켜 보험금을 받는 보험사기 발생
> ③ 손실 과장으로 인한 사회적 비용 초래
>   보험에 가입한 손실의 크기를 부풀려 보험금 청구 규모를 늘리려는 경향

## 3 역선택 및 도덕적 해이

역(逆)선택이나 도덕적 해이(解弛)라는 용어는 보험제도의 성립을 방해하는 요인이다.

보험은 보험자가 계약자의 정보를 완전히 파악한 상태에서 설계하는 것이 가장 이상적이다. 따라서 보험자가 최대한 노력하여 계약자의 정보를 완전히 확보하려고 하지만 현실적으로 쉽지 않다. 보험자가 계약자에 대한 정보를 완전히 파악하지 못하고 계약자는 자신의 정보를 보험자에게 제대로 알려주지 않아 정보가 비대칭적으로 존재하는 정보 비대칭(asymmetric information)이 발생하면 역선택(adverse selection)과 도덕적 해이(moral hazard)가 발생한다.

> **Tip** 역선택 및 도덕적 해이의 이해

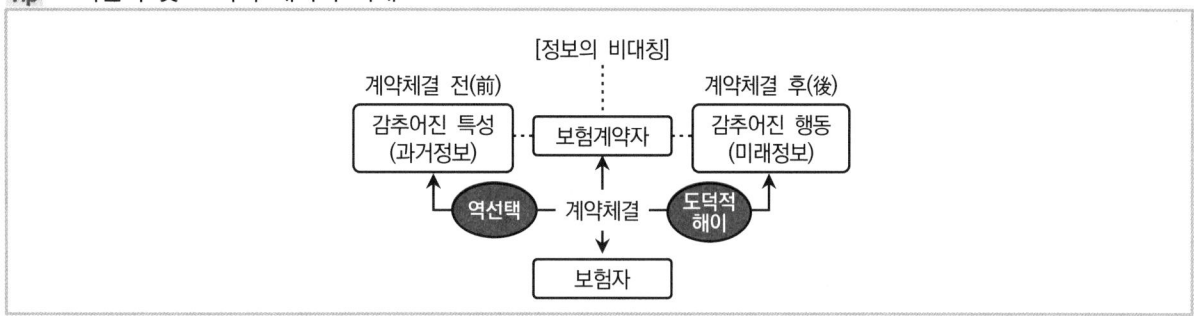

### 가. 역선택

역선택이란 실제로 보험금을 탈 가능성이 많은 사람들(위험발생 확률이 보통 이상인 사람들)이 보험에 가입하는 경향이 높은 현상을 의미한다.

경제학 용어인 역선택의 대표적인 예시로는 중고차 시장이 있다(보험경영연구회 2021 : 211). 중고차를 구입하려는 소비자들이 중고차의 품질을 평가하기는 쉽지 않다. 시장에 나온 중고차가 좋은 차(peach car)인지 외형상으로는 멀쩡하지만 고장이 잦은 엉터리 차(lemon car)인지 간단히 파악할 수 없다. 좋은 차와 엉터리 차를 구별하지 못하면 중고차 가격은 두 차 가격의 중간이나 평균값으로 결정될 것이다. 이와 같이 좋은 차와 나쁜 차를 구별하지 못하면 나쁜 차의 주인은 자신만이 알고 있는 자동차의 결함에 대한 정보를 숨기고 구매자는 이러한 정보를 모른다는 점을 이용하여 고가에 차를 팔려고 한다. 반대로 좋은 차 주인은 차를 구입하려는 소비자가 자신의 차를 평가절하하여 평균 가격으로 구입하려고 하면 팔기를 꺼릴 것이다. 이렇게 정보의 비대칭으로 역선택 문제가 팽배해지면 중고차 시장은 엉터리 차가 주로 매물로 나오게 되고 중고차 시장에 나오는 차의 품질은 점점 떨어질 것이다. 이를 소비자들이 알게 되면 찾아오는 소비자가 점점 줄게 되고 결국 그 중고차 시장은 문을 닫는 상황에 이를 수 있다.

보험시장에서도 이러한 역선택 현상이 자주 나타날 수 있다. 보험자는 보험에 가입하려는 계약자의 위험을 정확하게 파악하고 측정할 수 있어야 손실을 정확히 예측할 수 있으며, 적정한 보험료를 책정·부과할 수 있다.

따라서 보험자는 계약자의 위험 특성을 파악하여 보험을 판매할 것인지 거부할 것인지를 결정한다. 그러나 보험자가 계약자의 위험 특성을 제대로 파악하지 못하여 계약자 또는 피보험자가 보험자보다 더 많은 정보를 가지고 있는 상태가 되면, 정보를 갖지 못한 보험자 입장에서 볼 때 바람직하지 못한 계약자와 거래를 할 가능성이 높아지는 역선택 현상이 일어날 수 있다.

즉, 보험자는 사고의 확률이 낮은 사람이 보험에 가입하기 원하지만, 막상 가입을 원하는 사람들을 보면 대부분 사고의 확률이 한층 더 높은 사람들일 가능성이 높다. 이러한 역선택이 존재하는 상황에서 평균적인 사고 발생 확률에 기초해 보험료를 산정하면 보험회사는 손실을 보게 된다. 손실을 막기 위해 보험회사는 보험료를 인상하려고 하고, 비싼 보험료로 인해 사고의 확률이 높은 사람들만 보험에 가입하는 악순환이 빚어지게 될 수 있다.

### 나. 도덕적 해이

도덕적 해이는 일단 보험에 가입한 사람들이 최선을 다해 나쁜 결과를 미연에 방지하려는 노력을 하지 않는 경향을 의미한다.

광의로 보면 윤리적으로나 법적으로 자신이 해야 할 최선을 다하지 않고 일부러 게을리 하는 것 전반을 지칭한다. 도덕적 해이는 정보를 가진 계약자 측에서 바람직하지 않은 행동을 취하는 경향이 있는데, 이러한 행동이 나타났을 때 도덕적 해이가 일어났다고 말한다. 즉, 계약자가 보험에 가입한 후부터 평소의 관리를 소홀히 한다거나 손실이 발생할 경우 경감하려는 노력을 하지 않는 경우 등이 도덕적 해이에 해당한다.

> **Tip** 역선택과 도덕적 해이
>
> ① 역선택
>   실제로 보험금을 탈 가능성이 많은 사람들(위험발생 확률이 보통 이상인 사람들)이 보험에 가입하는 경향이 높은 현상을 의미한다.
> ② 도덕적 해이
>   계약자 또는 피보험자가 고의나 과실로 보험사고의 발생 가능성을 높이거나 손해액을 확대하려는 성향을 의미한다.

### 다. 역선택과 도덕적 해이의 비교

역선택과 도덕적 해이는 보험가액에 비해 보험금액의 비율이 클수록 발생 가능성이 높고, 이익은 역선택이나 도덕적 해이를 야기한 당사자에게 귀착되는 반면, 피해는 보험자와 다수의 선의의 계약자들에 돌아가 결국 보험사업의 정상적 운영에 악영향을 미친다는 점에서 유사하다(황희대 2010 : 334~335).

역선택과 도덕적 해이의 차이점은 역선택은 계약 체결 전에 예측한 위험보다 높은 위험(집단)이 가입하여 사고 발생률을 증가시키는데 비해, 도덕적 해이는 계약 체결 후 계약자가 사고 발생 예방 노력 수준을 낮추는 선택을 한다는 점이다.

> **Tip** 역선택과 도덕적 해이의 비교
> 
> ① 역선택과 도덕적 해이의 유사점
>   ㉠ 보험가액에 비해 보험금액의 비율이 클수록 발생 가능성이 높다.
>   ㉡ 이익은 역선택이나 도덕적 해이를 야기한 당사자에게 귀착되나, 피해는 보험자와 다수의 선의의 계약자들에 돌아간다.
> ② 역선택과 도덕적 해이의 차이점
>   ㉠ **역선택** : 계약 체결 전(前)에 예측한 위험보다 높은 위험(집단)이 가입하여 사고 발생률이 증가한다.
>   ㉡ **도덕적 해이** : 계약 체결 후(後) 고의나 인위적 행동으로 사고 발생률이 증가한다.

## 제4절 손해보험의 이해

앞에서 살펴본 것처럼 보험의 종류는 다양하며, 보험 내용이나 체계도 각양각색이다. 다양하고 제각각이지만 큰 틀에서 보면 재물과 관련된 손해보험과 인간의 생명과 관련된 생명보험으로 구분할 수 있으며, 보험목적물에 따라 내용은 달라지지만 보험체계는 유사하다. 다만, 보험의 형식을 취하고 있지만 정책적으로 추진되는 정책보험은 일반손해보험과 다른 측면이 많다. 그렇지만 농작물재해보험이나 가축재해보험과 같은 정책보험도 기본적으로는 손해보험의 틀을 유지하고 있기 때문에 일반 손해보험에 대한 내용을 살펴보는 것은 정책보험을 이해하는 데에도 도움이 된다.

### 1 손해보험의 의의와 원리

#### 가. 손해보험의 의의

손해보험에 대한 정의도 각자의 관점에 따라 나름대로 정의하고 있어 보험의 정의와 마찬가지로 다양하다. 다양한 가운데 공통적인 것을 모아 정리해 보면, 손해보험은 보험사고 발생 시 손해가 생기면 생긴 만큼 손해액을 산정하여 보험금을 지급하는 보험이라고 할 수 있다.

우리나라에서 보험과 직접 관련이 있는 법률은 상법과 보험업법인데 상법에서는 손해보험에 관한 정의를 내리지 않고, 보험업법에서는 제2조(정의)에서 '보험상품'을 정의하면서 '손해보험상품'을 정의하고 있다. 보험업법에서는 손해보험상품을 "위험보장을 목적으로 우연한 사건(질병·상해 및 간병은 제외)으로 발생하는 손해(계약상 채무불이행 또는 법령상 의무 불이행으로 발생하는 손해를 포함)에 관하여 금전 및 그 밖의 급여를 지급할 것을 약속하고 대가를 수수하는 계약으로서 대통령령으로 정하는 계약"으로 정의하고 있어 이를 통해 손해보험의 의미를 유추할 수 있다. 실제로 '손해보험'이라는 보험상품은 없으며, 생명보험을 제외한 대부분의 보험을 포괄하는 의미라고 할 수 있다. 엄격한 의미에서는 손해보험은 재산보험을 말하지만, 실질적으로는 생명보험 중 생명 침해를 제외한 신체에 관한 보험도 포함한다고 할 수 있다(김창기 2020 : 217).

## 나. 손해보험의 원리

### 1) 위험의 분담

1만 명이 1억원짜리(땅값을 뺀 건물값만) 집을 한 채씩 가지고 있다. 그런데 평균적으로 1년에 한 채씩 화재가 나서 소실되고 만다. 불이 난 그 집은 평생 모은 재산을 하루아침에 잃게 된다. 그런데 1만 명 중 누가 그 불행을 겪게 될지는 아무도 모른다. 그래서 모두가 불안하다. 이럴 때 한 집 당 1만원씩 부담해서 1억원을 모아 두었다가 불이 난 집에 건네주기로 하면 모두가 안심하고 생활을 할 수 있게 된다. 이와 같이 소액의 보험료를 매개체로 하여 큰 위험을 나누어 가짐으로써 경제적 불안으로부터 해방되어 안심하고 생활할 수 있도록 해주는 제도가 보험이다.

이와 같이 손해보험은 계약자가 보험단체를 구성하여 위험을 분담하는 원리인데 독일의 보험학자 「마네즈」는 보험을 일컬어 「1인은 만인을 위하여, 만인은 1인을 위하여」서로 위험을 분담하는 제도라고 하였다.

### 2) 위험 대량의 원칙

수학이나 통계학에서 적용되는 대수의 법칙을 보험에 응용한 것이 위험 대량의 원칙이다. 보험이 성립하기 위해서는 일정 기간 중 위험집단에서 발생할 사고의 확률과 사고에 의해 발생할 손해의 크기를 파악할 수 있어야 한다.

위험 대량의 원칙은 보험에 있어서 사고 발생 확률이 잘 적용되어 합리적 경영이 이루어지려면 위험이 대량으로 모여서 하나의 위험단체를 구성해야 한다는 것이다. 이로 인해 보험계약은 단체성의 특성을 갖게 된다.

예를 들어 자동차를 가지고 있는 사람 100명이 모여서 보험을 가입할 경우, 그 100명이 우연히도 사고를 많이 내는 사람들이라면 보험자는 곧 문을 닫게 될 수도 있고 그 반대의 경우에는 보험자가 고스란히 이익을 보게 될 수도 있다. 그러나 계약자가 1만 명, 10만 명, 100만 명으로 늘어나게 되면 사고 발생 확률이 일정한 값으로 수렴하게 되어 안정적인 보험경영이 가능해진다.

### 3) 급부 반대급부 균등의 원칙

급부 반대급부 균등의 원칙(給付 反對給付 均等의 原則)에서 '급부(給付)'는 계약자가 내는 보험료를 의미하며 '반대급부(反對給付)'는 보험자로부터 받게 되는 보험금에 대한 기대치를 의미한다. 즉 위험집단 구성원 각자가 부담하는 보험료는 평균지급보험금에 사고 발생의 확률을 곱한 금액과 같다. 이를 급부·반대급부 균등의 원칙이라 한다.

예를 들어 1만 명이 1억원짜리(땅값을 뺀 건물값만) 집을 한 채씩 가지고 있고 평균적으로 1년에 한 채씩 화재가 나서 소실된다면 1만원씩 내서 1억원을 모아 두었다가 불이 난 집에 건네주기로 하면 되는데 이때 보험료 1만원은 보험금 1억원에 사고발생확률 1만분의 1을 곱한 금액과 같게 된다.

> 보험료(1만원) = 평균지급보험금(1억원) × 사고 발생 확률(1/1만)

### 4) 수지상등의 원칙

보험자가 받은 보험료가 지급한 보험금보다 부족하거나 또는 반대로 지나치게 많아서는 안 된다. 이것이 수지상등의 원칙(收支相等의 原則)인데 여기에서 '수(收)'는 보험자가 받아들이는 수입(보험료)을 말하며 '지(支)'는 지출(보험금)을 의미한다. 즉 보험자가 받아들이는 수입 보험료 총액과 사고 시 지급하는 지급보험금 총액이 같아져야 한다는 것이 수지상등의 원칙이다.

위에서 예를 든 화재보험의 경우 보험자가 1인당 1만원씩 1만 명에게 받은 총 보험료는 1억원이 되고 이는 곧 지급하는 총 보험금 1억원과 같아진다는 것이다. 실제로는 앞의 수입부분에는 계약자가 납부하는 보험료 외에 자금운용수익, 이자 및 기타 수입 등이 포함되며, 지출부분에는 지급보험금 외에 인건비, 사업 운영비, 광고비 등 다양한 지출항목이 포함된다.

수지상등의 원칙이 계약자 전체 관점에서 본 보험 수리적 원칙인데 반하여 급부·반대급부 균등의 원칙은 계약자 개개인의 관점에서 본 원칙이라 할 수 있다. 수지상등의 원칙은 개개인의 개별계약에서 보험계약자가 부담하는 보험료는 보험자가 지급할 보험금의 수학적 기대치와 일치하여야 한다는 급부 반대급부균등의 원칙과 함께 보험사업 경영에 필요한 기본원칙으로 인정되고 있다.

> 수입 보험료 합계 = 계약자 수 × 보험료
> 지출 보험금의 합계 = 사고 발생 건수 × 평균 지급보험금
> 수입 보험료 합계 = 지출 보험금의 합계
>
> ∴ 계약자 수(1만명) × 보험료(1만원) = 사고 발생 건수(1회) × 평균 지급보험금(1억원)

**Tip** 급부 반대급부 균등의 원칙과 수지상등의 원칙

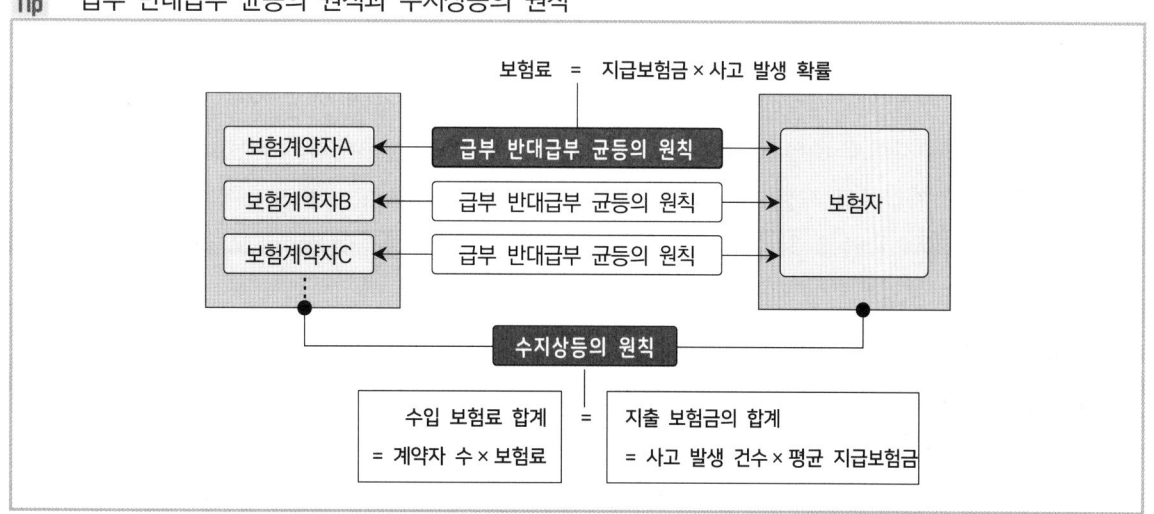

### 5) 이득 금지의 원칙

손해보험의 가입 목적은 손해의 보상에 있으므로 피보험자는 보험사고 발생 시 실제로 입은 손해만을 보상받아야 하며, 그 이상의 보상을 받아서는 안 된다.

계약자가 손해보험에 가입하고 사고가 발생한 결과 피보험자가 사고 발생 직전의 경제 상태보다 더 좋은 상태에 놓이게 된다면 보험에 의해 부당한 이익을 얻는 것이 된다.

이럴 경우 그 이득을 얻기 위해 인위적인 사고를 유발할 요인이 될 수 있고 결과적으로 공공질서나 미풍양속을 해칠 우려가 있어 「보험에 의해 이득을 보아서는 안된다」는 이득 금지의 원칙이 손해보험의 대원칙으로 적용되고 있다.

손해보험에서 보험계약자나 피보험자가 보험사고로 상실한 손해액보다 더 많은 보험금을 수령할 수 있다면 보험계약으로 이득을 보려는 사행심이 생겨날 것이고, 이는 도덕적 해이를 자극하는 결과를 초래할 것이다.

이러한 이득금지의 원칙을 실현하기 위한 대표적인 법적 규제로는 초과보험, 중복보험, 보험자대위 등에 관한 규정이 있다.

> **Tip** 손해보험의 원리
> ① 위험의 분담 ② 위험 대량의 원칙 ③ 급부 반대급부 균등의 원칙
> ④ 수지상등의 원칙 ⑤ 이득 금지의 원칙
>
> **Tip** **손**해**보**험의 **원리** – 위험의 **분**담, 위험 **대**량의 원칙, **급**부 반대급부 균등의 원칙, **수**지상등의 원칙, 이득 **금지**의 원칙 : 말 안 듣는 애들 손봐서, 분대(군대)에 급수 금지시켜~!

## 2  손해보험 계약의 의의와 원칙

### 가. 손해보험 계약의 의의

손해보험은 피보험자의 재산에 직접 생긴 손해 또는 다른 사람에게 입힌 손해를 배상함으로써 발생하는 피보험자의 재산상의 손해를 보상해주는 보험이다. 상법(제638조)에서는 "보험계약은 당사자 일방이 약정한 보험료를 지급하고 재산 또는 생명이나 신체에 불확정한 사고가 발생할 경우에 상대방이 일정한 보험금이나 그 밖의 급여를 지급할 것을 약정함으로써 효력이 생긴다."라고 보험계약의 의의를 정의하고 있다.

### 나. 손해보험 계약의 법적 특성

#### 1) 불요식 낙성계약성

손해보험 계약은 정해진 요식행위를 필요로 하지 않고 계약자의 청약과 보험자의 승낙이라는 당사자 쌍방 간의 의사 합치만으로 성립하여 불요식·낙성계약이다. 특별한 요식행위를 요구하지 않는다는 점에서 불요식(不要式)이며, 당사자 간의 청약과 승낙으로 계약이 이루어지므로 낙성(諾成)이다.

### 2) 유상계약성

손해보험 계약은 계약자의 보험료 지급과 보험자의 보험금 지급을 약속하는 유상계약(有償契約)이다.

### 3) 쌍무계약성

보험자인 손해보험회사의 손해보상 의무와 계약자의 보험료 납부 의무가 대가(對價) 관계에 있으므로 쌍무계약(雙務契約)이다.

### 4) 상행위성

손해보험 계약은 상행위이며(상법 제46조) 영업행위이다.

### 5) 부합계약성

손해보험 계약은 동질(同質)의 많은 계약을 간편하고 신속하게 처리하기 위해 계약조건을 미리 정형화(定型化)하고 있어 부합계약(附合契約)에 속한다. 부합계약이란 당사자 일방이 만들어 놓은 계약조건에 상대방 당사자는 그대로 따르는 계약을 말한다. 보험계약의 부합계약성으로 인해 약관이 존재하게 된다.

### 6) 최고 선의성

손해보험 계약에 있어 보험자는 사고의 발생 위험을 직접 관리할 수 없기 때문에 도덕적 해이의 발생 가능성이 큰 계약이다. 따라서 신의성실의 원칙이 무엇보다도 중요시되고 있다.

### 7) 계속계약성

손해보험 계약은 한 때 한 번만의 법률행위가 아니고 일정 기간에 걸쳐 당사자 간에 권리의무 관계를 존속시키는 법률행위이다.

> **Tip** 손해보험 계약의 법적 특성
>
> ① 불요식 낙성계약성   ② 유상계약성   ③ 쌍무계약성   ④ 상행위성
> ⑤ 부합계약성   ⑥ 최고 선의성   ⑦ 계속계약성
>
> **Tip** 계법성(손해보험 계약의 법적 특성, 개밥상) - **불**요식 **낙**성계약성, **쌍**무계약성, **상**행위성, **유**상계약성, **부**(무)합계약성, **계속** **계**약성, **최고** **선**의성 : 개밥상에 불낙(불고기낙지) 쌍상(두개의 밥상) 유무가 개에게는 최선이다~!

## 다. 보험계약의 법적 원칙

### 1) 실손보상의 원칙

실손보상(實損補償)의 원칙(principle of indemnity)은 문자 그대로 실제 손실을 보상한다는 것이다. 이는 보험의 기본인 이득금지 원칙과 일맥상통하는 것으로 보험으로 손해를 복구하는 것으로 충분하며, 이득까지 보장하는 것은 지나치다는 원칙이다.

예를 들어 가격이 2,000만원인 자동차가 사고로 300만원의 물적 손해를 입었다면 300만원까지만 보험으로 보상해주는 것이다.

실손보상 원칙의 목적의 하나는 앞에서도 언급한 것처럼 피보험자의 재산인 자동차를 손해 발생 이전의 상태로 복원시키는 것이다. 사고 이전의 상태로 회복시키는 것을 넘어 이득을 얻을 수는 없다. 또 다른 목적은 도덕적 해이를 감소시키는 것이다. 손실(사고)이 발생하면 보험으로부터 보상받는데 원상회복을 넘어 이득을 얻을 수 있다면 고의로 사고를 일으킬 가능성이 크기 때문이다.

실손보상 원칙의 예외로는 기평가계약, 대체비용보험 및 생명보험이 있다(보험경영연구회 2021 : 118).

### 가) 기평가계약(valued policy)

전손(全損)이 발생한 경우 미리 약정한 금액을 지급하기로 한 계약이다. 골동품, 미술품 및 가보 등과 같이 손실 발생 시점에서 손실의 현재가치를 산정할 수 없는 경우 계약자와 보험자가 합의한 금액으로 계약을 하게 된다.

### 나) 대체비용보험(replacement cost insurance)

손실지급액을 결정할 때 감가상각을 고려하지 않는 보험이다. 손실이 발생한 경우, 새것으로 교체할 수밖에 없는 물건이나 감가상각을 따지는 것이 아무 의미도 없는 경우 대체비용보험이 적용된다. 예를 들어 화재가 발생해 다 타버린 주택의 지붕은 새것으로 교체할 수밖에 없으며, 이때 감가상각을 따지는 것은 무의미하다.

### 다) 생명보험(life insurance)

생명보험은 실손보상의 원칙이 적용되지 않는다. 사망이나 부상의 경우 실제 손실이 얼마나 되는지 측정할 방법이 없어 인간의 생명에 감가상각의 개념을 적용할 방법이 없기 때문이다. 생명보험의 경우 미리 약정한 금액으로 보험계약을 체결하고 보험사고가 발생하면 약정한 금액을 보험금으로 지급받는다.

## 2) 보험자대위의 원칙

보험사고로 인하여 손해가 생긴 경우 보험자가 피보험자에 대하여 보험금을 지급하는 것은 보험료 납부에 대한 반대급부이기 때문에 보험사고가 보험관계 밖에서 어떻게 피보험자에게 영향을 주는가는 보험계약과는 관계가 없다. 그렇지만 보험사고 발생 시 피보험자가 보험의 목적에 관하여 아직 잔존물을 가지고 있거나 또는 제3자에 대하여 손해배상청구권을 취득하는 경우가 있다. 이런 경우 보험자가 이에 개의치 않고 보험금을 지급한다면 오히려 피보험자에게 이중의 이득을 주는 결과가 된다. 그래서 상법은 보험자가 피보험자에게 보험금을 지급한 때에는 일정한 요건 아래 계약자 또는 피보험자가 가지는 권리가 보험자에게 이전하는 것으로 하고 있는데 이를 보험자대위라 한다.

상법은 제681조에서 보험의 목적에 관한 보험대위, 즉 목적물대위 또는 잔존물대위에 관해 규정하고 있고 제682조에서 제3자에 대한 보험대위, 즉 청구권대위에 관해 규정하고 있다.

가) 목적물대위(잔존물대위)

보험의 목적이 전부 멸실한 경우 보험금액의 전부를 지급한 보험자는 그 목적에 대한 피보험자의 권리를 취득하는데(제681조), 이것을 보험의 목적에 관한 보험자대위라 한다.

보험 목적물이 보험사고로 인하여 손해가 발생한 경우 전손해액에서 잔존물 가액을 공제한 것을 보상하면 되지만, 그렇게 하려면 계산을 위하여 시간과 비용이 들어 비경제적일 뿐만 아니라 한시라도 빨리 피보험물에 투하한 자본을 회수할 것을 희망하는 피보험자의 이익을 보호할 수 없다. 그렇다고 해서 보험자가 보험금액 전액을 지급하고 잔존물에 대한 가치까지 피보험자에게 남겨 준다면 피보험자에게 부당한 이득을 안겨주는 셈이 될 것이다. 그래서 잔존물을 도외시하고 전손으로 보아 보험자는 보험금액의 전부를 지급하고 그 대신 잔존물에 대한 권리를 취득하게 한 것이다.

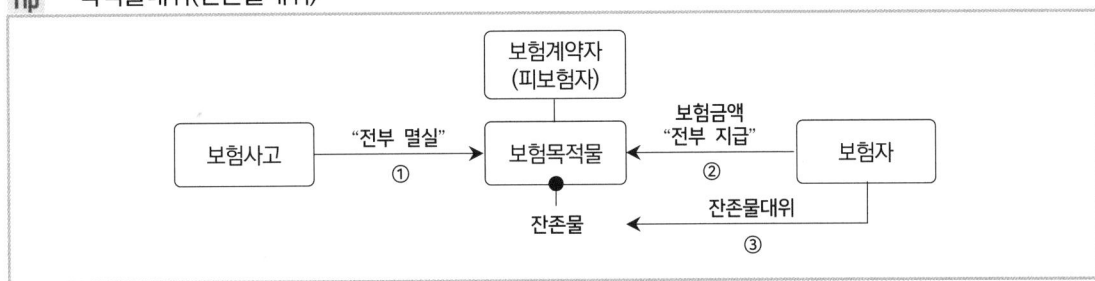

**Tip** 목적물대위(잔존물대위)

나) 제3자에 대한 보험대위(청구권대위)

손해가 제3자의 행위로 인하여 발생한 경우 보험금을 지급한 보험자는 그 지급한 금액의 한도 내에서 그 제3자에 대한 계약자 또는 피보험자의 권리를 취득하는데 이것을 제3자에 대한 보험자대위라 한다.

이 경우에는 피보험자가 손해배상청구권을 가지므로 보험에 의해 보상될 피보험이익의 결손은 없다고 할 수 있으나, 이렇게 한다면 피보험자는 그 제3자를 상대로 권리의 실현을 시도하여야 하는데 소송의 졸렬 또는 제3자의 무자력(無資力) 등으로 인하여 소기의 결과를 얻을 수 없는 위험이 있다. 또한, 이 경우 보험자가 보험금을 지급하고서도 제3자에 대한 피보험자의 손해배상청구권을 피보험자가 행사하도록 한다면 피보험자는 이중의 이득을 보게 된다. 그래서 피보험자에게 보험금 청구권을 인정하는 한편, 이중이득을 막기 위해 제3자에 대한 권리를 보험자가 취득하게 한 것이다.

이러한 보험자대위의 원칙(principle of subrogation)은 3가지 목적이 있다(보험경영연구회 2021 : 123). 첫째, 피보험자가 동일한 손실에 대해 책임이 있는 제3자와 보험자로부터 이중보상을 받아 이익을 얻는 것을 방지하는 목적이 있다. 둘째, 보험자가 보험자대위권을 행사하게 함으로써 과실이 있는 제3자에게 손실 발생의 책임을 묻는 효과가 있다. 셋째, 보험자대위권은 계약자나 피보험자의 책임 없는 손실로 인해 보험료가 인상되는 것을 방지한다. 즉, 보험자는 대위권을 통해 피보험자에게 지급한 보험금을 과실이 있는 제3자로부터 회수할 수 있으므로 계약자의 책임 없는 손실에 대한 보험료를 인상하지 않아도 된다.

> **Tip** 제3자에 대한 보험대위(청구권대위)

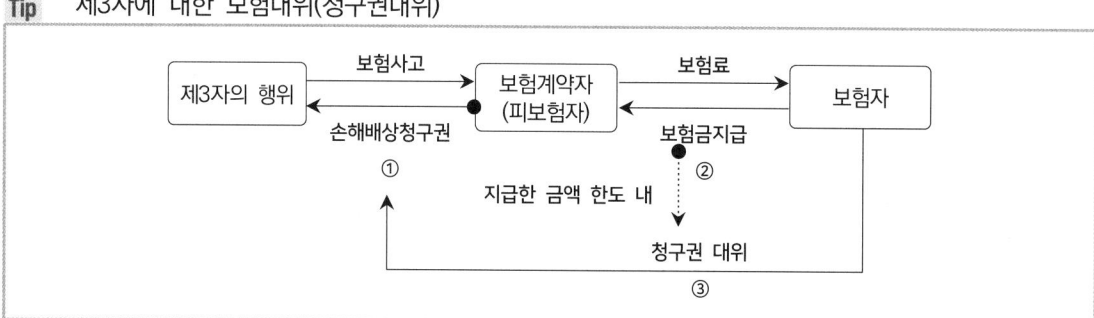

### 3) 피보험이익의 원칙

손해보험은 보험사고의 발생으로 입은 손해를 보상할 것을 목적으로 하는 보험이므로 그의 전제요건으로 손해를 입을 만한 이익이 존재하여야 한다. 이 이익을 피보험이익이라고 한다. 피보험이익은 계약자가 보험목적물에 대해 가지는 경제적 이해관계를 의미한다.

즉, 계약자가 보험목적물에 보험사고가 발생하면 경제적 손실을 입게 될 때 피보험이익이 있다고 한다. 피보험이익이 존재해야 보험에 가입할 수 있으며, 피보험이익이 없으면 보험에 가입할 수 없다. "피보험이익이 없으면 보험도 없다(No insurable interest, no insurance)"는 말이 이를 잘 나타낸다. 피보험이익의 원칙(principle of insurable interest)은 3가지 목적을 가지고 있다(보험경영연구회 2021 : 120).

첫째, 피보험이익은 도박을 방지하는 데 필수적이다. 피보험이익이 적용되지 않는다면 전혀 관련이 없는 주택이나 제3자에게 화재보험이나 생명보험을 들어놓고 화재가 발생하거나 일찍 사망하기를 바라는 도박적 성격이 강하기 때문에 사회 질서를 해치는 결과를 초래할 수 있다.

둘째, 피보험이익은 도덕적 위태를 감소시킨다. 보험사고로 경제적 손실을 입는 것이 명확한데 고의로 사고를 일으킬 계약자는 없을 것이다.

셋째, 피보험이익은 결국 계약자의 손실 규모와 같으므로 손실의 크기를 측정하게 해준다. 즉, 보험자는 보험사고 시 계약자의 손실을 보상할 책임이 있는데, 보상금액의 크기는 피보험이익의 가격(가액)을 기준으로 산정한다.

### 4) 최대선의의 원칙

통상적인 상거래(계약)는 서로 거래할 의사가 있으면 성사되는 것이지 자신에 대해 추가적인 정보를 제공할 필요는 없다. 그러나 보험계약의 경우는 다르다. 보험은 대상으로 하는 내용이 미래지향적이며 우연적인 특성이 있기 때문에 당사자 쌍방은 모든 사실에 대해 정직할 것이 요구되고 있다.

즉, 보험계약 시에 계약당사자에게 일반 계약에서보다는 매우 높은 정직성과 선의 또는 신의성실이 요구되는데 이를 최대선의(신의성실)의 원칙(principle of utmost good faith)이라고 한다. 보험계약에서는 자신에게 불리한 사실도 보험자에게 고지해야 하는데, 계약 체결 후에도 위험의 증가, 위험의 변경 금지의무 등이 부과되기 때문이다.

최대선의의 원칙은 고지, 은폐 및 담보 등의 원리에 의해 유지되고 있다.(보험경영연구회 2021 : 124).

고지(또는 진술)는 계약자가 보험계약이 체결되기 전에 보험자가 요구하는 사항에 대해 사실 및 의견을 제시하는 것을 말한다. 보험자는 계약을 체결할 때 진술된 내용을 토대로 계약의 가부 및 보험료를 결정한다. 진술된 내용이 사실과 다르면 보험자는 제대로 된 판단이나 결정을 할 수 없게 되어 보험자의 안정적인 경영을 어렵게 할 뿐만 아니라 보험제도 자체에도 부정적인 영향을 미친다. 진술한 내용이 사실과 달라 보험자가 계약 전에 알았다면 보험계약을 체결하지 않거나 다른 계약조건으로 체결되었을 정도라면 허위진술(misrepresentation)에 해당해 보험자의 선택에 의해 계약이 해제될 수 있다.

계약자는 보험계약과 관련한 진술에서 고의가 아닌 실수 또는 착오에 의해 사실과 다른 내용을 진술할 수도 있으나 효과는 허위진술과 동일하다. 따라서 계약자는 보험계약 시에는 매우 신중하고 성실하게 보험자에게 진술해야 한다.

상법(제651조)에서는 '보험계약 당시에 계약자 또는 피보험자가 고의 또는 중대한 과실로 인하여 중요한 사항을 고지하지 아니하거나 부실의 고지를 한 때에는 보험자는 그 사실을 안 날로부터 1월 내에, 계약을 체결한 날로부터 3년 내에 한하여 계약을 해지할 수 있다. 그러나 보험자가 계약 당시에 그 사실을 알았거나 중대한 과실로 인하여 알지 못한 때에는 그러하지 아니하다.'라고 규정하여 계약자가 고지의무를 위반하면 보험계약이 해지될 수 있음을 규정하고 있다.

은폐(의식적 불고지)는 계약자가 보험계약 시에 보험자에게 중대한 사실을 고지하지 않고 의도적이거나 무의식적으로 숨기는 것을 말하며, 법적인 효과는 기본적으로 고지의무 위반과 동일하나 보험의 종류에 따라 차이가 있다. 중대한 사실은 보험계약 체결에 영향을 줄 수 있는 사항을 말한다.

담보(보증)는 보험계약의 일부로서 피보험자가 진술한 사실이나 약속을 의미한다. 담보는 보험계약의 성립과 효력을 유지하기 위하여 계약자가 준수해야 하는 조건이다. 담보의 내용은 여러 가지 형태를 취할 수 있는데 어떤 특정한 사실의 존재, 특정한 조건의 이행, 보험목적물에 영향을 미치는 특정한 상황의 존재 등이 될 수 있다. 담보는 고지(진술)와 달리 계약자가 보험자에게 약속한 보험계약상의 조건이기 때문에 위반하게 되면 중요성의 정도에 관계없이 보험자는 보험계약을 해제 또는 해지할 수 있다. 담보는 사용되는 형태에 따라 상호 간에 묵시적으로 약속한 묵시담보(implied warranty)와 계약서에 명시적으로 약속한 명시담보(expressed warranty)로 구분된다. 또한 보증 내용의 특성에 따라 약속보증(promissory warranty)과 긍정보증(affirmative warranty)으로 구분된다(이경룡 2013 : 185). 약속보증은 피보험자가 보험계약의 전 기간을 통해 이행할 것을 약속한 조건을 의미하며, 긍정보증은 보험계약이 성립되는 시점에서 어떤 특정의 사실 또는 조건이 진실이거나 이행되었다는 것을 약속하는 것이다.

> **Tip** 최대선의의 원칙

① **은폐(의식적 불고지)**
계약자가 보험계약 시에 보험자에게 중대한 사실을 고지하지 않고 의도적이거나 무의식적으로 숨기는 것
② **담보(보증)** : 피보험자가 진술한 사실이나 약속
  ㉠ 담보의 사용되는 형태
    ⓐ **묵시담보** : 상호 간에 묵시적으로 한 약속
    ⓑ **명시담보** : 계약서에 명시적으로 한 약속
  ㉡ 보증 내용의 특성
    ⓐ **약속보증** : 피보험자가 보험계약의 전 기간을 통해 이행할 것을 약속한 조건
    ⓑ **긍정보증** : 보험계약이 성립되는 시점에 어떤 특정 사실 또는 조건이 진실이거나 이행되었다는 것을 약속하는 것

> **Tip** 보험계약의 법적 원칙

① **실손보상의 원칙**
실제 손실을 보상한다는 것으로서 이는 보험의 기본인 이득금지 원칙과 일맥상통하는 것
※ 실손보상 원칙의 예외 : ㉠ 기평가계약  ㉡ 대체비용보험  ㉢ 생명보험

② **보험자대위의 원칙**
보험자가 피보험자에게 보험금을 지급한 때에는 일정한 요건 아래 계약자 또는 피보험자가 가지는 권리가 보험자에게 이전하는 것
  ㉠ 보험자대위의 원칙 상법 규정
    ⓐ **목적물대위(잔존물대위)**
      보험의 목적이 전부 멸실한 경우 보험금액의 전부를 지급한 보험자는 그 목적에 대한 피보험자의 권리를 취득한다.
    ⓑ **제3자에 대한 보험대위(청구권대위)**
      손해가 제3자의 행위로 인하여 발생한 경우 보험금을 지급한 보험자는 그 지급한 금액의 한도 내에서 그 제3자에 대한 계약자 또는 피보험자의 권리를 취득한다.
  ㉡ 보험자대위의 원칙의 3가지 목적
    ⓐ 제3자와 보험자로부터 이중보상을 받아 이익을 얻는 것을 방지
    ⓑ 제3자에게 손실 발생의 책임을 묻는 효과
    ⓒ 계약자나 피보험자의 책임 없는 손실로 인해 보험료가 인상되는 것을 방지

③ **피보험이익의 원칙**
피보험이익은 계약자가 보험목적물에 대해 가지는 경제적 이해관계를 의미한다. 손해보험은 보험사고의 발생으로 입은 손해를 보상할 것을 목적으로 하는 보험이므로 그의 전제요건으로 손해를 입을 만한 이익이 존재하여야 한다.
※ 피보험이익의 원칙 3가지 목적 : ㉠ 도박 방지  ㉡ 도덕적 위태 감소  ㉢ 손실의 크기 측정

④ 최대선의의 원칙

보험의 대상은 미래지향적이며 우연적인 특성이 있기 때문에 일반 계약에서보다는 보험계약 시에 당사자 쌍방은 모든 사실에 대해 매우 높은 정직성과 선의 또는 신의성실이 요구됨을 의미한다.

> **Tip** **계법칙**(보험계약의 법적 원칙)- **실**손보**상**의 원칙, **보**험자대**위**의 원칙, **피**보험이(**리**)익의 원칙, **최**대**선**의의 원칙 : '코브라가 나오는 실상을 보니, 피리가 최선'이라는 것은 개법칙이야~!)

### 3  보험계약 당사자의 의무

보험계약은 최대선의의 원칙에 따라 쌍방이 최대한의 신의와 성실을 가지고 계약에 임해야 한다. 여기에서는 보험자의 의무와 계약자 또는 피보험자의 의무에 대해 개략적으로 살펴보기로 한다.

### 가. 보험자의 의무

보험계약에서 보험자의 기본적인 의무는 계약자 또는 피보험자가 자신의 여건에 적합한 보험상품을 선택하여 각종 위험에 대비하고, 만일의 경우 보험사고가 발생하면 신속하게 손해사정 절차를 진행하여 지체 없이 보험금을 지급함으로써 계약자 또는 피보험자가 곤란한 상황에 처하지 않고 경제활동을 재개할 수 있도록 하는 것이다. 보험계약과 관련하여 보험자의 의무를 정리해 보면,

첫 번째는 보험계약 시 계약자에게 보험상품에 대해 상세하게 설명하여 계약자가 충분히 이해한 상황에서 보험상품을 선택할 수 있도록 도와야 한다.

두 번째는 만일의 경우 보험사고가 발생하면 신속하게 손해사정 절차를 거쳐 피보험자에게 보험금이 지급되도록 해야 한다. 손해사정 과정에서도 전문적인 분야라는 점을 강조하여 계약자 또는 피보험자를 일방적으로 배제할 것이 아니라 손해사정의 과정을 계약자 또는 피보험자가 이해할 수 있도록 설명하여 손해사정 결과를 수긍할 수 있도록 해야 한다. 계약자 또는 피보험자가 손해사정 과정을 제대로 이해하지 못하면 보험상품에 대한 불신과 불만이 커져 다툼으로 확대될 가능성이 있다.

세 번째는 보험자는 보험경영을 건실하게 하여야 한다. 보험경영은 다수의 선의의 계약자들이 기여한 보험료를 밑천으로 하여 이루어지기 때문에 안정적이면서도 효율적으로 운영할 필요가 있다. 이 외에 보험자는 소비자인 계약자 또는 피보험자의 이익을 보호하기 위해 최선을 다해야 할 것이다.

> **Tip** **보험자의 의무**
> ① 보험상품에 대한 상세한 설명으로 충분히 이해시켜 계약자의 보험상품 선택을 도와야 한다.
> ② 보험사고가 발생하면 신속한 손해사정 절차를 거쳐 피보험자에게 보험금이 지급되도록 해야 한다.
> ③ 보험경영을 건실하게 하여야 한다.

### 나. 보험계약자 또는 피보험자의 의무

보험계약은 쌍방의 정보를 기반으로 이루어지기 때문에 각자 계약과 관련한 정보를 상대방에게 제공할

필요가 있다. 실제로는 보험자는 취급하는 보험상품의 정보(내용)를 공개하기 때문에 계약자가 주의 깊게 살펴보면 내용을 파악할 수 있다. 그러나 계약자 또는 피보험자와 관련한 정보는 계약자가 제공하는 정보에 의존할 수밖에 없다. 보험자가 계약자 또는 피보험자에 관한 정보를 확보하는 데에는 한계가 있기 때문이다.

따라서 관련 법령 등에서는 계약자 또는 피보험자가 지켜야 할 의무를 명시적으로 규정하고 있으며, 계약자의 의무 불이행 시 보험자가 계약을 해지할 수 있는 경우도 있다.

### 1) 고지의무

고지의무(duty of disclosure)는 계약자 또는 피보험자가 보험계약 체결에 있어 보험자가 보험사고 발생 가능성을 측정하는 데 필요한 중요한 사항에 대하여 진실을 알려야 할 보험 계약상의 의무를 말한다(한낙현·김흥기 2008 : 96).

고지의무를 이행하지 않는다고 해서 보험자가 강제적으로 그 수행을 강요하거나 불이행을 이유로 손해배상을 청구할 수 있는 것은 아니며, 보험자는 고지의무위반을 사유로 보험계약을 해지할 수 있을 뿐이다. 고지는 법률상으로 구두 또는 서면의 방법 등 어느 것도 가능하고 명시적이든 묵시적이든 상관은 없다. 현실적으로는 표준약관에 의하여 청약서에 기재하는 서면의 방법으로 이루어지고 있는 것이 보통이다. 고지해야 할 시기는 보험계약 체결 당시이다.

### 2) 통지의무

계약자 또는 피보험자의 의무에는 고지의무 외에 위험 발생과 관련하여 보험자에게 통지해야 하는 의무가 있다.

#### 가) 위험변경·증가의 통지의무

계약자 또는 피보험자가 보험사고 발생의 위험이 현저하게 변경 또는 증대된 사실을 안 때에는 지체 없이 보험자에게 통지하여야 한다. 이러한 위험변경·증가 통지의무의 발생 요건으로는 보험기간 중에 발생한 것이어야 하며, 또한 계약자 또는 피보험자가 개입할 수 없는 제3자의 행위이어야 한다.

#### 나) 위험 유지 의무

보험기간 중에 계약자 또는 피보험자나 보험수익자는 스스로 보험자가 인수한 위험을 보험자의 동의 없이 증가시키거나 제3자에 의해 증가시키도록 하여서는 안 될 의무를 지고 있다. 계약자 또는 피보험자, 보험수익자의 고의 또는 중대한 과실로 인하여 사고 발생의 위험이 현저하게 변경 또는 증대한 때에는 보험자는 그 사실을 안 날부터 1월내에 보험료의 증액을 청구하거나 계약을 해지할 수 있다.

#### 다) 보험사고 발생의 통지의무

계약자 또는 피보험자나 보험수익자는 보험사고의 발생을 안 때에는 지체 없이 보험자에게 통지해야 하며, 보험사고 발생 통지의무의 법적 성질에 대해서는 고지 의무나 위험변경·증가 통지의무와 같이 계약자 또는 피보험자, 보험수익자에게 그 의무 이행을 강제할 수는 없으나 보험금 청구를 위한 전제조건인 동시에 보험자에 대한 진정한 의무라고 할 수 있다.

### 3) 손해 방지 경감 의무

가) 손해 방지 경감 의무의 의의

우리나라 상법은 손해보험 계약에서 계약자와 피보험자는 보험사고가 발생한 경우, 손해의 방지와 경감을 위하여 노력하여야 한다고 규정(상법 제680조)하고 있는데, 이를 손해 방지 경감 의무라 한다.

나) 인정 이유

손해 방지 경감 의무는 보험계약의 신의성실의 원칙에 기반을 둔 것으로서 보험자나 보험단체 및 공익 보호라는 측면에서 인정된다. 또 보험사고의 우연성 측면에서도 고려해 볼 수 있는데 손해 방지 경감 의무를 이행하지 아니함으로써 늘어난 손해는 우연성을 결여한 것으로 볼 수 있다는 점이다.

다) 손해 방지 경감 의무의 내용

(1) 손해 방지 경감 의무의 범위

(가) 손해 방지 경감 의무를 지는 자의 범위

상법상 손해 방지 경감 의무를 지는 자는 계약자와 피보험자이다(상법 제680조). 또한 계약자나 피보험자의 대리권이 있는 대리인과 지배인도 손해 방지 경감 의무를 진다. 계약자나 피보험자가 다수인 경우, 각자 이 의무를 지는 것으로 본다.

그러나 이 의무는 손해보험에서만 발생하는 의무로서 생명보험을 포함한 인보험의 보험수익자는 손해 방지 경감 의무를 부담하지 아니한다.

(나) 손해 방지 경감 의무의 존속기간

① 발생 시점

우리나라 상법에서는 손해 방지 경감 의무에 대하여 "계약자와 피보험자는 손해의 방지와 경감을 위하여 노력하여야 한다"라고만 규정되어 있을 뿐 언제 이러한 의무를 부담하여야 하는가에 대해서는 언급하고 있지 않다. 그러나 대부분의 손해보험 약관에서는 '보험사고가 생긴 때에는' 또는 '보험사고가 생긴 것을 안 때에는'이라고 규정하여 손해 방지 경감 의무의 시점은 보험사고가 발생하여 손해가 발생할 것이라는 것을 계약자나 피보험자가 안 때부터라고 해석할 수 있다.

② 사고 자체의 예방이 포함되는지 여부

따라서 보험사고 발생 전의 보험기간은 손해 방지 경감 의무 존속기간이 아니며, 사고 자체를 막아야 하는 것은 이 의무에 포함되지 않는다.

③ 소멸 시점

계약자나 피보험자가 손해 방지 경감 의무를 부담하는 기간은 손해방지 가능성이 있는 기간 동안 존속하는 것으로 보아야 하므로 손해 방지 경감 의무의 소멸 시점은 손해방지의 가능성이 소멸한 때이다.

(다) 손해 방지 경감 의무의 방법과 노력의 정도

① 방법과 노력의 정도

손해 방지 경감 의무의 방법은 계약자나 피보험자가 그 상황에서 손해방지를 위하여 일반적으로 기대되는 방법이면 된다. 손해 방지 경감 의무 이행을 위한 노력은 계약자나 피보험자가 그들의 이익을 위하여 할 수 있는 정도의 노력이면 된다고 본다. 그러나 손해 방지 경감 의무의 방법과 노력의 정도는 임의로 정할 수 있는 것은 아니며, 보험계약의 최대선의의 원칙에 의거하여 사안별로 판단되어야 한다.

② 보험자의 지시에 의한 경우

보험사고 발생 시 사고 통보를 받은 보험자가 손해방지를 위하여 계약자나 피보험자에게 지시한 경우, 계약자 등이 이를 따라야 하는가 하는 문제와 보험자가 직접 손해 방지 행위를 하는 경우, 계약자 등이 이를 허용하여야 하는가 하는 문제가 있을 수 있다. 그러나 손해 방지 경감 의무가 보험단체와 공익 보호 측면에서 인정되고 있다는 점에서 허용되는 것으로 보아야 한다.

(2) 손해 방지 경감 의무 위반의 효과

계약자 또는 피보험자가 손해 방지 경감 의무를 해태한 경우의 효과에 대해서는 상법상 별다른 규정이 없다. 그러나 개별 손해보험 약관에서는 계약자 등이 고의 또는 중대한 과실로 이를 게을리한 때에는 방지 또는 경감할 수 있었을 것으로 밝혀진 값을 손해액에서 공제한다고 규정하고 있다. 즉 우리나라 손해보험 약관에서는 경과실로 인한 손해 방지 경감 의무 위반의 경우에는 보험자의 보험금 지급책임을 인정하고 중과실 또는 고의의 경우에만 보험자의 보험금 지급책임(늘어난 손해)을 면제하고 있다. 이는 손해 방지 경감 의무 위반을 구분하는 기준이 모호하고 이로 인한 계약자 또는 피보험자의 불이익을 방지하고자 하는 의도로 보인다.

(3) 손해 방지 경감 비용의 보상

(가) 보험금액을 초과한 경우도 보상

손해방지는 보험단체나 공익에 도움이 될 뿐만 아니라 결과적으로 보험자가 보상하는 손해액이 감소되므로 보험자에게도 이익이 된다. 이에 따라 우리나라 상법에서는 손해방지를 위하여 계약자 등이 부담하였던 필요 또는 유익한 비용과 보상액이 보험금액을 초과한 경우라도 보험자가 이를 부담하게 하였다(상법 제680조).

여기서 필요 또는 유익한 비용이란 비용지출 결과 실질적으로 손해의 경감이 있었던 것만을 의미하지는 않고 그 상황에서 손해경감 목적을 가지고 한 타당한 행위에 대한 비용이 포함된다고 본다.

(나) 일부보험의 경우

일부보험의 경우에는 손해방지 비용은 보험금액의 보험가액에 대한 비율에 따라서 보험자가 부담하고 그 잔액은 피보험자가 부담한다.

> **Tip** 보험계약자 또는 피보험자의 의무
>
> ① 고지의무
> 계약자 또는 피보험자가 보험계약 체결에 있어 보험자가 보험사고 발생 가능성을 측정하는 데 필요한 중요한 사항에 대하여 진실을 알려야 할 보험 계약상의 의무
> ② 통지의무
> 위험 발생과 관련하여 보험자에게 통지해야 하는 의무
> ㉠ 위험변경·증가의 통지의무
> ㉡ 위험 유지 의무
> ㉢ 보험사고 발생의 통지의무
> ③ 손해 방지 경감 의무
> 계약자와 피보험자는 보험사고가 발생한 경우, 손해의 방지와 경감을 위하여 노력하여야 한다

## 4 보험증권 및 보험약관

### 가. 보험증권

#### 1) 보험증권의 의미

보험증권(insurance policy)은 보험계약 체결에서 그 계약이 성립되었음과 그 내용을 증명하기 위하여 보험자가 작성하여 기명, 날인 후 계약자에게 교부하는 증서이다(권 오 2011; 232). 보험자는 보험계약이 성립한 때 지체 없이 보험증권을 작성하여 보험계약자에게 교부하여야 한다. 그러나 보험계약자가 보험료의 전부 또는 최초의 보험료를 지급하지 아니한 때에는 그러하지 아니하다.

#### 2) 보험증권의 특성

보험증권은 보험계약 성립의 증거로서 보험계약이 성립한 때 교부한다. 보험증권은 유가증권이 아니라 단지 증거증권으로서 배서나 인도에 의해 양도된다.

보험증권은 보험자가 사전에 작성해 놓고 보험계약 체결의 사실을 인정하는 것이기 때문에 이를 분실하더라도 보험계약의 효력에는 어떤 영향도 미치지 않는다.

#### 3) 보험증권의 내용

보험증권의 내용은 ① 보험계약청약서의 기재 내용에 따라 작성되는 표지의 계약자 성명과 주소, 피보

험자의 성명과 주소, 보험에 붙여진 목적물, 보험계약기간, 보험금액, 보험료 및 보험계약 체결 일자 등이 들어가는 부분, ② 보험자가 보상하는 손해와 보상하지 아니하는 손해 등의 계약 내용이 인쇄된 보통보험약관, ③ 어떠한 특별한 조건을 더 부가하거나 삭제할 때 쓰이는 특별보험약관으로 구성되어 있다.

### 4) 보험증권의 법적 성격

#### 가) 요식증권성

보험증권에는 일정 사항을 기재해야 한다는 의미에서 요식증권의 성격을 갖는다(보험경영연구회 2021 : 134). 보험자가 보험증권에 기재하여야 하는 사항은 ① 보험의 목적, ② 보험사고의 성질, ③ 보험금액, ④ 보험료와 그 지급 방법, ⑤ 보험기간을 정한 때에는 그 시기(始期)와 종기(終期), ⑥ 무효와 실권(失權)의 사유, ⑦ 계약자의 주소와 성명 또는 상호, ⑧ 보험계약의 연월일, ⑨ 보험증권의 작성지와 그 작성 연월일 등이다. 이러한 기본적인 사항 이외에도 상법은 보험의 종류에 따라 각각 별도의 기재 사항을 규정하고 있다.

#### 나) 증거증권성

보험증권은 보험계약의 성립을 증명하기 위해 보험자가 발행하는 증거(證據)증권이다. 계약자가 이의 없이 보험증권을 수령하는 경우 그 기재가 보험관계의 성립 및 내용에 대해 사실상의 추정력을 갖게 되지만, 그 자체가 계약서는 아니다.

#### 다) 면책증권성

보험증권은 보험자가 보험금 등의 급여 지급에 있어 제시자의 자격과 유무를 조사할 권리는 있으나 의무는 없는 면책(免責)증권이다. 그 결과 보험자는 보험증권을 제시한 사람에 대해 악의 또는 중대한 과실이 없이 보험금 등을 지급한 때에는 그가 비록 권리자가 아니더라도 그 책임을 면한다.

#### 라) 상환증권성

실무적으로 보험자는 보험증권과 상환(相換)으로 보험금 등을 지급하고 있으므로 일반적으로 상환증권의 성격을 갖는다.

#### 마) 유가증권성

일부 종류 보험의 경우에 보험증권은 유가증권의 성격을 지닌다. 법률상 유가증권은 기명식에 한정되어 있지 않으므로 지시식(指示式) 또는 무기명식으로 발행될 수도 있다. 실제로 운송보험, 적하보험 등에서 지시식 또는 무기명식 보험증권이 이용되고 있다. 적하보험과 같이 보험목적물이 운송물일 경우 보험증권이 선하 증권과 같은 유통증권과 같이 유통될 필요가 있으므로 지시식으로 발행되는 것이 일반적이다. 그러나 생명보험과 화재보험 등과 같은 일반손해보험의 경우 보험증권의 유가증권성을 인정하는 것은 실익이 없을 뿐만 아니라 이를 인정하면 도덕적 위태와 같은 폐해가 발생할 수 있다. 다만 운송보험, 적하보험에서와 같이 보험목적물에 대한 권리가 증권에 기재되어 유통되는 경우 보험증권의 유가증권성을 인정하여 배서에 의한 보험금 청구권의 이전을 가능하게 하는 것이 타당하다.

> **Tip** 보험증권의 법적 성격
> ① 요식증권성  ② 증거증권성  ③ 면책증권성  ④ 상환증권성  ⑤ 유가증권성
>
> **Tip** 보험증권의 법적 성격 – **요**식증권성, 증**거**증권성, **면**책증권성, **상**환증권성, 유**가**증권성 : (증권 요결로 면상까~!)

### 나. 보험약관

#### 1) 보험약관의 의미

보험약관은 보험자와 계약자 또는 피보험자 간에 권리 의무를 규정하여 약속하여 놓은 것이다. 보험약관에는 계약의 무효, 보상을 받을 수 없는 경우 등 여러 가지 보험계약의 권리와 의무에 관한 사항들이 적혀 있다.

보험약관은 통상 표준화하여 사용되고 있다. 보험이라는 금융서비스의 성격상 다수의 계약자를 상대로 보험계약을 체결해야 하므로 정형화하지 않을 경우, 보험자 및 계약자 또는 피보험자의 관점에서 많은 불편이 발생할 수 있다. 즉, 통일성 결여 시 약관 조항의 의미에 대한 다양한 법적 시비가 발생하고, 일반 소비자가 일일이 약관의 내용을 확인하는 것이 어렵다.

#### 2) 보험약관의 유형

보험약관은 보통보험약관과 특별보험약관으로 구분된다. 보통보험약관은 보험자가 일반적인 보험계약의 내용을 미리 정형적으로 정하여 놓은 약관이다. 보통보험약관을 보충, 변경 또는 배제하기 위한 보험약관을 특별보험약관이라고 한다. 특별보험약관이 보통보험약관에 우선하여 적용되나 특약조항을 이용하여 법에서 금지하는 내용을 가능케 할 수는 없다.

#### 3) 보통보험약관의 효력

##### 가) 보험약관의 구속력

보통보험약관의 내용을 보험계약의 내용으로 하겠다는 구체적인 의사가 있는 경우뿐 아니라 그 의사가 명백하지 아니한 경우에도 보험약관의 구속력을 인정하지 않을 수 없다. 보통보험약관은 반대의 의사표시가 없는 한 당사자가 그 약관의 내용을 이해하고 그 약관에 따를 의사의 유무를 불문하고 약관의 내용이 합리적인 한 보험계약의 체결과 동시에 당사자를 구속하게 된다.

##### 나) 허가를 받지 않는 보험약관의 사법상의 효력

금융위원회의 허가를 받지 아니한 보통보험약관에 의하여 보험계약이 체결된 경우, 사법상의 효력의 문제는 그 효력을 인정하는 것이 타당하다. 물론 허가를 받지 않은 약관을 사용한 보험자가 보험업법상의 제재를 받는 것은 당연하고, 또 금융위원회의 허가를 받지 아니하고 자신의 일방적인 이익을 도모하거나 공익에 어긋나는 약관을 사용한 때에는 그 효력은 인정되지 않는다.

### 4) 보통보험약관의 해석

#### 가) 기본 원칙

당사자의 개별적인 해석보다는 법률의 일반 해석 원칙에 따라 보험계약의 단체성·기술성을 고려하여 각 규정의 뜻을 합리적으로 해석해야 한다(한낙현·김흥기 2008 : 95). 보험약관은 보험계약의 성질과 관련하여 신의성실의 원칙에 따라 공정하게 해석되어야 하며, 계약자에 따라 다르게 해석되어서는 안 된다.

보험 약관상의 인쇄 조항(printed)과 수기 조항(hand written) 간에 충돌이 발생하는 경우 수기 조항이 우선한다. 당사자가 사용한 용어의 표현이 모호하지 아니한 평이하고 통상적인 일반적인 뜻(plain, ordinary, popular : POP)을 받아들이고 이행되는 용례에 따라 풀이해야 한다.

#### 나) 작성자 불이익의 원칙(contra proferentem rule)

보험약관의 내용이 모호한 경우 즉, 하나의 규정이 객관적으로 여러 가지 뜻으로 풀이되는 경우나 해석상 의문이 있는 경우에는 보험자에게 엄격·불리하게 계약자에게 유리하게 풀이해야 한다는 원칙을 말한다.

## 5 재보험

### 가. 재보험의 의의와 특성

> **Tip** 재보험의 구조
>
>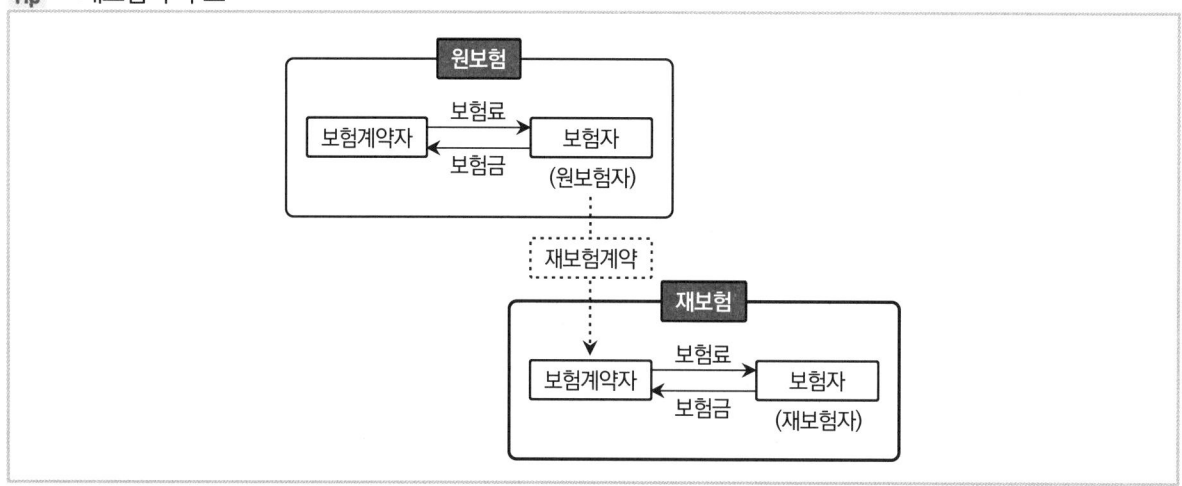

#### 1) 재보험의 의의

재보험이란 보험자가 계약자 또는 피보험자와 계약을 체결하여 인수한 보험의 일부 또는 전부를 다른 보험자에게 넘기는 것으로 경영에 중요한 역할을 한다.

최근 산업발전 및 기후변화와 함께 위험의 빈도가 크게 증가하면서 재보험의 역할은 날로 중요해지고 있다. 즉, 재보험은 원보험자가 인수한 위험을 또 다른 보험자에게 분산함으로써 보험자 간에 위험을 줄이는 방법이다. 따라서 원보험자와 재보험자 간에 위험 분담을 어떻게 하느냐 하는 것은 매우 중요하다. 재보험은 감당하기 어려울 수 있는 위험과 보상책임을 다른 보험회사와 분담해 주는 제도로 거대 위험과 피해 규모를 가지는 보험계약을 운영하는 원보험자의 피해보상 지급능력을 제고하기 위해 필수적인 보험제도이다.

예를 들어 농업재해보험은 자연재해의 정도와 피해규모가 증가함에 따라 원보험회사가 감당하기 어려울 정도의 막대한 재원이 필요할 수 있기에 보상책임 위험을 분산하기 위한 안전장치로 보험계약의 일부를 재보험회사에 인수시키는 재보험에 가입하고 있다.

### 2) 재보험 계약의 독립성

보험자는 보험사고로 인하여 부담할 책임에 대하여 다른 보험자와 재보험 계약을 체결할 수 있다. 이 재보험 계약은 원보험 계약의 효력에 영향을 미치지 않는다(상법 제661조). 이것은 원보험 계약과 재보험 계약이 법률적으로 독립된 별개의 계약임을 명시한 것이다.

### 3) 재보험 계약의 성질

재보험 계약은 책임보험의 일종으로서 손해보험 계약에 속한다. 따라서 원보험이 손해보험인 계약의 재보험은 당연히 손해보험이 되지만 원보험이 인보험인 계약의 재보험은 당연히 인보험이 되지 않고 손해보험이 된다. 그러나 재보험은 보험업법상 예외 규정에 따라 생명보험회사도 인보험의 재보험을 겸영할 수 있다.

### 4) 상법상 책임보험 관련 규정의 준용

상법상 책임보험에 관한 규정(상법 제4편 제2장 제5절)은 재보험 계약에 준용된다(상법 제726조).

## 나. 재보험의 기능

### 1) 위험 분산

재보험의 기능은 위험 분산이라는 데서 찾을 수 있다. 이를 세분하면 양적 분산, 질적 분산, 장소적 분산 등으로 나누어 볼 수 있다.

#### 가) 양적 분산

재보험은 원보험자가 인수한 위험의 전부 또는 일부를 분산시킴으로써 한 보험자로서는 부담할 수 없는 커다란 위험을 인수할 수 있도록 하는데, 이것이 위험의 양적 분산 기능이다.

#### 나) 질적 분산

원보험자가 특히 위험률이 높은 보험 종목의 위험을 인수한 경우 이를 재보험으로 분산시켜 원보험자의 재정적 곤란을 구제할 수 있도록 하는데, 이것이 위험의 질적 분산 기능이다.

다) 장소적 분산

원보험자가 장소적으로 편재한 다수의 위험을 인수한 경우, 이를 공간적으로 분산 시킬 수 있도록 하는데, 이것은 위험의 장소적 분산 기능이다.

## 2) 원보험자의 인수 능력(capacity)의 확대로 마케팅 능력 강화

원보험자의 인수 능력(capacity)의 확대로 마케팅 능력을 강화하는 기능을 한다. 원보험자는 재보험을 통하여 재보험이 없는 경우 인수할 수 있는 금액보다 훨씬 더 큰 금액의 보험을 인수(대규모 리스크에 대한 인수 능력 제공)할 수 있게 된다.

## 3) 경영의 안정화

실적의 안정화 및 대형 이상 재해로부터 보호해 주는 등 원보험사업의 경영 안정성(재난적 손실로부터 원보험사업자 보호)을 꾀할 수 있다. 즉 예기치 못한 자연재해 및 대형 재해의 발생 등으로 인한 보험영업실적의 급격한 변동은 보험사업의 안정성을 저해하게 된다. 재보험은 이러한 각종 대형 위험 등 거액의 위험으로부터 실적의 안정화를 지켜주므로 보험자의 경영 안정성에 큰 도움을 준다.

## 4) 신규 보험상품의 개발 촉진

재보험은 신규 보험상품의 개발을 원활하게 해주는 기능을 한다. 원보험자가 신상품을 개발하여 판매하고자 할 때 손해율 추정 등이 불안하여 신상품 판매 후 전액 보유하기에는 불안한 경우가 많다. 이 경우 정확한 경험통계가 작성되는 수년 동안 재보험자가 재보험사업에 참여함으로써 원보험자의 상품개발을 지원하는 기능을 하고 있다.

# CHAPTER 02 농업재해보험 특성과 필요성

## 제1절 농업의 산업적 특성

### 1 농업과 자연의 불가분성

우리 인간은 자연과 더불어 살아가기 때문에 인간의 모든 활동은 자연의 영향을 받는다. 따라서 인간이 생업을 위해 종사하는 모든 활동(산업)도 정도의 차이는 있지만 자연의 영향을 받는다고 할 수 있다. 그러나 농업은 자연과의 관련성 및 영향의 정도가 타 산업과는 크게 다르다. 농업은 물, 기온 및 토양 등 자연조건의 상태에 따라 성공과 실패, 풍흉이 달라지는 산업적 특성이 있기 때문이다.

농업은 생물인 농작물을 기르는 산업이기 때문에 물이 절대적으로 필요하다. 그러나 물이 너무 많아도 안되고 너무 적어도 안된다. 또한 작물과 시기에 따라 필요한 양이 달라 물(수분)은 제때에 적절하게 공급되어야 한다.

물이 지나치게 많으면, 즉 비가 많이 내리면 농작물 생육에 지장을 초래하고 농작물 자체가 잠기거나 유실되어 생산량의 감소를 초래한다. 비가 많이 내리는 것이 호우(豪雨)이며, 비가 장기간 내리는 것이 장마이다. 우리나라는 온대기후에 속해 여름철에 비가 많이 내리고 봄·가을에는 적게 내리는 계절적 특성이 있다. 그러나 최근 들어 지구온난화로 인한 이상기후로 인해 여름철 강우는 적어지는가 하면 가을장마가 자주 발생하기도 한다. 반대로 물이 지나치게 부족하면 농작물 생육을 저해하고 심한 경우에는 농작물이 고사(枯死)하기도 한다. 비가 장기간 오지 않아 물 부족이 심한 가뭄이 발생하면 인간의 노력으로 대처하는 데 한계가 있다.

물 부족이나 과잉에 대비하기 위한 것이 저수지 설치나 농업용 또는 다목적 댐을 건설하는 것이다. 비가 오는 장마철에는 물을 최대한 가두어 홍수 조절 기능을 하고 가뭄 때에는 농업용수로 공급하기 위해서다. 1960~70년대에는 가뭄과 홍수가 연례행사처럼 발생했으나 전국적으로 저수지 설치와 개·보수 및 다목적 댐 건설 등으로 과거에 비해 가뭄과 홍수는 많이 줄어들었다. 그러나 가뭄이나 호우가 장기간 대규모로 발생하면 인간이 대처하는 데는 한계가 있어 재해로 발전한다.

농업에서 온도(빛)도 필수이다. 파종부터 생육 과정을 거쳐 결실을 맺어 수확하기까지의 과정에서 온도와 빛이 적당하게 주어져야 한다. 이들이 부족하게 되면 생육이 더디거나 불완전하여 결실이 불충분하므로 수확량이 적어지고 너무 많으면 웃자라거나 시들어 버려 결실을 맺지 못한다. 농작물이 생육에 필요한 광합성 작용을 하기 위해서는 빛이 절대적으로 필요하다. 때문에 열과 빛을 동시에 공급하는 햇빛(일조시간)은 농업에서 중요한 역할을 한다.

기온이 지나치게 낮으면(이상저온) 생육을 멈추거나 심한 경우 동해(凍害)를 입게 된다. 근래 들어 사과와 배 등 과수의 경우 꽃 필 무렵에 이상저온이 며칠간 이어져 꽃이 어는 피해가 자주 발생한 것이 대표적이다.

개화기뿐만 아니라 작물 생육기간에 이상저온이 발생하면 생장 및 결실에 부정적 영향을 미친다. 반대로 기온이 적정 수준보다 높아도 작물 생장에 지장(고온 장애)을 초래한다. 기온이 지나치게 높으면 생장을 멈출 뿐만 아니라 심한 경우 시들거나 고사(枯死)하기도 한다. 몇 년 전 여름철 고온이 장기간 지속되어 사과 등 과일이 햇빛에 데는 일소(日燒) 피해가 발생한 적이 있다. 햇빛은 적정 온도를 유지하는 것 외에도 농작물의 광합성에 없어서는 안 된다. 구름에 가려 햇빛이 비치지 않는 흐린 날이 장기간 지속되면 농작물 생육에 지장을 초래한다.

아울러 농업을 영위하기 위해서는 적당한 토지(농지)가 필수적이다. 토지는 인간이 만든 것이 아니라 지구의 지각변동에 의해 만들어진 것이다. 다만 인간은 농업에 사용할 목적으로 토지를 변용하여 농지를 조성할 뿐이다. 그러나 토지라 해도 동일하지 않고 토지를 구성하는 요소들의 내용에 따라 토지의 성질은 다양하다. 또한 모든 토지가 농업용으로 적합한 것은 아니며, 농업에 적합한 토지는 매우 제한적이다. 농작물 생육에 적합한 토지에서 농사를 지으면 질 좋은 농작물을 많이 생산할 수 있지만, 적합하지 않은 토지에서 작물을 재배하면 기대하는 만큼의 수확을 하기 어렵다. 또한, 토양 성분이 지역마다 다르기 때문에 해당 토양에 적합한 작물과 품종을 선택해야 한다.

〈그림 2-1〉 자연과 농산업의 관계

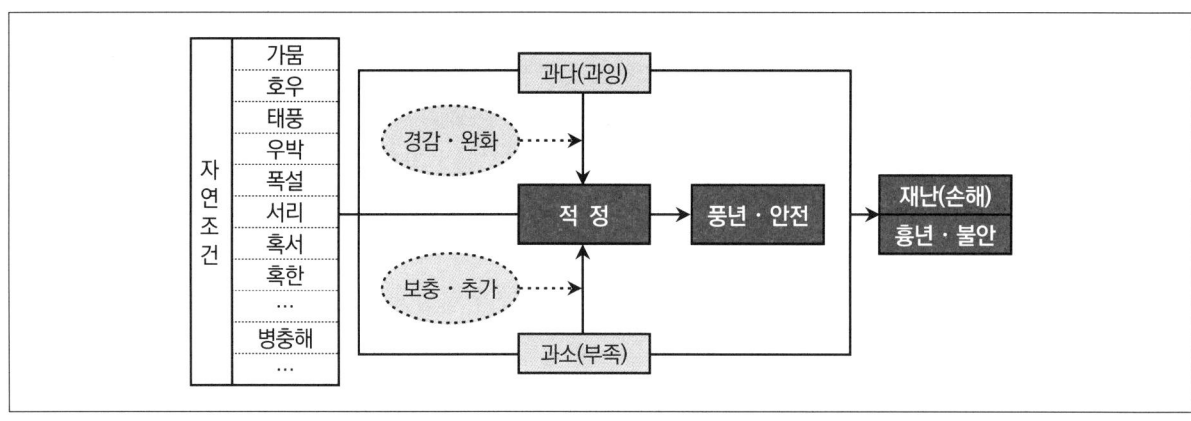

이와 같이 생물(농작물)을 생산(재배)하는 농업은 물(水), 불(火·光), 땅(土)과 바람(風) 같은 자연조건이 알맞아야 한다. 농작물 생육기간에 이러한 자연요소들이 조화를 이루면서 적절하게 주어질 때 풍성한 수확을 기대할 수 있다. 이러한 자연요소들 중 어느 하나라도 과다하거나 과소하면 수확량의 감소를 초래하게 되며 이렇게 농산물의 손실을 야기하는 것을 농업재해(災害, disaster)라고 한다. 적절한 물, 불, 흙 및 바람 등은 생명체의 생장에 없어서는 안 될 필수요소들이지만 과다하거나 부족하면 생명체에 위협 요인으로 작용한다.

따라서 농업은 자연조건을 얼마나 잘 활용하느냐에 성패가 달려 있다. 기본적으로는 자연에 순응하는 방향으로 농업을 영위하며, 지역마다 토질은 물론 기온 및 강수량 등의 여건이 다르기 때문에 해당 지역의 자연조건에 적합한 작물과 품종을 선택하는 것이 바람직하다. 농업인은 이러한 적지적작(適地適作)의 토대 위에 생산 필수요소의 과다·과소로 인한 부정적인 영향을 최소화 하기 위해 농업기술을 사용한다. 과학 기술의 발달에 따라 농업생산성이 크게 증가해왔으나, 자연의 영향으로부터 완전히 벗어날 수는 없다.

위와 같이 농업은 특성상 다른 산업에 비해 기후나 자연조건에 영향을 많이 받는 산업으로 이상기후 등으로 인한 자연재해에 취약하다. 그렇기에 많은 국가들이 자연재해에 취약한 농업을 보호하기 위해 여러 보호장치를 갖추고 있다.

## 2 농업재해의 특성

위에서 살펴본 바와 같이 농업은 자연과 불가분의 관계에 있다. 농업은 주어진 자연조건에 적응하면서 때로는 적절히 활용하여 농작물을 생산한다. 농업인은 자연조건에 가장 적합한 방법들을 택해 영농활동을 한다. 농업인 나름대로는 최선을 다한다고는 하지만 때로는 다양한 농업재해들이 발생하는데 이들의 특징을 살펴보면 다음과 같다.

### 가. 불예측성

농업재해는 언제 어디에서 어느 정도로 발생할지 예측하기가 어렵다. 기상청에서는 장기예보 및 단기예보를 발표한다. 실시간 기상 상황의 변화도 알려주고 있다. 여러 위성으로부터 정보를 받아 대형 컴퓨터 등 첨단 과학 장비를 동원하여 전문가들이 분석한 결과를 발표하는 것이다. 과거에 비해 정확도가 많이 높아지기는 했지만 아직도 기상 발표와 실제 날씨가 맞지 않는 경우가 적지 않다.

일기예보를 보고 사업이나 야외 행사, 여행 등을 계획하다가 예보와 달라지면 낭패를 보게 된다. 농업인들은 본인의 경험과 장기예보를 토대로 한 해 농사를 계획하는데 장기예보가 맞지 않으면 일 년 농사를 망치게 된다. 농업인들은 기상재해로 인한 피해를 막거나 최소화하기 위해서는 항상 기상예보와 기상 상황에 주의를 기울일 필요가 있다.

일반인들은 고가의 첨단장비를 가지고도 날씨를 정확하게 맞추지 못한다고 불만을 터뜨리기도 한다. 그러나 기상예보가 실제 날씨와 맞지 않는 것이 첨단장비의 결함이나 전문가의 분석력이 부족한 탓이라기보다는 기상 변화가 그만큼 심하기 때문이라고 볼 수 있다. 특히 지구온난화로 인한 이상기후로 인해 과거에는 발생하지 않던 패턴이 나타나기 때문에 기상 변화를 예측하기가 쉽지 않다.

### 나. 광역성

기상재해는 발생하는 범위가 매우 넓다. 몇 개 지역에 걸쳐 발생하기도 하고 때로는 전국적으로 발생하기도 한다. 발생하는 지역의 범위도 시시각각으로 변한다. 예를 들어 농업인들은 태풍이 어느 경로를 통해 어느 정도의 폭으로 지나갈지 모르기 때문에 태풍이 발생해서 소멸될 때까지 주시해야 한다. 재해가 발생하면 인근 지역 전체가 재해를 입기 때문에 농업인들은 각자의 재해복구에도 손이 모자라기 때문에 다른 농가를 도울 여력이 없다. 재해가 일정 지역을 넘어서 대규모로 발생하면 특정 지역의 문제가 아니라 범국가적인 문제가 된다.

### 다. 동시성 · 복합성

기상재해는 한 번 발생하면 동시에 여러 가지 재해가 발생한다. 예를 들어 여름철에는 장기간 비가 계속

내리는 장마가 발생하는데 장마가 오래 지속되면 습해 및 저온 피해가 발생한다. 장마 중에 강풍을 동반한 집중호우가 발생하기도 한다. 태풍은 집중호우를 동반하는 것이 일반적이다. 긴 장마가 끝나면 병충해가 연례행사로 발생한다. 이렇게 몇 개의 재해가 동시에 발생하면 농업인들은 그만큼 대응하기가 더 어려워진다.

## 라. 계절성

우리나라는 온대지역에 속해 4계절이 있다. 최근 지구온난화로 봄과 가을은 짧아지고 여름과 겨울이 길어지는 경향이 있지만 아직 4계절은 뚜렷하다. 동일한 재해라도 계절에 따라 영향은 달라진다. 비를 예로 들면 연중 비가 고르게 내린다면 재해가 아니라 농사에 지원군이 된다. 그러나 우리나라의 경우 연간 강수량 중 절반 이상이 여름철에 집중된다. 이 기간은 농작물이 한창 생육하는 때라서 장마나 집중호우는 풍흉에 직접적으로 영향을 미친다. 겨울철에 드물기는 하지만 장마가 발생하는 경우가 있다. 겨울철에 농사를 짓는 일부 작목에는 막대한 영향을 주겠지만 여름철에 비해 농사에 미치는 영향은 적다. 오히려 겨울철 비나 눈은 봄철 모내기나 농사에 필요한 농업용수의 중요한 공급원이 된다.

태풍도 주로 영농철인 여름에 발생한다. 집중호우와 강풍을 동반한 태풍 피해는 엄청나다. 태풍의 경우 언제나 막대한 피해를 초래하지만, 특히 늦여름이나 가을 태풍은 일 년 농사에 치명적이다. 벼의 경우 이삭이 패 조금만 바람이 불어도 쓰러지고 과일은 비대해질 대로 비대해져 태풍이 지나가면 일 년 농사 결실이 다 떨어진다.

## 마. 피해의 대규모성

가뭄이나 장마, 태풍 등이 발생하면 이로 인한 피해는 막대하다. 개별 농가 입장에서도 감당하기가 어려울 뿐만 아니라 지역(지자체 수준)에서도 감당하기가 쉽지 않다. 전국적으로 발생하는 긴 장마는 이상저온으로까지 이어지게 되면 전국적으로 막대한 손실을 초래할 수 있다.

## 바. 불가항력성

각종 기상재해를 방지하거나 최소화하기 위해 다양한 수단과 방법이 동원된다. 농가는 지역의 기후조건에 적합한 작목과 품종을 선택하여 비배관리도 적절히 함으로써 최대의 수확을 거두려고 한다. 국가 차원에서는 저수지나 댐을 만들어 가뭄과 홍수에 대비하고 경지정리와 관·배수시설 등 농업생산 기반을 조성하여 농업인의 영농활동을 수월하게 한다. 그러나 이러한 노력에도 불구하고 각종 자연재해가 발생하고 있다. 특히 최근 들어 지구온난화에 의한 이상기후로 자연재해는 예측하기도 어렵고 일단 발생하면 피해 규모도 막대하다. 농가 및 국가 차원에서는 지속적으로 대비책을 강구하고 있지만 농업재해는 불가항력적인 부분이 크다.

> **Tip 농업재해의 특성**
> ① 불예측성 ② 광역성 ③ 동시성·복합성 ④ 계절성 ⑤ 피해의 대규모성 ⑥ 불가항력성
>
> Tip 농업재해의 특성 - **불예**측성, **광역**성, **동시·복합**성, **계절**성, 피해의 **대규모**성, **불가항력**성 : (불에 가까이 관여하면 동복(겨울옷) 계피대(개피해되는 것은) 불가항력이야)

## 제2절 농업재해보험의 필요성과 성격

### 1 농업재해보험의 필요성

#### 가. 농업경영의 높은 위험성

농가가 직면하는 농업경영위험으로는 농축산물 생산과정에서 기후변화나 병해충 발생 등으로 인한 생산량과 품질의 저하에 따른 생산위험, 생산한 농산물 혹은 농업용 투입재의 가격변동에 따른 가격위험, 대출관련 이자율, 농업자금 접근성 등 재무관련 상황 변화에따른 재무위험, 세금, 가격 및 소득지지, 환경규제, 식품안전, 노동 및 토지 규제 등 정부정책과 제도 등의 변동에 따른 제도적 위험, 농가 가족구성원의 사고, 질병, 사망 등에 다른 인적위험 등이 있다. 이러한 다양한 농업경영위험에 직면하는 농업생산자들은 영농다각화, 계약재배 및 판매 다각화, 선물 및 옵션시장 활용, 효율적 재무관리, 농외소득 창출 등의 자구적 노력을 하고 있다.

그런데 농업은 다른 산업에 비해 기후와 병해충 등 인간이 통제하기 어려운 다양한 변수들에 의해 많은 영향을 받을 뿐 아니라 수급 특성상 가격 불확실성이 매우 크기 때문에 개별 농업생산자가 직면하는 다양한 경영위험을 관리하기는 매우 어려운 측면이 있다. 따라서 어느 국가나 개별 농가가 모두 해결하기 어려운 경영위험을 줄여주기 위한 정책 수단을 마련하는 것이 필수적이다. 특히 미국, EU, 일본 등 주요 선진국들은 농가가 직면하는 농업경영위험에 대응하기 위해 일정수준의 보험료를 국가가 지원해주는 농업재해보험을 핵심적 농가경영안정장치로 활용하고 있다.

특히 최근에는 전 세계적 기후변화에 따른 이상 기후 현상이 심화되고 있어 이에 대비한 농가 경영안정제도로서 농업재해보험의 중요성이 높아지고 있으며, 농가의 경영 및 소득안정 장치로서 농업재해보험 제도가 강화되는 추세이다. 왜냐하면 농업재해보험제도와 같은 농업경영 위험관리제도가 있어야 농가가 더 합리적인 투자와 생산 활동을 할 수 있게 될 것이다. 우리나라의 경우에도 최근 기후변화로 인해 과거보다 집중호우, 태풍, 가뭄, 폭염, 우박, 강풍, 한파, 폭설 등 극심한 자연재해의 빈도가 증가하고 있고, 병해충과 가축질병도 자주 발생하면서 농업부문의 피해 규모가 눈에 띄게 증가하고 있다. 이런 측면에서 농가의 지속적인 영농활동을 위한 농업경영위험 관리 장치로서 농업재해보험의 중요성이 강조되고 있다.

#### 나. 농업재해의 특수성

농업재해는 일단 발생하면 광역적이며 대규모로 발생하여 사람의 노력으로 대처하는 데에는 한계가 있다. 앞에서 농업재해의 특성을 살펴보았지만 다시 요약해보면 첫째, 불시에 광범위한 지역에서 동시다발적으로 발생한다는 점이다. 기상관측기술의 발달로 어느 정도 예측 및 대응이 가능하지만, 그 영향이 어느 범위까지 미칠지를 알기 어렵다(예측 불가능성). 또한 광범위한 지역에서 동시에 발생하기 때문에 설령 예측이 가능하다고 하더라도 대처하는 데 한계가 있다(동시 광역성). 둘째, 발생지역에 따라 피해 정도의 차이가 크다. 동일한 재해라고 하더라도 지역에 따라 피해가 심한 지역이 있는가 하면, 경미한 피해에 불과한 지역도 있다(피해의 불균일성). 따라서 재해 규모만으로 피해를 획일적으로 규정하기 어렵다. 셋째,

계절별로 다른 재해가 발생한다. 작물 및 계절별로 발생하는 재해의 종류가 상이하다. 반대로, 동일한 재해라도 농작물에 주는 영향이 계절에 따라 다르다(피해 발생의 이질성). 넷째, 대부분의 자연재해는 불가항력적이다. 기상관측기술의 발달과 각종 생산기반시설의 확충 및 영농기술의 발달 등으로 어느 정도의 자연재해는 극복할 수 있지만, 이상기상으로 인한 대규모 재해는 인간이 대응하는 데 한계가 있다(불가항력성). 이렇게 농업재해가 불시에 광범위한 지역에서 대규모로 발생할 경우 개별 농가 수준에서 스스로 재해의 충격 및 손실을 극복하는 데에는 한계가 있다.

이와 같이 불가항력적인 자연재해로 인한 경제적 손실을 보전하는 수단이자 농업재해 위험에 대비하기 위한 수단으로 탄생한 것이 바로 농업재해보험제도이다. 농업재해보험은 자연재해로 인해 극심한 경제적 손실을 입은 농가에게 보험원리를 이용하여 손실을 보전하는 제도이다. 특히 세계적인 기상이변으로 인한 자연재해의 빈발과 1995년 WTO 체제 출범 이후 가격정책에 의한 농가지원이 한계에 달한 상황에서 국제적으로도 농업재해보험제도를 농가경영안정을 위한 주요 정책수단의 하나로 적극 활용하고 있다.

### 다. 국가적 재해대책과 한계

국가는 국민의 생명과 재산을 보호할 책임이 있다. 헌법은 "국가는 재해를 예방하고 그 위험으로부터 국민을 보호하기 위해 노력하여야 한다(제34조 제6항).”라고 국가의 책임을 규정하고 있다. 「재난 및 안전관리 기본법」에서는 "국가와 지방자치단체는 재난이나 그 밖의 각종 사고로부터 국민의 생명·신체 및 재산을 보호할 책무를 지고, 재난이나 그 밖의 각종 사고를 예방하고 피해를 줄이기 위하여 노력하여야 하며, 발생한 피해를 신속히 대응·복구하기 위한 계획을 수립·시행하여야 한다.”라고 규정하여 국가책임을 명확히 하고 있다.

농업 분야는 재해에 취약한 산업적 특성을 고려하여 국가적 재난 대책 외에 별도의 법령인 「농어업재해대책법」에 근거해 농업재해대책을 시행하고 있다. 그러나 농업재해대책은 개별 농가의 재해로 인한 손실을 보전하는 것이 아니라 집단적으로 발생한 재해 지역의 농가에게 재해복구를 지원하는데 목적이 있다. 즉, 농업재해대책은 재해복구지원대책이지 재해로 인한 손실을 보전하는 제도는 아니기 때문에 재해 입은 농가의 손실을 보전하는 데에는 한계가 있다.

### 라. WTO협정의 허용 대상 정책

국가에서는 여러 농업 보호정책을 시행해왔지만 WTO 체제가 출범하면서 그동안 농가를 직접 지지해오던 가격정책은 축소하거나 폐지해야 했다. 자유무역질서에 영향을 줄 수 있는 각국의 농업정책들은 축소하거나 폐지하기로 합의했기 때문이다. 그러나 각국의 열악한 농업을 보완하는 정책은 허용되는데, 직접지불제와 농업재해보험 등이 이에 해당한다. 따라서 WTO 체제하에서도 허용되는 정책인 농업재해보험을 농가 지원을 위한 수단으로 적극 활용할 필요가 있다.

> **Tip 농업재해보험의 필요성**
>
> ① 농업경영의 높은 위험성　　　② 농업재해의 특수성
> ③ 국가적 재해대책과 한계　　　④ WTO협정의 허용 대상 정책

## 2  농업재해보험의 성격 : 정책보험

### 가. 농업재해대응에서 정부의 역할

정부의 역할은 농업인이 대응하기 어렵거나 시장 기구에 의존하여 해결하기 어려운 위험을 관리하고 기반을 마련하는 데 있다. 이때, 위험의 크기와 범위를 기준으로 정부 개입 수준을 결정할 수 있다. 위험 영향이 크고, 다수 농가들에게 상호 연관이 있는 경우에는 정부 개입이 강화되어야 하는 반면, 위험발생 가능성이 높지만, 위험이 발생해도 피해손실 정도가 크지 않은 위험(통상 위험)이나 개별 농가에 특정적으로 나타는 위험에 대해서는 자율 관리가 강화되어야 한다.

따라서 〈그림 2-2〉에 제시된 것처럼 정부 개입이 동일한 수준을 나타내는 선은 우하향하게 된다. 위험 영향이 큰 재해에 대해서는 위험이 특정 농가·품목·지역에 한정되더라도 정부의 개입이 필요하다. 마찬가지로 전체 농가에 영향을 미치는 위험의 경우, 그 크기가 작다고 하더라도 정부의 개입이 필요하다. 반면, 같은 크기의 위험이라고 하더라도 특정 품목이나 농가에 한정된다면 정부의 역할은 축소된다.

위험 영향이 크고, 다수 농가들에게 상호 연관이 되는 위험이 발생한 경우, 정부는 농업재해보험을 포함한 직접지원, 예방사업 등 각종 수단을 활용하여 경영위험관리 역할을 일정 부분 분담한다.

〈그림 2-2〉 위험 분류와 위험관리 주체 구분

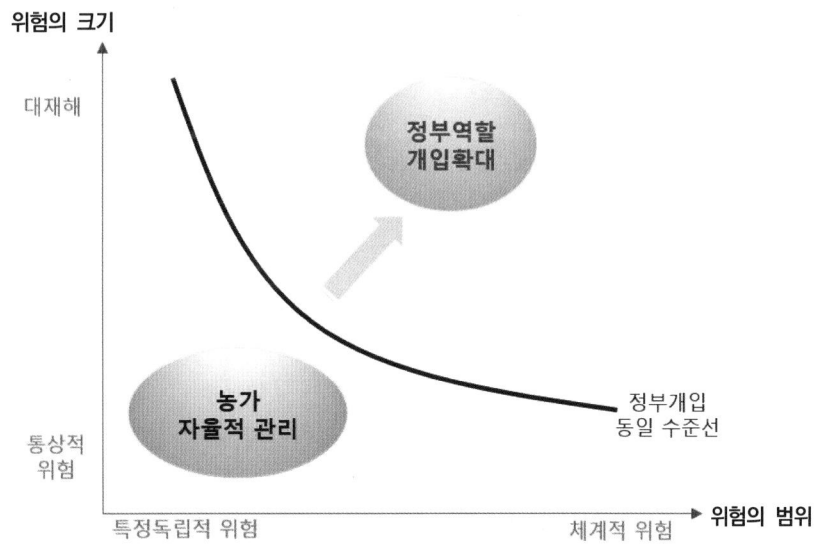

> **Tip**  〈그림 2-2〉의 이해
> ① 종축(위험의 크기) : 피해손실 정도 크기에 따라 통상적 위험과 대재해로 구분한다.
> ③ 횡축(위험의 범위) : 특정 품목이나 농가에 한정되는지에 따라 특정 독립적 위험과 체계적 위험으로 구분한다.

## 나. 정책보험으로서의 농업재해보험

자유경쟁시장에서는 모든 상품(보험도 상품)은 수요와 공급이 일치하는 점에서 가격이 결정되고 거래가 이루어진다. 이를 기하학적으로 설명하면 〈그림 2-3〉의 왼쪽과 같이 수요(D)와 공급(S)이 만나는 점에서 시장균형 가격(P)이 결정되고, 시장균형 수량(Q)만큼의 거래가 이루어진다. 민간보험회사가 개발하여 운영하는 보험상품의 경우에도 보험계약자의 수요와 보험회사의 공급이 일치하는 수준에서 보험료(P)와 보험수량(계약건수 Q)이 결정될 것이다.

〈그림 2-3〉 수요와 공급

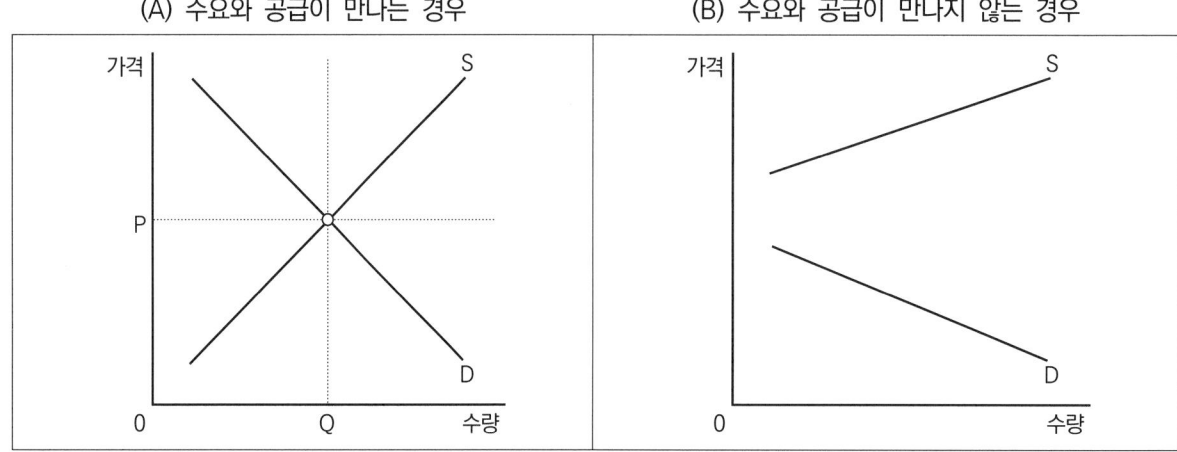

그러나 〈그림 2-3〉의 오른쪽과 같이 수요와 공급이 만나지 않으면 거래가 이루어지지 않는데, 농업재해보험이 이러한 경우로 일반적인 보험시장에만 의존하면 농업재해보험은 거래가 이루어지기 어렵다. 왜냐하면 농업재해보험의 경우 재해의 빈도와 규모가 크고, 자연재해에 대한 손해평가의 복잡성과 경제력이 취약한 농업인을 대상으로 하므로 민간보험회사가 자체적으로 농업재해보험을 개발하여 운영하는 것은 현실적으로 어려운 측면이 있기 때문이다. 농업인 입장에서는 농업재해보험이 필요하다는 것은 알지만 높은 가격(보험료)을 지불하고 보험을 구입(가입)하기에는 경제력이 부족하여 망설일 수 있다. 한편 보험자의 입장에서는 농업재해보험을 운영하기 위해서는 일정한 가격을 유지해야 한다. 가격을 낮추어 농업재해보험을 판매한다면 거대재해가 발생하는 농업의 특성을 고려하여 충분한 준비금을 쌓을 수 없을 것이다. 이와같이 농업인과 보험자의 입장이 크게 다른 상황에서는 보험자가 농업재해보험상품을 판매한다고 하더라도 거래가 이루어지기는 어렵다. 일부 특수한 경우에 민영보험으로 운영되는 경우가 있기는 하지만, 대부분의 국가에서 농작물재해보험을 정책보험으로 운영하고 있는 이유이다. 우리나라를 포함하여 미국, 일본 등 주요국에서 농작물재해보험을 정책보험으로 추진하는 것은 일반보험과 달리 보험시장의 형성이 어렵기 때문이다. 농업은 특성상 여타 산업에 비해 자연재해에 의해 가장 많은 피해를 보는 분야로 어느 국가에서나 재해대비 농업경영안정을 위한 정책수단 마련은 국가적 과제이다. 따라서 농업재해보험제도는 농가의 농업경영안정을 위한 핵심적 정책 수단의 하나로 국가가 보험상품의 개발과 운영뿐아니라 보험료 지원 등을 통해 개입하는 정책보험의 성격을 가진다.

〈그림 2-4〉 정책보험으로서의 농업재해보험

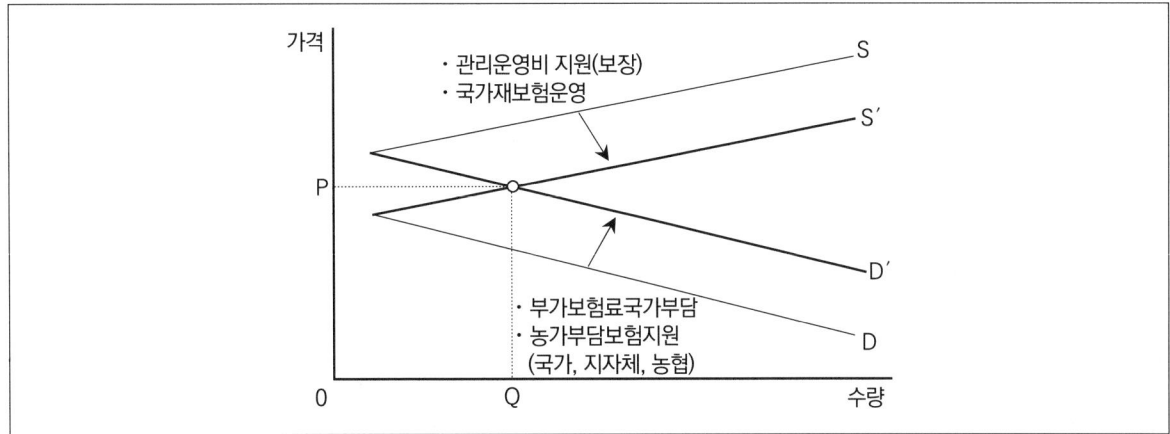

예를 들어 〈그림 2-4〉과 같이 국가가 농가가 부담할 보험료의 일부를 지원함으로써 농가의 보험상품 가입을 위한 구매력을 높여 수요를 증가시키고(D → D′), 공급자인 보험자에는 운영비를 지원하고, 재보험을 통해 위험비용을 줄여줌으로써 저렴한 가격에 농업재해보험 공급이 가능하도록 한다(S → S′). 결국은 변경된 수요와 공급이 만나는 수준에서 가격(P0)이 결정되어 Q0만큼의 농업재해보험이 거래된다. 이와 같이 농업재해보험이 보험시장에서 시장원리에 의해 거래되기 어려운 경우에 국가가 개입하게 되는데 국가 개입의 정도는 각국의 농업재해보험시장 상황에 따라 다르기 때문에 일률적으로 판단할 사항은 아니다.

## 제3절 농업재해보험의 특징

### 1 주요 담보위험이 자연재해임

민영보험사에서 취급하는 일반보험은 자연재해로 인한 피해를 보상하지 않는 반면, 농작물재해보험은 자연재해로 인한 피해를 대상으로 하는 특수한 보험이다. 자연재해는 한 번 크게 발생하면 그 피해가 너무 크고 전국적으로 발생하여 민영보험사에서 이를 감당하기 곤란하기 때문에 보험시장이 발달한 현재도 농작물재해보험만은 민영보험사에서 쉽게 접근하지 못하고 있다.

### 2 손해평가의 어려움

농작물·가축과 같은 생물(生物)의 특성상 손해액을 정확하게 평가하는 것은 어렵다. 재해 발생 이후 어느 시점에서 파악하느냐에 따라 피해의 정도가 달라질 수도 있다. 특히 농작물은 생물이기 때문에 재해가 발생한 이후의 기상조건이 어떠하냐에 따라 재해 발생 이후의 작황이 크게 달라진다. 또한 재해가 동시 다발적으로 광범위한 지역에서 발생하는데 비해 재해 피해를 입은 농작물은 부패 변질되기 쉽기 때문에 단기간에 평가를 집중해야 하므로 손해평가에 큰 비용 및 인력이 소요된다.

### 3 위험도에 대한 차별화 곤란

위험이 낮은 계약자와 높은 계약자를 구분하여 위험의 정도에 따라 적절한 수준의 보험료를 부과함으로써 지속 가능한 보험구조를 형성하는 것이 중요하다. 현행 농작물재해보험의 보험료율은 농가단위가 아닌 시·군단위로 책정하는 구조로 설계되었다. 이로 인해 재해가 많이 발생하는 시·군의 농가는 해당 지역에서 농사를 지고 있다는 이유로 보험료를 더 내야 한다. 농업 재해는 위험의 영향요인이 다양하고 복잡하게 얽혀있어 그 위험을 세분화하기가 쉽지 않은 실정이다.

### 4 경제력에 따른 보험료 지원 일부 차등

농업인의 경제적 부담을 줄이고 농작물재해보험 사업의 원활한 추진을 위해 정부는 순보험료의 50%를 지원하고, 지자체가 형편에 따라 추가적으로 도비와 시군비를 통해 보험료를 지원한다. 일부 지자체에서는 영세 농가의 경영 안정망 강화를 위해 영세 농가에 대해 보험료를 추가 지원한다. 반면, 비교적 경제력이 높은 농업인에 대해서는 보험료 지원의 한도를 설정하기도 한다. 예를 들어, '말'의 경우 마리당 가입금액 4천만원 한도 내에서 보험료의 50%를 지원하지만, 4천만원을 초과하는 경우에는 초과 금액의 70%까지 가입금액을 산정하여 보험료의 50%를 지원 방식으로 보험료 지원의 한도를 설정하고 있다.

### 5 물(物)보험 - 손해보험

농업재해보험은 농업생산과정에서의 재해로 인한 농작물·가축의 손실을 보험 대상으로 하고 있다. 즉, 사람을 대상으로 하는 인(人)보험이 아니라 농작물이라는 '물질'을 대상으로 하는 물(物)보험이며, 가입목적물인 농작물·가축의 손실을 보전한다는 측면에서 손해보험에 해당한다.

## 6 단기 소멸성 보험 – 농작물재해보험

농작물재해보험은 농작물의 생육이 확인되는 시기부터 농작물을 수확할 때까지의 기간에 발생하는 재해를 대상으로 하고 있다. 따라서 보험기간은 농작물이 생육을 시작하는 봄부터 농작물을 수확하는 가을까지로 그 기간은 1년 미만이기 때문에 단기보험에 해당한다고 할 수 있다.

## 7 국가재보험 운영

농업재해보험은 대부분의 국가에서 국가가 직간접적으로 개입하는 정책보험으로 실시되고 있다. 국가마다 구체적인 내용은 조금씩 다르지만, 국가는 농업인이 부담하는 보험료의 일부를 지원하고 보험사업 운영비의 전부 또는 일부를 부담한다. 이러한 국가의 재정적 지원에도 불구하고 농업재해보험사업자는 대규모 농업재해가 발생할 경우 그 위험을 다 감당하기 어렵기 때문에 재해보험사업 참여가 쉽지 않다. 따라서 국가에서 재해보험사업자가 인수한 책임의 일부를 나누어가지는 국가재보험을 실시한다.

> **Tip 농작물재해보험의 특징**
> ① 주요 담보위험이 자연재해임
> ② 손해평가의 어려움
> ③ 위험도에 대한 차별화 곤란
> ④ 경제력에 따른 보험료 지원 일부 차등
> ⑤ 물(物)보험 – 손해보험
> ⑥ 단기 소멸성 보험 – 농작물재해보험
> ⑦ 국가재보험 운영

## 제4절 농업재해보험의 기능

### 1 재해농가의 손실 회복

농업재해보험이 없는 상황에서 대규모 농업재해가 발생하면 농가에게 심각한 영향을 초래한다. 재해로 인한 충격이 몇 년간 지속되고 심한 경우에는 폐농(廢農)에 이르기도 한다. 그러나 농업재해보험을 통해 보험금이 지급되면 재해를 입은 농가는 경제적 손실의 상당 부분을 회복하게 된다. 원상회복까지는 아니더라도 보험금을 수령한 농가는 대출받은 영농자금을 상환할 수 있고 정상적인 경제생활을 영위할 수 있으며, 다음 해 영농 준비에도 차질을 빚지 않게 된다. 궁극적으로 농업재해보험은 농가 소득의 변동성을 감소시켜 농가의 생존 기간 및 생존율 증가에 기여할 수 있다.

### 2 농가의 신용력 증대

농업재해보험은 농가의 신용력을 높여주는 역할을 한다. 예기치 않은 재해로 커다란 손실을 입더라도 지급되는 보험금으로 손실의 상당 부분을 회복할 수 있기 때문에 금융기관에서는 대출한 자금 회수를 걱정하지 않아도 된다. 농업재해보험에 가입했다는 것만으로 농가의 신용을 보증하는 결과가 된다. 실제로 미국 등 농업보험이 발달한 국가에서는 금융기관에서 보험 가입 농가와 미가입 농가의 대출 조건을 달리하는 경우도 있다.

### 3 농촌지역 경제 및 사회 안정화

경제 발전으로 농업의 상대적 비중이 크게 작아지기는 했지만, 아직도 우리 농촌에서는 농업이 주요 산업으로 자리 잡고 있다. 대규모 농업재해가 발생하여 농업생산이 크게 감소하면 농가경제가 위축되고 농가의 구매력 감소는 지역경제에 부정적인 영향을 초래한다. 이런 상황에서 농업재해보험을 통해 생산감소로 인한 경제적 손실의 상당 부분을 복구할 수 있다면 농촌지역경제에는 별다른 영향을 미치지 않게 된다. 극단적인 경우에도 농업재해보험을 통해 일정 수준의 수입이 보장되기 때문에 지역경제에 불안 요소로 작용하지는 않는다. 이와 같이 농업재해보험은 재해로 농가에 경제적 타격이 심하더라도 상당한 수준까지 회복할 수 있도록 돕기 때문에 사회적으로도 안정된 분위기 조성에 기여할 수 있다.

### 4 농업정책의 안정적 추진

농업정책은 한정된 재원을 효율적으로 집행하기 위해 중요도와 시급성 등을 고려하여 예산을 편성한다. 일단 예산이 편성되면 융통성을 발휘할 여유는 거의 없다. 이러한 상황에서 예상치 못한 대규모 농업재해가 발생하면 예비비로는 부족하여 다른 예산으로 재해복구에 충당하다 보면 당초 계획했던 농업정책사업들의 재조정이 필요하고 혼란을 초래한다.

농업재해보험이 보편화되면 농업재해보험에 대한 국가의 재정적 지원 규모가 확정되기 때문에 농업정책당

국으로서는 우왕좌왕할 필요가 없다. 이는 중앙정부는 물론 지방정부도 마찬가지이다. 즉, 농업정책을 보다 안정적으로 계획대로 추진할 수 있다.

### 5 재해 대비 의식 고취

농업재해보험에 가입하지 않는 농가들도 재해 발생 시 이웃 농가가 보험금을 받아 경제적 손실을 복구해 평년과 비슷한 경제생활을 하는 것을 목격하면서 농업재해보험의 기능과 중요성을 인식하게 된다. 한편 보험에 가입한 농가는 평소 재해 발생을 대비하는 수단과 방법을 총동원해 재해 발생을 줄임으로써 보험료 부담을 경감하려고 노력하게 된다.

### 6 농업 투자의 증가

생산 위험으로 인한 소득 불안정성은 농가 경영의 불확실성을 유발하여 농업 투자를 억제하는 요인으로 작용한다. 동일한 수준의 위험을 감수하려는 농가의 경향으로 인해, 농업재해보험 가입을 통해 위험 수준이 감소하면 농가는 차입을 증가시켜 재무 위험 수준을 증가시키는 경향이 있는 것으로 알려져 있다. 즉, 농가는 농업재해보험에 가입하여 감소한 위험만큼 대출을 증가시켜 농업 투자를 확대할 수 있게 된다.

### 7 지속가능한 농업발전과 안정적 식량공급에 기여

농업재해보험제도는 자연재해의 위험으로부터 피해를 입은 보험가입 농가에게 보험금을 지급하여 경영위기 극복에 크게 기여해 왔다. 만일 농업재해보험제도 없이 상대적으로 높은 농업경영위험이 존재한다면 농업인의 생산과 투자 활동을 위축시키며, 궁극적으로 농업경쟁력을 떨어뜨리고, 국민을 위한 안정적 식량공급에도 어려움을 초래할 것이다. 이런 측면에서 농가의 농업경영위험 완화와 농업경영 안정화에 핵심적 장치라 할 수 있는 농업재해보험은 국가·사회적으로도 필수적인 지속가능한 농업발전과 국민에 대한 안정적 식량공급에 기여한다.

> **Tip 농업재해보험의 기능**
> 
> ① 재해농가의 손실 회복　　　　　　　② 농가의 신용력 증대
> ③ 농촌지역 경제 및 사회 안정화　　　④ 농업정책의 안정적 추진
> ⑤ 재해 대비 의식 고취　　　　　　　⑥ 농업 투자의 증가
> ⑦ 지속가능한 농업발전과 안정적 식량공급에 기여

## 제5절 농업재해보험 법령

### 1. 농어업재해보험법의 연혁

태풍 및 우박 등 빈번하게 발생하는 자연재해로 인한 농작물의 피해를 적정하게 보전하여 줄 수 있는 농작물재해보험제도를 도입함으로써 자연재해로 인한 농작물 피해에 대한 농가소득안전망을 구축하여 농업소득의 안정과 농업생산성의 향상에 기여하려는 목적으로 농작물재해보험법이 2001.1.26. 제정되었다.

농작물재해보험법 제정의 직접적인 계기가 된 것은 1999년 8월 제7호 태풍 올가로 인한 피해로 전국적으로 67명이 죽거나 실종되었고, 이재민 2만 5,327명이 발생하였으며, 재산피해는 1조 1,500억원으로 태풍 피해로 1조 원이 넘어선 것이 처음일 정도로 극심한 피해가 발생한 것에 따른 것이다.

2009년에는 농작물뿐만 아니라 농어업 전반에 관련된 재해에 대비하여 농어가의 경영안정을 종합적으로 관리·지원하기 위하여 재해보험 적용 대상을 농작물에서 양식수산물, 가축 및 농어업용 시설물로 확대하고, 재해보험의 대상 재해를 자연재해에서 병충해, 조수해(鳥獸害), 질병 및 화재까지 포괄하여 농어업 관련 재해보험을 이 법으로 통합·일원화하고 법제명도 "농어업재해보험법"으로 변경하는 등 2009.3.5. 전면 개정하여 2010.1.1.부터 시행하였다.

2014년에는 효과적인 보험상품 개발 등을 위한 농업재해보험사업의 관리에 관한 규정을 신설하고, 신속하고 공정한 손해평가를 위한 손해평가사 자격제도를 1년 간의 준비기간 이후에 시행하는 조건으로 도입하는 규정을 신설하였다.

2020년에는 양식수산물재해보험사업의 체계적인 관리·감독을 통해 양식수산물재해보험사업의 안전성과 전문성을 강화하기 위하여 양식수산물재해보험사업의 관리에 관한 업무를 농업정책보험금융원에 위탁할 수 있는 법적 근거를 마련하였으며, 22년부터 농업정책보험금융원에서 양식수산물재해보험사업관리 업무를 수행하고 있다.

〈농어업재해보험법 주요 변천 내역〉

| 연도 | 제·개정 및 시행일자 | 주요 내용 |
|---|---|---|
| 2001년 | 2001.1.26. 제정<br>2001.3.1. 시행 | 〈농작물재해보험법〉<br>• 농작물재해보험심의회 설치<br>• 보험 대상 농작물의 종류 피해 정도, 자연재해의 범위 등을 대통령령에서 정할 수 있는 근거 마련<br>• 재해보험사업자에 대한 관련 규정(선정, 지원 근거 등) |
| 2005년 | 2005.1.27. 개정<br>2005.4.28. 시행 | 〈농작물재해보험법〉<br>• 재해보험 운영에 필요한 비용 정부 전액 지원<br>• 국가재보험제도 도입<br>• 농작물재해보험기금의 설치 |

| 2007년 | 2007.1.26. 개정<br>2007.7.27. 시행 | 〈농작물재해보험법〉<br>• 농작물재해보험의 대상이 되는 구체적인 농작물의 품목과 보상 대상 자연재해의 범위를 법률에 직접 규정 |
|---|---|---|
| 2010년 | 2009.3.5. 개정<br>2010.1.1. 시행 | 〈농어업재해보험법〉: 법제명 개정<br>• 농어업 관련 재해보험을 이 법으로 통합·일원화<br>• 재해보험의 적용 대상을 농작물에서 양식수산물, 가축 및 농어업용 시설물로 확대<br>• 재해보험의 대상 재해를 자연재해에서 병충해, 조수해(鳥獸害), 질병 및 화재까지 포괄 |
| 2012년 | 2011.7.25. 개정<br>2012.1.26. 시행 | 〈농어업재해보험법〉<br>• 농작물재해보험의 목적물에 임산물 재해보험을 별도로 규정하여 범위를 명확히 함<br>• 계약자들의 보험료 부담을 덜어주기 위하여 정부의 지원 외에 지방자치단체도 보험료의 일부를 추가하여 지원 근거 마련 |
| 2014년 | 2014.6.3. 개정<br>2014.12.4 시행 | 〈농어업재해보험법〉<br>• 농업재해보험사업의 관리를 위한 농림축산식품부장관의 권한 및 위탁 근거 규정을 신설하고 전문손해평가인력의 양성 및 자격제도를 도입 |
| 2017년 | 2017.3.14. 개정<br>2017.3.14 시행 | 〈농어업재해보험법〉<br>• 농업재해보험사업 관리 등을 「농업·농촌 및 식품산업 기본법」에 근거하여 설립된 농업정책보험금융원으로 위탁<br>• 손해평가사 자격시험의 실시 및 관리에 관한 업무를 「한국산업인력공단법」에 따른 한국산업인력공단에 위탁 |
| 2020년 | 2020.5.26. 개정<br>2020.8.27. 시행 | 〈농어업재해보험법〉<br>• 양식수산물재해보험사업의 관리에 관한 업무를 농업정책보험금융원에 위탁 |
| 2022년 | 2021.11.30. 개정<br>2022.6.1. 시행 | • 농림축산식품부장관과 해양수산부장관이 농어업재해보험 발전 기본계획 및 시행계획을 5년마다 수립·시행하도록 조항 신설<br>• 시행령에 위임되어 있는 재해보험 보험료율 산정 단위를 법률로 상향하는 한편, 기존보다 세분화된 지역 단위로 보험료율을 산정할 수 있도록 함 |
| 2023년 | 2023.3.28. 개정<br>2023.9.29. 시행 | • 농업재해보험심의회에 농림축산업인단체의 대표를, 어업재해보험심의회에 어업인단체의 대표를 포함<br>• "분과위원회를 둘 수 있다"를 "다음 각 호의 분과위원회를 둔다"로 하고, 4개 분과위원회(농작물재해보험분과위원회, 임산물재해보험분과위원회, 가축재해보험분과위원회, 양식수산물재해보험분과위원회)를 신설함<br>• 보험 가입자가 이의가 있을때 손해평가에 대해 이의신청이 가능하도록 함<br>• 통계자료의 정확도를 높이기 위해 세부항목 및 방법 신설 |

## 2 농업재해보험 주요 법령 및 관련법

농업재해보험 관련 주요 법령으로는 "농어업재해보험법"과 "농어업재해보험법 시행령"이 있으며, 행정규칙으로는 "농업재해보험 손해평가요령", "농업재해보험에서 보상하는 목적물의 범위", "농업재해보험의 목적물별 보상하는 병충해 및 질병 규정", "농업재해보험통계 생산관리 수탁관리자 지정", "재보험사업 및 농업재해보험사업의 운영 등에 관한 규정", "농어업재해재보험기금 운용규정" 등이 있다.

농업재해보험 관련 주요 법률에는 "농업·농촌 및 식품산업기본법", "농어업재해대책법", "농어업인의 안전보험 및 안전재해예방에 관한 법률", "농어업경영체 육성 및 지원에 관한 법률", "보험업법", "산림조합법", "풍수해보험법", "농업협동조합법" 등이 있다.

〈그림 2-5〉 농어업재해보험법령 체계도

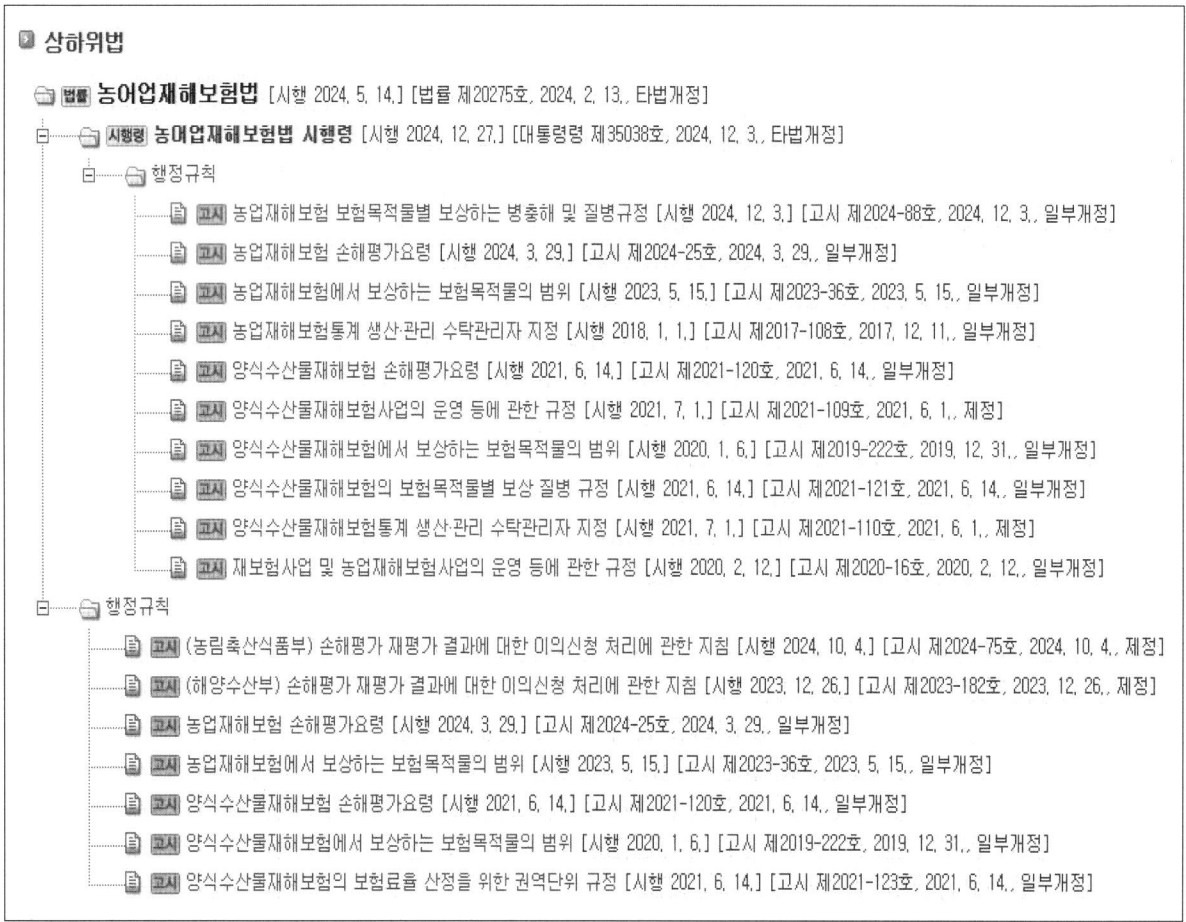

## 3 농업재해보험 관련 법령의 주요 내용

### 가. 농어업재해보험법

농어업재해보험법은 2001년 제정된 농작물재해보험법을 모태로 2010년 전부 개정하여 농작물, 양식수산물, 가축 및 농어업용 시설물을 통합하였다.

총 32개의 본문과 부칙으로 되어있으며, 32개 본문은 제1장 총칙, 제2장 재해보험사업, 제3장 재보험사업 및 농어업재해재보험기금, 제4장 보험사업 관리, 제5장 벌칙으로 구성되어 있다.

### 나. 농어업재해보험법 시행령

농어업재해보험법 시행령은 농어업재해보험법을 보충하는 제1조부터 제23조까지의 본문과 부칙으로 구성되어 있다.

주요 내용을 보면 농어업재해보험심의회의 구체적인 사항, 재해보험에서 보장하는 재해의 범위, 계약자의 기준, 손해평가인 관련 사항, 손해평가사 자격시험 실시 및 자격 관련 사항, 업무위탁, 재정지원, 농어업재해재보험기금에 대한 구체적인 사항, 시범사업 등에 대해 정하고 있다.

### 다. 농업재해보험 손해평가요령

농업재해보험 손해평가요령은 농림축산식품부 고시 제2024-25호(2024.3.29. 부 개정)로 제1조 목적부터 제17조 재검토기한까지의 본문과 부칙 및 별표 서식으로 되어있다.

주요 내용은 목적과 관련 용어 정의, 손해평가인의 위촉 및 업무와 교육, 손해평가의 업무위탁, 손해평가반 구성, 교차손해평가, 피해 사실 확인, 손해평가 준비 및 평가 결과 제출, 손해평가 결과 검증, 손해평가 단위, 농작물·가축·농업시설물의 보험계약 및 보험금 산정, 농업시설물의 보험가액 및 손해액 산정, 손해평가 업무방법서 등에 관한 사항을 규정하고 있다.

### 라. 기타 농업재해보험 관련 행정규칙

"농업재해보험에서 보상하는 보험목적물의 범위"는 농림축산식품부 고시 제2023-36호(2023.5.15. 부 개정)로 보험목적물(농작물, 임산물, 가축)에 대해 규정하고 있다.

"농업재해보험의 보험목적물별 보상하는 병충해 및 질병 규정"은 농림축산식품부 고시 제2024-88호(2024.12.3. 부 개정)로 농작물의 병충해 및 가축의 축종별 질병에 대해 규정하고 있다.

"농어업재해재보험기금운용규정"은 농림축산식품부 훈령 제445호(2022.9.30. 부 개정)로 제1장 총칙부터 제7장 보칙까지로 본문은 제1조 목적부터 제26조까지의 본문과 부칙으로 구성되어 있으며, 주요 내용은 농어업재해재보험기금의 효율적인 관리·운용에 필요한 세부적인 사항에 대해 규정하고 있다.

"재보험사업 및 농업재해보험사업의 운영 등에 관한 규정"은 농림축산식품부 고시 제2020-16호(2020.2.12. 부 개정)로 본문은 제1조 목적부터 제18조까지의 본문과 부칙으로 구성되어 있으며, 주요 내용은 농어업재해보험법 및 동법 시행령에 의한 재보험사업 및 농업재해보험사업의 업무위탁, 약정체결 등에 필요한 세부적인 사항에 대해 규정하고 있다.

# CHAPTER 03 농작물재해보험 제도

## 제1절 제도 일반

### 1 사업실시 개요

#### 가. 실시 배경과 사업목적

해마다 발생하는 자연재해로 인한 농업 분야의 많은 피해가 농업인의 경영안정에 지장을 초래하고 있다. 이에 농업재해 예방과 사후대책 마련을 위해 농어업재해대책법을 시행하였으나, 그 중 "제4조(보조 및 지원)"은 "자연재해대책법"을 준용하고 있어 정부의 보조와 지원은 생계구호적 차원에서만 이루어졌다. 이에 더해 세부적인 지원 수준은 해당연도의 지원 수준에 따라 가변적일 수밖에 없어 농작물 피해에 대한 지원율은 미미한 수준이었다. 정부는 재해 발생 시 농어업재해대책법에 의해 정책자금 이자 상환 연장, 학자금 지원, 대파종비, 농약대 등을 지원하는 등 재정을 많이 투입하고 있음에도 개별농가의 입장에서는 지원 수준이 미미하여 경영 안정에 실질적인 도움이 되지 못하고 있다.

이에 따라 농작물재해보험은 1970년대 중반부터 그 필요성이 제기되어 왔다. 1975년 한국농촌경제연구원의 전신인 국립농업경제연구소에서 '농작물보험의 타당성에 관한 연구'가 처음으로 시작되었다. 1980년에는 전국적으로 냉해가 발생하여 농작물의 재해 피해에 대한 위기감이 고조되어 1982년 논벼 재해보험 시업사업이 설계되었으며 1986년에는 수도작을 대상으로 5년간 도상연습이 이루어졌다. 하지만 보험사업을 시작하기 위한 사전 정보, 즉 경작 상황, 자연재해의 발생 및 피해에 대한 자료가 구축되어 있지 않은 상황이었고, 한국농촌경제연구원 조사사업 결과 농민들의 수용성이 낮고 예산 투입 대비 성과가 낮을 것이라는 판단하에 1991년 도상연습의 종료와 더불어 농작물재해보험 도입 작업은 중단되었다.

농작물재해보험제도 도입의 결정적인 계기가 된 것은 1999년 8월 제7호 태풍 '올가'로 인한 피해로 전국적으로 67명이 죽거나 실종되었으며, 이재민 2만 5,327명이 발생 및 재산피해는 1조 1,500억원에 육박하는 등 극심한 피해였다. 이에 따라 농업을 포기하는 농가가 속출하였다. 이에 당시 농림부는 2001년 법 제정과 사업시행을 목표로 2000년 농작물재해보험 도입준비위원회와 실무작업반을 구성하였다. 2001년 사과, 배, 두 품목에 대한 시범사업으로 9개 시도 내 51개군에서 판매되기 시작하였다.

#### 나. 사업 추진 경위

농작물재해보험은 「농어업재해보험법」, 「농어업재해보험법 시행령」, 「농업재해보험 손해평가요령」 및 「보조금의 예산 및 관리에 관한 법률」 등의 법령에 근거하여 시행된다.

2001년 1월 26일 제정되어 2001년 3월 1일 시행된 농작물재해보험법에 의해 2001년 3월 17일부로 사과, 배 2개 품목을 주산지 중심으로 9개도 51개 시·군에서 보험상품을 판매 개시하면서 농작물재해보험사업이 시행되었다.

그러나 이전에 이와 유사한 보험제도가 없었고, 통계자료나 보상 기준 등에 대한 체계가 부족한 상태에서 2002년 태풍 '루사', 2003년 태풍 '매미' 등 연이은 거대 재해로 인한 막대한 피해가 발생하였다.

급격한 보험금 지급 증가는 본 보험사업에 참여하고 있던 민영보험사들의 막대한 적자를 야기하였고 여러 참여사의 사업 참여 포기로 이어졌다. 이에 농림축산식품부는 예측 불가능한 자연재해의 거대 피해에 대해 민영보험사가 전부 부담하는 것은 어렵다고 판단, 2005년 국가재보험제도를 도입하였다.

국가재보험 첫 도입 시에는 '초과손해율' 방식을 채택하여 기준손해율 이상의 손실 발생 시 그 초과 손해분을 국가가 부담하였다. 이후 기준손해율이나 손해율 적용 단위 등의 개편이 이루어지다가, 2017년 손해율 구간별로 손익을 분담하는 '손익분담' 방식을 부분적으로 도입하였다. 2019년부터는 해당 방식의 전면 도입을 통해 민영보험사의 안정적인 사업운영을 지원하고 있다.

이러한 지속가능한 구조를 바탕으로 2024년 현재 농작물재해보험제도는 전국을 대상으로 하여 총 76개 품목에 대해 보험상품을 운영하고 있다.

### 다. 사업 운영체계

농작물재해보험의 사업 주관부서는 농림축산식품부이고, 사업 관리기관은 농업정책보험금융원이다. 농업정책보험금융원은 농어업재해보험법 제25조의2(농어업재해보험사업의 관리) 제2항에 의거 농림축산식품부로부터 농작물재해보험 사업관리업무를 수탁받아 수행한다.

농림축산식품부는 재해보험 관계법령의 개정, 보험료 및 운영비 등 국고 보조금 지원 등 전반적인 제도 업무를 총괄한다.

농업정책보험금융원의 주요 업무는 재해보험사업의 관리·감독, 재해보험 상품의 연구 및 보급, 재해 관련 통계 생산 및 데이터베이스 구축·분석, 손해평가인력 육성, 손해평가기법의 연구·개발 및 보급, 재해보험사업의 약정체결 관련 업무, 손해평가사 제도 운용 관련 업무, 농어업재해재보험기금 관리·운용업무 등이다.

사업 시행기관은 사업 관리기관과 약정체결을 한 재해보험사업자로, 현재 농작물재해보험 사업자는 NH농협손해보험이며. 재해보험사업자는 보험상품의 개발 및 판매, 손해평가, 보험금 지급 등 실질적인 보험사업을 운영한다.

국가 및 국내외 민영보험사는 재해보험사업자로부터 재보험을 인수한다. 거대재해가 발생할 경우 농작물재해보험 사업자인 NH농협손해보험에서 손실을 감당하는 데는 한계가 있기 때문에 국내외 민영보험사와 재보험 약정을 체결한다.

그 밖에 보험개발원은 매년 보험료율을 산정하고, 금융감독원은 보험료율 및 약관 등을 인가하며, 손해평가 주체인 손해사정사, 손해평가사, 손해평가인은 재해보험 사업자가 의뢰한 보험목적물의 손해평가를 실시하고 결과를 제출한다.

농작물재해보험을 포함한 농업재해보험에 대한 중요사항을 심의하는 농업재해보험심의회는 농림축산식품부장관 소속으로 차관을 위원장으로 설치되어 재해보험 목적물 선정, 보장하는 재해의 범위, 재해보험 사업 재정지원, 손해평가 방법 등 농업재해보험의 중요사항에 대해 심의한다.

농작물재해보험의 손해평가를 담당할 손해평가사 자격시험의 실시 및 관리에 대한 업무 수행 주체는 농림축산식품부로부터 업무를 수탁받은 한국산업인력공단이다.

〈그림 3-1〉 농작물재해보험 및 재보험 운영체계

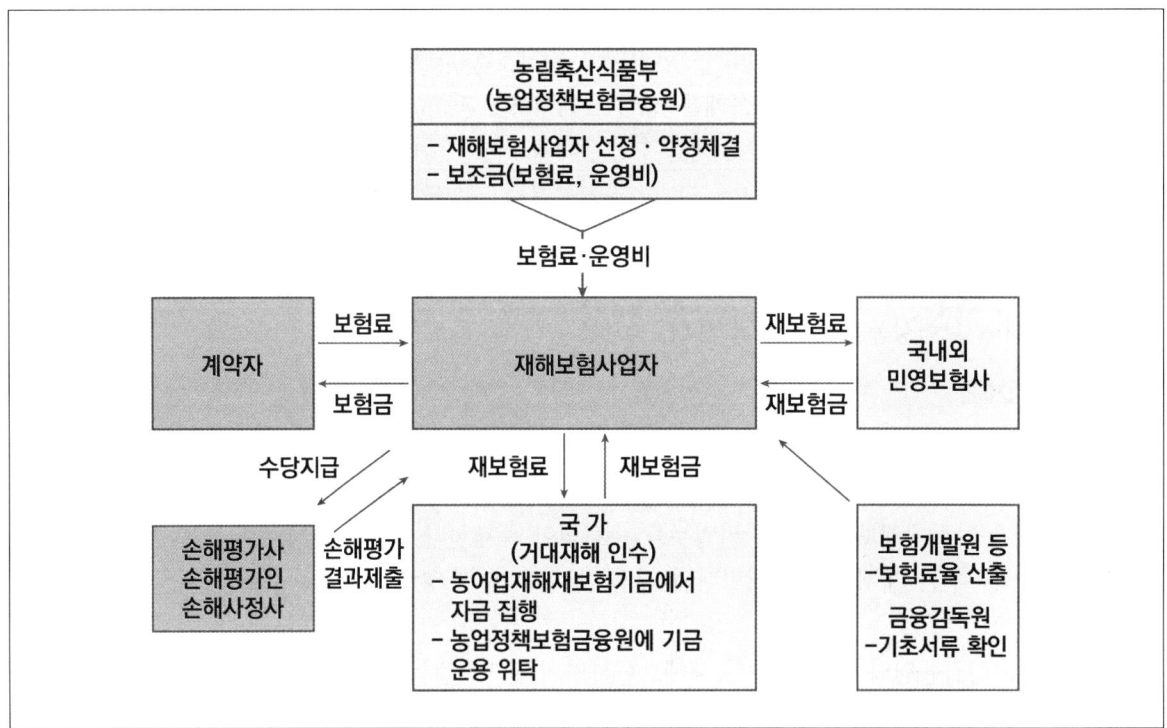

## 2  사업시행 주요 내용

### 가. 계약자의 가입자격과 요건

#### 1) 계약자(피보험자)

농작물재해보험 사업대상자는 사업 실시지역에서 보험 대상 작물을 경작하는 개인 또는 법인이다. 사업대상자 중에서 재해보험에 가입할 수 있는 자는 농어업재해보험법 제7조 및 동법 시행령 제9조에 따른 농작물을 재배하는 자를 말한다.

〈관련 법령〉

「농어업재해보험법」 제7조(보험가입자)
재해보험에 가입할 수 있는 자는 농림업, 축산업, 양식수산업에 종사하는 개인 또는 법인으로 하고, 구체적인 보험가입자의 기준은 대통령령으로 정한다.

「농어업재해보험법 시행령」 제9조(보험가입자의 기준)
법 제7조에 따른 보험가입자의 기준은 다음 각 호의 구분에 따른다.
1. 농작물재해보험 : 법 제5조에 따라 농림축산식품부장관이 고시하는 농작물을 재배하는 자
1의 2. 임산물재해보험 : 법 제5조에 따라 농림축산식품부장관이 고시하는 임산물을 재배하는 자
2. 가축재해보험 : 법 제5조에 따라 농림축산식품부장관이 고시하는 가축을 사육하는 자

## 2) 가입자격 및 요건

농작물재해보험 가입방식은 계약자가 스스로 가입 여부를 판단하여 가입하는 "임의보험" 방식이다. 농작물재해보험에 가입하기 위해서는 일정한 요건이 필요하다. 첫째는 보험에 가입하려는 농작물을 재배하는 지역이 해당 농작물에 대한 농작물재해보험 사업이 실시되는 지역이어야 하며, 둘째는 보험 대상 농작물이라고 하더라도 경작 규모가 일정 규모 이상이어야 한다. 마지막으로 가입 시에 보험료의 50% 이상의 정책자금 지원 대상에 포함되기 위해서는 농업경영체 등록이 되어야 한다.

### Tip 농작물재해보험 가입자격 및 요건

① 농작물을 재배하는 지역이 해당 농작물에 대한 농작물재해보험 사업이 실시되는 지역이어야 한다.
② 경작 규모가 일정 규모 이상이어야 한다.
③ 농업경영체 등록이 되어야 한다.

〈농작물재해보험 대상 품목 및 가입자격〉(2024년 기준)

| 품목명 | 가입자격 |
|---|---|
| 사과, 배, 단감, 떫은감, 감귤, 포도, 복숭아, 자두, 살구, 매실, 참다래, 대추, 유자, 무화과, 밤, 호두, 마늘, 양파, 감자, 고구마, 고추, 양배추, 브로콜리, 오미자, 복분자, 오디, 인삼, 수박(노지), 두릅, 블루베리 | 농지의 보험가입금액(생산액 또는 생산비) 200만원 이상<br><br>Tip 이화에 월백하고(200만원) |
| 옥수수, 콩, 팥, 배추, 무, 파, 단호박, 당근, 시금치(노지), 양상추 | 농지의 보험가입금액(생산액 또는 생산비) 100만원 이상<br><br>Tip 배추, 팥, 콩 / 무, 파, 당근 / 단호박 / (노지)시금치 / 옥수수 / 양상(노는 양상) : 배추, 팥, 고 / 무, 파, 당(무파다가) 100 (명품백 사고) 단박에 노시지~! 얼쑤하고 노는 양상 |
| 벼, 밀, 보리, 메밀, 귀리 | 농지의 보험가입금액(생산액 또는 생산비) 50만원 이상<br><br>Tip 벼, 밀, 보리, 귀리, 메밀 : 벼, 밀, 보는 김에 다빵(50) 만들 수 있겠네~! |
| 농업용 시설물 및 시설작물 버섯재배사 및 버섯작물 | 단지 면적이 300㎡ 이상<br><br>Tip 시설, 쓰영공(300㎡) : 시설로 쓰였고 |
| 차(茶), 조사료용 벼, 사료용 옥수수 | 농지의 면적이 1,000㎡ 이상<br><br>Tip 1,000㎡ : 온 천지에 키우고 방목하고 |

※ 비가림시설 가입자격 – 단지 면적이 200㎡ 이상   Tip 2(200㎡) : 우산처럼 비가림 모양

## 나. 보험 대상 농작물별 재해 범위 및 보장 수준

### 1) 보험 대상 농작물(보험의 목적물)

보험 대상 농작물은 2024년 현재 76개 품목이며, 이외에 농업시설물로는 버섯재배사, 농업용 시설물 등이 있다.

가) 과수작물 (14개 품목)

사과, 배, 단감, 감귤(온주밀감류, 만감류), 포도, 복숭아, 자두, 살구, 매실, 참다래, 유자, 무화과, 블루베리

나) 식량작물 (12개 품목)

벼, 밀, 보리, 감자(봄재배, 가을재배, 고랭지재배), 고구마, 옥수수, 콩, 팥, 메밀, 귀리

다) 채소작물 (13개 품목)

양파, 마늘, 고추, 양배추, 배추, 무, 파, 당근, 브로콜리, 단호박, 시금치(노지), 양상추, 수박(노지)

라) 특용작물 (3개 품목)

인삼, 오디, 차(茶)

마) 임산물 (8개 품목)

떫은감, 대추, 밤, 호두, 복분자, 오미자, 표고버섯, 두릅

> Tip **밤**, **대추**, **오미자**, **복분자**, **표고**버섯 **호두**, **두릅**, **떫은감**(산에서 밤이 되어 오자 잠자리를 만들려고 복장을 펴고 호들갑 떠는 감?)

바) 버섯작물 (3개 품목)

느타리버섯, 새송이버섯, 양송이버섯

사) 시설작물 (23개 품목)

- 화훼류 : 국화, 장미, 백합, 카네이션
- 비화훼류 : 딸기, 오이, 토마토, 참외, 고추, 호박, 수박, 멜론, 파프리카, 상추, 부추, 시금치, 가지, 배추, 파(대파·쪽파), 무, 미나리, 쑥갓, 감자

## 2) 보험사업 실시지역

보험사업 실시지역은 시범사업은 주산지 등 일부 지역(특정 품목의 경우 전국)에서 실시하며, 시범사업을 거쳐 전국적으로 확대된 본사업은 주로 전국에서 실시한다. 다만, 일부 품목의 경우 품목의 특성상 사업지역을 한정할 필요가 있는 경우에는 사업지역을 제한한다.

재해보험사업자는 시범사업 실시지역의 추가, 제외 또는 변경이 필요한 경우 그 내용을 농림축산식품부장관과 사전 협의하여야 한다.

시범사업은 전국적으로 보험사업을 실시하기 전에 일부 지역에서 보험설계의 적정성, 사업의 확대 가능성, 농가의 호응도 등을 파악하여 미비점을 보완함으로써 전국적 본사업 실시 시의 시행착오를 최소화하기 위한 것이다. 3년차 이상 시범사업 품목 중에서 농업재해보험심의회에 심의에 따라 본사업으로 전환될 수 있다.

한편, 재해보험사업자는 보험 대상 농작물 등이라 하더라도 보험화가 곤란한 특정 품종, 특정 재배방법, 특정시설 등에 대해서는 농림축산식품부장관(농업정책보험금융원장)과 협의하여 보험 대상에서 제외하거나 보험인수를 거절할 수 있다.

## 3) 보험 대상 재해의 범위

보험 대상 범위를 어떻게 정하느냐에 따라 특정위험방식과 종합위험방식으로 구분한다. 특정위험방식은 해당 품목에 재해를 일으키는 몇 개의 주요 재해만을 보험 대상으로 하는 방식이며, 종합위험방식은 피해를 초래하는 모든 자연재해와 화재 및 조수해(鳥獸害) 등을 보험 대상으로 하는 방식이다.

농작물재해보험의 보장 방식은 크게 일부 특정위험만을 보장하는 특정위험방식과 모든 위험을 보장하는 종합위험방식으로 나뉜다. 2024년 현재 특정위험방식은 인삼에 해당되며, 종합위험방식은 적과전 종합위험방식과 수확전 종합위험방식, 종합위험방식으로 3가지로 나뉜다. 적과전 종합위험방식은 사

과, 배, 단감, 떫은감에 해당되며, 수확전 종합위험방식은 복분자, 무화과에 해당되고, 종합위험방식은 앞서 언급된 품목을 제외한 나머지 품목에 해당된다.

종합위험방식(적과전 종합위험방식, 수확전 종합위험방식 포함)은 보험 대상으로 하는 주요 재해를 기본적으로 보장하고(주계약), 주요 재해 이외에 특정 재해를 특약으로 추가보장 혹은 부보장(계약자 선택)할 수 있다.

〈보험 대상 품목별 대상 재해〉

| 구분 | 품목 | 대상 재해 |
|---|---|---|
| 적과전 종합위험 | 사과, 배, 단감, 떫은감 (특약) 나무보장 | (적과전) 자연재해·조수해(鳥獸害)·화재 (특약) 태풍(강풍)·우박·집중호우·지진·화재 한정보장 (적과후) 태풍(강풍)·우박·화재· 지진·집중호우·일소피해·가을동상해 (특약) 가을동상해·일소피해 부보장 |
| 수확전 종합위험 | 무화과 (특약) 나무보장 | (7.31. 이전) 자연재해·조수해(鳥獸害)·화재 (8.1. 이후) 태풍(강풍)·우박 |
| | 복분자 | (5.31. 이전) 자연재해·조수해(鳥獸害)·화재 (6.1. 이후) 태풍(강풍)·우박 (특약) 수확기 부보장 |
| 특정위험 | 인삼 | 태풍(강풍)·폭설·집중호우·침수·조수해 ·화재·우박·폭염·냉해 |
| 종합위험 | 매실, 자두, 유자, 살구 (특약) 나무보장 | 자연재해·조수해(鳥獸害)·화재 |
| | 포도 (특약) 나무보장, 수확량감소추가보장 | 자연재해·조수해(鳥獸害)·화재 |
| | 참다래 (특약) 나무보장 | 자연재해·조수해(鳥獸害)·화재 (특약) 비가림시설 부보장 |
| | 대추 | 자연재해·조수해(鳥獸害)·화재 (특약) 비가림시설 부보장 |
| | 복숭아 (특약) 나무보장, 수확량감소추가보장 | 자연재해·조수해(鳥獸害)·화재· 병충해(세균구멍병) |
| | 감귤(만감류) (특약) 나무보장, 수확량감소추가보장 | 자연재해·조수해(鳥獸害)·화재 |
| | 감귤(온주밀감류) (특약) 나무보장, 과실손해 추가보장 | 자연재해·조수해(鳥獸害)·화재(12.20. 이전) (특약) 수확개시 이후 동상해보장(12.21. 이후) |

| | |
|---|---|
| 벼 | 자연재해·조수해(鳥獸害)·화재<br>(특약)<br>병충해(흰잎마름병·줄무늬잎마름병·벼멸구·도열병·깨씨무늬병·먹노린재·세균성벼알마름병) |
| 밀, 고구마, 옥수수, 사료용 옥수수, 콩, 양배추, 차, 오디, 밤, 오미자, 양파, 배추, 무, 파, 단호박, 당근, 시금치(노지), 메밀, 브로콜리, 팥, 보리, 조사료용 벼, 귀리, 양상추, 두릅, 블루베리, 수박(노지) | 자연재해·조수해(鳥獸害)·화재 |
| 감자 | 자연재해·조수해(鳥獸害)·화재·병충해 |
| 마늘 | 자연재해·조수해(鳥獸害)·화재<br>(특약) 조기파종보장 |
| 호두 | 자연재해·조수해(鳥獸害)·화재<br>(특약) 조수해(鳥獸害) 부보장 |
| 고추 | 자연재해·조수해(鳥獸害)·화재·병충해 |
| 해가림시설<br>(인삼) | 자연재해·조수해(鳥獸害)·화재<br>(특약) 재조달가액보장 |
| 농업용시설물<br>(특약) 재조달가액, 버섯재배사, 부대시설 | 자연재해·조수해(鳥獸害)<br>(특약) 화재, 화재대물배상책임, 수해부보장 |
| 비가림시설<br>(포도, 대추, 참다래) | 자연재해·조수해(鳥獸害)<br>(특약) 화재, 비가림시설 부보장 |
| 시설작물, 버섯작물 | 자연재해·조수해(鳥獸害)<br>(특약)화재, 화재대물배상책임 |

4) 보장유형(자기부담금)

농작물재해보험을 포함한 대부분의 손해보험상품은 보험가입금액의 일정 수준까지만을 보장한다. 그 이유는 소소한 피해까지 보상하기 위해서는 비용이 과다하여 보험으로서의 실익이 없으며, 한편으로는 계약자의 도덕적 해이를 방지하기 위함이다. 따라서 보험가입금액의 일정 부분을 보장하는 것이 일반적이며, 보장 수준을 어느 정도로 하느냐에 따라 보장 유형이 다양하다.

농작물재해보험 상품은 크게 3가지 유형의 상품으로 구성되어 있다. 과수작물, 식량작물, 밭작물의 경우처럼 수확량의 감소를 보장하는 상품과 고추·브로콜리·시설작물 등과 같이 생산비를 보장하는 상품, 농업시설과 같이 시설의 원상 복구액을 보장하는 상품으로 구분된다.

수확량을 보장하는 상품의 경우 평년 수준의 가입수확량과 가입가격을 기준으로 하여 보험가입금액을 산출하고 이를 기준으로 보장 유형을 설정한다. 현재 농작물재해보험의 보장 유형은 품목마다 상이하나 주요 품목들은 60% ~ 90%까지 보장하고 있다. (품목별, 분야별 구체적 보장 유형은 다음 표와 같다.) 생산비를 보장하는 품목 중 브로콜리, 고추의 경우 보험금 산정 시 잔존보험 가입금액의 3% 또는 5%를 자기부담금으로 차감하며, 시설작물의 경우 손해액 10만원까지는 계약자 본인이 부담하고 손해액이 10만원을 초과하는 경우 손해액 전액을 보상한다.

농업시설의 경우 시설의 종류에 따라 최소 10만원에서 100만원까지 한도 내에서 손해액의 10%를 자기부담금으로 적용한다. 다만, 해가림시설을 제외한 농업용 시설물과 비가림시설 보험의 화재특약의 경우 화재로 인한 손해 발생 시 자기부담금을 적용하지 아니한다. (세부 내용은 다음 표와 같다.)

〈보험 대상 품목별 보장 수준〉

| 구분 | 품목 | 보장 수준 (보험가입금액의 %) | | | | |
|---|---|---|---|---|---|---|
| | | 60 | 70 | 80 | 85 | 90 |
| 적과전 종합위험 | 사과, 배, 단감, 떫은감 | ○ | ○ | ○ | ○ | ○ |
| 수확전 종합위험 | 무화과 | ○ | ○ | ○ | ○ | ○ |
| | 복분자 | ○ | ○ | ○ | ○ | ○ |
| 특정위험 | 인삼 | ○ | ○ | ○ | ○ | ○ |
| 종합위험 | 참다래, 매실, 자두, 포도, 복숭아, 감귤, 벼, 밀, 보리, 고구마, 옥수수, 콩, 팥, 차, 오디, 밤, 대추, 오미자, 양파, 감자, 마늘, 배추(봄, 가을 제외), 무(고랭지, 월동), 대파, 단호박, 시금치(노지), 살구, 당근, 메밀, 양배추 | ○ | ○ | ○ | ○ | ○ |
| | 유자, 배추(봄, 가을), 무(가을), 쪽파(실파), 호두, 양상추, 귀리, 두릅, 블루베리, 수박(노지) | ○ | ○ | ○ | - | - |
| | 사료용 옥수수, 조사료용 벼 | 30% | 35% | 40% | 42% | 45% |
| | 브로콜리, 고추 | (자기부담금) 잔존보험가입금액의 3% 또는 5% | | | | |
| | 해가림시설 (인삼) | (자기부담금) 최소 10만원에서 최대 100만원 한도 내에서 손해액의 10%를 적용 | | | | |

| 농업용 시설물 · 버섯재배사<br>및 부대시설<br>&<br>비가림시설<br>(포도, 대추, 참다래) | (자기부담금)<br>최소 30만원에서 최대 100만원 한도 내에서 손해액의 10%를 적용<br>(단, 피복재 단독사고는 최소 10만원에서 최대 30만원 한도 내에서 손해액의 10%를 적용하고, 화재로 인한 손해는 자기부담금을 적용하지 않음) |
|---|---|
| 시설작물<br>&<br>버섯작물 | 손해액이 10만원을 초과하는 경우 손해액 전액 보상<br>(단, 화재로 인한 손해는 자기부담금을 적용하지 않음) |

※ (자기부담금) 보장형 별 보험가입금액의 40%, 30%, 20%, 15%, 10% 해당액은 자기부담금으로서 보험계약 시 상품별 가입요건에 따라 계약자가 선택하며, 자기부담금 이하의 손해는 계약자 또는 피보험자가 부담하기 때문에 보험금을 지급하지 않음
※ 보장에 대한 구체적인 사항은 농작물재해보험 약관에 따름

**Tip** 자기부담비율 10%, 15% 적용 제외 품목
**두루**(두릅), **불러**(블루베리) / **(가을)무**, **(가을, 봄)배추** / **유자**, **박수**(수박) / **호두**, **귀리**, **양상추** / **실파 · 쪽파** : (두루 불러서 가무(노래와 무용) 보러 가보매~! 공연장에서 유(너) 혼자 박수치고~! 호구 같아서! 실제 쪽팔려…)

**Tip** 자기부담비율 3%, 5% 적용 품목 : 고추, 브로콜리 - '잔존보험가입금액'의 3% 또는 5%
**코**(고), **풀어**(브로), **싼**(삼, 3), **다**(다섯, 5)(코 풀어 싼다!)

**Tip** **포**도, **대**추, **참다**래(포대를 뒤집어 쓰고 비를 참다)

**Tip** 시설과 시설작물의 자기부담금

① 시설 : 손해액의 10% - 아래 한도 적용
  ㉠ 해가림시설(인삼)

  |←─────── 해가림시설(인삼) ───────→|
  10만원                              100만원

  ㉡ 농업용 시설물 · 버섯재배사 및 부대시설 & 비가림시설
    ※ 단, 화재로 인한 손해는 자기부담금을 적용하지 않음

  |← 피복재 단독사고 →|← 구조체와 피복재 →|
  10만원           30만원              100만원

② 시설작물 · 버섯작물 : 손해액이 10만원을 초과하는 경우 손해액 전액 보상
  ※ 단, 화재로 인한 손해는 자기부담금을 적용하지 않음

## 다. 품목별 보험 가입단위 및 판매 기간

### 1) 품목별 보험 가입단위

농작물재해보험에 가입하기 위해서는 보험 대상 목적물을 명확히 식별할 수 있어야 한다. 농작물재해보험의 보험 대상 목적물은 크게 농작물과 농업용 시설(작)물로 구분된다.

먼저 농작물은 필지에 관계없이 논두렁 등으로 경계 구분이 가능한 농지별로 가입한다. 농지는 필지에 관계없이 실제 경작하는 단위이므로 동일인의 한 덩어리 농지가 여러 필지로 나누어져 있더라도 하나의 농지로 취급한다. 다만, 읍·면·동을 달리하는 농지를 가입하는 경우, 동일 계약자가 추진사무소를 달리하여 농지를 가입하는 경우 등 사업관리기관(농업정책보험금융원)과 사업시행기관(재해보험사업자)이 별도 협의한 예외 사항의 경우 1 계약자가 2증권으로 가입할 수 있다.

한편, 농업용 시설물·시설작물, 버섯재배사·버섯작물은 하우스 1단지 단위로 가입 가능하며 단지 내 인수 제한 목적물 및 타인 소유 목적물은 제외된다. 이때, 단지는 도로, 둑방, 제방 등으로 경계가 명확히 구분되는 경지 내에 위치한 시설물을 일컫는다. 단, 시설작물은 시설물 가입시에만 가입이 가능(유리온실 제외)하며, 타인이 소유하고 경작하는 목적물은 제외한다.

### 2) 보험 판매 기간

농작물재해보험 판매 기간은 농작물의 특성에 따라 타 손해보험과 다르게 판매 기간을 정하고 있으며, 작물의 생육시기와 연계하여 판매한다. 자세한 품목별 보험판매기간은 다음의 표와 같다.

단, 재해보험사업자는 보험사업의 안정적 운영을 위해 태풍 등 기상 상황에 따라 판매기간 중이라도 판매를 중단할 수 있다. 다만, 일정한 기준을 수립하여 운영하여야 하며, 판매를 중단한 경우 그 기간을 농업정책보험금융원에 지체 없이 알려야 한다.

〈농작물재해보험 판매기간〉 (2024년 기준)

| 품목 | 판매기간 |
| --- | --- |
| 사과, 배, 단감, 떫은감 | 1~2월 |
| 농업용시설물 및 시설작물(수박, 딸기, 오이, 토마토, 참외, 고추, 호박, 국화, 장미, 파프리카, 멜론, 상추, 부추, 시금치, 배추, 가지, 파, 무, 백합, 카네이션, 미나리, 쑥갓, 감자) | 2~12월 |
| 버섯재배사 및 버섯작물<br>(양송이, 새송이, 표고, 느타리) | 2~12월 |
| 밤, 대추, 고추, 호두, 수박(노지) | 4~5월 |
| 고구마, 옥수수, 사료용 옥수수, 벼, 조사료용 벼 | 4~6월 |
| 감귤, 단호박 | 5월 |
| 감자 | (봄재배) 4~5월, (고랭지재배) 5~6월, (가을재배) 8~9월 |

| | |
|---|---|
| 배추 | (봄) 3~4월<br>(고랭지) 4~6월, (가을) 8~9월,<br>(월동) 9~10월 |
| 무 | (가을) 8~9월<br>(고랭지) 4~6월, (월동) 8~10월 |
| 파 | (대파) 4~6월, (쪽파, 실파) 8~10월 |
| 참다래, 콩, 팥 | 6~7월 |
| 인삼 | 4~5월, 11월 |
| 당근 | 7~8월 |
| 양상추 | 7~9월 |
| 양배추, 메밀 | 8~9월 |
| 브로콜리 | 8~10월 |
| 마늘 | 9~11월 |
| 차, 양파, 시금치(노지) | 10~11월 |
| 밀, 보리, 귀리 | 10~12월 |
| 포도, 유자, 자두, 매실, 복숭아,<br>오디, 복분자, 오미자, 무화과, 살구<br>두릅, 블루베리 | 11~12월 |

※ 판매 기간은 월 단위로 기재하였으나, 구체적인 일 단위 일정은 ① 농업정책보험금융원이 보험판매전 지자체에 별도 통보하며 ② 보험사업자는 보험판매전 홈페이지 및 보험대리점(지역 농협) 등을 통해 대농업인 홍보 실시 ③ 판매기간은 변동가능성 있음
※ 판매 기간 및 사업지역 변경 시 농업정책보험금융원은 지자체로 별도 통보, 보험사업자는 홈페이지 및 보험대리점(지역 농협)을 통해 홍보
※ 태풍 등 기상상황에 따라 판매 기간 중 일시 판매 중지될 수 있음

### 라. 농작물재해보험 가입 및 보험료 납부

#### 1) 재해보험 가입절차

농작물재해보험은 재해보험사업자(NH농협손해보험)와 판매 위탁계약을 체결한 지역 대리점(지역농협 및 품목농협) 등에서 보험 모집 및 판매를 담당한다.

이후 보험 가입 안내(지역 대리점 등) → 가입신청(계약자) → 현지 확인(보험 목적물 현지조사를 통한 서류와 농지정보 일치 여부 확인 등) → 청약서 작성 및 보험료 수납(보험가입금액 및 보험료 산정) → 보험증권 발급(지역 대리점) 등의 순서를 거쳐 보험 가입이 이루어진다.

#### 2) 보험료 납입방법

보험료 납입은 보험 가입 시 일시납(1회 납)을 원칙으로 하되 현금, 즉시이체, 신용카드로 납부 및 보험료는 신용카드 납부 시 할부 납부가 가능하다.

보험료의 납입은 보험계약 인수와 연계되어 시행되며, 계약 인수에 이상이 없을 경우에는 보험료 납부가 가능하나, 인수심사 중에는 사전수납 할 수 없다.

### 마. 보험료율 적용, 보험료 할인·할증 및 산정, 보험기간, 보험가입금액 산출

#### 1) 보험료율 적용

보험료율은 각 주계약, 특약의 지역별 자연재해 특성을 반영하여 산정된다. 기본적으로 보험료율을 산출하는 지역단위는 시·군·구 또는 광역시·도이다. 시·군내 자연재해로 인한 피해의 양상이 상이하여 보험료가 공정하지 않다는 지적이 제기되어, 2022년부터 사과, 배 품목, 2024년부터 단감, 떫은 감 품목을 대상으로 통계신뢰도를 일정수준 충족하는 읍·면·동에 대해 시범적으로 보험료율 산출단위 세분화(시·군·구 → 읍·면·동)를 적용한다.

한편, 2018년 재해 발생 빈도와 심도가 높은 시군의 보험료율과 타 시군과의 보험료율 격차가 커지자 보험료율 안정화를 위해 단감, 떫은감, 벼를 대상으로 시·군별 보험료율의 분포를 고려하여 보험료율 상한제를 도입하였다.

#### 2) 보험료 할인·할증 적용

품목별 시·군별 보험료율에 가입자별 특성에 따라 보험료 할인·할증이 적용된다. 보험료의 할인·할증의 종류는 각 품목별 재해보험 요율서에 따라 적용되며 과거의 손해율 및 가입연수에 따른 할인·할증, 방재시설별 할인율 등을 적용한다. 과거 5년간 누적손해율이 80% 미만일 경우 누적손해율과 가입기간에 따른 보험료 할인이 적용된다. 또한 일부 품목을 대상으로 방재시설 설치시 보험료 할인이 적용된다. 반면, 과거 5년간 누적손해율이 120% 이상일 경우 누적손해율과 가입기간에 따른 보험료 할증이 적용된다. 보험료 할인·할증에 대한 자세한 내용은 다음의 표에 제시되어 있다.

〈손해율 및 가입연수에 따른 할인·할증률〉

| 손해율 | 평가기간 | | | | |
|---|---|---|---|---|---|
| | 1년 | 2년 | 3년 | 4년 | 5년 |
| 30% 미만 | -8% | -13% | -18% | -25% | -30% |
| 30% 이상 60% 미만 | -5% | -8% | -13% | -18% | -25% |
| 60% 이상 80% 미만 | -4% | -5% | -8% | -13% | -18% |
| 80% 이상 120% 미만 | - | - | - | - | - |
| 120% 이상 150% 미만 | 3% | 5% | 7% | 8% | 13% |
| 150% 이상 200% 미만 | 5% | 7% | 8% | 13% | 17% |
| 200% 이상 300% 미만 | 7% | 8% | 13% | 17% | 25% |
| 300% 이상 400% 미만 | 8% | 13% | 17% | 25% | 33% |
| 400% 이상 500% 미만 | 13% | 17% | 25% | 33% | 42% |
| 500% 이상 | 17% | 25% | 33% | 42% | 50% |

※ 손해율 = 최근 5개년 보험금 합계 ÷ 최근 5개년 순보험료 합계
※ 자기부담비율, 할인할증은 최근 2 ~ 5년간의 누적손해율로 산정함
※ 적과전종합위험보장 대상 품목(과수 4종)은 손해율 구간이 15구간으로 세부화되어 있음

〈방재시설 할인율〉

단위 : %

| 구분 | 밭작물 | | | | | | | | |
|---|---|---|---|---|---|---|---|---|---|
| 방재시설 | 인삼 | 고추 | 브로콜리 | 양파 | 마늘 | 옥수수[2] | 감자[3] | 콩 | 양배추 |
| 방조망 | - | - | -5 | - | - | - | - | - | -5 |
| 전기시설물<br>(전기철책, 전기울타리 등) | - | - | -5 | - | - | -5 | - | -5 | -5 |
| 관수시설<br>(스프링쿨러 등) | -5 | -5 | -5 | -5 | -5 | - | -5 | -5 | -5 |
| 경음기 | - | - | -5 | - | - | - | - | - | -5 |
| 배수시설<br>(암거배수시설, 배수개선사업) | - | - | - | - | - | - | - | -5[4] | - |

〈방재시설 할인율〉

단위 : %

| 구분 | | 적과전<br>종합위험방식Ⅱ | | | 과수 | | | | | | | | |
|---|---|---|---|---|---|---|---|---|---|---|---|---|---|
| 방재시설 | | 사과 | 배 | 단감<br>떫은<br>감 | 포도 | 복숭아 | 자두 | 살구 | 참다래 | 대추 | 매실 | 유자 | 감귤<br>(온주밀감류) | 감귤<br>(만감류) |
| 지주<br>시설 | 개별지주 | -7 | - | -5 | - | - | - | - | - | - | - | - | - | - |
| | 트렐리스방식<br>(2선식) | -7 | - | - | - | - | - | - | - | - | - | - | - | - |
| | 트렐리스방식<br>(4·6선식) | -7 | - | - | - | - | - | - | - | - | - | - | - | - |
| | 지주 | - | - | - | - | -10 | - | - | - | - | - | - | - | - |
| | Y형 | - | - | - | -15 | -5 | - | - | - | - | - | - | - | - |
| 방풍림 | | -5 | -5 | -5 | -5 | -5 | - | - | -5 | - | - | -5 | - | - |
| 방풍망 | 측면<br>전부설치 | -10 | -10 | -5 | -5 | -10 | - | - | -10 | - | - | -5 | -10 | - |
| | 측면<br>일부설치 | -5 | -5 | -3 | -3 | -5 | - | - | -5 | - | - | -3 | -3 | - |

2) 사료용옥수수 포함
3) 봄재배, 가을재배만 해당(고랭지재배는 제외)
4) 암거배수시설과 배수개선사업이 중복될 경우 5%의 할인율 적용

| 방재시설 | | | | | | | | | | | | | |
|---|---|---|---|---|---|---|---|---|---|---|---|---|---|
| 방충망 | -20 | -20 | -15 | -15 | -20 | - | - | - | - | - | - | -15 | -15 |
| 방조망 | -5 | -5 | -5 | -5 | -5 | - | - | -5 | - | - | - | -5 | - |
| 온풍기 | -20 | - | - | - | - | - | - | - | - | - | - | - | - |
| 방상팬 | -25 | -25 | -20 | -10 | -10 | -15 | -15 | -10 | - | -15 | - | -20[5] | -20 |
| 서리방지용 미세살수장치 | -25 | -25 | -20 | -10 | -10 | -15 | -15 | -10 | - | -15 | - | -20[6] | -20 |
| 덕 또는 Y자형 시설 | - | -7 | - | - | - | - | - | - | - | - | - | - | - |
| 비가림시설 | - | - | - | -10 | - | -10 | - | - | -10 | - | - | - | - |
| 비가림 바람막이 | - | - | - | - | - | - | - | -30 | - | - | - | - | - |
| 바닥멀칭 | - | - | -5 | - | - | - | - | - | - | - | - | - | - |
| 타이벡 멀칭 전부설치 | - | - | - | - | - | - | - | - | - | - | - | -5 | -5 |
| 타이벡 멀칭 일부설치 | - | - | - | - | - | - | - | - | - | - | - | -3 | -3 |

※ 2개 이상의 방재시설이 있는 경우 합산하여 적용하되 최대 할인율은 30%를 초과할 수 없음
※ 방조망, 방충망은 과수원의 위와 측면 전체를 덮도록 설치되어야 함
※ 농업수입감소보장 상품(양파, 마늘, 감자-가을재배, 콩, 양배추, 포도, 옥수수)도 할인율 동일

〈방재시설 판정기준〉

| 방재시설 | 판정기준 |
|---|---|
| 방상팬 | • 방상팬은 팬 부분과 기둥 부분으로 나뉘어짐<br>• 팬 부분의 날개 회전은 원심식으로 모터의 힘에 의해 돌아가며 좌우 180도 회전가능하며 팬의 크기는 면적에 따라 조정<br>• 기둥 부분은 높이 6m 이상  Tip 6(몸을 이루는 육체는 6m이상)<br>• 1,000㎡당 1마력은 3대, 3마력은 1대 이상 설치 권장<br>(단, 작동이 안 될 경우 할인 불가) |
| 서리방지용 미세살수장치 | • 서리피해를 방지하기 위해 설치된 살수량 500~800ℓ/10a의 미세살수장치<br>Tip 살수량 500~800ℓ(살수가 없네~! 오빠가 없으면!)<br>* 점적관수 등 급수용 스프링클러는 포함되지 않음 |
| 방풍림 | • 높이가 6미터 이상의 영년생 침엽수와 상록활엽수가 5미터 이하의 간격으로 과수원 둘레 전체에 식재되어 과수원의 바람 피해를 줄일 수 있는 나무<br>Tip 6m(몸을 이루는 육체는 6m 이상), 5m 이하(가까이 오세요) |

---

[5] 감귤(온주밀감류) 품목의 경우 동상해 특약 가입 시 동상해특약보험료 산출에만 적용 가능
[6] 감귤(온주밀감류) 품목의 경우 동상해 특약 가입 시 동상해특약보험료 산출에만 적용 가능

| | |
|---|---|
| 방풍망 | • 망구멍 가로 및 세로가 6~10㎜의 망목네트를 과수원 둘레 전체나 둘레 일부(1면 이상 또는 전체둘레의 20% 이상)에 설치  Tip **투망**(20, 투망정도는 되어야~!) |
| 방충망 | • 망구멍이 가로 및 세로가 6㎜ 이하 망목네트로 과수원 전체를 피복. 단, 과수원의 위와 측면을 덮도록 설치되어야 함 |
| 방조망 | • 망구멍의 가로 및 세로가 10㎜를 초과하고 새의 입출이 불가능한 그물<br>• 주 지주대와 보조 지주대를 설치하여 과수원 전체를 피복. 단, 과수원의 위와 측면을 덮도록 설치되어야 함 |
| 비가림 바람막이 | • 비에 대한 피해를 방지하기 위하여 윗면 전체를 비닐로 덮어 과수가 빗물에 노출이 되지 않도록 하고 바람에 대한 피해를 방지하기 위하여 측면 전체를 비닐 및 망 등을 설치한 것 |
| 트렐리스 2,4,6선식 | • 트렐리스 방식 : 수열 내에 지주를 일정한 간격으로 세우고 철선을 늘려 나무를 고정해 주는 방식<br>• 나무를 유인할 수 있는 재료로 철재 파이프(강관)와 콘크리트를 의미함<br>• 지주의 규격<br>  갓지주 → 48~80㎜ ~ 2.2~3.0m  Tip **내팔 팔고**(48 ~ 80), **틀이 서고**(2.2 ~ 3.0)<br>  중간지주 → 42~50㎜ ~ 2.2~3.0m  Tip **사이 오고**(42 ~ 50), **틀이 서고**(2.2 ~ 3.0)<br>• 지주시설로 세선(2선, 4선 6선) 숫자로 선식 구분<br>  * 버팀목과는 다름 |
| 사과 개별지주 | • 나무주간부 곁에 파이프나 콘크리트 기둥을 세워 나무를 개별적으로 고정시키기 위한 시설<br>  * 버팀목과는 다름 |
| 단감·떫은감 개별지주 | • 나무주간부 곁에 파이프를 세우고 파이프 상단에 연결된 줄을 이용해 가지를 잡아주는 시설<br>  * 버팀목과는 다름 |
| 덕 및 Y자형 시설 | • 덕 : 파이프, 와이어, 강선을 이용한 바둑판식 덕시설<br>• Y자형 시설 : 아연도 구조관 및 강선 이용 지주설치 |

Tip 방충망, 방풍망, 방조망

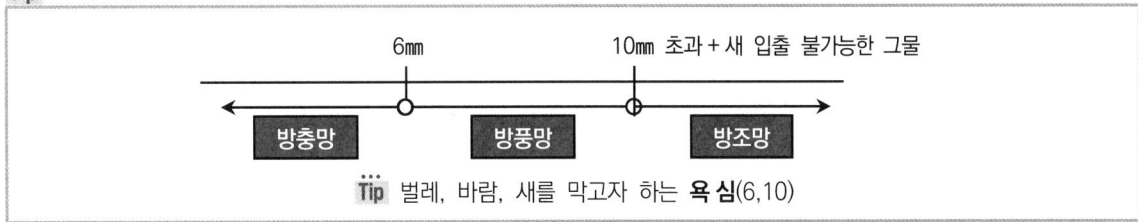

Tip 벌레, 바람, 새를 막고자 하는 **욕심**(6,10)

### 3) 보험료 산정

보험료는 주계약별, 특약별로 각각 해당 보험가입금액에 지역별 적용요율을 곱하고 품목에 따라 과거의 손해율 및 가입연수에 따른 할인·할증, 방재시설별 할인율 등을 추가로 곱하여 산정한다. (품목별로 상이)

주요 품목의 주계약(보통약관) 및 특약별 보험료 산정식은 아래 예시와 같다.

> **예시** 과수 4종(사과, 배, 단감, 떫은감) 및 벼 품목의 보험료 산정식
>
> ① 과수 4종
>  - 과실손해보장 보통약관(주계약) 적용보험료 :
>    보통약관 가입금액 × 지역별 보통약관 영업요율 × (1 + 부보장 및 한정보장 특별약관 할인율) × (1 + 손해율에 따른 할인·할증률) × (1 + 방재시설할인율)
>  - 나무손해보장 특별약관 적용보험료 :
>    특별약관 가입금액 × 지역별 특별약관 영업요율 × (1 + 손해율에 따른 할인·할증률)
> ② 벼
>  - 수확감소보장 보통약관(주계약) 적용보험료 :
>    주계약 보험가입금액 × 지역별 기본 영업요율 × (1 + 손해율에 따른 할인·할증률) × (1 + 친환경 재배 시 할증률) × (1 + 직파재배 농지 할증률)
>  - 병해충보장 특별약관 적용보험료 :
>    특별약관 보험가입금액 × 지역별 기본 영업요율 × (1 + 손해율에 따른 할인·할증률) × (1 + 친환경 재배 시 할증률) × (1 + 직파재배 농지 할증률)
> ※ 손해율에 따른 할인·할증률 적용 예시 (모든 할인·할증률 적용 공통사항)
>  • 손해율에 따른 할인율이 -5%인 경우 (1 - 0.05)
>  • 손해율에 따른 할증율이  5%인 경우 (1 + 0.05)

### 4) 보험기간 적용

보험기간은 농작물재해보험이 보장하는 기간을 말하며, 특정위험방식·종합위험방식의 품목별로 생육기를 감안하여 보험기간을 따로 정하고 있다. 보험기간의 구체적인 사항은 해당 보험약관에 있다.

### 5) 보험가입금액 산출

보험가입금액은 기본적으로 가입수확량에 가입(표준)가격을 곱하여 산출한다. 다만, 품목 또는 보장형태에 따라 구체적인 사항을 별도로 정한다.

| 가입수확량 × 가입(표준)가격 |
| --- |

○ **수확량감소보장상품** : 가입수확량에 가입가격을 곱하여 산출한다(천원 단위 절사). 이때 가입수확량은 평년수확량의 일정 범위(50~100%) 내에서 보험계약자가 결정할 수 있다.

| 가입수확량 × 가입가격(천원 단위 절사) |
| --- |

 - 가입가격은 보험에 가입할 때 결정한 보험의 목적물(농작물)의 kg당 평균가격으로 한다(나무손해보장 특별약관의 경우에는 보험에 가입한 결과주수의 1주당 가격). 단, 과실의 경우 한 과수원에 다수의 품종이 혼식된 경우에도 품종과 관계없이 동일하게 적용한다.

○ **벼** : 가입 단위 농지별 가입수확량(kg 단위)에 표준(가입)가격(원/kg)을 곱하여 산출한다.

> 가입수확량(kg단위) × 표준(가입)가격(원/kg)

- 표준(가입)가격은 보험 가입연도 직전 5개년의 시·군별 농협 RPC 계약재배 수매가 최근 5년 평균값에 민간 RPC지수를 반영하여 산출한다.

**Tip** RPC(rice processing complex : 미곡종합처리장(米穀綜合處理場))

> 산물상태의 미곡을 반입에서부터 선별·계량·품질검사·건조·저장·도정을 거쳐 제품출하와 판매, 부산물 처리에 이르기까지 전과정을 공동으로 처리하는 시설

○ **버섯**(표고, 느타리, 새송이, 양송이) : 하우스 단지별 연간 재배 예정인 버섯 중 **생산비**가 **가장 높은** 버섯의 **보험가액**의 **50%~100%** 범위 내에서 보험가입자(계약자)가 10% 단위로 보험가입금액을 결정한다. **Tip** 높은 곳에서~! **오**(50), **민망**(100)

○ **농업용 시설물** : 단지 내 하우스 1동 단위로, 산정된 **재조달 기준가액**7)의 **90%~130%**(10% 단위) 범위 내에서 산출. 단, 기준금액 산정이 불가능한 콘크리트조·경량 철골조, 비규격 하우스 등은 계약자의 고지사항 및 관련 서류를 기초로 보험가액을 추정하여 보험가입금액을 결정한다.

**Tip** 시설(재조달해서) **구**(90), **하세**(130)

○ **인삼** : 연근별 (보상)가액에 재배면적(㎡)을 곱하여 산출한다.

> 연근별 (보상)가액 × 재배면적(㎡)

- 인삼의 (보상)가액은 농협 통계 및 농촌진흥청의 자료를 기초로 연근별로 투입되는 누적 생산비를 고려하여 연근별로 차등 설정한다.

○ **인삼 해가림시설** : 재조달가액에 감가상각률8)을 감하여 산출한다.

> 재조달가액 × (1 − 감가상각률)

## 바. 손해평가

재해보험사업자는 농어업재해보험법 제11조 및 농림축산식품부장관이 정하여 고시하는 「농업재해보험 손해평가요령」에 따라 손해평가를 실시하여야 하며, 손해평가 시 고의로 진실을 숨기거나 허위로 손해평가를 해서는 안 된다.

손해평가에 참여하고자 하는 손해평가사는 농업정책보험금융원, 손해평가인은 재해보험사업자가 주관하는 교육을 정기적으로 받아야 하며, 손해평가사는 1회 이상 실무교육을 이수하고 3년마다 1회 이상의 보수교육을 이수하여야 한다. 손해평가인 및 손해사정사, 손해사정사 보조인은 연 1회 이상 정기교육을 필수적으로 받아야 하며, 필수 교육을 이수하지 않았을 경우에는 손해평가를 할 수 없다.

---

7) 보험의 목적과 동형, 동질의 신품을 재조달하는 데 소요되는 금액
8) 설치 장비나 시설의 가치가 시간이 지남에 따라 떨어지는 비율

> **더 알아보기**  농업재해보험 손해평가사 제도
>
> 1. 손해평가란 보험 대상 목적물에 피해가 발생한 경우, 그 피해 사실을 확인하고 평가하는 일련의 과정을 의미
>    - 농어업재해보험법상 손해평가는 손해평가인, 손해평가사, 보험업법 제186조에 따른 손해사정사가 수행하도록 정하고 있음
> 2. 자격시험 실시
>    - 제1차 : 상법 보험편, 농어업재해보험법령, 농학 개론 중 재배학 및 원예작물학
>    - 제2차 : 농작물재해보험 및 가축재해보험 이론과 실무, 농작물재해보험 및 가축재해보험 손해평가의 이론과 실무
> 3. 손해평가사의 업무
>    - 피해 사실의 확인, 보험가액 및 손해액의 평가, 그 밖의 손해평가에 필요한 사항
> 4. 교육
>    - 재보험사업 및 농업재해보험사업의 운영 등에 관한 규정에 따라 실무교육(자격 취득 후 1회 이상) 및 보수교육(자격 취득 후 3년마다 1회 이상) 의무 이수토록 규정

## 사. 재보험

농작물재해보험사업 품목에 대해 일정 부분은 정부가 국가재보험으로 인수하며, 재해보험사업자는 국가(농업정책보험금융원)와 재보험에 관하여 별도의 약정을 체결한다. 재해보험사업자가 보유한 부분의 손해는 재해보험사업자가 자체적으로 민영보험사와 재보험약정 체결을 통해 재보험 출재할 수 있다. 재해보험사업자가 민영보험사에 재보험으로 출재할 경우에는 출재방식, 금액, 비율 등 실적 내용을 농업정책보험금융원에 제출하여야 한다.

## 아. 보험금 지급

재해보험사업자는 계약자(또는 피보험자)가 재해발생 사실 통지 시 지체 없이 지급할 보험금을 결정하고, 지급할 보험금이 결정되면 7일 이내에 보험금 지급한다.

지급할 보험금이 결정되기 전이라도 피보험자의 청구가 있을 때에는 재해보험사업자가 추정한 보험금의 50% 상당액을 가지급금으로 지급한다.

<손해평가 및 보험금 지급 과정>

① 보험사고 접수 : 계약자·피보험자는 재해보험사업자에게 보험사고 발생 사실 통보
② 보험사고 조사 : 재해보험사업자는 보험사고 접수가 되면, 손해평가반을 구성하여 보험사고를 조사, 손해액을 산정
  - 보상하지 않는 손해 해당 여부, 사고 가축과 보험목적물이 동일 여부, 사고 발생 일시 및 장소, 사고 발생 원인과 가축 폐사 등 손해 발생과의 인과관계 여부, 다른 계약 체결 유무, 의무 위반 여부 등 확인 조사
  - 보험목적물이 입은 손해 및 계약자·피보험자가 지출한 비용 등 손해액 산정
③ 지급보험금 결정 : 보험가입금액과 손해액을 검토하여 결정
④ 보험금 지급 : 지급할 보험금이 결정되면 7일이 내에 지급하되, 지급보험금이 결정되기 전이라도, 피보험자의 청구가 있으면 추정보험금의 50%까지 보험금 지급 가능

## 3 정부의 지원

일반적으로 보험사업의 재원이 되는 보험료는 보험 가입 시 계약자가 부담하는 것이 원칙이다. 그러나 정부는 농업인의 경제적 부담을 줄이고 농작물재해보험 사업의 원활한 추진을 위하여 농어업재해보험법 제 19조(재정지원)에 의거하여 농업인의 순보험료와 사업자의 운영비를 지원하고 있다. 농작물재해보험에 가입한 계약자의 납입 순보험료(위험보험료+손해조사비)의 50%를 지원한다. 다만, 과수 4종 품목(사과, 배, 단감, 떫은 감)은 보장 수준별로 33% ~ 60%, 벼는 35% ~ 60% 차등 보조한다.

또한, 재해보험사업자의 운영비9)는 국고에서 100% 지원한다.

※ 농업인 또는 농업법인이 보험료 지원을 받으려고 할 경우, 농어업경영체 육성 및 지원에 관한 법률에 따라 농업경영체 등록을 해야 한다.

※ 경영체 미등록 농업인 또는 농업법인의 경우 농업경영체 등록 후 보험 가입 진행

〈정부의 농가부담보험료 지원 비율〉

| 구분 | 품목 | 보장 수준(%) | | | | |
|---|---|---|---|---|---|---|
| | | 60 | 70 | 80 | 85 | 90 |
| 국고보조율 (%) | 사과, 배, 단감, 떫은감 | 60 | 60 | 50 | 38 | 33 |
| | 벼 | 60 | 55 | 50 | 38 | 35 |

**Tip** **여공**(60), **여공**(60), **다공**(50), **세판**(38), **세세**(33)
(여기도 공(과일)! 여기도 공(과일)! 다공(과일)이야! 새로 판을 짜서 세어 보세!)
**윷판**(60), **다돼**(55), **다판**(50), **세판**(38), **셌다**(35)
(볏짚으로 만들면 윷판이 다돼! 다(윷)판이야! 새로 판을 짜서 세었다!)

---

9) 재해보험사업자가 농작물재해보험사업 운용에 소요되는 일반관리비, 영업비, 모집수수료 등

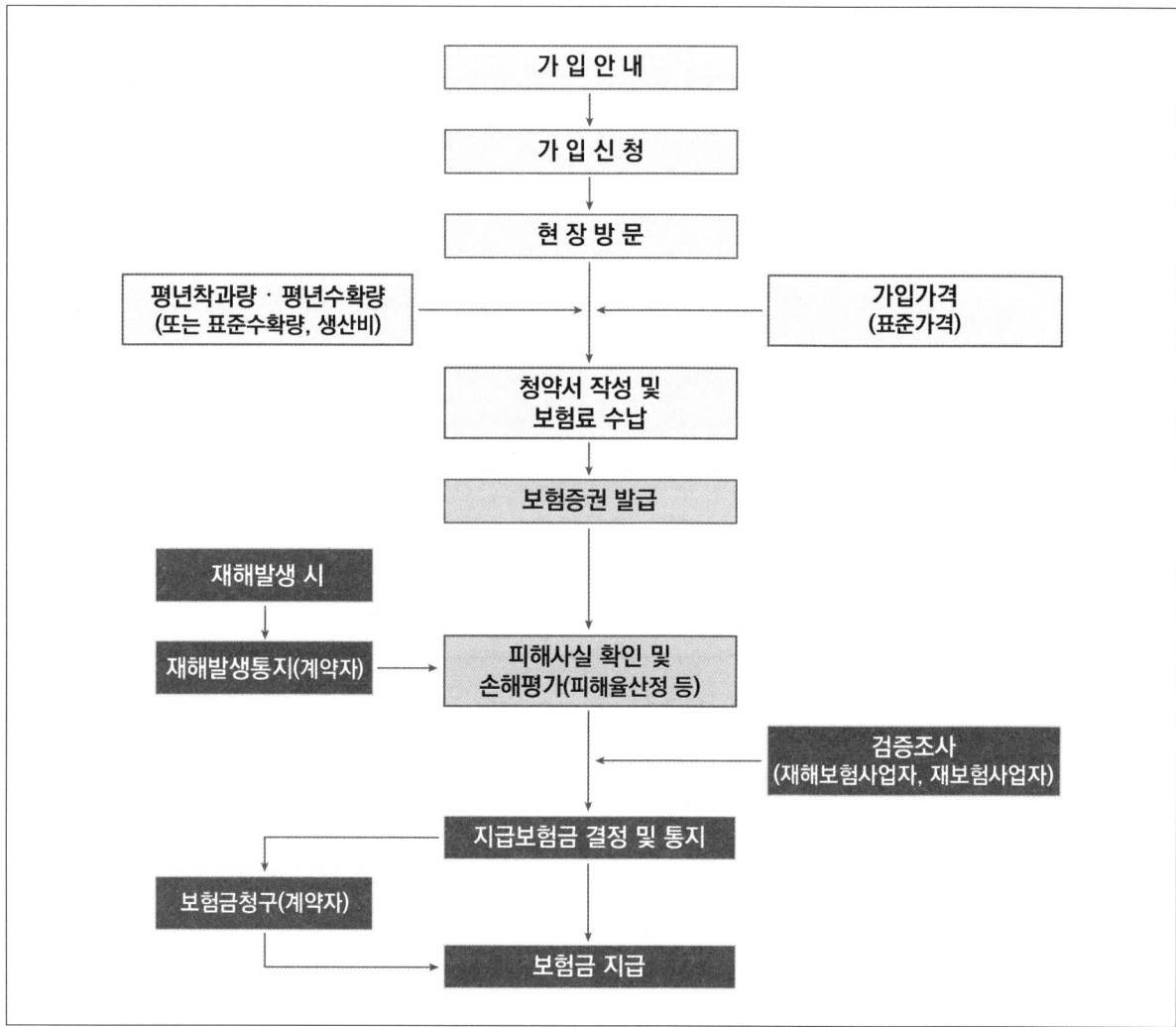

〈그림 3-2〉 농작물재해보험 추진절차

## 제2절 농작물재해보험 상품내용

### 1 과수작물

**가. 적과전 종합위험방식Ⅱ 상품**

1) 대상품목 : 과수 4종(사과, 배, 단감, 떫은감)

2) 주요 특징

적과전 종합위험 보장방식이란 보험의 목적에 대해 보험기간 개시일부터 통상적인 적과를 끝내는 시점까지는 자연재해, 조수해(鳥獸害), 화재에 해당하는 종합적인 위험을 보장받고, 적과후부터 보험기간 종료일까지는 태풍(강풍), 집중호우, 우박, 화재, 지진, 가을동상해, 일소피해에 해당하는 특정한 위험에 대해서만 보장받는 방식을 말한다. 따라서 보장개시일부터 통상적인 적과를 끝내는 시점까지의 기간 동안 사고가 발생했을 경우에는 가입 당시 정한 평년착과량과 적과 종료 직후 조사된 적과후착과량의 차이를 보상(착과감소보험금)하고, 적과후부터 보험기간 종료일까지는 태풍(강풍) 및 우박과 집중호우, 화재, 지진, 가을동상해, 일소피해에 해당하는 재해가 발생할 시에 약관에 따라 해당 재해로 감소된 양을 조사하여 보험금(과실손해보험금)을 지급한다.

3) 상품 내용

가) 보장하는 재해

(1) 적과종료 이전의 종합위험

(가) 자연재해 : 태풍피해, 우박피해, 동상해, 호우피해, 강풍피해, 한해(가뭄피해), 냉해, 조해(潮害), 설해, 폭염, 기타 자연재해

〈'적과종료 이전의 종합위험'에 명시된 자연재해의 정의〉

| 구분 | 정의 |
| --- | --- |
| 태풍피해 | 기상청 태풍주의보이상 발령할 때 발령지역의 바람과 비로 인하여 발생하는 피해 |
| 우박피해 | 적란운과 봉우리적운 속에서 성장하는 얼음알갱이나 얼음덩이가 내려 발생하는 피해 |
| 동상해 | 서리 또는 기온의 하강으로 인하여 농작물 등이 얼어서 발생하는 피해 |
| 호우피해 | 평균적인 강우량 이상의 많은 양의 비로 인하여 발생하는 피해 |
| 강풍피해 | 강한 바람 또는 돌풍으로 인하여 발생하는 피해 |
| 한해 (가뭄피해) | 장기간의 지속적인 강우 부족에 의한 토양수분 부족으로 인하여 발생하는 피해 |
| 냉해 | 농작물의 성장 기간 중 작물의 생육에 지장을 초래할 정도의 찬기온으로 인하여 발생하는 피해 |

| 조해<br>(潮害) | 태풍이나 비바람 등의 자연현상으로 인하여 연안지대의 경지에 바닷물이 들어와서 발생하는 피해 |
|---|---|
| 설해 | 눈으로 인하여 발생하는 피해 |
| 폭염<br>(暴炎) | 매우 심한 더위로 인하여 발생하는 피해 |
| 기타 자연재해 | 상기 자연재해에 준하는 자연현상으로 발생하는 피해 |

(나) **조수해(鳥獸害)** : 새나 짐승으로 인하여 발생하는 손해

(다) **화재** : 화재로 인한 피해

※ 단, 적과종료 이전 특정위험 5종 한정 보장 특별약관 가입 시 태풍(강풍), 우박, 지진, 화재, 집중호우만 보장한다.

**Tip** 태풍(강**풍**), 집중호**우**, 우**박**, **화**재, **지**진 : (풍비박산이지~!)

※ 보장하는 재해로 인하여 손해가 발생한 경우 계약자 또는 피보험자가 지출한 손해방지 비용을 추가로 지급한다. 다만, 방제비용, 시설보수비용 등 통상적으로 소요되는 비용은 제외한다.

(2) 적과종료 이후의 특정위험

**Tip** 태풍(강**풍**), 집중호**우**, 우**박**, **화**재, **지**진, **가을동**상해, **일소**피해 : (풍비박산이지~! 소(牛)를 가동시켜~!)

(가) **태풍(강풍)** : 기상청에서 태풍에 대한 기상특보(태풍주의보 또는 태풍경보)를 발령한 때 발령지역 바람과 비를 말하며, 최대순간풍속 14m/sec 이상의 바람을 포함한다. 바람의 세기는 과수원에서 가장 가까운 3개 기상관측소(기상청 설치 또는 기상청이 인증하고 실시간 관측자료를 확인할 수 있는 관측소)에 나타난 측정자료 중 가장 큰 수치의 자료로 판정한다. **Tip** 일**사**(14) 천리로 날아드는 바람

(나) **우박** : 적란운과 봉우리적운 속에서 성장하는 얼음알갱이 또는 얼음덩어리가 내리는 현상

(다) **집중호우** : 기상청에서 호우에 대한 기상특보(호우주의보 또는 호우경보)를 발령한 때 발령지역의 비 또는 농지에서 가장 가까운 3개소의 기상관측장비(기상청 설치 또는 기상청이 인증하고 실시간 관측 자료를 확인할 수 있는 관측소)로 측정한 12시간 누적강수량이 80mm 이상인 강우상태 **Tip** 하**두**(12), **파고**(80)

(라) **화재** : 화재로 인하여 발생하는 피해

(마) **지진** : 지구 내부의 급격한 운동으로 지진파가 지표면까지 도달하여 지반이 흔들리는 자연지진을 말하며, 대한민국 기상청에서 규모 5.0 이상의 지진통보를 발표한 때 지진통보에서 발표된 진앙이 과수원이 위치한 시군 또는 그 시군과 인접한 시군에 위치하는 경우에 피해를 인정한다. **Tip** 지진이 **오고**(5.0)

(바) 가을동상해 : 서리 또는 기온의 하강으로 인하여 과실 또는 잎이 얼어서 생기는 피해를 말하며, 육안으로 판별 가능한 결빙증상이 지속적으로 남아 있는 경우에 피해를 인정한다. 잎 피해는 단감, 떫은감 품목에 한하여 10월 31일까지 발생한 가을동상해로 나무의 전체 잎 중 50% 이상이 고사한 경우에 피해를 인정한다.

(사) 일소피해 : 폭염(暴炎)으로 인해 보험의 목적에 일소(日燒)가 발생하여 생긴 피해를 말하며, 일소는 과실이 태양광에 노출되어 과피 또는 과육이 괴사되어 검게 그을리거나 변색되는 현상을 말하며, 폭염은 대한민국 기상청에서 폭염특보(폭염주의보 또는 폭염경보)를 발령한 때 과수원에서 가장 가까운 3개소의 기상관측장비(기상청 설치 또는 기상청이 인증하고 실시간 관측 자료를 확인할 수 있는 관측소)로 측정한 낮 최고기온이 연속 2일 이상 33℃ 이상으로 관측된 경우를 말하며, 폭염특보가 발령한 때부터 해제 한 날까지 일소가 발생한 보험의 목적에 한하여 보상한다. 이때 폭염특보는 과수원이 위치한 지역의 폭염특보를 적용한다. **Tip** **연투**(연2, 연속 투사된 빛으로), **삼쎄**(33)

※ 상기 보장하는 재해로 인하여 손해가 발생한 경우 계약자 또는 피보험자가 지출한 손해방지비용(손해의 방지 또는 경감을 위한 일체의 방법을 강구하기 위하여 지출한 필요 또는 유익한 비용)을 추가로 지급한다.

다만, 방제비용, 시설보수비용 등 통상적으로 소요되는 비용은 제외한다.

**Tip** 적과전 종합위험방식II 상품(사과, 배, 단감, 떫은감) - 보장하는 재해의 구분

| 적과종료 이전 | 적과 | 적과종료 이후 |
|---|---|---|
| [보통약관]<br> - **자연**재해, **조수**해, **화재** | | [보통약관]<br> - 태풍(강**풍**), **집중**호우, 우**박**, **화재**, **지진**, **가을동**상해, **일소**피해 |
| [특별약관] : 5종 한정보장<br> - 태풍(강**풍**), **집**중호우, 우**박**, **화재**, **지진**, | | [특별약관] : 부보장<br> - **가을동**상해, **일소**피해 |

나) 보상하지 않는 손해

(1) 적과종료 이전

(가) 계약자, 피보험자 또는 이들의 법정대리인의 고의 또는 중대한 과실로 인한 손해

(나) 제초작업, 시비관리 등 통상적인 영농활동을 하지 않아 발생한 손해

(다) 원인의 직·간접을 묻지 않고 병해충으로 발생한 손해

(라) 보장하지 않는 재해로 제방, 댐 등이 붕괴되어 발생한 손해

(마) 하우스, 부대시설 등의 노후 및 하자로 생긴 손해

(바) 계약체결 시점 현재 기상청에서 발령하고 있는 기상특보 발령 지역의 기상특보 관련 재해 (태풍, 호우, 홍수, 강풍, 풍랑, 해일, 대설 등)로 인한 손해
(사) 보장하는 자연재해로 인하여 발생한 동녹(과실에 발생하는 검은 반점 병) 등 간접손해
(아) 가)의 보장하는 재해에 해당하지 않은 재해로 발생한 손해
(자) 식물방역법 제36조(방제명령 등)에 의거 금지 병해충인 과수 화상병 발생에 의한 폐원으로 인한 손해 및 정부 및 공공기관의 매립으로 발생한 손해
(차) 전쟁, 혁명, 내란, 사변, 폭동, 소요, 노동쟁의, 기타 이들과 유사한 사태로 생긴 손해

**(2) 적과종료 이후**

(가) 계약자, 피보험자 또는 이들의 법정대리인의 고의 또는 중대한 과실로 인한 손해
(나) 수확기에 계약자 또는 피보험자의 고의 또는 중대한 과실로 수확하지 못하여 발생한 손해
(다) 제초작업, 시비관리 등 통상적인 영농활동을 하지 않아 발생한 손해
(라) 원인의 직·간접을 묻지 않고 병해충으로 발생한 손해
(마) 보장하지 않는 재해로 제방, 댐 등이 붕괴되어 발생한 손해
(바) 최대순간풍속 14m/sec 미만의 바람으로 발생한 손해
(사) 보장하는 자연재해로 인하여 발생한 동녹(과실에 발생하는 검은 반점 병) 등 간접손해
(아) 가)의 보장하는 재해에 해당하지 않은 재해로 발생한 손해
(자) 저장한 과실에서 나타나는 손해
(차) 저장성 약화, 과실경도 약화 등 육안으로 판별되지 않는 손해
(카) 농업인의 부적절한 적엽(잎 제거)으로 인하여 발생한 손해
(타) 병으로 인해 낙엽이 발생하여 태양광에 과실이 노출됨으로써 발생한 손해
(파) 식물방역법 제36조(방제명령 등)에 의거 금지 병해충인 과수 화상병 발생에 의한 폐원으로 인한 손해 및 정부 및 공공기관의 매립으로 발생한 손해
(하) 전쟁, 혁명, 내란, 사변, 폭동, 소요, 노동쟁의, 기타 이들과 유사한 사태로 생긴 손해

다) 보험기간

| 구분 | | | 보험의 목적 | 보험기간 | |
|---|---|---|---|---|---|
| 보장 | 약관 | 대상재해 | | 보장개시 | 보장종료 |
| 과실<br>손해<br>보장 | 보통<br>약관 | 적과<br>종료<br>이전 | 자연재해, 조수해<br>(鳥獸害),<br>화재 | 사과, 배 | 계약체결일 24시 | 적과 종료 시점<br>다만, 판매개시연도<br>6월 30일을<br>초과할 수 없음 |
| | | | | 단감,<br>떫은감 | 계약체결일 24시 | 적과 종료 시점<br>다만, 판매개시연도<br>7월 31일을<br>초과할 수 없음 |
| | | 적과<br>종료<br>이후 | 태풍(강풍),<br>우박, 집중호우,<br>화재, 지진 | 사과, 배,<br>단감,<br>떫은감 | 적과 종료 이후 | 판매개시연도<br>수확기 종료 시점<br>다만, 판매개시연도<br>11월 30일을<br>초과할 수 없음 |
| | | | 가을동상해 | 사과, 배 | 판매개시연도<br>9월 1일 | 판매개시연도<br>수확기 종료 시점<br>다만, 판매개시연도<br>11월 10일을<br>초과할 수 없음 |
| | | | | 단감,<br>떫은감 | 판매개시연도<br>9월 1일 | 판매개시연도<br>수확기 종료 시점<br>다만, 판매개시연도<br>11월 15일을<br>초과할 수 없음 |
| | | | 일소피해 | 사과, 배,<br>단감,<br>떫은감 | 적과종료 이후 | 판매개시연도 9월 30일 |
| 나무<br>손해<br>보장 | 특별<br>약관 | 자연재해,<br>조수해(鳥獸害),<br>화재 | | 사과, 배,<br>단감,<br>떫은감 | 판매개시연도<br>2월 1일<br>다만, 2월 1일 이후<br>보험에 가입하는<br>경우에는<br>계약체결일 24시 | 이듬해 1월 31일 |

※ "판매개시연도"는 해당 품목 판매개시일이 속하는 연도, "이듬해"는 판매개시 연도의 다음 연도

> **Tip** 적과전 종합위험방식Ⅱ 상품(사과, 배, 단감, 떫은감) - 보험기간의 이해

### 1. 과실손해 보장 - 보통약관

가. 적과전(前) : 착과감소 보장 - 자연재해, 조수해, 화재

1) 사과, 배
   1~3월
   계약체결일 24시 ─────── 적과종료시점 (6/30)

2) 단감, 떫은감
   1~3월
   계약체결일 24시 ─────── 적과종료시점 (7/31)

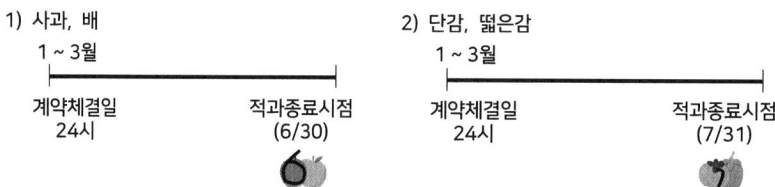

나. 적과후(後) : 과실손해 보장 - 태풍(강풍), 집중호우, 우박, 화재, 지진, 가을동상해, 일소피해

1) 태풍(강풍), 집중호우, 우박, 화재, 지진

   ※ 사과, 배, 단감, 떫은감

   적과종료 이후 ─────── 수확기종료시점 (11/30)

   > **Tip** 풍비박산이니 할 일 / 셋 공(11/30, 할 일이 많고)

2) 가을동상해

   ① 사과, 배
   9/1 ─────── 수확기종료시점 (11/10)

   ② 단감, 떫은감
   9/1 ─────── 수확기종료시점 (11/15)

   > **Tip** 가을이니 동상(동생) 일해~!
   > 나원(9/1), 할 일 / 하 고(11/10), // 할 일 / 했 다(11/15)

3) 일소피해

   ※ 사과, 배, 단감, 떫은감

   적과종료 이후 ─────── 9/30

   > **Tip** 밭일을 소끌고 하면 직후(적과 후, 곧) 날 / 새 고(9/30)

### 2. 나무손해보장 - 특별약관

※ 사과, 배, 단감, 떫은감

1~3월 ─────── 12/31 ─────── 12/31

판개연 2/1 ~계약체결일 24시    이듬해 1/31

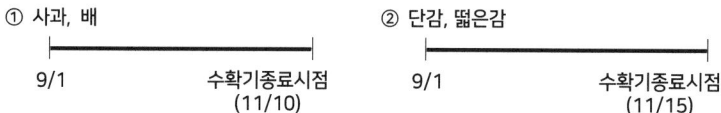

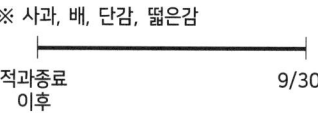

> **Tip** 사과, 배, 단감, 떫은감을 **남의 손에**(나무손해) / **둘 / 일**(2/1) ~ **일년 동안**

라) 보험가입금액

　(1) 과실손해보장 보험가입금액

　　(가) 가입수확량에 가입가격을 곱하여 산출된 금액(천원 단위 절사)으로 한다.

> 가입수확량 × 가입가격

　　※ 가입가격 : 보험에 가입할 때 결정한 과실의 kg당 평균 가격(나무손해보장 특별약관의 경우에는 보험에 가입한 결과주수의 1주당 가격)으로 한 과수원에 다수의 품종이 혼식된 경우에도 품종과 관계없이 동일

　(2) 나무손해보장특약 보험가입금액

　　(가) 보험에 가입한 결과주수에 1주당 가입가격을 곱하여 계산한 금액으로 한다.

> 가입결과주수 × 1주당 가입가격

　　(나) 보험에 가입한 결과주수가 과수원 내 실제결과주수를 초과하는 경우에는 보험가입금액을 감액한다.

　(3) 보험가입금액의 감액

　　(가) 적과 종료 후 기준수확량이 가입수확량보다 적은 경우 가입수확량 조정을 통해 보험가입금액을 감액한다.

　　(나) 보험가입금액을 감액한 경우에는 아래와 같이 계산한 차액보험료를 환급한다.

> 차액보험료 = (감액분 계약자부담보험료 × 감액미경과비율) − 미납입보험료
> ※ 감액분 계약자부담보험료는 감액한 가입금액에 해당하는 계약자부담보험료

〈감액미경과비율〉

* 적과종료 이전 특정위험 5종 한정보장 특별약관에 가입하지 않은 경우

| 품목 | 착과감소보험금 보장수준 50%형 | 착과감소보험금 보장수준 70%형 |
|---|---|---|
| 사과, 배 | 70% Tip 지영(70) | 63% Tip 육세(63) |
| 단감, 떫은감 | 84% Tip 팔자(84) | 79% Tip 친구(79) |

Tip 결혼 전(적과 전) 지영이 팔자는 아직 여섯살 친구하고 놀아야할 팔자~!

* 적과종료 이전 특정위험 5종 한정보장 특별약관에 가입한 경우

| 품목 | 착과감소보험금 보장수준 50%형 | 착과감소보험금 보장수준 70%형 |
|---|---|---|
| 사과, 배 | 83% Tip 에셋(83) | 78% Tip 칠판(78) |
| 단감, 떫은감 | 90% Tip 낳고(90) | 88% Tip 팔팔(88) |

Tip 결혼 후(적과 후) 애를 셋이나 낳고서도 칠판앞에서 팔팔 뛰며 강의하네~!

　　(다) 차액보험료는 적과후 착과수 조사일이 속한 달의 다음 달 말일 이내에 지급한다.

(라) 적과후착과수 조사 이후 착과수가 적과후착과수 보다 큰 경우에는 지급한 차액보험료를 다시 정산한다.

마) 보험료

(1) 보험료의 구성

영업보험료는 순보험료와 부가보험료를 더하여 산출한다. 순보험료는 지급보험금의 재원이 되는 보험료이며 부가보험료는 보험회사의 경비 등으로 사용되는 보험료이다.

> 영업보험료 = 순보험료 + 부가보험료

(가) 정부보조보험료는 순보험료의 경우 보장수준별로 33% ~ 60% 차등 지원, 부가보험료는 100%를 지원한다.

(나) 지자체지원보험료는 지자체별로 지원금액(비율)을 결정한다.

(2) 보험료의 산출

(가) 과실손해보장 보통약관 적용보험료

> 보통약관 보험가입금액 × 지역별 보통약관 영업요율 × (1 + 부보장 및 한정보장 특별약관 할인율) × (1 + 손해율에 따른 할인·할증률) × (1 + 방재시설할인율)

(나) 나무손해보장 특별약관 적용보험료

> 특별약관 보험가입금액 × 지역별 특별약관 영업요율 × (1 + 손해율에 따른 할인·할증률)

※ 손해율에 따른 할인·할증은 계약자를 기준으로 판단
※ 손해율에 따른 할인·할증폭은 -30% ~ +50%로 제한

Tip 뼈(-) 삶고(30), 더(+) 달고(50) : 뼈는 삶을수록 맛이 더 달고~!

※ 2개 이상의 방재시설이 있는 경우 합산하여 적용하되, 최대 할인율은 30%로 제한
※ 품목별 방재시설 할인율은 제3장 제1절 참조

(3) 보험료의 환급

(가) 이 계약이 무효, 효력상실 또는 해지된 때에는 다음과 같이 보험료를 반환한다. 다만, 보험기간 중 보험사고가 발생하고 보험금이 지급되어 보험가입금액이 감액된 경우에는 감액된 보험가입금액을 기준으로 환급금을 계산하여 돌려준다.

① **계약자 또는 피보험자의 책임 없는 사유에 의하는 경우** : 무효의 경우에는 납입한 계약자부담보험료의 전액, 효력상실 또는 해지의 경우에는 해당 월 미경과비율에 따라 아래와 같이 '환급보험료'를 계산한다.

$$\text{환급보험료} = \text{계약자부담보험료} \times \text{미경과비율} \langle \text{별표} \rangle$$

※ 계약자부담보험료는 최종 보험가입금액 기준으로 산출한 보험료 중 계약자가 부담한 금액

② **계약자 또는 피보험자의 책임 있는 사유에 의하는 경우** : 계산한 해당 월 미경과비율에 따른 보험료를 환급한다. 다만 계약자, 피보험자의 고의 또는 중대한 과실로 무효가 된 때에는 보험료가 환급되지 않는다.

(나) 계약자 또는 피보험자의 책임 있는 사유라 함은 다음 각 호를 말한다.
① 계약자 또는 피보험자가 임의 해지하는 경우
② 사기에 의한 계약, 계약의 해지[10] 또는 중대사유로 인한 해지에 따라 계약을 취소 또는 해지하는 경우
③ 보험료 미납으로 인하여 계약이 효력을 상실한 경우

(다) 계약의 무효, 효력상실 또는 해지로 인하여 반환해야 할 보험료가 있을 때에는 계약자는 환급금을 청구하여야 하며, 청구일의 다음 날부터 지급일까지의 기간에 대하여 '보험개발원이 공시하는 보험계약대출이율'을 연단위 복리로 계산한 금액을 더하여 지급한다.

바) 보험금
(1) 과실손해보장(보통약관)의 착과감소보험금
(가) 보험금 지급사유 : 적과종료 이전 보장하는 재해로 인하여 보험의 목적에 피해가 발생하고 착과감소량이 자기부담감수량을 초과하는 경우

(나) 보험금 계산

$$\text{보험금} = (\text{착과감소량} - \text{미보상감수량} - \text{자기부담감수량}) \times \text{가입가격} \times \text{보장수준}(50\% \text{ or } 70\%)$$

**Tip** 부부싸움 후 **착**, **미**, **자**(착밀자), (팔을 감고서 그냥 외식하러) **가**, **보장**(가보자) **어**, **찌**(5, 7)할꼬?

① 자기부담감수량은 기준수확량에 자기부담비율을 곱한 양으로 한다.
② 자기부담비율은 계약할 때 계약자가 선택한 비율로 한다.
③ 미보상감수량은 보장하는 재해 이외의 원인으로 인하여 감소되었다고 평가되는 부분을 말하며, 계약당시 이미 발생한 피해, 병해충으로 인한 피해 및 제초상태 불량 등으로 인한 수확감소량으로서 감수량에서 제외된다.
④ 착과감소보험금 보장 수준(50%·70%)은 계약할 때 계약자가 선택한 보장수준으로 한다.
⑤ 50%형은 임의선택 가능하나, 최근 3년간 누적 적과전 손해율이 120% 이상인 경우 50%형만 가입 가능하다.

---
[10] 계약자 또는 피보험자의 고의로 손해가 발생한 경우나, 고지의무·통지의무 등을 해태한 경우의 해지를 말한다.

(다) 보험금의 지급 한도에 따라 계산된 보험금이 '보험가입금액 × (1 − 자기부담비율)'을 초과하는 경우에는 '보험가입금액 × (1 − 자기부담비율)'을 보험금으로 한다.

> **Tip** 참고로 현재 가축재해보험의 축사의 경우만 자기부담비율 0%를 적용할 수 있다. 나머지는 최소한의 자기부담금이 있다.
> 한편 상법상 '**보험금 ≤ 보험(가입)금액**'이어야 한다. 그런데 여기서 계산된 보험금은 자기부담감수량을 고려한 결과이므로 보험(가입)금액에도 자기부담비율을 고려하여 그 판단 기준으로 사용하게 된다.

(2) 과실손해보장(보통약관)의 과실손해보험금

(가) 보험금 지급사유 : 보장하는 재해로 인하여 적과 종료 이후 누적감수량이 자기부담감수량을 초과하는 경우

(나) 보험금 계산

$$\text{보험금} = (\text{적과 종료 이후 누적감수량} - \text{자기부담감수량}) \times \text{가입가격}$$

> **Tip** 외식하고 오니 장모(시어머니)가 감자를 두고 가셨네~! **저기**(적후) **누감**, **자**, **가**(누구 감자인 거야?)

① 적과종료 이후 누적감수량은 보장종료 시점까지 산출된 감수량을 누적한 값으로 한다.
② 자기부담감수량은 기준수확량에 자기부담비율을 곱한 양으로 한다.

> **Tip** 적과전 착과감소 없는 경우 : 기준수확량 = 적과후착과량
>   적과전 착과감소 있는 경우 : 기준수확량 = 적과후착과량 + 착과감소량

다만, 착과감소량이 존재하는 경우 과실손해보험금의 자기부담감수량은 (착과감소량 − 미보상감수량)을 제외한 값으로 하며, 이때 자기부담감수량은 0보다 작을 수 없다.

> **Tip** 적과전과 적과후의 자기부담감수량
> 
> ㉮ 이전에 착과감소보험금이 계산되는 경우 : (착과감소량 − 미보상감수량) > 자기부담감수량
>   → 자기부담감수량 − (착과감소량 − 미보상감수량) = 음(−)의 값
>   → 자기부담감수량을 이전에 모두 부담되었으므로 적과 후에는 추가 부담 없음
>   → 따라서 과실손해보험금에서는 자기부담감수량 = 0
> ㉯ 이전에 착과감소보험금이 계산되지 않는 경우 : (착과감소량 − 미보상감수량) ≤ 자기부담감수량
>   → 자기부담감수량 − (착과감소량 − 미보상감수량) = 양(−)의 값
>   → (착과감소량 − 미보상감수량)만큼은 적과전에 자기부담감수량을 부담한 것으로 인정해주고
>   → 과실손해보험금에서는 이를 제외한 나머지 자기부담감수량만을 부담하게 함

(3) 나무손해보험금의 계산

(가) 보험금 지급사유 : 보험기간 내에 보장하는 재해로 인한 피해율이 자기부담비율을 초과하는 경우

(나) 보험금 계산

> 보험금 = 보험가입금액 × (피해율 − 자기부담비율)
> ※ 피해율 = 피해주수(고사된 나무) ÷ 실제 결과주수

**Tip** 나무손해(남의 손에), 다(5%), 보험가입금액, 피해율, 자기부담비율
　　※ 나무손해보험금의 자기부담비율은 5%로 일정하게 정해져 있음

**Tip** 보험금 산식의 유형

(1) 가, 피, 자 스타일 : 보험가입금액 ×(피해율 − 자기부담비율)
　① 특정위험방식(인삼), ② 수확감소보장, ③ 비가림과수손해보장
　④ 과실손해보장(적과전 이외 품목), ⑤ 생산비보장(아래 일정비율 스타일 이외 품목)
　⑥ 나무손해보장(5% 자기부담비율)
(2) 손, 자 스타일 : 손해액 − 자기부담금
　① 비가림시설, ② 해가림시설, ③ 농업시설물(원예시설·버섯재배사)·부대시설
　④ 옥수수, ⑤ 감귤(온주밀감)　**Tip** 할아버지가 **손자**와 함께 **시설** 아래에서 **옥수수**와 **온주밀감**을 먹네
(3) 일정비율 스타일
　① 경작불능보장, ② 이앙·직파 불능보장, ③ 재이앙·재직파 보장, ④ 수확불능보장(벼)
　⑤ 생산비보장(고추, 브로콜리, 시설·버섯작물), ⑥ 재파종보장, ⑦ 재정식보장
　⑧ 수확량감소 추가보장(포도, 복숭아, 감귤(만감류)) ⑨ 과실손해 추가보장감귤(온주밀감)
(4) 독자적인 스타일 : 적과전 종합위험 방식
　① 착과감소보험금, ② 과실손해보험금

사) 자기부담비율

(1) 과실손해위험보장 : 지급보험금을 계산할 때 피해율에서 차감하는 비율로서, 계약할 때 계약자가 선택한 비율(10%, 15%, 20%, 30%, 40%)을 말한다.

　(가) 10%형 : 최근 3년간 연속 보험가입 과수원으로서 3년간 수령한 보험금이 순보험료의 120% 미만인 경우에 한하여 선택 가능하다.　**Tip** 이하 모든 작물에 동일하게 적용

　(나) 15%형 : 최근 2년간 연속 보험가입 과수원으로서 2년간 수령한 보험금이 순보험료의 120% 미만인 경우에 한하여 선택 가능하다.　**Tip** 이하 모든 작물에 동일하게 적용

　(다) 20%형, 30%형, 40%형 : 제한 없음

(2) 나무손해보장 특별약관 : 5%

아) 특별약관

(1) 적과 종료 이후 가을동상해 부보장 특별약관

　보장하는 재해에도 불구하고 적과 종료 이후 가을동상해로 인해 입은 손해는 보상하지 않는다.

(2) 적과 종료 이후 일소피해 부보장 특별약관

보장하는 재해에도 불구하고 적과 종료 이후 일소피해로 인해 입은 손해는 보상하지 않는다.

(3) 적과 종료 이전 특정위험 5종 한정 보장 특별약관

보장하는 재해에도 불구하고 적과 종료 이전에는 보험의 목적이 태풍(강풍), 우박, 집중호우, 화재, 지진으로 입은 손해만을 보상한다.

(4) 종합위험 나무손해보장특별약관

보험의 목적이 적과 종료 이전과 동일한 보장하는 재해(자연재해, 조수해(鳥獸害), 화재)로 인해 입은 손해를 보상하며, 이때 보험의 목적은 보통약관에서 담보하는 농작물(사과, 배, 단감, 떫은감)의 나무를 말한다. 단, 아래의 사유로 인한 손해는 보상하지 않는다.

〈나무손해보장특약의 보상하지 않는 손해〉

- 계약자, 피보험자 또는 이들의 법정대리인의 고의 또는 중대한 과실로 인한 손해
- 제초작업, 시비관리 등 통상적인 영농활동을 하지 않아 발생한 손해
- 보장하지 않는 재해로 제방, 댐 등이 붕괴되어 발생한 손해
- 피해를 입었으나 회생 가능한 나무 손해
- 토양관리 및 재배기술의 잘못된 적용으로 인해 생기는 나무 손해
- 병충해 등 간접손해에 의해 생긴 나무 손해
- 하우스, 부대시설 등의 노후 및 하자로 생긴 손해
- 계약체결 시점 현재 기상청에서 발령하고 있는 기상특보 발령 지역의 기상특보 관련 재해로 인한 손해
- 보상하는 손해에 해당하지 않은 재해로 발생한 손해
- 전쟁, 혁명, 내란, 사변, 폭동, 소요, 노동쟁의, 기타 이들과 유사한 사태로 생긴 손해

자) 계약인수 관련 수확량

(1) 표준수확량

과거의 통계를 바탕으로 품종, 경작형태, 수령, 지역 등을 고려하여 산출한 나무 1주당 예상수확량이다.

(2) 평년착과량

(가) 보험가입금액(가입수확량) 산정 및 적과 종료 전 보험사고 발생 시 감수량 산정의 기준이 되는 착과량을 말한다.

(나) 평년착과량은 자연재해가 없는 이상적인 상황에서 수확할 수 있는 수확량이 아니라 평년수준의 재해가 있다는 점을 전제로 한다.

(다) 최근 5년 이내 보험에 가입한 이력이 있는 과수원은 최근 5개년 적과후착과량 및 표준수확량에 의해 평년착과량을 산정하며, 신규 가입하는 과수원은 표준수확량표를 기준으로 평년착과량을 산정한다.

(라) 산출 방법은 가입 이력 여부로 구분된다.

① 과거수확량 자료가 없는 경우(신규 가입)
  ○ 표준수확량의 100%를 평년착과량으로 결정한다.

② 과거수확량 자료가 있는 경우(최근 5년 이내 가입 이력 존재)
  ○ 아래 표와 같이 산출하여 결정한다.

> □ 평년착과량 = [ A + ( B − A ) × ( 1 − Y / 5 ) ] × C / D
>   Tip  [ 아(A) + (배(B) − 야(A)) × 일(1) 빼(−) 였(Y) 다(5) ] × 쌌(C) / 다(D)!!
>   ○ A = Σ과거 5년간 적과후착과량 ÷ 과거 5년간 가입횟수
>   ○ B = Σ과거 5년간 표준수확량 ÷ 과거 5년간 가입횟수
>   ○ Y = 과거 5년간 가입횟수
>   ○ C = 당해연도(가입연도) 기준표준수확량
>   ○ D = Σ과거 5년간 기준표준수확량 ÷ 과거 5년간 가입횟수
>
> ※ 과거 적과후착과량 : 연도별 적과후착과량을 인정하되, 21년 적과후착과량부터 아래 상·하한 적용
>   • 상한 : 평년착과량의 300%
>   • 하한 : 평년착과량의 30%
>   • 단, 상한의 경우 가입 당해를 포함하여 과거 5개년 중 3년 이상 가입 이력이 있는 과수원에 한하여 적용
>
>     Tip  과거 적과후착과량 상·하한
>
>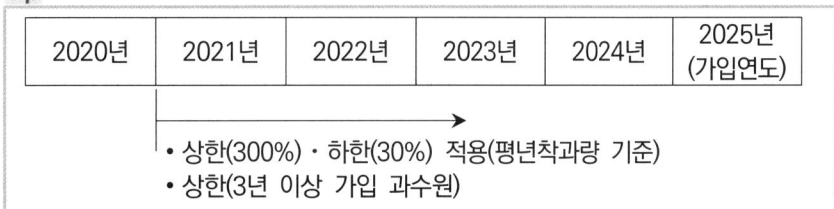
>
> ※ 기준표준수확량 : 아래 품목별 표준수확량표에 의해 산출한 표준수확량
>   • 사과 : 일반재배방식의 표준수확량
>   • 배 : 소식재배방식의 표준수확량
>   • 단감·떫은감 : 표준수확량표의 표준수확량
>
>   Tip  사과, 일반재배방식 / 배, 소식재배방식(사과해야할 일은 애초에 빼소~! 그게 기준이야~!)
>
> ※ 과거기준표준수확량(D) 적용 비율 : 대상품목 사과만 해당
>   • 3년생 : 일반재배방식의 표준수확량 5년생의 50%
>   • 4년생 : 일반재배방식의 표준수확량 5년생의 75%

### Tip 적과전 종합위험방식Ⅱ 상품 – 평년착과량의 이해

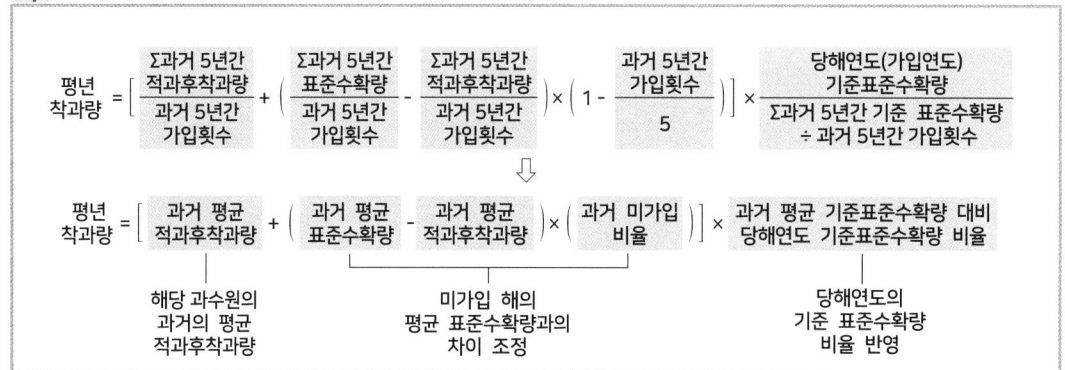

(3) 가입수확량

(가) 보험에 가입한 수확량으로 가입가격에 곱하여 보험가입금액을 결정하는 수확량을 말한다.

(나) 평년착과량의 100%를 가입수확량으로 결정한다.

(4) 가입과중

(가) 보험 가입 시 결정한 과실의 1개당 평균 과실무게(g)를 말하며, 한 과수원에 다수의 품종이 혼식된 경우에도 품종과 관계없이 동일하다.

## 나. 종합위험방식 상품

1) **대상품목** : 복숭아, 자두, 매실, 살구, 오미자, 밤, 호두, 유자, 포도, 대추, 참다래, 복분자, 무화과, 오디, 감귤(만감류), 감귤(온주밀감류), 두릅, 블루베리 (18개 품목)

2) **주요 특징**

과수작물의 종합위험방식 상품은

가) 종합위험 수확감소보장방식(복숭아, 자두, 매실, 살구, 오미자, 밤, 호두, 유자, 감귤(만감류) 9개 품목),

> Tip **수감**(수확감소보장방식) **복**숭아, **자**두, **매**실, **살**구, **오**미자 / **밤**, **호**두, **유**자 / 감귤(**만감**류) : 감옥 수감시설에 복씨 자매가 갇혀 살아요~, 밤이 되면 노역을 안 하니 좋지만, 창살에 달빛을 보니 만감이 교차하네~!

나) 종합위험 비가림과수 손해보장방식(포도, 대추, 참다래 3개 품목),

> Tip **비가림**과수 **포**도, **대**추, **참다**래 : 포대를 뒤집어쓰고 비를 참다~!

다) 수확전 종합위험 과실손해보장방식(복분자, 무화과 2개 품목),

> Tip **수확전** 종합위험 과**실**손해보장방식 **복**분자, **무**화과 : 군복무를 수전실(전기 공급받는 곳)에서 편하게 했네~!

라) 종합위험 과실손해보장방식(오디, 감귤(온주밀감류), 두릅, 블루베리 4개 품목)으로 구분할 수 있다.

> **Tip** 종합위험 과**실**손해보장방식 **두루**(두릅), **불러**(블루베리), **어디**(오디), 감귤(**온주밀감**류) : 정신이 나갔다고 하니 사람들을 두루 불러서 어디 다시 오는가 보자~!

종합위험 수확감소보장방식은 보장하는 재해로 인한 수확량의 감소비율이 자기부담비율을 초과 시 보상하며, 종합위험 비가림과수 손해보장방식은 해당 품목의 수확량 감소 피해뿐만 아니라, 보장하는 재해로 인한 비가림시설 피해를 보상한다.

수확전 종합위험 과실손해보장방식은 수확전까지는 종합위험을 담보하고 수확 이후에는 태풍(강풍), 우박의 특정한 재해 피해만 보상한다.

종합위험 과실손해보장방식은 보장하는 재해로 과실에 직접적인 피해가 발생하여 손해액이 자기부담금을 초과하는 경우 보상한다. 자세한 상품내용은 아래와 같다.

### 3) 상품 내용

#### 가) 종합위험 수확감소보장방식

(1) 보장하는 재해

| 구분 | 품목 | 보장하는 재해 |
| --- | --- | --- |
| 종합위험 수확감소보장방식 | 복숭아, 자두, 밤, 매실, 오미자, 유자, 호두, 살구, 감귤(만감류) | 자연재해, 조수해(鳥獸害), 화재, 병충해(복숭아만 해당) |

> **Tip** 병충해 보장(종합위험) **복**숭아, **고**추, **감**자 : 날씨도 추운데 벗고 가면 병 걸려~!

**(가) 자연재해**[11] : 태풍피해, 우박피해, 동상해, 호우피해, 강풍피해, 한해(가뭄피해), 냉해, 조해(潮害), 설해, 폭염, 기타 자연재해

- 감귤(만감류) 동상해 피해의 경우 아래의 정의를 따른다.
  - 계약체결일 24시 ~ 12월 20일 이전 : 서리 또는 기온의 하강으로 인하여 농작물 등이 얼어서 발생하는 피해
  - 12월 21일 이후 : 서리 또는 과수원에서 가장 가까운 3개소의 기상관측장비(기상청설치 또는 기상청이 인증하고 실시간 관측자료를 확인할 수 있는 관측소)로 측정한 기온이 해당 조건(제주도 지역 : -3℃ 이하로 6시간 이상 지속, 제주도 이외 지역 : 0℃ 이하로 48시간 이상 지속)으로 지속됨에 따라 농작물 등이 얼어서 발생하는 피해

  > **Tip** 동상해는 **한둘**(12월) **두고**(20일), **한둘**(12월) **둘일**(21일)(한 곳(차가운 곳)에 그냥 두는 일)
  > **제주 빼 세**(-3) **여**(6, 여섯) : 재주 피우지 마세요~!
  > **아니면**(이외) **공**(0) **사판**(48) : 안 그러면 공사판 돼요~!

**(나) 조수해(鳥獸害)** : 새나 짐승으로 인하여 발생하는 손해

**(다) 화재** : 화재로 인한 피해

---
[11] (1) 적과종료 이전의 종합위험 이하 자연재해 정의 표 〈적과종료 이전의 종합위험'에 명시된 자연재해의 정의〉 참고(p.107)

(라) 병충해 : 세균구멍병으로 인하여 발생하는 손해(복숭아 품목에만 해당)

- 세균구멍병[12]

    주로 잎에 발생하며, 가지와 과일에도 발생한다. 봄철 잎에 형성되는 병반은 수침상의 적자색 내지 갈색이며, 이후 죽은 조직이 떨어져 나와 구멍이 생기고 가지에서는 병징이 적자색 내지 암갈색으로 변하고 심하면 가지가 고사된다. 어린 과실의 초기 병징은 황색을 띠고, 차차 흑색으로 변하며, 병반 주위가 녹황색을 띠게 된다.

〈그림 3-3〉세균구명병에 의한 피해 사진

※ 보장하는 재해로 인하여 손해가 발생한 경우 계약자 또는 피보험자가 지출한 손해방지비용을 추가로 지급한다. 다만, 방제비용, 시설보수비용 등 통상적으로 소요되는 비용은 제외한다.

(2) 보상하지 않는 손해

(가) 계약자, 피보험자 또는 이들의 법정대리인의 고의 또는 중대한 과실로 인한 손해

(나) 수확기에 계약자 또는 피보험자의 고의 또는 중대한 과실로 수확하지 못하여 발생한 손해

(다) 제초작업, 시비관리 등 통상적인 영농활동을 하지 않아 발생한 손해

(라) 원인의 직·간접을 묻지 않고 병해충으로 발생한 손해(다만, 복숭아의 세균구멍병으로 인한 손해는 제외)

(마) 보장하지 않는 재해로 제방, 댐 등이 붕괴되어 발생한 손해

(바) 하우스, 부대시설 등의 노후 및 하자로 생긴 손해

(사) 계약체결 시점 현재 기상청에서 발령하고 있는 기상특보 발령 지역의 기상특보 관련 재해로 인한 손해

(아) 보장하는 재해에 해당하지 않은 재해로 발생한 손해

(자) 보상하는 손해에 해당하지 않은 재해로 발생한 생리장해

(차) 전쟁, 혁명, 내란, 사변, 폭동, 소요, 노동쟁의, 기타 이들과 유사한 사태로 생긴 손해

---

[12] 자료출처 : 국가농작물병해충관리시스템  https://ncpms.rda.go.kr

나) 종합위험 과실손해보장방식

(1) 보장하는 재해

| 구분 | 품목 | 보장하는 재해 |
|---|---|---|
| 종합위험 과실손해보장방식 | 오디, 감귤(온주밀감류), 두릅, 블루베리 | 자연재해, 조수해(鳥獸害), 화재 |

(가) 자연재해[13] : 태풍피해, 우박피해, 동상해, 호우피해, 강풍피해, 한해(가뭄피해), 냉해, 조해(潮害), 설해, 폭염, 기타 자연재해

(나) 조수해(鳥獸害) : 새나 짐승으로 인하여 발생하는 손해

(다) 화재 : 화재로 인한 피해

※ 보장하는 재해로 인하여 손해가 발생한 경우 계약자 또는 피보험자가 지출한 손해방지비용을 추가로 지급한다. 다만, 방제비용, 시설보수비용 등 통상적으로 소요되는 비용은 제외

(2) 보상하지 않는 손해

(가) 계약자, 피보험자 또는 이들의 법정대리인의 고의 또는 중대한 과실로 인한 손해

(나) 수확기에 계약자 또는 피보험자의 고의 또는 중대한 과실로 수확하지 못하여 발생한 손해

(다) 제초작업, 시비관리 등 통상적인 영농활동을 하지 않아 발생한 손해

(라) 원인의 직·간접을 묻지 않고 병해충으로 발생한 손해

(마) 보장하지 않는 재해로 제방, 댐 등이 붕괴되어 발생한 손해

(바) 하우스, 부대시설 등의 노후 및 하자로 생긴 손해

(사) 계약체결 시점 현재 기상청에서 발령하고 있는 기상특보 발령 지역의 기상특보 관련 재해로 인한 손해

(아) 보상하는 손해에 해당하지 않은 재해로 발생한 손해

(자) 보상하는 손해에 해당하지 않은 재해로 발생한 생리장해

(차) 전쟁, 혁명, 내란, 사변, 폭동, 소요, 노동쟁의, 기타 이들과 유사한 사태로 생긴 손해

다) 종합위험 비가림과수 손해보장방식

(1) 보장하는 재해

| 구분 | 품목 | 보장하는 재해 |
|---|---|---|
| 종합위험 비가림과수 손해보장방식 | 포도, 대추, 참다래 | 자연재해, 조수해(鳥獸害), 화재 |
| | 비가림시설 | 자연재해, 조수해(鳥獸害), 화재(특약) |

---

13) (1) 적과종료 이전의 종합위험 이하 자연재해 정의 표 〈'적과종료 이전의 종합위험'에 명시된 자연재해의 정의〉 참고(p.107)

**(가) 자연재해**14) : 태풍피해, 우박피해, 동상해, 호우피해, 강풍피해, 한해(가뭄피해), 냉해, 조해(潮害), 설해, 폭염, 기타 자연재해

**(나) 조수해(鳥獸害)** : 새나 짐승으로 인하여 발생하는 손해

**(다) 화재** : 화재로 인한 피해

※ 보장하는 재해로 인하여 손해가 발생한 경우 계약자 또는 피보험자가 지출한 손해방지비용을 추가로 지급한다. 다만, 방제비용, 시설보수비용 등 통상적으로 소요되는 비용은 제외

**(2) 보상하지 않는 손해**
 (가) 계약자, 피보험자 또는 이들의 법정대리인의 고의 또는 중대한 과실로 인한 손해
 (나) 자연재해, 조수해(鳥獸害)가 발생했을 때 생긴 도난 또는 분실로 생긴 손해
 (다) 보험의 목적의 노후 및 하자로 생긴 손해
 (라) 보장하지 않는 재해로 제방, 댐 등이 붕괴되어 발생한 손해
 (마) 침식활동 및 지하수로 생긴 손해
 (바) 수확기에 계약자 또는 피보험자의 고의 또는 중대한 과실로 수확하지 못하여 발생한 손해
 (사) 제초작업, 시비관리 등 통상적인 영농활동을 하지 않아 발생한 손해
 (아) 원인의 직접, 간접을 묻지 아니하고 병해충으로 발생한 손해
 (자) 계약체결 시점 현재 기상청에서 발령하고 있는 기상특보 발령 지역의 기상특보 관련 재해로 인한 손해
 (차) 전쟁, 혁명, 내란, 사변, 폭동, 소요, 노동쟁의, 기타 이들과 유사한 사태로 생긴 손해
 (카) 보상하는 손해에 해당하지 않은 재해로 발생한 손해
 (타) 보상하는 손해에 해당하지 않은 재해로 발생한 생리장해
 (파) 직접 또는 간접을 묻지 않고 농업용 시설물의 시설, 수리, 철거 등 관계 법령의 집행으로 발생한 손해
 (하) 피보험자가 파손된 보험의 목적의 수리 또는 복구를 지연함으로써 가중된 손해

**라) 수확전 종합위험 손해보장방식**
 **(1) 보장하는 재해**

| 구분 | 품목 | 보장하는 재해 | |
|---|---|---|---|
| 수확전 종합위험 손해보장방식 | 복분자 무화과 | 수확개시 이전 | 자연재해, 조수해(鳥獸害), 화재 |
| | | 수확개시 이후 | 태풍(강풍), 우박 |

---

14) (1) 적과종료 이전의 종합위험 이하 자연재해 정의 표 〈적과종료 이전의 종합위험'에 명시된 자연재해의 정의〉 참고(p.107)

〈수확개시 이전·이후 구분 기준〉

| 품목 | 수확개시 이전 | 수확개시 이후 |
| --- | --- | --- |
| 복분자 | 이듬해 5.31일 이전 | 이듬해 6.1일 이후 |
| 무화과 | 이듬해 7.31일 이전 | 이듬해 8.1일 이후 |

**Tip** 글자 모음과 자음으로 기억 : 복분 → ㅗ ㅜ → **오**(5), **육**(6) / 무화 → ㅜ ㅎ → **칠**(7), **팔**(8)

(가) 수확개시 이전의 종합위험

① **자연재해**[15] : 태풍피해, 우박피해, 동상해, 호우피해, 강풍피해, 한해(가뭄피해), 냉해, 조해(潮害), 설해, 폭염, 기타 자연재해

② **조수해(鳥獸害)** : 새나 짐승으로 인하여 발생하는 손해

③ **화재** : 화재로 인한 피해

※ 보장하는 재해로 인하여 손해가 발생한 경우 계약자 또는 피보험자가 지출한 손해방지비용을 추가로 지급한다. 다만, 방제비용, 시설보수비용 등 통상적으로 소요되는 비용은 제외

(나) 수확개시 이후의 특정위험 : 태풍(강풍), 우박[16]

※ 보장하는 재해로 인하여 손해가 발생한 경우 계약자 또는 피보험자가 지출한 손해방지비용을 추가로 지급한다. 다만, 방제비용, 시설보수비용 등 통상적으로 소요되는 비용은 제외

(2) 보상하지 않는 손해

(가) 수확개시 이전

① 계약자, 피보험자 또는 이들의 법정대리인의 고의 또는 중대한 과실로 인한 손해
② 제초작업, 시비관리 등 통상적인 영농활동을 하지 않아 발생한 손해
③ 원인의 직·간접을 묻지 않고 병해충으로 발생한 손해
④ 보상하지 않는 재해로 제방, 댐 등이 붕괴되어 발생한 손해
⑤ 하우스, 부대시설 등의 노후 및 하자로 생긴 손해
⑥ 계약체결 시점 현재 기상청에서 발령하고 있는 기상특보 발령 지역의 기상특보 관련 재해로 인한 손해
⑦ 보상하는 손해에 해당하지 않은 재해로 발생한 손해
⑧ 보상하는 손해에 해당하지 않은 재해로 발생한 생리장해
⑨ 전쟁, 혁명, 내란, 사변, 폭동, 소요, 노동쟁의, 기타 이들과 유사한 사태로 생긴 손해

---

15) (1) 적과종료 이전의 종합위험 이하 자연재해 정의 표 〈'적과종료 이전의 종합위험'에 명시된 자연재해의 정의〉 참고(p.107)
16) (2) 적과종료 이후의 특정위험 이하 자연재해 정의 참고(p.108)

(나) 수확개시 이후
① 계약자, 피보험자 또는 이들의 법정대리인의 고의 또는 중대한 과실로 인한 손해
② 수확기에 계약자 또는 피보험자의 고의 또는 중대한 과실로 수확하지 못하여 발생한 손해
③ 제초작업, 시비관리 등 통상적인 영농활동을 하지 않아 발생한 손해
④ 원인의 직·간접을 묻지 않고 병해충으로 발생한 손해
⑤ 보장하지 않는 재해로 제방, 댐 등이 붕괴되어 발생한 손해
⑥ 최대순간풍속 14m/sec 미만의 바람으로 발생한 손해
⑦ 보상하는 손해에 해당하지 않은 재해로 발생한 손해
⑧ 보상하는 손해에 해당하지 않은 재해로 발생한 생리장애
⑨ 저장한 과실에서 나타나는 손해
⑩ 저장성 약화, 과실경도 약화 등 육안으로 판별되지 않는 손해
⑪ 전쟁, 혁명, 내란, 사변, 폭동, 소요, 노동쟁의, 기타 이들과 유사한 사태로 생긴 손해

4) 보험기간
   가) **종합위험 수확감소보장방식**(복숭아, 자두, 매실, 살구, 오미자, 밤, 호두, 유자, 감귤(만감류) 9개 품목)

| 구분 | | 보험의 목적 | 보험기간 | |
|---|---|---|---|---|
| 약관 | 보장 | | 보장개시 | 보장종료 |
| 보통 약관 | 종합위험 수확감소보장 | 복숭아, 자두, 매실, 살구, 오미자, 감귤(만감류) | 계약체결일 24시 | 수확기 종료 시점<br>다만, 아래 날짜를 초과할 수 없음<br>- 복숭아 : 이듬해 10월 10일<br>- 자두 : 이듬해 9월 30일<br>- 매실 : 이듬해 7월 31일<br>- 살구 : 이듬해 7월 20일<br>- 오미자 : 이듬해 10월 10일<br>- 감귤(만감류) : 이듬해 2월 말일 |
| | | 밤 | 발아기<br>다만, 발아기가 지난 경우에는 계약체결일 24시 | 수확기 종료 시점<br>다만, 판매개시연도 10월 31일을 초과할 수 없음 |
| | | 호두 | | 수확기 종료 시점<br>다만, 판매개시연도 9월 30일을 초과할 수 없음 |
| | | 이듬해에 맺은 유자 과실 | 계약체결일 24시 | 수확개시 시점<br>다만, 이듬해 10월 31일을 초과할 수 없음 |

| 특별약관 | 종합위험 나무손해보장 | 복숭아, 자두, 매실, 살구, 유자 | 판매개시연도 12월 1일 다만, 12월 1일 이후 보험에 가입하는 경우에는 계약체결일 24시 | 이듬해 11월 30일 |
|---|---|---|---|---|
| | | 감귤(만감류) | 계약체결일 24시 | 이듬해 4월 30일 |
| | 수확량감소 추가보장 | 복숭아, 감귤(만감류) | 계약체결일 24시 | 수확기 종료 시점 다만, 아래 날짜를 초과할 수 없음 복숭아 : 이듬해 10월 10일 감귤(만감류) : 이듬해 2월 말일 |

※ "판매개시연도"는 해당 품목 판매개시일이 속하는 연도를 말하며, "이듬해"는 판매개시연도의 다음 연도를 말함

### Tip 종합위험 수확감소보장방식(9개 품목) - 보험기간의 이해

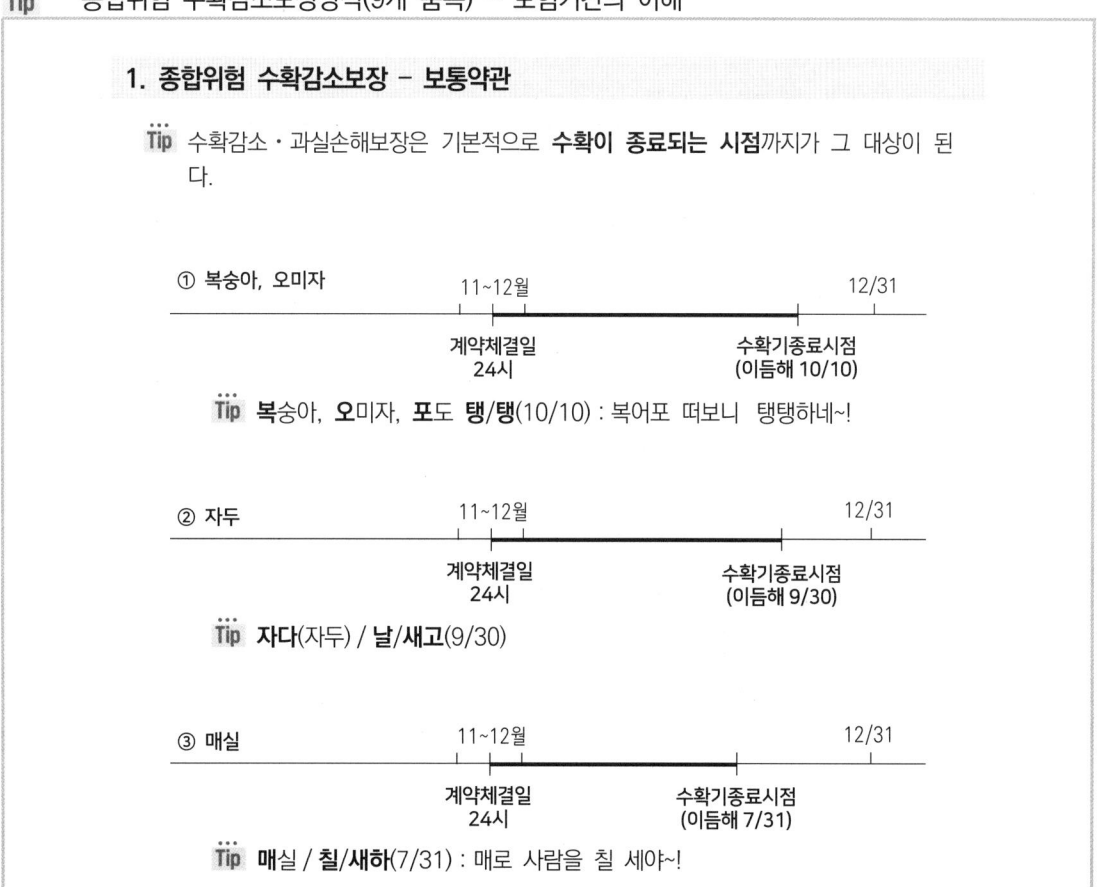

#### 1. 종합위험 수확감소보장 - 보통약관

Tip 수확감소·과실손해보장은 기본적으로 **수확이 종료되는 시점**까지가 그 대상이 된다.

① 복숭아, 오미자
계약체결일 24시 (11~12월) ~ 수확기종료시점 (이듬해 10/10) / 12/31

Tip 복숭아, 오미자, 포도 탱/탱(10/10) : 복어포 떠보니 탱탱하네~!

② 자두
계약체결일 24시 (11~12월) ~ 수확기종료시점 (이듬해 9/30) / 12/31

Tip 자다(자두) / 날/새고(9/30)

③ 매실
계약체결일 24시 (11~12월) ~ 수확기종료시점 (이듬해 7/31) / 12/31

Tip 매실 / 칠/새하(7/31) : 매로 사람을 칠 세야~!

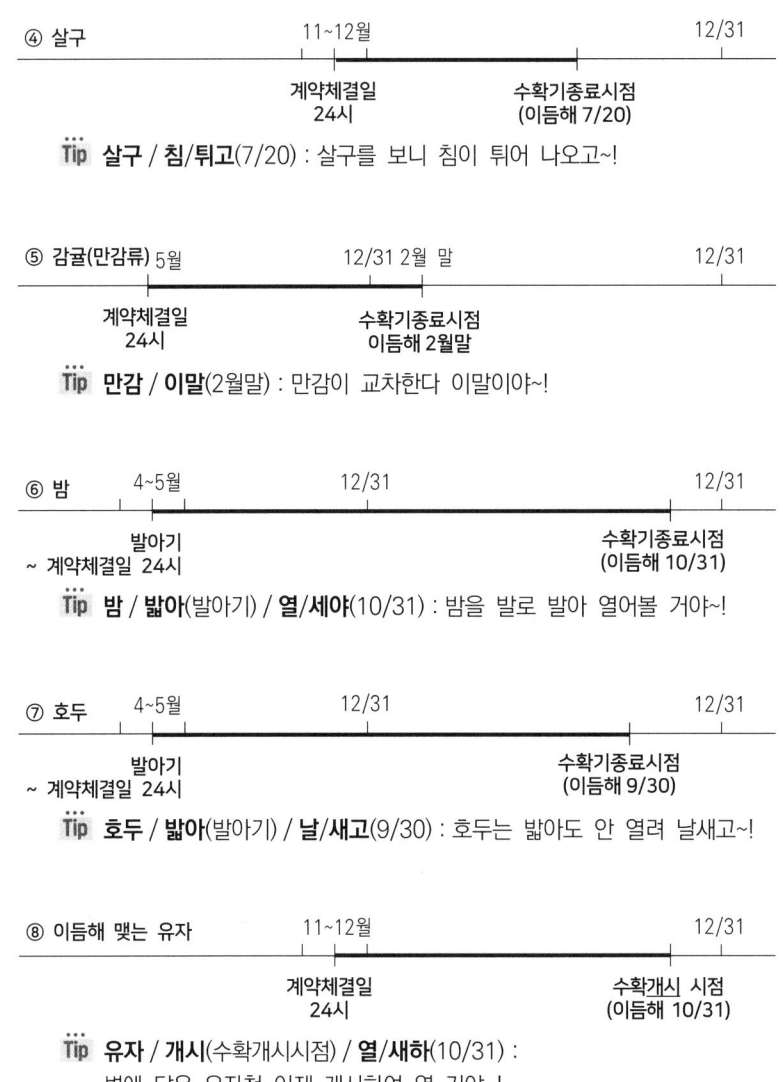

④ 살구

Tip 살구 / 침/튀고(7/20) : 살구를 보니 침이 튀어 나오고~!

⑤ 감귤(만감류)

Tip 만감 / 이말(2월말) : 만감이 교차한다 이말이야~!

⑥ 밤

Tip 밤 / 밟아(발아기) / 열/세야(10/31) : 밤을 발로 밟아 열어볼 거야~!

⑦ 호두

Tip 호두 / 밟아(발아기) / 날/새고(9/30) : 호두는 밟아도 안 열려 날새고~!

⑧ 이듬해 맺는 유자

Tip 유자 / 개시(수확개시시점) / 열/새하(10/31) :
병에 담은 유자청 이제 개시하여 열 거야~!

## 2. 종합위험 나무손해보장 - 특별약관

Tip 나무손해보장은 기본적으로 판매개시 연도로부터 1년간이다.
(감귤(만감류, 온주밀감류)은 예외적으로 계약체결일 ~ 4/30)

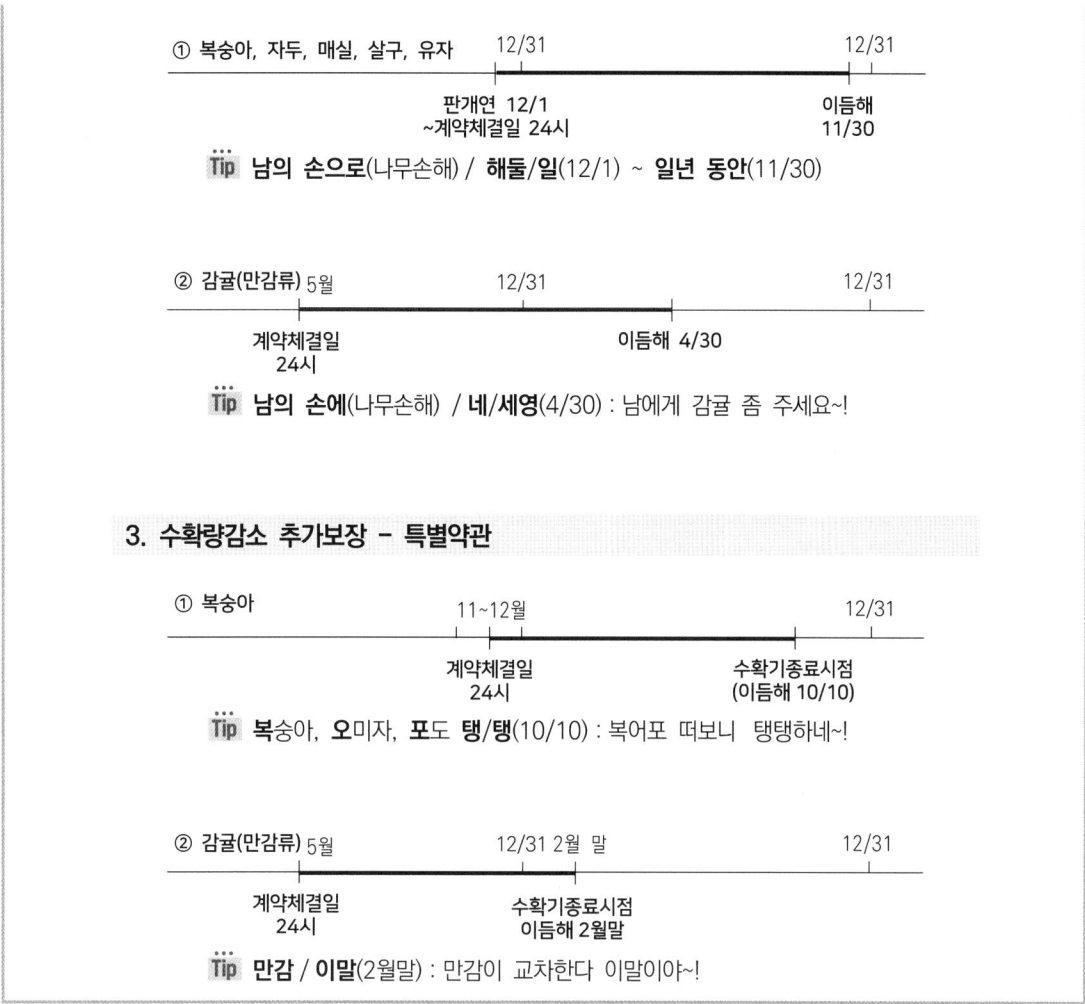

### 3. 수확량감소 추가보장 - 특별약관

### 나) 종합위험 비가림과수 손해보장방식(포도, 대추, 참다래 3개 품목)

| 구분 | | 보험의 목적 | 보험기간 | |
|---|---|---|---|---|
| 약관 | 보장 | | 보장개시 | 보장종료 |
| 보통 약관 | 종합위험 수확감소보장 | 포도 | 계약체결일 24시 | 수확기 종료 시점 다만, 이듬해 10월 10일을 초과할 수 없음 |
| | | 이듬해에 맺은 참다래 과실 | 꽃눈분화기 다만, 꽃눈분화기가 지난 경우에는 계약체결일 24시 | 해당 꽃눈이 성장하여 맺은 과실의 수확기 종료 시점. 다만, 이듬해 11월 30일을 초과할 수 없음 |

|  |  |  | 대추 | 신초발아기<br>다만, 신초발아기가<br>지난 경우에는 계약체결일<br>24시 | 수확기 종료 시점<br>다만, 판매개시연도 10월 31일을<br>초과할 수 없음 |
|---|---|---|---|---|---|
|  |  |  | 비가림시설 | 계약체결일 24시 | 포도 : 이듬해 10월 10일<br>참다래 : 이듬해 6월 30일<br>대추 : 판매개시연도 10월 31일 |
| 특별<br>약관 | 화재위험보장 |  | 비가림시설 | 계약체결일 24시 | 포도 : 이듬해 10월 10일<br>참다래 : 이듬해 6월 30일<br>대추 : 판매개시연도 10월 31일 |
|  | 나무손해보장 |  | 포도 | 판매개시연도 12월 1일<br>다만, 12월 1일 이후 보험에<br>가입하는 경우에는<br>계약체결일 24시 | 이듬해 11월 30일 |
|  |  |  | 참다래 | 판매개시연도 7월 1일 다만,<br>7월 1일 이후 보험에<br>가입하는 경우에는<br>계약체결일 24시 | 이듬해 6월 30일 |
|  | 수확량감소<br>추가보장 |  | 포도 | 계약체결일 24시 | 수확기 종료 시점<br>다만, 이듬해 10월 10일을 초과할<br>수 없음 |

※ "판매개시연도"는 해당 품목 판매개시일이 속하는 연도를 말하며, "이듬해"는 판매개시연도의 다음 연도를 말함

Tip 종합위험 비가림과수 손해보장방식(포도, 대추, 참다래 3개 품목) - 보험기간의 이해

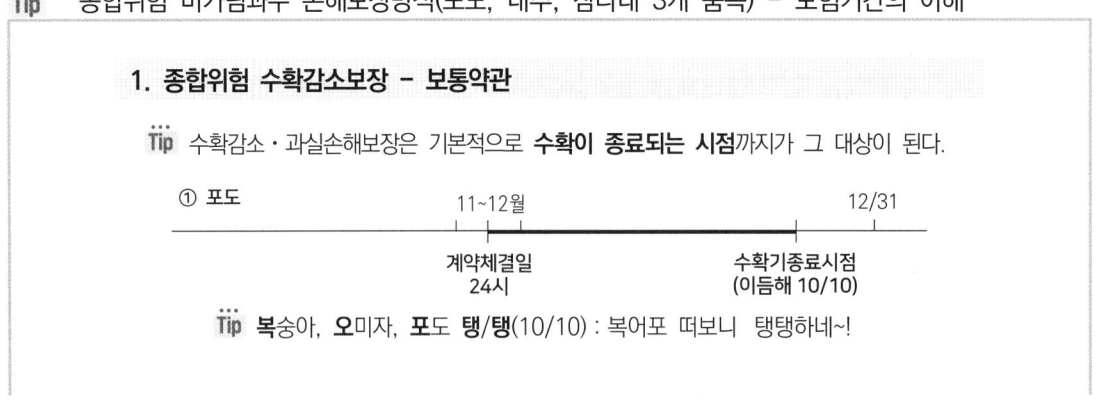

② 이듬해 맺은 참다래

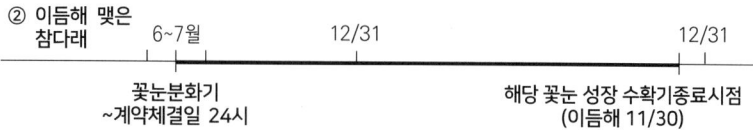

Tip **참다** / **꽃분**(꽃눈분화기) / **일원**(이런)/**셋방**(11/30):
참자, 꽃분이 하고 이런 셋방에서도 참고 살자~!

③ 대추

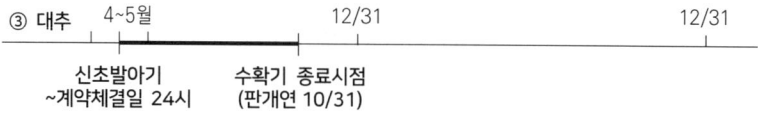

Tip **대충**(대추) / **신발**(신초발아기) / **판매 하고/세일**(10/31)

④ 비가림 시설

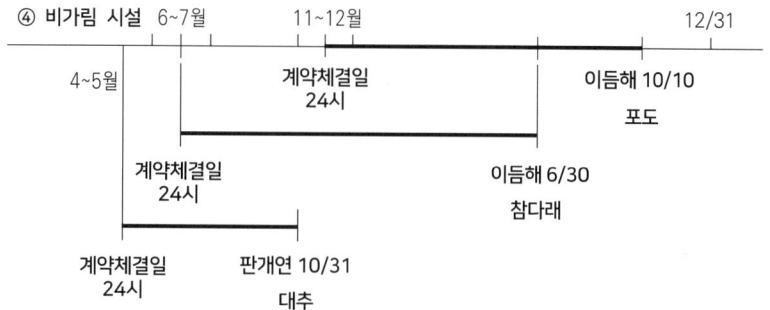

Tip 시설에서 물건 팔기~!
**복숭아, 오미자, 포도 탱/탱**(10/10) : 복어포 떠보니 탱탱하네~!
**참다**(참다래) / **욕/샜고**(6/30)
**대충**(대추) / **판매 하고/세일**(10/31)

## 2. 화재위험 수확감소보장 - 특별약관

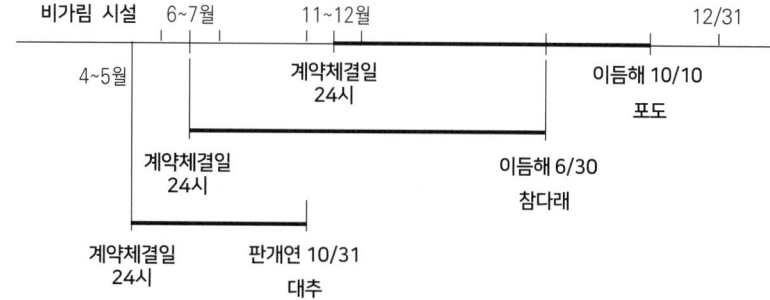

Tip 시설에서 물건 팔기~!
**복숭아, 오미자, 포도 탱/탱**(10/10) : 복어포 떠보니 탱탱하네~!
**참다**(참다래) / **욕/샜고**(6/30)
**대충**(대추) / **판매 하고/세일**(10/31)

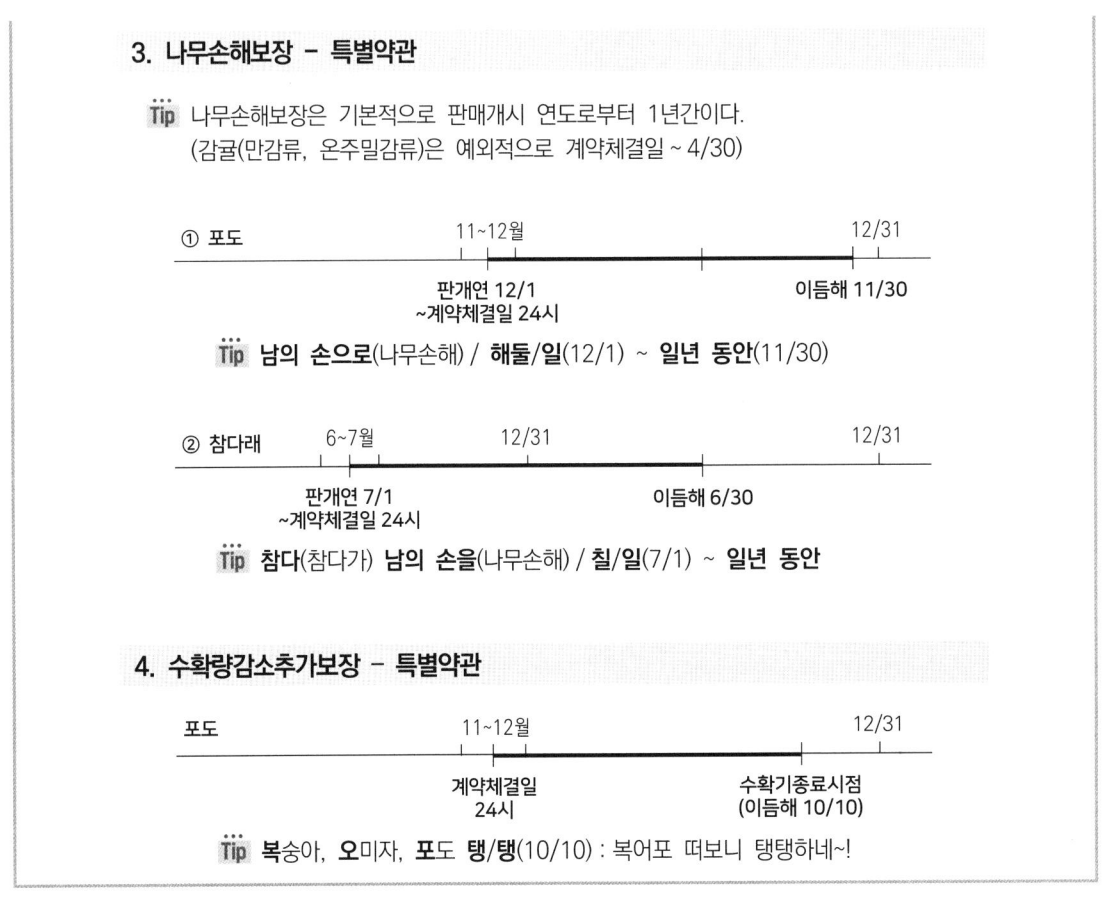

다) 수확전 종합위험 과실손해보장방식(복분자, 무화과 2개 품목)

| 구분 | | 보험의 목적 | 보험기간 | | |
|---|---|---|---|---|---|
| 약관 | 보장 | | 보장하는 재해 | 보장개시 | 보장종료 |
| 보통<br>약관 | 경작<br>불능<br>보장 | 복분자 | 자연재해, 조수해(鳥獸害), 화재 | 계약체결일<br>24시 | 수확개시시점<br>다만, 이듬해<br>5월 31일을<br>초과할 수 없음 |
| | 과실<br>손해<br>보장 | | 이듬해<br>5월 31일 이전<br>(수확개시 이전) | 자연재해,<br>조수해(鳥獸害),<br>화재 | 계약체결일<br>24시 | 이듬해<br>5월 31일 |
| | | | 이듬해<br>6월 1일<br>이후<br>(수확개시 이후) | 태풍<br>(강풍),<br>우박 | 이듬해<br>6월 1일 | 이듬해 수확기<br>종료 시점<br>다만, 이듬해<br>6월 20일을<br>초과할 수 없음 |

| | | | | | |
|---|---|---|---|---|---|
| 과실<br>손해<br>보장 | 무화과 | 이듬해<br>7월 31일 이전<br>(수확개시 이전) | 자연재해,<br>조수해(鳥獸害),<br>화재 | 계약체결일<br>24시 | 이듬해<br>7월 31일 |
| | | 이듬해<br>8월 1일<br>이후<br>(수확개시 이후) | 태풍<br>(강풍),<br>우박 | 이듬해<br>8월 1일 | 이듬해 수확기<br>종료 시점<br>다만, 이듬해<br>10월 31일을<br>초과할 수 없음 |
| 특별<br>약관 | 나무<br>손해<br>보장 | 무화과 | 자연재해, 조수해(鳥獸害), 화재 | 판매개시연도<br>12월 1일<br>다만, 12월<br>1일 이후<br>보험에<br>가입한<br>경우에는<br>계약체결일<br>24시 | 이듬해<br>11월 30일 |

※ "판매개시연도"는 해당 품목 판매개시일이 속하는 연도를 말하며, "이듬해"는 판매개시연도의 다음 연도를 말함
※ 과실손해보장에서 보험의 목적은 이듬해에 수확하는 과실을 말함

**Tip** 수확전 종합위험 과실손해보장방식(복분자, 무화과 2개 품목) - 보험기간의 이해

### 1. 경작불능보장 - 보통약관(자연재해, 조수해, 화재)

**Tip** 경작불능보장은 기본적으로 **수확이 개시되는 시점**까지 그 대상이 된다.

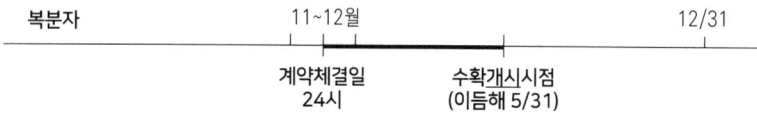

**Tip** 복자(볶아 버리니)) 수개(수확개시시점, 수가 몇 개인지) / 다/샌일(5/31)

### 2. 과실손해보장 - 보통약관

**Tip** 수확감소·과실손해보장은 기본적으로 **수확이 종료되는 시점**까지가 그 대상이 된다.

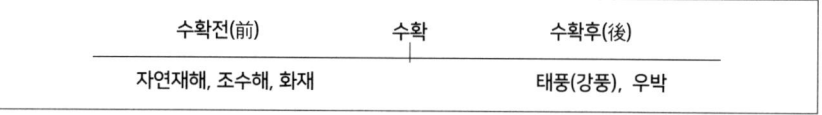

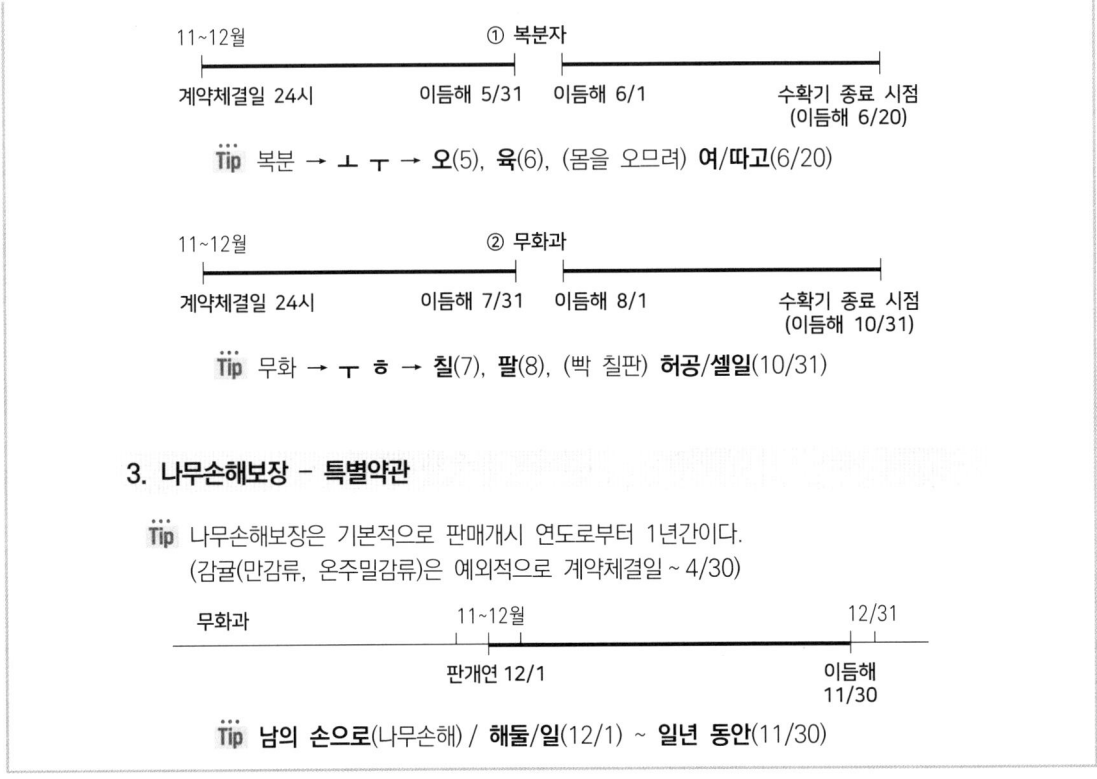

### 3. 나무손해보장 - 특별약관

> Tip 나무손해보장은 기본적으로 판매개시 연도로부터 1년간이다.
> (감귤(만감류, 온주밀감류)은 예외적으로 계약체결일 ~ 4/30)

```
무화과         11~12월              12/31
─────────────────┼─────────────────┤
              판개연 12/1         이듬해
                                  11/30
```

> Tip 남의 손으로(나무손해) / 해둘/일(12/1) ~ 일년 동안(11/30)

> Tip 경작불능보장이 배제되는 품목
>
> (1) 과수작물(목본작물) : 경작불능보장은 원칙적으로 경작의 노력이 요구되는 초본작물에 적용함. 단, 복분자는 목본작물이지만 초본작물의 성향이 많아 **예외적으로 인정함**
> (2) 차(茶) : 목본작물
> (3) 고추, 브로콜리 : 중간에 보험금 수령이 잦은 품목임. 따라서 중도에 경작불능을 선택할 수 없음
> (4) 시설작물, 버섯작물 : 경작의 노력이 요구되는 작물이 아님

**라) 종합위험 과실손해보장방식**(오디, 감귤(온주밀감류), 두릅, 블루베리 4개 품목)

| 구분 | | 보험의 목적 | 보험기간 | |
|---|---|---|---|---|
| 약관 | 보장 | | 보장개시 | 보장종료 |
| 보통 약관 | 종합위험 과실손해보장 | 오디 | 계약체결일 24시 | 결실완료시점<br>다만, 이듬해 5월 31일을 초과할 수 없음 |
| | | 두릅 | | 수확기종료시점<br>다만, 이듬해 5월 15일을 초과할 수 없음 |

|  |  | 블루베리 |  | 수확기종료시점<br>다만, 이듬해 9월 15일을 초과할 수 없음 |
|---|---|---|---|---|
|  |  | 감귤<br>(온주밀감류) |  | 수확기종료시점<br>다만, 판매개시연도<br>12월 20일을 초과할 수 없음 |
| 특별<br>약관 | 수확개시 이후<br>동상해 보장 | 감귤<br>(온주밀감류) | 판매개시연도<br>12월 21일 | 이듬해 2월 말일 |
|  | 나무손해보장 |  |  | 이듬해 4월 30일 |
|  | 과실손해<br>추가보장 |  | 계약체결일 24시 | 수확기종료시점<br>다만, 판매개시연도<br>12월 20일을 초과할 수 없음 |

※ "판매개시연도"는 해당 품목 판매개시일이 속하는 연도를 말하며, "이듬해"는 판매개시연도의 다음 연도를 말함

**Tip** 종합위험 과실손해보장방식(오디, 두릅, 블루베리, 온주밀감 4개 품목) - 보험기간의 이해

### 1. 종합위험 과실손해 보장 - 보통약관

**Tip** 수확감소·과실손해보장은 기본적으로 **수확이 종료되는 시점**까지가 그 대상이 된다.

① 오디
11~12월 ─────────── 12/31
계약체결일 24시    결실완료시점 (이듬해 5/31)

**Tip** **어디**(오디) / **실료**(실어서, 결실완료시점) / **다/샛나**(5/31)

② 두릅
11~12월 ─────────── 12/31
계약체결일 24시    수확기종료시점 (이듬해 5/15)

**Tip** **두루**(두릅, 두루 두루) **다/한다**(5/15) : 손해평가를 두루 두루 다한다

③ 블루베리
11~12월 ─────────── 12/31
계약체결일 24시    수확기종료시점 (이듬해 9/15)

**Tip** **불러**(블루베리) **나/한다**(9/15) : 손해평가를 하라고 부르니 나 일한다

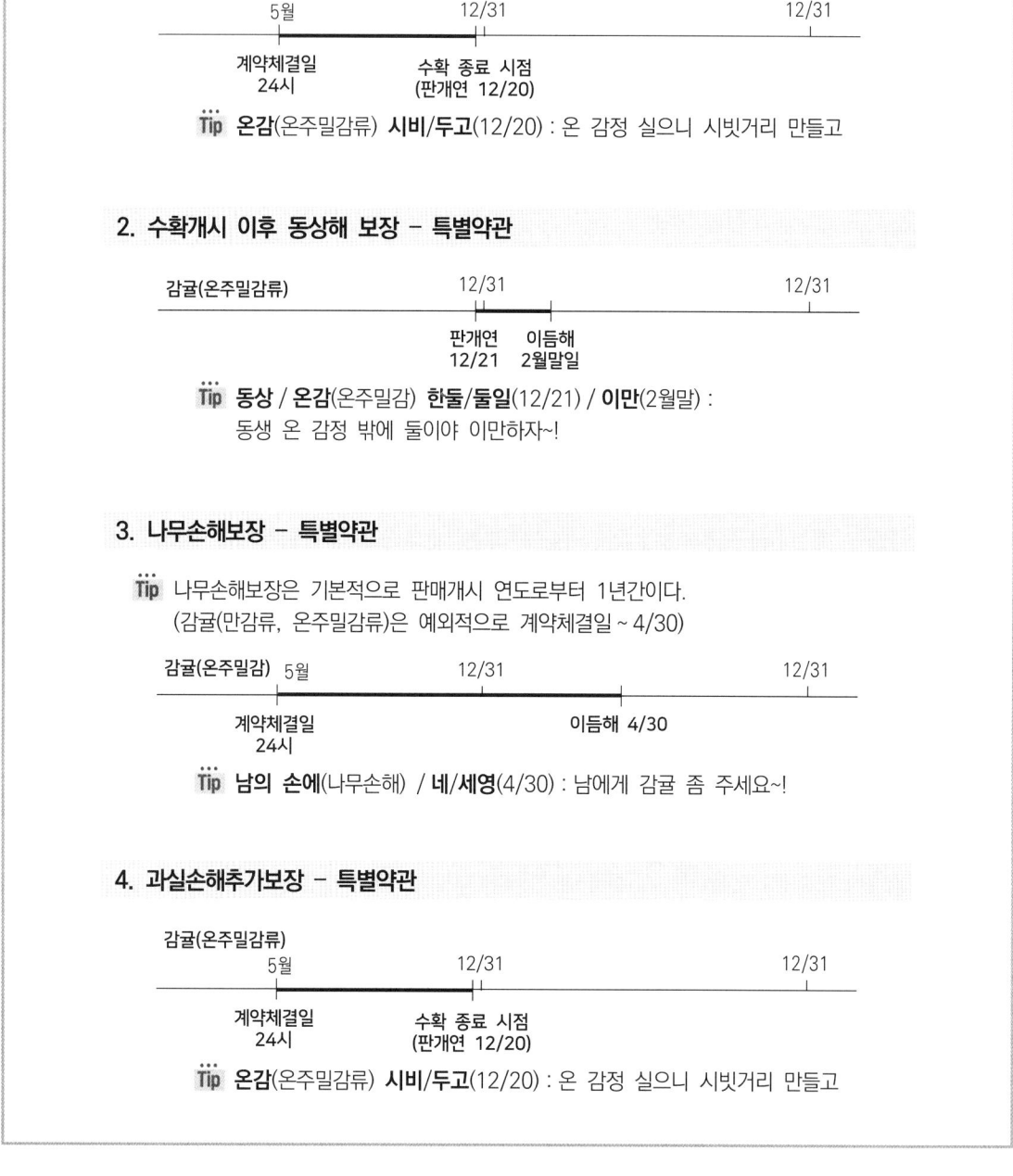

## 5) 보험가입금액

가) 과실손해(수확감소)보장 : 가입수확량에 가입가격을 곱하여 산출한다(천원 단위 절사). 단, 감귤(온주밀감류), 두릅, 블루베리, 무화과는 평년수확량에 표준가격을 곱하여 산출하고, 오디는 표준수확량에 표준가격을 곱하고 표준결실수 대비 평년결실수 비율을 곱하여 산출하며, 복분자는 표준

수확량에 표준가격을 곱하고 표준결과모지수 대비 평년결과모지수 비율을 곱하여 산출한다(천원 단위 절사).

(1) 감귤(온주밀감류), 두릅, 블루베리, 무화과

$$\text{평년수확량} \times \text{표준가격}$$

(2) 오디

$$\text{표준수확량} \times \text{표준가격} \times \frac{\text{평년결실수}}{\text{표준결실수}}$$

(3) 복분자

$$\text{표준수확량} \times \text{표준가격} \times \frac{\text{평년결과모지수}}{\text{표준결과모지수}}$$

나) **나무손해보장** : 가입한 결과주수에 1주당 가입가격을 곱하여 계산한 금액으로 한다. 가입한 결과주수가 과수원 내 실제결과주수를 초과하는 경우에는 보험가입금액을 감액한다.

$$\text{가입한 결과주수} \times \text{1주당 가입가격}$$

다) **비가림시설보장** : 비가림시설의 ㎡당 시설비에 비가림시설 면적을 곱하여 산정하며, 산정된 금액의 80% ~ 130% 범위 내에서 계약자가 보험가입금액 결정한다.(10% 단위로 선택하며 천원 단위 절사) **Tip** 비가림시설 : 보험에 가입해서 비가림시설 아래서 **피**(8), **하세**(13)

$$\text{㎡당 시설비} \times \text{비가림시설 면적}$$

**Tip** 다른 시설물과는 다르게 **비가림시설**의 **보험가입금액**은 **감가상각액**을 **고려하지 않는다**.

### 6) 보험료

가) 보험료의 구성

영업보험료는 순보험료와 부가보험료를 더하여 산출한다. 순보험료는 지급보험금의 재원이 되는 보험료이며 부가보험료는 보험회사의 경비 등으로 사용되는 보험료이다.

$$\text{영업보험료} = \text{순보험료} + \text{부가보험료}$$

(1) 정부보조보험료는 순보험료의 50%와 부가보험료의 100%를 지원한다.
(2) 지자체지원보험료는 지자체별로 지원금액(비율)을 결정한다.

나) 보험료의 산출

(1) **종합위험 수확감소보장방식**(복숭아, 자두, 매실, 살구, 오미자, 밤, 호두, 유자, 감귤(만감류) 9개 품목)

> **Tip 수감**(수확감소보장방식) **복**숭아, **자**두, **매**실, **살**구, **오**미자 / **밤**, **호**두, **유**자 / **감**귤(**만감**류) : 감옥 수감시설에 복씨 자매가 갇혀 살아요~, 밤이 되면 노역을 안 하니 좋지만, 창살에 달빛을 보니 만감이 교차하네~!

(가) 수확감소보장 보통약관 적용보험료

> 보통약관 보험가입금액 × 지역별 보통약관 영업요율 × (1 + 손해율에 따른 할인·할증률)
> × (1 + 방재시설할인율) × (1 + 부보장 특별약관 할인율)

(나) 나무손해보장 특별약관 적용보험료(복숭아, 자두, 매실, 살구, 유자, 감귤(만감류))

> 특별약관 보험가입금액 × 지역별 특별약관 영업요율 × (1 + 손해율에 따른 할인·할증률)

(다) 수확량감소 추가보장 특별약관 적용보험료(복숭아, 감귤(만감류))

> 특별약관 보험가입금액 × 지역별 특별약관 영업요율 × (1 + 손해율에 따른 할인·할증률)
> × (1 + 방재시설할인율) × (1 + 부보장 특별약관 할인율)

※ 호두, 감귤(만감류) 품목의 경우, 부보장 특별약관 할인율 적용 가능
※ 손해율에 따른 할인·할증은 계약자를 기준으로 판단
※ 손해율에 따른 할인·할증폭은 –30% ~ +50%로 제한
※ 방재시설 할인은 복숭아, 자두, 매실, 살구, 유자, 감귤(만감류) 품목에만 해당
※ 2개 이상의 방재시설이 있는 경우 합산하여 적용하되, 최대 할인율은 30%로 제한
※ 품목별 방재시설 할인율은 제3장 제1절 참조

(1) 종합위험 비가림과수 손해보장방식(포도, 대추, 참다래 3개 품목)

> **Tip 비가림**과수 **포**도, **대추**, **참다**래 : 포대를 뒤집어쓰고 비를 참다~!

(가) 비가림과수 손해(수확감소)보장 보통약관 적용보험료

> 보통약관 보험가입금액 × 지역별 보통약관 영업요율 × (1 + 손해율에 따른 할인·할증률)
> × (1 + 방재시설할인율) × (1 + 신규 과수원 할인율)

(나) 나무손해보장 특별약관 적용보험료(포도, 참다래)

> 특별약관 보험가입금액 × 지역별 나무손해보장 특별약관 영업요율
> × (1 + 손해율에 따른 할인·할증률) × (1 + 신규 과수원 할인율)

(다) 비가림시설보장 적용보험료
   ① 보통약관(자연재해, 조수해(鳥獸害) 보장)

> 비가림시설 보험가입금액 × 지역별 비가림시설보장 보통약관 영업요율

② 특별약관(화재위험 보장)

> 비가림시설 보험가입금액 × 지역별 화재위험보장 특별약관 영업요율

(라) 수확량감소 추가보장 특별약관 적용보험료(포도)

> 특별약관 보험가입금액 × 지역별 특별약관 영업요율 × (1 + 손해율에 따른 할인·할증률)
> × (1 + 방재시설할인율) × (1 + 신규 과수원 할인율)

※ 포도 품목 신규 과수원 할인율 적용 가능
※ 손해율에 따른 할인·할증은 계약자를 기준으로 판단
※ 손해율에 따른 할인·할증폭은 -30% ~ +50%로 제한
※ 2개 이상의 방재시설이 있는 경우 합산하여 적용하되, 최대 할인율은 30%로 제한
※ 품목별 방재시설 할인율은 제3장 제1절 참조

(3) 수확전 종합위험 과실손해보장방식(복분자, 무화과 2개 품목)

> **Tip** 수확**전** 종합위험 과**실**손해보장방식 **복**분자, **무**화과 : 군복무를 수전실(전기 공급받는 곳)에서 편하게 했네~!

(가) 과실손해보장 보통약관 적용보험료

> 보통약관 보험가입금액 × 지역별 보통약관 영업요율 × (1 + 손해율에 따른 할인·할증률)

(나) 나무손해보장 특별약관 적용보험료(무화과)

> 특별약관 보험가입금액 × 지역별 특별약관 영업요율 × (1 + 손해율에 따른 할인·할증률)

※ 손해율에 따른 할인·할증은 계약자를 기준으로 판단
※ 손해율에 따른 할인·할증폭은 -30% ~ +50%로 제한
※ 품목별 방재시설 할인율은 제3장 제1절 참조

(4) 종합위험 과실손해보장방식(오디, 감귤(온주밀감류), 두릅, 블루베리 4개 품목)

> **Tip** **종**합위험 과**실**손해보장방식 **두루**(두릅), **불러**(블루베리), **어디**(오디), 감귤(**온주밀감류**) : 정신이 나갔다고 하니 사람들을 두루 불러서 어디 다시 오는가 보자~!

(가) 과실손해보장 보통약관 적용보험료

> 보통약관 보험가입금액 × 지역별 보통약관 영업요율 × (1 + 손해율에 따른 할인·할증률)
> × (1 + 방재시설할인율)

(나) 나무손해보장 특별약관 적용보험료(감귤(온주밀감류))

> 특별약관 보험가입금액 × 지역별 특별약관 영업요율 × (1 + 손해율에 따른 할인·할증률)

(다) 수확개시 이후 동상해보장 특별약관 적용보험료(감귤(온주밀감류))

> 특별약관 보험가입금액 × 지역별 특별약관 영업요율 × (1 + 손해율에 따른 할인·할증률)
> × (1 + 방재시설할인율)

(라) 과실손해 추가보장 특별약관 적용보험료(감귤(온주밀감류))

> 특별약관 보험가입금액 × 지역별 특별약관 영업요율 × (1 + 손해율에 따른 할인·할증률)
> × (1 + 방재시설할인율)

※ 손해율에 따른 할인·할증은 계약자를 기준으로 판단
※ 손해율에 따른 할인·할증폭은 -30% ~ +50%로 제한
※ 방재시설 할인은 감귤(온주밀감류) 품목에만 해당
※ 2개 이상의 방재시설이 있는 경우 합산하여 적용하되, 최대 할인율은 30%로 제한
※ 품목별 방재시설 할인율은 제3장 제1절 참조

다) 보험료의 환급

(1) 이 계약이 무효, 효력상실 또는 해지된 때에는 다음과 같이 보험료를 반환한다. 다만, 보험기간 중 보험사고가 발생하고 보험금이 지급되어 보험가입금액이 감액된 경우에는 감액된 보험가입금액을 기준으로 환급금을 계산하여 돌려준다.

   (가) **계약자 또는 피보험자의 책임 없는 사유에 의하는 경우** : 무효의 경우에는 납입한 계약자부담보험료의 전액, 효력상실 또는 해지의 경우에는 해당 월 미경과비율에 따라 아래와 같이 '환급보험료'를 계산한다.

   > 환급보험료 = 계약자부담보험료 × 미경과비율 〈별표〉
   > ※ 계약자부담보험료는 최종 보험가입금액 기준으로 산출한 보험료 중 계약자가 부담한 금액

   (나) **계약자 또는 피보험자의 책임 있는 사유에 의하는 경우** : 계산한 해당 월 미경과비율에 따른 보험료를 환급한다. 다만 계약자, 피보험자의 고의 또는 중대한 과실로 무효가 된 때에는 보험료를 반환하지 않는다.

(2) 계약자 또는 피보험자의 책임 있는 사유라 함은 다음 각 호를 말한다.

   (가) 계약자 또는 피보험자가 임의 해지하는 경우
   (나) 사기에 의한 계약, 계약의 해지[17] 또는 중대사유로 인한 해지에 따라 계약을 취소 또는 해지하는 경우
   (다) 보험료 미납으로 인하여 계약이 효력을 상실한 경우

---

17) 계약자 또는 피보험자의 고의로 손해가 발생한 경우나, 고지의무·통지의무 등을 해태한 경우의 해지를 말한다.

(3) 계약의 무효, 효력상실 또는 해지로 인하여 반환해야 할 보험료가 있을 때에는 계약자는 환급금을 청구하여야 하며, 청구일의 다음 날부터 지급일까지의 기간에 대하여 '보험개발원이 공시하는 보험계약대출이율'을 연단위 복리로 계산한 금액을 더하여 지급한다.

## 7) 보험금

**가) 종합위험 수확감소보장 방식**(복숭아, 자두, 매실, 살구, 오미자, 밤, 호두, 유자, 감귤(만감류))

복숭아, 자두 등 과수 9개 품목의 보장별 보험금 지급 사유 및 보험금 계산은 아래와 같다.

| 보장 | 보험의 목적 | 보험금 지급사유 | 보험금 계산(지급금액) |
|---|---|---|---|
| 종합위험 수확감소보장 (보통약관) | 복숭아 | 보장하는 재해로 피해율이 자기부담비율을 초과하는 경우 | 보험가입금액 × (피해율 − 자기부담비율)<br>※ 피해율<br>= {(평년수확량 − 수확량 − 미보상 감수량) + 병충해감수량} ÷ 평년수확량<br>※ 병충해감수량<br>= 병충해 입은 과실의 무게 × 0.5 |
| | 자두, 매실, 살구, 오미자, 밤, 호두, 유자, 감귤(만감류) | | 보험가입금액 × (피해율 − 자기부담비율)<br>※ 피해율<br>= (평년수확량 − 수확량 − 미보상감수량) ÷ 평년수확량 |
| 종합위험 나무손해보장 (특별약관) | 복숭아, 자두, 매실, 살구, 유자, 감귤(만감류) | 보장하는 재해로 나무 피해율이 자기부담비율을 초과하는 경우 | 보험가입금액 × (피해율 − 자기부담비율)<br>※ 피해율<br>= 피해주수(고사된 나무) ÷ 실제결과주수<br>※ 자기부담비율은 5%로 함 |
| 수확량감소 추가보장 (특별약관) | 복숭아, 감귤(만감류) | 보장하는 재해로 주계약 피해율이 자기부담비율을 초과하는 경우 | 보험가입금액 × (주계약 피해율 × 10%)<br>※ 주계약 피해율은 상기 종합위험 수확감소보장 (보통약관)에서 산출한 피해율을 말함 |

주1) 평년수확량은 과거 조사 내용, 해당 과수원의 식재내역·현황 및 경작상황 등에 따라 정한 수확량을 활용하여 산출한다.
주2) 수확량, 피해주수, 미보상감수량 등은 농림축산식품부장관이 고시하는 손해평가요령에 따라 조사·평가하여 산정한다.
주3) 자기부담비율은 보험가입 시 선택한 비율로 한다.

주4) 미보상감수량이란 보장하는 재해 이외의 원인으로 감소되었다고 평가되는 부분을 말하며, 계약 당시 이미 발생한 피해, 병해충으로 인한 피해 및 제초상태 불량 등으로 인한 수확감소량으로써 피해율 산정 시 감수량에서 제외된다.

주5) 복숭아의 병충해감수량에서 세균구멍병으로 인한 피해과는 50%형 피해과실로 인정한다.

> **Tip** 보험금 산식의 유형
>
> (1) 가, 피, 자 스타일 : 보험가입금액 ×(피해율 - 자기부담비율)
>   ① 특정위험방식(인삼), ② 수확감소보장, ③ 비가림과수손해보장
>   ④ 과실손해보장(적과전 이외 품목), ⑤ 생산비보장(아래 일정비율 스타일 이외 품목)
>   ⑥ 나무손해보장(5% 자기부담비율)
> (2) 손, 자 스타일 : 손해액 - 자기부담금
>   ① 비가림시설, ② 해가림시설, ③ 농업시설물(원예시설·버섯재배사)·부대시설
>   ④ 옥수수, ⑤ 감귤(온주밀감)  **Tip** 할아버지가 **손자**와 함께 **시설** 아래에서 **옥수수**와 **온주밀감**을 먹네
> (3) 일정비율 스타일
>   ① 경작불능보장, ② 이앙·직파 불능보장, ③ 재이앙·재직파 보장, ④ 수확불능보장(벼)
>   ⑤ 생산비보장(고추, 브로콜리, 시설·버섯작물), ⑥ 재파종보장, ⑦ 재정식보장
>   ⑧ 수확량감소 추가보장(포도, 복숭아, 감귤(만감류)), ⑨ 과실손해 추가보장감귤(온주밀감)
> (4) 독자적인 스타일 : 적과전 종합위험 방식
>   ① 착과감소보험금, ② 과실손해보험금

**나) 종합위험 비가림과수 손해보장방식**(포도, 참다래, 대추 3개 품목)

포도, 참다래, 대추 품목의 보장별 보험금 지급 사유 및 보험금 계산은 아래와 같다.

| 보장 | 보험의 목적 | 보험금 지급사유 | 보험금 계산(지급금액) |
|---|---|---|---|
| 종합위험 비가림과수 손해보장 (보통약관) | 포도, 참다래, 대추 | 보장하는 재해로 피해율이 자기부담비율을 초과하는 경우 | 보험가입금액 × (피해율 - 자기부담비율)<br>※ 피해율<br>= (평년수확량 - 수확량 - 미보상감수량) ÷ 평년수확량 |
| | 비가림 시설 | 자연재해, 조수해(鳥獸害)로 인한 비가림시설 손해액이 자기부담금을 초과하는 경우 | Min(손해액 - 자기부담금, 보험가입금액)<br>※ 자기부담금 : 최소자기부담금(30만원)과 최대자기부담금(100만원)을 한도로 보험사고로 인하여 발생한 손해액(비가림시설)의 10%에 해당하는 금액<br>다만, 피복재단독사고는 최소자기부담금(10만원)과 최대 자기부담금(30만원)을 한도로 함 |

| 비가림시설<br>화재위험보장<br>(특별약관) | 비가림<br>시설 | 화재로 인한<br>비가림시설 손해액이<br>자기부담금을<br>초과하는 경우 | ※ 자기부담금 적용 단위 :<br>　단지 단위, 1사고 단위로 적용<br>※ 단, 화재손해는 자기부담금 미적용 |
|---|---|---|---|
| 종합위험<br>나무손해보장<br>(특별약관) | 포도,<br>참다래 | 보장하는 재해로 나무<br>피해율이<br>자기부담비율을<br>초과하는 경우 | 보험가입금액 × (피해율 - 자기부담비율)<br>※ 피해율<br>　= 피해주수(고사된 나무) ÷ 실제결과주수<br>※ 자기부담비율은 5%로 함 |
| 수확량감소<br>추가보장<br>(특별약관) | 포도 | 보장하는 재해로<br>주계약 피해율이<br>자기부담비율을<br>초과하는 경우 | 보험가입금액 × 주계약 피해율 × 10%<br>※ 주계약 피해율은 상기 종합위험 비가림과수 손해<br>　보장(보통약관)에서 산출한 피해율을 말함 |

주1) 평년수확량은 과거 조사 내용, 해당 과수원의 식재내역·현황 및 경작상황 등에 따라 정한 수확량을 활용하여 산출한다.
주2) 수확량, 피해주수, 미보상감수량 등은 농림축산식품부장관이 고시하는 손해평가요령에 따라 조사·평가하여 산정한다.
주3) 자기부담비율은 보험가입 시 선택한 비율로 한다.
주4) 미보상감수량이란 보장하는 재해 이외의 원인으로 감소되었다고 평가되는 부분을 말하며, 계약 당시 이미 발생한 피해, 병해충으로 인한 피해 및 제초상태 불량 등으로 인한 수확감소량으로써 피해율 산정 시 감수량에서 제외된다.
주5) 포도의 경우 착색불량된 송이는 상품성 저하로 인한 손해로 감수량에 포함되지 않는다.

> **Tip** 시설과 시설작물의 자기부담금
>
> (1) 시설 : 손해액의 10% - 아래 한도 적용
>
> 　(가) 해가림시설(인삼)
>
>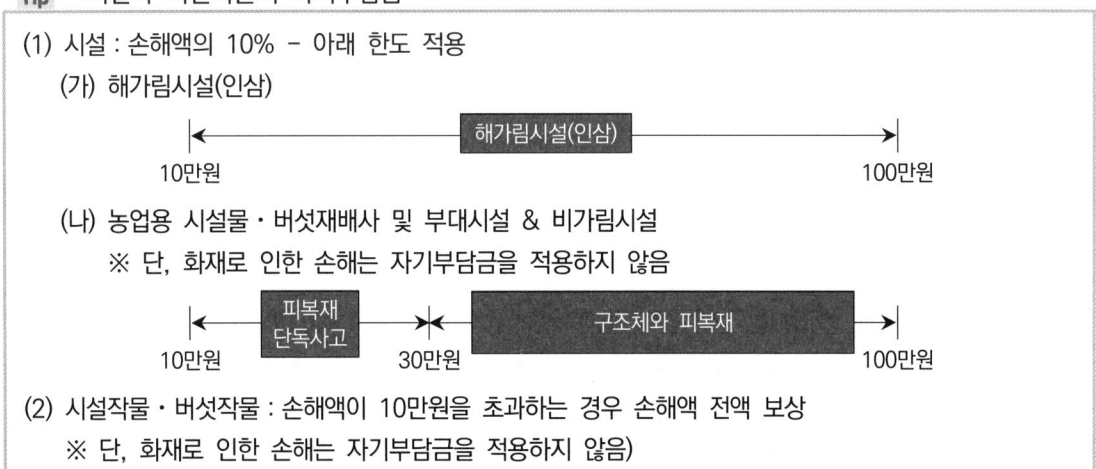
>
> 　(나) 농업용 시설물·버섯재배사 및 부대시설 & 비가림시설
>
> 　　※ 단, 화재로 인한 손해는 자기부담금을 적용하지 않음
>
> (2) 시설작물·버섯작물 : 손해액이 10만원을 초과하는 경우 손해액 전액 보상
>
> 　※ 단, 화재로 인한 손해는 자기부담금을 적용하지 않음

**다) 수확전 종합위험 과실손해보장방식**(복분자, 무화과 2개 품목)

복분자, 무화과 품목의 보장별 보험금 지급 사유 및 보험금 계산은 아래와 같다.

| 보장 | 보험의 목적 | 보험금 지급사유 | 보험금 계산(지급금액) |
|---|---|---|---|
| 경작불능보장 (보통약관) | 복분자 | 보장하는 재해로 식물체 피해율이 65% 이상이고, 계약자가 경작불능보험금을 신청한 경우 | 보험가입금액 × 일정비율<br>※ 일정비율은 자기부담비율에 따른 경작불능보험금 표 (아래) 참조 |
| 과실손해보장 (보통약관) | 복분자 | 보장하는 재해로 피해율이 자기부담비율을 초과하는 경우 | 보험가입금액 × (피해율 - 자기부담비율)<br>※ 피해율 = 고사결과모지수 ÷ 평년결과모지수<br>※ 고사결과모지수<br>① 사고가 5.31. 이전에 발생한 경우<br>  (평년결과모지수 - 살아있는 결과모지수) + 수정불량환산 고사결과모지수 - 미보상 고사결과모지수<br>② 사고가 6.1. 이후에 발생한 경우<br>  수확감소환산 고사결과모지수 - 미보상 고사결과모지수 |
| 과실손해보장 (보통약관) | 무화과 | 보장하는 재해로 피해율이 자기부담비율을 초과하는 경우 | 보험가입금액 × (피해율 - 자기부담비율)<br>※ 피해율<br>① 사고가 7.31. 이전에 발생한 경우<br>  (평년수확량 - 수확량 - 미보상감수량) ÷ 평년수확량<br>② 사고가 8.1. 이후에 발생한 경우<br>  (1 - 수확전사고 피해율) × 잔여수확량비율 × 결과지 피해율 |
| 나무손해보장 (특별약관) | 무화과 | | 보험가입금액 × (피해율 - 자기부담비율)<br>※ 피해율 = 피해주수(고사된 나무) ÷ 실제결과주수<br>※ 자기부담비율은 5%로 함 |

**Tip** 경작불능보장이 배제되는 품목

(1) 과수작물(목본작물) : 경작불능보장은 원칙적으로 경작의 노력이 요구되는 초본작물에 적용함. 단, **복분자는 목본작물이지만 초본작물의 성향이 많아 예외적으로 인정함**
(2) 차(茶) : 목본작물
(3) 고추, 브로콜리 : 중간에 보험금 수령이 잦은 품목임. 따라서 중도에 경작불능을 선택할 수 없음
(4) 시설작물, 버섯작물 : 경작의 노력이 요구되는 작물이 아님

<자기부담비율에 따른 경작불능보험금>

| 자기부담비율 | 경작불능보험금 |
|---|---|
| 10%형 | 보험가입금액의 45% |
| 15%형 | 보험가입금액의 42% |
| 20%형 | 보험가입금액의 40% |
| 30%형 | 보험가입금액의 35% |
| 40%형 | 보험가입금액의 30% |

Tip 자기부담비율 ⇨ 보장수준 ⇨ 절반
예) 10%(자기부담비율) ⇨ 90%(보장수준) ⇨ 45%(= 90%/2)

Tip **조사료용 벼**와 **사료용 옥수수**는 오직 **경작불능보험금**만을 적용해 준다(가축의 먹이).

Tip **경작불능보험금**은 목본작물(과수작물, 차(茶))에는 적용하지 않는다.
단, 복분자는 예외로 인정된다(목본작물이지만 초본작물의 성질도 가진다고 본다).

◆ 복분자

주1) 경작불능보험금은 보험목적물이 산지폐기 된 것을 확인 후 지급되며, 지급 후 보험계약은 소멸한다.

주2) **식물체 피해율** : 식물체가 고사한 면적을 보험가입면적으로 나누어 산출한다.

$$식물체\ 피해율 = \frac{식물체가\ 고사한\ 면적}{보험가입면적}$$

주3) **수정불량환산 고사결과모지수** = 살아있는 결과모지수 × 수정불량환산계수

주4) **수정불량환산계수** = $\frac{수정불량결실수}{전체결실수}$ − 자연수정불량률

주5) 수확감소환산 고사결과모지수

① 5월 31일 이전 사고로 인한 고사결과모지수가 존재하는 경우

(살아있는결과모지수 − 수정불량환산 고사결과모지수) × 누적수확감소환산계수

② 5월 31일 이전 사고로 인한 고사결과모지수가 존재하지 않는 경우

평년결과모지수 × 누적수확감소환산계수

주6) **누적수확감소환산계수** = 수확감소환산계수의 누적 값

주7) **수확감소환산계수** = 수확일자별 잔여수확량 비율 − 결실률

주8) 수확일자별 잔여수확량 비율은 아래와 같이 결정한다.

〈수확일자별 잔여수확량 비율〉

| 품목 | 사고일자 | 경과비율(%) |
|---|---|---|
| 복분자 | 1일~7일 | 98 - 사고발생일자 |
| | 8일~20일 | $\dfrac{(사고발생일자^2 - 43 \times 사고발생일자 + 460)}{2}$ |

*경과비율은 잔여수확량 비율을 의미
*사고 발생일자는 6월 중 사고 발생일자를 의미

> **Tip** 일칠(1~7 : 일을 치루려면) **굿판**(98) **빼**(-) **자고**(사고)
> **팔두고**(8~20 : 주지스님 팔 걷어 부치고) **사고승**(사고친 스님) **빼**(-) **내세**(43)
> **곱**(×) **사고 더**(+) **내였공**(460) 그래도 제발 **반만**(÷2)
> 몰래 복분자를 심으려는 열혈 스님이 일을 치르려고 많은 사람이 오는 굿은 하지 않고 몰래 복분자를 심었으나 주지스님에게 발각되었음에도 사고를 더쳐 복분자를 뺏기면서 제발 반만이라도 남겨(잔여수확량) 달라는 장면

주9) 결실률 = $\dfrac{전체결실수}{전체개화수}$

주10) 수정불량환산 고사결과모지수는 수확개시 전 수정불량 피해로 인한 고사결과모지수이며, 수확감소환산 고사결과모지수는 수확개시 이후 발생한 사고로 인한 고사결과모지수를 의미. 단, 수확개시일은 보험가입 익년도 6월 1일로 한다.

주11) 수정불량환산계수, 수확감소환산 고사결과모지수, 미보상고사결과모지수 등은 농림축산식품부장관이 고시하는 손해평가요령에 따라 조사·평가하여 산정한다.

주12) 미보상고사결과모지수란 보장하는 재해 이외의 원인으로 인하여 결과모지가 감소되었다고 평가되는 부분을 말하며, 계약당시 이미 발생한 피해, 병해충으로 인한 피해 및 제초 상태 불량 등으로 인한 고사결과모지수로서 피해율을 산정할 때 고사결과모지수에서 제외된다.

주13) 자기부담비율은 보험가입 시 선택한 비율로 한다.

**Tip** 복분자 고사결과모지수 = (1) + (2)

(1) 사고가 5.31. 이전에 발생한 경우의 고사결과모지수

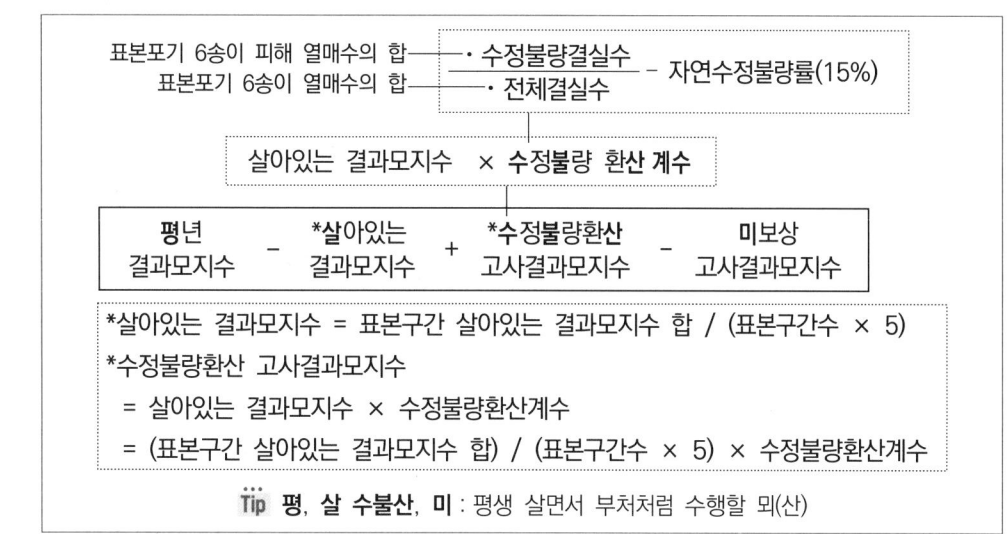

(2) 사고가 6.1. 이후에 발생한 경우의 고사결과모지수

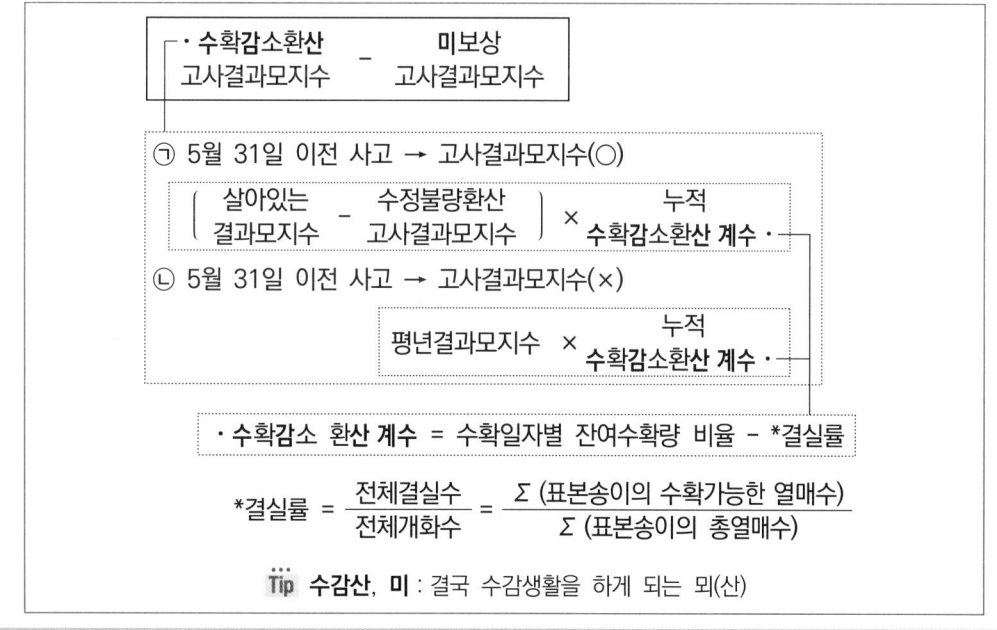

◆ 무화과

주1) 평년수확량은 과거 조사 내용, 해당 과수원의 식재 내역·현황 및 경작 상황 등에 따라 정한 수확량을 활용하여 산출한다.

주2) 수확량은 아래 과실 분류에 따른 피해인정계수를 적용하여 산정한다.

〈과실 분류에 따른 피해인정계수〉

| 구분 | 정상과실 | 50%형 피해과실 | 80%형 피해과실 | 100%형 피해과실 |
|---|---|---|---|---|
| 피해인정계수 | 0 | 0.5 | 0.8 | 1 |

주3) 수확량, 미보상감수량 등은 농림축산식품부장관이 고시하는 손해평가요령에 따라 조사·평가하여 산정한다.

주4) 미보상감수량이란 보장하는 재해 이외의 원인으로 감소되었다고 평가되는 부분을 말하며, 계약 당시 이미 발생한 피해, 병해충으로 인한 피해 및 제초상태 불량 등으로 인한 수확감소량으로써 피해율 산정 시 감수량에서 제외된다.

주5) 수확전사고 피해율은 7월 31일 이전 발생한 기사고 피해율로 한다.

주6) 경과비율은 아래 사고발생일에 따른 잔여수확량 산정식에 따라 결정한다.

〈사고발생일에 따른 잔여수확량 산정식〉

| 품목 | 사고발생 월 | 잔여수확량 산정식(%) |
|---|---|---|
| 무화과 | 8월 | 100 − 1.06 × 사고 발생일자 |
| | 9월 | (100 − 33) − 1.13 × 사고 발생일자 |
| | 10월 | (100 − 67) − 0.84 × 사고 발생일자 |

*경과비율은 잔여수확량 비율을 의미
*사고 발생일자는 해당 월의 사고 발생일자를 의미

> **Tip** **팔**(8), **백배**(100−) **일고여**(1.06) 그래도 **곱**(×) **사고** 발생일자
> **구**(9口(입)), **백배**(100−) **새삼**(33) **뼈**(−, 빠지게) **일하세**(1.13) 그래도 **곱**(×) **사고** 발생일자
> **시월**(10월에는), **백배**(100−) **여친**(67) **빠진**(−) **영팔자**(0.84 젊은 팔자) 그래도 **곱**(×) **사고** 발생일자 : (팔을 쳐들어 사기가 백배 일었지만, 실상 말(주둥아리)로만 백배로 새삼 일하고, 전쟁 끝나고 여친과 젊은 시절을 보내고 싶지만, 항상 포탄이 떨어지는 사고만 겹치는 군(곱사고 발생)...)

주7) 결과지 피해율

$$= \frac{\text{고사결과지수} + \text{미고사결과지수} \times \text{착과피해율} - \text{미보상고사결과지수}}{\text{기준결과지수}}$$

주8) 하나의 보험사고로 인해 산정된 결과지 피해율은 동시 또는 선·후차적으로 발생한 다른 보험사고의 결과지 피해율로 인정하지 않는다.

주9) 기준결과지수, 미보상고사결과지수 등은 농림축산식품부장관이 고시하는 손해평가요령에 따라 조사·평가하여 산정한다.

주10) 미보상고사결과지수란 보장하는 재해 이외의 원인으로 인하여 결과지수가 감소되었다고

평가되는 부분을 말하며, 계약당시 이미 발생한 피해, 병해충으로 인한 피해 및 제초상태 불량 등으로 인한 고사결과지수로서 피해율을 산정할 때 고사결과지수에서 제외된다.

주11) 자기부담비율은 보험가입 시 선택한 비율로 한다.

> **Tip** 무화과 피해율 = (1) + (2)
>
> (1) 사고가 7.31. 이전에 발생한 경우
>
> (평년수확량 − 수확량 − 미보상감수량) ÷ 평년수확량
>
> (2) 사고가 8.1. 이후에 발생한 경우
>
> (1 − 수확전사고피해율) × 잔여수확량비율 × 결과지피해율
>
> 7월 31일 이전 발생한 기사고 피해율
>
> $$\frac{\text{고사결과지수} + \text{미고사결과지수} \times \text{착과피해율} - \text{미보상고사결과지수}}{\text{기준결과지수}(= (\text{보상} + \text{미보상})\text{고사} + \text{미고사})}$$
>
> *기준결과지수 = (보상 + 미보상)고사결과지수 + 미고사결과지수
> *고사결과지수 = 보상고사결과지수 + 미보상고사결과지수
>
> **Tip** 일마(1 − ) 전사피(이 친구가 죽어서 흘린 피), 잔량(후송 후에 남은) 결과피(그 결과 남은 피)
>
> **Tip** 결과피 : 코(고), 미고 착피, 미보 / 기 (코피 중 마르지 않아 고착되지 않은 피는 보지 말자)

**라) 종합위험 과실손해보장방식**(오디, 감귤(온주밀감류), 두릅, 블루베리 4개 품목)

오디, 감귤(온주밀감류), 두릅, 블루베리 품목의 보장별 보험금 지급 사유 및 보험금 계산은 아래와 같다.

| 보장 | 보험의 목적 | 보험금 지급사유 | 보험금 계산(지급금액) |
|---|---|---|---|
| 종합위험 과실손해보장 (보통약관) | 오디 | 보장하는 재해로 피해율이 자기부담비율을 초과하는 경우 | 보험가입금액 × (피해율 − 자기부담비율)<br>※ 피해율<br>= (평년결실수 − 조사결실수 − 미보상감수결실수) ÷ 평년결실수 |
| 종합위험 과실손해보장 (보통약관) | 감귤 (온주밀감류) | 보장하는 재해로 인해 자기부담금을 초과하는 손해가 발생한 경우 | 손해액 − 자기부담금<br>※ 손해액 = 보험가입금액 × 피해율<br>※ 피해율<br>= {(등급 내 피해과실수 + 등급 외 피해과실수 × 50%) ÷ 기준과실수} × (1 − 미보상비율)<br>※ 자기부담금 = 보험가입금액 × 자기부담비율 |

| 수확개시 이후 동상해보장 (특별약관) | | 동상해로 인해 자기부담금을 초과하는 손해가 발생한 경우 | 손해액 - 자기부담금<br>※ 손해액<br>= {보험가입금액 - (보험가입금액 × 기사고피해율)} × 수확기 잔존비율 × 동상해피해율 × (1 - 미보상비율)<br>※ 자기부담금<br>= \| 보험가입금액 × min(주계약피해율 - 자기부담비율, 0) \| |
|---|---|---|---|
| 종합위험 나무손해보장 (특별약관) | | 보장하는 재해로 나무에 자기부담비율을 초과하는 손해가 발생한 경우 | 보험가입금액 × (피해율 - 자기부담비율)<br>※ 피해율 = 피해주수(고사된 나무) ÷ 실제결과주수<br>※ 자기부담비율은 5%로 함 |
| 과실손해 추가보장 (특별약관) | | 보장하는 재해로 인해 자기부담금을 초과하는 손해가 발생한 경우 | 보험가입금액 × 주계약 피해율 × 10%<br>※ 주계약 피해율은 과실손해보장(보통약관)에서 산출한 피해율을 말함 |
| 종합위험 과실손해보장 (보통약관) | 두릅 | 보장하는 재해로 피해율이 자기부담비율을 초과하는 경우 | 보험가입금액 × (피해율 - 자기부담비율)<br>※ 피해율<br>= (피해정아지수 ÷ 총정아지수) × (1 - 미보상비율) |
| 종합위험 과실손해보장 (보통약관) | 블루베리 | 보장하는 재해로 피해율이 자기부담비율을 초과하는 경우 | 보험가입금액 × (피해율 - 자기부담비율)<br>※ 꽃피해조사를 실시하지 않은 경우<br>피해율 = 과실손해피해율 × (1 - 미보상비율)<br>※ 꽃피해조사를 실시한 경우<br>피해율 = 최종꽃피해율 + (1 - 최종꽃피해율) × 과실손해피해율 × (1 - 미보상비율) |

◆ 오디

주1) 조사결실수는 손해평가 시 표본으로 선정한 결과모지의 결실수를 말한다.

주2) 조사결실수, 미보상감수결실수 등은 농림축산식품부장관이 고시하는 손해평가요령에 따라 조사·평가하여 산정한다.

주3) 미보상감수결실수란 보장하는 재해 이외의 원인으로 인하여 결실수가 감소되었다고 평가되는 부분을 말하며, 계약당시 이미 발생한 피해, 병해충으로 인한 피해 및 제초상태 불량 등으로 인한 감수결실수로서 피해율을 산정할 때 감수결실수에서 제외된다.

주4) 자기부담비율은 보험가입 시 선택한 비율로 한다.

◆ 감귤(온주밀감류)

주1) **등급 내 피해과실수** = (등급 내 30%형 피해과실수 합계 × 30%) + (등급 내 50%형 피해과실수 합계 × 50%) + (등급 내 80%형 피해과실수 합계 × 80%) + (등급 내 100%형 피해과실수 합계 × 100%)

주2) **등급 외 피해과실수** = (등급 외 30%형 피해과실수 합계 × 30%) + (등급 외 50%형 피해과실수 합계 × 50%) + (등급 외 80%형 피해과실수 합계 × 80%) + (등급 외 100%형 피해과실수 합계 × 100%)

주3) 피해과실수는 출하등급을 분류하고, 아래 과실 분류에 따른 피해인정계수를 적용하여 산정한다.

〈과실 분류에 따른 피해인정계수〉

| 구분 | 정상과실 | 30%형 피해과실 | 50%형 피해과실 | 80%형 피해과실 | 100%형 피해과실 |
|---|---|---|---|---|---|
| 피해인정계수 | 0 | 0.3 | 0.5 | 0.8 | 1 |

*출하등급 내 과실의 적용 피해인정계수 : 정상과실, 30%형 피해과실, 50%형 피해과실, 80%형 피해과실, 100%형 피해과실
*출하등급 외 과실의 적용 피해인정계수 : 30%형 피해과실, 50%형 피해과실, 80%형 피해과실, 100%형 피해과실

**Tip** 감귤(온주밀감류) 등급판정

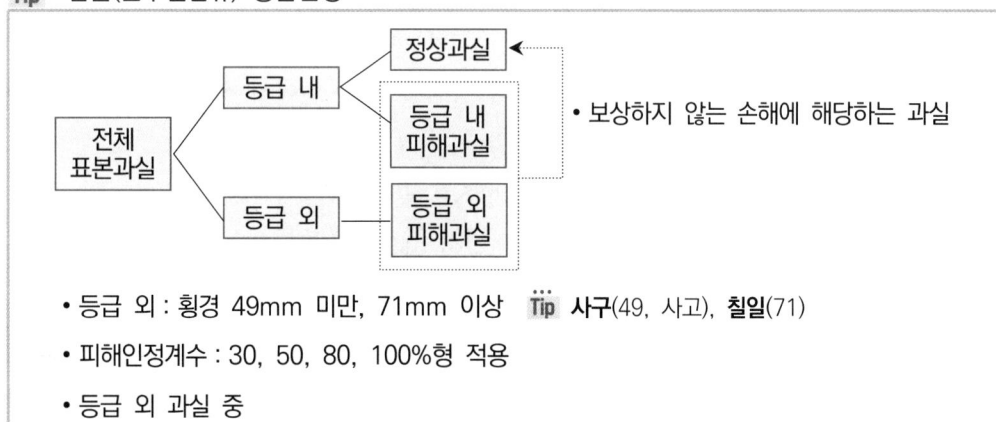

- 등급 외 : 횡경 49mm 미만, 71mm 이상  **Tip** **사구**(49, 사고), **칠일**(71)
- 피해인정계수 : 30, 50, 80, 100%형 적용
- 등급 외 과실 중
  ⇨ 무피해 과실 또는 보상하는 재해로 과피 및 과육 피해가 없는 경우 : 30% 적용

주4) 피해과실수를 산정할 때 보장하지 않는 재해로 인한 부분은 피해과실수에서 제외한다.

주5) 기준과실수, 미보상비율, 피해주수 등은 농림축산식품부장관이 고시하는 손해평가요령에 따라 조사·평가하여 산정한다.

주6) 출하등급 내외의 구별은 「제주특별자치도 감귤생산 및 유통에 관한 조례시행규칙」 제18조 제4항을 준용하며, 과실의 크기만을 기준으로 한다.

주7) 기사고 피해율은 주계약(종합위험 과실손해보장 보통약관) 피해율을 {1 - (과실손해보장 보통약관 보험금 계산에 적용된) 미보상비율}로 나눈 값과 이전 사고의 동상해 과실손해 피해율을 더한 값을 말한다.

주8) 수확기 잔존비율은 아래와 같이 결정한다.

〈수확기 잔존비율〉

| 품목 | 사고발생 월 | 잔존비율(%) |
|---|---|---|
| 감귤<br>(온주밀감류) | 12월 | (100 - 37) - (0.9 × 사고 발생일자) |
| | 1월 | (100 - 66) - (0.8 × 사고 발생일자) |
| | 2월 | (100 - 92) - (0.3 × 사고 발생일자) |

\* 사고 발생일자는 해당 월의 사고 발생일자를 의미

> **Tip** **한둘**(12, 머리에 새치가 한둘), **백배**(100-) **새치**(37, 새치) **뺄**(-) **공구**(0.9) **사고**(사고)
> **일**(1 일일이) **백배**(100-) **여요**(66, 여기 요요) **빼**(-) **고파**(0.8) **지나**(사고)
> **둘**(2, 새치가 둘이 되어도), **백배**(100-) **나둬**(92) **뼈**(-, 뼈 빠지게) **고생**(0.3) **하니**(사고)
> 나이 들어 머리에는 흰머리만 남고(수잔)! 한두 개 난 새치를 뽑으려고 공구도 사고, 일일이 새치를 뽑고 싶지만, 새치가 늘어 둘이 되어도 그냥 나둬~! 어짜피 뼈빠지게 고생만 하니~!

주9) 동상해는 서리 또는 과수원에서 가장 가까운 3개소의 기상관측장비(기상청설치 또는 기상청이 인정하고 실시간 관측자료를 확인할 수 있는 관측소)로 측정한 기온이 해당 조건(제주도 지역 : -3℃ 이하로 6시간 이상 지속, 제주도 이외 지역 : 0℃ 이하로 48시간 이상 지속)으로 지속 됨에 따라 농작물 등이 얼어서 생기는 피해를 말한다.

> **Tip** **제주 빼 세**(-3) **여**(6, 여섯) : 재주 피우지 마세요~!
> **아니면**(이외) **공**(0) **사판**(48) : 안 그러면 공사판 돼요~!

주10) 동상해 피해율은 아래와 같이 산출한다.

동상해 피해율 = {(동상해 80%형 피해과실수 합계 × 80%)
　　　　　　　+ (동상해 100%형 피해과실수 합계 × 100%)} ÷ 기준과실수
\*기준과실수 = 정상과실수 + 동상해 80%형 피해과실수 + 동상해 100%형 피해과실수

$$\frac{동상해\ 피해과실수}{기준과실수} = \frac{80\%형\ 피해과실수 \times 0.8 + 100\%형\ 피해과실수 \times 1}{정상과실수 + 80\%형\ 피해과실수 + 100\%형\ 피해과실수}$$

주11) 동상해 피해과실수는 아래 과실 분류에 따른 피해인정계수를 적용하여 산정한다.

〈과실 분류에 따른 피해인정계수〉

| 구분 | 정상과실 | 30%형 피해과실 | 50%형 피해과실 | 80%형 피해과실 | 100%형 피해과실 |
|---|---|---|---|---|---|
| 피해인정계수 | 0 | 0.3 | 0.5 | 0.8 | 1 |

*수확기 동상해 피해 과실의 적용 피해인정계수 : 80%형 피해과실, 100%형 피해과실

주12) 자기부담비율은 보험가입 시 선택한 비율로 한다.

◆ 두릅

주1) 정아지는 정아가 달리는 가지를 말하며 가입시점이전에 전정한 가지는 제외한다.

주2) 피해 정아지수, 총정아지수, 미보상비율은 손해평가요령에 따라 조사 평가하여 산정한다.

주3) 자기부담비율은 보험가입할 때 선택한 비율로 한다.

> **Tip 두릅의 과실손해 보험금**
>
> 과실손해보험금 = 보험가입금액 × (피해율 − 자기부담비율)
>
> *피해율 = $\dfrac{\text{피해 정아지 수}}{\text{총 정아지 수}}$ × (1 − 미보상비율)

◆ 블루베리

주1) 피해율산출을 위한 지표는 아래와 같다.

① **과실손해피해율**
= (재배종별 표본가지피해과실수의 합 × 재배종별 잔여수확량비율) ÷ 재배종별 표본가지전체과실수의 합
② **최종꽃 피해율** = 최종꽃고사율 × 가중치(주6참조)
③ **최종꽃 고사율** = 꽃눈고사율 + (1 − 꽃눈고사율) × 꽃고사율
④ **꽃눈고사율** = 표본가지 피해꽃눈수 ÷ 표본가지 전체꽃눈수
⑤ **꽃고사율** = 표본가지 피해꽃수 ÷ 표본가지 전체꽃수
⑥ **수확개시이전 잔여수확량비율** = 1
⑦ **수확개시이후 잔여수확량비율** = Max(1−((사고일자 − 수확개시일자) ÷ 표준수확일자), 0)
⑧ **표준수확일수**는 30일로 한다.

주2) 피해과실수는 재배종별로 손해평가요령에 따라 조사평가하여 산정한다.
  − 재배종은 하이부시 계통과 레빗아이 계통으로 나눈다.

주3) 피해과실수를 산정할 때 보장하지 않은 재해로 인한 부분 및 이미 수확한 과실은 피해과실수에서 제외한다.

주4) 피해꽃수, 피해꽃눈수, 미보상비율 등 기타 손해평가와 관련된 세부사항은 손해평가요령에 따라 조사평가하여 산정한다.

주5) 자기부담비율은 보험가입을 할 때 선택한 비율로 한다.

주6) 〈최종 꽃 고사율 범위에 따른 가중치〉

| 최종꽃 고사율 | 0~20% 미만 | 20~35% 미만 | 35~50% 미만 | 50~65% 미만 | 65~80% 미만 | 80~95% 미만 | 95~100% |
|---|---|---|---|---|---|---|---|
| 가중치 | 0 | 0.5 | 0.6 | 0.7 | 0.8 | 0.9 | 1 |

**Tip** 블루베리의 과실손해 보험금

$$과실손해보험금 = 보험가입금액 \times (피해율 - 자기부담비율)$$

※ 피해율
① 꽃 피해조사를 실시하지 않았을 경우

$$피해율 = 과실손해피해율 \times (1 - 미보상비율)$$

**Tip** **과손피**, **일마**(1-) **미** : 과하게 손에 피가 묻었네. 이놈아, 미안해

② 꽃 피해조사를 실시한 경우

$$피해율 = 최종 꽃 피해율 + \{(1 - 최종 꽃 피해율) \times 과실손해피해율 \times (1 - 미보상비율)\}$$

**Tip** **꽃피**(코피) **다**(+)~! **일마**(1-), **꽃피**(코피)!, **과손피**, **일마**(1-) **미** :
코피다~! 이놈아 코피! 과하게 손에 피가 묻었네. 이놈아, 미안해

㉮ 최종 꽃 피해율 = 최종 꽃 고사율 × 가중치
  *최종 꽃 고사율 = 꽃눈 고사율 + (1 - 꽃눈 고사율) × 꽃 고사율

  · 꽃눈 고사율 = $\dfrac{피해 꽃눈 수}{조사 꽃눈 수}$

  · 꽃 고사율 = $\dfrac{피해 꽃 수}{조사 꽃 수}$

㉯ 과실손해피해율 = 재배종별 잔여수확량비율 × $\dfrac{\Sigma 재배종별 표본가지 피해과실 수}{\Sigma 재배종별 표본가지 전체 과실 수}$

**Tip** **과손피**? **잔량**(잔여수확량비율), **피체**~! : 과하게 손에 묻은 피? 남아 있는 피 전체야~!

㉰ 잔여 수확량 비율(단, 잔여 수확량 비율은 0보다 작을 수 없음)
  *수확개시 이전 = 1

  *수확개시 이후 = 1 - $\dfrac{(사고일자 - 수확개시일자)}{표준수확일수}$

  ※ 표준수확일수는 30일

> **Tip** 잔여수확량비율의 이해
>
> 수확 개시 전에는 수확한 적이 없으므로 잔여수확량비율은 1(100%)이며, 수확을 개시한 경우 사고 일자까지(사고일자 - 수확개시일자)가 일부 수확한 일자이므로 이를 제외한 나머지 잔여 수확일이 표준수확일수(30일) 중에서 차지하는 비율이 잔여수확량비율이다.

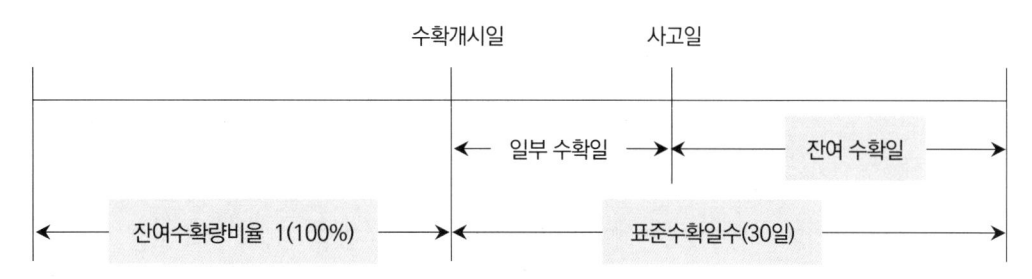

### 8) 자기부담비율

**가)** 보험사고로 인하여 발생한 손해에 대하여 계약자 또는 피보험자가 부담하는 일정 비율(금액)로 자기부담비율(금) 이하의 손해는 보험금이 지급되지 않는다.

**나)** 종합위험 수확감소보장, 종합위험 과실손해보장

(1) 보험계약 시 계약자가 선택한 비율(10%, 15%, 20%, 30%, 40%)

호두, 유자, 두릅, 블루베리의 경우 자기부담비율은 20%, 30%, 40%이다.

> **Tip** 자기부담비율 10%, 15% 적용 제외 품목
> **두루**(두릅), **불러**(블루베리) / (가을)**무**, (가을, 봄)**배추** / **유자**, **박수**(수박) / **호두**, **귀리**, **양상추** / **실파·쪽파** : (두루 불러서 가무(노래와 무용) 보러 가보매~! 공연장에서 유(너) 혼자 박수치고~! 호구 같아서! 실제 쪽팔려...)

(2) 자기부담비율 선택 기준

**(가)** 10%형 : 최근 3년간 연속 보험가입과수원으로서 3년간 수령한 보험금이 순보험료의 120% 미만인 경우에 한하여 선택 가능하다.

**(나)** 15%형 : 최근 2년간 연속 보험가입과수원으로서 2년간 수령한 보험금이 순보험료의 120% 미만인 경우에 한하여 선택 가능하다.

**(다)** 20%형, 30%형, 40%형 : 제한 없음

**다)** 비가림시설

(1) 30만원 ≤ 손해액의 10% ≤ 100만원의 범위에서 자기부담금 차감한다.

(2) 다만, 피복재 단독사고는 10만원 ≤ 손해액의 10% ≤ 30만원의 범위에서 자기부담금 차감한다.

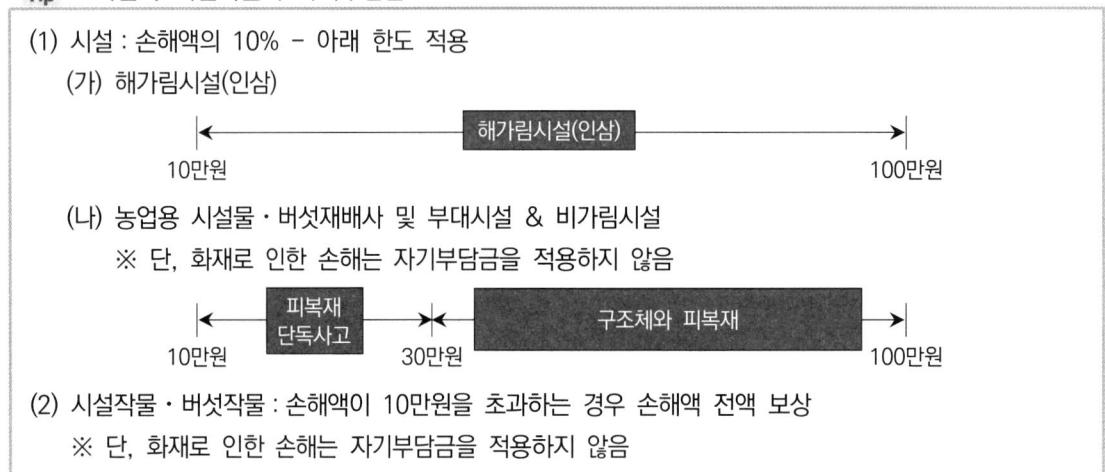

**Tip** 시설과 시설작물의 자기부담금

(1) 시설 : 손해액의 10% - 아래 한도 적용
  (가) 해가림시설(인삼) : 10만원 ~ 100만원
  (나) 농업용 시설물·버섯재배사 및 부대시설 & 비가림시설
    ※ 단, 화재로 인한 손해는 자기부담금을 적용하지 않음
    피복재 단독사고 : 10만원 ~ 30만원
    구조체와 피복재 : 30만원 ~ 100만원

(2) 시설작물·버섯작물 : 손해액이 10만원을 초과하는 경우 손해액 전액 보상
  ※ 단, 화재로 인한 손해는 자기부담금을 적용하지 않음

**라) 종합위험 나무손해보장 특별약관 자기부담비율** : 5%

### 9) 특별약관

**가) 종합위험 나무손해보장 특별약관**(복숭아, 자두, 매실, 살구, 유자, 포도, 참다래, 무화과, 감귤(만감류, 온주밀감류))

보장하는 재해(종합위험)로 보험의 목적인 나무에 피해를 입은 경우 보상한다.

〈나무손해보장특약의 보상하지 않는 손해〉

- 계약자, 피보험자 또는 이들의 법정대리인의 고의 또는 중대한 과실로 인한 손해
- 제초작업, 시비관리 등 통상적인 영농활동을 하지 않아 발생한 손해
- 보장하지 않는 재해로 제방, 댐 등이 붕괴되어 발생한 손해
- 피해를 입었으나 회생 가능한 나무 손해
- 토양관리 및 재배기술의 잘못된 적용으로 인해 생기는 나무 손해
- 병충해 등 간접손해에 의해 생긴 나무 손해
- 하우스, 부대시설 등의 노후 및 하자로 생긴 손해
- 계약체결 시점 현재 기상청에서 발령하고 있는 기상특보 발령 지역의 기상특보 관련 재해로 인한 손해
- 보상하는 손해에 해당하지 않은 재해로 발생한 손해
- 보상하는 손해에 해당하지 않은 재해로 발생한 생리장해
- 전쟁, 혁명, 내란, 사변, 폭동, 소요, 노동쟁의, 기타 이들과 유사한 사태로 생긴 손해

**나) 수확량감소 추가보장 특별약관**(복숭아, 감귤(만감류), 포도)

보장하는 재해로 피해가 발생한 경우 동 특약에서 정한 바에 따라 주계약 피해율이 자기부담비율을 초과하는 경우 보험금을 지급한다.

**다) 과실손해 추가보장 특별약관**(감귤(온주밀감류))

보장하는 재해로 인해 주계약 손해액이 자기부담금을 초과하는 경우 보험금을 지급한다.

**라) 조수해(鳥獸害) 부보장 특별약관**(호두)

조수해(鳥獸害)로 의하거나 조수해(鳥獸害)의 방재와 긴급 피난에 필요한 조치로 보험의 목적에 생긴 손해는 보상하지 않는다.

(1) 적용대상

  (가) 과수원에 조수해(鳥獸害) 방재를 위한 시설이 없는 경우

  (나) 과수원에 조수해(鳥獸害) 방재를 위한 시설이 과수원 전체 둘레의 80% 미만으로 설치된 경우

  (다) 과수원의 가입 나무에 조수해(鳥獸害) 방재를 위한 시설이 80% 미만으로 설치된 경우

(2) 방재를 위한 시설

  목책기(전기 목책기, 태양열 목책기 등), 올무, 갓모형, 원통모형

〈그림 3-4〉 방재시설 예시 사진

**마) 수확개시 이후 동상해보장 특별약관**(감귤(온주밀감류))

동상해로 인해 보험의 목적에 생긴 손해를 보상한다. (감귤(온주밀감류) 주9)의 '동상해' 정의 참고)

**바) 비가림시설 화재위험보장 특별약관**(포도, 참다래, 대추)

보험의 목적인 비가림시설에 화재로 입은 손해를 보상한다.

**사) 수확기 부보장 특별약관**(복분자)

복분자 과실손해보험금 중 이듬해 6.1일 이후 발생한 태풍(강풍), 우박피해를 보상하지 않는다.

**아) 농작물 부보장 특별약관**(포도, 참다래, 대추)

보상하는 손해에도 불구하고 농작물에 입은 손해를 보상하지 않는다.

**자) 비가림시설 부보장 특별약관**(포도, 참다래, 대추)

보상하는 손해에도 불구하고 비가림시설에 입은 손해를 보상하지 않는다.

**차) 수확개시 이후 동상해 부보장 특별약관**(감귤(만감류))

보상하는 손해에도 불구하고 동상해로 입은 손해를 보상하지 않는다.

## 10) 계약인수 관련 수확량

### 가) 표준수확량

과거의 통계를 바탕으로 지역, 수령, 재식밀도, 과수원 조건 등을 고려하여 산출한 예상 수확량이다.

### 나) 평년수확량

(1) 농지의 기후가 평년 수준이고 비배관리 등 영농활동을 평년수준으로 실시하였을 때 기대할 수 있는 수확량을 말한다.

(2) 평년수확량은 자연재해가 없는 이상적인 상황에서 수확할 수 있는 수확량이 아니라 평년 수준의 재해가 있다는 점을 전제로 한다.

(3) 주요 용도로는 보험가입금액의 결정 및 보험사고 발생 시 감수량 산정을 위한 기준으로 활용된다.

(4) 농지(과수원) 단위로 산출하며, 가입년도 직전 5년 중 보험에 가입한 연도의 실제 수확량과 표준수확량을 가입 횟수에 따라 가중평균하여 산출한다.

(5) 산출 방법은 가입 이력 여부로 구분된다.

#### (가) 과거수확량 자료가 없는 경우(신규 가입)

○ 표준수확량의 100%를 평년수확량으로 결정한다.

※ 살구, 유자의 경우 표준수확량의 70%를 평년수확량으로 결정

> **Tip** 유자, 팥, 살구 : 퍽(표준수확량의 **치공**(70%) : 너(you)~! 박살~! 표시가 나게 치고~!

#### (나) 과거수확량 자료가 있는 경우(최근 5년 이내 가입 이력 존재)

○ 아래 표와 같이 산출하여 결정한다.

> □ 평년수확량 = [ A + ( B − A ) × ( 1 − Y / 5 ) ] × C / B
> 
> **Tip** [아(A) + (배(B) − 야(A)) × 일(1) 빼(−) 였(Y) 다(5)] × 싸(C) / 봐(B)!!
> 
> ○ A(과거평균수확량) = Σ과거 5년간 수확량 ÷ Y
> ○ B(평균표준수확량) = Σ과거 5년간 표준수확량 ÷ Y
> ○ C(당해연도(가입연도) 표준수확량)
> ○ Y = 과거수확량 산출연도 횟수(가입횟수)
> 
> ※ 이때, 평년수확량은 보험가입연도 표준수확량의 130%를 초과할 수 없다.
> (복숭아, 밤, 포도, 무화과, 블루베리 제외)
> 
> > **Tip** 밤, 복숭아, 무화과, 포도, 불러(블루베리) : 밤새 무도회에서 제한 없이 노래 불러
> 
> ※ 유자의 경우 최근 7년 중 4년 이상 가입이력이 있는 과수원은 위에서 산출된 평년수확량과 최근 7년간 가입이력 중 최대·최소 과거수확량 1개씩을 제외하고 계산한 평년수확량 중 더 큰 값을 적용한다.
> 
> ※ 복분자, 오디의 경우 ( A × Y / 5 ) + [ B × ( 1 − Y / 5 ) ] 로 산출한다.

> **Tip** 오디, 복분자 반반 : 다투지 마라. 어디 보자 반반씩 나눠주마~!

*복분자
- A(과거결과모지수 평균) = Σ과거 5개년 포기당 평균결과모지수 ÷ Y
- B(표준결과모지수) = 포기당 5개(2 ~ 4년) 또는 4개(5 ~ 11년)

  > **Tip** 복분자 먹고 **오**(5)줌 **싸**(4)보는 게 **표준**이라고?

  이때, 평년결과모지수는 보험가입연도 표준결과모지수의 50 ~ 130% 수준에서 결정한다.

  > **Tip** 그게 표준이라고! 아니면 **오버**(5) **일세**(13) : 오버하는 것일세

*오디
- A(과거평균결실수) = Σ과거 5개년 결실수 ÷ Y
- B(평균표준결실수) = Σ과거 5개년 표준결실수 ÷ Y

  이때, 평년결실수는 보험가입연도 표준결실수의 130%를 한도로 산출한다.

□ 과거수확량 산출방법
- 수확량조사 시행한 경우
  - *조사수확량 > 평년수확량의 50% → 조사수확량,
  - *평년수확량의 50% ≥ 조사수확량 → 평년수확량의 50%
  - ※ 감귤(온주밀감류), 블루베리의 경우
    - *평년수확량 ≥ 평년수확량 × (1 - 피해율) ≥ 평년수확량의 50%
      → 평년수확량×(1-피해율)
    - *평년수확량의 50% > 평년수확량 × (1 - 피해율) → 평년수확량 50%
      - 피해율(온주밀감류)
        = MIN[보통약관 피해율 + (동상해 피해율 × 수확기잔존비율), 100%]
      - 피해율(블루베리) = MIN(보통약관 피해율, 100%)
  - ※ 복분자의 경우
    - *실제결과모지수 > 평년결과모지수의 50% → 실제결과모지수
    - *평년결과모지수의 50% ≥ 실제결과모지수 → 평년결과모지수의 50%
  - ※ 오디의 경우
    - *조사결실수 > 평년결실수의 50% → 조사결실수,
    - *평년결실수의 50% ≥ 조사결실수 → 평년결실수의 50%
- 무사고로 수확량조사 시행하지 않은 경우
  표준수확량의 1.1배와 평년수확량의 1.1배 중 큰 값을 적용한다.
  - ※ 복숭아, 포도, 감귤(만감류)의 경우 수확전 착과수 조사를 한 값을 적용한다.
    (수확량 = 착과수조사값 × 평균과중)
  - ※ 복분자의 경우 MAX(평년결과모지수, 표준결과모지수) × 1.1
  - ※ 오디의 경우 MAX(평년결실수, 표준결실수) × 1.1

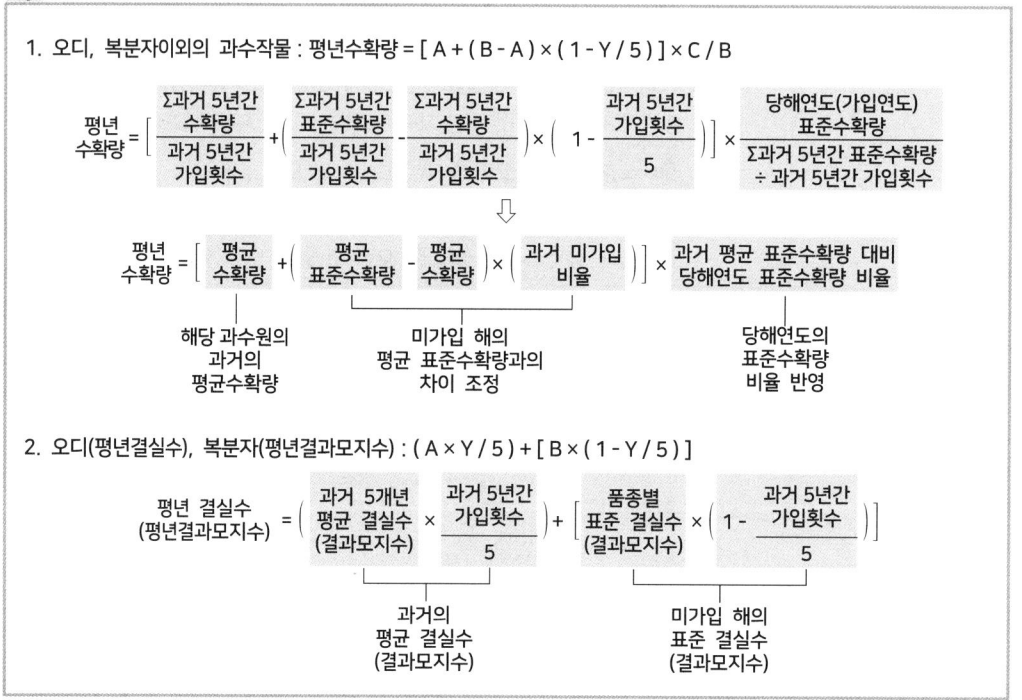

다) 가입수확량

보험에 가입한 수확량으로 범위는 평년수확량의 50%~100% 사이에서 계약자가 결정한다.

라) 가입과중

보험 가입 시 결정한 과실의 1개당 평균 과실무게(g)를 말하며, 감귤(만감류, 온주밀감류)의 경우 중과 기준으로 적용한다.

## 2 논작물

**가. 대상품목 : 벼, 조사료용 벼, 밀, 보리, 귀리**

**나. 보장방식 : 종합위험방식 수확감소보장**

1) 논작물(벼, 조사료용 벼, 밀, 보리, 귀리)은 종합위험방식 수확감소보장[18]으로 자연재해, 조수해(鳥獸害), 화재의 피해로 발생하는 보험목적물의 수확량 감소에 대하여 보상한다.

---

18) 조사료용 벼의 보장방식은 사료용 옥수수와 함께 실질적으로 생산비보장방식이나 종합위험 수확감소보장 보험약관에 포함되어 그 적용을 받고 있음

2) 상품내용

가) 보장하는 재해

(1) **자연재해**[19] : 태풍피해, 우박피해, 동상해, 호우피해, 강풍피해, 한해(가뭄피해), 냉해, 조해(潮害), 설해, 폭염, 기타 자연재해

(2) **조수해(鳥獸害)** : 새나 짐승으로 인하여 발생하는 손해

(3) **화재** : 화재로 인한 피해

(4) **병충해** : 벼 품목에 흰잎마름병, 줄무늬잎마름병, 벼멸구, 도열병, 깨씨무늬병, 먹노린재, 세균성 벼알마름병의 병 또는 해충으로 인하여 발생하는 손해(단, 벼 품목의 병해충보장 특별약관에 가입한 경우에만 해당)

> Tip **흰**잎마름병, **줄**무늬잎마름병, **벼**멸구, **도**열병, **깨**씨무늬병, **먹**노린재, **세**균성 벼알마름병 : 병충해가 한 줄 남은 벼도 깨 먹는 군

나) 보상하지 않는 손해

(1) 계약자, 피보험자 또는 이들의 법정대리인의 고의 또는 중대한 과실로 인한 손해

(2) 수확기에 계약자 또는 피보험자의 고의 또는 중대한 과실로 수확하지 못하여 발생한 손해

(3) 제초작업, 시비관리 등 통상적인 영농활동을 하지 않아 발생한 손해

(4) 원인의 직·간접을 묻지 않고 병해충으로 발생한 손해(다만, 벼 병해충보장 특별약관 가입 시는 제외)

(5) 보장하지 않는 재해로 제방, 댐 등이 붕괴되어 발생한 손해

(6) 하우스, 부대시설 등의 노후 및 하자로 생긴 손해

(7) 계약체결 시점 현재 기상청에서 발령하고 있는 기상특보 발령 지역의 기상특보 관련 재해로 인한 손해

(8) 보상하는 손해에 해당하지 않은 재해로 발생한 손해

(9) 보장하지 않는 재해로 발생한 생리장해

(10) 전쟁, 혁명, 내란, 사변, 폭동, 소요, 노동쟁의, 기타 이들과 유사한 사태로 생긴 손해

다) 보험기간

| 구분 | | | 보험의 목적 | 보험기간 | |
|---|---|---|---|---|---|
| 약관 | 보장 | 대상재해 | | 보장개시 | 보장종료 |
| 보통 약관 | 이앙·직파 불능 보장 | 종합 위험 | 벼 (조곡) | 계약체결일 24시 | 판매개시연도 7월 31일 |

---

19) (1) 적과종료 이전의 종합위험 이하 자연재해 정의 표 〈'적과종료 이전의 종합위험'에 명시된 자연재해의 정의〉 참고(p.107)

| | | | | | |
|---|---|---|---|---|---|
| | 재이앙·재직파 보장 | | | 이앙(직파)완료일 24시 다만, 보험계약 시 이앙(직파)완료일이 경과한 경우에는 계약체결일 24시 | 판매개시연도 7월 31일 |
| | 경작불능보장 | | 벼(조곡), 조사료용 벼 | 이앙(직파)완료일 24시 다만, 보험계약 시 이앙(직파)완료일이 경과한 경우에는 계약체결일 24시 | 출수기 전 다만, 조사료용 벼의 경우 판매개시연도 8월 31일 |
| | | | 밀, 보리, 귀리 | 계약체결일 24시 | 수확 개시 시점 |
| | 수확불능보장 | | 벼(조곡) | 이앙(직파)완료일 24시 다만, 보험계약 시 이앙(직파)완료일이 경과한 경우에는 계약체결일 24시 | 수확기 종료 시점 다만, 판매개시연도 11월 30일을 초과할 수 없음 |
| | 수확감소보장 | | 벼(조곡) | 이앙(직파)완료일 24시 다만, 보험계약 시 이앙(직파)완료일이 경과한 경우에는 계약체결일 24시 | 수확기 종료 시점 다만, 판매개시연도 11월 30일을 초과할 수 없음 |
| | | | 밀, 보리, 귀리 | 계약체결일 24시 | 수확기 종료 시점 다만, 이듬해 6월 30일을 초과할 수 없음 |
| 특별약관 | 병해충보장 특약 | 재이앙·재직파 보장 | 병해충(7종) | 벼(조곡) | 각 보장별 보통약관 보험시기와 동일 | 각 보장별 보통약관 보험종기와 동일 |
| | | 경작불능보장 | | | | |
| | | 수확불능보장 | | | | |
| | | 수확감소보장 | | | | |

주) 병해충(7종) : 흰잎마름병, 줄무늬잎마름병, 벼멸구, 도열병, 깨씨무늬병, 먹노린재, 세균성 벼알마름병

Tip 논작물(벼, 조사료용 벼, 밀, 보리, 귀리) - 보험기간의 이해

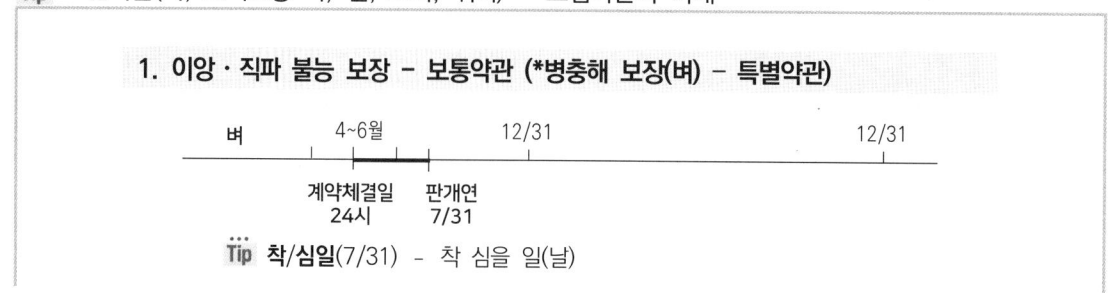

1. 이앙·직파 불능 보장 - 보통약관 (*병충해 보장(벼) - 특별약관)

Tip 착/심일(7/31) - 착 심을 일(날)

## 2. 재이앙·재직파 보장 - 보통약관 (*병충해 보장(벼) - 특별약관)

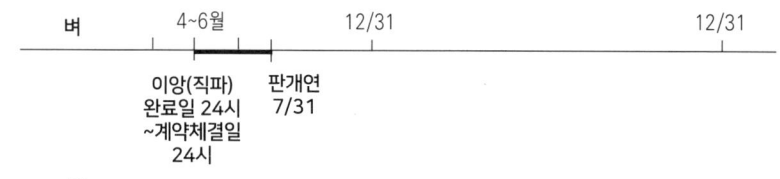

> **Tip** 착/심일(7/31) - 착 심을 일(날)

## 3. 경작불능 보장 - 보통약관 (*병충해 보장(벼) - 특별약관)

> **Tip** 경작불능보장은 기본적으로 **수확이 개시되는 시점**까지 그 대상이 된다.

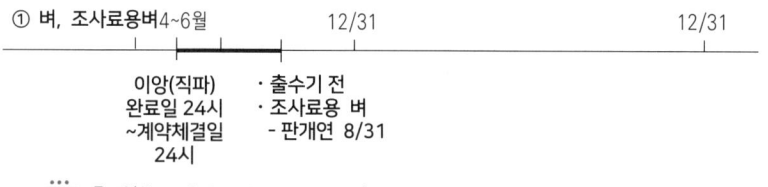

> **Tip** **출전**(출수기전, 전쟁터 가기전)
> **조사 벼**(조사료용 벼) **팔/쓸일**(8/31, 조사 버린 팔도 쓸일 있어)

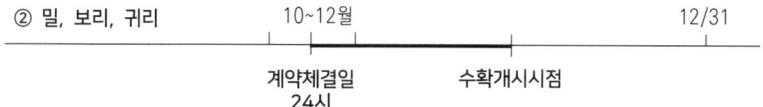

## 4. 수확불능 보장 - 보통약관 (*병충해 보장(벼) - 특별약관)

> **Tip** 수확불능보장은 벼(조곡)만 인정하며 **수확이 종료되는 시점**까지가 그 대상이 된다.

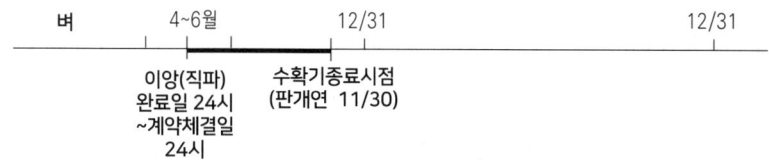

> **Tip** 일일/셌고(11/30) : 수확하려고 일일이 셌지만, 수확할 게 없네

### 5. 수확감소 보장 - 보통약관 (*병충해 보장(벼) - 특별약관)

Tip 수확감소·과실손해보장은 기본적으로 **수확이 종료되는 시점**까지가 그 대상이 된다.

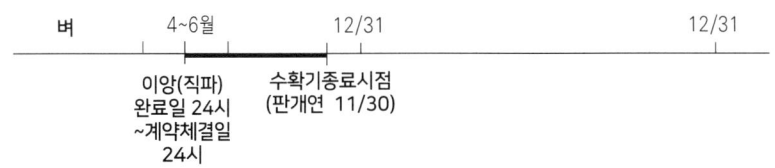

Tip 일일/셌고(11/30) : 수확하려고 일일이 세어보니 수확량이 줄었네

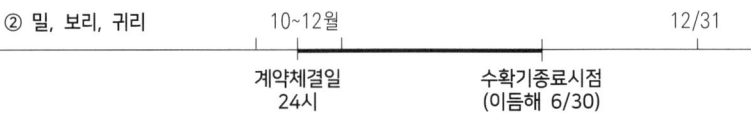

Tip 밀, 보, 귀 / 욕/샜고(6/30) : 밀을 보거니 수확량이 적어 욕이 나오고

라) 보험가입금액

보험가입금액은 가입수확량에 가입가격을 곱하여 산정한 금액(천원 단위 절사)으로 한다. 단, 조사료용 벼는 보장생산비와 가입 면적을 곱하여 산정한 금액(천원 단위 절사)으로 한다.

마) 보험료

(1) 보험료의 구성

영업보험료는 순보험료와 부가보험료를 더하여 산출한다. 순보험료는 지급보험금의 재원이 되는 보험료이며 부가보험료는 보험회사의 경비 등으로 사용되는 보험료이다.

> 영업보험료 = 순보험료 + 부가보험료

(가) 정부보조보험료는 순보험료의 50%와 부가보험료의 100%를 지원한다. (단, 벼는 보장수준에 따라 순보험료의 35% ~ 60% 차등지원)

(나) 지자체지원보험료는 지자체별로 지원금액(비율)을 결정한다.

(2) 보험료의 산출

(가) 종합위험 수확감소보장방식(벼, 조사료용 벼, 밀, 보리, 귀리)

① 수확감소보장 보통약관 적용보험료

> 보통약관 보험가입금액 × 지역별 보통약관 영업요율 × (1 + 손해율에 따른 할인·할증률)
> × (1 + 친환경재배 시 할증률) × (1 + 직파재배 농지 할증률)

② 병해충보장 특별약관 적용보험료(벼)

> 특별약관 보험가입금액 × 지역별 특별약관 영업요율 × (1 + 손해율에 따른 할인·할증률)
> × (1 + 친환경재배 시 할증률) × (1 + 직파재배 농지 할증률)

※ 친환경재배 시 할증률, 직파 재배 농지 할증률은 벼 품목에 한하여 적용
※ 손해율에 따른 할인·할증은 계약자를 기준으로 판단
※ 손해율에 따른 할인·할증폭은 -30% ~ +50%로 제한

**(3) 보험료의 환급**

(가) 이 계약이 무효, 효력상실 또는 해지된 때에는 다음과 같이 보험료를 반환한다.

① **계약자 또는 피보험자의 책임 없는 사유에 의하는 경우** : 무효의 경우에는 납입한 계약자부담보험료의 전액, 효력상실 또는 해지의 경우에는 해당 월 미경과비율에 따라 아래와 같이 '환급보험료'를 계산한다.

> 환급보험료 = 계약자부담보험료 × 미경과비율 〈별표〉
> ※ 계약자부담보험료는 최종 보험가입금액 기준으로 산출한 보험료 중 계약자가 부담한 금액

② **계약자 또는 피보험자의 책임 있는 사유에 의하는 경우** : 계산한 해당 월 미경과비율에 따른 환급보험료. 다만 계약자, 피보험자의 고의 또는 중대한 과실로 무효가 된 때에는 보험료를 반환하지 않는다.

(나) 계약자 또는 피보험자의 책임 있는 사유라 함은 다음 각 호를 말한다.

① 계약자 또는 피보험자가 임의 해지하는 경우
② 사기에 의한 계약, 계약의 해지[20] 또는 중대사유로 인한 해지에 따라 계약을 취소 또는 해지하는 경우
③ 보험료 미납으로 인한 계약의 효력 상실

(다) 계약의 무효, 효력상실 또는 해지로 인하여 반환해야 할 보험료가 있을 때에는 계약자는 환급금을 청구하여야 하며, 청구일의 다음 날부터 지급일까지의 기간에 대하여 '보험개발원이 공시하는 보험계약대출이율'을 연단위 복리로 계산한 금액을 더하여 지급한다.

**바) 보험금**

(1) 벼, 조사료용 벼, 밀, 보리, 귀리 품목의 보장별 보험금 지급사유 및 보험금 계산은 아래와 같다.

| 보장 | 보험의 목적 | 보험금 지급사유 | 보험금 계산(지급금액) |
|---|---|---|---|
| 이앙·직파 불능 보장 (보통약관) | 벼(조곡) | 보장하는 재해로 농지 전체를 이앙·직파하지 못하게 된 경우 | 보험가입금액 × 15%<br>Tip 가(가혹) 하다(15) |

---
[20] 계약자 또는 피보험자의 고의로 손해가 발생한 경우나, 고지의무·통지의무 등을 해태한 경우의 해지를 말한다.

| 재이앙<br>· 재직파 보장<br>(보통약관) | | 보장하는 재해로 면적 피해율이 10%를 초과하고, 재이앙·재직파한 경우(단, 1회 지급) | 보험가입금액 × 25% × 면적 피해율<br>Tip **투덜**(25), **면피**(면적 피해율)<br>※ 면적 피해율<br>= (피해면적 ÷ 보험가입면적) |
|---|---|---|---|
| 경작불능 보장<br>(보통약관) | 벼(조곡),<br>밀,<br>보리,<br>조사료용 벼,<br>귀리 | 보장하는 재해로 식물체 피해율이 65% 이상(벼(조곡) 분질미는 60%)이고, 계약자가 경작불능보험금을 신청한 경우 | 보험가입금액 × 일정비율<br>※ 하기 주5)의 〈자기부담비율에 따른 경작불능보험금〉 표 참조<br>단, 조사료용 벼의 경우 아래와 같다.<br>Tip 사료용 옥수수와 유사<br>보험가입금액 × 보장비율 × 경과비율<br>※ 하기 주6)의 보장비율 및 경과비율 표 참조 |
| 수확불능 보장<br>(보통약관) | 벼(조곡) | 보장하는 재해로 벼(조곡) 제현율이 65% 미만(벼(조곡) 분질미는 70%)으로 떨어져 정상벼로서 출하가 불가능하게 되고, 계약자가 수확불능보험금을 신청한 경우 | 보험가입금액 × 일정비율<br>※ 하기 주7)의 〈자기부담비율에 따른 수확불능보험금〉 표 참조 |
| 수확감소 보장<br>(보통약관) | 벼(조곡),<br>밀,<br>보리, 귀리 | 보장하는 재해로 피해율이 자기부담비율을 초과하는 경우 | 보험가입금액 × (피해율 - 자기부담비율)<br>※ 피해율 = (평년수확량 - 수확량 - 미보상감수량) ÷ 평년수확량 |

Tip **보험금 산식의 유형**

(1) 가, 피, 자 스타일 : 보험가입금액 ×(피해율 - 자기부담비율)
    ① 특정위험방식(인삼), ② 수확감소보장, ③ 비가림과수손해보장
    ④ 과실손해보장(적과전 이외 품목), ⑤ 생산비보장(아래 일정비율 스타일 이외 품목)
    ⑥ 나무손해보장(5% 자기부담비율)
(2) 손, 자 스타일 : 손해액 - 자기부담금
    ① 비가림시설, ② 해가림시설, ③ 농업시설물(원예시설·버섯재배사)·부대시설
    ④ 옥수수, ⑤ 감귤(온주밀감)  Tip 할아버지가 **손자**와 함께 **시설** 아래에서 **옥수수**와 **온주밀감**을 먹네
(3) 일정비율 스타일
    ① 경작불능보장, ② 이앙·직파 불능보장, ③ 재이앙·재직파 보장, ④ 수확불능보장(벼)
    ⑤ 생산비보장(고추, 브로콜리, 시설·버섯작물), ⑥ 재파종보장, ⑦ 재정식보장
    ⑧ 수확량감소 추가보장(포도, 복숭아, 감귤(만감류), ⑨ 과실손해 추가보장감귤(온주밀감)
(4) 독자적인 스타일 : 적과전 종합위험 방식
    ① 착과감소보험금, ② 과실손해보험금

> **Tip** 경작불능보장이 배제되는 품목
>
> (1) **과수작물(목본작물)** : 경작불능보장은 원칙적으로 경작의 노력이 요구되는 초본작물에 적용함. 단, 복분자는 목본작물이지만 초본작물의 성향이 많아 **예외적으로 인정함**
> (2) **차(茶)** : 목본작물
> (3) **고추, 브로콜리** : 중간에 보험금 수령이 잦은 품목임. 따라서 중도에 경작불능을 선택할 수 없음
> (4) **시설작물, 버섯작물** : 경작의 노력이 요구되는 작물이 아님

주1) 경작불능보험금은 보험목적물이 산지폐기 된 것을 확인 후 지급되며, 이앙·직파불능보험금, 경작불능보험금, 수확불능보험금을 지급한 때에는 그 손해보상의 원인이 생긴 때로부터 해당 농지에 대한 보험계약은 소멸한다.

> **Tip** **조사료용 벼**와 **사료용 옥수수**는 오직 **경작불능보험금**만을 적용해 준다(가축의 먹이).

주2) 경작불능보험금의 보험기간 내 발생한 재해로 인해 식물체 피해율이 65% 이상(분질미는 60%)인 경우 수확불능보험금과 수확감소보험금은 지급이 불가능하다.

주3) 벼 품목의 경우 병해충(7종)으로 인한 피해는 병해충 특약 가입 시 보장한다.

주4) **식물체 피해율** : 식물체가 고사한 면적을 보험가입면적으로 나누어 산출한다.

주5) **경작불능보험금 지급비율** (벼(조곡), 밀, 보리, 귀리) : 단, 자기부담비율 10%, 15%는 벼(조곡), 밀, 보리만 적용한다.

> **Tip** 자기부담비율 10%, 15% 적용 제외 품목
> **두루**(두릅), **불러**(블루베리) / **(가을)무, (가을, 봄)배추 / 유자, 박수(수박) / 호두, 귀리, 양상추 / 실파·쪽파** : (두루 불러서 가무(노래와 무용) 보러 가보매~! 공연장에서 유(너) 혼자 박수치고~! 호구 같아서! 실제 쪽팔려…)

〈자기부담비율에 따른 경작불능보험금〉

| 자기부담비율 | 경작불능보험금 |
|---|---|
| 10%형 | 보험가입금액의 45% |
| 15%형 | 보험가입금액의 42% |
| 20%형 | 보험가입금액의 40% |
| 30%형 | 보험가입금액의 35% |
| 40%형 | 보험가입금액의 30% |

> **Tip** 자기부담비율 ⇨ 보장수준 ⇨ 절반
> **예** 10%(자기부담비율) ⇨ 90%(보장수준) ⇨ 45%(= 90%/2)

주6) **경작불능보험금 지급비율** (조사료용 벼) : 보장비율은 경작불능보험금 산정에 기초가 되는 비율로 보험가입을 할 때 계약자가 선택한 비율로 하며, 경과비율은 사고발생일이 속한 월에 따라 계산한다.

⟨조사료용 벼의 경작불능보험금 보장비율⟩

| 구분 | 45%형 | 42%형 | 40%형 | 35%형 | 30%형 |
|---|---|---|---|---|---|
| 보장비율 | 45% | 42% | 40% | 35% | 30% |

주1) 45%형 가입가능 자격 : 3년 연속 가입 및 3년간 수령보험금이 순보험료의 120% 미만
주2) 42%형 가입가능 자격 : 2년 연속 가입 및 2년간 수령보험금이 보험료의 120% 미만

⟨사고발생일이 속한 월에 따른 경과비율⟩

| 월별 | 5월 | 6월 | 7월 | 8월 |
|---|---|---|---|---|
| 경과비율 | 80% | 85% | 90% | 100% |

> **Tip** 어 느 세 월(5월, 6월, 7월, 8월)에
> - 조사료용 벼 : **빨공**(80), **빨어**(85), **구공**(90), **탄**(100)
> - 사료용옥수수 : **파공**(80), **파공**(80), **구공**(90), **탄**(100)

주7) 수확불능보험금 지급비율 (벼(조곡)) **Tip** 오직 **벼(조곡)**만 인정

⟨자기부담비율에 따른 수확불능보험금⟩

| 자기부담비율 | 수확불능보험금 |
|---|---|
| 10%형 | 보험가입금액의 60% |
| 15%형 | 보험가입금액의 57% |
| 20%형 | 보험가입금액의 55% |
| 30%형 | 보험가입금액의 50% |
| 40%형 | 보험가입금액의 45% |

> **Tip** 경작불능보장 수준 + 15% ⇨ 경작불능보장 수준(보장수준의 절반) + 15%
> **예** [10%(자기부담비율) ⇨ 90%(보장수준) ⇨ 45%(= 90%/2)] + 15% ⇨ 60%

> **Tip** 벼(조곡), 분질미 - 경작불능과 수확불능

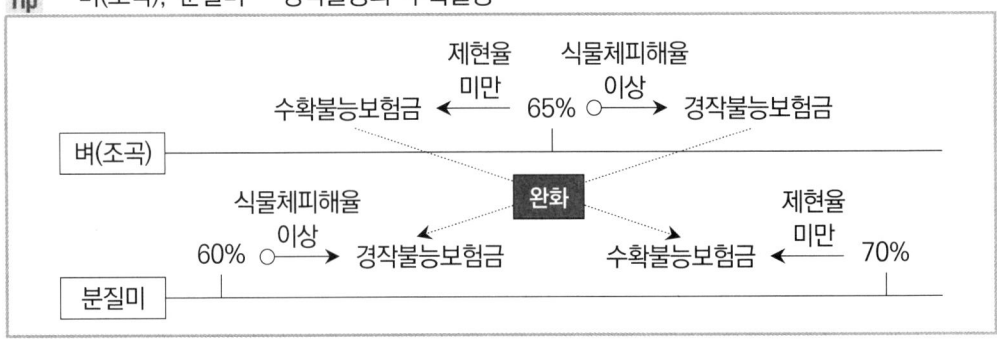

주8) 자기부담비율은 보험가입 시 선택한 비율로 한다.

사) 자기부담비율

(1) 보험기간 내에 보장하는 재해로 발생한 손해에 대하여 계약자 또는 피보험자가 부담하는 일정 비율(금액)로 자기부담비율(금) 이하의 손해는 보험금이 지급되지 않는다.

(가) 보험계약 시 계약자가 선택한 비율(10%, 15%, 20%, 30%, 40%)

단, 자기부담비율 10%, 15%는 벼(조곡), 밀, 보리만 적용한다.

> **Tip** 자기부담비율 10%, 15% 적용 제외 품목
> **두**릅(두릅), **불**러(블루베리) / (가을)**무**, (가을, 봄)**배**추 / **유**자, **박**수(수박) / **호**두, **귀**리, **양**상추 / **실**파 · **쪽**파 : (두릅 불러서 가무(노래와 무용) 보러 가보매~! 공연장에서 유(너) 혼자 박수치고~! 호구 같아서! 실제 쪽팔려...)

(나) 자기부담비율 선택 기준

① 10%형 : 최근 3년간 연속 보험가입계약자로서 3년간 수령한 보험금이 순보험료의 120% 미만인 경우에 한하여 선택 가능하다.

② 15%형 : 최근 2년간 연속 보험가입계약자로서 2년간 수령한 보험금이 순보험료의 120% 미만인 경우에 한하여 선택 가능하다.

③ 20%형, 30%형, 40%형 : 제한 없음

아) 특별약관

(1) 이앙·직파불능 부보장 특별약관

이앙·직파불능보험금에 적용되는 사항으로, 보장하는 재해로 이앙·직파를 하지 못하게 되어 생긴 손해를 본 특별약관에 따라 보상하지 않는다.

(2) 병해충보장 특별약관

(가) 보상하는 병해충

| 구분 | 보상하는 병해충의 종류 |
|---|---|
| 병해 | 흰잎마름병, 줄무늬잎마름병, 도열병, 깨씨무늬병, 세균성벼알마름병 |
| 충해 | 벼멸구, 먹노린재 |

(나) 보상하는 병해충의 증상[21]

① 흰잎마름병

발병은 보통 출수기 전후에 나타나나 상습발생지에서는 초기에 발병하며, 드물게는 묘판에서도 발병된다. 병징은 주로 엽신(잎의 넓은 부분) 및 엽초(줄기를 감싸는 잎의 밑부분)에 나타나며, 때에 따라서는 벼알에서도 나타난다. 병반은 수일이 경과 후 황색으로 변하고 선단부터 하얗게 건조되며 급속히 잎이 말라 죽게 된다.

---

21) 자료출처 : 국가농작물병해충관리시스템  https://ncpms.rda.go.kr

〈그림 3-5〉 벼 흰잎마름병에 의한 피해 사진

② 줄무늬잎마름병

줄무늬잎마름병은 종자, 접촉, 토양의 전염은 하지 않고 매개충인 애멸구에 의하여 전염되는 바이러스병이다. 전형적인 병징은 넓은 황색줄무늬 혹은 황화 증상이 나타나고, 잎이 도장하면서 뒤틀리거나 아래로 처진다. 일단 병에 걸리면 분얼경도 적어지고 출수되지 않으며, 출수되어도 기형 이삭을 형성하거나 불완전 출수가 많다.

〈그림 3-6〉 줄무늬잎마름병에 의한 피해 사진

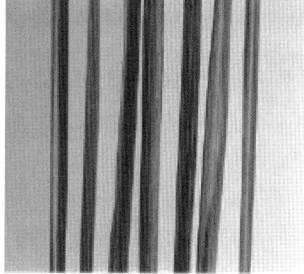

③ 깨씨무늬병

잎에서 초기병반은 암갈색 타원형 괴사부 주위에 황색의 중독부를 가지고, 시간이 지나면 원형의 대형 병반으로 윤문이 생긴다. 줄기에는 흑갈색 미세 무늬가 발생, 이후 확대하여 합쳐지면 줄기 전체가 담갈색으로 변한다. 이삭줄기에는 흑갈색 줄무늬에서 전체가 흑갈색으로 변한다. 도열병과 같이 이삭 끝부터 빠르게 침해되는 일은 없으며, 벼알에는 암갈색의 반점으로 되고 후에는 회백색 붕괴부를 형성한다.

〈그림 3-7〉 벼 깨씨무늬병에 의한 피해 사진

④ 도열병

도열병균은 진균의 일종으로 자낭균에 속하며, 종자나 병든 잔재물에서 겨울을 지나 제1차 전염원이 되고 제2차 전염은 병반 상에 형성된 분생포자가 바람에 날려 공기 전염한다. 잎, 이삭, 가지, 등의 지상 부위에 병반을 형성하나 잎, 이삭, 이삭가지 도열병이 가장 흔하다. 잎에는 방추형의 병반이 형성되어 심하면 포기 전체가 붉은 빛을 띠며 자라지 않게 되고, 이삭목이나 이삭가지는 옅은 갈색으로 말라 죽으며 습기가 많으면 표면에 잿빛의 곰팡이가 핀다.

〈그림 3-8〉 벼 도열병에 의한 피해 사진

⑤ 세균성벼알마름병

주로 벼알에 발생하나 엽초에도 병징이 보인다. 벼알은 기부부터 황백색으로 변색 및 확대되어 전체가 변색된다. 포장에서 일찍 감염된 이삭은 전체가 엷은 붉은색을 띠며 고개를 숙이지 못하고 꼿꼿이 서 있으며, 벼알은 배의 발육이 정지되고 쭉정이가 된다. 감염된 종자 파종 시 심한 경우 발아하지 못하거나 부패되며, 감염 정도가 경미한 경우 발아한 모는 잎이 전개되지 못하거나 생장이 불량하여 고사한다.

〈그림 3-9〉 세균성벼알마름병에 의한 피해 사진

⑥ 벼멸구

벼멸구는 대체로 성충이 중국으로부터 흐리거나 비 오는 날 저기압 때 기류를 타고 날아와 발생하고 정착 후에는 이동성이 낮아 주변에서 증식한다. 벼멸구는 형태적으로 애멸구와 유사하여 구별이 쉽지 않으나, 서식 행동에서 큰 차이점은 애멸구는 개별적으로 서식하나 벼멸구는 집단으로 서식한다. 벼멸구 흡즙으로 인한 전형적인 피해 양상은 논 군데군데 둥글게 집중고사 현상이 나타나고, 피해는 고사시기가 빠를수록 수확량도 크게 감소하며, 불완전 잎의 비율이 높아진다. 쌀알의 중심부나 복부가 백색의 불투명한

심복백미(心腹白米)와 표면이 우윳빛처럼 불투명한 유백미(乳白米) 또는 과피에 엽록소가 남아있는 청미(靑米) 등이 발생한다.

〈그림 3-10〉 벼멸구 사진

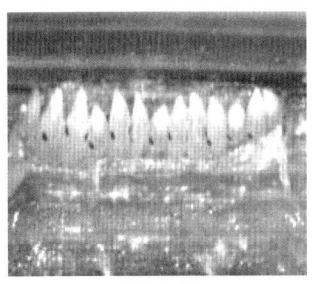
벼멸구 알

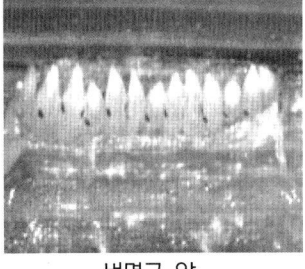
벼멸구 성충

벼멸구 집단서식

〈그림 3-11〉 벼멸구에 의한 피해 사진

⑦ 먹노린재

비가 적은 해에 발생이 많고, 낮에는 벼 포기 속 아랫부분에 모여 대부분 머리를 아래로 향하고 있다가 외부에서 자극이 있으면 물속으로 잠수한다. 성충과 약충 모두 벼의 줄기에 구침을 박고 흡즙하여 피해를 준다. 흡즙 부위는 퇴색하며 흡즙 부위에서 자란 잎은 피해를 받은 부분부터 윗부분이 마르고 피해가 심하면 새로 나온 잎이 전개하기 전에 말라 죽는다. 피해는 주로 논 가장자리에 많이 나타나는데, 생육 초기에 심하게 피해를 받으면 초장이 짧아지고 이삭이 출수하지 않을 수도 있으며 출수 전후에 피해를 받으면 이삭이 꼿꼿이 서서 말라 죽어 백수와 같은 증상을 나타내기도 한다.

〈그림 3-12〉 먹노린재 사진

먹노린재 알

먹노린재 성충

먹노린재 서식

〈그림 3-13〉 먹노린재에 의한 피해 사진

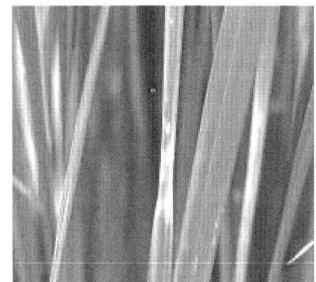

자) 계약인수 관련 수확량

(1) 표준수확량

과거의 통계를 바탕으로 지역별 기준수량에 농지별 경작요소를 고려하여 산출한 예상 수확량이다.

(2) 평년수확량

(가) 최근 5년 이내 보험가입실적 수확량 자료와 미가입 연수에 대한 표준수확량을 가중평균하여 산출한 해당 농지에 기대되는 수확량을 말한다.

(나) 평년수확량은 자연재해가 없는 이상적인 상황에서 수확할 수 있는 수확량이 아니라 평년수준의 재해가 있다는 점을 전제로 한다.

(다) 주요 용도로는 보험가입금액의 결정 및 보험사고 발생 시 감수량 산정을 위한 기준으로 활용된다.

(라) 농지 단위로 산출하며, 가입년도 직전 5년 중 보험에 가입한 연도의 실제수확량과 표준수확량을 가입횟수에 따라 가중평균하여 산출한다.

(마) 산출 방법은 가입 이력 여부로 구분된다.

① 과거수확량 자료가 없는 경우(신규 가입)
   ○ 표준수확량의 100%를 평년수확량으로 결정한다.

② 과거수확량 자료가 있는 경우(최근 5년 이내 가입 이력 존재)
   ○ 아래 표와 같이 산출하여 결정한다.

> □ 벼 품목 평년수확량 = [ A + ( B × D − A ) × ( 1 − Y / 5 ) ] × C / D
> 
> **Tip** [아(A) + (배(B) × 대(D) − 야(A)) × 일(1) 빼(−) 였(Y) 다(5)] × 쌌(C) / 다(D)!!
> 
> ○ A(과거평균수확량) = Σ과거 5년간 수확량 ÷ Y
> ○ B = 가입연도 지역별 기준수확량
> ○ C(가입연도 보정계수) = 가입년도의 품종별, 이앙일자별, 재배방식(일반재배, 유기재배, 무농약재배)별 보정계수를 곱한 값
> ○ D(과거평균보정계수) = Σ과거 5년간 보정계수 ÷ Y

○ Y = 과거수확량 산출연도 횟수(가입횟수)
※ 이때, 평년수확량은 보험가입연도 표준수확량의 130%를 초과할 수 없다.
※ 조사료용 벼 제외 Tip 생산비보장유형과 유사하게 가입금액을 계산함

□ 보리 · 밀 · 귀리 품목 평년수확량 = [ A + ( B - A ) × ( 1 - Y / 5 ) ] × C / B
　　Tip [아(A) + (배(B) - 야(A)) × 일(1) 빼(-) 였(Y) 다(5)] × 싸(C) / 봐(B)!!
○ A(과거평균수확량) = Σ과거 5년간 수확량 ÷ Y
○ B(평균표준수확량) = Σ과거 5년간 표준수확량 ÷ Y
○ C(표준수확량) = 가입연도 표준수확량
○ Y = 과거수확량 산출연도 횟수(가입횟수)
※ 이때, 평년수확량은 보험가입연도 표준수확량의 130%를 초과할 수 없다.

□ 과거수확량 산출방법
○ 수확량조사 시행한 경우
　　조사수확량 > 평년수확량의 50% → 조사수확량,
　　평년수확량의 50% ≧ 조사수확량 → 평년수확량의 50%
○ 무사고로 수확량조사 시행하지 않은 경우
　　표준수확량의 1.1배와 평년수확량의 1.1배 중 큰 값을 적용한다.

Tip 논작물(벼, 보리, 밀, 귀리 품목) - 평년수확량의 이해

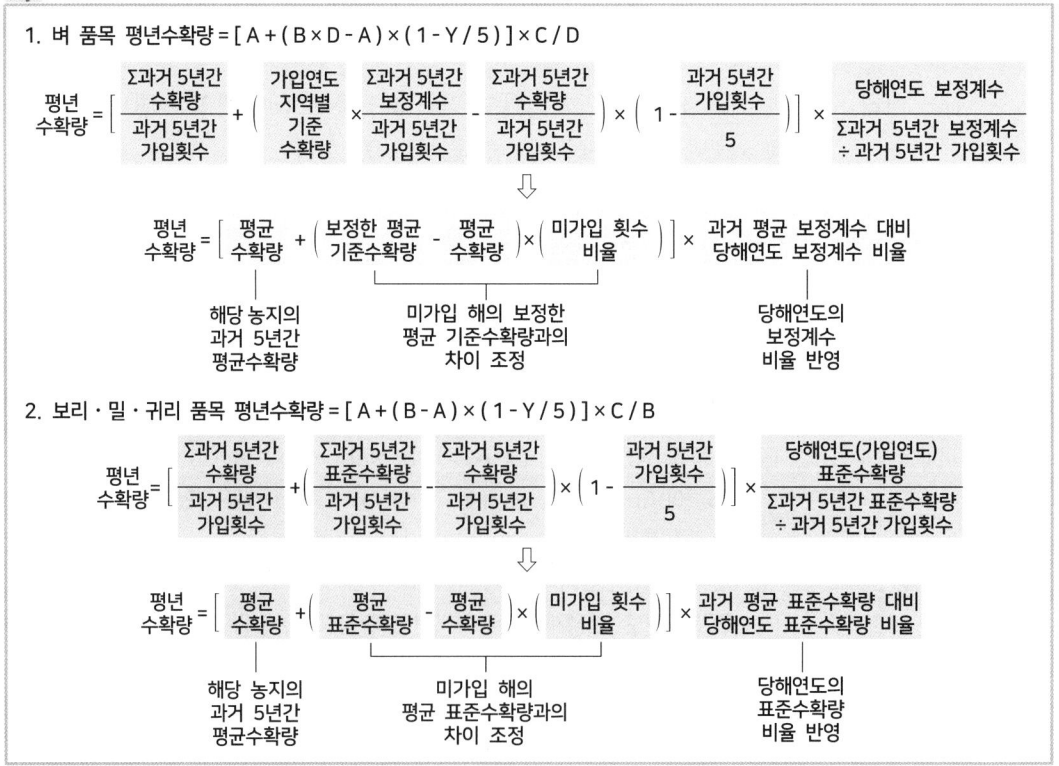

### (3) 가입수확량

보험에 가입한 수확량으로 범위는 평년수확량의 50%~100% 사이에서 계약자가 결정한다. 벼는 5% 단위로 리(동)별로 선정 가능하다.

## 3 밭작물

### 가. 대상품목

마늘, 양파, 감자(고랭지재배, 봄재배, 가을재배), 고구마, 옥수수(사료용 옥수수), 양배추, 콩, 팥, 차(茶), 수박(노지), 고추, 브로콜리, 메밀, 단호박, 당근, 배추(고랭지배추, 월동배추, 가을배추, 봄배추), 무(고랭지무, 월동무, 가을무), 시금치(노지), 파(대파, 쪽파·실파), 양상추, 인삼 등 21개 품목

### 나. 보장방식

종합위험 수확감소보장방식, 종합위험 생산비보장방식, 작물특정 및 시설종합위험 인삼손해보장방식

1) 밭작물의 보장방식은 크게 Ⓐ 종합위험 수확감소보장방식[22](마늘, 양파, 감자(고랭지재배, 봄재배, 가을재배), 고구마, 옥수수(사료용 옥수수), 양배추, 콩, 팥, 차(茶), 수박 10개 품목), Ⓑ 종합위험 생산비보장방식[23](고추, 브로콜리, 메밀, 단호박, 당근, 배추(고랭지배추, 월동배추, 가을배추, 봄배추), 무(고랭지무, 월동무, 가을무), 시금치(노지), 파(대파, 쪽파·실파), 양상추 등 10개 품목), Ⓒ 작물특정 및 시설종합위험 인삼손해보장방식(인삼)으로 구분 가능하다.

2) 종합위험 수확감소보장방식은 자연재해, 조수해(鳥獸害), 화재 등 보상하는 손해로 발생하는 보험목적물의 수확량 감소에 대하여 보상하며, 종합위험 생산비보장방식은 사고 발생 시점까지 투입된 작물의 생산비를 피해율에 따라 지급하는 방식이다. 이때 수확이 개시된 후의 생산비보장보험금은 투입된 생산비보다 적거나 없을 수 있는데, 이는 수확기에 투입되는 생산비는 수확과 더불어 회수(차감)되기 때문이다. 마지막으로 작물특정 및 시설종합위험 인삼손해보장방식에서 인삼(작물)은 태풍(강풍), 폭설, 집중호우, 침수, 화재, 우박, 냉해, 폭염의 특정위험만 보장하고 인삼의 해가림시설은 자연재해, 조수해(鳥獸害), 화재로 인한 종합위험을 보장한다.

3) 상품 내용

가) 보장하는 재해 및 보상하지 않는 손해

(1) 종합위험 수확감소보장방식

(가) 보장하는 재해

| 구분 | 품목 | 보장하는 재해 |
| --- | --- | --- |
| 종합위험<br>수확감소보장방식 | 양파, 마늘, 고구마, 옥수수(사료용 옥수수), 차(茶), 콩, 양배추, 팥, 수박 | 자연재해, 조수해(鳥獸害), 화재 |

---

22) 경작불능보장, 재정식·재파종·조기파종보장 포함
23) 경작불능보장, 재정식·재파종보장 보험 포함

| | |
|---|---|
| 감자(고랭지, 봄, 가을) | 자연재해, 조수해(鳥獸害), 화재, 병충해 |

① **자연재해**[24] : 태풍피해, 우박피해, 동상해, 호우피해, 강풍피해, 한해(가뭄피해), 냉해, 조해(潮害), 설해, 폭염, 기타 자연재해
② **조수해(鳥獸害)** : 새나 짐승으로 인하여 발생하는 손해
③ **화재** : 화재로 인한 피해
④ **병충해** : 병 또는 해충으로 인하여 발생하는 피해(감자 품목에만 해당)

| 구분 | 병충해 |
|---|---|
| 병해 | 역병, 갈쭉병, 모자이크병, 무름병, 둘레썩음병, 가루더뎅이병, 잎말림병, 홍색부패병, 시들음병, 마른썩음병, 풋마름병, 줄기검은병, 더뎅이병, 균핵병, 검은무늬썩음병, 줄기기부썩음병, 반쪽시들음병, 흰비단병, 잿빛곰팡이병, 탄저병, 겹둥근무늬병, 기타 |
| 충해 | 감자뿔나방, 진딧물류, 아메리카잎굴파리, 방아벌레류, 오이총채벌레, 뿌리혹선충, 파밤나방, 큰28점박이무당벌레, 기타 |

**Tip** 고추와 감자 병충해 등급별 인정비율은 보험금을 다룰 때 정리함

**(나) 보상하지 않는 손해**

① 계약자, 피보험자 또는 이들의 법정대리인의 고의 또는 중대한 과실로 인한 손해
② 수확기에 계약자 또는 피보험자의 고의 또는 중대한 과실로 수확하지 못하여 발생한 손해
③ 제초작업, 시비관리 등 통상적인 영농활동을 하지 않아 발생한 손해
④ 원인의 직접·간접을 묻지 않고 병해충으로 발생한 손해(다만, 감자 품목은 제외)
⑤ 보장하지 않는 재해로 제방, 댐 등이 붕괴되어 발생한 손해
⑥ 하우스, 부대시설 등의 노후 및 하자로 생긴 손해
⑦ 계약체결 시점(계약체결 이후 파종 또는 정식 시, 파종 또는 정식 시점) 현재 기상청에서 발령하고 있는 기상특보 발령 지역의 기상특보 관련 재해로 인한 손해
⑧ 보장하는 재해에 해당 하지 않은 재해로 발생한 손해
⑨ 보장하지 않는 재해로 발생한 생리장해
⑩ 저장성 약화 또는 저장, 건조 및 유통 과정 중에 나타나거나 확인된 손해
⑪ 전쟁, 혁명, 내란, 사변, 폭동, 소요, 노동쟁의, 기타 이들과 유사한 사태로 생긴 손해

---

24) (1) 적과종료 이전의 종합위험 이하 자연재해 정의 표 〈'적과종료 이전의 종합위험'에 명시된 자연재해의 정의〉 참고(p.107)

(2) 종합위험 생산비보장방식

(가) 보장하는 재해

| 구분 | 품목 | 보장하는 재해 |
|---|---|---|
| 종합위험 생산비보장방식 | 메밀, 브로콜리, 배추, 무, 단호박, 파, 당근, 시금치(노지), 양상추 | 자연재해, 조수해(鳥獸害), 화재 |
| | 고추 | 자연재해, 조수해(鳥獸害), 화재, 병충해 |

① **자연재해**[25] : 태풍피해, 우박피해, 동상해, 호우피해, 강풍피해, 한해(가뭄피해), 냉해, 조해(潮害), 설해, 폭염, 기타 자연재해
② **조수해(鳥獸害)** : 새나 짐승으로 인하여 발생하는 손해
③ **화재** : 화재로 인한 피해
④ **병충해** : 병 또는 해충으로 인하여 발생하는 피해(고추 품목에만 해당)

| 구분 | 병충해 |
|---|---|
| 병해 | 역병, 풋마름병, 바이러스병, 세균성점무늬병, 탄저병, 잿빛곰팡이병, 시들음병, 흰가루병, 균핵병, 무름병, 기타 |
| 충해 | 담배가루이, 담배나방, 진딧물, 기타 |

Tip 고추와 감자 병충해 등급별 인정비율은 보험금을 다룰 때 정리함

(나) 보상하지 않는 손해

① 계약자, 피보험자 또는 이들의 법정대리인의 고의 또는 중대한 과실로 인한 손해
② 수확기에 계약자 또는 피보험자의 고의 또는 중대한 과실로 수확하지 못하여 발생한 손해
③ 제초작업, 시비관리 등 통상적인 영농활동을 하지 않아 발생한 손해
④ 원인의 직접·간접을 묻지 않고 병해충으로 발생한 손해(다만, 고추 품목은 제외)
⑤ 보장하지 않는 재해로 제방, 댐 등이 붕괴되어 발생한 손해
⑥ 하우스, 부대시설 등의 노후 및 하자로 생긴 손해
⑦ 계약체결 시점(계약체결 이후 파종 또는 정식 시, 파종 또는 정식 시점) 현재 기상청에서 발령하고 있는 기상특보 발령 지역의 기상특보 관련 재해로 인한 손해
⑧ 보장하는 재해에 해당 하지 않은 재해로 발생한 손해
⑨ 전쟁, 혁명, 내란, 사변, 폭동, 소요, 노동쟁의, 기타 이들과 유사한 사태로 생긴 손해

---

25) (1) 적과종료 이전의 종합위험 이하 자연재해 정의 표 〈'적과종료 이전의 종합위험'에 명시된 자연재해의 정의〉 참고(p.107)

### (3) 작물특정 및 시설종합위험 인삼손해보장방식

(가) 보장하는 재해

| 구분 | 품목 | 보장하는 재해 |
|---|---|---|
| 작물(특정위험) 및 시설(종합위험)보장방식 | 인삼(작물) | 태풍(강풍), 폭설, 집중호우, 침수, 화재, 우박, 냉해, 폭염, 조수해(鳥獸害) |
| | 해가림시설(시설) | 자연재해, 조수해(鳥獸害), 화재 |

① 인삼(작물)

㉮ **태풍(강풍)** : 기상청에서 태풍에 대한 특보(태풍주의보, 태풍경보)를 발령한 때 해당 지역의 바람과 비 또는 최대순간풍속 14m/s 이상의 강풍. 이때 강풍은 해당 지역에서 가장 가까운 3개 기상관측소(기상청 설치 또는 기상청이 인증하고 실시간 관측 자료를 확인할 수 있는 관측소)에 나타난 측정자료 중 가장 큰 수치의 자료로 판정

**Tip** **특보의 바람과 비 / 14**((일사)천리로 날아드는 강풍)

㉯ **폭설** : 기상청에서 대설에 대한 특보(대설주의보, 대설경보)를 발령한 때 해당 지역의 눈 또는 24시간 신적설이 해당 지역에서 가장 가까운 3개 기상관측소(기상청 설치 또는 기상청이 인증하고 실시간 관측 자료를 확인할 수 있는 관측소)에 나타난 측정자료 중 가장 큰 수치의 자료가 5cm 이상인 상태

**Tip** **인상**(인삼)쓸일이야~! **특보 눈 /** 신적설 눈으로 **이내**(24) **다**(5) 덮였네~!

㉰ **집중호우** : 기상청에서 호우에 대한 특보(호우주의보, 호우경보)를 발령한 때 해당 지역의 비 또는 해당 지역에서 가장 가까운 3개소의 기상관측장비(기상청 설치 또는 기상청이 인증하고 실시간 관측 자료를 확인할 수 있는 관측소)로 측정한 24시간 누적 강수량이 80mm이상인 강우상태

**Tip** **인상**(인삼)쓸일이야~! **특보 비 / 이내**(24) **파고**(80)

㉱ **침수** : 태풍, 집중호우 등으로 인하여 인삼 농지에 다량의 물(고랑 바닥으로부터 침수 높이 최소 15cm 이상)이 유입되어 상면에 물이 잠긴 상태

**Tip** 물이 **인삼**을 **씹어**(15)서 삼켰어~!

㉲ **우박** : 적란운과 봉우리 적운 속에서 성장하는 얼음알갱이나 얼음덩이가 내려 발생하는 피해

㉳ **냉해** : 출아 및 전엽기(4 ~ 5월) 중에 해당 지역에 가장 가까운 3개소의 기상관측장비(기상청 설치 또는 기상청이 인증하고 실시간 관측 자료를 확인할 수 있는 관측소)에서 측정한 최저기온 0.5℃ 이하의 찬 기온으로 인하여 발생하는 피해를 말하며, 육안으로 판별 가능한 냉해 증상이 있는 경우에 피해를 인정

**Tip** **인상**(인삼) 쓰며 교수가 경기에 **출**(출아) **전**(전엽기)해서 **사고 친**(4~5월) 대학생에게 **냉정**(냉해)하게 **빵점**(이) **다**(0.5)

ⓢ 폭염 : 해당 지역에 최고기온 30℃ 이상이 7일 이상 지속되는 상태를 말하며, 잎에 육안으로 판별 가능한 타들어간 증상이 50% 이상 있는 경우에 인정

> **Tip** 폭염에 더해서 **인상 쓰고**(30) **쳤**(7) **다고**(50)~!

ⓐ 화재 : 화재로 인하여 발생하는 피해
ⓩ 조수해(鳥獸害) : 새나 짐승으로 인하여 발생하는 피해

② 해가림시설(시설)

㉮ **자연재해**[26] : 태풍피해, 우박피해, 호우피해, 강풍피해, 조해(潮害), 설해, 기타 자연재해
㉯ **조수해(鳥獸害)** : 새나 짐승으로 인하여 발생하는 피해
㉰ **화재** : 화재로 인하여 발생하는 피해

(나) 보상하지 않는 손해

① 인삼(작물)

㉮ 계약자, 피보험자 또는 이들의 법정대리인의 고의 또는 중대한 과실로 인한 손해
㉯ 수확기에 계약자 또는 피보험자의 고의 또는 중대한 과실로 수확하지 못하여 발생한 손해
㉰ 제초작업, 시비관리 등 통상적인 영농활동을 하지 않아 발생한 손
㉱ 원인의 직접·간접을 묻지 않고 병해충으로 발생한 손해
㉲ 연작장해, 염류장해 등 생육 장해로 인한 손해
㉳ 보장하지 않는 재해로 제방, 댐 등이 붕괴되어 발생한 손해
㉴ 해가림 시설 등의 노후 및 하자로 생긴 손해
㉵ 계약체결 시점 현재 기상청에서 발령하고 있는 기상특보 발령 지역의 기상특보 관련 재해로 인한 손해
㉶ 보장하지 않는 재해로 발생한 생리장해
㉷ 보장하는 재해에 해당하지 않은 재해로 발생한 손해
㉸ 전쟁, 혁명, 내란, 사변, 폭동, 소요, 노동쟁의, 기타 이들과 유사한 사태로 생긴 손해

② 해가림시설(시설)

㉮ 계약자, 피보험자 또는 이들의 법정대리인의 고의 또는 중대한 과실로 인한 손해
㉯ 보장하는 재해가 발생했을 때 생긴 도난 또는 분실로 생긴 손해
㉰ 보험의 목적의 노후 및 하자로 생긴 손해
㉱ 보장하지 않는 재해로 제방, 댐 등이 붕괴되어 발생한 손해
㉲ 침식 활동 및 지하수로 인한 손해

---

[26] (1) 적과종료 이전의 종합위험 이하 자연재해 정의 표 〈'적과종료 이전의 종합위험'에 명시된 자연재해의 정의〉 참고(p.107)

㉥ 계약체결 시점 현재 기상청에서 발령하고 있는 기상특보 발령 지역의 기상 특보 관련 재해로 인한 손해
㉦ 보장하는 재해에 해당하지 않은 재해로 발생한 손해
㉧ 보험의 목적의 발효, 자연발열, 자연발화로 생긴 손해. 그러나, 자연발열 또는 자연발화로 연소된 다른 보험의 목적에 생긴 손해는 보상
㉨ 화재로 기인되지 않은 수도관, 수관 또는 수압기 등의 파열로 생긴 손해
㉩ 발전기, 여자기(정류기 포함), 변류기, 변압기, 전압조정기, 축전기, 개폐기, 차단기, 피뢰기, 배전반 및 그 밖의 전기기기 또는 장치의 전기적 사고로 생긴 손해. 그러나 그 결과로 생긴 화재손해는 보상
㉪ 원인의 직접·간접을 묻지 않고 지진, 분화 또는 전쟁, 혁명, 내란, 사변, 폭동, 소요, 노동쟁의, 기타 이들과 유사한 사태로 생긴 화재 및 연소 또는 그 밖의 손해
㉫ 핵연료물질(사용된 연료 포함) 또는 핵연료 물질에 의하여 오염된 물질(원자핵 분열 생성물 포함)의 방사성, 폭발성, 그 밖의 유해한 특성 또는 이들의 특성에 의한 사고로 인한 손해
㉬ 상기 ㉫의 사항 이외의 방사선을 쬐는 것 또는 방사능 오염으로 인한 손해
㉭ 국가 및 지방자치단체의 명령에 의한 재산의 소각 및 이와 유사한 손해

**나) 보험기간**

(1) **종합위험 수확감소보장**(마늘, 양파, 감자, 고구마, 양배추, 콩, 팥, 차(茶), 옥수수(사료용 옥수수 포함), 수박 등 10개 품목)

| 구분 | | 보험의 목적 | 보험기간 | |
|---|---|---|---|---|
| 약관 | 보장 | | 보장개시 | 보장종료 |
| 보통약관 | 종합위험 재파종 보장 | 마늘 | 계약체결일 24시 다만, 조기파종 보장 특약 가입 시 해당 특약 보장종료 시점 | 판매개시연도 10월 31일 |
| | 종합위험 재정식 보장 | 양배추 | 정식완료일 24시 다만, 보험계약 시 정식완료일이 경과한 경우에는 계약체결일 24시이며 정식 완료일은 판매개시연도 9월 30일을 초과할 수 없음 | 재정식 완료일 다만, 판매개시연도 10월 15일을 초과할 수 없음 |

| | | | |
|---|---|---|---|
| 보통<br>약관 | 종합위험<br>경작불능<br>보장 | 마늘 | 계약체결일 24시<br>다만, 조기파종 보장 특약<br>가입 시 해당 특약<br>보장종료 시점 | 수확 개시 시점 |
| | | 콩, 팥 | 계약체결일 24시 | 종실비대기 전 |
| | | 양파,<br>감자(고랭지재배),<br>고구마, 옥수수,<br>사료용 옥수수 | | 수확 개시 시점<br>다만, 사료용 옥수수는 판매<br>개시연도 8월 31일을 초과<br>할 수 없음 |
| | | 감자<br>(봄재배,<br>가을재배) | 파종완료일 24시<br>다만, 보험계약 시<br>파종완료일이 경과한<br>경우에는 계약체결일<br>24시 | 수확 개시 시점 |
| | | 양배추 | 정식완료일 24시<br>다만, 보험계약 시<br>정식완료일이 경과한<br>경우에는 계약체결일<br>24시이며 정식 완료일은<br>판매개시연도 9월 30일을<br>초과할 수 없음 | 수확 개시 시점 |
| | | 수박 | 정식완료일 24시<br>다만, 보험계약 시<br>정식완료일이 경과한<br>경우에는 계약체결일<br>24시이며 정식 완료일은<br>판매개시연도 5월 31일을<br>초과할 수 없음 | 수확 개시 시점 |
| | 종합위험<br>수확감소<br>보장 | 마늘, 양파,<br>감자(고랭지재배),<br>고구마, 옥수수,<br>콩, 팥 | 계약체결일 24시<br>다만, 마늘의 경우<br>조기파종 보장 특약 가입<br>시 해당 특약 보장종료<br>시점 | 수확기 종료 시점<br>단, 아래 날짜를 초과할 수<br>없음<br>- 마늘 : 이듬해 6월 30일<br>- 양파 : 이듬해 6월 30일<br>- 감자(고랭지재배) : 판매<br>개시연도 10월 31일<br>- 고구마 : 판매개시연도<br>10월 31일<br>- 옥수수 : 판매개시연도<br>9월 30일<br>- 콩 : 판매개시연도<br>11월 30일<br>- 팥 : 판매개시연도<br>11월 13일 |

| | | | | |
|---|---|---|---|---|
| | 종합위험 수확감소 보장 | 감자(봄재배) | 파종완료일 24시 다만, 보험계약 시 파종완료일이 경과한 경우에는 계약체결일 24시 | 수확기 종료 시점 다만, 판매개시연도 7월 31일을 초과할 수 없음 |
| | | 감자(가을재배) | | 수확기 종료 시점 다만, 제주는 판매개시연도 12월 15일, 제주 이외는 판매개시연도 11월 30일을 초과할 수 없음 |
| | | 양배추 | 정식완료일 24시 다만, 보험계약 시 정식완료일이 경과한 경우에는 계약체결일 24시이며 정식 완료일은 판매개시연도 9월 30일을 초과할 수 없음 | 수확기 종료 시점 다만, 아래의 날짜를 초과할 수 없음 - 극조생, 조생 : 이듬해 2월 말일 - 중생 : 이듬해 3월 15일 - 만생 : 이듬해 3월 31일 |
| | | 차(茶) | 계약체결일 24시 | 햇차 수확종료시점 다만, 이듬해 5월 10일을 초과할 수 없음 |
| | | 수박 | 정식완료일 24시 다만, 보험계약 시 정식완료일이 경과한 경우에는 계약체결일 24시이며 정식 완료일은 판매개시연도 5월 31일을 초과할 수 없음 | 수확 개시 시점 다만, 판매개시연도 8월 10일을 초과할 수 없음 |
| 특별 약관 | 종합위험 조기파종 보장 | 마늘(남도종) | 계약체결일 24시 | 한지형마늘 보험상품 최초 판매개시일 24시 |

주) "판매개시연도"는 해당 품목 판매개시일이 속하는 연도를 말하며, "이듬해"는 판매개시연도의 다음 연도를 말한다.

**Tip** 종합위험 수확감소보장(보통약관) – 보험기간의 이해

### 1. 종합위험 재파종 보장 – 보통약관

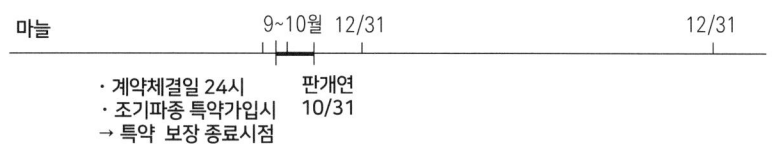

- 계약체결일 24시
- 조기파종 특약가입시
  → 특약 보장 종료시점

**Tip** 재파종(재판장) 앞에서 **마늘**(마누라) **조기특종 / 열/세하**(10/31)

### 2. 종합위험 재정식 보장 – 보통약관

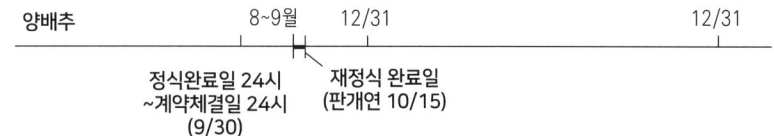

정식완료일 24시
~계약체결일 24시
(9/30)

재정식 완료일
(판개연 10/15)

**Tip** **양배**(양배추) **정일**(정식완료일) **나/서고**(9/30) /
**재식일**(재정식 완료일) **열/하다**(10/15) :
양껏 배가 나온 김정일 나서고 제식훈련에 열병식 하다.

### 3. 종합위험 경작불능 보장 – 보통약관(*차(茶) 제외)

**Tip** 경작불능보장은 기본적으로 **수확이 개시되는 시점**까지 그 대상이 된다.

① 마늘

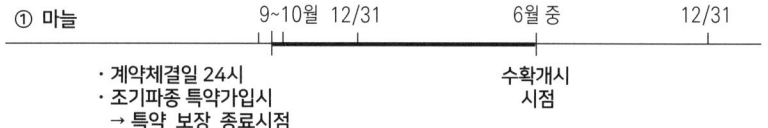

- 계약체결일 24시
- 조기파종 특약가입시
  → 특약 보장 종료시점

수확개시
시점

**Tip** **마늘**(마누라) **조기특종 / 수개시**(수확개시시점) :
마누라에 대한 조기 특종이 여러 개, 도저히 난 못해 결혼생활 불능~!

② 콩, 팥

계약체결일
24시

종실비대기
전(前)

※ 종실비대기 : 꼬투리(종실)가
생성되어 자라는 시기

**Tip** **콩 팥 / 종실 비대기 전** :
콩팥이 아파 정신이 비실대기 전이야 경작 못해~!

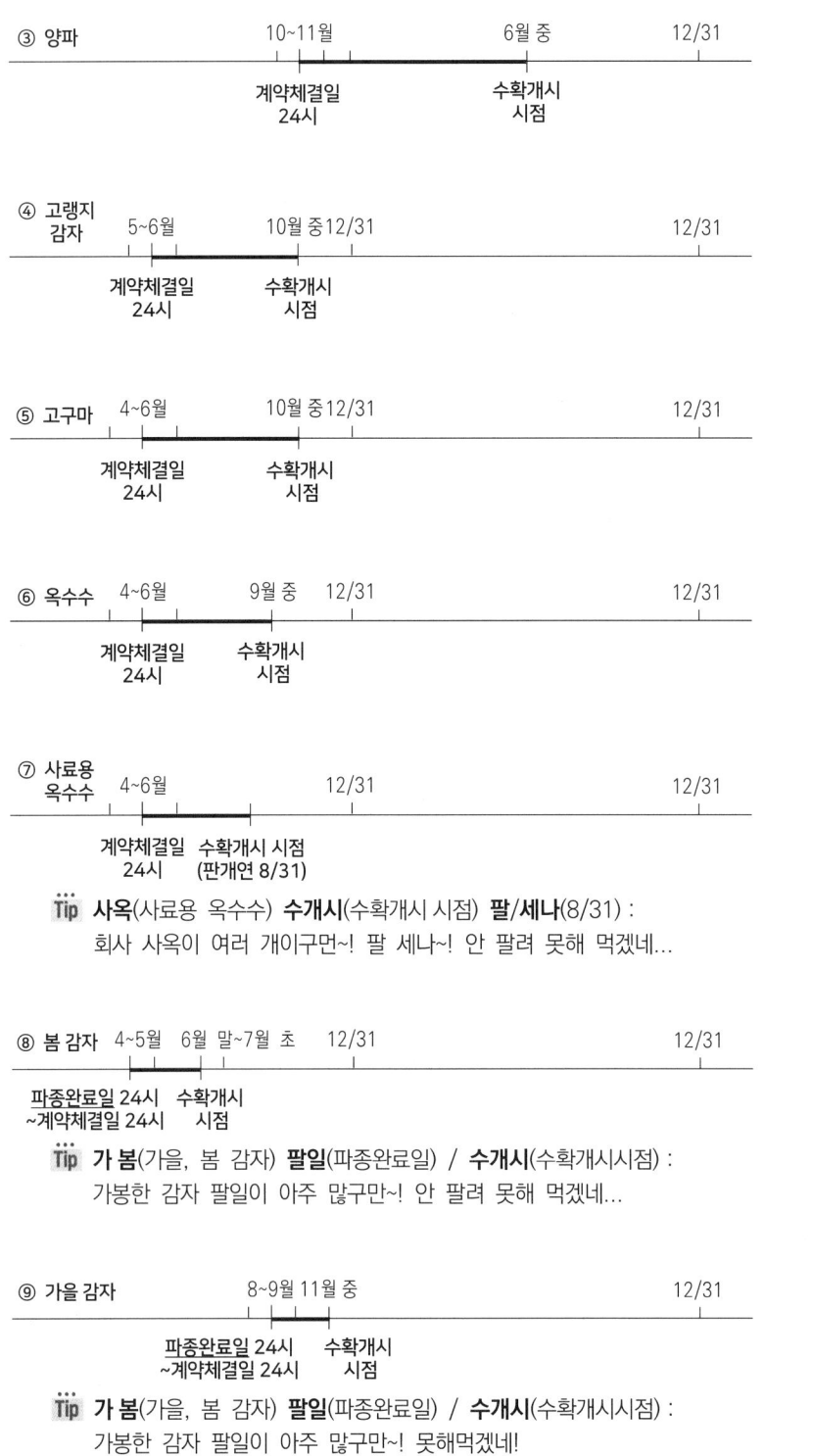

③ 양파 — 계약체결일 24시(10~11월) / 수확개시 시점(6월 중) / 12/31

④ 고랭지 감자 — 계약체결일 24시(5~6월) / 수확개시 시점(10월 중 12/31) / 12/31

⑤ 고구마 — 계약체결일 24시(4~6월) / 수확개시 시점(10월 중 12/31) / 12/31

⑥ 옥수수 — 계약체결일 24시(4~6월) / 수확개시 시점(9월 중) / 12/31

⑦ 사료용 옥수수 — 계약체결일 24시(4~6월) / 수확개시 시점(판개연 8/31) / 12/31

> **Tip** 사옥(사료용 옥수수) 수개시(수확개시 시점) 팔/세나(8/31) :
> 회사 사옥이 여러 개이구먼~! 팔 세나~! 안 팔려 못해 먹겠네…

⑧ 봄 감자 — 파종완료일 24시~계약체결일 24시(4~5월) / 수확개시 시점(6월 말~7월 초) / 12/31

> **Tip** 가 봄(가을, 봄 감자) 팔일(파종완료일) / 수개시(수확개시시점) :
> 가봉한 감자 팔일이 아주 많구만~! 안 팔려 못해 먹겠네…

⑨ 가을 감자 — 파종완료일 24시~계약체결일 24시(8~9월) / 수확개시 시점(11월 중) / 12/31

> **Tip** 가 봄(가을, 봄 감자) 팔일(파종완료일) / 수개시(수확개시시점) :
> 가봉한 감자 팔일이 아주 많구만~! 못해먹겠네!

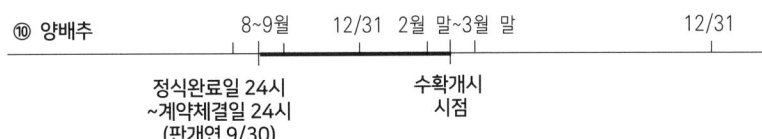

> **Tip** 양배(양배추) 정일(정식완료일) 나/서고(9/30) / 수개시(수확개시시점)
> 양껏 배가 나온 김정일 나서자 모두 고개를 숙이고 못해 먹겠네...

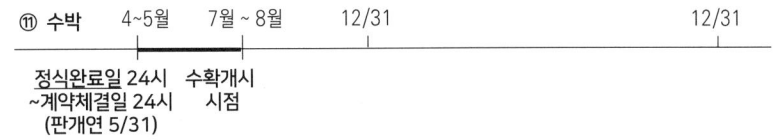

> **Tip** 박수(수박) 정일(김정일) 다/섰나(5/31) / 수개시(수확개시시점):
> 박수치며 일어선 김정일~! 다 일어섰나? 하니 고개 숙여 못해 먹겠네...

## 4. 종합위험 수확감소 보장 - *사료용 옥수수 제외

> **Tip** 수확감소·과실손해보장은 기본적으로 **수확이 종료되는 시점**까지가 그 대상이 된다.

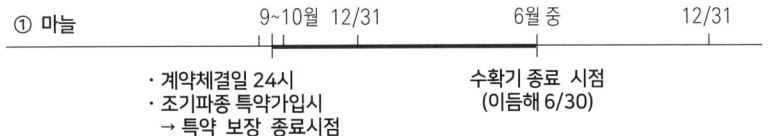

> **Tip** 마늘(마누라) 조기특종 / 수료시(수확기종료시점), 이듬해 여/세영(6/30)
> 마누라에 대한 이번 조기 특종이 끝나면 다음은 이듬해에 여세요~!

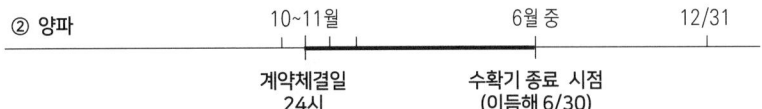

> **Tip** 양파 수료시(수확기종료시점) 이듬해 여/세영(6/30)
> 조폭 양파는 수감기간이 끝나도 감옥문은 이듬해 여세영~!

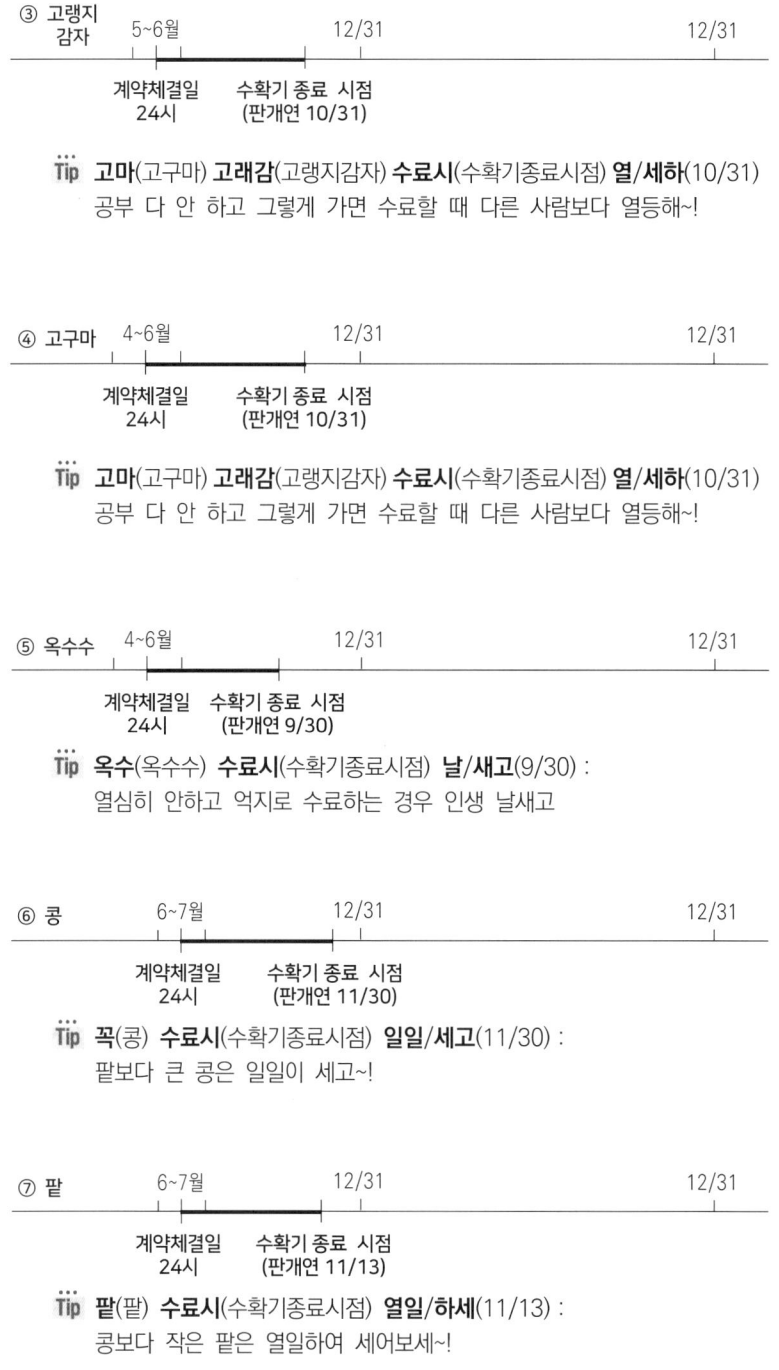

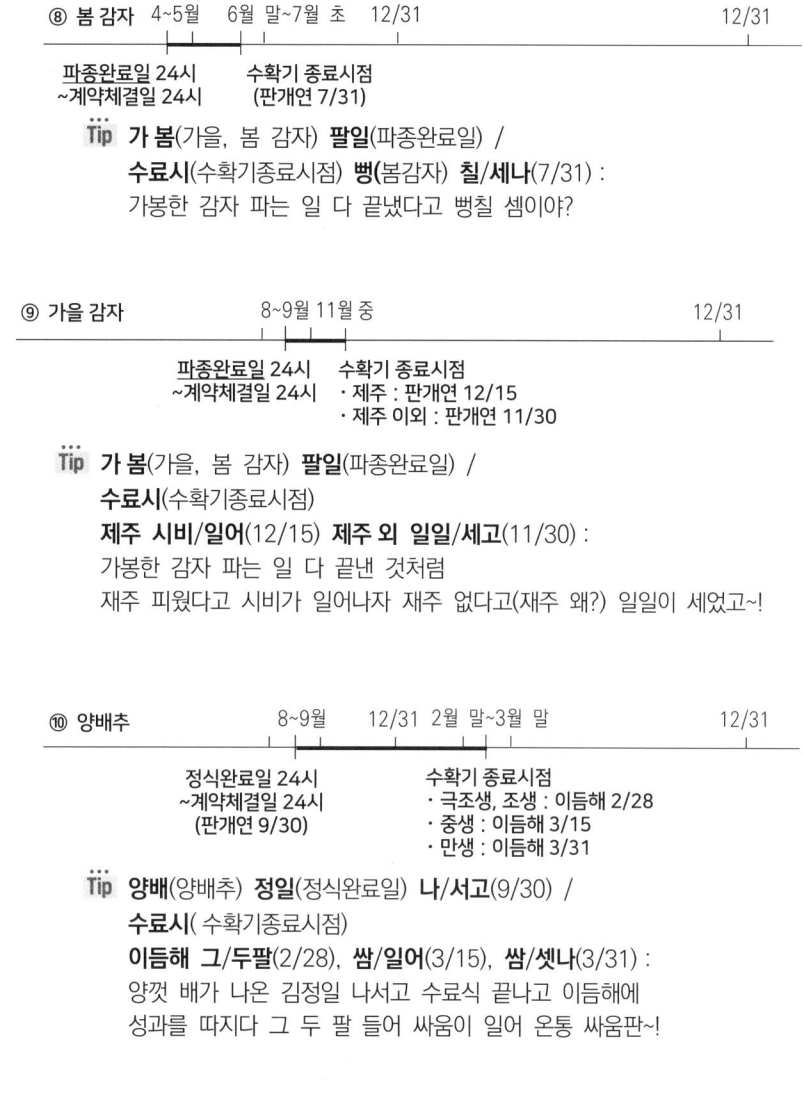

⑧ 봄 감자    4~5월    6월 말~7월 초    12/31                    12/31

파종완료일 24시    수확기 종료시점
~계약체결일 24시    (판개연 7/31)

Tip **가 봄**(가을, 봄 감자) **팔일**(파종완료일) /
**수료시**(수확기종료시점) **뻥**(봄감자) **칠/세나**(7/31) :
가봉한 감자 파는 일 다 끝냈다고 뻥칠 셈이야?

⑨ 가을 감자        8~9월 11월 중                          12/31

파종완료일 24시    수확기 종료시점
~계약체결일 24시   · 제주 : 판개연 12/15
                  · 제주 이외 : 판개연 11/30

Tip **가 봄**(가을, 봄 감자) **팔일**(파종완료일) /
**수료시**(수확기종료시점)
**제주 시비/일어**(12/15) **제주 외 일일/세고**(11/30) :
가봉한 감자 파는 일 다 끝낸 것처럼
재주 피웠다고 시비가 일어나자 재주 없다고(재주 왜?) 일일이 세었고~!

⑩ 양배추        8~9월    12/31 2월 말~3월 말              12/31

정식완료일 24시    수확기 종료시점
~계약체결일 24시   · 극조생, 조생 : 이듬해 2/28
(판개연 9/30)      · 중생 : 이듬해 3/15
                  · 만생 : 이듬해 3/31

Tip **양배**(양배추) **정일**(정식완료일) **나/서고**(9/30) /
**수료시**( 수확기종료시점)
**이듬해 그/두팔**(2/28), **쌈/일어**(3/15), **쌈/셋나**(3/31) :
양껏 배가 나온 김정일 나서고 수료식 끝나고 이듬해에
성과를 따지다 그 두 팔 들어 싸움이 일어 온통 싸움판~!

⑪ 차             10~11월      5월 중                      12/31

계약체결일    햇차 수확종료 시점
24시          (이듬해 5/10)

Tip **차 새차**(햇차) **수료시**(수확종료시점) **이듬해 다/열공**(5/10) :
차를 세차하고 나면 그다음에는 문을 다 열고 습기를 날려야 해~!

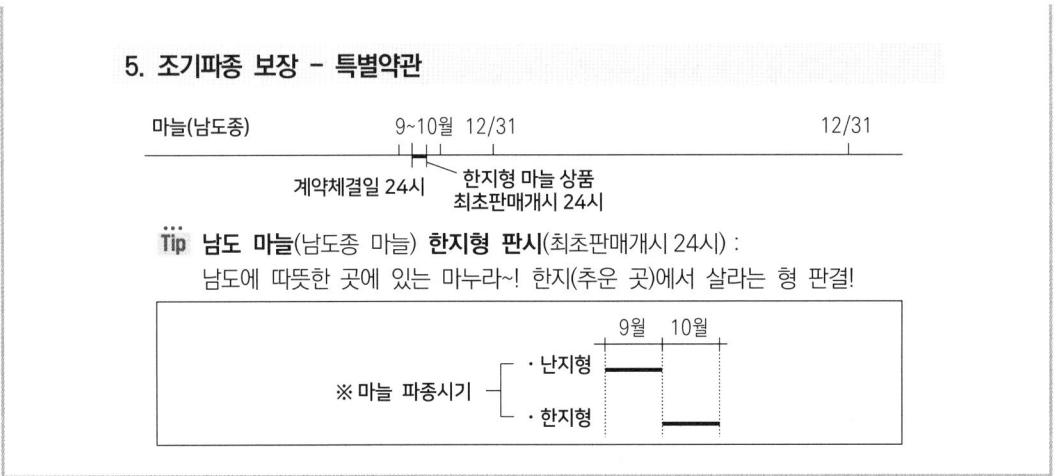

(2) 종합위험 생산비보장(고추, 브로콜리, 메밀, 무(고랭지, 월동, 가을), 당근, 파(대파, 쪽파·실파), 시금치(노지), 배추(고랭지, 가을, 월동, 봄), 단호박, 양상추 등 10개 품목)

| 보장 | 보험의 목적 | 보험기간 | |
|---|---|---|---|
| | | 보장개시 | 보장종료 |
| 종합위험 생산비보장 | 고추 | 계약체결일 24시 | 정식일부터 150일째 되는 날 24시 |
| | 고랭지무 | 파종완료일 24시<br>다만, 보험계약 시 파종완료일이 경과한 경우에는 계약체결일 24시<br>단, 파종완료일은 아래의 일자를 초과할 수 없음<br>- 고랭지무 : 판매개시연도 7월 31일<br>- 월동무 : 판매개시연도 10월 15일<br>- 가을무 : 판매개시연도 9월 15일<br>- 당근 : 판매개시연도 8월 31일<br>- 쪽파(실파)[1·2형] : 판매개시연도 10월 15일<br>- 시금치(노지) : 판매개시연도 10월 31일<br>- 메밀 : 판매개시연도 9월 15일 | 파종일부터 80일째 되는 날 24시 |
| | 월동무 | | 최초 수확 직전<br>다만, 이듬해 3월 31일을 초과할 수 없음 |
| | 가을무 | | 파종완료일부터 80일째 되는 날 24시 |
| | 당근 | | 최초 수확 직전<br>다만, 이듬해 2월 말일을 초과할 수 없음 |
| | 쪽파(실파) [1형] | | 최초 수확 직전<br>다만, 판매개시 연도 12월 31일을 초과할 수 없음 |
| | 쪽파(실파) [2형] | | 최초 수확 직전<br>다만, 이듬해 5월 31일을 초과할 수 없음 |

| | | | |
|---|---|---|---|
| | 시금치<br>(노지) | | 최초 수확 직전<br>다만, 이듬해 1월 15일을 초과할 수 없음 |
| | 메밀 | | 최초 수확 직전<br>다만, 판매개시연도 11월 20일을 초과할 수 없음 |
| 종합위험<br>생산비보장 | 고랭지<br>배추 | 정식완료일 24시<br>다만, 보험계약 시 정식완료일이 경과한 경우에는 계약체결일 24시<br>단, 정식완료일은 아래의 일자를 초과할 수 없음<br>- 고랭지배추 : 판매개시연도 7월 31일<br>- 가을배추 : 판매개시연도 9월 10일<br>- 월동배추 : 판매개시연도 9월 25일<br>- 봄배추 : 판매개시연도 4월 20일<br>- 대파 : 판매개시연도 6월 15일<br>- 단호박 : 판매개시연도 5월 29일<br>- 브로콜리 : 판매개시연도 9월 30일<br>- 양상추 : 판매개시연도 8월 31일 | 정식일부터 70일째 되는 날 24시 |
| | 가을배추 | | 정식일부터 110일째 되는 날 24시<br>다만, 판매개시 연도 12월 15일을 초과할 수 없음 |
| | 월동배추 | | 최초 수확 직전<br>다만, 이듬해 3월 31일을 초과할 수 없음 |
| | 봄배추 | | 정식완료일부터 70일째 되는 날 24시 |
| | 대파 | | 정식일부터 200일째 되는 날 24시 |
| | 단호박 | | 정식일부터 90일째 되는 날 24시 |
| | 브로콜리 | | 정식일로부터 160일이 되는 날 24시 |
| | 양상추 | | 정식일부터 70일째 되는 날 24시<br>다만, 판매개시연도 11월 10일을 초과할 수 없음 |
| 종합위험<br>경작불능<br>보장 | 고랭지무<br>월동무<br>가을무<br>당근<br>쪽파<br>(실파)<br>[1형,2형]<br>시금치<br>(노지) | 파종완료일 24시<br>다만, 보험계약 시 파종완료일이 경과한 경우에는 계약체결일 24시<br>단, 파종완료일은 아래의 일자를 초과할 수 없음<br>- 고랭지무 : 판매개시연도 7월 31일<br>- 월동무 : 판매개시연도 10월 15일<br>- 가을무 : 판매개시연도 9월 15일<br>- 당근 : 판매개시연도 8월 31일 | 최초 수확 직전<br>다만, 종합위험생산비 보장에서 정하는 보장종료일을 초과할 수 없음 |

| | | | |
|---|---|---|---|
| | 메밀 | - 쪽파(실파)[1·2형] : 판매개시연도 10월 15일<br>- 시금치(노지) : 판매개시연도 10월 31일<br>- 메밀 : 판매개시연도 9월 15일 | |
| | 고랭지배추 | 정식완료일 24시<br>다만, 보험계약 시 정식완료일이 경과한 경우에는 계약체결일 24시<br>단, 정식완료일은 아래의 일자를 초과할 수 없음<br>- 고랭지배추 : 판매개시연도 7월 31일<br>- 가을배추 : 판매개시연도 9월 10일<br>- 월동배추 : 판매개시연도 9월 25일<br>- 봄배추 : 판매개시연도 4월 20일<br>- 대파 : 판매개시연도 6월 15일<br>- 단호박 : 판매개시연도 5월 29일<br>- 양상추 : 판매개시연도 8월 31일 | |
| | 가을배추 | | |
| | 월동배추 | | |
| | 봄배추 | | |
| | 대파 | | |
| | 단호박 | | |
| | 양상추 | | |
| 종합위험 재파종보장 | 메밀 | 파종완료일 24시<br>다만, 보험계약 시 파종완료일이 경과한 경우에는 계약체결일 24시. 단, 파종완료일은 아래의 일자를 초과할 수 없음<br>- 메밀 : 판매개시연도 9월 15일<br>- 시금치(노지) : 판매개시연도 10월 31일<br>- 고랭지무 : 판매개시연도 7월 31일<br>- 월동무 : 판매개시연도 10월 15일<br>- 가을무 : 판매개시연도 9월 15일<br>- 당근 : 판매개시연도 8월 31일<br>- 쪽파(실파)[1·2형] : 판매개시연도 10월 15일 | 재파종완료일<br>다만, 아래의 일자를 초과할 수 없음<br>- 메밀 : 판매개시연도 9월 25일<br>- 시금치(노지) : 판매개시연도 11월 10일<br>- 고랭지무 : 판매개시연도 8월 10일<br>- 월동무 : 판매개시연도 10월 25일<br>- 가을무 : 판매개시연도 9월 25일<br>- 당근 : 판매개시연도 8월 31일<br>- 쪽파(실파)[1·2형] : 판매개시연도 10월 25일 |
| | 시금치 | | |
| | 고랭지무 | | |
| | 월동무 | | |
| | 가을무 | | |
| | 당근 | | |
| | 쪽파<br>(실파)<br>[1·2형] | | |
| 종합위험 재정식보장 | 월동배추 | 정식완료일 24시<br>다만, 보험계약 시 정식완료일이 경과한 경우에는 계약체결일 24시<br>단, 정식완료일은 아래의 일자를 초과할 수 없음<br>- 월동배추 : 판매개시연도 9월 25일<br>- 고랭지배추 : 판매개시연도 7월 31일 | 재정식완료일<br>다만, 아래의 일자를 초과할 수 없음<br>- 월동배추 : 판매개시연도 10월 5일<br>- 고랭지배추 : 판매개시연도 8월 10일 |
| | 고랭지배추 | | |
| | 가을배추 | | |
| | 봄배추 | | |
| | 브로콜리 | | |

| | | |
|---|---|---|
| 양상추<br>대파<br>단호박 | - 가을배추 : 판매개시연도 9월 10일<br>- 봄배추 : 판매개시연도 4월 20일<br>- 브로콜리 : 판매개시연도 9월 30일<br>- 양상추 : 판매개시연도 8월 31일<br>- 대파 : 판매개시연도 6월 15일<br>- 단호박 : 판매개시연도 5월 29일 | - 가을배추 :<br>  판매개시연도 9월 20일<br>- 봄배추 :<br>  판매개시연도 5월 15일<br>- 브로콜리 :<br>  판매개시연도 10월 10일<br>- 양상추 :<br>  판매개시연도 9월 10일<br>- 대파 : 판매개시연도 6월 21일<br>- 단호박 :<br>  판매개시연도 5월 31일 |
| 고추 | 계약체결일 24시 | 재정식 완료일.<br>다만, 판매개시연도 6월 10일을 초과할 수 없음 |

주) "판매개시연도"는 해당 품목 판매개시일이 속하는 연도를 말하며, "이듬해"는 판매개시연도의 다음 연도를 말한다.

> **Tip** 파종하는 작물과 정식하는 작물의 보험기간
>
> 1. 파종하는 작물
>    ① 생육기간 적용 : (고랭지, 가을)무
>    ② 생육기간 적용 없음 : (월동)무, 당근, 메밀, 노지시금치, 실·쪽파 ~ 최초수확직전
> 2. 정식하는 작물
>    ① 생육기간 적용 : 고추, (고랭지, 가을, 봄)배추, 대파, 단호박, 브로콜리
>    ② 생육기간 적용 없음 : (월동)배추 ~ 최초수확직전
>    ① + ② : 양상추

> **Tip** 종합위험 생산비보장(보통약관) - 보험기간의 이해
>
> ### 1. 종합위험 생산비 보장
>
> **Tip** 생산비보장은 기본적으로 생산비가 드는 **최초수확직전**까지가 그 대상이 된다.
>
>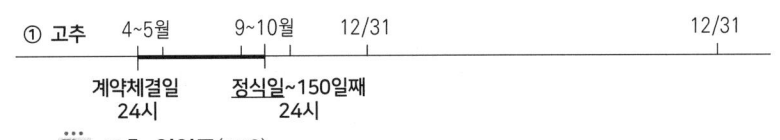
>
> **Tip** 고추 잃었공(150)

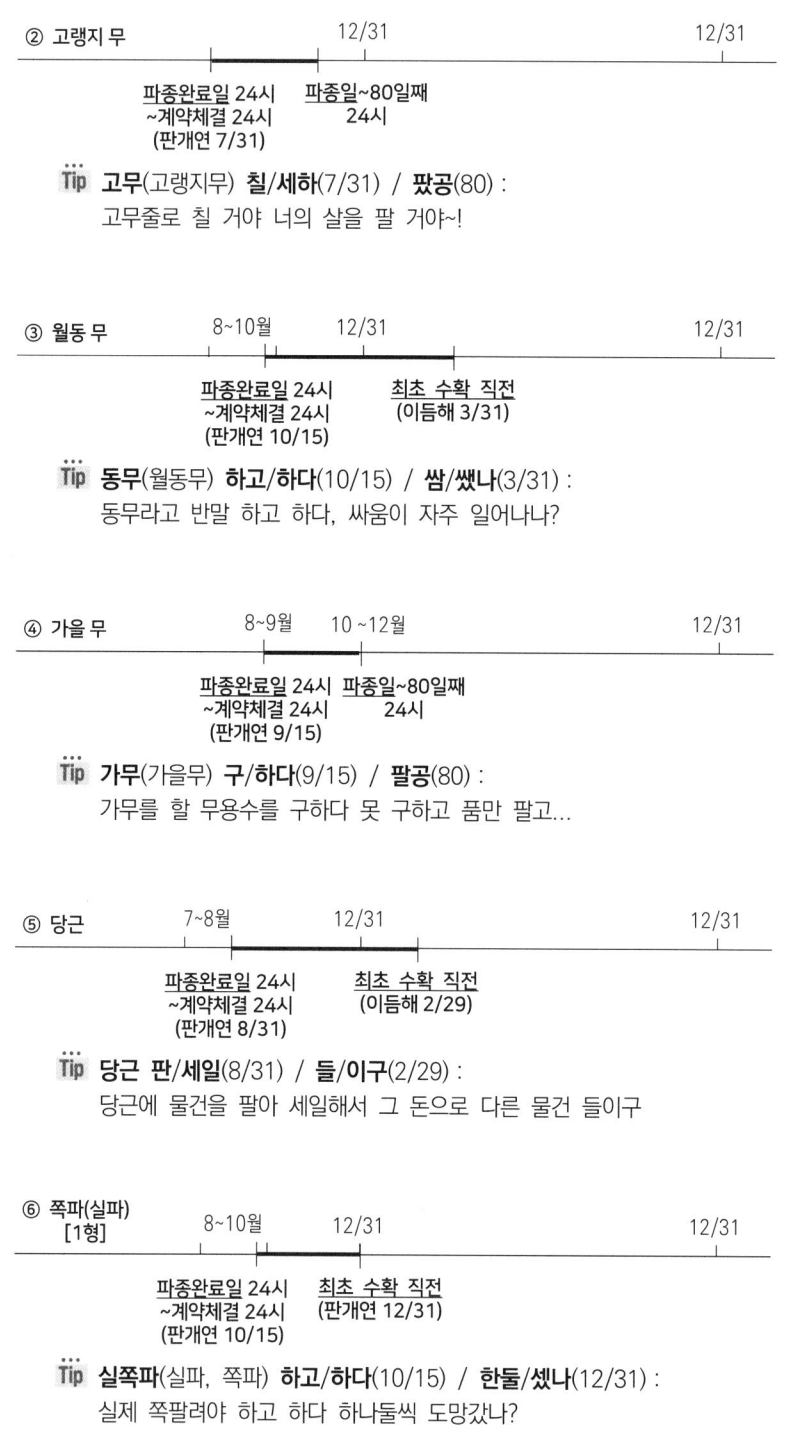

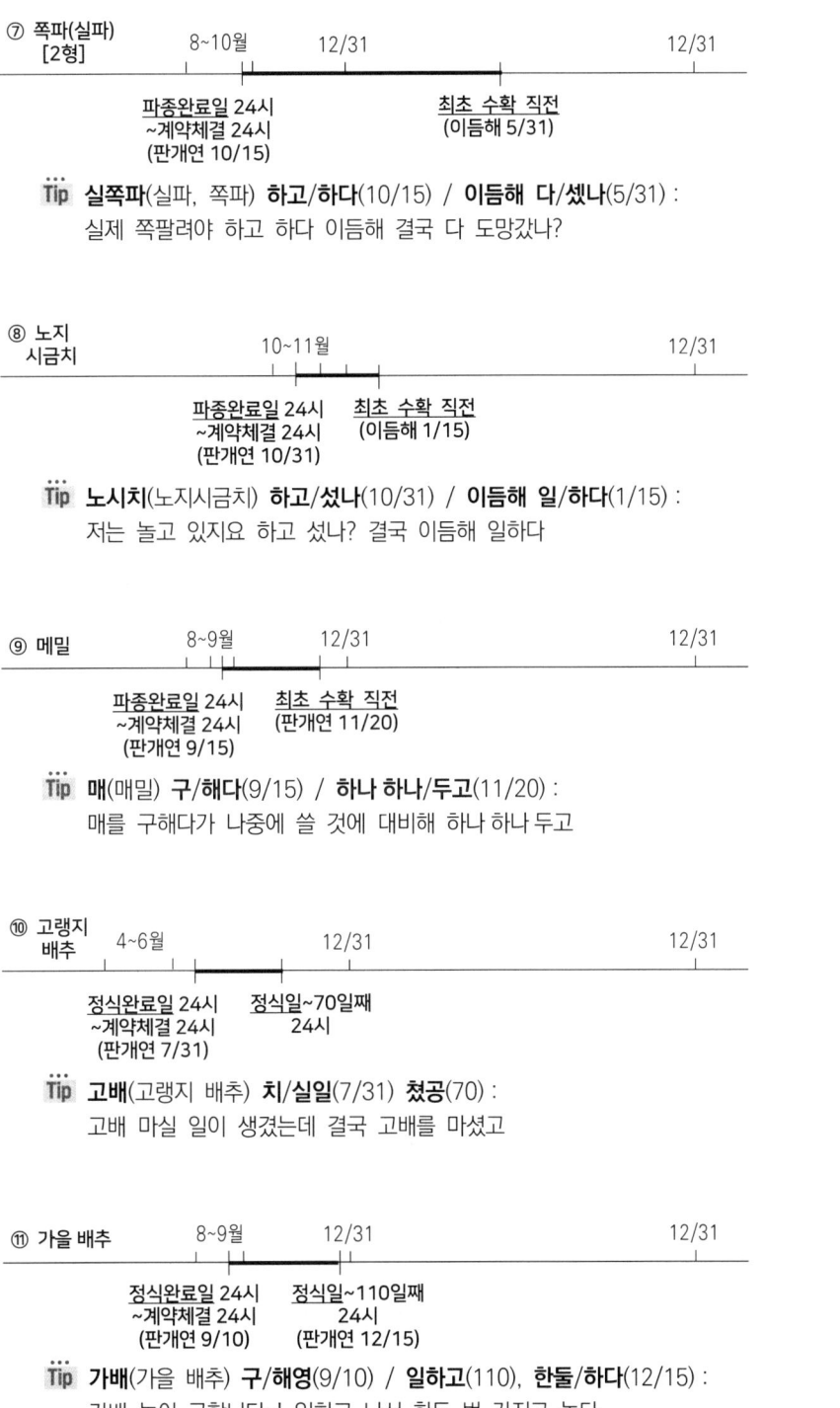

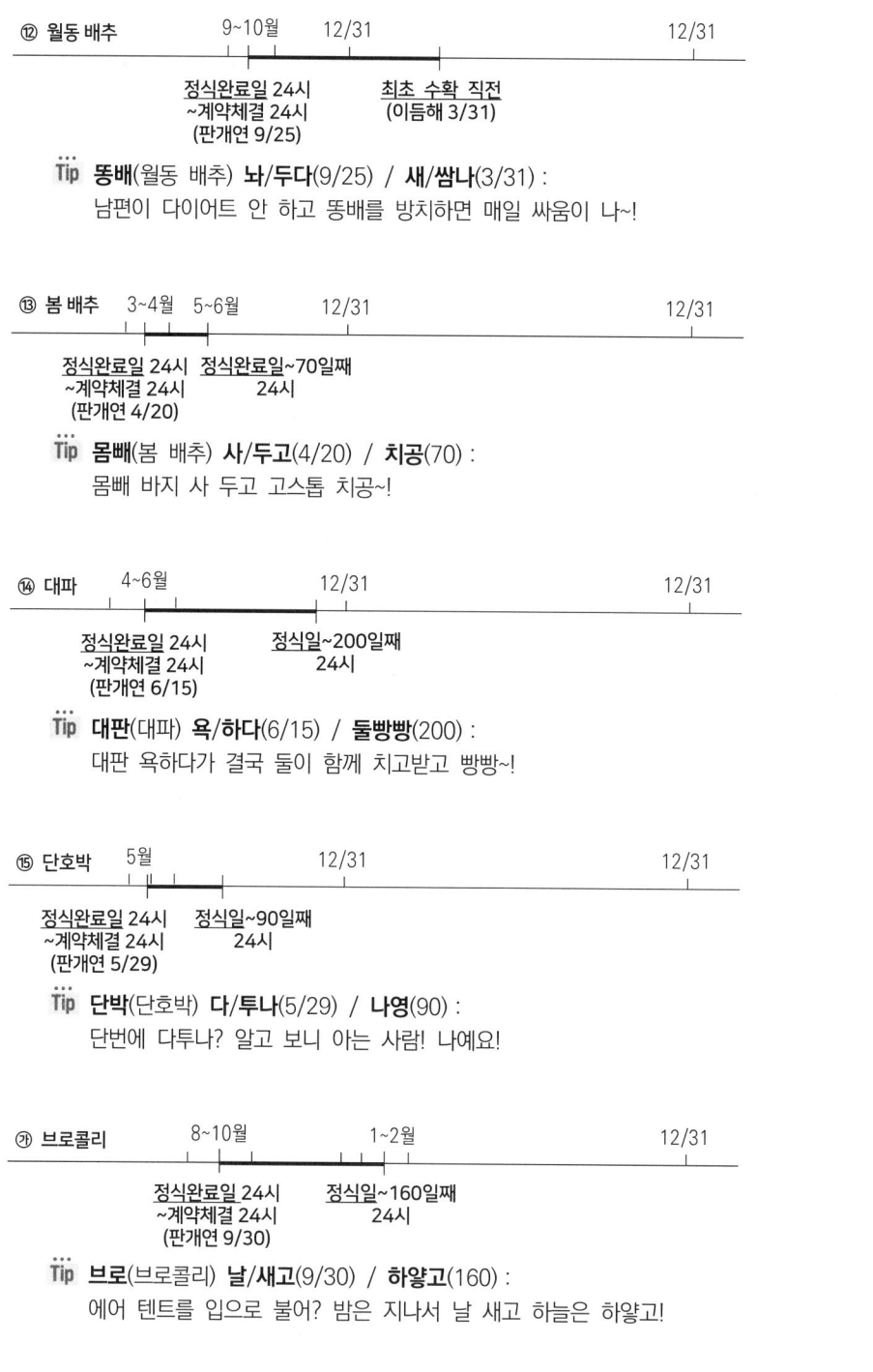

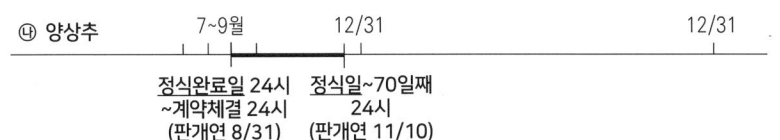

⑭ 양상추

Tip **양상**(양상추) **판/샜나**(8/31) / **치고**(70), **할일/하고**(11/10) :
양상(두 개 밥상) 밥줄 끊기나? 때려 치우고 귀향해서 할 일 하고

## 2. 종합위험 경작불능 보장

Tip 경작불능보장은 기본적으로 **최초 수확 직전**까지 그 대상이 된다.
Tip '**보장개시일**'은 **생산비 보장과 동일** (단, 생산비 보장 **보장종료일을 초과할 수 없음**)
Tip 생산비 보장 대상 중에서 **고추, 브로콜리**는 경작불능보장 **대상 아님**

## 3. 종합위험 재파종 보장

Tip 재파종・재정식 보장은 기본적으로 파종・정식 완료일 후 10일간이 그 대상이 됨 단, 당근의 경우는 파종 보장일과 재파종 보장종료일이 동일하다.

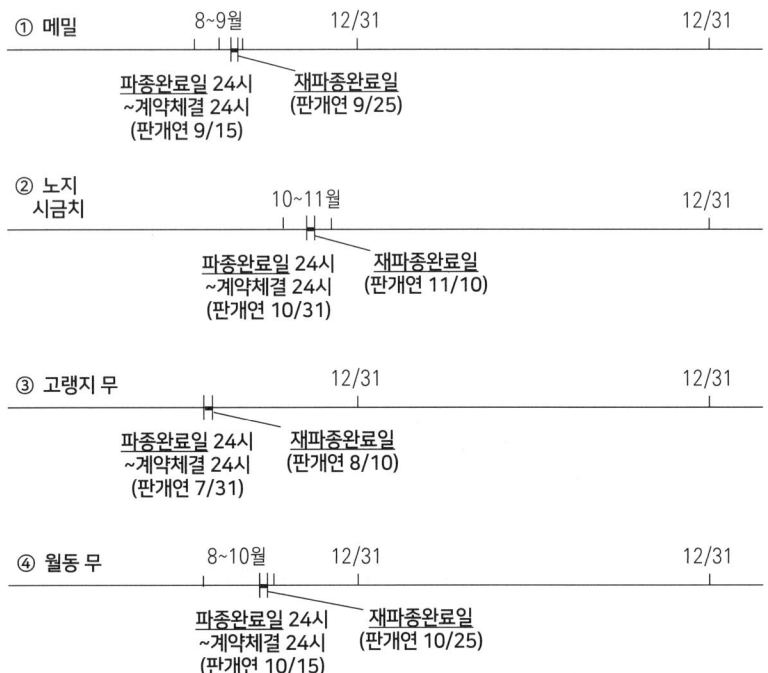

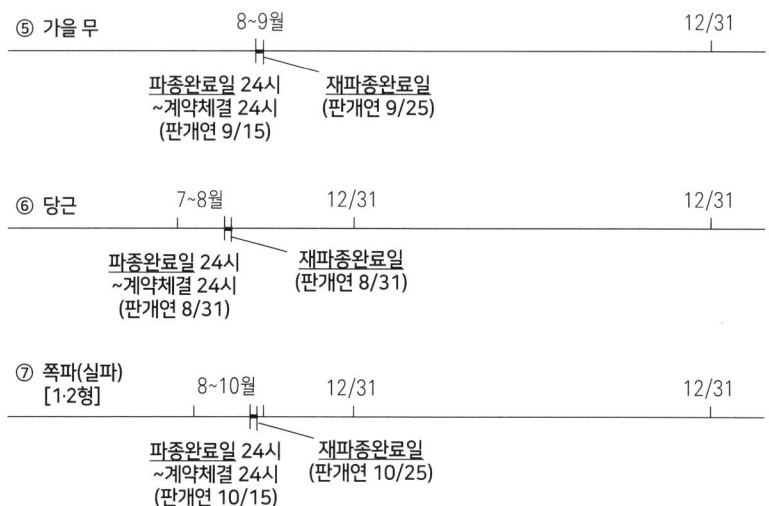

### 4. 종합위험 재정식 보장

Tip 재파종·재정식 보장은 기본적으로 파종·정식 완료일 후 10일간이 그 대상이 됨
④ 봄 배추의 경우는 정식 완료일 후 20일간이 그 대상이 됨
⑦ 대파는 정식 완료일 후 6일간이 그 대상이 됨
⑧ 단호박은 정식 완료일 후 2일간이 그 대상이 됨
⑨ 고추의 경우 계약체결일 24시부터 재정식 완료일까지이나
   판매개시연도 6월 10일을 초과할 수 없음

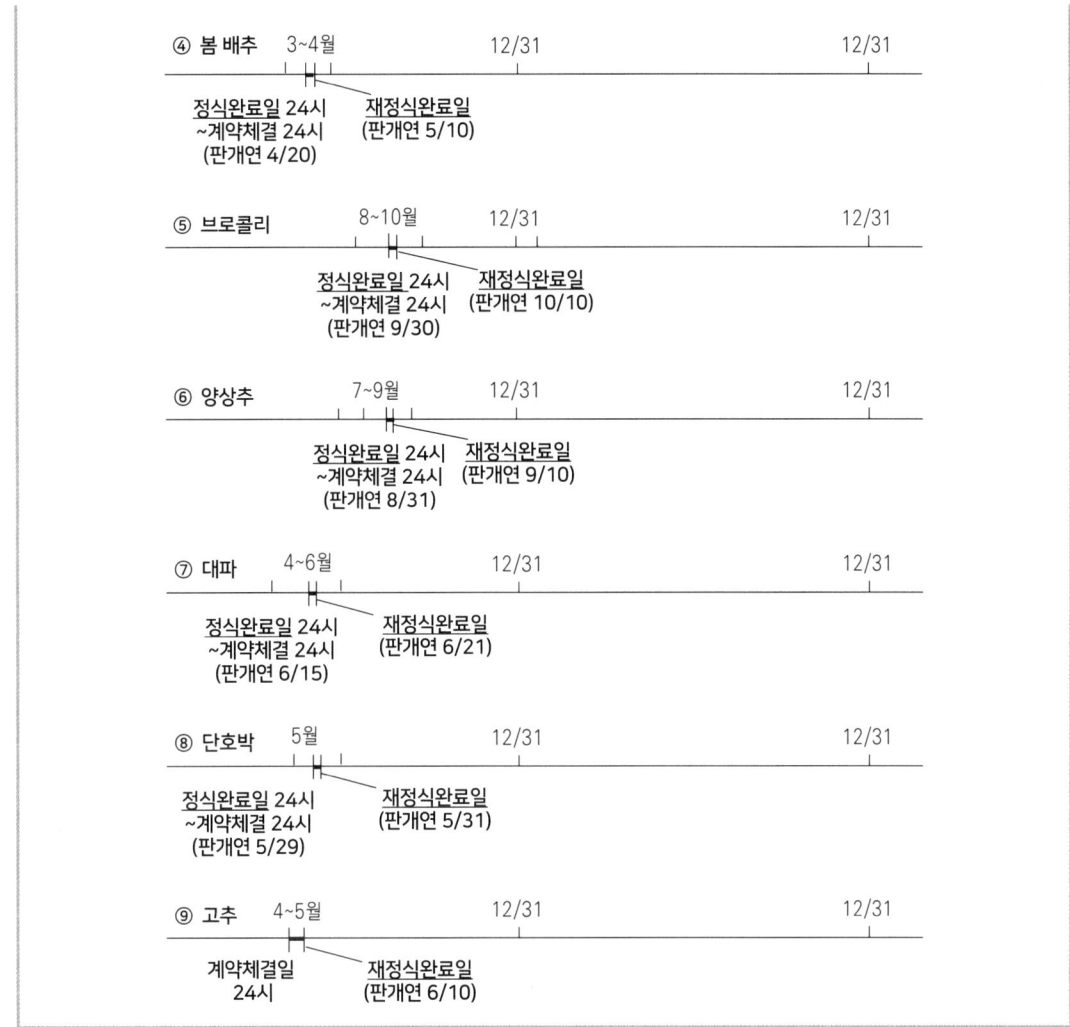

(3) 작물특정 및 시설종합위험 인삼손해보장방식(인삼)

| 구분 | | 보험기간 | |
|---|---|---|---|
| | | 보장개시 | 보장종료 |
| 1형 | 인삼 | 판매개시연도 5월 1일<br>다만, 5월 1일 이후 보험에 가입하는<br>경우에는 계약체결일 24시 | 이듬해 4월 30일 24시<br>다만, 6년근은 판매개시연도<br>10월 31일을 초과할 수 없음 |
| | 해가림시설 | | |
| 2형 | 인삼 | 판매개시연도 11월 1일<br>다만, 11월 1일 이후 보험에 가입하는<br>경우에는 계약체결일 24시 | 이듬해 10월 31일 24시 |
| | 해가림시설 | | |

주) "판매개시연도"는 해당 품목 판매개시일이 속하는 연도를 말하며, "이듬해"는 판매개시연도의 다음 연도를 말한다.

※ 작물(특정위험) 및 시설(종합위험)보장방식 – 보험기간의 이해

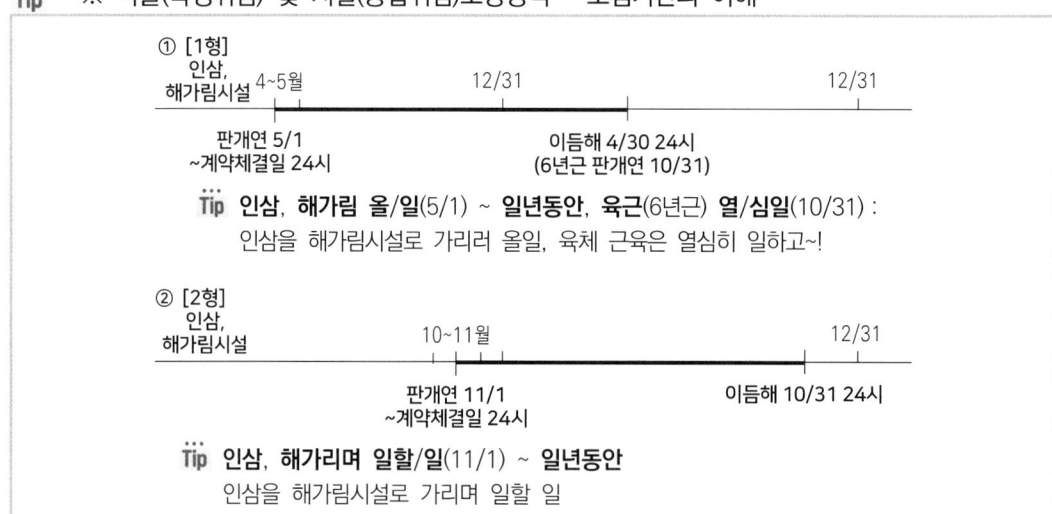

다) 보험가입금액

(1) 종합위험 수확감소보장

보험가입금액은 가입수확량에 가입가격을 곱하여 산정한 금액(천원 단위 절사)으로 한다.

$$보험가입금액 = 가입수확량 \times 기준가격$$

(단, 사료용 옥수수는 보장생산비와 가입면적을 곱하여 산정한 금액(천원 단위 절사)으로 한다.)

$$보험가입금액 = 보장생산비 \times 가입면적$$

Tip 사료용 옥수수는 조사료용 벼와 유사

(2) 종합위험 생산비보장

보험가입금액은 재해보험사업자가 평가한 단위면적당 보장생산비에 보험가입면적을 곱하여 산정한 금액(천원 단위 절사)으로 한다.

$$보험가입금액 = 보장생산비 \times 가입면적$$

보험의 목적이 **고추** 또는 **브로콜리**인 경우 손해를 보상 시 보험가입금액에서 보상액을 뺀 잔액을 손해가 생긴 후의 나머지 보험기간에 대한 잔존보험가입금액으로 한다.

$$잔존보험가입금액 = 보험가입금액 - 보상액$$

(3) 작물특정 및 시설종합위험 인삼손해보장방식 – 인삼(작물)

보험가입금액은 연근별 (보상)가액에 재배면적(㎡)을 곱하여 산정한 금액(천원 단위 절사)으로 한다.

$$\text{보험가입금액} = \text{연근별(보상)가액} \times \text{재배면적(m}^2\text{)}$$

인삼의 가액은 농협 통계 및 농촌진흥청 자료를 기초로 연근별 투입되는 평균 누적 생산비를 고려하여 연근별로 차등 설정한다.

〈연근별 (보상)가액〉

| 구분 | 2년근 | 3년근 | 4년근 | 5년근 | 6년근 |
|---|---|---|---|---|---|
| 인삼 | 10,200원 | 11,600원 | 13,400원 | 15,000원 | 17,600원 |

※ 1형의 경우 보험가입연도의 연근, 2형의 경우 보험가입연도의 연근+1년 적용하여 가입금액 산정

(4) 작물특정 및 시설종합위험 인삼손해보장방식 – 해가림시설(시설)

(가) 재조달가액에 (100% – 감가상각율)을 곱하여 산출하며 천원 단위에서 절사한다.

(나) 보험가입금액 산정을 위한 감가상각

① 해가림시설 설치시기와 감가상각방법
- 계약자에게 설치시기를 고지 받아 해당일자를 기초로 감가상각 하되, 최초 설치시기를 특정하기 어려운 때에는 인삼의 정식시기와 동일한 시기로 한다.
- 해가림시설 구조체를 재사용하여 설치를 하는 경우에는 해당 구조체의 최초 설치시기를 기초로 감가상각하며, 최초 설치시기를 알 수 없는 경우에는 해당 구조체의 최초 구입시기를 기준으로 감가상각한다.

Tip 해가림시설 설치시기와 감가상각방법

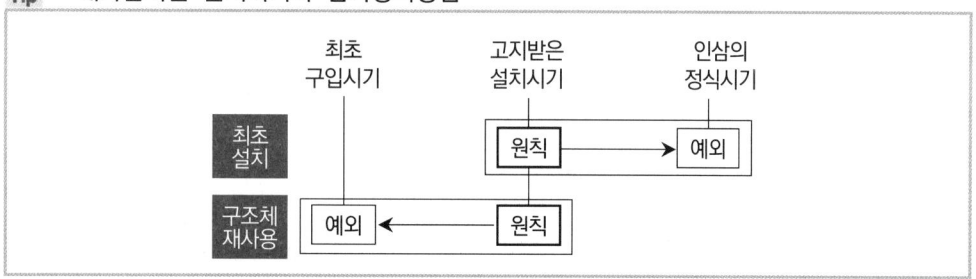

② 해가림시설 설치재료에 따른 감가상각방법
- 동일한 재료(목재 또는 철재)로 설치하였으나 설치시기 경과년수가 각기 다른 해가림시설 구조체가 상존하는 경우, 가장 넓게 분포하는 해가림시설 구조체의 설치시기를 동일하게 적용한다.

    Tip 비가림시설은 목재, 죽재 – 인수제한

- 1개의 농지 내 감가상각률이 상이한 재료(목재 + 철재)로 해가림시설을 설치한 경우, 재료별로 설치구획이 나뉘어 있는 경우에만 인수 가능하며, 각각의 면적만큼 구분하여 가입한다.

> **Tip** 해가림시설 설치재료에 따른 감가상각방법
>
> 1. 동일한 재료(목재 또는 철재)
>    ↓ 설치시기 경과년수가 각기 다른 경우
>    가장 넓게 분포하는 구조체 설치시기를 동일 적용
>
> 2. 상이한 재료(목재 + 철재)
>    ↓ 재료별로 설치구획이 나뉘어 있는 경우에만 → 인수 가능
>    각각의 면적만큼 구분하여 → 가입

③ **경년감가율 적용시점과 연단위 감가상각**
  ○ 감가상각은 보험가입시점을 기준으로 적용하며, 보험가입금액은 보험기간 동안 동일하다.
  ○ 연 단위 감가상각을 적용하며 경과기간이 1년 미만은 미적용한다.
   > **Tip** 만년감가(滿年減價)
   예) 시설년도 : 2021년 5월
      가입시기 : 2022년 11월 일 때
      경과기간 : 1년 6개월 → 경과기간 1년 적용
  ○ 잔가율 : 잔가율 20%와 자체 유형별 내용연수를 기준으로 경년감가율 산출. 단, 내용연수가 경과한 경우라도 현재 정상 사용 중인 시설의 경제성을 고려하여 잔가율을 최대 30%로 수정할 수 있음

| 유형 | 내용연수 | 경년감가율 |
|---|---|---|
| 목재 | 6년 | 13.33% **Tip** 80% ÷ 6년 |
| 철재 | 18년 | 4.44% **Tip** 80% ÷ 18년 |

> **Tip** 보험가입금액(연단위 감가), 손해액(월단위 감가)

④ **재조달가액** : 단위면적(1㎡)당 시설비에 재배면적(㎡)을 곱하여 산출한다.

| 유형 | 시설비(원)/㎡ |
|---|---|
| 07-철인-A형 | 7,200 |
| 07-철인-A-1형 | 6,600 |
| 07-철인-A-2형 | 6,000 |
| 07-철인-A-3형 | 5,100 |
| 13-철인-W | 9,500 |
| 목재A형 | 5,900 |

| 목재A-1형 | 5,500 |
|---|---|
| 목재A-2형 | 5,000 |
| 목재A-3형 | 4,600 |
| 목재A-4형 | 4,100 |
| 목재B형 | 6,000 |
| 목재B-1형 | 5,600 |
| 목재B-2형 | 5,200 |
| 목재B-3형 | 4,100 |
| 목재B-4형 | 4,100 |
| 목재C형 | 5,500 |
| 목재C-1형 | 5,100 |
| 목재C-2형 | 4,700 |
| 목재C-3형 | 4,300 |
| 목재C-4형 | 3,800 |

라) 보험료

(1) 보험료의 구성

영업보험료는 순보험료와 부가보험료를 더하여 산출한다. 순보험료는 지급보험금의 재원이 되는 보험료이며 부가보험료는 보험회사의 경비 등으로 사용되는 보험료이다.

> 영업보험료 = 순보험료 + 부가보험료

(가) 정부보조보험료는 순보험료의 50%와 부가보험료의 100%를 지원한다.

(나) 지자체지원보험료는 지자체별로 지원금액(비율)을 결정한다.

(2) 보험료의 산출

(가) 종합위험 수확감소보장(마늘, 양파, 감자, 고구마, 양배추, 콩, 팥, 차(茶), 옥수수(사료용 옥수수 포함), 수박 10개 품목)

① 종합위험 수확감소보장 보통약관 적용보험료

> 보통약관 보험가입금액 × 지역별 보통약관 영업요율 × (1 + 손해율에 따른 할인·할증률)
> × (1 + 방재시설할인율)

※ 감자(고랭지), 고구마, 팥, 차(茶) 품목의 경우 방재시설할인율 미적용
※ 손해율에 따른 할인·할증은 계약자를 기준으로 판단
※ 손해율에 따른 할인·할증폭은 -30% ~ +50%로 제한
※ 품목별 방재시설 할인율은 제3장 제1절 참조

(나) 종합위험 생산비보장(고추, 브로콜리, 메밀, 무(고랭지, 월동, 가을), 당근, 파(대파, 쪽파·실파), 시금치(노지), 배추(고랭지, 가을, 월동, 봄), 단호박, 양상추 등 10개 품목)

> **Tip** 고추, **브로콜리** / **무**, **당근** / 메밀, (노지)**시금치** / 단호박 / 배추, 파, 양상추
> 고 프로(수준 높은) 무당이라도 메 놀다가 단박에 배아픈 양상(밥값(생산비) 들여 먹은 것 확인)

① 생산비보장 보통약관 적용보험료

> 보통약관 보험가입금액 × 지역별 보통약관 영업요율 × (1 + 손해율에 따른 할인·할증률)
> × (1 + 방재시설할인율)

※ 방재시설 할인은 고추, 브로콜리 품목에만 해당
※ 손해율에 따른 할인·할증은 계약자를 기준으로 판단
※ 손해율에 따른 할인·할증폭은 –30%~+50%로 제한
※ 품목별 방재시설 할인율은 제3장 제1절 참조(p.97-99)

(다) 작물특정 및 시설종합위험 인삼손해보장방식(인삼)

① 작물 특정위험보장 보통약관 적용보험료

> 보통약관 보험가입금액 × 지역별 보통약관 영업요율 × (1 + 손해율에 따른 할인·할증률)
> × (1 + 방재시설할인율)

② 해가림시설 종합위험보장 보통약관 적용보험료

> 보통약관 보험가입금액 × 지역별 보통약관 영업요율 × (1 + 인삼 6년근 해가림시설 할인율)

※ 손해율에 따른 할인·할증은 계약자를 기준으로 판단
※ 손해율에 따른 할인·할증폭은 –30%~+50%로 제한
※ 품목별 방재시설 할인율은 제3장 제1절 참조(p.97-99)
※ 인삼 6년근 재배 해가림시설에 한하여 10% 할인율 적용
※ 종별 보험료율 차등적용에 관한 사항은 아래와 같음

> **Tip** 종별 보험료율 차등적용(요율상대도)
>
> ㉮ 해가림시설 종합위험 보통약관에만 적용(0.9, 1.0, 1.1, 1.2) : 인삼에는 적용하지 않음
> ㉯ 농업용시설물(시설작물), 버섯재배사(버섯작물) 보통약관과 확장위험 특약에만 적용
>   (0.7, 0.8, 0.9, 1.0, 1.1) : 부대시설, 특약(화재, 대물배상)에는 적용하지 않음
> ㉰ 비가림시설은 요율상대도 적용이 없음

| 종구분 | 상세 | 요율상대도 |
|---|---|---|
| 2종 | 허용적설심 및 허용풍속이 지역별 내재해형 설계기준 120% 이상인 인삼재배시설 | 0.9 |
| 3종 | 허용적설심 및 허용풍속이 지역별 내재해형 설계기준 100% 이상~120% 미만인 인삼재배시설 | 1.0 |

| | | |
|---|---|---|
| 4종 | 허용적설심 및 허용풍속이 지역별 내재해 설계기준 100% 미만이면서, 허용적설심 7.9cm 이상이고, 허용풍속이 10.5m/s 이상인 인삼재배시설 | 1.1 |
| 5종 | 허용적설심 7.9cm 미만이거나, 허용풍속이 10.5m/s 미만인 인삼재배시설 | 1.2 |

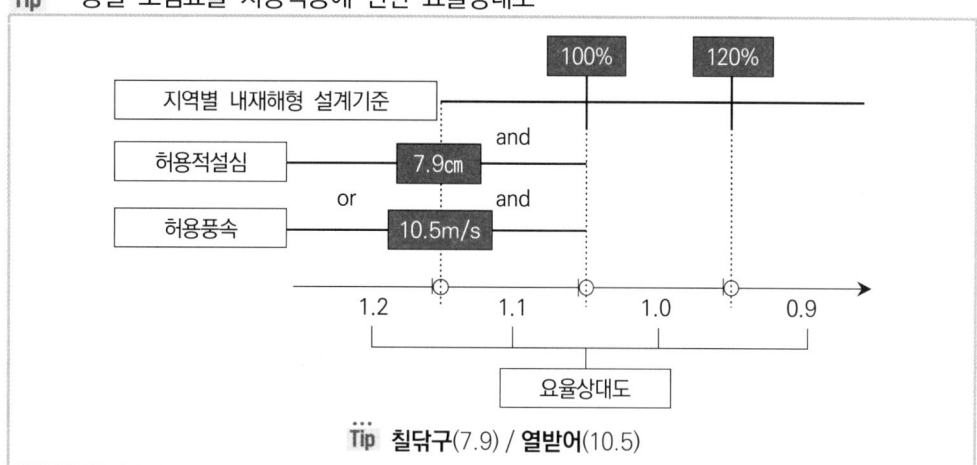

**Tip** 종별 보험료율 차등적용에 관한 요율상대도

**Tip** 칠닭구(7.9) / 열받어(10.5)

### (3) 보험료의 환급

(가) 이 계약이 무효, 효력상실 또는 해지된 때에는 다음과 같이 보험료를 반환한다. 다만, 종합위험 생산비보장 품목 및 인삼(작물)손해보장에서 보험기간 중 작물에 보험사고가 발생하고 보험금이 지급되어 보험가입금액이 감액된 경우에는 감액된 보험가입금액을 기준으로 환급금을 계산하여 돌려준다. 그러나 인삼 해가림시설에 보험사고가 발생하고 보험가입금액 미만으로 보험금이 지급된 경우에는 보험가입금액이 감액되지 아니하므로 감액하지 않은 보험가입금액을 기준으로 환급금을 계산하여 돌려준다.

① **계약자 또는 피보험자의 책임 없는 사유에 의하는 경우** : 무효의 경우에는 납입한 계약자부담보험료의 전액, 효력상실 또는 해지의 경우에는 해당 월 미경과비율에 따라 아래와 같이 '환급보험료'를 계산한다.

> 환급보험료 = 계약자부담보험료 × 미경과비율 〈별표〉
> ※ 계약자부담보험료는 최종 보험가입금액 기준으로 산출한 보험료 중 계약자가 부담한 금액

② **계약자 또는 피보험자의 책임 있는 사유에 의하는 경우** : 계산한 해당 월 미경과비율에 따른 환급보험료. 다만 계약자, 피보험자의 고의 또는 중대한 과실로 무효가 된 때에는 보험료를 반환하지 않는다.

(나) 계약자 또는 피보험자의 책임 있는 사유라 함은 다음 각 호를 말한다.
  ① 계약자 또는 피보험자가 임의 해지하는 경우
  ② 사기에 의한 계약, 계약의 해지27) 또는 중대사유로 인한 해지에 따라 계약을 취소 또는 해지하는 경우
  ③ 보험료 미납으로 인한 계약의 효력 상실
(다) 계약의 무효, 효력상실 또는 해지로 인하여 반환해야 할 보험료가 있을 때에는 계약자는 환급금을 청구하여야 하며, 청구일의 다음 날부터 지급일까지의 기간에 대하여 '보험개발원이 공시하는 보험계약대출이율'을 연단위 복리로 계산한 금액을 더하여 지급한다.

마) 보험금

(1) **종합위험 수확감소보장**(마늘, 양파, 감자, 고구마, 양배추, 콩, 팥, 차(茶), 옥수수(사료용 옥수수 포함), 수박 등 10개 품목)

마늘, 양파 등 10개 품목의 수확감소 및 경작불능보장의 보험금 지급사유 및 보험금 계산은 아래와 같다.

| 보장 | 보험의 목적 | 보험금 지급사유 | 보험금 계산(지급금액) |
|---|---|---|---|
| 종합위험 경작불능 보장 (보통약관) | 마늘, 양파, 감자(고랭지, 봄, 가을), 고구마, 옥수수, 양배추, 사료용 옥수수, 콩, 팥, 수박<br>Tip 차(茶) 제외 | 보장하는 재해로 식물체 피해율이 65% 이상이고 계약자가 경작불능보험금을 신청한 경우 | 보험가입금액 × 일정비율<br>※ 일정비율은 하기 주3), 주4)의 〈자기부담비율에 따른 경작불능보험금〉 참조<br>단, 사료용 옥수수의 경우 아래와 같다.<br>보험가입금액 × 보장비율 × 경과비율<br>※ 하기 주4)의 보장비율 및 경과비율 표 참조<br>Tip 조사료용 벼와 유사 |
| 종합위험 수확감소 보장 (보통약관) | 마늘, 양파, 고구마, 양배추, 콩, 팥, 차(茶), 수박 | 보장하는 재해로 피해율이 자기부담비율을 초과하는 경우 | 보험가입금액 × (피해율 − 자기부담비율)<br>※ 피해율 = (평년수확량 − 수확량 − 미보상감수량) ÷ 평년수확량 |
| | 감자 (고랭지, 봄, 가을) | 보장하는 재해로 피해율이 자기부담비율을 초과하는 경우 | 보험가입금액 × (피해율 − 자기부담비율)<br>※ 피해율 = {(평년수확량 − 수확량 − 미보상감수량) + 병충해감수량} ÷ 평년수확량 |
| | 옥수수 | 보장하는 재해로 손해액이 자기부담금을 초과하는 경우 | MIN [보험가입금액, 손해액] − 자기부담금<br>※ 손해액 = 피해수확량 × 가입가격<br>　Tip 수확량 대신 피해수확량을 구함<br>※ 자기부담금 = 보험가입금액 × 자기부담비율 |

---

27) 계약자 또는 피보험자의 고의로 손해가 발생한 경우나, 고지의무·통지의무 등을 해태한 경우의 해지를 말한다.

> **Tip** 보험금 산식의 유형
>
> (1) 가, 피, 자 스타일 : 보험가입금액 ×(피해율 − 자기부담비율)
>     ① 특정위험방식(인삼), ② 수확감소보장, ③ 비가림과수손해보장
>     ④ 과실손해보장(적과전 이외 품목), ⑤ 생산비보장(아래 일정비율 스타일 이외 품목)
>     ⑥ 나무손해보장(5% 자기부담비율)
> (2) 손, 자 스타일 : 손해액 − 자기부담금
>     ① 비가림시설, ② 해가림시설, ③ 농업시설물(원예시설·버섯재배사)·부대시설
>     ④ 옥수수, ⑤ 감귤(온주밀감)  **Tip** 할아버지가 **손자**와 함께 **시설** 아래에서 **옥수수**와 **온주밀감**을 먹네
> (3) 일정비율 스타일
>     ① 경작불능보장, ② 이앙·직파 불능보장, ③ 재이앙·재직파 보장, ④ 수확불능보장(벼)
>     ⑤ 생산비보장(고추, 브로콜리, 시설·버섯작물), ⑥ 재파종보장, ⑦ 재정식보장
>     ⑧ 수확량감소 추가보장(포도, 복숭아, 감귤(만감류)), ⑨ 과실손해 추가보장감귤(온주밀감)
> (4) 독자적인 스타일 : 적과전 종합위험 방식
>     ① 착과감소보험금, ② 과실손해보험금

> **Tip** 경작불능보장이 배제되는 품목
>
> (1) 과수작물(목본작물) : 경작불능보장은 원칙적으로 경작의 노력이 요구되는 초본작물에 적용함. 단, 복분자는 목본작물이지만 초본작물의 성향이 많아 예외적으로 인정함
> (2) 차(茶) : 목본작물
> (3) 고추, 브로콜리 : 중간에 보험금 수령이 잦은 품목임. 따라서 중도에 경작불능을 선택할 수 없음
> (4) 시설작물, 버섯작물 : 경작의 노력이 요구되는 작물이 아님

주1) 감자(고랭지재배, 가을재배, 봄재배)는 상기 '보장하는 재해'에 병충해를 포함한다.

주2) 경작불능보험금은 보험목적물이 산지폐기 된 것을 확인 후 지급되며, 지급된 때에는 그 손해보상의 원인이 생긴 때로부터 해당 농지에 대한 보험계약은 소멸한다.

주3) 경작불능보험금 지급비율(사료용 옥수수, 수박 제외)

〈자기부담비율에 따른 경작불능보험금〉

| 자기부담비율 | 경작불능보험금 |
| --- | --- |
| 10%형 | 보험가입금액의 45% |
| 15%형 | 보험가입금액의 42% |
| 20%형 | 보험가입금액의 40% |
| 30%형 | 보험가입금액의 35% |
| 40%형 | 보험가입금액의 30% |

> **Tip** 자기부담비율 ⇨ 보장수준 ⇨ 절반
>     예) 10%(자기부담비율) ⇨ 90%(보장수준) ⇨ 45%(= 90%/2)

주4) 경작불능보험금 지급비율 (수박)

〈자기부담비율에 따른 경작불능보험금〉

| 자기부담비율 | 경작불능보험금 |
|---|---|
| 10%형 | - |
| 15%형 | - |
| 20%형 | 보험가입금액의 40% |
| 30%형 | 보험가입금액의 35% |
| 40%형 | 보험가입금액의 30% |

Tip 자기부담비율 10%, 15% 적용 제외 품목
**두루**(두릅), **불러**(블루베리) / (**가을**)**무**, (**가을, 봄**)**배**추 / **유**자, **박수**(수박) / **호**두, **귀**리, **양상추** / **실파 · 쪽파** : (두루 불러서 가무(노래와 무용) 보러 가보매~! 공연장에서 유(너) 혼자 박수치고~! 호구 같아서! 실제 쪽팔려...)

주5) 경작불능보험금 지급비율 (사료용 옥수수) : 보장비율은 경작불능보험금 산정에 기초가 되는 비율로 보험가입을 할 때 계약자가 선택한 비율로 하며, 경과비율은 사고발생일이 속한 월에 따라 계산한다.

Tip **조사료용 벼**와 **사료용 옥수수**는 오직 **경작불능보험금**만을 적용해 준다(가축의 먹이).
Tip **경작불능보험금**은 목본작물(과수작물, 차(茶))에는 적용하지 않는다.
단, 복분자는 예외로 인정된다(목본작물이지만 초본작물의 성질도 가진다고 본다).

〈계약자 선택에 따른 보장비율 표〉

| 구분 \ 보장비율 | 45%형 | 42%형 | 40%형 | 35%형 | 30%형 |
|---|---|---|---|---|---|
| 사료용 옥수수 | 45% | 42% | 40% | 35% | 30% |

Tip 자기부담비율 선택에 따른 보장수준이 결정되는 경우가 아닌 바로 보장수준을 정하여 선택함
보험금을 계산할 때 생산비보장 유형과 유사한 형태로 결정하므로 자기부담비율이 없음

〈사고발생일이 속한 월에 따른 경과비율 표〉

| 월별 | 5월 | 6월 | 7월 | 8월 |
|---|---|---|---|---|
| 경과비율 | 80% | 80% | 90% | 100% |

Tip **어 느 세 월**(5월, 6월, 7월, 8월)에
- 조사료용 벼 : **빨공**(80), **빨어**(85), **구공**(90), **탄**(100)
- 사료용옥수수 : **파공**(80), **파공**(80), **구공**(90), **탄**(100)

주6) 마늘의 수확량 조사 시 최대 지름이 품종별 일정 기준(한지형 2cm, 난지형 3.5cm) 미만인 마늘의 경우에 한하여 80%, 100% 피해로 구분한다. 80% 피해형은 해당 마늘의 피해 무

게를 80%로 인정하고 100% 피해형은 해당 마늘의 피해 무게를 100% 인정한다.

Tip **마늘**(마누라가) **한 둘**(한지형, 2), **난지 셋단다**(난지형(났는지), 3.5)

Tip **마늘**과 **양파**는 **비늘줄기채소**(인경채류)로서 비대정도를 판정기준으로 삼는다.

주7) 양파의 수확량 조사 시 최대 지름이 6cm 미만인 양파의 경우에 한하여 80%, 100% 피해로 구분한다. 80% 피해형은 해당 양파의 피해 무게를 80%로 인정하고 100% 피해형은 해당 양파의 피해 무게를 100% 인정한다.

Tip **양파**(조폭 양파는), **육**(6, 몸이)이 안 된 것(미만)을 구분

주8) 양배추의 수확량 조사 시 80% 피해 양배추, 100% 피해 양배추로 구분한다. 80% 피해형은 해당 양배추의 피해 무게를 80% 인정하고 100% 피해형은 해당 양배추 피해 무게를 100% 인정한다.

주9) 고구마의 수확량 조사 시 품질에 따라 50%, 80%, 100% 피해로 구분한다. 50% 피해형은 피해를 50% 인정하고, 80% 피해형은 피해를 80%, 100% 피해형은 피해를 100% 인정한다.

Tip 고구마 피해 생긴 것은 **귀**(구어, 5) **팔**(8) **공**(0)

주10) 감자(고랭지·봄·가을)의 수확량 조사 시 감자 최대 지름이 5cm 미만이거나 50% 피해형에 해당하는 경우 해당 감자의 무게는 50%만 피해로 인정한다.

Tip **감자**~!(못난이 감자칩 먹자고 하자) **다**(5) **오공**(50)

---

*50% 피해형 : 보장하는 재해로 일반시장에 출하할 때 정상작물에 비해 50% 정도의 가격하락이 예상되는 작물

*80% 피해형 : 보장하는 재해로 인해 피해가 발생하여 일반시장 출하가 불가능하나, 가공용으로는 공급될 수 있는 작물을 말하며, 가공공장 공급 및 판매 여부와는 무관하다.

*100% 피해형 : 보장하는 재해로 인해 피해가 발생하여 일반시장 출하가 불가능하고 가공용으로도 공급될 수 없는 작물을 말한다.

---

주11) 감자의 병충해감수량은 아래와 같이 산정한다.

병충해감수량 = 병충해 입은 괴경의 무게 × 손해정도비율 × 인정비율

〈손해정도에 따른 손해정도비율〉

| 품목 | 손해정도 | 손해정도비율 |
|---|---|---|
| 감자<br>(봄재배,<br>가을재배,<br>고랭지재배) | 1~20% | 20% |
| | 21~40% | 40% |
| | 41~60% | 60% |
| | 61~80% | 80% |
| | 81~100% | 100% |

〈감자 병충해 등급별 인정비율〉

| 급수 | 종류 | 인정비율 |
|---|---|---|
| 1급 | **역**병, **갈**쭉병, **모**자이크병, **무**름병, **둘**레썩음병, **가**루더뎅이병, **잎**말림병, **감**자뿔나방 | 90% |
| 2급 | **홍**색부패병, **시**들음병, **마**른썩음병, **풋**마름병, **줄**기검은병, **더**뎅이병, **균**핵병, **검**은무늬썩음병, **줄**기기부썩음병, **진**딧물류, **아**메리카잎굴파리, **방**아벌레류 | 70% |
| 3급 | **반**쪽시들음병, **흰**비단병, **잿**빛곰팡이병, **탄**저병, **겹**둥근무늬병, **오**이총채벌레, **뿌**리혹선충, **파**밤나방, **큰28**점박이무당벌레, 기타 | 50% |

> **Tip** **모 역 / 감 무 가 / 갈 둘 잎**(목욕가서 머리 검을까, 그냥 둘 일?)
> **검 마 / 홍 균 줄 / 더 풋 시 / 방 아 진 줄**(때밀이 그놈아 빨간 줄 나게 더 무시~! 방아찐 줄~!)
> **오 겹 탄 / 흰 잿 반 / 큰28 파 뿌**(오겹살 타서 흰 잿빛이 반이네 큰 두 팔로 파내고 먹네~!)
> **거 칠 다**(90, 70, 50)

주12) **옥수수의 피해수확량**은 피해주수에 표준중량을 곱하여 산출하되 재식시기 및 재식밀도를 감안한 값으로 한다.

> 피해수확량 = 피해주수 × 표준중량 × 재식시기지수 × 재식밀도지수

> *피해주수 조사시, 하나의 주(株)에서 가장 착립장(알달림 길이)이 긴 옥수수를 기준으로 산정한다.
> *동 피해수확량은 약관상 기재된 표현으로서 미보상감수량을 제외하여 산정한 값을 뜻함.

※ **재식시기 지수**

지역별 및 재식시기별 0.85 ~ 1.03의 값으로 피해수확량에 곱하는 가중치

> **Tip** **꼭 파다**(0.85) ~ **일 공세**(1.03) : 시기를 놓치지 말고 옥수수를 꼭 파다가 일구어 보세~!

※ **재식밀도 지수**

지역별 및 10a당 재식주수별 0.73 ~ 1.09의 값으로 피해수확량에 곱하는 가중치

> **Tip** **빡 칠세**(0.73) ~ **일 궈구**(1.09) : 옥수수 재식밀도를 빡칠 정도로 일구었고

주13) **자기부담비율**은 보험 가입을 할 때 계약자가 선택한 비율로 한다.

주14) **식물체 피해율** : 식물체가 고사한 면적을 보험가입면적으로 나누어 산출한다.

(2) 종합위험 재파종・조기파종・재정식 보장

종합위험 수확감소보장 및 생산비보장 품목의 재파종・조기파종・재정식 보험금 지급사유와 보험금 계산은 아래와 같다.

| 보장 | 보험의 목적 | 보험금 지급사유 | 보험금 계산(지급금액) |
|---|---|---|---|
| 종합위험 재파종 보장 (보통약관) | 마늘 | 보장하는 재해로 10a당 식물체의 주수가 30,000주보다 적어지고, 10a당 30,000주 이상으로 재파종한 경우 (단, 1회 지급) | 보험가입금액 × 35% × 표준 피해율<br>※ 표준 피해율(10a 기준)<br>= (30,000 − 식물체 주수) ÷ 30,000<br>Tip 재판장에서 마누라를 **사모**(35)한다고 **표출피**(표준피해율)하고~! |
| | 무(월동, 고랭지, 가을), 쪽파·실파, 시금치(노지), 메밀, 당근 | 보장하는 재해로 면적피해율이 자기부담비율을 초과하고 재파종한 경우 (단, 1회 지급) | 보험가입금액 × 20% × 면적피해율<br>Tip **두고**(20) **면피**(면적피해율)<br>※ 면적피해율<br>= 피해면적 ÷ 보험가입면적 |
| 조기파종 보장 (특별약관) | 제주도 지역 농지에서 재배하는 남도종 마늘 | [재파종보험금]<br>한지형 마늘 최초 판매개시일 24시 이전에 보장하는 재해로 10a당 식물체 주수가 30,000주 보다 적어지고, 10월 31일 이전 10a당 30,000주 이상으로 재파종한 경우 | 보험가입금액 × 25% × 표준 피해율<br>Tip 마누라 **투닥**(25, 때려서) **표출피**(표준피해율, 겉에 피나)<br>※ 표준 피해율(10a 기준)<br>= (30,000 − 식물체 주수) ÷ 30,000 |
| | | [경작불능보험금]<br>한지형 마늘 최초 판매개시일 24시 이전에 보장하는 재해로 식물체 피해율이 65% 이상 발생한 경우 | 보험가입금액 × 일정비율<br>※ 일정비율은 하기 〈자기부담비율에 따른 경작불능보험금〉 표 참조 |
| | | [수확감소보험금]<br>보장하는 재해로 피해율이 자기부담비율을 초과하는 경우 | 보험가입금액 × (피해율 − 자기부담비율)<br>※ 피해율 = (평년수확량 − 수확량 − 미보상감수량) ÷ 평년수확량 |
| 종합위험 재정식 보장 (보통약관) | 양배추, 배추(월동·가을·고랭지·봄), 브로콜리, 양상추, 대파, 단호박, 고추 | 보장하는 재해로 면적 피해율이 자기부담비율을 초과하고 재정식한 경우 (단, 1회 지급) | 보험가입금액 × 20% × 면적피해율<br>Tip **두고**(20) **면피**(면적피해율)<br>※ 면적피해율<br>= 피해면적 ÷ 보험가입면적 |

⟨자기부담비율에 따른 경작불능보험금⟩ - 조기파종특약시

| 자기부담비율 | 경작불능보험금 |
|---|---|
| 10%형 | 보험가입금액의 32% |
| 15%형 | 보험가입금액의 30% |
| 20%형 | 보험가입금액의 28% |
| 30%형 | 보험가입금액의 25% |
| 40%형 | 보험가입금액의 25% |

Tip **쌈두**(32) **쌨고**(30), **두팔**(28), **투닥**(25), **투닥**(25) :
마누라 쥐어패(조기파종)면서 싸움도 자주 하고 두 팔로 투닥 투닥! 나! 농사 못 지어~!(경작불능)

Tip **조사료용 벼**와 **사료용 옥수수**는 오직 **경작불능보험금**만을 적용해 준다(가축의 먹이).

Tip **경작불능보험금**은 목본작물(과수작물, 차(茶))에는 적용하지 않는다.
단, 복분자는 예외로 인정된다(목본작물이지만 초본작물의 성질도 가진다고 본다).

(3) 종합위험 생산비보장·경작불능보장(메밀, 단호박, 당근, 배추(고랭지·월동·가을·봄), 무(고랭지·월동·가을), 시금치(노지), 파(대파, 쪽파·실파), 양상추, 메밀, 단호박 등 8개 품목의 보험금 지급사유 및 보험금 계산은 아래와 같다.

Tip **고추**, **브로콜리** / **무**, **당근** / **메밀**, **(노지)시금치** / **단호박** / **배추**, **파**, **양상추**
고 프로(수준 높은) 무당이라도 메 놀다가 단박에 배아픈 양상(밥값(생산비) 들여 먹은 것 확인)

| 보장 | 보험의 목적 | 보험금 지급사유 | 보험금 계산(지급금액) |
|---|---|---|---|
| 경작불능<br>보장<br>(보통약관) | 메밀, 단호박, 당근, 배추(고랭지·월동·가을·봄), 무(고랭지·월동·가을), 시금치(노지), 파(대파,쪽파·실파), 양상추 | 보장하는 재해로 식물체 피해율이 65% 이상이고, 계약자가 경작불능보험금을 신청한 경우<br>(해당 농지의 계약 소멸) | 보험가입금액 × 일정비율<br>※ 일정비율은 하기 주2)의 ⟨자기부담비율에 따른 경작불능보험금⟩ 표 참조 |
| 생산비<br>보장<br>(보통약관) | | 보장하는 재해로 약관에 따라 계산한 피해율이 자기부담비율을 초과하는 경우 | 보험가입금액 × (피해율 - 자기부담비율) |

주1) 식물체 피해율 : 식물체가 고사한 면적을 보험가입면적으로 나누어 산출한다.

주2) 경작불능보험금 지급비율

<자기부담비율에 따른 경작불능보험금>

| 자기부담비율 | 경작불능보험금 |
| --- | --- |
| 10%형 | 보험가입금액의 45% |
| 15%형 | 보험가입금액의 42% |
| 20%형 | 보험가입금액의 40% |
| 30%형 | 보험가입금액의 35% |
| 40%형 | 보험가입금액의 30% |

**Tip** 자기부담비율 ⇨ 보장수준 ⇨ 절반
　예 10%(자기부담비율) ⇨ 90%(보장수준) ⇨ 45%(= 90%/2)

※ 자기부담비율 10%, 15%형은 단호박, 당근, 메밀, 배추(고랭지, 월동), 무(고랭지, 월동), 파(대파), 시금치만 적용한다.

**Tip** 자기부담비율 10%, 15% 적용 제외 품목
**두루**(두릅), **불러**(블루베리) / (가을)**무**, (가을, 봄)**배추** / **유자**, **박수**(수박) / **호두**, **귀리**, **양상추** / **실파·쪽파** : (두루 불러서 가무(노래와 무용) 보러 가보매~! 공연장에서 유(너) 혼자 박수치고~! 호구 같아서! 실제 쪽팔려...)

### (4) 종합위험 생산비보장(고추, 브로콜리)

고추, 브로콜리 2개 품목의 보험금 지급사유 및 보험금 계산은 아래와 같다.

| 보장 | 보험의 목적 | 보험금 지급사유 | 보험금 계산(지급금액) |
| --- | --- | --- | --- |
| 종합위험 생산비 보장 (보통약관) | 고추 | 보장하는 재해로 약관에 따라 계산한 생산비보장보험금이 자기부담금을 초과하는 경우 | ○ 병충해가 없는 경우<br>생산비보장보험금 = (잔존보험가입금액 × 경과비율 × 피해율) - 자기부담금<br>**Tip** 잔 가, 경, 피, 자 : 잠깐 강(그냥) 담배 피자<br>○ 병충해가 있는 경우<br>생산비보장보험금 = (잔존보험가입금액 × 경과비율 × 피해율 × 병충해 등급별 인정비율) - 자기부담금<br>**Tip** 잔 가, 경, 피, 병, 자 : 잠깐 강(그냥) 피어 보자 |
| | 브로콜리 | | (잔존보험가입금액 × 경과비율 × 피해율) - 자기부담금<br>**Tip** 잔 가, 경, 피, 자 : 잠깐 강(그냥) 담배 피자 |

주1) 고추는 상기 '보장하는 재해'에 병충해를 포함한다.
주2) 경과비율, 피해율 등은 보통약관 일반조항에서 규정한 손해평가요령에 따라 조사·평가하여 산정한다.

주3) 자기부담금 = 잔존보험가입금액 × 보험가입을 할 때 계약자가 선택한 비율(3% 또는 5%)

> **Tip** 코(고추), 풀어(브로콜리) 싼(3), 다(5)

◆ 고추

주1) 잔존보험가입금액 = 보험가입금액 − 보상액(기발생 생산비보장보험금 합계액)

주2) 경과비율은 아래와 같이 산출한다.

㉮ 수확기 이전에 보험사고가 발생한 경우

> 준비기생산비계수 + (1 − 준비기생산비계수) × (생장일수 ÷ 표준생장일수)

준비기생산비계수는 49.5%로 한다.

> **Tip** 고(고추) / 풀어(브로콜리) : **사구 쳤 다**(49.5)~! / **다 다 쳤 구**(55.9)?

*생장일수는 정식일로부터 사고발생일까지 경과일수로 한다.

*표준생장일수(정식일로부터 수확개시일까지 표준적인 생장일수)는 사전에 설정된 값으로 100일로 한다.

*생장일수를 표준생장일수로 나눈 값은 1을 초과할 수 없다.

㉯ 수확기 중에 보험사고가 발생한 경우

> 1 − (수확일수 ÷ 표준수확일수)

*수확일수는 수확개시일로부터 사고발생일까지 경과일수로 한다.
*표준수확일수는 수확개시일로부터 수확종료일까지의 일수로 한다.

> **Tip** 생장일수와 수확일수에 따른 경과비율

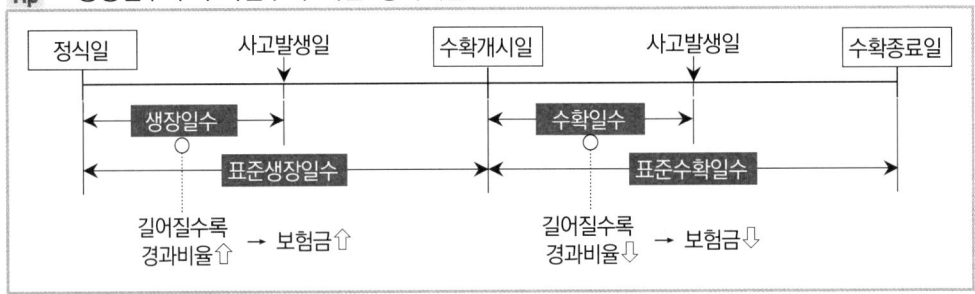

주3) 피해율 = 면적피해율 × 평균손해정도비율 × (1 − 미보상비율)

> **Tip** **면적피**해율 × 평균**손**해정도**비**율 × (1 − **미**보상비율) : 면피, 손비, 일마미(임마야 미안해)

*면적피해율 : 피해면적(주수) ÷ 재배면적(주수)
*평균손해정도비율 : 피해면적을 일정 수의 표본구간으로 나누어 각 표본구간의 손해정도비율을 조사한뒤 평균한 값

⟨고추 손해정도에 따른 손해정도비율⟩

| 손해정도 | 1~20% | 21~40% | 41~60% | 61~80% | 81~100% |
|---|---|---|---|---|---|
| 손해정도비율 | 20% | 40% | 60% | 80% | 100% |

주4) 고추 병충해 등급별 인정비율은 아래와 같다.

⟨고추 병충해 등급별 인정비율⟩

| 등급 | 종류 | 인정비율 |
|---|---|---|
| 1등급 | **역**병, **풋**마름병, **바**이러스병, **세**균성점무늬병, **탄**저병 | 70% |
| 2등급 | **잿**빛곰팡이병, **시**들음병, **담배**가루이, **담배**나방 | 50% |
| 3등급 | **흰**가루병, **균**핵병, **무**름병, **진**딧물 및 기타 | 30% |

> **Tip** 역, 세, 탄, 풋, 바(역세권 품바(가수)) / 잿, 시, 담배, 담배 / 흰, 무, 진, 균(하얀 연기가 진짜 균)
> 싫, 어, 해(7, 5, 3)

◆ 브로콜리

주1) 잔존보험가입금액 = 보험가입금액 − 보상액(기 발생 생산비보장보험금 합계액)

주2) 경과비율은 아래와 같이 산출한다.

㉮ 수확기 이전에 보험사고가 발생한 경우

> 준비기생산비계수 + (1 − 준비기생산비계수) × (생장일수 ÷ 표준생장일수)

*준비기생산비계수는 55.9%로 한다.

> **Tip** 고(고추) / 풀어(브로콜리) : **사구 쳤 다**(49.5)~! / **다다 쳤 구**(55.9)?

*생장일수는 정식일로부터 사고발생일까지 경과일수로 한다.
*표준생장일수(정식일로부터 수확개시일까지 표준적인 생장일수)는 사전에 설정된 값으로 130일로 한다.
*생장일수를 표준생장일수로 나눈 값은 1을 초과할 수 없다.

㉯ 수확기 중에 보험사고가 발생한 경우

> 1 − (수확일수 ÷ 표준수확일수)

*수확일수는 수확개시일로부터 사고발생일까지 경과일수로 한다.
*표준수확일수는 수확개시일로부터 수확종료일까지의 일수로 한다.

주3) 피해율 = 면적피해율 × 작물피해율 × (1 − 미보상비율)

> **Tip** **면**적**피**해율 × **작물피**해율 × (1 − **미**보상비율) : 면피, 작피, 일마미(임마야 미안해)

*면적피해율 : 피해면적(㎡) ÷ 재배면적(㎡)
*작물피해율은 피해면적 내 피해송이 수를 총 송이 수로 나누어 산출한다. 이때 피해송

이는 송이별 피해 정도에 따라 피해인정계수를 정하며, 피해송이 수는 피해송이별 피해인정계수의 합계로 산출한다.

〈브로콜리 피해정도에 따른 피해인정계수〉

| 구분 | 정상 밭작물 | 50%형 피해 밭작물 | 80%형 피해 밭작물 | 100%형 피해 밭작물 |
|---|---|---|---|---|
| 피해인정계수 | 0 | 0.5 | 0.8 | 1 |

(5) 작물특정 및 시설종합위험 인삼손해보장

인삼 작물 및 해가림시설의 보험금 지급사유 및 보험금 계산은 아래와 같다.

| 보장 | 보험의 목적 | 보험금 지급사유 | 보험금 계산(지급금액) |
|---|---|---|---|
| 인삼손해 보장 (보통약관) | 인삼 | 보장하는 재해로 피해율이 자기부담비율을 초과하는 경우 | 보험가입금액 × (피해율 - 자기부담비율)<br>※ 피해율 = (1 - 수확량 ÷ 연근별 기준수확량) × (피해면적 ÷ 재배면적)<br>Tip 일(1) 마(-) 수(수확량) 기(기준수확량) 고(×) 피(피해면적) 빼 (재배면적) : 인상쓰는 모습 보기 싫어 고개 눌러 숙이고 피 빼~!<br>Tip 인삼 보험가입금액 = 연근별(보상)가액 × 재배면적(㎡)<br>※ 2회 이상 보험사고 발생시 지급보험금은 기발생지급보험금을 차감하여 계산 |
| 해가림시설 보장 (보통약관) | 해가림 시설 | 보장하는 재해로 손해액이 자기부담금을 초과하는 경우 | 가) 보험가입금액이 보험가액과 같거나 클 때<br>○ 보험가입금액을 한도로 손해액에서 자기부담금을 차감한 금액<br>(손해액 - 자기부담금)<br>그러나 보험가입금액이 보험가액보다 클 때에는 보험가액을 한도로 함<br>나) 보험가입금액이 보험가액보다 작을 때<br>○ 보험가입금액을 한도로 비례보상<br>(손해액 - 자기부담금) × (보험가입금액 ÷ 보험가액)<br>※ 손해액이란 그 손해가 생긴 때와 곳에서의 보험가액을 말함. 단, 재조달가액보장 특약에 가입하고 보험의 목적이 손해를 입은 장소에서 실제로 수리 또는 복구된 때에는 재조달가액을 보험가액으로 함 |
| 해가림시설 보장 (재조달가액 보장 특별약관) | 해가림 시설 | 보장하는 재해로 손해액이 자기부담금을 초과하는 경우 | 보통약관과 동일<br>다만, 보험가입금액이 보험가액보다 작을 때 보험금<br>(손해액 - 자기부담금) × 보험가입금액 ÷ 재조달가액<br>※ 손해액이란 보험의 목적과 동형, 동질의 신품을 재조달하 |

| | | 는 데 소요되는 재조달가액을 말함<br>※ 보험의 목적이 손해를 입은 장소에서 실제로 수리 또는 복구되지 않은 때에는 재조달가액에 의한 보상을 하지 않고 감가상각이 적용된 시가로 보상 |

바) 자기부담비율

(1) 보험사고로 인하여 발생한 손해에 대하여 계약자 또는 피보험자가 부담하는 일정비율로 자기부담비율 이하의 손해는 보험금이 지급되지 않는다.

(2) 수확감소보장방식 - 마늘, 양파, 감자(고랭지재배, 봄재배, 가을재배), 고구마, 옥수수(사료용 옥수수), 양배추, 콩, 팥, 차(茶)

　(가) 보험계약 시 계약자가 선택한 비율(10%, 15%, 20%, 30%, 40%)

　　단, 수박의 자기부담비율은 20%, 30%, 40%로 한다.

　　> Tip 자기부담비율 10%, 15% 적용 제외 품목
　　> **두루**(두릅), **불러**(블루베리) / **(가을)무**, **(가을, 봄)배추** / **유자**, **박수**(수박) / **호두**, **귀리**, **양상추** / **실파 · 쪽파** : (두루 불러서 가무(노래와 무용) 보러 가보매~! 공연장에서 유(너) 혼자 박수치고~! 호구 같아서! 실제 쪽팔려…)

　(나) 자기부담비율 선택 기준

　　① 10%형 : 최근 3년간 연속 보험가입계약자로서 3년간 수령한 보험금이 순보험료의 120% 미만인 경우에 한하여 선택 가능하다.

　　② 15%형 : 최근 2년간 연속 보험가입계약자로서 2년간 수령한 보험금이 순보험료의 120% 미만인 경우에 한하여 선택 가능하다.

　　③ 20%형, 30%형, 40%형 : 제한 없음

(3) 생산비보장방식 - 메밀, 단호박, 당근, 배추(고랭지·월동·가을·봄), 무(고랭지·월동·가을), 시금치(노지), 파(대파, 쪽파·실파), 양상추

　(가) 보험 계약 시 계약자가 선택한 비율(10%, 15%, 20%, 30%, 40%)

　　단, 배추(봄·가을), 무(가을), 쪽파·실파, 양상추는 20%, 30%, 40%로 한다.

(4) 생산비보장방식 - 고추, 브로콜리

　(가) 보험 계약 시 계약자가 선택한 비율(잔존보험가입금액의 3% 또는 5%)

　　> Tip **코**(고추), **풀어**(브로콜리) **싼**(3), **다**(5)

　(나) 자기부담금 선택 기준

　　① 3%형 : 최근 2년 연속 가입 및 2년간 수령 보험금이 순보험료의 120% 미만인 계약자

　　② 5%형 : 제한 없음

(5) 작물특정 인삼손해보장(인삼)

*수확감소보장방식과 동일

사) 자기부담금

(1) 인삼손해보장의 해가림시설의 자기부담금은 최소자기부담금(10만원)과 최대자기부담금(100만원) 범위 안에서 보험사고로 인하여 발생한 손해액의 10%에 해당하는 금액으로 한다.

(2) 자기부담금은 1사고 단위로 적용한다.

> **Tip** 시설과 시설작물의 자기부담금
>
> ① 시설 : 손해액의 10% - 아래 한도 적용
>   ㉠ 해가림시설(인삼)
>
>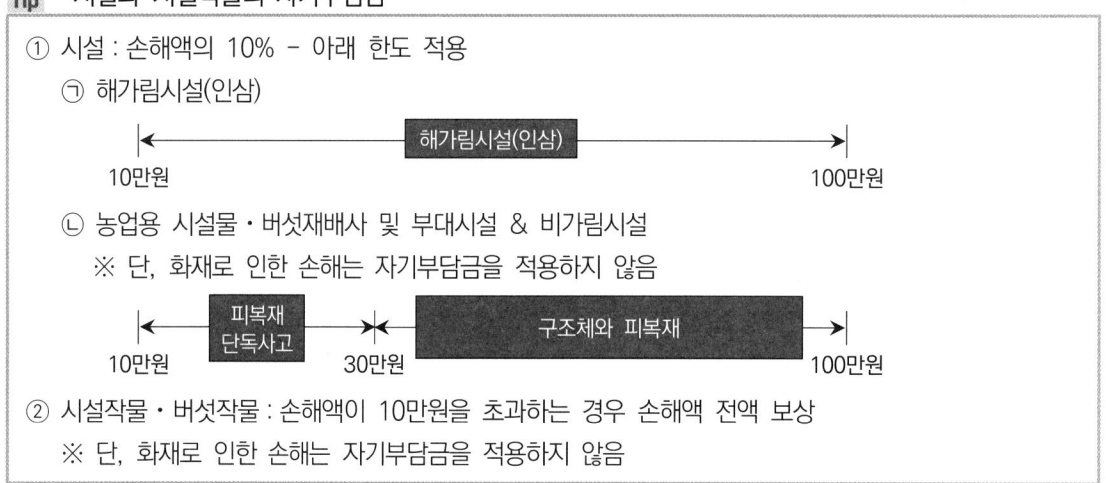
>
>   ㉡ 농업용 시설물·버섯재배사 및 부대시설 & 비가림시설
>     ※ 단, 화재로 인한 손해는 자기부담금을 적용하지 않음
>
> ② 시설작물·버섯작물 : 손해액이 10만원을 초과하는 경우 손해액 전액 보상
>   ※ 단, 화재로 인한 손해는 자기부담금을 적용하지 않음

아) 계약인수 관련 수확량

(1) 표준수확량

과거의 통계를 바탕으로 지역별 기준수량에 농지별 경작요소를 고려하여 산출한 예상 수확량이다.

(2) 평년수확량

(가) 농지의 기후가 평년 수준이고 비배관리 등 영농활동을 평년수준으로 실시하였을 때 기대할 수 있는 수확량을 말한다.

(나) 평년수확량은 자연재해가 없는 이상적인 상황에서 수확할 수 있는 수확량이 아니라 평년 수준의 재해가 있다는 점을 전제로 한다.

(다) 주요 용도로는 보험가입금액의 결정 및 보험사고 발생 시 감수량 산정을 위한 기준으로 활용된다.

(라) 농지(과수원) 단위로 산출하며, 가입년도 직전 5년 중 보험에 가입한 연도의 실제 수확량과 표준수확량을 가입 횟수에 따라 가중평균하여 산출한다.

(마) 산출 방법은 가입 이력 여부로 구분된다.
① 과거수확량 자료가 없는 경우(신규 가입)
- 표준수확량의 100%를 평년수확량으로 결정한다.
※ 팥의 경우 표준수확량의 70%를 평년수확량으로 결정

> **Tip** 유자, 팥, 살구 : 퍽(표준수확량의 **치공**(70%) : 너(you)~! 박살~! 표시가 나게 치고~!

② 과거수확량 자료가 있는 경우(최근 5년 이내 가입 이력 존재)
- 아래 표와 같이 산출하여 결정한다.

---

□ 평년수확량 = [ A + ( B − A ) × ( 1 − Y / 5 ) ] × C / B

> **Tip** [**아**(A) + (**배**(B) − **야**(A)) × **일**(1) **빼**(−) **엿**(Y) **다**(5)] × **싸**(C) / **봐**(B)!!

○ A(과거평균수확량) = Σ과거 5년간 수확량 ÷ Y
○ B(평균표준수확량) = Σ과거 5년간 표준수확량 ÷ Y
○ C(표준수확량) = 가입연도 표준수확량
○ Y = 과거수확량 산출연도 횟수(가입횟수)

※ 이때, 평년수확량은 보험가입연도 표준수확량의 130%를 초과할 수 없다.
※ 차(茶)의 경우 상기 식에 따라 구한 기준평년수확량에 수확면적률을 곱한 값을 평년수확량으로 한다.
  *수확면적률 : 포장면적 대비 수확면적 비율로 산출하며, 차(茶)를 재배하지 않는 면적(고랑, 차 미식재면적 등)의 비율을 제외한 가입면적 대비 실제 수확면적의 비율
※ 옥수수, 사료용 옥수수 품목 제외

> **Tip** **옥수수**는 가입수확량은 표준수확량 80 ~ 130% 사이에 가입하며, 조사료용벼와 사료용 옥수수는 생산비보장유형을 적용(보장생산비 × 가입면적)하여 가입하므로 평년수확량을 적용하지 않는다.
> ***옥수**(옥수수), **표**(표준수확량), **팔고**(80), **일삼고**(130)

□ 과거수확량 산출방법
○ 수확량조사 시행한 경우
  *조사수확량 > 평년수확량의 50% → 조사수확량
  *평년수확량의 50% ≧ 조사수확량 → 평년수확량의 50%
  ※ 차(茶)의 경우
     *환산조사수확량 > 기준평년수확량의 50% → 환산조사수확량
     *기준평년수확량의 50% ≧ 환산조사수확량 → 기준평년수확량의 50% · 환산조사수확량
     = 조사수확량 ÷ 수확면적률

> **Tip** 표본구간 단위면적당 수확량
> = 표본구간 수확량 합계 ÷ 표본구간 면적 합계 × 수확면적율

○ 무사고로 수확량조사 시행하지 않은 경우
  표준수확량의 1.1배와 평년수확량의 1.1배 중 큰 값을 적용한다.
  ※ 차(茶)의 경우 MAX(표준수확량, 기준평년수확량) × 1.1

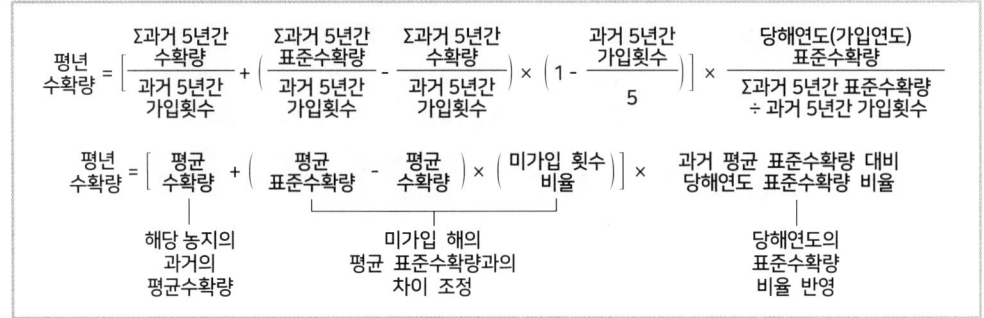

Tip 밭작물 평년수확량의 이해

### (3) 가입수확량

보험에 가입한 수확량으로 범위는 평년수확량의 50%~100% 사이에서 계약자가 결정한다. (단, 옥수수는 표준수확량의 80 ~ 130% 사이)

Tip **옥수**(옥수수), **표**(표준수확량), **팔고**(80), **일삼고**(130)

## 4 원예시설 및 시설작물(버섯재배사 및 버섯작물 포함)

### 가. 대상품목

농업용 시설물(버섯재배사 포함) 및 부대시설, 시설작물 23품목(딸기, 토마토, 오이, 참외, 고추, 파프리카, 호박, 국화, 수박, 멜론, 상추, 가지, 배추, 백합, 카네이션, 미나리, 시금치, 파, 무, 쑥갓, 장미, 부추, 감자), 버섯작물 4품목(표고버섯, 느타리버섯, 새송이버섯, 양송이버섯)

### 나. 보장방식

(농업용 시설물 및 부대시설) 종합위험 원예시설 손해보장방식, (버섯재배사 및 부대시설) 종합위험 버섯재배사 손해보장방식, (시설작물, 버섯작물) 종합위험 생산비보장방식

1) 자연재해, 조수해(鳥獸害)로 인한 농업용 시설물 혹은 버섯재배사(하우스, 유리온실의 구조체 및 피복재)에 손해 발생 시 원상복구 비용을 보상하며, 화재 피해는 특약 가입 시 보상한다.
2) 부대시설 및 시설작물·버섯작물은 농업용 시설물 혹은 버섯재배사 가입 후 보험 가입이 가능하다.
3) 가입 대상 작물로는 정식 또는 파종 후 재배 중인 23개 시설작물(육묘는 가입 불가), 종균접종 이후 4개 버섯작물(배양 중인 버섯은 가입 불가)이다.
4) 품목별 인수가능 세부품종은 아래와 같다.

〈인수가능 품종〉

| 품목 | 인수가능 품종 |
| --- | --- |
| 고추(시설재배) | 청양고추, 오이고추, 피망, 꽈리, 하늘고추, 할라피뇨, 홍고추 |
| 호박(시설재배) | 애호박, 주키니호박, 단호박 |

| 토마토(시설재배) | 방울토마토, 대추토마토, 대저토마토, 송이토마토 |
|---|---|
| 배추(시설재배) | 안토시아닌 배추(빨간배추) |
| 무(시설재배) | 조선무, 알타리무, 열무 |
| 파(시설재배) | 실파 |
| 국화(시설재배) | 거베라 |
| 수박(시설재배) | 일반형 과종, 중소형 과종(애플수박, 미니수박, 복수박) |

## 다. 상품 내용

### 1) 보장하는 재해

| 구분 | 보장하는 재해 |
|---|---|
| 보통약관 | 1. 농업용 시설물(버섯재배사 포함) 및 부대시설<br>(1) 자연재해<br>태풍, 우박, 동상해, 호우, 강풍, 냉해(冷害), 한해(旱害), 조해(潮害), 설해(雪害), 폭염, 기타 자연재해<br><br>  \| 구분 \| 정의 \|<br>  \|---\|---\|<br>  \| 태풍 \| 기상청 태풍주의보이상 발령할 때 발령지역의 바람과 비로 인하여 발생하는 피해 \|<br>  \| 우박 \| 적란운과 봉우리적운 속에서 성장하는 얼음알갱이나 얼음덩이가 내려 발생하는 피해 \|<br>  \| 동상해 \| 서리 또는 기온의 하강으로 인하여 농작물 등이 얼어서 발생하는 피해 \|<br>  \| 호우 \| 평균적인 강우량 이상의 많은 양의 비로 인하여 발생하는 피해 \|<br>  \| 강풍 \| 강한 바람 또는 돌풍으로 인하여 발생하는 피해 \|<br>  \| 한해<br>(가뭄피해) \| 장기간의 지속적인 강우 부족에 의한 토양수분 부족으로 인하여 발생하는 피해 \|<br>  \| 냉해 \| 농작물의 성장 기간 중 작물의 생육에 지장을 초래할 정도의 찬기온으로 인하여 발생하는 피해 \|<br>  \| 조해(潮害) \| 태풍이나 비바람 등의 자연현상으로 인하여 연안 지대의 경지에 바닷물이 들어와서 발생하는 피해 \|<br>  \| 설해 \| 눈으로 인하여 발생하는 피해 \|<br>  \| 폭염(暴炎) \| 매우 심한 더위로 인하여 발생하는 피해 \|<br>  \| 기타 자연재해 \| 상기 자연재해에 준하는 자연현상으로 발생하는 피해 \| |

|  |  |
|---|---|
|  | (2) 조수해(鳥獸害)<br>　　새나 짐승으로 인하여 발생하는 피해<br>2. 시설작물 및 버섯 작물<br>　아래의 각목 중 하나에 해당하는 것이 있는 경우에만 위 자연재해나 조수해(鳥獸害)로 입은 손해를 보상<br>　(1) 구조체, 피복재 등 농업용 시설물(버섯재배사)에 직접적인 피해가 발생한 경우<br>　(2) 농업용 시설물에 직접적인 피해가 발생하지 않은 자연재해로서 작물 피해율이 70% 이상 발생하여 농업용 시설물 내 전체 작물의 재배를 포기하는 경우(시설작물에만 해당) Tip 작물만 치고(70)<br>　(3) 기상청에서 발령하고 있는 기상특보 발령지역의 기상특보 관련 재해로 인해 작물에 피해가 발생한 경우(시설작물에만 해당)<br>　(4) 시설재배 농작물에 조수해 피해가 발생한 경우 조수해로 입은 손해(시설작물에만 해당)<br>　Tip (2), (3), (4)는 **시설작물**에만 적용되며 버섯작물의 경우 **표고버섯**의 경우에만 확장위험 담보 특별약관으로 적용가능하다 |
| 특별약관 | 1. 화재<br>　화재로 인하여 발생하는 피해 |
|  | 2. 화재대물배상책임<br>　보험에 가입한 목적물에 발생한 화재로 인해 타인의 재물에 손해를 끼침으로써 법률상의 배상책임을 졌을 때 입은 피해 |

### 2) 보상하지 않는 손해

가) 계약자, 피보험자 또는 이들의 법정대리인의 고의 또는 중대한 과실

나) 자연재해, 조수해(鳥獸害)가 발생했을 때 생긴 도난 또는 분실로 생긴 손해

다) 보험의 목적의 노후, 하자 및 구조적 결함[28]으로 생긴 손해

라) 보장하지 않는 재해로 제방, 댐 등이 붕괴되어 발생한 손해

마) 침식활동 및 지하수로 인한 손해

바) 수확기에 계약자 또는 피보험자의 고의 또는 중대한 과실로 시설재배 농작물을 수확하지 못하여 발생한 손해

사) 제초작업, 시비관리, 온도(냉·보온)관리 등 통상적인 영농활동을 하지 않아 발생한 손해

아) 원인의 직접·간접을 묻지 않고 병해충으로 발생한 손해

자) 계약체결 시점 현재 기상청에서 발령하고 있는 기상특보 발령 지역의 기상특보 관련 재해로 인한 손해

---

[28] 구조적 결함 : 출입구 미설치, 구조적 안전성이 검토되지 않는 자의적 증축·개량·개조·절단, 구조체 매설부위의 파열·부식, 내구성 및 내재해성이 현저히 떨어지는 부재의 사용 등을 말한다.

차) 전쟁, 내란, 폭동, 소요, 노동쟁의 등으로 인한 손해

카) 보장하는 재해에 해당하지 않은 재해로 발생한 손해

타) 직접 또는 간접을 묻지 않고 보험의 목적인 농업용 시설물(버섯재배사 포함)과 부대시설의 시설, 수리, 철거 등 관계 법령(국가 및 지방자치단체의 명령 포함)의 집행으로 발생한 손해

파) 피보험자가 파손된 보험의 목적의 수리 또는 복구를 지연함으로써 가중된 손해

하) 농업용 시설물이 피복재로 피복되어 있지 않는 상태 또는 그 내부가 외부와 차단되어 있지 않은 상태에서 보험의 목적에 발생한 손해

거) 피보험자가 농업용 시설물(부대시설 포함)을 수리 및 보수하는 중에 발생한 피해

### 3) 보험의 목적

가) 종합위험 원예시설 손해보장

| 구분 | | 보험의 목적 |
|---|---|---|
| 농업용 시설물 | | 단동하우스(광폭형하우스를 포함), 연동하우스 및 유리(경질판)온실의 구조체 및 피복재 |
| 부대시설 | | 모든 부대시설(단, 동산시설은 제외) |
| 시설작물 | 화훼류 | 국화, 장미, 백합, 카네이션 |
| | 비화훼류 | 딸기, 오이, 토마토, 참외, 고추, 호박, 수박, 멜론, 파프리카, 상추, 부추, 시금치, 가지, 배추, 파(대파·쪽파), 무, 미나리, 쑥갓, 감자 |

(1) 농업용 시설물의 경우, 목재·죽재로 시공된 하우스는 제외되며, 선별장·창고·농막 등도 가입 대상에서 제외된다.

(2) 농업용 시설물 및 부대시설의 경우, 아래의 물건은 보험의 목적에서 제외된다.

 (가) 시설작물을 제외한 온실 내의 동산

 (나) 시설작물 재배 이외의 다른 목적이나 용도로 병용하고 있는 경우, 다른 목적이나 용도로 사용되는 부분

(3) 보험의 목적인 부대시설은 아래의 물건을 말한다.

 (가) 시설작물의 재배를 위하여 농업용 시설물 내부 구조체에 연결, 부착되어 외부에 노출되지 않는 시설물

 (나) 시설작물의 재배를 위하여 농업용 시설물 내부 지면에 고정되어 이동 불가능한 시설물

 (다) 시설작물의 재배를 위하여 지붕 및 기둥 또는 외벽을 갖춘 외부 구조체 내에 고정·부착된 시설물

(4) 아래의 물건은 시설물에 고정, 연결 또는 부착되어 있다하더라도 보험의 목적에 포함되지 않는다.

 (가) 소모품 및 동산시설 : 멀칭비닐, 터널비닐, 외부 제초비닐, 매트, 바닥재, 배지, 펄라이트, 상토, 이동식 또는 휴대할 수 있는 무게나 부피를 가지는 농기계, 육묘포트, 육묘기, 모판, 화분, 혼합토, 컨베이어, 컴프레셔, 적재기기 및 이와 비슷한 것

(나) 피보험자의 소유가 아닌 리스, 렌탈 등 임차시설물 및 임차부대시설(단, 농업용 시설물 제외)

(다) 저온저장고, 저온창고, 냉동고, 선별기, 방범용 CCTV, 소프트웨어 및 이와 비슷한 것

(라) 보호장치 없이 농업용 시설물 외부에 위치한 시설물. 단, 농업용 시설물 외부에 직접 부착되어 있는 차양막과 보온재는 제외

※ 보호장치란 창고 또는 이와 유사한 것으로 시설물이 외부에 직접적으로 노출되는 것을 방지하는 장치를 말함

(5) 시설작물의 경우 품목별 표준생장일수와 현저히 차이 나는 생장일수(정식일(파종일)로부터 수확개시일까지의 일수)를 가지는 품종은 보험의 목적에서 제외된다.

〈제외 품종〉

| 품목 | 제외 품종 |
| --- | --- |
| 배추(시설재배) | 얼갈이 배추, 쌈배추, 양배추 |
| 딸기(시설재배) | 산딸기 |
| 오이(시설재배) | 노각 |
| 상추(시설재배) | 양상추, 프릴라이스, 버터헤드(볼라레), 오버레드, 이자벨, 멀티레드, 카이피라, 아지르카, 이자트릭스, 크리스피아노 |

나) 종합위험 버섯 손해보장

| 구분 | 보험의 목적 |
| --- | --- |
| 농업용 시설물<br>(버섯재배사) | 단동하우스(광폭형하우스를 포함), 연동하우스 및 경량철골조 등 버섯작물 재배용으로 사용하는 구조체, 피복재 또는 벽으로 구성된 시설 |
| 부대시설 | 버섯작물 재배를 위하여 농업용시설물(버섯재배사)에 부대하여 설치한 시설 (단, 동산시설은 제외) |
| 버섯작물 | 농업용시설물(버섯재배사) 및 부대시설을 이용하여 재배하는 느타리버섯(균상재배, 병재배), 표고버섯(원목재배[29], 톱밥배지재배), 새송이버섯(병재배), 양송이버섯(균상재배) |

(1) 농업용 시설물(버섯재배사)의 경우, 목재·죽재로 시공된 하우스는 제외되며, 선별장·창고·농막 등도 가입 대상에서 제외된다.

(2) 농업용 시설물(버섯재배사) 및 부대시설의 경우, 아래의 물건은 보험의 목적에서 제외된다.

(가) 버섯작물을 제외한 온실 내의 동산

(나) 버섯재배 이외의 다른 목적이나 용도로 병용하고 있는 경우, 다른 목적이나 용도로 사용되는 부분

---

[29] 원목재배 표고버섯은 2020년 이후 종균접종한 표고버섯에 한함

(3) 보험의 목적인 부대시설은 아래의 물건을 말한다.
  (가) 버섯 작물의 재배를 위하여 농업용 시설물 내부 구조체에 연결, 부착되어 외부에 노출되지 않는 시설물
  (나) 버섯 작물의 재배를 위하여 농업용 시설물 내부 지면에 고정되어 이동 불가능한 시설물
  (다) 버섯 작물의 재배를 위하여 지붕 및 기둥 또는 외벽을 갖춘 외부 구조체 내에 고정·부착된 시설물
(4) 아래의 물건은 시설물에 고정, 연결 또는 부착되어 있다 하더라도 보험의 목적에 포함되지 않는다.
  (가) 소모품 및 동산시설 : 멀칭비닐, 터널비닐, 외부 제초비닐, 매트, 바닥재, 배지, 펄라이트, 상토, 이동식 또는 휴대할 수 있는 무게나 부피를 가지는 농기계, 육묘포트, 육묘기, 모판, 화분, 혼합토, 컨베이어, 컴프레서, 적재기기 및 이와 비슷한 것
  (나) 피보험자의 소유가 아닌 임차시설물 및 임차부대시설(단, 농업용 시설물 제외)
  (다) 저온저장고, 저온창고, 냉동고, 선별기, 방범용 CCTV, 소프트웨어 및 이와 비슷한 것
  (라) 보호장치 없이 농업용 시설물 외부에 위치한 시설물. 단, 농업용 시설물 외부에 직접 부착되어 있는 차양막과 보온재는 제외
    ※ 보호장치란 창고 또는 이와 유사한 것으로 시설물이 외부에 직접적으로 노출되는 것을 방지하는 장치를 말함

### 4) 보험기간

가) 종합위험 원예시설 손해보장

| 구분 | 보험의 목적 | | 보험기간 | |
|---|---|---|---|---|
| | | | 보장개시 | 보장종료 |
| 농업용 시설물 | 단동하우스(광폭형하우스를 포함), 연동하우스 및 유리(경질판)온실의 구조체 및 피복재 | | 청약을 승낙하고 제1회 보험료를 납입한 때 | 보험증권에 기재된 보험 종료일 24시 |
| 부대시설 | 모든 부대시설(단, 동산시설 제외) | | | |
| 시설작물 | 화훼류 | 국화, 장미, 백합, 카네이션 | | |
| | 비화훼류 | 딸기, 오이, 토마토, 참외, 고추, 호박, 수박, 멜론, 파프리카, 상추, 부추, 시금치, 가지, 배추, 파(대파·쪽파), 무, 미나리, 쑥갓, 감자 | | |

(1) 딸기, 오이, 토마토, 참외, 고추, 호박, 국화, 장미, 수박, 멜론, 파프리카, 상추, 부추, 가지, 배추, 파(대파), 백합, 카네이션, 미나리, 감자 품목은 '해당 농업용 시설물 내에 농작물을 정식한 시점'과 '청약을 승낙하고 제1회 보험료를 납입한 때' 중 늦은 때를 보장개시일로 한다.
  Tip 정식하는 작물이다.

(2) 시금치, 파(쪽파), 무, 쑥갓 품목은 '해당 농업용 시설물 내에 농작물을 파종한 시점'과 '청약을 승낙하고 제1회 보험료를 납입한 때' 중 늦은 때를 보장개시일로 한다.

Tip 파종하는 작물이다. 시(시금치), 쪽파, 무, 갓(쑥갓) : 삽으로 씨 쭉 파먹을까?

나) 종합위험 버섯 손해보장

| 구분 | 보험의 목적 | 보험기간 | |
|---|---|---|---|
| | | 보장개시 | 보장종료 |
| 농업용 시설물 (버섯재배사) | 단동하우스(광폭형하우스를 포함), 연동 하우스 및 경량철골조 등 버섯작물 재배용으로 사용하는 구조체, 피복재 또는 벽으로 구성된 시설 | 청약을 승낙하고 제1회 보험료 납입한 때 | 보험증권에 기재된 보험 종료일 24시 |
| 부대시설 | 버섯작물 재배를 위하여 농업용시설물(버섯재배사)에 부대하여 설치한 시설(단, 동산시설은 제외함) | | |
| 버섯작물 | 농업용시설물(버섯재배사) 및 부대시설을 이용하여 재배하는 느타리버섯(균상재배, 병재배), 표고버섯(원목재배, 톱밥배지재배), 새송이버섯(병재배), 양송이버섯(균상재배) | | |

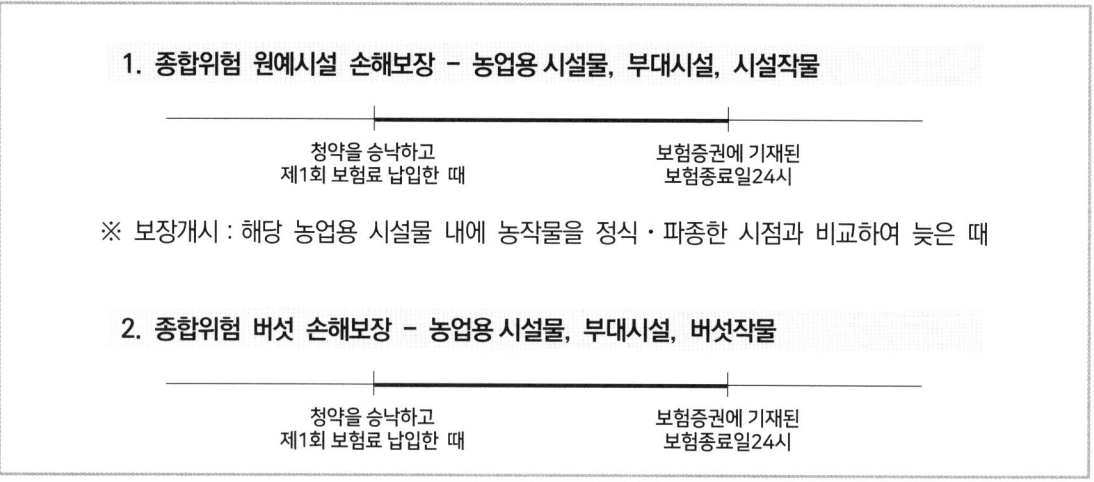

Tip 종합위험 원예시설·버섯 손해보장 보험기간의 이해

5) 보험가입금액

가) 원예시설

(1) 농업용 시설물

(가) 전산(電算)으로 산정된 기준 보험가입금액의 90 ~ 130% 범위 내에서 결정한다.

Tip 시설(재조달해서) 구(90), 하세(130)

(나) 전산으로 기준금액 산정이 불가능한 유리온실(경량철골조), 내재해형하우스, 비규격하우스는 계약자 고지사항을 기초로 보험가입금액을 결정한다.

  ※ 유리온실(경량철골조)은 ㎡당 5 ~ 50만원 범위에서 가입금액 선택 가능하다.

(2) 부대시설

  (가) 계약자 고지사항을 기초로 보험가액을 추정하여 보험가입금액 결정한다.

(3) 시설작물

  (가) 하우스별 연간 재배 예정인 시설작물 중 생산비가 가장 높은 작물 가액의 50 ~ 100% 범위 내에서 계약자가 가입금액을 결정(10% 단위)한다.

   Tip **높은 곳 오**(50)~!, **민망**(100)

  ※ 농업용시설물 및 부대시설의 경우 재조달가액 특약 미가입시 고지된 구조체 내용에 따라 감가율을 고려하여 시가기준으로 결정(보험사고 시 지급기준과 동일)하며, 재조달가액 특약 가입 시 재조달가액 기준으로 결정한다.

나) 버섯

(1) 버섯재배사

  (가) 전산(電算)으로 산정된 기준 보험가입금액의 90 ~ 130% 범위 내에서 결정한다.

   Tip **시설**(재조달해서) **구**(90), **하세**(130)

  (나) 전산으로 기준금액 산정이 불가능한 버섯재배사(콘크리트조, 경량철골조), 내재해형하우스, 비규격하우스는 계약자 고지사항을 기초로 보험가입금액을 결정한다.

   ※ 버섯재배사(콘크리트조, 경량철골조)는 ㎡당 5 ~ 50만원 범위에서 가입금액 선택 가능하다.

(2) 부대시설

  계약자 고지사항을 기초로 보험가액을 추정하여 보험가입금액 결정한다.

(3) 버섯작물

  하우스별 연간 재배 예정인 버섯 중 생산비가 가장 높은 버섯 가액의 50 ~ 100% 범위 내에서 계약자가 가입금액을 결정(10% 단위)한다.

   Tip **높은 곳 오**(50)~!, **민망**(100)

  ※ 버섯재배사 및 부대시설의 경우 재조달가액 특약 미가입시 고지된 구조체 내용에 따라 감가율을 고려하여 시가기준으로 결정(보험사고 시 지급기준과 동일)하며, 재조달가액 특약 가입 시 재조달가액 기준으로 결정한다.

6) 보험료

   가) 보험료의 구성

   영업보험료는 순보험료와 부가보험료를 더하여 산출한다. 순보험료는 지급보험금의 재원이 되는 보험료이며 부가보험료는 보험회사의 경비 등으로 사용되는 보험료이다.

   **Tip** 시설물은 다른 상품과 달리 **보험료의 정부지원** 규정은 **없다**.

   나) 보험료의 산출

   (1) 농업용시설물·부대시설

   (가) 주계약(보통약관)

   > 적용보험료 = [(농업용시설물 보험가입금액 × 지역별 농업용시설물 **종별** 보험료율)
   >              + (부대시설 보험가입금액 × 지역별 부대시설 보험료율)] × 단기요율 적용지수

   ※ 단, 수재위험 부보장 특약에 가입한 경우에는 위 보험료의 90% 적용

   (나) 화재위험 보장 특별약관

   > 적용보험료 = 보험가입금액 × 화재위험보장특약보험료율 × 단기요율적용지수

   (2) 시설작물

   (가) 주계약(보통약관)

   > 적용보험료 = 보험가입금액 × 지역별·**종별**보험료율 × 단기요율 적용지수

   ※ 단, 수재위험 부보장 특약에 가입한 경우에는 위 보험료의 90% 적용

   (나) 화재위험 보장 특별약관

   > 적용보험료 = 보험가입금액 × 화재위험보장특약영업요율 × 단기요율적용지수

   (3) 화재대물배상책임 보장 특별약관(농업용시설물)

   > 적용보험료 = 산출기초금액(12,025,000원) × 화재위험보장특약영업요율(농업용시설물, 부대시설)
   >              × 대물인상계수(LOL계수) × 단기요율 적용지수

   **Tip** 산출기초금액(12,025,000원) : 불길이 **이리**(12) **뻥튄다**(025) **뻥뻥뻥**(000)

   (4) 버섯재배사·부대시설

   (가) 주계약(보통약관)

   > 적용보험료 = [(버섯재배사 보험가입금액 × 지역별 버섯재배사 **종별** 보험료율)
   >              + (부대시설 보험가입금액 × 지역별 부대시설 보험료율)] × 단기요율 적용지수

   ※ 단, 수재위험 부보장 특약에 가입한 경우에는 위 보험료의 90% 적용

(나) 화재위험 보장 특별약관

> 적용보험료 = 보험가입금액 × 화재위험보장특약보험료율 × 단기요율적용지수

(5) 버섯작물

(가) 주계약(보통약관)

> 적용보험료 = 보험가입금액 × 지역별·**종별**보험료율 × 단기요율 적용지수

※ 단, 수재위험 부보장 특약에 가입한 경우에는 위 보험료의 90% 적용

(나) 화재위험 보장 특별약관

> 적용보험료 = 보험가입금액 × 화재위험보장특약영업요율 × 단기요율적용지수

(다) 표고버섯 확장위험보장 특별약관

> 적용보험료 = 보험가입금액 × 지역별·**종별**보험요율 × 단기요율적용지수 × 할증적용계수

(6) 화재대물배상책임 보장 특약(버섯재배사)

> 적용보험료 = 산출기초금액(12,025,000원) × 화재위험보장특약영업요율
> × 대물인상계수(LOL계수) × 단기요율 적용지수

Tip 산출기초금액(12,025,000원) : 불길이 **이리**(12) **뻥튄다**(025) **뻥뻥뻥**(000)

〈종별 보험료율 차등적용에 관한 사항〉

| 종구분 | 상세 | 요율상대도 |
|---|---|---|
| 1종 | (원예시설) 철골유리온실, 철골펫트온실, (버섯재배사) 경량철골조<br>Tip **철골**(0.70) | 0.70 |
| 2종 | 허용 적설심 및 허용 풍속이 지역별 내재해형 설계기준의 120% 이상인 하우스 | 0.80 |
| 3종 | 허용 적설심 및 허용 풍속이 지역별 내재해형 설계기준의 100% 이상 ~ 120% 미만인 하우스 | 0.90 |
| 4종 | 허용 적설심 및 허용 풍속이 지역별 내재해형 설계기준의 100% 미만이면서, 허용 적설심 7.9㎝ 이상이고, 허용 풍속이 10.5m/s 이상인 하우스 | 1.00 |
| 5종 | 허용 적설심 7.9㎝ 미만이거나, 허용 풍속이 10.5m/s 미만인 하우스 | 1.10 |

### Tip 종별 보험료율 차등적용(요율상대도)

㉮ 해가림시설 종합위험 보통약관에만 적용(0.9, 1.0, 1.1, 1.2) : 인삼에는 적용하지 않음
㉯ 농업용시설물(시설작물), 버섯재배사(버섯작물) 보통약관과 확장위험 특약에만 적용
  (0.7, 0.8, 0.9, 1.0, 1.1) : 부대시설, 특약(화재, 대물배상)에는 적용하지 않음
㉰ 비가림시설은 요율상대도 적용이 없음

### Tip 종별 보험료율 차등적용에 관한 요율상대도

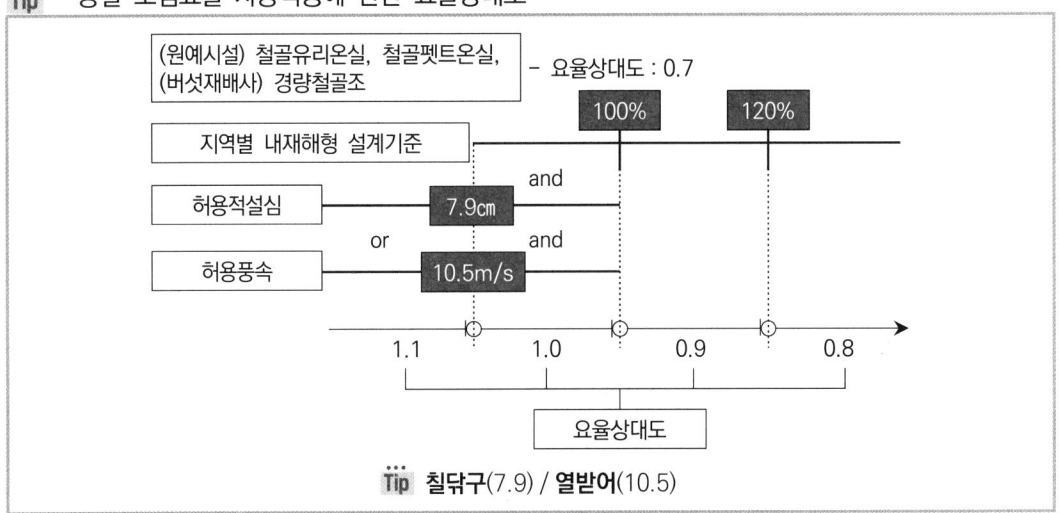

Tip **칠닭구**(7.9) / **열받어**(10.5)

〈단기요율 적용지수〉

- 보험기간이 1년 미만인 단기계약에 대하여는 아래의 단기요율 적용
- 보험기간을 연장하는 경우에는 원기간에 통산하지 아니하고 그 연장기간에 대한 단기요율 적용
- 보험기간 1년 미만의 단기계약을 체결하는 경우 보험기간에 6월, 7월, 8월, 9월, 11월, 12월, 1월, 2월, 3월이 포함될 때에는 단기요율에 각월마다 10%p씩 가산. 다만, 화재위험 보장 특약은 가산하지 않음 Tip **싸**, **워**, **대**(4, 5, 10(ten)월, 싸워서 미적용)
- 그러나, 이 요율은 100%를 초과할 수 없음

〈단기요율표〉

| 보험기간 | 15일까지 | 1개월까지 | 2개월까지 | 3개월까지 | 4개월까지 | 5개월까지 | 6개월까지 | 7개월까지 | 8개월까지 | 9개월까지 | 10개월까지 | 11개월까지 |
|---|---|---|---|---|---|---|---|---|---|---|---|---|
| 단기요율 | 15% | 20% | 30% | 40% | 50% | 60% | 70% | 75% | 80% | 85% | 90% | 95% |

〈대물인상계수(LOL계수)〉

(단위 : 백만원)

| 배상한도액 | 10 | 20 | 50 | 100 | 300 | 500 | 750 | 1,000 | 1,500 | 2,000 | 3,000 |
|---|---|---|---|---|---|---|---|---|---|---|---|
| 인상계수 | 1.00 | 1.56 | 2.58 | 3.45 | 4.70 | 5.23 | 5.69 | 6.12 | 6.64 | 7.00 | 7.12 |

다) 보험료의 환급

(1) 이 계약이 무효, 효력상실 또는 해지된 때에는 다음과 같이 보험료를 반환한다.

**(가) 계약자 또는 피보험자의 책임 없는 사유에 의하는 경우** : 무효의 경우에는 납입한 계약자부담 보험료의 전액, 효력상실 또는 해지의 경우 경과하지 않은 기간에 대하여 일 단위로 계산한 계약자부담보험료

**(나) 계약자 또는 피보험자의 책임 있는 사유에 의하는 경우** : 이미 경과한 기간에 대하여 단기요율(1년 미만의 기간에 적용되는 요율)로 계산된 보험료를 뺀 잔액. 다만 계약자, 피보험자의 고의 또는 중대한 과실로 무효가 된 때에는 보험료를 반환하지 않는다.

(2) 보험기간이 1년을 초과하는 계약이 무효 또는 효력 상실인 경우에는 무효 또는 효력상실의 원인이 생긴 날 또는 해지일이 속하는 보험년도의 보험료는 위(1)의 규정을 적용하고 그 이후의 보험연도에 속하는 보험료는 전액 돌려준다.

(3) 계약자 또는 피보험자의 책임 있는 사유라 함은 다음 각 호를 말한다.

(가) 계약자 또는 피보험자가 임의 해지하는 경우

(나) 사기에 의한 계약, 계약의 해지30) 또는 중대사유로 인한 해지에 따라 계약을 취소 또는 해지하는 경우

(다) 보험료 미납으로 인한 계약의 효력 상실

(4) 계약의 무효, 효력상실 또는 해지로 인하여 반환해야 할 보험료가 있을 때에는 계약자는 환급금을 청구하여야 하며, 청구일의 다음 날부터 지급일까지의 기간에 대하여 '보험개발원이 공시하는 보험계약대출이율'을 연단위 복리로 계산한 금액을 더하여 지급한다.

7) 보험금

가) 농업용 시설물(버섯재배사 포함) 및 부대시설

농업용 시설물 및 부대시설의 보장 종류, 보험금 지급 사유 및 보험금 계산은 아래와 같다.

| 보장 | 보험의 목적 | 보험금 지급사유 | 보험금 계산(지급금액) |
|---|---|---|---|
| 농업용 시설물 손해보장 (보통약관) | 농업용 시설물 (버섯재배사 포함) 및 부대시설 | 보장하는 재해로 손해액이 자기부담금을 초과하는 경우(1사고당) | 가) 손해액의 계산<br>○ 손해가 생긴 때와 곳에서의 가액에 따라 계산함<br>나) 보험금 산출 방법<br>○ 보험금 = 손해액 - 자기부담금 |

※ 재조달가액 보장 특약을 가입하지 않거나, 보험의 목적이 손해를 입은 장소에서 실제로 수리 또는 복구를 하지 않는 경우 경년감가율을 적용한 시가(감가상각된 금액)로 보상

---

30) 계약자 또는 피보험자의 고의로 손해가 발생한 경우나, 고지의무·통지의무 등을 해태한 경우의 해지를 말한다.

### Tip 보험금 산식의 유형

(1) 가, 피, 자 스타일 : 보험가입금액 ×(피해율 - 자기부담비율)
　① 특정위험방식(인삼), ② 수확감소보장, ③ 비가림과수손해보장
　④ 과실손해보장(적과전 이외 품목), ⑤ 생산비보장(아래 일정비율 스타일 이외 품목)
　⑥ 나무손해보장(5% 자기부담비율)

(2) 손, 자 스타일 : 손해액 - 자기부담금
　① 비가림시설, ② 해가림시설, ③ 농업시설물(원예시설·버섯재배사)·부대시설
　④ 옥수수, ⑤ 감귤(온주밀감)　Tip 할아버지가 **손자**와 함께 **시설** 아래에서 **옥수수**와 **온주밀감**을 먹네

(3) 일정비율 스타일
　① 경작불능보장, ② 이앙·직파 불능보장, ③ 재이앙·재직파 보장, ④ 수확불능보장(벼)
　⑤ 생산비보장(고추, 브로콜리, 시설·버섯작물), ⑥ 재파종보장, ⑦ 재정식보장
　⑧ 수확량감소 추가보장(포도, 복숭아, 감귤(만감류)), ⑨ 과실손해 추가보장감귤(온주밀감)

(4) 독자적인 스타일 : 적과전 종합위험 방식
　① 착과감소보험금, ② 과실손해보험금

나) 시설작물

시설작물의 보장 종류, 보험금 지급 사유 및 보험금 계산은 아래와 같다.

| 보장 | 보험의 목적 | 보험금 지급사유 | 보험금 계산(지급금액) |
|---|---|---|---|
| 생산비 보장<br>(보통약관) | 딸기, 토마토, 오이, 참외, 고추, 파프리카, 호박, 국화, 수박, 멜론, 상추, 가지, 배추, 백합, 카네이션, 미나리, 감자, 파(대파) | 보장하는 재해로 1사고마다 1동 단위로 생산비보장 보험금이 10만원을 초과할 때 | 피해작물 재배면적 × 피해작물 단위면적당 보장생산비 × 경과비율 × 피해율<br>※ 경과비율은 다음과 같이 산출한다.<br>○ 수확기 이전에 보험사고 발생 :<br>　준비기생산비계수 + [(1 - 준비기생산비계수) × (생장일수 ÷ 표준생장일수)]<br>○ 수확기 중에 보험사고 발생 :<br>　1 - (수확일수 ÷ 표준수확일수)<br>　- 산출된 경과비율이 10% 미만인 경우 경과비율을 10%로 한다.<br>　(단, 오이, 토마토, 고추, 호박, 상추 제외)<br>　Tip **오**이, **토**마토, **상**추, **호**박, **굳쳐**(고추) |
| | 장미 | | ○ 나무가 죽지 않은 경우 : 장미 재배면적 × 장미 단위면적당 나무생존 시 보장생산비 × 피해율<br>○ 나무가 죽은 경우 : 장미 재배면적 × 장미 단위면적당 나무고사 보장생산비 × 피해율<br>　Tip **목본**에 해당됨 **경과비율 없음** |

| | |
|---|---|
| 부추 | 부추 재배면적 × 부추 단위면적당보장생산비 × 피해율 × 70% <br> Tip 수시로 수확함 **경과비율 없음** |
| 시금치, 파(쪽파), 무, 쑥갓 | 피해작물 재배면적 × 피해작물 단위면적당 보장생산비 × 경과비율 × 피해율 <br> ※ 경과비율은 다음과 같이 산출한다. <br> ○ 수확기 이전에 보험사고 발생 : <br> 준비기생산비계수 + [(1 - 준비기생산비계수) × (생장일수 ÷ 표준생장일수)] <br> ○ 수확기 중에 보험사고 발생 : <br> 1 - (수확일수 ÷ 표준수확일수) <br> - 산출된 경과비율이 10% 미만인 경우 경과비율을 10%로 한다. (단, 표준수확일수보다 실제수확개시일부터 수확종료일까지의 일수가 적은 경우 제외) |

※ 단, 일부보험일 경우 비례보상 적용

**Tip 경작불능보장이 배제되는 품목**

(1) 과수작물(목본작물) : 경작불능보장은 원칙적으로 경작의 노력이 요구되는 초본작물에 적용함. 단, 복분자는 목본작물이지만 초본작물의 성향이 많아 예외적으로 인정함
(2) 차(茶) : 목본작물
(3) 고추, 브로콜리 : 중간에 보험금 수령이 잦은 품목임. 따라서 중도에 경작불능을 선택할 수 없음
(4) 시설작물, 버섯작물 : 경작의 노력이 요구되는 작물이 아님

**Tip 생장일수와 수확일수에 따른 경과비율의 이해**

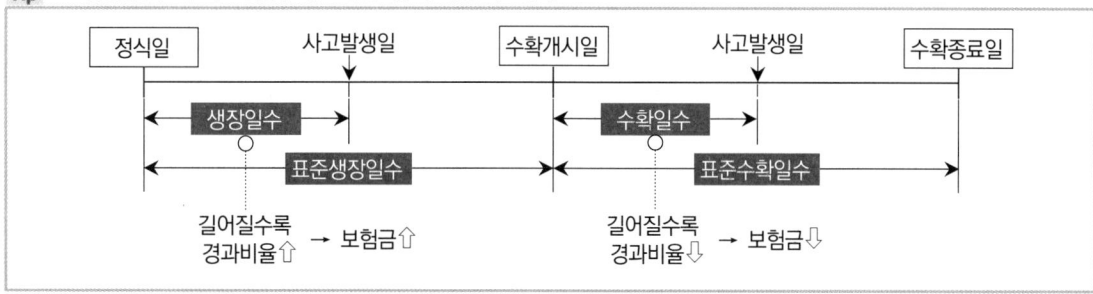

주1) 준비기생산비계수 (딸기, 토마토, 오이, 참외, 고추, 파프리카, 호박, 국화, 수박, 멜론, 상추, 가지, 배추, 백합, 카네이션, 미나리, 감자, 파(대파)) : 40%,

Tip 준비기에 피복재로 시설을 둘러싸는 비용, 둘러 **싸공**(40%)

다만, 국화 및 카네이션 재절화재배는 20% Tip 준비기생산비 **절반**만 인정

주2) 준비기생산비계수 (시금치, 파(쪽파), 무, 쑥갓) : 10%

    Tip **시**(시금치), **쪽**파, **무**, **갓**(쑥갓) : 삽(10 = 🌱 )으로 씨 쭉 파먹을까

주3) 생장일수는 정식·파종일로부터 사고발생일까지 경과일수로 하며, 표준생장일수(정식·파종일로부터 수확개시일까지 표준적인 생장일수)는 아래 〈표준생장일수 및 표준수확일수〉 표를 따른다. 이때 (생장일수 ÷ 표준생장일수)는 1을 초과할 수 없다.

주4) 수확일수는 수확개시일로부터 사고발생일까지 경과일수로 하며, 표준수확일수(수확개시일로부터 수확종료일까지 표준적인 생장일수)는 아래 〈표준생장일수 및 표준수확일수〉 표를 따른다. 단, 국화·수박·멜론의 경과비율은 1로 한다.

    Tip **국**화·**수**박·**멜**론 : 국수로 만든 음식 생긴게 '1' 모양

〈시설작물별 표준생장일수 및 표준수확일수〉

| 품목 | 품종 | 표준생장일수 | 표준수확일수 |
|---|---|---|---|
| 딸기(시설재배) | | 90일 | 182일 |
| 오이(시설재배) | | 45일(75일) | - |
| 토마토(시설재배) | | 80일(120일) | - |
| 참외(시설재배) | | 90일 | 224일 |
| 고추(시설재배) | 풋고추 | 55일 | - |
| | 홍고추 | 90일 | - |
| 호박(시설재배) | | 40일 | - |
| 수박(시설재배) | 일반 | 100일 | - |
| | 중소형 | 85일 | - |
| 멜론(시설재배) | | 100일 | - |
| 파프리카(시설재배) | | 100일 | 223일 |
| 상추(시설재배) | | 30일 | - |
| 시금치(시설재배) | | 40일 | 30일 |
| 국화(시설재배) | 스탠다드형 | 120일 | - |
| | 스프레이형 | 90일 | - |
| 가지(시설재배) | | 50일 | 262일 |
| 배추(시설재배) | | 70일 | 50일 |
| 파(시설재배) | 대파 | 120일 | 64일 |
| | 쪽파 | 60일 | 19일 |
| 무(시설재배) | 일반 | 80일 | 28일 |
| | 기타 | 50일 | 28일 |

| 백합(시설재배) | 100일 | 23일 |
|---|---|---|
| 카네이션(시설재배) | 150일 | 224일 |
| 미나리(시설재배) | 130일 | 88일 |
| 쑥갓(시설재배) | 50일 | 51일 |
| 감자(시설재배) | 110일 | 9일 |

*단, 괄호안의 표준생장일수는 9월~11월에 정식하여 겨울을 나는 재배일정으로 3월 이후에 수확을 종료하는 경우에 적용한다.

*무 품목의 기타 품종은 알타리무, 열무 등 큰 무가 아닌 품종의 무를 가리킨다.

**Tip  시설작물 경과비율의 구분**

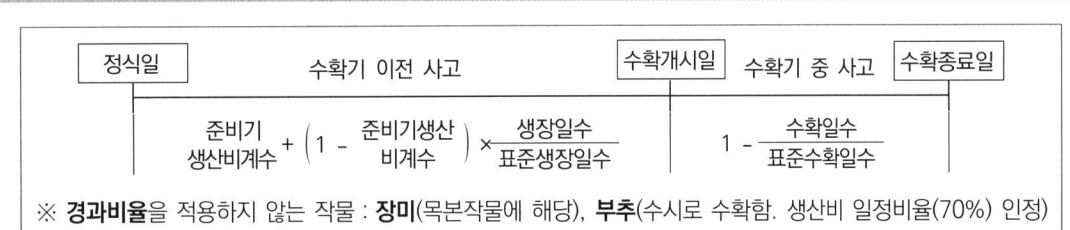

㈎ 준비기생산비계수
① 40% : 딸기 등 나머지   Tip 준비기에 피복재로 시설을 둘러싸는 비용, 둘러 **싸공**(40%)
② 20% : 국화 및 카네이션(재절화재배)   Tip **절반**(20%)만 인정
③ 10% : 시금치, 파(쪽파), 무, 쑥갓   Tip **시**(시금치), **쪽**파, **무**, **갓**(쑥갓) : 삽(10 = 🔨)으로 씨 쭉 파먹을까?

㈏ 표준생장일수, 표준수확일수 : 표에 주어짐

㈐ 수확기 중 사고 경과비율 "1" 적용 : 국화·수박·멜론
표준수확일수가 없음. 항상 "1"을 적용함.   Tip **국화·수박·멜론** : 국수로 만든 음식 생긴게 '1' 모양

㈑ 수확기 중 사고 경과비율 : 10% 미만인 경우 → 경과비율은 10%
단, 오이, 토마토, 고추, 호박, 상추 제외 : 표준수확일수 없음. 원래대로(수확개시일 ~ 수확종료일) 적용
Tip **오**이, **토**마토, **상**추, **호**박, **굳쳐**(고추) : 자동으로 이 가게 상호는 바꾸지 말고 굳쳐

주5) **피해율** : 피해비율 × 손해정도비율 × (1 − 미보상비율)

   Tip **피**해**비**율 × **손**해**정도비**율 × (**1 − 미**보상비율) : 피비, 손비, 일마미(임마야 미안해)

⟨손해정도에 따른 손해정도비율⟩

| 손해정도 | 1~20% | 21~40% | 41~60% | 61~80% | 81~100% |
|---|---|---|---|---|---|
| 손해정도비율 | 20% | 40% | 60% | 80% | 100% |

주6) **피해비율** : 피해면적(주수) ÷ 재배면적(주수)

주7) 위 산출식에도 불구하고 피해작물 재배면적에 피해작물 단위면적당 보장생산비를 곱한 값이 보험가입금액보다 큰 경우에는 상기 산출식에 따라 계산된 생산비보장보험금을 다음과 같이

다시 계산하여 지급한다.

if) 피해작물 재배면적 × 피해작물 단위면적당 보장생산비 > 보험가입금액

| 상기 산출식에 따라 계산된 생산비보장보험금 |
| --- |
| × 보험가입금액 ÷ (피해작물 단위면적당 보장생산비 × 피해작물 재배면적) |
| *장미의 경우 (장미 단위면적당 나무고사 보장생산비 × 장미 재배면적) 적용 |

다) 버섯작물

버섯작물의 보장종류, 보험금 지급사유 및 보험금 계산은 아래와 같다.

| 보장 | 보험의 목적 | 보험금 지급사유 | 보험금 계산(지급금액) |
| --- | --- | --- | --- |
| 생산비 보장 (보통약관) | 표고버섯 (원목재배) | 보장하는 재해로 1사고마다 생산비보장 보험금이 10만원을 초과할 때 | 재배원목(본)수 × 원목(본)당 보장생산비 × 피해율 |
| | 표고버섯 (톱밥배지재배) | | 재배배지(봉)수 × 배지(봉)당 보장생산비 × 경과비율 × 피해율<br>※ 경과비율은 다음과 같이 산출한다.<br>○ 수확기 이전에 보험사고 발생 :<br>준비기생산비계수 + [(1 - 준비기생산비계수) × (생장일수 ÷ 표준생장일수)]<br>○ 수확기 중에 보험사고 발생 :<br>1 - (수확일수 ÷ 표준수확일수) |
| | 느타리버섯 (균상재배) | | 재배면적 × 느타리버섯(균상재배) 단위면적당 보장생산비 × 경과비율 × 피해율<br>※ 경과비율은 다음과 같이 산출한다.<br>○ 수확기 이전에 보험사고 발생 : 준비기생산비계수 + [(1 - 준비기생산비계수) × (생장일수 ÷ 표준생장일수)]<br>○ 수확기 중에 보험사고 발생 : 1 - (수확일수 ÷ 표준수확일수) |
| | 느타리버섯 (병재배) | | 재배병수 × 병당보장생산비 × 경과비율 × 피해율<br>※ 경과비율은 일자와 관계없이 88.7%를 적용한다. |
| | 새송이버섯 (병재배) | | 재배병수 × 병당보장생산비 × 경과비율 × 피해율<br>※ 경과비율은 일자와 관계없이 91.7%를 적용한다. |
| | 양송이버섯 (균상재배) | | 재배면적 × 단위면적당 보장생산비 × 경과비율 × 피해율<br>※ 경과비율은 다음과 같이 산출한다.<br>○ 수확기 이전에 보험사고 발생 :<br>준비기생산비계수 + [(1 - 준비기생산비계수) × (생장일수 ÷ 표준생장일수)]<br>○ 수확기 중에 보험사고 발생 :<br>1 - (수확일수 ÷ 표준수확일수) |

※ 단, 일부보험일 경우 비례보상 적용

◆ 표고버섯(원목재배)
　주1) **피해율** : 피해비율 × 손해정도비율 × (1−미보상비율)
　　　Tip **피**해비율 × **손**해정도비율 × (1 − **미**보상비율) : 피비, 손비, 일마미(임마야 미안해)
　주2) **피해비율** : 피해원목(본)수 ÷ 재배원목(본)수
　주3) **손해정도비율** : 원목(본)의 피해면적 ÷ 원목의 면적
　주4) 위 산출식에도 불구하고 재배원목(본)수에 원목(본)당 보장생산비를 곱한 값이 보험가입금액보다 큰 경우에는 상기 산출식에 따라 계산된 생산비보장보험금을 다음과 같이 다시 계산하여 지급한다.
　　　if) 재배원목(본)수 × 원목(본)당 보장생산비 > 보험가입금액

> 상기 산출식에 따라 계산된 생산비보장보험금
> × 보험가입금액 ÷ (원목(본)당 보장생산비 × 재배원목(본)수)

◆ 표고버섯(톱밥배지재배)
　주1) **준비기생산비계수** : 66.3%
　주2) **생장일수**는 종균접종일로부터 사고발생일까지 경과일수로 하며, 표준생장일수(종균접종일로부터 수확개시일까지 표준적인 생장일수)는 아래 〈표준생장일수〉 표를 따른다. 이때 (생장일수 ÷ 표준생장일수)는 1을 초과할 수 없다.
　주3) **수확일수**는 수확개시일로부터 사고발생일까지 경과일수로 하며, 표준수확일수는 수확개시일로부터 수확종료일까지 일수로 한다.
　주4) **피해율** : 피해비율 × 손해정도비율 × (1−미보상비율)
　　　Tip **피**해비율 × **손**해정도비율 × (1 − **미**보상비율) : 피비, 손비, 일마미(임마야 미안해)
　주5) **피해비율** : 피해배지(봉)수 ÷ 재배배지(봉)수
　주6) **손해정도비율** : 손해정도에 따라 50%, 100%에서 결정한다.
　주7) 위 산출식에도 불구하고 재배배지(봉)수에 피해작물 배지(봉)당 보장생산비를 곱한 값이 보험가입금액보다 큰 경우에는 상기 산출식에 따라 계산된 생산비보장보험금을 다음과 같이 다시 계산하여 지급한다.
　　　if) 재배배지(봉)수 × 피해작물 배지(봉)당 보장생산비 > 보험가입금액

> 상기 산출식에 따라 계산된 생산비보장보험금
> × 보험가입금액 ÷ (배지(봉)당 보장생산비 × 재배배지(봉)수)

◆ 느타리버섯, 양송이버섯(균상재배)
　주1) **준비기생산비계수** : (느타리버섯) 67.6%, (양송이버섯) 75.3%

주2) **생장일수**는 종균접종일로부터 사고발생일까지 경과일수로 하며, 표준생장일수(종균접종일로부터 수확개시일까지 표준적인 생장일수)는 아래 〈표준생장일수〉 표를 따른다. 이때 (생장일수 ÷ 표준생장일수)는 1을 초과할 수 없다.

주3) **수확일수**는 수확개시일로부터 사고발생일까지 경과일수로 하며, 표준수확일수는 수확개시일로부터 수확종료일까지 일수로 한다.

주4) **피해율** : 피해비율 × 손해정도비율 × (1－미보상비율)

  Tip **피**해비율 × **손**해정도**비**율 × (**1 - 미**보상비율) : 피비, 손비, 일마미(임마야 미안해)

주5) **피해비율** : 피해면적($m^2$) ÷ 재배면적(균상면적, $m^2$)

주6) **손해정도비율** : 아래 〈손해정도에 따른 손해정도비율〉 표를 따른다.

주7) 위 산출식에도 불구하고 피해작물 재배면적에 피해작물 단위면적당 보장생산비를 곱한 값이 보험가입금액보다 큰 경우에는 상기 산출식에 따라 계산된 생산비보장보험금을 다음과 같이 다시 계산하여 지급한다.

  if) 피해작물 재배면적 × 피해작물 단위면적당 보장생산비 > 보험가입금액

> 상기 산출식에 따라 계산된 생산비보장보험금
> × 보험가입금액 ÷ (단위면적당 보장생산비 × 재배면적)

◆ 느타리버섯, 새송이버섯(병재배)

주1) **피해율** : 피해비율 × 손해정도비율 × (1－미보상비율)

  Tip **피**해비율 × **손**해정도**비**율 × (**1 - 미**보상비율) : 피비, 손비, 일마미(임마야 미안해)

주2) **피해비율** : 피해병수 ÷ 재배병수

주3) **손해정도비율** : 아래 〈손해정도에 따른 손해정도비율〉 표를 따른다.

주4) 위 산출식에도 불구하고 재배병수에 병당 보장생산비를 곱한 값이 보험가입금액보다 큰 경우에는 상기 산출식에 따라 계산된 생산비보장보험금을 다음과 같이 다시 계산하여 지급한다.

  if) 재배병수 × 병당 보장생산비 > 보험가입금액

> 상기 산출식에 따라 계산된 생산비보장보험금
> × 보험가입금액 ÷ (병당 보장생산비 × 재배병수)

〈표준생장일수〉

| 품목 | 품종 | 표준생장일수(일) |
| --- | --- | --- |
| 느타리버섯(균상재배) | 전체 | 28 |
| 표고버섯(톱밥배지재배) | 전체 | 90 |
| 양송이버섯(균상재배) | 전체 | 30 |

<손해정도에 따른 손해정도비율>

| 손해정도 | 1~20% | 21~40% | 41~60% | 61~80% | 81~100% |
|---|---|---|---|---|---|
| 손해정도비율 | 20% | 40% | 60% | 80% | 100% |

**Tip** 버섯작물 경과비율의 구분

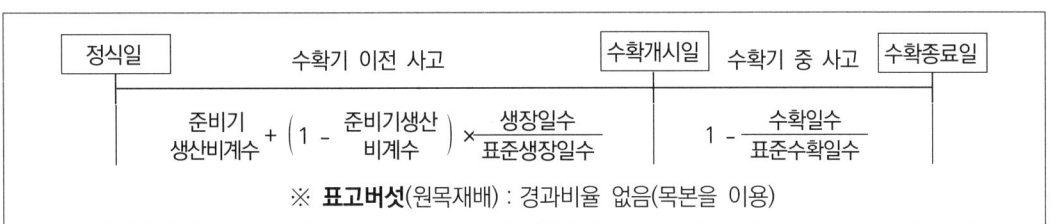

※ **표고버섯**(원목재배) : 경과비율 없음(목본을 이용)

| 품목 | 일정한 경과비율 |
|---|---|
| 느타리버섯<br>(병재배) | 88.7% |
| | **Tip 늘병**(늘 병에 시달리던 여친이) **팔팔 쳐**(88.7 팔팔해져~!) |
| 새송이버섯<br>(병재배) | 91.7% |
| | **Tip 새병**(새송이 병재배) **구해 줘**(91.7) |

| 품목 | 준비기생산비계수 | 표준생장일수(일) | 표준수확일수 |
|---|---|---|---|
| 느타리버섯<br>(균상재배) | 67.6% | 28 | - |
| | **tip 늘균**(늙은) **여친 욕**(67.6, 나이먹은 여자 친구가 욕하면서) / **이빨**(28일) 보이고~! | | |
| 표고버섯<br>(톱밥배지재배) | 66.3% | 90 | - |
| | **Tip 표고, 요여 세**(66.3, 펴고서 여기 열어서) / 톱밥에 **구멍**(90일) 뚫어요~! | | |
| 양송이버섯<br>(균상재배) | 75.3% | 30 | - |
| | **Tip 양균**(양쪽에 균이 넘쳐나니) **싫어 삼**(75.3, 싫어해 대며) / **셋공**(30일, 도망갔고~!) | | |

**Tip** 손해정도비율 비교

(1) 시설작물 : 20, 40, 60, 80, 100%
(2) 버섯작물
 (가) 표고버섯(원목재배) : 원목(본)의 피해면적 / 원목의 면적
 (나) 표고버섯(톱밥배지재배) : 손해정도에 따라 50, 100%
 (다) 느타리버섯(병재배, 균상재배), 양송이버섯(균상재배), 새송이버섯(병재배) :
  20, 40, 60, 80, 100%

8) 자기부담금

최소자기부담금(30만원)과 최대자기부담금(100만원)을 한도로 보험사고로 인하여 발생한 손해액의 10%에 해당하는 금액을 자기부담금으로 한다. 단, 피복재단독사고는 최소자기부담금(10만원)과 최대자기부담금(30만원)을 한도로 한다.

Tip 시설과 시설작물의 자기부담금

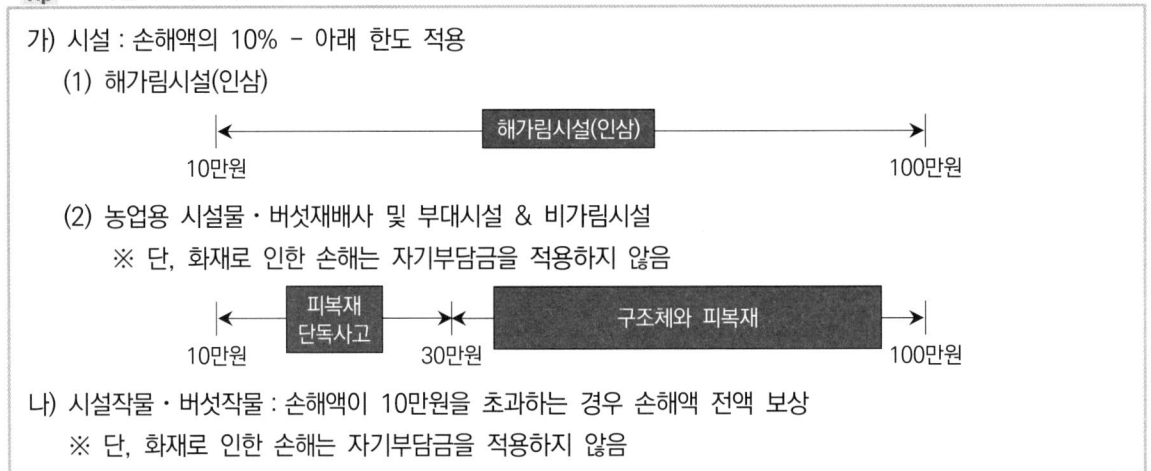

가) 시설 : 손해액의 10% - 아래 한도 적용
  (1) 해가림시설(인삼)
  (2) 농업용 시설물·버섯재배사 및 부대시설 & 비가림시설
    ※ 단, 화재로 인한 손해는 자기부담금을 적용하지 않음
나) 시설작물·버섯작물 : 손해액이 10만원을 초과하는 경우 손해액 전액 보상
  ※ 단, 화재로 인한 손해는 자기부담금을 적용하지 않음

가) 농업용 시설물(버섯재배사 포함)과 부대시설 모두를 보험의 목적으로 하는 보험계약은 두 보험의 목적의 손해액 합계액을 기준으로 자기부담금을 산출한다.

나) 자기부담금은 단지 단위, 1사고 단위로 적용한다.

다) 화재손해는 자기부담금을 미적용한다.(농업용 시설물 및 버섯재배사, 부대시설에 한함)

라) 소손해면책금(시설작물 및 버섯작물에 적용) : 보장하는 재해로 1사고당 생산비보험금이 10만원 이하인 경우 보험금이 지급되지 않고, 소손해면책금을 초과하는 경우 손해액 전액을 보험금으로 지급한다.

9) 특별약관

가) **재조달가액 보장 특별약관**(농업용 시설물 및 버섯재배사, 부대시설)
  (1) **손해의 보상** : 보장하는 재해로 보험의 목적 중 농업용시설물 및 버섯재배사, 부대시설에 손해가 생긴 때에는 이 특별약관에 따라 재조달가액 기준으로 손해액을 보상
    ※ 재조달가액 : 보험의 목적과 동형, 동질의 신품을 재조달하는 데 소요되는 금액
  (2) **보상하지 않는 손해** : 보통약관의 보상하지 않는 손해와 동일

나) **화재위험보장 특별약관**(농업용시설물 및 버섯재배사, 부대시설, 시설·버섯작물)
  (1) **보상하는 손해** : 화재로 입은 손해

**(2) 보상하지 않는 손해**

(가) 계약자, 피보험자 또는 이들의 법정대리인의 고의 또는 중대한 과실로 인한 손해

(나) 보장하는 재해가 발생했을 때 생긴 도난 또는 분실로 생긴 손해

(다) 보험의 목적의 발효, 자연발열, 자연발화로 생긴 손해. 그러나 자연 발열 또는 자연발화로 연소된 다른 보험의 목적에 생긴 손해는 보상

(라) 화재로 기인 되지 않은 수도관, 수관 또는 수압기 등의 파열로 생긴 손해

(마) 발전기, 여자기(정류기 포함), 변류기, 변압기, 전압조정기, 축전기, 개폐기, 차단기, 피뢰기, 배전반 및 그 밖의 전기기기 또는 장치의 전기적 사고로 생긴 손해. 그러나 그 결과로 생긴 화재손해는 보상

(바) 원인의 직접·간접을 묻지 않고 지진, 분화 또는 전쟁, 혁명, 내란, 사변, 폭동, 소요, 노동쟁의, 기타 이들과 유사한 사태로 생긴 화재 및 연소 또는 그 밖의 손해

(사) 핵연료물질(사용된 연료 포함) 또는 핵연료 물질에 의하여 오염된 물질(원자핵 분열 생성물 포함)의 방사성, 폭발성 그 밖의 유해한 특성 또는 이들의 특성에 의한 사고로 인한 손해

(아) 상기 (사) 외의 방사선을 쬐는 것 또는 방사능 오염으로 인한 손해

(자) 국가 및 지방자치단체의 명령에 의한 재산의 소각 및 이와 유사한 손해

**다) 화재대물배상책임 특별약관**(농업용시설물 및 버섯재배사, 부대시설)

(1) **가입대상** : 이 특별약관은 '화재위험보장 특별약관'에 가입한 경우에 한하여 가입할 수 있다.

(2) **지급사유** : 피보험자가 보험증권에 기재된 농업용시설물 및 부대시설 내에서 발생한 화재사고로 인하여 타인의 재물을 망가트려 법률상의 배상책임이 발생한 경우

(3) **지급한도** : 화재대물배상책임특약 가입금액 한도

(4) **보상하지 않는 손해**

(가) 계약자, 피보험자 또는 이들의 법정대리인의 고의로 생긴 손해에 대한 배상책임

(나) 전쟁, 혁명, 내란, 사변, 테러, 폭동, 소요, 노동쟁의 기타 이들과 유사한 사태로 생긴 손해에 대한 배상책임

(다) 지진, 분화, 홍수, 해일 또는 이와 비슷한 천재지변으로 생긴 손해에 대한 배상책임

(라) 피보험자가 소유, 사용 또는 관리하는 재물이 손해를 입었을 경우에 그 재물에 대하여 정당한 권리를 가진 사람에게 부담하는 손해에 대한 배상책임

(마) 피보험자와 타인 간에 손해배상에 관한 약정이 있는 경우, 그 약정에 의하여 가중된 배상책임

(바) 핵연료물질(사용된 연료 포함) 또는 핵연료 물질에 의하여 오염된 물질(원자핵 분열 생성물 포함)의 방사성, 폭발성 그 밖의 유해한 특성 또는 이들의 특성에 의한 사고로 생긴 손해에 대한 배상책임

(사) 위 (바) 외의 방사선을 쬐는 것 또는 방사능 오염으로 인한 손해

(아) 티끌, 먼지, 석면, 분진 또는 소음으로 생긴 손해에 대한 배상책임

(자) 전자파, 전자장(EMF)으로 생긴 손해에 대한 배상책임

(차) 벌과금 및 징벌적 손해에 대한 배상책임

(카) 에너지 및 관리할 수 있는 자연력, 상표권, 특허권 등 무체물에 입힌 손해에 대한 배상책임

(타) 통상적이거나 급격한 사고에 의한 것인가의 여부에 관계없이 공해물질의 배출, 방출, 누출, 넘쳐흐름 또는 유출로 생긴 손해에 대한 배상책임 및 오염제거비용

(파) 배출시설에서 통상적으로 배출되는 배수 또는 배기(연기 포함)로 생긴 손해에 대한 배상책임

(하) 선박 또는 항공기의 소유, 사용 또는 관리로 인한 손해에 대한 배상책임

(거) 화재(폭발 포함)사고를 수반하지 않은 자동차사고로 인한 손해에 대한 배상책임

**라) 수재위험 부보장 특별약관**(농업용시설물 및 버섯재배사, 부대시설, 시설·버섯작물)

(1) 상습 침수구역, 하천부지 등에 있는 보험의 목적에 한하여 적용한다.

(2) 홍수, 해일, 집중호우 등 수재에 의하거나 또는 이들 수재의 방재와 긴급피난에 필요한 조치로 보험의 목적에 생긴 손해는 본 특별약관에 따라 보상하지 않는다.

**마) 표고버섯 확장위험 담보 특별약관**(표고버섯)　Tip 시설작물에만 인정하였던 부분

(1) 보장하는 재해

보통약관의 보장하는 재해에서 정한 규정에도 불구하고, 다음 각 호 중 하나 이상에 해당하는 경우에 한하여 자연재해 및 조수해(鳥獸害)로 입은 손해를 보상한다.

(가) 농업용 시설물(버섯재배사)에 직접적인 피해가 발생하지 않은 자연재해로서 작물피해율이 70% 이상 발생하여 농업용 시설물 내 전체 시설재배 버섯의 재배를 포기하는 경우
　　Tip 작물만 **치고**(70)

(나) 기상청에서 발령하고 있는 기상특보 발령지역의 기상특보 관련 재해로 인해 작물에 피해가 발생한 경우

**10) 계약의 소멸**

가) 손해를 보상하는 경우에는 그 손해액이 한 번의 사고에 대하여 보험가입금액 미만인 때에는 이 계약의 보험가입금액은 감액되지 않으며, 보험가입금액 이상인 때에는 그 손해보상의 원인이 생긴 때로부터 보험의 목적(농업용시설물 및 버섯재배사, 부대시설, 농작물)에 대한 계약은 소멸한다. 이 경우 환급보험료는 발생하지 않는다.

나) 위 가)의 손해액에는 보상하는 손해의 '기타 협력비용'은 제외한다.

### 5 농업수입안정보험

**가. 대상품목**

포도, 마늘, 양파, 감자(가을재배), 고구마, 양배추, 콩, 옥수수, 보리

> **Tip** 콩(장, 두부, 밥밑용) / 억수(옥수수), 양파, 포도, 가을감자 /양배추, 고구마 / 보니(보리), 콩(나물용), 마늘 :
> (억수로 많은 양을 퍼가는데 꼭 양은 배구만 그려~!, 그런데 콩은 남아?)

**나. 보장방식**

수확량감소 및 가격하락으로 인한 농업수입감소 보장

1) 농업수입감소보장방식은 농작물의 수확량 감소나 가격 하락으로 농가 수입이 일정 수준 이하로 하락하지 않도록 보장하는 보험이다. 기존 농작물재해보험에 농산물가격하락을 반영한 농업수입 감소를 보장한다.

2) 농업수입감소보험금 산출 시 가격은 기준가격과 수확기 가격 중 낮은 가격을 적용한다. 따라서 실제 수입을 산정 할 때 실제수확량이 평년수확량보다 적은 경우 수확기 가격이 기준가격을 초과하더라도 수확량 감소에 의한 손해는 농업수입감소보험금으로 지급 가능하다.

**다. 보험사업 실시지역 및 판매 기간**

| 품목 | 사업지역 | 판매기간 |
| --- | --- | --- |
| 고구마 | 경기(여주·이천), 전남(해남·영암·무안·나주·영광), 전북(고창), 충남(당진·아산·홍성) | 4~6월 |
| 옥수수 | 강원(홍천·영월·원주·횡성·정선·춘천), 충북(괴산·보은·옥천·증평), 경남(고성), 경북(안동), 전남(보성·곡성·고흥), 전북(무주) | 4~6월 |
| 콩 | 강원(정선), 경기(파주), 충북(괴산·충주), 충남(태안·서산), 전북(김제·고창·부안·정읍·순창·군산), 전남(무안·영광), 경북(문경·안동·예천·상주), 제주(제주·서귀포) | 6~7월 |
| 양배추 | 제주(서귀포, 제주) | 8~9월 |
| 감자(가을재배) | 전남(보성), 제주(제주) | 8~9월 |
| 마늘 | 전남(고흥), 경북(의성), 경남(창녕), 충남(서산, 태안), 제주(서귀포, 제주) | 10~11월 |
| 양파 | 전남(함평, 무안), 전북(익산), 경북(청도), 경남(창녕, 합천) | 10~11월 |
| 보리 | 전북(김제·군산), 전남(해남), 경남(밀양) | 10~12월 |
| 포도 | 경기(가평, 화성), 경북(상주, 영주, 영천, 경산) | 11~12월 |

### 라. 상품 내용

#### 1) 보장하는 재해 및 가격하락

| 가입대상 품목 | 보장하는 재해 및 가격하락 |
|---|---|
| 포도 | 자연재해, 조수해(鳥獸害), 화재, 가격하락<br>(비가림시설 화재의 경우, 특약 가입 시 보상) |
| 마늘, 양파, 고구마,<br>양배추, 콩, 옥수수, 보리 | 자연재해, 조수해(鳥獸害), 화재, 가격하락 |
| 감자(가을재배) | 자연재해, 조수해(鳥獸害), 화재, 병충해, 가격하락 |

가) **자연재해**[31] : 태풍피해, 우박피해, 동상해, 호우피해, 강풍피해, 한해(가뭄피해), 냉해, 조해(潮害), 설해, 폭염, 기타 자연재해

나) **조수해(鳥獸害)** : 새나 짐승으로 인하여 발생하는 손해

다) **화재** : 화재로 인한 피해

라) **병충해** : 병 또는 해충으로 인하여 발생하는 피해(감자(가을재배)만 해당)

| 구분 | 병충해 |
|---|---|
| 병해 | 역병, 걀쭉병, 모자이크병, 무름병, 둘레썩음병, 가루더뎅이병, 잎말림병, 홍색부패병, 시들음병, 마른썩음병, 풋마름병, 줄기검은병, 더뎅이병, 균핵병, 검은무늬썩음병, 줄기기부썩음병, 반쪽시들음병, 흰비단병, 잿빛곰팡이병, 탄저병, 겹둥근무늬병, 기타 |
| 충해 | 감자뿔나방, 진딧물류, 아메리카잎굴파리, 방아벌레류, 오이총채벌레, 뿌리혹선충, 파밤나방, 큰28점박이무당벌레, 기타 |

마) **가격하락** : 기준가격보다 수확기 가격이 하락하여 발생하는 피해

#### 2) 보상하지 않는 손해 - 포도 품목 외

가) 계약자, 피보험자 또는 이들의 법정대리인의 고의 또는 중대한 과실로 인한 손해

나) 수확기에 계약자 또는 피보험자의 고의 또는 중대한 과실로 수확하지 못하여 발생한 손해

다) 제초작업, 시비 관리 등 통상적인 영농활동을 하지 않아 발생한 손해

라) 원인의 직·간접을 묻지 않고 병해충으로 발생한 손해. 다만, 감자(가을재배)는 제외

마) 보장하지 않는 재해로 제방, 댐 등이 붕괴되어 발생한 손해

바) 하우스, 부대시설 등의 노후 및 하자로 생긴 손해

사) 계약체결 시점(단, 계약체결 이후 파종 또는 정식 시, 파종 또는 정식시점) 현재 기상청에서 발령하고 있는 기상특보 발령 지역의 기상특보 관련 재해로 인한 손해

아) 보상하는 손해에 해당하지 않은 재해로 발생한 손해

자) 보상하는 손해에 해당하지 않은 재해로 발생한 생리장해

---

31) (1) 적과종료 이전의 종합위험 이하 자연재해 정의 표 〈'적과종료 이전의 종합위험'에 명시된 자연재해의 정의〉 참고(p.107)

차) 개인 또는 법인의 행위가 직접적인 원인이 되어 수확기가격이 하락하여 발생한 손해

카) 저장성 약화 또는 저장, 건조 및 유통 과정 중에 나타나거나 확인된 손해

타) 전쟁, 혁명, 내란, 사변, 폭동, 소요, 노동쟁의, 기타 이들과 유사한 사태로 생긴 손해

### 3) 보상하지 않는 손해 - 포도 품목

가) 계약자, 피보험자 또는 이들의 법정대리인의 고의 또는 중대한 과실

나) 자연재해, 조수해(鳥獸害)가 발생했을 때 생긴 도난 또는 분실로 생긴 손해

다) 보험의 목적의 노후 및 하자로 생긴 손해

라) 보장하지 않는 재해로 제방, 댐 등이 붕괴되어 발생한 손해

마) 침식활동 및 지하수로 인한 손해

바) 수확기에 계약자 또는 피보험자의 고의 또는 중대한 과실로 시설재배 농작물을 수확하지 못하여 발생한 손해

사) 제초작업, 시비관리 등 통상적인 영농활동을 하지 않아 발생한 손해

아) 원인의 직접·간접을 묻지 않고 병해충으로 발생한 손해

자) 계약체결 시점 현재 기상청에서 발령하고 있는 기상특보 발령 지역의 기상특보 관련 재해로 인한 손해

차) 전쟁, 혁명, 내란, 사변, 폭동, 소요, 노동쟁의, 기타 이들과 유사한 사태로 인한 손해

카) 보상하는 손해에 해당하지 않은 재해로 발생한 손해

타) 보상하는 손해에 해당하지 않은 재해로 발생한 생리장해

파) 직접 또는 간접을 묻지 않고 농업용 시설물의 시설, 수리, 철거 등 관계법령의 집행으로 발생한 손해

하) 피보험자가 파손된 보험의 수리 또는 복구를 지연함으로써 가중된 손해

거) 개인 또는 법인의 행위가 직접적인 원인이 되어 수확기가격이 하락하여 발생한 손해

| 구분 | | 보험의 목적 | 대상재해 | 보험기간 | |
|---|---|---|---|---|---|
| 약관 | 보장 | | | 보장개시 | 보장종료 |
| 보통<br>약관 | 재파종<br>보장 | 마늘 | 자연재해,<br>조수해(鳥獸害),<br>화재 | 계약체결일 24시 | 판매개시연도<br>10월 31일 |
| | 재정식<br>보장 | 양배추 | 자연재해,<br>조수해(鳥獸害),<br>화재 | 정식완료일 24시<br>다만, 보험계약 시<br>정식완료일이 경과한<br>경우에는 계약체결일<br>24시이며 정식 완료일은<br>판매개시연도 9월 30일을<br>초과할 수 없음 | 재정식 종료 시점<br>다만, 판매개시연도 10월<br>15일을 초과할 수 없음 |

| | | | | |
|---|---|---|---|---|
| 경작불능<br>보장 | | 콩 | 자연재해,<br>조수해(鳥獸害),<br>화재 | 계약체결일 24시 | 종실비대기 전 |
| | | 감자<br>(가을<br>재배) | 자연재해,<br>조수해(鳥獸害),<br>화재, 병충해 | 파종완료일 24시<br>다만, 보험계약 시<br>파종완료일이 경과한<br>경우에는 계약체결일<br>24시 | 수확 개시 시점 |
| | | 양배추 | 자연재해,<br>조수해(鳥獸害),<br>화재 | 정식완료일 24시<br>다만, 보험계약 시<br>정식완료일이 경과한<br>경우에는 계약체결일<br>24시이며 정식 완료일은<br>판매개시연도 9월 30일을<br>초과할 수 없음 | |
| | | 마늘<br>양파<br>고구마<br>옥수수<br>보리 | 자연재해,<br>조수해(鳥獸害),<br>화재 | 계약체결일 24시 | |
| 보통<br>약관 | 농업수입<br>감소보장 | 마늘<br>양파<br>고구마<br>콩<br>옥수수<br>보리 | 자연재해,<br>조수해(鳥獸害),<br>화재 | 계약체결일 24시 | 수확기 종료 시점<br>다만, 아래 날짜를 초과할 수 없음<br>콩 : 판매개시연도 11월 30일<br>양파, 마늘, 보리 : 이듬해 6월<br>30일<br>고구마 : 판매개시연도 10월 31일<br>옥수수 : 판매개시연도 9월 30일 |
| | | 감자<br>(가을<br>재배) | 자연재해,<br>조수해(鳥獸害),<br>화재, 병충해 | 파종완료일 24시<br>다만, 보험계약 시<br>파종완료일이 경과한<br>경우에는 계약체결일<br>24시 | 수확기 종료 시점<br>다만, 판매개시연도 11월<br>30일을 초과할 수 없음 |

| | | | | | |
|---|---|---|---|---|---|
| | | 양배추 | 자연재해, 조수해(鳥獸害), 화재 | 정식완료일 24시 다만, 보험계약 시 정식완료일이 경과한 경우에는 계약체결일 24시이며 판매개시연도 정식 완료일은 9월 30일을 초과할 수 없음 | 수확기 종료 시점 다만, 아래의 날짜를 초과할 수 없음 극조생, 조생 : 이듬해 2월 28일 중생 : 이듬해 3월 15일 만생 : 이듬해 3월 31일 |
| 보통약관 | 농업수입감소보장 | 마늘 양파 고구마 콩 옥수수 보리 | 가격하락 | 계약체결일 24시 | 수확기가격 공시시점 |
| | | 감자 (가을재배) | | 파종완료일 24시 다만, 보험계약 시 파종완료일이 경과한 경우에는 계약체결일 24시 | |
| | | 양배추 | | 정식완료일 24시 다만, 보험계약 시 정식완료일이 경과한 경우에는 계약체결일 24시이며 정식 완료일은 판매개시연도 9월 30일을 초과할 수 없음 | |
| | | 포도 | 자연재해, 조수해(鳥獸害), 화재 | 계약체결일 24시 | 수확기 종료 시점 다만, 이듬해 10월 10일을 초과할 수 없음 |
| | | | 가격하락 | 계약체결일 24시 | 수확기가격 공시시점 |
| | | 비가림시설 | 자연재해, 조수해(鳥獸害) | 계약체결일 24시 | 이듬해 10월 10일 |

| 특별약관 | 화재위험 보장 | 비가림 시설 | 화재 | 계약체결일 24시 | 이듬해 10월 10일 |
|---|---|---|---|---|---|
| | 나무손해 보장 | 포도 | 자연재해, 조수해(鳥獸害), 화재 | 판매개시연도 12월 1일 다만, 12월 1일 이후 보험에 가입하는 경우에는 계약체결일 24시 | 이듬해 11월 30일 |
| | 수확량 감소 추가보장 | 포도 | 자연재해, 조수해(鳥獸害), 화재 | 계약체결일 24시 | 수확기 종료 시점 다만, 이듬해 10월 10일을 초과할 수 없음 |

### 4) 보험기간

주) "판매개시연도"는 해당 품목 판매개시일이 속하는 연도를 말하며, "이듬해"는 판매개시연도의 다음 연도를 말한다.

**Tip** 농업수입감소보장 - 보험기간의 이해

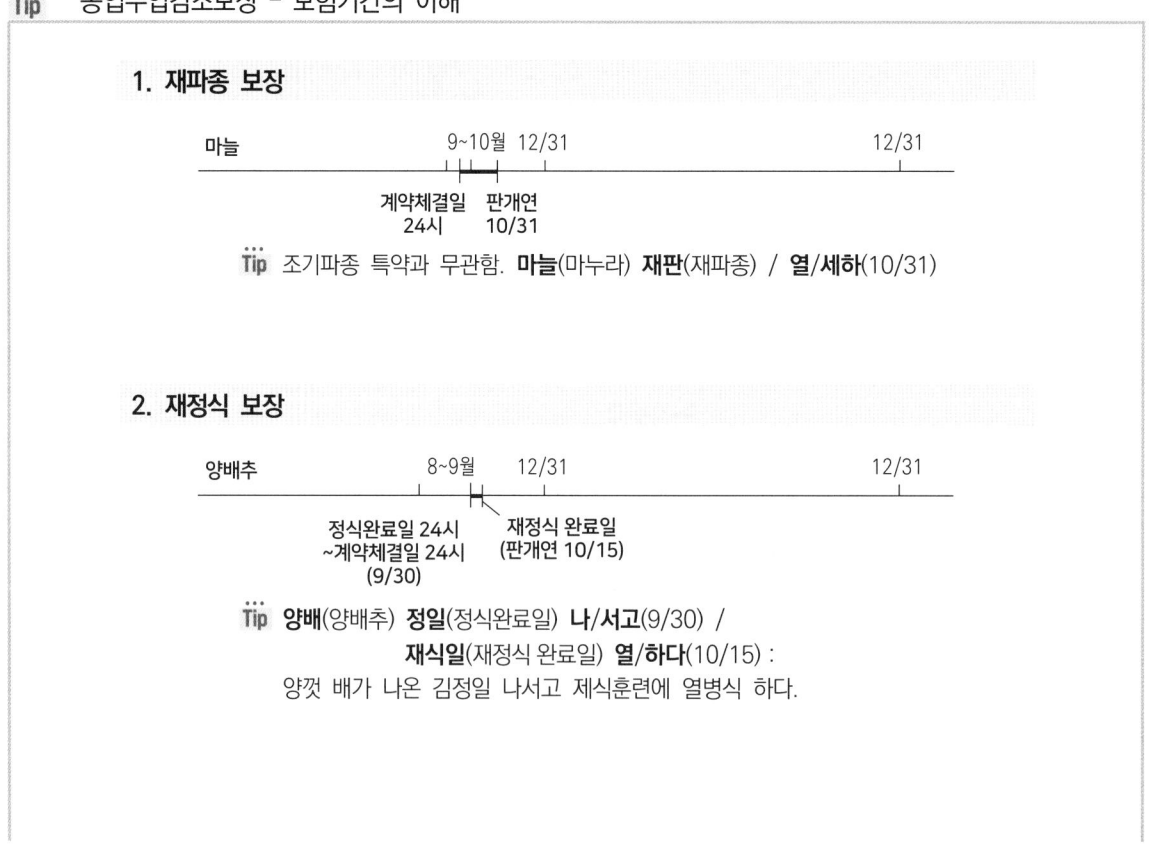

## 3. 경작불능 보장

Tip 경작불능보장은 기본적으로 **수확이 개시되는 시점**까지 그 대상이 된다.
Tip 포도는 목본작물이므로 경작불능보장을 적용하지 않는다.

① 콩

계약체결일 24시 ~ 종실비대기 전(前) (6~7월 8월하순) ~ 12/31

※ 종실비대기 : 꼬투리(종실)가 생성되어 자라는 시기

Tip **콕**(콩) / **종실 비대기 전** :
콕하고 다쳐서 아파 정신이 비실대기 전이야 경작 못해~!

② 가을 감자

파종완료일 24시 ~ 계약체결일 24시 (8~9월) / 수확개시 시점 (11월 중) ~ 12/31

Tip **가감**(가을 감자) **팔일**(파종완료일) / **수개시**(수확개시시점) :
가을 감자를 가져가면 팔일이 아주 많구만~! 못해먹겠네!

③ 양배추

정식완료일 24시 ~ 계약체결일 24시 (판개연 9/30) (8~9월 ~ 12/31) / 수확개시 시점 (2월 말~3월 말) ~ 12/31

Tip **양배**(양배추) **정일**(정식완료일) **나/서고**(9/30) / **수개시**(수확개시시점)
양껏 배가 나온 김정일 나서자 모두 고개를 숙이고 못해 먹겠네...

④ 마늘

계약체결일 24시 (9~10월 12/31) / 수확개시 시점 (6월 중) ~ 12/31

Tip 조기파종 특약과 무관함. **마늘**(마누라)가 / **수개시**(수확개시시점) :
마누라가 너무 많아! 도저히 난 못해 결혼생활 불능~!

⑤ 양파

계약체결일 24시 (10~11월) / 수확개시 시점 (6월 중) ~ 12/31

⑥ 고구마

계약체결일 24시 (4~6월) / 수확개시 시점 (10월 중 12/31) ~ 12/31

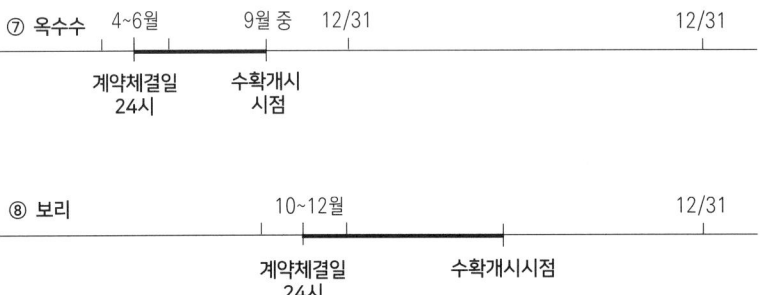

### 4. 농업수입감소 보장 – 자연재해, 조수해, 화재, 병충해(감자)

Tip 비가림시설은 **자연재해, 조수해** 보장을 하며 **가격하락**에 대한 **보장**은 하지 **않는다**.

Tip 수확감소·과실손해보장은 기본적으로 **수확이 종료되는 시점**까지가 그 대상이 된다.

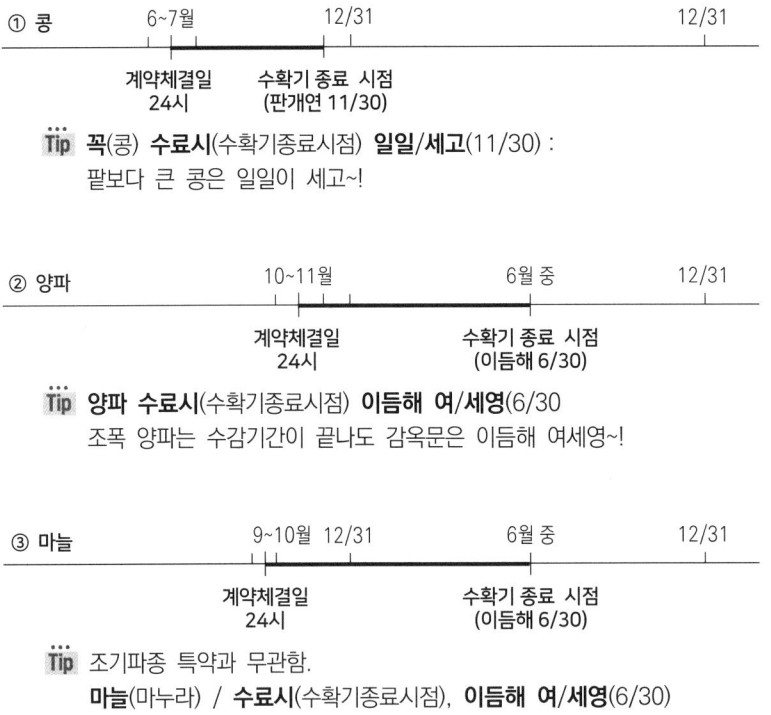

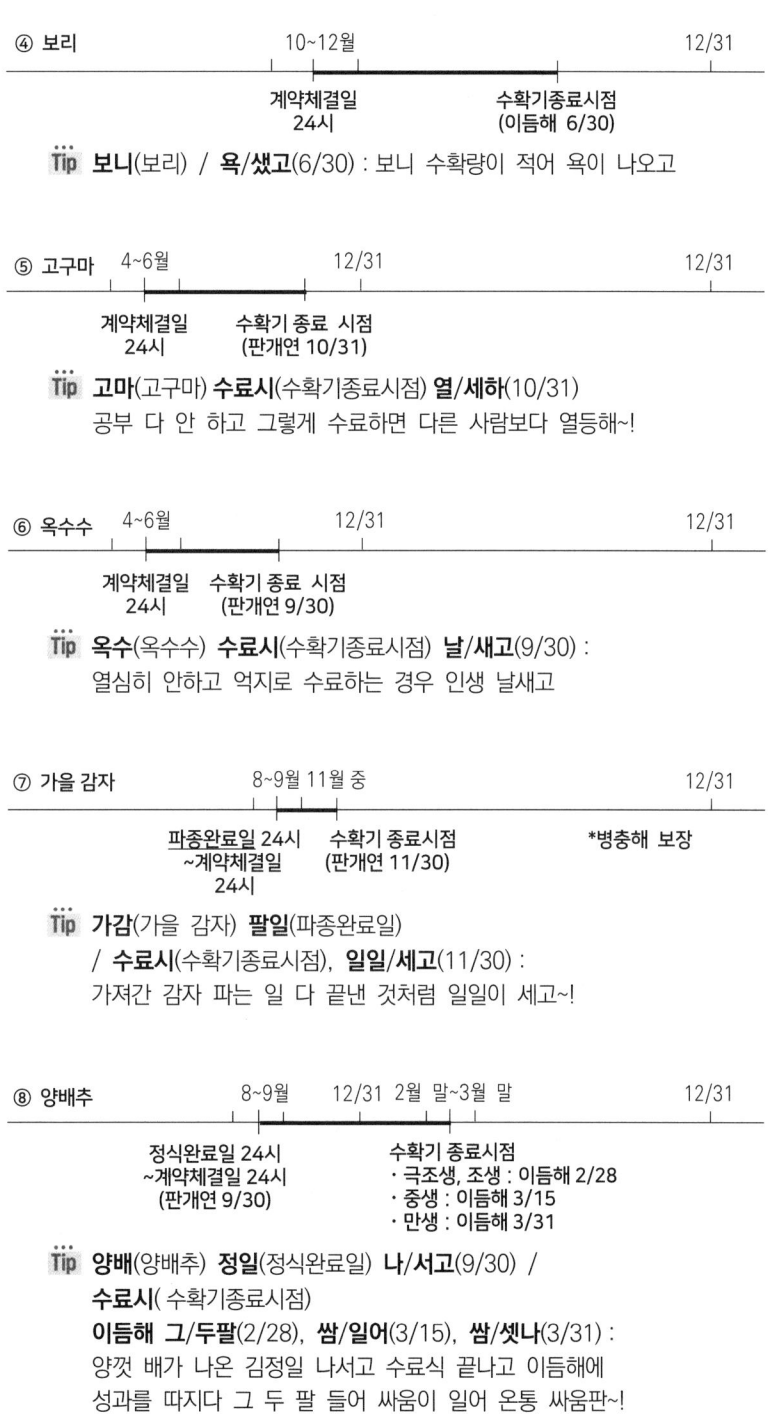

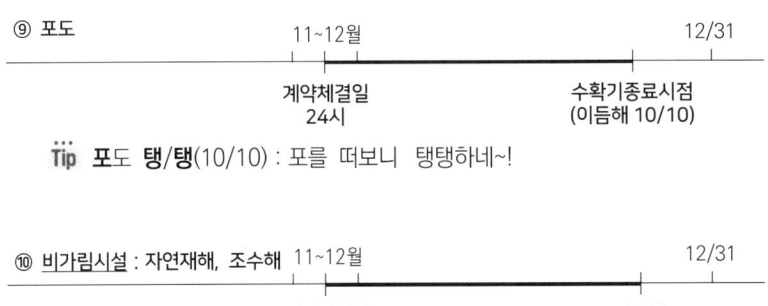

Tip 포도 탱/탱(10/10) : 포를 떠보니 탱탱하네~!

Tip 포도 탱/탱(10/10) : 비가림시설 아래에서 포를 떠보니 탱탱하네~!

## 5. 농업수입감소 보장 - 가격하락

Tip **비가림시설**은 **자연재해, 조수해** 보장을 하며 **가격하락**에 대한 **보장**은 하지 **않는다**.
Tip **계약체결일 24시**부터 가격하락에 대한 **판단 기준**은 **수확기가격 공시시점**이다.
다만, **가을감자**와 **양배추**는 **파종 또는 정식완료일**을 보장개시 시점으로 하되 양배추는 판매개시연도 9월 30일 초과할 수 없다.

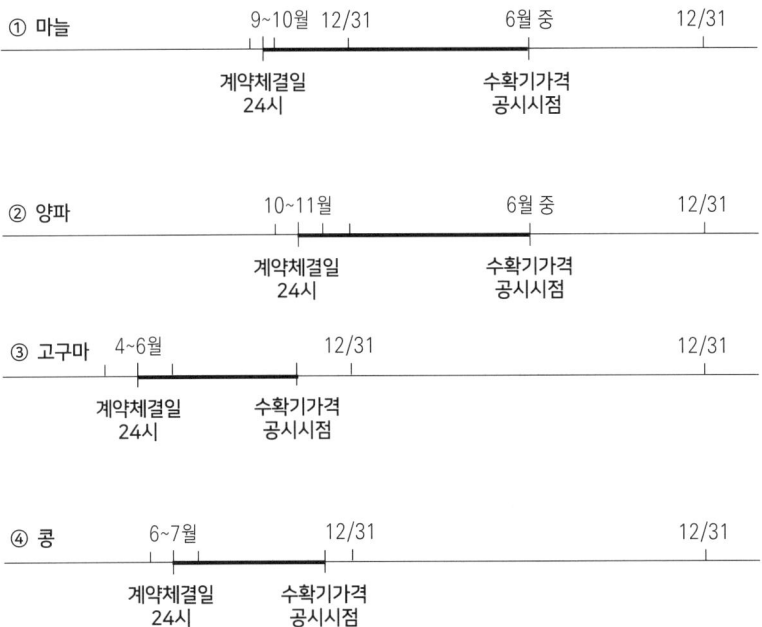

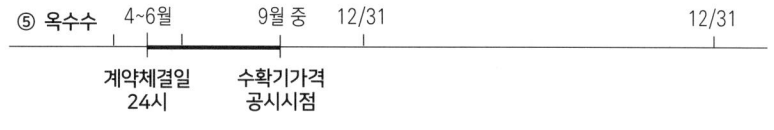

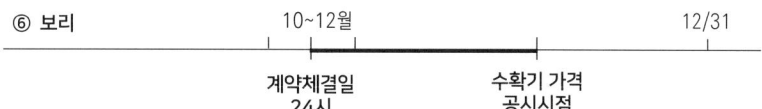

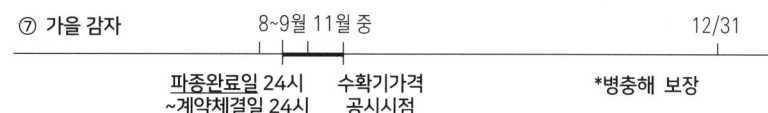

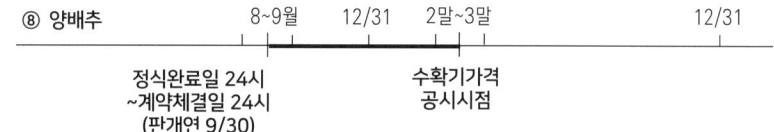

> Tip **양배**(양배추) **정일**(정식완료일) **나/서고**(9/30) / **수확기 가격공시** :
> 양껏 배가 나온 김정일 나서고 수확기 가격을 공식 발표함

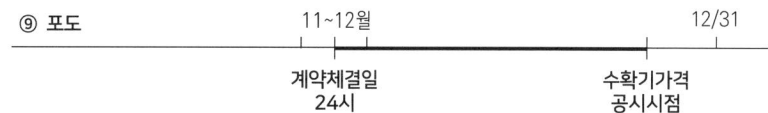

## 6. 화재위험 보장 - 특별약관

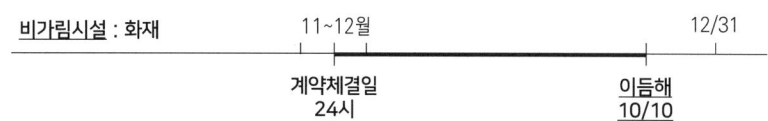

> Tip **포도 탱/탱**(10/10) : 비가림시설 아래에서 포를 떠보니 탱탱하네~!

#### 7. 나무손해보장 - (자연재해, 조수해, 화재) 특별약관

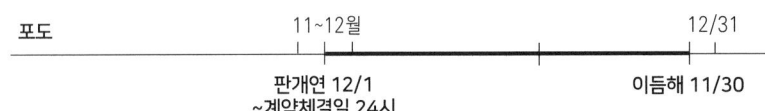

Tip 남의 손으로(나무손해) / 해둘/일(12/1) ~ 일년 동안(11/30)

#### 8. 수확량감소추가보장 보장 - (자연재해, 조수해, 화재) 특별약관

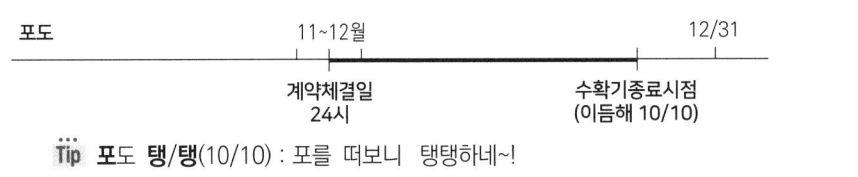

Tip 포도 탱/탱(10/10) : 포를 떠보니 탱탱하네~!

### 5) 보험가입금액

가입수확량에 기준(가입)가격을 곱하여 산정한 금액(천원 단위 절사)으로 한다.

> 가입수확량 × 기준(가입)가격

### 6) 보험료

가) 보험료의 구성

영업보험료는 순보험료와 부가보험료를 더하여 산출한다. 순보험료는 지급보험금의 재원이 되는 보험료이며 부가보험료는 보험회사의 경비 등으로 사용되는 보험료이다.

> 영업보험료 = 순보험료 + 부가보험료

(1) 정부보조보험료는 순보험료의 50%와 부가보험료의 100%를 지원한다.
(2) 지자체지원보험료는 지자체별로 지원금액(비율)을 결정한다.

나) 보험료의 산출

농업수입감소보장(포도, 마늘, 양파, 감자(가을재배), 고구마, 양배추, 콩 옥수수, 보리 9개 품목)

(1) 농업수입감소보장 보통약관 적용보험료

> 보통약관 보험가입금액 × 지역별 보통약관 영업요율 × (1 + 손해율에 따른 할인·할증률)
> × (1 + 방재시설할인율)

※ 고구마, 보리 품목의 경우 방재시설할인율 미적용
※ 손해율에 따른 할인·할증은 계약자를 기준으로 판단
※ 손해율에 따른 할인·할증폭은 -30% ~ +50%로 제한
※ 품목별 방재시설 할인율은 제3장 제1절 참조

다) 보험료의 환급

(1) 이 계약이 무효, 효력상실 또는 해지된 때에는 다음과 같이 보험료를 반환한다.

(가) **계약자 또는 피보험자의 책임 없는 사유에 의하는 경우** : 무효의 경우에는 납입한 계약자부담보험료의 전액, 효력상실 또는 해지의 경우에는 해당 월 미경과비율에 따라 아래와 같이 '환급보험료'를 계산한다.

> 환급보험료 = 계약자부담보험료 × 미경과비율 〈별표〉
> ※ 계약자부담보험료는 최종 보험가입금액 기준으로 산출한 보험료 중 계약자가 부담한 금액

(나) **계약자 또는 피보험자의 책임 있는 사유에 의하는 경우** : 계산한 해당 월 미경과비율에 따른 환급보험료. 다만 계약자, 피보험자의 고의 또는 중대한 과실로 무효가 된 때에는 보험료를 반환하지 않는다.

(2) 계약자 또는 피보험자의 책임 있는 사유라 함은 다음 각 호를 말한다.

(가) 계약자 또는 피보험자가 임의 해지하는 경우

(나) 사기에 의한 계약, 계약의 해지[32] 또는 중대사유로 인한 해지에 따라 계약을 취소 또는 해지하는 경우

(다) 보험료 미납으로 인하여 계약이 효력을 상실한 경우

(3) 계약의 무효, 효력상실 또는 해지로 인하여 반환해야 할 보험료가 있을 때에는 계약자는 환급금을 청구하여야 하며, 청구일의 다음 날부터 지급일까지의 기간에 대하여 '보험개발원이 공시하는 보험계약대출이율'을 연단위 복리로 계산한 금액을 더하여 지급한다.

7) 보험금

가) 포도

농업수입안정보험 포도 품목의 보장별 보험금 지급사유 및 보험금 계산은 아래와 같다.

| 보장 | 보험의 목적 | 보험금 지급사유 | 보험금 계산(지급금액) |
|---|---|---|---|
| 농업수입<br>감소보장<br>(보통약관) | 포도 | 보장하는 재해로 피해율이 자기부담비율을 초과하는 경우 | 보험가입금액 × (피해율 - 자기부담비율)<br>※ 피해율 = (기준수입 - 실제수입) ÷ 기준수입<br>※ 기준수입 = 평년수확량 × 기준가격 |

---

[32] 계약자 또는 피보험자의 고의로 손해가 발생한 경우나, 고지의무·통지의무 등을 해태한 경우의 해지를 말한다.

| | 비가림시설 | 자연재해, 조수해(鳥獸害)로 인하여 비가림시설에 손해가 발생한 경우 | Min(손해액 - 자기부담금, 보험가입금액)<br>※ 자기부담금 : 최소자기부담금(30만원)과 최대자기부담금(100만원)을 한도로 보험사고로 인하여 발생한 손해액(비가림시설)의 10%에 해당하는 금액. 다만, 피복재단독 사고는 최소자기부담금(10만원)과 최대자기부담금(30만원)을 한도로 함(단, 화재손해는 자기부담금 적용하지 않음)<br>※ 자기부담금은 단지 단위, 1사고 단위로 적용함 |
|---|---|---|---|
| 화재위험 보장<br>(특별약관) | 비가림시설 | 화재로 인하여 비가림시설에 손해가 발생한 경우 | |
| 나무손해 보장<br>(특별약관) | 포도 | 보장하는 재해로 나무에 자기부담비율을 초과하는 손해가 발생한 경우 | 보험가입금액 × (피해율 - 자기부담비율)<br>※ 피해율<br>= 피해주수(고사된 나무) ÷ 실제결과주수<br>※ 자기부담비율은 5%로 함 |
| 수확량감소<br>추가보장<br>(특별약관) | 포도 | 보장하는 재해로 피해율이 자기부담비율을 초과하는 경우 | 보험가입금액 × (피해율 × 10%)<br>※ 피해율 = (평년수확량 - 수확량 - 미보상감수량) ÷ 평년수확량<br>※ 자기부담비율은 보험가입 시 선택한 비율로 함 |

◆ 포도

주1) 기준가격은 아래 가격조항을 따른다.

> 기준수입 = 평년수확량 × 기준가격

주2) 실제수입은 수확기에 조사한 수확량(조사를 실시하지 않은 경우 평년수확량)과 미보상감수량의 합에 기준가격과 수확기가격 중 작은 값을 곱하여 산출한다.

> [ 수확기에 조사한 수확량 (조사실시 않은 경우 : 평년수확량) + 미보상감수량 ] × [ 기준가격, 수확기가격 중 작은 값 ]

주3) 포도의 경우 착색불량된 송이는 상품성 저하로 인한 손해로 보아 감수량에 포함되지 않는다.

주4) 보장하는 재해로 보험의 목적에 손해가 생긴 경우에도 불구하고 계약자 또는 피보험자의 고의로 수확기에 수확량조사를 하지 못하여 수확량을 확인할 수 없는 경우에는 농업수입감소보험금을 지급하지 않는다.

◆ 비가림시설

주1) 손해액은 그 손해가 생긴 때와 곳에서의 가액에 따라 계산한다.

주2) 1사고마다 재조달가액 기준으로 계산한 손해액에서 자기부담금을 차감한 금액을 보험가입금액 한도 내에서 보상한다.

주3) 보험의 목적이 손해를 입은 장소에서 실제로 수리 또는 복구되지 않은 때에는 재조달가액에 의한 보상을 하지 않고 시가(감가상각된 금액)로 보상한다.

나) 마늘, 양파, 감자(가을재배), 고구마, 양배추, 콩, 옥수수, 보리

농업수입안정보험 마늘, 양파, 감자, 고구마, 양배추, 콩 품목의 보장별 보험금 지급사유 및 보험금 계산은 아래와 같다.

| 보장 | 보험의 목적 | 보험금 지급사유 | 보험금 계산(지급금액) |
|---|---|---|---|
| 재파종보장<br>(보통약관) | 마늘 | 보장하는 재해로 10a당 식물체의 주수가 30,000주보다 적어지고, 10a당 30,000주 이상으로 재파종한 경우 | 보험가입금액 × 35% × 표준피해율<br>※ 표준피해율(10a기준)<br>= (30,000 - 식물체주수) ÷ 30,000 |
| 재정식보장<br>(보통약관) | 양배추 | 보장하는 재해로 면적피해율이 자기부담비율을 초과하고 재정식한 경우 | 보험가입금액 × 20% × 면적피해율<br>※ 면적피해율<br>= 피해면적 ÷ 보험가입면적 |
| 경작불능<br>보장<br>(보통약관) | 마늘, 양파, 감자(가을재배), 콩, 고구마, 양배추, 옥수수, 보리 | 보장하는 재해로 식물체 피해율이 65% 이상이고, 계약자가 경작불능보험금을 신청한 경우 | 보험가입금액 × 일정비율<br>※ 일정비율은 하기 〈자기부담비율에 따른 경작불능보험금〉 표 참조 |
| 농업수입<br>감소보장<br>(보통약관) | 마늘, 양파, 감자(가을재배), 콩, 고구마, 양배추, 옥수수, 보리 | 보장하는 재해로 피해율이 자기부담비율을 초과하는 경우 | 보험가입금액 × (피해율 - 자기부담비율)<br>※ 피해율<br>= (기준수입 - 실제수입) ÷ 기준수입<br>※ 기준수입 = 평년수확량 × 기준가격 |

주1) **자기부담비율**은 보험가입 시 계약자가 선택한 비율로 한다.

주2) **식물체 피해율** : 식물체가 고사한 면적을 보험가입면적으로 나누어 산출한다.

주3) **경작불능보험금**은 보험목적물이 산지폐기 된 것을 확인 후 지급되며, 지급된 때에는 그 손해보상의 원인이 생긴 때로부터 해당 농지에 대한 보험계약은 소멸한다.

주4) **기준가격**은 아래 가격조항을 따른다.

기준수입 = 평년수확량 × 기준가격

주5) **실제수입**은 수확기에 조사한 수확량과 미보상감수량의 합에 기준가격과 수확기가격 중 작은 값을 곱하여 산출한다.

수확기에 조사한 수확량 + 미보상감수량  ×  기준가격, 수확기가격 중 작은 값

주6) 보장하는 재해로 보험의 목적에 손해가 생긴 경우에도 불구하고 계약자 또는 피보험자의 고의로 수확기에 수확량조사를(감자의 경우 병충해감수량 조사 포함) 하지 못하여 수확량을 확인할 수 없는 경우에는 농업수입감소보험금을 지급하지 않는다.

〈자기부담비율에 따른 경작불능보험금〉

| 자기부담비율 | 경작불능보험금 |
|---|---|
| 20%형 | 보험가입금액의 40% |
| 30%형 | 보험가입금액의 35% |
| 40%형 | 보험가입금액의 30% |

Tip 자기부담비율 ⇨ 보장수준 ⇨ 절반  예 20%(자기부담비율) ⇨ 80%(보장수준) ⇨ 40%(= 80%/2)

Tip 농업수입안정보험에 가입하는 경우 자기부담비율 10%, 15%는 적용할 수 없다.

### 8) 자기부담비율

**가)** 보험사고로 인하여 발생한 손해에 대하여 계약자 또는 피보험자가 부담하는 일정 비율(금액)로 자기부담비율(금) 이하의 손해는 보험금이 지급되지 않는다.

**나) 수입감소보장 자기부담비율**

(1) 보험계약 시 계약자가 선택한 비율(20%, 30%, 40%)

(2) 자기부담금 선택 조건 : 20%형, 30%형, 40%형은 제한 없음

Tip 농업수입안정보험에 가입하는 경우 자기부담비율 10%, 15%는 적용할 수 없다.

### 9) 가격 조항

기준가격과 수확기 가격은 농림축산식품부의 농업수입안정보험 사업시행지침에 따라 산출한다.

Tip **꼭**(콩 : 장, 두부, 밥밑용), **억수**(옥수수), **양**파, **포**도, **가**을감자 / **양**배추, 고**구마** / **보니**(보리), **콩**(나물용), **마늘** : 꼭! 억수로 많은 양을 퍼가는데! 양은 배구만 그려~!, 그런데 보니 콩은 남아?)

Tip 기준가격과 수확기가격의 비교

| 품목 | 기준가격 | 수확기가격 |
|---|---|---|
| 콩<br>(장·두·밥) | 과거 5년(가입시점 현재 포함) 연도별<br>중품과 상품 평균가격의 올림픽 평균값<br>×<br>과거 5년 농가수취비율의 올림픽 평균값 | 수확연도의<br>중품과 상품 평균가격<br>×<br>과거 5년 농가수취비율의 올림픽 평균값 |
| | 양곡도매시장 Tip 양**콩**(양곡도매시장), 올 × 올, 평 × 올 | |

| 옥수수, 양파, 포도 가을감자, 양배추, 고구마 | 과거 5년(가입시점 현재 포함) 연도별 중품과 상품 평균가격의 올림픽 평균값 × 과거 5년 농가수취비율의 올림픽 평균값 | 수확연도의 중품과 상품 평균가격 × 과거 5년 농가수취비율의 올림픽 평균값 |
|---|---|---|
| | 가락도매시장 **Tip** 올 × 올, 평 × 올 | |
| 보리, 콩(나물용), 마늘 | 시·군의 지역농협의 과거 5년(가입시점 현재 포함) 연도별 평균 수매가격의 올림픽 평균값 | 수확연도의 시·군 지역농협의 평균 수매가격 |
| | 지역농협기준, 농가수취비율을 적용하지 않음 **Tip** 올, 평 | |

**Tip** 하나의 농지에 2개 이상의 용도(품종)이 식재된 경우 기준가격과 수확기가격을 면적비율에 따라 가중평균하는 품목 콩, 고구마  ***콩**(콩) **고물**(고구마) 넓게(면적) 퍼졌네~!

### 가) 품목 : 콩

(1) 기준가격과 수확기 가격의 산출

**(가)** 기준가격과 수확기 가격은 콩의 용도 및 품종에 따라 장류 및 두부용(백태), 밥밑용(서리태), 밥밑용(흑태 및 기타), 나물용으로 구분하여 산출한다.

**(나)** 가격산출을 위한 기초통계와 기초통계 기간은 다음과 같다.

| 용도 | 품종 | 기초통계 | 기초통계 기간 |
|---|---|---|---|
| 장류 및 두부용 | 전체 | 서울 양곡도매시장의 백태(국산) 가격 | 수확년도 11월 1일부터 익년 1월 31일까지 |
| 밥밑용 | 서리태 | 서울 양곡도매시장의 서리태 가격 | |
| 밥밑용 | 흑태 및 기타 | 서울 양곡도매시장의 흑태 가격 | |
| 나물용 | 전체 | 사업 대상 시·군의 지역농협의 평균 수매가격 | |

**(다) 기준가격의 산출**

① 장류 및 두부용, 밥밑용

  ○ 보험가입 직전 서울 양곡도매시장의 과거 5년[33] 연도별 중품과 상품 평균가격의 올림픽 평균값[34]에 과거 5년 농가수취비율[35]의 올림픽 평균값을 곱하여 산출한다.

---

[33] 가입시점 현재 농가수취비율 등이 산출된 경우를 포함하여 과거 5개년 자료
[34] 연도별 평균가격 중 최대값과 최소값을 제외하고 남은 값들의 산술평균
[35] 도매시장 가격에서 유통비용 등을 차감한 농가수취가격이 차지하는 비율로 사전에 결정된 값

| 서울 양곡도매시장의 과거 5년(가입시점 현재 포함) 연도별 중품과 상품 평균가격의 올림픽 평균값 | × | 과거 5년 농가수취비율의 올림픽 평균값 |

평균가격 산정 시 중품 및 상품 중 어느 하나의 자료가 없는 경우, 있는 자료만을 이용하여 평균가격을 산정한다. 양곡 도매시장의 가격이 존재하지 않는 경우, 전국 지역농협의 평균 수매가격을 활용하여 산출한다.

○ 연도별 평균가격은 연도별 기초통계 기간의 일별 가격을 평균하여 산출한다.

② 나물용

○ 보험가입 직전 사업 대상 시·군의 지역농협의 과거 5년 연도별 평균 수매가격의 올림픽 평균값으로 산출한다.

| 사업 대상 시·군의 지역농협의 과거 5년(가입시점 현재 포함) 연도별 평균 수매가격의 올림픽 평균값 |

○ 연도별 평균 수매가는 지역농협별 수매량과 수매금액을 각각 합산하고, 수매금액의 합계를 수매량 합계로 나누어 산출한다.

(라) 수확기 가격의 산출

① 장류 및 두부용, 밥밑용

○ 수확연도의 기초통계기간 동안 서울 양곡도매시장 중품과 상품 평균가격에 과거 5년 농가수취비율의 올림픽 평균값을 곱하여 산출한다. 양곡 도매시장의 가격이 존재하지 않는 경우, 전국 지역농협의 평균 수매가격을 활용하여 산출한다.

| 수확연도의 서울 양곡도매시장 중품과 상품 평균가격 | × | 과거 5년 농가수취비율의 올림픽 평균값 |

② 나물용

○ 수확연도의 기초통계 기간 동안 사업 대상 시·군 지역농협의 평균 수매가격으로 한다.

| 수확연도의 사업 대상 시·군 지역농협의 평균 수매가격 |

(마) 하나의 농지에 2개 이상 용도(또는 품종)의 콩이 식재된 경우에는 기준가격과 수확기 가격을 해당 용도(또는 품종)의 면적의 비율에 따라 가중 평균하여 산출한다.

나) 품목 : 양파

(1) 기준가격과 수확기 가격의 산출

(가) 기준가격과 수확기 가격은 보험에 가입한 양파 품종의 숙기에 따라 조생종, 중만생종으로 구분하여 산출한다.

(나) 가격산출을 위한 기초통계와 기초통계 기간은 아래와 같다.

| 가격 구분 | 기초통계 | 기초통계 기간 |
|---|---|---|
| 조생종 | 서울시농수산식품공사 가락도매시장 가격 | 4월 1일부터 5월 10일까지 |
| 중만생종 | | 6월 1일부터 7월 10일까지 |

(다) 기준가격의 산출

① 보험가입 직전 서울시농수산식품공사 가락도매시장의 과거 5년 연도별 중품과 상품 평균가격의 올림픽 평균값에 과거 5년 농가수취비율의 올림픽 평균값을 곱하여 산출한다.

[ 서울 가락도매시장의 과거 5년(가입시점 현재 포함) 연도별 중품과 상품 평균가격의 올림픽 평균값 ] × 과거 5년 농가수취비율의 올림픽 평균값

② 연도별 평균가격은 연도별 기초통계 기간의 일별 가격을 평균하여 산출한다.

(라) 수확기 가격의 산출

수확연도의 가격 구분별 기초통계 기간 동안 서울시농수산식품공사 가락도매시장의 중품과 상품 평균가격에 과거 5년 농가수취비율의 올림픽 평균값을 곱하여 산출한다.

[ 수확연도의 가락도매시장 중품과 상품 평균가격 ] × 과거 5년 농가수취비율의 올림픽 평균값

다) 품목 : 고구마

(1) 기준가격과 수확기 가격의 산출

(가) 기준가격과 수확기 가격은 고구마의 품종에 따라 호박고구마, 밤고구마로 구분하여 산출한다.

(나) 가격산출을 위한 기초통계와 기초통계 기간은 아래와 같다.

| 품종 | 기초통계 | 기초통계 기간 |
|---|---|---|
| 밤고구마 | 서울시농수산식품공사 가락도매시장 가격 | 8월 1일부터 9월 30일까지 |
| 호박고구마 | | |

(다) 기준가격의 산출

① 보험가입 직전 서울시농수산식품공사 가락도매시장의 과거 5년 연도별 중품과 상품 평균가격의 올림픽 평균값에 과거 5년 농가수취비율의 올림픽 평균값을 곱하여 산출한다.

[ 서울 가락도매시장의 과거 5년(가입시점 현재 포함) 연도별 중품과 상품 평균가격의 올림픽 평균값 ] × 과거 5년 농가수취비율의 올림픽 평균값

② 연도별 평균가격은 연도별 기초통계 기간의 일별 가격을 평균하여 산출한다.

(라) 수확기 가격의 산출

① 수확연도의 서울농수산식품공사 가락도매시장의 중품과 상품 평균가격에 과거 5년 농

가수취비율의 올림픽 평균값을 곱하여 산출한다.

$$\left[ \text{수확연도의 가락도매시장 중품과 상품 평균가격} \right] \times \text{과거 5년 농가수취비율의 올림픽 평균값}$$

② 하나의 농지에 2개 이상 용도(또는 품종)의 고구마가 식재된 경우 기준가격과 수확기 가격을 해당 용도(또는 품종)의 면적의 비율에 따라 가중평균하여 산출한다.

**라) 품목** : 감자(가을재배)

(1) 기준가격과 수확기 가격의 산출

(가) 기준가격과 수확기 가격은 보험에 가입한 감자(가을재배) 품종 중 대지마를 기준으로 하여 산출한다.

(나) 가격산출을 위한 기초통계와 기초통계 기간은 아래와 같다.

| 구분 | 기초통계 | 기초통계 기간 |
|---|---|---|
| 대지마 | 서울시농수산식품공사 가락도매시장 가격 | 12월 1일부터 1월 31일까지 |

(다) 기준가격의 산출

① 보험가입 직전 서울시농수산식품공사 가락도매시장의 과거 5년 연도별 중품과 상품 평균가격의 올림픽 평균값에 과거 5년 농가수취비율의 올림픽 평균값을 곱하여 산출한다.

$$\left[ \text{서울 가락도매시장의 과거 5년(가입시점 현재 포함) 연도별 중품과 상품 평균가격의 올림픽 평균값} \right] \times \text{과거 5년 농가수취비율의 올림픽 평균값}$$

② 연도별 평균가격은 연도별 기초통계 기간의 일별 가격을 평균하여 산출한다.

(라) 수확기 가격의 산출

수확연도의 서울농수산식품공사 가락도매시장의 중품과 상품 평균가격에 과거 5년 농가수취비율의 올림픽 평균값 곱하여 산출한다.

$$\left[ \text{수확연도의 가락도매시장 중품과 상품 평균가격} \right] \times \text{과거 5년 농가수취비율의 올림픽 평균값}$$

**마) 품목** : 마늘

(1) 기준가격과 수확기 가격의 산출

(가) 기준가격과 수확기 가격은 보험에 가입한 마늘 품종에 따라 난지형(대서종, 남도종)과 한지형으로 구분하여 산출한다.

(나) 가격산출을 위한 기초통계와 기초통계 기간은 아래와 같다.

| 구분 | | 기초통계 | 기초통계 기간 |
|---|---|---|---|
| 난지형 | 대서종 | 사업 대상 시·군 지역농협*의 수매가격 *농협경제지주에 수매정보 등이 존재하는 지역농협 | 7월 1일부터 8월 31일까지 |
| | 남도종 | | 전남지역 : 6월 1일부터 7월 31일까지<br>제주지역 : 5월 1일부터 6월 30일까지 |
| 한지형 | | | 7월 1일부터 8월 31일까지 |

(다) 기준가격의 산출

① 기초통계의 과거 5년 연도별 평균 수매가격의 올림픽 평균값으로 산출한다.

> 사업 대상 시·군의 지역농협의
> 과거 5년(가입시점 현재 포함) 연도별 평균 수매가격의 올림픽 평균값

② 연도별 평균값은 연도별 기초통계 기간의 일별 가격을 평균하여 산출한다.

(라) 수확기 가격의 산출

위 (나)에서 정한 기초통계의 수확연도의 평균 수매가격으로 산출한다.

> 수확연도의 사업 대상 시·군 지역농협의 평균 수매가격

**바) 품목 : 양배추**

(1) 기준가격과 수확기 가격의 산출

(가) 기준가격과 수확기 가격은 보험에 가입한 양배추를 기준으로 하여 산출한다.

(나) 가격산출을 위한 기초통계와 기초통계 기간은 아래와 같다.

| 가격 구분 | 기초통계 | 기초통계 기간 |
|---|---|---|
| 양배추 | 서울시농수산식품공사 가락도매시장 가격 | 2월 1일부터 3월 31일까지 |

(다) 기준가격의 산출

① 서울농수산식품공사 가락도매시장의 과거 5년 연도별 중품과 상품 평균가격의 올림픽 평균값에 과거 5년 농가수취비율의 올림픽 평균값을 곱하여 산출한다.

> [ 서울 가락도매시장의 과거 5년(가입시점 현재 포함) 연도별 중품과 상품 평균가격의 올림픽 평균값 ] × 과거 5년 농가수취비율의 올림픽 평균값

② 연도별 평균가격은 연도별 기초통계 기간의 일별 가격을 평균하여 산출한다.

(라) 수확기 가격의 산출

수확연도의 서울시농수산식품공사 가락도매시장의 중품과 상품 평균가격에 과거 5년 농가수취비율의 올림픽 평균값을 곱하여 산출한다.

$$\left[ \text{수확연도의 가락도매시장 중품과 상품 평균가격} \right] \times \text{과거 5년 농가수취비율의 올림픽 평균값}$$

**사) 품목** : 포도

(1) 기준가격과 수확기 가격의 산출

(가) 기준가격과 수확기 가격은 보험에 가입한 포도 품종과 시설재배 여부에 따라 캠벨얼리(시설), 캠벨얼리(노지), 거봉(시설), 거봉(노지), MBA 및 델라웨어, 샤인머스켓(시설), 샤인머스켓(노지)로 구분하여 산출한다.

(나) 가격산출을 위한 기초통계와 기초통계 기간은 아래와 같다.

| 가격 구분 | 기초통계 | 기초통계 기간 |
|---|---|---|
| 캠벨얼리(시설) | 서울시 농수산식품공사 가락도매시장 가격 | 6월 1일부터 7월 31일까지 |
| 캠벨얼리(노지) | | 9월 1일부터 10월 31일까지 |
| 거봉(시설) | | 6월 1일부터 7월 31일까지 |
| 거봉(노지) | | 9월 1일부터 10월 31일까지 |
| MBA | | 9월 1일부터 10월 31일까지 |
| 델라웨어 | | 5월 21일부터 7월 20일까지 |
| 샤인머스켓(시설) | | 8월 1일부터 8월 31일까지 |
| 샤인머스켓(노지) | | 9월 1일부터 10월 31일까지 |

tip 이외 품목의 가격은 가격 구분에 따라 산출된 가격 중 가장 낮은 가격을 적용

(다) 기준가격의 산출

① 서울시농수산식품공사 가락도매시장의 과거 5년 중품과 상품 평균가격의 올림픽 평균값에 과거 5년 농가수취비율의 올림픽 평균값을 곱하여 산출한다.

$$\left[ \text{서울 가락도매시장의 과거 5년(가입시점 현재 포함) 연도별 중품과 상품 평균가격의 올림픽 평균값} \right] \times \text{과거 5년 농가수취비율의 올림픽 평균값}$$

② 연도별 평균가격은 연도별 기초통계 기간의 일별 가격을 평균하여 산출한다.

(라) 수확기 가격의 산출

수확연도의 가격 구분별 기초통계기간 동안 서울시농수산식품공사 가락도매시장 중품과 상품 평균가격에 과거 5년 농가수취비율의 올림픽 평균값을 곱하여 산출한다.

$$\left[ \text{수확연도의 가락도매시장 중품과 상품 평균가격} \right] \times \text{과거 5년 농가수취비율의 올림픽 평균값}$$

(마) 위 (나)의 가격구분 이외 품종의 가격은 가격 구분에 따라 산출된 가격 중 가장 낮은 가격을 적용한다.

아) 품목 : 옥수수
  (1) 기준가격과 수확기 가격의 산출
    (가) 기준가격과 수확기 가격은 보험에 가입한 옥수수를 기준으로 하여 산출한다.
    (나) 가격산출을 위한 기초통계와 기초통계 기간은 아래와 같다.

| 가격 구분 | 기초통계 기간 |
| --- | --- |
| 강원도를 제외한 전국 | 7월 1일 ~ 9월 15일 |
| 강원도 | 7월 1일 ~ 9월 15일 |

   (다) 기준가격의 산출
      ① 보험가입 직전 서울시농수산식품공사 가락도매시장의 과거 5년 연도별 평균가격의 올림픽 평균값에 과거 5년 농가수취비율의 올림픽 평균값을 곱하여 산출한다.

   [ 서울 가락도매시장의 과거 5년(가입시점 현재 포함) 연도별 중품과 상품 평균가격의 올림픽 평균값 ] × 과거 5년 농가수취비율의 올림픽 평균값

      ② 연도별 평균가격은 연도별 기초통계 기간의 총거래액을 총출하량으로 나누어 산출한다.

   (라) 수확기 가격의 산출
      수확연도의 서울시농수산식품공사 가락도매시장의 평균가격에 과거 5년 농가수취비율의 올림픽 평균값을 곱하여 산출한다.

   [ 수확연도의 가락도매시장 중품과 상품 평균가격 ] × 과거 5년 농가수취비율의 올림픽 평균값

자) 품목 : 보리
  (1) 기준가격과 수확기 가격의 산출
    (가) 기준가격과 수확기 가격은 보험에 가입한 보리 품종에 따라 겉보리, 맥주보리, 쌀보리, 기타로 구분하여 산출한다.
    (나) 가격산출을 위한 기초통계와 기초통계 기간은 아래와 같다.

| 가격 구분 | 기초통계 | 기초통계 기간 |
| --- | --- | --- |
| 겉보리, 맥주보리, 쌀보리 | 농협경제지주의 회원농협 보리 매입 가격 | 6월 1일 ~ 7월 31일 |

   (다) 기준가격의 산출
      ① 보험가입 직전 농협경제지주의 회원농협 보리 매입 가격의 과거 5년 연도별 평균가격의 올림픽 평균값으로 산출한다.

> 농협경제지주의 회원농협의
> 과거 5년(가입시점 현재 포함) 연도별 평균 수매가격의 올림픽 평균값

② 연도별 평균값은 기초통계 기간 회원 농협의 총 거래액을 총 출하량으로 나누어 산출한다.

### (라) 수확기가격의 산출

수확연도의 가격 구분별 기초통계 기간 동안 농협경제지주의 회원농협 보리 매입 평균가격으로 산출한다.

> 수확연도의 사업 대상 시·군 지역농협의 평균 수매가격

## 10) 특별약관

### 가) 비가림시설 화재위험보장 특별약관(포도)

보험의 목적인 비가림시설에 화재로 입은 손해를 보상한다.

### 나) 종합위험 나무손해보장 특별약관(포도)

보장하는 재해(자연재해, 조수해(鳥獸害), 화재)로 보험의 목적인 나무에 피해를 입은 경우 동 특약에서 정한 바에 따라 피해율이 자기부담비율을 초과하는 경우 아래와 같이 계산한 보험금을 지급한다.

> 보험금 = 보험가입금액 × (피해율 − 자기부담비율)
> ※ 피해율 = 피해주수(고사된 나무) ÷ 실제결과주수    ※ 자기부담비율은 5%로 한다.

### 다) 수확량감소 추가보장 특별약관(포도)

보장하는 재해로 피해가 발생한 경우 동 특약에서 정한 바에 따라 피해율이 자기부담비율을 초과하는 경우 아래와 같이 계산한 보험금을 지급한다.

> 보험금 = 보험가입금액 × (피해율 × 10%)
> ※ 피해율 = (평년수확량 − 수확량 − 미보상감수량) ÷ 평년수확량

### 라) 농작물 부보장 특별약관(포도)

보장하는 재해에도 불구하고 동 특약에 따라 농작물에 입은 손해를 보상하지 않는다.

### 마) 비가림시설 부보장 특별약관(포도)

보장하는 재해에도 불구하고 동 특약에 따라 비가림시설에 입은 손해를 보상하지 않는다.

## 제3절 계약 관리

### 1 계약인수

**가. 보험가입지역**

- 과수 4종(사과·배·단감·떫은감), 포도, 복숭아, 자두, 밤, 참다래, 대추, 매실, 감귤, 벼, 마늘, 양파, 고추, 감자(가을재배), 고구마, 옥수수, 옥수수(수입) 콩, 원예시설(시설감자 제외), 버섯, 대파, 팥, 시금치(노지), 오미자, 밀, 인삼 : 전국
- 오미자 : 경북(문경, 상주, 예천), 충북(단양), 전북(장수), 경남(거창), 강원(인제)
- 유자 : 전남(고흥, 완도, 진도), 경남(거제, 통영, 남해)
- 오디 : 전북, 전남, 경북(상주, 안동)
- 복분자 : 전북(고창, 정읍, 순창), 전남(함평, 담양, 장성)
- 무화과 : 전남(영암, 신안, 목포, 무안, 해남)
- 살구 : 경북(영천)
- 호두 : 경북(김천, 문경, 의성, 봉화), 충북(보은), 전북(무주)
- 보리 : 전북(김제, 군산, 익산, 부안), 전남(해남, 보성), 경남(밀양), 제주(제주, 서귀포)
- 감자 : [봄재배] 경북, 충남, [고랭지재배] 강원, [시설재배] 전북(김제, 부안)
- 브로콜리 : 충북, 제주(제주, 서귀포)
- 당근 : 강원, 경북, 경남, 제주(제주, 서귀포)
- 양배추 : 제주(제주, 서귀포), 전남(무안)
- 차(茶) : 전남(보성, 광양, 구례), 경남(하동)
- 메밀 : 전남, 제주(서귀포, 제주)
- 단호박 : 경기, 제주(제주, 서귀포)
- 배추 : [고랭지재배] 강원(평창, 정선, 삼척, 태백, 강릉), 경북
  [가을재배] 전남(해남), 충북(괴산), 경북(영양)
  [월동] 전남(해남), [봄재배] 강원(평창), 경북(영양), 전남(해남)
- 무 : [고랭지재배] 강원(홍천, 정선, 평창, 강릉)
  [월동] 제주(제주, 서귀포), 전북, 경북
  [가을재배] 전북, 전남, 경북, 충남, 강원, 충북
- 파 : [대파] 전남(진도, 신안, 영광), 강원(평창)
  [쪽파·실파] 1형 – 충남(아산), 전남(보성), 2형 – 충남(아산)
- 시금치(노지) : 전남(신안), 경남(남해)
- 귀리 : 전남(강진, 해남), 전북, 경남
- 양상추 : 강원(횡성, 평창)

- 두릅 : 전북(순창), 전남(광양, 순천), 경남(하동)
- 블루베리 : 전북(순창), 전남(담양), 경기(평택), 경북(상주, 의성), 충북(영동)
- 수박(노지) : 경북(봉화, 안동, 영주, 예천), 전북(고창, 진안)
- 농업수입감소보장 포도 : 경기(화성, 가평), 경북(상주, 영주, 영천, 경산)
- 농업수입감소보장 마늘 : 전남(고흥), 경북(의성), 경남(창녕), 충남(서산, 태안), 제주(서귀포, 제주)
- 농업수입감소보장 양파 : 전남(무안, 함평), 전북(익산), 경남(창녕, 합천), 경북(청도)
- 농업수입감소보장 감자(가을재배) : 전남(보성), 제주(제주)
- 농업수입감소보장 고구마 : 경기(여주, 이천), 전남(영암, 해남, 무안, 나주, 영광), 전북(고창), 충남(당진, 아산, 홍성)
- 농업수입감소보장 양배추 : 제주(서귀포, 제주)
- 농업수입감소보장 콩 : 강원(정선), 경기(파주), 충북(괴산·충주), 충남(태안·서산), 전북(김제·고창·부안·정읍·순창·군산), 전남(무안·영광), 경북(문경·안동·예천·상주), 제주(제주·서귀포)
- 농업수입감소보장 보리 : 전북(김제, 군산), 전남(해남), 경남(밀양)
- 농업수입감소보장 옥수수 : 강원(홍천·영월·원주·횡성·정선·춘천), 충북(괴산·보은·옥천·증평), 경남(고성), 경북(안동), 전남(보성·곡성·고흥), 전북(무주)

## 나. 보험가입기준

### 1) 과수 품목

사과·배·단감·떫은감(과수4종), 감귤(온주밀감류, 만감류), 포도(수입보장 포함), 복숭아, 자두, 살구, 유자, 오미자, 무화과, 오디, 복분자, 대추, 밤, 호두, 매실, 참다래, 두릅, 블루베리

**가)** 계약인수는 과수원 단위로 가입하고 개별 과수원당 최저 보험가입금액은 200만원이다.

> Tip 이화에 월**백**하고(200만원)

단, 하나의 리, 동에 있는 **각각 보험가입금액 200만원 미만의 두 개의 과수원**은 **하나의 과수원**으로 취급하여 **계약 가능**하다. (단, 2개 과수원 초과 구성 가입은 불가하다.)

※ 2개의 과수원(농지)을 합하여 인수한 경우 1개의 과수원(농지)으로 보고 손해평가를 한다.

**나)** 과수원 구성 방법

(1) 과수원이라 함은 한 덩어리의 토지의 개념으로 **필지(지번)와는 관계없이** 실제 경작하는 단위이므로 한 덩어리 과수원이 여러 필지로 나누어져 있더라도 하나의 농지로 취급한다.

(2) 계약자 1인이 **서로 다른 2개 이상 품목을 가입하고자 할 경우에는 별개의 계약**으로 각각 가입·처리하며, **개별 과수원**을 가입하고자 하는 경우 동일 증권 내 **각각의 목적물**로 가입·처리한다.

(3) 사과 품목의 경우, 알프스오토메, 루비에스 등 미니사과 품종을 심은 경우에는 별도 과수원으로 가입·처리한다.

(4) 감귤(온주밀감류, 만감류) 품목의 경우, 계약자 1인이 **온주밀감류**와 **만감류**를 가입하고자 하는

경우 **각각의 과수원** 및 **해당 상품**으로 가입한다.

(5) 대추 품목의 경우, 사과대추 가입가능 지역에서 계약자 1인이 **재래종**과 **사과대추**를 가입하고자 할 때는 **각각의 과수원**으로 가입한다.

(6) 포도, 대추, 참다래의 비가림시설은 단지 단위로 가입(구조체 + 피복재)하고 최소 가입면적은 200㎡이다.  Tip 2(200㎡) - 우산처럼 비가림 모양

(7) 과수원 전체를 벌목하여 **새로운 유목**을 심은 경우에는 **신규 과수원**으로 가입·처리한다.

(8) 농협은 농협 관할구역에 속한 과수원에 한하여 인수할 수 있으며, 계약자가 동일한 관할구역 내에 여러 개의 과수원을 경작하고 있는 경우에는 하나의 농협에 가입하는 것이 원칙이다.

2) **논작물 품목** : 벼, 조사료용 벼, 밀, 보리, 귀리

가) **벼, 밀, 보리, 귀리의 경우**

계약인수는 농지 단위로 가입하고 개별 농지당 최저 보험가입금액은 50만원이다.

Tip **벼, 밀, 보리, 귀리, 메밀** : 벼, 밀, 보는 김에 **다빵**(50) 만들 수 있겠네~!

(1) 단, 각각 가입금액 50만원 미만의 농지라도 **인접 농지의 면적**과 합하여 50만원 이상이 되면 통합하여 **하나의 농지**로 가입할 수 있다.

(2) **벼**의 경우 **통합하는 농지는 2개까지만 가능**하며, 가입 후 농지를 분리할 수 없다.

(3) **밀, 보리, 귀리**의 경우 같은 동(洞) 또는 리(理)안에 위치한 가입조건 미만의 두 농지는 하나의 농지로 취급하여 위의 요건을 충족할 경우 **가입 가능**하며, 이 경우 두 농지를 하나의 농지로 본다.

※ "가입가능" 예시

'각각 가입금액 미만 농지 2개를 구성하여 보험가입금액 50만원 이상으로 설계 ⇨ "가입가능"

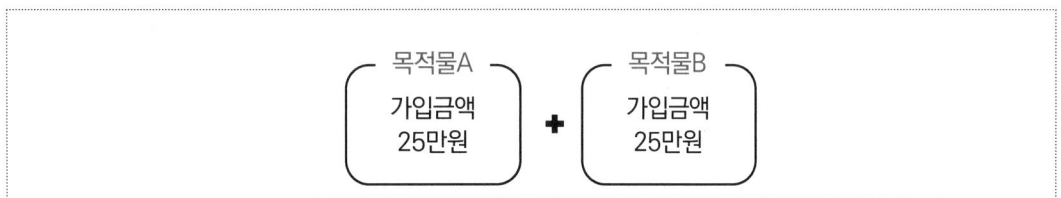

※ "가입불가" 예시

(가) 가입금액 미만 농지 3개 이상을 구성하여 보험가입금액 50만원 이상으로 설계
⇨ "가입불가"

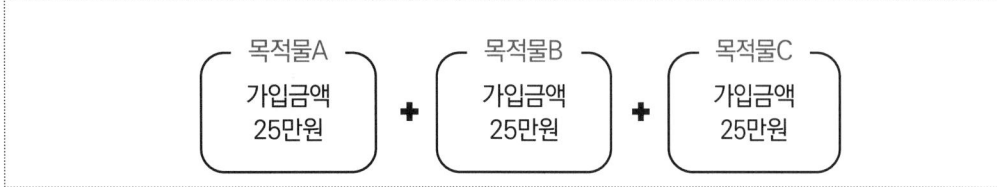

(나) 가입금액 이상 농지 1개에 가입금액 미만 농지 1개(또는 여러개)를 구성하여 보험가입금액 50만원 이상으로 설계 ⇨ "가입불가"

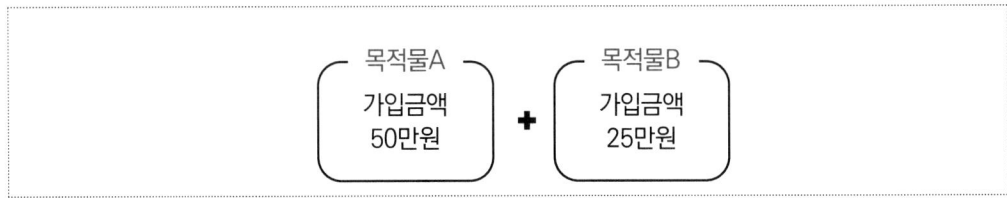

나) 조사료용 벼의 경우

농지 단위로 가입하고 개별 농지당 최저 가입 면적은 1,000㎡이다.

Tip 1,000㎡ : 차(茶), 조사료용 벼, 사료용 옥수수를 온 **천**지에 키우고 방목하고

(1) 단, 각각 가입면적 1,000㎡ 미만의 농지라도 인접 농지의 면적과 합하여 1,000㎡ 이상이 되면 통합하여 하나의 농지로 **가입**할 수 있다.

(2) 통합하는 농지의 개수 제한은 없으나 가입 후 농지를 분리할 수 없다.

다) 1인 1증권 계약의 체결

(1) 1인이 경작하는 다수의 농지가 있는 경우, 그 농지의 전체를 하나의 증권으로 보험계약을 체결한다.

(2) 다만, 읍·면·동을 달리하는 농지를 가입하는 경우와 기타 보험사업 관리기관이 필요하다고 인정하는 경우는 예외로 한다.

라) 농지 구성 방법

(1) 리(동) 단위로 가입한다.

(2) 동일 "리(동)"내에 있는 여러 농지를 묶어 하나의 경지번호를 부여한다.

(3) 가입하는 농지가 여러"리(동)"에 있는 경우 각 리(동)마다 각각 경지를 구성하고 보험계약은 여러 경지를 묶어 하나의 계약으로 가입한다.

Tip 농지 구성 방법

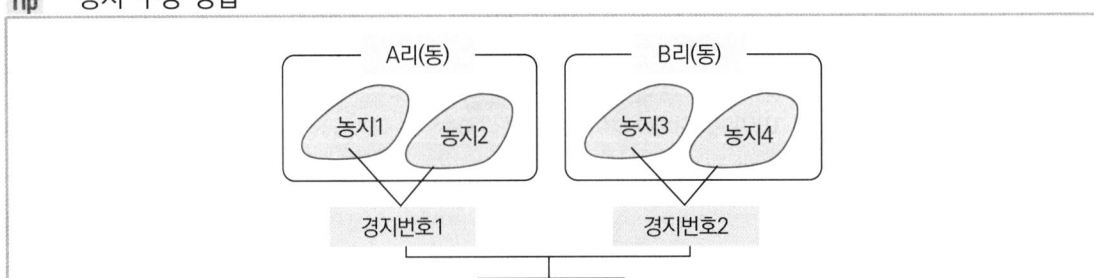

### 3) 밭작물 품목

메밀, 콩, 팥, 옥수수, 사료용 옥수수, 파(대파, 쪽파・실파), 당근, 브로콜리, 단호박, 시금치(노지), 무(고랭지, 월동, 가을), 배추(고랭지, 월동, 가을, 봄), 양파, 마늘, 감자, 고구마, 양배추, 고추, 양상추, 수박(노지)

**가)** 계약인수는 농지 단위로 가입하고 개별 농지당 최저 보험가입금액은 50만원이다.

> **Tip** **벼, 밀, 보리, 귀리, 메밀** : 벼, 밀, 보는 김에 **다빵**(50) 만들 수 있겠네~!

단, 하나의 리, 동에 있는 **각각 50만원 미만의 두 개의 농지**는 하나의 농지로 취급하여 **계약 가능**하다.
- 메밀

**나)** 계약인수는 농지 단위로 가입하고 개별 농지당 최저 보험가입금액은 100만원이다.

> **Tip** **배추, 팥, 콩 / 무, 파, 당근 / 단호박/ (노지)시금치 / 옥수수 / 양상**(노는 양상) : 배추, 팥, 고 / 무, 파, 당(무파다가) 100 (명품백 사고) 단박에 노시지~! 얼쑤하고 노는 양상

단, 하나의 리, 동에 있는 **각각 100만원 미만의 두 개의 농지**는 하나의 농지로 취급하여 **계약 가능**하다.
- 콩(수입보장 포함), 팥, 옥수수, 파(대파, 쪽파・실파), 당근, 단호박, 시금치(노지), 무(고랭지, 월동), 배추(고랭지, 월동, 가을), 양상추

**다)** 계약인수는 농지 단위로 가입하고 개별 농지당 최저 보험가입금액은 200만원이다.

> **Tip** 이화에 월백하고(200만원)

단, 하나의 리, 동에 있는 **각각 200만원 미만의 두 개의 농지**는 하나의 농지로 취급하여 **계약 가능**하다.
- 양파(수입보장 포함), 마늘(수입보장 포함), 감자(봄・가을(수입보장 포함)・고랭지), 고구마(수입보장 포함), 양배추(수입보장 포함), 고추, 브로콜리, 수박(노지)

**라)** 고추의 경우, 다)의 조건에 더하여 10a당 재식주수가 1,500주 이상이고 4,000주 이하인 농지만 가입 가능하다.

> **Tip** (전쟁) **하다**(1,5) ~ 총 **싸공**(4,0) 빵빵(00)

**마)** 사료용 옥수수의 경우, 농지 단위로 가입하고 개별 농지당 최저 가입면적은 1,000㎡이다.

> **Tip** 1,000㎡ : 차(茶), 조사료용 벼, 사료용 옥수수를 온 **천**지에 키우고 방목하고

**(1)** 단, 각각 가입면적 1,000㎡ 미만의 농지라도 인접 농지의 면적과 합하여 1,000㎡ 이상이 되면 통합하여 하나의 농지로 가입할 수 있다.

**(2)** 통합하는 농지는 2개까지만 가능하며 가입 후 농지를 분리할 수 없다.

> **Tip** **조사료용 벼** : 농지개수 **제한 없음**

바) 농지 구성 방법

(1) 농지라 함은 한 덩어리의 토지의 개념으로 **필지(지번)와는 관계없이** 실제 경작하는 단위이므로 한 덩어리 농지가 여러 필지로 나누어져 있더라도 하나의 농지로 취급한다.

(2) 계약자 1인이 **서로 다른 2개 이상 품목**을 가입하고자 할 경우에는 **별개의 계약**으로 각각 가입·처리한다.

(3) 농협은 농협 관할구역에 속한 농지에 한하여 인수할 수 있으며, 계약자가 동일한 관할구역 내에 여러 개의 농지를 경작하고 있는 경우에는 하나의 농협에 가입하는 것이 원칙이다.

4) **차(茶) 품목**

가) 계약인수는 농지 단위로 가입하고 개별 농지당 최저 보험가입면적은 1,000㎡이다.

Tip  1,000㎡ : 차(茶), 조사료용 벼, 사료용 옥수수를 온 **천**지에 키우고 방목하고

단, 하나의 리, 동에 있는 각각 **1,000㎡ 미만의 두 개의 농지**는 **하나의 농지**로 취급하여 **계약 가능**하다.

나) 보험가입대상은 7년생 이상의 차나무에서 익년에 수확하는 햇차이다.

다) 농지 구성 방법

(1) 농지라 함은 한 덩어리의 토지의 개념으로 **필지(지번)와는 관계없이** 실제 경작하는 단위이므로 한 덩어리 농지가 여러 필지로 나누어져 있더라도 하나의 농지로 취급한다.

(2) 계약자 1인이 **서로 다른 2개 이상 품목**을 가입하고자 할 경우에는 **별개의 계약**으로 각각 가입·처리한다.

(3) 농협은 농협 관할구역에 속한 농지에 한하여 인수할 수 있으며, 계약자가 동일한 관할구역 내에 여러 개의 농지를 경작하고 있는 경우에는 하나의 농협에 가입하는 것이 원칙이다.

5) **인삼 품목**

가) 계약인수는 농지 단위로 가입하고 개별 농지당 최저 보험가입금액은 200만원이다.

Tip  이화에 월**백**하고(200만원)

단, 하나의 리, 동에 있는 **각각 보험가입금액 200만원 미만의 두 개의 농지**는 **하나의 농지**로 취급하여 **계약 가능**하다.

나) 농지 구성 방법

(1) 농지라 함은 한 덩어리의 토지의 개념으로 **필지(지번)와는 관계없이** 실제 경작하는 단위이므로 한 덩어리 농지가 여러 필지로 나누어져 있더라도 하나의 농지로 취급한다.

(2) 계약자 1인이 **서로 다른 2개 이상 품목**을 가입하고자 할 경우에는 **별개의 계약**으로 각각 가입·처리한다.

(3) 농협은 농협 관할구역에 속한 농지에 한하여 인수할 수 있으며, 계약자가 동일한 관할구역 내에 여러 개의 농지를 경작하고 있는 경우에는 하나의 농협에 가입하는 것이 원칙이다.

6) 원예시설

가) 시설 1단지 단위로 가입한다(단지 내 인수 제한 목적물은 제외).

(1) 단지 내 해당되는 시설작물은 전체를 가입해야 하며 일부 하우스만을 선택적으로 가입할 수 없다.

(2) 연동하우스 및 유리온실 1동이란 기둥, 중방, 방풍벽, 서까래 등 구조적으로 연속된 일체의 시설을 말한다.

(3) 한 단지 내에 단동·연동·유리온실 등이 혼재되어있는 경우 각각 개별단지로 판단한다.

나) 최소 가입면적

| 구분 | 단동하우스 | 연동하우스 | 유리(경질판)온실 |
|---|---|---|---|
| 최소 가입면적 | 300㎡ | 300㎡ | 제한 없음 |

Tip 시설, **쓰영공**(300㎡) : 시설로 쓰였고

※ 단지 면적이 가입기준 미만인 경우 인접한 경지의 단지 면적과 합하여 가입기준 이상이 되는 경우 1단지로 판단할 수 있음

다) 농업용 시설물을 가입해야 부대시설 및 시설작물 가입 가능하다.

※ 단, 유리온실(경량철골조)의 경우 부대시설 및 시설작물만 가입 가능

Tip 버섯재배사에는 해당사항 없음

7) 버섯

가) 시설 1단지 단위로 가입한다(단지 내 인수 제한 목적물은 제외).

(1) 단지 내 해당되는 버섯은 전체를 가입해야 하며 일부 하우스만을 선택적으로 가입할 수 없다.

(2) 연동하우스 및 유리온실 1동이란 기둥, 중방, 방풍벽, 서까래 등 구조적으로 연속된 일체의 시설을 말한다.

(3) 한 단지 내에 단동·연동·경량철골조(버섯재배사) 등이 혼재되어 있는 경우 각각 개별단지로 판단한다.

나) 최소 가입면적

| 구분 | 버섯단동하우스 | 버섯연동하우스 | 경량철골조(버섯재배사) |
|---|---|---|---|
| 최소 가입면적 | 300㎡ | 300㎡ | 제한 없음 |

Tip 시설, **쓰영공**(300㎡) : 시설로 쓰였고

※ 단지 면적이 가입기준 미만인 경우 인접한 경지의 단지 면적과 합하여 가입기준 이상이 되는 경우 1단지로 판단할 수 있음

다) 버섯재배사를 가입해야 부대시설 및 버섯작물 가입 가능하다.

## 2 인수 심사

### 가. 과수 품목(농업수입감소보장 포함) 인수 제한 목적물

#### 1) 공통
가) 보험가입금액이 200만원 미만인 과수원
나) 품목이 혼식된 과수원
(다만, 주력 품목의 결과주수가 90% 이상인 과수원은 주품목에 한하여 가입 가능)
다) 통상적인 영농활동(병충해방제, 시비관리, 전지·전정, 적과 등)을 하지 않은 과수원
라) 전정, 비배관리 잘못 또는 품종갱신 등의 이유로 수확량이 현저하게 감소할 것이 예상되는 과수원
마) 시험연구를 위해 재배되는 과수원
바) 하나의 과수원에 식재된 나무 중 일부 나무만 가입하는 과수원(단, 감귤(만감류,온주밀감류)의 경우 해거리가 예상되는 나무의 경우 제외)
사) 하천부지 및 상습 침수지역에 소재한 과수원
아) 판매를 목적으로 경작하지 않는 과수원
자) 가식(假植)되어 있는 과수원
차) 기타 인수가 부적절한 과수원

#### 2) 과수 4종(사과·배·단감·떫은감)
가) 가입하는 해의 나무 수령(나이)이 다음 기준 미만인 과수원
  (1) 사과 : 밀식재배 3년, 반밀식재배 4년, 일반재배 5년

  > **Tip** 사과 : 밀(미식재배) 세(3년), 반(반밀식) 사(4년), 일(일반재배) 어(5년) : 사과하라고 억지로 밀어붙였더니 반사가 일어나~!

  (2) 배 : 3년   **Tip** 배, 삼(3년)에 무초
  (3) 단감·떫은감 : 5년   **Tip** 떤 단감(떫은감·단감) 오들오들(5년)?

  ※ 수령(나이)은 나무의 나이를 말하며, 묘목이 가입과수원에 식재된 해를 1년으로 한다.

나) 노지재배가 아닌 시설에서 재배하는 과수원(단, 일소피해부보장특약을 가입하는 경우 인수 가능)
다) 1)공통 나)의 예외조건에도 불구 단감·떫은감이 혼식된 과수원(보험가입금액이 200만원 이상인 단감·떫은감 품목 중 1개를 선택하여 해당 품목만 가입 가능)
라) 시험연구, 체험학습을 위해 재배되는 과수원(단, 200만원 이상 출하증명 가능한 과수원 제외)
마) 가로수 형태의 과수원
바) 보험가입 이전에 자연재해 피해 및 접붙임 등으로 당해년도의 정상적인 결실에 영향이 있는 과수원
사) 가입사무소 또는 계약자를 달리하여 중복 가입하는 과수원

아) 도서 지역의 경우 연륙교가 설치되어 있지 않고 정기선이 운항하지 않는 등 신속한 손해평가가 불가능한 지역에 소재한 과수원

자) 도시계획 등에 편입되어 수확 종료 전에 소유권 변동 또는 과수원 형질변경 등이 예정되어 있는 과수원

차) 군사시설보호구역 중 통제보호구역내의 과수원(단, 통상적인 영농활동 및 손해평가가 가능하다고 판단되는 농지는 인수 가능)

※ 통제보호구역 : 민간인통제선 이북지역 또는 군사기지 및 군사시설의 최외곽 경계선으로부터 300미터 범위 이내의 지역  Tip 삼 빽(300미터) : 삶을 빼앗을 만한 거리

### 3) 포도(비가림시설 포함)

가) 가입하는 해의 나무 수령(나이)이 3년 미만인 과수원

Tip 3년 미만 - 포도, 복숭아, 오디, 참다래 : 서당개 3년이면 포복해서 오드래~!

※ 수령(나이)은 나무의 나이를 말하며, 묘목이 가입과수원에 식재된 해를 1년으로 한다.

나) 보험가입 직전연도(이전)에 역병 및 궤양병 등의 병해가 발생하여 보험가입 시 전체 나무의 20% 이상이 고사하였거나 정상적인 결실을 하지 못할 것으로 판단되는 과수원

※ 다만, 고사한 나무가 전체의 20% 미만이더라도 고사된 나무를 제거하지 않거나, 방재조치를 하지 않은 경우에는 인수 제한

다) 친환경 재배과수원으로서 일반재배와 결실 차이가 현저히 있다고 판단되는 과수원

라) 비가림 폭이 2.4m ± 15%, 동고가 3m ± 5%의 범위를 벗어나는 비가림시설(과수원의 형태 및 품종에 따라 조정)

Tip 폭 - 둘 닿 네(2.4m), 하다(15%)가 / 동거(동고) 삼(3m), 다(5%) : 둘이 닿아서 동거하네~!

Tip 포도 비가림시설

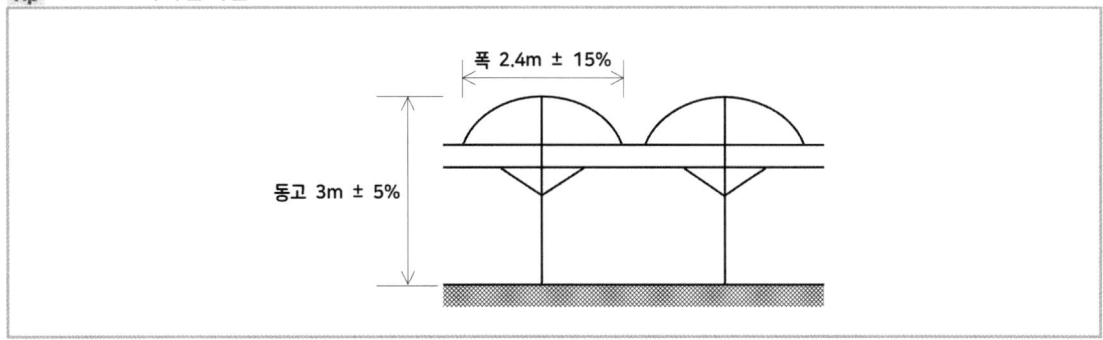

4) 복숭아

가) 가입하는 해의 나무 수령(나이)이 3년 미만인 과수원

> **Tip** 3년 미만 - **포**도, **복**숭아, **오**디, 참**다**래 : 서당개 3년이면 포복해서 오드래~!
>
> ※ 수령(나이)은 나무의 나이를 말하며, 묘목이 가입과수원에 식재된 해를 1년으로 한다.

나) 보험가입 직전년도(이전)에 역병 및 궤양병 등의 병해가 발생하여 보험가입 시 전체 나무의 20% 이상이 고사하였거나 정상적인 결실을 하지 못할 것으로 판단되는 과수원

> ※ 다만, 고사한 나무가 전체의 20% 미만이더라도 고사된 나무를 제거하지 않거나, 방재조치를 하지 않은 경우에는 인수 제한

다) 친환경 재배과수원으로서 일반재배와 결실 차이가 현저히 있다고 판단되는 과수원

5) 자두

가) 노지재배가 아닌 시설에서 자두를 재배하는 과수원

나) 가입하는 해의 나무 수령(나이)이 6년 미만인 과수원(수확년도 기준 수령이 7년 미만)

> **Tip** 6년 미만 - **자두**, **욕**(6년) : 피곤한데 자도 자도 욕 나와
>
> ※ 수령(나이)은 나무의 나이를 말하며, 묘목이 가입과수원에 식재된 해를 1년으로 한다.

다) 품종이 귀양자두, 서양자두(푸룬, 스텐리 등) 및 플럼코드를 재배하는 과수원

라) 1주당 재배면적이 1제곱미터 미만인 과수원

> **Tip** 1주당 재식면적 제한
>
> > **Tip** **복자**(복분자) **빵 탔 써**(0.3(쓰리)㎡) **이하** : 좁은 곳에서 볶다 보니 다 탔어~!
> > **Tip** **뭐하고**(무화과), **매실**, **자두**, **일**(1㎡) **미만** : 이제까지 뭘 하고 매 자다가 일을 마치지 못한 거야?
> > **Tip** **두루**(두릅) **새어서**(3.3㎡) **넘쳐**(초과) : 두루 물이 새듯이 넘쳐~!

마) 보험가입 이전에 자연재해 등의 피해로 인하여 당해연도의 정상적인 결실에 영향이 있는 과수원

바) 가입사무소 또는 계약자를 달리하여 중복 가입하는 과수원

사) 도서 지역의 경우 연륙교가 설치되어 있지 않고 정기선이 운항하지 않는 등 신속한 손해평가가 불가능한 지역에 소재한 과수원

아) 도시계획 등에 편입되어 수확 종료 전에 소유권 변동 또는 과수원 형질변경 등이 예정되어 있는 과수원

자) 군사시설보호구역 중 통제보호구역내의 과수원(단, 통상적인 영농활동 및 손해평가가 가능하다고 판단되는 과수원은 인수 가능)

> ※ 통제보호구역 : 민간인통제선 이북지역 또는 군사기지 및 군사시설의 최외곽 경계선으로부터 300미터 범위 이내의 지역 **Tip** **삶 뺏**(300미터) : 삶을 빼앗을 만한 거리

### 6) 살구

가) 노지재배가 아닌 시설에서 살구를 재배하는 과수원

나) 가입연도 나무수령이 5년 미만인 과수원

> **Tip** 5년 미만 - **밤, 매실, 살구, 와**(5년) : 밤마실 와~!

※ 수령(나이)은 나무의 나이를 말하며, 묘목이 가입과수원에 식재된 해를 1년으로 한다.

다) 보험가입 이전에 자연재해등의 피해로 인하여 당해년도의 정상적인 결실에 영향이 있는 과수원

라) 친환경 재배과수원으로서 일반재배와 결실 차이가 현저히 있다고 판단되는 과수원

마) 가입사무소 또는 계약자를 달리하여 중복 가입하는 과수원

바) 도서 지역의 경우 연륙교가 설치되어 있지 않고 정기선이 운항하지 않는 등 신속한 손해평가가 불가능한 지역에 소재한 과수원

사) 도시계획 등에 편입되어 수확 종료 전에 소유권 변동 또는 과수원 형질변경 등이 예정되어 있는 과수원

아) 군사시설보호구역 중 통제보호구역 내의 과수원(단, 통상적인 영농활동 및 손해평가가 가능하다고 판단되는 과수원은 인수 가능)

※ 통제보호구역 : 민간인통제선 이북지역 또는 군사기지 및 군사시설의 최외곽 경계선으로부터 300미터 범위 이내의 지역   **Tip** **삶 빽**(300미터) : 삶을 빼앗을 만한 거리

자) 개살구, 플럼코트류 품종을 재배하는 과수원

차) 관수시설이 없는 과수원

### 7) 감귤(온주밀감류, 만감류)

가) 가입하는 해의 나무 수령(나이)이 다음 기준 미만인 과수원

  (1) 온주밀감류, 만감류 재식 : 4년

  > **Tip** 4년 미만 - **대추, 만감류, 유자, 무화과, 온주밀감, 서**(4년)운해 : 대만이 끝까지 존재할지 온 감정이 서운해

  (2) 만감류 고접 : 2년

  > **Tip** 2년 미만 - **두루**(두릅), **불러**(블루베리), **만감류 고접 니**(2년) : 두루 불러 모이니 만감이 교차 하니?

  ※ 수령(나이)은 나무의 나이를 말하며, 묘목이 가입과수원에 식재된 해를 1년으로 한다.

나) 주요 품종을 제외한 실험용 기타품종을 경작하는 과수원

다) 노지 만감류를 재배하는 과수원

라) 온주밀감과 만감류 혼식 과수원

마) 하나의 과수원에 식재된 나무 중 일부 나무만 가입하는 과수원(단, 해걸이가 예상되는 나무의 경우 제외)

바) 보험가입 이전에 자연재해 등의 피해로 당해년도의 정상적인 결실에 영향이 있는 과수원

사) 가입사무소 또는 계약자를 달리하여 중복 가입하는 과수원
아) 도시계획 등에 편입되어 수확 종료 전에 소유권 변동 또는 과수원 형질변경 등이 예정되어 있는 과수원

### 8) 매실

가) 가입하는 해의 나무 수령(나이)이 5년 미만인 과수원

> **Tip** 5년 미만 – **밤**, **매실**, **살구**, **와**(5년) : 밤마실 와~!
> ※ 수령(나이)은 나무의 나이를 말하며, 묘목이 가입과수원에 식재된 해를 1년으로 한다.

나) 1주당 재배면적이 1제곱미터 미만인 과수원

> **Tip** 1주당 재식면적 제한
>
> **Tip** **볶자**(복분자) **빵 탔 써**(0.3(쓰리)㎡) **이하** : 좁은 곳에서 볶다 보니 다 탔어~!
> **Tip** **뭐하고**(무화과), **매실**, **자두**, **일**(1㎡) **미만** : 이제까지 뭘 하고 매 자다가 일을 마치지 못한 거야?
> **Tip** **두루**(두릅) **새어서**(3.3㎡) **넘쳐**(초과) : 두루 물이 새듯이 넘쳐~!

다) 노지재배가 아닌 시설에서 매실을 재배하는 과수원
라) 보험가입 이전에 자연재해 등의 피해로 인하여 당해년도의 정상적인 결실에 영향이 있는 과수원
마) 가입사무소 또는 계약자를 달리하여 중복 가입하는 과수원
바) 도서 지역의 경우 연륙교가 설치되어 있지 않고 정기선이 운항하지 않는 등 신속한 손해평가가 불가능한 지역에 소재한 과수원
사) 도시계획 등에 편입되어 수확 종료 전에 소유권 변동 또는 과수원 형질변경 등이 예정되어 있는 과수원
아) 군사시설보호구역 중 통제보호구역내의 농지(단, 통상적인 영농활동 및 손해평가가 가능하다고 판단되는 농지는 인수 가능)

※ 통제보호구역 : 민간인통제선 이북지역 또는 군사기지 및 군사시설의 최외곽 경계선으로부터 300미터 범위 이내의 지역  **Tip** **삼 빽**(300미터) : 삶을 빼앗을 만한 거리

### 9) 유자

가) 가입하는 해의 나무 수령(나이)이 4년 미만인 과수원

> **Tip** 4년 미만 – **대추**, **만감류**, **유자**, **무화과**, **온주밀감류**, **서**(4년)운해 : 대만이 끝까지 존재할지 온 감정이 서운해
> ※ 수령(나이)은 나무의 나이를 말하며, 묘목이 가입과수원에 식재된 해를 1년으로 한다.

나) 가입사무소 또는 계약자를 달리하여 중복 가입하는 과수원
다) 도서 지역의 경우 연륙교가 설치되어 있지 않고 정기선이 운항하지 않는 등 신속한 손해평가가 불가능한 지역에 소재한 과수원

라) 도시계획 등에 편입되어 수확 종료 전에 소유권 변동 또는 과수원 형질변경 등이 예정되어 있는 과수원

## 10) 오미자

가) 삭벌 3년차 이상 과수원 또는 삭벌하지 않는 과수원 중 식묘 4년차 이상인 과수원

> **Tip** 오미자 - **삭벌, 써**(3년) / **식묘, 사**(4년) : 오! 미자야 벌써 식사하니?

나) 가지가 과도하게 번무하여 수관 폭이 두꺼워져 광부족 현상이 일어날 것으로 예상되는 과수원

다) 유인틀의 상태가 적절치 못하여 수확량이 현저하게 낮을 것으로 예상되는 과수원(유인틀의 붕괴, 매우 낮은 높이의 유인틀)

라) 주간거리가 50㎝ 이상으로 과도하게 넓은 과수원

> **Tip** 오미자 - **주간거리 닫공**(50㎝) : 오미자야~! 주리(입주둥아리)를 닥치고~!

## 11) 오디

가) 가입연도 기준 3년 미만(수확연도 기준 수령이 4년 미만)인 뽕나무를 재배하는 과수원

> **Tip** 3년 미만 - **포도, 복숭아, 오디, 참다래** : 서당개 3년이면 포복해서 오드래~!

나) 흰 오디 계통(터키-D, 백옹왕 등)을 재배하는 과수원 **Tip** 흰 오디 : 휘어진 오디? 안돼~!

다) 보험가입 이전에 균핵병 등의 병해가 발생하여 과거 보험 가입 시 전체 나무의 20% 이상이 고사하였거나 정상적인 결실을 하지 못할 것으로 예상되는 과수원

라) 적정한 비배관리를 하지 않는 조방재배 과수원

> ※ 조방재배 : 일정한 토지면적에 대하여 자본과 노력을 적게 들이고 자연력의 작용을 주(主)로 하여 경작하는 방법

마) 노지재배가 아닌 시설에서 오디를 재배하는 과수원

바) 보험가입 이전에 자연재해 피해 및 접붙임 등으로 당해년도의 정상적인 결실에 영향이 있는 과수원

사) 가입사무소 또는 계약자를 달리하여 중복 가입하는 과수원

아) 도서 지역의 경우 연륙교가 설치되어 있지 않고 정기선이 운항하지 않는 등 신속한 손해평가가 불가능한 지역에 소재한 과수원

자) 도시계획 등에 편입되어 수확 종료 전에 소유권 변동 또는 과수원 형질변경 등이 예정되어 있는 과수원

차) 군사시설보호구역 중 통제보호구역 내의 농지(단, 통상적인 영농활동 및 손해평가가 가능하다고 판단되는 농지는 인수 가능)

> ※ 통제보호구역 : 민간인통제선 이북지역 또는 군사기지 및 군사시설의 최외곽 경계선으로부터 300미터 범위 이내의 지역 **Tip** 삼 빽(300미터) : 삶을 빼앗을 만한 거리

12) 복분자

가) 가입연도 기준, 수령이 1년 이하 또는 11년 이상인 포기로만 구성된 과수원

> Tip 복분자 - 꼿꼿(11년) 서(1년) : 복분자 먹고서도 꼿꼿하게 서 있지 못하는 것 제외~!

※ 수령(나이)은 나무의 나이를 말하며, 묘목이 가입과수원에 식재된 해를 1년으로 한다.

나) 계약인수 시까지 구결과모지(올해 복분자 과실이 열렸던 가지)의 전정 활동(통상적인 영농활동)을 하지 않은 과수원

다) 시설(비닐하우스, 온실 등)에서 복분자를 재배하는 과수원

라) 조방재배 등 적정한 비배관리를 하지 않는 과수원

※ 조방재배 : 일정한 토지면적에 대하여 자본과 노력을 적게 들이고 자연력의 작용을 주(主)로 하여 경작하는 방법

마) 보험가입 이전에 자연재해 등의 피해로 인하여 당해년도의 정상적인 결실에 영향이 있는 과수원

바) 가입사무소 또는 계약자를 달리하여 중복 가입하는 과수원

사) 도서 지역의 경우 연륙교가 설치되어 있지 않고 정기선이 운항하지 않는 등 신속한 손해평가가 불가능한 지역에 소재한 과수원

아) 도시계획 등에 편입되어 수확 종료 전에 소유권 변동 또는 과수원 형질변경 등이 예정되어 있는 과수원

자) 군사시설보호구역 중 통제보호구역 내의 과수원(단, 통상적인 영농활동 및 손해평가가 가능하다고 판단되는 과수원은 인수 가능)

※ 통제보호구역 : 민간인통제선 이북지역 또는 군사기지 및 군사시설의 최외곽 경계선으로부터 300미터 범위 이내의 지역  Tip 삶 뺵(300미터) : 삶을 빼앗을 만한 거리

차) 1주당 재식면적이 0.3㎡ 이하인 과수원

> Tip 1주당 재식면적 제한
>
> Tip 복자(복분자) 빵 탔 써(0.3(쓰리)㎡) 이하 : 좁은 곳에서 볶다 보니 다 탔어~!
> Tip 뭐하고(무화과), 매실, 자두, 일(1㎡) 미만 : 이제까지 뭘 하고 매 자다가 일을 마치지 못한 거야?
> Tip 두루(두릅) 새어서(3.3㎡) 넘쳐(초과) : 두루 물이 새듯이 넘쳐~!

13) 무화과

가) 가입하는 해의 나무 수령(나이)이 4년 미만인 과수원

> Tip 4년 미만 - 대추, 만감류, 유자, 무화과, 온주밀감류, 서(4년)운해 : 대만이 끝까지 존재할지 온 감정이 서운해

※ 수령(나이)은 나무의 나이를 말하며, 묘목이 가입과수원에 식재된 해를 1년으로 한다.

※ 나무보장특약의 경우 가입하는 해의 나무 수령이 4년~9년 이내의 무화과 나무만 가입가능하다.

> Tip 뭐하고(무화과) 나무손에(나무손해) 사(4년) ~ 나(9년, 나인) :
> 이제까지 뭘 하고 남의 손을 빌려 보험을 사나? 스스로 빨리 가입했어야지!

나) 관수시설이 미설치된 과수원

다) 시설(비닐하우스, 온실 등)에서 무화과를 재배하는 과수원

라) 보험가입 이전에 자연재해 피해 및 접붙임 등으로 당해년도의 정상적인 결실에 영향이 있는 과수원

마) 가입사무소 또는 계약자를 달리하여 중복 가입하는 과수원

바) 도시계획 등에 편입되어 수확 종료 전에 소유권 변동 또는 과수원 형질변경 등이 예정되어 있는 과수원

사) 1주당 재식면적 1㎡ 미만인 과수원

> **Tip** 1주당 재식면적 제한
>
> **Tip** **복자**(복분자) **빵 탔 써**(0.3(쓰리)㎡) **이하** : 좁은 곳에서 볶다 보니 다 탔어~!
> **Tip** **뭐하고**(무화과), **매실, 자두, 일**(1㎡) **미만** : 이제까지 뭘 하고 매 자다가 일을 마치지 못한 거야?
> **Tip** **두루**(두릅) **새어서**(3.3㎡) **넘쳐**(초과) : 두루 물이 새듯이 넘쳐~!

### 14) 참다래(비가림시설 포함)

가) 가입하는 해의 나무 수령이 3년 미만인 과수원

> **Tip** 3년 미만 - **포도, 복숭아, 오디, 참다래** : 서당개 3년이면 포복해서 오드래~!

※ 수령(나이)은 나무의 나이를 말하며, 묘목이 가입과수원에 식재된 해를 1년으로 한다.

나) **수령이 혼식된 과수원**(다만, 수령의 구분이 가능하며 **동일 수령군이 90% 이상**인 경우에 한하여 **가입 가능**)

다) **보험가입 이전에 역병 및 궤양병** 등의 병해가 발생하여 보험 가입 시 전체 나무의 **20% 이상이 고사**하였거나 정상적인 결실을 하지 못할 것으로 판단되는 과수원(다만, 고사한 나무가 전체의 20% 미만이더라도 고사한 나무를 제거하지 않거나 방재 조치를 하지 않은 경우에는 인수를 제한)

> **Tip** 보험가입 이전에 **역병 및 궤양병** 등 **돌고**(20)%

라) 가입사무소 또는 계약자를 달리하여 중복 가입하는 과수원

마) 도시계획 등에 편입되어 수확 종료 전에 소유권 변동 또는 과수원 형질변경 등이 예정되어 있는 과수원

바) 가입면적이 200㎡ 미만인 참다래 비가림시설

사) 참다래 재배 목적으로 사용되지 않는 비가림시설

아) 목재 또는 죽재로 시공된 비가림시설

자) 구조체, 피복재 등 목적물이 변형되거나 훼손된 비가림시설

차) 목적물의 소유권에 대한 확인이 불가능한 비가림시설

카) 건축 또는 공사 중인 비가림시설

타) 1년 이내에 철거 예정인 고정식 비가림시설

파) 정부에서 보험료 일부를 지원하는 다른 계약에 이미 가입되어 있는 비가림시설

하) 기타 인수가 부적절한 과수원 또는 비가림시설

### 15) 대추(비가림시설 포함)

가) 가입하는 해의 나무 수령이 4년 미만인 경우

> **Tip** 4년 미만 - **대**추, **만**감류, **유**자, **무**화과, **온**주밀감류, **서**(4년)운해 : 대만이 끝까지 존재할지 온 감정이 서운해
> ※ 수령(나이)은 나무의 나이를 말하며, 묘목이 가입과수원에 식재된 해를 1년으로 한다.

나) 건축 또는 공사 중인 비가림시설

다) 목재, 죽재로 시공된 비가림시설

라) 피복재가 없거나 대추를 재배하고 있지 않은 시설

마) 작업동, 창고동 등 대추 재배용으로 사용되지 않는 시설

바) 목적물의 소유권에 대한 확인이 불가능한 시설

사) 정부에서 보험료의 일부를 지원하는 다른 계약에 이미 가입되어 있는 시설

아) 비가림시설 전체가 피복재로 씌여진 시설(일반적인 비닐하우스와 차이가 없는 시설은 원예시설보험으로 가입)

자) 보험가입 이전에 자연재해 등의 피해로 당해년도의 정상적인 결실에 영향이 있는 과수원

차) 가입사무소 또는 계약자를 달리하여 중복 가입하는 과수원

카) 도서 지역의 경우 연륙교가 설치되어 있지 않고 정기선이 운항하지 않는 등 신속한 손해평가가 불가능한 지역에 소재한 과수원

타) 도시계획 등에 편입되어 수확 종료 전에 소유권 변동 또는 과수원 형질변경 등이 예정되어 있는 과수원

### 16) 밤

가) 가입하는 해의 나무 수령(나이)이 5년 미만인 과수원

> **Tip** 5년 미만 - **밤**, **매**실, **살**구, **와**(5년) : 밤매실 와~!
> ※ 수령(나이)은 나무의 나이를 말하며, 묘목이 가입과수원에 식재된 해를 1년으로 한다.

나) 보험가입 이전에 자연재해 등의 피해 인하여 당해년도의 정상적인 결실에 영향이 있는 과수원

다) 가입사무소 또는 계약자를 달리하여 중복 가입하는 과수원

라) 도서 지역의 경우 연륙교가 설치되어 있지 않고 정기선이 운항하지 않는 등 신속한 손해평가가 불가능한 지역에 소재한 과수원

마) 도시계획 등에 편입되어 수확 종료 전에 소유권 변동 또는 과수원 형질변경 등이 예정되어 있는 과수원

## 17) 호두

가) 통상의 영농방법에 의해 노지에서 청피호두를 재배하지 않는 과수원

나) 가입하는 해의 나무 수령(나이)이 8년 미만인 과수원

> **Tip** 8년 미만 – **호두**(까끼 인형) **팔**(8년)

※ 수령(나이)은 나무의 나이를 말하며, 묘목이 가입과수원에 식재된 해를 1년으로 한다.

다) 보험가입 이전에 자연재해 등의 피해로 인하여 당해년도의 정상적인 결실에 영향이 있는 과수원

라) 가입사무소 또는 계약자를 달리하여 중복 가입하는 과수원

마) 도서 지역의 경우 연륙교가 설치되어 있지 않고 정기선이 운항하지 않는 등 신속한 손해평가가 불가능한 지역에 소재한 과수원

바) 도시계획 등에 편입되어 수확 종료 전에 소유권 변동 또는 과수원 형질변경 등이 예정되어 있는 과수원

사) 군사시설보호구역 중 통제보호구역내의 과수원(단, 통상적인 영농활동 및 손해평가가 가능하다고 판단되는 과수원은 인수 가능)

※ 통제보호구역 : 민간인통제선 이북지역 또는 군사기지 및 군사시설의 최외곽 경계선으로부터 300미터 범위 이내의 지역  **Tip 삼 빽**(300미터) : 삶을 빼앗을 만한 거리

아) 시설(비닐하우스, 온실 등)에서 재배하는 과수원

## 18) 두릅

가) 가입하는 해의 나무 수령이 2년 미만인 경우 (단, 1년생 나무의 경우 가입연도 봄에 식재한 경우에만 가입 가능하며 이후 식재한 경우 가입 불가)

> **Tip** 2년 미만 – **두루**(두릅), **불러**(블루베리), **만감**류 **고접 니**(2년) : 두루 불러 모이니 만감이 교차 하니?

※ 수령(나이)이라 함은 재식나이를 말하며 묘목이 가입 과수원에 식재된 해를 1년으로 함

나) 1주당 재배면적이 3.3㎡ 초과인 과수원

> **Tip** 1주당 재식면적 제한
>
> **Tip 복자**(복분자) **빵 탔 써**(0.3(쓰리)㎡) **이하** : 좁은 곳에서 볶다 보니 다 탔어~!
> **Tip 뭐하고**(무화과), **매실**, **자두**, **일**(1㎡) **미만** : 이제까지 뭘 하고 매 자다가 일을 마치지 못한 거야?
> **Tip 두루**(두릅) **새어서**(3.3㎡) **넘쳐**(초과) : 두루 물이 새듯이 넘쳐~!

다) 시설(비닐하우스, 온실 등)재배 과수원

라) 보험가입 이전에 자연재해 등의 피해로 인하여 당해연도의 정상적인 결실에 영향이 있는 과수원

마) 가입사무소 또는 계약자를 달리하여 중복 가입하는 과수원

사) 도서지역의 경우, 연륙교가 설치되어 있지 않고 정기선이 운항하지 않는 등 신속한 손해평가가 불가능한 지역에 소재한 과수원

아) 도시계획 등에 편입되어 수확종료 전에 소유권 변동 또는 과수원 형질변경 등이 예정되어 있는 과수원

자) 군사시설보호구역 중 통제보호구역 내의 과수원(단, 통상적인 영농활동 및 손해평가가 가능하다고 판단되는 과수원은 인수 가능)

※ 통제보호구역 : 민간인통제선 이북 지역 또는 군사기지 및 군사시설의 최외곽 경계선으로부터 300미터 범위 이내의 지역   Tip **삶 빽**(300미터) : 삶을 빼앗을 만한 거리

### 19) 블루베리

가) 가입시점 기준 나무 수령이 2년 미만인 블루베리 나무로만 구성된 과수원

Tip 2년 미만 - **두루**(두릅), **불러**(블루베리), **만감류 고접 니**(2년) : 두루 불러 모이니 만감이 교차 하니?

※ 수령(나이)이라 함은 재식나이를 말하며 묘목이 가입 과수원에 식재된 해를 1년으로 함

나) 시설(비닐하우스, 온실 등)에서 블루베리를 재배하는 과수원

다) 관수시설 미설치 과수원(물호스는 관수시설 인정 제외)

라) 방조망 미설치 과수원

마) 1,000㎡ 당 100주 미만인 과수원, 1,000㎡ 당 1,200주 초과인 과수원

Tip **불러**(블루베리) **배 밀자**(100 미만), **저리백**(1,200) **치워**(초과) : 배가 불러 배를 내밀자 저리로 배 치워~!

바) 보험가입 이전에 자연재해 등의 피해로 인하여 당해연도의 정상적인 결실에 영향이 있는 과수원

사) 가입사무소 또는 계약자를 달리하여 중복 가입하는 과수원

아) 도서지역의 경우, 연륙교가 설치되어 있지 않고 정기선이 운항하지 않는 등 신속한 손해평가가 불가능한 지역에 소재한 과수원

자) 도시계획 등에 편입되어 수확종료 전에 소유권 변동 또는 과수원 형질변경 등이 예정되어 있는 과수원

차) 군사시설보호구역 중 통제보호구역 내의 과수원(단, 통상적인 영농활동 및 손해평가가 가능하다고 판단되는 과수원은 인수 가능)

※ 통제보호구역 : 민간인통제선 이북 지역 또는 군사기지 및 군사시설의 최외곽 경계선으로부터 300미터 범위 이내의 지역   Tip **삶 빽**(300미터) : 삶을 빼앗을 만한 거리

**Tip 인수 제한 수령 정리**

1) **사과** : **밀**(밀식재배) **세**(3년), **반**(반밀식) **사**(4년), **일**(일반재배) **어**(5년) : 사과하라고 억지로 밀어붙였더니 반사가 일어나~!
2) **배**, **삼**(3년)에 무초
3) **떫 단감**(떫은감・단감) **오들오들**(5년)?
4) 1년 이하 또는 11년 이상인 포기로 구성된 것 - 복분자 : **꼿꼿**(11년) **서**(1년) : 복분자 먹고서도 꼿꼿하게 서 있지 못하는 것 제외~!
5) 2년 미만 - **두루**(두릅), **불러**(블루베리), **만감류 고접 니**(2년) : 두루 불러 모이니 만감이 교차 하니?
6) 3년 미만 - **포도, 복숭아, 오디, 참다래** : 서당개 3년이면 포복해서 오드래~!
7) 3년 이상, 4년 이상 - **오미자** : **삭벌, 쎄**(3년) / **식묘, 사**(4년) : 오! 미자야 벌써 식사하니?
8) 4년 미만 - **대추, 만감류, 유자, 무화과, 온주밀감류, 서**(4년)운해 : 대만이 끝까지 존재할지 온 감정이 서운해
9) 5년 미만 - **밤, 매실, 살구, 와**(5년) : 밤마실 와~!
10) 6년 미만 - **자두, 욕**(6년) : 피곤한데 자도 자도 욕 나와
11) 7년 미만 - **차나무** : 차를 따르는 **주전자 주둥이 모양**(7)
12) 8년 미만 - **호두**(까끼 인형) **팔**(8년)
13) 4년 ~ 9년 - 나무보장특약 : **뭐하고**(무화과) **나무손에**(나무손해) **사**(4년) ~ **나**(9년, 나인) : 이제까지 뭘 하고 남의 손을 빌려 보험을 사나? 스스로 빨리 가입했어야지!

## 나. 논작물 품목 인수 제한 목적물

### 1) 공통

가) 보험가입금액이 50만원 미만인 농지(조사료용 벼는 제외)

**Tip 벼, 밀, 보리, 귀리, 메밀** : 벼, 밀, 보는 김에 **다빵**(50) 만들 수 있겠네~!

나) 하천부지에 소재한 농지

다) **최근 3년 연속 침수피해**를 입은 농지. 다만, 호우주의보 및 호우경보 등 기상특보에 해당되는 재해로 피해를 입은 경우는 제외함

라) 오염 및 훼손 등의 피해를 입어 복구가 완전히 이루어지지 않은 농지

마) 보험가입 전 농작물의 피해가 확인된 농지

바) 통상적인 재배 및 영농활동을 하지 않는다고 판단되는 농지

사) 보험목적물을 수확하여 판매를 목적으로 경작하지 않는 농지(채종농지 등)

아) 농업용지가 다른 용도로 전용되어 수용 예정 농지로 결정된 농지

자) 전환지(개간, 복토 등을 통해 논으로 변경한 농지), 휴경지 등 농지로 변경하여 경작한지 3년 이내인 농지

**Tip 삼**(3년) : 이제 농지로 삼(3)았으면 3년은 되어야~!

차) 최근 5년 이내에 간척된 농지    **Tip 간척지**(가는 척) **오네**(5년 이내)

**Tip 농지 변경(전환지, 휴경지 등)・간척지・최근 3년 연속 침수피해 인수제한 적용**

| 논작물(벼, 밀, 보리, 귀리), 밭작물(메밀, 노지시금치, 배추) |
|---|

카) 도서 지역의 경우 연륙교가 설치되어 있지 않고 정기선이 운항하지 않는 등 신속한 손해평가가 불가능한 지역에 소재한 농지

※ 단, 벼·조사료용 벼 품목의 경우 연륙교가 설치되어 있거나, 농작물재해보험 위탁계약을 체결한 지역 농·축협 또는 품목농협(지소포함)이 소재하고 있고 손해평가인 구성이 가능한 지역은 보험 가입 가능

타) 기타 인수가 부적절한 농지

## 2) 벼

가) 밭벼를 재배하는 농지

나) 군사시설보호구역 중 통제보호구역내의 농지(단, 통상적인 영농활동 및 손해평가가 가능하다고 판단되는 농지는 인수 가능)

※ 통제보호구역 : 민간인통제선 이북지역 또는 군사기지 및 군사시설의 최외곽 경계선으로부터 300미터 범위 이내의 지역   Tip **삼 빽**(300미터) : 삶을 빼앗을 만한 거리

## 3) 조사료용 벼

가) 가입면적이 1,000㎡ 미만인 농지

Tip 1,000㎡ : **차**(茶), **조**사료용 벼, **사**료용 옥수수를 온 **천**지에 키우고 방목하고

나) 밭벼를 재배하는 농지

다) 광역시·도를 달리하는 농지(단, 본부 승인심사를 통해 인수 가능)

라) 군사시설보호구역 중 통제보호구역내의 농지(단, 통상적인 영농활동 및 손해평가가 가능하다고 판단되는 농지는 인수 가능)

※ 통제보호구역 : 민간인통제선 이북지역 또는 군사기지 및 군사시설의 최외곽 경계선으로부터 300미터 범위 이내의 지역   Tip **삼 빽**(300미터) : 삶을 빼앗을 만한 거리

## 4) 밀

가) 파종을 11월 20일 이후에 실시한 농지

Tip **할 일/두 고**(11/20) / **보**(보리), **물**(밀), **거리**(귀리) : 파종할 일 제쳐두고 보물 거리 찾으러 다닌 겨?

나) 춘파재배 방식에 의한 봄파종을 실시한 농지

다) 출현율 80% 미만인 농지

> Tip **논작물과 밭작물 출현율 제한**
> (1) **옥수수**(사료용 옥수수), **무**, **감자**, / **보리**, **물**(밀), **거리**(귀리), / **콩**, **팥** : 출현율 **팔고**(80%) 미만 인수제한
> (2) **당근** : 출현율 **오공**(50%) 미만 인수제한
> Tip 억수로 무감각해서 내 신체 보물 거리인 콩팥을 팔고나니, 당연히 몸에 이상이 오고…

라) 다른 작물과 혼식되어 있는 농지(단, 밀 식재면적이 농지의 90% 이상인 경우 인수 가능)

5) 보리

가) 파종을 11월 20일 이후에 실시한 농지

나) 춘파재배 방식에 의한 봄파종을 실시한 농지

다) 출현율 80% 미만인 농지

라) 시설(비닐하우스, 온실 등)에서 재배하는 농지

마) 10a당 재식주수가 30,000주/10a(=30,000주/1,000㎡) 미만인 농지

**Tip** 보리 **쌈밥**(30,000) **안돼**! : 보리 쌈밥 해 먹을 수준도 안 돼~!

6) 귀리

가) 파종을 11월 20일 이후에 실시한 농지

나) 춘파재배 방식에 의한 봄파종을 실시한 농지

다) 출현율 80% 미만인 농지

라) 겉귀리 전 품종

마) 다른 작물과 혼식되어 있는 농지(단, 귀리 식재면적이 농지의 90% 이상인 경우 인수 가능)

바) 시설(비닐하우스, 온실 등)에서 재배하는 농지

### 다. 밭작물(수확감소·수입감소보장) 품목 인수 제한 목적물

1) **공통** : 마늘, 양파, 감자(봄재배, 가을재배, 고랭지재배), 고구마, 양배추, 옥수수, 사료용옥수수, 콩, 팥

가) 보험가입금액이 200만원 미만인 농지(사료용 옥수수는 제외)

※ 단, 옥수수·콩·팥은 100만원 미만인 농지

**Tip** **배추, 팥, 콩 / 무, 파, 당근 / 단호박 / (노지)시금치 / 옥수수 / 양상**(노는 양상) : 배추, 팥, 고 / 무, 파, 당(무 파다가) 100 (명품백 사고) 단박에 노시지~! 얼쑤하고 노는 양상

나) 통상적인 재배 및 영농활동을 하지 않는 농지

다) 다른 작물과 혼식되어 있는 농지

라) 시설재배 농지

마) 하천부지 및 상습 침수지역에 소재한 농지

바) 판매를 목적으로 경작하지 않는 농지

사) 도서지역의 경우 연륙교가 설치되어 있지 않고 정기선이 운항하지 않는 등 신속한 손해평가가 불가능한 지역에 소재한 농지

※ 단, 감자(가을재배)·감자(고랭지재배)·콩 품목의 경우 연륙교가 설치되어 있거나, 농작물재해보험 위탁계약을 체결한 지역 농·축협 또는 품목농협(지소포함)이 소재하고 있고 손해평가인 구성이 가능한 지역은 보험 가입 가능

※ 감자(봄재배) 품목은 미해당

아) 군사시설보호구역 중 통제보호구역내의 농지(단, 통상적인 영농활동 및 손해평가가 가능하다고 판단되는 농지는 인수가능)

※ 통제보호구역 : 민간인통제선 이북지역 또는 군사기지 및 군사시설의 최외곽 경계선으로부터 300미터 범위 이내의 지역  Tip **삶 뺏**(300미터) : 삶을 빼앗을 만한 거리

※ 감자(봄재배), 감자(가을재배) 품목은 미해당

Tip **봄, 가을 감자**(숨자) : 벙커안 괜찮아~!

자) 기타 인수가 부적절한 농지

## 2) 마늘

가) 난지형의 경우 남도 및 대서 품종, 한지형의 경우는 의성 품종, 홍산 품종이 아닌 마늘

| 구분 | 품종 |
|---|---|
| 난지형 | 남도 |
|  | 대서 |
| 한지형 | 의성 |
| 홍산 | |

나) 난지형은 8월 31일, 한지형은 10월 10일 이전 파종한 농지

Tip **난지형 팔/세하**(8/31) / **한지형 탄/탄**(10/10) :
난 나이가 8세야! 아직 어려 결혼해서 마누라(마늘)가 될 수 없어 한탄만.

다) 재식밀도가 30,000주/10a 미만인 농지(= 30,000주/1,000㎡)

Tip **마눌**(마누라), **쌈말려**(30,000)

라) 마늘 파종 후 익년 4월 15일 이전에 수확하는 농지

Tip **마눌**(마누라)! **내/일다**(4/15) : 마누라! 그렇게나 빨리 내일 다 수확한다고?

마) 액상멀칭 또는 무멀칭농지

바) 코끼리 마늘, 주아재배 마늘  Tip **주아** : 마늘종 끝부분에 있는 작은 알갱이로서 씨 마늘로 활용할 수 있음

※ 단, 주아재배의 경우 2년차 이상부터 가입가능 Tip **주아, 리**(2년차) : 주아리 틀어야 가입 가능

사) 시설재배 농지, 자가채종 농지

## 3) 양파

가) 극조생종, 조생종, 중만생종을 혼식한 농지

나) 재식밀도가 23,000주/10a 미만, 40,000주/10a 초과인 농지

Tip **양파, 이만삼**(2만3), **네망**(4만) : 양파는 이만큼만 살게요~ 네망~!

다) 9월 30일 이전 정식한 농지  Tip **양파망**은 **이전**에 **구/셋공**(9/30) : 양파망은 이전에 벌써 구멍 셌고!

라) 양파 식물체가 똑바로 정식되지 않은 농지(70° 이하로 정식된 농지)  **Tip 양판**(양파) 바닥 **치고**(70)

마) 부적절한 품종을 재배하는 농지

　　(예 고랭지 봄파종 재배 적응 품종 → 게투린, 고떼이황, 고랭지 여름, 덴신, 마운틴1호, 스프링골드, 사포로기, 울프, 장생대고, 장일황, 하루히구마 등)

바) 무멀칭농지

사) 시설재배 농지

### 4) 감자(봄재배)

가) 2년 이상 자가 채종 재배한 농지

나) 씨감자 수확을 목적으로 재배하는 농지

다) 파종을 3월 1일 이전에 실시 농지  **Tip 봄감자**는 **봄**(3/1)이 오기 **이전**에 파종하면 **안돼**!

라) 출현율이 80% 미만인 농지(보험가입 당시 출현 후 고사된 싹은 출현이 안 된 것으로 판단)

> **Tip 논작물과 밭작물 출현율 제한**
> (1) **옥수수**(사료용 옥수수), **무**, **감자**, / **보리**, **밀**(밀), **거리**(귀리), / **콩**, **팥** : 출현율 팔고(80%) 미만 인수제한
> (2) **당근** : 출현율 **오공**(50%) 미만 인수제한
> **Tip** 억수로 무감각해서 내 신체 보물 거리인 콩팥을 팔고나니, 당연히 몸에 이상이 오고...

마) 재식밀도가 4,000주/10a 미만인 농지

　　**Tip 봄, 가을 감자**(숨자), **고구마 / 내천**(4,000) : 벙커에 숨자는구먼~! 헉 바닥 안이 거의 개천이야~!

바) 전작으로 유채를 재배한 농지  **Tip 전작**으로 **유채** → **감자**(전작은 유감이야…)

### 5) 감자(가을재배)

가) 가을재배에 부적합 품종(수미, 남작, 조풍, 신남작, 세풍 등)이 파종된 농지

　　**Tip 조풍, 세풍, 남작, 수미, 신남작? 가을감자 부적합** : 조세 남았다고 신나게 가져가면 부적합해!

나) 2년 이상 갱신하지 않는 씨감자를 파종한 농지

다) 씨감자 수확을 목적으로 재배하는 농지

라) 재식밀도가 4,000주/10a 미만인 농지

　　**Tip 봄, 가을 감자**(숨자), **고구마 / 내천**(4,000) : 벙커에 숨자는구먼~! 헉 바닥 안이 거의 개천이야~!

마) 전작으로 유채를 재배한 농지  **Tip 전작**으로 **유채** → **감자**(전작은 유감이야…)

바) 출현율이 80% 미만인 농지(보험가입 당시 출현 후 고사된 싹은 출현이 안 된 것으로 판단함)

> **Tip** 논작물과 밭작물 출현율 제한
> 
> (1) **옥수수**(사료용 옥수수), **무**, **감자**, / **보리**, **밀**(밀), **거리**(귀리), / **콩**, **팥** : 출현율 **팔고**(80%) 미만 인수제한
> (2) **당근** : 출현율 **오공**(50%) 미만 인수제한
> 
> **Tip** 억수로 무감각해서 내 신체 보물 거리인 콩팥을 팔고나니, 당연히 몸에 이상이 오고...

사) 목장 용지

## 6) 감자(고랭지재배)

가) 재배 용도가 다른 것을 혼식 재배하는 농지

나) 파종을 4월 10일 이전에 실시한 농지

> **Tip** **네/하공**(4/10) **이전에 고래감**(고랭지 감자) **안돼** : 네~! 알겠습니다! 하지도 않고 그렇게 가면 안돼!

다) 출현율이 80% 미만인 농지(보험가입 당시 출현 후 고사된 싹은 출현이 안 된 것으로 판단)

> **Tip** 논작물과 밭작물 출현율 제한
> 
> (1) **옥수수**(사료용 옥수수), **무**, **감자**, / **보리**, **밀**(밀), **거리**(귀리), / **콩**, **팥** : 출현율 **팔고**(80%) 미만 인수제한
> (2) **당근** : 출현율 **오공**(50%) 미만 인수제한
> 
> **Tip** 억수로 무감각해서 내 신체 보물 거리인 콩팥을 팔고나니, 당연히 몸에 이상이 오고...

라) 재식밀도가 3,500주/10a 미만인 농지

> **Tip** **산천어**(3,500)가 **아래로 고래감**(고랭지 감자) **안되지**!

## 7) 고구마

가) '수' 품종 재배 농지  **Tip** **수 고구마** : 수품종은 어차피 안 되는데 수고하는구먼~!

나) 채소, 나물용 목적으로 재배하는 농지

다) 재식밀도가 4,000주/10a 미만인 농지

> **Tip** **봄, 가을 감자**(숨자), **고구마** / **내천**(4,000) : 벙커에 숨자는구먼~! 헉 바닥 안이 거의 개천이야~!

라) 무멀칭농지

마) 도시계획 등에 편입되어 수확 종료 전에 소유권 변동 또는 농지 형질변경 등이 예정되어 있는 농지

## 8) 양배추

가) 관수시설 미설치 농지(물호스는 관수시설 인정 제외)

나) 9월 30일을 초과하여 정식한 농지(단, 재정식은 10월 15일 이내 정식)

> **Tip** **양배**(양배추) **정일**(정식완료일) **나/서고**(9/30) / **재식일**(재정식 완료일) **열/하다**(10/15) :
> 양껏 배가 나온 김정일 나서고 제식훈련에 열병식 하다.

다) 재식밀도가 평당 8구 미만인 농지

    Tip **양배**(양껏 나온 배) **팽당**(평당)해서 **빠꾸**(8구) 당했내!

라) 소구형 양배추(방울양배추 등), 적채 양배추를 재배하는 농지

마) 목초지, 목야지 등 지목이 목인 농지

바) 시설(비닐하우스, 온실 등)에서 양배추를 재배하는 농지

9) **옥수수**

가) 보험가입금액이 100만원 미만인 농지

    Tip **배추, 팥, 콩 / 무, 파, 당근 / 단호박/ (노지)시금치 / 옥수수 / 양상**(노는 양상) : 배추, 팥, 고 / 무, 파, 당(무파다가) 100 (명품백 사고) 단박에 노시지~! 얼쑤하고 노는 양상

나) 자가 채종을 이용해 재배하는 농지

다) 1주 1개로 수확하지 않는 농지

라) 통상적인 재식 간격의 범위를 벗어나 재배하는 농지

    (1) 1주 재배 : 1,000㎡당 정식주수가 3,500주 미만 5,000주 초과인 농지

        (단, 전남·전북·광주·제주는 1,000㎡당 정식주수가 3,000주 미만 5,000주 초과인 농지)

    (2) 2주 재배 : 1,000㎡당 정식주수가 4,000주 미만 6,000주 초과인 농지

    Tip 통상적인 재식 간격의 범위

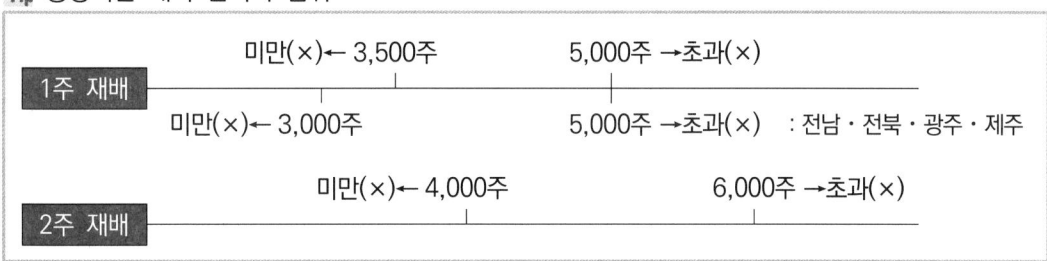

마) 3월 1일 이전 파종한 농지   Tip **억수**(옥수수), **세/일**(3/1) **이전**

바) 출현율이 80% 미만인 농지(보험가입 당시 출현 후 고사된 싹은 출현이 안 된 것으로 판단함)

    Tip 논작물과 밭작물 출현율 제한

    (1) **옥수수**(사료용 옥수수), **무, 감자, / 보리, 물**(밀), **거리**(귀리), / **콩, 팥** : 출현율 **팔고**(80%) 미만 인수제한
    (2) **당근** : 출현율 **오공**(50%) 미만 인수제한
    Tip 억수로 무감각해서 내 신체 보물 거리인 콩팥을 팔고나니, 당연히 몸에 이상이 오고...

사) 도시계획 등에 편입되어 수확 종료 전에 소유권 변동 또는 농지 형질변경 등이 예정되어 있는 농지

### 10) 사료용 옥수수

가) 보험가입면적이 1,000㎡ 미만인 농지

> Tip 1,000㎡ : 차(茶), 조사료용 벼, 사료용 옥수수를 온 **천**지에 키우고 방목하고

나) 자가 채종을 이용해 재배하는 농지

다) 3월 1일 이전 파종한 농지

라) 출현율이 80% 미만인 농지(보험가입 당시 출현 후 고사된 싹은 출현이 안 된 것으로 판단)

> Tip 논작물과 밭작물 출현율 제한
> (1) **옥수수**(사료용 옥수수), **무**, **감자**, / **보리**, **물**(밀), **거리**(귀리), / **콩**, **팥** : 출현율 **팔고**(80%) 미만 인수제한
> (2) **당근** : 출현율 **오공**(50%) 미만 인수제한
> Tip 억수로 무감각해서 내 신체 보물 거리인 콩팥을 팔고나니, 당연히 몸에 이상이 오고...

마) 도시계획 등에 편입되어 수확 종료 전에 소유권 변동 또는 농지 형질변경 등이 예정되어 있는 농지

### 11) 콩

가) 보험가입금액이 100만원 미만인 농지

> Tip **배추, 팥, 콩 / 무, 파, 당근 / 단호박/ (노지)시금치 / 옥수수 / 양상**(노는 양상) : 배추, 팥, 고 / 무, 파, 당(무파다가) 100 (명품백 사고) 단박에 노시지~! 얼쑤하고 노는 양상

나) 장류 및 두부용, 나물용, 밥밑용 콩 이외의 콩이 식재된 농지

다) 출현율이 80% 미만인 농지(보험가입 당시 출현 후 고사된 싹은 출현이 안 된 것으로 판단)

> Tip 논작물과 밭작물 출현율 제한
> (1) **옥수수**(사료용 옥수수), **무**, **감자**, / **보리**, **물**(밀), **거리**(귀리), / **콩**, **팥** : 출현율 **팔고**(80%) 미만 인수제한
> (2) **당근** : 출현율 **오공**(50%) 미만 인수제한
> Tip 억수로 무감각해서 내 신체 보물 거리인 콩팥을 팔고나니, 당연히 몸에 이상이 오고...

라) 적정 출현 개체수 미만인 농지(10개체/㎡), 제주지역 재배방식이 산파인 경우 15개체/㎡

> Tip **콩을 턴**(10개체, 탠, 터는) **재주**(제주) **산파 하다**(15개체) : 콩을 터는 재주를 널리 알리지 않으면 인수제한

마) 담배, 옥수수, 브로콜리 등 후작으로 인수 시점 기준으로 타 작물과 혼식되어 있는 경우

바) 논두렁에 재배하는 경우

사) 시험연구를 위해 재배하는 경우

아) 다른 작물과 간작 또는 혼작으로 다른 농작물이 재배 주체가 된 경우의 농지

자) 도시계획 등에 편입되어 수확 종료 전에 소유권 변동 또는 농지 형질변경 등이 예정되어 있는 농지
차) 시설재배 농지

### 12) 팥

가) 보험가입금액이 100만원 미만인 농지

> **Tip** 배추, 팥, 콩 / 무, 파, 당근 / 단호박/ (노지)시금치 / 옥수수 / 양상(노는 양상) : 배추, 팥, 고 / 무, 파, 당(무파다가) 100 (명품백 사고) 단박에 노시지~! 얼쑤하고 노는 양상

나) 6월 1일 이전에 정식(파종)한 농지

> **Tip** 팥, 죽/하기(6/1) 이전 : 팥죽하기 이전에는 인수제한

다) 출현율이 80% 미만인 농지(보험가입 당시 출현 후 고사된 싹은 출현이 안 된 것으로 판단)

> **Tip** 논작물과 밭작물 출현율 제한
> 
> (1) **옥수수**(사료용 옥수수), **무**, **감자**, / **보리**, **물**(밀), **거리**(귀리), / **콩**, **팥** : 출현율 **팔고**(80%) 미만 인수제한
> (2) **당근** : 출현율 **오공**(50%) 미만 인수제한
> 
> **Tip** 억수로 무감각해서 내 신체 보물 거리인 콩팥을 팔고나니, 당연히 몸에 이상이 오고…

라) 시설(비닐하우스, 온실 등)에서 재배하는 농지

### 13) 수박

가) 5월 31일을 초과하여 정식한 농지

> **Tip** 박수(수박) 다/셀일(5/31) 초과 인수제한 : 박수를 모두 칠 수 있는 수준을 넘겨 지나치면 인수제한

나) 소과(미니애플수박 등)를 경작하는 농지
다) 보험계약 시 피해가 확인된 농지
라) 시험연구를 위해 재배되는 농지
마) 오염 및 훼손 등의 피해를 입어 복구가 완전히 이루어지지 않은 농지

## 라. 차(茶) 품목 인수 제한 목적물

1) 보험가입면적이 1,000㎡ 미만인 농지

> **Tip** 1,000㎡ : 차(茶), 조사료용 벼, 사료용 옥수수를 온 **천지**에 키우고 방목하고

2) 가입하는 해의 나무 수령이 7년 미만인 차나무

> **Tip** 보험가입대상은 **7년생 이상**의 **차나무**에서 **익년**에 **수확하는 햇차**
> 
> ※ 수령(나이)은 나무의 나이를 말하며, 묘목이 가입농지에 식재된 해를 1년으로 한다.

3) 깊은 전지로 인해 차나무의 높이가 지면으로부터 30㎝ 이하인 경우 가입면적에서 제외

> **Tip** 차 삼고(30) 안돼 : 높이가 낮아 발로 차고 다니는 정도로 삼고 하면 안 돼~!

4) 통상적인 영농활동을 하지 않는 농지
5) 말차 재배를 목적으로 하는 농지

   **Tip 말차**(末茶, 가루차) : 차나무의 애순(어린싹)을 말려서 가루로 만든 차

6) 보험계약 시 피해가 확인된 농지
7) 시설(비닐하우스, 온실 등)에서 촉성재배 하는 농지
8) 판매를 목적으로 경작하지 않는 농지
9) 다른 작물과 혼식되어 있는 농지
10) 하천부지, 상습침수 지역에 소재한 농지
11) 군사시설보호구역 중 통제보호구역내의 농지(단, 통상적인 영농활동 및 손해평가가 가능하다고 판단되는 농지는 인수 가능)

    ※ 통제보호구역 : 민간인통제선 이북지역 또는 군사기지 및 군사시설의 최외곽 경계선으로부터 300미터 범위 이내의 지역   **Tip 삼 빽**(300미터) : 삶을 빼앗을 만한 거리

12) 기타 인수가 부적절한 농지

## 마. 인삼 품목(해가림시설 포함) 인수 제한 목적물

### 1) 인삼 작물

가) 보험가입금액이 200만원 미만인 농지

나) 2년근 미만 또는 6년근 이상 인삼

   **Tip 인상**(인삼) **이**(2년근) **미**만 또는 **육**(6년근) **이상** : 인상을 쓰다 보니 이미 이마 근육에 주름이...
   ※ 단, 직전년도 인삼1형 상품에 5년근으로 가입한 농지에 한하여 6년근 가입 가능

다) 산양삼(장뇌삼), 묘삼, 수경재배 인삼

라) 식재년도 기준 과거 10년 이내(논은 6년 이내)에 인삼을 재배했던 농지 (단, 채굴 후 8년 이상 경과되고 올해 성토(60cm이상)된 농지의 경우 인수 가능)

**Tip** 식재년도 기준 인수 여부

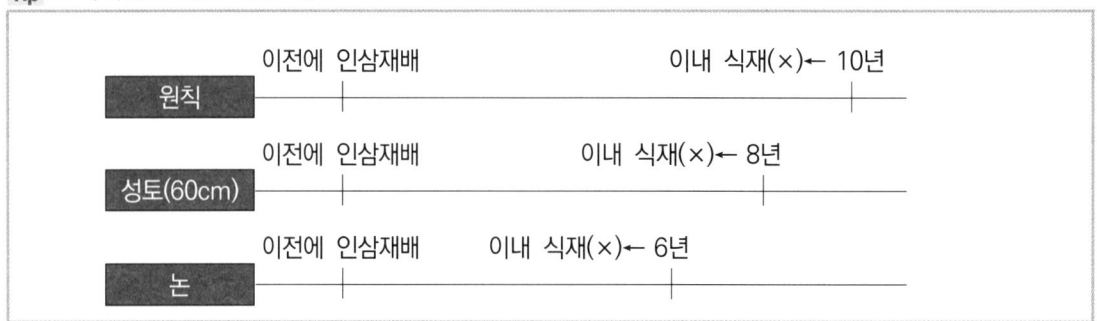

마) 두둑 높이가 15cm 미만인 농지

> **Tip** 물이 인삼을 **씹어**(15cm) **삼켜**~!

바) 보험가입 이전에 피해가 이미 발생한 농지

   ※ 단, 자기부담비율 미만의 피해가 발생한 경우이거나 피해 발생 부분을 수확한 경우에는 농지의 남은 부분에 한해 인수 가능

사) 통상적인 재배 및 영농활동을 하지 않는다고 판단되는 농지

아) 하천부지, 상습침수 지역에 소재한 농지

자) 판매를 목적으로 경작하지 않는 농지

차) 군사시설보호구역 중 통제보호구역내의 농지(단, 통상적인 영농활동 및 손해평가가 가능하다고 판단되는 농지는 인수 가능)

   ※ 통제보호구역 : 민간인통제선 이북지역 또는 군사기지 및 군사시설의 최외곽 경계선으로부터 300미터 범위 이내의 지역  **Tip** **삶 빽**(300미터) : 삶을 빼앗을 만한 거리

카) 연륙교가 설치되어 있지 않고 정기선이 운항하지 않는 등 신속한 손해평가가 불가능한 도서 지역 농지

타) 기타 인수가 부적절한 농지

### 2) 해가림시설

가) 농림축산식품부가 고시하는 내재해형 인삼재배시설 규격에 맞지 않는 시설

나) 목적물의 소유권에 대한 확인이 불가능한 시설

다) 보험가입 당시 공사 중인 시설

라) 정부에서 보험료의 일부를 지원하는 다른 보험계약에 이미 가입되어 있는 시설

마) 통상적인 재배 및 영농활동을 하지 않는다고 판단되는 시설

바) 하천부지, 상습침수 지역에 소재한 시설

사) 판매를 목적으로 경작하지 않는 시설

아) 군사시설보호구역 중 통제보호구역내의 시설

   ※ 통제보호구역 : 민간인통제선 이북지역 또는 군사기지 및 군사시설의 최외곽 경계선으로부터 300미터 범위 이내의 지역  **Tip** **삶 빽**(300미터) : 삶을 빼앗을 만한 거리

자) 연륙교가 설치되어 있지 않고 정기선이 운항하지 않는 등 신속한 손해평가가 불가능한 도서 지역 시설

차) 기타 인수가 부적절한 시설

### 바. 밭작물(생산비보장) 품목 인수 제한 목적물

1) **공통**

   가) 보험계약 시 피해가 확인된 농지

   나) 여러 품목이 혼식된 농지(다른 작물과 혼식되어 있는 농지)

   다) 하천부지, 상습침수 지역에 소재한 농지

   라) 통상적인 재배 및 영농활동을 하지 않는 농지

   마) 시설재배 농지

   바) 판매를 목적으로 경작하지 않는 농지

   사) 도서 지역의 경우 연륙교가 설치되어 있지 않고 정기선이 운항하지 않는 등 신속한 손해평가가 불가능한 지역에 소재한 농지

   아) 군사시설보호구역 중 통제보호구역내의 농지(단, 통상적인 영농활동 및 손해평가가 가능하다고 판단되는 농지는 인수 가능)

   ※ 통제보호구역 : 민간인통제선 이북지역 또는 군사기지 및 군사시설의 최외곽 경계선으로부터 300미터 범위 이내의 지역   Tip **삶 뺵**(300미터) : 삶을 빼앗을 만한 거리

   ※ 대파, 쪽파(실파) 품목은 미해당   Tip 땅**파**고 **숨어**서 **괜찮아**~!

   자) 기타 인수가 부적절한 농지

2) **고추**

   가) 보험가입금액이 200만원 미만인 농지

   나) 재식밀도가 조밀(1,000㎡당 4,000주 초과) 또는 넓은(1,000㎡당 1,500주 미만) 농지

   Tip (전쟁) **하다**(1,5) ~ 총 **싸공**(4,0) **빵빵**(00)

   다) 노지재배, 터널재배 이외의 재배작형으로 재배하는 농지

   라) 비닐멀칭이 되어 있지 않은 농지

   마) 직파한 농지

   바) 4월 1일 이전과 5월 31일 이후에 고추를 식재한 농지

   Tip **고쳐**(고추) **싸/울**(4/1) **이전** / **다/샌일**(5/31) **이후** : 고장 난 총 고치다간 싸우기 이전에 다 날이 샌 이후야~!

   사) 동일 농지 내 재배 방법이 동일하지 않은 농지(단, 보장생산비가 낮은 재배 방법으로 가입하는 경우 인수 가능)

   아) 동일 농지 내 재식 일자가 동일하지 않은 농지(단, 농지 전체의 정식이 완료된 날짜로 가입하는 경우 인수 가능)

   자) 고추 정식 6개월 이내에 인삼을 재배한 농지

   Tip **욕내**(6개월 이내) **인상**(인삼) **거칠어**(고추) : 욕이 나오면 인상이 거칠어져!

차) 풋고추 형태로 판매하기 위해 재배하는 농지

3) **브로콜리**

가) 보험가입금액이 200만원 미만인 농지

나) 정식을 하지 않았거나, 정식을 9월 30일을 초과하여 실시한 농지

> **Tip** 보험기간 : **브로**(브로콜리) **날/새고**(9/30) / **하얗고**(160) : 에어 텐트를 입으로 불어? 밤은 지나서 날 새고 하늘은 하얗고!

다) 목초지, 목야지 등 지목이 목인 농지

4) **메밀**

가) 보험가입금액이 50만원 미만인 농지

> **Tip** **벼**, **밀**, **보리**, **귀리**, **메밀** : 벼, 밀, 보는 김에 **다빵**(50) 만들 수 있겠네~!

나) 춘파재배 방식에 의한 봄 파종을 실시한 농지

다) 9월 15일을 초과하여 파종을 실시 또는 할 예정인 농지

> **Tip** 보험기간 : **매**(매밀) **구/해다**(9/15) / **하나 하나/두고**(11/20) : 매를 구해다가 나중에 쓸 것에 대비해 하나 하나 두고

라) 오염 및 훼손 등의 피해를 입어 복구가 완전히 이루어지지 않은 농지

마) 최근 5년 이내에 간척된 농지  **Tip** **간척지**(가는 척) **오네**(5년 이내)

바) 전환지(개간, 복토 등을 통해 논으로 변경한 농지), 휴경지 등 농지로 변경하여 경작한 지 3년 이내인 농지  **Tip** **삼**(3년) : 이제 농지로 삼(3)았으면 3년은 되어야~!

사) **최근 3년 연속 침수피해를 입은 농지**(다만, 호우주의보 및 호우경보 등 기상특보에 해당되는 재해로 피해를 입은 경우는 제외함)

> **Tip** 농지 변경(전환지, 휴경지 등)·간척지·최근 3년 연속 침수피해 인수제한 적용
>
> 논작물(벼, 밀, 보리, 귀리), 밭작물(메밀, 노지시금치, 배추)

아) 목초지, 목야지 등 지목이 목인 농지

5) **단호박**

가) 보험가입금액이 100만원 미만인 농지

나) 5월 29일을 초과하여 정식한 농지

> **Tip** 보험기간 : **단박**(단호박) **다/투나**(5/29) / **나영**(90) : 단번에 다투나? 알고 보니 아는 사람! 나예요!

다) 미니 단호박을 재배하는 농지

### 6) 당근

가) 보험가입금액이 100만원 미만인 농지

나) 미니당근 재배 농지(대상 품종 : 베이비당근, 미농, 파맥스, 미니당근 등)

다) 출현율이 50% 미만인 농지(보험가입 당시 출현 후 고사된 싹은 출현이 안된 것으로 판단)

> **Tip** 논작물과 밭작물 출현율 제한
> 
> (1) **옥수수**(사료용 옥수수), **무**, **감자**, / **보리**, **물**(밀), **거리**(귀리), / **콩**, **팥** : 출현율 **팔고**(80%) 미만 인수제한
> (2) **당근** : 출현율 **오공**(50%) 미만 인수제한
> **Tip** 억수로 무감각해서 내 신체 보물 거리인 콩팥을 팔고나니, 당연히 몸에 이상이 오고, 삶의 출현이 안 돼!

라) 8월 31일을 지나 파종을 실시하였거나 또는 할 예정인 농지

> **Tip** 보험기간 : **당근 판/세일**(8/31) / **들/이구**(2/29) : 당근에 물건을 팔아 세일해서 그 돈으로 다른 물건 들이구

마) 목초지, 목야지 등 지목이 목인 농지

### 7) 시금치(노지)

가) 보험가입금액이 100만원 미만인 농지

나) 10월 31일을 지나 파종을 실시하였거나 또는 할 예정인 농지

> **Tip** 보험기간 : **노시치**(노지시금치) **하고/섰나**(10/31) / **이듬해 일/하다**(1/15) : 저는 놀고 있지요 하고 섰나? 결국 이듬해 일하다

다) 다른 광역시·도에 소재하는 농지(단, 인접한 광역시·도에 소재하는 농지로서 보험사고 시 지역 농·축협의 통상적인 손해조사가 가능한 농지는 본부의 승인을 받아 인수 가능)

라) **최근 3년 연속 침수피해**를 입은 농지

마) 오염 및 훼손 등의 피해를 입어 복구가 완전히 이루어지지 않은 농지

바) 최근 5년 이내에 간척된 농지   **Tip** **간척**지(가는 척) **오네**(5년 이내)

사) 농업용지가 다른 용도로 전용되어 수용예정농지로 결정된 농지

아) 전환지(개간, 복토 등을 통해 논으로 변경한 농지), 휴경지 등 농지로 변경하여 경작한 지 3년 이내인 농지   **Tip** **삼**(3년) : 이제 농지로 삼(3)았으면 3년은 되어야~!

> **Tip** 농지 변경(전환지, 휴경지 등)·간척지·최근 3년 연속 침수피해 인수제한 적용
> 
> 논작물(벼, 밀, 보리, 귀리), 밭작물(메밀, 노지시금치, 배추)

### 8) 고랭지 배추, 가을배추, 월동 배추, 봄배추

가) 보험가입금액이 100만원 미만인 농지

나) 정식을 9월 25일(월동배추), 9월 10일(가을배추), 4월 20일(봄배추)을 초과하여 실시한 농지

> **Tip** 보험기간
> - **똥배**(월동 배추) **놔/두다**(9/25) / **새/쌈나**(3/31) : 남편이 다이어트 안 하고 똥배를 방치하면 매일 싸움이 나~!
> - **가배**(가을 배추) **구/해영**(9/10) / **일하고**(110), **한둘/하다**(12/15) : 가배 놀이 구합니다~! 일하고 나서 한두 번 가지고 놀다.
> - **몸빼**(봄 배추) **사/두고**(4/20) / **치공**(70) : 몸빼 바지 사 두고 고스톱 치공~!

다) 다른 품종 및 품목을 정식한 농지

라) 다른 광역시·도에 소재하는 농지(단, 인접한 광역시·도에 소재하는 농지로서 보험사고 시 지역 농·축협의 통상적인 손해조사가 가능한 농지는 본부의 승인을 받아 인수 가능)

마) **최근 3년 연속 침수피해**를 입은 농지, 다만, 호우주의보 및 호우경보 등 기상특보에 해당되는 재해로 피해를 입은 경우는 제외함

바) 오염 및 훼손 등의 피해를 입어 복구가 완전히 이루어지지 않은 농지

사) 최근 5년 이내에 간척된 농지  **Tip** **간척**지(가는 척) **오네**(5년 이내)

아) 농업용지가 다른 용도로 전용되어 수용 예정 농지로 결정된 농지

자) 전환지(개간, 복토 등을 통해 논으로 변경한 농지), 휴경지 등 농지로 변경하여 경작한 지 3년 이내인 농지  **Tip** **삼**(3년) : 이제 농지로 삼(3)았으면 3년은 되어야~!

> **Tip** 농지 변경(전환지, 휴경지 등)·간척지·최근 3년 연속 침수피해 인수제한 적용
> 
> 논작물(벼, 밀, 보리, 귀리), 밭작물(메밀, 노지시금치, 배추)

9) 고랭지 무

가) 보험가입금액이 100만원 미만인 농지

나) 판매개시연도 7월 31일을 초과하여 파종한 농지

> **Tip** 보험기간 : **고무**(고랭지무) **칠/세하**(7/31) / **팔공**(80) : 고무줄로 칠 거야 너의 살을 팔 거야~!

다) '고랭지여름재배' 작형에 해당하지 않는 농지 또는 고랭지무에 해당하지 않는 품종(예 : 알타리무, 월동무 등)

라) 출현율이 80% 미만인 농지(보험가입 당시 출현 후 고사된 싹은 출현이 안된 것으로 판단)

10) 월동 무

가) 보험가입금액이 100만원 미만인 농지

나) 10월 15일을 초과하여 무를 파종한 농지

> **Tip** 보험기간 : **동무**(월동무) **하고/하다**(10/15) / **쌈/쌘나**(3/31) : 동무라고 반말 하고 하다, 싸움이 자주 일어나나?

다) 출현율이 80% 미만인 농지(보험가입 당시 출현 후 고사된 싹은 출현이 안된 것으로 판단)

라) '월동재배' 작형에 해당하지 않는 농지 또는 월동무에 해당하지 않는 품종(예 알타리무, 단무지무 등)

마) 가을무에 해당하는 품종 또는 가을무로 수확할 목적으로 재배하는 농지

바) 오염 및 훼손 등의 피해를 입어 복구가 완전히 이루어지지 않은 농지

사) 목초지, 목야지 등 지목이 목인 농지

### 11) 가을 무

가) 보험가입금액이 100만원 미만인 농지

나) 9월 15일을 초과하여 무를 파종한 농지

> **Tip** 보험기간 : **가무**(가을무) **구/하다**(9/15) / **팔공**(80) : 가무를 할 무용수를 구하다 못 구하고 품만 팔고...

다) '가을재배' 작형에 해당하지 않는 농지 또는 가을무에 해당하지 않는 품종(예 월동무, 고랭지무 등)

라) 가을무 출현율이 80% 미만인 농지(보험가입 당시 출현 후 고사된 싹은 출현이 안된 것으로 판단)

### 12) 대파

가) 보험가입금액이 100만원 미만인 농지

나) 6월 15일을 초과하여 정식한 농지

> **Tip** 보험기간 : **대판**(대파) **욕/하다**(6/15) / **둘빵빵**(200) : 대판 욕하다가 결국 둘이 함께 치고받고 빵빵~!

다) 재식밀도가 15,000주/10a 미만인 농지

> **Tip** **대판**(대파) **많아져**(만오천, 15,000) : 큰 싸움 많아져~!

### 13) 쪽파, 실파

가) 보험가입금액이 100만원 미만인 농지

나) 종구용(씨쪽파)으로 재배하는 농지

다) 상품 유형별 파종기간을 초과하여 파종한 농지

> **Tip** 보험기간
> - 쪽파(실파) [1형] : **실쪽파**(실파, 쪽파) **하고/하다**(10/15) / **한둘/셋나**(12/31) : 실제 쪽팔려야 하고 하다 하나둘씩 도망갔나?
> - 쪽파(실파) [2형] : **실쪽파**(실파, 쪽파) **하고/하다**(10/15) / **이듬해 다/셋나**(5/31) : 실제 쪽팔려야 하고 하다 이듬해 결국 다 도망갔나?

### 14) 양상추

가) 보험가입금액이 100만원 미만인 농지

나) 판매개시연도 8월 31일을 초과하여 정식한 농지(단, 재정식은 판매개시연도 9월 10일 이내 정식)

> **Tip** 보험기간
> - 정식 : **양상**(양상추) **판/샜나**(8/31) / **치고**(70), **할일/하고**(11/10) : 양상(두 개 밥상) 밥줄 끊기나? 때려 치우고 귀향해서 할 일 하고
> - 재정식 : 기본적으로 정식 완료일 후 **10일간**(9/10)이 그 대상이 됨

　　다) 시설(비닐하우스, 온실 등)에서 재배하는 농지

## 사. 원예시설·버섯 품목 인수 제한 목적물

### 1) 농업용 시설물·버섯재배사 및 부대시설

　　가) 판매를 목적으로 작물을 경작하지 않는 시설

　　나) 작업동, 창고동 등 작물 경작용으로 사용되지 않는 시설

　　　※ 농업용 시설물 한 동 면적의 80% 이상을 작물 재배용으로 사용하는 경우 **가입 가능**

　　　※ 원예시설(버섯재배사 제외)의 경우, **연중 8개월 이상 육묘를 키우는 육묘장의 경우 하우스만** 가입 가능

　　다) 피복재가 없거나 작물을 재배하고 있지 않은 시설

　　　※ 다만, 지역적 기후 특성에 따른 한시적 휴경은 제외

　　라) 목재, 죽재로 시공된 시설

　　마) 비가림시설

　　바) 구조체, 피복재 등 목적물이 변형되거나 훼손된 시설

　　사) 목적물의 소유권에 대한 확인이 불가능한 시설

　　아) 건축 또는 공사 중인 시설

　　자) 1년 이내에 철거 예정인 고정식 시설

　　차) 하천부지에 소재한 시설

　　　※ 다만, 수재위험 부보장특약에 가입하여 풍재만은 보장 가능

　　카) 연륙교가 설치되어 있지 않고 정기선이 운항하지 않는 등 신속한 손해평가가 불가능한 도서 지역 시설

　　타) 정부에서 보험료의 일부를 지원하는 다른 계약에 이미 가입되어 있는 시설

　　파) 기타 인수가 부적절한 하우스 및 부대시설

### 2) 시설작물

　　가) **작물의 재배면적**이 **시설 면적의 50% 미만**인 경우

　　　※ 다만, **백합·카네이션**의 경우 **하우스 면적의 50% 미만**이라도 동당 작기별 200㎡이상 재배 시 가입 가능

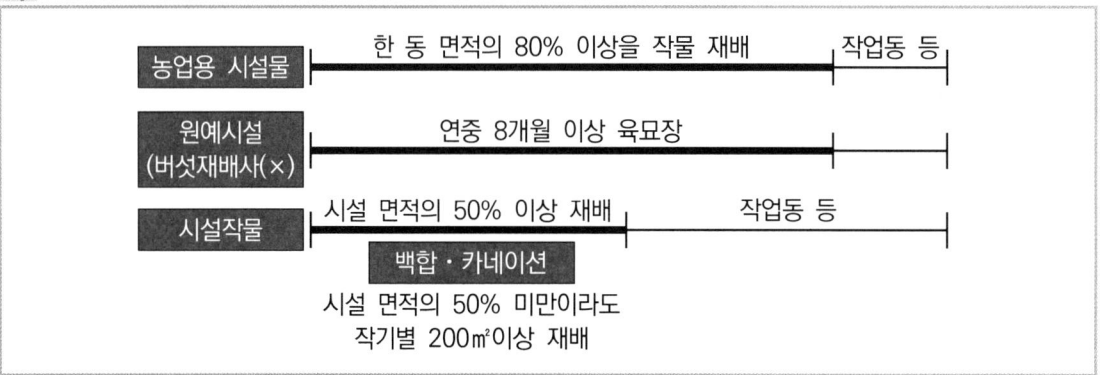

나) 분화류의 국화, 장미, 백합, 카네이션을 재배하는 경우
다) 판매를 목적으로 재배하지 않는 시설작물
라) 한 시설에서 화훼류와 비화훼류를 혼식 재배중이거나, 또는 재배 예정인 경우
마) 통상적인 재배시기, 재배품목, 재배방식이 아닌 경우
   ※ 예 여름재배 토마토가 불가능한 지역에서 여름재배 토마토를 가입하는 경우, 파프리카 토경재배가 불가능한 지역에서 토경재배 파프리카를 가입하는 경우 등
바) 시설작물별 10a당 인수제한 재식밀도 미만인 경우

〈품목별 인수제한 재식밀도〉

| 품목 | 인수제한 재식밀도 |
| --- | --- |
| 딸기 | 5,000주/10a 미만 |
| 오이 | 1,500주/10a 미만 |
| 토마토 | 1,500주/10a 미만 |
| 참외 | 600주/10a 미만 |
| 호박 | 600주/10a 미만 |
| 고추(풋고추, 홍고추) | 1,000주/10a 미만 |
| 국화 | 30,000주/10a 미만 |
| 장미 | 1,500주/10a 미만 |
| 수박 | 400주/10a 미만 |
| 멜론 | 400주/10a 미만 |
| 파프리카 | 1,500주/10a 미만 |
| 상추 | 40,000주/10a 미만 |
| 시금치 | 100,000주/10a 미만 |

| 부추 | 62,500주/10a 미만 |
|---|---|
| 배추 | 3,000주/10a 미만 |
| 가지 | 1,500주/10a 미만 |
| 파 — 대파 | 15,000주/10a 미만 |
| 파 — 쪽파 | 18,000주/10a 미만 |
| 무 | 3,000주/10a 미만 |
| 백합 | 15,000주/10a 미만 |
| 카네이션 | 15,000주/10a 미만 |

**Tip** 품목별 인수제한 재식밀도 : 10a 기준 아래 해당주수 이상이면 허용

(1) 수박, 멜론 : 400주  **Tip** 수박, 멜론 / 내배(400) : 수몰지역이야 도망가!
(2) 참외, 호박 : 600주  **Tip** 참외, 호박 / 유배(600) : 참아야 해~! 유배를 가더라도!
(3) 고추 : 1,000주  **Tip** 고쳐(고추) / 찬(1,000) : 고장 난 벨트 고쳐서 찬!
(4) 오이, 토마토, 파프리카, 가지, 장미 : 1,500주
   **Tip** 어이(오이), 장미, 가지, 파프리카, 토마토 / 쩌노(1,500) : 어이없게 혼사가 파토 났네 어쩌노?
(5) 배추, 무 : 3,000주  **Tip** 물(무), 배차(배추) / 살쪄(3,000) : 물배가 차도 살이 쪄!
(6) 딸기 : 5,000주  **Tip** 딸려(딸기) / 어째(5,000) : 힘이 달려서 어쩌나?
(7) 백합, 카네이션, 대파 : 15,000주
   **Tip** 백합, 카네이션, 대파 / 많았지(15,000) : 백차가 부딪쳐 큰 파손이 많았지!
(8) 쪽파 : 18,000주  **Tip** 쪽팔려(쪽파) / 열여덟 놈아(18, 넘어(000))
(9) 국화 : 30,000주  **Tip** 국화 / 상만(30,000) : 개인상이 아닌 국상만 있어!
(10) 상추 : 40,000주  **Tip** 상추 / 사만(40,000) : 식당에 사병은 없고 상사(부사관)만 있어!
(11) 부추 : 62,500주  **Tip** 부추 / 유리 다빵빵(62,500) : 부추를 유리로 다 빵빵하게 만들었다!
(12) 시금치 : 100,000주  **Tip** 신김치(시금치) 씹(을)만(100,000) : 신김치 씹어 먹을만 하다!

사) 품목별 표준생장일수와 현저히 차이나는 생장일수를 가지는 품종

〈품목별 인수제한 품종〉

| 품목 | 인수제한 품종 |
|---|---|
| 배추(시설재배) | 얼갈이 배추, 쌈배추, 양배추 |
| 딸기(시설재배) | 산딸기 |
| 오이(시설재배) | 노각 |
| 상추(시설재배) | 양상추, 프릴라이스, 버터헤드(볼라레), 오버레드, 이자벨, 멀티레드, 카이피라, 아지르카, 이자트릭스, 크리스피아노 |

### 3) 버섯작물

가) 표고버섯(원목재배·톱밥배지재배)

(1) 통상적인 재배 및 영농활동을 하지 않는다고 판단되는 하우스

(2) 원목 5년차 이상의 표고버섯    Tip **원목 5년치**(5년차) **이상** 장작 **패고**(표고버섯) 난 못해!

(3) 원목재배, 톱밥배지재배 이외의 방법으로 재배하는 표고버섯

(4) 판매를 목적으로 재배하지 않는 표고버섯

(5) 기타 인수가 부적절한 표고버섯

나) 느타리버섯(균상재배·병재배)

(1) 통상적인 재배 및 영농활동을 하지 않는다고 판단되는 하우스

(2) 균상재배, 병재배 이외의 방법으로 재배하는 느타리버섯

(3) 판매를 목적으로 재배하지 않는 느타리버섯

(4) 기타 인수가 부적절한 느타리버섯

다) 새송이버섯(병재배)

(1) 통상적인 재배 및 영농활동을 하지 않는다고 판단되는 하우스

(2) 병재배 외의 방법으로 재배하는 새송이버섯

(3) 판매를 목적으로 재배하지 않는 새송이버섯

(4) 기타 인수가 부적절한 새송이버섯

라) 양송이버섯(균상재배)

(1) 통상적인 재배 및 영농활동을 하지 않는다고 판단되는 하우스

(2) 균상재배 외의 방법으로 재배하는 양송이버섯

(3) 판매를 목적으로 재배하지 않는 양송이버섯

(4) 기타 인수가 부적절한 양송이버섯

**Tip** 도서 지역, 통제보호구역내 인수제한 대상이 아닌 경우

(1) 도서 지역의 경우
   연륙교가 설치되어 있지 않고 정기선이 운항하지 않는 등 신속한 손해평가가 불가능한 지역 적용 제외
   ① 포도(비가림시설 포함), 참다래(비가림시설 포함), 복숭아, 감귤(온주밀감류, 만감류), 오미자, 무화과
   ② 감자(봄재배)
   ③ 감자(가을재배), 감자(고랭지재배), 콩
     연륙교가 설치되어 있거나, 농작물재해보험 위탁계약을 체결한 지역 농·축협 또는 품목농협(지소포함)이 소재하고 있고 손해평가인 구성이 가능한 지역
   ④ 차(茶)

(2) 군사시설보호구역 중 통제보호구역내 적용 제외
   ① 포도(비가림시설 포함), 참다래(비가림시설 포함), 복숭아, 감귤(온주밀감류, 만감류), 오미자, 무화과
   ② 유자, 대추(비가림시설 포함), 밤
   ③ 밀, 보리, 귀리
   ④ 감자(봄재배), 감자(가을재배), 대파, 쪽파(실파)
   ⑤ 농업용 시설물·버섯재배사 및 부대시설

# CHAPTER 04 가축재해보험 제도

## 제1절 제도 일반

### 1 사업실시 개요

#### 가. 실시 배경

축산업은 축산물을 생산하는 과정에서 자연재해 및 가축 질병 등으로 인한 피해가 크며, 그 피해가 광범위하고 동시다발적으로 발생하게 되므로 개별농가로는 이를 예방하거나 복구하는 데 한계가 있다. 하지만 축산농가의 피해규모에 비해 정부지원은 미미한 수준에 머무르자, 자연재해(수해, 풍해 등) 및 화재 등으로 인해 가축 및 가축사육시설의 피해를 입은 농가에게 재생산 여건을 제공하여 안정적인 양축 기반을 조성해야 할 필요성이 대두되었다.

#### 나. 추진 경과

이에 따라 가축재해보험은 1997년부터 '소' 가축공제 시범사업을 시작으로 운영되기 시작하였다. 농가가 부담하는 공제료를 경감하기 위해 납입 공제료의 50%를 축산업발전기금에서 지원하였다. 2007년에는 가축재해보험의 서비스 질 향상과 가축공제 활성화를 위해 민영보험사업자의 참여를 허가하여 경쟁체제를 도입하여 민영보험사인 KB컨소시엄이 사업에 참여하였다. 2016년에는 KB손해보험, 한화손해보험, DB손해보험 3개 민영보험사가 추가로 사업에 참여하여 기존의 NH농협손해보험을 포함한 4개 사가 재해보험을 판매하게 되었다. 2017년에는 현대해상화재보험, 2023년에는 삼성화재의 참여가 허가되어 총 6개의 민영보험사가 가축재해보험 상품을 판매하고 있다.

〈가축재해보험 사업자 참여 확대〉

| 구분 | 2007 | 2016 | 2017 | 2023 |
|---|---|---|---|---|
| 보험사업자 | 2개사<br>(농협중앙회,<br>LIG컨소시엄) | 4개사<br>(NH손보, KB손보,<br>DB손보, 한화손보)<br>*컨소시엄 해체 | 5개사<br>(NH손보, KB손보,<br>DB손보, 한화손보,<br>현대해상) | 6개사<br>(NH손보, KB손보,<br>DB손보, 한화손보,<br>현대해상,<br>삼성화재) |

1997년 소를 대상으로 시작된 가축재해보험은 2000년 돼지와 말, 2002년에는 닭이 대상 품목으로 추가되었고 이후 2012년까지 연차적으로 보험 대상 축종이 확대된 결과, 2024년 현재 총 16개 (소·말·돼지·닭·오리·거위·꿩·메추리·칠면조·타조·관상조·사슴·양·벌·토끼·오소리) 축종에 대해 사업을 수행 중이다.

〈가축재해보험 대상 축종 확대〉

| 구분 | '97 | '00 | '02 | '04 | '05 | '06 | '07 | '08 | '09 | '10 | '11 | '12 |
|---|---|---|---|---|---|---|---|---|---|---|---|---|
| 도입 축종 | 소 | 말 돼지 | 닭 | 오리 | 꿩 메추리 | 칠면조 사슴 | 거위 타조 축사 | 염소 | 벌 | 토끼 | 관상조 | 오소리 |

〈가축재해보험 연혁〉

| 연도 (축종수) | 내용 | 사업 대상 |
|---|---|---|
| 2000 (3) | • 『돼지·말』 보험 판매<br>• 가축공제 재보험 도입 | 소, 돼지, 말 |
| 2002 (4) | • 『닭』 보험 판매<br>　- 보장내용 : 풍수재·화재<br>• 『돼지』 보장 확대<br>　- 풍수재·화재 → 설해까지 확대<br>　- 『경영손실보장특약』 신설<br>• "소" 가입연령 확대(6개월 → 2개월) | 소, 돼지, 말, 닭 |
| 2004 (5) | • 『오리』 보험 판매<br>　- 닭 공제 → 가금 공제로 명칭 변경 | 소, 돼지, 말, 가금(닭, 오리) |
| 2005 (7) | • 『꿩』, 『메추리』 보험 판매 | 소, 돼지, 말, 가금(닭, 오리, 꿩, 메추리) |
| 2006 (9) | • 『칠면조』, 『사슴』 보험 판매 | 소, 돼지, 말, 가금(닭, 오리, 꿩, 메추리, 칠면조), 사슴 |
| 2007 (11) | • 『타조』, 『거위』 보험 판매<br>• 『가금』 보장 확대<br>　- 풍수재·화재 → 설해까지 확대<br>• 『축사보험』 판매<br>　- 보장범위 : 풍수재·화재<br>　- 정부지원 : 30% | 소, 돼지, 말, 가금(닭, 오리, 꿩, 메추리, 칠면조, 타조, 거위), 사슴 및 축사 |
| 2008 (12) | • 『양』 보험 판매 | 소, 돼지, 말, 가금(타조, 거위 등), 기타 가축(사슴, 양) |
| 2009 (13) | • 『꿀벌』 보험 판매<br>• 『축사보험』 보장 확대<br>　- 보장범위 : 설해·풍수재·화재<br>　- 정부지원 : 50% | 소, 돼지, 말, 가금(타조, 거위 등), 기타 가축(사슴, 양, 꿀벌) |

| 연도 | 내용 | 대상 |
|---|---|---|
| 2010 (14) | • 『가축재해보험』 상품 판매<br>　- 농어업재해보험법 제정에 따른 상품명 변경<br>• 『축사보험』 보장 확대<br>　- 보상가액 최저 70%까지로 확대<br>　　(구, 보상가액 최저 30%)<br>• 『토끼』 보험 판매 | 소, 돼지, 말<br>가금(타조, 거위 등)<br>기타 가축(사슴, 양, 꿀벌, 토끼) |
| 2011 (15) | • 『관상조』 보험 판매 | 소, 돼지, 말<br>가금(타조, 거위, 관상조 등)<br>기타 가축(사슴, 양, 꿀벌, 토끼) |
| 2012 (16) | • 『폭염재해보장』 판매<br>• 『소도난손해』 판매<br>• 『소도체결함보상특약』 판매<br>• 『오소리』 보험 판매 | 소, 돼지, 말<br>가금(타조, 거위, 관상조 등)<br>기타 가축(사슴, 양, 꿀벌, 토끼, 오소리) |
| 2013 (16) | • 『화재대물배상특약』 판매<br>• 젖소 축종 가입 시 사진 촬영 삭제<br>• 소 보험 보험금 지급 개선<br>• 계열화 사업회사 정부 지원 제외 | 소, 돼지, 말<br>가금(타조, 거위, 관상조 등)<br>기타 가축(사슴, 양, 꿀벌, 토끼, 오소리) |
| 2014 (16) | • 사고가축『잔존물처리비』 보상 추가<br>• 젖소 유량 감소로 인한 긴급도축 보장<br>• 『유량검정젖소』 판매<br>• 보험료율 표준화(참조순요율) | 소, 돼지, 말<br>가금(타조, 거위, 관상조 등)<br>기타 가축(사슴, 양, 꿀벌, 토끼, 오소리) |
| 2015 (16) | • 돈사, 가금사 설해부보장 특약 신설<br>• 지자체 보조금 예산 관리 전산화 | 소, 돼지, 말<br>가금(타조, 거위, 관상조 등)<br>기타 가축(사슴, 양, 꿀벌, 토끼, 오소리) |
| 2016 (16) | • 계약자별 손해율에 따른 할인·할증률 적용<br>• 『소』 가입가능 월령 확대<br>• 보험사업자 참여 확대(2개 → 4개) | 소, 돼지, 말<br>가금(타조, 거위, 관상조 등)<br>기타 가축(사슴, 양, 꿀벌, 토끼, 오소리) |
| 2017 (16) | • 가금 축종 폭염 담보 특약의 주계약 전환<br>• 『젖소』 가입연령 확대<br>• 가금 표준발육표 도입<br>• 보험사업자 참여 확대(4개 → 5개) | 소, 돼지, 말<br>가금(타조, 거위, 관상조 등)<br>기타 가축(사슴, 양, 꿀벌, 토끼, 오소리) |
| 2018 (16) | • 동물복지인증농가 보험료 할인 도입<br>• 전기안전 점검 시 등급에 따른 보험료 할인 도입<br>• '랜더링' 비용 보장 확대<br>• 구내 폭발 특약 신설<br>• 꿀벌 질병 담보 추가 담보<br>• 제주 경주마 요율 신설 | 소, 돼지, 말<br>가금(타조, 거위, 관상조 등)<br>기타 가축(사슴, 양, 꿀벌, 토끼, 오소리) |

| 2019<br>(16) | • 태양광 설비 인수금지<br>• 계약자별 손해율에 따른 보험료 할인/할증율 확대<br>• 지역별 요율 차등 배제 | 소, 돼지, 말<br>가금(타조, 거위, 관상조 등)<br>기타 가축(사슴, 양, 꿀벌, 토끼, 오소리) |
|---|---|---|
| 2020<br>(16) | • 가금 요율 세분화(8종 단일 → 6종 세분)<br>• 돼지·가금 자기부담금 개정 | 소, 돼지, 말<br>가금(타조, 거위, 관상조 등)<br>기타 가축(사슴, 양, 꿀벌, 토끼, 오소리) |
| 2021<br>(16) | • 닭(육계·토종닭) 적정사육 기준 적용<br>• 비용손해에 대한 자기부담금 적용 배제<br>• 보험사업자와 Agrix간 '소' 이력제 전산 연계 | 소, 돼지, 말<br>가금(타조, 거위, 관상조 등)<br>기타 가축(사슴, 양, 꿀벌, 토끼, 오소리) |
| 2022<br>(16) | • 부가보험료율 인하(15% → 13%)<br>• 축사 주계약 단독 가입 허용 및 자기부담비율 선택폭 확대<br>• 적정사육 기준 적용 축종 확대<br>　(육계·토종닭 → 돼지·오리 추가)<br>• 소 포괄가입 기준 완화<br>• 폭염 담보 특약으로 일원화 | 소, 돼지, 말<br>가금(타조, 거위, 관상조 등)<br>기타 가축(사슴, 양, 꿀벌, 토끼, 오소리) |
| 2023<br>(16) | • 닭 적정사육 기준 대상 추가<br>　(육계·토종닭 → 삼계 추가)<br>• 『한우』 및 『닭·오리 종계』 보험가액 산정방법 세분화<br>• 보험사업자 참여 확대(5개 → 6개) | 소, 돼지, 말<br>가금(타조, 거위, 관상조 등)<br>기타 가축(사슴, 양, 꿀벌, 토끼, 오소리) |
| 2024<br>(16) | • 『소』 보장확대<br>• 진단서(검안서) 발급비용 보장 확대 | 소, 돼지, 말<br>가금(타조, 거위, 관상조 등)<br>기타 가축(사슴, 양, 꿀벌, 토끼, 오소리) |

## 다. 사업 목적

가축재해보험의 사업목적은 해마다 발생하는 자연재해와 화재, 질병 등 재해로 인한 가축 및 가축사육시설의 피해에 따른 손해를 보상하여 농가의 경영 안정, 생산성 향상을 도모하고 안정적인 재생산 활동을 지원함에 있다.

## 라. 사업 운영

〈가축재해보험 운영기관〉

| 구분 | 대상 |
|---|---|
| 사업총괄 | 농림축산식품부(재해보험정책과) |
| 사업관리 | 농업정책보험금융원 |

| 사업운영 | 농업정책보험금융원과 사업 운영 약정을 체결한 자<br>(NH손보, KB손보, DB손보, 한화손보, 현대해상, 삼성화재) |
|---|---|
| 보험업 감독기관 | 금융위원회 |
| 분쟁해결 | 금융감독원 |
| 심의기구 | 농업재해보험심의회 |

가축재해보험의 사업 주관부서는 농림축산식품부이고, 사업관리기관은 농업정책보험금융원이다. 농업정책보험금융원은 농어업재해보험법 제25조의 2(농어업재해보험 사업관리) 2항에 의거 농림축산식품부로부터 가축재해보험 사업관리를 수탁받아서 업무를 수행한다.

농림축산식품부는 재해보험 관계 법령의 개정, 보험료 국고 보조금 지원 등 전반적인 제도 업무를 총괄한다. 농업정책보험금융원의 주요 업무는 재해보험사업자의 선정·관리·감독, 재해보험상품의 연구 및 보급, 재해 관련 통계 생산 및 데이터베이스 구축·분석, 조사자의 육성, 손해평가기법의 연구·개발 및 보급 등이다.

사업시행기관은 사업관리기관과 약정체결을 한 재해보험사업자이며, 현재 가축재해보험사업자는 NH손보, KB손보, DB손보, 한화손보, 현대해상, 삼성화재이다.

재해보험사업자는 보험상품의 개발 및 판매, 손해평가, 보험금 지급 등 실질적인 보험사업 운영을 한다. 가축재해보험 상품은 손해보험의 일종이며 보험업에 대한 감독기관은 금융위원회, 분쟁 해결 기관은 금융감독원이다.

가축재해보험을 포함한 농업재해보험에 대한 중요사항을 심의하는 농업재해보험심의회는 농림축산식품부장관 소속으로 차관을 위원장으로 설치되어 재해보험 목적물 선정, 보장하는 재해의 범위, 재해보험사업 재정지원, 손해평가 방법 등 농업재해보험에 중요사항에 대해 심의한다.

전반적으로 가축재해보험은 농작물재해보험과 대체로 유사한 기관이 운영에 참여하고 비슷한 추진 체계를 갖고 있으나 몇 가지 차이가 존재한다. 농작물재해보험의 경우 국가와 국내외 민영보험사가 재해보험사업자로부터 재보험을 인수하고 있으나, 가축재해보험에서는 재해보험사업자가 국가와 재보험 약정을 체결하지 않는다. 또한 농작물재해보험의 경우 재해보험사업자는 NH농협손해보험이지만, 가축재해보험의 경우 경쟁체제 도입으로 2023년 기준 총 6개의 민영 보험사가 참여하고 있다.

〈그림 4-1〉 가축재해보험 운영체계

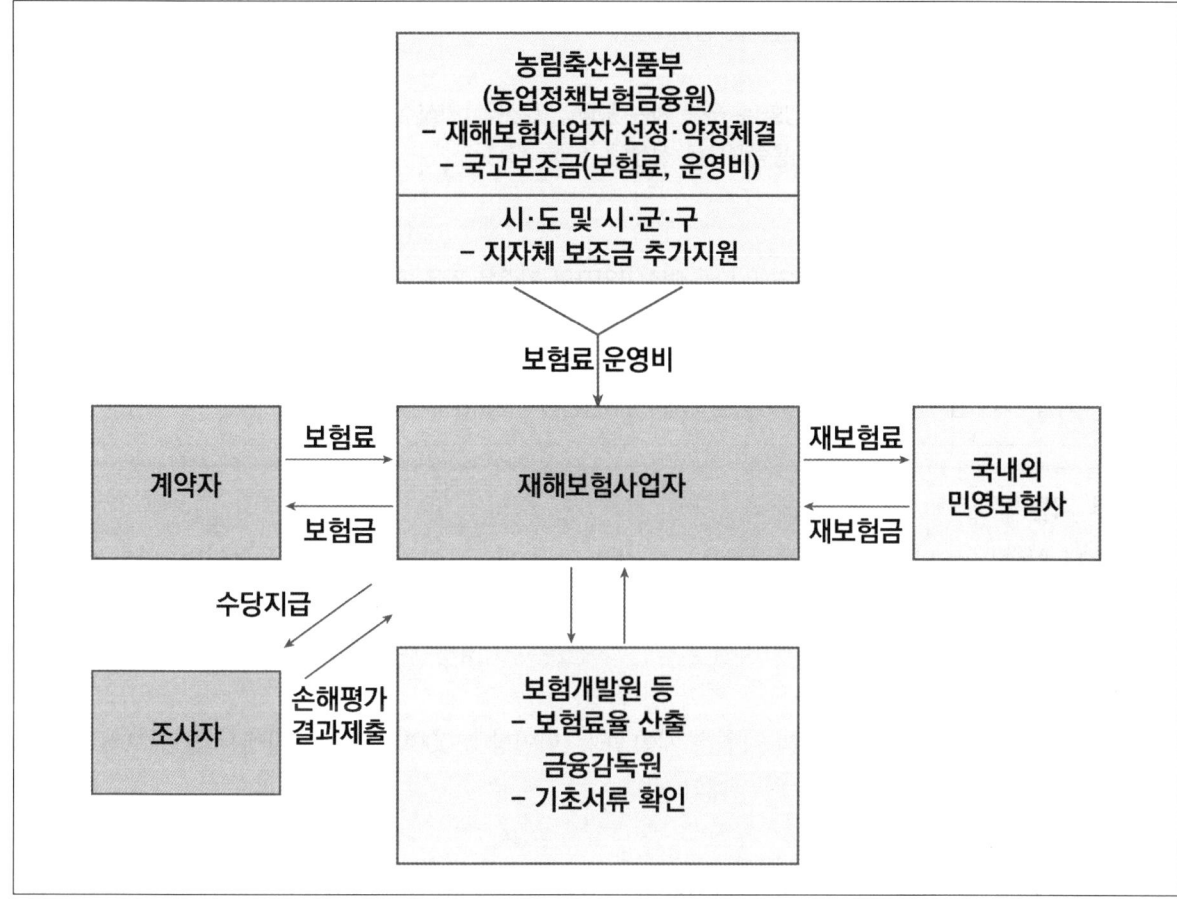

## 2  사업시행 주요 내용

### 가. 사업대상자

가축재해보험 사업대상자는 농어업재해보험법 제5조에 따라 농림축산식품부장관이 고시하는 가축을 사육하는 개인 또는 법인이다.

〈관련 법령〉

(농어업재해보험법)
제5조(보험목적물) 보험목적물은 다음 각 호의 구분에 따르되, 그 구체적인 범위는 보험의 효용성 및 보험 실시 가능성 등을 종합적으로 고려하여 농업재해보험심의회 또는 어업재해보험심의회를 거쳐 농림축산식품부장관 또는 해양수산부장관이 고시한다.
  1. 농작물재해보험 : 농작물 및 농업용 시설물
  1의 2. 임산물재해보험 : 임산물 및 임업용 시설물

> 2. 가축재해보험 : 가축 및 축산시설물
> 3. 양식수산물재해보험 : 양식수산물 및 양식시설물
>
> 제7조(보험가입자) 재해보험에 가입할 수 있는 자는 농림업, 축산업, 양식수산업에 종사하는 개인 또는 법인으로 하고, 구체적인 보험가입자의 기준은 대통령령으로 정한다.
>
> (농어업재해보험법 시행령)
> 제9조(보험가입자의 기준) 법 제7조에 따른 보험가입자의 기준은 다음 각 호의 구분에 따른다.
>  1. 농작물재해보험 : 법 제5조에 따라 농림축산식품부장관이 고시하는 농작물을 재배하는 자
>  1의 2. 임산물재해보험 : 법 제5조에 따라 농림축산식품부장관이 고시하는 임산물을 재배하는 자
>  2. 가축재해보험 : 법 제5조에 따라 농림축산식품부장관이 고시하는 가축을 사육하는 자

## 나. 정부 지원

가축재해보험 가입방식은 농작물재해보험과 같은 방식으로 가입 대상자(축산농업인)가 가입 여부를 판단하여 가입하는 "임의보험" 방식이다.

가축재해보험에 가입하여 정부의 지원을 받는 요건은 농업경영체에 등록하고, 축산업 허가(등록)를 받은 자로 한다.

가축재해보험과 관련하여 정부의 지원은 개인 또는 법인당 5,000만원 한도 내에서 납입 보험료의 50%까지 받을 수 있으며, 상세 내용은 아래와 같다.

### 1) 정부지원 대상

가축재해보험 목적물(가축 및 축산시설물)을 사육하는 개인 또는 법인

### 2) 정부지원 요건

가) 농업인·법인

축산법 제22조 제1항 및 제3항에 따른 축산업 허가(등록)를 받은 자로, 농어업경영체법 제4조에 따라 해당 축종으로 농업경영정보를 등록한 자

단, 축산법 제22조 제5항에 의한 축산업등록 제외 대상은 해당 축종으로 농업경영정보를 등록한 자

〈가축사육업 허가 및 등록기준〉

> (1) 허가대상 : 4개 축종(소·돼지·닭·오리, 아래 사육시설 면적 초과 시)
>   - 소·돼지·닭·오리 : 50㎡ 초과   Tip 싸(소), 대지(돼지), 닭(닭), 어(오리) / 허가 오공(50㎡)
> (2) 등록대상 : 11개 축종
>   - 소·돼지·닭·오리(4개 축종) : 허가대상 사육시설 면적 이하인 경우
>   - 양·사슴·거위·칠면조·메추리·타조·꿩(7개 축종)

> **Tip** **양**(양), **가슴**(사슴), **거**(거위), **칠면**(칠면조), **꿩**(꿩), **맷**(메추리), **다**(타조)

- (3) 등록제외 대상
  - 등록대상 가금 중 사육시설면적이 10㎡ 미만은 등록 제외(닭, 오리, 거위, 칠면조, 메추리, 타조, 꿩 또는 기러기 사육업)
  - 말, 노새, 당나귀, 토끼, 개, 꿀벌, 오소리, 관상조

> **Tip** 등록·허가 받는 기준
>
> (1) 면적기준
>
>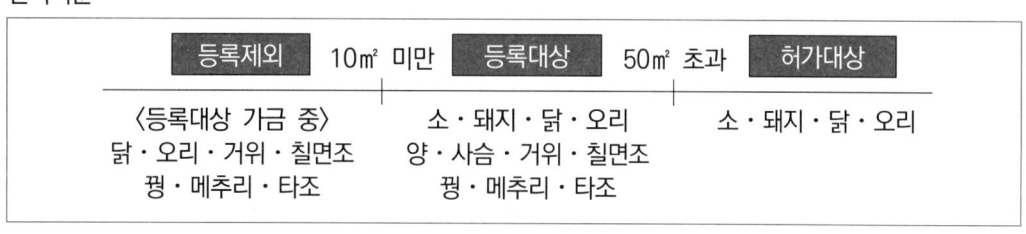
>
> (2) 면적과 관계없이 등록 제외 : 말, 노새, 당나귀, 토끼, 개, 꿀벌, 오소리, 관상조

### 나) 농·축협

농업식품기본법 시행령 제4조 제1호의 농축협으로 축산업 허가(등록)를 받은 자
축산법 제22조 제5항에 의한 축산업등록 제외 대상도 지원

### 다) 축사

가축사육과 관련된 적법한 건물(시설물 포함)로 건축물관리대장 또는 가설건축물관리대장이 있는 경우에 한함. 건축물관리대장상 주택용도 등 가축사육과 무관한 건물은 정부지원에서 제외함. 가축전염병예방법 제19조에 따른 경우에는 사육가축이 없어도 축사에 대해 정부 지원 가능

## 3) 정부지원 범위

### 가) 가축재해보험에 가입한 재해보험가입자의 납입 보험료의 50% 지원

단, 농업인(주민등록번호) 또는 법인별(법인등록번호) 5천만원 한도 지원

※ 예시 : 보험 가입하여 4천만원 국고지원 받고 계약 만기일 전 중도 해지한 후 보험을 재가입할 경우 1천만원 국고 한도 내 지원 가능

(1) 말(馬)은 마리당 가입금액 4천만원 한도 내 보험료의 50%를 지원하되, 4천만원을 초과하는 경우는 초과 금액의 70%까지 가입금액을 산정하여 보험료의 50% 지원(단, 외국산 경주마는 정부지원 제외)

> **Tip** 가축재해보험 납입보험료 지원
>
> (1) 재해보험가입자(일반) : 보험가입금액 제한 없음
>     보험가입금액 기준 납입보험료 50% 지원 ⇨ 5천만원 한도
> (2) 재해보험가입자(말) : 말(馬) 마리당 보험가입금액 제한 있음(외국산 경주마는 정부 지원 제외)
>
>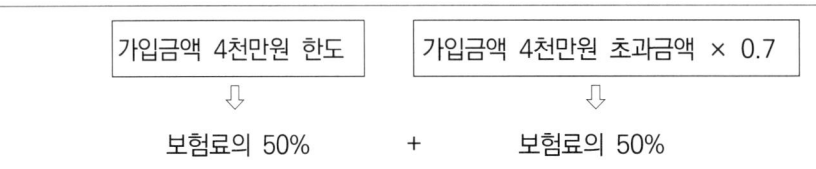

(2) 닭(육계·토종닭·삼계), 돼지, 오리 축종은 가축재해보험 가입두수가 축산업 허가(등록)증의 가축사육 면적을 기준으로 아래의 범위를 초과하는 경우 정부 지원 제외

<가축사육면적당 보험가입 적용 기준>

| 닭(두/㎡) | | 돼지(㎡/두) | | | | | | 오리(㎡/두) | |
|---|---|---|---|---|---|---|---|---|---|
| | | 개별가입 | | | | | 일괄가입 | | |
| (육계·토종닭) | (삼계) | 웅돈 | 모돈 | 자돈(초기) | 자돈(후기) | 육성돈 비육돈 | | 산란용 | 육용 |
| 22.5 | 41.1 | 6 | 2.42 | 0.2 | 0.3 | 0.62 | 0.79 | 0.333 | 0.246 |

> **Tip** **툭툭 쪼 다**(22.5) / **삼계 내일 쫌 하나**(41.1) : 툭툭 쪼면서 내일쯤은 삼계탕 하나 사줘요~!

나) 정부지원을 받은 계약자 사망으로 축산업 승계, 목적물 매도 등이 발생한 경우, 변경 계약자의 정부지원 요건 충족여부 철저한 확인 필요

정부지원 요건 미충족 시 보험계약 해지 또는 잔여기간에 대한 정부지원금(지방비 포함) 반납처리

## 다. 보험 목적물

1) **가축** : 소, 돼지, 말, 닭, 오리, 꿩, 메추리, 칠면조, 타조, 거위, 관상조, 사슴, 양, 꿀벌, 토끼, 오소리 (16종)

2) **축산시설물** : 축사, 부속물, 부착물, 부속설비

   가) 단, 태양광 및 태양열 발전 시설 제외

## 라. 보험 가입 단위

1) 가축재해보험은 사육하는 가축 및 축사를 전부 보험가입하는 것이 원칙

   가) 종모우와 말은 개별 가입 가능

   나) 소는 1년 이내 출하 예정인 경우 아래 조건에서 일부 가입 가능

   (1) 축종별 및 성별을 구분하지 않고 보험가입 시에는 소 이력제 현황의 70% 이상

(2) 축종별 및 성별을 구분하여 보험가입 시에는 소 이력제 현황의 80% 이상

〈축종별 가입대상·형태 및 지원비율〉

| 구분 | 소 I (송아지) | 소 II (큰소) | 소 종모우 | 돼지 | 말 | 가금 | 기타가축 | 축사 |
|---|---|---|---|---|---|---|---|---|
| 가입대상 | 생후 15일 ~ 12개월 미만 | 12개월 ~ 13세 미만 | • 종모우 | 제한 없음 | • 종빈마<br>• 종모마<br>• 경주마<br>• 육성마<br>• 일반마<br>• 제주마 | • 닭<br>• 오리<br>• 꿩<br>• 메추리<br>• 타조<br>• 거위<br>• 관상조<br>• 칠면조 | • 사슴<br> - 만 2개월 이상<br>• 양<br> - 만 3개월 이상<br>• 꿀벌<br>• 토끼<br>• 오소리 | • 가축사육 건물 및 부속설비 |
| 가입형태 | 포괄가입 | 개별가입 | 포괄가입 | 개별가입 | 포괄가입 | 포괄가입 | 포괄가입 | |
| 지원비율 | 총 보험료의 50% 국고 지원<br>총 보험료의 0 ~ 50% 지자체 지원 | | | | | | | |

Tip 소 - **씹어일**(15일) ~ **일삼세**(13세) : 소는 여물을 씹어먹는 일을 일로 삼을 정도되어야 가입가능해!

## 마. 보험 판매기간

1) 보험 판매 기간은 연중으로 상시 가입 가능
2) 단, 재해보험사업자는 폭염·태풍 등 기상상황에 따라 신규 가입에 한해 보험 가입 기간을 제한할 수 있고, 이 경우 농업정책보험금융원에 보험가입 제한 기간을 통보

   가) 폭염 : 6 ~ 8월   Tip 여름기간

   나) 태풍 : 태풍이 한반도에 영향을 주는 것이 확인된 날부터 태풍특보 해제 시

## 바. 보장하는 재해의 범위 및 축종별 보장 수준

가축재해보험에서 보장하는 재해는 자연재해(풍해, 수해, 설해, 지진 등), 질병(축종별로 다름), 화재 등이다. 가축재해보험도 대부분의 손해보험과 같이 보험가입금액의 일정 부분을 보장하고 있으며 별도 설정된 보장 수준 내에서 보상한다. 축종별 구체적인 보장 수준은 다음과 같다.

〈보장하는 재해의 범위 및 축종별 보장수준〉 (2024년 기준)

| 축종 | | 보장하는 재해 | 보장수준(%) | | | | | |
|---|---|---|---|---|---|---|---|---|
| | | | 60 | 70 | 80 | 90 | 95 | 100 |
| 소 | 주계약 | ① 질병 또는 사고로 인한 폐사<br> → 가축전염병예방법 제2조 제2항에서 정한 가축전염병 제외<br>② 긴급도축<br> → 부상(경추골절·사지골절·탈구), 난산, 산욕마비, 급성 | ○ | ○ | ○ | - | - | - |

| | | | | | | | | |
|---|---|---|---|---|---|---|---|---|
| | | 고창증, 젖소의 유량감소 등으로 즉시 도살해야 하는 경우<br>③ 도난·행방불명(종모우 제외)<br>④ 경제적도살(종모우 한정) | | | | | | |
| | 특약 | 도체결함 | - | - | ○ | - | - | - |
| | | 협정보험가액 | 주계약준용 | | | | | |
| 돼지 | 주계약 | 자연재해(풍재·수재·설해·지진), 화재로 인한 폐사 | - | - | ○ | ○ | ○ | - |
| | 특약 | 질병위험36), 전기적장치위험, 폭염 | ○ | ○ | ○ | ○ | - | - |
| | | 축산휴지위험(보장수준 미적용 특약) | - | - | - | - | - | - |
| | | 협정보험가액 | 주계약준용 | | | | | |
| 가금37) | 주계약 | 자연재해(풍재·수재·설해·지진), 화재로 인한 폐사 | ○ | ○ | ○ | ○ | - | - |
| | 특약 | 전기적 장치위험, 폭염 | ○ | ○ | ○ | ○ | - | - |
| | | 협정보험가액 | 주계약준용 | | | | | |
| 말 | 주계약 | ① 질병 또는 사고로 인한 폐사<br>→ 가축전염병예방법 제2조 제2항에서 정한 가축전염병 제외<br>② 긴급도축<br>→ 부상(경추골절·사지골절·탈구), 난산, 산욕마비, 산통, 경주마 중 실명으로 즉시 도살해야 하는 경우<br>③ 불임(암컷) | - | - | ○ | - | - | - |
| | | | 경주마(육성마)는 장외 70%<br>장내 70,80,90,95% 중 선택 | | | | | |
| | 특약 | 씨수말 번식첫해 불임, 운송위험, 경주마 부적격, 경주마 보험기간 설정 | - | - | - | - | - | - |
| | | | 주계약준용 | | | | | |
| 기타가축38) | 주계약 | 자연재해(풍재·수재·설해·지진), 화재로 인한 폐사 | ○ | ○ | ○ | ○ | ○ | - |
| | 특약 | (사슴, 양) 폐사·긴급도축 확장보장 | ○ | ○ | ○ | ○ | ○ | - |
| | | (꿀벌) 부저병·낭충봉아부패병으로 인한 폐사 | ○ | ○ | ○ | ○ | ○ | - |
| 축사 | 주계약 | 자연재해(풍재·수재·설해·지진), 화재로 인한 손해 | - | - | - | ○ | ○ | ○ |
| | 특약 | 설해손해 부보장(돈사·가금사에 한함) | - | - | - | - | - | - |
| 공통특약 | | 구내폭발위험, 화재대물배상책임 | - | - | - | - | - | - |

---

36) TGE(전염성위장염), PED(돼지유행성설사병), 로타바이러스감염증
37) 가금(8개 축종) : 닭, 오리, 꿩, 메추리, 타조, 거위, 칠면조, 관상조
38) 기타가축(5개 축종) : 사슴, 양, 꿀벌, 토끼, 오소리

### 사. 보험 가입절차

가축재해보험은 재해보험사업자와 판매 위탁계약을 체결한 지역 대리점(지역농협 및 품목농협, 민영보험사 취급점) 등에서 보험 모집 및 판매를 담당한다. 이후, 재해보험가입자에게 보험 홍보 및 가입안내(대리점 등) → 가입신청(재해보험가입자) → 사전 현지확인(대리점 등) → 청약서 작성(재해보험가입자) 및 보험료 수납(대리점 등) → 재해보험가입자에게 보험증권 발급(대리점 등)의 순서를 거친다.

### 아. 보험료율 적용기준 및 할인·할증

1) 축종별, 주계약별, 특약별로 각각 보험료율 적용
   가) 전문기관[39]이 산출한 요율이 없는 경우에는 재보험사와의 협의 요율 적용 가능
2) 보험료 할인·할증은 축종별로 다르며, 재해보험료율서에 따라 적용
   가) 과거 손해율에 따른 할인·할증, 축사전기안전점검, 동물복지축산농장 할인 등

### 자. 손해평가

가축재해보험 손해평가는 가축재해보험에 가입한 계약자에게 보장하는 재해가 발생한 경우 피해 사실을 확인하고, 손해액을 평가하여 약정한 보험금을 지급하기 위하여 실시한다.

재해보험사업자는 보험목적물에 관한 지식과 경험을 갖춘 자 또는 그 밖에 관계 전문가를 손해평가인으로 위촉하여 손해평가를 담당하게 하거나, 손해평가사 또는 보험업법에 따른 손해사정사에게 손해평가를 담당하게 할 수 있다. (농어업재해보험법 제11조)

1) 재해보험사업자는 농어업재해보험법 제11조 및 농림축산식품부장관이 정하여 고시하는 농업재해보험 손해평가요령에 따라 손해평가를 실시하고, 손해평가 시 고의로 진실을 숨기거나 허위로 하여서는 안됨
   가) 재해보험사업자는 손해평가의 공정성 확보를 위해 보험목적물에 대한 수의사 진단 및 검안 시 시·군 공수의사, 수의사로 하여금 진단 및 검안 등 실시
   나) 소 사고사진은 귀표가 정확하게 나오도록 하고 매장 시 매장장소가 확인되도록 전체 배경화면이 나오는 사진 추가, 검안 시 해부사진 첨부
   다) 진단서, 폐사진단서 등은 상단에 연도별 일련번호 표기 및 법정서식 사용
2) 재해보험사업자는 농어업재해보험법 제11조 제5항에 따라 손해평가에 참여하고자 하는 손해평가인을 대상으로 연 1회 이상 실무교육(정기교육)을 실시하여야 함
3) 농업정책보험금융원은 「재보험사업 및 농업재해보험사업의 운영 등에 관한 규정」 제15조에 따라 손해평가에 참여하고자 하는 손해평가사를 대상으로 다음 교육을 실시하여야 함
   가) 1회 이상 실무교육 및 3년마다 1회 이상 보수교육 실시

---

39) 보험업법 제176조에 따른 보험료율 산출기관(보험개발원)

4) 손해평가 교육내용[40]

가) **실무교육(정기교육)** : 농업재해보험 관련 법령 및 제도에 관한 사항, 농업재해보험 손해평가의 이론 및 실무에 관한 사항, 그 밖에 농업재해보험 관련 교육, CS교육, 청렴교육, 개인정보보호 교육 등

나) **보수교육** : 보험상품 및 손해평가 이론과 실무 개정사항, CS교육, 청렴교육 등

## 차. 보험금 지급

1) 재해보험사업자는 계약자(또는 피보험자)가 재해발생 사실 통지 시 지체 없이 지급할 보험금을 결정하고, 지급할 보험금이 결정되면 7일 이내에 보험금 지급
2) 지급할 보험금이 결정되기 전이라도 피보험자의 청구가 있을 때에는 재해보험사업자가 추정한 보험금의 50% 상당액을 가지급금으로 지급

〈손해평가 및 보험금 지급 과정〉

① 보험사고 접수 : 계약자·피보험자는 재해보험사업자에게 보험사고 발생 사실 통보
② 보험사고 조사 : 재해보험사업자는 보험사고 접수가 되면, 손해평가반을 구성하여 보험사고를 조사, 손해액을 산정
  - 보상하지 않는 손해 해당 여부, 사고 가축과 보험목적물이 동일 여부, 사고 발생 일시 및 장소, 사고 발생 원인과 가축 폐사 등 손해 발생과의 인과관계 여부, 다른 계약 체결 유무, 의무 위반 여부 등 확인 조사
  - 보험목적물이 입은 손해 및 계약자·피보험자가 지출한 비용 등 손해액 산정
③ 지급보험금 결정 : 보험가입금액과 손해액을 검토하여 결정
④ 보험금 지급 : 지급할 보험금이 결정되면 7일 이내에 지급하되, 지급보험금이 결정되기 전이라도, 피보험자의 청구가 있으면 추정보험금의 50%까지 보험금 지급 가능

---

[40] 단, 현장교육이 어려울 경우 교육 대상자가 컴퓨터나 스마트폰 등의 기기를 통해 온라인교육 사이트(농정원 농업교육포털)에 접속하여 교육 수강

〈그림 4-2〉 가축재해보험 추진절차

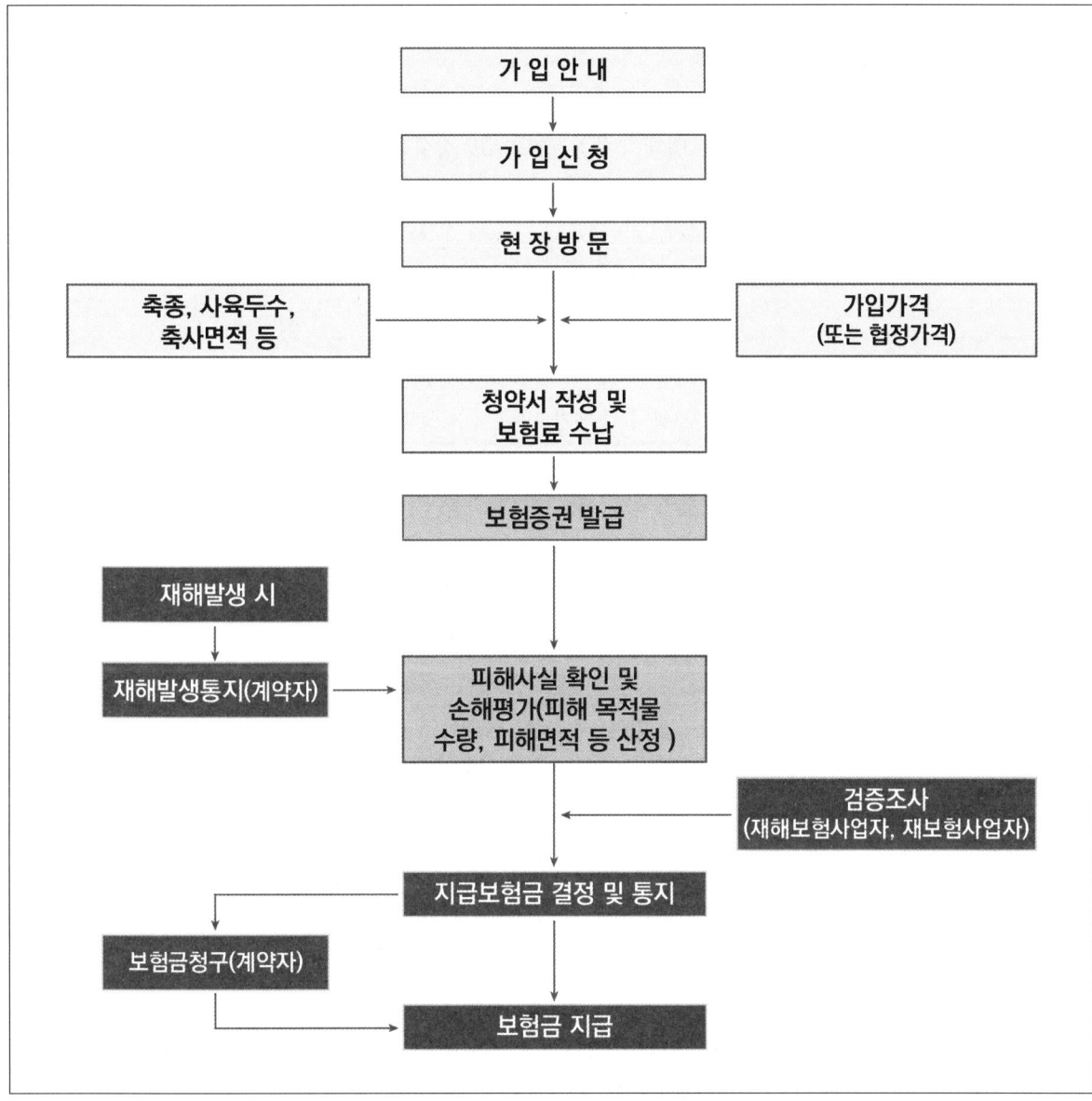

## 제2절 가축재해보험 약관

### 1 가축재해보험 약관

현행 가축재해보험 약관은 특정한 보험계약에 일반적이고 정형적으로 적용하기 위하여 재해보험사업자가 미리 작성한 계약조항인 보통약관과 22개의 특별약관으로 구성되어 있다. 가축재해보험 보통약관에서는 보험의 목적인 가축과 축사를 소, 돼지, 가금[41], 말, 종모우(種牡牛), 기타 가축[42](6개 부문 16개 축종) 및 축사(畜舍)(1개 부문)로 분류하고 있다.

### 2 부문별 보험의 목적

일반적으로 보험의 목적은 보험사고 발생의 객체가 되는 경제상의 재화 또는 자연인(생명이나 신체)을 의미하며 가축재해보험에서 보험의 목적은 보험사고의 대상이 되는 가축과 축산시설물 등을 가리킨다.
현행 가축재해보험 보통약관에서 보험의 목적으로 하는 축종 및 축산시설물을 부문별로 분류하여 보면 다음과 같다.

〈가축재해보험 부문별 보험의 목적〉

| 부문 | 보험의 목적 |
| --- | --- |
| 소 | 한우, 육우, 젖소, 종모우 |
| 돼지 | 종모돈, 종빈돈, 비육돈, 육성돈(후보돈 포함), 자돈, 기타 돼지<br>Tip 종**빈**돈, 종**모**돈, **육성**돈(후보돈 포함), **비육**돈, **자**돈 : 머리카락 숱이 적어 송송 비어 있잖아! |
| 가금 | 닭, 오리, 꿩, 메추리, 타조, 거위, 칠면조, 관상조<br>Tip **닭**(닭), **오**(오리), **거**(거위), **친면**(칠면조), **꿰**(꿩), **맸**(메추리), **다**(타조), **관둬**(관상조) : 실연의 아픔으로 눈물 닦고 거칠어진 마음을 추슬렀는데 다시 사귀자고? 관둬! |
| 말 | 경주마, 육성마, 일반마, 종빈마, 종모마, 제주마<br>Tip 종**빈**마, 종**모**마, **경주**마, **육성**마, **일반**마, 제**주**마 : 숱 적은 머리카락 휘날리며 말 타고 경성을 일주하네! |
| 기타 가축 | 사슴, 양(염소포함), 꿀벌, 토끼, 오소리<br>Tip **양**, **가슴**(사슴), **꿀**벌, **토끼**, **오소리** : 명절에 선물 받은 꿀을 양쪽 겨드랑이에 끼고 좋아하네! |
| 축사 | 가축사육건물 (건물의 부속물, 부착물, 부속설비, 기계장치 포함) |

### 가. 소(牛) 부문

소 부문에서는 보험기간 중에 계약에서 정한 수용장소에서 사육하는 소를 **한우, 육우, 젖소**로 분류하여 보험의 목적으로 하고 있다.

**육우**는 품종에 관계없이 쇠고기 생산을 목적으로 비육되는 소로 주로 고기생산을 목적으로 사육하는 품종

---
41) 가금(8개 축종) : 닭, 오리, 꿩, 메추리, 타조, 거위, 칠면조, 관상조
42) 기타 가축(5개 축종) : 사슴, 양, 꿀벌, 토끼, 오소리

으로는 샤롤레, 헤어포드, 브라만 등이 있으며, 젖소 수컷 및 송아지를 낳은 경험이 없는 젖소도 육우로 분류되고 **젖소**는 가축으로 사육되는 소 중에서 우유 생산을 목적으로 사육되는 소로 대표적인 품종은 홀스타인종(Holstein)이 있으며 **한우**는 체질이 강하고 성질이 온순하며 누런 갈색의 우리나라 재래종 소로 넓은 의미로는 한우도 육우의 한 품종으로 보아야 할 것이나 가축재해보험에서는 한우는 별도로 분류하고 있다.

**보험의 목적인 소**는 보험기간 중에 계약에서 정한 소(牛)의 **수용장소(소재지)에서 사육하는 소(牛)**는 모두 보험에 가입하여야 하며 위반 시 보험자는 그 사실을 안 날부터 1개월 이내에 이 계약을 해지할 수 있다. 그러나 1년 이내 출하 예정인 송아지나 큰소의 경우,

① 축종별 및 성별을 구분하지 않고 보험가입 시에는 소 이력제 현황의 70% 이상
② 축종별 및 성별을 구분하여 보험가입 시에는 소 이력제 현황의 80% 이상 가입 시 포괄가입으로 간주한다.

**소**는 **생후 15일령**부터 **13세 미만**까지 보험 가입이 가능하고, 보험에 가입하는 소는 모두 귀표(가축의 개체를 식별하기 위하여 가축의 귀에 다는 표지)가 부착되어 있어야 한다. 가입 시 젖소 불임우(프리마틴 등)는 암컷으로, 거세우는 수컷으로 분류한다.

계약에서 정한 소(牛)의 수용장소에서 사육하는 소라도 다른 계약(공제계약 포함)이 있거나, 과거 병력, 발육부진 또는 발병 등의 사유로 인수가 부적절하다고 판단되는 경우 보험목적에서 제외할 수 있다. 이와 더불어 보험기간 중 가축 증가(출산, 매입 등)에 따른 추가보험료를 납입하지 않은 가축에 대하여는 보험목적에서 제외한다.

## 나. 돼지(豚) 부문

돼지 부문에서는 보험기간 중에 계약에서 정한 수용장소에서 사육하는 돼지를 종모돈(種牡豚), 종빈돈(種牝豚), 비육돈(肥肉豚), 육성돈(후보돈 포함), 자돈(仔豚), 기타 돼지로 분류하여 보험의 목적으로 하고 있다.

돼지는 평균 수명이 10 ~ 15년으로 알려져 있으나 고기를 생산하기 위한 비육돈은 일반적으로 약 180일 정도 길러져서 도축된다.

비육돈의 사육과정을 살펴보면, 출산에서 약 4주차까지 포유기간(포유자돈)에 해당되어 어미돼지의 모유를 섭취하고, 약 4주차 ~ 8주차까지는 자돈기간(이유자돈)으로 어미돼지와 떨어져서 이유식에 해당하는 자돈사료를 섭취한다. 약 8주차 ~ 22주차까지가 육성기간(육성돈)으로 이때가 근육이 생성되는 급격한 성장기이며, 약 22주차 ~ 26주차까지가 비육기간(비육돈)으로 출하를 위하여 근내지방을 침착시킨다.

번식을 위하여 기르는 돼지를 종돈이라고 하며 종돈에는 종모돈과 종빈돈이 있다. 통상 육성돈 단계에서 선발 과정을 거쳐서 후보돈으로 선발된 개체가 종돈이 된다.

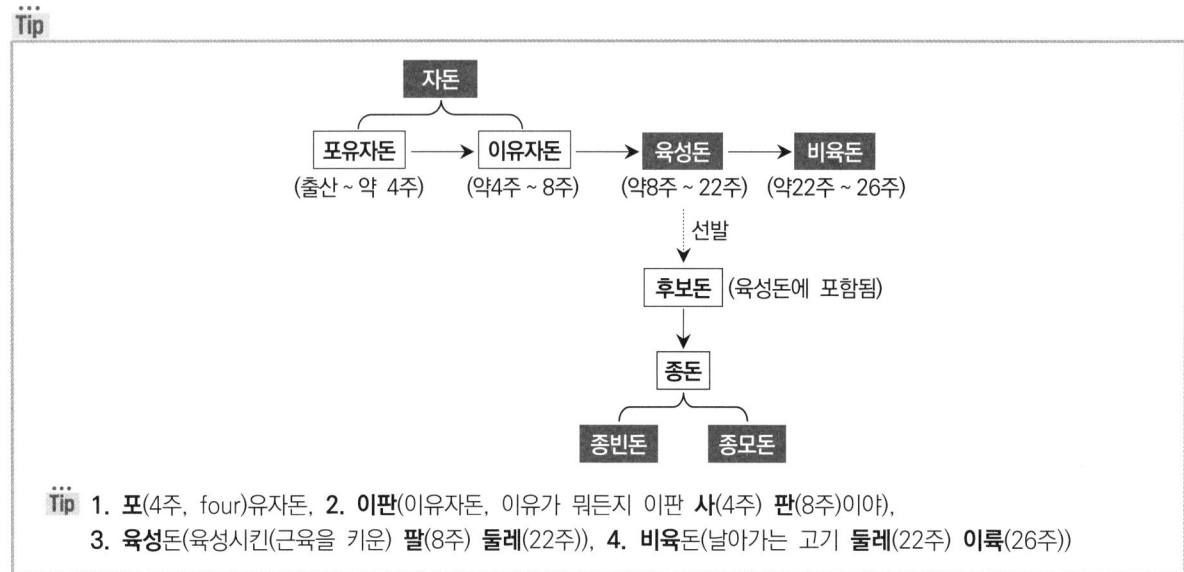

Tip
1. **포**(4주, four)유자돈, 2. **이판**(이유자돈, 이유가 뭐든지 이판 **사**(4주) **판**(8주)이야),
3. **육성**돈(육성시킨(근육을 키운) **팔**(8주) **둘레**(22주)), 4. **비육**돈(날아가는 고기 **둘레**(22주) **이륙**(26주))

## 다. 가금(家禽) 부문

가금 부문에서는 보험기간 중에 계약에서 정한 수용장소에서 사육하는 가금을 닭, 오리, 꿩, 메추리, 칠면조, 거위, 타조, 관상조, 기타 가금으로 분류하여 보험의 목적으로 하고 있다. 이때 닭은 종계(種鷄), 육계(肉鷄), 산란계(産卵鷄), 토종닭 및 그 연관 닭을 모두 포함한다.

〈닭의 분류〉

| | |
|---|---|
| 종계(種鷄) | 능력이 우수하여 병아리 생산을 위한 종란을 생산하는 닭 |
| 육계(肉鷄) | 주로 고기를 얻으려고 기르는 빨리 자라는 식육용의 닭. 즉, 육용의 영계와 채란계(採卵鷄)의 폐계(廢鷄)인 어미닭의 총칭 |
| 산란계(産卵鷄) | 계란 생산을 목적으로 사육되는 닭 |
| 토종닭 | 우리나라에 살고 있는 재래닭 |

## 라. 말(馬) 부문

말 부문에서는 보험기간 중에 계약에서 정한 수용장소에서 사육하는 말(馬)을 종마[43](종모마, 종빈마), 경주마[44](육성마 포함), 일반마, 기타 말(馬)로 분류하여 보험의 목적으로 하고 있다.

계약에서 정한 말(馬)의 수용장소에서 사육하는 말(馬)이라도 다른 계약(공제계약 포함)이 있거나, 과거 병력, 발육부진 또는 발병 등의 사유로 인수가 부적절하다고 판단되는 경우에는 보험목적에서 제외할 수 있다.

---

[43] 우수한 형질의 유전인자를 갖는 말을 생산할 목적으로 외모, 체형, 능력 등이 뛰어난 마필을 번식용으로 쓰기 위해 사육하는 씨말로 씨수말을 종모마, 씨암말을 종빈마라고 한다.

[44] 경주용으로 개량된 말과 경마에 출주하는 말을 총칭하여 경주마라고 하며 대한민국 내에서 말을 경마에 출주시키기 위해서는 말을 한국마사회에 등록해야 하고 보통 경주마는 태어난 지 대략 2년 정도 뒤 경주마 등록을 하고 등록함으로써 경주마로 인정받게 된다.

## 마. 종모우(種牡牛) 부문

종모우는 능력이 우수하여 자손생산을 위해 정액을 이용하여 인공수정에 사용되는 수소를 말한다. 종모우 부문에서는 보험기간 중에 계약에서 정한 수용장소에서 사육하는 종모우(씨수소)를 한우, 육우, 젖소로 분류하여 보험의 목적으로 하고 있으며, 보험목적은 귀표가 부착되어 있어야 한다.

## 바. 기타 가축(家畜) 부문

기타 가축 부문에서는 보험기간 중에 계약에서 정한 가축의 수용장소에서 사육하는 사슴, 양, 꿀벌, 토끼, 오소리, 기타 가축을 보험의 목적으로 한다.

이때 **사슴**은 꽃사슴(생후 만 2개월 이상, 만 15세 미만)과 엘크(생후 만 2개월 이상, 만 13세 미만), 레드디어(생후 만 2개월 이상, 만 13세 미만), 기타 사슴(생후 만 2개월 이상, 만 13세 미만이며 보험자의 승인을 받은 가축)이 해당된다.

> **Tip** 가슴(사슴)에 새겨 둘(2개월) 일세(13세), 꽃(꽃사슴)들고 시보(15세)야 둥근달이~!

**양**은 산양(염소)(생후 만 3개월 이상, 만 10세 미만)과 면양(생후 만 3개월 이상, 만 10세 미만)을 포함한다. **Tip** 양 세(3개월, 양 숫자가 맞나 세봐)~! 쉽세(sheep 10세)

단, 계약에서 정한 가축의 수용장소에서 사육하는 가축이라도 다른 계약(공제계약 포함)이 있거나, 과거 병력, 발육부진 또는 발병 등의 사유로 인수가 부적절하다고 판단되는 경우에는 보험목적에서 제외할 수 있다. 또한 보험기간 중 가축 증가(출산, 매입 등)에 따른 추가보험료를 납입하지 않은 가축에 대하여는 보험목적에서 제외한다.

꿀벌의 경우 아래 조건에 해당되는 벌통은 보험의 목적으로서 화재 및 풍재·수재·설해·지진으로 인한 손해 보상이 가능하다.

1) 서양종(양봉)은 꿀벌이 있는 상태의 소비(巢脾)45)가 3매 이상 있는 벌통

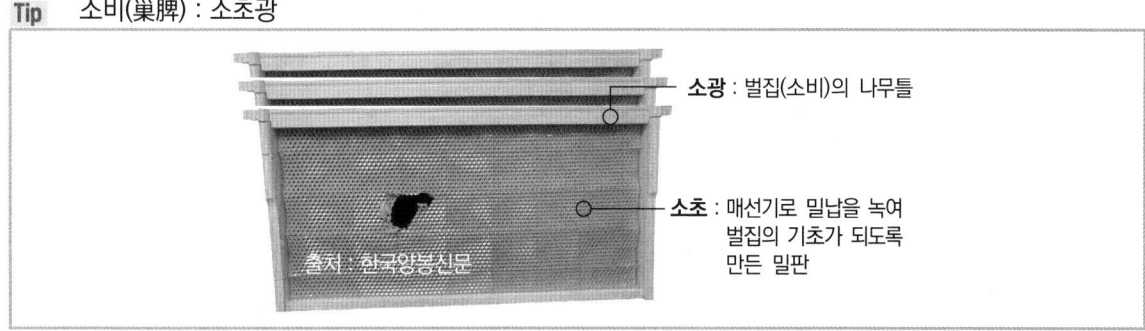

> **Tip** 소비(巢脾) : 소초광

- **소광** : 벌집(소비)의 나무틀
- **소초** : 매선기로 밀납을 녹여 벌집의 기초가 되도록 만든 밀판

출처 : 한국양봉신문

2) 동양종(토종벌, 한봉)은 봉군(蜂群)46)이 있는 상태의 벌통

---

45) 소비(巢脾)라 함은 소광(巢光, comb frame; 벌집의 나무틀)에 철선을 건너매고 벌집의 기초가 되는 소초(巢礎)를 매선기로 붙여 지은 집으로 여왕벌이 알을 낳고 일벌이 새끼들을 기르며 꿀과 화분을 저장하는 6,600개의 소방을 가지고 있는 장소를 말한다.

## 사. 축사(畜舍) 부문

축사 부문에서는 보험기간 중에 계약에서 정한 가축을 수용하는 건물 및 가축사육과 관련된 건물을 보험의 목적으로 한다.

| 건물의 부속물 | 피보험자 소유인 칸막이, 대문, 담, 곳간 및 이와 비슷한 것 |
|---|---|
| 건물의 부착물 | 피보험자 소유인 게시판, 네온싸인, 간판, 안테나, 선전탑 및 이와 비슷한 것 |
| 건물의 부속설비 | 피보험자 소유인 전기가스설비, 급배수설비, 냉난방설비, 급이기, 통풍설비 등 건물의 주용도에 적합한 부대시설 및 이와 비슷한 것 |
| 건물의 기계장치 | 착유기, 원유냉각기, 가금사의 기계류(케이지, 부화기, 분류기 등) 및 이와 비슷한 것 |

## 3 부문별 보상하는 손해

### 가. 소(牛) 부문(종모우 부문 포함)

| 구분 | | 보상하는 손해 | 자기부담금 |
|---|---|---|---|
| 주계약<br>(보통<br>약관) | 한우<br>육우<br>젖소 | • 법정전염병을 제외한 질병 또는 각종 사고(풍해·수해·설해 등 자연재해, 화재)로 인한 폐사<br>• 부상(경추골절, 사지골절, 탈구·탈골), 난산, 산욕마비, 급성고창증 및 젖소의 유량 감소 등으로 긴급도축을 하여야 하는 경우<br>※ 젖소유량감소는 유방염, 불임 및 각종 대사성 질병으로 인하여 젖소로서의 경제적 가치가 없는 경우에 한함<br>※ 신규가입일 경우 가입일로부터 1개월 이내 질병 관련 사고(긴급도축 제외)는 보상하지 아니함<br>• 소 도난 및 행방불명에 의한 손해<br>※ 도난손해는 보험증권에 기재된 보관장소 내에 보관되어 있는 동안에 불법침입자, 절도 또는 강도의 도난행위로 입은 직접손해(가축의 상해, 폐사 포함)에 한함<br>• 가축사체 잔존물 처리비용<br>• 검안서 및 진단서 발급비용 | 보험금의<br>20%, 30%, 40% |
| | 종모우 | • 연속 6주 동안 정상적으로 정액을 생산하지 못하고, 종모우로서의 경제적 가치가 없다고 판정 시<br>※ 정액생산은 6주 동안 일주일에 2번에 걸쳐 정액을 채취한 후 이를 근거로 경제적 도살여부 판단<br>• 그 외 보상하는 사고는 한우·육우·젖소와 동일 | 보험금의 20% |

---

46) 봉군(蜂群)은 여왕벌, 일벌, 수벌을 갖춘 꿀벌의 무리를 말하며, 우리말로 "벌무리"라고도 한다.

| | | | |
|---|---|---|---|
| | 축사 | • 화재(벼락 포함)에 의한 손해<br>• 화재(벼락 포함)에 따른 소방손해<br>• 태풍, 홍수, 호우(豪雨), 강풍, 풍랑, 해일(海溢), 조수(潮水), 우박, 지진, 분화 및 이와 비슷한 풍재 또는 수재로 입은 손해<br>• 설해로 입은 손해<br>• 화재(벼락 포함) 및 풍재, 수재, 설해, 지진에 의한 피난 손해<br>• 잔존물 제거비용 | • 풍재·수재·설해·지진 : 지급보험금 계산 방식에 따라 계산한 금액에 0%, 5%, 10%을 곱한 금액 또는 50만원 중 큰 금액<br>• 화재 : 지급보험금 계산 방식에 따라 계산한 금액에 자기부담비율 0%, 5%, 10%를 곱한 금액<br>**Tip** 50만원 기준(×) |
| 특별<br>약관 | 소<br>도체결함<br>보장 | • 도축장에서 도축되어 경매시까지 발견된 도체의 결함(근출혈, 수종, 근염, 외상, 근육제거, 기타 등)으로 손해액이 발생한 경우 | 보험금의 20% |
| | 협정보험<br>가액 | • 협의 평가로 보험 가입한 금액<br>※ 시가와 관계없이 가입금액을 보험가액으로 평가 | 주계약, 특약조건 준용 |
| | 화재대물<br>배상책임 | • 축사 화재로 인해 인접 농가에 피해가 발생한 경우 | - |
| | 구내폭발<br>위험보장 | • 구내에서 생긴 폭발, 파열로 생긴 손해 | - |
| | 동물복지<br>인증계약 | • 동물복지축산농장 인증(농림축산검역본부) 시 | 보험료할인 |

1) 폐사는 질병 또는 불의의 사고에 의하여 수의학적으로 구할 수 없는 상태가 되고 맥박, 호흡, 그 외 일반증상으로 폐사한 것이 확실한 때로 하며 통상적으로는 수의사의 검안서 등의 소견을 기준으로 판단하게 된다.

2) 긴급도축은 "사육하는 장소에서 부상, 난산, 산욕마비, 급성고창증 및 젖소의 유량 감소 등이 발생한 소(牛)를 즉시 도축장에서 도살하여야 할 불가피한 사유가 있는 경우"에 한한다.

3) 긴급도축에서 부상 범위는 경추골절, 사지골절 및 탈구(탈골)에 한하며, 젖소의 유량 감소는 유방염, 불임 및 각종 대사성질병으로 인하여 수의학적으로 유량 감소가 예견되어 젖소로서의 경제적 가치가 없다고 판단이 확실시되는 경우에 한정하고 있으나, 약관에서 열거하는 질병 및 상해 이외의 경우에도 수의사의 진료 소견에 따라서 치료 불가능 사유 등으로 불가피하게 긴급도축을 시켜야 하는 경우도 포함한다.

> - 산욕마비 : 일반적으로 분만 후 체내의 칼슘이 급격히 저하되어 근육의 마비를 일으켜 기립불능이 되는 질병
> - 급성고창증 : 이상발효에 의한 가스의 충만으로 조치를 취하지 못하면 폐사로 이어질수 있는 중요한 소화기 질병으로 변질 또는 부패 발효된 사료, 비맞은 풀, 두과풀(알파파류) 다량 섭취, 갑작스런 사료변경 등으로 인하여 반추위내의 이상 발효로 장마로 인한 사료 변패 등으로 인하여 여름철에 많이 발생함
> - 대사성질병 : 비정상적인 대사 과정에서 유발되는 질병(대사 : 생명 유지를 위해 생물체가 필요한 것을 섭취하고 불필요한 것을 배출하는 일)

4) 도난 손해는 보험증권에 기재된 보관장소 내에 보관되어 있는 동안에 불법침입자, 절도 또는 강도의 도난 행위로 입은 직접손해(가축의 상해, 폐사를 포함)로 한정하고 있으며 보험증권에 기재된 보관장소에서 이탈하여 운송 도중 등에 발생한 도난손해 및 도난 행위로 입은 간접손해(경제능력 저하, 전신쇠약, 성장 지체·저하 등)는 도난 손해에서 제외된다.

5) 도난, 행방불명의 사고 발생 시 계약자, 피보험자, 피보험자의 가족, 감수인(監守人) 또는 당직자는 지체 없이 이를 관할 경찰서와 재해보험사업자에 알려야 하며, 보험금 청구 시 관할 경찰서의 도난신고(접수) 확인서를 재해보험사업자에 제출하여야 한다.

> **Tip** 한우·육우·젖소 보상하는 손해
>
> 1. **폐사** : 폐사한 것이 확실한 때(질병 또는 각종 사고)
> 2. **긴급도축** (5가지)
>    - 부상(3가지 한정) : 경추골절, 사지골절, 탈구(탈골)
>    - 난산
>    - 산욕마비
>    - 급성고창증
>    - 젖소의 유량감소
> 3. 소 도난 및 행방불명에 의한 손해(종모우 불인정)
> 4. 가축사체 잔존물 처리비용
> 5. 검안서 및 진단서 발급비용
>
> **Tip** 부**상**, **난**산, **산욕**마비, 급성**고**창증, 젖소**유량감**소 : 우리나라 부산을 욕하니 매우 유감이야~!
> **Tip** 부상 : **경**추골절, **사**지골절, **탈**구(탈골) : 경사에서 굴러서 탈 났네~!

6) 단, 종모우(種牡牛)는 아래와 같다.
   가) 보험의 목적이 폐사, 긴급도축, 경제적 도살의 사유로 입은 손해를 보상한다.
   나) 폐사는 질병 또는 불의의 사고에 의하여 수의학적으로 구할 수 없는 상태가 되고 맥박, 호흡, 그 외 일반증상으로 폐사한 것이 확실한 때로 한다.
   다) 긴급도축의 범위는 "사육하는 장소에서 부상, 급성고창증이 발생한 소(牛)를 즉시 도축장에서 도

살하여야 할 불가피한 사유가 있는 경우"에 한하여 인정한다.

종모우는 긴급도축의 범위를 약관에서 열거하고 있는 2가지 경우에 한정하여 인정하고 있으며, 부상의 경우도 범위를 아래와 같이 3가지 경우에 한하여 인정하고 있다.

라) 부상 범위는 경추골절, 사지골절 및 탈구(탈골)에 한한다.
마) 경제적 도살은 종모우가 연속 6주 동안 정상적으로 정액을 생산하지 못하고, 자격 있는 수의사에 의하여 종모우로서의 경제적 가치가 없다고 판정되었을 때로 한다. 이 경우 정액 생산은 6주 동안 일주일에 2번에 걸쳐 정액을 채취한 후 이를 근거로 경제적 도살 여부를 판단한다.

> **Tip** 종모우의 보상하는 손해
>
> 1. **폐사** : 폐사한 것이 확실한 때
> 2. **긴급도축**(2가지 한정) ─ **부상**(3가지 한정) : 경추골절, 사지골절 및 탈구(탈골)
>    └ **급성고창증**
> 3. **경제적 도살** : 연속 6주 동안 일주일에 2번 채취 → 정상적 정액 생산(×)
> 4. 가축사체 잔존물 처리비용
> 5. 검안서 및 진단서 발급비용
>
> **Tip** 부상, 급성고창증 : 수억대 가액의 종모우가 죽으면 부고장?
> **Tip** 육즙(6주, 정액) 채취 일주 리(일주일에 2번) : 정액을 일주일에 두 번 채취하는 일줄까?

## 나. 돼지(豚) 부문

| 구분 | | 보상하는 손해 | 자기부담금 |
|---|---|---|---|
| 주계약<br>(보통<br>약관) | 돼지 | • 화재 및 풍재, 수재, 설해, 지진으로 인한 폐사<br>• 화재 및 풍재, 수재, 설해, 지진 발생시 방재 또는 긴급피난에 필요한 조치로 목적물에 발생한 손해<br>• 가축사체 잔존물 처리 비용 | 보험금의<br>5%, 10%, 20% |
| | 축사 | • 화재(벼락 포함)에 의한 손해<br>• 화재(벼락 포함)에 따른 소방손해<br>• 태풍, 홍수, 호우(豪雨), 강풍, 풍랑, 해일(海溢), 조수(潮水), 우박, 지진, 분화 및 이와 비슷한 풍재 또는 수재로 입은 손해<br>• 설해로 입은 손해<br>• 화재(벼락 포함) 및 풍재, 수재, 설해, 지진에 의한 피난 손해<br>• 잔존물 제거비용 | • 풍재·수재·설해·지진 : 지급보험금 계산 방식에 따라 계산한 금액에 0%, 5%, 10%을 곱한 금액 또는 50만원 중 큰 금액<br>• 화재 : 지급보험금 계산 방식에 따라 계산한 금액에 자기부담비율 0%, 5%, 10%를 곱한 금액<br>**Tip** 50만원 기준(×) |

| | | | |
|---|---|---|---|
| 특별<br>약관 | 질병위험<br>보장 | • TGE, PED, Rota virus에 의한 손해<br>※ 신규가입일 경우 가입일로부터 1개월 이내 질병 관련 사고는 보상하지 아니함 | 보험금의<br>10%, 20%, 30%, 40%<br>또는 200만원 중 큰 금액 |
| | 축산휴지<br>위험보장 | • 주계약 및 특별약관에서 보상하는 사고의 원인으로 축산업이 휴지되었을 경우에 생긴 손해액 | - |
| | 전기적장치<br>위험보장 | • 전기장치가 파손되어 온도의 변화로 가축 폐사 시 | 보험금의<br>10%, 20%, 30%, 40%<br>또는 200만원 중 큰 금액 |
| | 폭염<br>재해보장 | • 폭염에 의한 가축 피해 보상 | |
| | 협정<br>보험가액 | • 협의 평가로 보험 가입한 금액<br>※ 시가와 관계없이 가입금액을 보험가액으로 평가 | 주계약, 특약 조건 준용 |
| | 설해손해<br>부보장 | • 설해에 의한 손해는 보장하지 않음 | - |
| | 화재대물<br>배상책임 | • 축사 화재로 인해 인접 농가에 피해가 발생한 경우 | - |
| | 구내폭발<br>위험보장 | • 구내에서 생긴 폭발, 파열로 생긴 손해 | - |
| | 동물복지<br>인증계약 | • 동물복지축산농장 인증(농림축산검역본부) 시 | 보험료할인 |

※ 폭염재해보장 특약은 전기적장치위험보장특약 가입자에 한하여 가입 가능

**Tip** **질병위험보장**(특약)은 **돼지**와 **기타 가축**(양, 사슴, 꿀벌, 토끼, 오소리)만 **인정**하며 신규가입일 경우 가입일로부터 1개월 이내 질병 관련 사고는 보상하지 아니함. ***질병 일내**(1개월 이내) **불인정** : 질병이 발생하도록 일부러 일을 내면 불인정~!

1) 화재 및 풍재·수재·설해·지진의 직접적인 원인으로 보험목적이 폐사 또는 맥박, 호흡 그 외 일반 증상이 수의학적으로 폐사가 확실시되는 경우 그 손해를 보상한다.
2) 화재 및 풍재·수재·설해·지진의 발생에 따라서 보험의 목적의 피해를 방재 또는 긴급피난에 필요한 조치로 보험목적에 생긴 손해도 보상한다.
3) 상기 손해는 사고 발생 때부터 120시간(5일) 이내에 폐사되는 보험목적에 한하여 보상하며 다만, 재해보험사업자가 인정하는 경우에 한하여 사고 발생 때부터 120시간(5일) 이후에 폐사되어도 보상한다.
   **Tip** **오일**(Oil, 5일), 이내 **빼사**(폐사) 인정

## 다. 가금(家禽) 부문

| 구분 | | 보상하는 손해 | 자기부담금 |
|---|---|---|---|
| 주계약<br>(보통<br>약관) | 가금 | • 화재 및 풍재, 수재, 설해, 지진으로 인한 폐사<br>• 화재 및 풍재, 수재, 설해, 지진 발생 시 방재 또는 긴급피난에 필요한 조치로 목적물에 발생한 손해<br>• 가축 사체 잔존물 처리 비용 | 보험금의<br>10%, 20%, 30%, 40% |

| | | | |
|---|---|---|---|
| | 축사 | • 화재(벼락 포함)에 의한 손해<br>• 화재(벼락 포함)에 따른 소방손해<br>• 태풍, 홍수, 호우(豪雨), 강풍, 풍랑, 해일(海溢), 조수(潮水), 우박, 지진, 분화 및 이와 비슷한 풍재 또는 수재로 입은 손해<br>• 설해로 입은 손해<br>• 화재(벼락 포함) 및 풍재, 수재, 설해, 지진에 의한 피난 손해<br>• 잔존물 제거 비용 | • 풍재·수재·설해·지진 : 지급보험금 계산 방식에 따라 계산한 금액에 0%, 5%, 10%를 곱한 금액 또는 50만원 중 큰 금액<br>• 화재 : 지급보험금 계산 방식에 따라 계산한 금액에 자기부담비율 0%, 5%, 10%를 곱한 금액<br>Tip 50만원 기준(×) |
| 특별<br>약관 | 전기적장치<br>위험보장 | • 전기장치가 파손되어 온도의 변화로 가축 폐사 시 | 보험금의<br>10%, 20%, 30%, 40%<br>또는 200만원 중 큰 금액 |
| | 폭염<br>재해보장 | • 폭염에 의한 가축 피해 보상 | |
| | 협정<br>보험가액 | • 협의평가로 보험 가입한 금액<br>※ 시가와 관계없이 가입금액을 보험가액으로 평가 | 주계약, 특약 조건 준용 |
| | 설해손해<br>부보장 | • 설해에 의한 손해는 보장하지 않음 | - |
| | 화재대물<br>배상책임 | • 축사 화재로 인해 인접 농가에 피해가 발생한 경우 | - |
| | 구내폭발<br>위험보장 | • 구내에서 생긴 폭발, 파열로 생긴 손해 | - |
| | 동물복지<br>인증계약 | • 동물복지축산농장 인증(농림축산검역본부) 시 | 보험료할인 |

※ 폭염재해보장 특약은 전기적장치위험보장특약 가입자에 한하여 가입 가능

1) 화재, 풍재·수재·설해·지진의 직접적인 원인으로 보험목적이 폐사 또는 맥박, 호흡 그 외 일반증상이 수의학적으로 폐사가 확실시되는 경우 그 손해를 보상한다.

2) 화재, 풍재·수재·설해·지진의 발생에 따라서 보험의 목적의 피해를 방재 또는 긴급피난에 필요한 조치로 보험 목적에 생긴 손해도 보상한다.

3) 상기 손해는 사고 발생 때부터 120시간(5일) 이내에 폐사되는 보험 목적에 한하여 보상하며 다만, 재해보험사업자가 인정하는 경우에 한하여 사고 발생 때부터 120시간(5일) 이후에 폐사되어도 보상한다.

Tip 오일(Oil, 5일), 이내 폐사(폐사) 인정

4) 폭염재해보장 추가특별약관에 따라 폭염손해는 폭염특보 발령 전 24시간(1일) 전부터 해제 후 24시간(1일) 이내에 폐사되는 보험 목적에 한하여 보상한다. 폭염특보는 보험목적의 수용 장소(소재지)에 발표된 해당 지역별 폭염특보를 적용하며 보험기간 종료일까지 폭염특보가 해제되지 않을 경우 보험

기간 종료일을 폭염특보 해제일로 본다. 폭염특보는 일 최고 체감온도를 기준으로 발령되는 기상특보로 주의보와 경보로 구분되며 주의보와 경보 모두 폭염특보로 본다.

Tip 보험목적 수용장소 지역에 발효된 폭염특보

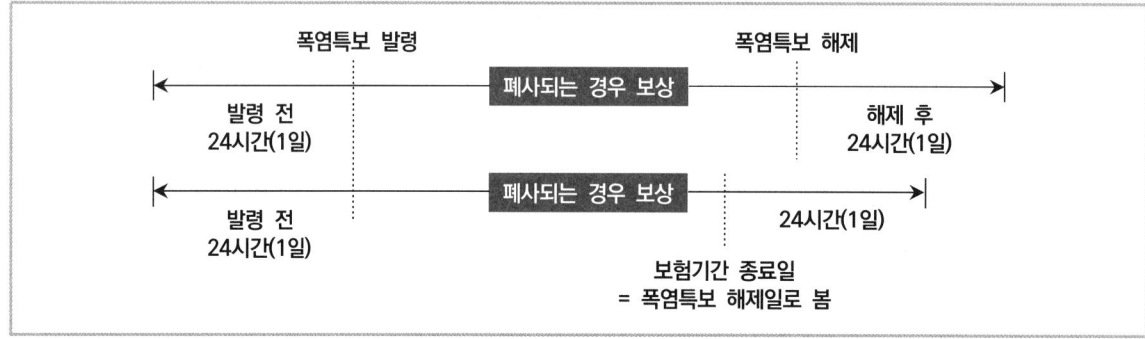

## 라. 말(馬) 부문

| 구분 | | 보상하는 손해 | 자기부담금 |
|---|---|---|---|
| 주계약<br>(보통<br>약관) | 경주마<br>육성마<br>종빈마<br>종모마<br>일반마<br>제주마 | • 법정전염병을 제외한 질병 또는 각종 사고(풍해・수해・설해 등 자연재해, 화재)로 인한 폐사<br>• 부상(경추골절, 사지골절, 탈골・탈구), 난산, 산욕마비, 산통, 경주마의 실명으로 긴급도축 하여야 하는 경우<br>• 불임<br>※ 불임은 임신 가능한 암컷말(종빈마)의 생식기관의 이상과 질환으로 인하여 발생하는 영구적인 번식 장애를 의미<br>• 가축 사체 잔존물 처리 비용 | 보험금의 20%<br>단, 경주마(육성마)는<br>사고장소에 따라<br>경마장외 30%,<br>경마장내 5%, 10%, 20%, 30%<br>중 선택 |
| | 축사 | • 화재(벼락 포함)에 의한 손해<br>• 화재(벼락 포함)에 따른 소방손해<br>• 태풍, 홍수, 호우(豪雨), 강풍, 풍랑, 해일(海溢), 조수(潮水), 우박, 지진, 분화 및 이와 비슷한 풍재 또는 수재로 입은 손해<br>• 설해로 입은 손해<br>• 화재(벼락 포함) 및 풍재, 수재, 설해, 지진에 의한 피난 손해<br>• 잔존물 제거비용 | • 풍재・수재・설해・지진 : 지급보험금 계산 방식에 따라 계산한 금액에 0%, 5%, 10%를 곱한 금액<br>또는 50만원 중 큰 금액<br>• 화재 : 지급보험금 계산 방식에 따라 계산한 금액에 자기부담비율 0%, 5%, 10%를 곱한 금액<br>Tip 50만원 기준(×) |
| 특별<br>약관 | 씨수말<br>번식 첫해<br>선천성 불임<br>확장보장 | • 씨수말이 불임이라고 판단이 된 경우에 보상하는 특약 | 주계약 준용 |

| 말운송위험 확장보장 | • 말 운송 중 발생되는 주계약 보상사고 | |
|---|---|---|
| 경주마 부적격 | • 경주마 부적격 판정을 받은 경우 보상 | |
| 화재대물 배상책임 | • 축사 화재로 인해 인접 농가에 피해가 발생한 경우 | - |
| 구내폭발 위험보장 | • 구내에서 생긴 폭발, 파열로 생긴 손해 | - |
| 동물복지 인증계약 | • 동물복지축산농장 인증(농림축산검역본부)시 | 보험료할인 |

1) 보험의 목적이 폐사, 긴급도축, 불임의 사유로 입은 손해를 보상한다.
2) 폐사는 질병 또는 불의의 사고에 의하여 수의학적으로 구할 수 없는 상태가 되고 맥박, 호흡, 그 외 일반증상으로 폐사한 것이 확실한 때로 한다.
3) 긴급도축의 범위는 "사육하는 장소에서 부상, 난산, 산욕마비, 산통, 경주마 중 실명이 발생한 말(馬)을 즉시 도축장에서 도살하여야 할 불가피한 사유가 있는 경우"로 한다.
   말은 소와 다르게 긴급도축의 범위를 약관에서 열거하고 있는 상기 5가지 경우에 한하여 인정하고 있으며, 부상의 경우도 범위를 경추골절, 사지골절 및 탈구(탈골), 3가지 경우에 한하여 인정하고 있다.
4) 불임은 임신 가능한 암컷말(종빈마)의 생식기관의 이상과 질환으로 인하여 발생하는 영구적인 번식장애를 말한다.

**Tip** 말의 보상하는 손해

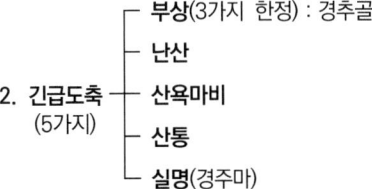

1. **폐사** : 폐사한 것이 확실한 때(질병 또는 각종 사고)
2. **긴급도축** (5가지)
   - **부상**(3가지 한정) : 경추골절, 사지골절, 탈구(탈골)
   - **난산**
   - **산욕마비**
   - **산통**
   - **실명**(경주마)
3. **불임** : 암컷말(종빈마)
4. **가축사체 잔존물 처리비용**

**Tip** 부상, 난산, 산욕마비, 산통, 실명 : 부산 욕하는 사람과 말(말마(馬))로 통성명하고 해결한다!

## 마. 기타 가축(家畜) 부문

| 구분 | | 보상하는 사고 | 자기부담금 |
|---|---|---|---|
| 주계약<br>(보통<br>약관) | 사슴, 양,<br>오소리,<br>꿀벌, 토끼 | • 화재 및 풍재, 수재, 설해, 지진에 의한 손해<br>• 화재 및 풍재, 수재, 설해, 지진 발생 시 방재 또는 긴급피난에 필요한 조치로 목적물에 발생한 손해<br>• 가축 사체 잔존물 처리 비용 | 보험금의<br>5%, 10%, 20%, 30%, 40% |
| | 축사 | • 화재(벼락 포함)에 의한 손해<br>• 화재(벼락 포함)에 따른 소방손해<br>• 태풍, 홍수, 호우(豪雨), 강풍, 풍랑, 해일(海溢), 조수(潮水), 우박, 지진, 분화 및 이와 비슷한 풍재 또는 수재로 입은 손해<br>• 설해로 입은 손해<br>• 화재(벼락 포함) 및 풍재, 수재, 설해, 지진에 의한 피난손해<br>• 잔존물 제거 비용 | • 풍재·수재·설해·지진 : 지급보험금 계산 방식에 따라 계산한 금액에 0%, 5%, 10%을 곱한 금액<br>또는 50만원 중 큰 금액<br>• 화재 : 지급보험금 계산 방식에 따라 계산한 금액에 자기부담비율 0%, 5%, 10%를 곱한 금액<br>Tip 50만원 기준(×) |
| 특별<br>약관 | 폐사·<br>긴급도축<br>확장보장<br>특약<br>(사슴, 양<br>자동부가) | • 법정전염병을 제외한 질병 또는 각종 사고(풍해·수해·설해 등 자연재해, 화재)로 인한 폐사<br>• 부상(사지골절, 경추골절, 탈구·탈골), 산욕마비, 난산으로 긴급도축을 하여야 하는 경우<br>※ 신규가입일 경우 가입일로부터 1개월 이내 질병 관련 사고(긴급도축 제외)는 보상하지 아니함 | 보험금의<br>5%, 10%, 20%, 30%, 40% |
| | 꿀벌<br>낭충봉아<br>부패병보장 | • 벌통의 꿀벌이 낭충봉아부패병으로 폐사(감염 벌통 소각 포함)한 경우 | 보험금의<br>5%, 10%, 20%, 30% 40% |
| | 꿀벌<br>부저병보장 | • 벌통의 꿀벌이 부저병으로 폐사(감염 벌통 소각 포함)한 경우 | |
| | 화재대물<br>배상책임 | • 축사 화재로 인해 인접 농가에 피해가 발생한 경우 | - |

Tip **질병위험보장**(특약)은 **돼지**와 **기타 가축**(양, 사슴, 꿀벌, 토끼, 오소리)만 **인정**하며 신규가입일 경우 가입일로부터 1개월 이내 질병 관련 사고는 보상하지 아니함. ***질병 일내**(1개월 이내) **불인정** : 질병이 발생하도록 일부러 일을 내면 불인정~!

1) 보험의 목적이 화재 및 풍재·수재·설해·지진의 직접적인 원인으로 보험목적이 폐사 또는 맥박, 호흡 그 외 일반증상으로 수의학적으로 구할 수 없는 상태가 확실시되는 경우 그 손해를 보상한다.

2) 화재 및 풍재·수재·설해·지진의 발생에 따라서 보험의 목적의 피해를 방재 또는 긴급피난에 필요한 조치로 보험목적에 생긴 손해는 보상한다.

3) 상기 손해는 사고 발생 때부터 120시간(5일) 이내에 폐사되는 보험목적에 한하여 보상하며 다만, 재

해보험사업자가 인정하는 경우에는 사고 발생 때 부터 120시간(5일) 이후에 폐사되어도 보상한다.

Tip 오일(Oil, 5일), 이내 빼사(폐사) 인정

4) 꿀벌의 경우는 아래와 같은 벌통에 한하여 보상한다.
　가) 서양종(양봉)은 꿀벌이 있는 상태의 소비(巢脾)47)가 3매 이상 있는 벌통
　나) 동양종(토종벌, 한봉)은 봉군(蜂群)48)이 있는 상태의 벌통

## 바. 축사(畜舍) 부문

보상하는 손해는 보험의 목적이 화재 및 풍재・수재・설해・지진으로 입은 직접손해, 피난 과정에서 발생하는 피난손해, 화재진압 과정에서 발생하는 소방손해 그리고 약관에서 규정하고 있는 비용손해로 아래와 같다.

1) 화재에 따른 손해
2) 화재에 따른 소방손해
3) 태풍, 홍수, 호우(豪雨), 강풍, 풍랑, 해일(海溢), 조수(潮水), 우박, 지진, 분화 및 이와 비슷한 풍재 또는 수재로 입은 손해
4) 설해에 따른 손해
5) 화재 또는 풍재・수재・설해・지진에 따른 피난손해(피난지에서 보험기간 내의 5일 동안에 생긴 상기 손해를 포함한다.)
　가) 지진 피해의 경우 아래의 최저기준을 초과하는 손해를 담보한다.
　　(1) 기둥 또는 보 1개 이하를 해체하여 수선 또는 보강하는 것
　　(2) 지붕틀의 1개 이하를 해체하여 수선 또는 보강하는 것
　　(3) 기둥, 보, 지붕틀, 벽 등에 2m 이하의 균열이 발생한 것
　　(4) 지붕재의 2㎡ 이하를 수선하는 것

보상하고 있는 위험으로 인해 보험의 목적에 손해가 발생한 경우 사고 현장에서의 잔존물의 해체 비용, 청소비용 및 차에 싣는 비용인 잔존물제거비용은 손해액의 10%를 한도로 지급보험금 계산방식에 따라서 보상한다.

> 보험금 + 잔존물제거비용(손해액 10% 이내) ≤ 보험가입금액

잔존물제거비용에 사고 현장 및 인근 지역의 토양, 대기 및 수질 오염물질 제거비용과 차에 실은 후 폐기물 처리비용은 포함되지 않으며, 보상하지 않는 위험으로 보험의 목적이 손해를 입거나 관계 법령에 의하여 제거됨으로써 생긴 손해에 대하여는 보상하지 않는다.

---

47) 소광(巢光, comb frame; 벌집의 나무틀)에 철선을 건너매고 벌집의 기초가 되는 소초(巢礎)를 매선기를 붙여 지은 집으로 여왕벌이 알을 낳고 일벌이 새끼들을 기르며 꿀과 화분을 저장하는 6,600개의 소방을 가지고 있는 장소를 말한다.
48) 봉군(蜂群)은 여왕벌, 일벌, 수벌을 갖춘 꿀벌의 무리를 말한다. 우리말로 "벌무리"라고도 한다.

Tip 가축재해보험 자기부담비율

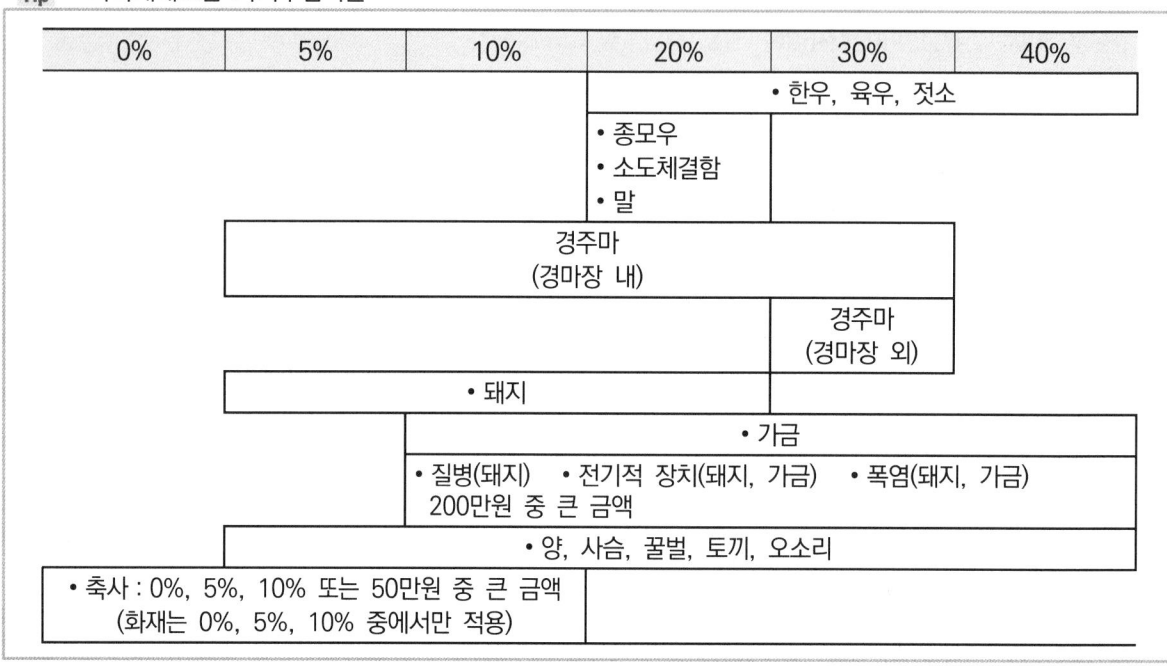

## 사. 비용 손해

보장하는 위험으로 인하여 발생한 보험사고와 관련하여 보험계약자 또는 피보험자가 지출한 비용 중 아래 5가지 비용을 가축재해보험에서는 손해의 일부로 간주하여 재해보험사업자가 보상하고 있으며 인정되는 비용은 보험계약자나 피보험자가 여러 가지 조치를 취하면서 발생하는 휴업 손실, 일당 등의 소극적 손해는 제외되고 적극적 손해만을 대상으로 약관 규정에 따라서 보상하고 있다.

### 1) 잔존물처리비용

보험목적물이 폐사[49]한 경우 사고 현장에서의 잔존물의 견인비용 및 차에 싣는 비용을 말한다. (사고 현장 및 인근 지역의 토양, 대기 및 수질 오염물질 제거 비용과 차에 실은 후 폐기물 처리비용은 포함하지 않는다. 다만, 적법한 시설에서의 렌더링[50]비용은 포함) 다만, 보장하지 않는 위험으로 보험의 목적이 손해를 입거나 관계 법령에 의하여 제거됨으로써 생긴 손해에 대하여는 보상하지 않는다.

가축재해보험에서 잔존물처리비용은 목적물이 폐사한 경우에 한정하여 인정하고 있으며 인정하는 비용의 범위는 폐사한 가축에 대한 매몰 비용이 아니라 견인비용 및 차에 싣는 비용에 한정하여 인정하고 있다. 그러나 매몰에 따른 환경오염 문제 때문에 적법한 시설에서의 렌더링 비용은 잔존물 처리비용으로 보상하고 있다.

---

[49] 가축 또는 동물의 생명 현상이 끝남을 말한다.
[50] 사체를 고온·고압 처리하여 기름과 고형분으로 분리함으로써 유지(사료·공업용) 및 육분·육골분(사료·비료용)을 생산하는 과정을 말한다.

> **Tip** 가축 잔존물 처리비용
>
> 보험금 계산과 동일한 방법으로 계산하므로 자기부담비율(자기부담금)을 적용)하며, 그 합계액은 보험증권에 기재된 보험가입금액을 한도로 한다. 다만, 잔존물 처리비용은 손해액의 10%를 초과할 수 없다.
>
> 보험금 + 잔존물 처리비용(손해액 10% 이내) ≤ 보험가입금액

### 2) 손해방지비용

보험사고 발생 시 손해의 방지 또는 경감을 위하여 지출한 필요 또는 유익한 비용을 손해방지비용으로 보상한다. 다만 약관에서 규정하고 있는 보험목적의 관리의무를 위하여 지출한 비용은 제외한다.

이때 보험목적의 관리의무에 따른 비용이란 일상적인 관리에 소요되는 비용과 예방접종, 정기검진, 기생충구제 등에 소용되는 비용 그리고 보험목적이 질병에 걸리거나 부상을 당한 경우 신속하게 치료 및 조치를 취하는 비용 등을 의미한다.

### 3) 대위권 보전비용

재해보험사업자가 보험사고로 인한 피보험자의 손실을 보상해주고, 피보험자가 보험사고와 관련하여 제3자에 대하여 가지는 권리가 있는 경우 보험금을 지급한 재해보험사업자는 그 지급한 금액의 한도에서 그 권리를 법률상 당연히 취득하게 된다. 이와 같이 보험사고와 관련하여 제3자로부터 손해의 배상을 받을 수 있는 경우에는 그 권리를 지키거나 행사하기 위하여 지출한 필요 또는 유익한 비용인 대위권 보전비용을 보상한다.

### 4) 잔존물 보전비용

잔존물 보전비용이란 보험사고로 인해 멸실된 보험목적물의 잔존물을 보전하기 위하여 지출한 필요 또는 유익한 비용으로, 이러한 잔존물을 보전하기 위하여 지출한 비용을 보상한다. 그러나 잔존물 보전비용은 재해보험사업자가 보험금을 지급하고 잔존물을 취득할 의사표시를 하는 경우에 한하여 지급한다. 즉 재해보험사업자가 잔존물에 대한 취득 의사를 포기하는 경우에는 지급되지 않는다.

### 5) 기타 협력비용

재해보험사업자의 요구에 따라 지출한 필요 또는 유익한 비용을 보상한다.

> **Tip** 손해방지비용·대위권 보전비용·잔존물 보전비용 및 기타 협력비용
>
> 가) 손해방지비용, 대위권 보전비용, 잔존물 보전비용 : 일부보험, 중복보험의 경우 비례 보상
>   자기부담금을 적용하지 않고 보험금계산과 동일한 방법으로 계산한다.
> 나) 기타 협력비용 : 다른 적용 없이 전액 지급한다.

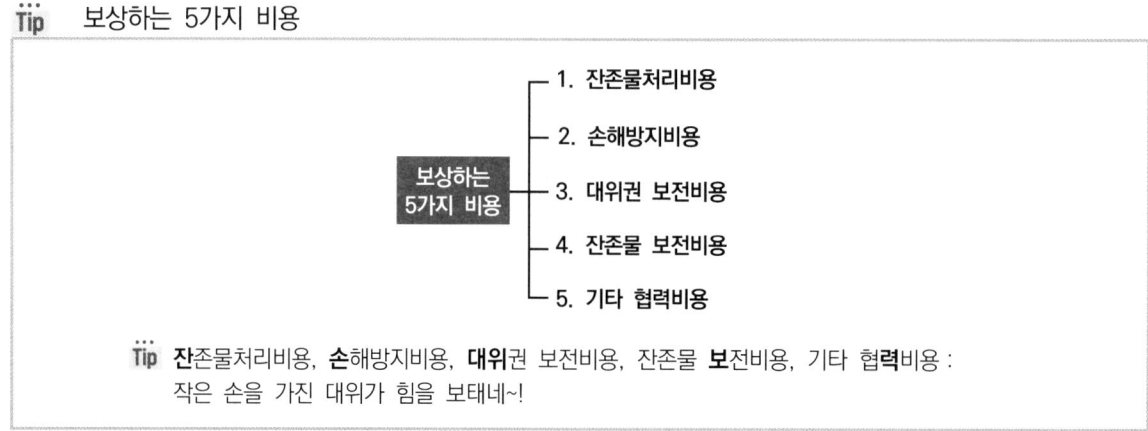

## 4 부문별 보상하지 않는 손해

### 가. 전 부문 공통

1) 계약자, 피보험자 또는 이들의 법정대리인의 고의 또는 중대한 과실
2) 계약자 또는 피보험자의 도살 및 위탁 도살에 의한 가축 폐사로 인한 손해
3) 가축전염병예방법 제2조에서 정하는 가축전염병에 의한 폐사로 인한 손해 및 정부 및 공공기관의 살처분 또는 도태 권고로 발생한 손해
4) 보험목적이 유실 또는 매몰되어 보험목적을 객관적으로 확인할 수 없는 손해. 다만, 풍수해 사고로 인한 직접손해 등 재해보험사업자가 인정하는 경우에는 보상
5) 원인의 직접, 간접을 묻지 않고 전쟁, 혁명, 내란, 사변, 폭동, 소요, 노동쟁의, 기타 이들과 유사한 사태로 인한 손해
6) 지진의 경우 보험계약일 현재 이미 진행 중인 지진(본진, 여진을 포함한다)으로 인한 손해
7) 핵연료 물질(사용된 연료 포함) 또는 핵연료 물질에 의하여 오염된 물질(원자핵 분열 생성물 포함)의 방사성, 폭발성 그 밖의 유해한 특성 또는 이들의 특성에 의한 사고로 인한 손해
8) 상기 7) 외의 방사선을 쬐는 것 또는 방사능 오염으로 인한 손해
9) 계약체결 시점 현재 기상청에서 발령하고 있는 기상특보 발령 지역의 기상특보 관련 재해(풍재, 수재, 설해, 지진, 폭염)로 인한 손해

### 나. 소(牛) 부문

1) 사료 공급 및 보호, 피난처 제공, 수의사의 검진, 소독 등 사고의 예방 및 손해의 경감을 위하여 당연하고 필요한 안전대책을 강구하지 않아 발생한 손해
2) 계약자 또는 피보험자가 보험가입 가축의 번식장애, 경제능력저하 또는 전신쇠약, 성장지체・저하에

의해 도태시키는 경우. 다만, 젖소의 우유방염, 불임 및 각종 대사성질병으로 인하여 수의학적으로 유량감소가 예견되어 젖소로서의 경제적 가치가 없다고 판단이 확실시 되는 경우의 도태는 보상

3) 개체 표시인 귀표가 오손, 훼손, 멸실되는 등 목적물을 객관적으로 확인할 수 없는 상태에서 발생한 손해

4) 외과적 치료행위로 인한 폐사 손해. 다만, 보험목적의 생명 유지를 위하여 질병, 질환 및 상해의 치료가 필요하다고 자격 있는 수의사가 확인하고 치료한 경우 제외

5) 독극물의 투약에 의한 폐사 손해

6) 정부, 공공기관, 학교 및 연구기관 등에서 학술 또는 연구용으로 공여하여 발생된 손해. 다만, 재해보험사업자의 승낙을 얻은 경우에는 제외

7) 보상하는 손해 이외의 사고로 재해보험사업자 등 관련 기관으로부터 긴급 출하 지시를 통보(구두, 유선 및 문서 등) 받았음에도 불구하고 계속하여 사육 또는 치료하다 발생된 손해 및 자격 있는 수의사가 도살하여야 할 것으로 확인하였으나 이를 방치하여 발생한 손해

8) 제1회 보험료 등을 납입한 날의 다음월 응당일(다음월 응당일이 없는 경우는 다음월 마지막날로 한다) 이내에 발생한 긴급도축과 화재·풍수해에 의한 직접손해 이외의 질병 등에 의한 폐사로 인한 손해. 보험기간 중에 계약자가 보험목적을 추가하고 그에 해당하는 보험료를 납입한 경우에도 같음

9) 도난, 행방불명 손해의 경우, 아래의 사유로 인한 손해

Tip 도난, 행방불명 손해는 오직 소에게만 인정하나(종모우 제외) 아래의 사유로 인한 손해는 제외한다.

가) 계약자, 피보험자 또는 이들의 법정대리인의 고의 또는 중대한 과실로 생긴 도난 손해

나) 피보험자의 가족, 친족, 피고용인, 동거인, 숙박인, 감수인(監守人) 또는 당직자가 일으킨 행위 또는 이들이 가담하거나 이들의 묵인하에 생긴 도난 손해

다) 지진, 분화, 풍수해, 전쟁, 혁명, 내란, 사변, 폭동, 소요, 노동쟁의 기타 이들과 유사한 사태가 발생했을 때 생긴 도난 손해

라) 화재, 폭발이 발생했을 때 생긴 도난 손해

마) 절도, 강도 행위로 발생한 화재 및 폭발 손해

바) 보관장소 또는 작업장 내에서 일어난 좀도둑으로 인한 손해

사) 재고 조사 시 발견된 손해

아) 망실 또는 분실 손해

자) 사기 또는 횡령으로 인한 손해

차) 도난 손해가 생긴 후 30일 이내에 발견하지 못한 손해

카) 보관장소를 72시간 이상 비워둔 동안 생긴 도난 손해

타) 보험의 목적이 보관장소를 벗어나 보관되는 동안에 생긴 도난 손해

〈용어의 정의〉

| 도난행위 | 도난행위라 함은 완력이나 기타 물리력을 사용하여 보험의 목적을 훔치거나 강탈하거나 무단으로 장소를 이동시켜 피보험자가 소유, 사용, 관리할 수 없는 상태로 만드는 것을 말한다. 다만, 외부로부터 침입 시에는 침입한 흔적 또는 도구, 폭발물, 완력, 기타의 물리력을 사용한 흔적이 뚜렷하여야 한다. |
|---|---|
| 피보험자의 가족, 친족 | 민법 제 779조 및 제777조의 규정에 따른다.(다만 피보험자가 법인인 경우에는 그 이사 및 법인의 업무를 집행하는 기관의 업무종사자와 법정 대리인의 가족, 친족도 포함한다.) |
| 망실, 분실 | 망실(忘失)이라 함은 보관하는 자 또는 관리하는 자가 보험의 목적을 보관 또는 관리하던 장소 및 시간에 대한 기억을 되살리지 못하여 보험의 목적을 잃어버리는 것을 말하며, 분실(紛失)이라 함은 보관하는 자 또는 관리하는 자가 보관·관리에 일상적인 주의를 태만히 하여 보험의 목적을 잃어버리는 것을 말한다. |

## 다. 돼지(豚) 부문

1) 댐 또는 제방 등의 붕괴로 생긴 손해. 다만, 붕괴가 보상하는 손해에서 정한 위험(화재 및 풍재·수재·설해·지진)으로 발생된 손해는 보상

2) 바람, 비, 눈, 우박 또는 모래먼지가 들어옴으로써 생긴 손해. 다만, 보험의 목적이 들어 있는 건물이 풍재·수재·설해·지진으로 직접 파손되어 보험의 목적에 생긴 손해는 보상

3) 추위, 서리, 얼음으로 생긴 손해

4) 발전기, 여자기(정류기 포함), 변류기, 변압기, 전압조정기, 축전기, 개폐기, 차단기, 피뢰기, 배전반 및 그 밖의 전기장치 또는 설비의 전기적 사고로 생긴 손해. 그러나 그 결과로 생긴 화재손해는 보상

5) 화재 및 풍재·수재·설해·지진 발생으로 방재 또는 긴급피난 시 피난처에서 사료공급, 보호, 환기, 수의사의 검진, 소독 등 사고의 예방 및 손해의 경감을 위하여 당연하고 필요한 안전대책을 강구하지 않아 발생한 손해

6) 모돈의 유산으로 인한 태아 폐사 또는 성장 저하로 인한 직·간접 손해

7) 보험목적이 도난 또는 행방불명된 경우

## 라. 가금(家禽) 부문

1) 댐 또는 제방 등의 붕괴로 생긴 손해. 다만, 붕괴가 보상하는 손해에서 정한 위험(화재 및 풍재·수재·설해·지진)으로 발생된 손해는 보상

2) 바람, 비, 눈, 우박 또는 모래먼지가 들어옴으로써 생긴 손해. 다만, 보험의 목적이 들어 있는 건물이 풍재·수재·설해·지진으로 직접 파손되어 보험의 목적에 생긴 손해는 보상

3) 추위, 서리, 얼음으로 생긴 손해

4) 발전기, 여자기(정류기 포함), 변류기, 변압기, 전압조정기, 축전기, 개폐기, 차단기, 피뢰기, 배전반 및 그 밖의 전기장치 또는 설비의 전기적 사고로 생긴 손해. 그러나 그 결과로 생긴 화재손해는 보상

5) 화재 및 풍재·수재·설해·지진 발생으로 방재 또는 긴급피난 시 피난처에서 사료공급, 보호, 환기, 수의사의 검진, 소독 등 사고의 예방 및 손해의 경감을 위하여 당연하고 필요한 안전대책을 강구하지 않아 발생한 손해

6) 성장 저하, 산란율 저하로 인한 직·간접 손해

7) 보험목적이 도난 또는 행방불명된 경우

### 마. 말(馬) 부문

1) 사료공급 및 보호, 피난처 제공, 수의사의 검진, 소독 등 사고의 예방 및 손해의 경감을 위하여 당연하고 필요한 안전대책을 강구하지 않아 발생한 손해

2) 계약자 또는 피보험자가 보험가입 가축의 번식장애, 경제능력저하 또는 전신쇠약, 성장지체·저하에 의해 도태시키는 경우

3) 개체 표시인 귀표가 오손, 훼손, 멸실되는 등 목적물을 객관적으로 확인할 수 없는 상태에서 발생한 손해

4) 외과적 치료행위로 인한 폐사 손해. 다만, 보험목적의 생명 유지를 위하여 질병, 질환 및 상해의 치료가 필요하다고 자격 있는 수의사가 확인하고 치료한 경우에는 제외

5) 독극물의 투약에 의한 폐사 손해

6) 정부, 공공기관, 학교 및 연구기관 등에서 학술 또는 연구용으로 공여하여 발생된 손해. 다만, 재해보험사업자의 승낙을 얻은 경우에는 제외

7) 보상하는 손해 이외의 사고로 재해보험사업자 등 관련 기관으로부터 긴급 출하 지시를 통보(구두, 유선 및 문서 등) 받았음에도 불구하고 계속하여 사육 또는 치료하다 발생된 손해 및 자격 있는 수의사가 도살하여야 할 것으로 확인하였으나 이를 방치하여 발생한 손해

8) 보험목적이 도난 또는 행방불명된 경우

9) 제1회 보험료 등을 납입한 날의 다음 월 응당일(다음월 응당일이 없는 경우는 다음 월 마지막 날로 한다) 이내에 발생한 긴급도축과 화재·풍수해에 의한 직접손해 이외의 질병 등에 의한 폐사로 인한 손해. 보험기간 중에 계약자가 보험목적을 추가하고 그에 해당하는 보험료를 납입한 경우에도 같음. 다만, 이 규정은 재해보험사업자가 정하는 기간 내에 1년 이상의 계약을 다시 체결하는 경우에는 미적용

### 바. 종모우(種牡牛) 부문

1) 사료공급 및 보호, 피난처제공, 수의사의 검진, 소독 등 사고의 예방 및 손해의 경감을 위하여 당연하고 필요한 안전대책을 강구하지 않아 발생한 손해

2) 계약자 또는 피보험자가 보험가입 가축의 번식장애, 경제능력저하 또는 전신쇠약, 성장지체·저하에 의해 도태시키는 경우

3) 독극물의 투약에 의한 폐사 손해

4) 외과적 치료행위로 인한 폐사 손해. 다만, 보험목적의 생명 유지를 위하여 질병, 질환 및 상해의 치료가 필요하다고 자격 있는 수의사가 확인하고 치료한 경우에는 제외

5) 개체표시인 귀표가 오손, 훼손, 멸실되는 등 목적물을 객관적으로 확인할 수 없는 상태에서 발생한 손해

6) 정부, 공공기관, 학교 및 연구기관 등에서 학술 또는 연구용으로 공여하여 발생된 손해. 다만, 재해보험사업자의 승낙을 얻은 경우에는 제외

7) 보상하는 손해 이외의 사고로 재해보험사업자 등 관련 기관으로부터 긴급 출하 지시를 통보(구두, 유선 및 문서 등) 받았음에도 불구하고 계속하여 사육 또는 치료하다 발생된 손해 및 자격 있는 수의사가 도살하여야 할 것으로 확인하였으나 이를 방치하여 발생한 손해

8) 보험목적이 도난 또는 행방불명된 경우

9) 제1회 보험료 등을 납입한 날의 다음 월 응당일(다음월 응당일이 없는 경우는 다음 월 마지막 날로 한다) 이내에 발생한 긴급도축과 화재·풍수해에 의한 직접손해 이외의 질병 등에 의한 폐사로 인한 손해. 보험기간 중에 계약자가 보험목적을 추가하고 그에 해당하는 보험료를 납입한 경우에도 같음. 다만, 이 규정은 재해보험사업자가 정하는 기간 내에 1년 이상의 계약을 다시 체결하는 경우에는 미적용

## 사. 기타 가축(家畜) 부문

1) 댐 또는 제방 등의 붕괴로 생긴 손해. 다만, 붕괴가 보상하는 손해에서 정한 위험(화재 및 풍재·수재·설해·지진)으로 발생된 손해는 보상

2) 바람, 비, 눈, 우박 또는 모래먼지가 들어옴으로써 생긴 손해. 다만, 보험의 목적이 들어 있는 건물이 풍재·수재·설해·지진으로 직접 파손되어 보험의 목적에 생긴 손해는 보상

3) 추위, 서리, 얼음으로 생긴 손해

4) 발전기, 여자기(정류기 포함), 변류기, 변압기, 전압조정기, 축전기, 개폐기, 차단기, 피뢰기, 배전반 및 그 밖의 전기장치 또는 설비의 전기적 사고로 생긴 손해. 그러나 그 결과로 생긴 화재손해는 보상

5) 화재 및 풍재·수재·설해·지진 발생으로 방재 또는 긴급피난 시 피난처에서 사료공급, 보호, 환기, 수의사의 검진, 소독 등 사고의 예방 및 손해의 경감을 위하여 당연하고 필요한 안전대책을 강구하지 않아 발생한 손해

6) 10kg 미만(1마리 기준)의 양이 폐사하여 발생한 손해    Tip 양이 크지 않아 **쉽**(10, sheep)이 **안 됐어**~!

7) 벌의 경우 CCD(Colony Collapse Disorder : 벌떼폐사장애), 농약, 밀원수(蜜原樹)의 황화현상(黃化現象), 공사장의 소음, 전자파로 인하여 발생한 손해 및 꿀벌의 손해가 없는 벌통만의 손해

8) 보험목적이 도난 또는 행방불명된 경우

### 아. 축사(畜舍) 부문

1) 화재 또는 풍재·수재·설해·지진 발생 시 도난 또는 분실로 생긴 손해
2) 보험의 목적이 발효, 자연발열 또는 자연발화로 생긴 손해. 그러나 자연발열 또는 자연발화로 연소된 다른 보험의 목적에 생긴 손해는 보상
3) 풍재·수재·설해·지진과 관계없이 댐 또는 제방이 터지거나 무너져 생긴 손해
4) 바람, 비, 눈, 우박 또는 모래먼지가 들어옴으로써 생긴 손해. 그러나 보험의 목적이 들어있는 건물이 풍재·수재·설해·지진으로 직접 파손되어 보험의목적에 생긴 손해는 보상
5) 추위, 서리, 얼음으로 생긴 손해
6) 발전기, 여자기(정류기 포함), 변류기, 변압기, 전압조정기, 축전기, 개폐기, 차단기, 피뢰기, 배전반 및 그 밖의 전기기기 또는 장치의 전기적 사고로 생긴 손해. 그러나 그 결과로 생긴 화재 손해는 보상
7) 풍재의 직접, 간접에 관계 없이 보험의 목적인 네온사인 장치에 전기적 사고로 생긴 손해 및 건식 전구의 필라멘트 만에 생긴 손해
8) 국가 및 지방자치단체의 명령에 의한 재산의 소각 및 이와 유사한 손해

## 제3절 가축재해보험 특별약관

### 1 의의

특별약관은 보통약관의 규정을 바꾸거나 보충하거나 배제하기 위하여 쓰이는 약관으로, 현행 가축재해보험 약관에서 손해평가와 관련된 특별약관으로는 일반조항 9개와 각 부문별로 13개(소 1개, 돼지 2개, 돼지·가금 공통 2개, 말 4개, 기타 가축 3개, 축사 1개)까지 총 22개의 특별약관을 두고 있다.

### 2 일반조항 특별약관

| 부문 | 일반조항 특별약관 |
|---|---|
| 공통 | 화재대물배상책임 특별약관 |
| | 구내폭발위험보장 특별약관 |
| 소 | 협정보험가액 특별약관 (유량검정젖소 가입 시) |
| 돼지 | 협정보험가액 특별약관 (종돈 가입 시) |
| 가금 | 협정보험가액 특별약관 |

### 가. 협정보험가액 특별약관

특별약관에서 적용하는 가축에 대하여 계약 체결 시 재해보험사업자와 계약자 또는 피보험자와 협의하여 평가한 보험가액을 보험기간 중에 보험가액 및 보험가입금액으로 하는 기평가보험 특약이다.

이 특별약관이 적용되는 약관 가축은 종빈우(種牝牛), 종모돈(種牡豚), 종빈돈(種牝豚), 자돈(仔豚 : 포유돈, 이유돈), 종가금(種家禽), 유량검정젖소, 기타 보험자가 인정하는 가축이다.

> **Tip** 협정보험가액 특별약관이 적용되는 가축
>
> 1) 종빈우(種牝牛)
> 2) 유량검정젖소
> 3) 종가금(種家禽)
> 4) 종빈돈(種牝豚), 종모돈(種牡豚)
> 5) 자돈(仔豚 : 포유돈, 이유돈)
> 6) 기타 보험자가 인정하는 가축
>
> **Tip** 좀 **비누**(종빈우)(로), **검정손**(유량검정젖소), 좀 **깔끔**(종가금)하게 씻으세요~!
>   그렇게 하면 **빈**(종빈돈), **모**(종모돈), **자돈**(비어 있는 노잣돈 챙겨주기로 약속할께)

유량검정젖소란 젖소개량사업소의 검정사업에 참여하는 농가 중에서 일정한 요건을 충족하는 농가(직전 월의 305일 평균유량이 10,000kg 이상이고 평균 체세포수가 30만 마리 이하를 충족하는 농가)의 소(최근 산차 305일 유량이 11,000kg 이상이고, 체세포수가 20만 마리 이하인 젖소)를 의미하며 요건을 충족하는 유량검정젖소는 시가에 관계 없이 협정보험가액 특약으로 보험 가입이 가능하다.

> **Tip** 유량검정젖소의 요건
>
>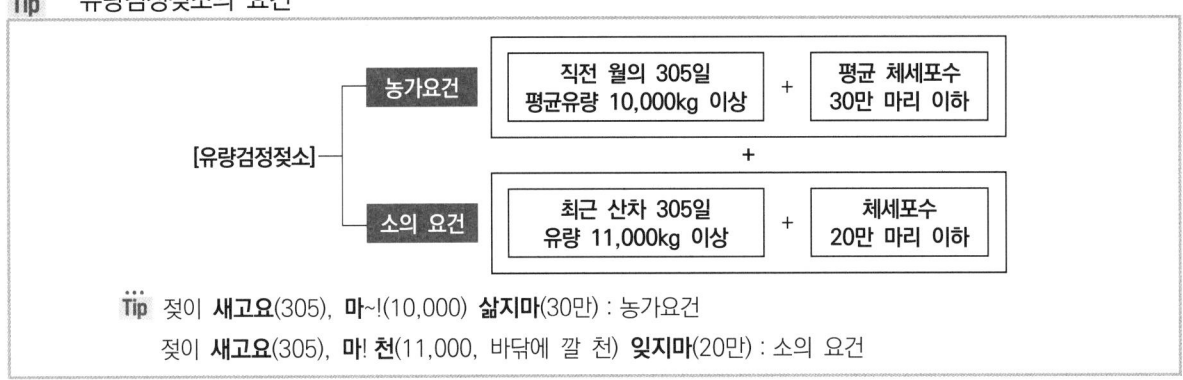
>
> **Tip** 젖이 **새고요**(305), **마~!**(10,000) **삵지마**(30만) : 농가요건
>   젖이 **새고요**(305), **마! 천**(11,000, 바닦에 깔 천) **잊지마**(20만) : 소의 요건

## 나. 화재대물배상책임 특별약관

피보험자가 보험증권에 기재된 축사구내에서 발생한 화재 사고로 인하여 타인의 재물에 손해를 입혀서 법률상의 배상책임을 부담함으로써 입은 손해를 보상하여 주는 특약이다.

## 다. 구내폭발위험보장 특별약관

보험의 목적이 있는 구내에서 생긴 폭발, 파열(폭발, 파열이라 함은 급격한 산화반응을 포함하는 파괴 또는 그 현상을 말한다)로 보험의 목적에 생긴 손해를 보상하는 특약이다.
그러나 기관, 기기, 증기기관, 내연기관, 수도관, 수관, 유압기, 수압기 등의 물리적인 폭발, 파열이나 기계의 운동부분 또는 회전부분이 분해되어 날아 흩어지므로 인해 생긴 손해는 보상하지 않는다.

## 3 각 부문별 특별약관

| 부문 | 특별약관 |
|---|---|
| 소 | 소도체결함보장 특별약관 |
| 돼지 | 질병위험보장 특별약관 |
| | 축산휴지위험보장 특별약관 |
| | 전기적장치 위험보장 특별약관 |
| | 폭염재해보장 추가특별약관<br>※ 전기적장치 특별약관 가입자만 가입가능 |
| 가금 | 전기적장치 위험보장 특별약관 |
| | 폭염재해보장 추가특별약관<br>※ 전기적장치 특별약관 가입자만 가입가능 |
| 말 | 씨수말 번식첫해 선천성 불임 확장보장 특별약관 |
| | 말(馬)운송위험 확장보장 특별약관 |
| | 경주마 부적격 특별약관<br>(경주마, 경주용육성마 가입 시 자동 담보) |
| | 경주마 보험기간 설정에 관한 특별약관 |
| 기타가축 | 폐사·긴급도축 확장보장 특별약관(사슴, 양 가입 시 자동 담보) |
| | 꿀벌 낭충봉아부패병보장 특별약관 |
| | 꿀벌 부저병보장 특별약관 |
| 축사 | 설해손해 부보장 추가특별약관<br>※ 돈사, 가금사에 한하여 가입 가능 |

> **Tip** 각 부문별 주요 특별약관
> - **돼지** : **질**병, **전**기적장치, **폭염**재해(전기적장치 가입 시) 추가, 축산**휴지** : 질병에 전염되면 내 재산은 휴지가 돼지!
> - **가끔**(가금) : **전**기적장치, **폭염**재해(전기적장치 가입 시) 추가 : 가끔 전염되는 질병!
> - **말** : **씨수말** 번식 첫해 선천성 불임, **운송**위험, **경주마 부적격·보험기간** : 부부싸움 씨가 되는 말은 가정 주부일 때야!
> - **축사** : **설**에(설해손해) **부고장**(부보장) – **돈**사, **까**(가금사)에 한함 : 명절 설에 부고장? 세뱃돈에서 까!

### 가. 부문1 소(牛) 특별약관

#### 1) 소(牛)도체결함보장 특별약관

도축장에서 소를 도축하면 이후 축산물품질평가사가 도체에 대하여 등급을 판정하고 그 판정내용을 표시하는 "등급판정인"을 도체에 찍는다. 이때 등급판정과정에서 도체에 결함이 발견되면 추가로 "결함인"을 찍게 된다. 본 특약은 경매 시까지 발견된 결함인으로 인해 경락가격이 하락하여 발생하는 손해를 보상한다. 단, 보통약관에서 보상하지 않는 손해나 소 부문에서 보상하는 손해, 그리고 경매 후 발견된 결함으로 인한 손해는 보상하지 않는다.

## 나. 부문2 돼지(豚) 특별약관

### 1) 돼지 질병위험보장 특별약관

가축재해보험 돼지 부문 보통약관에서는 화재 및 풍재·수재·설해·지진을 직접적인 원인으로 한 폐사로 인하여 입은 손해만 보상하고 있으나, 본 특별약관은 이외에 아래의 질병을 직접적인 원인으로 하여 보험기간 중에 폐사 또는 맥박, 호흡, 그 외 일반증상으로 수의학적으로 구할 수 없는 상태[51]가 확실시 되는 경우 그 손해도 보상한다.

가) 전염성위장염(TGE virus 감염증)

나) 돼지유행성설사병(PED virus 감염증)

다) 로타바이러스감염증(Rota virus 감염증)

상기 질병에 대한 진단 확정은 전문 수의사가 조직(fixed tissue) 또는 분변, 혈액검사 등에 대한 형광항체법 또는 PCR(Polymerase chain reaction ; 중합효소연쇄반응) 진단법 등을 기초로 진단하여야 한다. 그러나 불가피한 사유로 병리학적 진단이 가능하지 않을 때는 예외적·보충적으로 임상학적 진단도 증거로 인정된다.

### 2) 돼지 축산휴지위험보장 특별약관

보험기간 동안에 보험증권에 명기된 구내에서 보통약관 및 특별약관에서 보상하는 사고의 원인으로 피보험자가 영위하는 축산업이 중단 또는 휴지 되었을 때 생긴 손해액을 보상하는 특약이다.

## 다. 부문2 돼지(豚)·부문3 가금(家禽) 특별약관

### 1) 전기적 장치 위험보장 특별약관

가축재해보험 돼지부문과 가금부문 보통약관의보상하지 않는 손해에도 불구하고 전기적 장치로 인한 보험목적물의 손해를 보상하는 특약이다.

특약에서는 여자기(정류기 포함), 변류기, 변압기, 전압조정기, 축전기, 개폐기, 차단기, 피뢰기, 배전반 및 이와 비슷한 전기장치 또는 설비 중 그 전기장치 또는 설비가 파괴 또는 변조되어 온도의 변화로 보험의 목적에 손해가 발생하였을 경우에 그 손해를 보상한다. 단, 보험자가 인정하는 특별한 경우를 제외하고 사고 발생한 때로부터 24시간 이내에 폐사된 보험목적에 한하여 보상한다.

### 2) 폭염재해보장 추가특별약관

가축재해보험 돼지·가금 부문 보통약관의 보상하지 않는 손해에도 불구하고 폭염의 직접적인 원인으로 인한 보험목적물의 손해를 보상하는 특약이다.

보험목적 수용장소 지역에 발효된 폭염특보의 발령 전 24시간(1일) 전부터 해제 후 24시간(1일) 이내에 폐사되는 보험목적에 한하여 보상하며 보험기간 종료일까지 폭염특보가 해제되지 않은 경우에는 보험기간 종료일을 폭염특보 해제일로 본다.

---

[51] 수의학적으로 구할 수 없는 상태 : 보험기간 중에 질병으로 폐사하거나 보험기간 종료일 이전에 질병의 발생을 서면 통지한 후 30일 이내에 폐사할 경우를 포함한다.

**Tip** 보험목적 수용장소 지역에 발효된 폭염특보

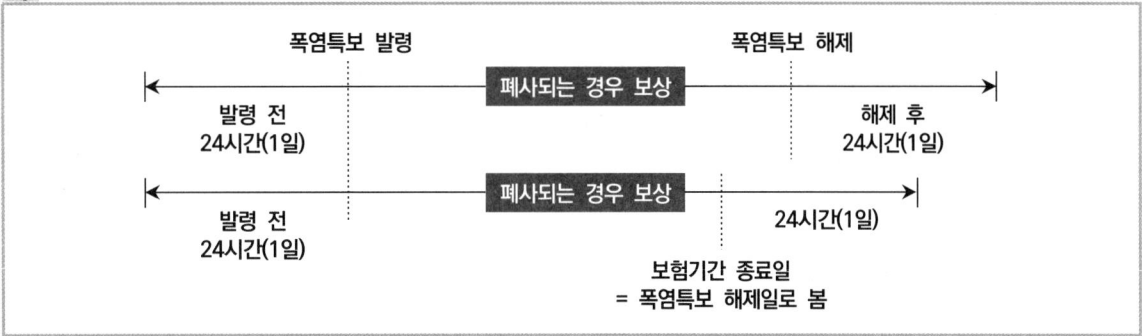

### 라. 부문4 말(馬) 특별약관

#### 1) 씨수말 번식 첫해 선천성 불임 확장보장 특별약관

보험목적이 보험기간 중 불임이라고 판단이 된 경우에 보상하는 특약으로, "씨수말의 불임(Infertility) 또는 불임(Infertile)"은 보험목적물인 씨수말의 선천적인 교배능력 부전이나 정액상의 선천적 이상으로 인하여 번식 첫해에 60% 또는 이 이상의 수태율 획득에 실패한 경우를 가리킨다. 그러나 아래의 사유로 인해 발생 또는 증가된 손해는 보상하지 않는다.

가) 씨수말 내·외부 생식기의 감염으로 일어난 불임

나) 씨암말의 성병으로부터 일어난 불임

다) 어떠한 이유로든지 교배시키지 않아서 일어난 불임

라) 씨수말의 외상, 질병, 전염병으로부터 유래된 불임

#### 2) 말(馬) 운송위험 확장보장 특별약관

보험의 목적인 말을 운송 중에 보통약관 말(馬) 부문의 보상하는 손해에서 정한 손해가 발생한 경우 이 특별약관에 따라 보상한다. 그러나 아래 사유로 발생한 손해는 보상하지 않는다.

가) 운송 차량의 덮개(차량에 부착된 덮개 포함) 또는 화물의 포장 불완전으로 생긴 손해

나) 도로교통법시행령 제22조(운행상의 안전기준)의 적재중량과 적재용량 기준을 초과하여 적재함으로써 생긴 손해

다) 수탁물이 수하인에게 인도된 후 14일을 초과하여 발견된 손해

---

「도로교통법 시행령」 제22조(운행상의 안전기준)

---

제22조(운행상의 안전기준) 법 제39조 제1항 본문에서 "대통령령으로 정하는 운행상의 안전기준"이란 다음 각 호를 말한다.

1. 자동차의 승차인원은 승차정원 이내일 것
2. 화물자동차의 적재중량은 구조 및 성능에 따르는 적재중량의 110퍼센트 이내일 것

3. 자동차(화물자동차, 이륜자동차 및 소형 3륜자동차만 해당한다)의 적재 용량은 다음 각 목의 구분에 따른 기준을 넘지 아니할 것

   가. 길이 : 자동차 길이에 그 길이의 10분의 1을 더한 길이. 다만, 이륜자동차는 그 승차장치의 길이 또는 적재장치의 길이에 30센티미터를 더한 길이를 말한다.

   나. 너비 : 자동차의 후사경(後寫鏡)으로 뒤쪽을 확인할 수 있는 범위(후사경의 높이보다 화물을 낮게 적재한 경우에는 그 화물을, 후사경의 높이보다 화물을 높게 적재한 경우에는 뒤쪽을 확인할 수 있는 범위를 말한다)의 너비

   다. 높이 : 화물자동차는 지상으로부터 4미터(도로구조의 보전과 통행의 안전에 지장이 없다고 인정하여 고시한 도로노선의 경우에는 4미터 20센티미터), 소형 3륜자동차는 지상으로부터 2미터 50센티미터, 이륜자동차는 지상으로부터 2미터의 높이 [전문개정 2013. 6. 28.]

### 3) 경주마 부적격 특별약관

보험의 목적인 경주마 혹은 경주용으로 육성하는 육성마가 건염, 인대염, 골절 혹은 경주 중 실명으로 인한 경주마 부적격 판정[52]을 받은 경우 보험증권에 기재된 보험가입금액 내에서 보상하는 특약이다. 단, 보험의 목적인 경주마가 경주마 부적격 판정 이후 종모마 혹은 종빈마로 용도가 변동된 경우에는 보상하지 않는다.

### 4) 경주마 보험기간 설정에 관한 특별약관

보통약관에서는 질병 등에 의한 폐사는 보험자의 책임이 발생하는 제1회 보험료 등을 받은 날로부터 1개월 이후에 폐사한 경우만 보상하고 있으나, 보험의 목적이 경주마인 경우에는 1개월 이내의 질병 등에 의한 폐사도 보상한다는 특약이다.

## 마. 부문5 종모우(특별약관 없음)

## 바. 부문6 기타 가축 특별약관

### 1) 폐사·긴급도축 확장보장 특별약관

기타 가축 사슴과 양의 경우 보통약관에서 보상하는 손해인 화재 및 풍재·수재·설해·지진의 직접적인 원인으로 보험목적이 폐사한 경우 외에도, 질병 또는 불의의 사고로 인한 폐사 및 긴급도축의 경우에도 보상하는 특약이다.

### 2) 꿀벌 낭충봉아부패병보장 특별약관

보통약관에서 "가축전염병예방법 제2조(정의)에서 정하는 가축전염병에 의한 폐사로 인한 손해 및 정부 및 공공기관의 살처분 또는 도태 권고로 발생한 손해"는 보상하지 않는 손해로 규정하고 있으나, 아래 조건에 해당하는 벌통의 꿀벌이 제2종 가축전염병인 꿀벌 낭충봉아부패병으로 폐사(감염 벌통 소각 포함)했을 경우 벌통의 손해를 보상하는 특약이다.

---

[52] 건염, 인대염, 골절 혹은 경주중 실명으로 인한 경주마 부적격 여부의 판단은 한국마사회 마필보건소의 판정 결과에 따른다.

가) 개량종(서양벌, 양봉)은 꿀벌이 있는 상태의 소비(巢脾)53)가 3매 이상 있는 벌통

나) 재래종(토종벌, 한봉)은 봉군(蜂群)54)이 있는 상태의 벌통

### 3) 꿀벌 부저병보장 특별약관

보통약관에서 "가축전염병예방법 제2조(정의)에서 정하는 가축전염병에 의한 폐사로 인한 손해 및 정부 및 공공기관의 살처분 또는 도태 권고로 발생한 손해"는 보상하지 않는 손해로 규정하고 있으나, 아래 조건에 해당하는 벌통의 꿀벌이 제3종 가축전염병인 꿀벌 부저병으로 폐사(감염 벌통 소각 포함)했을 경우 벌통의 손해를 보상하는 특약이다.

가) 개량종(서양벌, 양봉)은 꿀벌이 있는 상태의 소비(巢脾)55)가 3매 이상 있는 벌통

나) 재래종(토종벌, 한봉)은 봉군(蜂群)56)이 있는 상태의 벌통

<가축전염병예방법에서 정하는 가축전염병(가축전염병예방법 제2조)>

| 제1종 가축전염병 |
| --- |
| 우역(牛疫), 우폐역(牛肺疫), 구제역(口蹄疫), 가성우역(假性牛疫), 블루텅병, 리프트계곡열, 럼피스킨병, 양두(羊痘), 수포성구내염(水疱性口內炎), 아프리카마역(馬疫), 아프리카돼지열병, 돼지열병, 돼지수포병(水疱病), 뉴캣슬병, 고병원성 조류(鳥類)인플루엔자 및 그 밖에 이에 준하는 질병으로서 농림축산식품부령으로 정하는 가축의 전염성 질병 |
| 제2종 가축전염병 |
| 탄저(炭疽), 기종저(氣腫疽), 브루셀라병, 결핵병(結核病), 요네병, 소해면상뇌증(海綿狀腦症), 큐열, 돼지오제스키병, 돼지일본뇌염, 돼지테센병, 스크래피(양해면상뇌증), 비저(鼻疽), 말전염성빈혈, 말바이러스성동맥염(動脈炎), 구역, 말전염성자궁염(傳染性子宮炎), 동부말뇌염(腦炎), 서부말뇌염, 베네수엘라말뇌염, 추백리(雛白痢 : 병아리흰설사병), 가금(家禽)티푸스, 가금콜레라, 광견병(狂犬病), 사슴만성소모성질병(慢性消耗性疾病) 및 그 밖에 이에 준하는 질병으로서 농림축산식품부령주1)으로 정하는 가축의 전염성 질병 |
| 제3종 가축전염병 |
| 소유행열, 소아카바네병, 닭마이코플라스마병, 저병원성 조류인플루엔자, 부저병 및 그 밖에 이에 준하는 질병으로서 농림축산식품부령주2)으로 정하는 가축의 전염성 질병 |

---

53) 소비(巢脾)라 함은 소광(巢光, comb frame; 벌집의 나무틀)에 철선을 건너매고 벌집의 기초가 되는 소초(巢礎)를 매선기로 붙여 지은 집으로 여왕벌이 알을 낳고 일벌이 새끼들을 기르며 꿀과 화분을 저장하는 6,600개의 소방을 가지고 있는 장소를 말한다.
54) 봉군(蜂群)은 여왕벌, 일벌, 수벌을 갖춘 꿀벌의 무리를 말하며, 우리말로 "벌무리"라고도 한다.
55) 소비(巢脾)라 함은 소광(巢光, comb frame; 벌집의 나무틀)에 철선을 건너매고 벌집의 기초가 되는 소초(巢礎)를 매선기로 붙여 지은 집으로 여왕벌이 알을 낳고 일벌이 새끼들을 기르며 꿀과 화분을 저장하는 6,600개의 소방을 가지고 있는 장소를 말한다.
56) 봉군(蜂群)은 여왕벌, 일벌, 수벌을 갖춘 꿀벌의 무리를 말하며, 우리말로 "벌무리"라고도 한다.

주1) 타이레리아병(Theileriosis, 타이레리아 팔바 및 애눌라타만 해당한다) · 바베시아병(Babesiosis, 바베시아 비제미나 및 보비스만 해당한다) · 아나플라즈마(Anaplasmosis, 아나플라즈마 마지날레만 해당한다) · 오리바이러스성간염 · 오리바이러스성장염 · 마(馬)웨스트나일열 · 돼지인플루엔자(H5 또는 H7 혈청형 바이러스 및 신종 인플루엔자 A(H1N1) 바이러스만 해당한다) · 낭충봉아부패병

주2) 소전염성비기관염(傳染性鼻氣管染) · 소류코시스(Leukosis, 지방병성소류코시스만 해당한다) · 소렙토스피라병(Leptospirosis) · 돼지전염성위장염 · 돼지단독 · 돼지생식기호흡기증후군 · 돼지유행성설사 · 돼지위축성비염 · 닭뇌척수염 · 닭전염성후두기관염 · 닭전염성기관지염 · 마렉병(Marek's disease) · 닭전염성에프(F)낭(囊)병

### 사. 부문7 축사 특별약관

#### 1) 설해손해 부보장 특별약관

가축재해보험 보통약관 축사 부문에서 설해로 인한 손해는 보상하는 손해로 규정하고 있음에도 불구하고, 이 특별약관에 의하여 돈사(豚舍)와 가금사(家禽舍)에 발생한 설해로 인한 손해를 보상하지 않는 특약이다.

## ⟨별표⟩ 미경과비율표 (단위 %)

### 적과종료 이전 특정위험 5종 한정보장 특약에 가입하지 않은 경우 : 착과감소보험금 보장수준 50%형

| 구분 | | 품목 | 판매개시 연도 | | | | | | | | | | | | 이듬해 |
|---|---|---|---|---|---|---|---|---|---|---|---|---|---|---|---|
| | | | 1월 | 2월 | 3월 | 4월 | 5월 | 6월 | 7월 | 8월 | 9월 | 10월 | 11월 | 12월 | 1월 |
| 보통약관 | | 사과·배 | 100% | 100% | 100% | 86% | 76% | 70% | 54% | 19% | 5% | 0% | 0% | 0% | 0% |
| | | 단감·떫은감 | 100% | 100% | 99% | 93% | 92% | 90% | 84% | 35% | 12% | 3% | 0% | 0% | 0% |
| 특별약관 | 나무손해 | 사과·배·단감·떫은감 | 100% | 100% | 100% | 99% | 99% | 90% | 70% | 29% | 9% | 3% | 3% | 0% | 0% |

### 적과종료 이전 특정위험 5종 한정보장 특약에 가입하지 않은 경우 : 착과감소보험금 보장수준 70%형

| 구분 | | 품목 | 판매개시 연도 | | | | | | | | | | | | 이듬해 |
|---|---|---|---|---|---|---|---|---|---|---|---|---|---|---|---|
| | | | 1월 | 2월 | 3월 | 4월 | 5월 | 6월 | 7월 | 8월 | 9월 | 10월 | 11월 | 12월 | 1월 |
| 보통약관 | | 사과·배 | 100% | 100% | 100% | 83% | 70% | 63% | 49% | 18% | 5% | 0% | 0% | 0% | 0% |
| | | 단감·떫은감 | 100% | 100% | 98% | 90% | 89% | 87% | 79% | 33% | 11% | 2% | 0% | 0% | 0% |
| 특별약관 | 나무손해 | 사과·배·단감·떫은감 | 100% | 100% | 100% | 99% | 99% | 90% | 70% | 29% | 9% | 3% | 3% | 0% | 0% |

### 적과종료 이전 특정위험 5종 한정보장 특약에 가입한 경우 : 착과감소보험금 보장수준 50%형

| 구분 | | 품목 | 판매개시 연도 | | | | | | | | | | | | 이듬해 |
|---|---|---|---|---|---|---|---|---|---|---|---|---|---|---|---|
| | | | 1월 | 2월 | 3월 | 4월 | 5월 | 6월 | 7월 | 8월 | 9월 | 10월 | 11월 | 12월 | 1월 |
| 보통약관 | | 사과·배 | 100% | 100% | 100% | 92% | 86% | 83% | 64% | 22% | 5% | 0% | 0% | 0% | 0% |
| | | 단감·떫은감 | 100% | 100% | 99% | 95% | 94% | 93% | 90% | 38% | 13% | 3% | 0% | 0% | 0% |
| 특별약관 | 나무손해 | 사과·배·단감·떫은감 | 100% | 100% | 100% | 99% | 99% | 90% | 70% | 29% | 9% | 3% | 3% | 0% | 0% |

### 적과종료 이전 특정위험 5종 한정보장 특약에 가입한 경우 : 착과감소보험금 보장수준 70%형

| 구분 | | 품목 | 판매개시 연도 | | | | | | | | | | | | 이듬해 |
|---|---|---|---|---|---|---|---|---|---|---|---|---|---|---|---|
| | | | 1월 | 2월 | 3월 | 4월 | 5월 | 6월 | 7월 | 8월 | 9월 | 10월 | 11월 | 12월 | 1월 |
| 보통약관 | | 사과·배 | 100% | 100% | 100% | 90% | 82% | 78% | 61% | 22% | 6% | 0% | 0% | 0% | 0% |
| | | 단감·떫은감 | 100% | 100% | 99% | 94% | 93% | 92% | 88% | 37% | 13% | 4% | 0% | 0% | 0% |
| 특별약관 | 나무손해 | 사과·배·단감·떫은감 | 100% | 100% | 100% | 99% | 99% | 90% | 70% | 29% | 9% | 3% | 3% | 0% | 0% |

| 품목 | 분류 | 판매개시연도 | | | | | | | | | 이듬해 | | | | | | | | | |
|---|---|---|---|---|---|---|---|---|---|---|---|---|---|---|---|---|---|---|---|---|
| | | 4월 | 5월 | 6월 | 7월 | 8월 | 9월 | 10월 | 11월 | 12월 | 1월 | 2월 | 3월 | 4월 | 5월 | 6월 | 7월 | 8월 | 9월 | 10월 | 11월 |
| 포도복숭 | 보통약관 | | | | | | | | 90 | 80 | 50 | 40 | 20 | 20 | 20 | 0 | 0 | 0 | 0 | 0 |

| 품목 | 구분 | | | | | | | | | | | | | | | | | | |
|---|---|---|---|---|---|---|---|---|---|---|---|---|---|---|---|---|---|---|---|
| 아 | 나무손해보장 | | | | | | | 100 | 90 | 80 | 75 | 65 | 55 | 50 | 40 | 30 | 15 | 0 | 0 |
| | 수확량감소추가보장 | | | | | | | 90 | 80 | 50 | 40 | 20 | 20 | 20 | 0 | 0 | 0 | 0 | 0 |
| 포도 | 비가림시설 화재 | | | | | | | 90 | 80 | 75 | 65 | 60 | 50 | 40 | 30 | 25 | 15 | 5 | 0 |
| 자두 | 보통약관 | | | | | | | 90 | 80 | 40 | 25 | 0 | 0 | 0 | 0 | 0 | 0 | 0 | |
| | 특별약관 | | | | | | | 100 | 90 | 80 | 75 | 65 | 55 | 50 | 40 | 30 | 15 | 0 | |
| 밤 | 보통약관 | 95 | 95 | 90 | 45 | 0 | 0 | 0 | | | | | | | | | | | |
| 호두 | 보통약관 | 95 | 95 | 95 | 55 | 0 | 0 | 0 | | | | | | | | | | | |
| 참다래 | 참다래 | | 95 | 90 | 80 | 75 | 75 | 75 | 75 | 75 | 70 | 70 | 70 | 70 | 65 | 40 | 15 | 0 | 0 | 0 |
| | 비가림시설 | | 100 | 70 | 35 | 20 | 15 | 15 | 15 | 5 | 0 | 0 | 0 | 0 | | | | | |
| | 나무손해 | | 100 | 70 | 35 | 20 | 15 | 15 | 15 | 5 | 0 | 0 | 0 | 0 | | | | | |
| | 화재위험 | | 100 | 80 | 70 | 60 | 50 | 40 | 30 | 25 | 20 | 15 | 10 | 5 | 0 | | | | |
| 대추 | 보통약관 | 95 | 95 | 95 | 45 | 15 | 0 | 0 | | | | | | | | | | | |
| | 비가림시설 | 95 | 95 | 95 | 45 | 15 | 0 | 0 | | | | | | | | | | | |
| | 특별약관 | 85 | 70 | 55 | 40 | 25 | 10 | 0 | | | | | | | | | | | |
| 매실 | 보통약관 | | | | | | | 95 | 65 | 60 | 50 | 0 | 0 | 0 | 0 | | | | |
| | 특별약관 | | | | | | | 100 | 90 | 80 | 75 | 65 | 55 | 50 | 40 | 30 | 15 | 0 | 0 |
| 오미자 | 보통약관 | | | | | | | 95 | 90 | 85 | 85 | 80 | 65 | 40 | 40 | 0 | 0 | 0 | |
| 유자 | 보통약관 | | | | | | | 90 | 95 | 95 | 90 | 90 | 80 | 70 | 70 | 35 | 10 | 0 | 0 | 0 |
| | 특별약관 | | | | | | | 100 | 90 | 80 | 75 | 65 | 55 | 50 | 40 | 30 | 15 | 0 | 0 | 0 |
| 살구 | 보통약관 | | | | | | | 90 | 65 | 50 | 20 | 5 | 0 | 0 | | | | | |
| | 특별약관 | | | | | | | 100 | 95 | 95 | 90 | 90 | 90 | 90 | 90 | 55 | 20 | 5 | 0 |
| 오디 | 보통약관 | | | | | | | 95 | 65 | 60 | 50 | 0 | 0 | 0 | | | | | |
| 복분자 | 보통약관 | | | | | | | 95 | 50 | 45 | 30 | 10 | 5 | 5 | 0 | | | | |
| 무화과 | 보통약관 | | | | | | | 95 | 95 | 95 | 90 | 90 | 80 | 70 | 70 | 35 | 10 | 0 | 0 |

| 품목 | 분류 | | | | | | 100 | 90 | 80 | 75 | 65 | 55 | 50 | 40 | 30 | 15 | 0 | 0 |
|---|---|---|---|---|---|---|---|---|---|---|---|---|---|---|---|---|---|---|
| 무화과 | 특별약관 | | | | | | 100 | 90 | 80 | 75 | 65 | 55 | 50 | 40 | 30 | 15 | 0 | 0 |
| 두릅 | 보통약관 | | | | | | 85 | 60 | 40 | 5 | 5 | 0 | 0 | | | | | |
| 블루베리 | 보통약관 | | | | | | 85 | 65 | 50 | 15 | 15 | 10 | 10 | 5 | 5 | 0 | 0 | |

| 품목 | 분류 | 판매개시연도 | | | | | | | | | 이듬해 | | | | | | | | |
|---|---|---|---|---|---|---|---|---|---|---|---|---|---|---|---|---|---|---|---|
| | | 4월 | 5월 | 6월 | 7월 | 8월 | 9월 | 10월 | 11월 | 12월 | 1월 | 2월 | 3월 | 4월 | 5월 | 6월 | 7월 | 8월 | 9월 |
| 감귤(만감류) | 보통약관 | | 100 | 95 | 60 | 30 | 15 | 0 | 0 | 0 | 0 | 0 | | | | | | | |
| | 특약 나무손해보장 | | 100 | 95 | 60 | 30 | 15 | 0 | 0 | 0 | 0 | 0 | 0 | 0 | | | | | |
| | 수확량감소추가보장 | | 100 | 95 | 60 | 30 | 15 | 0 | 0 | 0 | 0 | 0 | | | | | | | |
| 감귤(온주밀감류) | 보통약관 | | 100 | 95 | 55 | 25 | 10 | 0 | 0 | 0 | | | | | | | | | |
| | 특약 동상해보장 | | 100 | 100 | 100 | 100 | 100 | 100 | 100 | 70 | 45 | 0 | | | | | | | |
| | 특약 나무손해보장 | | 100 | 95 | 60 | 30 | 15 | 0 | 0 | 0 | 0 | 0 | 0 | 0 | | | | | |
| | 특약 과실손해추가보장 | | 100 | 95 | 55 | 25 | 10 | 0 | 0 | 0 | | | | | | | | | |

| 품목 | 분류 | 판매개시연도 | | | | | | | | | 이듬해 | | | | | | | | | |
|---|---|---|---|---|---|---|---|---|---|---|---|---|---|---|---|---|---|---|---|---|
| | | 3월 | 4월 | 5월 | 6월 | 7월 | 8월 | 9월 | 10월 | 11월 | 12월 | 1월 | 2월 | 3월 | 4월 | 5월 | 6월 | 7월 | 8월 | 9월 | 10월 | 11월 |
| 인삼 | 인삼 1형 | | | 95 | 95 | 60 | 30 | 15 | 5 | 5 | 5 | 5 | 0 | 0 | 0 | | | | | | | |
| | 1형(6년근) | | | 95 | 95 | 60 | 20 | 5 | 0 | | | | | | | | | | | | | |
| | 인삼 2형 | | | | | | | | 95 | 95 | 95 | 95 | 95 | 95 | 95 | 90 | 55 | 25 | 10 | 0 | | |
| 벼 | 보통약관 | | 95 | 95 | 95 | 65 | 20 | 0 | 0 | 0 | | | | | | | | | | | | |
| | 특별약관 | | 95 | 95 | 95 | 65 | 20 | 0 | 0 | 0 | | | | | | | | | | | | |
| 조사료용벼 | 보통약관 | | 95 | 95 | 95 | 45 | 0 | | | | | | | | | | | | | | | |
| 밀 | 보통약관 | | | | | | | | 85 | 85 | 45 | 40 | 30 | 5 | 5 | 5 | 0 | | | | | |
| 보리 | 보통약관 | | | | | | | | 85 | 85 | 45 | 40 | 30 | 5 | 5 | 5 | 0 | | | | | |
| 귀리 | 보통약관 | | | | | | | | 85 | 85 | 45 | 40 | 30 | 5 | 5 | 5 | 0 | | | | | |
| 양파 | 보통약관 | | | | | | | | 100 | 85 | 65 | 45 | 10 | 10 | 5 | 5 | 0 | | | | | |
| 마늘 | 보통약관 | | | | | | | | 65 | 65 | 55 | 30 | 25 | 10 | 0 | 0 | 0 | | | | | |

| 품목 | 약관 | | | | | | | | | | | | | | |
|---|---|---|---|---|---|---|---|---|---|---|---|---|---|---|---|
| 고구마 | 보통약관 | 95 | 95 | 95 | 55 | 25 | 10 | 0 | | | | | | | |
| 옥수수 | 보통약관 | 95 | 95 | 95 | 50 | 15 | 0 | | | | | | | | |
| 사료용 옥수수 | 보통약관 | 95 | 95 | 95 | 40 | 0 | 0 | | | | | | | | |
| 봄감자 | 보통약관 | 95 | 95 | 95 | 0 | | | | | | | | | | |
| 가을감자 | 보통약관 | | | | 45 | 15 | 10 | 10 | 0 | | | | | | |
| 고랭지감자 | 보통약관 | | 95 | 95 | 65 | 20 | 0 | 0 | | | | | | | |
| 차(茶) | 보통약관 | | | | | | 90 | 90 | 60 | 55 | 45 | 0 | 0 | 0 | |
| 수박(노지) | 보통약관 | 95 | 95 | 95 | 40 | 0 | | | | | | | | | |
| 콩 | 보통약관 | | | 90 | 55 | 20 | 0 | 0 | 0 | | | | | | |
| 팥 | 보통약관 | | | 95 | 60 | 20 | 5 | 0 | 0 | | | | | | |
| 양배추 | 보통약관 | | | | 45 | 25 | 5 | 5 | 0 | 0 | 0 | | | | |
| 고추 | 보통약관 | 95 | 95 | 90 | 55 | 20 | 0 | 0 | 0 | | | | | | |
| 브로콜리 | 보통약관 | | | | 50 | 20 | 5 | 5 | 0 | 0 | 0 | 0 | | | |
| 고랭지배추 | 보통약관 | 95 | 95 | 95 | 55 | 20 | 5 | 0 | | | | | | | |
| 월동배추 | 보통약관 | | | | 50 | 20 | 15 | 10 | 5 | 0 | 0 | | | | |
| 봄배추 | 보통약관 | 100 | 50 | 50 | 0 | | | | | | | | | | |
| 가을배추 | 보통약관 | | | | 45 | 20 | 0 | 0 | 0 | | | | | | |
| 고랭지무 | 보통약관 | 95 | 95 | 95 | 55 | 20 | 5 | 0 | | | | | | | |
| 월동무 | 보통약관 | | | | 45 | 25 | 10 | 5 | 5 | 0 | 0 | 0 | | | |
| 가을무 | 보통약관 | | | | 45 | 15 | 0 | 0 | 0 | | | | | | |
| 대파 | 보통약관 | 95 | 95 | 95 | 55 | 25 | 10 | 0 | 0 | 0 | | | | | |
| 쪽파 1형 | 보통약관 | | | | 0 | 50 | 5 | 0 | 0 | 0 | | | | | |
| 쪽파 2형 | 보통약관 | | | | 0 | 45 | 10 | 5 | 0 | 0 | 0 | 0 | 0 | | |
| 단호박 | 보통약관 | 85 | 80 | 75 | 20 | 0 | | | | | | | | | |
| 당근 | 보통약관 | | | 0 | 0 | 50 | 20 | 5 | 5 | 0 | 0 | 0 | | | |
| 메밀 | 보통약관 | | | | 40 | 15 | 0 | 0 | | | | | | | |
| 시금치(노지) | 보통약관 | | | | | 40 | 30 | 10 | 0 | | | | | | |
| 양상추 | 보통약관 | | | | 45 | 15 | 0 | 0 | | | | | | | |

# 2권

# 농작물재해보험 및 가축재해보험 손해평가의 이론과 실무

Chapter 01 　농업재해보험 손해평가 개관
Chapter 02 　농작물재해보험 손해평가
Chapter 03 　가축재해보험 손해평가

# CHAPTER 01 농업재해보험 손해평가 개관

## 제1절 손해평가의 개요

### 1 손해평가의 의의 및 기능

손해평가는 보험대상 목적물에 피해가 발생한 경우 그 피해 사실을 확인하고 평가하는 일련의 과정을 의미한다. 즉, 손해평가는 보험에서 보장하는 재해로 인한 손해가 어느 정도인지를 파악하여 보험금을 결정하는 일련의 과정이라고 할 수 있다.

손해평가는 재해로 인한 수확감소량을 파악하여 피해율을 계산함으로써 지급될 보험금을 산정하게 된다. 손해평가 결과는 지급보험금을 확정하는 데 결정적인 근거가 되기 때문에 손해평가(특히 현지조사)는 농업재해보험에서 가장 중요한 부분 중의 하나이다.

손해평가가 농업재해보험에서 갖는 중요한 의미를 생각해 보면 아래와 같다.[57]

첫째, 손해평가 결과는 피해 입은 계약자 또는 피보험자(이하 보험가입자로 한다)가 받을 보험금을 결정하는 가장 중요한 기초자료가 된다. 손해평가 결과는 몇 단계의 검토과정을 거쳐 최종적으로 보험가입자가 받을 보험금이 확정되지만 이 과정에서 검토 대상이 되는 것은 손해평가 결과물이다.

둘째, 손해평가 결과에 대하여 보험가입자는 물론 제3자도 납득할 수 있어야 한다. 손해평가 결과가 지역마다, 개개인마다 달라 보험가입자들이 인정하기 어렵다면 손해평가 자체의 문제는 물론이고, 농업재해보험 제도 자체에 대한 신뢰를 상실하게 된다. 재해보험사업자는 조사자의 관점을 통일하고 공정한 손해평가를 위해 업무방법서를 작성하여 활용한다. 조사자들이 손해평가요령, 업무방법서 등을 토대로 지속적으로 전문지식과 경험을 축적하고 손해평가 기술을 연마하면 손해평가의 공정성과 객관성은 더욱 높아질 것이다.

셋째, 보험료율은 해당 지역 및 개개인의 보험금 수급 실적에 따라 조정된다. 보험금을 많이 받은 지역·보험가입자의 보험료율은 인상되고, 재해가 발생하지 않아 보험금을 지급받지 않은 지역·보험가입자의 보험료율은 인하되는 것이 보험의 기본이다.

넷째, 손해평가가 피해 상황보다 과대평가 되면 피해를 입은 보험가입자는 그만큼 보험금을 많이 받게 되어 당장은 이익이라고 할 수 있다. 그렇지만, 이러한 상황이 계속적으로 광범위하게 발생하면 보험수지에 영향을 미치며, 보험료율도 전반적으로 지나치게 높아지게 되므로 결국은 보험가입자의 보험가입 기피를 초래하고 보험사업의 운영이 곤란하게 되어 농업재해보험제도 자체의 존립에도 영향을 미칠 수 있다. 따라서 손해평가의 객관성과 정확성을 유지하는 것은 매우 중요하다.

다섯째, 손해평가 결과가 계속 축적되면 보험료율 조정의 기초자료로 활용되는 이외에도 농업재해 통계나 재해대책 수립의 기초자료로 이용될 수 있다.

---

[57] 최경환 외 (2013) 39 ~ 40

## 2 손해평가 업무의 중요성

손해평가는 보험금 산정의 기초가 되므로 농업재해보험사업의 운영에 있어 그 어떤 업무보다 공정하고 정확하게 이루어져야 한다(최경환 외 2013 : 40).

### 가. 보험가입자에 대한 정당한 보상

공정한 손해평가를 통해 보험가입자의 피해 상황에 따른 정확한 보상을 함으로써 보험가입자와의 마찰을 줄일 수 있다. 또한 공정한 손해평가에 따른 지역별 피해 자료의 축적을 통해 보험료율의 현실화에 기여할 수 있다. 결과적으로 과거 피해의 정도에 따라 적정한 보험료율을 책정함으로써 보험가입자에게 공평한 보험료 분담을 이룰 수 있다.

### 나. 선의의 계약자 보호

보험의 원칙은 공통의 위험을 안고 있는 다수의 사람이 각자 일정 금액의 보험료를 부담하여 피해를 입은 사람에게 그 피해를 보상하여 주는 것이다. 따라서 어느 특정인이 부당하게 보험금을 수취하였을 경우 그로 인해 다수의 선의의 보험가입자가 그 부담을 안아야 한다. 다수의 선의의 보험가입자를 보호한다는 관점에서도 정확한 손해평가는 중요하다.

### 다. 보험사업의 건전화

부당 보험금의 증가는 보험료의 상승을 가져와 다수의 선량한 보험가입자가 보험 가입을 할 수 없게 된다. 선량한 보험가입자의 보험 가입이 감소하면, 상대적으로 보험료가 인상되고 그에 따라 보험 여건은 더 악화되어 결국에는 보험사업을 영위할 수 없게 되어 제도 자체의 존립도 위험하게 된다. 따라서 공정하고 정확한 손해평가는 장기적으로 보험가입자와 재해보험사업자 모두에게 이익을 가져다줄 뿐만 아니라 농업재해보험 제도의 지속 가능성을 높여줄 수 있다.

## 제2절 손해평가 체계

## 1 관련 법령

손해평가는 농어업재해보험법, 동법 시행령 및 농업재해보험 손해평가요령 등의 관련 법령에 근거하여 실시된다. 농어업재해보험법 제11조(손해평가 등)에서 손해평가 전반에 대해 규정하고 있다. 즉, 손해평가 인력, 손해평가요령에 따른 공정하고 객관적인 손해평가, 교차손해평가, 손해평가요령 고시, 손해평가인 교육, 손해평가인의 자격 등에 대해 규정하고 있다.

> **농어업재해보험법**
>
> 제11조(손해평가 등)
> ① 재해보험사업자는 보험목적물에 관한 지식과 경험을 갖춘 사람 또는 그 밖의 관계 전문가를 손해평가인으로 위촉하여 손해평가를 담당하게 하거나 제11조의2에 따른 손해평가사(이하 "손해평가사"라 한다) 또는 「보험업법」 제186조에 따른 손해사정사에게 손해평가를 담당하게 할 수 있다.
> ② 제1항에 따른 손해평가인과 손해평가사 및 「보험업법」 제186조에 따른 손해사정사는 농림축산식품부장관 또는 해양수산부장관이 정하여 고시하는 손해평가 요령에 따라 손해평가를 하여야 한다. 이 경우 공정하고 객관적으로 손해평가를 하여야 하며, 고의로 진실을 숨기거나 거짓으로 손해평가를 하여서는 아니 된다.
> ③ 재해보험사업자는 공정하고 객관적인 손해평가를 위하여 동일 시·군·구(자치구를 말한다) 내에서 교차손해평가(손해평가인 상호 간에 담당지역을 교차하여 평가하는 것을 말한다. 이하 같다)를 수행할 수 있다. 이 경우 교차손해평가의 절차·방법 등에 필요한 사항은 농림축산식품부장관 또는 해양수산부장관이 정한다.
> ④ 농림축산식품부장관 또는 해양수산부장관은 제2항에 따른 손해평가 요령을 고시하려면 미리 금융위원회와 협의하여야 한다.
> ⑤ 농림축산식품부장관 또는 해양수산부장관은 제1항에 따른 손해평가인이 공정하고 객관적인 손해평가를 수행할 수 있도록 연 1회 이상 정기교육을 실시하여야 한다.
> ⑥ 농림축산식품부장관 또는 해양수산부장관은 손해평가인 간의 손해평가에 관한 기술·정보의 교환을 지원할 수 있다.
> ⑦ 제1항에 따라 손해평가인으로 위촉될 수 있는 사람의 자격 요건, 제5항에 따른 정기교육, 제6항에 따른 기술·정보의 교환 지원 및 손해평가 실무교육 등에 필요한 사항은 대통령령으로 정한다. [제목개정 2016. 12. 2.]

## 2  손해평가의 주체

손해평가의 주체는 농림축산식품부장관과 사업 약정을 체결한 재해보험사업자이다(법 제8조). 재해보험사업자는 보험목적물에 관한 지식과 경험을 갖춘 자 또는 그 밖의 관계 전문가를 손해평가인으로 위촉하여 손해평가를 담당하게 하거나 손해평가사 또는 손해사정사에게 손해평가를 담당하게 할 수 있다(법 제11조). 재해보험사업자는 재해보험사업의 원활한 수행을 위하여 보험 모집 및 손해평가 등 재해보험 업무의 일부를 대통령령으로 정하는 자에게 위탁할 수 있다(법 제14조).

> **농어업재해보험법**
>
> 제14조(업무 위탁) 재해보험사업자는 재해보험사업을 원활히 수행하기 위하여 필요한 경우에는 보험모집 및 손해평가 등 재해보험 업무의 일부를 대통령령으로 정하는 자에게 위탁할 수 있다.

> **농어업재해보험법 시행령**
> 제13조(업무 위탁) 법 제14조에서 "대통령령으로 정하는 자"란 다음 각 호의 자를 말한다.
> 1. 「농업협동조합법」에 따라 설립된 지역농업협동조합·지역축산업협동조합 및 품목별·업종별협동조합
> 1의2. 「산림조합법」에 따라 설립된 지역산림조합 및 품목별·업종별산림조합
> 2. 「수산업협동조합법」에 따라 설립된 지구별 수산업협동조합, 업종별 수산업협동조합, 수산물가공 수산업협동조합 및 수협은행
> 3. 「보험업법」 제187조에 따라 손해사정을 업으로 하는 자
> 4. 농어업재해보험 관련 업무를 수행할 목적으로 「민법」 제32조에 따라 농림축산식품부장관 또는 해양수산부장관의 허가를 받아 설립된 비영리법인

### 3  조사자의 유형

농업재해보험 조사자는 법 제11조에서 규정하고 있는 대로 손해평가인, 손해평가사 및 손해사정사이다. 손해평가인은 농어업재해보험법 시행령 제12조에 따른 자격요건을 충족하는 자로 재해보험사업자가 위촉한 자이다. 손해평가사는 농림축산식품부장관이 한국산업인력공단에 위탁하여 시행하는 손해평가사 자격시험에 합격한 자이다. 손해사정사는 보험개발원에서 실시하는 손해사정사 자격시험에 합격하고 일정 기간의 실무수습을 마쳐 금융감독원에 등록한 자이다. 이 밖에 재해보험사업자 및 재해보험사업자로부터 손해평가 업무를 위탁받은 자는 손해평가 업무를 원활히 수행하기 위하여 손해평가보조인을 운용할 수 있다.

### 4  손해평가 과정

손해평가는 농업재해에 따른 피해가 발생한 경우에 손해평가인, 손해평가사 또는 손해사정사가 그 피해사실을 확인하고 평가하는 일련의 과정이다.

## 가. 사고 발생 통지

보험가입자는 보험 대상 목적물에 보험사고가 발생할 때마다 가입한 대리점 또는 재해보험 사업자에게 사고 발생 사실을 지체 없이 통보하여야 한다.

## 나. 사고 발생 보고 전산입력

기상청 자료 및 현지 방문 등을 통하여 보험사고 여부를 판단하고, 보험대리점 등은 계약자의 사고접수내용이 보험사고에 해당하는 경우 사고접수대장에 기록하며, 이를 지체 없이 전산 입력한다.

## 다. 손해평가반 구성

재해보험사업자 등은 보험가입자로부터 보험사고가 접수되면 생육시기·품목·재해종류 등에 따라 조사내용을 결정하고 지체 없이 손해평가반을 구성한다. 손해평가반은 농업재해보험 손해평가요령 제8조에서와 같이 손해평가인·손해평가사·손해사정사 등으로 구성하되, 5인 이내로 한다. 부족할 경우에는 손해평가 보조인을 위촉하여 손해평가반을 구성할 수 있다.

> **농업재해보험 손해평가요령**
>
> 제8조(손해평가반 구성 등)
> ① 재해보험사업자는 제2조 제1호의 손해평가를 하는 경우에는 손해평가반을 구성하고 손해평가반별로 평가일정계획을 수립하여야 한다.
> ② 제1항에 따른 손해평가반은 다음 각 호의 어느 하나에 해당하는 자로 구성하며, 5인 이내로 한다.
>   1. 제2조 제2호에 따른 손해평가인
>   2. 제2조 제3호에 따른 손해평가사
>   3. 「보험업법」 제186조에 따른 손해사정사
> ③ 제2항의 규정에도 불구하고 다음 각 호의 어느 하나에 해당하는 손해평가에 대하여는 해당자를 손해평가반 구성에서 배제하여야 한다.
>   1. 자기 또는 자기와 생계를 같이 하는 친족(이하 "이해관계자"라 한다)이 가입한 보험계약에 관한 손해평가
>   2. 자기 또는 이해관계자가 모집한 보험계약에 관한 손해평가
>   3. 직전 손해평가일로부터 30일 이내의 보험가입자간 상호 손해평가
>   4. 자기가 실시한 손해평가에 대한 검증조사 및 재조사

## 라. 현지조사 실시

손해평가반은 배정된 농지(과수원)에 대해 손해평가요령 제12조의 손해평가 단위별로 현지조사를 실시한다. 현지조사 내용은 이하 제3절〈품목별 현지조사 종류 표〉에서 보는 바와 같이 품목, 보장방식, 재해종류에 따라 다르다.

> **농업재해보험 손해평가요령**
>
> 제12조(손해평가 단위)
> ① 보험목적물별 손해평가 단위는 다음 각 호와 같다.
>   1. 농작물 : 농지별
>   2. 가축 : 개별가축별(단, 벌은 벌통 단위)
>   3. 농업시설물 : 보험가입 목적물별
> ② 제1항 제1호에서 정한 농지라 함은 하나의 보험가입금액에 해당하는 토지로 필지(지번) 등과 관계없이 농작물을 재배하는 하나의 경작지를 말하며, 방풍림, 돌담, 도로(농로 제외) 등에 의해 구획된 것 또는 동일한 울타리, 시설 등에 의해 구획된 것을 하나의 농지로 한다. 다만, 경사지에서 보이는 돌담 등으로 구획되어 있는 면적이 극히 작은 것은 동일 작업 단위 등으로 정리하여 하나의 농지에 포함할 수 있다.

## 마. 현지조사 결과 전산 입력

대리점 또는 손해평가반은 현지조사 결과를 전산 또는 모바일 기기를 이용하여 입력한다.

## 바. 현지조사 및 검증조사

손해평가의 신속성 및 공정성 확보를 위하여 재해보험사업자 등은 현지조사를 직접 실시하거나 손해평가반의 현지조사 내용을 검증조사할 수 있다. 이때 조사 주체는 재해보험사업자(NH농협손해보험), 재보험

사 및 정부로 한다.

조사 방법은 지역별, 대리점별, 손해평가반별로 손해평가 실시 농지를 임의 추출하여 현지 농지를 검증조사한다. 검증조사 결과 차이가 발생할 경우에는 해당 조사 결과를 정정한다.

---

**농업재해보험 손해평가요령**

제11조(손해평가결과 검증)

① 재해보험사업자 및 법 제25조의2에 따라 농어업재해보험사업의 관리를 위탁받은 기관(이하 "사업 관리 위탁 기관"이라 한다)은 손해평가반이 실시한 손해평가결과를 확인하기 위하여 손해평가를 실시한 보험목적물 중에서 일정수를 임의 추출하여 검증조사를 할 수 있다.
② 농림축산식품부장관은 재해보험사업자로 하여금 제1항의 검증조사를 하게 할 수 있으며, 재해보험사업자는 특별한 사유가 없는 한 이에 응하여야 하고, 그 결과를 농림축산식품부장관에게 제출하여야 한다.
③ 제1항 및 제2항에 따른 검증조사결과 현저한 차이가 발생되어 재조사가 불가피하다고 판단될 경우에는 해당 손해평가반이 조사한 전체 보험목적물에 대하여 재조사를 할 수 있다.
④ 보험가입자가 정당한 사유없이 검증조사를 거부하는 경우 검증조사반은 검증조사가 불가능하여 손해평가 결과를 확인할 수 없다는 사실을 보험가입자에게 통지한 후 검증조사결과를 작성하여 재해보험사업자에게 제출하여야 한다.
⑤ 사업 관리 위탁 기관이 검증조사를 실시한 경우 그 결과를 재해보험사업자에게 통보하고 필요에 따라 결과에 대한 조치를 요구할 수 있으며, 재해보험사업자는 특별한 사유가 없는 한 그에 따른 조치를 실시해야 한다.

---

## 제3절 현지조사 내용

손해평가는 보험사고 즉, 보험 목적물에 발생한 피해를 확인하고 정해진 평가절차에 따라 손해규모를 판단하는 것이므로 보험사고 현장에서의 현지조사가 매우 중요하다. 아울러 농업재해보험의 경우 품목마다 특성이 다르기 때문에 손해평가 방법이 달라져야 한다. 또한 같은 품목이라도 보험상품(보장)의 내용에 따라 손해평가 방법은 달리하고 있고, 품목(상품)별로 정해진 손해평가요령에 의해 평가가 이루어진다. 구체적인 손해평가 절차와 내용은 이후 각 부문에서 설명되므로 여기에서는 개괄적으로 손해평가 현지조사에 대해 살펴보기로 한다.

### 1 조사의 구분

손해평가를 위한 현지조사는 다양하며, 조사의 단계에 따라 본조사와 재조사 및 검증조사로 구분할 수 있다. 조사는 다시 조사 범위를 전체로 하느냐 일부를 하느냐에 따라 전수조사와 표본조사로 구분할 수 있다. 본조사는 보험사고가 발생했다고 신고된 보험목적물에 대해 손해 정도를 평가하기 위해 곧바로 실시하는 조사이다. 재조사는 기 실시된 조사에 대하여 이의가 있는 경우에 다시 한번 실시하는 조사를 말한다. 즉, 계약자가 손해평가반의 손해평가 결과에 대해 설명 또는 통지를 받은 날로부터 7일 이내에 손해평가가 잘못되었음을 증빙하는 서류 또는 사진 등을 제출하는 경우 재해보험사업자가 다른 손해평가반으로 하여 다시 손해평가를 하게 할 수 있다. 검증조사는 재해보험사업자 및 농어업재해보험사업의 관리를 위탁받은 기관이 손해평가 결과를 확인하기 위하여 손해평가를 실시한 보험 목적물 중에서 일정 수를 임의 추출하여 확인하는 조사이다.

## 2 품목별 현지조사의 종류

손해평가는 동일한 품목이라도 보장 내용 즉, 상품 유형에 따라 작물의 생육 전체 기간의 각 단계별로 조사해야 하는 것이 있는가 하면(과수 4종), 손해 발생 시에만 조사하는 것이 있다(과수 4종 이외의 품목). 특히 이러한 구분은 작물 유형(논작물, 밭작물, 원예시설 등) 및 보장대상위험의 범위가 종합적이냐 특정위험에 한정하느냐에 따라 달라진다.

〈품목별 현지조사 종류〉

| 구분 | 상품군 | 해당 품목 | 조사 종류 |
|---|---|---|---|
| | | 공통조사 | • 피해사실확인조사 |
| 과수 | 적과전 종합위험 방식Ⅱ | 사과, 배, 단감, 떫은감 | 〈적과전 손해조사〉<br>• 피해사실확인조사(확인사항 : 유과타박률, 낙엽률, 나무피해, 미보상비율)<br>  ※재해에 따라 확인사항은 다름<br>• 고사나무조사(나무손해특약 가입건) |
| | | | • 적과후착과수 조사<br>• 고사나무조사(나무손해특약 가입건) |
| | | | 〈적과후 손해조사〉<br>• 낙과피해조사(단감, 떫은감은 낙엽률 포함)<br>• 착과피해조사<br>  ※재해에 따라 조사종류는 다름<br>• 고사나무조사(나무손해특약 가입건) |
| | 종합 위험 | 포도(수입보장 포함), 복숭아, 자두, 감귤(만감류), 유자 | • 착과수조사, 과중조사, 착과피해조사, 낙과피해조사 |
| | | 밤, 참다래, 대추, 매실, 오미자, 유자, 살구, 호두 | • 수확 개시 전·후 수확량조사 |
| | | 복분자, 무화과 | • 종합위험 과실손해조사, 특정위험 과실손해조사 |
| | | 복분자 | • 경작불능조사 |
| | | 오디, 감귤(온주밀감류) | • 과실손해조사 |
| | | 포도(수입보장포함), 복숭아, 자두, 참다래, 매실, 무화과, 유자, 감귤(온주밀감류), 살구 | • 고사나무조사(나무손해보장특약 가입건) |

| | | | |
|---|---|---|---|
| 논/밭 작물 | 특정 위험 | 인삼(작물) | • 수확량조사 |
| | 종합 위험 | 벼 | • 이앙·직파 불능조사, 재이앙·재직파조사, 경작불능조사, 수확량(수량요소)조사, 수확량(표본)조사, 수확량(전수)조사, 수확불능확인조사 |
| | | 마늘(수입보장 포함) | • 재파종조사, 경작불능조사, 수확량(표본)조사 |
| | | 양파, 감자, 고구마, 옥수수(이상 수입보장 포함), 수박(노지) | • 경작불능조사, 수확량(표본)조사 |
| | | 양배추(수입보장 포함) | • 경작불능조사, 수확량(표본)조사, 재정식조사 |
| | | 차(茶) | • 수확량(표본)조사 |
| | | 밀, 콩(수입보장 포함), 보리(수입보장 포함), 팥 | • 경작불능조사, 수확량(표본, 전수)조사 |
| | | 고추, 브로콜리, 메밀, 배추, 무, 단호박, 파, 당근, 시금치(노지), 양상추 | • 생산비보장 손해조사, 재파종·재정식조사 |
| | | 인삼(해가림시설) | • 해가림시설 손해조사 |
| 원예 시설 | 종합 위험 | 〈시설하우스〉<br>단동하우스, 연동하우스, 유리온실, 버섯재배사 | • 시설하우스 손해조사 |
| | | 〈시설작물〉<br>수박, 딸기, 오이, 토마토, 참외, 고추, 호박, 국화, 장미, 멜론, 파프리카, 상추, 부추, 시금치, 배추, 가지, 파, 무, 백합, 카네이션, 미나리, 쑥갓, 느타리, 표고버섯, 양송이, 새송이, 감자 | • 시설작물 손해조사 |

# CHAPTER 02 농작물재해보험 손해평가

## 제1절 손해평가 기본단계

재해보험에 가입한 보험가입자가 해당 농지에 자연재해 등 보장하는 재해로 손해가 발생하면 보험에 가입했던 대리점(지역농협 등) 등 영업점에 사고 접수를 한다. 영업점은 재해보험사업자에게 사고접수 사실을 알리고 재해보험사업자는 조사기관을 배정한다. 조사기관은 소속된 조사자를 빠르게 배정하여 손해평가반을 구성하고 해당 손해평가반은 신속하게 손해평가업무를 수행한다.

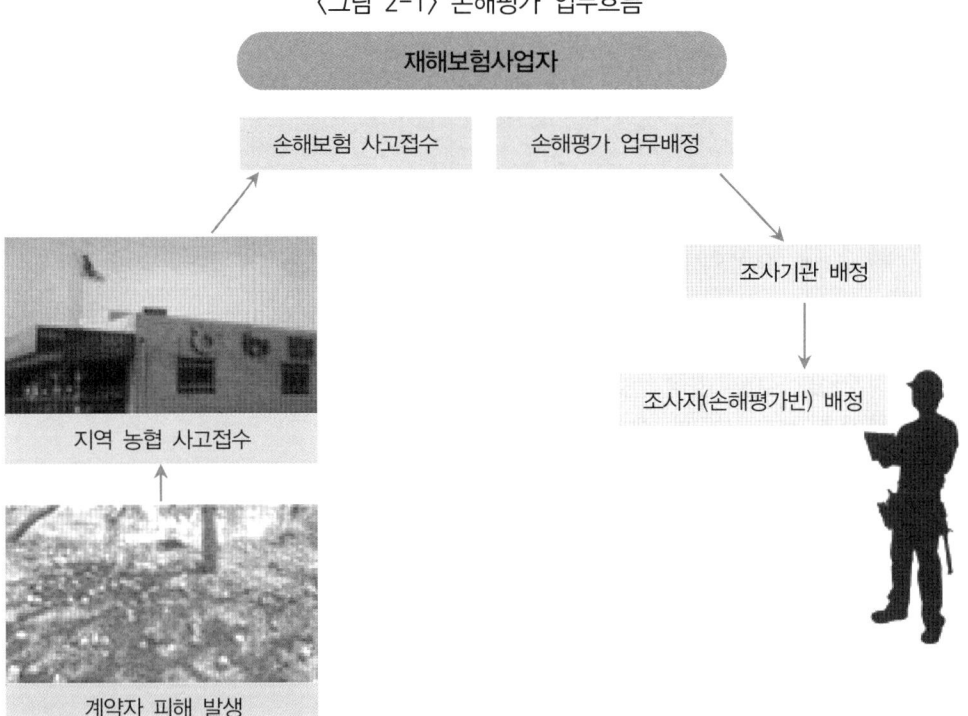

〈그림 2-1〉 손해평가 업무흐름

손해평가반은 영업점에 도착하여 계약 및 기본사항 등 서류를 검토하고 현지조사서를 받아 피해현장에 방문하여 보장하는 재해여부를 심사한다. 그리고 상황에 맞는 관련조사를 선택하여 실시한 후 조사결과를 보험가입자에게 안내하고 서명확인을 받아 전산입력 또는 대리점에게 현지조사서를 제출한다.

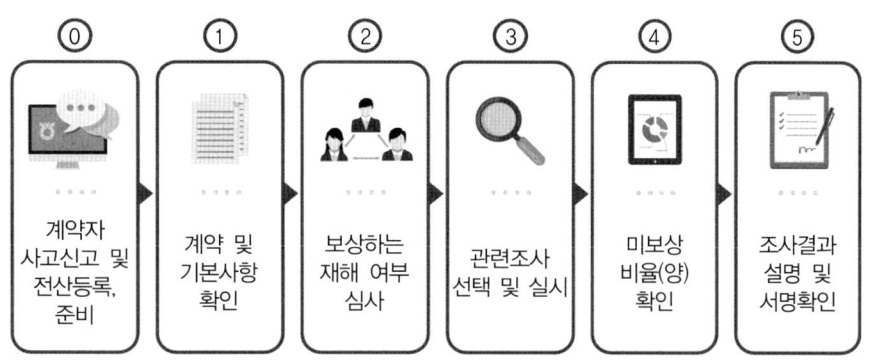

〈그림 2-2〉 현지조사 절차(5단계)

손해평가는 조사품목, 재해의 종류, 조사 시기 등에 따라 조사방법 등이 달라지기에 상황에 맞는 손해평가를 하는 것이 중요하다.

## 제2절 과수작물 손해평가 및 보험금 산정

### 1 적과 전 종합위험방식 (대상품목 : 사과, 배, 단감, 떫은감)

#### 가. 시기별 조사 종류

| 생육시기 | 재해 | 조사내용 | 조사시기 | 조사방법 | 비고 |
|---|---|---|---|---|---|
| 보험계약 체결일 ~ 적과 전 | 보장하는 재해 전부 | 피해사실 확인 조사 | 사고접수 후 지체 없이 | 보장하는 재해로 인한 피해발생여부 조사 | 피해사실이 명백한 경우 생략 가능 |
| | 우박 | | 사고접수 후 지체 없이 | 우박으로 인한 유과(어린과실) 및 꽃(눈)등의 타박비율 조사<br>• 조사방법 : 표본조사 | 적과종료 이전 특정위험 5종 한정 보장 특약 가입건에 한함 |
| 6월1일 ~ 적과전 | 태풍(강풍), 집중호우, 화재, 지진 | | 사고접수 후 지체 없이 | 보장하는 재해로 발생한 낙엽피해 정도 조사<br>- 단감·떫은감에 대해서만 실시<br>• 조사방법 : 표본조사 | |
| 적과 후 | - | 적과후 착과수 조사 | 적과 종료 후 | 보험가입금액의 결정 등을 위하여 해당 농지의 적과종료 후 총 착과 수를 조사<br>• 조사방법 : 표본조사 | 피해와 관계없이 전 과수원 조사 |
| 적과후 ~ 수확기 종료 | 보장하는 재해 | 낙과피해 조사 | 사고접수 후 지체 없이 | 재해로 인하여 떨어진 피해과실수 조사<br>- 낙과피해조사는 보험약관에서 정한 과실 피해분류기준에 따라 구분하여 조사<br>• 조사방법 : 전수조사 또는 표본조사 | |
| | | | | 낙엽률 조사(우박 및 일소 제외)<br>- 낙엽피해정도 조사<br>• 조사방법 : 표본조사 | 단감·떫은감 |
| | 우박, 일소, 가을동상해 | 착과피해 조사 | 착과피해 확인이 가능한 시기 | 재해로 인하여 달려있는 과실의 피해과실수 조사<br>- 착과피해조사는 보험약관에서 정한 과실 피해분류기준에 따라 구분하여 조사<br>• 조사방법 : 표본조사 | |
| 수확 완료 후 ~ 보험종기 | 보장하는 재해 전부 | 고사나무 조사 | 수확완료 후 보험 종기 전 | 보장하는 재해로 고사되거나 또는 회생이 불가능한 나무 수를 조사<br>- 특약 가입 농지만 해당<br>• 조사방법 : 전수조사 | 수확완료 후 추가 고사나무가 없는 경우 생략 가능 |

## Tip 적과 전 종합위험방식 시기별 조사 종류

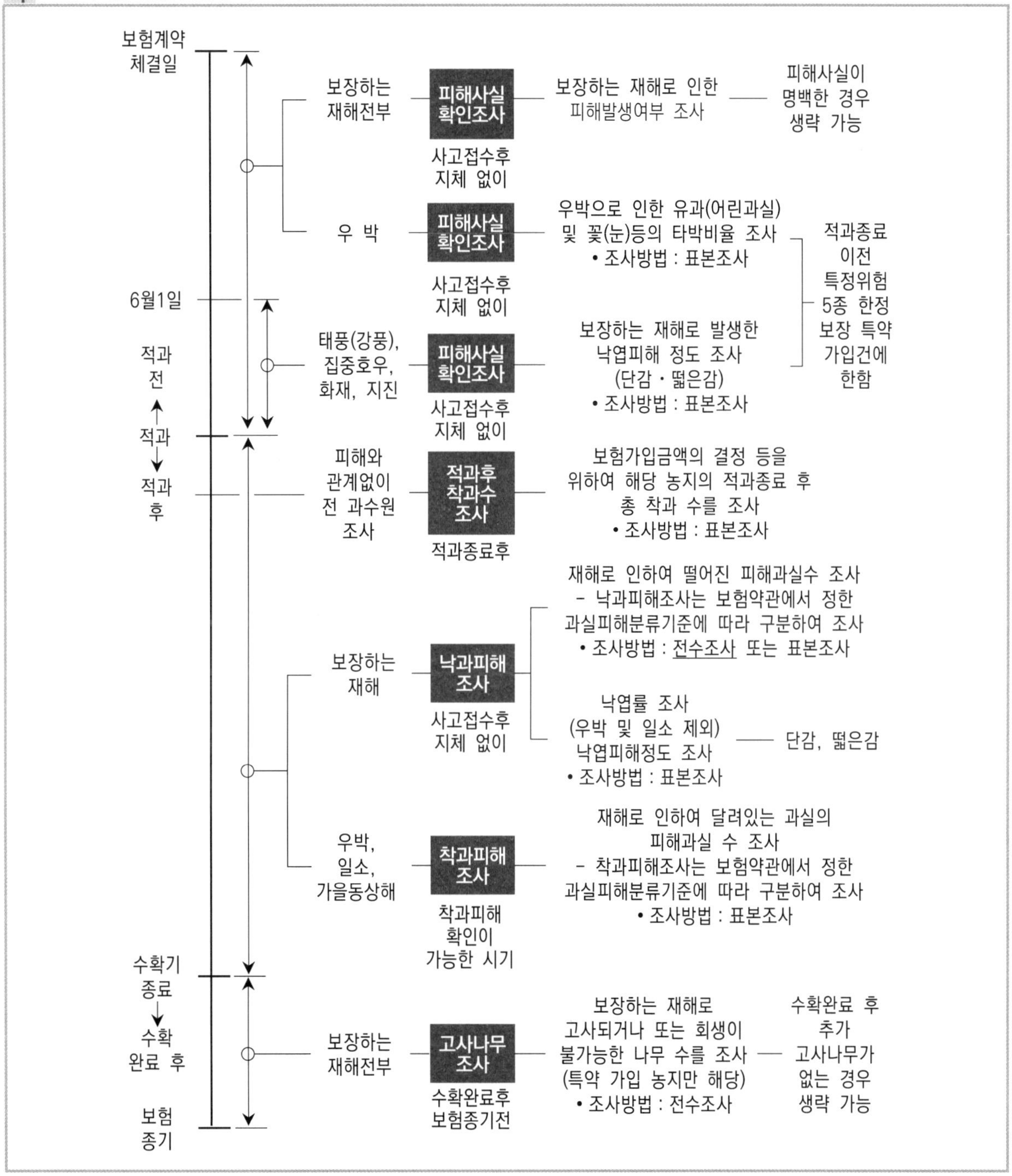

| 기간 | 재해 | 조사명 | 조사시기 | 조사내용 | 비고 |
|---|---|---|---|---|---|
| 보험계약 체결일 ~ 적과 전 | 보장하는 재해전부 | 피해사실 확인조사 | 사고접수후 지체 없이 | 보장하는 재해로 인한 피해발생여부 조사 | 피해사실이 명백한 경우 생략 가능 |
| 6월1일 ~ 적과 전 | 우박 | 피해사실 확인조사 | 사고접수후 지체 없이 | 우박으로 인한 유과(어린과실) 및 꽃(눈)등의 타박비율 조사 • 조사방법: 표본조사 | 적과종료 이전 특정위험 5종 한정 보장 특약 가입건에 한함 |
| | 태풍(강풍), 집중호우, 화재, 지진 | 피해사실 확인조사 | 사고접수후 지체 없이 | 보장하는 재해로 발생한 낙엽피해 정도 조사 (단감·떫은감) • 조사방법: 표본조사 | |
| 적과 후 | 피해와 관계없이 전 과수원 조사 | 적과후 착과수 조사 | 적과종료후 | 보험가입금액의 결정 등을 위하여 해당 농지의 적과종료 후 총 착과 수를 조사 • 조사방법: 표본조사 | |
| 적과 후 ~ 수확기 종료 | 보장하는 재해 | 낙과피해 조사 | 사고접수후 지체 없이 | 재해로 인하여 떨어진 피해과실수 조사 - 낙과피해조사는 보험약관에서 정한 과실피해분류기준에 따라 구분하여 조사 • 조사방법: <u>전수조사</u> 또는 표본조사 | |
| | | | | 낙엽률 조사 (우박 및 일소 제외) 낙엽피해정도 조사 • 조사방법: 표본조사 | 단감, 떫은감 |
| | 우박, 일소, 가을동상해 | 착과피해 조사 | 착과피해 확인이 가능한 시기 | 재해로 인하여 달려있는 과실의 피해과실 수 조사 - 착과피해조사는 보험약관에서 정한 과실피해분류기준에 따라 구분하여 조사 • 조사방법: 표본조사 | |
| 수확완료 후 ~ 보험 종기 | 보장하는 재해전부 | 고사나무 조사 | 수확완료후 보험종기전 | 보장하는 재해로 고사되거나 또는 회생이 불가능한 나무 수를 조사 (특약 가입 농지만 해당) • 조사방법: 전수조사 | 수확완료 후 추가 고사나무가 없는 경우 생략 가능 |

## Tip 적과전종합위험방식 재해별 현지조사시기

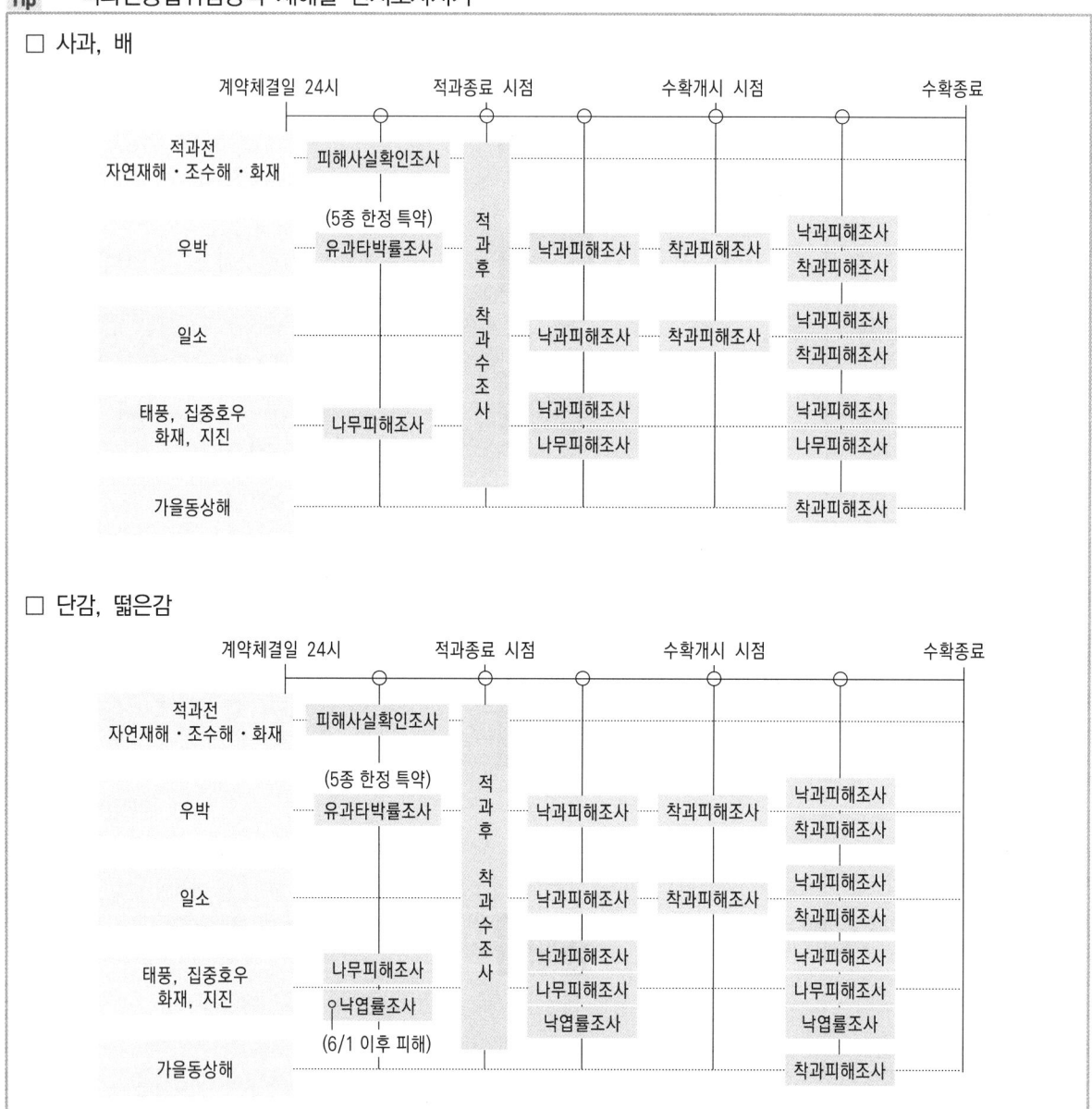

### 나. 손해평가 현지조사 방법

> 과수4종(사과, 배, 단감, 떫은감) 현지조사에는 생육시기별 피해사실확인조사, 적과후착과수 조사, 낙과피해조사, 착과피해조사, 낙엽률조사, 고사나무조사가 있으며 낙엽률조사는 감(단감, 떫은감)품목에 한하여 보상하는 손해로 잎에 피해가 있을 경우 조사하며, 「적과전 5종한정보장특약」(이하 '5종한정특약'이라 한다) 가입 시 적과 전의 우박피해는 유과 타박률 조사를 진행한다.

1) 피해사실 확인조사

   가) **조사 대상** : 적과 종료 이전 대상 재해로 사고 접수 과수원 및 조사 필요 과수원

   나) **대상 재해** : 자연재해, 조수해(鳥獸害), 화재

   다) **조사 시기** : 사고 접수 직후 실시

   라) **조사 방법** : 다음 각 목에 해당하는 사항을 확인한다. (이하 「피해사실 "조사 방법" 준용」이라 함은 아래 (1)의 (가), (나), (다)와 동일한 방법으로 조사하는 것을 말한다.)

   (1) 보장하는 재해로 인한 피해 여부 확인

   기상청 자료 확인 및 현지 방문 등을 통하여 보장하는 재해로 인한 피해가 맞는지 확인하며, 이에 대한 근거로 다음의 자료를 확보할 수 있다.

   (가) 기상청 자료, 농업기술센터 의견서 등 재해 입증 자료

   (나) 농지(과수원 등)의 전반적인 피해 상황 및 세부 피해 내용이 확인 가능한 피해장소 촬영 사진

   (다) 단, 태풍 등과 같이 재해 내용이 명확하거나 사고 접수 후 바로 추가조사가 필요한 경우 등에는 피해사실확인조사를 생략할 수 있다.

   (2) 나무피해 확인

   (가) 고사나무 확인

   ① 품종・재배방식・수령별 고사주수를 조사한다.
   ② 고사나무 중 과실손해를 보상하지 않는 경우가 있음에 유의한다.
   ③ 보상하지 않는 손해로 고사한 나무가 있는 경우 미보상주수로 조사한다.

   (나) 수확불능나무 확인

   ① 품종・재배방식・수령별 수확불능주수를 조사한다.
   ② 보상하지 않는 손해로 수확불능 상태인 나무가 있는 경우 미보상주수로 조사한다.

   (다) 유실・매몰・도복・절단(1/2)・소실(1/2)・침수로 인한 피해나무 확인

   ('5종 한정특약' 가입건만 해당)

   ① 해당 나무는 고사주수 및 수확불능주수에 포함 여부와 상관없이 나무의 상태(유실・매몰・도복・절단(1/2)・소실(1/2)・침수)를 기준으로 별도로 조사한다.

② 단, 침수의 경우에는 나무별로 과실침수율을 곱하여 계산한다.

〈침수 주수 산정방법〉

> ㉮ 표본주는 품종·재배방식·수령별 침수피해를 입은 나무 중 가장 평균적인 나무로 1주 이상 선정한다.
> ㉯ 표본주의 침수된 착과(화)수와 전체 착과(화)수를 조사한다.
> ㉰ 과실침수율 = $\dfrac{\text{침수된 착과(화)수}}{\text{전체 착과(화)수}}$
> ㉱ 전체 착과수 = 침수된 착과(화)수 + 침수되지 않은 착과(화)수
> ㉲ 침수주수 = 침수피해를 입은 나무수 × 과실침수율

(라) 피해규모 확인

① 조수해(鳥獸害) 및 화재로 전체 나무 중 일부 나무에만 피해가 발생된 경우 실시한다.
② 피해대상주수(고사주수, 수확불능주수, 일부피해주수)를 확인한다.

(3) 유과타박률 확인(5종 한정 특약 가입 건의 우박피해 시 및 필요시)

(가) 적과 종료 전의 착과된 유과 및 꽃눈 등에서 우박으로 피해를 입은 유과(꽃눈 등)의 비율을 표본조사한다.

(나) 표본주수는 조사 대상 주수를 기준으로 품목별 표본주수표〈별표1〉에 따라 표본주수를 선정한 후 조사용 리본을 부착한다.

> 조사대상주수 = 실제 결과주수 - 미보상주수 - 고사주수 - 수확불능주수

표본주는 수령이나 크기, 착과과실수를 감안하여 대표성이 있는 표본주를 선택하고 과수원 내 골고루 분포되도록 한다. 선택된 표본주가 대표성이 없는 경우 그 주변의 나무를 표본주로 대체할수 있으며 표본주의 수가 더 필요하다고 판단되는 경우 품목별 표본주수표〈별표1〉의 표본주수 이상을 선정할 수 있다.

**Tip** 〈별표1〉 품목별 표본주(구간)수 표

〈사과, 배, 단감, 떫은감, 포도(수입보장 포함), 복숭아, 자두, 감귤(만감류), 밤, 호두, 무화과〉

| 조사대상주수 | 표본주수 | 조사대상주수 | 표본주수 |
|---|---|---|---|
| 50주 미만 | 5 | 500주 이상 600주 미만 | 12 |
| 50주 이상 100주 미만 | 6 | 600주 이상 700주 미만 | 13 |
| 100주 이상 150주 미만 | 7 | 700주 이상 800주 미만 | 14 |
| 150주 이상 200주 미만 | 8 | 800주 이상 900주 미만 | 15 |
| 200주 이상 300주 미만 | 9 | 900주 이상 1,000주 미만 | 16 |
| 300주 이상 400주 미만 | 10 | 1,000주 이상 | 17 |
| 400주 이상 500주 미만 | 11 | | |

(다) 선정된 표본주마다 동서남북 4곳의 가지에 가지별로 5개 이상의 유과(꽃눈 등)를 표본으로 추출하여 피해 유과(꽃눈 등)와 정상 유과(꽃눈 등)의 개수를 조사한다〈그림 2-3 참고〉.

※ 사과, 배는 선택된 과(화)총당 동일한 위치(번호)의 유과(꽃)에 대하여 우박 피해 여부를 조사

$$유과타박률 = \frac{표본주의\ 피해유과수\ 합계}{표본주의\ 피해유과수\ 합계\ +\ 표본주의\ 정상유과수\ 합계}$$

〈그림 2-3〉 유과타박률 조사요령

● **품목별 유과타박률 조사요령**

사과, 배
선택된 과(화)총당 동일한 위치(번호)의 유과(꽃)에 대하여 우박피해 여부를 조사

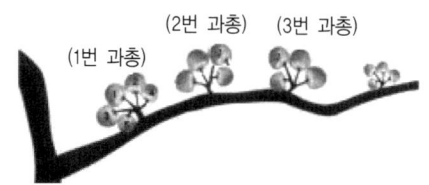

샘플유과를 2번 유과로 선택 시 과총별로 2번 유과만 선택하여 조사

단감, 떫은감
선택된 유과(꽃)에 대하여 우박피해 여부를 조사

**(4) 낙엽률 확인**

※ 단감 또는 떫은감, 수확연도 6월 1일 이후 낙엽피해 시, '5종한정특약' 가입 건

(가) 조사 대상주수 기준으로 품목별 표본주수표〈별표1〉의 표본주수에 따라 주수를 산정한다.

$$조사대상주수 = 실제\ 결과주수\ -\ 미보상주수\ -\ 고사주수\ -\ 수확불능주수$$

(나) 표본주 간격에 따라 표본주를 정하고, 선정된 표본주에 조사용 리본을 묶고 동서남북 4곳의 결과지(신초, 1년생 가지)를 무작위로 정하여 각 가지별로 낙엽수와 착엽수를 조사하여 리본에 기재한 후 낙엽률을 산정한다.

※ 낙엽수는 잎이 떨어진 자리를 세는 것이다.

(다) (나)에서 선정된 표본주의 낙엽수가 병해충 등 보상하지 않는 손해에 해당하는 경우 착엽수로 구분한다.

$$낙엽률 = \frac{표본주의\ 낙엽수\ 합계}{표본주의\ 낙엽수\ 합계 + 표본주의\ 착엽수\ 합계}$$

### (5) 추가 조사 필요 여부 판단

(가) 재해 종류 및 특별약관 가입 여부에 따라 추가 확인 사항을 조사한다.

(나) 적과 종료 여부를 확인한다.(적과 후 착과수조사 이전 시)

(다) 착과피해조사 필요 여부를 확인한다.(우박 피해 발생 시)

### (6) 미보상비율 확인

보상하는 손해 이외의 원인으로 인해 착과가 감소한 과실의 비율을 조사한다.

## 2) 적과후 착과수 조사

**가) 조사 대상** : 사고 여부와 관계없이 농작물재해보험에 가입한 사과, 배, 단감, 떫은감 품목을 재배하는 과수원 전체

**나) 조사 시기** : 통상적인 적과 및 자연 낙과(떫은감은 1차 생리적 낙과) 종료 시점

※ 통상적인 적과 및 자연낙과 종료 시점 : 과수원이 위치한 지역(시군 등)의 기상 여건 등을 감안하여 통상적으로 해당 지역에서 해당 과실의 적과가 종료되거나 자연낙과가 종료되는 시점

**다) 조사 방법**

### (1) 나무 조사

(가) 실제결과주수 확인 : 품종별·재배방식별·수령별 실제결과주수를 확인

(나) 고사주수, 미보상주수, 수확불능주수 확인
품종별·재배방식별·수령별 고사주수, 미보상주수, 수확불능주수 확인

### (2) 적정표본주수 산정

(가) 품종·재배방식·수령별 실제 결과주수에서 미보상주수, 고사주수, 수확불능주수를 제외하고 조사대상주수를 계산한다.

조사대상주수 = 실제 결과주수 - 미보상주수 - 고사주수 - 수확불능주수

(나) 조사대상주수 기준으로 품목별 표본주수표〈별표1〉에 따라 과수원별 전체 적정표본주수를 산정한다.

**Tip** 〈별표1〉 품목별 표본주(구간)수 표

〈〈사과, 배, 단감, 떫은감, 포도(수입보장 포함), 복숭아, 자두, 감귤(만감류), 밤, 호두, 무화과〉

| 조사대상주수 | 표본주수 | 조사대상주수 | 표본주수 |
|---|---|---|---|
| 50주 미만 | 5 | 500주 이상 600주 미만 | 12 |
| 50주 이상 100주 미만 | 6 | 600주 이상 700주 미만 | 13 |
| 100주 이상 150주 미만 | 7 | 700주 이상 800주 미만 | 14 |
| 150주 이상 200주 미만 | 8 | 800주 이상 900주 미만 | 15 |
| 200주 이상 300주 미만 | 9 | 900주 이상 1,000주 미만 | 16 |
| 300주 이상 400주 미만 | 10 | 1,000주 이상 | 17 |
| 400주 이상 500주 미만 | 11 | | |

(다) 적정표본주수는 품종·재배방식·수령별 조사 대상주수에 비례하여 배정하며, 품종·재배방식·수령별 적정표본주수의 합은 전체 표본주수보다 크거나 같아야 한다.

$$적정표본주수 = 전체표본주수 \times \frac{품종별\ 조사\ 대상주수}{조사\ 대상주수\ 합}$$

(소수점 이하 첫째 자리에서 올림)

〈예시〉 사과품목 품종·재배방식·수령별 적정표본주수 산정〉

| 품종 | 재배방식 | 수령 | 실제결과주수 | 미보상주수 | 고사주수 | 수확불능주수 | 조사대상주수 | 적정표본주수 | 적정표본주수 산정식 |
|---|---|---|---|---|---|---|---|---|---|
| 스가루 | 반밀식 | 10 | 100 | 0 | 0 | 0 | 100 | 3 | 12 × (100/550) |
| 스가루 | 반밀식 | 20 | 200 | 0 | 0 | 0 | 200 | 5 | 12 × (200/550) |
| 홍로 | 밀식 | 10 | 100 | 0 | 0 | 0 | 100 | 3 | 12 × (100/550) |
| 부사 | 일반 | 10 | 150 | 0 | 0 | 0 | 150 | 4 | 12 × (150/550) |
| 합계 | | | 550 | 0 | 0 | 0 | 550 | 15 | - |

※ 조사 대상주수 550주, 전체표본주수 12주에 대한 적정표본주수 산정예시
   (소수점 이하 첫째 자리에서 올림)
※ 소수점 이하 처리에 대한 예시
   조사대상주수 합계 1,144주, 전체 표본주수 17주, A품종 조사대상주수 337주인 경우
   → 17주 × (337주 ÷ 1,144주) = 5.0078주 → 적정 표본주수 : 6주

(3) 표본주 선정 및 리본 부착

품종별·재배방식별·수령별 조사대상주수의 특성이 골고루 반영될 수 있도록 표본주를 선정 후 조사용 리본을 부착하고 조사내용 및 조사자를 기재한다.

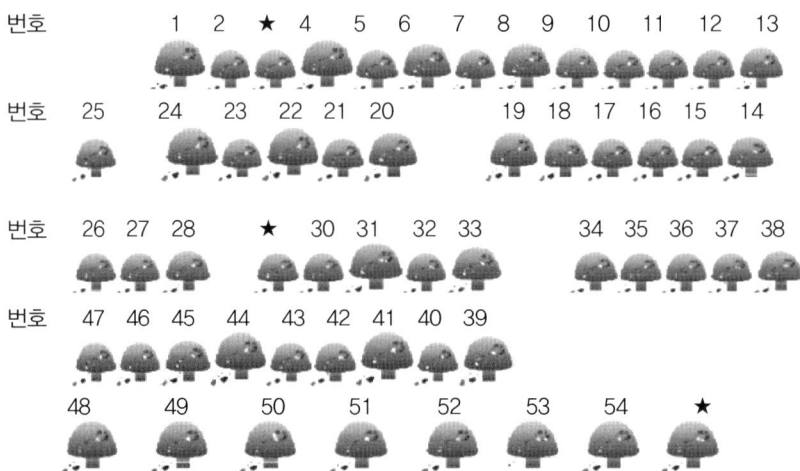

〈그림 2-4〉 표본주 선정

**(4) 조사 및 현지조사서 등 기재**

선정된 표본주의 품종, 재배방식, 수령 및 착과수(착과과실수)를 조사하고 현지 조사서 및 리본에 조사 내용을 기재한다.

**(5) 품종・재배방식・수령별 착과수는 다음과 같이 산출한다.**

> 품종・재배방식・수령별 착과수
> $= \dfrac{\text{품종・재배방식・수령별 표본주의 착과수 합계}}{\text{품종・재배방식・수령별 표본주 합계}} \times$ 품종・재배방식・수령별 조사대상주수
> 
> ※ 품종・재배방식・수령별 착과수의 합계를 과수원별 『적과후 착과수』로 함

**(6) 미보상비율 확인 〈별표2〉**

보상하는 손해 이외의 원인으로 인해 감소한 과실의 비율을 조사한다.

**Tip** 〈별표2〉 농작물재해보험 미보상비율 적용표

| 〈감자, 고추 제외 전 품목〉 | | | |
|---|---|---|---|
| 구분 | 제초 상태 | 병해충 상태 | 기타 |
| 해당 없음 | 0% | 0% | 0% |
| 미흡 | 10% 미만 | 10% 미만 | 10% 미만 |
| 불량 | 20% 미만 | 20% 미만 | 20% 미만 |
| 매우 불량 | 20% 이상 | 20% 이상 | 20% 이상 |

미보상 비율은 보장하는 재해 이외의 원인이 조사 농지의 수확량 감소에 영향을 준 비율을 의미하여 제초 상태, 병해충 상태 및 기타 항목에 따라 개별 적용한 후 해당 비율을 합산하여 산정한다.

1. **제초 상태**(과수품목은 피해율에 영향을 줄 수 있는 잡초만 해당)
   가) **해당 없음** : 잡초가 농지 면적의 20% 미만으로 분포한 경우
   나) **미흡** : 잡초가 농지 면적의 20% 이상 40% 미만으로 분포한 경우
   다) **불량** : 잡초가 농지 면적의 40% 이상 60% 미만으로 분포한 경우 또는 경작불능조사 진행건으로 정상적인 영농활동 시행을 증빙하는 자료(비료 및 농약 영수증 등)가 부족한 경우
   라) **매우 불량** : 잡초가 농지 면적의 60% 이상으로 분포한 경우 또는 경작불능조사 진행건으로 정상적인 영농활동 시행을 증빙하는 자료(비료 및 농약 영수증 등)가 없는 경우

2. **병해충 상태**(각 품목에서 별도로 보상하는 병해충은 제외)
   가) **해당 없음** : 병해충이 농지 면적의 20% 미만으로 분포한 경우
   나) **미흡** : 병해충이 농지 면적의 20% 이상 40% 미만으로 분포한 경우
   다) **불량** : 병해충이 농지 면적의 40% 이상 60% 미만으로 분포한 경우 또는 경작불능조사 진행 건으로 정상적인 영농활동 시행을 증빙하는 자료(비료 및 농약 영수증 등)가 부족한 경우
   라) **매우 불량** : 병해충이 농지 면적의 60% 이상으로 분포한 경우 또는 경작불능조사 진행 건으로 정상적인 영농활동 시행을 증빙하는 자료(비료 및 농약 영수증 등)가 없는 경우

3. **기타** : 영농기술 부족, 영농상 실수 및 단순 생리장애 등 보상하는 손해 이외의 사유로 피해가 발생한 것으로 추정되는 경우[해거리, 생리장애(원소결핍 등), 시비관리, 토양관리(연작 및 pH과다·과소 등), 전정(강전정 등), 조방재배, 재식밀도(인수기준 이하), 농지상태(혼식, 멀칭, 급배수 등), 가입이전 사고 및 계약자 중과실손해, 자연감모, 보상재해이외(종자불량, 일부가입 등)]에 적용
   가) **해당 없음** : 위 사유로 인한 피해가 없는 것으로 판단되는 경우
   나) **미흡** : 위 사유로 인한 피해가 10% 미만으로 판단되는 경우
   다) **불량** : 위 사유로 인한 피해가 20% 미만으로 판단되는 경우
   라) **매우 불량** : 위 사유로 인한 피해가 20% 이상으로 판단되는 경우

## 3) 낙과 피해 조사

**가) 조사 대상** : 적과 종료 이후 낙과사고가 접수된 과수원

**나) 대상 재해** : 태풍(강풍), 집중호우, 화재, 지진, 우박, 일소

**다) 조사 시기** : 사고 접수 직후 실시

**라) 조사 방법**

(1) 보장하는 재해 여부 심사

과수원 및 작물 상태 등을 감안하여 보장하는 재해로 인한 피해가 맞는지 확인하며, 필요시에는 이에 대한 근거자료를 확보한다.〈피해사실확인조사 참고〉

(2) 조사 항목 결정

(가) 주수 조사

① 과수원 내 품종·재배방식·수령별 실제결과주수에서 고사주수, 수확불능주수, 미보상주수, 수확 완료주수 및 일부침수주수(금번 침수로 인한 피해주수 중 침수로 인한 고사주수 및 수확불능주수를 제외한 주수)를 파악한다.

② 품종·재배방식·수령별 실제결과주수에서 고사주수, 수확불능주수, 미보상주수 및 수확 완료주수를 제외한 조사 대상주수(일부침수주수 포함)를 계산한다.

> 조사대상주수 = 실제결과주수 − 미보상주수 − 고사주수 − 수확불능주수 − 수확 완료주수

③ 무피해나무 착과수조사

**Tip** 태풍(강풍), 집중호우, 화재, 지진에 따른 나무손해의 감수과실수를 산출하기 위한 기준이 됨.

㉮ 금번 재해로 인한 **고사주수, 수확불능주수**가 있는 경우에만 실시한다.

㉯ 무피해나무는 고사나무, 수확불능나무, 미보상나무, 수확 완료나무 및 일부침수나무를 제외한 나무를 의미한다.

> 무피해나무
> = 실제나무 − 고사나무 − 수확불능나무 − 미보상나무 − 수확 완료나무 − 일부침수나무

㉰ 품종·재배방식·수령별 무피해나무 중 가장 평균적인 나무를 1주 이상 선정하여 품종·재배방식·수령별 무피해나무 1주당 착과수를 계산한다(단, 선정한 나무에서 금번 재해로 인한 낙과 과실은 착과수에 포함하여 계산한다).

㉱ 다만, 이전 실시한 적과 후 착과수조사(이전 착과피해조사 시 실시한 착과수조사포함)의 착과수와 금차 조사 시의 착과수가 큰 차이가 없는 경우에는 별도의 착과수 확인 없이 이전 착과수 조사값으로 대체할 수 있다.

④ 일부침수나무 침수착과수조사

**Tip** 태풍(강풍), 집중호우, 화재, 지진에 따른 나무손해의 감수과실수를 산출하기 위한 기준이 됨

㉮ 금번 재해로 인한 **일부 침수주수가 있는 경우**에만 실시한다.
㉯ 품종·재배방식·수령별 일부 침수나무 중 가장 평균적인 나무를 1주 이상 선정하여 품종·재배방식·수령별 일부 침수나무 1주당 침수착과수를 계산한다.

(나) 낙과수조사

낙과수조사는 전수조사를 원칙으로 하며 전수조사가 어려운 경우 표본조사를 실시한다.

① **전수조사**(조사 대상주수의 낙과만 대상)
㉮ 낙과수 전수조사 시에는 과수원 내 전체 낙과를 조사한다.
㉯ 낙과수 확인이 끝나면 낙과 중 100개 이상을 무작위로 추출하고 「과실 분류에 따른 피해인정계수〈별표3〉에 따라 구분하여 해당 과실 개수를 조사한다.
※ 전체 낙과수가 100개 미만일 경우에는 해당 기준 미만으로도 조사 가능

**Tip** 〈별표3〉 과실 분류에 따른 피해인정계수

〈복숭아, 감귤(온주밀감류) 외〉

| 과실분류 | 피해인정계수 | 비고 |
|---|---|---|
| 정상과 | 0 | 피해가 없거나 경미한 과실 |
| 50%형 피해과실 | 0.5 | 일반시장에 출하할 때 정상과실에 비해 50% 정도의 가격하락이 예상되는 품질의 과실(단, 가공공장공급 및 판매 여부와 무관) |
| 80%형 피해과실 | 0.8 | 일반시장 출하가 불가능하나 가공용으로 공급될 수 있는 품질의 과실 (단, 가공공장공급 및 판매 여부와 무관) |
| 100%형 피해과실 | 1 | 일반시장 출하가 불가능하고 가공용으로도 공급될 수 없는 품질의 과실 |

② **표본조사**
㉮ 조사 대상주수를 기준으로 과수원별 전체 표본주수〈별표1〉를 산정하되 품종·재배방식·수령별 표본주수는 품종·재배방식·수령별 조사 대상주수에 비례하여 산정한다. ※ 거대재해 발생 시 표본조사의 표본주수는 정해진 값의 1/2 만으로도 가능

**Tip** 〈별표1〉 품목별 표본주(구간)수 표

〈사과, 배, 단감, 떫은감, 포도(수입보장 포함), 복숭아, 자두, 감귤(만감류), 밤, 호두, 무화과〉

| 조사대상주수 | 표본주수 | 조사대상주수 | 표본주수 |
|---|---|---|---|
| 50주 미만 | 5 | 500주 이상 600주 미만 | 12 |
| 50주 이상 100주 미만 | 6 | 600주 이상 700주 미만 | 13 |

| | | | |
|---|---|---|---|
| 100주 이상 150주 미만 | 7 | 700주 이상 800주 미만 | 14 |
| 150주 이상 200주 미만 | 8 | 800주 이상 900주 미만 | 15 |
| 200주 이상 300주 미만 | 9 | 900주 이상 1,000주 미만 | 16 |
| 300주 이상 400주 미만 | 10 | 1,000주 이상 | 17 |
| 400주 이상 500주 미만 | 11 | | |

㉯ 조사 대상주수의 특성이 골고루 반영될 수 있도록 표본나무를 선정하고, 표본나무별로 수관면적 내에 있는 낙과수를 조사한다.

〈그림 2-5〉 수관면적

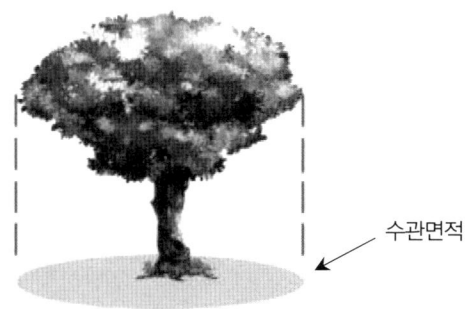

㉰ 낙과수 확인이 끝나면 낙과 중 100개 이상을 무작위로 추출하고 「과실 분류에 따른 피해인정계수」〈별표3〉에 따라 구분하여 해당 과실 개수를 조사한다. 단, 전체 낙과수가 100개 미만일 경우에는 해당 기준 미만으로도 조사 가능하다.

$$\text{낙과피해구성률} = \frac{(100\%\text{형 피해과실수} \times 1) + (80\%\text{형 피해과실수} \times 0.8) + (50\%\text{형 피해과실수} \times 0.5)}{100\%\text{형 피해과실수} + 80\%\text{형 피해과실수} + 50\%\text{형 피해과실수} + \text{정상과실수}}$$

**예시** 사과 품목 "중생/홍로"에 대한 낙과피해구성 비율 산정

○ 과실 피해 구성 비율(품종구분 여 ☑ / 부 ☐)

| 숙기/품종 | 정상 | 50%형 | 80%형 | 100%형 | 합계 | 피해구성비율 |
|---|---|---|---|---|---|---|
| 중생/홍로 | 40 | 30 | 10 | 20 | 100 | 43% |

※ 품종 구분을 하지 않는 경우에는 합계 칸에만 피해구성비율을 표시

○ 낙과피해구성률 = $\dfrac{(100\% \times 20) + (80\% \times 10) + (50\% \times 30)}{100}$ = 43%

**(다) 낙엽률조사** (단감, 떫은감  ※ 우박·일소피해는 제외)

① 조사 대상주수 기준으로 품목별 표본주수표〈별표1〉의 표본주수에 따라 주수를 산정한다.

> **Tip** 〈별표1〉 품목별 표본주(구간)수 표

〈사과, 배, 단감, 떫은감, 포도(수입보장 포함), 복숭아, 자두, 감귤(만감류), 밤, 호두, 무화과〉

| 조사대상주수 | 표본주수 | 조사대상주수 | 표본주수 |
|---|---|---|---|
| 50주 미만 | 5 | 500주 이상 600주 미만 | 12 |
| 50주 이상 100주 미만 | 6 | 600주 이상 700주 미만 | 13 |
| 100주 이상 150주 미만 | 7 | 700주 이상 800주 미만 | 14 |
| 150주 이상 200주 미만 | 8 | 800주 이상 900주 미만 | 15 |
| 200주 이상 300주 미만 | 9 | 900주 이상 1,000주 미만 | 16 |
| 300주 이상 400주 미만 | 10 | 1,000주 이상 | 17 |
| 400주 이상 500주 미만 | 11 | | |

② 표본주 간격에 따라 표본주를 정하고, 선정된 표본주에 리본을 묶고 동서남북 4곳의 결과지(신초, 1년생 가지)를 무작위로 정하여 각 결과지별로 낙엽수(잎이 떨어진 자리)와 착엽수를 조사하여 리본에 기재한 후 낙엽률을 산정한다.

③ 사고 당시 착과과실수에 낙엽률에 따른 인정피해율을 곱하여 해당 감수과실수로 산정한다.

| 품목 | 낙엽률에 따른 인정피해율 계산식 |
|---|---|
| 단감 | (1.0115 × 낙엽률) - (0.0014 × 경과일수)<br>※ 경과일수 : 6월 1일부터 낙엽피해 발생일까지 경과된 일수 |
| 떫은감 | 0.9662 × 낙엽률 - 0.0703 |

※ 인정피해율의 계산 값이 0보다 적은 경우 인정피해율은 0으로 한다.

〈그림 2-6〉 가지별 낙엽 판단 (예시)

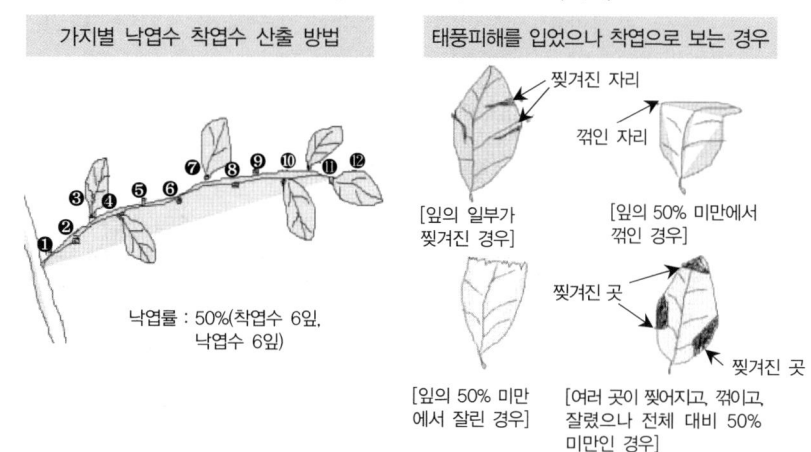

4) 착과 피해 조사

**가) 조사 대상** : 적과 종료 이후 대상 재해로 사고 접수된 과수원 또는 적과 종료 이전 우박피해 과수원

**나) 대상 재해** : 우박, 가을동상해, 일소피해

**다) 조사 시기** : 착과 피해 확인이 가능한 시점

※ 수확 전 대상재해 발생 시 계약자는 수확개시 최소 10일 전에 보험 가입 대리점으로 수확 예정일을 통보하고 최초 수확 1일 전에는 조사를 마친다.

**라) 조사 방법**

(1) 착과 피해 조사는 착과된 과실에 대한 피해 정도를 조사하는 것으로 해당 피해에 대한 확인이 가능한 시기에 실시하며, 대표품종(적과후착과수 기준 60% 이상 품종)으로 하거나 품종별로 실시할 수 있다.

(2) 착과 피해 조사에서는 가장 먼저 착과수를 확인하여야 하며, 이때 확인할 착과수는 적과 후 착과수조사와는 별개의 조사를 의미한다.

다만, 이전 실시한 적과후 착과수조사(이전 착과피해조사 시 실시한 착과수조사 포함)의 착과수와 금차 조사 시의 착과 피해 조사 시점의 착과수가 큰 차이가 없는 경우에는 별도의 착과수 확인 없이 이전에 실시한 착과수조사 값으로 대체할 수 있다.

(3) 착과수 확인은 실제 결과주수에서 고사주수, 수확불능주수, 미보상주수 및 수확 완료주수를 뺀 조사대상주수를 기준으로 적정표본주수를 산정하며 이후 조사 방법은 위 「적과후 착과수 조사」 방법과 같다.

> 조사대상주수 = 실제 결과주수 - 미보상주수 - 고사주수 - 수확불능주수 - 수확 완료주수

(4) 착과수 확인이 끝나면 수확이 완료되지 않은 품종별로 표본 과실을 추출한다. 이때 추출하는 표본 과실수는 품종별 1주 이상, 과수원당 3주 이상으로 하며, 추출한 표본 과실을 「과실 분류에 따른 피해인정계수」〈별표3〉에 따라 품종별로 정상과, 50%형 피해과, 80%형 피해과, 100%형 피해과로 구분하여 해당 과실 개수를 조사한다. 다만, 거대재해 등 필요시에는 해당 기준 표본수의 1/2만 조사도 가능하다. 또한, 조사 시 사용한 과실은 계약자의 비용 부담으로 한다. ※ 이하 모든 조사 시 사용한 과실은 계약자 부담으로 한다.

**Tip** 〈별표3〉 과실 분류에 따른 피해인정계수

〈복숭아, 감귤(온주밀감류) 외〉

| 과실분류 | 피해인정계수 | 비고 |
|---|---|---|
| 정상과 | 0 | 피해가 없거나 경미한 과실 |
| 50%형 피해과실 | 0.5 | 일반시장에 출하할 때 정상과실에 비해 50%정도의 가격하락이 예상되는 품질의 과실(단, 가공공장공급 및 판매 여부와 무관) |

| 80%형 피해과실 | 0.8 | 일반시장 출하가 불가능하나 가공용으로 공급될 수 있는 품질의 과실 (단, 가공공장공급 및 판매 여부와 무관) |
|---|---|---|
| 100%형 피해과실 | 1 | 일반시장 출하가 불가능하고 가공용으로도 공급될 수 없는 품질의 과실 |

(5) 조사 당시 수확이 완료된 품종이 있거나 피해가 경미하여 피해구성조사로 추가적인 감수가 인정되기 어려울 때에는 품종별로 피해구성조사를 생략할 수 있다. 대표품종만 조사한 경우에는 품종별 피해 상태에 따라 대표품종의 조사 결과를 동일하게 적용할 수 있다.

(6) 다만, 일소 피해과를 수확기까지 착과시켜 놓을 경우 탄저병 등 병충해가 발생할 수 있으므로 조사의 방법이나 시기는 재해보험사업자의 시행지침에 따라 유동적일 수 있다.

〈그림 2-7〉 착과피해조사 과실 분류

5) 고사나무 조사

  가) **조사 대상** : 나무손해보장특약을 가입한 농지 중 사고가 접수된 모든 농지

  나) **대상 재해** : 자연재해, 조수해(鳥獸害), 화재

  다) **조사 시기** : 수확 완료 후 나무손해보장 종료 직전

  라) **조사 방법**

   (1) 고사나무조사 필요 여부 확인

    (가) 수확완료 후 고사나무가 있는 경우에만 조사를 실시한다.

    (나) 계약자 유선 확인 등으로 착과수 조사 및 감수과실수 조사 등 기 조사시 확인된 고사나무 이외에 추가 고사나무가 없는 경우에는 조사생략이 가능하다.

   (2) 보장하는 재해로 인한 피해 여부 확인

    보상하지 않는 손해로 고사한 나무가 있는 경우 미보상 고사주수로 조사한다.

※ 미보상 고사주수는 고사나무조사 이전 조사(적과후 착과수 조사, 착과피해조사 및 낙과피해조사)에서 보장하는 재해 이외의 원인으로 고사하여 미보상 주수로 조사된 주수를 포함한다.

(3) 고사주수 조사

품종·재배방식·수령별로 실제 결과주수, 수확 완료 전 고사주수, 수확 완료 후 고사주수 및 미보상 고사주수(보장하는 재해 이외의 원인으로 고사한 나무)를 조사한다.

※ **수확 완료 전 고사주수**는 고사나무조사 이전 조사(적과후 착과수 조사, 착과피해조사 및 낙과피해조사)에서 보장하는 재해로 고사한 것으로 확인 된 주수를 의미하며,

**수확 완료 후 고사주수**는 보장하는 재해로 고사한 나무 중 고사나무조사 이전 조사에서 확인되지 않은 나무주수를 말한다.

## 다. 보험금 산정 방법 및 지급기준

적과전종합위험방식의 보험금은 적과이전의 사고를 보상하는 착과감소보험금과 적과이후의 사고를 보상하는 과실손해보험금으로 구분된다.

### Tip 적과종료 이전 착과감소량과 적과종료 이후 누적감수량 관련 주요내용

(가) 적과종료 이전 착과감소량
  ① 자연재해·조수해·화재 - 보통약관
    ㉮ 착과감소량 산정(일부피해가 아닌 경우)
      ※ 우박 착과피해 감수량(수확 직전 착과피해조사 확인함) ⇨ 적과 후 감수량에 합산
    ㉯ 모든 사고가 "피해규모 일부"인 경우(조수해·화재)
      최대인정감소량(최대인정피해율)을 적용하여 착과감소량을 산정한다.
  ② 태풍(강풍)·집중호우·우박·화재·지진 - 특별약관(5종 한정)
    ㉮ 최대인정피해율 적용하여 착과감소량을 산정한다. (아래의 값 중에서 최대값)
    ㉯ 나무피해율·유과타박률(우박)·인정피해율(단감, 떫은감)
(나) 적과종료 이후 누적감수량 - 태풍(강풍)·집중호우·우박·화재·지진·가을동상해·일소피해
  ① 적과종료 이전 피해 감수량 합산분
    ㉮ 우박 착과피해 감수량(수확 직전 착과피해조사 확인함) ⇨ 적과 후 감수량에 합산
    ㉯ 적과 종료 이전 자연재해(5종한정 특약 미가입)로 인한 적과 종료 이후 착과손해 감수량(5% 기준)
      ⇨ 적과 후 감수량에 합산
  ② 적과종료 이후 피해 감수량 합산분
    ㉮ 태풍(강풍)·집중호우·화재·지진
      ⓐ 낙과피해 : 사과, 배, 단감, 떫은감
        *사과, 배 : 7%를 착과피해로 반영함
      ⓒ 착과피해(낙엽률에 따른 인정피해율) : 단감, 떫은감
      ⓑ 나무피해 : 사과, 배, 단감, 떫은감 - 고사·수확불능·일부침수

> \*고사 : 나무의 유실・매몰・도복・절단・소실
> \*수확불능 : 나무는 살아있는 경우임
> \*일부침수(침수손해) : 침수나무의 평균침수착과수
> ㉯ 우박
>   ⓐ 낙과피해 : 사과, 배, 단감, 떫은감
>   ⓑ 착과피해 : 사과, 배, 단감, 떫은감(수확 직전 착과피해조사 확인함)
> ㉰ 가을동상해 ← 낙과피해는 없음
>   ▷ 착과피해 : 사과, 배, 단감, 떫은감
>     \*단감, 떫은감 : 잎 50% 이상 고사피해 - 별도 착과피해율 적용
> ㉱ 일소피해 (보험사고 한 건당 적과 후 착과수의 6%를 초과하는 경우에만 감수과실수로 인정)
>   ⓐ 낙과피해 : 사과, 배, 단감, 떫은감
>   ⓑ 착과피해 : 사과, 배, 단감, 떫은감(수확 직전 착과피해조사 확인함)

### 1) 적과전종합위험방식의 보험금 산정

가) 기준수확량 산정

> **Tip** 기준수확량의 용도
>
> 자기부담감수량을 산정할 때 적용되는 것으로서 기준수확량[적과후착과량 또는 (적과후착과량 + 착과감소량)]에 자기부담비율 곱하여 산정한다.

(1) "**기준착과수**"라 함은 보험금 지급에 기준이 되는 과실 수(數)로, 아래와 같이 산출한다.

(가) 적과 종료 전에 인정된 착과감소과실수가 없는 과수원

적과후착과수를 기준착과수로 한다. 다만, 적과 후 착과수조사 이후의 착과수가 적과 후 착과수보다 큰 경우에는 착과수를 기준착과수로 할 수 있다.

> 기준착과수 = 적과후착과수
> 다만, 적과 후 착과수조사 이후의 '착과수' > 적과 후 착과수 ⇨ 기준착과수 = '착과수'(가능)

(나) 적과 종료 전에 인정된 착과감소과실수가 있는 과수원

위 항에서 조사된 적과 후 착과수에 해당 착과감소과실수를 더하여 기준착과수로 한다.

> 기준착과수 = 적과후착과수 + 착과감소과실수

(2) 기준수확량은 기준착과수에 가입과중을 곱하여 산출한다.

> 기준수확량 = 기준착과수 × 가입과중

나) 감수량의 산정

(1) 적과종료 이전 착과감소량

(가) 재해보험사업자는 보험사고가 발생할 때 피해조사를 실시하여 피해사실이 확인되면 아래와 같이 착과감소과실수를 산출한다.

> **Tip** 보험사고 : 자연재해·조수해·화재

> 착과감소과실수 = 최솟값(평년착과수 - 적과후착과수, 최대인정감소과실수)

다만, **우박으로 인한 착과피해**는 수확 전에 착과를 분류하고, 이에 과실 분류에 따른 피해인정계수를 적용하여 감수과실수를 별도로 산출(이하 "착과 감수과실수 산정방법"이라 한다)하여 적과 후 보장하는 재해로 발생하는 감수과실수에 합산한다.

> 우박 착과피해 : 수확 전에 착과를 분류 ⇨ 피해인정계수 적용
> ⇨ 감수과실수 별도 산출 ⇨ 적과 후 보장하는 재해로 발생하는 감수과실수에 합산

(나) **착과감소량**은 착과감소과실수에 가입과중을 곱하여 산출한다.

> 착과감소량 = 착과감소과실수 × 가입과중

(다) 피해사실확인조사에서 **모든 사고가 "피해규모가 일부"인 경우**만 해당하며, 착과감소량이 최대인정감소량을 초과하는 경우에는 최대인정감소량을 착과감소량으로 한다.

> **Tip** 일부피해 : 보통약관(자연재해·조수해·화재)에서 적용됨

> ① 조수해·화재 사고접수되고 피해규모가 일부인 경우에 해당됨
> ② 5종 한정 특약 가입건은 제외함

> 착과감소량 > 최대인정감소량 ⇨ 최대인정감소량을 착과감소량으로 적용

① **최대인정감소량** = 평년착과량 × 최대인정피해율
② **최대인정감소과실수** = 평년착과수 × 최대인정피해율

> 최대인정감소량(과실수) = 평년착과량(수) × 최대인정피해율

③ **최대인정피해율** = $\dfrac{\text{피해대상주수(고사주수, 수확불능주수, 일부피해주수)}}{\text{실제결과주수}}$

※ 해당 사고가 2회 이상 발생한 경우에는 사고별 피해대상주수를 누적하여 계산

(라) 적과종료이전 최대인정감소량 - 「5종한정특약」 가입건에 적용되는 내용

① 「**5종한정특약**」 가입건에 적용되며, 착과감소량이 최대인정감소량을 초과하는 경우에는 최대인정감소량을 착과감소량으로 한다.

| 착과감소량 > 최대인정감소량 ⇨ 최대인정감소량을 착과감소량으로 적용 |

② **최대인정감소량** = 평년착과량 × 최대인정피해율
③ **최대인정감소과실수** = 평년착과수 × 최대인정피해율

| 최대인정감소량(과실수) = 평년착과량(수) × 최대인정피해율 |

※ **최대인정피해율**은 아래 제㉮호부터 제㉰호까지 산정된 값 중 큰 값으로 한다.
  ㉮ 나무피해 : 유실, 매몰, 도복, 절단(1/2), 소실(1/2), 침수주수를 실제결과주수로 나눈 값

  > **Tip** 나무피해율
  >
  > $$\frac{유실, 매몰, 도복, 절단(1/2), 소실(1/2), 침수주수}{실제결과주수}$$

  ※ 침수주수는 침수피해를 입은 나무수에 과실침수율을 곱하여 계산

  > **Tip** 침수 주수 산정방법
  >
  > ⓐ 표본주는 품종·재배방식·수령별 침수피해를 입은 나무 중 가장 평균적인 나무로 1주 이상 선정한다.
  > ⓑ 표본주의 침수된 착과(화)수와 전체 착과(화)수를 조사한다.
  > ⓒ 과실침수율 = $\frac{침수된\ 착과(화)수}{전체\ 착과(화)수\ =\ (침수된\ 착과(화)수\ +\ 침수되지\ 않은\ 착과(화)수)}$
  > ⓓ 전체 착과수 = 침수된 착과(화)수 + 침수되지 않은 착과(화)수
  > ⓔ 침수주수 = 침수피해를 입은 나무수 × 과실침수율

  ㉯ 우박피해에 따른 유과타박률

  > **Tip** 유과타박률
  >
  > 최댓값(유과타박률1, 유과타박률2, 유과타박률3, …)

  ㉰ 낙엽률에 따른 인정피해율 : 단감, 떫은감에 한하여 6월 1일부터 적과 종료 이전까지 태풍(강풍)·집중호우·화재·지진으로 인한 낙엽피해가 발생한 경우 낙엽률을 조사하여 산출한 낙엽률에 따른 인정피해율

  > **Tip** 인정피해율
  >
  > 최댓값(인정피해율1, 인정피해율2, 인정피해율3, …)

(2) 적과 종료 이전 자연재해로 인한 적과 종료 이후 착과손해 감수량

(가) 재해보험사업자는 적과 종료 이전 보상하는 손해 '자연재해'로 인하여 보험의 목적에 피해가 발생하고 제1항에서 정한 착과감소과실수가 존재하는 경우에는 아래와 같이 착과손해 감수과실수를 산출한다.

> **Tip** 적과종료 이전 특정위험 5종 한정보장 특별약관에 미가입 시에만 적용함. 계산된 감수과실수는 적과종료 이후 누적감수과실수에 합산하며, 적과종료 이후 착과피해율(maxA 적용)로 인식함

① 적과후착과수가 평년착과수의 60% 미만인 경우(적과후착과수 < 평년착과수 60%)

$$\text{감수과실수 = 적과후착과수} \times 5\%$$

② 적과후착과수가 평년착과수의 60% 이상 100% 미만인 경우
(평년착과수 60% ≦ 적과후착과수 < 평년착과수 100%)

$$\text{감수과실수 = 적과후착과수} \times 5\% \times \frac{100\% - \text{착과율}}{40\%}$$

※ 착과율 = 적과후착과수 ÷ 평년착과수

(나) 적과종료 이전 자연재해로 인한 적과 종료 이후 착과손해 감수량은 착과손해 감수과실수에 가입과중을 곱하여 산출한다.

$$\text{적과종료 이전 자연재해로 인한 적과 종료 이후 착과손해 감수량}$$
$$= \text{착과손해 감수과실수} \times \text{가입과중}$$

(다) 본 감수량은 보험약관 중 2019년부터 변경된 적과전종합위험방식에 적용하며 「5종한정특약」에 가입한 경우에는 인정하지 않는다.

> **Tip** 적과종료 이전 착과감소량(과실수) 계산
>
> □ 적과종료이전 보상하는 재해(자연재해, 조수해, 화재)에 따른 착과감소량(과실수)
> (가) 착과감소량(과실수)
> 적과종료이전 보상하는 재해(자연재해, 조수해, 화재)로 발생한 착과감소량(과실수)은 아래와 산식과 같음
>
> ① 착과감소과실수 = 평년착과수 − 적과후착과수
> ② 적과종료이전의 미보상감수과실수
>   = (착과감소과실수 × 미보상비율) + 미보상주수 감수과실수
> *적과종료이전사고 조사에서 미보상비율적용은 미보상비율조사값 중 가장 큰 값만 적용
> *미보상주수 감수과실수 = 미보상주수 × 품종·재배방식·수령별 1주당 평년착과수

(나) 적과종료이전 사고로 일부 피해만 발생하는 경우 착과감소량(과실수)

단, 적과종료이전 사고로 일부 피해만 발생하는 경우 아래의 산식을 적용함(5종 한정 특약 가입건 제외)

*일부피해 : 조수해·화재 사고접수되고 피해규모가 일부인 경우에 해당

① 착과감소과실수 = 최솟값(평년착과수 − 적과후착과수, 최대인정감소과실수)
② 최대인정감소량(과실수) = 평년착과량(수) × 최대인정피해율

*최대인정피해율 = $\dfrac{\text{피해대상주수(고사주수, 수확불능주수, 일부피해주수)}}{\text{실제결과주수}}$

※ 해당 사고가 2회 이상 발생한 경우에는 사고별 피해대상주수를 누적하여 계산

□ 「적과종료이전 특정위험 5종 한정 보장특별약관」가입건의 적과종료 이전 보상하는 재해로 발생한 착과감소량(과실수)

「적과종료이전 특정위험 5종 한정 보장특별약관」가입건의 적과종료 이전 보상하는 재해로 발생한 착과감소량(과실수)은 아래의 산식과 같음. 적과종료이전 사고는 보상하는 재해가 중복해서 발생한 경우에도 아래 산식을 한번만 적용함

(가) 착과감소과실수 = 최솟값(평년착과수 − 적과후착과수, 최대인정감소과실수)
(나) 최대인정감소량(과실수) = 평년착과량(수) × 최대인정피해율
 ※ 최대인정피해율은 아래의 값 중 가장 큰 값
 ① 나무피해

$\dfrac{\text{유실, 매몰, 도복, 절단(1/2), 소실(1/2), 침수주수}}{\text{실제결과주수}}$

· 단, 침수주수는 침수피해를 입은 나무수에 과실침수율을 곱하여 계산함

침수주수 = 침수피해를 입은 나무수 × 과실침수율

· 해당 사고가 2회 이상 발생한 경우에는 사고별 나무피해주수를 누적하여 계산
 ② 우박피해에 따른 유과타박률

최댓값(유과타박률1, 유과타박률2, 유과타박률3, …)

 ③ 6월1일부터 적과종료 이전까지 단감·떫은감의 낙엽피해에 따른 인정피해율

최댓값(인정피해율1, 인정피해율2, 인정피해율3, …)

※ 적과 종료 이전 자연재해(5종한정 특약 미가입)로 인한 적과 종료 이후 착과손해 감수량(5% 기준)
 ⇨ 적과 후 감수량에 합산함

### (3) 적과 종료 이후 감수량

재해보험사업자는 보험사고가 발생할 때마다 피해사실 확인과 재해별로 아래와 같은 조사를 실시하여 감수과실수를 산출한다.

#### (가) 태풍(강풍), 집중호우, 화재, 지진

① **낙과손해**

낙과를 분류하고, 이에 과실 분류에 따른 피해인정계수〈별표3〉를 적용하여 감수 과실수를 산출(이하 "낙과 감수과실수 산출방법"이라 한다)한다.

> **Tip** 〈별표3〉 과실 분류에 따른 피해인정계수

| 〈복숭아, 감귤(온주밀감류) 외〉 | | |
|---|---|---|
| 과실분류 | 피해인정계수 | 비고 |
| 정상과 | 0 | 피해가 없거나 경미한 과실 |
| 50%형 피해과실 | 0.5 | 일반시장에 출하할 때 정상과실에 비해 50% 정도의 가격하락이 예상되는 품질의 과실(단, 가공공장공급 및 판매 여부와 무관) |
| 80%형 피해과실 | 0.8 | 일반시장 출하가 불가능하나 가공용으로 공급될 수 있는 품질의 과실<br>(단, 가공공장공급 및 판매 여부와 무관) |
| 100%형 피해과실 | 1 | 일반시장 출하가 불가능하고 가공용으로도 공급될 수 없는 품질의 과실 |

② **침수손해**

조사를 통해 침수 나무의 평균 침수 착과수를 산정하고, 이에 침수 주수를 곱하여 감수과실수를 산출한다.

③ **나무의 유실·매몰·도복·절단 손해**

조사를 통해 무피해 나무의 평균 착과수를 산정하고, 이에 유실·매몰·도복·절단된 주수를 곱하여 감수과실수를 산출한다.

④ **소실손해**

조사를 통해 무피해 나무의 평균 착과수를 산정하고, 이에 소실된 주수를 곱하여 감수과실수를 산출한다.

⑤ **착과손해**(사과, 배에 한함)

『① 낙과손해』에 의해 결정된 낙과 감수과실수의 7%를 감수과실수로 한다.

**Tip** 낙과피해·낙엽피해·나무피해 계산식 정리 – 태풍(강풍), 집중호우, 화재, 지진

㉮ 낙과피해 – 사과·배
  ⓐ 낙과 손해(전수조사)

$$총낙과과실수 \times (낙과피해구성률 - \max A) \times 1.07$$

  ⓑ 낙과 손해(표본조사)

$$\frac{낙과과실수\ 합계}{표본주수} \times 조사대상주수 \times (낙과피해구성률 - \max A) \times 1.07$$

  ※ 조사대상주수 = 실제결과주수 – 미보상주수 – 고사주수 – 수확불능주수 – 수확완료주수
  ※ 낙과 감수과실수의 7%를 착과손해로 포함하여 산정
  ※ max A : 금차 사고전 기조사된 착과피해구성률 중 최댓값을 말함
  ※ "(낙과피해구성률 – max A)"의 값이 영(0)보다 작은 경우 : 금차 감수과실수는 영(0)으로 함

㉯ 낙과피해 – 단감·떫은감
  ⓐ 낙과 손해(전수조사)

$$총낙과과실수 \times (낙과피해구성률 - \max A)$$

  ⓑ 낙과 손해(표본조사)

$$\frac{낙과과실수\ 합계}{표본주수} \times 조사대상주수 \times (낙과피해구성률 - \max A)$$

  ※ 조사대상주수 = 실제결과주수 – 미보상주수 – 고사주수 – 수확불능주수 – 수확완료주수
  ※ max A : 금차 사고전 기조사된 착과피해구성률 또는 인정피해율 중 최댓값을 말함
  ※ "(낙과피해구성률 – max A)"의 값이 영(0)보다 작은 경우 : 금차 감수과실수는 영(0)으로 함

㉰ 나무피해 – 사과·배·단감·떫은감
  ⓐ 나무의 고사 및 수확불능 손해

$$(고사주수 + 수확불능주수) \times 무피해\ 나무\ 1주당\ 평균\ 착과수 \times (1 - \max A)$$

  ⓑ 나무의 일부침수 손해

$$(일부침수주수 \times 일부침수나무\ 1주당\ 평균\ 침수\ 착과수) \times (1 - \max A)$$

  ※ max A : 금차 사고전 기조사된 착과피해구성률 중 최댓값을 말함(사과·배)

※ max A : 금차 사고전 기조사된 착과피해구성률 또는 인정피해율 중 최댓값을 말함(단감·떫은감)

㉣ 낙엽피해 – 단감·떫은감   cf. 교재 구성상 이후에 구체적으로 서술됨
   □ 낙엽 손해

$$\text{사고당시 착과과실수} \times (\text{인정피해율} - \max A)$$

※ max A : 금차 사고전 기조사된 착과피해구성률 또는 인정피해율 중 최댓값을 말함
※ "(인정피해율 – max A)"의 값이 영(0)보다 작은 경우 : 금차 감수과실수는 영(0)으로 함

(나) 우박

① **착과손해**

수확 전에 착과 감수과실수 산정 방법에 따라 산출한다.

② **낙과손해**

낙과 감수과실수 산출 방법에 따라 산출한다.

**Tip** 낙과피해와 착과피해 계산식 정리 – 우박

㉮ 낙과피해 – 사과·배·단감·떫은감
   ⓐ 낙과 손해(전수조사)

$$\text{총낙과과실수} \times (\text{낙과피해구성률} - \max A)$$

   ⓑ 낙과 손해(표본조사)

$$\frac{\text{낙과과실수 합계}}{\text{표본주수}} \times \text{조사대상주수} \times (\text{낙과피해구성률} - \max A)$$

※ max A : 금차 사고전 기조사된 착과피해구성률 중 최댓값을 말함
※ "(해당과실의 피해구성률 – max A)"의 값이 영(0)보다 작은 경우 : 금차 감수과실수는 영(0)으로 함

㉯ 착과피해 – 사과·배·단감·떫은감
   □ 착과 손해

$$\text{사고당시 착과과실수} \times (\text{착과피해구성률} - \max A)$$

※ max A : 금차 사고전 기조사된 착과피해구성률 중 최댓값을 말함
※ "(착과피해구성률 – max A)"의 값이 영(0)보다 작은 경우 : 금차 감수과실수는 영(0)으로 함

### (다) 낙엽피해(단감·떫은감에 한함)

보험기간 적과 종료일 이후부터 당해연도 10월까지 태풍(강풍)·집중호우·화재·지진으로 인한 낙엽피해가 발생한 경우 조사를 통해 착과수와 낙엽률을 산출하며, 낙엽률에 따른 인정피해율에서 기발생 낙엽률에 따른 인정피해율의 최대값을 차감하고 착과수를 곱하여 감수과실수를 산출한다.

| 품목 | 인정피해율 |
| --- | --- |
| 단감 | 인정피해율 = 1.0115 × 낙엽률 − 0.0014 × 경과일수<br>※ 경과일수 : 6월 1일부터 낙엽피해 발생일까지 경과된 일수 |
| 떫은감 | 인정피해율 = 0.9662 × 낙엽률 − 0.0703 |

※ 인정피해율의 계산 값이 0보다 적은 경우 인정피해율은 0으로 한다.

**Tip** 단감 : **일단 열일하다**(1.0115), **낚여 (직장)빼고(−) 빵좀 빵빵하자**(0.0014) **경사 났네! 인생 단감!!**
떫은감 : **나여여기**(0.9662) **낚여** 직장 **빼고(−) 빵집염세! 왜? 떫은감?**
누군가 직장에서 열심히 일하다가 낚여서 빵집을 했는데 빵이 잘 팔려 대박 나서 인생이 단감 같다고 하자, 친구가 나야! 나도 여기에 낚여서 빵집 열 거야! 왜? 떫은 거야?

**Tip** 낙엽피해 계산식 정리 − 태풍(강풍)·집중호우·화재·지진

□ 낙엽피해 − 단감·떫은감
  ○ 낙엽 손해

  > 사고당시 착과과실수 × (인정피해율 − max A)

  ※ max A : 금차 사고전 기조사된 착과피해구성률 또는 인정피해율 중 최댓값을 말함
  ※ "(인정피해율 − max A)"의 값이 영(0)보다 작은 경우 : 금차 감수과실수는 영(0)으로 함

### (라) 가을동상해

① 착과 손해

피해과실을 분류하고, 이에 과실 분류에 따른 피해인정계수를 적용하여 감수과실수를 산출한다. 이때 단감·떫은감의 경우 잎 피해가 인정된 경우에는 정상과실의 피해인정계수를 아래와 같이 변경하여 감수과실수를 산출한다.

> 피해인정계수 = 0.0031 × 잔여일수
> ※ 잔여일수 : 사고발생일부터 가을동상해 보장종료일까지 일자 수

> **Tip** 착과손해 계산식 정리 – 가을동상해

㉮ 착과손해 – 사과·배

$$\text{사고당시 착과과실수} \times (\text{착과피해구성률} - \max A)$$

※ max A : 금차 사고전 기조사된 착과피해구성률 중 최댓값을 말함
※ "(착과피해구성률 – max A)"의 값이 영(0)보다 작은 경우 : 금차 감수과실수는 영(0)으로 함

㉯ 착과손해 – 단감·떫은감

$$\text{사고당시 착과과실수} \times (\text{착과피해구성률} - \max A)$$

※ 단, '잎 50% 이상 고사 피해'인 경우에는 착과피해구성률을 아래와 같이 적용함

$$\text{착과피해구성률} = \frac{(\text{정상과실수} \times 0.0031 \times \text{잔여일수}^*) + (50\%\text{형 피해과실수} \times 0.5) + (80\%\text{형 피해과실수} \times 0.8) + (100\%\text{형 피해과실수} \times 1)}{\text{정상과실수} + 50\%\text{형 피해과실수} + 80\%\text{형 피해과실수} + 100\%\text{형 피해과실수}}$$

*잔여일수 : 사고발생일로부터 예정수확일(가을동상해 보장종료일 중 계약자가 선택한 날짜)까지 남은 일수

※ max A : 금차 사고전 기조사된 착과피해구성률 또는 인정피해율 중 최댓값을 말함
※ "(착과피해구성률 – max A)"의 값이 영(0)보다 작은 경우 : 금차 감수과실수는 영(0)으로 함

(마) 일소피해

① 일소피해로 인한 감수과실수는 보험사고 한 건당 적과 후 착과수의 6%를 초과하는 경우에만 감수과실수로 인정한다.

$$\text{일소피해 보험사고 한 건당 감수과실수} > \text{적과 후 착과수의 6\%} \Rightarrow \text{감수과실수로 인정}$$

② **착과손해**

피해과실을 분류하고, 이에 과실 분류에 따른 피해인정계수를 적용하여 감수 과실수를 산출한다.

③ **낙과손해**

낙과를 분류하고, 이에 과실 분류에 따른 피해인정계수를 적용하여 감수 과실수를 산출한다.

> **Tip** 낙과손해와 착과손해 계산식 정리 - 일소피해
>
> ㉮ 낙과손해 - 사과·배·단감·떫은감
>   ⓐ 낙과 손해(전수조사 시)
>
>   $$\text{총낙과과실수} \times (\text{낙과피해구성률} - \max A)$$
>
>   ⓑ 낙과 손해(표본조사 시)
>
>   $$\frac{\text{낙과과실수 합계}}{\text{표본주수}} \times \text{조사대상주수} \times (\text{낙과피해구성률} - \max A)$$
>
>   ※ max A : 금차 사고전 기조사된 착과피해구성률 또는 인정피해율 중 최댓값을 말함
>   ※ "(낙과피해구성률 - max A)"의 값이 영(0)보다 작은 경우 : 금차 감수과실수는 영(0)으로 함
>
> ㉯ 착과손해 - 사과·배·단감·떫은감
>
>   $$\text{사고당시 착과과실수} \times (\text{착과피해구성률} - \max A)$$
>
>   ※ max A : 금차 사고전 기조사된 착과피해구성률 또는 인정피해율 중 최댓값을 말함
>   ※ "(착과피해구성률 - max A)"의 값이 영(0)보다 작은 경우 : 금차 감수과실수는 영(0)으로 함
>
> ㉰ 일소피해과실수
>
>   $$\text{낙과 손해} + \text{착과 손해}$$
>
>   ⓐ 일소피해과실수가 보험사고 한 건당 적과후착과수의 6%를 초과하는 경우에만 감수과실수로 인정
>   ⓑ 일소피해과실수가 보험사고 한 건당 적과후착과수의 6% 이하인 경우에는 해당 조사의 감수과실수는 영(0)으로 함

**(바)** 재해보험사업자는 감수과실수의 합계로 적과 종료 이후 감수과실수를 산출한다. 다만, 일소·가을동상해로 발생한 감수과실수는 부보장 특별약관을 가입한 경우에는 제외한다.

**(사)** 적과 종료 이후 감수량은 적과 종료 이후 감수 과실수에 가입과중을 곱하여 산출한다.

$$\text{적과 종료 이후 감수량} = \text{적과 종료 이후 감수 과실수} \times \text{가입과중}$$

**(아)** 재해보험사업자는 하나의 보험사고로 인해 산정된 감수량은 동시 또는 선·후차적으로 발생한 다른 보험사고의 감수량으로 인정하지 않는다.

**(자)** 보장하는 재해가 여러 차례 발생하는 경우 금차사고의 조사값(낙엽률에 따른 인정피해율,

착과피해구성률, 낙과피해구성률)에서 기사고의 조사값(낙엽률에 따른 인정피해율, 착과피해구성률) 중 최고값을 제외하고 감수과실수를 산정한다.

(차) 누적감수과실수(량)는 기준착과수(량)를 한도로 한다.

다) 착과감소보험금의 계산

적과종료이전 보장하는 재해로 인하여 보험의 목적에 피해가 발생하고 착과감소량이 자기부담감수량을 초과하는 경우, 재해보험사업자가 지급할 보험금은 아래에 따라 계산한다.

> (착과감소량 − 미보상감수량 − 자기부담감수량) × 가입가격 × 보장수준(50%, 70%)

※ 설명 및 용어 정의 : 이론서 제1권 제2절 1.과수작물편 및 부록 용어집 참조

**Tip 착과감소보험금 관련 용어**

(1) 미보상감수량은 보상하는 재해 이외의 원인으로 인하여 감소되었다고 평가되는 부분을 말하며, 계약당시 이미 발생한 피해, 병해충으로 인한 피해 및 제초상태 불량 등으로 인한 수확감소량으로서 감수량에서 제외된다.

> 미보상감수량 = 미보상감수과실수 × 가입과중

*적과종료이전의 미보상감수과실수 = (착과감소과실수 × 미보상비율) + 미보상주수 감수과실수
*적과종료이전사고 조사에서 미보상비율적용은 미보상비율조사값 중 가장 큰 값만 적용
*미보상주수 감수과실수 = 미보상주수 × 품종·재배방식·수령별 1주당 평년착과수

(2) 자기부담감수량은 기준수확량에 자기부담비율을 곱한 양으로 한다.

> 자기부담감수량 = 기준수확량 × 자기부담비율

(3) 기준수확량은 기준착과수에 가입과중을 곱하여 산출한다.

> 기준수확량 = 기준착과수 × 가입과중

① 적과 종료 전에 인정된 착과감소과실수가 없는 과수원 : 기준착과수 = 적과후착과수
② 적과 종료 전에 인정된 착과감소과실수가 있는 과수원 : 기준착과수 = 적과후착과수 + 착과감소과실수

(4) 자기부담비율은 계약할 때 계약자가 선택한 비율로 한다.
(5) 착과감소보험금 보장 수준(50%·70%)은 계약할 때 계약자가 선택한 보장수준으로 한다.
(6) 50%형은 임의선택 가능하나, 최근 3년간 누적 적과전 손해율이 120% 이상인 경우 50%형만 가입 가능하다.

라) 과실손해보험금의 계산

적과 종료 이후 누적감수량이 자기부담감수량을 초과하는 경우, 재해보험사업자가 지급할 보험금은 아래에 따라 계산한다.

> 보험금 = (적과 종료 이후 누적감수량 − 자기부담감수량) × 가입가격

> **Tip** 과실손해보험금의 자기부담감수량
>
> (1) 자기부담감수량은 기준수확량에 자기부담비율을 곱한 양으로 한다.
>
> $$\text{과실손해보험금 자기부담감수량} = \text{기준수확량} \times \text{자기부담비율}$$
>
> (3) 다만, 착과감소량이 존재하는 경우 자기부담감수량은 다음과 같다.
>
> $$\text{과실손해보험금 자기부담감수량} = \text{자기부담감수량} - (\text{착과감소량} - \text{미보상감수량})$$

※ 설명 및 용어 정의 : 이론서 제1권 제2절 1.과수작물편 및 부록 용어집 참조

**마)** 보험금의 지급한도에 따라 보험금이 보험가입금액 × (1 - 자기부담비율)을 초과하는 경우에는 보험가입금액 × (1 - 자기부담비율)을 보험금으로 한다.
(단, 보험가입금액은 감액한 경우에는 감액 후 보험가입금액으로 한다.)

$$\text{보험금} > \text{보험가입금액} \times (1 - \text{자기부담비율}) \Rightarrow \text{보험가입금액} \times (1 - \text{자기부담비율})$$

〈그림 2-8〉 적과전종합위험방식의 보험금산정

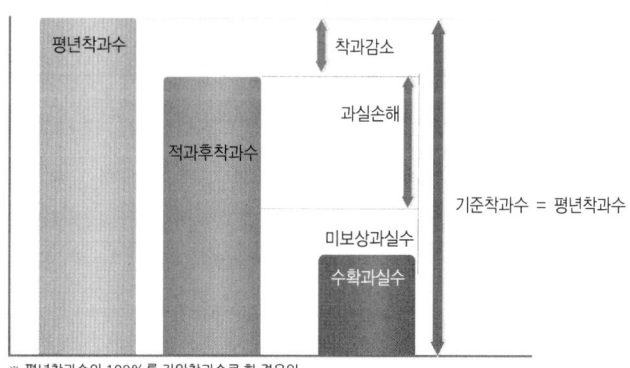

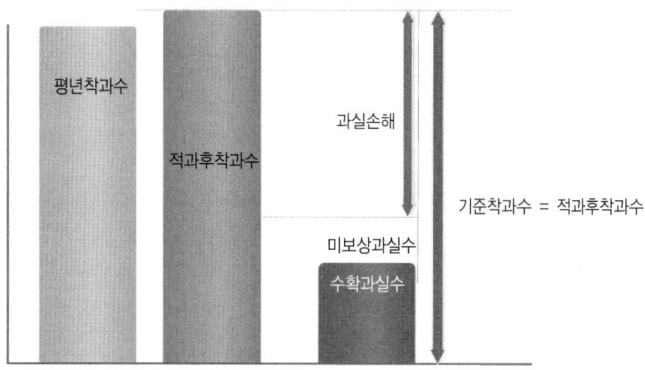

## 2) 나무손해보장 (특약) 보험금 산정

보험기간 내에 보장하는 재해로 인한 피해율이 자기부담비율을 초과하는 경우 아래와 같이 계산한 보험금을 지급한다. 보험금은 보험가입금액에 피해율에서 자기부담비율을 차감한 값을 곱하여 산정하며, 피해율은 피해주수(고사된 나무)를 실제 결과주수로 나눈 값으로 한다.

> 보험금 = 보험가입금액 × (피해율 − 자기부담비율)
> ※ 피해율 = 피해주수(고사된 나무) ÷ 실제 결과주수

※ 자기부담비율은 5%로 한다.

## 2 종합위험 수확감소보장방식 및 비가림과수 손해보장방식

- **대상품목 : 포도, 복숭아, 자두, 감귤(만감류), 밤, 호두, 참다래, 대추, 매실, 살구, 오미자, 유자**

종합위험 수확감소보장이란 보험목적에 보험기간 동안 보장하는 재해로 인하여 발생한 수확량의 감소를 보장하는 방식이다.

종합위험 비가림과수 손해보장이란 보험목적에 보험기간 동안 보장하는 재해로 인하여 발생한 수확량의 감소와 비가림시설의 손해를 보장하는 방식이다.

### 가. 시기별 조사 종류

| 생육시기 | 재해 | 조사내용 | 조사시기 | 조사방법 | 비고 |
|---|---|---|---|---|---|
| 수확 전 | 보장하는 재해 전부 | 피해사실 확인 조사 | 사고접수 후 지체 없이 | 보장하는 재해로 인한 피해발생 여부 조사 (피해사실이 명백한 경우 생략 가능) | 전품목 |
| 수확 직전 | - | 착과수조사 | 수확직전 | 해당농지의 최초 품종 수확 직전 총 착과수를 조사<br>피해와 관계없이 전 과수원 조사<br>• 조사방법 : 표본조사 | 포도, 복숭아, 자두, 감귤(만감류)만 해당 |
| 수확 직전 | 보장하는 재해 전부 | 수확량 조사 | 수확직전 | 사고발생 농지의 수확량 조사<br>• 조사방법 : 전수조사 또는 표본조사 | 전품목 |
| 수확 시작 후 ~ 수확 종료 | 보장하는 재해 전부 | 수확량조사 | 사고접수 후 지체 없이 | 사고발생 농지의 수확 중의 수확량 및 감수량의 확인을 통한 수확량조사<br>• 조사방법 : 전수조사 또는 표본조사 | 전품목 (유자 제외) |
| 수확 완료 후 ~ 보험 종기 | 보장하는 재해 전부 | 고사나무 조사 | 수확완료 후 보험 종기 전 | 보장하는 재해로 고사되거나 또는 회생이 불가능한 나무 수를 조사<br>- 특약 가입 농지만 해당<br>• 조사방법 : 전수조사 | 수확완료 후 추가 고사나무가 없는 경우 생략 가능 |

**Tip** 종합위험 수확감소보장방식 및 비가림과수 손해보장방식 시기별 조사 종류

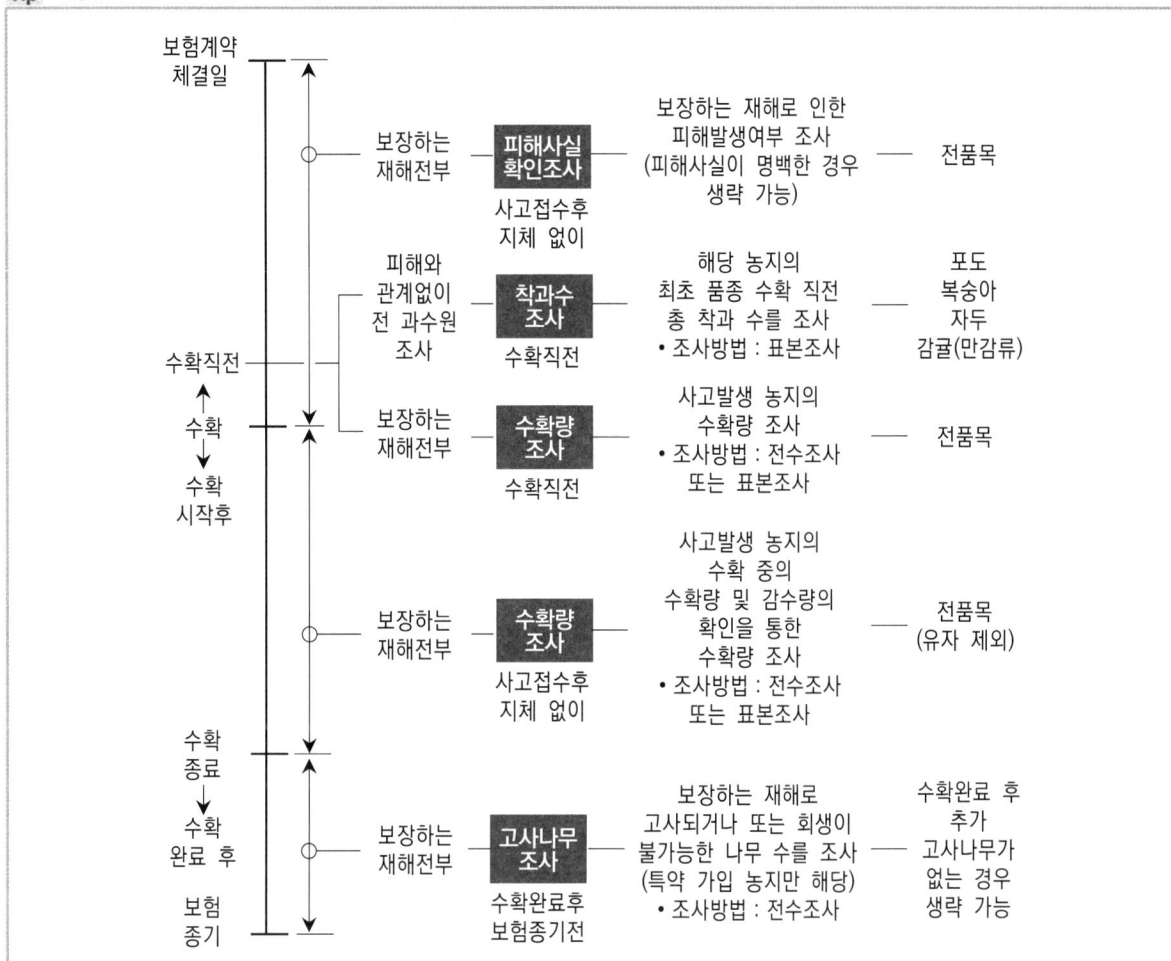

## 나. 손해평가 현지조사 방법

### 1) 피해사실 확인조사

**가) 조사 대상** : 대상 재해로 사고 접수 농지 및 조사 필요 농지

**나) 대상 재해** : 자연재해, 조수해(鳥獸害), 화재, 병충해

※ 병충해는 복숭아만 해당되며 세균구멍병으로 인하여 발생하는 피해를 대상으로 함

**다) 조사 시기** : 사고 접수 직후 실시

**라) 조사 방법** : 「피해사실 "조사 방법" 준용」

(1) 추가조사 필요 여부 판단

보장하는 재해 여부 및 피해 정도 등을 감안 추가조사(수확량조사)가 필요한지 여부를 판단하여 해당 내용을 계약자에게 안내하고, 추가조사가(수확량조사) 필요한 경우에는 수확기에 손해

평가반구성 및 추가조사 일정을 수립한다.

2) **수확량조사**(대상품목 : 포도, 복숭아, 자두, 감귤(만감류))

   다음 호의 조사 종류별 방법에 따라 실시한다.

   가) 착과수조사

   (1) 조사 대상 : 사고 여부와 관계없이 보험에 가입한 농지

   (2) 조사 시기 : 최초 수확 품종 수확기 직전. 단 감귤(만감류)은 적과 종료 후

   (3) 조사 방법 : 다음 각 목에 해당하는 사항을 확인한다.

   (가) 주수 조사

   농지내 품종별·수령별 실제결과주수, 미보상주수 및 고사나무주수를 파악한다.

   (나) 조사 대상주수 계산

   품종별·수령별 실제결과주수에서 미보상주수 및 고사나무주수를 제외하고 조사대상주수를 계산한다.

   (다) 표본주수 산정

   ① 과수원별 전체 조사 대상주수를 기준으로 품목별 표본주수표〈별표1〉에 따라 농지별 전체 표본주수를 산정한다.

   **Tip** 〈별표1〉 품목별 표본주(구간)수 표

   〈사과, 배, 단감, 떫은감, 포도(수입보장 포함), 복숭아, 자두, 감귤(만감류), 밤, 호두, 무화과〉

   | 조사대상주수 | 표본주수 | 조사대상주수 | 표본주수 |
   |---|---|---|---|
   | 50주 미만 | 5 | 500주 이상 600주 미만 | 12 |
   | 50주 이상 100주 미만 | 6 | 600주 이상 700주 미만 | 13 |
   | 100주 이상 150주 미만 | 7 | 700주 이상 800주 미만 | 14 |
   | 150주 이상 200주 미만 | 8 | 800주 이상 900주 미만 | 15 |
   | 200주 이상 300주 미만 | 9 | 900주 이상 1,000주 미만 | 16 |
   | 300주 이상 400주 미만 | 10 | 1,000주 이상 | 17 |
   | 400주 이상 500주 미만 | 11 | | |

   ② 적정 표본주수는 품종별·수령별 조사 대상주수에 비례하여 산정하며, 품종별·수령별 적정표본주수의 합은 전체 표본주수보다 크거나 같아야 한다.

   (라) 표본주 선정

   ① 조사대상주수를 농지별 표본주수로 나눈 표본주 간격에 따라 표본주 선정 후 해당 표본주에 표시리본을 부착한다.

② 동일품종·동일수령의 농지가 아닌 경우에는 품종별·수령별 조사대상주수의 특성이 골고루 반영될 수 있도록 표본주를 선정한다.

(마) 착과된 전체 과실수 조사

선정된 표본주별로 착과된 전체 과실수를 세고 표시리본에 기재

(바) 미보상비율 확인 : 품목별 미보상비율 적용표〈별표2〉에 따라 미보상비율을 조사한다.

> **Tip** 〈별표2〉 농작물재해보험 미보상비율 적용표

〈감자, 고추 제외 전 품목〉

| 구분 | 제초 상태 | 병해충 상태 | 기타 |
| --- | --- | --- | --- |
| 해당 없음 | 0% | 0% | 0% |
| 미흡 | 10% 미만 | 10% 미만 | 10% 미만 |
| 불량 | 20% 미만 | 20% 미만 | 20% 미만 |
| 매우 불량 | 20% 이상 | 20% 이상 | 20% 이상 |

미보상 비율은 보장하는 재해 이외의 원인이 조사 농지의 수확량 감소에 영향을 준 비율을 의미하여 제초 상태, 병해충 상태 및 기타 항목에 따라 개별 적용한 후 해당 비율을 합산하여 산정한다.

1. **제초 상태**(과수품목은 피해율에 영향을 줄 수 있는 잡초만 해당)

    가) 해당 없음 : 잡초가 농지 면적의 20% 미만으로 분포한 경우

    나) 미흡 : 잡초가 농지 면적의 20% 이상 40% 미만으로 분포한 경우

    다) 불량 : 잡초가 농지 면적의 40% 이상 60% 미만으로 분포한 경우 또는 경작불능조사 진행건으로 정상적인 영농활동 시행을 증빙하는 자료(비료 및 농약 영수증 등)가 부족한 경우

    라) 매우 불량 : 잡초가 농지 면적의 60% 이상으로 분포한 경우 또는 경작불능조사 진행건으로 정상적인 영농활동 시행을 증빙하는 자료(비료 및 농약 영수증 등)가 없는 경우

2. **병해충 상태**(각 품목에서 별도로 보상하는 병해충은 제외)

    가) 해당 없음 : 병해충이 농지 면적의 20% 미만으로 분포한 경우

    나) 미흡 : 병해충이 농지 면적의 20% 이상 40% 미만으로 분포한 경우

    다) 불량 : 병해충이 농지 면적의 40% 이상 60% 미만으로 분포한 경우 또는 경작불능조사 진행 건으로 정상적인 영농활동 시행을 증빙하는 자료(비료 및 농약 영수증 등)가 부족한 경우

> 라) 매우 불량 : 병해충이 농지 면적의 60% 이상으로 분포한 경우 또는 경작불능조사 진행 건으로 정상적인 영농활동 시행을 증빙하는 자료(비료 및 농약 영수증 등)가 없는 경우
>
> 3. **기타** : 영농기술 부족, 영농상 실수 및 단순 생리장애 등 보상하는 손해 이외의 사유로 피해가 발생한 것으로 추정되는 경우[해거리, 생리장애(원소결핍 등), 시비관리, 토양관리(연작 및 pH과다·과소 등), 전정(강전정 등), 조방재배, 재식밀도(인수기준 이하), 농지상태(혼식, 멀칭, 급배수 등), 가입이전 사고 및 계약자 중과실손해, 자연감모, 보상재해이외(종자불량, 일부가입 등)]에 적용
>   가) 해당 없음 : 위 사유로 인한 피해가 없는 것으로 판단되는 경우
>   나) 미흡 : 위 사유로 인한 피해가 10% 미만으로 판단되는 경우
>   다) 불량 : 위 사유로 인한 피해가 20% 미만으로 판단되는 경우
>   라) 매우 불량 : 위 사유로 인한 피해가 20% 이상으로 판단되는 경우

나) **과중조사**

(1) 조사 대상 : 사고가 접수된 모든 농지

(2) 조사 시기 : 품종별 수확시기에 각각 실시

(3) 조사 방법 : 다음 각 목에 해당하는 사항을 확인한다.

 (가) **표본 과실 추출**

  ① 품종별로 착과가 평균적인 3주 이상의 나무에서 크기가 평균적인 과실을 20개 이상 추출한다.

  ② 표본 과실수는 포도, 감귤(만감류)의 경우에 농지당 30개 이상, 복숭아, 자두의 경우에 농지당 40개 이상이어야 한다.

 (나) **품종별 과실 개수와 무게 조사**

  추출한 표본 과실을 품종별로 구분하여 개수와 무게를 조사한다.

 (다) **미보상비율 조사**

  품목별 미보상비율 적용표〈별표2〉에 따라 미보상비율을 조사하며, 품종별로 미보상비율이 다를 경우에는 품종별 미보상비율 중 가장 높은 미보상비율을 적용한다. 다만, 재조사 또는 검증조사로 미보상비율이 변경된 경우에는 재조사 또는 검증조사의 미보상비율을 적용한다.

 (라) **과중조사 대체**

  위 사항에도 불구하고 현장에서 과중조사를 실시하기가 어려운 경우, 품종별 평균과중을 적용[(자두, 감귤(만감류) 제외]하거나 증빙자료가 있는 경우에 한하여 농협의 품종별 출하

자료로 과중조사를 대체할 수 있다. (수확 전 대상 재해 발생 시 계약자는 수확 개시 최소 10일 전에 보험 가입 대리점으로 수확 예정일을 통보하고 최초 수확 1일 전에는 조사를 실시한다.)

(마) **수확기 판단**

조기수확 및 수확해태 등으로 수확기에 대한 분쟁이 발생할 경우 수확시기 판단은 지역의 농업기술센터 등 농업 전문기관의 판단에 따른다.

(바) 하나의 품종에 대하여 여러 차례의 과중조사가 실시된 경우에는 최초 조사 값을 적용한다. 다만, 재조사 또는 검증조사로 조사 값이 변경된 경우에는 재조사 또는 검증조사의 조사 값을 적용한다.

(사) 과중조사 시 사용된 표본 과실에서 보상하는 재해로 인한 착과피해 여부를 확인한다.

〈그림 2-9〉 포도, 복숭아, 자두 과중조사

다) **착과피해조사**

(1) **조사 대상** : 착과피해를 유발하는 재해(우박, 호우 등)가 접수된 모든 농지

(2) **조사 시기** : 품종별 수확시기에 각각 실시

(3) **조사 방법** : 다음 각 목에 해당하는 사항을 확인한다.

(가) 착과피해를 유발하는 재해가 있을 경우에만 시행하며, 해당 재해 여부는 재해의 종류와 과실의 상태 등을 고려하여 조사자가 판단한다.

(나) **조사대상주수 계산**

실제결과주수에서 수확 완료주수, 미보상주수 및 고사나무주수를 제외하고 조사대상주수를 계산한다.

(다) **적정 표본주수 산정**

조사대상주수를 기준으로 적정 표본주수를 산정한다. 〈별표1〉

**Tip** 〈별표1〉 품목별 표본주(구간)수 표

〈사과, 배, 단감, 떫은감, 포도(수입보장 포함), 복숭아, 자두, 감귤(만감류), 밤, 호두, 무화과〉

| 조사대상주수 | 표본주수 | 조사대상주수 | 표본주수 |
|---|---|---|---|
| 50주 미만 | 5 | 500주 이상 600주 미만 | 12 |
| 50주 이상 100주 미만 | 6 | 600주 이상 700주 미만 | 13 |
| 100주 이상 150주 미만 | 7 | 700주 이상 800주 미만 | 14 |
| 150주 이상 200주 미만 | 8 | 800주 이상 900주 미만 | 15 |
| 200주 이상 300주 미만 | 9 | 900주 이상 1,000주 미만 | 16 |
| 300주 이상 400주 미만 | 10 | 1,000주 이상 | 17 |
| 400주 이상 500주 미만 | 11 | | |

(라) 착과수조사

착과피해조사에서는 가장 먼저 착과수를 확인하여야 하며, 이때 확인할 착과수는 수확 전 착과수조사와는 별개의 조사를 의미한다. 다만, 이전 실시한 착과수조사(이전 착과피해조사 시 실시한 착과수조사 포함)의 착과수와 착과피해조사 시점의 착과수가 큰 차이가 없는 경우에는 별도의 착과수 확인 없이 이전에 실시한 착과수조사 값으로 대체할 수 있다.

(마) 품종별 표본과실 선정 및 피해구성조사

착과수 확인이 끝나면 수확이 완료되지 않은 품종별로 표본 과실을 추출한다. 이때 추출하는 표본 과실수는 품종별 20개 이상[포도, 감귤(만감류)은 농지당 30개 이상, 복숭아, 자두는 농지당 40개 이상]으로 하며, 표본 과실을 추출할 때에는 품종별 3주 이상의 표본주에서 추출한다. 추출한 표본 과실을 과실 분류에 따른 피해인정계수〈별표3〉에 따라 품종별로 구분하여 해당 과실 개수를 조사한다.

**Tip** 〈별표3〉 과실 분류에 따른 피해인정계수

| 〈복숭아〉 - 복숭아 외는 병충해 제외 ||| 
|---|---|---|
| 과실분류 | 피해인정계수 | 비고 |
| 정상과 | 0 | 피해가 없거나 경미한 과실 |
| 50%형 피해과실 | 0.5 | 일반시장에 출하할 때 정상과실에 비해 50% 정도의 가격하락이 예상되는 품질의 과실(단, 가공공장공급 및 판매 여부와 무관) |
| 80%형 피해과실 | 0.8 | 일반시장 출하가 불가능하나 가공용으로 공급될 수 있는 품질의 과실(단, 가공공장공급 및 판매 여부와 무관) |
| 100%형 피해과실 | 1 | 일반시장 출하가 불가능하고 가공용으로도 공급될 수 없는 품질의 과실 |
| 병충해 피해과실 | 0.5 | 세균구멍병 피해를 입은 과실 |

(바) 피해구성조사 생략

조사 당시 수확이 완료된 품종이 있거나 피해가 경미하여 피해구성조사가 의미가 없을 때에는 품종별로 피해구성조사를 생략할 수 있다.

라) 낙과피해조사

(1) 조사 대상 : 착과수조사 이후 낙과피해가 발생한 농지

(2) 조사 시기 : 사고 접수 직후 실시

(3) 조사 방법 : 다음 각 목에 해당하는 사항을 확인한다.

(가) 보장하는 재해 여부 심사

농지 및 작물 상태 등을 감안하여 보장하는 재해로 인한 피해가 맞는지 확인하며, 필요시에는 이에 대한 근거자료(피해사실 확인조사 참조)를 확보할 수 있다.

(나) 나무조사 : 품종·수령별 나무주수 확인

실제결과주수에서 수확 완료주수, 미보상주수 및 고사나무주수를 제외한 조사대상주수를 계산한다.

(다) 낙과수 조사 방법 결정

낙과피해조사는 표본조사로 실시하며, 표본조사가 불가할 경우 전수조사를 실시한다.

(라) 낙과수 표본조사

① 표본주 선정

조사대상주수를 기준으로 농지별 전체 적정표본주수를 산정하되(거대재해 발생 시 표본조사의 표본주수는 『품목별 표본주수표』〈별표1〉의 1/2 이하로 할 수 있음), 품종별·수령별 표본주수는 품종별·수령별 조사 대상주수에 비례하여 산정한다. 선정된 품종별·수령별 표본주수를 바탕으로 품종별·수령별 조사 대상주수의 특성이 골고루 반영 될 수 있도록 표본주를 선정한다.

**Tip** 〈별표1〉 품목별 표본주(구간)수 표

〈사과, 배, 단감, 떫은감, 포도(수입보장 포함), 복숭아, 자두, 감귤(만감류), 밤, 호두, 무화과〉

| 조사대상주수 | 표본주수 | 조사대상주수 | 표본주수 |
|---|---|---|---|
| 50주 미만 | 5 | 500주 이상 600주 미만 | 12 |
| 50주 이상 100주 미만 | 6 | 600주 이상 700주 미만 | 13 |
| 100주 이상 150주 미만 | 7 | 700주 이상 800주 미만 | 14 |
| 150주 이상 200주 미만 | 8 | 800주 이상 900주 미만 | 15 |
| 200주 이상 300주 미만 | 9 | 900주 이상 1,000주 미만 | 16 |
| 300주 이상 400주 미만 | 10 | 1,000주 이상 | 17 |
| 400주 이상 500주 미만 | 11 | | |

② 표본주 낙과수 조사

표본주별로 수관면적 내에 있는 낙과수를 조사한다 ※ 표본주의 수관면적 내 낙과는 표본주와 품종이 다르더라도 해당 표본주의 낙과로 본다.

(마) 낙과수 전수조사(표본조사가 불가할 경우 실시)

① 전체 낙과에 대한 품종구분이 가능할 경우 전체 낙과수를 품종별로 센다.
② 전체 낙과에 대한 품종구분이 불가능할 경우에는 전체 낙과수를 세고, 낙과 중 임의로 100개 이상을 추출하여 품종별로 해당 개수를 센다.

(바) 품종별 표본과실 선정 및 피해구성조사

낙과수 확인이 끝나면 낙과 중 품종별로 표본 과실을 추출한다. 이때 추출하는 표본 과실 수는 품종별 20개[포도, 감귤(만감류)은 농지당 30개 이상, 복숭아·자두는 농지당 60개 이상]으로 하며, 추출한 표본 과실을 과실 분류에 따른 피해 인정계수에 따라 품종별로 구분하여 해당 과실 개수를 조사한다. ※ 다만, 전체 낙과수가 60개 미만일 경우 등에는 해당 기준 미만으로도 조사 가능

(사) 피해 구성 조사 생략

조사 당시 수확기에 해당하지 않는 품종이 있거나 낙과의 피해 정도가 심해 피해 구성 조사 의미가 없는 경우 등에는 품종별 피해 구성 조사를 생략할 수 있다.

**Tip** 자두, 복숭아, 포도, 감귤(만감류) 수확량조사

(1) 피해율 산정

(가) 피해율(포도, 자두, 감귤(만감류))

$$\frac{평년수확량 - 수확량 - 미보상 감수량}{평년수확량}$$

(나) 피해율(복숭아)

$$\frac{평년수확량 - 수확량 - 미보상 감수량 + 병충해감수량}{평년수확량}$$

*미보상 감수량 = (평년수확량 - 수확량) × 최댓값(미보상비율1, 미보상비율2, …)

(2) 수확량 산정

(가) 착과수조사 이전 사고의 피해사실이 인정된 경우

$$수확량 = 착과량 - 사고당 감수량의 합$$

(나) 착과수조사 이전 사고의 접수가 없거나, 피해사실이 인정되지 않은 경우

$$수확량 = \max[\,평년수확량,\ 착과량\,] - 사고당 감수량의 합$$

※ 수확량은 품종별 개당 과중조사 값이 모두 입력된 경우 산정됨

(3) 착과량 산정

$$착과량 = 품종별 \cdot 수령별 착과량의 합$$

□ 품종별·수령별 착과량

$$(품종별 \cdot 수령별 착과수 \times 품종별 과중) + (품종별 \cdot 수령별 주당 평년수확량 \times 미보상주수)$$

단, 품종별 과중이 없는 경우(과중 조사 전 기수확 품종)에는 품종별·수령별 평년수확량을 품종별·수령별 착과량으로 한다.

① 품종별·수령별 주당 평년수확량

$$품종별 \cdot 수령별 주당 평년수확량 = \frac{품종별 \cdot 수령별 평년수확량}{품종별 \cdot 수령별 실제결과주수}$$

② 품종별·수령별 평년수확량

$$품종별 \cdot 수령별 평년수확량 = 평년수확량 \times \frac{품종별 \cdot 수령별 표준수확량}{표준수확량}$$

③ 품종별·수령별 표준수확량

$$품종별 \cdot 수령별 표준수확량 = 품종별 \cdot 수령별 주당 표준수확량 \times 품종별 \cdot 수령별 실제결과주수$$

(4) 감수량 산정(사고마다 산정)

$$금차 감수량 = 금차 착과 감수량 + 금차 낙과 감수량 + 금차 고사주수 감수량$$

(가) 금차 착과 감수량 = 금차 품종별·수령별 착과 감수량*의 합

$$\text{*감수량} = \text{금차 품종별·수령별 착과수*} \times \text{품종별 과중} \times \text{금차 품종별 착과피해구성률}$$

*품종별·수령별 착과수 = 품종별·수령별 주당 착과수 × 품종별·수령별 조사대상주수

(나) 금차 낙과 감수량

$$\text{금차 품종별·수령별 낙과수*} \times \text{품종별 과중} \times \text{금차 낙과피해구성률}$$

*품종별·수령별 낙과수 = 품종별·수령별 주당 낙과수 × 품종별·수령별 조사대상 주수

(다) 금차 고사주수 감수량 = 품종별·수령별 금차 고사분*과실수 × 품종별 과중

$$\text{*고사주수} = \text{품종별·수령별 고사주수} - \text{품종별·수령별 기조사 고사주수}$$

(5) 피해구성률 : 착과피해, 낙과피해

$$\frac{(50\%\text{형 피해과실수} \times 0.5) + (80\%\text{형 피해과실수} \times 0.8) + (100\%\text{형 피해과실수} \times 1)}{\text{표본과실 수}}$$

*금차 피해구성률 = 피해구성률 − max A
  ◦ 금차 피해구성률은 다수 사고인 경우 적용
  ◦ max A : 금차 사고전 기조사된 착과피해구성률 중 최댓값을 말함
  ※ 금차 피해구성률이 영(0)보다 작은 경우에는 영(0)으로 함

(6) 병충해 감수량(복숭아만 해당)

$$\text{병충해감수량} = \text{병충해 착과감수량} + \text{사고당 병충해 낙과감수량}$$

(가) 병충해 착과감수량

$$\text{품종별·수령별 병충해 인정피해(착과)과실수} \times \text{품종별 과중}$$

① 품종별·수령별 병충해 인정피해(착과)과실수

$$\text{품종별·수령별 잔여착과수} \times \text{품종별 병충해 착과피해구성률}$$

② 품종별 병충해 착과피해구성률

$$\text{품종별 병충해 착과피해구성률} = \frac{\text{병충해 착과 피해과실수} \times 0.5}{\text{표본 착과과실수}}$$

③ 금차 품종별·수령별 병충해 인정피해(낙과)과실수

$$\text{금차 품종별·수령별 낙과피해과실수} \times \text{품종별 병충해낙과피해구성률}$$

④ 품종별 병충해 낙과피해구성률

$$\text{품종별 병충해 낙과피해구성률} = \frac{\text{병충해 낙과 피해과실수} \times 0.5}{\text{표본 낙과과실수}}$$

3) **수확량조사**(대상품목 : 밤, 호두)

다음 호의 조사 종류별 방법에 따라 실시하며, 품종의 수확기가 다른 경우에는 해당 품종의 수확 시작 도래 전마다 수확량 조사를 실시한다.

가) 수확 개시 전 수확량 조사

수확 개시 전 수확량 조사는 조사일을 기준으로 해당 농지의 수확이 시작되기 전에 수확량 조사를 실시하는 경우를 의미하며, 조기 수확 및 수확해태 등으로 수확 개시 여부에 대한 분쟁이 발생한 경우에는 지역의 농업기술센터 등 농업 전문기관의 판단에 따른다(품종별 조사 시기가 다른 경우에는 최초 조사일을 기준으로 판단한다).

(1) 보장하는 재해 여부 심사

농지 및 작물 상태 등을 감안하여 보장하는 재해로 인한 피해가 맞는지 확인하며, 필요시에는 이에 대한 근거자료(피해사실 확인조사 참조)를 확보한다.

(2) 주수 조사

농지내 품종·수령별로 실제결과주수, 미보상주수 및 고사나무주수를 파악한다.

(3) 조사 대상주수 계산

실제결과주수에서 미보상주수 및 고사나무주수를 제외한 조사 대상주수를 계산한다.

(4) 표본주폰수 산정

농지별 전체 조사 대상주수를 기준으로 품목별 표본주수표〈별표1〉에 따라 농지별 전체 표본주수를 산정하되, 품종·수령별 표본주수는 품종 및 수령별 주수에 비례하여 산정한다.

Tip 〈별표1〉 품목별 표본주(구간)수 표

〈사과, 배, 단감, 떫은감, 포도(수입보장 포함), 복숭아, 자두, 감귤(만감류), 밤, 호두, 무화과〉

| 조사대상주수 | 표본주수 | 조사대상주수 | 표본주수 |
|---|---|---|---|
| 50주 미만 | 5 | 500주 이상 600주 미만 | 12 |
| 50주 이상 100주 미만 | 6 | 600주 이상 700주 미만 | 13 |
| 100주 이상 150주 미만 | 7 | 700주 이상 800주 미만 | 14 |
| 150주 이상 200주 미만 | 8 | 800주 이상 900주 미만 | 15 |
| 200주 이상 300주 미만 | 9 | 900주 이상 1,000주 미만 | 16 |
| 300주 이상 400주 미만 | 10 | 1,000주 이상 | 17 |
| 400주 이상 500주 미만 | 11 | | |

(5) 표본주 선정

(가) 조사대상주수를 농지별 표본주수로 나눈 표본주 간격에 따라 표본주 선정 후 해당 표본주에 표시리본을 부착한다.

(나) 동일품종·동일수령의 농지가 아닌 경우에는 품종별·수령별 조사대상주수의 특성이 골고루 반영될 수 있도록 표본주를 선정한다.

## (6) 착과 및 낙과수 조사

선정된 표본주별로 착과된 과실수 및 낙과된 과실수를 조사한다. 이때 과실수의 기준은 밤은 송이, 호두는 청피로 한다.

### (가) 착과수 조사

선정된 표본주별로 착과된 전체 과실수를 조사한다.

### (나) 낙과수 조사

선정된 표본주별로 수관면적 내 낙과된 과실수를 조사한다. 단, 계약자 등이 낙과된 과실을 한 곳에 모아 둔 경우 등 표본주별 낙과수 확인이 불가능한 경우에는 농지 내 전체 낙과수를 품종별로 구분하여 전수 조사한다. 전체 낙과에 대하여 품종별 구분이 어려운 경우에는 전체 낙과수를 세고 전체 낙과 중 100개 이상의 표본을 추출하여 해당 표본의 품종을 구분하는 방법을 사용한다.

## (7) 과중조사

(가) 농지에서 품종별로 평균적인 착과량을 가진 3주 이상의 표본주에서 크기가 평균적인 과실을 품종별 20개 이상(농지당 최소 60개 이상) 추출한다.

(나) 밤의 경우, 품종별 과실(송이) 개수를 파악하고, 과실(송이) 내 과립을 분리하여 지름 길이를 기준으로 정상(30mm 초과)·소과(30mm 이하)를 구분하여 무게를 조사한다. 이때 소과(30mm 이하)인 과실은 해당 과실 무게를 실제 무게의 80%로 적용한다.

(다) 호두의 경우, 품종별 과실(청피) 개수를 파악하고, 무게를 조사한다.

$$품종별\ 개당\ 과중 = \frac{품종별\ [정상\ 표본과실\ 무게\ 합 + (소과\ 표본과실\ 무게\ 합 \times 0.8)]}{표본과실\ 수}$$

〈그림 2-10〉 밤 소과 구분 요령

30mm 지름의 원형모양 구멍이 뚫린 규격대를 준비하여 샘플조사 시 해당 구멍을 통과하는 과립은 '소과'로 따로 분류한다.
○ 아래 그림과 같이 과정부를 위로 향하게 하고 밤의 볼록한 부분이 정면을 향하게 하여 밤이 통과하는지 확인한다.
○ 밤의 가장 긴 부분이 보이도록 밤을 넣어야 하며, 세로로 넣는 등 구멍에 통과하기 위하여 밤의 방향을 변경하지 아니한다.

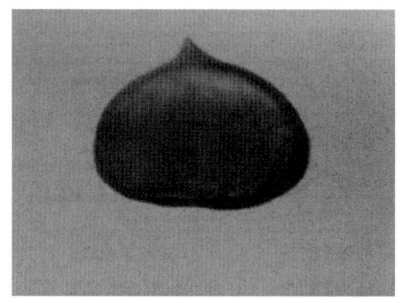
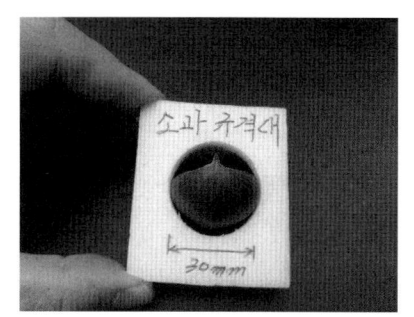

(8) 낙과피해 및 착과피해 구성 조사

　(가) 낙과피해 구성 조사

　　낙과 중 임의의 과실 20개 이상(품종별 20개 이상, 농지당 60개 이상)을 추출한 후 과실 분류에 따른 피해인정계수〈별표3〉에 따라 구분하여 그 개수를 조사한다(다만, 전체 낙과 수가 60개 미만일 경우 등에는 해당 기준 미만으로 조사가 가능하다).

　　Tip 〈별표3〉 과실 분류에 따른 피해인정계수

| 〈복숭아, 감귤(온주밀감류) 외〉 | | |
|---|---|---|
| 과실분류 | 피해인정계수 | 비고 |
| 정상과 | 0 | 피해가 없거나 경미한 과실 |
| 50%형 피해과실 | 0.5 | 일반시장에 출하할 때 정상과실에 비해 50% 정도의 가격하락이 예상되는 품질의 과실(단, 가공공장공급 및 판매 여부와 무관) |
| 80%형 피해과실 | 0.8 | 일반시장 출하가 불가능하나 가공용으로 공급될 수 있는 품질의 과실(단, 가공공장공급 및 판매 여부와 무관) |
| 100%형 피해과실 | 1 | 일반시장 출하가 불가능하고 가공용으로도 공급될 수 없는 품질의 과실 |

　(나) 착과피해 구성 조사

　　착과피해를 유발하는 재해가 있을 경우 시행하며, 품종별로 3개 이상의 표본주에서 임의의 과실 20개 이상(품종별 20개 이상, 농지당 60개 이상)을 추출한 후 과실 분류에 따른 피해인정계수〈별표3〉에 따라 구분하여 그 개수를 조사한다.

(다) 피해 구성 조사의 생략

조사 당시 착과에 이상이 없는 경우나 낙과의 피해 정도가 심해 피해구성 조사가 의미가 없을 경우 등에는 품종별로 피해 구성 조사를 생략할 수 있다.

(9) 미보상비율 확인

품목별 미보상비율 적용표〈별표2〉에 따라 미보상비율을 조사한다.

> **Tip** 〈별표2〉 농작물재해보험 미보상비율 적용표

〈감자, 고추 제외 전 품목〉

| 구분 | 제초 상태 | 병해충 상태 | 기타 |
|---|---|---|---|
| 해당 없음 | 0% | 0% | 0% |
| 미흡 | 10% 미만 | 10% 미만 | 10% 미만 |
| 불량 | 20% 미만 | 20% 미만 | 20% 미만 |
| 매우 불량 | 20% 이상 | 20% 이상 | 20% 이상 |

미보상 비율은 보장하는 재해 이외의 원인이 조사 농지의 수확량 감소에 영향을 준 비율을 의미하여 제초 상태, 병해충 상태 및 기타 항목에 따라 개별 적용한 후 해당 비율을 합산하여 산정한다.

1. **제초 상태**(과수품목은 피해율에 영향을 줄 수 있는 잡초만 해당)

   가) 해당 없음 : 잡초가 농지 면적의 20% 미만으로 분포한 경우

   나) 미흡 : 잡초가 농지 면적의 20% 이상 40% 미만으로 분포한 경우

   다) 불량 : 잡초가 농지 면적의 40% 이상 60% 미만으로 분포한 경우 또는 경작불능조사 진행건으로 정상적인 영농활동 시행을 증빙하는 자료(비료 및 농약 영수증 등)가 부족한 경우

   라) 매우 불량 : 잡초가 농지 면적의 60% 이상으로 분포한 경우 또는 경작불능조사 진행건으로 정상적인 영농활동 시행을 증빙하는 자료(비료 및 농약 영수증 등)가 없는 경우

2. **병해충 상태**(각 품목에서 별도로 보상하는 병해충은 제외)

   가) 해당 없음 : 병해충이 농지 면적의 20% 미만으로 분포한 경우

   나) 미흡 : 병해충이 농지 면적의 20% 이상 40% 미만으로 분포한 경우

   다) 불량 : 병해충이 농지 면적의 40% 이상 60% 미만으로 분포한 경우 또는 경작불능조사 진행 건으로 정상적인 영농활동 시행을 증빙하는 자료(비료 및 농약 영수증 등)가 부족한 경우

라) **매우 불량** : 병해충이 농지 면적의 60% 이상으로 분포한 경우 또는 경작불능조사 진행 건으로 정상적인 영농활동 시행을 증빙하는 자료(비료 및 농약 영수증 등)가 없는 경우

3. **기타** : 영농기술 부족, 영농상 실수 및 단순 생리장애 등 보상하는 손해 이외의 사유로 피해가 발생한 것으로 추정되는 경우[해거리, 생리장애(원소결핍 등), 시비관리, 토양관리(연작 및 pH과다·과소 등), 전정(강전정 등), 조방재배, 재식밀도(인수기준 이하), 농지상태(혼식, 멀칭, 급배수 등), 가입이전 사고 및 계약자 중과실손해, 자연감모, 보상재해이외(종자불량, 일부가입 등)]에 적용

가) **해당 없음** : 위 사유로 인한 피해가 없는 것으로 판단되는 경우
나) **미흡** : 위 사유로 인한 피해가 10% 미만으로 판단되는 경우
다) **불량** : 위 사유로 인한 피해가 20% 미만으로 판단되는 경우
라) **매우 불량** : 위 사유로 인한 피해가 20% 이상으로 판단되는 경우

### 나) 수확 개시 후 수확량 조사

수확 개시 후 수확량 조사는 조사일을 기준으로 해당 농지의 수확이 시작된 후에 수확량 조사를 실시하는 경우를 의미한다. 조기 수확 및 수확 해태 등으로 수확 개시 여부에 대한 분쟁이 발생한 경우에는 지역의 농업기술센터 등 농업 전문기관의 판단에 따른다(품종별 조사 시기가 다른 경우에는 최초 조사일을 기준으로 판단한다).

#### (1) 보장하는 재해 여부 심사

농지 및 작물 상태 등을 감안하여 보장하는 재해로 인한 피해가 맞는지 확인하며, 필요시에는 이에 대한 근거자료(피해사실 확인조사 참조)를 확보할 수 있다.

#### (2) 주수 조사

농지내 품종·수령별로 실제결과주수, 수확 완료주수, 미보상주수 및 고사나무주수를 파악한다.

#### (3) 조사 대상주수 계산

실제결과주수에서 수확 완료주수, 미보상주수 및 고사나무주수를 제외한 조사대상주수를 계산한다.

#### (4) 표본주수 산정

농지별 전체 조사 대상주수를 기준으로 품목별 표본주수표〈별표1〉에 따라 농지별 전체 표본주수를 산정하되, 품종·수령별 표본주수는 품종·수령별 조사대상주수에 비례하여 산정한다.

> Tip 〈별표1〉 품목별 표본주(구간)수 표

〈사과, 배, 단감, 떫은감, 포도(수입보장 포함), 복숭아, 자두, 감귤(만감류), 밤, 호두, 무화과〉

| 조사대상주수 | 표본주수 | 조사대상주수 | 표본주수 |
|---|---|---|---|
| 50주 미만 | 5 | 500주 이상 600주 미만 | 12 |
| 50주 이상 100주 미만 | 6 | 600주 이상 700주 미만 | 13 |
| 100주 이상 150주 미만 | 7 | 700주 이상 800주 미만 | 14 |
| 150주 이상 200주 미만 | 8 | 800주 이상 900주 미만 | 15 |
| 200주 이상 300주 미만 | 9 | 900주 이상 1,000주 미만 | 16 |
| 300주 이상 400주 미만 | 10 | 1,000주 이상 | 17 |
| 400주 이상 500주 미만 | 11 | | |

(5) 표본주 선정

산정한 품종·수령별 표본주수를 바탕으로 품종·수령별 조사 대상주수의 특성이 골고루 반영될 수 있도록 표본주를 선정한다.

(6) 착과 및 낙과수 조사

선정된 표본주별로 밤은 송이, 호두는 청피로 착과된 과실수 및 낙과된 과실수를 조사한다.

(가) 착과수 확인

선정된 표본주별로 착과된 전체 과실수를 조사한다.

(나) 낙과수 확인

선정된 표본주별로 수관면적 내 낙과된 과실수를 조사한다. 단, 계약자 등이 낙과된 과실을 한 곳에 모아 둔 경우 등 표본주별 낙과수 확인이 불가능한 경우에는 농지 내 전체 낙과수를 품종별로 구분하여 전수조사한다. 전체 낙과에 대하여 품종별 구분이 어려운 경우에는 전체 낙과수를 세고 전체 낙과 중 100개 이상의 표본을 추출하여 해당 표본의 품종을 구분하는 방법을 사용한다.

(7) 과중조사

(가) 품종별 평균적인 착과량을 가진 3주 이상의 표본주에서 크기가 평균적인 과실을 품종별 20개 이상(농지당 최소 60개 이상) 추출한다.

(나) 밤의 경우, 품종별 과실(송이) 개수를 파악하고, 과실(송이) 내 과립을 분리하여 지름 길이를 기준으로 정상(30mm 초과)·소과(30mm 이하)를 구분하여 무게를 조사한다.

(다) 호두의 경우, 품종별 과실(청피) 개수를 파악하고, 무게를 조사한다.

(8) 기수확량 조사 : 출하자료 및 계약자 문답 등을 통하여 조사한다.

(9) 낙과피해 및 착과피해 구성 조사

(가) 낙과피해 구성 조사

낙과 중 임의의 과실 20개 이상(품종별 20개 이상, 농지당 60개 이상)을 추출한 후 과실 분류에 따른 피해인정계수〈별표3〉에 따라 구분하여 그 개수를 조사한다(다만, 전체 낙과수가 60개 미만일 경우 등에는 해당 기준 미만으로도 조사가 가능하다).

**Tip** 〈별표3〉 과실 분류에 따른 피해인정계수

| 〈복숭아, 감귤(온주밀감류) 외〉 | | |
|---|---|---|
| 과실분류 | 피해인정계수 | 비고 |
| 정상과 | 0 | 피해가 없거나 경미한 과실 |
| 50%형 피해과실 | 0.5 | 일반시장에 출하할 때 정상과실에 비해 50% 정도의 가격하락이 예상되는 품질의 과실(단, 가공공장공급 및 판매 여부와 무관) |
| 80%형 피해과실 | 0.8 | 일반시장 출하가 불가능하나 가공용으로 공급될 수 있는 품질의 과실(단, 가공공장공급 및 판매 여부와 무관) |
| 100%형 피해과실 | 1 | 일반시장 출하가 불가능하고 가공용으로도 공급될 수 없는 품질의 과실 |

(나) 착과피해 구성 조사

착과피해를 유발하는 재해가 있을 경우 시행하며, 품종별로 3개 이상의 표본주에서 임의의 과실 20개 이상(품종별 20개 이상, 농지당 60개 이상)을 추출한 후 과실 분류에 따른 피해인정계수〈별표3〉에 따라 구분하여 그 개수를 조사한다.

(다) 피해 구성 조사 생략

조사 당시 착과에 이상이 없거나 낙과의 피해 정도가 심해 피해 구성 조사가 의미가 없을 경우 등에는 품종별로 피해 구성 조사를 생략할 수 있다.

(10) 미보상비율 확인

품목별 미보상비율 적용표〈별표2〉에 따라 미보상비율을 조사한다.

**Tip** 〈별표2〉 농작물재해보험 미보상비율 적용표

| 〈감자, 고추 제외 전 품목〉 | | | |
|---|---|---|---|
| 구분 | 제초 상태 | 병해충 상태 | 기타 |
| 해당 없음 | 0% | 0% | 0% |
| 미흡 | 10% 미만 | 10% 미만 | 10% 미만 |
| 불량 | 20% 미만 | 20% 미만 | 20% 미만 |
| 매우 불량 | 20% 이상 | 20% 이상 | 20% 이상 |

미보상 비율은 보장하는 재해 이외의 원인이 조사 농지의 수확량 감소에 영향을 준 비율을 의미하여 제초 상태, 병해충 상태 및 기타 항목에 따라 개별 적용한 후 해당 비율을 합산하여 산정한다.

1. **제초 상태**(과수품목은 피해율에 영향을 줄 수 있는 잡초만 해당)
   가) **해당 없음** : 잡초가 농지 면적의 20% 미만으로 분포한 경우
   나) **미흡** : 잡초가 농지 면적의 20% 이상 40% 미만으로 분포한 경우
   다) **불량** : 잡초가 농지 면적의 40% 이상 60% 미만으로 분포한 경우 또는 경작불능조사 진행건으로 정상적인 영농활동 시행을 증빙하는 자료(비료 및 농약 영수증 등)가 부족한 경우
   라) **매우 불량** : 잡초가 농지 면적의 60% 이상으로 분포한 경우 또는 경작불능조사 진행 건으로 정상적인 영농활동 시행을 증빙하는 자료(비료 및 농약 영수증 등)가 없는 경우

2. **병해충 상태**(각 품목에서 별도로 보상하는 병해충은 제외)
   가) **해당 없음** : 병해충이 농지 면적의 20% 미만으로 분포한 경우
   나) **미흡** : 병해충이 농지 면적의 20% 이상 40% 미만으로 분포한 경우
   다) **불량** : 병해충이 농지 면적의 40% 이상 60% 미만으로 분포한 경우 또는 경작불능조사 진행 건으로 정상적인 영농활동 시행을 증빙하는 자료(비료 및 농약 영수증 등)가 부족한 경우
   라) **매우 불량** : 병해충이 농지 면적의 60% 이상으로 분포한 경우 또는 경작불능조사 진행 건으로 정상적인 영농활동 시행을 증빙하는 자료(비료 및 농약 영수증 등)가 없는 경우

3. **기타** : 영농기술 부족, 영농상 실수 및 단순 생리장애 등 보상하는 손해 이외의 사유로 피해가 발생한 것으로 추정되는 경우[해거리, 생리장애(원소결핍 등), 시비관리, 토양관리(연작 및 과다·과소 등), 전정(강전정 등), 조방재배, 재식밀도(인수기준 이하), 농지상태(혼식, 멀칭, 급배수 등), 가입이전 사고 및 계약자 중과실손해, 자연감모, 보상재해이외(종자불량, 일부가입 등)]에 적용
   가) **해당 없음** : 위 사유로 인한 피해가 없는 것으로 판단되는 경우
   나) **미흡** : 위 사유로 인한 피해가 10% 미만으로 판단되는 경우
   다) **불량** : 위 사유로 인한 피해가 20% 미만으로 판단되는 경우
   라) **매우 불량** : 위 사유로 인한 피해가 20% 이상으로 판단되는 경우

**Tip** 밤, 호두 수확 개시 전 수확량조사(조사일 기준) - 조사시기 : 최초 수확 전

(1) 수확개시 이전 수확량 조사
   (가) 기본사항
      ① 품종별·수령별 조사대상 주수

      $$\text{품종별·수령별 실제결과주수} - \text{품종별·수령별 미보상주수} - \text{품종별·수령별 고사나무주수}$$

      ② 품종별·수령별 평년수확량

      $$\text{평년수확량} \times \frac{\text{품종별·수령별 주당 표준수확량} \times \text{품종별·수령별 실제결과주수}}{\text{표준수확량}}$$

      ③ 품종별·수령별 주당 평년수확량

      $$\frac{\text{품종별·수령별 평년수확량}}{\text{품종별·수령별 실제결과주수}}$$

   (나) 착과수 조사

   $$\text{품종별·수령별 주당 착과수} = \frac{\text{품종별·수령별 표본주의 착과수}}{\text{품종별·수령별 표본주수}}$$

   (다) 낙과수 조사
      ① 표본조사

      $$\text{품종별·수령별 주당 낙과수} = \frac{\text{품종별·수령별 표본주의 낙과수}}{\text{품종별·수령별 표본주수}}$$

      ② 전수조사
         ㉮ 전체 낙과에 대하여 품종별 구분이 가능한 경우

         $$\text{품종별 낙과수 조사}$$

         ㉯ 전체 낙과에 대하여 품종별 구분이 불가한 경우
            전체 낙과수 조사 후 낙과수 중 표본을 추출하여 품종별 개수 조사
            • 품종별 낙과수

            $$\text{전체 낙과수} \times \frac{\text{품종별 표본과실 수}}{\text{전체 표본과실 수의 합계}}$$

- 품종별 주당 낙과수

$$\frac{품종별\ 낙과수}{품종별\ 조사대상\ 주수}$$

- 품종별 조사대상 주수

$$품종별\ 실제결과주수\ -\ 품종별\ 고사주수\ -\ 품종별\ 미보상주수$$

(라) 과중 조사

① (밤) 품종별 개당 과중

$$\frac{품종별[정상\ 표본과실\ 무게\ +\ (소과\ 표본과실\ 무게\ \times\ 0.8)]}{표본과실\ 수}$$

② (호두) 품종별 개당 과중

$$\frac{품종별\ 표본과실\ 무게\ 합계}{표본과실\ 수}$$

(마) 피해구성 조사(품종별로 실시)

$$피해구성률\ =\ \frac{(50\%형\ 피해과실수\ \times\ 0.5)\ +\ (80\%형\ 피해과실수\ \times\ 0.8)\ +\ (100\%형\ 피해과실수\ \times\ 1)}{표본과실\ 수}$$

(바) 피해율

$$피해율\ =\ \frac{(평년수확량\ -\ 수확량\ -\ 미보상감수량)}{평년수확량}$$

① 수확량

$$\{품종별 \cdot 수령별\ 주당\ 착과수\ \times\ 품종별\ 과중\ \times\ 품종별 \cdot 수령별\ 조사대상\ 주수\ \times\ (1\ -\ 착과피해구성률)\}$$
$$+\ \{품종별 \cdot 수령별\ 주당\ 낙과수\ \times\ 품종별\ 과중\ \times\ 품종별 \cdot 수령별\ 조사대상\ 주수\ \times\ (1\ -\ 낙과피해구성률)\}$$
$$+\ (품종별 \cdot 수령별\ 주당\ 평년수확량\ \times\ 품종별 \cdot 수령별\ 미보상주수)$$

② 미보상 감수량

$$(평년수확량\ -\ 수확량)\ \times\ 미보상비율$$

> **Tip** 밤, 호두 수확 개시 후 수확량조사(조사일 기준) - 조사시기 : 사고발생직후

(1) 수확개시 후 수확량 조사

   (가) 착과수 조사

$$\text{품종별·수령별 주당 착과수} = \frac{\text{품종별·수령별 표본주의 착과수}}{\text{품종별·수령별 표본주수}}$$

   (나) 낙과수 조사

   ① 표본조사

$$\text{품종별·수령별 주당 낙과수} = \frac{\text{품종별·수령별 표본주의 낙과수}}{\text{품종별·수령별 표본주수}}$$

   ② 전수조사

   ㉮ 전체 낙과에 대하여 품종별 구분이 가능한 경우

   품종별 낙과수 조사

   ㉯ 전체 낙과에 대하여 품종별 구분이 불가한 경우

   전체 낙과수 조사 후 낙과수 중 표본을 추출하여 품종별 개수 조사

   • 품종별 주당 낙과수

$$\frac{\text{품종별 낙과수}}{\text{품종별 조사대상 주수}}$$

   • 품종별 낙과수

$$\text{전체 낙과수} \times \frac{\text{품종별 표본과실 수}}{\text{전체 표본과실 수의 합계}}$$

   • 품종별 조사대상 주수

   품종별 실제결과주수 - 품종별 고사주수 - 품종별 미보상주수 - 품종별 수확완료주수

   (다) 과중 조사

   ① (밤) 품종별 개당 과중

$$\frac{\text{품종별[정상 표본과실 무게} + (\text{소과 표본과실 무게} \times 0.8)]}{\text{표본과실 수}}$$

② (호두) 품종별 개당 과중

$$\frac{\text{품종별 표본과실 무게 합계}}{\text{표본과실 수}}$$

(라) 피해구성 조사(품종별로 실시)
① 피해구성률

$$\frac{(50\%형\ 피해과실수 \times 0.5) + (80\%형\ 피해과실수 \times 0.8) + (100\%형\ 피해과실수 \times 1)}{\text{표본과실 수}}$$

② 금차 피해구성률

$$\text{피해구성률} - \max A$$

※ 금차 피해구성률은 다수 사고인 경우 적용
※ max A : 금차 사고전 기조사된 착과피해구성률 중 최댓값을 말함
※ 금차 피해구성률이 영(0)보다 작은 경우에는 영(0)으로 함

(마) 금차 수확량

$$\{품종별 \cdot 수령별\ 주당\ 착과수 \times 품종별\ 개당\ 과중 \times 품종별 \cdot 수령별\ 조사대상\ 주수 \\ \times (1 - 금차\ 착과피해구성률)\} \\ + \{품종별 \cdot 수령별\ 주당\ 낙과수 \times 품종별\ 개당\ 과중 \times 품종별 \cdot 수령별\ 조사대상\ 주수 \\ \times (1 - 금차\ 낙과피해구성률)\} \\ + (품종별 \cdot 수령별\ 주당\ 평년수확량 \times 품종별 \cdot 수령별\ 미보상주수)$$

(바) 감수량

$$(품종별\ 주당\ 착과수 \times 품종별\ 개당\ 과중 \times 품종별\ 조사대상\ 주수 \times 금차\ 착과피해구성률) \\ + (품종별\ 주당\ 낙과수 \times 품종별\ 개당\ 과중 \times 품종별\ 조사대상\ 주수 \times 금차\ 낙과피해구성률) \\ + (품종별\ 금차\ 고사주수 \times (품종별\ 주당\ 착과수 + 품종별\ 주당\ 낙과수) \times 품종별\ 개당\ 과중 \\ \times (1 - \max A))$$

① 품종별 조사대상 주수

$$\text{품종별 실제 결과주수} - \text{품종별 미보상주수} - \text{품종별 고사나무주수} - \text{품종별 수확완료주수}$$

② 품종별 평년수확량

$$\text{평년수확량} \times \frac{(\text{품종별 주당 표준수확량} \times \text{품종별 실제결과주수})}{\text{표준수확량}}$$

③ 품종별 주당 평년수확량

$$\frac{\text{품종별 평년수확량}}{\text{품종별 실제결과주수}}$$

④ 품종별 금차 고사주수

$$\text{품종별 고사주수 - 품종별 기조사 고사주수}$$

(2) 피해율 산정
  (가) 금차 수확 개시 후 수확량조사가 최초 조사인 경우(이전 수확량조사가 없는 경우)
    ① 『금차 수확량 + 금차 감수량 + 기수확량 < 평년수확량』인 경우

$$\text{피해율} = \frac{\text{평년수확량 - 수확량 - 미보상감수량}}{\text{평년수확량}}$$

      · 수확량 = 평년수확량 - 금차 감수량
      · 미보상 감수량 = 금차 감수량 × 미보상비율

    ② 『금차 수확량 + 금차 감수량 + 기수확량 ≥ 평년수확량』인 경우

$$\text{피해율} = \frac{\text{평년수확량 - 수확량 - 미보상감수량}}{\text{평년수확량}}$$

      · 수확량 = 금차 수확량 + 기수확량
      · 미보상 감수량 = [평년수확량 - (금차 수확량 + 기수확량)] × 미보상비율

  (나) 수확 개시 전 수확량 조사가 있는 경우(이전 수확량조사에 수확 개시 전 수확량조사가 포함된 경우)
    ① 『금차 수확량 + 금차 감수량 + 기수확량 > 수확 개시 전 수확량조사 수확량』
      ⇒ 오류 수정 필요
    ② 『금차 수확량 + 금차 감수량 + 기수확량 > 이전 조사 금차 수확량 + 이전 조사 기수확량』
      ⇒ 오류 수정 필요
    ③ 『금차 수확량 + 금차 감수량 + 기수확량 ≤ 수확 개시 전 수확량조사 수확량』이면서『금차 수확량 + 금차 감수량 + 기수확량 ≤ 이전 조사 금차 수확량 + 이전 조사 기수확량』인 경우

$$\text{피해율} = \frac{\text{평년수확량 - 수확량 - 미보상감수량}}{\text{평년수확량}}$$

      · 수확량 = 수확 개시 전 수확량 - 사고당 감수량의 합
      · 미보상감수량
        = {평년수확량 - (수확 개시 전 수확량 - 사고당 감수량의 합)} × max(미보상비율)

  (다) 수확 개시 후 수확량 조사만 있는 경우(이전 수확량조사가 모두 수확 개시 후 수확량조사인 경우)
    ① 『금차 수확량 + 금차 감수량 + 기수확량 > 이전 조사 금차 수확량 + 이전 조사 기수확량』
      ⇒ 오류 수정 필요

② 『금차 수확량 + 금차 감수량 + 기수확량 ≦ 이전 조사 금차 수확량 + 이전 조사 기수확량』인 경우

㉮ 최초 조사가 『금차 수확량 + 금차 감수량 + 기수확량 < 평년수확량』인 경우

$$피해율 = \frac{평년수확량 - 수확량 - 미보상감수량}{평년수확량}$$

- 수확량 = 평년수확량 - 사고당 감수량의 합
- 미보상 감수량 = 사고당 감수량의 합 × max(미보상비율)

㉯ 최초 조사가 『금차 수확량 + 금차 감수량 + 기수확량 ≧ 평년수확량』인 경우

$$피해율 = \frac{평년수확량 - 수확량 - 미보상감수량}{평년수확량}$$

- 수확량 = 최초 조사 금차 수확량 + 최초 조사 기수확량 - 2차 이후 사고당 감수량의 합
- 미보상감수량 = {평년수확량 - (최초 조사 금차 수확량 + 최초 조사 기수확량) + 2차 이후 사고당 감수량의 합} × max(미보상비율)

### 4) 수확량조사(대상품목 : 참다래)

다음 호의 조사 종류별 방법에 따라 실시한다.

#### 가) 수확 개시 전 수확량 조사

수확 개시 전 수확량 조사는 조사일을 기준으로 해당 농지의 수확이 시작되기 전에 수확량 조사를 실시하는 경우를 의미하며, 조기 수확 및 수확 해태 등으로 수확 개시 여부에 대한 분쟁이 발생한 경우에는 지역의 농업기술센터 등 농업 전문기관의 판단에 따른다.

(1) 보장하는 재해 여부 심사

농지 및 작물 상태 등을 감안하여 보장하는 재해로 인한 피해가 맞는지 확인하며, 필요시에는 이에 대한 근거자료(피해사실 확인조사 참조)를 확보한다.

(2) 주수 조사

품종별·수령별로 실제결과주수, 미보상주수 및 고사나무주수를 파악한다.

(3) 조사 대상주수 계산

실제결과주수에서 미보상주수 및 고사나무주수를 제외한 조사대상주수를 계산한다.

(4) 표본주수 산정

농지별 전체 조사 대상주수를 기준으로 품목별 표본주수표〈별표1〉에 따라 농지별 전체 표본주수를 산정하되, 품종·수령별 표본주수는 품종별 수령별 조사 대상주수에 비례하여 산정한다.

**Tip** 〈별표1〉 품목별 표본주(구간)수 표

〈참다래, 블루베리, 매실, 살구, 대추, 오미자〉

| 참다래, 블루베리 | | 매실, 대추, 살구 | | 오미자 | |
|---|---|---|---|---|---|
| 조사대상주수 | 표본주수 | 조사대상주수 | 표본주수 | 조사대상 유인틀 길이 | 표본주수 |
| 50주 미만 | 5 | 100주 미만 | 5 | 500m 미만 | 5 |
| 50주 이상 100주 미만 | 6 | 100주 이상 300주 미만 | 7 | 500m 이상 1,000m 미만 | 6 |
| 100주 이상 200주 미만 | 7 | 300주 이상 500주 미만 | 9 | 1,000m 이상 2,000m 미만 | 7 |
| 200주 이상 500주 미만 | 8 | 500주 이상 1,000주 미만 | 12 | 2,000m 이상 4,000m 미만 | 8 |
| 500주 이상 800주 미만 | 9 | 1,000주 이상 | 16 | 4,000m 이상 6,000m 미만 | 9 |
| 800주 이상 | 10 | | | 6,000m 이상 | 10 |

(5) 표본주 선정

산정한 품종·수령별 표본주수를 바탕으로 품종·수령별 조사 대상주수의 특성이 골고루 반영될 수 있도록 표본주를 선정한다.

(6) 재식 간격 조사

농지 내 품종별·수령별로 재식 간격을 조사한다(가입 시 재식 간격과 다를 경우 계약변경이 될 수 있음을 안내하고 현지 조사서에 기재한다).

(7) 면적 및 착과수조사

(가) 면적조사

선정된 표본주별로 해당 표본주 구역의 면적 조사를 위해 길이(윗변, 아랫변, 높이 : 윗변과 아랫변의 거리)를 재고 면적을 확인한다.

$$\text{표본구간면적} = \frac{(\text{표본구간 윗변 길이} + \text{표본구간 아랫변 길이}) \times \text{표본구간 높이}}{2}$$

〈그림 2-11〉 참다래 표본구역 선정

(나) 착과수조사

선정된 해당 구역에 착과된 과실수를 조사한다.

(8) 과중조사

(가) 농지에서 품종별로 착과가 평균적인 3주 이상의 표본주에서 크기가 평균적인 과실을 품종별 20개 이상(농지당 최소 60개 이상) 추출한다.

(나) 품종별로 과실 개수를 파악하고, 개별 과실 과중이 50g 초과하는 과실과 50g 이하인 과실을 구분하여 무게를 조사한다. 이때, 개별 과실 중량이 50g 이하인 과실은 해당 과실의 무게를 실제 무게의 70%로 적용한다.

$$품종별\ 개당\ 과중 = \frac{품종별\ [50g\ 초과\ 표본과실무게합 + (50g\ 이하\ 표본과실무게합 \times 0.7)]}{표본과실\ 수}$$

(9) 착과피해 구성 조사

착과피해를 유발하는 재해가 있었을 경우에는 다음과 같이 착과피해 구성 조사를 실시한다.

(가) 품종별 표본과실 선정 및 피해구성조사

품종별로 3주 이상의 표본주에서 임의의 과실 100개 이상을 추출한 후 과실분류에 따른 피해인정계수〈별표3〉에 따라 구분하여 그 개수를 조사한다.

Tip 〈별표3〉 과실 분류에 따른 피해인정계수

〈복숭아, 감귤(온주밀감류) 외〉

| 과실분류 | 피해인정계수 | 비고 |
|---|---|---|
| 정상과 | 0 | 피해가 없거나 경미한 과실 |
| 50%형 피해과실 | 0.5 | 일반시장에 출하할 때 정상과실에 비해 50% 정도의 가격하락이 예상되는 품질의 과실(단, 가공공장공급 및 판매 여부와 무관) |
| 80%형 피해과실 | 0.8 | 일반시장 출하가 불가능하나 가공용으로 공급될 수 있는 품질의 과실(단, 가공공장공급 및 판매 여부와 무관) |
| 100%형 피해과실 | 1 | 일반시장 출하가 불가능하고 가공용으로도 공급될 수 없는 품질의 과실 |

(나) 조사 당시 착과에 이상이 없는 경우 등에는 품종별로 피해 구성 조사를 생략할 수 있다.

(10) 미보상비율 확인

품목별 미보상비율 적용표〈별표2〉에 따라 미보상비율을 조사한다.

Tip 〈별표2〉 농작물재해보험 미보상비율 적용표

〈감자, 고추 제외 전 품목〉

| 구분 | 제초 상태 | 병해충 상태 | 기타 |
|---|---|---|---|
| 해당 없음 | 0% | 0% | 0% |
| 미흡 | 10% 미만 | 10% 미만 | 10% 미만 |
| 불량 | 20% 미만 | 20% 미만 | 20% 미만 |
| 매우 불량 | 20% 이상 | 20% 이상 | 20% 이상 |

미보상 비율은 보장하는 재해 이외의 원인이 조사 농지의 수확량 감소에 영향을 준 비율을 의미하여 제초 상태, 병해충 상태 및 기타 항목에 따라 개별 적용한 후 해당 비율을 합산하여 산정한다.

1. **제초 상태**(과수품목은 피해율에 영향을 줄 수 있는 잡초만 해당)

   가) **해당 없음** : 잡초가 농지 면적의 20% 미만으로 분포한 경우
   나) **미흡** : 잡초가 농지 면적의 20% 이상 40% 미만으로 분포한 경우
   다) **불량** : 잡초가 농지 면적의 40% 이상 60% 미만으로 분포한 경우 또는 경작불능조사 진행건으로 정상적인 영농활동 시행을 증빙하는 자료(비료 및 농약 영수증 등)가 부족한 경우

라) **매우 불량** : 잡초가 농지 면적의 60% 이상으로 분포한 경우 또는 경작불능조사 진행 건으로 정상적인 영농활동 시행을 증빙하는 자료(비료 및 농약 영수증 등)가 없는 경우

2. **병해충 상태**(각 품목에서 별도로 보상하는 병해충은 제외)

   가) **해당 없음** : 병해충이 농지 면적의 20% 미만으로 분포한 경우

   나) **미흡** : 병해충이 농지 면적의 20% 이상 40% 미만으로 분포한 경우

   다) **불량** : 병해충이 농지 면적의 40% 이상 60% 미만으로 분포한 경우 또는 경작불능조사 진행 건으로 정상적인 영농활동 시행을 증빙하는 자료(비료 및 농약 영수증 등)가 부족한 경우

   라) **매우 불량** : 병해충이 농지 면적의 60% 이상으로 분포한 경우 또는 경작불능조사 진행 건으로 정상적인 영농활동 시행을 증빙하는 자료(비료 및 농약 영수증 등)가 없는 경우

3. **기타** : 영농기술 부족, 영농상 실수 및 단순 생리장애 등 보상하는 손해 이외의 사유로 피해가 발생한 것으로 추정되는 경우[해거리, 생리장애(원소결핍 등), 시비관리, 토양관리(연작 및 pH과다·과소 등), 전정(강전정 등), 조방재배, 재식밀도(인수기준 이하), 농지상태(혼식, 멀칭, 급배수 등), 가입이전 사고 및 계약자 중과실손해, 자연감모, 보상재해이외(종자불량, 일부가입 등)]에 적용

   가) **해당 없음** : 위 사유로 인한 피해가 없는 것으로 판단되는 경우

   나) **미흡** : 위 사유로 인한 피해가 10% 미만으로 판단되는 경우

   다) **불량** : 위 사유로 인한 피해가 20% 미만으로 판단되는 경우

   라) **매우 불량** : 위 사유로 인한 피해가 20% 이상으로 판단되는 경우

> **Tip** 참다래 수확 개시 전 수확량조사(조사일 기준) - 조사시기 : 최초 수확 전
>
> (1) 착과수조사
>
>    품종별·수령별 착과수
>    = 품종별·수령별 면적(㎡)당 착과수 × 품종별·수령별 표본조사 대상면적
>
>   (가) 품종별·수령별 표본조사 대상면적
>
>      품종별·수령별 표본조사 대상 주수 × 품종별·수령별 재식 면적
>
>   (나) 품종별·수령별 면적(㎡)당 착과수
>
> $$\frac{품종별·수령별 \ 표본구간 \ 착과수}{품종별·수령별 \ 표본구간 \ 넓이}$$

① 재식면적

$$\text{주간 거리} \times \text{열간 거리}$$

② 품종별·수령별 표본조사 대상주수

$$\text{품종별·수령별 실제 결과주수} - \text{품종별·수령별 미보상주수} - \text{품종별·수령별 고사나무주수}$$

③ 표본구간 넓이

$$\frac{(\text{표본구간 윗변 길이} + \text{표본구간 아랫변 길이}) \times \text{표본구간 높이(윗변과 아랫변의 거리)}}{2}$$

(2) 과중 조사

$$\text{품종별 개당 과중} = \frac{\text{품종별 표본과실 무게 합계}}{\text{표본과실 수}}$$

(3) 피해구성 조사(품종별로 실시)

(가) 피해구성률

$$\frac{(50\%\text{형 피해과실수} \times 0.5) + (80\%\text{형 피해과실수} \times 0.8) + (100\%\text{형 피해과실수} \times 1)}{\text{표본과실 수}}$$

(나) 금차 피해구성률

$$\text{피해구성률} - \max A$$

※ 금차 피해구성률은 다수 사고인 경우 적용
※ max A : 금차 사고전 기조사된 착과피해구성률 중 최댓값을 말함
※ 금차 피해구성률이 영(0)보다 작은 경우에는 영(0)으로 함

(4) 피해율 산정

$$\text{피해율} = \frac{\text{평년수확량} - \text{수확량} - \text{미보상감수량}}{\text{평년수확량}}$$

(가) 수확량

$$\{\text{품종별·수령별 착과수} \times \text{품종별 과중} \times (1 - \text{피해구성률})\} + (\text{품종별·수령별 면적}(\text{m}^2)\text{당 평년수확량} \times \text{품종별·수령별 미보상주수} \times \text{품종별·수령별 재식면적})$$

① 품종별·수령별 면적(㎡)당 평년수확량

$$\frac{\text{품종별·수령별 평년수확량}}{\text{품종별·수령별 재식면적 합계}}$$

② 품종별·수령별 평년수확량

$$\text{평년수확량} \times \frac{\text{품종별·수령별 표준수확량}}{\text{표준수확량}}$$

(나) 미보상 감수량

$$(\text{평년수확량} - \text{수확량}) \times \text{미보상비율}$$

### 나) 수확 개시 후 수확량 조사

수확 개시 후 수확량 조사는 조사일을 기준으로 해당 농지의 수확이 시작된 후에 수확량 조사를 실시하는 경우를 의미하며, 조기 수확 및 수확 해태 등으로 수확 개시 여부에 대한 분쟁이 발생한 경우에는 지역의 농업기술센터 등 농업전문기관의 판단에 따른다.

**(1) 보장하는 재해 여부 심사**

농지 및 작물 상태 등을 감안하여 보장하는 재해로 인한 피해가 맞는지 확인하며, 필요시에는 이에 대한 근거자료를 확보한다.

**(2) 주수 조사**

품종별·수령별로 실제결과주수, 수확완료주수, 미보상주수 및 고사나무주수를 파악한다.

**(3) 조사 대상주수 계산**

실제결과주수에서 수확완료주수, 미보상주수 및 고사나무주수를 제외한 조사대상주수를 계산한다.

**(4) 표본주수 산정**

농지별 전체 조사 대상주수를 기준으로 품목별 표본주수표〈별표1〉에 따라 농지별 전체 표본주수를 산정하되, 품종·수령별 표본주수는 품종별·수령별 조사 대상주수에 비례하여 산정한다.

## Tip 〈별표1〉 품목별 표본주(구간)수 표

### 〈참다래, 블루베리, 매실, 살구, 대추, 오미자〉

| 참다래, 블루베리 | | 매실, 대추, 살구 | | 오미자 | |
| --- | --- | --- | --- | --- | --- |
| 조사대상주수 | 표본주수 | 조사대상주수 | 표본주수 | 조사대상 유인틀 길이 | 표본주수 |
| 50주 미만 | 5 | 100주 미만 | 5 | 500m 미만 | 5 |
| 50주 이상 100주 미만 | 6 | 100주 이상 300주 미만 | 7 | 500m 이상 1,000m 미만 | 6 |
| 100주 이상 200주 미만 | 7 | 300주 이상 500주 미만 | 9 | 1,000m 이상 2,000m 미만 | 7 |
| 200주 이상 500주 미만 | 8 | 500주 이상 1,000주 미만 | 12 | 2,000m 이상 4,000m 미만 | 8 |
| 500주 이상 800주 미만 | 9 | 1,000주 이상 | 16 | 4,000m 이상 6,000m 미만 | 9 |
| 800주 이상 | 10 | | | 6,000m 이상 | 10 |

### (5) 표본주 선정

산정한 품종별·수령별 표본주수를 바탕으로 품종·수령별 조사 대상주수의 특성이 골고루 반영될 수 있도록 표본주를 선정한다.

### (6) 재식 간격 조사

농지내 품종별·수령별로 재식 간격을 조사한다. 가입 시 재식 간격과 다를 경우 계약변경이 될 수 있음을 안내하고 현지 조사서에 기재한다.

### (7) 면적, 착과 및 낙과수 조사

#### (가) 면적확인

선정된 표본주별로 해당 표본주 구역의 면적 조사를 위해 길이(윗변, 아랫변, 높이 : 윗변과 아랫변의 거리)를 재고 면적을 확인한다.

#### (나) 착과 및 낙과수 확인

① 선정된 해당 구역에 착과 및 낙과된 과실수를 조사한다.

② 계약자 등이 낙과된 과실을 한 곳에 모아 둔 경우 등 낙과수 표본조사가 불가능한 경우에는 낙과수 전수조사를 실시한다. 낙과수 전수조사 시에는 농지 내 전체 낙과를 품종별로 구분하여 조사한다. 단, 전체 낙과에 대하여 품종별 구분이 어려운 경우에는 전체 낙과수를 세고 전체 낙과수 중 100개 이상의 표본을 추출하여 해당 표본의 품종을 구분하는 방법을 사용한다.

(8) 과중조사

　(가) 농지에서 품종별로 착과가 평균적인 3주 이상의 표본주에서 크기가 평균적인 과실을 품종별 20개 이상(농지당 최소 60개 이상) 추출한다.

　(나) 품종별로 과실 개수를 파악하고, 개별 과실 과중이 50g 초과하는 과실과 50g 이하인 과실을 구분하여 무게를 조사한다. 이때, 개별 과실 중량이 50g 이하인 과실은 해당 과실의 무게를 실제 무게의 70%로 적용한다.

(9) 기수확량 조사 : 출하자료 및 문답 등을 통하여 조사한다.

(10) 낙과피해 및 착과피해 구성 조사

　(가) 낙과피해 구성 조사

　　품종별로 낙과 중 임의의 과실 100개 이상을 추출한 후 과실 분류에 따른 피해인정계수에 따라 구분하여 그 개수를 조사한다.

**Tip** 〈별표3〉 과실 분류에 따른 피해인정계수

| 〈복숭아, 감귤(온주밀감류) 외〉 | | |
|---|---|---|
| 과실분류 | 피해인정계수 | 비고 |
| 정상과 | 0 | 피해가 없거나 경미한 과실 |
| 50%형 피해과실 | 0.5 | 일반시장에 출하할 때 정상과실에 비해 50% 정도의 가격하락이 예상되는 품질의 과실(단, 가공공장공급 및 판매 여부와 무관) |
| 80%형 피해과실 | 0.8 | 일반시장 출하가 불가능하나 가공용으로 공급될 수 있는 품질의 과실(단, 가공공장공급 및 판매 여부와 무관) |
| 100%형 피해과실 | 1 | 일반시장 출하가 불가능하고 가공용으로도 공급될 수 없는 품질의 과실 |

　(나) 착과피해 구성 조사

　　착과피해를 유발하는 재해가 있을 경우 시행하며, 품종별로 3주 이상의 표본주에서 임의의 과실 100개 이상을 추출한 후 과실 분류에 따른 피해인정계수〈별표3〉에 따라 구분하여 그 개수를 조사한다.

　(다) 조사 당시 착과에 이상이 없는 경우나 낙과의 피해 정도가 심해 피해구성 조사 없이 피해 과실 분류가 가능한 경우 등에는 품종별로 피해 구성조사를 생략할 수 있다.

(11) 미보상비율 확인

　품목별 미보상비율 적용표〈별표2〉에 따라 미보상비율을 조사한다.

> **Tip** 〈별표2〉 농작물재해보험 미보상비율 적용표

〈감자, 고추 제외 전 품목〉

| 구분 | 제초 상태 | 병해충 상태 | 기타 |
|---|---|---|---|
| 해당 없음 | 0% | 0% | 0% |
| 미흡 | 10% 미만 | 10% 미만 | 10% 미만 |
| 불량 | 20% 미만 | 20% 미만 | 20% 미만 |
| 매우 불량 | 20% 이상 | 20% 이상 | 20% 이상 |

미보상 비율은 보장하는 재해 이외의 원인이 조사 농지의 수확량 감소에 영향을 준 비율을 의미하여 제초 상태, 병해충 상태 및 기타 항목에 따라 개별 적용한 후 해당 비율을 합산하여 산정한다.

1. **제초 상태**(과수품목은 피해율에 영향을 줄 수 있는 잡초만 해당)

   가) **해당 없음** : 잡초가 농지 면적의 20% 미만으로 분포한 경우

   나) **미흡** : 잡초가 농지 면적의 20% 이상 40% 미만으로 분포한 경우

   다) **불량** : 잡초가 농지 면적의 40% 이상 60% 미만으로 분포한 경우 또는 경작불능조사 진행건으로 정상적인 영농활동 시행을 증빙하는 자료(비료 및 농약 영수증 등)가 부족한 경우

   라) **매우 불량** : 잡초가 농지 면적의 60% 이상으로 분포한 경우 또는 경작불능조사 진행건으로 정상적인 영농활동 시행을 증빙하는 자료(비료 및 농약 영수증 등)가 없는 경우

2. **병해충 상태**(각 품목에서 별도로 보상하는 병해충은 제외)

   가) **해당 없음** : 병해충이 농지 면적의 20% 미만으로 분포한 경우

   나) **미흡** : 병해충이 농지 면적의 20% 이상 40% 미만으로 분포한 경우

   다) **불량** : 병해충이 농지 면적의 40% 이상 60% 미만으로 분포한 경우 또는 경작불능조사 진행 건으로 정상적인 영농활동 시행을 증빙하는 자료(비료 및 농약 영수증 등)가 부족한 경우

   라) **매우 불량** : 병해충이 농지 면적의 60% 이상으로 분포한 경우 또는 경작불능조사 진행 건으로 정상적인 영농활동 시행을 증빙하는 자료(비료 및 농약 영수증 등)가 없는 경우

3. **기타** : 영농기술 부족, 영농상 실수 및 단순 생리장애 등 보상하는 손해 이외의 사유로 피해가 발생한 것으로 추정되는 경우[해거리, 생리장애(원소결핍 등), 시비관리, 토양관리(연작 및 pH과다·과소 등), 전정(강전정 등), 조방재배, 재식밀도(인수기준 이하), 농지상태(혼식, 멀칭, 급배수 등), 가입이전 사고 및 계약자 중과실손해, 자연감모, 보상재해이외(종자불량, 일부가입 등)]에 적용

   가) **해당 없음** : 위 사유로 인한 피해가 없는 것으로 판단되는 경우

나) 미흡 : 위 사유로 인한 피해가 10% 미만으로 판단되는 경우
다) 불량 : 위 사유로 인한 피해가 20% 미만으로 판단되는 경우
라) 매우 불량 : 위 사유로 인한 피해가 20% 이상으로 판단되는 경우

> **Tip** 참다래 수확 개시 후 수확량조사(조사일 기준) – 조사시기 : 사고발생직후
>
> (1) 착과수조사
>
> 품종별·수령별 착과수
> = 품종별·수령별 면적(㎡)당 착과수 × 품종별·수령별 표본조사 대상면적
>
> (가) 품종별·수령별 조사대상 면적
>
> 품종별·수령별 표본조사 대상 주수 × 품종별·수령별 재식 면적
>
> (나) 품종별·수령별 면적(㎡)당 착과수
>
> $$\frac{품종별·수령별\ 표본구간\ 착과수}{품종별·수령별\ 표본구간\ 넓이}$$
>
> ① 재식 면적
>
> 주간 거리 × 열간 거리
>
> ② 품종별·수령별 조사대상 주수
>
> 품종별·수령별 실제 결과주수 − 품종별·수령별 미보상주수
> − 품종별·수령별 고사나무주수 − 품종별·수령별 수확완료주수
>
> ③ 표본구간 넓이
>
> $$\frac{(표본구간\ 윗변\ 길이 + 표본구간\ 아랫변\ 길이) × 표본구간\ 높이(윗변과\ 아랫변의\ 거리)}{2}$$
>
> (2) 낙과수 조사
>
> (가) 표본조사
>
> 품종별·수령별 낙과수 = 품종별·수령별 면적(㎡)당 낙과수 × 품종별·수령별 조사대상면적
>
> *품종별·수령별 면적(㎡)당 낙과수
>
> $$\frac{품종별·수령별\ 표본주의\ 낙과수}{품종별·수령별\ 표본구간\ 넓이}$$

(나) 전수조사

① 전체 낙과에 대하여 품종별 구분이 가능한 경우

$$품종별\ 낙과수\ 조사$$

② 전체 낙과에 대하여 품종별 구분이 불가한 경우

$$품종별\ 낙과수 = 전체\ 낙과수 \times \frac{품종별\ 표본과실수}{전체\ 표본과실수의\ 합계}$$

(3) 과중 조사

$$품종별\ 개당\ 과중 = \frac{품종별\ 표본과실\ 무게\ 합계}{표본과실\ 수}$$

(4) 피해구성 조사(품종별로 실시)

(가) 피해구성률

$$\frac{(50\%형\ 피해과실수 \times 0.5) + (80\%형\ 피해과실수 \times 0.8) + (100\%형\ 피해과실수 \times 1)}{표본과실\ 수}$$

(나) 금차 피해구성률

$$피해구성률 - \max A$$

※ 금차 피해구성률은 다수 사고인 경우 적용
※ max A : 금차 사고전 기조사된 착과피해구성률 중 최댓값을 말함
※ 금차 피해구성률이 영(0)보다 작은 경우에는 영(0)으로 함

(5) 금차 수확량

$$\{품종별 \cdot 수령별\ 착과수 \times 품종별\ 개당\ 과중 \times (1 - 금차\ 착과피해구성률)\}$$
$$+ \{품종별 \cdot 수령별\ 낙과수 \times 품종별\ 개당\ 과중 \times (1 - 금차\ 낙과피해구성률)\}$$
$$+ \{품종별 \cdot 수령별\ ㎡당\ 평년수확량 \times 미보상주수 \times 품종별 \cdot 수령별\ 재식면적\}$$

(6) 금차 감수량

$$\{품종별 \cdot 수령별\ 착과수 \times 품종별\ 과중 \times 금차\ 착과피해구성률\}$$
$$+ \{품종별 \cdot 수령별\ 낙과수 \times 품종별\ 과중 \times 금차\ 낙과피해구성률\}$$
$$+ \{품종별 \cdot 수령별\ ㎡당\ 평년수확량 \times 금차\ 고사주수 \times 품종별 \cdot 수령별\ 재식면적 \times (1 - \max A)\}$$

(가) 금차 고사주수

$$고사주수 - 기조사\ 고사주수$$

(나) 품종별·수령별 면적(㎡)당 평년수확량

$$\frac{\text{품종별·수령별 평년수확량}}{\text{품종별·수령별 재식면적 합계}}$$

(다) 품종별·수령별 평년수확량

$$\text{평년수확량} \times \frac{\text{품종별·수령별 표준수확량}}{\text{표준수확량}}$$

(7) 피해율 산정

  (가) 금차 수확 개시 후 수확량조사가 최초 조사인 경우(이전 수확량조사가 없는 경우)

    ① 『금차 수확량 + 금차 감수량 + 기수확량 < 평년수확량』인 경우

$$\text{피해율} = \frac{\text{평년수확량} - \text{수확량} - \text{미보상감수량}}{\text{평년수확량}}$$

      ㉮ 수확량 = 평년수확량 - 금차 감수량
      ㉯ 미보상 감수량 = 금차 감수량 × 미보상비율

    ② 『금차 수확량 + 금차 감수량 + 기수확량 ≧ 평년수확량』인 경우

$$\text{피해율} = \frac{\text{평년수확량} - \text{수확량} - \text{미보상감수량}}{\text{평년수확량}}$$

      ㉮ 수확량 = 금차 수확량 + 기수확량
      ㉯ 미보상 감수량 = {평년수확량 - (금차 수확량 + 기수확량)} × 미보상비율

  (나) 수확 개시 전 수확량 조사가 있는 경우(이전 수확량조사에 수확 개시 전 수확량조사가 포함된 경우)

    ① 『금차 수확량 + 금차 감수량 + 기수확량 > 수확 개시 전 수확량조사 수확량』
      ⇒ 오류 수정 필요

    ② 『금차 수확량 + 금차 감수량 + 기수확량 > 이전 조사 금차 수확량 + 이전 조사 기수확량』
      ⇒ 오류 수정 필요

    ③ 『금차 수확량 + 금차 감수량 + 기수확량 ≦ 수확 개시 전 수확량조사 수확량』이면서 『금차 수확량 + 금차 감수량 + 기수확량 ≦ 이전 조사 금차 수확량 + 이전 조사 기수확량』인 경우

$$\text{피해율} = \frac{\text{평년수확량} - \text{수확량} - \text{미보상감수량}}{\text{평년수확량}}$$

      ㉮ 수확량 = 수확 개시 전 수확량 - 사고당 감수량의 합
      ㉯ 미보상감수량
        = {평년수확량 - (수확 개시 전 수확량 - 사고당 감수량의 합)} × max(미보상비율)

(다) 수확 개시 후 수확량 조사만 있는 경우(이전 수확량조사가 모두 수확 개시 후 수확량조사인 경우)
① 『금차 수확량 + 금차 감수량 + 기수확량 > 이전 조사 금차 수확량 + 이전 조사 기수확량』
⇒ 오류 수정 필요
② 『금차 수확량 + 금차 감수량 + 기수확량 ≦ 이전 조사 금차 수확량 + 이전 조사 기수확량』인 경우

㉮ 최초 조사가 『금차 수확량 + 금차 감수량 + 기수확량 < 평년수확량』인 경우

$$피해율 = \frac{평년수확량 - 수확량 - 미보상감수량}{평년수확량}$$

- 수확량 = 평년수확량 – 사고당 감수량의 합
- 미보상 감수량 = 사고당 감수량의 합 × max(미보상비율)

㉯ 최초 조사가 『금차 수확량 + 금차 감수량 + 기수확량 ≧ 평년수확량』인 경우

$$피해율 = \frac{평년수확량 - 수확량 - 미보상감수량}{평년수확량}$$

- 수확량 = 최초 조사 금차 수확량 + 최초 조사 기수확량 – 2차 이후 사고당 감수량의 합
- 미보상감수량
  = {평년수확량 – (최초 조사 금차 수확량 + 최초 조사 기수확량) + 2차 이후 사고당 감수량의 합} × max(미보상비율)

5) **수확량조사**(대상품목 : 대추, 매실, 살구)

다음 호의 조사 종류별 방법에 따라 실시한다. 단, 대추 품목의 사과대추 품종은 수확량조사(포도, 복숭아, 자두, 감귤(만감류)) 기준을 준용하되, 과중조사는 반드시 실시한다.

가) 수확 개시 전 수확량 조사

수확 개시 전 수확량 조사는 조사일을 기준으로 해당 농지의 수확이 시작되기 전에 수확량 조사를 실시하는 경우를 의미하며, 조기 수확 및 수확해태 등으로 수확 개시 여부에 대한 분쟁이 발생한 경우에는 지역의 농업기술센터 등 농업 전문기관의 판단에 따른다.

(1) 보장하는 재해 여부 심사

농지 및 작물 상태 등을 감안하여 보장하는 재해로 인한 피해가 맞는지 확인하며, 필요시에는 이에 대한 근거자료(피해사실 확인조사 참조)를 확보한다.

(2) 주수 조사

농지내 품종별·수령별로 실제결과주수, 미보상주수 및 고사나무주수를 파악한다.

(3) 조사 대상주수 계산

실제결과주수에서 미보상주수 및 고사나무주수를 제외한 조사 대상주수를 계산한다.

(4) 표본주수 산정

농지별 전체 조사 대상주수를 기준으로 품목별 표본주수표〈별표1〉에 따라 농지별 전체 표본주수를 산정하되, 품종별·수령별 표본주수는 품종별·수령별 조사 대상주수에 비례하여 산정한다.

**Tip** 〈별표1〉 품목별 표본주(구간)수 표

〈참다래, 블루베리, 매실, 살구, 대추, 오미자〉

| 참다래, 블루베리 | | 매실, 대추, 살구 | | 오미자 | |
|---|---|---|---|---|---|
| 조사대상주수 | 표본주수 | 조사대상주수 | 표본주수 | 조사대상 유인틀 길이 | 표본주수 |
| 50주 미만 | 5 | 100주 미만 | 5 | 500m 미만 | 5 |
| 50주 이상 100주 미만 | 6 | 100주 이상 300주 미만 | 7 | 500m 이상 1,000m 미만 | 6 |
| 100주 이상 200주 미만 | 7 | 300주 이상 500주 미만 | 9 | 1,000m 이상 2,000m 미만 | 7 |
| 200주 이상 500주 미만 | 8 | 500주 이상 1,000주 미만 | 12 | 2,000m 이상 4,000m 미만 | 8 |
| 500주 이상 800주 미만 | 9 | 1,000주 이상 | 16 | 4,000m 이상 6,000m 미만 | 9 |
| 800주 이상 | 10 | | | 6,000m 이상 | 10 |

(5) 표본주 선정

산정한 품종별·수령별 표본주수를 바탕으로 품종별·수령별 조사 대상주수의 특성이 골고루 반영될 수 있도록 표본주를 선정한다.

(6) 착과량 및 과중조사(표본과실 수확 및 착과 무게 조사)

선정된 표본주별로 착과된 과실을 전부 수확하여 수확한 과실의 무게를 조사한다. 다만, 현장 상황에 따라 표본주의 착과된 과실 중 절반만을 수확하여 조사할 수 있다.

- 품종별·수령별 주당 착과 무게 = 품종별·수령별 (표본주의 착과 무게 ÷ 표본주수)
- 표본주 착과 무게 = 조사 착과량 × 품종별 비대추정지수(매실) × 2(절반조사 시)

(7) 비대추정지수 조사(대상품목 : 매실)

품종별 적정 수확 일자 및 조사 일자, 과실 비대추정지수〈별표4〉를 참조하여 품종별로 비대추정지수를 조사한다.

**Tip** 〈별표4〉 매실 품종별 과실 비대추정지수

| 조사일 | 남고 | 백가하 | 재래종 | 천매 |
|---|---|---|---|---|
| 30일 전 | 2.871 | 3.411 | 3.389 | 3.463 |
| 29일 전 | 2.749 | 3.252 | 3.227 | 3.297 |
| 28일 전 | 2.626 | 3.093 | 3.064 | 3.131 |
| 27일 전 | 2.504 | 2.934 | 2.902 | 2.965 |
| 26일 전 | 2.381 | 2.775 | 2.740 | 2.800 |
| 25일 전 | 2.258 | 2.616 | 2.577 | 2.634 |
| 24일 전 | 2.172 | 2.504 | 2.464 | 2.518 |
| 23일 전 | 2.086 | 2.391 | 2.351 | 2.402 |
| 22일 전 | 2.000 | 2.279 | 2.238 | 2.286 |
| 21일 전 | 1.914 | 2.166 | 2.124 | 2.171 |
| 20일 전 | 1.827 | 2.054 | 2.011 | 2.055 |
| 19일 전 | 1.764 | 1.972 | 1.933 | 1.975 |
| 18일 전 | 1.701 | 1.891 | 1.854 | 1.895 |
| 17일 전 | 1.638 | 1.809 | 1.776 | 1.815 |
| 16일 전 | 1.574 | 1.728 | 1.698 | 1.735 |
| 15일 전 | 1.511 | 1.647 | 1.619 | 1.655 |
| 14일 전 | 1.465 | 1.598 | 1.565 | 1.599 |
| 13일 전 | 1.419 | 1.530 | 1.510 | 1.543 |
| 12일 전 | 1.373 | 1.471 | 1.455 | 1.487 |
| 11일 전 | 1.326 | 1.413 | 1.400 | 1.431 |
| 10일 전 | 1.280 | 1.355 | 1.346 | 1.375 |
| 9일 전 | 1.248 | 1.312 | 1.300 | 1.328 |
| 8일 전 | 1.215 | 1.270 | 1.254 | 1.281 |
| 7일 전 | 1.182 | 1.228 | 1.208 | 1.234 |
| 6일 전 | 1.149 | 1.186 | 1.162 | 1.187 |
| 5일 전 | 1.117 | 1.144 | 1.116 | 1.140 |
| 4일 전 | 1.093 | 1.115 | 1.093 | 1.112 |
| 3일 전 | 1.070 | 1.096 | 1.070 | 1.084 |

| 2일 전 | 1.047 | 1.057 | 1.046 | 1.056 |
| 1일 전 | 1.023 | 1.029 | 1.023 | 1.028 |
| 수확일 | 1 | 1 | 1 | 1 |

※ 위에 없는 품종은 남고를 기준으로 함 (출처 : 국립원예특작과학원)

### (8) 착과피해 구성 조사

착과 피해를 유발하는 재해가 있었을 경우에는 다음과 같이 착과피해 구성 조사를 실시한다.

(가) 각 표본주별로 수확한 과실 중 임의의 과실을 추출하여 과실 분류 기준〈별표3〉에 따라 구분하여 그 개수 또는 무게를 조사한다. 이때 개수 조사 시에는 표본주당 표본과실수는 100개 이상으로 하며, 무게 조사 시에는 표본주당 표본과실 중량은 1,000g 이상으로 한다.

**Tip** 〈별표3〉 과실 분류에 따른 피해인정계수

〈복숭아, 감귤(온주밀감류) 외〉

| 과실분류 | 피해인정계수 | 비고 |
|---|---|---|
| 정상과 | 0 | 피해가 없거나 경미한 과실 |
| 50%형 피해과실 | 0.5 | 일반시장에 출하할 때 정상과실에 비해 50% 정도의 가격하락이 예상되는 품질의 과실(단, 가공공장공급 및 판매 여부와 무관) |
| 80%형 피해과실 | 0.8 | 일반시장 출하가 불가능하나 가공용으로 공급될 수 있는 품질의 과실(단, 가공공장공급 및 판매 여부와 무관) |
| 100%형 피해과실 | 1 | 일반시장 출하가 불가능하고 가공용으로도 공급될 수 없는 품질의 과실 |

(나) 조사 당시 착과에 이상이 없는 경우 등에는 피해 구성 조사를 생략할 수 있다.

(다) 대추·매실·살구의 과실 분류에 따른 피해인정계수〈별표3〉를 따른다.

### (9) 미보상비율 확인

품목별 미보상비율 적용표〈별표2〉에 따라 미보상비율을 조사한다.

**Tip** 〈별표2〉 농작물재해보험 미보상비율 적용표

〈감자, 고추 제외 전 품목〉

| 구분 | 제초 상태 | 병해충 상태 | 기타 |
|---|---|---|---|
| 해당 없음 | 0% | 0% | 0% |
| 미흡 | 10% 미만 | 10% 미만 | 10% 미만 |

| 불량 | 20% 미만 | 20% 미만 | 20% 미만 |
| 매우 불량 | 20% 이상 | 20% 이상 | 20% 이상 |

미보상 비율은 보장하는 재해 이외의 원인이 조사 농지의 수확량 감소에 영향을 준 비율을 의미하여 제초 상태, 병해충 상태 및 기타 항목에 따라 개별 적용한 후 해당 비율을 합산하여 산정한다.

1. **제초 상태**(과수품목은 피해율에 영향을 줄 수 있는 잡초만 해당)
   가) **해당 없음** : 잡초가 농지 면적의 20% 미만으로 분포한 경우
   나) **미흡** : 잡초가 농지 면적의 20% 이상 40% 미만으로 분포한 경우
   다) **불량** : 잡초가 농지 면적의 40% 이상 60% 미만으로 분포한 경우 또는 경작불능조사 진행건으로 정상적인 영농활동 시행을 증빙하는 자료(비료 및 농약 영수증 등)가 부족한 경우
   라) **매우 불량** : 잡초가 농지 면적의 60% 이상으로 분포한 경우 또는 경작불능조사 진행건으로 정상적인 영농활동 시행을 증빙하는 자료(비료 및 농약 영수증 등)가 없는 경우

2. **병해충 상태**(각 품목에서 별도로 보상하는 병해충은 제외)
   가) **해당 없음** : 병해충이 농지 면적의 20% 미만으로 분포한 경우
   나) **미흡** : 병해충이 농지 면적의 20% 이상 40% 미만으로 분포한 경우
   다) **불량** : 병해충이 농지 면적의 40% 이상 60% 미만으로 분포한 경우 또는 경작불능조사 진행 건으로 정상적인 영농활동 시행을 증빙하는 자료(비료 및 농약 영수증 등)가 부족한 경우
   라) **매우 불량** : 병해충이 농지 면적의 60% 이상으로 분포한 경우 또는 경작불능조사 진행 건으로 정상적인 영농활동 시행을 증빙하는 자료(비료 및 농약 영수증 등)가 없는 경우

3. **기타** : 영농기술 부족, 영농상 실수 및 단순 생리장애 등 보상하는 손해 이외의 사유로 피해가 발생한 것으로 추정되는 경우[해거리, 생리장애(원소결핍 등), 시비관리, 토양관리(연작 및 pH과다·과소 등), 전정(강전정 등), 조방재배, 재식밀도(인수기준 이하), 농지상태(혼식, 멀칭, 급배수 등), 가입이전 사고 및 계약자 중과실손해, 자연감모, 보상재해이외(종자불량, 일부가입 등)]에 적용
   가) **해당 없음** : 위 사유로 인한 피해가 없는 것으로 판단되는 경우
   나) **미흡** : 위 사유로 인한 피해가 10% 미만으로 판단되는 경우
   다) **불량** : 위 사유로 인한 피해가 20% 미만으로 판단되는 경우
   라) **매우 불량** : 위 사유로 인한 피해가 20% 이상으로 판단되는 경우

> **Tip** 매실, 대추, 살구 수확 개시 전 수확량조사(조사일 기준) - 조사시기 : 최초 수확 전

(1) 피해율

$$\text{피해율} = \frac{\text{평년수확량} - \text{수확량} - \text{미보상감수량}}{\text{평년수확량}}$$

(가) 수확량

$$\{\text{품종별·수령별 주당 착과량} \times \text{품종별·수령별 조사대상주수} \times (1 - \text{착과피해구성률})\}$$
$$+ (\text{품종별·수령별 주당 평년수확량} \times \text{품종별·수령별 미보상주수})$$

(나) 미보상 감수량

$$(\text{평년수확량} - \text{수확량}) \times \text{미보상비율}$$

① 품종별·수령별 조사대상주수

$$\text{품종별·수령별 실제결과주수} - \text{품종별·수령별 미보상주수} - \text{품종별·수령별 고사나무주수}$$

② 품종별·수령별 평년수확량

$$\text{평년수확량} \times \frac{\text{품종별 표준수확량}}{\text{표준수확량}}$$

③ 품종별·수령별 주당 평년수확량

$$\frac{\text{품종별·수령별 평년수확량}}{\text{품종별·수령별 실제결과주수}}$$

④ 품종별·수령별 주당 착과량

$$\frac{\text{품종별·수령별 표본주의 착과무게}}{\text{품종별·수령별 표본주수}}$$

⑤ 표본주 착과무게

$$\text{조사 착과량} \times \text{품종별 비대추정지수(매실)} \times 2(\text{절반조사 시})$$

(다) 피해구성 조사

$$\text{피해구성률} = \frac{(50\%\text{형 피해과실무게} \times 0.5) + (80\%\text{형 피해과실무게} \times 0.8) + (100\%\text{형 피해과실무게} \times 1)}{\text{표본과실무게}}$$

### 나) 수확 개시 후 수확량 조사

수확 개시 후 수확량 조사는 조사일을 기준으로 해당 농지의 수확이 시작된 후에 수확량 조사를 실시하는 경우를 의미하며, 조기 수확 및 수확 해태 등으로 수확 개시 여부에 대한 분쟁이 발생한 경우에는 지역의 농업기술센터 등 농업 전문기관의 판단에 따른다.

(1) 보장하는 재해 여부 심사

농지 및 작물 상태 등을 감안하여 보장하는 재해로 인한 피해가 맞는지 확인하며, 필요시에는 이에 대한 근거자료(피해사실 확인조사 참조)를 확보한다.

(2) 주수 조사

농지 내 품종별·수령별로 실제결과주수, 수확 완료주수, 미보상주수 및 고사나무주수를 파악한다.

(3) 조사 대상주수 계산

실제결과주수에서 수확 완료주수, 미보상주수 및 고사나무주수를 제외한 조사대상주수를 계산한다.

(4) 표본주수 산정

조사 대상주수를 기준으로 품목별 표본주수표〈별표1〉에 따라 농지별 전체 표본주수를 산정하되, 품종별·수령별 표본주수는 품종별·수령별 조사 대상 주수에 비례하여 산정한다.

**Tip** 〈별표1〉 품목별 표본주(구간)수 표

| 〈참다래, 블루베리, 매실, 살구, 대추, 오미자〉 ||||||
|---|---|---|---|---|---|
| 참다래, 블루베리 || 매실, 대추, 살구 || 오미자 ||
| 조사대상주수 | 표본주수 | 조사대상주수 | 표본주수 | 조사대상 유인틀 길이 | 표본주수 |
| 50주 미만 | 5 | 100주 미만 | 5 | 500m 미만 | 5 |
| 50주 이상 100주 미만 | 6 | 100주 이상 300주 미만 | 7 | 500m 이상 1,000m 미만 | 6 |
| 100주 이상 200주 미만 | 7 | 300주 이상 500주 미만 | 9 | 1,000m 이상 2,000m 미만 | 7 |
| 200주 이상 500주 미만 | 8 | 500주 이상 1,000주 미만 | 12 | 2,000m 이상 4,000m 미만 | 8 |
| 500주 이상 800주 미만 | 9 | 1,000주 이상 | 16 | 4,000m 이상 6,000m 미만 | 9 |
| 800주 이상 | 10 | | | 6,000m 이상 | 10 |

### (5) 표본주 선정

산정한 품종별·수령별 표본주수를 바탕으로 품종별·수령별 조사 대상주수의 특성이 골고루 반영될 수 있도록 표본주를 선정한다.

### (6) 과중조사

#### (가) 표본과실 수확 및 착과 무게 조사

선정된 표본주별로 착과된 과실을 전부 수확하여 수확한 과실의 무게를 조사한다. 다만, 현장 상황에 따라 표본주의 착과된 과실 중 절반만을 수확하여 조사할 수 있다.

#### (나) 낙과 무게

① 선정된 표본주별로 수관면적 내 낙과된 과실의 무게를 조사한다.

② 계약자 등이 낙과된 과실을 한 곳에 모아 둔 경우 등 낙과 표본조사가 불가능한 경우에는 낙과 전수조사를 실시한다. 낙과 전수조사 시에는 농지 내 전체 낙과를 품종별로 구분하여 조사한다. 단, 전체 낙과에 대하여 품종별 구분이 어려운 경우에는 전체 낙과 무게를 재고 전체 낙과 중 1,000g 이상의 표본을 추출하여 해당 표본의 품종을 구분하는 방법을 사용한다.

$$품종별\ 낙과량 = 전체낙과량 \times \frac{품종별\ 표본과실수(무게)}{표본과실수(무게)}$$

③ 현장 상황에 따라 표본주별로 착과 및 낙과된 과실 중 절반만을 대상으로 조사할 수 있다.

### (7) 비대추정지수 조사(대상품목 : 매실)

매실 품목의 경우 품종별 적정 수확 일자 및 조사 일자, 매실 품종별 과실 비대추정지수〈별표 4〉를 참조하여 품종별로 비대추정지수를 조사한다.

### (8) 기수확량 조사

출하자료 및 문답 등을 통하여 기수확량을 조사한다.

〈그림 2-12〉 기수확량 확인

(9) 낙과피해 및 착과피해 구성 조사

　(가) 낙과피해 구성 조사

　　품종별 낙과 중 임의의 과실 100개 또는 1,000g 이상을 추출하여 과실 분류에 따른 피해인정계수에 따른 개수 또는 무게를 조사한다.

　(나) 착과피해 구성 조사

　　착과피해를 유발하는 재해가 있을 경우 시행하며, 표본주별로 수확한 착과 중 임의의 과실 100개 또는 1,000g 이상을 추출한 후 과실 분류에 따른 피해인정계수에 따른 개수 또는 무게를 조사한다.

　(다) 피해 구성 조사 생략

　　조사 당시 착과에 이상이 없는 경우나 낙과의 피해 정도가 심해 피해구성 조사가 의미가 없을 경우 등에는 피해 구성 조사를 생략할 수 있다.

(10) 미보상비율 확인

　품목별 미보상비율 적용표〈별표2〉에 따라 미보상비율을 조사한다.

**Tip** 〈별표2〉 농작물재해보험 미보상비율 적용표

| 〈감자, 고추 제외 전 품목〉 | | | |
|---|---|---|---|
| 구분 | 제초 상태 | 병해충 상태 | 기타 |
| 해당 없음 | 0% | 0% | 0% |
| 미흡 | 10% 미만 | 10% 미만 | 10% 미만 |
| 불량 | 20% 미만 | 20% 미만 | 20% 미만 |
| 매우 불량 | 20% 이상 | 20% 이상 | 20% 이상 |

미보상 비율은 보장하는 재해 이외의 원인이 조사 농지의 수확량 감소에 영향을 준 비율을 의미하여 제초 상태, 병해충 상태 및 기타 항목에 따라 개별 적용한 후 해당 비율을 합산하여 산정한다.

1. **제초 상태**(과수품목은 피해율에 영향을 줄 수 있는 잡초만 해당)
   가) **해당 없음** : 잡초가 농지 면적의 20% 미만으로 분포한 경우
   나) **미흡** : 잡초가 농지 면적의 20% 이상 40% 미만으로 분포한 경우
   다) **불량** : 잡초가 농지 면적의 40% 이상 60% 미만으로 분포한 경우 또는 경작불능조사 진행건으로 정상적인 영농활동 시행을 증빙하는 자료(비료 및 농약 영수증 등)가 부족한 경우
   라) **매우 불량** : 잡초가 농지 면적의 60% 이상으로 분포한 경우 또는 경작불능조사 진행건으로 정상적인 영농활동 시행을 증빙하는 자료(비료 및 농약 영수증 등)가 없는 경우

2. **병해충 상태**(각 품목에서 별도로 보상하는 병해충은 제외)
   가) **해당 없음** : 병해충이 농지 면적의 20% 미만으로 분포한 경우
   나) **미흡** : 병해충이 농지 면적의 20% 이상 40% 미만으로 분포한 경우
   다) **불량** : 병해충이 농지 면적의 40% 이상 60% 미만으로 분포한 경우 또는 경작불능조사 진행 건으로 정상적인 영농활동 시행을 증빙하는 자료(비료 및 농약 영수증 등)가 부족한 경우
   라) **매우 불량** : 병해충이 농지 면적의 60% 이상으로 분포한 경우 또는 경작불능조사 진행 건으로 정상적인 영농활동 시행을 증빙하는 자료(비료 및 농약 영수증 등)가 없는 경우

3. **기타** : 영농기술 부족, 영농상 실수 및 단순 생리장애 등 보상하는 손해 이외의 사유로 피해가 발생한 것으로 추정되는 경우[해거리, 생리장애(원소결핍 등), 시비관리, 토양관리(연작 및 pH과다·과소 등), 전정(강전정 등), 조방재배, 재식밀도(인수기준 이하), 농지상태(혼식, 멀칭, 급배수 등), 가입이전 사고 및 계약자 중과실손해, 자연감모, 보상재해이외(종자불량, 일부가입 등)]에 적용
   가) **해당 없음** : 위 사유로 인한 피해가 없는 것으로 판단되는 경우
   나) **미흡** : 위 사유로 인한 피해가 10% 미만으로 판단되는 경우
   다) **불량** : 위 사유로 인한 피해가 20% 미만으로 판단되는 경우
   라) **매우 불량** : 위 사유로 인한 피해가 20% 이상으로 판단되는 경우

**Tip** 매실, 대추, 살구 수확 개시 후 수확량조사(조사일 기준) - 조사시기 : 사고발생직후

(1) 금차 수확량

> {품종별・수령별 주당 착과량 × 품종별・수령별 조사대상주수 × (1 - 금차 착과피해구성률)}
> + {품종별・수령별 주당 낙과량 × 품종별・수령별 조사대상주수 × (1 - 금차 낙과피해구성률)}
> + (품종별 주당 평년수확량 × 품종별 미보상주수)

(2) 금차 감수량

> (품종별・수령별 주당 착과량 × 품종별・수령별 조사대상주수 × 금차 착과피해구성률)
> + (품종별・수령별 주당 낙과량 × 품종별・수령별 조사대상 주수 × 금차 낙과피해구성률)
> + {(품종별・수령별 주당 착과량 + 품종별・수령별 주당 낙과량) × 품종별・수령별 금차 고사주수
>   × (1 - max A)}

(가) 품종별・수령별 조사대상주수

> 품종별・수령별 실제 결과주수 - 품종별・수령별 미보상주수
> - 품종별・수령별 고사나무주수 - 품종별・수령별 수확완료주수

(나) 품종별・수령별 평년수확량

$$\frac{평년수확량}{품종별・수령별 표준수확량 합계} \times 품종별・수령별 표준수확량$$

(다) 품종별・수령별 주당 평년수확량

$$\frac{품종별・수령별 평년수확량}{품종별・수령별 실제결과주수}$$

(라) 품종별・수령별 주당 착과량

$$\frac{품종별・수령별 표본주의 착과량}{품종별・수령별 표본주수}$$

(마) 표본주 착과무게

> 조사 착과량 × 품종별 비대추정지수(매실) × 2(절반조사 시)

(바) 품종별・수령별 금차 고사주수

> 품종별・수령별 고사주수 - 품종별・수령별 기조사 고사주수

(3) 낙과량 조사
　(가) 표본조사

$$품종별 \cdot 수령별\ 주당\ 낙과량 = \frac{품종별 \cdot 수령별\ 표본주의\ 낙과량}{품종별 \cdot 수령별\ 표본주수}$$

　(나) 전수조사

$$품종별\ 주당\ 낙과량 = \frac{품종별\ 낙과량}{품종별\ 표본조사\ 대상\ 주수}$$

　　① 전체 낙과에 대하여 품종별 구분이 가능한 경우

$$품종별\ 낙과량\ 조사$$

　　② 전체 낙과에 대하여 품종별 구분이 불가한 경우

$$품종별\ 낙과량 = 전체\ 낙과량 \times \frac{품종별\ 표본과실\ 수(무게)}{표본\ 과실\ 수(무게)}$$

(4) 피해구성 조사
　(가) 피해구성률

$$\frac{50\%형\ 피해과실무게 \times 0.5\ +\ 80\%형\ 피해과실무게 \times 0.8\ +\ 100\%형\ 피해과실무게}{표본과실무게}$$

　(나) 금차 피해구성률

$$피해구성률 - \max A$$

　※ 금차 피해구성률은 다수 사고인 경우 적용
　※ max A : 금차 사고전 기조사된 착과피해구성률 중 최댓값을 말함
　※ 금차 피해구성률이 영(0)보다 작은 경우에는 영(0)으로 함

(5) 피해율 산정
　(가) 금차 수확 개시 후 수확량조사가 최초 조사인 경우(이전 수확량조사가 없는 경우)
　　① 『금차 수확량 + 금차 감수량 + 기수확량 < 평년수확량』인 경우

$$피해율 = \frac{평년수확량 - 수확량 - 미보상감수량}{평년수확량}$$

　　　㉮ 수확량 = 평년수확량 - 금차 감수량
　　　㉯ 미보상 감수량 = 금차 감수량 × 미보상비율

② 『금차 수확량 + 금차 감수량 + 기수확량 ≧ 평년수확량』인 경우

$$피해율 = \frac{평년수확량 - 수확량 - 미보상감수량}{평년수확량}$$

㉮ 수확량 = 금차 수확량 + 기수확량
㉯ 미보상 감수량 = {평년수확량 - (금차 수확량 + 기수확량)} × 미보상비율

(나) 수확 개시 전 수확량 조사가 있는 경우(이전 수확량조사에 수확 개시 전 수확량조사가 포함된 경우)
① 『금차 수확량 + 금차 감수량 + 기수확량 > 수확 개시 전 수확량조사 수확량』
⇒ 오류 수정 필요
② 『금차 수확량 + 금차 감수량 + 기수확량 > 이전 조사 금차 수확량 + 이전 조사 기수확량』
⇒ 오류 수정 필요
③ 『금차 수확량 + 금차 감수량 + 기수확량 ≦ 수확 개시 전 수확량조사 수확량』이면서 『금차 수확량 + 금차 감수량 + 기수확량 ≦ 이전 조사 금차 수확량 + 이전 조사 기수확량』인 경우

$$피해율 = \frac{평년수확량 - 수확량 - 미보상감수량}{평년수확량}$$

㉮ 수확량 = 수확 개시 전 수확량 - 사고당 감수량의 합
㉯ 미보상감수량
= {평년수확량 - (수확 개시 전 수확량 - 사고당 감수량의 합)} × max(미보상비율)

(다) 수확 개시 후 수확량 조사만 있는 경우(이전 수확량조사가 모두 수확 개시 후 수확량조사인 경우)
① 『금차 수확량 + 금차 감수량 + 기수확량 > 이전 조사 금차 수확량 + 이전 조사 기수확량』
⇒ 오류 수정 필요
② 『금차 수확량 + 금차 감수량 + 기수확량 ≦ 이전 조사 금차 수확량 + 이전 조사 기수확량』인 경우
㉮ 최초 조사가 『금차 수확량 + 금차 감수량 + 기수확량 < 평년수확량』인 경우

$$피해율 = \frac{평년수확량 - 수확량 - 미보상감수량}{평년수확량}$$

· 수확량 = 평년수확량 - 사고당 감수량의 합
· 미보상 감수량 = 사고당 감수량의 합 × max(미보상비율)

㉯ 최초 조사가 『금차 수확량 + 금차 감수량 + 기수확량 ≧ 평년수확량』인 경우

$$피해율 = \frac{평년수확량 - 수확량 - 미보상감수량}{평년수확량}$$

· 수확량 = 최초 조사 금차 수확량 + 최초 조사 기수확량 - 2차 이후 사고당 감수량의 합
· 미보상감수량 = {평년수확량 - (최초 조사 금차 수확량 + 최초 조사 기수확량)
+ 2차 이후 사고당 감수량의 합} × max(미보상비율)

## 6) 수확량조사(대상품목 : 오미자)

다음 호의 조사 종류별 방법에 따라 실시한다.

### 가) 수확 개시 전 수확량 조사

수확 개시 전 수확량 조사는 조사일을 기준으로 해당 농지의 수확이 시작되기 전에 수확량 조사를 실시하는 경우를 의미하며, 조기 수확 및 수확 해태 등으로 수확 개시 여부에 대한 분쟁이 발생한 경우에는 지역의 농업기술센터 등 농업 전문기관의 판단에 따른다.

#### (1) 보장하는 재해 여부 심사

농지 및 작물 상태 등을 감안하여 약관에서 정한 보장하는 재해로 인한 피해가 맞는지 확인하며, 필요시에는 이에 대한 근거자료(피해사실 확인조사 참조)를 확보할 수 있다.

#### (2) 유인틀 길이 측정

가입대상 오미자에 한하여 유인틀 형태 및 오미자 수령별로 유인틀의 실제 재배 길이, 고사 길이, 미보상 길이를 측정한다.

#### (3) 조사 대상 길이 계산

실제재배 길이에서 고사 길이와 미보상 길이를 빼서 조사 대상 길이를 계산한다.

#### (4) 표본구간수 산정

농지별 전체 조사 대상 길이를 기준으로 품목별 표본주(구간)표〈별표1〉에 따라 농지별 전체 표본구간수를 산정하되, 형태별·수령별 표본구간수는 형태별·수령별 조사 대상 길이에 비례하여 산정한다.

> **Tip** 〈별표1〉 품목별 표본주(구간)수 표

| 〈참다래, 블루베리, 매실, 살구, 대추, 오미자〉 ||||||
|---|---|---|---|---|---|
| 참다래, 블루베리 || 매실, 대추, 살구 || 오미자 ||
| 조사대상주수 | 표본주수 | 조사대상주수 | 표본주수 | 조사대상 유인틀 길이 | 표본주수 |
| 50주 미만 | 5 | 100주 미만 | 5 | 500m 미만 | 5 |
| 50주 이상 100주 미만 | 6 | 100주 이상 300주 미만 | 7 | 500m 이상 1,000m 미만 | 6 |
| 100주 이상 200주 미만 | 7 | 300주 이상 500주 미만 | 9 | 1,000m 이상 2,000m 미만 | 7 |
| 200주 이상 500주 미만 | 8 | 500주 이상 1,000주 미만 | 12 | 2,000m 이상 4,000m 미만 | 8 |
| 500주 이상 800주 미만 | 9 | 1,000주 이상 | 16 | 4,000m 이상 6,000m 미만 | 9 |
| 800주 이상 | 10 | | | 6,000m 이상 | 10 |

### (5) 표본구간 선정

산정한 형태별·수령별 표본구간수를 바탕으로 형태별·수령별 조사 대상길이의 특성이 골고루 반영될 수 있도록 유인틀 길이 방향 1m로 표본구간을 선정한다.

### (6) 착과량 및 과중조사

선정된 표본구간별로 표본구간 내 착과된 과실을 전부 수확하여 수확한 과실의 무게를 조사한다. 다만, 현장 상황에 따라 표본구간의 착과된 과실 중 절반만을 수확하여 조사할 수 있다.

### (7) 착과피해 구성 조사

착과 피해를 유발하는 재해가 있었을 경우에는 아래와 같이 착과피해 구성 조사를 실시한다.

(가) 표본구간에서 수확한 과실 중 임의의 과실을 추출하여 과실 분류에 따른 피해인정계수에 따라 구분하여 그 무게를 조사한다. 이때 표본으로 추출한 과실 중량은 3,000g 이상으로 한다. ※ 조사한 총 착과 과실 무게가 3,000g 미만인 경우에는 해당 과실 전체

(나) 조사 당시 착과에 이상이 없는 경우 등에는 피해 구성 조사를 생략할 수 있다.

### (8) 미보상비율 확인

품목별 미보상비율 적용표〈별표2〉에 따라 미보상비율을 조사한다.

**Tip** 〈별표2〉 농작물재해보험 미보상비율 적용표

〈감자, 고추 제외 전 품목〉

| 구분 | 제초 상태 | 병해충 상태 | 기타 |
|---|---|---|---|
| 해당 없음 | 0% | 0% | 0% |
| 미흡 | 10% 미만 | 10% 미만 | 10% 미만 |
| 불량 | 20% 미만 | 20% 미만 | 20% 미만 |
| 매우 불량 | 20% 이상 | 20% 이상 | 20% 이상 |

미보상 비율은 보장하는 재해 이외의 원인이 조사 농지의 수확량 감소에 영향을 준 비율을 의미하여 제초 상태, 병해충 상태 및 기타 항목에 따라 개별 적용한 후 해당 비율을 합산하여 산정한다.

**1. 제초 상태**(과수품목은 피해율에 영향을 줄 수 있는 잡초만 해당)

가) **해당 없음** : 잡초가 농지 면적의 20% 미만으로 분포한 경우

나) **미흡** : 잡초가 농지 면적의 20% 이상 40% 미만으로 분포한 경우

다) **불량** : 잡초가 농지 면적의 40% 이상 60% 미만으로 분포한 경우 또는 경작불능조사 진행건으로 정상적인 영농활동 시행을 증빙하는 자료(비료 및 농약 영수증 등)가 부족한 경우

라) **매우 불량** : 잡초가 농지 면적의 60% 이상으로 분포한 경우 또는 경작불능조사 진행건으로 정상적인 영농활동 시행을 증빙하는 자료(비료 및 농약 영수증 등)가 없는 경우

2. **병해충 상태**(각 품목에서 별도로 보상하는 병해충은 제외)
    가) **해당 없음** : 병해충이 농지 면적의 20% 미만으로 분포한 경우
    나) **미흡** : 병해충이 농지 면적의 20% 이상 40% 미만으로 분포한 경우
    다) **불량** : 병해충이 농지 면적의 40% 이상 60% 미만으로 분포한 경우 또는 경작불능조사 진행 건으로 정상적인 영농활동 시행을 증빙하는 자료(비료 및 농약 영수증 등)가 부족한 경우
    라) **매우 불량** : 병해충이 농지 면적의 60% 이상으로 분포한 경우 또는 경작불능조사 진행 건으로 정상적인 영농활동 시행을 증빙하는 자료(비료 및 농약 영수증 등)가 없는 경우

3. **기타** : 영농기술 부족, 영농상 실수 및 단순 생리장애 등 보상하는 손해 이외의 사유로 피해가 발생한 것으로 추정되는 경우[해거리, 생리장애(원소결핍 등), 시비관리, 토양관리(연작 및 pH과다·과소 등), 전정(강전정 등), 조방재배, 재식밀도(인수기준 이하), 농지상태(혼식, 멀칭, 급배수 등), 가입이전 사고 및 계약자 중과실손해, 자연감모, 보상재해이외(종자불량, 일부가입 등)]에 적용
    가) **해당 없음** : 위 사유로 인한 피해가 없는 것으로 판단되는 경우
    나) **미흡** : 위 사유로 인한 피해가 10% 미만으로 판단되는 경우
    다) **불량** : 위 사유로 인한 피해가 20% 미만으로 판단되는 경우
    라) **매우 불량** : 위 사유로 인한 피해가 20% 이상으로 판단되는 경우

> **Tip** 오미자 수확 개시 전 수확량조사(조사일 기준) - 조사시기 : 최초 수확 전
>
> (1) 피해율
>
> $$\text{피해율} = \frac{\text{평년수확량} - \text{수확량} - \text{미보상감수량}}{\text{평년수확량}}$$
>
> (2) 수확량
>
> {형태·수령별 m당 착과량 × 형태·수령별 조사대상길이 × (1 - 착과피해구성률)}
> + (형태·수령별 m당 평년수확량 × 형태·수령별 미보상 길이)
>
> (가) 형태·수령별 조사대상길이
>
> 형태·수령별 실제재배길이 - 형태·수령별 미보상길이 - 형태·수령별 고사길이

(나) 형태·수령별 길이(m)당 착과량

$$\frac{형태·수령별\ 표본구간의\ 착과무게}{형태·수령별\ 표본구간\ 길이의\ 합}$$

*표본구간 착과무게 = 조사 착과량 × 2(절반조사 시)

(다) 형태·수령별 길이(m)당 평년수확량

$$\frac{형태·수령별\ 평년수확량}{형태·수령별\ 실제재배길이}$$

* 형태·수령별 평년수확량

$$평년수확량\ \times\ \frac{형태·수령별\ m당\ 표준수확량\ \times\ 형태·수령별\ 실제재배길이}{표준수확량}$$

(3) 미보상감수량

$$(평년수확량\ -\ 수확량)\ \times\ 미보상비율$$

(4) 피해 구성 조사

$$피해구성률\ =\ \frac{(50\%형\ 피해과실무게 \times 0.5) + (80\%형\ 피해과실무게 \times 0.8) + (100\%형\ 피해과실무게 \times 1)}{표본과실무게}$$

나) 수확 개시 후 수확량 조사

수확 개시 후 수확량 조사는 조사일을 기준으로 해당 농지의 수확이 시작된 후에 수확량 조사를 실시하는 경우를 의미하며, 조기 수확 및 수확 해태 등으로 수확 개시 여부에 대한 분쟁이 발생한 경우에는 지역의 농업기술센터 등 농업 전문기관의 판단에 따른다.

(1) 보장하는 재해 여부 심사

농지 및 작물 상태 등을 감안하여 약관에서 정한 보장하는 재해로 인한 피해가 맞는지 확인하며, 필요시에는 이에 대한 근거자료(피해사실 확인조사 참조)를 확보할 수 있다.

(2) 유인틀 길이 측정

가입대상 오미자에 한하여 유인틀 형태 및 오미자 수령별로 유인틀의 실제 재배 길이, 수확 완료 길이, 고사 길이, 미보상 길이를 측정한다.

### (3) 조사 대상 길이 계산

실제재배 길이에서 수확 완료 길이, 고사 길이와 미보상 길이를 빼서 조사대상 길이를 계산한다.

### (4) 표본구간수 산정

농지별 전체 조사 대상 길이를 기준으로 품목별 표본주(구간)표〈별표1〉에 따라 농지별 전체 표본구간수를 산정하되, 형태별·수령별 표본구간수는 형태별·수령별 조사 대상 길이에 비례하여 산정한다.

> **Tip** 〈별표1〉 품목별 표본주(구간)수 표

| 〈참다래, 블루베리, 매실, 살구, 대추, 오미자〉 ||||||
|---|---|---|---|---|---|
| 참다래, 블루베리 || 매실, 대추, 살구 || 오미자 ||
| 조사대상주수 | 표본주수 | 조사대상주수 | 표본주수 | 조사대상 유인틀 길이 | 표본주수 |
| 50주 미만 | 5 | 100주 미만 | 5 | 500m 미만 | 5 |
| 50주 이상 100주 미만 | 6 | 100주 이상 300주 미만 | 7 | 500m 이상 1,000m 미만 | 6 |
| 100주 이상 200주 미만 | 7 | 300주 이상 500주 미만 | 9 | 1,000m 이상 2,000m 미만 | 7 |
| 200주 이상 500주 미만 | 8 | 500주 이상 1,000주 미만 | 12 | 2,000m 이상 4,000m 미만 | 8 |
| 500주 이상 800주 미만 | 9 | 1,000주 이상 | 16 | 4,000m 이상 6,000m 미만 | 9 |
| 800주 이상 | 10 | | | 6,000m 이상 | 10 |

### (5) 표본구간 선정

산정한 형태별·수령별 표본구간수를 바탕으로 형태별·수령별 조사 대상길이의 특성이 골고루 반영될 수 있도록 유인틀 길이 방향 1m로 표본구간을 선정한다.

### (6) 과중조사

(가) 선정된 표본구간별로 표본구간 내 착과된 과실과 낙과된 과실의 무게를 조사한다. 다만, 현장 상황에 따라 표본구간별로 착과된 과실 중 절반만을 수확하여 조사할 수 있다.

(나) 계약자 등이 낙과된 과실을 한곳에 모아 둔 경우 등 낙과 표본조사가 불가능한 경우에는 낙과 전수조사를 실시한다. 낙과 전수조사 시에는 농지 내 전체낙과에 대하여 무게를 조사한다.

### (7) 기수확량 조사

출하자료 및 문답 등을 통하여 기수확량을 조사한다.

### (8) 낙과피해 및 착과피해 구성 조사

(가) 낙과피해 구성 조사는 표본구간의 낙과(전수조사 시에는 전체 낙과) 중 임의의 과실 3,000g 이상(조사한 총 낙과과실 무게가 3,000g 미만인 경우에는 해당 과실 전체)을 추출하여 피해 구성 구분 기준에 따른 무게를 조사한다.

(나) 착과피해 구성 조사는 표본구간에서 수확한 과실 중 임의의 과실을 추출하여 과실 분류에 따른 피해인정계수〈별표3〉에 따라 구분하여 그 무게를 조사한다. 이때 표본으로 추출한 과실 중량은 3,000g 이상(조사한 총착과 과실 무게가 3,000g 미만인 경우에는 해당 과실 전체)으로 한다.

**Tip** 〈별표3〉 과실 분류에 따른 피해인정계수

| 〈복숭아, 감귤(온주밀감류) 외〉 |||
|---|---|---|
| 과실분류 | 피해인정계수 | 비고 |
| 정상과 | 0 | 피해가 없거나 경미한 과실 |
| 50%형 피해과실 | 0.5 | 일반시장에 출하할 때 정상과실에 비해 50% 정도의 가격하락이 예상되는 품질의 과실(단, 가공공장공급 및 판매 여부와 무관) |
| 80%형 피해과실 | 0.8 | 일반시장 출하가 불가능하나 가공용으로 공급될 수 있는 품질의 과실(단, 가공공장공급 및 판매 여부와 무관) |
| 100%형 피해과실 | 1 | 일반시장 출하가 불가능하고 가공용으로도 공급될 수 없는 품질의 과실 |

(다) 조사 당시 착과에 이상이 없는 경우나 낙과의 피해 정도가 심해 피해구성 조사가 의미가 없을 경우 등에는 피해 구성 조사를 생략할 수 있다.

### (9) 미보상비율 확인

품목별 미보상비율 적용표〈별표2〉에 따라 미보상비율을 조사한다.

**Tip** 〈별표2〉 농작물재해보험 미보상비율 적용표

| 〈감자, 고추 제외 전 품목〉 ||||
|---|---|---|---|
| 구분 | 제초 상태 | 병해충 상태 | 기타 |
| 해당 없음 | 0% | 0% | 0% |
| 미흡 | 10% 미만 | 10% 미만 | 10% 미만 |

| 불량 | 20% 미만 | 20% 미만 | 20% 미만 |
| --- | --- | --- | --- |
| 매우 불량 | 20% 이상 | 20% 이상 | 20% 이상 |

미보상 비율은 보장하는 재해 이외의 원인이 조사 농지의 수확량 감소에 영향을 준 비율을 의미하여 제초 상태, 병해충 상태 및 기타 항목에 따라 개별 적용한 후 해당 비율을 합산하여 산정한다.

1. **제초 상태**(과수품목은 피해율에 영향을 줄 수 있는 잡초만 해당)
   가) **해당 없음** : 잡초가 농지 면적의 20% 미만으로 분포한 경우
   나) **미흡** : 잡초가 농지 면적의 20% 이상 40% 미만으로 분포한 경우
   다) **불량** : 잡초가 농지 면적의 40% 이상 60% 미만으로 분포한 경우 또는 경작불능조사 진행건으로 정상적인 영농활동 시행을 증빙하는 자료(비료 및 농약 영수증 등)가 부족한 경우
   라) **매우 불량** : 잡초가 농지 면적의 60% 이상으로 분포한 경우 또는 경작불능조사 진행 건으로 정상적인 영농활동 시행을 증빙하는 자료(비료 및 농약 영수증 등)가 없는 경우

2. **병해충 상태**(각 품목에서 별도로 보상하는 병해충은 제외)
   가) **해당 없음** : 병해충이 농지 면적의 20% 미만으로 분포한 경우
   나) **미흡** : 병해충이 농지 면적의 20% 이상 40% 미만으로 분포한 경우
   다) **불량** : 병해충이 농지 면적의 40% 이상 60% 미만으로 분포한 경우 또는 경작불능조사 진행 건으로 정상적인 영농활동 시행을 증빙하는 자료(비료 및 농약 영수증 등)가 부족한 경우
   라) **매우 불량** : 병해충이 농지 면적의 60% 이상으로 분포한 경우 또는 경작불능조사 진행 건으로 정상적인 영농활동 시행을 증빙하는 자료(비료 및 농약 영수증 등)가 없는 경우

3. **기타** : 영농기술 부족, 영농상 실수 및 단순 생리장애 등 보상하는 손해 이외의 사유로 피해가 발생한 것으로 추정되는 경우[해거리, 생리장애(원소결핍 등), 시비관리, 토양관리(연작 및 과다·과소 등), 전정(강전정 등), 조방재배, 재식밀도(인수기준 이하), 농지상태(혼식, 멀칭, 급배수 등), 가입이전 사고 및 계약자 중과실손해, 자연감모, 보상재해이외(종자불량, 일부가입 등)]에 적용
   가) **해당 없음** : 위 사유로 인한 피해가 없는 것으로 판단되는 경우
   나) **미흡** : 위 사유로 인한 피해가 10% 미만으로 판단되는 경우
   다) **불량** : 위 사유로 인한 피해가 20% 미만으로 판단되는 경우
   라) **매우 불량** : 위 사유로 인한 피해가 20% 이상으로 판단되는 경우

> **Tip** 오미자 수확 개시 후 수확량조사(조사일 기준) - 조사시기 : 사고발생직후

(1) 기본사항

　(가) 형태·수령별 조사대상길이

$$\text{형태·수령별 실제재배길이} - \text{형태·수령별 미보상길이} - \text{형태·수령별 고사 길이} - \text{수확완료길이}$$

　(나) 형태·수령별 평년수확량

$$\frac{\text{평년수확량}}{\text{표준수확량}} \times \text{형태·수령별 표준수확량}$$

　(다) 형태·수령별 길이(m)당 평년수확량

$$\frac{\text{형태·수령별 평년수확량}}{\text{형태·수령별 실제재배길이}}$$

　(라) 형태·수령별 길이(m)당 착과량

$$\frac{\text{형태·수령별 표본구간의 착과무게}}{\text{형태·수령별 표본구간 길이의 합}}$$

　(마) 표본구간 착과무게

$$\text{조사 착과량} \times 2(\text{절반조사 시})$$

　(바) 형태·수령별 금차 고사 길이

$$\text{형태·수령별 고사 길이} - \text{형태·수령별 기조사 고사 길이}$$

(2) 낙과량 조사

　(가) 표본조사

$$\text{형태·수령별 길이(m)당 낙과량} = \frac{\text{형태·수령별 표본구간의 낙과량의 합}}{\text{형태·수령별 표본구간 길이의 합}}$$

　(나) 전수조사

$$\text{길이(m)당 낙과량} = \frac{\text{낙과량}}{\text{전체 조사대상길이의 합}}$$

(3) 피해구성 조사

　(가) 피해구성률

$$\frac{50\%\text{형 피해과실무게} \times 0.5 + 80\%\text{형 피해과실무게} \times 0.8 + 100\%\text{형 피해과실무게}}{\text{표본과실무게}}$$

(나) 금차 피해구성률

$$\text{피해구성률} - \max A$$

※ max A : 금차 사고전 기조사된 착과피해구성률 중 최댓값을 말함
※ 금차 피해구성률이 영(0)보다 작은 경우 : 금차 감수과실수는 영(0)으로 함

(4) 금차 수확량

$$\{\text{형태·수령별 m당 착과량} \times \text{형태·수령별 조사대상길이} \times (1 - \text{금차 착과피해구성률})\}$$
$$+ \{\text{형태·수령별 m당 낙과량} \times \text{형태·수령별 조사대상길이} \times (1 - \text{금차 낙과피해구성률})\}$$
$$+ (\text{형태·수령별 m당 평년수확량} \times \text{형태별수령별 미보상 길이})$$

(5) 금차 감수량

$$(\text{형태·수령별 m당 착과량} \times \text{형태·수령별 조사대상길이} \times \text{금차 착과피해구성률})$$
$$+ (\text{형태·수령별 m당 낙과량} \times \text{형태·수령별 조사대상길이} \times \text{금차 낙과피해구성률})$$
$$+ \{(\text{형태·수령별 m당 착과량} + \text{형태·수령별 m당 낙과량}) \times \text{형태·수령별 금차 고사 길이} \times (1 - \max A)\}$$

(6) 피해율 산정

  (가) 금차 수확 개시 후 수확량조사가 최초 조사인 경우(이전 수확량조사가 없는 경우)

  ① 『금차 수확량 + 금차 감수량 + 기수확량 < 평년수확량』인 경우

$$\text{피해율} = \frac{\text{평년수확량} - \text{수확량} - \text{미보상감수량}}{\text{평년수확량}}$$

  ㉮ 수확량 = 평년수확량 - 금차 감수량
  ㉯ 미보상 감수량 = 금차 감수량 × 미보상비율

  ② 『금차 수확량 + 금차 감수량 + 기수확량 ≧ 평년수확량』인 경우

$$\text{피해율} = \frac{\text{평년수확량} - \text{수확량} - \text{미보상감수량}}{\text{평년수확량}}$$

  ㉮ 수확량 = 금차 수확량 + 기수확량
  ㉯ 미보상 감수량 = {평년수확량 - (금차 수확량 + 기수확량)} × 미보상비율

  (나) 수확 개시 전 수확량 조사가 있는 경우(이전 수확량조사에 수확 개시 전 수확량조사가 포함된 경우)

  ① 『금차 수확량 + 금차 감수량 + 기수확량 > 수확 개시 전 수확량조사 수확량』
    ⇒ 오류 수정 필요
  ② 『금차 수확량 + 금차 감수량 + 기수확량 > 이전 조사 금차 수확량 + 이전 조사 기수확량』
    ⇒ 오류 수정 필요

③ 『금차 수확량 + 금차 감수량 + 기수확량 ≤ 수확 개시 전 수확량조사 수확량』이면서 『금차 수확량 + 금차 감수량 + 기수확량 ≤ 이전 조사 금차 수확량 + 이전 조사 기수확량』인 경우

$$피해율 = \frac{평년수확량 - 수확량 - 미보상감수량}{평년수확량}$$

㉮ 수확량 = 수확 개시 전 수확량 - 사고당 감수량의 합

㉯ 미보상감수량
= {평년수확량 - (수확 개시 전 수확량 - 사고당 감수량의 합)} × max(미보상비율)

(다) 수확 개시 후 수확량 조사만 있는 경우(이전 수확량조사가 모두 수확 개시 후 수확량조사인 경우)

① 『금차 수확량 + 금차 감수량 + 기수확량 > 이전 조사 금차 수확량 + 이전 조사 기수확량』
⇒ 오류 수정 필요

② 『금차 수확량 + 금차 감수량 + 기수확량 ≤ 이전 조사 금차 수확량 + 이전 조사 기수확량』인 경우

㉮ 최초 조사가 『금차 수확량 + 금차 감수량 + 기수확량 < 평년수확량』인 경우

$$피해율 = \frac{평년수확량 - 수확량 - 미보상감수량}{평년수확량}$$

- 수확량 = 평년수확량 - 사고당 감수량의 합
- 미보상 감수량 = 사고당 감수량의 합 × max(미보상비율)

㉯ 최초 조사가 『금차 수확량 + 금차 감수량 + 기수확량 ≥ 평년수확량』인 경우

$$피해율 = \frac{평년수확량 - 수확량 - 미보상감수량}{평년수확량}$$

- 수확량
 = 최초 조사 금차 수확량 + 최초 조사 기수확량 - 2차 이후 사고당 감수량의 합
- 미보상감수량 = {평년수확량 - (최초 조사 금차 수확량 + 최초 조사 기수확량)
 + 2차 이후 사고당 감수량의 합} × max(미보상비율)

7) **수확량조사**(대상품목 : 유자)

다음 각 호의 조사 종류별 방법에 따라 실시한다.

가) 수확 개시 전 수확량 조사

수확 개시 전 수확량 조사는 조사일을 기준으로 해당 농지의 수확이 시작되기 전에 수확량 조사를 실시하는 경우를 의미하며, 조기 수확 및 수확 해태 등으로 수확 개시 여부에 대한 분쟁이 발생한 경우에는 지역의 농업기술센터 등 농업전문기관의 판단에 따른다.

(1) 보장하는 재해 여부 심사

농지 및 작물 상태 등을 감안하여 보장하는 재해로 인한 피해가 맞는지 확인하며, 필요시에는 이에 대한 근거자료(피해사실 확인조사 참조)를 확보한다.

(2) 주수 조사

품종별·수령별로 실제결과주수, 미보상주수 및 고사나무주수를 파악한다.

(3) 조사 대상주수 계산

실제결과주수에서 미보상주수 및 고사나무주수를 빼서 조사 대상주수를 계산한다.

(4) 표본주수 산정

농지별 전체 조사 대상주수를 기준으로 품목별 표본주수표〈별표1〉에 따라 농지별 전체 표본주수를 산정하되, 품종별·수령별 표본주수는 품종별·수령별 조사 대상주수에 비례하여 산정한다.

**Tip** 〈별표1〉 품목별 표본주(구간)수 표

〈유자〉

| 조사대상주수 | 표본주수 | 조사대상주수 | 표본주수 |
|---|---|---|---|
| 50주 미만 | 5 | 200주 이상, 500주 미만 | 8 |
| 50주 이상, 100주 미만 | 6 | 500주 이상, 800주 미만 | 9 |
| 100주 이상, 200주 미만 | 7 | 800주 이상 | 10 |

(5) 표본주 선정

산정한 품종별·수령별 표본주수를 바탕으로 품종별·수령별 조사 대상 주수의 특성이 골고루 반영될 수 있도록 표본주를 선정한다.

(6) 착과수조사

선정된 표본주별로 착과된 전체 과실수를 조사한다.

(7) 과중조사

농지에서 품종별로 착과가 평균적인 3개 이상의 표본주에서 크기가 평균적인 과실을 품종별 20개 이상(농지당 최소 60개 이상) 추출하여 품종별 과실개수와 무게를 조사한다.

(8) 착과 피해 구성 조사

착과 피해를 유발하는 재해가 있었을 경우에는 아래와 같이 착과피해 구성 조사를 실시한다.
  (가) 착과피해 구성 조사는 착과피해를 유발하는 재해가 있을 경우 시행하며, 품종별로 3개 이상의 표본주에서 임의의 과실 100개 이상을 추출한 후 과실 분류에 따른 피해인정계수에 따라 구분하여 그 개수를 조사 한다.
  (나) 조사 당시 착과에 이상이 없는 경우 등에는 품종별로 피해 구성 조사를 생략할 수 있다.

(9) 미보상비율 확인

품목별 미보상비율 적용표〈별표2〉에 따라 미보상비율을 조사한다.

> **Tip** 〈별표2〉 농작물재해보험 미보상비율 적용표

〈감자, 고추 제외 전 품목〉

| 구분 | 제초 상태 | 병해충 상태 | 기타 |
|---|---|---|---|
| 해당 없음 | 0% | 0% | 0% |
| 미흡 | 10% 미만 | 10% 미만 | 10% 미만 |
| 불량 | 20% 미만 | 20% 미만 | 20% 미만 |
| 매우 불량 | 20% 이상 | 20% 이상 | 20% 이상 |

미보상 비율은 보장하는 재해 이외의 원인이 조사 농지의 수확량 감소에 영향을 준 비율을 의미하여 제초 상태, 병해충 상태 및 기타 항목에 따라 개별 적용한 후 해당 비율을 합산하여 산정한다.

1. **제초 상태**(과수품목은 피해율에 영향을 줄 수 있는 잡초만 해당)
   가) **해당 없음** : 잡초가 농지 면적의 20% 미만으로 분포한 경우
   나) **미흡** : 잡초가 농지 면적의 20% 이상 40% 미만으로 분포한 경우
   다) **불량** : 잡초가 농지 면적의 40% 이상 60% 미만으로 분포한 경우 또는 경작불능조사 진행건으로 정상적인 영농활동 시행을 증빙하는 자료(비료 및 농약 영수증 등)가 부족한 경우
   라) **매우 불량** : 잡초가 농지 면적의 60% 이상으로 분포한 경우 또는 경작불능조사 진행 건으로 정상적인 영농활동 시행을 증빙하는 자료(비료 및 농약 영수증 등)가 없는 경우

2. **병해충 상태**(각 품목에서 별도로 보상하는 병해충은 제외)
   가) **해당 없음** : 병해충이 농지 면적의 20% 미만으로 분포한 경우
   나) **미흡** : 병해충이 농지 면적의 20% 이상 40% 미만으로 분포한 경우
   다) **불량** : 병해충이 농지 면적의 40% 이상 60% 미만으로 분포한 경우 또는 경작불능조사 진행 건으로 정상적인 영농활동 시행을 증빙하는 자료(비료 및 농약 영수증 등)가 부족한 경우
   라) **매우 불량** : 병해충이 농지 면적의 60% 이상으로 분포한 경우 또는 경작불능조사 진행 건으로 정상적인 영농활동 시행을 증빙하는 자료(비료 및 농약 영수증 등)가 없는 경우

3. **기타** : 영농기술 부족, 영농상 실수 및 단순 생리장애 등 보상하는 손해 이외의 사유로 피해가 발생한 것으로 추정되는 경우[해거리, 생리장애(원소결핍 등), 시비관리, 토양관리(연작 및 pH과다·과소 등), 전정(강전정 등), 조방재배, 재식밀도(인수기준 이하), 농지상태(혼식, 멀칭, 급배수 등), 가입이전 사고 및 계약자 중과실손해, 자연감모, 보상재해이외(종자불량, 일부가입 등)]에 적용

   가) **해당 없음** : 위 사유로 인한 피해가 없는 것으로 판단되는 경우
   나) **미흡** : 위 사유로 인한 피해가 10% 미만으로 판단되는 경우
   다) **불량** : 위 사유로 인한 피해가 20% 미만으로 판단되는 경우
   라) **매우 불량** : 위 사유로 인한 피해가 20% 이상으로 판단되는 경우

> **Tip** 유자 수확량조사 – 조사시기 : 수확개시전
>
> (1) 기본사항
>    (가) 품종별·수령별 조사대상주수
>
>    | 품종별·수령별 실제결과주수 − 품종별·수령별 미보상주수 − 품종별·수령별 고사주수 |
>
>    (나) 품종별·수령별 평년수확량
>
>    $$\frac{평년수확량}{표준수확량} \times 품종별·수령별\ 표준수확량$$
>
>    (다) 품종별·수령별 주당 평년수확량
>
>    $$\frac{품종별·수령별\ 평년수확량}{품종별·수령별\ 실제결과주수}$$
>
>    (라) 품종별·수령별 과중
>
>    $$\frac{품종별·수령별\ 표본과실\ 무게합계}{품종별·수령별\ 표본과실수}$$
>
>    (마) 품종별·수령별 표본주당 착과수
>
>    $$\frac{품종별·수령별\ 표본주\ 착과수\ 합계}{품종별·수령별\ 표본주수}$$
>
>    (바) 품종별·수령별 표본주당 착과량
>
>    | 품종별·수령별 표본주당 착과수 × 품종별·수령별 과중 |

(2) 피해구성 조사

$$\text{피해구성률} = \frac{\left(\begin{array}{c}50\%형\\ \text{피해과실수}\\ \times 0.5\end{array}\right) + \left(\begin{array}{c}80\%형\\ \text{피해과실수}\\ \times 0.8\end{array}\right) + \left(\begin{array}{c}100\%형\\ \text{피해과실수}\\ \times 1\end{array}\right)}{\text{표본과실수}}$$

(3) 피해율

$$\text{피해율} = \frac{\text{평년수확량} - \text{수확량} - \text{미보상감수량}}{\text{평년수확량}}$$

(가) 수확량

{품종별・수령별 표본주당 착과량 × 품종별・수령별 표본조사 대상 주수
× (1 − 착과피해구성률)}
+ (품종별・수령별 주당 평년수확량 × 품종별・수령별 미보상주수)

(나) 미보상감수량

(평년수확량 − 수확량) × 미보상비율

8) **종합위험 비가림시설 피해조사**(대상품목 : 포도, 참다래, 대추)

다음의 조사 방법에 따라 실시한다.

**가) 조사기준** : 해당 목적물인 비가림시설의 구조체와 피복재의 재조달가액을 기준금액으로 수리비를 산출한다.

**나) 평가 단위** : 물리적으로 분리 가능한 시설 1동을 기준으로 보험 목적물별 평가한다.

**다) 조사 방법**

(1) **피복재** : 피복재의 피해 면적을 조사한다.

(2) **구조체**

(가) 손상된 골조를 재사용할 수 없는 경우 : 교체 수량 확인 후 교체 비용 산정

(나) 손상된 골조를 재사용할 수 있는 경우 : 보수 면적 확인 후 보수비용 산정

〈그림 2-13〉 비가림시설(대추)

### 9) 나무손해보장 특약 고사나무조사

(대상품목 : 포도, 복숭아, 자두, 감귤(만감류), 매실, 유자, 참다래, 살구)

다음의 조사 방법에 따라 실시한다.

#### 가) 나무손해보장 특약 가입 여부 및 사고 접수 여부 확인

해당 특약을 가입한 농지 중 사고가 접수된 모든 농지에 대해서 고사나무 조사를 실시한다.

#### 나) 조사 시기의 결정

고사나무 조사는 수확 완료 시점 이후에 실시하되, 나무손해보장 특약 종료 시점을 고려하여 결정한다.

#### 다) 보장하는 재해 여부 심사

농지 및 작물 상태 등을 감안하여 보장하는 재해로 인한 피해가 맞는지 확인하며, 필요시에는 이에 대한 근거자료(피해사실 확인조사 참조)를 확보한다.

#### 라) 주수 조사

(1) 포도, 복숭아, 자두, 감귤(만감류), 매실, 유자, 살구 품목에 대해서 품종별·수령별로 실제결과주수, 수확 완료 전 고사주수, 수확 완료 후 고사주수 및 미보상 고사주수를 조사한다.

(가) 수확 완료 전 고사주수

고사나무조사 이전 조사(착과수조사, 착과피해조사, 낙과피해 조사 및 수확개시 전·후 수확량조사)에서 보장하는 재해로 고사한 것으로 확인된 주수를 말한다.

(나) 수확 완료 후 고사주수

보장하는 재해로 고사한 나무 중 고사나무조사 이전 조사에서 확인되지 않은 나무주수를 말한다.

(다) 미보상 고사주수

보장하는 재해 이외의 원인으로 고사한 나무주수를 의미하며 고사 나무조사 이전 조사(착과수조사, 착과피해조사 및 낙과피해조사, 수확개시 전·후 수확량조사)에서 보장하는 재해 이외의 원인으로 고사하여 미보상주수로 조사된 주수를 포함한다.

(라) 계약자와 유선 등으로 수확 완료 후 고사주수가 없는 것을 확인한 경우에는 고사나무 조사를 생략할 수 있다.

(2) 참다래 품목에 대해서는 품종별·수령별로 실제결과주수와 고사주수, 미보상 고사주수를 조사한다.

10) **미보상비율조사**(모든 조사 시 동시조사)

상기 모든 조사마다 미보상비율 적용표〈별표2〉에 따라 미보상비율을 조사한다.

**Tip** 〈별표2〉 농작물재해보험 미보상비율 적용표

〈감자, 고추 제외 전 품목〉

| 구분 | 제초 상태 | 병해충 상태 | 기타 |
|---|---|---|---|
| 해당 없음 | 0% | 0% | 0% |
| 미흡 | 10% 미만 | 10% 미만 | 10% 미만 |
| 불량 | 20% 미만 | 20% 미만 | 20% 미만 |
| 매우 불량 | 20% 이상 | 20% 이상 | 20% 이상 |

미보상 비율은 보장하는 재해 이외의 원인이 조사 농지의 수확량 감소에 영향을 준 비율을 의미하여 제초 상태, 병해충 상태 및 기타 항목에 따라 개별 적용한 후 해당 비율을 합산하여 산정한다.

1. **제초 상태**(과수품목은 피해율에 영향을 줄 수 있는 잡초만 해당)

 가) 해당 없음 : 잡초가 농지 면적의 20% 미만으로 분포한 경우
 나) 미흡 : 잡초가 농지 면적의 20% 이상 40% 미만으로 분포한 경우
 다) 불량 : 잡초가 농지 면적의 40% 이상 60% 미만으로 분포한 경우 또는 경작불능조사 진행건으로 정상적인 영농활동 시행을 증빙하는 자료(비료 및 농약 영수증 등)가 부족한 경우
 라) 매우 불량 : 잡초가 농지 면적의 60% 이상으로 분포한 경우 또는 경작불능조사 진행건으로 정상적인 영농활동 시행을 증빙하는 자료(비료 및 농약 영수증 등)가 없는 경우

2. **병해충 상태**(각 품목에서 별도로 보상하는 병해충은 제외)

 가) 해당 없음 : 병해충이 농지 면적의 20% 미만으로 분포한 경우
 나) 미흡 : 병해충이 농지 면적의 20% 이상 40% 미만으로 분포한 경우
 다) 불량 : 병해충이 농지 면적의 40% 이상 60% 미만으로 분포한 경우 또는 경작불능조사 진행건으로 정상적인 영농활동 시행을 증빙하는 자료(비료 및 농약 영수증 등)가 부족한 경우

라) **매우 불량** : 병해충이 농지 면적의 60% 이상으로 분포한 경우 또는 경작불능조사 진행 건으로 정상적인 영농활동 시행을 증빙하는 자료(비료 및 농약 영수증 등)가 없는 경우

3. **기타** : 영농기술 부족, 영농상 실수 및 단순 생리장애 등 보상하는 손해 이외의 사유로 피해가 발생한 것으로 추정되는 경우[해거리, 생리장애(원소결핍 등), 시비관리, 토양관리(연작 및 pH과다·과소 등), 전정(강전정 등), 조방재배, 재식밀도(인수기준 이하), 농지상태(혼식, 멀칭, 급배수 등), 가입이전 사고 및 계약자 중과실손해, 자연감모, 보상재해이외(종자불량, 일부가입 등)]에 적용

가) **해당 없음** : 위 사유로 인한 피해가 없는 것으로 판단되는 경우
나) **미흡** : 위 사유로 인한 피해가 10% 미만으로 판단되는 경우
다) **불량** : 위 사유로 인한 피해가 20% 미만으로 판단되는 경우
라) **매우 불량** : 위 사유로 인한 피해가 20% 이상으로 판단되는 경우

## 다. 보험금 산정 방법 및 지급기준

### 1) 종합위험 수확감소보험금

가) 지급보험금의 계산에 필요한 보험가입금액, 평년수확량, 수확량, 미보상 감수량, 자기부담비율 등은 과수원별로 산정하며, 품종별로 산정하지 않는다.

나) 보장하는 재해로 인하여 피해율이 자기부담비율을 초과하는 경우에만 지급보험금이 발생한다.

(1) 보험금

$$보험금 = 보험가입금액 \times (피해율 - 자기부담비율)$$

(2) 피해율

$$\frac{평년수확량 - 수확량 - 미보상 감수량}{평년수확량}$$

(3) 유자의 평년수확량 값 적용 : 평균수확량보다 최근 7년간 과거 수확량의 올림픽 평균값이 더 클 경우 올림픽 평균값을 적용

(4) 복숭아 피해율

$$\frac{평년수확량 - 수확량 - 미보상 감수량 + 병충해감수량^*}{평년수확량}$$

*병충해감수량 = 병충해(세균구멍병) 피해 과실의 무게 × 0.5
(세균구멍병으로 인한 피해과는 50%형 피해과실로 인정)

### (5) 미보상감수량

$$(평년수확량 - 수확량) \times 미보상비율$$

**다)** 비가림시설 과실(포도, 참다래, 대추)의 보험금 등의 지급한도는 다음과 같다.

(1) 보상하는 손해로 지급할 보험금은 상기 나)를 적용하여 계산하며, 보험증권에 기재된 농작물의 보험가입금액을 한도로 한다.

(2) 손해방지비용, 대위권 보전비용, 잔존물 보전비용[58]은 상기 나)를 적용하여 계산한 금액이 보험가입금액을 초과하는 경우에도 지급한다.[59] 단, 손해방지비용은 20만원을 한도로 지급한다.

$$손해방지비용 \leq 20만원$$

### 2) 수확량감소 추가보장 특약의 보험금(포도, 복숭아, 감귤(만감류))

**가)** 보장하는 재해로 피해율이 자기부담비율을 초과하는 경우 적용한다.

**나)** 보험금

$$보험가입금액 \times (피해율 \times 10\%)$$

### 3) 나무손해보장특약의 보험금

**가)** 보험금

$$보험금 = 보험가입금액 \times (피해율 - 자기부담비율)$$

**나)** 피해율

$$피해율 = \frac{피해주수(고사된 나무)}{실제결과주수}$$

**다)** 피해주수는 수확 전 고사주수와 수확 완료 후 고사주수를 더하여 산정하며, 미보상 고사주수는 피해주수에서 제외한다.

**라)** 대상품목 및 자기부담비율은 약관에 따른다.

### 4) 종합위험 비가림시설보험금(대상품목 : 포도, 참다래, 대추)

**가)** 손해액이 자기부담금을 초과하는 경우 아래와 같이 계산한 보험금을 지급한다.

(1) 재해보험사업자가 보상할 손해액은 그 손해가 생긴 때와 곳에서의 가액에 따라 계산한다.

---

[58] 단, 재해보험사업자가 잔존물을 취득할 의사표시를 하고 잔존물을 취득한 경우에 한하여 지급한다.
[59] 농작물의 경우 잔존물 제거비용은 지급하지 않는다.

(2) 재해보험사업자는 1사고마다 재조달가액(보험의 목적과 동형·동질의 신품을 조달하는 데 소요되는 금액을 말한다. 이하 같다) 기준으로 계산한 손해액에서 자기부담금을 차감한 금액을 보험가입금액 내에서 보상한다.

> 보험금 = MIN(손해액 - 자기부담금, 보험가입금액)

나) 동일한 계약의 목적과 동일한 사고에 관하여 보험금을 지급하는 다른 계약(공제계약을 포함한다)이 있고 이들의 보험가입금액의 합계액이 보험가액보다 클 경우에는 〈별표8〉에 따라 지급보험금을 계산한다. 이 경우 보험자 1인에 대한 보험금 청구를 포기한 경우에도 다른 보험자의 지급보험금 결정에는 영향을 미치지 않는다.

**Tip** 〈별표8〉 동일한 계약의 목적과 사고에 관한 보험금 계산방법

(1) 다른 계약이 이 계약과 지급보험금의 계산 방법이 같은 경우

$$손해액 \times \frac{이\ 계약의\ 보험가입금액}{다른\ 계약이\ 없는\ 것으로\ 하여\ 각각\ 계산한\ 보험가입금액의\ 합계액}$$

(2) 다른 계약이 이 계약과 지급보험금의 계산 방법이 다른 경우

$$손해액 \times \frac{이\ 계약에\ 의한\ 보험금}{다른\ 계약이\ 없는\ 것으로\ 하여\ 각각\ 계산한\ 보험금의\ 합계액}$$

(1) 보험계약이 타인을 위한 보험계약이면서 보험계약자가 다른 계약으로 인하여 상법 제682조에 따른 대위권 행사의 대상이 된 경우에는 실제 그 다른 계약이 존재함에도 불구하고 그 다른 계약이 없다는 가정하에 계산한 보험금을 그 다른 보험계약에 우선하여 이 보험계약에서 지급한다.

(2) 보험계약을 체결한 재해보험사업자가 타인을 위한 보험에 해당하는 다른 계약의 보험계약자에게 상법 제682조에 따른 대위권을 행사할 수 있는 경우에는 이 보험계약이 없다는 가정하에 다른 계약에서 지급받을 수 있는 보험금을 초과한 손해액을 이 보험계약에서 보상한다.

다) 하나의 보험가입금액으로 둘 이상의 보험의 목적을 계약한 경우에는 전체가액에 대한 각 가액의 비율로 보험가입금액을 비례배분하여 지급보험금을 계산한다.

라) 재해보험사업자는 보험의 목적이 손해를 입은 장소에서 실제로 수리 또는 복구되지 않은 때에는 재조달가액에 의한 보상을 하지 않고 시가(감가상각된 금액)로 보상한다.

마) 계약자 또는 피보험자는 손해 발생 후 늦어도 180일 이내에 수리 또는 복구 의사를 재해보험사업자에 서면으로 통지해야 한다.

바) 자기부담금은 다음과 같이 산정한다.

(1) 재해보험사업자는 최소자기부담금(30만원)과 최대자기부담금(100만원)을 한도로 보험사고로

인하여 발생한 손해액의 10%에 해당하는 금액을 자기부담금으로 한다. 다만, 피복재 단독사고는 최소 자기부담금(10만원)과 최대자기부담금(30만원)을 한도로 한다.

(2) 제(1)항의 자기부담금은 단지 단위, 1사고 단위로 적용한다.

(3) 단, 화재 손해는 자기부담금을 적용하지 않는다.

사) 보험금 등의 지급한도는 다음과 같다.

(1) 보상하는 손해로 지급할 보험금과 잔존물 제거비용은 각각 상기 가)~마)의 지급보험금 계산 방법을 적용하여 계산하고, 그 합계액은 보험증권에 기재된 비가림시설의 보험가입금액을 한도로 한다. 단, 잔존물 제거비용은 손해액의 10%를 초과할 수 없다.

> 보험금 + 잔존물 제거비용(손해액 10% 이내) ≤ 보험가입금액

(2) 비용손해 중 손해방지비용, 대위권 보전비용, 잔존물 보전비용[60]은 상기 가)~마)의 방법을 적용하여 계산한 금액이 보험가입금액을 초과하는 경우에도 지급한다.

(3) 비용손해 중 기타 협력비용은 보험가입금액을 초과한 경우에도 전액 지급한다.

**Tip** 비가림시설(작물), 해가림시설(인삼), 농업용시설과 부대시설(시설작물, 버섯작물) 비용 손해

가) 작물(포도, 대추, 참다래, 인삼, 시설작물, 버섯작물)
  (1) 잔존물 제거비용 : 적용하지 않는다.
  (2) 손해방지비용(20만원을 한도), 대위권 보전비용, 잔존물 보전비용
      작물 보험금계산과 동일한 방법으로 계산하므로 자기부담비율(자기부담금)을 적용한다.
  (3) 기타 협력비용 : 다른 적용 없이 전액 지급한다.
나) 비가림시설, 해가림시설, 농업용시설과 부대시설 : 일부보험, 중복보험의 경우 비례 보상한다.
  (1) 잔존물 제거비용
      자기부담금을 적용하지 않고 보험금계산과 동일한 방법으로 계산한다. (다만, 아래 한도)

> 보험금 + 잔존물 제거비용(손해액 10% 한도) ≤ 보험가입금액

  (2) 손해방지비용, 대위권 보전비용, 잔존물 보전비용
      자기부담금을 적용하지 않고 보험금계산과 동일한 방법으로 계산한다. (원칙 : 한도 없음)
      *해가림시설의 경우 : 농지별 손해방지비용은 20만원을 한도로 한다.
  (3) 기타 협력비용 : 다른 적용 없이 전액 지급한다.

---

60) 단, 재해보험사업자가 잔존물을 취득할 의사표시를 하고 잔존물을 취득한 경우에 한하여 지급한다.

## 3 종합위험 과실손해보장방식 대상품목 : 감귤(온주밀감류), 오디, 두릅, 블루베리

종합위험 과실손해보장이란 보험 목적에 대한 보험기간 동안 보장하는 재해로 과실손해가 발생되어 이로 인한 수확량감소에 대한 보장받는 방식이다.

### 가. 시기별 조사 종류

| 생육시기 | 재해 | 조사내용 | 조사시기 | 조사방법 | 비고 |
|---|---|---|---|---|---|
| 수확 전 | 보장하는 재해 전부 | 피해사실 확인조사 | 사고접수 후 지체 없이 | 보장하는 재해로 인한 피해발생 여부 조사 (피해사실이 명백한 경우 생략 가능) | 전품목 |
| | | 수확전 과실손해조사 | 사고접수 후 지체 없이 | 표본주의 과실 구분<br>• 조사방법 : 표본조사 | 감귤(온주밀감류)만 해당 |
| 수확 직전 | 보장하는 재해 전부 | 과실손해조사 | 결실완료 후 | 결실수 조사<br>• 조사방법 : 표본조사 | 오디만 해당 |
| | | 과실손해조사 | 정아발아 후 | 정아지 수 조사<br>• 조사방법 : 표본조사 | 두릅만 해당 |
| | | 과실손해조사 | 개화 후 | 꽃 피해 조사<br>• 조사방법 : 표본조사 | 블루베리만 해당 |
| | | 과실손해조사 | 수확직전 | 사고발생 농지의 과실피해조사<br>• 조사방법 : 표본조사 | 감귤(온주밀감류)만 해당 |
| 수확 시작 후 ~ 수확 종료 | 보장하는 재해 전부 | 동상해 과실손해조사 | 사고접수 후 지체 없이 | 표본주의 착과피해 조사<br>12월21일~익년 2월말일 사고 건에 한함<br>• 조사방법 : 표본조사 | 감귤(온주밀감류)만 해당 |
| 수확 완료 후 ~ 보험종기 | 보장하는 재해 전부 | 고사나무 조사 | 수확완료 후 보험 종기전 | 보장하는 재해로 고사되거나 또는 회생이 불가능한 나무 수를 조사<br>특약 가입 농지만 해당<br>• 조사방법 : 전수조사 | 수확완료 후 추가 고사나무가 없는 경우 생략 가능 |

## Tip 종합위험 과실손해보장방식 시기별 조사 종류

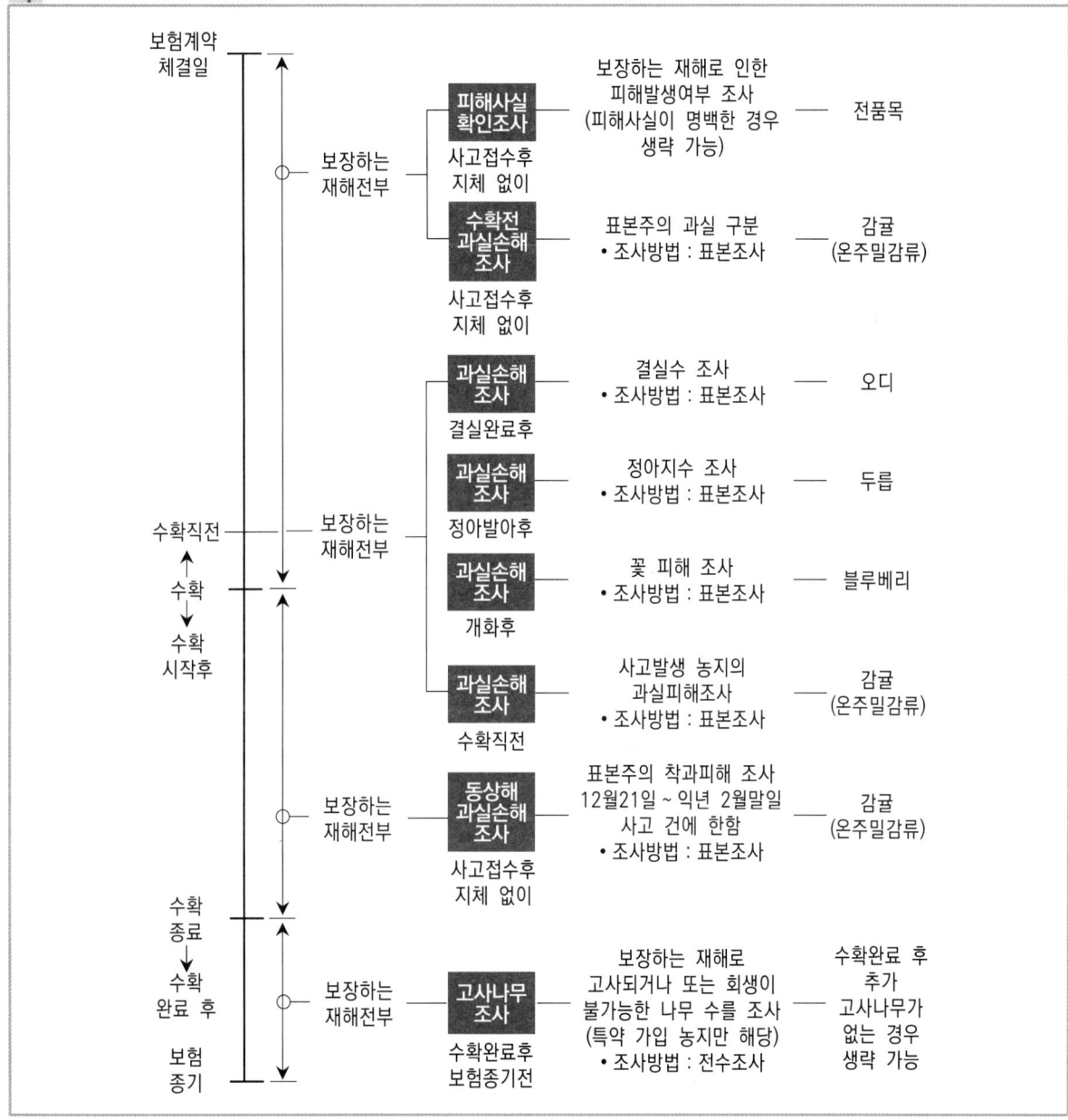

## 나. 손해평가 현지조사 방법

### 1) 피해사실 확인조사

**가) 조사 대상** : 대상 재해로 사고 접수 농지 및 조사 필요 농지

**나) 대상 재해** : 자연재해, 조수해(鳥獸害), 화재

**다) 조사 시기** : 사고 접수 직후 실시

**라) 조사 방법** : 다음 각 목에 해당하는 사항을 확인한다.

(1) 「피해사실 "조사 방법" 준용」

(2) 추가조사 필요 여부 판단

보장하는 재해 여부 및 피해 정도 등을 감안하여 추가조사가 필요한지를 판단하여 해당 내용에 대하여 계약자에게 안내하고, 추가조사가 필요할 것으로 판단된 경우에는 손해평가반 구성 및 추가조사 일정을 수립한다.

### 2) 수확전 과실손해조사(대상품목 : 감귤(온주밀감류))

다음 각 호의 조사 방법에 따라 실시한다.

**가)** 사고가 발생한 과수원에 대하여 실시하며, 조사 시기는 사고 접수 후 즉시 실시한다. ※ 수확 전 사고조사 전 계약자가 피해 미미(자기부담비율 이하의 사고) 등의 사유로 조사를 취소한 과수원은 수확 전 사고조사를 실시하지 않는다.

**나)** 수확전 과실손해조사는 다음 각 목에 따라 실시한다.

(1) 보장하는 재해로 인한 피해 여부 심사

과수원 및 작물 상태 등을 감안하여 보장하는 재해로 인한 피해가 맞는지 확인하며, 필요시에는 이에 대한 근거자료(피해사실 확인조사 참조)를 확보한다.

(2) 표본조사

(가) 표본주 선정 : 농지별 가입면적을 기준으로 품목별 표본주수표〈별표1〉에 따라 농지별 전체 표본주수를 과수원에 고루 분포되도록 선정한다. ※ 필요하다고 인정되는 경우 표본주수를 줄일 수도 있으나 최소 3주 이상 선정한다.

**Tip** 〈별표1〉 품목별 표본주(구간)수 표

| 〈오디, 복분자, 감귤(온주밀감류)〉 | | | | | |
|---|---|---|---|---|---|
| 오디 | | 복분자 | | 감귤(온주밀감류) | |
| 조사대상주수 | 표본주수 | 가입포기수 | 표본포기수 | 가입면적 | 표본주수 |
| 50주 미만 | 6 | 1,000포기 미만 | 8 | 5,000㎡ 미만 | 4 |

| 50주 이상<br>100주 미만 | 7 | 1,000포기 이상<br>1,500포기 미만 | 9 | 10,000㎡ 미만 | 6 |
| --- | --- | --- | --- | --- | --- |
| 100주 이상<br>200주 미만 | 8 | 1,500포기 이상<br>2,000포기 미만 | 10 | 10,000㎡ 이상 | 8 |
| 200주 이상<br>300주 미만 | 9 | 2,000포기 이상<br>2,500포기 미만 | 11 | | |
| 300주 이상<br>400주 미만 | 10 | 2,500포기 이상<br>3,000포기 미만 | 12 | | |
| 400주 이상<br>500주 미만 | 11 | 3,000포기 이상 | 13 | | |
| 500주 이상<br>600주 미만 | 12 | | | | |
| 600주 이상 | 13 | | | | |

(나) 표본주 조사

① 선정한 표본주에 리본을 묶고 수관 면적 내 피해 및 정상과실을 조사한다.

② 표본주의 과실을 100%형 피해 과실과 정상과실로 구분한다.

③ 100%형 피해 과실은 착과된 과실 중 100% 피해가 발생한 과실 및 보장하는 재해로 낙과된 과실을 말한다.

④ ②항에서 선정된 과실 중 보상하지 않는 손해(병충해, 생리적 낙과 포함)에 해당하는 과실과 부분 착과피해 과실은 정상과실로 구분한다.

(다) 미보상비율 확인

품목별 미보상비율 적용표〈별표2〉에 따라 미보상비율을 조사한다.

> **Tip** 〈별표2〉 농작물재해보험 미보상비율 적용표

| 〈감자, 고추 제외 전 품목〉 | | | |
| --- | --- | --- | --- |
| 구분 | 제초 상태 | 병해충 상태 | 기타 |
| 해당 없음 | 0% | 0% | 0% |
| 미흡 | 10% 미만 | 10% 미만 | 10% 미만 |
| 불량 | 20% 미만 | 20% 미만 | 20% 미만 |
| 매우 불량 | 20% 이상 | 20% 이상 | 20% 이상 |

미보상 비율은 보장하는 재해 이외의 원인이 조사 농지의 수확량 감소에 영향을 준 비율을 의미하여 제초 상태, 병해충 상태 및 기타 항목에 따라 개별 적용한 후 해당 비율을 합산하여 산정한다.

1. **제초 상태**(과수품목은 피해율에 영향을 줄 수 있는 잡초만 해당)

    가) **해당 없음** : 잡초가 농지 면적의 20% 미만으로 분포한 경우

    나) **미흡** : 잡초가 농지 면적의 20% 이상 40% 미만으로 분포한 경우

    다) **불량** : 잡초가 농지 면적의 40% 이상 60% 미만으로 분포한 경우 또는 경작불능조사 진행건으로 정상적인 영농활동 시행을 증빙하는 자료(비료 및 농약 영수증 등)가 부족한 경우

    라) **매우 불량** : 잡초가 농지 면적의 60% 이상으로 분포한 경우 또는 경작불능조사 진행건으로 정상적인 영농활동 시행을 증빙하는 자료(비료 및 농약 영수증 등)가 없는 경우

2. **병해충 상태**(각 품목에서 별도로 보상하는 병해충은 제외)

    가) **해당 없음** : 병해충이 농지 면적의 20% 미만으로 분포한 경우

    나) **미흡** : 병해충이 농지 면적의 20% 이상 40% 미만으로 분포한 경우

    다) **불량** : 병해충이 농지 면적의 40% 이상 60% 미만으로 분포한 경우 또는 경작불능조사 진행 건으로 정상적인 영농활동 시행을 증빙하는 자료(비료 및 농약 영수증 등)가 부족한 경우

    라) **매우 불량** : 병해충이 농지 면적의 60% 이상으로 분포한 경우 또는 경작불능조사 진행 건으로 정상적인 영농활동 시행을 증빙하는 자료(비료 및 농약 영수증 등)가 없는 경우

3. **기타** : 영농기술 부족, 영농상 실수 및 단순 생리장애 등 보상하는 손해 이외의 사유로 피해가 발생한 것으로 추정되는 경우[해거리, 생리장애(원소결핍 등), 시비관리, 토양관리(연작 및 pH과다·과소 등), 전정(강전정 등), 조방재배, 재식밀도(인수기준 이하), 농지상태(혼식, 멀칭, 급배수 등), 가입이전 사고 및 계약자 중과실손해, 자연감모, 보상재해이외(종자불량, 일부가입 등)]에 적용

    가) **해당 없음** : 위 사유로 인한 피해가 없는 것으로 판단되는 경우

    나) **미흡** : 위 사유로 인한 피해가 10% 미만으로 판단되는 경우

    다) **불량** : 위 사유로 인한 피해가 20% 미만으로 판단되는 경우

    라) **매우 불량** : 위 사유로 인한 피해가 20% 이상으로 판단되는 경우

다) 수확 전 사고조사 건은 추후 과실손해조사를 진행한다.

### 3) 과실손해조사(대상품목 : 오디)

다음 각 호의 조사 방법에 따라 실시한다.

#### 가) 조사 대상

(1) 피해사실확인조사 시 과실손해조사가 필요하다고 판단된 과수원에 대하여 실시한다.

(2) 가입 이듬해 5월 31일 이전 사고가 접수된 모든 농지

(3) 다만, 과실손해조사 전 계약자가 피해 미미(자기부담비율 이내의 사고) 등의 사유로 과실손해조사 실시를 취소한 과수원은 제외한다.

#### 나) 조사 시기

결실 완료 직후부터 최초 수확 전까지로 한다.

#### 다) 조사 방법

(1) 보장하는 재해 여부 심사

과수원 및 작물 상태 등을 감안하여 보장하는 재해로 인한 피해가 맞는지 확인하며, 필요시에는 이에 대한 근거자료(피해사실 확인조사 참조)를 확보한다.

(2) 주수 조사

품종별·수령별로 실제 결과주수를, 품종별·수령별 고사(결실불능)주수, 미보상주수 확인하며, 확인한 실제결과주수가 가입 주수 대비 10% 이상 차이가 날 경우에는 계약 사항을 변경해야 한다.

(가) 품종별·수령별 고사(결실불능)주수 확인

품종별·수령별로 보장하는 재해로 인하여 고사(결실불능)한 주수를 조사한다.

(나) 품종별·수령별 미보상주수 확인

품종별·수령별로 보장하는 재해 이외의 원인으로 결실이 이루어지지 않는 주수를 조사한다.

(3) 조사 대상주수 계산

품종별·수령별 실제결과주수에서 품종별·수령별 고사(결실불능)주수 및 품종별·수령별 미보상주수를 제외한 품종별·수령별 조사 대상주수를 계산한다.

(4) 표본주수 산정

농지별 전체 조사 대상주수를 기준으로 품목별 표본주수표〈별표1〉에 따라 농지별 전체 표본주수를 산정하되, 품종별·수령별 표본주수는 품종별·수령별 조사 대상주수에 비례하여 산정한다.

**Tip** 〈별표1〉 품목별 표본주(구간)수 표

〈오디, 복분자, 감귤(온주밀감류)〉

| 오디 | | 복분자 | | 감귤(온주밀감류) | |
|---|---|---|---|---|---|
| 조사대상주수 | 표본주수 | 가입포기수 | 표본포기수 | 가입면적 | 표본주수 |
| 50주 미만 | 6 | 1,000포기 미만 | 8 | 5,000㎡ 미만 | 4 |
| 50주 이상 100주 미만 | 7 | 1,000포기 이상 1,500포기 미만 | 9 | 10,000㎡ 미만 | 6 |
| 100주 이상 200주 미만 | 8 | 1,500포기 이상 2,000포기 미만 | 10 | 10,000㎡ 이상 | 8 |
| 200주 이상 300주 미만 | 9 | 2,000포기 이상 2,500포기 미만 | 11 | | |
| 300주 이상 400주 미만 | 10 | 2,500포기 이상 3,000포기 미만 | 12 | | |
| 400주 이상 500주 미만 | 11 | 3,000포기 이상 | 13 | | |
| 500주 이상 600주 미만 | 12 | | | | |
| 600주 이상 | 13 | | | | |

(5) 표본주 선정

산정한 품종별·수령별 표본주수를 바탕으로 품종별·수령별 조사 대상주수의 특성이 골고루 반영될 수 있도록 표본주를 선정한다.

(6) 표본주 조사

(가) 표본가지 선정 : 표본주에서 가장 긴 결과모지 3개를 표본가지로 선정한다.

※ 결과모지 : 결과지보다 1년 더 묵은 가지

(나) 길이 및 결실수 조사 : 표본가지별로 가지의 길이 및 결실수를 조사한다.

〈그림 2-14〉 오디 결실수 조사

식재 상태 확인

표본가지 결실수 조사

미보상비율 확인 - 균핵병

### 4) 과실손해조사(대상품목 : 두릅)

다음 각 호의 조사 방법에 따라 실시한다.

#### 가) 보장하는 재해 여부 심사

과수원 및 작물 상태 등을 감안하여 약관에서 정한 보장하는 재해로 인한 피해가 맞는지 확인하며, 필요 시에는 이에 대한 근거 자료(피해사실확인조사 참조)를 확보할 수 있다.

#### 나) 실제경작면적 확인

GPS면적측정기 또는 지형도 등을 이용하여 보험가입 면적과 실제 경작면적을 비교한다. 이때 실제 경작면적이 보험 가입 면적 대비 10% 이상 차이가 날 경우에는 계약 사항을 변경해야 한다.

#### 다) 표본 조사

(1) 표본구간 수 선정

조사된 실제경작면적에 따라 〈별표1〉 이상의 표본구간 수를 선정한다.

> **Tip** 〈별표1〉 품목별 표본주(구간)수 표
>
> 〈고추, 메밀, 브로콜리, 배추, 무, 단호박, 파, 당근, 시금치(노지), 양상추, 두릅〉
>
> | 실제경작면적 또는 피해면적 | 표본구간(이랑) 수 |
> |---|---|
> | 3,000㎡ 미만 | 4 |
> | 3,000㎡ 이상, 7,000㎡ 미만 | 6 |
> | 7,000㎡ 이상, 15,000㎡ 미만 | 8 |
> | 15,000㎡ 이상 | 10 |

(2) 표본주 선정

선정한 표본구간 수를 바탕으로 표본주가 골고루 배치될 수 있도록 표본주를 선정한다. 다만, 표본주 근방의 작물 상태가 표본으로 부적합한 경우(해당 지점 작물의 상태가 현저히 좋거나 나빠서 표본으로 대표성을 가지기 어려운 경우 등)에는 가까운 위치의 다른 표본주를 선정한다.

(3) 표본구간 내 두릅 상태 조사

선정된 표본주를 중심으로 가로·세로(각 최소 1m) 길이를 구획하여, 표본 구간 내 식재된 총 정아지 수와 보장하는 재해로 인한 피해 정아지의 수를 조사한다.

### 5) 과실손해조사(대상품목 : 블루베리)

다음 각 호의 조사 방법에 따라 실시한다.

#### 가) 꽃(눈) 피해조사

사고접수 한 농지를 대상으로 피해사실 확인조사 직후 또는 사고접수 직후에 조사를 실시한다.

나) 보장하는 재해여부 확인

농지 및 작물 상태 등을 감안하여 약관에서 정한 보장하는 재해로 인한 피해가 맞는지 확인하며, 필요 시 근거자료(피해사실확인조사 참조)를 확보할 수 있다.

다) 표본조사

(1) 표본주 선정

(가) 품종별 실제결과주수, 미보상주수 및 고사나무주수를 파악하고, 실제결과주수에서 미보상주수 및 고사나무주수를 빼서 조사대상주수를 계산한다.

(나) 농지별 전체 조사대상주수를 기준으로 품목별 표본주수표〈별표1 참조〉에 따라 농지별 전체 표본주수를 산정한다. 품종별 표본주수는 품종별 조사대상주수에 비례하여 산정한다.

> **Tip** 〈별표1〉 품목별 표본주(구간)수 표
>
> 〈참다래, 블루베리, 매실, 살구, 대추, 오미자〉
>
> | 참다래, 블루베리 | | 매실, 대추, 살구 | | 오미자 | |
> |---|---|---|---|---|---|
> | 조사대상주수 | 표본주수 | 조사대상주수 | 표본주수 | 조사대상 유인틀 길이 | 표본주수 |
> | 50주 미만 | 5 | 100주 미만 | 5 | 500m 미만 | 5 |
> | 50주 이상 100주 미만 | 6 | 100주 이상 300주 미만 | 7 | 500m 이상 1,000m 미만 | 6 |
> | 100주 이상 200주 미만 | 7 | 300주 이상 500주 미만 | 9 | 1,000m 이상 2,000m 미만 | 7 |
> | 200주 이상 500주 미만 | 8 | 500주 이상 1,000주 미만 | 12 | 2,000m 이상 4,000m 미만 | 8 |
> | 500주 이상 800주 미만 | 9 | 1,000주 이상 | 16 | 4,000m 이상 6,000m 미만 | 9 |
> | 800주 이상 | 10 | | | 6,000m 이상 | 10 |

(2) 표본가지 선정

표본주에서 가장 긴 결과지 1개를 표본가지로 선정한다.

(3) 꽃(눈) 피해율 조사

표본가지 전체 눈 수(전체 꽃 수) 조사 및 피해 눈 수(피해 꽃 수)를 조사한다.

6) **과실손해조사**(대상품목 : 감귤(온주밀감류))

다음 각 호의 조사 방법에 따라 실시한다.

### 가) 조사 대상

(1) 피해사실확인조사 시 과실손해조사가 필요하다고 판단된 과수원에 대하여 실시한다.
(2) 보장종료일 이전 사고가 접수된 모든 농지
(3) 다만, 과실손해 조사 전 계약자가 피해 미미(자기부담비율 이하의 사고) 등의 사유로 조사를 취소한 과수원은 제외한다.

### 나) 조사 시기 : 주품종 수확 시기

### 다) 조사 방법

(1) 보장하는 재해 여부 심사

과수원 및 작물 상태 등을 감안하여 보장하는 재해로 인한 피해가 맞는지 확인하며, 필요시에는 이에 대한 근거자료(피해사실 확인조사 참조)를 확보한다.

(2) 표본조사

(가) 표본주 선정 : 농지별 가입 면적을 기준으로 품목별 표본주수표〈별표1〉에 따라 농지별 전체 표본주수를 과수원에 고루 분포되도록 선정한다(단, 필요하다고 인정되는 경우 표본 주수를 줄일 수도 있으나 최소 2주 이상 선정한다).

**Tip** 〈별표1〉 품목별 표본주(구간)수 표

| 〈오디, 복분자, 감귤(온주밀감류)〉 ||||||
|---|---|---|---|---|---|
| 오디 || 복분자 || 감귤(온주밀감류) ||
| 조사대상주수 | 표본주수 | 가입포기수 | 표본포기수 | 가입면적 | 표본주수 |
| 50주 미만 | 6 | 1,000포기 미만 | 8 | 5,000㎡ 미만 | 4 |
| 50주 이상 100주 미만 | 7 | 1,000포기 이상 1,500포기 미만 | 9 | 10,000㎡ 미만 | 6 |
| 100주 이상 200주 미만 | 8 | 1,500포기 이상 2,000포기 미만 | 10 | 10,000㎡ 이상 | 8 |
| 200주 이상 300주 미만 | 9 | 2,000포기 이상 2,500포기 미만 | 11 | | |
| 300주 이상 400주 미만 | 10 | 2,500포기 이상 3,000포기 미만 | 12 | | |
| 400주 이상 500주 미만 | 11 | 3,000포기 이상 | 13 | | |
| 500주 이상 600주 미만 | 12 | | | | |
| 600주 이상 | 13 | | | | |

(나) 표본주 조사

① 선정한 표본주에 리본을 묶고 주지별(원가지) 아주지(버금가지) 1~3개를 수확한다.
② 수확한 과실을 정상과실, 등급 내 피해과실 및 등급 외 피해과실로 구분한다.
③ 등급 내 피해과실은 30%형 피해과실, 50%형 피해과실, 80%형 피해과실, 100%형 피해과실로 구분하여 등급 내 피해과실수를 산정한다.
④ 등급 외 피해과실은 30%형 피해과실, 50%형 피해과실, 80%형 피해과실, 100%형 피해과실로 구분한 후, 인정비율(50%)을 적용하여 등급 외 피해과실수를 산정한다.
⑤ 위의 ③, ④항에서 선정된 과실 중 병충해 등 보상하지 않는 손해에 해당하는 경우 정상과실로 구분한다.

**Tip** 〈별표3〉 과실 분류에 따른 피해인정계수

| 〈감귤(온주밀감류)〉 | | |
|---|---|---|
| 과실분류 | | 비고 |
| 정상과실 | 0 | 무피해 과실 또는 보상하는 재해로 과피 전체 표면 면적의 10% 내로 피해가 있는 경우 |
| 등급 내 피해과실 | 30%형 | 보상하는 재해로 과육은 피해가 없고 과피 전체 표면 면적의 10% 이상 30% 미만의 피해가 있는 경우 |
| | 50%형 | 보상하는 재해로 과육은 피해가 없고 과피 전체 표면 면적의 30% 이상 50% 미만의 피해가 있는 경우 |
| | 80%형 | 보상하는 재해로 과육은 피해가 없고 과피 전체 표면 면적의 50% 이상 80% 미만의 피해가 있는 경우 |
| | 100%형 | 보상하는 재해로 과피 전체 표면 면적의 80% 이상 피해가 있거나 과육의 부패 및 무름 등의 피해가 있는 경우 |
| 등급 외 피해과실 | 30%형 | [제주특별자치도 감귤생산 및 유통에 관한 조례시행규칙] 제18조 제4항에 준하여 과실의 크기만으로 등급 외 크기이면서 무피해 과실 또는 보상하는 재해로 과피 및 과육 피해가 없는 경우를 말함 |
| | 50%형 | [제주특별자치도 감귤생산 및 유통에 관한 조례시행규칙] 제18조 제4항에 준하여 과실의 크기만으로 등급 외 크기이면서 보상하는 재해로 과육은 피해가 없고 과피 전체 표면 면적의 10% 이상 피해가 있으며 과실 횡경이 71㎜ 이상인 경우를 말함 |
| | 80%형 | [제주특별자치도 감귤생산 및 유통에 관한 조례시행규칙] 제18조 제4항에 준하여 과실의 크기만으로 등급 외 크기이면서 보상하는 재해로 과육은 피해가 없고 과피 전체 표면 면적의 10% 이상 피해가 있으며 과실 횡경이 49㎜ 미만인 경우를 말함 |
| | 100%형 | [제주특별자치도 감귤생산 및 유통에 관한 조례시행규칙] 제18조 제4항에 준하여 과실의 크기만으로 등급 외 크기이면서 과육부패 및 무름 등의 피해가 있어 가공용으로도 공급될 수 없는 과실을 말함 |

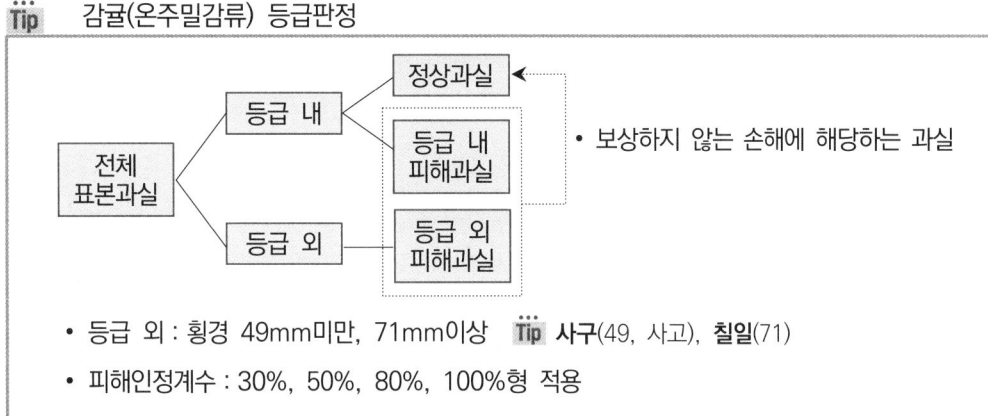

- 등급 외 : 횡경 49mm미만, 71mm이상  Tip **사구**(49, 사고), **칠일**(71)
- 피해인정계수 : 30%, 50%, 80%, 100%형 적용
- 등급 외 과실 중
  ⇨ 무피해 과실 또는 보상하는 재해로 과피 및 과육 피해가 없는 경우 : 30% 적용

**라)** 주 품종 최초 수확 이후 사고가 발생한 경우 추가로 과실손해조사를 진행할 수 있다. 기수확한 과실이 있는 경우 수확한 과실은 정상과실로 본다.

〈그림 2-15〉 감귤(온주밀감류) 등급 내·외 과실 분류

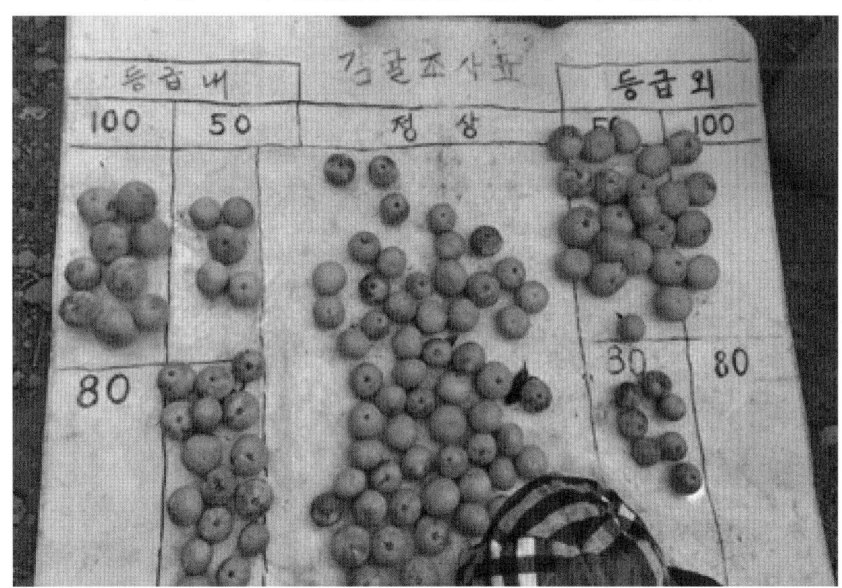

**7) 동상해 과실손해조사**(대상품목 : 감귤(온주밀감류))

**가)** 동상해 과실손해조사는 수확기 동상해로 인해 피해가 발생한 경우에 실시하며 다음 각 목에 따라 실시한다.

(1) 보장하는 재해 여부 심사

과수원 및 작물 상태 등을 감안하여 보장하는 재해로 인한 피해가 맞는지 확인하며, 필요시에는 이에 대한 근거자료(피해사실 확인조사 참조)를 확보한다.

(2) 표본조사

(가) **표본주 선정** : 농지별 가입 면적을 기준으로 품목별 표본주수표〈별표1〉에 따라 농지별 전체 표본주수를 과수원에 고루 분포되도록 선정한다.

※ 필요하다고 인정되는 경우 표본주수를 줄일 수도 있으나 최소 2주 이상 선정한다.

**Tip** 〈별표1〉 품목별 표본주(구간)수 표

| 〈오디, 복분자, 감귤(온주밀감류)〉 ||||||
|---|---|---|---|---|---|
| 오디 || 복분자 || 감귤(온주밀감류) ||
| 조사대상주수 | 표본주수 | 가입포기수 | 표본포기수 | 가입면적 | 표본주수 |
| 50주 미만 | 6 | 1,000포기 미만 | 8 | 5,000㎡ 미만 | 4 |
| 50주 이상 100주 미만 | 7 | 1,000포기 이상 1,500포기 미만 | 9 | 10,000㎡ 미만 | 6 |
| 100주 이상 200주 미만 | 8 | 1,500포기 이상 2,000포기 미만 | 10 | 10,000㎡ 이상 | 8 |
| 200주 이상 300주 미만 | 9 | 2,000포기 이상 2,500포기 미만 | 11 | | |
| 300주 이상 400주 미만 | 10 | 2,500포기 이상 3,000포기 미만 | 12 | | |
| 400주 이상 500주 미만 | 11 | 3,000포기 이상 | 13 | | |
| 500주 이상 600주 미만 | 12 | | | | |
| 600주 이상 | 13 | | | | |

(나) **표본주 조사**

① 선정한 표본주에 리본을 묶고 동서남북 4가지에 대하여 기 수확한 과실수를 조사한다.
② 기수확한 과실수를 파악한 뒤, 4가지에 착과된 과실을 전부 수확한다.
③ 수확한 과실을 정상과실, 80%형 피해과실, 100%형 피해과실로 구분하여 동상해 피해과실수를 산정한다. ※ 필요시에는 해당 기준 절반 조사도 가능하다.

(다) 위의 (나)항의 ③에서 선정된 과실 중 병충해 등 보상하지 않는 손해에 해당하는 경우 정상과실로 구분한다. 또한 사고 당시 기수확한 과실비율이 수확기 경과비율보다 현저히 큰 경

우에는 기수확한 과실비율과 수확기 경과비율의 차이에 해당하는 과실수를 정상과실로 한다. 여기에서 수확기 경과비율은 '1 - 수확기 잔존비율'을 의미한다.

8) **고사나무 조사**(대상품목 : 감귤(온주밀감류))

　가) **조사 대상** : 나무손해보장특약을 가입한 농지 중 사고가 접수된 모든 농지

　나) **조사 시기의 결정**

　　고사나무 조사는 수확 완료 시점 이후에 실시하되, 나무손해보장 특약 종료 시점을 고려하여 결정한다.

　다) **조사 방법**

　　(1) 고사나무조사 필요 여부 확인

　　　(가) 수확 완료 후 고사나무가 있는 경우에만 조사 실시

　　　(나) 기조사(착과수조사 및 수확량조사 등) 시 확인된 고사나무 이외에 추가 고사나무가 없는 경우에는 조사 생략 가능

　　(2) 보장하는 재해 여부 심사

　　　농지 및 작물 상태 등을 감안하여 보장하는 재해로 인한 피해가 맞는지 확인하며, 필요시에는 이에 대한 근거자료(피해사실 확인조사 참조)를 확보할 수 있다.

　　(3) 고사주수 확인

　　　(가) 고사기준에 맞는 품종별·수령별 추가 고사주수 확인

　　　(나) 보장하는 재해 이외의 원인으로 고사한 나무는 미보상고사주수로 조사

**다. 보험금 산정 방법 및 지급기준**

1) **과실손해보험금의 산정**

　가) **오디**

　　피해율이 자기부담비율을 초과하는 경우 과실손해보험금은 아래와 같이 계산한다.

> 과실손해보험금 = 보험가입금액 × ( 피해율 - 자기부담비율 )
> ※ 피해율 = (평년결실수 - 조사결실수 - 미보상감수결실수) ÷ 평년결실수

　　(1) 조사결실수

　　　품종별·수령별로 환산결실수에 조사 대상주수를 곱한 값에 주당 평년결실수에 미보상주수를 곱한 값을 더한 후 전체 실제결과주수로 나누어 산출한다.

　　(2) 미보상 감수 결실수

　　　평년결실수에서 조사결실수를 뺀 값에 미보상비율을 곱하여 산출하며, 해당 값이 0보다 작을 때에는 0으로 한다.

(3) 환산결실수

품종별·수령별로 표본가지 결실수 합계를 표본가지 길이 합계로 나누어 산출한다.

(4) 조사 대상주수

품종별·수령별 실제결과주수에서 품종별·수령별 고사주수 및 품종별·수령별 미보상주수를 빼서 품종별·수령별 조사대상주수를 계산한다.

(5) 주당 평년결실수

품종별로 평년결실수를 실제결과주수로 나누어 산출한다.

(6) 자기부담비율은 보험 가입할 때 선택한 비율로 한다.

> **Tip** 오디 과실손해조사 - 조사시기 : 결실완료시점 ~ 수확 전
>
> (1) 피해율
>
> $$\text{피해율} = \frac{\text{평년결실수} - \text{조사결실수} - \text{미보상 감수결실수}}{\text{평년결실수}}$$
>
> (2) 조사결실수
>
> $$\frac{\sum\left\{\left(\begin{array}{c}\text{품종·수령별}\\ \text{환산결실수}\end{array} \times \begin{array}{c}\text{품종·수령별}\\ \text{조사대상주수}\end{array}\right) + \left(\begin{array}{c}\text{품종별 주당}\\ \text{평년결실수}\end{array} \times \begin{array}{c}\text{품종·수령별}\\ \text{미보상주수}\end{array}\right)\right\}}{\text{전체 실제결과주수}}$$
>
> (가) 품종·수령별 환산결실수
>
> $$\frac{\text{품종별·수령별 표본가지 결실수 합계}}{\text{품종별·수령별 표본가지 길이 합계}}$$
>
> (나) 품종·수령별 표본조사 대상 주수
>
> 품종별·수령별 실제결과주수 - 품종별·수령별 고사주수 - 품종별·수령별 미보상주수
>
> (다) 품종별 주당 평년결실수
>
> $$\frac{\text{품종별 평년결실수}}{\text{품종별 실제결과주수}}$$
>
> (라) 품종별 평년결실수
>
> $$\frac{(\text{평년결실수} \times \text{전체 실제결과주수}) \times (\text{대상 품종 표준결실수} \times \text{대상 품종 실제결과주수})}{\Sigma(\text{품종별 표준결실수} \times \text{품종별 실제결과주수})}$$

(3) 미보상감수결실수

> Max((평년결실수 - 조사결실수) × 미보상비율, 0)

나) 감귤(온주밀감류)

감귤(온주밀감류) 품목의 과실손해보험금은 보험가입금액을 한도로 보장기간 중 산정된 손해액에서 자기부담금을 차감하여 산정한다.

(1) 과실 손해 보험금의 계산

손해액이 자기부담금을 초과하는 경우 다음과 같이 계산한 과실손해보험금을 지급한다.

> 과실손해보험금 = 손해액 - 자기부담금
> ※ 손해액 = 보험가입금액 × 피해율
> ※ 자기부담금 = 보험가입금액 × 자기부담비율

(2) 피해율 산출

$$피해율 = \frac{피해\ 과실수}{기준\ 과실수} \times (1 - 미보상비율)$$

(가) 기준 과실수 = 표본주의 과실수 총 합계

(나) 피해 과실수 = 등급 내 피해 과실수 + (등급 외 피해 과실수 × 50%)

(다) 등급 내 피해 과실수
= (등급 내 30%형 피해과실수 합계 × 30%) + (등급 내 50%형 피해과실수 합계 × 50%)
+ (등급 내 80%형 피해과실수 합계 × 80%) + (등급 내 100%형 피해과실수 합계 × 100%)

(라) 등급 외 피해 과실수
= (등급 외 30%형 피해과실수 합계 × 30%) + (등급 외 50%형 피해과실수 합계 × 50%)
+ (등급 외 80%형 피해과실수 합계 × 80%) + (등급 외 100%형 피해과실수 합계 × 100%)

(3) 피해 과실수

(가) 피해 과실수를 산정할 때, 보장하지 않는 재해로 인한 부분은 피해 과실수에서 제외한다.

(나) 피해 과실수는 출하등급을 분류하고 이에 과실 분류에 따른 피해인정계수를 적용하여 산정한다.

〈과실 분류에 따른 피해인정계수〉

| 구분 | 정상과실 | 30%형 피해과실 | 50%형 피해과실 | 80%형 피해과실 | 100%형 피해과실 |
| --- | --- | --- | --- | --- | --- |
| 피해인정계수 | 0 | 0.3 | 0.5 | 0.8 | 1 |

> **Tip** 감귤(온주밀감류) 과실손해 피해율 - 조사시기 : 착과피해조사

(1) 과실손해 피해율

$$\frac{\text{등급 내 피해과실수 + 등급 외 피해과실수} \times 50\%}{\text{기준과실수}} \times (1 - \text{미보상비율})$$

(2) 피해 인정 과실수

$$\text{등급 내 피해 과실수 + 등급 외 피해과실수} \times 50\%$$

(가) 등급 내 피해 과실수

$$(\text{등급 내 30\%형 과실수 합계} \times 0.3) + (\text{등급 내 50\%형 과실수 합계} \times 0.5) + (\text{등급 내 80\%형 과실수 합계} \times 0.8) + (\text{등급 내 100\%형 과실수} \times 1)$$

(나) 등급 외 피해 과실수

$$(\text{등급 외 30\%형 과실수 합계} \times 0.3) + (\text{등급 외 50\%형 과실수 합계} \times 0.5) + (\text{등급 외 80\%형 과실수 합계} \times 0.8) + (\text{등급 외 100\%형 과실수} \times 1)$$

(다) 기준과실수

$$\text{모든 표본주의 과실수 총 합계}$$

단, 수확전 사고조사를 실시한 경우에는 아래와 같이 적용한다.

⟨수확전 사고조사 결과가 있는 경우 : 과실손해피해율⟩

$$\left\{ \frac{\text{최종 수확전 과실손해 피해율}}{1 - \text{최종 수확전 과실손해 조사 미보상비율}} + \left(1 - \frac{\text{최종 수확전 과실손해 피해율}}{1 - \text{최종 수확전 과실손해 조사 미보상비율}}\right) \times \frac{\text{과실손해 피해율}}{1 - \text{과실손해 미보상비율}} \right\}$$

$$\times \{1 - \text{최댓값}(\text{최종 수확전 과실손해 조사 미보상비율, 과실손해 미보상비율})\}$$

· 수확전 과실손해 피해율

$$= \frac{100\%\text{형 피해과실수}}{\text{정상 과실수} + 100\%\text{형 피해과실수}} \times (1 - \text{미보상비율})$$

· 최종 수확전 과실손해 피해율

$$= \frac{\text{이전 100\%피해과실수 + 금차 100\%피해과실수}}{\text{정상 과실수} + 100\%\text{형 피해과실수}} \times (1 - \text{미보상비율})$$

다) 두릅

(1) 과실손해보험금은 보험가입금액에 피해율에서 자기부담비율을 차감한 비율을 곱하여 산정한다.

$$\text{과실손해보험금} = \text{보험가입금액} \times (\text{피해율} - \text{자기부담비율})$$

(2) 피해율 산출

$$\text{피해율} = \frac{\text{피해 정아지 수}}{\text{총 정아지 수}} \times (1 - \text{미보상비율})$$

라) 블루베리

(1) 과실손해보험금은 보험가입금액에 피해율에서 자기부담비율을 차감한 비율을 곱하여 산정한다.

$$\text{과실손해보험금} = \text{보험가입금액} \times (\text{피해율} - \text{자기부담비율})$$

(2) 피해율 산출

(가) 꽃 피해조사를 실시하지 않았을 경우

$$\text{피해율} = \text{과실손해피해율} \times (1 - \text{미보상비율})$$

(나) 꽃 피해조사를 실시한 경우

① 피해율 = 최종 꽃 피해율 + {(1 - 최종 꽃 피해율) × 과실손해피해율 × (1 - 미보상비율)}

② 과실손해피해율 = 재배종별 잔여수확량비율 × $\dfrac{\Sigma \text{재배종별 표본가지 피해과실 수}}{\Sigma \text{재배종별 표본가지 전체 과실 수}}$

③ 잔여 수확량 비율

　*수확개시 이전 = 1

　*수확개시 이후 = 1 - $\dfrac{(\text{사고일자} - \text{수확개시일자})}{\text{표준수확일수}}$

　(단, 잔여 수확량 비율은 0보다 작을 수 없음)

　※ 표준수확일수는 30일

④ 최종 꽃 피해율 = 최종 꽃 고사율 × 가중치

⑤ 최종 꽃 고사율 = 꽃눈 고사율 + (1 - 꽃눈 고사율) × 꽃 고사율

⑥ 꽃눈 고사율 = 피해 꽃눈 수 ÷ 조사 꽃눈 수

⑦ 꽃 고사율 = 피해 꽃 수 ÷ 조사 꽃 수

⟨최종 꽃 고사율 범위에 따른 가중치⟩

| 최종꽃 고사율 | 0~20% 미만 | 20~35% 미만 | 35~50% 미만 | 50~65% 미만 | 65~80% 미만 | 80~95% 미만 | 95~100% |
|---|---|---|---|---|---|---|---|
| 가중치 | 0 | 0.5 | 0.6 | 0.7 | 0.8 | 0.9 | 1 |

### 2) 수확개시 이후 동상해보장 특별약관 보험금 산정(대상품목 : 감귤(온주밀감류))

가) 보험기간 내에 동상해로 인한 손해액이 자기부담금을 초과하는 경우 다음과 같이 계산한 동상해 손해보험금을 지급한다.

> 동상해 과실손해보험금 = 손해액 − 자기부담금
> ※ 손해액 = {보험가입금액 − (보험가입금액 × 기사고피해율)} × 수확기잔존비율 × 동상해피해율 × (1 − 미보상비율)
> ※ 자기부담금 = 절대값|보험가입금액 × 최솟값(주계약피해율 − 자기부담비율, 0)|
> ※ 단, 기사고 피해율은 주계약피해율의 미보상비율을 반영하지 않은 값과 이전 사고의 동상해 과실손해피해율을 합산한 값임

나) 동상해 피해율 산출

$$\text{동상해 피해율} = \frac{(\text{동상해 80\%형 피해과실수 합계} \times 80\%) + (\text{동상해 100\%형 피해과실수 합계} \times 100\%)}{\text{기준과실수}}$$

※ 기준과실수 = 정상과실수 + 동상해피해 80%형 과실수 + 동상해피해 100%형 과실수

> **Tip** 감귤(온주밀감류) 동상해 피해율 − 조사시기 : 착과피해조사
>
> □ 동상해 과실손해 피해율
>
> $$\frac{\text{동상해 피해 과실수}}{\text{기준과실수}} = \frac{80\%\text{형 피해과실수} \times 0.8 + 100\%\text{형 피해과실수} \times 1}{\text{정상과실수} + 80\%\text{형 피해과실수} + 100\%\text{형 피해과실수}}$$
>
> (가) 동상해 피해과실수
>
> $$80\%\text{형 피해과실수} \times 0.8 + 100\%\text{형 피해과실수} \times 1$$
>
> (나) 기준과실수(모든 표본주의 과실수 총 합계)
>
> $$\text{정상과실수} + 80\%\text{형 피해과실수} + 100\%\text{형 피해과실수}$$

다) 수확기 잔존비율

| 사고발생 월 | 잔존비율(%) |
|---|---|
| 12월 | (100 − 37) − (0.9 × 사고발생일자) |
| 1월 | (100 − 66) − (0.8 × 사고발생일자) |
| 2월 | (100 − 92) − (0.3 × 사고발생일자) |

주) 사고 발생일자는 해당월의 사고 발생일자

> **Tip** 한둘(12, 머리에 새치가 한둘), 백배(100-) 새치(37, 새치) 뺄(-) 공구(0.9) 사고(사고)
> 일(1 일일이) 백배(100-) 여요(66, 여기 요요) 빼(-) 고파(0.8) 지나(사고)
> 둘(2, 새치가 둘이 되어도), 백배(100-) 나둬(92) 뼈(-, 뼈 빠지게) 고생(0.3) 하니(사고)
> 나이 들어 머리에는 흰머리만 남고(수잔)! 한두 개 난 새치를 뽑으려고 공구도 사고, 일일이 새치를 뽑고 싶지만, 새치가 늘어 둘이 되어도 그냥 나둬~! 어짜피 뼈빠지게 고생만 하니~!

3) **종합위험 나무손해보장 특별약관 보험금 산정**(대상품목 : 감귤(온주밀감류))

   가) 보험기간 내에 보상하는 손해에서 규정한 재해로 인한 피해율이 자기부담비율을 초과하는 경우 재해보험사업자가 지급할 보험금은 아래에 따라 계산한다.

   (1) 지급보험금

   $$지급보험금 = 보험가입금액 \times (피해율 - 자기부담비율)$$

   (2) 피해율

   $$피해율 = \frac{피해주수(고사된\ 나무)}{실제결과주수}$$

   나) 자기부담비율은 5%로 한다.

4) **과실손해 추가보장 특별약관 보험금 산정**(대상품목 : 감귤(온주밀감류))

   가) 보상하는 재해로 손해액이 자기부담금을 초과하는 손해가 발생한 경우 적용한다.

   나) 보험금

   $$보험금 = 보험가입금액 \times 주계약\ 피해율 \times 10\%$$

   다) 주계약 피해율은 과실손해보장(보통약관) 품목별 담보조항(감귤(온주밀감류))에서 산출한 피해율을 말한다.

## 4 수확전 종합위험 과실손해보장방식(대상품목 : 복분자, 무화과)

보험의 목적에 대해 보험기간 개시일부터 수확 개시 이전까지는 자연재해, 조수해(鳥獸害), 화재에 해당하는 종합적인 위험을 보장하고, 수확 개시 이후부터 수확 종료 시점까지는 태풍(강풍), 우박에 해당하는 특정한 위험에 대해 보장하는 방식이다.

## 가. 시기별 조사 종류

| 생육시기 | 재해 | 조사내용 | 조사시기 | 조사방법 | 비고 |
|---|---|---|---|---|---|
| 수확 전 | 보상하는 재해 전부 | 피해사실 확인 조사 | 사고접수 후 지체 없이 | 보상하는 재해로 인한 피해발생 여부 조사 (피해사실이 명백한 경우 생략 가능) | 전 품목 |
| | | 경작불능 조사 | 사고접수 후 지체 없이 | 해당 농지의 피해면적비율 또는 보험목적인 식물체 피해율 조사 | 복분자만 해당 |
| | | 과실손해 조사 | 수정완료 후 | 살아있는 결과모지수 조사 및 수정불량(송이)피해율 조사<br>• 조사방법 : 표본조사 | 복분자만 해당 |
| 수확 직전 | 보상하는 재해 전부 | 과실손해 조사 | 수확직전 | 사고발생 농지의 과실피해조사<br>• 조사방법 : 표본조사 | 무화과만 해당 |
| 수확 시작 후 ~ 수확 종료 | 태풍(강풍), 우박 | 과실손해 조사 | 사고접수 후 지체 없이 | 전체 열매수(전체 개화수) 및 수확 가능 열매수 조사 6월1일~6월20일 사고 건에 한함<br>• 조사방법 : 표본조사 | 복분자만 해당 |
| | | | | 표본주의 고사 및 정상 결과지수 조사<br>• 조사방법 : 표본조사 | 무화과만 해당 |
| 수확 완료 후 ~ 보험 종기 | 보상하는 재해 전부 | 고사나무 조사 | 수확완료 후 보험 종기 전 | 보상하는 재해로 고사되거나 또는 회생이 불가능한 나무 수를 조사<br>- 특약 가입 농지만 해당<br>• 조사방법 : 전수조사 | (무화과) 수확완료 후 추가 고사나무가 없는 경우 생략 가능 |

### Tip 수확전 종합위험 과실손해보장방식 시기별 조사 종류

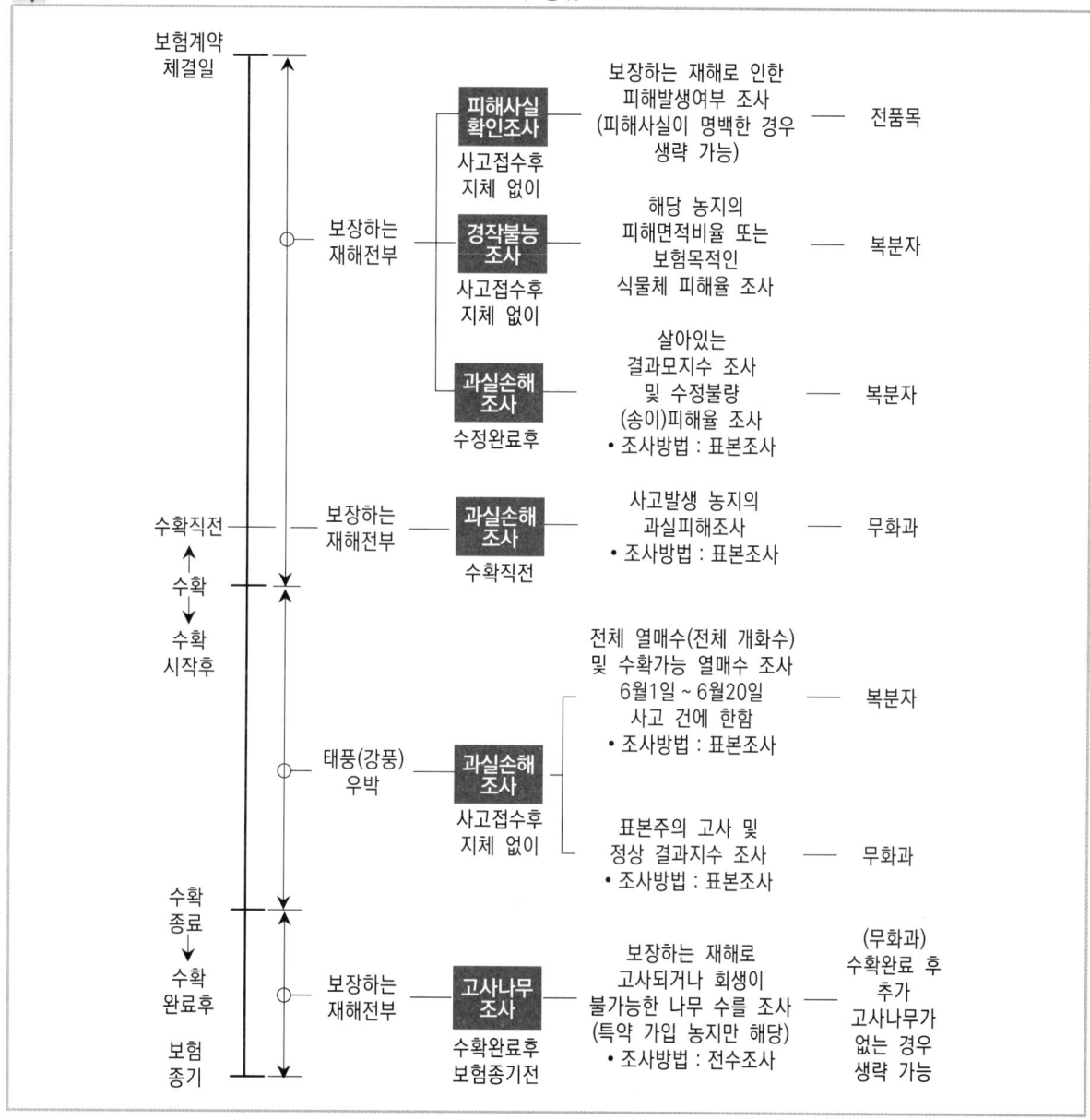

## 나. 손해평가 현지조사 방법

### 1) 피해사실 확인조사

**가) 조사 대상** : 대상 재해로 사고 접수 농지 및 조사 필요 농지

**나) 대상 재해**

(1) 수확 개시 이전 : 자연재해, 조수해(鳥獸害), 화재

(2) 수확 개시 이후 : 태풍(강풍), 우박

**다) 조사 시기** : 사고 접수 직후 실시

**라) 조사 방법** : 「피해사실 "조사 방법" 준용」

(1) 추가조사(과실손해조사) 필요 여부 판단

보장하는 재해 여부 및 피해 정도 등을 감안하여 추가조사(과실손해조사)가 필요한지 여부를 판단하여 해당 내용에 대하여 계약자에게 안내하고, 추가조사가(과실손해조사) 필요할 것으로 판단된 경우에는 수확기에 손해평가반구성 및 추가조사 일정을 수립한다.

### 2) 경작불능조사(대상품목 : 복분자)

**가) 조사 대상** : 피해사실 확인조사 시 경작불능조사가 필요하다고 판단된 농지 또는 사고 접수 시 이에 준하는 피해가 예상되는 농지

**나) 조사 시기** : 피해사실 확인조사 직후 또는 사고 접수 직후

**다) 조사 방법** : 다음 각 목에 해당하는 사항 확인

(1) 보험기간 확인

경작불능보장의 보험기간은 계약체결일 24시부터 수확 개시 시점(단, 가입 이듬해 5월 31일을 초과할 수 없음)까지로, 해당 기간 내 사고인지 확인한다.

(2) 보장하는 재해 여부 심사

농지 및 작물 상태 등을 감안하여 보장하는 재해로 인한 피해가 맞는지 확인하며, 필요시에는 이에 대한 근거자료(피해 사실확인조사 참조)를 확보한다.

(3) 실제 경작면적 확인 · 재식면적 확인

(가) GPS 면적측정기 또는 지형도 등을 이용하여 보험 가입 면적과 실제 경작면적을 비교한다.

(나) 재식면적을 확인한다. ※ 주간 길이와 이랑 폭 확인

(다) 실제 경작면적이 보험 가입면적 대비 10% 이상 차이(혹은 1,000㎡ 초과)가 날 경우에는 계약 사항을 변경해야 한다.

(4) 경작불능 여부 확인

(가) 식물체 피해율 65% 이상 여부 확인

(나) 계약자의 경작불능보험금 신청 여부 확인

| 구분 | | 계약자의 보험금 신청 | |
|---|---|---|---|
| | | 신청 | 미신청 |
| 식물체 피해율 | 65% 이상 | 경작불능조사 | (종합위험)과실손해조사 |
| | 65% 미만 | (종합위험)과실손해조사 | |

(5) 산지폐기 여부 확인(경작불능후 조사)

이전 조사에서 보장하는 재해로 식물체 피해율이 65% 이상이고 계약자가 경작불능보험금을 신청한 농지에 대하여, 산지폐기 여부를 확인한다.

## 3) (종합위험) 과실손해 조사

가) 대상 품목 : 복분자

(1) 조사 대상 : 종합위험방식 보험기간(계약 체결일 24시부터 가입 이듬해 5월 31일 이전)까지의 사고로 피해사실 확인조사 시 추가조사가 필요하다고 판단된 농지 또는 경작불능조사 결과 종합위험 과실손해조사가 필요할 것으로 결정된 농지. ※ 경작불능보험금 지급 농지 제외

(2) 조사 시기 : 수정 완료 직후부터 최초 수확 전까지

(3) 조사 제외 대상 : 종합위험 과실손해조사 전 계약자가 피해 미미(자기부담 비율 이내의 사고) 등의 사유로 종합위험 과실손해조사를 취소한 농지

(4) 조사 방법 : 다음 각 목에 해당하는 사항 확인

(가) 보장하는 재해 여부 심사

과수원 및 작물 상태 등을 감안하여 보장하는 재해로 인한 피해가 맞는지 확인하며, 필요 시에는 이에 대한 근거 자료(피해사실 확인조사 참조)를 확보한다.

(나) 실제 경작면적 확인·재식면적 확인

① GPS 면적측정기 또는 지형도 등을 이용하여 보험 가입 면적과 실제 경작면적을 비교한다.
② 재식면적을 확인한다. ※ 주간 길이와 이랑폭 확인
③ 실제 경작면적이 보험 가입면적 대비 10% 이상 차이(혹은 1,000㎡ 초과)가 날 경우에는 계약 사항을 변경해야 한다.

(다) 기준일자 확인

기준일자는 사고일자로 하며, 기준일자에 따라 보장재해가 달라짐에 유의한다.

(라) 표본조사

① 표본포기수 산정

가입포기수를 기준으로 품목별 표본구간수표〈별표1〉에 따라 표본포기수를 산정한다.

다만, 실제경작면적 및 재식면적이 가입사항과 차이가 나서 계약 변경이 될 경우에는 변경될 가입포기수를 기준으로 표본 포기수를 산정한다.

**Tip** 〈별표1〉 품목별 표본주(구간)수 표

| 〈오디, 복분자, 감귤(온주밀감류)〉 | | | | | |
|---|---|---|---|---|---|
| 오디 | | 복분자 | | 감귤(온주밀감류) | |
| 조사대상주수 | 표본주수 | 가입포기수 | 표본포기수 | 가입면적 | 표본주수 |
| 50주 미만 | 6 | 1,000포기 미만 | 8 | 5,000㎡ 미만 | 4 |
| 50주 이상 100주 미만 | 7 | 1,000포기 이상 1,500포기 미만 | 9 | 10,000㎡ 미만 | 6 |
| 100주 이상 200주 미만 | 8 | 1,500포기 이상 2,000포기 미만 | 10 | 10,000㎡ 이상 | 8 |
| 200주 이상 300주 미만 | 9 | 2,000포기 이상 2,500포기 미만 | 11 | | |
| 300주 이상 400주 미만 | 10 | 2,500포기 이상 3,000포기 미만 | 12 | | |
| 400주 이상 500주 미만 | 11 | 3,000포기 이상 | 13 | | |
| 500주 이상 600주 미만 | 12 | | | | |
| 600주 이상 | 13 | | | | |

② 표본포기 선정

산정한 표본포기수를 바탕으로 조사 농지의 특성이 골고루 반영될 수 있도록 표본포기를 선정한다.

③ 표본구간 선정

선정한 표본포기 전후 2포기씩 추가하여 총 5포기를 표본구간으로 선정한다. 다만, 가입 전 고사한 포기 및 보장하는 재해 이외의 원인으로 피해를 입은 포기가 표본구간에 포함될 경우에는 해당 포기를 표본구간에서 제외하고 이웃한 포기를 표본구간으로 선정하거나 표본포기를 변경한다.

④ 살아있는 결과모지수 조사

(※ 결과모지 : 결과지보다 1년 더 묵은 가지)

각 표본구간별로 살아있는 결과모지수 합계를 조사한다.

⑤ 수정불량(송이) 피해율 조사

각 표본포기에서 임의의 6송이를 선정하여 1송이당 맺혀있는 전체 결실수와 피해(수정불량) 결실수를 조사한다. 다만, 현장 사정에 따라 조사할 송이 수는 가감할 수 있다.

(마) 미보상비율 확인

품목별 미보상비율 적용표〈별표2〉에 따라 미보상비율을 조사한다.

**Tip** 〈별표2〉 농작물재해보험 미보상비율 적용표

〈감자, 고추 제외 전 품목〉

| 구분 | 제초 상태 | 병해충 상태 | 기타 |
|---|---|---|---|
| 해당 없음 | 0% | 0% | 0% |
| 미흡 | 10% 미만 | 10% 미만 | 10% 미만 |
| 불량 | 20% 미만 | 20% 미만 | 20% 미만 |
| 매우 불량 | 20% 이상 | 20% 이상 | 20% 이상 |

미보상 비율은 보장하는 재해 이외의 원인이 조사 농지의 수확량 감소에 영향을 준 비율을 의미하여 제초 상태, 병해충 상태 및 기타 항목에 따라 개별 적용한 후 해당 비율을 합산하여 산정한다.

1. **제초 상태**(과수품목은 피해율에 영향을 줄 수 있는 잡초만 해당)

    가) 해당 없음 : 잡초가 농지 면적의 20% 미만으로 분포한 경우

    나) 미흡 : 잡초가 농지 면적의 20% 이상 40% 미만으로 분포한 경우

    다) 불량 : 잡초가 농지 면적의 40% 이상 60% 미만으로 분포한 경우 또는 경작불능조사 진행건으로 정상적인 영농활동 시행을 증빙하는 자료(비료 및 농약 영수증 등)가 부족한 경우

    라) 매우 불량 : 잡초가 농지 면적의 60% 이상으로 분포한 경우 또는 경작불능조사 진행건으로 정상적인 영농활동 시행을 증빙하는 자료(비료 및 농약 영수증 등)가 없는 경우

2. **병해충 상태**(각 품목에서 별도로 보상하는 병해충은 제외)

    가) 해당 없음 : 병해충이 농지 면적의 20% 미만으로 분포한 경우

    나) 미흡 : 병해충이 농지 면적의 20% 이상 40% 미만으로 분포한 경우

    다) 불량 : 병해충이 농지 면적의 40% 이상 60% 미만으로 분포한 경우 또는 경작불능조사 진행 건으로 정상적인 영농활동 시행을 증빙하는 자료(비료 및 농약 영수증 등)가 부족한 경우

라) **매우 불량** : 병해충이 농지 면적의 60% 이상으로 분포한 경우 또는 경작불능조사 진행 건으로 정상적인 영농활동 시행을 증빙하는 자료(비료 및 농약 영수증 등)가 없는 경우

3. **기타** : 영농기술 부족, 영농상 실수 및 단순 생리장애 등 보상하는 손해 이외의 사유로 피해가 발생한 것으로 추정되는 경우[해거리, 생리장애(원소결핍 등), 시비관리, 토양관리(연작 및 pH과다·과소 등), 전정(강전정 등), 조방재배, 재식밀도(인수기준 이하), 농지상태(혼식, 멀칭, 급배수 등), 가입이전 사고 및 계약자 중과실손해, 자연감모, 보상재해이외(종자불량, 일부가입 등)]에 적용

가) **해당 없음** : 위 사유로 인한 피해가 없는 것으로 판단되는 경우
나) **미흡** : 위 사유로 인한 피해가 10% 미만으로 판단되는 경우
다) **불량** : 위 사유로 인한 피해가 20% 미만으로 판단되는 경우
라) **매우 불량** : 위 사유로 인한 피해가 20% 이상으로 판단되는 경우

**나) 대상 품목** : 무화과

(1) **조사 대상** : 종합위험방식 보험기간(계약 체결일 24시부터 가입 이듬해 7월 31일 이전)까지의 사고로 피해사실 확인조사 시 추가조사가 필요하다고 판단된 농지

(2) **조사 시기** : 최초 수확 품종 수확기 이전까지

(3) **조사 방법** : 다음 각 목에 해당하는 사항을 확인

(가) **보장하는 재해여부 심사**

과수원 및 작물 상태 등을 감안하여 보장하는 재해로 인한 피해가 맞는지 확인하며, 필요시에는 이에 대한 근거 자료(피해사실 확인조사 참조)를 확보한다.

(나) **주수 조사**

농지 내 품종별·수령별 실제결과주수, 미보상주수 및 고사나무주수를 파악한다.

(다) **조사대상주수 계산**

품종별·수령별로 실제결과주수, 미보상주수 및 고사나무주수를 파악하고, 실제결과주수에서 미보상주수 및 고사나무주수를 빼서 조사대상주수를 계산한다.

(라) **표본주수 산정**

① 과수원별 전체 조사 대상주수를 기준으로 품목별 표본주수표〈별표1〉에 따라 농지별 전체 표본수수를 산정한다.

**Tip** 〈별표1〉 품목별 표본주(구간)수 표

〈사과, 배, 단감, 떫은감, 포도(수입보장 포함), 복숭아, 자두, 감귤(만감류), 밤, 호두, 무화과〉

| 조사대상주수 | 표본주수 | 조사대상주수 | 표본주수 |
|---|---|---|---|
| 50주 미만 | 5 | 500주 이상 600주 미만 | 12 |
| 50주 이상 100주 미만 | 6 | 600주 이상 700주 미만 | 13 |
| 100주 이상 150주 미만 | 7 | 700주 이상 800주 미만 | 14 |
| 150주 이상 200주 미만 | 8 | 800주 이상 900주 미만 | 15 |
| 200주 이상 300주 미만 | 9 | 900주 이상 1,000주 미만 | 16 |
| 300주 이상 400주 미만 | 10 | 1,000주 이상 | 17 |
| 400주 이상 500주 미만 | 11 |  |  |

② 적정 표본주수는 품종별·수령별 조사 대상주수에 비례하여 산정하며, 품종별·수령별 적정표본주수의 합은 전체 표본주수보다 크거나 같아야 한다.

(마) 표본주 선정

① 조사대상주수를 농지별 표본주수로 나눈 표본주 간격에 따라 표본주 선정 후 해당 표본주에 표시리본을 부착한다.

② 동일품종·동일수령의 농지가 아닌 경우에는 품종별·수령별 조사대상주수의 특성이 골고루 반영될 수 있도록 표본주를 선정한다.

(바) 착과수조사

선정된 표본주마다 착과된 전체 과실수를 세고 리본 및 현지 조사서에 조사 내용을 기재한다.

(사) 착과피해조사

착과피해조사는 착과피해를 유발하는 재해가 있을 경우에만 시행한다. 해당 재해 여부는 재해의 종류와 과실의 상태 등을 고려하여 조사자가 판단한다.

① 품종별로 3개 이상의 표본주에서 임의의 과실 100개 이상을 추출한 후 피해 구성 구분 기준에 따라 구분하여 그 개수를 조사한다.

② 조사 당시 착과에 이상이 없는 경우 등에는 품종별로 피해구성조사를 생략할 수 있다.

③ 과실 분류에 따른 피해인정계수는 〈별표3〉에 따른다.

Tip 〈별표3〉 과실 분류에 따른 피해인정계수

〈복숭아, 감귤(온주밀감류) 외〉

| 과실분류 | 피해인정계수 | 비고 |
|---|---|---|
| 정상과 | 0 | 피해가 없거나 경미한 과실 |
| 50%형 피해과실 | 0.5 | 일반시장에 출하할 때 정상과실에 비해 50% 정도의 가격하락이 예상되는 품질의 과실(단, 가공공장공급 및 판매 여부와 무관) |
| 80%형 피해과실 | 0.8 | 일반시장 출하가 불가능하나 가공용으로 공급될 수 있는 품질의 과실(단, 가공공장공급 및 판매 여부와 무관) |
| 100%형 피해과실 | 1 | 일반시장 출하가 불가능하고 가공용으로도 공급될 수 없는 품질의 과실 |

(아) 미보상비율 확인

품목별 미보상비율 적용표〈별표2〉에 따라 미보상비율을 조사한다.

Tip 〈별표2〉 농작물재해보험 미보상비율 적용표

〈감자, 고추 제외 전 품목〉

| 구분 | 제초 상태 | 병해충 상태 | 기타 |
|---|---|---|---|
| 해당 없음 | 0% | 0% | 0% |
| 미흡 | 10% 미만 | 10% 미만 | 10% 미만 |
| 불량 | 20% 미만 | 20% 미만 | 20% 미만 |
| 매우 불량 | 20% 이상 | 20% 이상 | 20% 이상 |

미보상 비율은 보장하는 재해 이외의 원인이 조사 농지의 수확량 감소에 영향을 준 비율을 의미하여 제초 상태, 병해충 상태 및 기타 항목에 따라 개별 적용한 후 해당 비율을 합산하여 산정한다.

1. **제초 상태**(과수품목은 피해율에 영향을 줄 수 있는 잡초만 해당)

   가) **해당 없음** : 잡초가 농지 면적의 20% 미만으로 분포한 경우

   나) **미흡** : 잡초가 농지 면적의 20% 이상 40% 미만으로 분포한 경우

   다) **불량** : 잡초가 농지 면적의 40% 이상 60% 미만으로 분포한 경우 또는 경작불능조사 진행건으로 정상적인 영농활동 시행을 증빙하는 자료(비료 및 농약 영수증 등)가 부족한 경우

   라) **매우 불량** : 잡초가 농지 면적의 60% 이상으로 분포한 경우 또는 경작불능조사 진행건으로 정상적인 영농활동 시행을 증빙하는 자료(비료 및 농약 영수증 등)가 없는 경우

2. **병해충 상태**(각 품목에서 별도로 보상하는 병해충은 제외)

   가) **해당 없음** : 병해충이 농지 면적의 20% 미만으로 분포한 경우

   나) **미흡** : 병해충이 농지 면적의 20% 이상 40% 미만으로 분포한 경우

   다) **불량** : 병해충이 농지 면적의 40% 이상 60% 미만으로 분포한 경우 또는 경작불능조사 진행 건으로 정상적인 영농활동 시행을 증빙하는 자료(비료 및 농약 영수증 등)가 부족한 경우

   라) **매우 불량** : 병해충이 농지 면적의 60% 이상으로 분포한 경우 또는 경작불능조사 진행 건으로 정상적인 영농활동 시행을 증빙하는 자료(비료 및 농약 영수증 등)가 없는 경우

3. **기타** : 영농기술 부족, 영농상 실수 및 단순 생리장애 등 보상하는 손해 이외의 사유로 피해가 발생한 것으로 추정되는 경우[해거리, 생리장애(원소결핍 등), 시비관리, 토양관리(연작 및 pH과다·과소 등), 전정(강전정 등), 조방재배, 재식밀도(인수기준 이하), 농지상태(혼식, 멀칭, 급배수 등), 가입이전 사고 및 계약자 중과실손해, 자연감모, 보상재해이외(종자불량, 일부가입 등)]에 적용

   가) **해당 없음** : 위 사유로 인한 피해가 없는 것으로 판단되는 경우

   나) **미흡** : 위 사유로 인한 피해가 10% 미만으로 판단되는 경우

   다) **불량** : 위 사유로 인한 피해가 20% 미만으로 판단되는 경우

   라) **매우 불량** : 위 사유로 인한 피해가 20% 이상으로 판단되는 경우

4) **(특정위험) 과실손해 조사**

   가) **대상 품목** : 복분자

   (1) **조사 대상** : 특정위험방식 보험기간 중 사고가 발생하는 경우 ※ 보험기간은 가입 이듬해 6월 1일부터 수확기 종료 시점으로 가입 이듬해 6월 20일 초과할 수 없음

   (2) **조사 시기** : 사고 접수 직후로 한다.

   (3) **조사 제외 대상** : 특정위험 과실손해조사 전 계약자가 피해 미미(자기부담비율 이내의 사고) 등의 사유로 특정위험 과실손해조사를 취소한 농지는 조사를 실시하지 않는다.

   (4) **조사 방법** : 다음 각 목에 해당하는 사항을 확인한다.

   (가) **보장하는 재해 여부 심사**

   과수원 및 작물 상태 등을 감안하여 보장하는 재해로 인한 피해가 맞는지 확인하며, 필요 시에는 이에 대한 근거자료를 확보할 수 있다.

(나) 실제 경작면적 확인·재식면적 확인

① GPS 면적측정기 또는 지형도 등을 이용하여 보험 가입 면적과 실제 경작면적을 비교한다.

② 재식면적을 확인한다. ※ 주간 길이와 이랑폭 확인

③ 실제 경작면적이 보험 가입면적 대비 10% 이상 차이(혹은 1,000㎡ 초과)가 날 경우에는 계약 사항을 변경해야 한다.

(다) 기준일자 확인

① 기준일자는 사고 발생일자로 하되, 농지의 상태 및 수확 정도 등에 따라 조사자가 수정할 수 있다.

② 기준일자에 따른 잔여수확량 비율 확인

| 품목 | 사고일자 | 경과비율(%) |
|---|---|---|
| 복분자 | 1일 ~ 7일 | 98 - 사고발생일자 |
| | 8일 ~ 20일 | $\frac{사고발생일자^2 - 43 \times 사고발생일자 + 460}{2}$ |

*경과비율은 잔여수확량 비율을 의미한다.
*사고 발생일자는 6월 중 사고 발생일자를 의미한다.

**Tip** 일칠(1~7 : 일을 치루려면) **굿판**(98) **빼**(-) **자고**(사고)
**팔두고**(8~20 : 주지스님 팔 걷어 부치고) **사고승**(사고친 스님) **빼**(-) **내세**(43)
**곱**(×) **사고 더**(+) **내옜공**(460) 그래도 제발 **반만**(÷2)
몰래 복분자를 심으려는 열혈 스님이 일을 치르려고 많은 사람이 오는 굿은 하지 않고 몰래 복분자를 심었으나 주지스님에게 발각되었음에도 사고를 더 쳐 복분자를 뺏기면서 제발 반만이라도 남겨(잔여수확량) 달라는 장면

(라) 표본조사

① 표본포기수 산정

가입포기수를 기준으로 품목별 표본구간수표〈별표1〉에 따라 표본포기수를 산정한다. 다만, 실제경작면적 및 재식면적이 가입사항과 차이가 나서 계약 변경이 될 경우에는 변경될 가입포기수를 기준으로 표본 포기수를 산정한다.

**Tip** 〈별표1〉 품목별 표본주(구간)수 표

| 〈오디, 복분자, 감귤(온주밀감류)〉 | | | | | |
|---|---|---|---|---|---|
| 오디 | | 복분자 | | 감귤(온주밀감류) | |
| 조사대상주수 | 표본주수 | 가입포기수 | 표본포기수 | 가입면적 | 표본주수 |
| 50주 미만 | 6 | 1,000포기 미만 | 8 | 5,000㎡ 미만 | 4 |

| | | | | | |
|---|---|---|---|---|---|
| 50주 이상 100주 미만 | 7 | 1,000포기 이상 1,500포기 미만 | 9 | 10,000㎡ 미만 | 6 |
| 100주 이상 200주 미만 | 8 | 1,500포기 이상 2,000포기 미만 | 10 | 10,000㎡ 이상 | 8 |
| 200주 이상 300주 미만 | 9 | 2,000포기 이상 2,500포기 미만 | 11 | | |
| 300주 이상 400주 미만 | 10 | 2,500포기 이상 3,000포기 미만 | 12 | | |
| 400주 이상 500주 미만 | 11 | 3,000포기 이상 | 13 | | |
| 500주 이상 600주 미만 | 12 | | | | |
| 600주 이상 | 13 | | | | |

② 표본포기 선정

산정한 표본포기수를 바탕으로 조사 농지의 특성이 골고루 반영될 수 있도록 표본포기를 선정한다.

③ 표본송이 조사

각 표본포기에서 임의의 6송이를 선정하여 1송이당 전체 열매수(전체 개화수)와 수확 가능한 열매수(전체 결실수)를 조사한다. 다만, 현장 사정에 따라 조사할 송이수는 가감할 수 있다.

〈그림 2-16〉 복분자 과실손해조사

나) 대상 품목 : 무화과

(1) 조사 대상 : 특정위험방식 보험기간 사고가 발생하는 경우

※ 특정위험방식 보험기간은 가입 이듬해 8월 1일 이후부터 수확기 종료 시점(가입한 이듬해 10월 31일)을 초과할 수 없음

(2) 조사 방법 : 다음 각 목에 해당하는 사항을 확인한다.

(가) 보장하는 재해 여부 심사

과수원 및 작물 상태 등을 감안하여 보장하는 재해로 인한 피해가 맞는지 확인하며, 필요 시에는 이에 대한 근거자료(피해사실 확인조사 참조)를 확보할 수 있다.

(나) 주수 조사

① 실제결과주수 확인

품종별·수령별 실제결과주수를 확인

② 고사주수, 미보상주수, 기수확주수, 수확불능주수 확인

품종별·수령별 실제결과주수를 확인

③ 조사대상주수 확인

품종별·수령별로 실제결과주수, 미보상주수 및 고사나무주수를 파악하고, 실제결과주수에서 미보상주수 및 고사나무주수를 빼서 조사대상주수를 계산한다.

(다) 기준일자 확인

① 기준일자는 사고 발생일자로 하되, 농지의 상태 및 수확 정도 등에 따라 조사자가 수정할 수 있다.

② 기준일자에 따른 잔여수확량 비율을 확인한다.

(라) 표본조사

① 표본포기수 산정

② 3주 이상의 표본주에 달려있는 결과지수를 구분하여 고사결과지수, 미고사결과지수, 미보상고사결과지수를 각각 조사한다.

5) 고사나무 조사

가) 조사 대상 : 무화과

나무손해보장특약을 가입한 농지 중 사고가 접수된 모든 농지

나) 조사 시기의 결정

고사나무 조사는 수확 완료 시점 이후에 실시하되, 나무손해보장 특약 종료 시점을 고려하여 결정한다.

**다) 조사 방법** : 다음 각 목에 해당하는 사항을 확인한다.

(1) 고사나무조사 필요 여부 확인

(가) 수확 완료 후 고사나무가 있는 경우에만 조사 실시

(나) 기조사(착과수조사 및 수확량조사 등) 시 확인된 고사나무 이외에 추가 고사나무가 없는 경우에는 조사 생략 가능

(2) 보장하는 재해 여부 심사

농지 및 작물 상태 등을 감안하여 보장하는 재해로 인한 피해가 맞는지 확인하며, 필요시에는 이에 대한 근거자료(피해사실 확인조사 참조)를 확보할 수 있다.

(3) 고사기준에 맞는 품종별·수령별 추가 고사주수 확인, 보장하는 재해 이외의 원인으로 고사한 나무는 미보상고사주수로 조사한다.

## 6) 미보상비율 확인

미보상비율 적용표〈별표2〉에 따라 미보상비율을 조사한다.

**Tip** 〈별표2〉 농작물재해보험 미보상비율 적용표

| 〈감자, 고추 제외 전 품목〉 | | | |
|---|---|---|---|
| 구분 | 제초 상태 | 병해충 상태 | 기타 |
| 해당 없음 | 0% | 0% | 0% |
| 미흡 | 10% 미만 | 10% 미만 | 10% 미만 |
| 불량 | 20% 미만 | 20% 미만 | 20% 미만 |
| 매우 불량 | 20% 이상 | 20% 이상 | 20% 이상 |

미보상 비율은 보장하는 재해 이외의 원인이 조사 농지의 수확량 감소에 영향을 준 비율을 의미하여 제초 상태, 병해충 상태 및 기타 항목에 따라 개별 적용한 후 해당 비율을 합산하여 산정한다.

1. **제초 상태**(과수품목은 피해율에 영향을 줄 수 있는 잡초만 해당)

가) 해당 없음 : 잡초가 농지 면적의 20% 미만으로 분포한 경우

나) 미흡 : 잡초가 농지 면적의 20% 이상 40% 미만으로 분포한 경우

다) 불량 : 잡초가 농지 면적의 40% 이상 60% 미만으로 분포한 경우 또는 경작불능조사 진행건으로 정상적인 영농활동 시행을 증빙하는 자료(비료 및 농약 영수증 등)가 부족한 경우

라) 매우 불량 : 잡초가 농지 면적의 60% 이상으로 분포한 경우 또는 경작불능조사 진행건으로 정상적인 영농활동 시행을 증빙하는 자료(비료 및 농약 영수증 등)가 없는 경우

2. **병해충 상태**(각 품목에서 별도로 보상하는 병해충은 제외)

가) 해당 없음 : 병해충이 농지 면적의 20% 미만으로 분포한 경우

나) **미흡** : 병해충이 농지 면적의 20% 이상 40% 미만으로 분포한 경우
다) **불량** : 병해충이 농지 면적의 40% 이상 60% 미만으로 분포한 경우 또는 경작불능조사 진행 건으로 정상적인 영농활동 시행을 증빙하는 자료(비료 및 농약 영수증 등)가 부족한 경우
라) **매우 불량** : 병해충이 농지 면적의 60% 이상으로 분포한 경우 또는 경작불능조사 진행 건으로 정상적인 영농활동 시행을 증빙하는 자료(비료 및 농약 영수증 등)가 없는 경우

3. **기타** : 영농기술 부족, 영농상 실수 및 단순 생리장애 등 보상하는 손해 이외의 사유로 피해가 발생한 것으로 추정되는 경우[해거리, 생리장애(원소결핍 등), 시비관리, 토양관리(연작 및 pH과다·과소 등), 전정(강전정 등), 조방재배, 재식밀도(인수기준 이하), 농지상태(혼식, 멀칭, 급배수 등), 가입이전 사고 및 계약자 중과실손해, 자연감모, 보상재해이외(종자불량, 일부가입 등)]에 적용

가) **해당 없음** : 위 사유로 인한 피해가 없는 것으로 판단되는 경우
나) **미흡** : 위 사유로 인한 피해가 10% 미만으로 판단되는 경우
다) **불량** : 위 사유로 인한 피해가 20% 미만으로 판단되는 경우
라) **매우 불량** : 위 사유로 인한 피해가 20% 이상으로 판단되는 경우

## 다. 보험금 산정 방법 및 지급기준

### 1) 경작불능보험금의 산정

**가) 대상 품목** : 복분자

**나) 지급조건** : 경작불능조사 결과 식물체 피해율이 65% 이상이고, 계약자가 경작불능보험금을 신청한 경우

**다) 지급보험금**

| 지급보험금 = 보험가입금액 × 자기부담비율별 지급비율 |
|---|

〈자기부담비율별 경작불능보험금 지급비율표〉

| 자기부담비율 | 10%형 | 15%형 | 20%형 | 30%형 | 40%형 |
|---|---|---|---|---|---|
| 지급 비율 | 45% | 42% | 40% | 35% | 30% |

**Tip** 자기부담비율 ⇨ 보장수준 ⇨ 절반   예) 10%(자기부담비율) ⇨ 90%(보장수준) ⇨ 45%(= 90%/2)

### 2) 과실손해보험금의 산정

**가) 대상 품목** : 복분자

(1) 과실손해보험금의 계산

보장하는 재해로 피해율이 자기부담비율을 초과하는 경우 과실손해보험금을 아래와 같이 산정함

$$\text{과실손해보험금} = \text{보험가입금액} \times (\text{피해율} - \text{자기부담비율})$$
※ 피해율 = 고사결과모지수 ÷ 평년결과모지수

### (2) 고사결과모지수

(가) 5월 31일 이전에 사고가 발생한 경우
    (평년결과모지수 – 살아있는 결과모지수) + 수정불량환산 고사결과모지수 – 미보상 고사결과 모지수

(나) 6월 1일 이후에 사고가 발생한 경우
    수확감소환산 고사결과모지수 – 미보상 고사결과모지수

* 수정불량환산 고사결과모지수 = 기준 살아있는 결과모지수 × 수정불량환산계수

* 수정불량환산계수 = $\dfrac{\text{수정불량결실수}}{\text{전체결실수}}$ – 자연수정불량률

※ 자연수정불량률 : 15%(2014 복분자 수확량 연구용역 결과 반영)

### (3) 수확감소환산 고사결과모지수

(가) 5월 31일 이전 사고로 인한 고사결과모지수가 존재하는 경우
    = (기준 살아있는결과모지수 – 수정불량환산 고사결과모지수) × 누적수확감소환산계수

(나) 5월 31일 이전 사고로 인한 고사결과모지수가 존재하지 않는 경우
    = 평년결과모지수 × 누적수확감소환산계수

* 누적수확감소환산계수 = 수확감소환산계수의 누적 값
* 수확감소환산계수 = 수확일자별 잔여수확량 비율 – 결실률
* 수확일자별 잔여수확량비율   *사고발생일자는 6월 중 사고발생일자 의미

| 품목 | 사고일자 | 경과비율(%) |
|---|---|---|
| 복분자 | 6월 1일 ~ 7일 | 98 – 사고발생일자 |
|  | 6월 8일 ~ 20일 | $\dfrac{\text{사고발생일자}^2 - 43 \times \text{사고발생일자} + 460}{2}$ |

*경과비율은 잔여수확량 비율을 의미한다.

* 결실률 = $\dfrac{\text{전체결실수}}{\text{전체개화수}}$

> **Tip** 복분자 고사결과모지수 = (1) + (2)

(1) 사고가 5.31. 이전에 발생한 경우의 고사결과모지수

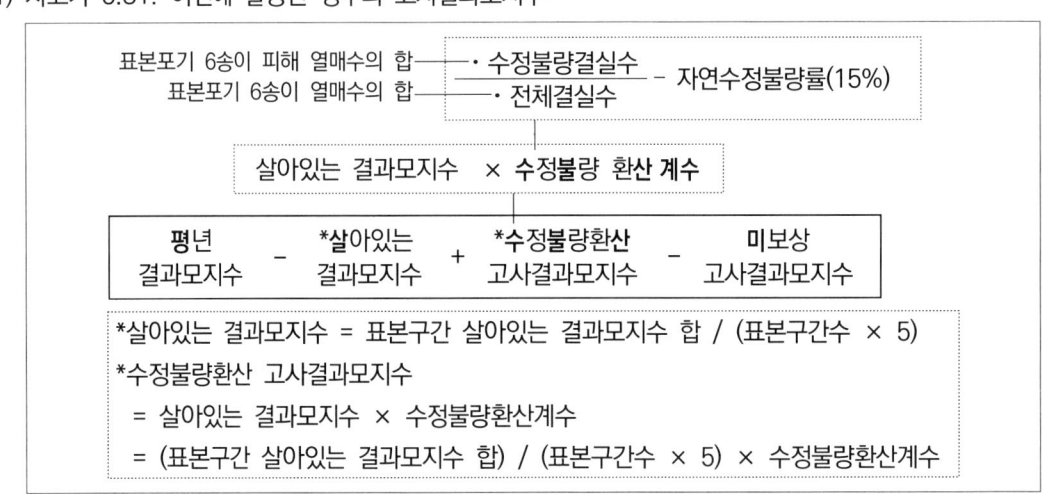

> **Tip** 평, 살 수불산, 미 : 평생 살면서 부처처럼 수행할 뫼(산)

(2) 사고가 6.1. 이후에 발생한 경우의 고사결과모지수

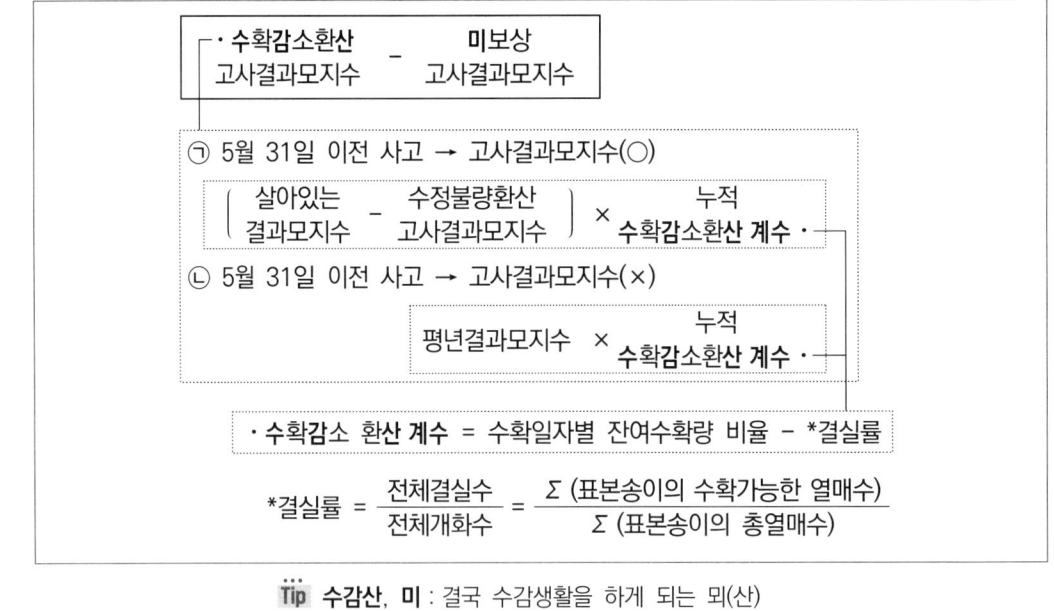

> **Tip** 수감산, 미 : 결국 수감생활을 하게 되는 뫼(산)

(4) 미보상 고사결과모지수

수확감소환산 고사결과모지수에 미보상비율을 곱하여 산출한다. 다수의 특정위험 과실손해조사가 이루어진 경우에는 제일 높은 미보상비율을 적용한다.

수확감소환산 고사결과모지수 × 최댓값(특정위험 과실손해조사별 미보상비율)

> **Tip** 복분자 종합위험 과실손해조사, 특정위험 과실손해조사

□ 조사시기 : (종합위험)수정완료시점 ~ 수확 전, (특정위험)사고접수 직후

(1) 종합위험 과실손해 고사결과모지수

평년결과모지수 − (기준 살아있는 결과모지수 − 수정불량환산 고사결과모지수 + 미보상 고사결과모지수)

(가) 기준 살아있는 결과모지수

$$\frac{\text{표본구간 살아있는 결과모지수의 합}}{(\text{표본구간수} \times 5)}$$

(나) 수정불량환산 고사결과모지수

$$\frac{\text{표본구간 수정불량 고사결과모지수의 합}}{(\text{표본구간수} \times 5)}$$

(다) 표본구간 수정불량 고사결과모지수

표본구간 살아있는 결과모지수 × 수정불량환산계수

(라) 수정불량환산계수

$$\left(\frac{\text{수정불량결실수}}{\text{전체결실수}}\right) - \text{자연수정불량률}$$

$$= \text{최댓값}\left\{\left(\frac{\text{표본포기 6송이 피해 열매수의 합}}{\text{표본포기 6송이 열매수의 합계}}\right) - 15\%,\ 0\right\}$$

*자연수정불량률 : 15%(2014 복분자 수확량 연구용역 결과 반영)

(마) 미보상 고사결과모지수

$$\text{최댓값}\left[\left\{\text{평년결과모지수} - \left(\text{기준 살아있는 결과모지수} - \text{수정불량환산결과모지수}\right)\right\} \times \text{미보상비율},\ 0\right]$$

(2) 특정위험 과실손해 고사결과모지수

수확감소환산 고사결과모지수 − 미보상 고사결과모지수

(가) 수확감소환산 고사결과모지수(종합위험 과실손해조사를 실시한 경우)

(기준 살아있는 결과모지수 − 수정불량환산 고사결과모지수) × 누적수확감소환산계수

(나) 수확감소환산 고사결과모지수(종합위험 과실손해조사를 실시하지 않은 경우)

$$\text{평년결과모지수} \times \text{누적수확감소환산계수}$$

① 누적수확감소환산계수

$$\text{특정위험 과실손해조사별 수확감소환산계수의 합}$$

② 수확감소환산계수

$$\text{최댓값(기준일자별 잔여수확량 비율 − 결실률, 0)}$$

③ 결실률

$$\frac{\text{전체결실수}}{\text{전체개화수}} = \frac{\Sigma(\text{표본송이의 수확 가능한 열매수})}{\Sigma(\text{표본송이의 총열매수})}$$

(다) 미보상 고사결과모지수

$$\text{수확감소환산 고사결과모지수} \times \text{최댓값(특정위험 과실손해조사별 미보상비율)}$$

(3) 피해율

$$\frac{\text{고사결과모지수}}{\text{평년결과모지수}}$$

*고사결과모지수 = 종합위험 과실손해 고사결과모지수 + 특정위험 과실손해 고사결과모지수

**나) 대상 품목** : 무화과

(1) 지급보험금

$$\text{지급보험금} = \text{보험가입금액} \times (\text{피해율} - \text{자기부담비율})$$

(2) 피해율은 7월 31일 이전 사고피해율과 8월 1일 이후 사고피해율을 합산한다.

(가) 피해율은 다음과 같이 산출한다.

① 무화과의 7월 31일 이전 사고피해율

$$(\text{평년수확량} - \text{수확량} - \text{미보상감수량}) \div \text{평년수확량}$$

② 무화과의 8월 1일 이후 사고피해율

$$(1 - \text{수확전사고 피해율}) \times \text{잔여수확량비율} \times \text{결과지피해율}$$

㉮ 수확전사고 피해율은 7월 31일 이전 발생한 기사고 피해율로 한다.

㉯ 잔여수확량 비율은 아래와 같이 결정한다.

〈사고발생일에 따른 잔여수확량 산정식〉

| 품목 | 사고발생 월 | 잔여수확량 산정식(%) |
|---|---|---|
| 무화과 | 8월 | 100 - 1.06 × 사고 발생일자 |
|  | 9월 | (100 - 33) - 1.13 × 사고 발생일자 |
|  | 10월 | (100 - 67) - 0.84 × 사고 발생일자 |

> **Tip** **팔**(8), **백배**(100-) **일고여**(1.06) 그래도 **곱**(×) **사고** 발생일자
> **구**(9口(입)), **백배**(100-) **새삼**(33) **뼈**(-, 빠지게) **일하세**(1.13) 그래도 **곱**(×) **사고** 발생일자
> **시월**(10월에는), **백배**(100-) **여친**(67) **빠진**(-) **영팔자**(0.84 젊은 팔자) 그래도 **곱**(×) **사고** 발생일자 : (팔을 쳐들어 사기가 백배 일었지만, 실상 말(주둥아리)로만 백배로 새삼 일하고, 전쟁 끝나고 여친과 젊은 시절을 보내고 싶지만, 항상 포탄이 떨어지는 사고만 겹치는 군(곱 사고 발생)…)

㉰ 결과지 피해율
$$= \frac{고사결과지수 + 미고사결과지수 \times 착과피해율 - 미보상고사결과지수}{기준결과지수}$$

㉱ 기준결과지수 = 고사결과지수 + 미고사결과지수

㉲ 고사결과지수 = 보상고사결과지수 + 미보상고사결과지수

> **Tip** 무화과 피해율 = (1) + (2)
>
> (1) 사고가 7.31. 이전에 발생한 경우
>
> (평년수확량 - 수확량 - 미보상감수량) ÷ 평년수확량
>
> (2) 사고가 8.1. 이후에 발생한 경우
>
> (1 - 수확전사고피해율) × 잔여수확량비율 × 결과지피해율
>
> 7월 31일 이전 발생한 기사고 피해율 | $\dfrac{고사결과지수 + 미고사결과지수 \times 착과피해율 - 미보상고사결과지수}{기준결과지수(= (보상 + 미보상)고사 + 미고사)}$
>
> *기준결과지수 = (보상 + 미보상)고사결과지수 + 미고사결과지수
>
> *고사결과지수 = 보상고사결과지수 + 미보상고사결과지수
>
> **Tip** **일마**(1 - ) **전사피**(이 친구가 죽어서 흘린 피), **잔량**(후송 후에 남은) **결과피**(그 결과 남은 피)
>
> **Tip** **결과피** : **코**(고), **미고 착피**, **미보 / 기** (코피 중 마르지 않아 고착되지 않은 피는 보지 말자)

> **Tip** 무화과 수확량조사 – 조사시기 : 수확전, 수확후

(1) 기본사항

   (가) 품종별·수령별 조사대상주수

$$\text{품종별·수령별 실제결과주수} - \text{품종별·수령별 미보상주수} - \text{품종별·수령별 고사주수}$$

   (나) 품종별·수령별 평년수확량

$$\text{평년수확량} \times \frac{\text{품종별·수령별 주당 표준수확량} \times \text{품종별·수령별 실제결과주수}}{\text{표준수확량}}$$

   (다) 품종별·수령별 주당 평년수확량

$$\frac{\text{품종별·수령별 평년수확량}}{\text{품종별·수령별 실제결과주수}}$$

(2) 7월 31일 이전 피해율

$$\text{피해율} = \frac{\text{평년수확량} - \text{수확량} - \text{미보상감수량}}{\text{평년수확량}}$$

   (가) 수확량

$$\{\text{품종별·수령별 주당 수확량} \times \text{품종별·수령별 조사대상주수} \times (1 - \text{피해구성률})\} + (\text{품종별·수령별 주당 평년수확량} \times \text{미보상주수})$$

     ① 품종·수령별 주당 수확량

$$\text{품종별·수령별 주당 착과수} \times \text{표준과중}$$

     ② 품종·수령별 주당 착과수

$$\text{품종별·수령별 표본주 과실수의 합계} \div \text{품종·수령별 표본주수}$$

   (나) 미보상감수량

$$(\text{평년수확량} - \text{수확량}) \times \text{미보상비율}$$

   (다) 피해구성 조사

$$\text{피해구성률} = \frac{(50\%\text{형 피해과실수} \times 0.5) + (80\%\text{형 피해과실수} \times 0.8) + (100\%\text{형 피해과실수} \times 1)}{\text{표본과실수}}$$

(3) 8월 1일 이후 피해율

$$피해율 = (1 - 수확전사고 피해율) \times 경과비율 \times 결과지 피해율$$

(가) 결과지 피해율

$$\frac{고사결과지수 + 미고사결과지수 \times 착과피해율 - 미보상고사결과지수}{기준결과지수}$$

(나) 기준결과지수

$$고사결과지수 + 미고사결과지수$$

(다) 고사결과지수

$$보상고사결과지수 + 미보상고사결과지수$$

※ 8월 1일 이후 사고가 중복 발생할 경우 금차 피해율에서 전차 피해율을 차감하고 산정함

3) **종합위험 나무손해보장 특별약관 보험금 산정**(대상품목 : 무화과)

   **가)** 보험기간 내에 보상하는 손해에서 규정한 재해로 인한 피해율이 자기부담 비율을 초과하는 경우 재해보험사업자가 지급할 보험금은 아래에 따라 계산한다

   (1) 지급보험금

   $$지급보험금 = 보험가입금액 \times (피해율 - 자기부담비율)$$

   (2) 피해율

   $$피해율 = \frac{피해주수(고사된 나무)}{실제결과주수}$$

   **나)** 자기부담비율은 5%로 한다.

## 제3절 논작물(벼, 맥류) 손해평가 및 보험금 산정(대상품목 : 벼, 조사료용 벼, 밀, 보리, 귀리)

### 1 수확감소보장

수확감소보장이란 자연재해 등 보장하는 재해 피해로 수확량이 감소한 것에 대하여 피보험자에게 보상하는 방식이다.

### 가. 시기별 조사 종류

| 생육시기 | 재해 | 조사내용 | 조사시기 | 조사방법 | 비고 |
|---|---|---|---|---|---|
| 수확 전 | 보장하는 재해 전부 | 피해사실 확인 조사 | 사고접수 후 지체 없이 | 보장하는 재해로 인한 피해발생여부 조사 (피해사실이 명백한 경우 생략 가능) | 전 품목 |
| | | 이앙(직파) 불능 조사 | 이앙 한계일 (7.31)이후 | 이앙(직파)불능 상태 및 통상적인영농활동 실시여부조사 | 벼만 해당 |
| | | 재이앙 (재직파) 조사 | 사고접수 후 지체 없이 | 해당농지에 보상하는 손해로 인하여 재이앙(재직파)이 필요한 면적 또는 면적비율 조사 | 벼만 해당 |
| | | 경작불능 조사 | 사고접수 후 지체 없이 | 해당 농지의 피해면적비율 또는 보험목적인 식물체 피해율 조사 | 전 품목 |
| 수확 직전 | 보장하는 재해 전부 | 수확량 조사 | 수확직전 | 사고발생 농지의 수확량 조사<br>• 조사방법 : 전수조사 또는 표본조사 | 벼, 밀, 보리, 귀리 |
| 수확 시작 후 ~ 수확 종료 | 보장하는 재해 전부 | 수확량 조사 | 사고접수 후 지체 없이 | 사고발생 농지의 수확 중의 수확량 및 감수량의 확인을 통한 수확량조사<br>• 조사방법 : 전수조사 또는 표본조사 (벼는 수량요소조사도 가능) | 벼, 밀, 보리, 귀리 |
| | | 수확불능 확인 조사 | 조사 가능일 | 사고발생 농지의 제현율 및 정상 출하 불가 확인 조사 | 벼만 해당 |

## Tip 수확감소보장 시기별 조사 종류

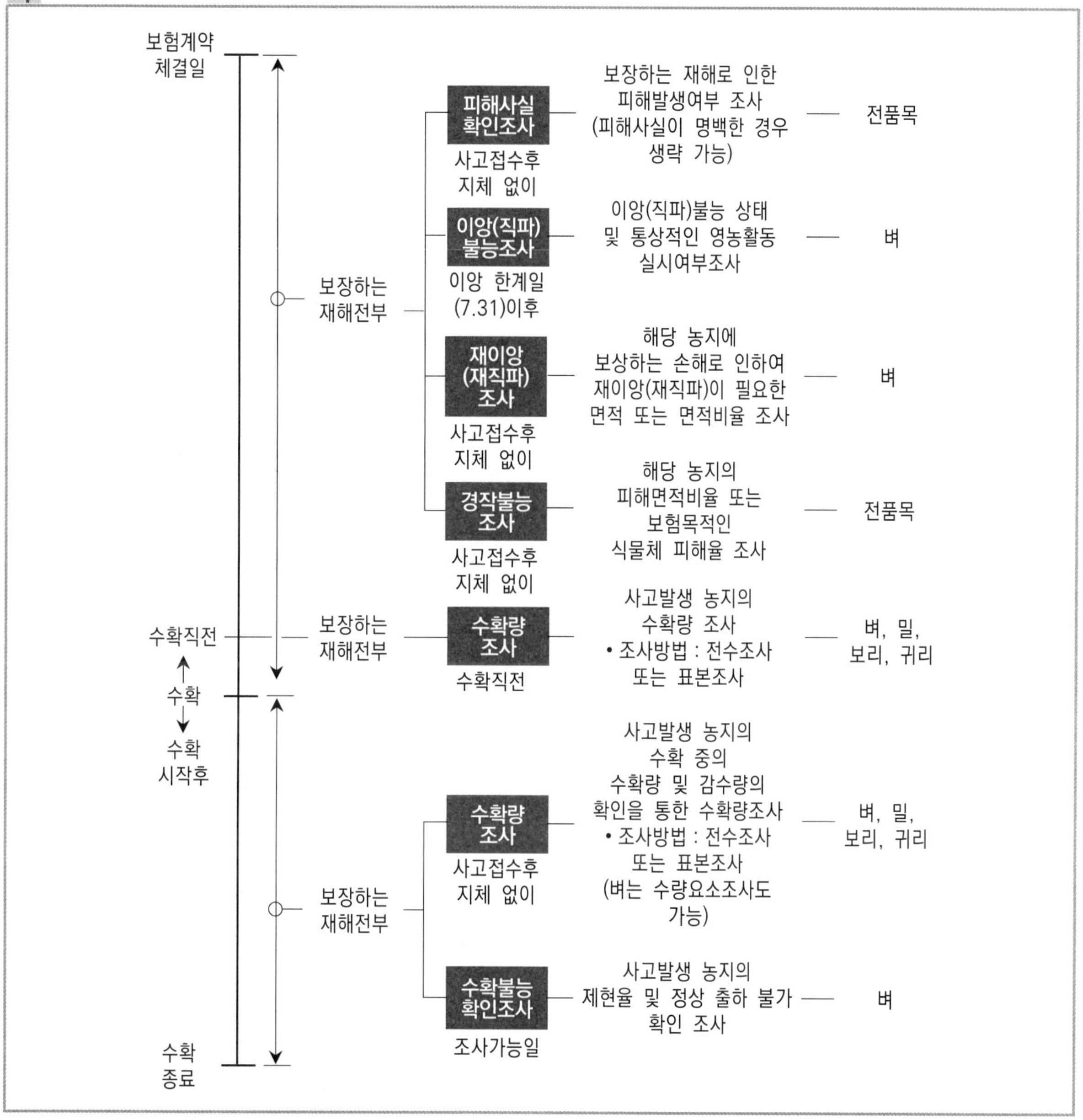

| 시점 | 보장기간 | 조사종류 | 조사시기 | 조사내용 | 대상품목 |
|---|---|---|---|---|---|
| 보험계약 체결일 ↓ | 보장하는 재해전부 | 피해사실 확인조사 | 사고접수후 지체 없이 | 보장하는 재해로 인한 피해발생여부 조사 (피해사실이 명백한 경우 생략 가능) | 전품목 |
| | | 이앙(직파) 불능조사 | 이앙 한계일 (7.31)이후 | 이앙(직파)불능 상태 및 통상적인 영농활동 실시여부조사 | 벼 |
| | | 재이앙 (재직파) 조사 | 사고접수후 지체 없이 | 해당 농지에 보상하는 손해로 인하여 재이앙(재직파)이 필요한 면적 또는 면적비율 조사 | 벼 |
| | | 경작불능 조사 | 사고접수후 지체 없이 | 해당 농지의 피해면적비율 또는 보험목적인 식물체 피해율 조사 | 전품목 |
| 수확직전 ↕ 수확 | 보장하는 재해전부 | 수확량 조사 | 수확직전 | 사고발생 농지의 수확량 조사 • 조사방법 : 전수조사 또는 표본조사 | 벼, 밀, 보리, 귀리 |
| 수확 시작후 ↓ 수확 종료 | 보장하는 재해전부 | 수확량 조사 | 사고접수후 지체 없이 | 사고발생 농지의 수확 중의 수확량 및 감수량의 확인을 통한 수확량조사 • 조사방법 : 전수조사 또는 표본조사 (벼는 수량요소조사도 가능) | 벼, 밀, 보리, 귀리 |
| | | 수확불능 확인조사 | 조사가능일 | 사고발생 농지의 제현율 및 정상 출하 불가 확인 조사 | 벼 |

## 나. 손해평가 현지조사 방법

### 1) 피해사실 확인조사

**가) 조사 대상** : 대상 재해로 사고 접수 농지 및 조사 필요 농지

**나) 대상 재해** : 자연재해, 조수해(鳥獸害), 화재, 병해충 7종*

　*병해충 7종은 벼 해당특약 가입시 만 해당

**다) 조사 시기** : 사고 접수 직후 실시

**라) 조사 방법** : 다음 각 목에 해당하는 사항을 확인한다.

(1) 보장하는 재해로 인한 피해 여부 확인

　기상청 자료 확인 및 현지 방문 등을 통하여 보장하는 재해로 인한 피해가 맞는지 확인하며, 필요시에는 이에 대한 근거로 다음의 자료를 확보한다.

　(가) 기상청 자료, 농업기술센터 의견서 및 손해평가인 소견서 등 재해 입증자료

　(나) 농지의 전반적인 피해 상황 및 세부 피해내용이 확인 가능한 피해농지 촬영 사진

　(다) ICT 기반 무인항공기를 활용한 피해농지 촬영

(2) 추가조사 필요 여부 판단

　보장하는 재해 여부 및 피해 정도 등을 감안하여 이앙·직파불능 조사(농지 전체이앙·직파불능 시), 재이앙·재직파 조사(면적피해율 10% 초과), 경작불능조사(식물체피해율 65% 이상), 수확량조사(자기부담비율 초과) 중 필요한 조사를 판단한다. 해당 내용을 계약자에게 안내하고, 추가조사가 필요할 것으로 판단된 경우에는 손해평가반 구성 및 추가조사 일정을 수립한다.

(3) 피해사실 확인조사 생략

　단, 태풍 등과 같이 재해 내용이 명확하거나 사고 접수 후 바로 추가조사가 필요한 경우 등에는 피해사실 확인조사를 생략할 수 있다.

### 2) 이앙·직파불능 조사(대상품목 : 벼)

피해사실 확인조사 시 이앙·직파불능조사가 필요하다고 판단된 농지에 대하여 실시하는 조사로, 손해평가반은 피해농지를 방문하여 보장하는 재해 여부 및 이앙·직파불능 여부를 조사한다.

**가) 조사 대상** : 벼

**나) 조사 시기** : 이앙 한계일(7월 31일) 이후

**다) 이앙·직파불능 보험금 지급 대상 여부 조사**

(1) 보장하는 재해 여부 심사

　농지 및 작물 상태 등을 감안하여 보장하는 재해로 인한 피해가 맞는지 확인하며, 필요시 이에 대한 근거자료(피해사실 확인조사 참조)를 확보한다.

(2) 실제 경작면적 확인

GPS 면적측정기 또는 지형도 등을 이용하여 보험가입 면적과 실제 경작면적을 비교한다. 이때 실제 경작면적이 보험 가입 면적 대비 10% 이상 차이가 날 경우에는 계약 사항을 변경해야 한다.

(3) 이앙·직파불능 판정 기준

보상하는 손해로 인하여 이앙 한계일(7월 31일)까지 해당 농지 전체를 이앙·직파하지 못한 경우 이앙·직파불능피해로 판단한다.

(4) 통상적인 영농활동 이행 여부 확인

대상 농지에 통상적인 영농활동(논둑 정리, 논갈이, 비료시비, 제초제 살포 등)을 실시했는지를 확인한다.

3) 재이앙·재직파조사(대상품목 : 벼)

피해사실 확인조사 시 재이앙·재직파조사가 필요하다고 판단된 농지에 대하여 실시하는 조사로, 손해평가반은 피해농지를 방문하여 보장하는 재해 여부 및 피해면적을 조사한다.

**가) 조사 대상** : 벼

**나) 조사 시기** : 사고 접수 직후 실시

**다) 재이앙·재직파 보험금 지급 대상 여부 조사**(1차 : 재이앙·재직파 전(前) 조사)

(1) 보장하는 재해 여부 심사

농지 및 작물 상태 등을 감안하여 정한 보장하는 재해로 인한 피해가 맞는지 확인하며, 필요시에는 이에 대한 근거자료(피해사실 확인조사 참조)를 확보할 수 있다.

(2) 실제 경작면적 확인

GPS 면적측정기 또는 지형도 등을 이용하여 보험가입 면적과 실제 경작면적을 비교한다. 이때 실제 경작면적이 보험 가입 면적 대비 10% 이상 차이가 날 경우에는 계약 사항을 변경해야 한다.

(3) 피해면적 확인

GPS 면적측정기 또는 지형도 등을 이용하여 실제 경작면적대비 피해면적을 비교 및 조사한다.

(4) 피해면적의 판정 기준은 다음 각 목과 같다.

(가) 묘가 본답의 바닥에 있는 흙과 분리되어 물 위에 뜬 면적

(나) 묘가 토양에 의해 묻히거나 잎이 흙에 덮여져 햇빛이 차단된 면적

(다) 묘는 살아 있으나 수확이 불가능할 것으로 판단된 면적

**라) 재이앙·재직파 이행 완료 여부 조사**(재이앙·재직파 후(後) 조사)

재이앙·재직파 보험금 대상 여부 조사(전(前) 조사) 시 재이앙·재직파 보험금 지급 대상으로 확인된 농지에 대하여, 재이앙·재직파가 완료되었는지를 조사한다. 피해면적 중 일부에 대해서만 재이앙·재직파가 이루어진 경우에는 재이앙·재직파가 이루어지지 않은 면적은 피해 면적에서 제외한다.

**마)** 단, 농지별 상황에 따라 재이앙·재직파 전(前) 조사가 어려운 경우, 최초 이앙에 대한 증빙자료를 확보하여 최초이앙 시기와 피해 사실에 대한 확인을 하여야 한다.

〈그림 2-17〉 재이앙·재직파조사

### 4) 경작불능조사

피해사실 확인조사 시 경작불능조사가 필요하다고 판단된 농지 또는 사고 접수 시 이에 준하는 피해가 예상되는 농지에 대하여 실시하는 조사

**가) 조사 대상** : 벼, 조사료용 벼, 밀, 보리, 귀리

**나) 조사 시기** : 사고 접수 후 지체 없이

**다) 경작불능 보험금 지급 대상 여부 조사**(경작불능 전(前)조사)

### (1) 보장하는 재해 여부 심사

농지 및 작물 상태 등을 감안하여 보장하는 재해로 인한 피해가 맞는지 확인하며, 필요시에는 이에 대한 근거자료(피해사실 확인조사 참조)를 확보한다.

### (2) 실제 경작면적 확인

GPS 면적측정기 또는 지형도 등을 이용하여 보험가입 면적과 실제 경작면적을 비교한다. 이때 실제 경작면적이 보험 가입면적 대비 10% 이상 차이가 날 경우에는 계약 사항을 변경해야 한다.

### (3) 식물체 피해율 조사

목측 조사를 통해 조사 대상 농지에서 보장하는 재해로 인한 식물체 피해율이 65%(분질미는 60%) 이상 여부를 조사한다.

### (4) 계약자의 경작불능보험금 신청 여부 확인

식물체 피해율이 65%(분질미는 60%) 이상인 경우 계약자에게 경작불능보험금 신청 여부를 확인한다.

### (5) 수확량조사 대상 확인(조사료용 벼 제외)

식물체 피해율이 65%(분질미는 60%) 미만이거나, 벼(조곡)를 제외하고 식물체 피해율이 65% 이상이 되어도 계약자가 경작불능보험금을 신청하지 않은 경우에는 향후 수확량조사가 필요한 농지로 결정한다.

### (6) 산지폐기 여부 확인

이전 조사에서 보장하는 재해로 식물체 피해율이 65%(분질미는 60%) 이상인 농지에 대하여 해당 농지에 대하여 산지폐기 여부를 확인한다.

## 5) 수확량조사(조사료용 벼 제외)

피해사실 확인조사 시 수확량조사가 필요하다고 판단된 농지에 대하여 실시하는 조사로, 수확량조사의 조사 방법은 수량요소조사, 표본조사, 전수조사가 있으며, 현장 상황에 따라 조사 방법을 선택하여 실시할 수 있다. 단, 거대재해 발생 시 대표농지를 선정하여 각 수확량조사의 조사 결과 값(조사수확비율, 단위면적당 조사수확량 등)을 대표농지의 인접 농지(동일 '리' 등 생육환경이 유사한 인근 농지)에 적용할 수 있다. 다만, 동일 농지에 대하여 복수의 조사 방법을 실시한 경우 피해율 산정의 우선 순위는 전수조사, 표본조사, 수량요소조사 순으로 적용한다.

### 가) 조사 대상에 따른 조사 방법

| 조사 대상 | 조사 방법 |
| --- | --- |
| 벼 | 수량요소조사 |
| 벼, 밀, 보리, 귀리 | 표본조사 |
| | 전수조사 |

나) 조사 시기에 따른 조사 방법

| 조사 시기 | 조사 방법 |
|---|---|
| 수확 전 14일 전후  Tip 수확 전 **식사**(14) 전후 | 수량요소조사 |
| 알곡이 여물어 수확이 가능한 시기 | 표본조사 |
| 수확시 | 전수조사 |

다) 수확량조사 손해평가 절차

(1) 보장하는 재해 여부 심사

농지 및 작물 상태 등을 감안하여 보장하는 재해로 인한 피해가 맞는지 확인하며, 필요시에는 이에 대한 근거자료(피해 사실 확인조사 참조)를 확보한다.

(2) 경작불능보험금 대상 여부 확인

식물체 피해율이 65%(분질미는 60%) 이상인 경작불능보험금 대상인지 확인한다.

(3) 면적확인

(가) 실제 경작면적 확인

GPS 면적측정기 또는 지형도 등을 이용하여 보험가입 면적과 실제 경작면적을 비교한다. 이때 실제 경작면적이 보험 가입 면적 대비 10% 이상 차이가 날 경우에는 계약 사항을 변경해야 한다.

(나) 고사면적 확인

보장하는 재해로 인하여 해당 작물이 수확될 수 없는 면적을 확인한다.

(다) 타작물 및 미보상 면적 확인

해당 작물 외의 작물이 식재되어 있거나 보장하는 재해 이외의 사유로 수확이 감소한 면적을 확인한다.

(라) 기수확면적 확인

조사 전에 수확이 완료된 면적을 확인한다.

(마) 조사대상 면적 확인

실제경작면적에서 고사면적, 타작물 및 미보상면적, 기수확면적을 제외하여 조사 대상 면적을 확인한다.

(4) 수확불능 대상 여부 확인

벼의 제현율이 65%(분질미는 70%) 미만으로 정상적인 출하가 불가능한지를 확인한다. 단, 경작불능보험금 대상인 경우에는 수확불능에서 제외한다. ※ 제현 : 벼의 껍질을 벗겨내는 것

(5) 조사 방법 결정 : 조사 시기 및 상황에 맞추어 적절한 조사 방법을 선택한다.

라) 수량요소조사 손해평가 방법

(1) 표본포기 수 : 4포기(가입면적과 무관함)

(2) 표본포기 선정

　재배 방법 및 품종 등을 감안하여 조사 대상 면적에 동일한 간격으로 골고루 배치될 수 있도록 표본 포기를 선정한다. 다만, 선정한 포기가 표본으로 부적합한 경우(해당 포기의 수확량이 현저히 많거나 적어서 표본으로 대표성을 가지기 어려운 경우 등)에는 가까운 위치의 다른 포기를 표본으로 선정한다.

(3) 표본포기 조사

　선정한 표본 포기별로 이삭상태 점수 및 완전낟알상태 점수를 조사한다.

(가) 이삭상태 점수 조사

　표본 포기별로 포기당 이삭 수에 따라 아래 이삭상태 점수표를 참고하여 점수를 부여한다.

〈이삭상태 점수표〉

| 포기당 이삭수 | 점수 |
|---|---|
| 16 미만 | 1 |
| 16 이상 | 2 |

**Tip** 1점 < **16개** ≤ 2점 : 이삭이 달린 모양

(나) 완전낟알상태 점수 조사

　표본 포기별로 평균적인 이삭 1개를 선정하여, 선정한 이삭별로 이삭당 완전낟알수에 따라 아래 완전낟알상태 점수표를 참고하여 점수를 부여한다.

〈완전낟알상태 점수표〉

| 이삭당 완전낟알수 | 점수 |
|---|---|
| 51개 미만 | 1 |
| 51개 이상 61개 미만 | 2 |
| 61개 이상 71개 미만 | 3 |
| 71개 이상 81개 미만 | 4 |
| 81개 이상 | 5 |

**Tip** 1점 < **51개** ≤ 2점 < 61개 ≤ 3점 < 71개 ≤ 4점 < **81개** ≤ 5점 :
**오일**[51, Oil(기름 짜서) ~ **팔일**(81)]

〈그림 2-18〉 이삭상태, 완전낟알수 조사

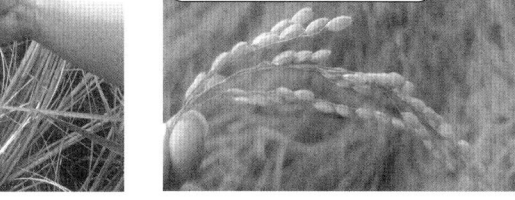

이삭상태 조사  |  완전낟알수 조사

(4) 수확비율 산정

  (가) 표본 포기별 이삭상태 점수(4개) 및 완전낟알상태 점수(4개)를 합산한다.

  (나) 합산한 점수에 따라 조사수확비율 환산표에서 해당하는 수확비율 구간을 확인한다.

  (다) 해당하는 수확비율구간 내에서 조사 농지의 상황을 감안하여 적절한 수확비율을 산정한다.

〈조사수확비율 환산표〉

| 점수 합계 | 조사수확비율(%) | 점수 합계 | 조사수확비율(%) |
| --- | --- | --- | --- |
| 10점 미만 | 0% ~ 20% | 16점 ~ 18점 | 61% ~ 70% |
| 10점 ~ 11점 | 21% ~ 40% | 19점 ~ 21점 | 71% ~ 80% |
| 12점 ~ 13점 | 41% ~ 50% | 22점 ~ 23점 | 81% ~ 90% |
| 14점 ~ 15점 | 51% ~ 60% | 24점 이상 | 91% ~ 100% |

(5) 피해면적 보정계수 산정 : 피해정도에 따른 보정계수를 산정한다.

〈피해면적 보정계수〉

| 피해 정도 | 피해면적 비율 | 보정계수 |
| --- | --- | --- |
| 매우 경미 | 10% 미만 | 1.2 |
| 경미 | 10% 이상 30% 미만 | 1.1 |
| 보통 | 30% 이상 | 1 |

Tip 1.2(매우 경미) < **10%** ≤ 1.1(경미) < **30%** ≤ 1(보통)
**피**해**면**적 비율 **보정계**수, **열**심히(10), **살고**(30) : 인생 피면 보계~! 열심히 살고~!

(6) 병해충 단독사고 여부 확인(벼만 해당)

농지의 피해가 자연재해, 조수해(鳥獸害) 및 화재와는 상관없이 보상하는 병해충만으로 발생한 병해충 단독사고인지 여부를 확인한다. 이때, 병해충 단독사고로 판단될 경우에는 가장 주된 병해충명을 조사한다.

마) 표본조사 손해평가 방법

(1) 표본구간수 선정

조사대상 면적에 따라 품목별 표본주(구간)수〈별표1〉 이상의 표본구간수를 선정한다. 다만, 가입면적과 실제경작면적이 10% 이상 차이가 나 계약 변경 대상일 경우에는 실제경작면적을 기준으로 표본구간수를 선정한다.

**Tip** 〈별표1〉 품목별 표본주(구간)수 표

〈벼, 밀, 보리, 귀리〉

| 조사대상면적 | 표본구간 | 조사대상면적 | 표본구간 |
|---|---|---|---|
| 2,000㎡ 미만 | 3 | 4,000㎡ 이상 5,000㎡ 미만 | 6 |
| 2,000㎡ 이상 3,000㎡ 미만 | 4 | 5,000㎡ 이상 6,000㎡ 미만 | 7 |
| 3,000㎡ 이상 4,000㎡ 미만 | 5 | 6,000㎡ 이상 | 8 |

(2) 표본구간 선정

선정한 표본구간수를 바탕으로 재배 방법 및 품종 등을 감안하여 조사 대상 면적에 동일한 간격으로 골고루 배치될 수 있도록 표본구간을 선정한다. 다만, 선정한 구간이 표본으로 부적합한 경우(해당 작물의 수확량이 현저히 많거나 적어서 표본으로 대표성을 가지기 어려운 경우 등)에는 가까운 위치의 다른 구간을 표본구간으로 선정한다.

〈그림 2-19〉 표본구간 선정 예시

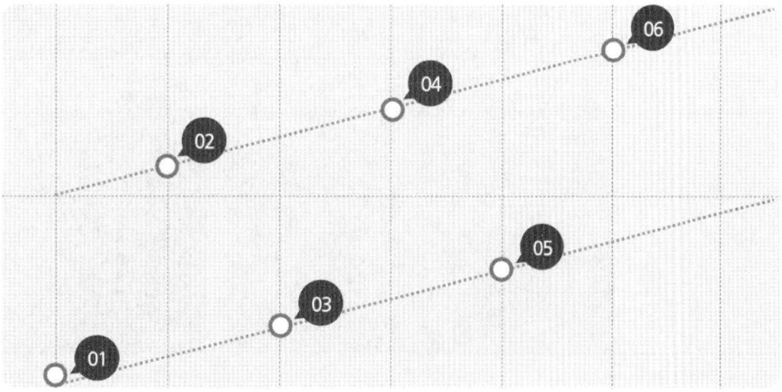

※ 표본구간의 목적물(작물)이 너무 많거나 적은 경우 인접한 다른 구간을 조사한다.

(3) 표본구간 면적 및 수량 조사

(가) 표본구간 면적

① **(벼)** 표본구간마다 4포기의 길이와 포기당 간격을 조사한다. 단, 농지 및 조사 상황 등을 고려하여 4포기를 2포기로 줄일 수 있다.

> **Tip** 표본구간 면적

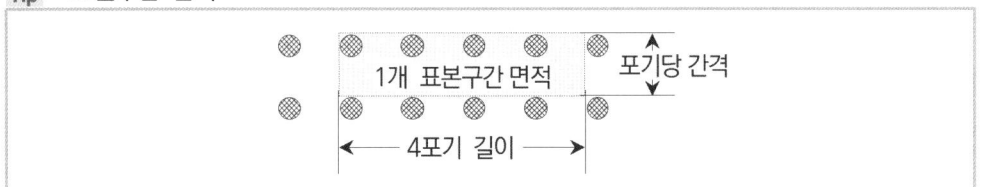

② **(밀, 보리, 귀리)** 점파의 경우 표본구간마다 4포기의 길이와 포기당 간격을 조사하고, 산파이거나 이랑의 구분이 명확하지 않은 경우에는 규격의 테(50㎝ × 50㎝)를 사용한다. 단 농지 및 조사상황 등을 고려하여 4포기를 2포기로 줄일 수 있다.

**(나) 표본 중량 조사** : 표본구간의 작물을 수확하여 해당 중량을 측정한다.

**(다) 함수율 조사**

수확한 작물에 대하여 함수율 측정을 3회 이상 실시하여 평균값을 산출한다.

**(4) 병해충 단독사고 여부 확인**(벼만 해당)

농지의 피해가 자연재해, 조수해(鳥獸害) 및 화재와는 상관없이 보상하는 병해충만으로 발생한 병해충 단독사고 여부를 확인한다. 이때, 병해충 단독사고로 판단될 경우에는 가장 주된 병해충명을 조사한다.

〈그림 2-20〉 표본구간 수확

〈그림 2-21〉 표본 중량 조사

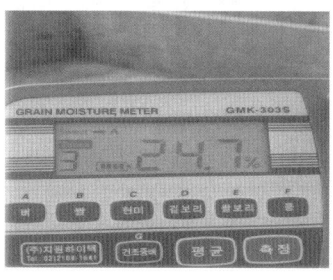

바) 전수조사 손해평가 방법

(1) 전수조사 대상 농지 여부 확인

전수조사는 기계수확(탈곡 포함)을 하는 농지에 한한다.

(2) 조곡의 중량 조사

대상 농지에서 수확한 전체 조곡의 중량을 조사하며, 전체 중량 측정이 어려운 경우에는 콤바인, 톤백, 콤바인용 포대, 곡물적재함 등을 이용하여 중량을 산출한다.

(3) 조곡의 함수율 조사

수확한 작물에 대하여 함수율 측정을 3회 이상 실시하여 평균값을 산출한다.

(4) 병해충 단독사고 여부 확인(벼만 해당)

농지의 피해가 자연재해, 조수해(鳥獸害) 및 화재와는 상관없이 보상하는 병해충만으로 발생한 병해충 단독사고 여부를 확인한다. 이때, 병해충 단독사고로 판단될 경우에는 가장 주된 병해충명을 조사한다.

〈그림 2-22〉 전수조사

## 6) 수확불능확인조사(벼만 해당)

수확량조사 시 수확불능 대상 농지[벼의 제현율이 65%(분질미는 70%) 미만으로 정상적인 출하가 불가능한 농지]로 확인된 농지에 대하여 실시하는 조사로, 조사 시점은 수확 포기가 확인되는 시점으로 한다.

**가) 조사 시기** : 수확포기가 확인되는 시점

**나) 수확불능 보험금 지급 대상 여부 조사**

(1) 보장하는 재해 여부 심사

농지 및 작물 상태 등을 감안하여 보장하는 재해로 인한 피해가 맞는지 확인하며, 필요시에는 이에 대한 근거자료(피해사실 확인조사 참조)를 확보한다.

(2) 실제 경작면적 확인

GPS 면적측정기 또는 지형도 등을 이용하여 보험가입 면적과 실제 경작면적을 비교한다. 이때 실제 경작면적이 보험 가입면적 대비 10% 이상 차이가 날 경우에는 계약 사항을 변경해야 한다.

(3) 수확불능 대상여부 확인

벼의 제현율이 65%(분질미는 70%) 미만으로 정상적인 출하가 불가능한지를 확인한다.

(4) 수확포기 여부 확인

아래의 경우에 한하여 수확을 포기한 것으로 한다.

(가) 당해연도 11월 30일까지 수확을 하지 않은 경우

(나) 목적물을 수확하지 않고 갈아엎은 경우(로터리 작업 등)

(다) 대상 농지의 수확물 모두가 시장으로 유통되지 않은 것이 확인된 경우

〈그림 2-23〉 수확포기 여부 확인

## 7) 미보상비율 조사(모든 조사 시 동시 조사)

상기 모든 조사마다 미보상비율 적용표〈별표2〉에 따라 미보상비율을 조사한다.

**Tip** 〈별표2〉 농작물재해보험 미보상비율 적용표

〈감자, 고추 제외 전 품목〉

| 구분 | 제초 상태 | 병해충 상태 | 기타 |
|---|---|---|---|
| 해당 없음 | 0% | 0% | 0% |
| 미흡 | 10% 미만 | 10% 미만 | 10% 미만 |
| 불량 | 20% 미만 | 20% 미만 | 20% 미만 |
| 매우 불량 | 20% 이상 | 20% 이상 | 20% 이상 |

미보상 비율은 보장하는 재해 이외의 원인이 조사 농지의 수확량 감소에 영향을 준 비율을 의미하여 제초 상태, 병해충 상태 및 기타 항목에 따라 개별 적용한 후 해당 비율을 합산하여 산정한다.

1. **제초 상태**(과수품목은 피해율에 영향을 줄 수 있는 잡초만 해당)

   가) 해당 없음 : 잡초가 농지 면적의 20% 미만으로 분포한 경우
   
   나) 미흡 : 잡초가 농지 면적의 20% 이상 40% 미만으로 분포한 경우
   
   다) 불량 : 잡초가 농지 면적의 40% 이상 60% 미만으로 분포한 경우 또는 경작불능조사 진행건으로 정상적인 영농활동 시행을 증빙하는 자료(비료 및 농약 영수증 등)가 부족한 경우
   
   라) 매우 불량 : 잡초가 농지 면적의 60% 이상으로 분포한 경우 또는 경작불능조사 진행건으로 정상적인 영농활동 시행을 증빙하는 자료(비료 및 농약 영수증 등)가 없는 경우

2. **병해충 상태**(각 품목에서 별도로 보상하는 병해충은 제외)

   가) 해당 없음 : 병해충이 농지 면적의 20% 미만으로 분포한 경우
   
   나) 미흡 : 병해충이 농지 면적의 20% 이상 40% 미만으로 분포한 경우
   
   다) 불량 : 병해충이 농지 면적의 40% 이상 60% 미만으로 분포한 경우 또는 경작불능조사 진행건으로 정상적인 영농활동 시행을 증빙하는 자료(비료 및 농약 영수증 등)가 부족한 경우
   
   라) 매우 불량 : 병해충이 농지 면적의 60% 이상으로 분포한 경우 또는 경작불능조사 진행 건으로 정상적인 영농활동 시행을 증빙하는 자료(비료 및 농약 영수증 등)가 없는 경우

3. **기타** : 영농기술 부족, 영농상 실수 및 단순 생리장애 등 보상하는 손해 이외의 사유로 피해가 발생한 것으로 추정되는 경우[해거리, 생리장애(원소결핍 등), 시비관리, 토양관리(연작 및 pH과다·과소 등), 전정(강전정 등), 조방재배, 재식밀도(인수기준 이하), 농지상태(혼식, 멀칭, 급배수 등), 가입이전 사고 및 계약자 중과실손해, 자연감모, 보상재해이외(종자불량, 일부가입 등)]에 적용

   가) 해당 없음 : 위 사유로 인한 피해가 없는 것으로 판단되는 경우
   
   나) 미흡 : 위 사유로 인한 피해가 10% 미만으로 판단되는 경우
   
   다) 불량 : 위 사유로 인한 피해가 20% 미만으로 판단되는 경우
   
   라) 매우 불량 : 위 사유로 인한 피해가 20% 이상으로 판단되는 경우

## 다. 보험금 산정 방법 및 지급기준

### 1) 이앙·직파불능 보험금 산정(벼만 해당)

#### 가) 지급 사유

보험기간 내에 보장하는 재해로 농지 전체를 이앙·직파하지 못하게 된 경우 보험가입금액의 15%를 이앙·직파불능보험금으로 지급한다.

> 지급보험금 = 보험가입금액 × 15%

#### 나) 지급 거절 사유

논둑 정리, 논갈이, 비료 시비, 제초제 살포 등 이앙 전의 통상적인 영농활동을 하지 않은 농지에 대해서는 이앙·직파불능 보험금을 지급하지 않는다.

#### 다) 보험계약의 소멸

이앙·직파불능보험금을 지급한 때에는 그 손해보상의 원인이 생긴 때로부터 해당 농지에 대한 보험계약은 소멸되며, 이 경우 환급보험료는 발생하지 않는다.

### 2) 재이앙·재직파 보험금 산정(벼만 해당)

#### 가) 지급 사유

보험기간 내에 보장하는 재해로 면적 피해율이 10%를 초과하고, 재이앙(재직파)한 경우 다음과 같이 계산한 재이앙·재직파 보험금을 1회 지급한다.

> 지급보험금 = 보험가입금액 × 25% × 면적 피해율
> ※면적 피해율 = 피해면적 ÷ 보험가입면적

### 3) 경작불능 보험금 산정

#### 가) 지급 사유

보험기간 내에 보장하는 재해로 식물체 피해율이 65%(분질미의 경우 60%) 이상이고, 계약자가 경작불능보험금을 신청한 경우 경작불능보험금은 자기부담비율에 따라 보험가입금액의 일정 비율로 계산한다.

(1) 적용 품목 : 벼·밀·보리·귀리

〈자기부담비율별 경작불능보험금 지급비율표〉

| 자기부담비율 | 10%형 | 15%형 | 20%형 | 30%형 | 40%형 |
|---|---|---|---|---|---|
| 지급 비율 | 45% | 42% | 40% | 35% | 30% |

※ 귀리는 20%, 30%, 40% 적용

**Tip** 자기부담비율 ⇨ 보장수준 ⇨ 절반   예) 10%(자기부담비율) ⇨ 90%(보장수준) ⇨ 45%(= 90%/2)

> Tip 자기부담비율 10%, 15% 적용 제외 품목
> **두릅**(두릅), **불러**(블루베리) / (가을)**무**, (가을, 봄)**배추** / **유자**, **박수**(수박) / **호두**, **귀리**, **양상추** / **실파·쪽파** : 두루 불러서 가무(노래와 무용) 보러 가보매~! 공연장에서 유(너) 혼자 박수치고~! 호구 같아서! 실제 쪽팔려...

(2) 적용 품목 : 조사료용 벼

> 지급보험금 = 보험가입금액 × 보장비율 × 경과비율

(가) 보장비율은 조사료용 벼 가입 시 경작불능보험금 산정에 기초가 되는 비율을 말하며, 보험 가입을 할 때 계약자가 선택한 비율로 한다.

(나) 경과비율은 사고발생일이 속한 월에 따라 아래와 같이 계산한다.

| 구분 | 보장비율 | 월별 | 경과비율 |
|---|---|---|---|
| 45%형 | 45% | 5월 | 80% |
| 42%형 | 42% | 6월 | 85% |
| 40%형 | 40% | 7월 | 90% |
| 35%형 | 35% | 8월 | 100% |
| 30%형 | 30% | | |

> Tip 어 느 세 월(5월, 6월, 7월, 8월)에
> · 조사료용 벼 : **빨공**(80), **빨어**(85), **구공**(90), **탄**(100)
> · 사료용 옥수수 : **파공**(80), **파공**(80), **구공**(90), **탄**(100)

나) 지급거절 사유

보험금 지급 대상 농지 벼가 산지폐기 등의 방법을 통해 시장으로 유통되지 않게 된 것이 확인되지 않으면 경작불능보험금을 지급하지 않는다.

다) 보험계약의 소멸

경작불능보험금을 지급한 때에는 그 손해보상의 원인이 생긴 때로부터 해당 농지에 대한 보험계약은 소멸되며, 이 경우 환급보험료는 발생하지 않는다.

〈그림 2-24〉 경작불능대상 농지

### 4) 수확감소보험금 산정(조사료용 벼 제외)

**가) 지급 사유**

보험기간 내에 보장하는 재해로 피해율이 자기부담비율을 초과하는 경우 아래와 같이 계산한 수확감소보험금을 지급한다.

> 지급보험금 = 보험가입금액 × (피해율 − 자기부담비율)
> 
> 피해율 = (평년수확량 − 수확량 − 미보상감수량) ÷ 평년수확량

(1) 평년수확량은 과거 조사 내용, 해당 농지의 식재 내역, 현황 및 경작 상황 등에 따라 정한 수확량을 활용하여 산정한다.

(2) 자기부담비율은 보험가입할 때 선택한 비율로 한다.

**나) 지급거절사유**(벼만 해당)

(1) 경작불능보험금 및 수확불능보험금의 규정에 따른 보험금을 지급하여 계약이 소멸된 경우에는 수확감소보험금을 지급하지 않는다.

(2) 경작불능보험금의 보험기간 내에 발생한 재해로 인해 식물체 피해율이 65% 이상인 경우 수확감소보험금을 지급하지 않는다.

> **Tip** 벼 수확량조사 : 수량요소(벼만 해당) − 조사시기 : 수확 전 14일(전후)
>
> (1) 피해율
>
> $$\text{피해율} = \frac{\text{평년수확량} - \text{수확량} - \text{미보상감수량}}{\text{평년수확량}}$$
>
> (단, 병해충 단독사고일 경우 병해충 최대인정피해율 적용)
>
> (2) 수확량
>
> > 표준수확량 × 조사수확비율 × 피해면적 보정계수
> >
> > **Tip 포수**(표준수확량) **조수**(조사수확비율)하면 **피만 보게**(피해면적 보정계수) 된다고!
>
> (3) 미보상감수량
>
> > (평년수확량 − 수확량) × 미보상비율

> **Tip** 벼 수확량조사 : 표본조사 - 조사시기 : 수확 가능시기

(1) 피해율

$$\text{피해율} = \frac{\text{평년수확량} - \text{수확량} - \text{미보상감수량}}{\text{평년수확량}}$$

(단, 병해충 단독사고일 경우 병해충 최대인정피해율 적용)

(2) 수확량

(표본구간 단위면적당 유효중량 × 조사대상면적)
+ {단위면적당 평년수확량 × (타작물 및 미보상면적 + 기수확면적)}

(가) 단위면적당 평년수확량

$$\frac{\text{평년수확량}}{\text{실제경작면적}}$$

(나) 조사대상면적

실제경작면적 - 타작물 및 미보상면적 - 고사면적 - 기수확면적

(다) 표본구간 단위면적당 유효중량

$$\frac{\text{표본구간 유효중량}}{\text{표본구간 면적}}$$

- 표본구간 유효중량

$$\text{표본구간 작물 중량 합계} \times (1 - \text{Loss율}) \times \frac{(1 - \text{함수율})}{(1 - \text{기준함수율})}$$

- Loss율 : 7%
- 기준함수율 : 메벼(15%), 찰벼(13%), 분질미(14%)

  > **Tip** 함(기준함수율)에 있는
  > **보**(보리), **물**(밀), **거리**(귀리), **찰**(찰벼, 발로 차는 것) **일삼**(13%)고
  > **콩**(콩), **팥**, **분질**(분질미, 부러지는) **일네**(14%, 일을 내면)
  > **매**(메벼, 매매) **한다**(15%)

- 표본구간 면적

4포기 길이 × 포기당 간격 × 표본구간 수

### (3) 미보상감수량

$$(\text{평년수확량} - \text{수확량}) \times \text{미보상비율}$$

> **Tip** 벼 수확량조사 : 전수조사 – 조사시기 : 수확 시

### (1) 피해율

$$\text{피해율} = \frac{\text{평년수확량} - \text{수확량} - \text{미보상감수량}}{\text{평년수확량}}$$

(단, 병해충 단독사고일 경우 병해충 최대인정피해율 적용)

### (2) 수확량

$$\text{조사대상면적 수확량} + \{\text{단위면적당 평년수확량} \times (\text{타작물 및 미보상면적} + \text{기수확면적})\}$$

#### (가) 단위면적당 평년수확량

$$\frac{\text{평년수확량}}{\text{실제경작면적}}$$

#### (나) 조사대상면적

$$\text{실제경작면적} - \text{타작물 및 미보상면적} - \text{고사면적} - \text{기수확면적}$$

#### (다) 조사대상면적 수확량

$$\text{작물 중량} \times \frac{(1 - \text{함수율})}{(1 - \text{기준함수율})}$$

• 기준함수율 : 메벼(15%), 찰벼(13%), 분질미(14%)

### (3) 미보상감수량

$$(\text{평년수확량} - \text{수확량}) \times \text{미보상비율}$$

> **Tip** 밀, 보리, 귀리 수확량조사 : 표본조사 – 조사시기 : 수확 가능시기

### (1) 피해율

$$\text{피해율} = \frac{\text{평년수확량} - \text{수확량} - \text{미보상감수량}}{\text{평년수확량}}$$

(2) 수확량

$$\text{(표본구간 단위면적당 유효중량 × 조사대상면적)} + \{\text{단위면적당 평년수확량 × (타작물 및 미보상면적 + 기수확면적)}\}$$

(가) 단위면적당 평년수확량

$$\frac{\text{평년수확량}}{\text{실제경작면적}}$$

(나) 조사대상면적

실제경작면적 − 타작물 및 미보상면적 − 고사면적 − 기수확면적

(다) 표본구간 단위면적당 유효중량

$$\frac{\text{표본구간 유효중량}}{\text{표본구간 면적}}$$

- 표본구간 유효중량

$$\text{표본구간 작물 중량 합계} \times (1 - \text{Loss율}) \times \frac{(1 - \text{함수율})}{(1 - \text{기준함수율})}$$

  - Loss율 : 7%
  - 기준함수율 : 밀(13%), 보리(13%), 귀리(13%)

- 표본구간 면적

$$\text{4포기 길이} \times \text{포기당 간격} \times \text{표본구간 수}$$

(3) 미보상감수량

$$(\text{평년수확량} - \text{수확량}) \times \text{미보상비율}$$

> **Tip** 밀, 보리, 귀리 수확량조사 : 전수조사 − 조사시기 : 수확 시

(1) 피해율

$$\text{피해율} = \frac{\text{평년수확량} - \text{수확량} - \text{미보상감수량}}{\text{평년수확량}}$$

(2) 수확량

$$\text{조사대상면적 수확량} + \{\text{단위면적당 평년수확량} \times (\text{타작물 및 미보상면적} + \text{기수확면적})\}$$

(가) 단위면적당 평년수확량

$$\frac{평년수확량}{실제경작면적}$$

(나) 조사대상면적

$$실제경작면적 - 타작물 및 미보상면적 - 고사면적 - 기수확면적$$

(다) 조사대상면적 수확량

$$작물 중량 \times \frac{(1 - 함수율)}{(1 - 기준함수율)}$$

- 기준함수율 : 밀(13%), 보리(13%), 귀리(13%)

(3) 미보상감수량

$$(평년수확량 - 수확량) \times 미보상비율$$

### 5) 수확불능보험금 산정(벼만 해당)

#### 가) 지급 사유

보험기간 내에 보장하는 재해로 보험의 목적인 벼(조곡) 제현율이 65%(분질미의 경우 70%) 미만으로 떨어져 정상 벼로서 출하가 불가능하게 되고, 계약자가 수확불능보험금을 신청한 경우 산정된 보험가입금액의 일정 비율을 수확불능보험금으로 지급한다.

〈자기부담비율별 수확불능보험금표〉

| 자기부담비율 | 수확불능보험금 |
|---|---|
| 10%형 | 보험가입금액 × 60% |
| 15%형 | 보험가입금액 × 57% |
| 20%형 | 보험가입금액 × 55% |
| 30%형 | 보험가입금액 × 50% |
| 40%형 | 보험가입금액 × 45% |

**Tip** 자기부담비율 ⇨ 보장수준 ⇨ 절반  예) 10%(자기부담비율) ⇨ 90%(보장수준) ⇨ 45%(= 90%/2)

#### 나) 지급거절 사유

(1) 경작불능보험금의 보험기간 내에 발생한 재해로 인해 식물체 피해율이 65%(분질미의 경우 60%) 이상인 경우에는 수확불능보험금 지급이 불가능하다.

(2) 보험금 지급 대상 농지 벼가 산지폐기 등으로 시장 유통 안 된 것이 확인되지 않으면 수확불능 보험금을 지급하지 않는다.

### 다) 보험계약의 소멸

수확불능보험금을 지급한 때에는 그 손해보상의 원인이 생긴 때로부터 해당 농지에 대한 보험계약은 소멸되며, 환급보험료는 발생하지 않는다.

## 제4절 밭작물 손해평가 및 보험금 산정

밭작물의 농작물재해보험 보장방식은 종합위험 수확감소보장방식, 생산비보장방식, 작물특정 및 시설종합위험방식 상품이 있다.

### 1 종합위험 수확감소보장

[대상품목 : 마늘, 양파, 양배추, 감자(봄재배, 가을재배, 고랭지재배), 고구마, 옥수수, 사료용 옥수수, 콩, 팥, 차(茶), 수박]

### 가. 시기별 조사 종류

| 생육시기 | 재해 | 조사내용 | 조사시기 | 조사방법 | 비고 |
|---|---|---|---|---|---|
| 수확 전 | 보장하는 재해 전부 | 피해사실 확인 조사 | 사고접수 후 지체 없이 | 보장하는 재해로 인한 피해발생 여부 조사 (피해사실이 명백한 경우 생략 가능) | 전 품목 |
| | | 재파종 조사 | 사고접수 후 지체 없이 | 해당농지에 보상하는 손해로 인하여 재파종이 필요한 면적 또는 면적비율 조사 | 마늘만 해당 |
| | | 재정식 조사 | 사고접수 후 지체 없이 | 해당농지에 보상하는 손해로 인하여 재정식이 필요한 면적 또는 면적비율 조사 | 양배추만 해당 |
| | | 경작불능 조사 | 사고접수 후 지체 없이 | 해당 농지의 피해면적비율 또는 보험목적인 식물체 피해율 조사 | 전 품목 (차(茶)제외) |
| 수확 직전 | 보장하는 재해 전부 | 수확량 조사 | 수확직전 | 사고발생 농지의 수확량 조사<br>• 조사방법 : 전수조사 또는 표본조사 | 전 품목 (사료용옥수수 제외) |
| 수확 시작 후 ~ 수확 종료 | 보장하는 재해 전부 | 수확량 조사 | 조사 가능일 | 사고발생농지의 수확량조사<br>• 조사방법 : 표본조사 | 차(茶)만 해당 |
| | | | 사고접수 후 지체 없이 | 사고발생 농지의 수확 중의 수확량 및 감수량의 확인을 통한 수확량조사<br>• 조사방법 : 전수조사 또는 표본조사 | 전 품목 |

> **Tip** 종합위험 수확감소보장 시기별 조사 종류

| 시기 | 조사 종류 | 조사 시점 | 조사 내용 | 대상 품목 |
|---|---|---|---|---|
| 보험계약 체결일 ~ 수확직전 (보장하는 재해 전부) | 피해사실 확인조사 | 사고접수후 지체 없이 | 보장하는 재해로 인한 피해발생여부 조사 (피해사실이 명백한 경우 생략 가능) | 전품목 |
| | 재파종 조사 | 사고접수후 지체 없이 | 해당농지에 보상하는 손해로 인하여 재파종이 필요한 면적 또는 면적비율 조사 | 마늘 |
| | 재정식 조사 | 사고접수후 지체 없이 | 해당농지에 보상하는 손해로 인하여 재정식이 필요한 면적 또는 면적비율 조사 | 양배추 |
| | 경작불능 조사 | 사고접수후 지체 없이 | 해당 농지의 피해면적비율 또는 보험목적인 식물체 피해율 조사 | 전품목 (차 제외) |
| 수확직전 (보장하는 재해 전부) | 수확량 조사 | 수확직전 | 사고발생 농지의 수확량 조사<br>• 조사방법 : 전수조사 또는 표본조사 | 전품목 (사료용 옥수수제외) |
| 수확 시작후 ~ 수확 종료 (보장하는 재해 전부) | 수확량 조사 | 조사가능일 | 사고발생농지의 수확량조사<br>• 조사방법 : 표본조사 | 차(茶) |
| | 수확량 조사 | 사고접수후 지체 없이 | 사고발생 농지의 수확 중의 수확량 및 감수량의 확인을 통한 수확량조사<br>• 조사방법 : 전수조사 또는 표본조사 | 전품목 |

## 나. 손해평가 현지조사 방법

### 1) 피해사실 확인조사

**가) 조사 대상** : 대상 재해로 사고 접수 농지 및 조사 필요 농지

**나) 대상 재해** : 자연재해, 조수해(鳥獸害), 화재, 병충해
  *단, 병충해는 감자품목에만 해당

**다) 조사 시기** : 사고 접수 직후 실시

**라) 조사 방법** : 「피해사실 "조사 방법" 준용」

  (1) 추가조사 필요 여부 판단

  보장하는 재해 여부 및 피해 정도 등을 감안하여 추가조사(재정식조사, 재파종조사, 경작불능조사 및 수확량조사)가 필요 여부를 판단하여 해당 내용에 대하여 계약자에게 안내하고, 추가조사가 필요할 것으로 판단된 경우에는 손해평가반 구성 및 추가조사 일정을 수립한다.

### 2) 재파종조사 (대상품목 : 마늘)

**가) 조사 대상** : 피해사실 확인조사 시 재파종조사가 필요하다고 판단된 농지

**나) 조사 시기** : 피해사실 확인조사 직후 또는 사고 접수 직후

**다) 조사 방법** : 다음 각 목에 해당하는 사항을 확인한다.

  (1) 보장하는 재해 여부 심사

  농지 및 작물 상태 등을 감안 하여 보장하는 재해로 인한 피해가 맞는지 확인하며, 필요시에는 이에 대한 근거자료(피해사실 확인조사 참조)를 확보한다.

  (2) 실제 경작면적 확인

  GPS 면적측정기 또는 지형도 등을 이용하여 보험 가입 면적과 실제 경작면적을 비교한다. 이 때 실제 경작면적이 보험 가입 면적 대비 10% 이상 차이가 날 경우에는 계약 사항을 변경해야 한다.

  (3) 재파종 보험금 지급 대상 여부 조사(재파종 전(前)조사)

   (가) 표본구간 수 산정

   조사대상 면적 규모에 따라 적정 표본구간수〈별표1〉 이상의 표본구간수를 산정한다. 다만 가입면적과 실제 경작면적이 10% 이상 차이가 나 계약 변경 대상일 경우에는 실제 경작면적을 기준으로 표본구간수를 산정한다.

   조사대상 면적 = 실제 경작면적 - 고사면적 - 타작물 및 미보상면적 - 기수확면적

**Tip** 〈별표1〉 품목별 표본주(구간)수 표

〈고구마, 양파, 마늘, 옥수수, 양배추〉 ※ 수입보장 포함

| 조사대상면적 | 표본구간 | 조사대상면적 | 표본구간 |
|---|---|---|---|
| 1,500㎡ 미만 | 4 | 3,000㎡ 이상, 4,500㎡ 미만 | 6 |
| 1,500㎡ 이상, 3,000㎡ 미만 | 5 | 4,500㎡ 이상 | 7 |

(나) 표본구간 선정

선정한 표본구간수를 바탕으로 재배 방법 및 품종 등을 감안하여 조사 대상 면적에 동일한 간격으로 골고루 배치될 수 있도록 표본구간을 선정한다. 해당 지점 마늘의 출현율이 현저히 높거나 낮아서 표본으로 대표성을 가지기 어려운 경우 등으로 선정한 지점이 표본으로 부적합한 경우에는 가까운 위치의 다른 지점을 표본구간으로 선정한다.

(다) 표본구간 길이 및 식물체 주수 조사

선정된 표본구간별로 이랑 길이 방향으로 식물체 8주 이상(또는 1m)에 해당하는 이랑 길이, 이랑 폭(고랑 포함) 및 식물체 주수를 조사한다.

**Tip** 마늘 단면이 "8"자 모양

(4) 재파종 이행완료 여부 조사[재파종 후(後)조사]

(가) 조사 대상 농지 및 조사 시기 확인

재파종 보험금 대상 여부 조사[재파종 전(前)조사] 시 재파종 보험금 대상으로 확인된 농지에 대하여, 재파종이 완료된 이후 조사를 진행한다.

(나) 표본구간 선정

재파종 보험금 대상 여부 조사[재파종 전(前)조사]에서와 같은 방법으로 표본구간을 선정한다.

(다) 표본구간 길이 및 파종주수 조사

선정된 표본구간별로 이랑 길이, 이랑 폭 및 파종주수를 조사한다.

3) **재정식조사**(대상품목 : 양배추)

가) **조사 대상** : 피해사실 확인조사시 재정식조사가 필요하다고 판단된 농지

나) **조사 시기** : 피해사실 확인조사 직후 또는 사고 접수 직후

다) **조사 방법** : 다음 각 목에 해당하는 사항을 확인한다.

(1) 보장하는 재해 여부 심사

농지 및 작물 상태 등을 감안하여 보장하는 재해로 인한 피해가 맞는지 확인하며, 필요시에는

이에 대한 근거자료(피해사실 확인조사 참조)를 확보한다.

(2) 실제 경작면적 확인

GPS 면적측정기 또는 지형도 등을 이용하여 보험 가입 면적과 실제 경작면적을 비교한다. 이때 실제 경작면적이 보험 가입 면적 대비 10% 이상 차이가 날 경우에는 계약 사항을 변경해야 한다.

(3) 재정식 보험금 지급 대상 여부 조사(재정식 전(前)조사)

(가) 피해면적 확인

GPS 면적측정기 또는 지형도 등을 이용하여 실제 경작면적 대비 피해면적을 비교 및 조사한다.

(나) 피해면적의 판정 기준

작물이 고사되거나, 살아 있으나 수확이 불가능할 것으로 판단된 면적

(4) 재정식 이행 완료 여부 조사(재정식 후(後)조사)

재정식 보험금 지급 대상 여부 조사(재정식 전(前)조사) 시 재정식 보험금 지급 대상으로 확인된 농지에 대하여, 재정식이 완료되었는지를 조사한다. 피해면적 중 일부에 대해서만 재정식이 이루어진 경우에는, 재정식이 이루어지지 않은 면적은 피해 면적에서 제외한다.

(5) 농지별 상황에 따라 재정식 전(前)조사를 생략하고 재정식 후 조사 시

면적조사(실제경작면적 및 피해면적)를 실시할 수 있다.

4) 경작불능조사

가) **적용 품목** : 마늘, 양파, 양배추, 감자(봄재배, 가을재배, 고랭지재배), 고구마, 옥수수, 사료용 옥수수, 콩, 팥, 수박

나) **조사 대상** : 피해사실 확인조사 시 경작불능조사가 필요하다고 판단된 농지 또는 사고 접수 시 이에 준하는 피해가 예상되는 농지

다) **조사 시기** : 피해사실 확인조사 직후 또는 사고 접수 직후

라) **경작불능 보험금 지급 대상 여부 조사**[경작불능 전(前) 조사]

다음 각 목에 해당하는 사항을 확인한다.

(1) 보장하는 재해 여부 심사

농지 및 작물 상태 등을 감안하여 보장하는 재해로 인한 피해가 맞는지 확인하며, 필요시에는 이에 대한 근거자료(피해사실 확인조사 참조)를 확보할 수 있다.

(2) 실제 경작면적 확인

GPS 면적측정기 또는 지형도 등을 이용하여 보험 가입 면적과 실제 경작면적을 비교한다. 이

때 실제 경작면적이 보험 가입 면적 대비 10% 이상 차이가 날 경우에는 계약 사항을 변경해야 한다.

### (3) 식물체 피해율 조사

목측 조사를 통해 조사 대상 농지에서 보장하는 재해로 인한 식물체 피해율이 65% 이상 여부를 조사한다.

### (4) 계약자의 경작불능보험금 신청 여부 확인

식물체 피해율이 65% 이상인 경우 계약자에게 경작불능보험금 신청 여부를 확인한다.

### (5) 수확량조사 대상 확인(사료용 옥수수 제외)

식물체 피해율이 65% 미만이거나, 식물체 피해율이 65% 이상이 되어도 계약자가 경작불능보험금을 신청하지 않은 경우에는 향후 수확량조사가 필요한 농지로 결정한다. (콩, 팥 제외)

### (6) 산지폐기 여부 확인[경작불능 후(後) 조사]

경작불능 전(前) 조사에서 보장하는 재해로 식물체 피해율이 65% 이상인 농지에 대하여, 산지폐기 등으로 작물이 시장으로 유통되지 않은 것을 확인한다.

## 5) 수확량조사

**가) 적용 품목** : 마늘, 양파, 양배추, 고구마, 옥수수(사료용 옥수수 제외), 감자(봄재배, 가을재배, 고랭지재배), 콩, 팥, 차(茶), 수박

**나) 조사 대상**

(1) 피해사실 확인조사 시 수확량조사가 필요하다고 판단된 농지 또는 경작불능조사 결과 수확량조사를 실시하는 것으로 결정된 농지

(2) 수확량조사 전 계약자가 피해 미미(자기부담비율 이내의 사고) 등의 사유로 수확량조사 실시를 취소한 농지는 수확량조사를 실시하지 않는다.

**다) 조사 시기**

수확 직전[단, 차(茶)의 경우에는 조사 가능 시기]

**라) 조사 방법** : 다음 각 목에 해당하는 사항을 확인한다.

### (1) 보장하는 재해 여부 심사

농지 및 작물 상태 등을 감안하여 보장하는 재해로 인한 피해가 맞는지 확인하며, 필요시에는 이에 대한 근거자료(피해사실 확인조사 참조)를 확보할 수 있다.

### (2) 경작불능보험금 대상 여부 확인(콩, 팥만 해당)

경작불능보장의 보험기간 내에 식물체 피해율이 65% 이상인지 확인한다.

### (3) 수확량조사 적기 판단 및 시기 결정

해당 작물의 특성에 맞게 아래 표에서 수확량조사 적기 여부를 확인하고 이에 따른 조사 시기를 결정한다.

### (4) 수확량 재조사 및 검증조사

수확량조사 실시 후 2주 이내에 수확을 하지 않을 경우 재조사 또는 검증조사를 실시할 수 있다.

〈품목별 수확량조사 적기〉

| 품목 | 수확량조사 적기 |
| --- | --- |
| 양파 | 양파의 비대가 종료된 시점(식물체의 도복이 완료된 때) |
| 마늘 | 마늘의 비대가 종료된 시점(잎과 줄기가 1/2 ~ 2/3 황변하여 말랐을 때와 해당 지역의 통상 수확기가 도래하였을 때) |
| 고구마 | 고구마의 비대가 종료된 시점(삽식일로부터 120일 이후에 농지별로 적용)<br>※ 삽식 : 고구마의 줄기를 잘라 흙속에 꽂아 뿌리내리는 방법 |
| 감자<br>(고랭지재배) | 감자의 비대가 종료된 시점(파종일로부터 110일 이후) |
| 감자<br>(봄재배) | 감자의 비대가 종료된 시점(파종일로부터 95일 이후) |
| 감자<br>(가을재배) | 감자의 비대가 종료된 시점<br>(파종일로부터 제주지역은 110일 이후, 이외 지역은 95일 이후) |
| 옥수수 | 옥수수의 수확 적기(수염이 나온 후 25일 이후)　　**Tip** 옥수수 **수염 이다**(25)~! |
| 차(茶) | 조사 가능일 직전<br>[조사 가능일은 대상 농지에 식재된 차나무의 대다수 신초가 1심2엽의 형태를 형성하며 수확이 가능할 정도의 크기(신초장 4.8㎝ 이상, 엽장 2.8㎝ 이상, 엽폭 0.9㎝ 이상)로 자란 시기를 의미하며, 해당 시기가 수확연도 5월 10일을 초과하는 경우에는 수확연도 5월 10일을 기준으로 함]<br>**Tip** 발로 차(茶)면, **이판**(2.8cm), **사판**(4.8cm), **빵구**(0.9cm)다~! |
| 콩 | 콩의 수확 적기<br>[콩잎이 누렇게 변하여 떨어지고 꼬투리의 80 ~ 90% 이상이 고유한 성숙(황색)색깔로 변하는 시기인 생리적 성숙기로부터 7 ~ 14일이 지난 시기] |
| 팥 | 팥의 수확 적기(꼬투리가 70 ~ 80% 이상이 성숙한 시기) |
| 양배추 | 양배추의 수확 적기(결구 형성이 완료된 때) |
| 수박 | 수확적기(꽃가루받이 후 또는 착과후 35 ~ 45일) |

> **Tip** 수확량조사 적기
> 
> (가) **비대가 종료된 시점** : 마늘, 양파, 감자, 고구마
> (나) **수확 적기** : 옥수수, 팥, 콩, 양배추
> (다) **조사 가능일 직전** : 차(茶)

(5) 면적 확인

(가) 실제 경작면적 확인

GPS 면적측정기 또는 지형도 등을 이용하여 보험 가입 면적과 실제 경작면적을 비교한다. 이때 실제 경작면적이 보험 가입 면적 대비 10% 이상 차이가 날 경우에는 계약 사항을 변경해야 한다.

(나) 수확불능(고사)면적 확인

보장하는 재해로 인하여 해당 작물이 수확될 수 없는 면적을 확인한다.

(다) 타작물 및 미보상 면적 확인

해당 작물 외의 작물이 식재되어 있거나 보장하는 재해 이외의 사유로 수확이 감소한 면적을 확인한다.

(라) 기수확면적 확인

조사 전에 수확이 완료된 면적을 확인한다.

(마) 조사대상 면적 확인

실제경작면적에서 고사면적, 타작물 및 미보상면적, 기수확면적을 제외하여 조사대상 면적을 확인한다.

(바) 수확면적율 확인[차(茶) 품목에만 해당]

목측을 통해 보험 가입 시 수확면적율과 실제 수확면적율을 비교한다. 이때 실제 수확면적율이 보험 가입 수확면적율과 차이가 날 경우에는 계약사항을 변경할 수 있다.

(6) 조사 방법 결정

품목 및 재배 방법 등을 참고하여 다음의 적절한 조사 방법을 선택한다.

(가) 표본조사 방법

① 적용 품목

마늘, 양파, 양배추, 고구마, 옥수수(사료용 옥수수 제외), 감자(봄재배, 가을재배, 고랭지재배), 콩, 팥, 차(茶), 수박

② 표본구간수 산정

조사대상 면적 규모에 따라 적정 표본구간수〈별표1〉이상의 표본구간수를 산정한다.

다만, 가입면적과 실제 경작면적이 10% 이상 차이가 나 계약변경 대상일 경우에는 실제 경작면적을 기준으로 표본구간 수를 산정한다.

**Tip** 〈별표1〉 품목별 표본주(구간)수 표

〈고구마, 양파, 마늘, 옥수수, 양배추〉 ※ 수입보장 포함

| 조사대상면적 | 표본구간 | 조사대상면적 | 표본구간 |
|---|---|---|---|
| 1,500㎡ 미만 | 4 | 3,000㎡ 이상, 4,500㎡ 미만 | 6 |
| 1,500㎡ 이상, 3,000㎡ 미만 | 5 | 4,500㎡ 이상 | 7 |

〈감자, 차, 콩, 팥, 수박(노지)〉 ※ 수입보장 포함

| 조사대상면적 | 표본구간 | 조사대상면적 | 표본구간 |
|---|---|---|---|
| 2,500㎡ 미만 | 4 | 7,500㎡ 이상, 10,000㎡ 미만 | 7 |
| 2,500㎡ 이상, 5,000㎡ 미만 | 5 | 10,000㎡ 이상 | 8 |
| 5,000㎡ 이상, 7,500㎡ 미만 | 6 | | |

③ 표본구간 선정

선정한 표본구간수를 바탕으로 재배 방법 및 품종 등을 감안하여 조사 대상 면적에 동일한 간격으로 골고루 배치될 수 있도록 표본구간을 선정한다. 다만, 선정한 구간이 해당 지점 작물의 수확량이 현저히 많거나 적어서 표본으로 대표성을 가지기 어려운 경우 등으로 표본으로 부적합한 경우에는 가까운 위치의 다른 구간을 표본구간으로 선정한다.

④ 표본구간 면적 및 수확량 조사

해당 품목별로 선정된 표본구간의 면적을 조사하고, 해당 표본구간에서 수확한 작물의 수확량을 조사한다.

⑤ 양파, 마늘의 경우 지역별 수확 적기보다 일찍 조사를 하는 경우, 수확 적기까지 잔여일수별 비대지수를 추정하여 적용할 수 있다.

〈품목별 표본구간 면적조사 방법〉

| 품목 | 표본구간 면적 조사 방법 |
|---|---|
| 양파, 마늘 | • 이랑폭 2m 미만 : 이랑길이(5주 이상) 및 이랑폭 조사<br>• 이랑폭 2m 이상 : 이랑길이(3주 이상) 및 이랑폭 조사 |
| 고구마, 양배추, 감자, 옥수수 | • 이랑길이(5주 이상) 및 이랑폭 조사 |
| 차(茶) | • 규격의 테(0.04㎡) 사용 |
| 콩, 팥 | • 점파 : 이랑길이(4주 이상) 및 이랑폭 조사<br>• 산파 : 규격의 원형(1㎡) 이용 또는 표본구간의 가로・세로 길이 조사 |
| 수박(노지) | • 이랑길이(10주 이상) 및 이랑폭 조사 |

〈품목별 표본구간별 수확량 조사 방법〉

| 품목 | 표본구간별 수확량 조사 방법 |
|---|---|
| 양파 | 표본구간 내 작물을 수확한 후, 종구 5cm 윗부분 줄기를 절단하여 해당 무게를 조사[단, 양파의 최대지름이 6cm 미만인 경우에는 80%(보장하는 재해로 인해 피해가 발생하여 일반시장 출하가 불가능하나, 가공용으로는 공급될 수 있는 작물을 말하며, 가공공장 공급 및 판매 여부와는 무관), 100%(보장하는 재해로 인해 피해가 발생하여 일반시장 출하가 불가능하고 가공용으로도 공급될 수 없는 작물) 피해로 인정하고 해당 무게의 20%, 0%를 수확량으로 인정] |
| 마늘 | 표본구간 내 작물을 수확한 후, 종구 3cm 윗부분을 절단하여 무게를 조사[단, 마늘통의 최대지름이 2cm(한지형), 3.5cm(난지형) 미만인 경우에는 80%(보장하는 재해로 인해 피해가 발생하여 일반시장 출하가 불가능하나, 가공용으로는 공급될 수 있는 작물을 말하며, 가공공장 공급 및 판매 여부와는 무관), 100%(보장하는 재해로 인해 피해가 발생하여 일반시장 출하가 불가능하고 가공용으로도 공급될 수 없는 작물) 피해로 인정하고 해당 무게의 20%, 0%를 수확량으로 인정]<br>Tip **마늘**(마누라가) **한 둘**(한지형, 2), **난지**(났는지) **셋 단 다**(3.5) |
| 고구마 | 표본구간 내 작물을 수확한 후 정상 고구마와 50%형 고구마(일반시장에 출하할 때, 정상 고구마에 비해 50% 정도의 가격하락이 예상되는 품질. 단, 가공공장 공급 및 판매 여부와 무관), 80% 피해 고구마(일반시장에 출하가 불가능하나, 가공용으로 공급될 수 있는 품질. 단, 가공공장 공급 및 판매 여부와 무관), 100% 피해 고구마(일반시장 출하가 불가능하고 가공용으로 공급될 수 없는 품질)로 구분하여 무게를 조사<br>Tip **고구마 피해** 생긴 것은 **귀**(구어, 5) **팔**(8) **공**(0) |
| 감자 | 표본구간 내 작물을 수확한 후 정상 감자, 병충해별 20% 이하, 21~40% 이하, 41~60% 이하, 61~80% 이하, 81~100% 이하 발병 감자로 구분하여 해당 병충해명과 무게를 조사하고 최대 지름이 5cm 미만이거나 피해 정도 50% 이상인 감자의 무게는 실제 무게의 50%를 조사 무게로 함.<br>Tip **감자**~!(감자칩 먹으려 손이 와요 손이 와) **다**(5cm 미만) **오공**(50%) |
| 옥수수 | 표본구간 내 작물을 수확한 후 착립장 길이에 따라 상(17cm 이상)·중(15cm 이상 17cm 미만)·하(15cm 미만)로 구분한 후 해당 개수를 조사<br>하 < 15cm ≤ 중 < 17cm ≤ 상<br>Tip **옥수수**(이빨이 부실한 사람은) **씹어**(15)서 **일칠**(17, 일을 치를 일) |
| 차(茶) | 표본구간 중 **두 곳**에 20cm × 20cm 테를 두고 테 내의 수확이 완료된 새싹의 수를 세고, 남아있는 모든 새싹(1심2엽)을 따서 개수를 세고 무게를 조사 |
| 콩, 팥 | 표본구간 내 콩을 수확하여 꼬투리를 제거한 후 콩 종실의 무게 및 함수율(3회 평균) 조사 |

| | |
|---|---|
| 양배추 | 표본구간 내 작물의 뿌리를 절단하여 수확(외엽 2개 내외 부분을 제거)한 후, 80%피해 양배추, 100%피해 양배추로 구분. 80%피해형은 해당 양배추의 피해 무게를 80% 인정하고, 100%피해형은 해당 양배추 피해 무게를 100% 인정 |
| 수박<br>(노지) | 표본구간 내 작물의 줄기를 절단하지 않고 각각의 수박 무게를 조사. 단, 보장하는 재해로 인해 피해가 발생하여 일반시장 출하가 불가능하고 가공용으로도 공급될 수 없는 작물은 피해로 인정하고 해당무게의 0%를 수확량으로 인정 |

**Tip** 양파, 마늘 수확량조사

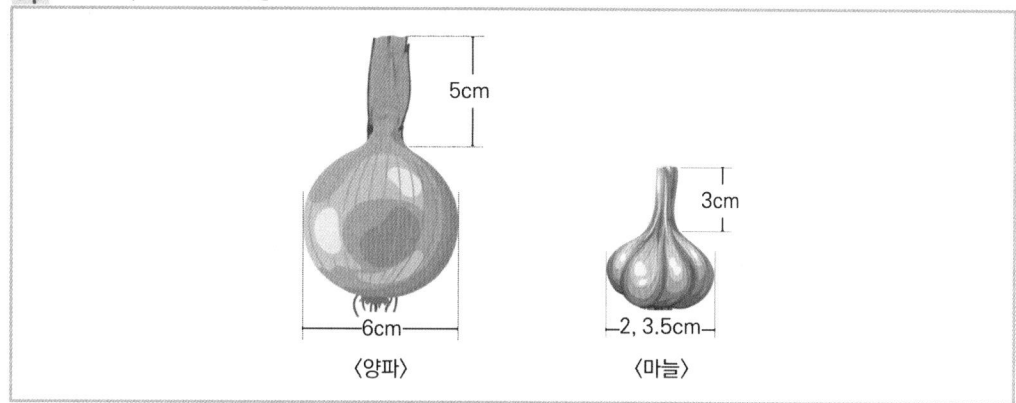

〈그림 2-25〉 이랑 길이, 이랑폭 측정

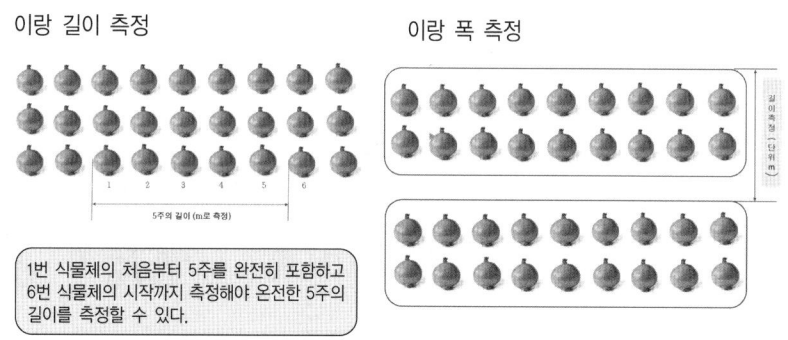

### 〈그림 2-26〉 작물별 표본 조사

**종합위험방식 수확량감소조사** ) 양파 수확량감소조사

| 수확시기 | 표본구간 면적조사 | 표본구간 수확량조사 |
|---|---|---|
| 양파의 비대가 종료된 시점 (식물체의 도복이 완료된 때) | 이랑 길이(5주) 및 이랑 폭 조사 | 표본구간 내 작물을 수확한 후, 종구 5cm 윗부분 줄기를 절단하고 무게 측정 |

**종합위험방식 수확량감소조사** ) 고구마 수확량감소조사

| 수확시기 | 표본구간 면적조사 | 표본구간 수확량조사 |
|---|---|---|
| 고구마의 비대가 종료된 시점 (삽식일로부터 120일 이후 수확) | 이랑 길이(5주) 및 이랑 폭 조사 | 표본구간 내 작물을 수확한 후, 정상 고구마와 비정상 비대 고구마를 분리하여 무게 측정 |

**종합위험방식 수확량감소조사** ) 감자 수확량감소조사

| 수확시기 | 표본구간 면적조사 | 표본구간 수확량조사 |
|---|---|---|
| 고랭지재배 : 파종일로부터 110일 이후<br>봄재배 : 파종일로부터 95일 이후<br>가을재배 : 파종일로부터 95일 이후 제주 110일 이후 | 이랑 길이(5주 또는 1m 이상) 및 이랑 폭 조사 | 표본구간 내 작물을 수확한 후, 정상 감자와 병해충 감자를 분리하여 무게 측정 |

**종합위험방식 수확량감소조사** ) 차(茶) 수확량감소조사

| 수확시기 | 표본구간 면적조사 | 표본구간 수확량조사 |
|---|---|---|
| 차나무의 신초가 1심2엽의 형태를 형성, 크기가 아래의 규격에 이르렀을 때 | 사각형모양의 테(0.04㎡) 사용 | 0.04㎡ 내, 수확이 끝난 새싹의 수를 세고, 남아있는 모든 새싹(1심2엽)을 따서 개수를 세고 무게를 측정 |

(나) 전수조사 방법

① 적용 품목 : 콩, 팥

② 전수조사 대상 농지 여부 확인

전수조사는 기계수확(탈곡 포함)을 하는 농지 또는 수확 직전 상태가 확인된 농지 중 자른 작물을 농지에 그대로 둔 상태에서 기계탈곡을 시행하는 농지에 한한다.

③ 콩(종실)의 중량 조사

대상 농지에서 수확한 전체 콩(종실), 팥(종실)의 무게를 조사하며, 전체 무게 측정이 어려운 경우에는 10포대 이상의 포대를 임의로 선정하여 포대당 평균 무게를 구한 후 해당 수치에 수확한 전체 포대 수를 곱하여 전체 무게를 산출한다.

④ 콩(종실)의 함수율 조사

10회 이상 종실의 함수율을 측정 후 평균값을 산출한다. 단, 함수율을 측정할 때에는 각 횟수마다 각기 다른 포대에서 추출한 콩, 팥을 사용한다.

5) **미보상비율 조사**(모든 조사 시 동시 조사)

상기 모든 조사마다 미보상비율 적용표〈별표2〉에 따라 미보상비율을 조사한다.

Tip 〈별표2〉 농작물재해보험 미보상비율 적용표

| 〈감자, 고추 제외 전 품목〉 | | | |
|---|---|---|---|
| 구분 | 제초 상태 | 병해충 상태 | 기타 |
| 해당 없음 | 0% | 0% | 0% |
| 미흡 | 10% 미만 | 10% 미만 | 10% 미만 |
| 불량 | 20% 미만 | 20% 미만 | 20% 미만 |
| 매우 불량 | 20% 이상 | 20% 이상 | 20% 이상 |

미보상 비율은 보장하는 재해 이외의 원인이 조사 농지의 수확량 감소에 영향을 준 비율을 의미하여 제초 상태, 병해충 상태 및 기타 항목에 따라 개별 적용한 후 해당 비율을 합산하여 산정한다.

1. **제초 상태**(과수품목은 피해율에 영향을 줄 수 있는 잡초만 해당)
   가) 해당 없음 : 잡초가 농지 면적의 20% 미만으로 분포한 경우
   나) 미흡 : 잡초가 농지 면적의 20% 이상 40% 미만으로 분포한 경우
   다) 불량 : 잡초가 농지 면적의 40% 이상 60% 미만으로 분포한 경우 또는 경작불능조사 진행건으로 정상적인 영농활동 시행을 증빙하는 자료(비료 및 농약 영수증 등)가 부족한 경우
   라) 매우 불량 : 잡초가 농지 면적의 60% 이상으로 분포한 경우 또는 경작불능조사 진행건으로 정상적인 영농활동 시행을 증빙하는 자료(비료 및 농약 영수증 등)가 없는 경우

2. **병해충 상태**(각 품목에서 별도로 보상하는 병해충은 제외)
   가) 해당 없음 : 병해충이 농지 면적의 20% 미만으로 분포한 경우
   나) 미흡 : 병해충이 농지 면적의 20% 이상 40% 미만으로 분포한 경우
   다) 불량 : 병해충이 농지 면적의 40% 이상 60% 미만으로 분포한 경우 또는 경작불능조사 진행건으로 정상적인 영농활동 시행을 증빙하는 자료(비료 및 농약 영수증 등)가 부족한 경우
   라) 매우 불량 : 병해충이 농지 면적의 60% 이상으로 분포한 경우 또는 경작불능조사 진행 건으로 정상적인 영농활동 시행을 증빙하는 자료(비료 및 농약 영수증 등)가 없는 경우

3. **기타** : 영농기술 부족, 영농상 실수 및 단순 생리장애 등 보상하는 손해 이외의 사유로 피해가 발생한 것으로 추정되는 경우[해거리, 생리장애(원소결핍 등), 시비관리, 토양관리(연작 및 pH과다·과소 등), 전정(강전정 등), 조방재배, 재식밀도(인수기준 이하), 농지상태(혼식, 멀칭, 급배수 등), 가입이전 사고 및 계약자 중과실손해, 자연감모, 보상재해이외(종자불량, 일부가입 등)]에 적용
   가) 해당 없음 : 위 사유로 인한 피해가 없는 것으로 판단되는 경우
   나) 미흡 : 위 사유로 인한 피해가 10% 미만으로 판단되는 경우
   다) 불량 : 위 사유로 인한 피해가 20% 미만으로 판단되는 경우
   라) 매우 불량 : 위 사유로 인한 피해가 20% 이상으로 판단되는 경우

### 다. 보험금 산정 방법 및 지급기준

1) 조기파종 보험금 산정(대상품목 : 마늘)

   가) 지급 대상

   조기파종보장 특별약관 판매시기 중 가입한 남도종 마늘을 재배하는 제주도 지역 농지

   나) 지급 사유

   (1) 한지형 마늘 최초 판매개시일 24시 이전에 보장하는 재해로 10a당 식물체 주수가 30,000주보다 적어지고, 10월 31일 이전 10a당 30,000주 이상으로 재파종한 경우 아래와 같이 계산한 재파종보험금을 지급한다.

$$\text{지급보험금} = \text{보험가입금액} \times 25\% \times \text{표준 피해율}$$
※ 표준 피해율(10a 기준) = (30,000 - 식물체 주수) ÷ 30,000

> **Tip** **마**늘(마늘), **조**파(쥐어 패), **가**(거(너)), **투닥**(25), **표출피**(겉에 피나), **쌈말려**(30,000)

(2) 한지형 마늘 최초 판매개시일 24시 이전에 보장하는 재해로 식물체 피해율이 65% 이상 발생한 경우 경작불능 보험금의 신청시기와 관계없이 아래와 같이 계산한 경작불능보험금을 지급한다(단, 산지폐기가 확인된 경우 지급).

〈조기파종특약의 자기부담비율별 경작불능보험금 보장비율〉

| 구분 | 자기부담비율 | | | | |
|---|---|---|---|---|---|
| | 10%형 | 15%형 | 20%형 | 30%형 | 40%형 |
| 경작불능보험금<br>(마늘 조기파종특약) | 보험가입금액<br>의 32% | 보험가입금액<br>의 30% | 보험가입금액<br>의 28% | 보험가입금액<br>의 25% | 보험가입금액<br>의 25% |

> **Tip** **쥐어패**(조기파종) **쌈두**(32, 싸움이) **쌨고**(30, 흔하고), **두팔**(28)로, **투닥**(25), **투닥**(25)

2) **재파종보험금 산정**(대상품목 : 마늘)

   가) 지급 사유

   보험기간 내에 보장하는 재해로 10a당 식물체 주수가 30,000주보다 적어지고, 10a당 30,000주 이상으로 재파종한 경우 재파종보험금은 아래에 따라 계산하며 1회에 한하여 보상한다.

$$\text{지급보험금} = \text{보험가입금액} \times 35\% \times \text{표준 피해율}$$
※ 표준 피해율(10a 기준) = (30,000 - 식물체 주수) ÷ 30,000

> **Tip** **재판장**(재파종)에서 **마눌**(마늘) 쳐다 보며 **가**(거(너)), **사모**(35)해, **표출피**(나타낸 속마음) **싼마이**(30,000)

3) **재정식보험금 산정**(대상품목 : 양배추)

   가) 지급 사유

   보험기간 내에 보장하는 재해로 면적 피해율이 자기부담비율을 초과하고, 재정식한 경우 재정식보험금은 아래에 따라 계산하며 1회 지급한다.

$$\text{지급보험금} = \text{보험가입금액} \times 20\% \times \text{면적 피해율}$$
*면적 피해율 = 피해면적 ÷ 보험 가입면적

> **Tip** 마늘 이외의 **재파종**, **재정식**은 모두 **20%**[다시 **가**(거기) **두고**(20), **면피**(면적피해율)]

### 4) 경작불능보험금 산정

가) 지급 사유

보험기간 내에 보장하는 재해로 식물체 피해율이 65% 이상이고, 계약자가 경작불능보험금을 신청한 경우 경작불능보험금은 자기부담비율에 따라 보험가입금액의 일정 비율로 계산한다. ※ 단, 산지폐기가 확인된 경우 지급

(1) 적용 품목 : 마늘, 양파, 양배추, 감자(봄재배, 가을재배, 고랭지재배), 고구마, 옥수수, 콩, 팥, 수박

$$지급보험금 = 보험가입금액 \times 자기부담비율별 보장비율$$

〈품목별 자기부담비율별 경작불능보험금 보장비율〉

| 품목 | 자기부담비율 | | | | |
|---|---|---|---|---|---|
| | 10%형 | 15%형 | 20%형 | 30%형 | 40%형 |
| 감자, 고구마, 옥수수, 마늘, 양파, 콩, 팥, 양배추 | 45% | 42% | 40% | 35% | 30% |
| 수박(노지) | - | - | 40% | 35% | 30% |

**Tip** 자기부담비율 ⇨ 보장수준 ⇨ 절반   예) 10%(자기부담비율) ⇨ 90%(보장수준) ⇨ 45%(= 90%/2)

**Tip** 자기부담비율 10%, 15% 적용 제외 품목
**두루**(두릅), **불러**(블루베리) / (**가을**)무, (가을, **봄**)배추 / **유자**, **박수**(수박) / **호두**, **귀리**, **양상**추 / **실파 · 쪽파** : (두루 불러서 가무(노래와 무용) 보러 가보매~! 공연장에서 유(너) 혼자 박수치고~! 호구 같아서! 실제 쪽팔려...)

(2) 사료용 옥수수의 경작불능보험금은 경작불능조사 결과 보장하는 재해로 식물체 피해율이 65% 이상이고, 계약자가 경작불능보험금을 신청한 경우에 지급하며, 보험금은 보험가입금액에 보장비율과 경과비율을 곱하여 산출한다.

$$지급보험금 = 보험가입금액 \times 보장비율 \times 경과비율$$

(가) 보장비율

| 구분 | 45%형 | 42%형 | 40%형 | 35%형 | 30%형 |
|---|---|---|---|---|---|
| 보장비율 | 45% | 42% | 40% | 35% | 30% |

(나) 경과비율

| 월별 | 5월 | 6월 | 7월 | 8월 |
|---|---|---|---|---|
| 경과비율 | 80% | 80% | 90% | 100% |

> **Tip** 어 느 세 월(5월, 6월, 7월, 8월)
> • 조사료용 벼 : **빨공**(80), **빨어**(85), **구공**(90), **탄**(100)
> • 사료용옥수수 : **파공**(80), **파공**(80), **구공**(90), **탄**(100)

나) 계약의 소멸

경작불능보험금을 지급한 때에는 그 손해보상의 원인이 생긴 때로부터 해당 농지에 대한 보험계약은 소멸되며, 이 경우 환급보험료는 발생하지 않는다.

5) **수확감소보험금 산정**  **Tip** 사료용 옥수수 제외

가) 지급 사유

보험기간 내에 보장하는 재해로 피해율이 자기부담비율을 초과하는 경우 수확감소보험금은 아래에 따라 계산한다.

> 지급보험금 = 보험가입금액 × (피해율 − 자기부담비율)
> *피해율 = (평년수확량 − 수확량 − 미보상감수량) ÷ 평년수확량

나) 적용 품목

(1) **적용 품목**은 마늘, 양파, 양배추, 감자(봄재배, 가을재배, 고랭지재배), 고구마, 옥수수, 콩, 팥, 차(茶), 수박(노지)이다.

(2) 경작불능보험금 지급대상인 경우 수확감소보험금 산정 대상에서 제외된다. (콩, 팥에 한함)

(3) 감자의 경우 평년수확량에서 수확량과 미보상감수량을 뺀 값에 병충해감수량을 더한 후 평년수확량으로 나누어 산출된 피해율을 적용한다.

> 감자 피해율 = {(평년수확량 − 수확량 − 미보상감수량) + 병충해감수량} ÷ 평년수확량

(4) 옥수수 품목의 수확감소보험금 산정은 아래와 같다.

> 지급보험금 = MIN[보험가입금액, 손해액] − 자기부담금
> ※ 손해액 = 피해수확량[61] × 가입가격
> ※ 자기부담금 = 보험가입금액 × 자기부담비율

다) 수확량 조사

(1) **표본조사 시 수확량 산출**

표본구간 수확량 합계를 표본구간 면적 합계로 나눈 후 표본조사 대상면적 합계를 곱한 값에 평년수확량을 실제 경작면적으로 나눈 후 타작물 및 미보상면적과 기수확면적의 합을 곱한 값을 더하여 산정한다.

---

[61] 동 피해수확량은 약관상 기재된 표현으로서 미보상감수량을 제외하여 산정한 값을 뜻함.

$$\text{표본구간 단위면적당 수확량} \times \text{표본조사 대상면적 합계}$$
$$+ \text{단위면적당 평년수확량} \times (\text{타작물 및 미보상면적} + \text{기수확면적})$$

*표본구간 단위면적당 수확량 = 표본구간 수확량 합계 ÷ 표본구간 면적 합계
*단위면적당 평년수확량 = 평년수확량 ÷ 실제 경작면적
*조사대상면적 = 실제 경작면적 − 타작물 및 미보상면적 − 수확불능(고사)면적 − 기수확면적

**Tip** 양배추 표본조사 시 수확량 - 조사시기 : 수확직전, 사고발생 직후

(1) 피해율

$$\text{피해율} = \frac{\text{평년수확량} - \text{수확량} - \text{미보상감수량}}{\text{평년수확량}}$$

(2) 수확량

$$(\text{표본구간 단위면적당 수확량} \times \text{조사대상면적})$$
$$+ \{\text{단위면적당 평년수확량} \times (\text{타작물 및 미보상면적} + \text{기수확면적})\}$$

(가) 단위면적당 평년수확량

$$\frac{\text{평년수확량}}{\text{실제경작면적}}$$

(나) 표본조사대상면적

실제경작면적 − 고사면적 − 타작물 및 미보상면적 − 기수확면적

(다) 표본구간 단위면적당 수확량

$$\frac{\text{표본구간 수확량 합계}}{\text{표본구간 면적}}$$

- 표본구간 수확량 합계

표본구간 정상 양배추 중량 + (80% 피해 양배추 중량 × 0.2)

(3) 미보상감수량

(평년수확량 − 수확량) × 미보상비율

**Tip** 양파, 마늘 표본조사 시 수확량 – 조사시기 : 수확직전, 사고발생 직후

(1) 피해율

$$\text{피해율} = \frac{\text{평년수확량} - \text{수확량} - \text{미보상감수량}}{\text{평년수확량}}$$

(2) 수확량

(표본구간 단위면적당 수확량 × 조사대상면적)
+ {단위면적당 평년수확량 × (타작물 및 미보상면적 + 기수확면적)}

(가) 단위면적당 평년수확량

$$\frac{\text{평년수확량}}{\text{실제경작면적}}$$

(나) 조사대상면적

실제경작면적 − 고사면적 − 타작물 및 미보상면적 − 기수확면적

(다) 표본구간 단위면적당 수확량

$$\frac{\text{표본구간 수확량 합계}}{\text{표본구간 면적}}$$

- 표본구간 수확량 합계

{표본구간 정상 작물 중량 +(80% 피해 작물 중량 × 0.2)} × (1 + 누적비대추정지수)
× 환산계수

- 환산계수는 마늘에 한하여 0.7(한지형), 0.72(난지형)를 적용
- 누적비대추정지수

지역별 수확적기까지 잔여일수 × 일자별 비대추정지수

(3) 미보상감수량

(평년수확량 − 수확량) × 미보상비율

> **Tip** 차(茶) 표본조사 시 수확량 – 조사시기 : 조사가능일직전, 사고발생 직후

(1) 피해율

$$\text{피해율} = \frac{\text{평년수확량} - \text{수확량} - \text{미보상감수량}}{\text{평년수확량}}$$

(2) 수확량

$$(\text{표본구간 단위면적당 수확량} \times \text{조사대상면적}) + \{\text{단위면적당 평년수확량} \times (\text{타작물 및 미보상면적} + \text{기수확면적})\}$$

(가) 단위면적당 평년수확량

$$\frac{\text{평년수확량}}{\text{실제경작면적}}$$

(나) 조사대상면적

$$\text{실제경작면적} - \text{고사면적} - \text{타작물 및 미보상면적} - \text{기수확면적}$$

(다) 표본구간 단위면적당 수확량

$$\frac{\text{표본구간 수확량 합계}}{\text{표본구간 면적 합계}} \times \text{수확면적율}$$

- 표본구간 수확량 합계

$$\frac{\text{수확한 새싹무게}}{\text{수확한 새싹수}} \times \text{기수확 새싹수} \times \text{기수확지수} + \text{수확한 새싹무게}$$

(3) 미보상감수량

$$(\text{평년수확량} - \text{수확량}) \times \text{미보상비율}$$

**Tip** 콩·팥 표본조사·전수조사 시 수확량 - 조사시기 : 수확직전, 사고발생 직후

(1) 피해율

$$피해율 = \frac{평년수확량 - 수확량 - 미보상감수량}{평년수확량}$$

(2) 수확량(표본조사)

$$(표본구간 단위면적당 수확량 \times 조사대상면적) + \{단위면적당 평년수확량 \times (타작물 및 미보상면적 + 기수확면적)\}$$

(3) 수확량(전수조사)

$$\left\{전수조사 수확량 \times \frac{(1 - 함수율)}{(1 - 기준함수율)}\right\} + \left\{단위면적당 평년수확량 \times \left(타작물 및 미보상면적 + 기수확면적\right)\right\}$$

(가) 표본구간 단위면적당 수확량

$$\frac{표본구간 수확량 합계}{표본구간 면적}$$

① 표본구간 수확량 합계

$$표본구간별 종실중량 합계 \times \frac{(1 - 함수율)}{(1 - 기준함수율)}$$

② 기준함수율 : 콩(14%), 팥(14%)

(나) 조사대상면적

$$실경작면적 - 고사면적 - 타작물 및 미보상면적 - 기수확면적$$

(다) 단위면적당 평년수확량

$$\frac{평년수확량}{실제경작면적}$$

(4) 미보상감수량

$$(평년수확량 - 수확량) \times 미보상비율$$

**Tip** 감자 표본조사 시 수확량 - 조사시기 : 수확직전, 사고발생 직후

(1) 피해율

$$피해율 = \frac{평년수확량 - 수확량 - 미보상감수량 + 병충해감수량}{평년수확량}$$

(2) 수확량

$$(표본구간\ 단위면적당\ 수확량 \times 조사대상면적)$$
$$+ \{단위면적당\ 평년수확량 \times (타작물\ 및\ 미보상면적 + 기수확면적)\}$$

(가) 단위면적당 평년수확량

$$\frac{평년수확량}{실제경작면적}$$

(나) 조사대상면적

$$실제경작면적 - 타작물\ 및\ 미보상면적 - 고사면적 - 기수확면적$$

(다) 표본구간 단위면적당 수확량

$$\frac{표본구간\ 수확량\ 합계}{표본구간\ 면적}$$

· 표본구간 수확량 합계

$$표본구간별\ 정상\ 감자\ 중량 + (최대\ 지름이\ 5cm\ 미만이거나\ 50\%형\ 피해\ 감자\ 중량 \times 0.5)$$
$$+ 병충해\ 입은\ 감자\ 중량$$

(3) 병충해감수량

$$병충해\ 입은\ 괴경의\ 무게 \times 손해정도비율 \times 인정비율$$

※ 위 산식은 각각의 표본구간별로 적용되며, 각 표본구간 면적을 감안하여 전체 병충해 감수량을 산정
※ 손해정도비율과 인정비율은 3. 밭작물, 마) 보험금, (1) 종합위험 수확감소보장 (가) 주11) 참조

(4) 미보상감수량

$$(평년수확량 - 수확량) \times 미보상비율$$

**Tip** 고구마 표본조사 시 수확량 – 조사시기 : 수확직전, 사고발생 직후

(1) 피해율

$$\text{피해율} = \frac{\text{평년수확량} - \text{수확량} - \text{미보상감수량}}{\text{평년수확량}}$$

(2) 수확량

$$\text{(표본구간 단위면적당 수확량} \times \text{조사대상면적)} \\ + \{\text{단위면적당 평년수확량} \times \text{(타작물 및 미보상면적} + \text{기수확면적)}\}$$

(가) 단위면적당 평년수확량

$$\frac{\text{평년수확량}}{\text{실제경작면적}}$$

(나) 조사대상면적

$$\text{실제경작면적} - \text{고사면적} - \text{타작물 및 미보상면적} - \text{기수확면적}$$

(다) 표본구간 단위면적당 수확량

$$\frac{\text{표본구간 수확량 합계}}{\text{표본구간 면적}}$$

- 표본구간 수확량

$$\text{표본구간별 정상 고구마 중량} \\ + (50\% \text{ 피해 고구마 중량} \times 0.5) + (80\% \text{ 피해 고구마 중량} \times 0.2)$$

(3) 미보상감수량

$$(\text{평년수확량} - \text{수확량}) \times \text{미보상비율}$$

**Tip** 옥수수 표본조사 시 수확량 – 조사시기 : 수확직전, 사고발생 직후

(1) 피해율

$$(\text{피해수확량} - \text{미보상감수량}) \times \text{표준가격}$$

(가) 피해수확량

$$(\text{표본구간 단위면적당 피해수확량} \times \text{조사대상면적}) + (\text{단위면적당 표준수확량} \times \text{고사면적})$$

① 단위면적당 표준수확량

$$\frac{\text{표준수확량}}{\text{실제경작면적}}$$

② 조사대상면적

$$\text{실제경작면적} - \text{고사면적} - \text{타작물 및 미보상면적} - \text{기수확면적}$$

③ 표본구간 단위면적당 피해수확량

$$\frac{\text{표본구간 피해수확량 합계}}{\text{표본구간 면적}}$$

④ 표본구간 피해수확량 합계

$$\{\text{표본구간별 "하"품 이하 옥수수 개수} + (\text{"중"품 옥수수 개수} \times 0.5)\} \times \text{표준중량} \times \text{재식시기지수} \times \text{재식밀도지수}$$

(2) 미보상감수량

$$\text{피해수확량} \times \text{미보상비율}$$

> **Tip** 수박(노지) 표본조사 시 수확량 - 조사시기 : 수확직전

(1) 피해율

$$\text{피해율} = \frac{\text{평년수확량} - \text{수확량} - \text{미보상감수량}}{\text{평년수확량}}$$

(2) 수확량

(표본구간 단위면적당 수확량 × 조사대상면적)
+ {단위면적당 평년수확량 × (타작물 및 미보상면적 + 기수확면적)}

(가) 단위면적당 평년수확량

$$\frac{\text{평년수확량}}{\text{실제경작면적}}$$

(나) 표본조사대상면적

실제경작면적 - 고사면적 - 타작물 및 미보상면적 - 기수확면적

(다) 표본구간 단위면적당 수확량

$$\frac{\text{표본구간 수확량 합계}}{\text{표본구간 면적}}$$

• 표본구간 수확량 합계 = 표본구간 정상 수박 중량

(3) 미보상감수량

(평년수확량 - 수확량) × 미보상비율

(가) 표본구간 수확량 합계

다음과 같이 품목별 표본구간 수확량 합계 산정 방법에 따라 산출한다.

〈품목별 표본구간 수확량 합계 산정 방법〉

| 품목 | 표본구간 수확량 합계 산정 방법 |
|---|---|
| 감자,<br>수박(노지) | 표본구간별 작물 무게의 합계 |
| 양배추 | 표본구간별 정상 양배추 무게의 합계에 80%형 양배추의 무게에 0.2를 곱한 값을 더하여 산정<br>정상 양배추 무게의 합계 + 80%형 양배추의 무게 × 0.2 |

| 품목 | |
|---|---|
| 차(茶) | 표본구간별로 수확한 새싹 무게를 수확한 새싹수로 나눈 값에 기수확 새싹수와 기수확지수를 곱하고, 여기에 수확한 새싹 무게를 더하여 산정<br>* 기수확지수는 기수확비율[기수확 새싹수를 전체 새싹수(기수확 새싹수와 수확한 새싹수를 더한 값)로 나눈값]에 따라 산출<br><br>$$\frac{\text{수확한 새싹무게}}{\text{수확한 새싹수}} \times \text{기수확 새싹수} \times \text{기수확지수} + \text{수확한 새싹무게}$$<br><br>*기수확지수 : 기수확비율(= $\frac{\text{기수확 새싹수}}{\text{기수확 새싹수 + 수확한 새싹수}}$)에 따라 산출 |
| 양파, 마늘 | 표본구간별 작물 무게의 합계에 누적비대추정지수에 1을 더한 값(누적비대추정지수 + 1)을 곱하여 산정<br><br>〈품목별 비대추정지수〉<br><br>| 양파 | 마늘 |<br>|---|---|<br>| 2.2%/1일 | 0.8%/1일 |<br><br>[단, 마늘의 경우 이 수치에 품종별 환산계수를 곱하여 산정. (품종별 환산계수 : 난지형·홍산 0.72 / 한지형 0.7)]<br>㉮ **양파** : 표본구간별 작물 무게의 합계 × (1 + 비대추정지수)<br>㉯ **마늘** : 표본구간별 작물 무게의 합계 × (1 + 비대추정지수) × 품종별 환산계수 |
| 고구마 | 표본구간별 정상 고구마의 무게 합계에 50%형 고구마의 무게에 0.5, 80%형 고구마의 무게에 0.2를 곱한 값을 더하여 산정<br><br>$$\text{정상 고구마의 무게 합계} + 50\%\text{형 고구마의 무게} \times 0.5 + 80\%\text{형 고구마의 무게} \times 0.2$$ |
| 옥수수 | 표본구간 내 수확한 옥수수 중 "하" 항목의 개수에 "중" 항목 개수의 0.5를 곱한 값을 더한 후 품종별 표준중량, 재식시기지수, 재식밀도지수를 각각 곱하여 표본구간 피해수확량을 산정<br><br>$$(\text{"하" 항목의 개수} + \text{"중" 항목 개수} \times 0.5) \times \text{품종별 표준중량} \times \text{재식시기지수} \times \text{재식밀도지수}$$<br><br>〈품종별 표준중량(g)〉<br><br>| 미백2호 | 대학찰(연농2호) | 미흑찰 등 |<br>|---|---|---|<br>| 180 | 160 | 190 | |
| 콩, 팥 | 표본구간별 종실중량에 1에서 함수율을 뺀 값을 곱한 후 다시 0.86을 나누어 산정한 중량의 합계<br><br>$$\text{표본구간 작물 중량 합계} \times \frac{(1 - \text{함수율})}{(1 - 0.14)}$$ |

⟨기수확비율에 따른 기수확지수[차(茶)만 해당]⟩

| 기수확비율 | 기수확지수 | 기수확비율 | 기수확지수 |
|---|---|---|---|
| 10% 미만 | 1.000 | 50% 이상 60% 미만 | 0.958 |
| 10% 이상 20% 미만 | 0.992 | 60% 이상 70% 미만 | 0.949 |
| 20% 이상 30% 미만 | 0.983 | 70% 이상 80% 미만 | 0.941 |
| 30% 이상 40% 미만 | 0.975 | 80% 이상 90% 미만 | 0.932 |
| 40% 이상 50% 미만 | 0.966 | 90% 이상 | 0.924 |

(나) 표본구간 면적 합계

품목별 표본구간 면적 합계 산정 방법에 따라 산출한다.

⟨품목별 표본구간 면적 합계 산정 방법⟩

| 품목 | 표본구간 면적 합계 산정 방법 |
|---|---|
| 양파, 마늘, 고구마, 감자, 옥수수, 양배추, 수박(노지) | 표본구간별 면적(이랑 길이 × 이랑 폭)의 합계 |
| 콩, 팥 | 표본구간별 면적<br>[이랑 길이(또는 세로 길이) × 이랑 폭(또는 가로 길이)]의 합계<br>단, 규격의 원형(1㎡)을 이용하여 조사한 경우에는 표본구간수에 규격 면적(1㎡)을 곱해 산정 |
| 차(茶) | 표본구간수에 규격 면적(0.08㎡)을 곱하여 산정<br>Tip 표본구간 중<br>⇨ **두 곳**에 ⇨ 20cm×20cm(0.04㎡) 테를 두고 측정하였다. |

(다) 조사 대상 면적

실제 경작면적에서 수확불능(고사)면적, 타작물 및 미보상면적, 기 수확면적을 빼어 산출한다.

조사대상 면적 = 실경작면적 − 수확불능(고사)면적 − 타작물 및 미보상면적 − 기수확면적

(라) **병충해 감수량**은 감자 품목에만 해당하며, 표본구간 병충해감수량 합계를 표본구간 면적 합계로 나눈 후 조사 대상 면적 합계를 곱하여 산출한다.

$$병충해감수량 = \frac{표본구간\ 병충해감수량\ 합계}{표본구간\ 면적\ 합계} \times 조사\ 대상\ 면적\ 합계$$

① 표본구간 병충해감수량 합계 산정

표본구간 병충해감수량 합계는 각 표본구간별 병충해감수량을 합하여 산출한다.

② 병충해감수량 산정

병충해감수량은 병충해를 입은 괴경의 무게에 손해정도비율과 인정비율을 곱하여 산출한다.

> 병충해감수량 = 병충해 입은 괴경의 무게 × 손해정도비율 × 인정비율

③ 손해정도비율 산정

손해정도비율은 병충해로 입은 손해의 정도에 따라 병충해 감수량으로 적용하는 비율로 〈별표6〉과 같다.

**Tip** 〈별표6〉 표본구간별 손해정도에 따른 손해정도비율

| 손해정도 | 1% ~ 20% | 21% ~ 40% | 41% ~ 60% | 61% ~ 80% | 81% ~ 100% |
|---|---|---|---|---|---|
| 손해정도비율 | 20% | 40% | 60% | 80% | 100% |

④ 인정비율 산정

인정비율은 병·해충별 등급에 따라 병충해 감수량으로 인정하는 비율로 아래 표와 같다.

〈병·해충 등급별 인정비율〉

| 구분 | | 병·해충 | 인정비율 |
|---|---|---|---|
| 품목 | 급수 | | |
| 감자 | 1급 | 역병, 걀쭉병, 모자이크병, 무름병, 둘레썩음병, 가루더뎅이병, 잎말림병, 감자뿔나방 | 90% |
| | 2급 | 홍색부패병, 시들음병, 마른썩음병, 풋마름병, 줄기검은병, 더뎅이병, 균핵병, 검은무늬썩음병, 줄기기부썩음병, 진딧물류, 아메리카잎굴파리, 방아벌레류 | 70% |
| | 3급 | 반쪽시들음병, 흰비단병, 잿빛곰팡이병, 탄저병, 겹둥근무늬병, 오이총채벌레, 뿌리혹선충, 파밤나방, 큰28점박이무당벌레, 기타 | 50% |

**Tip** 모, 역 / 감, 무, 가 / 걀, 둘, 잎(목욕가서 머리 검을까, 그냥 둘 일?)
검, 마 / 홍, 균, 줄 / 더, 풋, 시 / 방, 아, 진, 줄(때밀이 그놈아 빨간 줄 나게 더 무시~! 방아찐 줄~!)
오, 겹, 탄 / 흰, 잿, 반 / 큰28, 파, 뿌(오겹살 타서 흰 잿빛이 반이네 큰 두 팔로 파내고 먹네~!)
거, 칠, 다(90, 70, 50)

(2) 전수조사 시 수확량 산출

(가) 적용 품목 : 콩, 팥

(나) 전수조사 수확량 합계에 평년수확량을 실제경작면적으로 나눈 후 타작물 및 미보상면적과 기수확면적의 합을 곱한 값을 더하여 산정한다.

<품목별 전수조사 수확량 산정 방법>

| 품목 | 수확량 합계 산정 방법 |
|---|---|
| 콩 · 팥 | 전체 종실 중량에 1에서 함수율을 뺀 값을 곱한 후 0.86을 나누어 산정한 중량의 합계<br>$\left\{ 전수조사수확량 \times \dfrac{(1-함수율)}{(1-0.14)} \right\} + \left\{ 단위면적당\ 평년수확량 \times (타작물\ 및\ 미보상면적 + 기수확면적) \right\}$<br>*기준함수율(콩, 팥) : 14% |

> **Tip** 함(기준함수율)에 있는
> **보**(보리), **물**(밀), **거리**(귀리), **찰**(찰벼, 밭로 차는 것) **일삼**(13%)고
> **콩**(콩), **팥**, **분질**(분질미, 부러지는) **일네**(14%, 일을 내면)
> **매**(메벼, 매매) **한다**(15%)

(다) 미보상감수량은 평년수확량에서 수확량을 뺀 값에 미보상비율을 곱하여 산출한다.

## 2 종합위험 생산비보장방식

**[대상품목 : 고추, 배추(고랭지 · 월동 · 가을 · 봄), 무(고랭지 · 월동 · 가을), 단호박, 메밀, 브로콜리, 당근, 시금치(노지), 대파, 쪽파 · 실파[1형], 쪽파 · 실파[2형], 양상추]**

종합위험 생산비보장방식이란 보장하는 재해로 사고 발생 시점까지 투입된 작물의 생산비를 피해율에 따라 지급하는 방식이다.

### 가. 시기별 조사 종류

| 생육시기 | 재해 | 조사내용 | 조사시기 | 조사방법 | 비고 |
|---|---|---|---|---|---|
| 정식<br>(파종)<br>~<br>수확<br>종료 | 보장하는<br>재해전부 | 생산비<br>피해조사 | 사고발생시마다 | ① 재배일정 확인<br>② 경과비율 산출<br>③ 피해율 산정<br>④ 병충해 등급별 인정비율 확인(노지<br>고추만 해당) | 고추,<br>브로콜리 |
| 수확전 | 보장하는<br>재해전부 | 피해사실<br>확인 조사 | 사고접수 후<br>지체 없이 | 보장하는 재해로 인한<br>피해발생 여부 조사<br>(피해사실이 명백한 경우 생략 가능) | 고추 · 브로콜리<br>제외한 전품목 |
| | | 경작<br>불능조사 | 사고접수 후<br>지체 없이 | 해당 농지의 피해면적비율 또는<br>보험목적인 식물체 피해율 조사<br>• 조사방법 : 전수조사 또는 표본조사 | |
| | | 재정식<br>재파종 조사 | 사고접수 후<br>지체 없이 | 해당농지에 보상하는 손해로 인하여<br>재정식 · 재파종이<br>필요한 면적 또는 면적비율 조사 | 전품목 |
| 수확<br>직전 | | 생산비<br>피해조사 | 수확직전 | 사고발생 농지의 피해비율 및 손해정도<br>비율 확인을 통한 피해율 조사<br>• 조사방법 : 표본조사 | 고추 · 브로콜리<br>제외한 전품목 |

**Tip** 종합위험 생산비보장방식 시기별 조사 종류

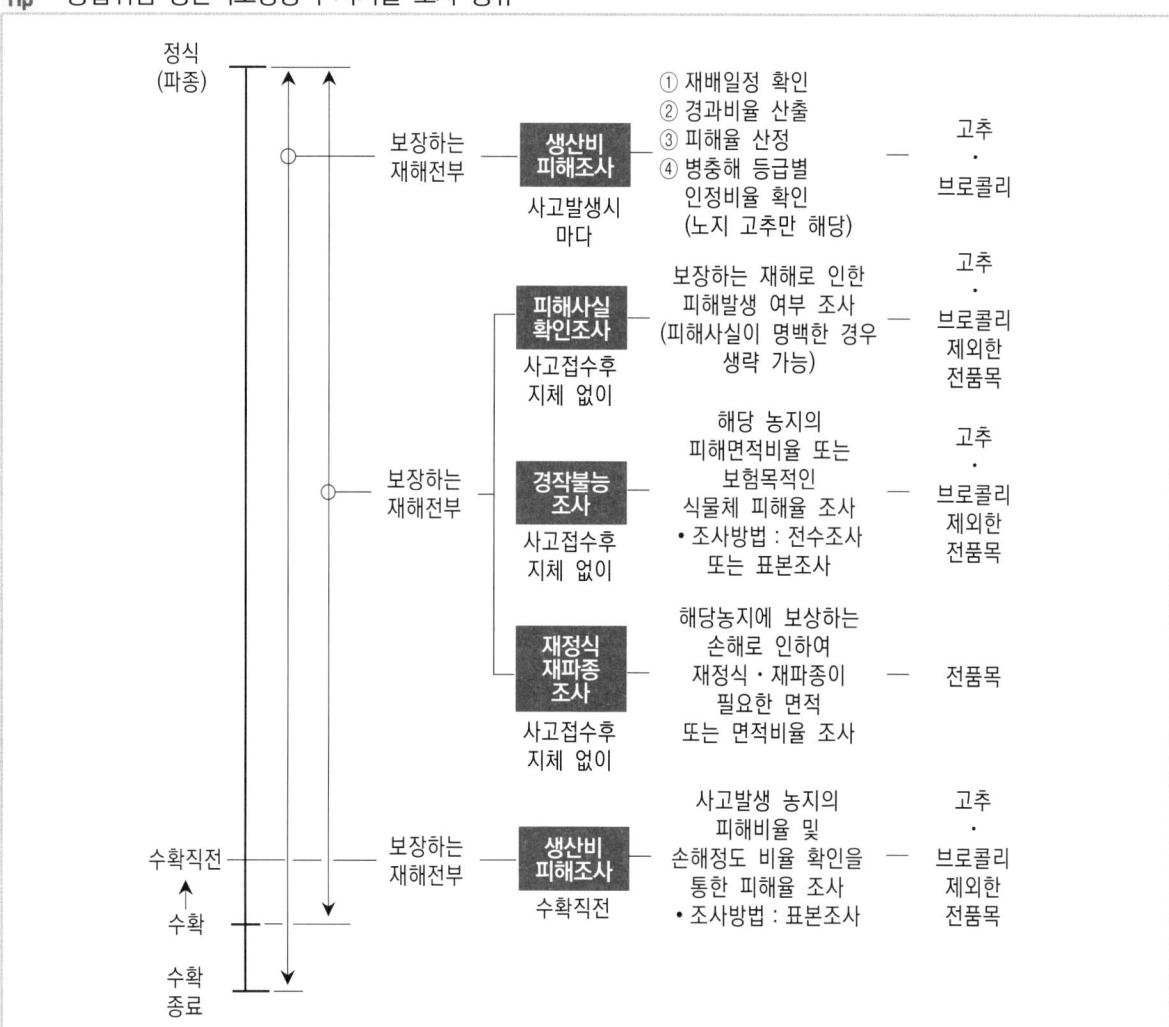

## 나. 손해평가 현지조사 방법

### 1) 피해사실 확인조사

**가) 적용 품목** : 고추·브로콜리를 제외한 생산비보장 밭작물 전 품목

**나) 조사 대상** : 대상 재해로 사고 접수 농지 및 조사 필요 농지

**다) 대상 재해** : 자연재해, 조수해(鳥獸害), 화재

**라) 조사 시기** : 사고 접수 직후 실시

**마) 조사 방법** : 「피해사실 "조사 방법" 준용」

(1) 추가조사 필요 여부 판단

보장하는 재해 여부 및 피해 정도 등을 감안하여 추가조사(생산비보장 손해조사 또는 경작불능 손해조사)가 필요한지 여부를 판단하여 해당 내용에 대하여 계약자에게 안내하고, 추가조사가 필요할 것으로 판단된 경우에는 손해평가반 구성 및 추가조사 일정을 수립한다.

(2) 고사면적 확인

보장하는 재해로 인하여 해당 작물이 고사하여 수확될 수 없는 면적을 확인한다.

### 2) 재정식·재파종 조사

**가)** 재정식·재파종 조사는 생산비보장 밭작물 전 품목에 해당한다.

**나)** 피해사실 확인조사 시 조사가 필요하다고 판단된 농지에 대하여 실시하는 조사로 손해평가반은 피해농지를 방문하여 보장하는 재해여부 및 피해면적을 조사한다.

**다) 보험금 지급대상 확인**(재정식·재파종 전조사)

(1) 보장하는 재해여부 심사

농지 및 작물상태 등을 감안하여 약관에서 정한 보장하는 재해로 인한 피해가 맞는지 확인하며, 필요시에는 이에 대한 근거자료(피해사실 확인조사 참조)를 확보할 수 있다.

(2) 실제 경작면적 확인

GPS 면적측정기 또는 지형도 등을 이용하여 보험가입 면적과 실제 경작면적을 비교한다. 이때 실제 경작면적이 보험가입 면적 대비 10% 이상 차이가 날 경우 계약사항을 변경해야 한다.

(3) 피해면적 확인

GPS 면적측정기 또는 지형도 등을 이용하여 실제 경작면적대비 피해면적을 비교 및 조사한다.

(4) 피해면적의 판정기준

작물이 고사되거나 살아있으나 수확이 불가능할 것으로 판단된 면적

**라) 재정식·재파종 이행완료 여부 조사**(재정식·재파종 후조사)

재정식·재파종 보험금 대상 여부 조사(전조사) 시 재정식·재파종 보험금 지급대상으로 확인된

농지에 대하여 재정식·재파종이 완료되었는지를 조사한다. 피해면적 중 일부에 대해서만 재정식·재파종이 이루어진 경우에는 재정식·재파종이 이루어지지 않은 면적은 피해 면적에서 제외한다.

**마)** 단, 농지별 상황에 따라 재정식·재파종 전조사를 생략하고 재정식·재파종 후조사 시 면적조사(실제 경작면적 및 피해면적)를 실시할 수 있다.

### 3) 경작불능조사

**가) 적용 품목**: 고추·브로콜리를 제외한 생산비보장 밭작물 전 품목

**나) 조사 대상**: 피해사실 확인조사 시 경작불능조사가 필요하다고 판단된 농지 또는 사고 접수 시 이에 준하는 피해가 예상되는 농지

**다) 조사 시기**: 피해사실 확인조사 직후 또는 사고 접수 직후

**라)** 경작불능 보험금 지급 대상 여부 조사[경작불능 전(前)조사] 다음에 해당하는 사항을 확인한다.

(1) 보험기간 확인

경작불능보장의 보험기간은 '계약체결일 24시'와 '정식·파종 완료일 24시(단, 각 품목별 보장개시 일자를 초과할 수 없음)' 중 최근일부터 수확 개시일 직전(다만, 약관에서 정하는 보장종료일을 초과할 수 없음)까지로 해당 기간 내 사고인지 확인한다.

(2) 보장하는 재해 여부 심사

농지 및 작물 상태 등을 감안하여 보장하는 재해로 인한 피해가 맞는지 확인하며, 필요시에는 이에 대한 근거자료(피해사실 확인조사 참조)를 확보한다.

(3) 실제 경작면적 확인

GPS 면적측정기 또는 지형도 등을 이용하여 보험 가입 면적과 실제 경작면적을 비교한다. 이때 실제 경작면적이 보험 가입 면적 대비 10% 이상 차이가 날 경우에는 계약 사항을 변경해야 한다.

(4) 식물체 피해율 조사

목측 조사를 통해 조사 대상 농지에서 보장하는 재해로 인한 식물체 피해율이 65% 이상 여부를 조사한다.

(5) 생산비보장 손해조사 대상 확인

식물체 피해율이 65% 미만이거나, 식물체 피해율이 65% 이상이 되어도 계약자가 경작불능보험금을 신청하지 않은 경우에는 향후 생산비보장 손해조사가 필요한 농지로 결정한다.

(6) 산지폐기 여부 확인[경작불능 후(後)조사]

고추·브로콜리를 제외한 생산비보장 밭작물 전 품목에 대하여 1차 조사(경작불능 전 조사)에서 보장하는 재해로 식물체 피해율이 65% 이상인 농지에 대하여 산지폐기 등으로 작물이 시장으로 유통되지 않은 것을 확인한다.

### 4) 생산비보장 손해조사

가) 적용 품목

(1) 고추, 브로콜리

(2) 고추·브로콜리를 제외한 생산비보장 밭작물 전 품목 중 피해사실 확인조사 시 추가조사가 필요하다고 판단된 농지 또는 경작불능 조사 결과 추가 조사를 실시하는 것으로 결정된 농지 (식물체 피해율이 65% 미만이거나, 65% 이상이어도 계약자가 경작불능 보험금을 신청하지 않는 경우)

※ 단, 생산비보장 손해조사 전 계약자가 피해 미미(자기부담비율 이내의 사고) 등의 사유로 수확량조사 실시를 취소한 농지는 생산비보장 손해조사 미실시

나) 조사 시기

(1) 사고 접수 직후 : 고추, 브로콜리

(2) 수확 직전 : 고추·브로콜리를 제외한 생산비보장 밭작물 전 품목

다) 조사 방법 : 다음 각 목에 해당하는 사항을 확인한다.

(1) 보장하는 재해 여부 심사

농지 및 작물 상태 등을 감안하여 보장하는 재해로 인한 피해가 맞는지 확인하며, 필요시에는 이에 대한 근거자료(피해사실 확인조사 참조)를 확보한다.

(2) 일자 조사

(가) 사고 일자 확인 : 재해가 발생한 일자를 확인한다.

① 한해(가뭄), 폭염 및 병충해와 같이 지속되는 재해의 사고일자는 재해가 끝나는 날을 사고일자로 한다. ※ 가뭄(예) : 가뭄 이후 첫 강우일의 전날

② 재해가 끝나기 전에 조사가 이루어질 경우에는 조사가 이루어진 날을 사고일자로 하며, 조사 이후 해당 재해로 추가 발생한 손해는 보상하지 않는다.

(나) 수확 예정 일자, 수확 개시 일자, 수확 종료 일자 확인

① 사고일자를 기준으로 사고일자 전에 수확이 시작되지 않았다면 수확 예정 일자를 확인한다.

② 사고일자 전에 수확이 시작되었다면 최초 수확을 시작한 일자와 수확 종료(예정) 일자를 확인한다.

(3) 실제경작면적 확인

GPS 면적측정기 또는 지형도 등을 이용하여 보험 가입 면적과 실제 경작 면적을 비교한다. 이때 실제 경작면적이 보험 가입 면적 대비 10% 이상 차이가 날 경우에는 계약 사항을 변경해야 한다.

### (4) 피해면적조사

GPS 면적측정기 또는 지형도 등을 이용하여 피해 이랑 또는 식물체 피해면적을 확인한다. 단, 메밀 품목은 도복으로 인한 피해면적과 도복 이외 피해면적을 나누어 조사한다.

### (5) 미보상비율 조사

품목별 미보상비율 적용표(별표2)에 따라 미보상비율을 조사한다.

> **Tip** 〈별표2〉 농작물재해보험 미보상비율 적용표

〈감자, 고추 제외 전 품목〉

| 구분 | 제초 상태 | 병해충 상태 | 기타 |
|---|---|---|---|
| 해당 없음 | 0% | 0% | 0% |
| 미흡 | 10% 미만 | 10% 미만 | 10% 미만 |
| 불량 | 20% 미만 | 20% 미만 | 20% 미만 |
| 매우 불량 | 20% 이상 | 20% 이상 | 20% 이상 |

미보상 비율은 보장하는 재해 이외의 원인이 조사 농지의 수확량 감소에 영향을 준 비율을 의미하여 제초 상태, 병해충 상태 및 기타 항목에 따라 개별 적용한 후 해당 비율을 합산하여 산정한다.

1. **제초 상태**(과수품목은 피해율에 영향을 줄 수 있는 잡초만 해당)

   가) **해당 없음** : 잡초가 농지 면적의 20% 미만으로 분포한 경우

   나) **미흡** : 잡초가 농지 면적의 20% 이상 40% 미만으로 분포한 경우

   다) **불량** : 잡초가 농지 면적의 40% 이상 60% 미만으로 분포한 경우 또는 경작불능조사 진행건으로 정상적인 영농활동 시행을 증빙하는 자료(비료 및 농약 영수증 등)가 부족한 경우

   라) **매우 불량** : 잡초가 농지 면적의 60% 이상으로 분포한 경우 또는 경작불능조사 진행건으로 정상적인 영농활동 시행을 증빙하는 자료(비료 및 농약 영수증 등)가 없는 경우

2. **병해충 상태**(각 품목에서 별도로 보상하는 병해충은 제외)

   가) **해당 없음** : 병해충이 농지 면적의 20% 미만으로 분포한 경우

   나) **미흡** : 병해충이 농지 면적의 20% 이상 40% 미만으로 분포한 경우

   다) **불량** : 병해충이 농지 면적의 40% 이상 60% 미만으로 분포한 경우 또는 경작불능조사 진행 건으로 정상적인 영농활동 시행을 증빙하는 자료(비료 및 농약 영수증 등)가 부족한 경우

   라) **매우 불량** : 병해충이 농지 면적의 60% 이상으로 분포한 경우 또는 경작불능조사 진행건으로 정상적인 영농활동 시행을 증빙하는 자료(비료 및 농약 영수증 등)가 없는 경우

3. **기타** : 영농기술 부족, 영농상 실수 및 단순 생리장애 등 보상하는 손해 이외의 사유로 피해가 발생한 것으로 추정되는 경우[해거리, 생리장애(원소결핍 등), 시비관리, 토양관리(연작 및 pH과다·과소 등), 전정(강전정 등), 조방재배, 재식밀도(인수기준 이하), 농지상태(혼식, 멀칭, 급배수 등), 가입이전 사고 및 계약자 중과실손해, 자연감모, 보상재해이외(종자불량, 일부가입 등)]에 적용

　가) 해당 없음 : 위 사유로 인한 피해가 없는 것으로 판단되는 경우
　나) 미흡 : 위 사유로 인한 피해가 10% 미만으로 판단되는 경우
　다) 불량 : 위 사유로 인한 피해가 20% 미만으로 판단되는 경우
　라) 매우 불량 : 위 사유로 인한 피해가 20% 이상으로 판단되는 경우

(6) 손해정도비율 조사

(가) 고추

① 표본이랑수 산정

조사된 피해면적에 따라 표본이랑수〈별표1〉를 선정한다.

**Tip 〈별표1〉 품목별 표본주(구간)수 표**

〈고추, 메밀, 브로콜리, 배추, 무, 단호박, 파, 당근, 시금치(노지), 양상추, 두릅〉

| 실제경작면적 또는 피해면적 | 표본구간(이랑) 수 |
|---|---|
| 3,000㎡ 미만 | 4 |
| 3,000㎡ 이상, 7,000㎡ 미만 | 6 |
| 7,000㎡ 이상, 15,000㎡ 미만 | 8 |
| 15,000㎡ 이상 | 10 |

② 표본이랑 선정

선정한 표본이랑 수를 바탕으로 피해 이랑 중에서 동일한 간격으로 골고루 배치될 수 있도록 표본이랑을 선정한다. 다만, 선정한 이랑이 표본으로 부적합한 경우(해당 지점 작물의 상태가 현저히 좋거나 나빠서 표본으로 대표성을 가지기 어려운 경우 등)에는 가까운 위치의 다른 피해 이랑을 표본이랑으로 선정한다.

③ 표본이랑 내 작물 상태 조사

표본이랑별로 식재된 작물(식물체 단위)을 손해정도비율표〈별표6〉와 고추 병충해 등급별 인정비율〈별표7〉에 따라 구분하여 조사한다. 이때 피해가 없거나 보장하는 재해 이외의 원인으로 피해가 발생한 작물 및 타작물은 정상으로 분류하며, 가입 이후 추가로 정식한 식물체 등 보장 대상과 무관한 식물체는 평가 제외로 분류하여 조사한다.

Tip 〈별표6〉 표본구간별 손해정도에 따른 손해정도비율

| 손해정도 | 1% ~ 20% | 21% ~ 40% | 41% ~ 60% | 61% ~ 80% | 81% ~ 100% |
|---|---|---|---|---|---|
| 손해정도비율 | 20% | 40% | 60% | 80% | 100% |

Tip 〈별표7〉 고추 병충해 등급별 인정비율

| 등급 | 종류 | 인정비율 |
|---|---|---|
| 1등급 | 역병, 풋마름병, 바이러스병, 세균성점무늬병, 탄저병 | 70% |
| 2등급 | 잿빛곰팡이병, 시들음병, 담배가루이, 담배나방 | 50% |
| 3등급 | 흰가루병, 균핵병, 무름병, 진딧물 및 기타 | 30% |

Tip 역, 세, 탄, 풋, 바(역세권 품바(가수)) / 잿, 시, 담배, 담배 / 흰, 무, 진, 균(하얀 연기가 진짜 균)
싫, 어, 해(7, 5, 3)

(나) 브로콜리

① 표본구간수 산정

피해면적에 따라 최소 표본구간 수〈별표1〉 이상의 표본구간 수를 산정한다.

Tip 〈별표1〉 품목별 표본주(구간)수 표

| 〈고추, 메밀, 브로콜리, 배추, 무, 단호박, 파, 당근, 시금치(노지), 양상추, 두릅〉 | |
|---|---|
| 실제경작면적 또는 피해면적 | 표본구간(이랑) 수 |
| 3,000㎡ 미만 | 4 |
| 3,000㎡ 이상, 7,000㎡ 미만 | 6 |
| 7,000㎡ 이상, 15,000㎡ 미만 | 8 |
| 15,000㎡ 이상 | 10 |

② 표본 선정

산정한 표본구간수를 바탕으로 재배 방법 및 품종 등을 감안하여 조사 대상 면적에 동일한 간격으로 골고루 배치될 수 있도록 표본구간을 선정한다. 다만, 선정한 구간이 표본으로 부적합한 경우(해당 지점 작물의 수확량이 현저히 많거나 적어서 표본으로 대표성을 가지기 어려운 경우 등)에는 가까운 위치의 다른 구간을 표본구간으로 선정한다. 대상 이랑을 연속해서 잡거나 1~2이랑씩 간격을 두고 선택한다.

③ 표본구간 내 작물 상태 조사

㉮ 각 표본구간 내에서 연속하는 10구의 작물피해율 조사를 진행한다.

㉯ 각 표본구간 내에서 식재된 작물을 브로콜리 피해정도에 따른 피해인정계수표에 따

라 조사를 진행한다. 작물피해율조사 시, 보장하는 재해로 인한 작물이 훼손된 경우 피해 정도에 따라 정상, 50%형 피해송이, 80%형 피해송이, 100%형 피해송이로 구분하여 조사한다.

〈브로콜리 피해정도에 따른 피해인정계수〉

| 구분 | 정상밭작물 | 50%형 피해밭작물 | 80%형 피해밭작물 | 100%형 피해밭작물 |
| --- | --- | --- | --- | --- |
| 피해인정계수 | 0 | 0.5 | 0.8 | 1 |

(다) 메밀(도복 이외의 피해면적만을 대상으로 함)

① 표본구간수 선정

조사된 피해면적에 따라 표본구간수〈별표1〉를 선정한다.

Tip 〈별표1〉 품목별 표본주(구간)수 표

〈고추, 메밀, 브로콜리, 배추, 무, 단호박, 파, 당근, 시금치(노지), 양상추, 두릅〉

| 실제경작면적 또는 피해면적 | 표본구간(이랑) 수 |
| --- | --- |
| 3,000㎡ 미만 | 4 |
| 3,000㎡ 이상, 7,000㎡ 미만 | 6 |
| 7,000㎡ 이상, 15,000㎡ 미만 | 8 |
| 15,000㎡ 이상 | 10 |

② 표본구간 선정

선정한 표본구간수를 바탕으로 피해면적에 골고루 배치될 수 있도록 표본 구간을 선정한다. 다만, 선정한 구간이 표본으로 부적합한 경우(해당 작물의 수확량이 현저히 많거나 적어서 표본으로 대표성을 가지기 어려운 경우 등)에는 가까운 위치의 다른 구간을 표본구간으로 선정한다.

③ 표본구간 내 작물 상태 조사

선정된 표본구간에 규격의 원형(1㎡) 이용 또는 표본구간의 가로・세로 길이 1m×1m를 구획하여, 표본 구간 내 식재된 메밀을 손해정도비율표〈별표6〉에 따라 구분하여 조사한다. 이때 피해가 없거나 보장하는 재해 이외의 원인으로 피해가 발생한 메밀 및 타작물은 정상으로 분류하여 조사한다. 다만, 기 조사시 100%형 피해로 보험금 지급완료 후 새로 파종한 메밀 등 보장대상과 무관한 작물은 평가제외로 분류하여 조사한다.

Tip 〈별표6〉 표본구간별 손해정도에 따른 손해정도비율

| 손해정도 | 1% ~ 20% | 21% ~ 40% | 41% ~ 60% | 61% ~ 80% | 81% ~ 100% |
| --- | --- | --- | --- | --- | --- |
| 손해정도비율 | 20% | 40% | 60% | 80% | 100% |

(라) 무(고랭지·가을·월동)

① 표본구간 수 산정

조사된 피해면적에 따라 〈별표1〉 이상의 표본구간 수를 산정한다.

**Tip** 〈별표1〉 품목별 표본주(구간)수 표

| 〈고추, 메밀, 브로콜리, 배추, 무, 단호박, 파, 당근, 시금치(노지), 양상추, 두릅〉 ||
|---|---|
| 실제경작면적 또는 피해면적 | 표본구간(이랑) 수 |
| 3,000㎡ 미만 | 4 |
| 3,000㎡ 이상, 7,000㎡ 미만 | 6 |
| 7,000㎡ 이상, 15,000㎡ 미만 | 8 |
| 15,000㎡ 이상 | 10 |

② 표본구간 선정 및 표식

산정한 표본구간 수를 바탕으로 피해면적에 골고루 배치될 수 있도록 표본 구간을 선정한다. 다만, 선정한 구간이 표본으로 부적합한 경우(해당 작물의 수확량이 현저히 많거나 적어서 표본으로 대표성을 가지기 어려운 경우 등)에는 가까운 위치의 다른 구간을 표본구간으로 선정한다. 표본구간마다 첫 번째 작물과 마지막 작물에 리본 등으로 표시한다.

③ 표본구간 내 작물 상태 조사

표본구간 내에서 연속하는 10구의 손해정도 비율 조사를 진행한다. 손해정도비율 조사 시, 보장하는 재해로 인한 작물이 훼손된 경우 손해정도비율표〈별표6〉에 따라 구분하여 조사한다.

**Tip** 〈별표6〉 표본구간별 손해정도에 따른 손해정도비율

| 손해정도 | 1% ~ 20% | 21% ~ 40% | 41% ~ 60% | 61% ~ 80% | 81% ~ 100% |
|---|---|---|---|---|---|
| 손해정도비율 | 20% | 40% | 60% | 80% | 100% |

(마) 배추(봄·고랭지·가을·월동), 시금치(노지), 양상추

① 표본이랑 수 산정

조사된 피해면적에 따라 〈별표1〉 이상의 표본이랑 수를 산정한다.

**Tip** 〈별표1〉 품목별 표본주(구간)수 표

〈고추, 메밀, 브로콜리, 배추, 무, 단호박, 파, 당근, 시금치(노지), 양상추, 두릅〉

| 실제경작면적 또는 피해면적 | 표본구간(이랑) 수 |
|---|---|
| 3,000㎡ 미만 | 4 |
| 3,000㎡ 이상, 7,000㎡ 미만 | 6 |
| 7,000㎡ 이상, 15,000㎡ 미만 | 8 |
| 15,000㎡ 이상 | 10 |

② 표본이랑 선정

산정한 표본이랑 수를 바탕으로 피해 이랑 중에서 동일한 간격으로 골고루 배치될 수 있도록 표본 이랑을 선정한다. 다만, 선정한 이랑이 표본으로 부적합한 경우(해당 지점 작물의 상태가 현저히 좋거나 나빠서 표본으로 대표성을 가지기 어려운 경우 등)에는 가까운 위치의 다른 피해 이랑을 표본 이랑으로 선정한다.

③ 표본이랑 내 작물 상태 조사

표본이랑별로 식재된 작물(식물체 단위)의 손해정도 비율 조사를 진행한다. 손해정도비율 조사 시 보장하는 재해로 인한 작물이 훼손된 경우 손해정도비율표(별표 6)에 따라 구분하여 조사한다. 단, 시금치의 경우 각 표본이랑 길이를 기준으로 하여 1m 간격으로 구획하고 각 표본별로 식재된 시금치를 손해정도비율표(별표 6)에 따라 구분하여 평가한다.

**Tip** 〈별표6〉 표본구간별 손해정도에 따른 손해정도비율

| 손해정도 | 1% ~ 20% | 21% ~ 40% | 41% ~ 60% | 61% ~ 80% | 81% ~ 100% |
|---|---|---|---|---|---|
| 손해정도비율 | 20% | 40% | 60% | 80% | 100% |

**예시** 시금치 표본이랑별 손해정도비율 산정

| 표본 | 이랑길이 | 표본수 | 정상 | 20% | 40% | 60% | 80% | 100% |
|---|---|---|---|---|---|---|---|---|
| 표본이랑1 | 100m | 100 | 50 | 10 | - | 10 | - | 30 |
| 표본이랑2 | 50m | 50 | - | 10 | 20 | 10 | 10 | - |
| 표본이랑3 | 60m | 60 | - | 30 | - | - | - | 30 |

(바) 당근

① 표본구간 수 산정

조사된 피해면적에 따라 〈별표1〉 이상의 표본구간 수를 산정한다.

**Tip** 〈별표1〉 품목별 표본주(구간)수 표

〈고추, 메밀, 브로콜리, 배추, 무, 단호박, 파, 당근, 시금치(노지), 양상추, 두릅〉

| 실제경작면적 또는 피해면적 | 표본구간(이랑) 수 |
|---|---|
| 3,000㎡ 미만 | 4 |
| 3,000㎡ 이상, 7,000㎡ 미만 | 6 |
| 7,000㎡ 이상, 15,000㎡ 미만 | 8 |
| 15,000㎡ 이상 | 10 |

② 표본구간 선정 및 표식

산정한 표본구간 수를 바탕으로 피해면적에 골고루 배치될 수 있도록 표본 구간을 선정한다. 다만, 선정한 구간이 표본으로 부적합한 경우(해당 작물의 수확량이 현저히 많거나 적어서 표본으로 대표성을 가지기 어려운 경우 등)에는 가까운 위치의 다른 구간을 표본구간으로 선정한다.

③ 표본구간 내 작물 상태 조사

선정된 표본구간의 가로(이랑폭)·세로(조사주수)를 아래와 같이 구획한다.

〈이랑 폭에 따른 조사주수〉

| 이랑 폭 | 2m 미만 | 2m 이상 |
|---|---|---|
| 조사주수 | 5주 이상 | 3주 이상 |

표본구간 내 식재된 당근을 손해정도비율표(별표 6)에 따라 구분하여 조사한다.

**Tip** 〈별표6〉 표본구간별 손해정도에 따른 손해정도비율

| 손해정도 | 1% ~ 20% | 21% ~ 40% | 41% ~ 60% | 61% ~ 80% | 81% ~ 100% |
|---|---|---|---|---|---|
| 손해정도비율 | 20% | 40% | 60% | 80% | 100% |

(사) 파(대파, 쪽파·실파)

① 표본구간 수 산정

조사된 피해면적에 따라 〈별표1〉 이상의 표본구간 수를 산정한다.

**Tip** 〈별표1〉 품목별 표본주(구간)수 표

〈고추, 메밀, 브로콜리, 배추, 무, 단호박, 파, 당근, 시금치(노지), 양상추, 두릅〉

| 실제경작면적 또는 피해면적 | 표본구간(이랑) 수 |
|---|---|
| 3,000㎡ 미만 | 4 |
| 3,000㎡ 이상, 7,000㎡ 미만 | 6 |
| 7,000㎡ 이상, 15,000㎡ 미만 | 8 |
| 15,000㎡ 이상 | 10 |

② 표본구간 선정 및 표식

산정한 표본구간 수를 바탕으로 피해면적에 골고루 배치될 수 있도록 표본 구간을 선정한다. 다만, 선정한 구간이 표본으로 부적합한 경우(해당 작물의 수확량이 현저히 많거나 적어서 표본으로 대표성을 가지기 어려운 경우 등)에는 가까운 위치의 다른 구간을 표본구간으로 선정한다.

③ 표본구간 내 작물 상태 조사

표본구간 내에서 연속하는 50구의 손해정도비율 조사를 진행한다. 손해정도비율 조사 시, 보장하는 재해로 인한 작물이 훼손된 경우 손해정도비율 표(별표 6)에 따라 구분하여 조사한다.

**Tip** 〈별표6〉 표본구간별 손해정도에 따른 손해정도비율

| 손해정도 | 1% ~ 20% | 21% ~ 40% | 41% ~ 60% | 61% ~ 80% | 81% ~ 100% |
|---|---|---|---|---|---|
| 손해정도비율 | 20% | 40% | 60% | 80% | 100% |

(아) 단호박

① 표본구간수 선정

조사된 피해면적에 따라 표본구간수〈별표1〉를 선정한다.

**Tip** 〈별표1〉 품목별 표본주(구간)수 표

〈고추, 메밀, 브로콜리, 배추, 무, 단호박, 파, 당근, 시금치(노지), 양상추, 두릅〉

| 실제경작면적 또는 피해면적 | 표본구간(이랑) 수 |
|---|---|
| 3,000㎡ 미만 | 4 |
| 3,000㎡ 이상, 7,000㎡ 미만 | 6 |
| 7,000㎡ 이상, 15,000㎡ 미만 | 8 |
| 15,000㎡ 이상 | 10 |

② 표본구간 선정

선정한 표본구간수를 바탕으로 피해면적에 골고루 배치될 수 있도록 표본구간을 선정한다. 다만, 선정한 구간이 표본으로 부적합한 경우(해당 작물의 수확량이 현저히 많거나 적어서 표본으로 대표성을 가지기 어려운 경우 등)에는 가까운 위치의 다른 구간을 표본구간으로 선정한다.

③ 표본구간 내 작물 상태 조사

선정된 표본구간에 표본구간의 가로(이랑 폭)·세로(1m) 길이를 구획하여, 표본 구간 내 식재된 단호박을 손해정도비율표〈별표6〉에 따라 구분하여 조사한다.

**Tip** 〈별표6〉 표본구간별 손해정도에 따른 손해정도비율

| 손해정도 | 1% ~ 20% | 21% ~ 40% | 41% ~ 60% | 61% ~ 80% | 81% ~ 100% |
|---|---|---|---|---|---|
| 손해정도비율 | 20% | 40% | 60% | 80% | 100% |

## 다. 보험금 산정 방법 및 지급기준

### 1) 재파종·재정식보험금 산정

가) 지급사유

보장하는 재해로 면적 피해율이 자기부담비율을 초과하고, 재파종·재정식을 한 경우 보험금을 1회 지급한다.

나) 지급금액

> 보험가입금액 × 20% × 면적피해율
> *면적피해율 = 피해면적 ÷ 보험 가입면적

### 2) 경작불능보험금의 산정

가) 지급사유

보험기간 내에 보장하는 재해로 식물체 피해율이 65% 이상이고, 계약자가 경작불능보험금을 신청한 경우 경작불능보험금은 자기부담비율에 따라 아래 표와 같이 보험가입금액의 일정 비율을 곱하여 계산한다.

〈자기부담비율별 경작불능보험금표〉

| 자기부담비율 | 경작불능보험금 |
|---|---|
| 10%형 | 보험가입금액 × 45% |
| 15%형 | 보험가입금액 × 42% |
| 20%형 | 보험가입금액 × 40% |

| 30%형 | 보험가입금액 × 35% |
|---|---|
| 40%형 | 보험가입금액 × 30% |

**Tip** 자기부담비율 ⇨ 보장수준 ⇨ 절반   **예** 10%(자기부담비율) ⇨ 90%(보장수준) ⇨ 45%(= 90%/2)

나) 지급거절 사유

보험금 지급 대상 농지 품목이 산지폐기 등의 방법을 통해 시장으로 유통되지 않게 된 것이 확인되지 않으면 경작불능보험금을 지급하지 않는다.

다) 보험계약의 소멸

경작불능보험금을 지급한 때에는 그 손해보상의 원인이 생긴 때로부터 해당 농지에 대한 보험계약은 소멸되며, 이 경우 환급보험료는 발생하지 않는다.

〈그림 2-27〉 생산비보장방식 식물체 손해정도 비율 조사

3) 생산비보장보험금 산정

보험기간 내에 보장하는 재해로 피해가 발생한 경우 아래와 같이 계산한 생산비보장보험금을 지급한다.

가) 고추

(1) 생산비보장보험금 : 보험기간 내에 보장하는 재해로 피해가 발생한 경우 아래와 같이 계산한 생산비보장보험금을 지급한다.

(가) 병충해가 없는 경우

> (잔존보험가입금액 × 경과비율 × 피해율) − 자기부담금
> **Tip** 잔 가, 경, 피, 자 : 잠깐 강(그냥) 담배 피자
> ① 잔존보험가입금액 = 보험가입금액 − 보상액(기 발생 생산비보장 보험금 합계액)
> ② 자기부담금 = 잔존보험가입금액 × 보험 가입을 할 때 계약자가 선택한 비율

(나) 병충해가 있는 경우

> (잔존보험가입금액 × 경과비율 × 피해율 × 병충해 등급별 인정비율) - 자기부담금
> 
> **Tip** 잔 가, 경, 피, 병, 자 : 잠깐 걍(그냥) 피어 보자
> 
> ※ 잔존보험가입금액 = 보험가입금액 - 보상액(기 발생 생산비보장 보험금 합계액)

※ 병충해 등급별 인정비율은 〈별표7〉 참조

**Tip** 〈별표7〉 고추 병충해 등급별 인정비율

| 등급 | 종류 | 인정비율 |
|---|---|---|
| 1등급 | 역병, 풋마름병, 바이러스병, 세균성점무늬병, 탄저병 | 70% |
| 2등급 | 잿빛곰팡이병, 시들음병, 담배가루이, 담배나방 | 50% |
| 3등급 | 흰가루병, 균핵병, 무름병, 진딧물 및 기타 | 30% |

**Tip** 역, 세, 탄, 풋, 바(역세권 품바(가수)) / 잿, 시, 담배, 담배 / 흰, 무, 진, 균(하얀 연기가 진짜 균)
싫, 어, 해(7, 5, 3)

(2) 경과비율

  (가) 수확기 이전에 보험사고가 발생한 경우

> $$준비기생산비 계수 + \{(1 - 준비기생산비계수) \times \frac{생장일수}{표준생장일수}\}$$

① 준비기생산비계수는 49.5%로 한다.
   **Tip** 고(고추) / 풀어(브로콜리) : **사구 쳤 다**(49.5)~! / **다 다 쳤 구**(55.9)?
② 생장일수는 정식일로부터 사고발생일까지 경과일수로 한다.
   ※ 정식일 당일 사고의 경우 "0"일, 다음날 사고의 경우 "1일"
③ 표준생장일수(정식일로부터 수확개시일까지 표준적인 생장일수)는 사전에 설정된 값으로 100일로 한다.
④ 생장일수를 표준생장일수로 나눈 값은 1을 초과할 수 없다.

  (나) 수확기 중에 보험사고가 발생한 경우

> 1 - (수확일수 ÷ 표준수확일수)

① 수확일수는 수확개시일부터 사고발생일까지 경과일수로 한다.
② 표준수확일수는 수확개시일부터 수확종료일까지의 일수로 한다.

(3) 피해율

> 피해율 = 면적피해율 × 평균손해정도비율 × (1 - 미보상비율)
> 
> **Tip** **면적피**해율 × 평균**손**해정도**비**율 × (1 - **미**보상비율) : 면피, 손비, 일마미(임마야 미안해)

*면적피해율 : 피해면적(주수) ÷ 재배면적(주수)
*평균손해정도비율 : 피해면적을 일정 수의 표본구간으로 나누어 각 표본구간의 손해정도비율을 조사한 뒤 평균한 값

(4) 손해정도비율 〈별표6〉

**Tip** 〈별표6〉 표본구간별 손해정도에 따른 손해정도비율과 평균손해정도비율

(가) 손해정도비율

| 손해정도 | 1% ~ 20% | 21% ~ 40% | 41% ~ 60% | 61% ~ 80% | 81% ~ 100% |
|---|---|---|---|---|---|
| 손해정도비율 | 20% | 40% | 60% | 80% | 100% |

(나) 평균손해정도비율

$$\frac{\{(20\%형\ 피해\ 고추주수 \times 0.2) + (40\%형\ 피해\ 고추주수 \times 0.4) + (60\%형\ 피해\ 고추주수 \times 0.6) + (80\%형\ 피해\ 고추주수 \times 0.8) + (100형\ 피해\ 고추주수)\}}{(정상\ 고추주수 + 20\%형\ 피해\ 고추주수 + 40\%형\ 피해\ 고추주수 + 60\%형\ 피해\ 고추주수 + 80\%형\ 피해\ 고추주수 + 100\%형\ 피해\ 고추주수)}$$

나) 브로콜리

(1) **생산비보장보험금** : 보험기간 내에 보장하는 재해로 피해가 발생한 경우 아래와 같이 계산한 생산비보장보험금을 지급한다.

생산비보장보험금 = (잔존보험가입금액 × 경과비율 × 피해율) - 자기부담금

**Tip** 잔 가, 경, 피, 자 : 잠깐 갱(그냥) 담배 피자

① 잔존보험가입금액 = 보험가입금액 - 보상액(기 발생 생산비보장 보험금 합계액)
② 자기부담금 = 잔존보험가입금액 × 보험 가입을 할 때 계약자가 선택한 비율

(2) 경과비율

(가) 수확기 이전에 보험사고가 발생한 경우

$$준비기생산비\ 계수 + \{(1 - 준비기생산비계수) \times \frac{생장일수}{표준생장일수}\}$$

① 준비기생산비계수는 55.9%로 한다.
   **Tip** 고(고추) / 풀어(브로콜리) : **사구 쳤 다**(49.5)~! / **다 다 쳤 구**(55.9)?
② 생장일수는 정식일로부터 사고발생일까지 경과일수로 한다.
③ 표준생장일수(정식일로부터 수확개시일까지 표준적인 생장일수) 사전에 설정된 값으로 130일로 한다.
④ 생장일수를 표준생장일수로 나눈 값은 1을 초과할 수 없다.

(나) 수확기 중에 보험사고가 발생한 경우

> 1 - (수확일수 ÷ 표준수확일수)
> ① 수확일수는 수확개시일부터 사고발생일까지 경과일수로 한다.
> ② 표준수확일수는 수확개시일부터 수확종료일까지의 일수로 한다.

(3) 피해율

> 피해율 = 면적피해율 × 작물피해율 × (1 - 미보상비율)
> Tip **면적피**해율 × **작물피**해율 × (1 - **미**보상비율) : 면피, 작피, 일마미(임마야 미안해)
> ① 면적피해율 : 피해면적($m^2$) ÷ 재배면적($m^2$)
> ② 작물피해율은 피해면적 내 피해송이 수를 총 송이 수로 나누어 산출한다.
> ※ 피해송이는 송이별로 피해 정도에 따라 피해인정계수를 정하며, 피해송이 수는 피해송이별 피해인정계수의 합계로 산출

〈브로콜리 피해정도에 따른 피해인정 계수〉

| 구분 | 정상밭작물 | 50%형 피해밭작물 | 80%형 피해밭작물 | 100%형 피해밭작물 |
|---|---|---|---|---|
| 피해인정계수 | 0 | 0.5 | 0.8 | 1 |

Tip 작물피해율

$$\frac{\left(\begin{array}{c}50\%형\ 피해\\송이\ 개수\end{array} \times 0.5\right) + \left(\begin{array}{c}80\%형\ 피해\\송이\ 개수\end{array} \times 0.8\right) + \left(\begin{array}{c}100\%형\ 피해\\송이\ 개수\end{array}\right)}{\left(\begin{array}{c}정상\\송이\ 개수\end{array} + \begin{array}{c}50\%형\\피해송이\ 개수\end{array} + \begin{array}{c}80\%형\\피해송이\ 개수\end{array} + \begin{array}{c}100\%형\\피해송이\ 개수\end{array}\right)}$$

다) 메밀

(1) 생산비보장보험금은 보험가입금액에 피해율에서 자기부담비율을 뺀 값을 곱하여 산출한다.

> 생산비보장보험금 = 보험가입금액 × (피해율 - 자기부담비율)

(2) 피해율은 면적피해율 × (1 - 미보상비율)로 정한다.

> 피해율 = 면적피해율 × (1 - 미보상비율)

(3) 면적피해율은 피해면적($m^2$) ÷ 재배면적($m^2$)으로 산출한다.

> 면적피해율 = 피해면적 ÷ 재배면적
> ※ 피해면적 = (도복으로 인한 피해면적 × 70%) + (도복 이외 피해면적 × 평균손해정도비율)

(4) **자기부담비율**은 보험 가입을 할 때 계약자가 선택한 비율로 한다.

(5) **평균손해정도비율**은 도복 이외 피해면적을 일정 수의 표본구간으로 나누어 각 표본구간의 손해정도비율을 조사한 뒤 평균한 값으로, 각 표본구간별 손해정도비율〈별표6〉은 손해정도에 따라 결정한다.

**Tip 〈별표6〉 표본구간별 손해정도에 따른 손해정도비율과 평균손해정도비율**

(가) 손해정도비율

| 손해정도 | 1% ~ 20% | 21% ~ 40% | 41% ~ 60% | 61% ~ 80% | 81% ~ 100% |
|---|---|---|---|---|---|
| 손해정도비율 | 20% | 40% | 60% | 80% | 100% |

(나) 평균손해정도비율

$$\frac{(20\%형\ 피해\ 표면적 \times 0.2) + (40\%형\ 피해\ 표면적 \times 0.4) + (60\%형\ 피해\ 표면적 \times 0.6) + (80\%형\ 피해\ 표면적 \times 0.8) + (100\%형\ 피해\ 표면적 \times 1)}{(정상\ 표면적 + 20\%형\ 피해\ 면적 + 40\%형\ 피해\ 표면적 + 60\%형\ 피해\ 표면적 + 80\%형\ 피해\ 표면적 + 100\%형\ 피해\ 표면적)}$$

**Tip 면적피해율**

$$\left(도복으로\ 인한\ 피해면적 \times 70\%\right) + \left[도복\ 이외로\ 인한\ 피해면적 \times \frac{20\%형\ 피해\ 표본면적 \times 0.2 + 40\%형\ 피해\ 표본면적 \times 0.4 + 60\%형\ 피해\ 표본면적 \times 0.6 + 80\%형\ 피해\ 표본면적 \times 0.8 + 100\%형\ 피해\ 표본면적 \times 1}{표본면적\ 합계}\right]$$

라) 배추, 무, 파, 시금치, 단호박, 당근, 양상추

(1) **생산비보장보험금**은 보험가입금액에 피해율에서 자기부담비율을 뺀 값을 곱하여 산출한다.

생산비보장보험금 = 보험가입금액 × (피해율 − 자기부담비율)

(2) **피해율**은 면적피해율에 평균손해정도비율, (1 − 미보상비율)을 곱하여 산정하며, 각 요소는 아래 목과 같이 산출한다.

피해율 = 면적피해율 × 평균손해정도비율 × (1 − 미보상비율)

(가) **면적피해율** : 피해면적(주수) ÷ 재배면적(주수)

면적피해율 산정시 보상하지 않는 손해에 해당하는 피해면적(주수)는 제외하여 산출한다.

### (나) 평균손해정도비율

피해면적을 일정 수의 표본구간으로 나누어 각 표본구간의 손해정도비율을 조사한 뒤 평균한 값으로, 각 표본구간별 손해정도비율은 손해정도에 따라 〈별표6〉과 같이 결정한다.

> **Tip** 〈별표6〉 표본구간별 손해정도에 따른 손해정도비율과 평균손해정도비율
>
> (가) 손해정도비율
>
> | 손해정도 | 1% ~ 20% | 21% ~ 40% | 41% ~ 60% | 61% ~ 80% | 81% ~ 100% |
> |---|---|---|---|---|---|
> | 손해정도비율 | 20% | 40% | 60% | 80% | 100% |
>
> (나) 평균손해정도비율
>
> $$= \frac{(20\%형 피해작물 개수 \times 0.2) + (40\%형 피해작물 개수 \times 0.4) + (60\%형 피해작물 개수 \times 0.6) + (80\%형 피해작물 개수 \times 0.8) + (100\%형 피해작물 개수)}{(정상작물 개수 + 20\%형 피해작물 개수 + 40\%형 피해작물 개수 + 60\%형 피해작물 개수 + 80\%형 피해작물 개수 + 100\%형 피해작물 개수)}$$

### (다) 미보상비율

품목별 미보상비율 적용표〈별표2〉에 따라 조사한 미보상비율을 적용한다.

> **Tip** 〈별표2〉 농작물재해보험 미보상비율 적용표
>
> 〈감자, 고추 제외 전 품목〉
>
> | 구분 | 제초 상태 | 병해충 상태 | 기타 |
> |---|---|---|---|
> | 해당 없음 | 0% | 0% | 0% |
> | 미흡 | 10% 미만 | 10% 미만 | 10% 미만 |
> | 불량 | 20% 미만 | 20% 미만 | 20% 미만 |
> | 매우 불량 | 20% 이상 | 20% 이상 | 20% 이상 |
>
> 미보상 비율은 보장하는 재해 이외의 원인이 조사 농지의 수확량 감소에 영향을 준 비율을 의미하여 제초 상태, 병해충 상태 및 기타 항목에 따라 개별 적용한 후 해당 비율을 합산하여 산정한다.
>
> **1. 제초 상태**(과수품목은 피해율에 영향을 줄 수 있는 잡초만 해당)
>   가) 해당 없음 : 잡초가 농지 면적의 20% 미만으로 분포한 경우
>   나) 미흡 : 잡초가 농지 면적의 20% 이상 40% 미만으로 분포한 경우
>   다) 불량 : 잡초가 농지 면적의 40% 이상 60% 미만으로 분포한 경우 또는 경작불능

조사 진행건으로 정상적인 영농활동 시행을 증빙하는 자료(비료 및 농약 영수증 등)가 부족한 경우

라) **매우 불량** : 잡초가 농지 면적의 60% 이상으로 분포한 경우 또는 경작불능조사 진행건으로 정상적인 영농활동 시행을 증빙하는 자료(비료 및 농약 영수증 등)가 없는 경우

2. **병해충 상태**(각 품목에서 별도로 보상하는 병해충은 제외)

   가) **해당 없음** : 병해충이 농지 면적의 20% 미만으로 분포한 경우

   나) **미흡** : 병해충이 농지 면적의 20% 이상 40% 미만으로 분포한 경우

   다) **불량** : 병해충이 농지 면적의 40% 이상 60% 미만으로 분포한 경우 또는 경작불능조사 진행 건으로 정상적인 영농활동 시행을 증빙하는 자료(비료 및 농약 영수증 등)가 부족한 경우

   라) **매우 불량** : 병해충이 농지 면적의 60% 이상으로 분포한 경우 또는 경작불능조사 진행 건으로 정상적인 영농활동 시행을 증빙하는 자료(비료 및 농약 영수증 등)가 없는 경우

3. **기타** : 영농기술 부족, 영농상 실수 및 단순 생리장애 등 보상하는 손해 이외의 사유로 피해가 발생한 것으로 추정되는 경우[해거리, 생리장애(원소결핍 등), 시비관리, 토양관리(연작 및 pH과다·과소 등), 전정(강전정 등), 조방재배, 재식밀도(인수기준 이하), 농지상태(혼식, 멀칭, 급배수 등), 가입이전 사고 및 계약자 중과실손해, 자연감모, 보상재해이외(종자불량, 일부가입 등)]에 적용

   가) **해당 없음** : 위 사유로 인한 피해가 없는 것으로 판단되는 경우

   나) **미흡** : 위 사유로 인한 피해가 10% 미만으로 판단되는 경우

   다) **불량** : 위 사유로 인한 피해가 20% 미만으로 판단되는 경우

   라) **매우 불량** : 위 사유로 인한 피해가 20% 이상으로 판단되는 경우

(3) **자기부담비율**은 보험 가입을 할 때 계약자가 선택한 비율로 한다.

## 3 작물특정 및 시설종합위험 인삼손해보장방식

### 가. 작물특정 인삼손해보장

보장하는 재해[태풍(강풍), 폭설, 집중호우, 침수, 화재, 우박, 냉해, 폭염, 조수해로 인삼(작물)]에 직접적인 피해가 발생하여 자기부담비율(자기부담금)을 초과하는 손해가 발생한 경우 보험금이 지급된다.

### 나. 시설(해가림시설) 종합위험 손해보장

보장하는 재해(자연재해, 조수해(鳥獸害), 화재)로 해가림시설(시설)에 직접적인 피해가 발생하여 자기부담비율(자기부담금)을 초과하는 손해가 발생한 경우 보험금이 지급된다. 보험가입금액이 보험가액과 같거나 클 때에는 발생한 손해액에 자기부담금을 차감하여 보험금을 산정한다. 단, 보험가입금액이 보험가액보다 작을 때에는 보험가입금액을 한도로 비례보상하여 산정한다.

### 다. 시기별 조사 종류

| 생육시기 | 재해 | 조사내용 | 조사시기 | 조사방법 | 비고 |
|---|---|---|---|---|---|
| 보험 기간 내 | 태풍(강풍)·폭설·집중호우·침수·화재·우박·냉해·폭염·조수해 | 수확량 조사 | 피해 확인이 가능한 시기 | 보장하는 재해로 인하여 감소된 수확량 조사<br>• 조사방법 : 전수조사 또는 표본조사 | 인삼 |
| | 보장하는 재해 전부 | 해가림시설 조사 | 사고접수 후 지체 없이 | 보장하는 재해로 인하여 손해를 입은 시설 조사 | 해가림시설 |

**Tip** 작물특정 및 시설종합위험 인삼손해보장방식 시기별 조사 종류

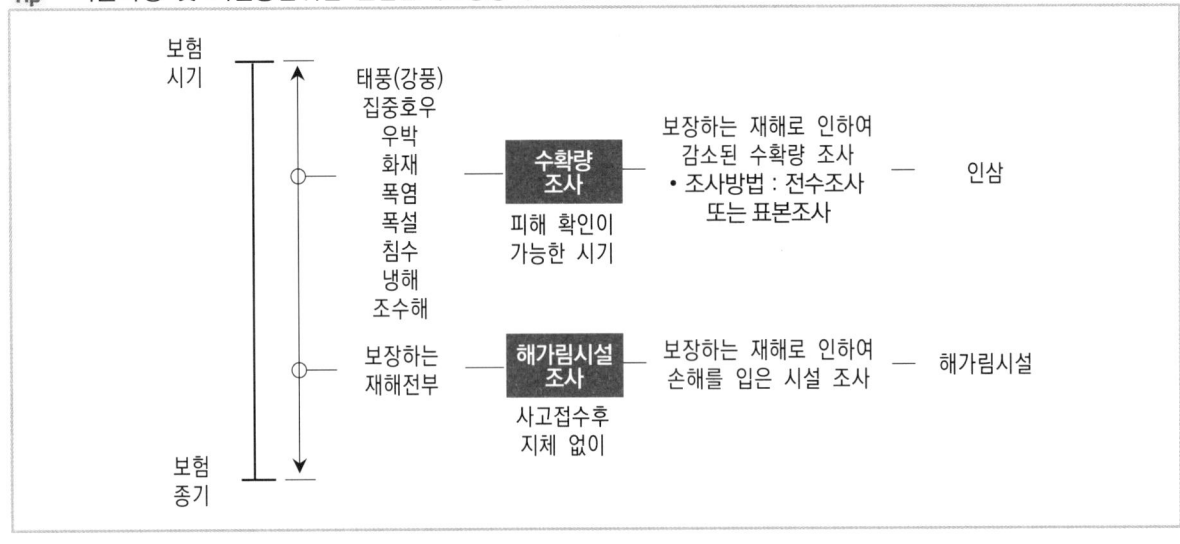

### 라. 손해평가 현지조사 종류 및 방법

#### 1) 최초가입 조사

**가)** 최초 가입한 농지(연속하여 가입하지 않은 농지로 해가림시설 단독 가입건 제외)에 대하여 가입 직후 실시하는 조사로, 다음 각 목에 해당하는 사항을 확인한다.

(1) 인삼 재배상태 조사

(가) 실제 경작면적 확인 : GPS면적측정기 또는 지형도 등을 이용하여 보험가입면적과 실제경작면적을 비교한다.

(나) 기 고사면적 확인 : 보장하는 재해로 인하여 해당 작물이 수확될 수 없는 면적을 확인한다.

(다) 인삼의 줄기, 잎 등의 생육상태를 점검하고 이를 확인할 수 없는 경우에는 계약자의 동의를 얻어 표본조사를 실시할 수 있다.

(2) 해가림시설 상태 조사

(가) 계약원장 및 현지 조사표를 확인하여 가입농지의 소재지 및 구조체 구입시기, 유형 등을 확인한다.

(나) 구조체 및 차광막 등이 정상적으로 설치되어 있는지를 확인한다.

**나)** 현지 조사 결과를 바탕으로 가입농지 상태가 적정하지 않다고 판단되는 경우 해당 내용을 조사표에 작성하고 농업보험부서에 보고한다.

#### 2) 피해사실 확인조사

**가) 적용 대상** : 인삼, 해가림시설

**나) 조사 대상** : 대상 재해로 사고 접수 농지 및 조사 필요 농지

**다) 대상 재해**

(1) 인삼 : 태풍(강풍), 폭설, 집중호우, 침수, 화재, 우박, 냉해, 폭염(특정위험), 조수해(鳥獸害)

(2) 해가림시설 : 자연재해, 조수해(鳥獸害), 화재(종합위험)

**라) 조사 시기** : 사고 접수 직후 실시

**마) 조사 방법** : 「피해사실 "조사 방법" 준용」

(1) 추가조사 필요 여부 판단

보장하는 재해 여부 및 피해 정도 등을 감안하여 추가조사(수확량조사 및 해가림시설손해조사)가 필요한지 여부를 판단하여 해당 내용에 대하여 계약자에게 안내하고, 추가조사가 필요할 것으로 판단된 경우에는 손해평가반 구성 및 추가조사 일정을 수립한다.

#### 3) 수확량조사

**가) 적용 품목** : 인삼

**나) 조사 대상** : 피해사실 확인조사 시 수확량조사가 필요하다고 판단된 농지

**다) 조사 시기** : 수확량 확인이 가능한 시기

**라) 조사 방법** : 다음에 해당하는 사항을 확인한다.

(1) 보장하는 재해 여부 심사

농지 및 작물 상태 등을 감안하여 보장하는 재해로 인한 피해가 맞는지 확인하며, 필요시에는 이에 대한 근거자료(피해사실 확인조사 참조)를 확보할 수 있다.

(2) 수확량조사 적기 판단 및 시기 결정

조사 시점이 인삼의 수확량을 확인하는 데 적절한지 검토하고, 부적절한 경우 조사 일정을 조정한다.

(3) 전체 칸수 및 칸 넓이 조사

(가) 전체 칸수조사

농지 내 경작 칸수를 센다.
[단, 칸수를 직접 세는 것이 불가능할 경우에는 경작면적을 이용한 칸수조사(경작면적 ÷ 칸 넓이)도 가능하다.]

(나) 칸 넓이 조사

지주목간격, 두둑 폭 및 고랑 폭을 조사하여 칸 넓이를 구한다.

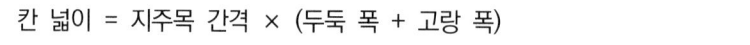
칸 넓이 = 지주목 간격 × (두둑 폭 + 고랑 폭)

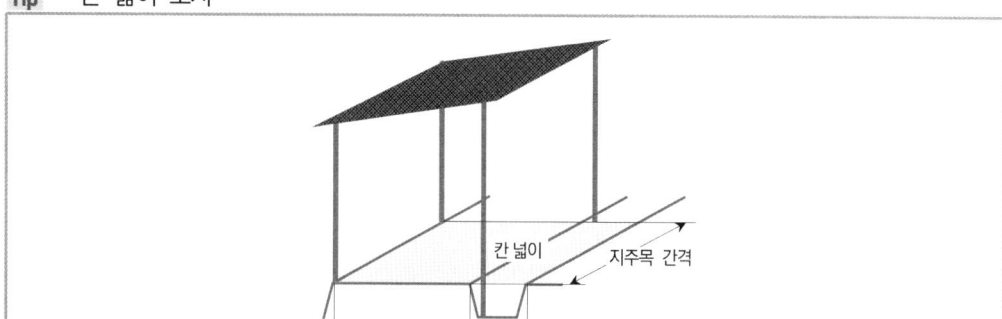
Tip 칸 넓이 조사

(4) 조사 방법에 따른 수확량 확인

(가) 전수조사

① 칸수 조사 : 금번 수확칸수, 미수확칸수 및 기수확칸수를 확인한다.
② 실 수확량 확인 : 수확한 인삼 무게를 확인한다.

(나) 표본조사

① 칸수 조사 : 정상 칸수 및 피해 칸수를 확인한다.

② 표본칸 선정

피해칸수에 따라 적정 표본칸수를 선정하고, 해당 수의 칸이 피해칸에 골고루 배치될 수 있도록 표본칸을 선정한다. 〈별표1〉

**Tip** 〈별표1〉 품목별 표본주(구간)수 표

〈인삼〉

| 피해칸수 | 표본칸수 | 피해칸수 | 표본칸수 |
|---|---|---|---|
| 300칸 미만 | 3칸 | 900칸 이상 1,200칸 미만 | 7칸 |
| 300칸 이상 500칸 미만 | 4칸 | 1,200칸 이상 1,500칸 미만 | 8칸 |
| 500칸 이상 700칸 미만 | 5칸 | 1,500칸 이상 1,800칸 미만 | 9칸 |
| 700칸 이상 900칸 미만 | 6칸 | 1,800칸 이상 | 10칸 |

③ 인삼 수확 및 무게 측정 : 표본칸 내 인삼을 모두 수확한 후 무게를 측정한다.

4) 인삼 해가림시설 손해조사

**가) 적용 대상** : 해가림시설

**나) 조사 대상** : 인삼 해가림시설 사고가 접수된 농지

**다) 조사 시기** : 사고접수 직후

**라) 조사 방법** : 다음에 해당하는 사항을 확인한다.

(1) 보장하는 재해 여부 심사

농지 및 작물 상태 등을 감안하여 보장하는 재해로 인한 피해가 맞는지 확인하며, 필요시에는 이에 대한 근거자료(피해사실 확인조사 참조)를 확보한다.

(2) 전체 칸수 및 칸 넓이 조사

(가) 전체 칸수조사

농지 내 경작 칸수를 센다.

[단, 칸수를 직접 세는 것이 불가능할 경우에는 경작면적을 이용한 칸수조사(경작면적 ÷ 칸 넓이)도 가능하다.]

(나) 칸 넓이 조사

지주목 간격, 두둑 폭 및 고랑 폭을 조사하여 칸 넓이를 구한다.

> 칸 넓이 = 지주목 간격 × (두둑 폭 + 고랑 폭)

(3) 피해 칸수 조사

피해 칸에 대하여 전체파손 및 부분파손(20%형, 40%형, 60%형, 80%형)으로 나누어 각 칸수를 조사한다.

〈그림 2-28〉 해가림시설 손해조사

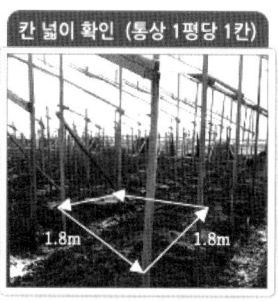  

(4) 손해액 산정

(가) 단위면적당 시설가액표, 파손 칸수 및 파손 정도 등을 참고하여 실제 피해에 대한 복구비용을 기평가한 재조달가액으로 산출한 피해액을 산정한다.

실제 피해에 대한 복구비용 = 기평가한 재조달가액으로 산출한 피해액

(나) 산출된 피해액에 대하여 감가상각(월 단위)을 적용하여 손해액을 산정한다.

손해액 = 산출된 피해액 - 감가상각액(월 단위)

**Tip** 기본적인 손해액 산정의 이해

손해가 생긴 때와 곳에서의 보험가액은 재조달가액 기준 감가율 20%이며 피해액은 재조달가액 기준 40%라고 가정하는 경우

① 재조달가액을 기준으로 피해액을 감가상각하여 손해액을 산출하는 경우

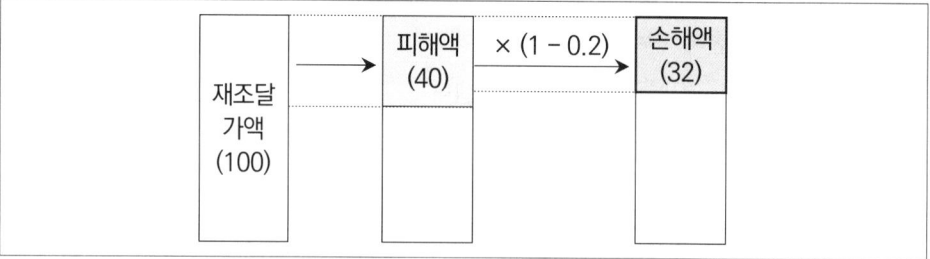

② 보험가액(재조달가액 - 감가상각액)을 기준으로 손해액을 산출하는 경우(결과는 동일)

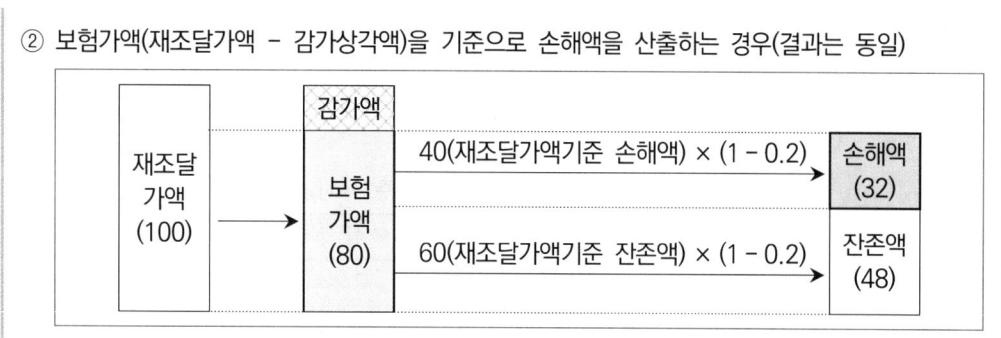

다만, 피해액이 보험가액의 20% 이하인 경우에는 감가를 적용하지 않고, 피해액이 보험가액의 20%를 초과하면서 감가 후 피해액이 보험가액의 20% 미만인 경우에는 보험가액의 20%를 손해액으로 산출한다.

**Tip** 예외적인 손해액 결정

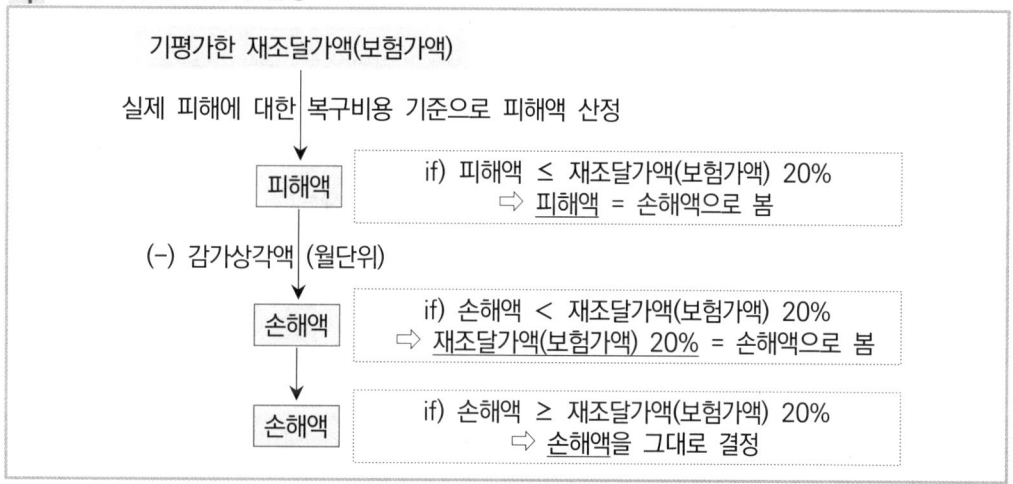

〈인삼 해가림시설 감가율〉

| 유형 | 내용연수 | 경년감가율 |
|---|---|---|
| 목재 | 6년 | 13.33% |
| 철재 | 18년 | 4.44% |

※ 월 단위 감가상각을 적용하며 적용방식은 경과월수(= 사고연월 - 최초구조체구입연월)를 산출하여 월 감가 적용함

(다) 재조달가액 보장 특별약관에 가입한 경우에는 재조달가액(보험의 목적과 동형, 동질의 신품을 재조달하는 데 소요되는 금액) 기준으로 계산한 손해액을 산출한다. 단, 보험의 목적이 손해를 입은 장소에서 실제로 수리 또는 복구되지 않은 때에는 재조달가액에 의한 보상을 하지 않고 시가(감가상각된 금액)로 보상한다.

### 5) 미보상비율 조사(모든 조사 시 동시 조사)

상기 모든 조사마다 미보상비율 적용표〈별표2〉에 따라 미보상비율을 조사한다.

**Tip** 〈별표2〉 농작물재해보험 미보상비율 적용표

| 〈감자, 고추 제외 전 품목〉 ||||
|---|---|---|---|
| 구분 | 제초 상태 | 병해충 상태 | 기타 |
| 해당 없음 | 0% | 0% | 0% |
| 미흡 | 10% 미만 | 10% 미만 | 10% 미만 |
| 불량 | 20% 미만 | 20% 미만 | 20% 미만 |
| 매우 불량 | 20% 이상 | 20% 이상 | 20% 이상 |

미보상 비율은 보장하는 재해 이외의 원인이 조사 농지의 수확량 감소에 영향을 준 비율을 의미하여 제초 상태, 병해충 상태 및 기타 항목에 따라 개별 적용한 후 해당 비율을 합산하여 산정한다.

1. **제초 상태**(과수품목은 피해율에 영향을 줄 수 있는 잡초만 해당)
   가) 해당 없음 : 잡초가 농지 면적의 20% 미만으로 분포한 경우
   나) 미흡 : 잡초가 농지 면적의 20% 이상 40% 미만으로 분포한 경우
   다) 불량 : 잡초가 농지 면적의 40% 이상 60% 미만으로 분포한 경우 또는 경작불능조사 진행건으로 정상적인 영농활동 시행을 증빙하는 자료(비료 및 농약 영수증 등)가 부족한 경우
   라) 매우 불량 : 잡초가 농지 면적의 60% 이상으로 분포한 경우 또는 경작불능조사 진행건으로 정상적인 영농활동 시행을 증빙하는 자료(비료 및 농약 영수증 등)가 없는 경우

2. **병해충 상태**(각 품목에서 별도로 보상하는 병해충은 제외)
   가) 해당 없음 : 병해충이 농지 면적의 20% 미만으로 분포한 경우
   나) 미흡 : 병해충이 농지 면적의 20% 이상 40% 미만으로 분포한 경우
   다) 불량 : 병해충이 농지 면적의 40% 이상 60% 미만으로 분포한 경우 또는 경작불능조사 진행건으로 정상적인 영농활동 시행을 증빙하는 자료(비료 및 농약 영수증 등)가 부족한 경우
   라) 매우 불량 : 병해충이 농지 면적의 60% 이상으로 분포한 경우 또는 경작불능조사 진행 건으로 정상적인 영농활동 시행을 증빙하는 자료(비료 및 농약 영수증 등)가 없는 경우

3. **기타** : 영농기술 부족, 영농상 실수 및 단순 생리장애 등 보상하는 손해 이외의 사유로 피해가 발생한 것으로 추정되는 경우[해거리, 생리장애(원소결핍 등), 시비관리, 토양관리(연작 및 과다·과소 등), 전정(강전정 등), 조방재배, 재식밀도(인수기준 이하), 농지상태(혼식, 멀칭, 급배수 등), 가입이전 사고 및 계약자 중과실손해, 자연감모, 보상재해이외(종자불량, 일부가입 등)]에 적용
   가) 해당 없음 : 위 사유로 인한 피해가 없는 것으로 판단되는 경우
   나) 미흡 : 위 사유로 인한 피해가 10% 미만으로 판단되는 경우

다) 불량 : 위 사유로 인한 피해가 20% 미만으로 판단되는 경우
라) 매우 불량 : 위 사유로 인한 피해가 20% 이상으로 판단되는 경우

## 마. 보험금 산정방법 및 지급기준

### 1) 인삼보험금 산정

가) 지급 사유

보험기간 내에 보장하는 재해로 피해율이 자기부담비율을 초과하는 경우 보험금은 아래에 따라 계산한다.

$$지급보험금 = 보험가입금액 \times (피해율 - 자기부담비율)$$

나) 2회 이상 보험사고가 발생하는 경우의 지급보험금은 가)호에 따라 산정된 보험금에서 기발생지급보험금을 차감하여 계산한다.

다) 피해율

보장하는 재해로 피해가 발생한 경우 연근별기준수확량에서 수확량을 뺀 후 연근별기준수확량으로 나눈 값에 피해면적을 재배면적으로 나눈 값을 곱하여 산출한다.

$$피해율 = \left(1 - \frac{수확량}{연근별기준수확량}\right) \times \frac{피해면적}{재배면적}$$

**Tip** 일(1) 마(−) 수(수확량) 기(기준수확량) 고(×) 피(피해면적) 빼(재배면적) : 인삼 쓰는 모습 보기 싫어 고개 눌러 숙이고 피빼~!

⟨연근별 기준수확량(가입 당시 년근 기준)⟩  (단위 : kg/㎡)

| 구분 | 2년근 | 3년근 | 4년근 | 5년근 |
|---|---|---|---|---|
| 불량 | 0.45 | 0.57 | 0.64 | 0.66 |
| 표준 | 0.50 | 0.64 | 0.71 | 0.73 |
| 우수 | 0.55 | 0.70 | 0.78 | 0.81 |

※ **수확량 계산방법** : 단위면적당 조사수확량과 단위면적당 미보상감수량을 합하여 계산한다. 단위면적당 조사수확량은 총수확량을 금차수확면적(금차수확칸수 × 조사칸넓이)으로 나누어 계산한다. 단위면적당 미보상감수량은 기준수확량에서 단위면적당 조사수확량을 뺀 값과 미보상비율을 곱하여 계산한다.

수확량 = 단위면적당 조사수확량 + 단위면적당 미보상감수량

① 단위면적당 조사수확량 = $\frac{총조사수확량}{금차 수확면적}$  *금차 수확면적 = 금차 수확칸수 × 조사칸넓이

② 단위면적당 미보상감수량 = (기준수확량 − 단위면적당 조사수확량) × 미보상비율

### 라) 자기부담비율

자기부담비율은 보험 가입을 할 때 계약자가 선택한 비율로 한다.

### 마) 보험금 등의 지급한도

(1) 재해보험사업자가 지급하여야 할 보험금은 상기 가)·나)·다)·라)를 적용하여 계산하며 보험증권에 기재된 인삼의 보험가입금액을 한도로 한다.

(2) 손해방지비용, 대위권 보전비용, 잔존물 보전비용[62]은 보험가입금액을 초과하는 경우에도 지급한다.[63] 단, 농지별 손해방지비용은 20만원을 한도로 지급한다.

$$\text{농지별 손해방지비용} \leq 20\text{만원}$$

(3) 비용손해 중 기타 협력비용은 보험가입금액을 초과한 경우에도 전액 지급한다.

> **Tip** 인삼 수확량조사 – 조사시기 : 수확량 확인이 가능한 시점
>
> (1) 전수조사 시
>
> $$\text{피해율} = \left(1 - \frac{\text{수확량}}{\text{연근별기준수확량}}\right) \times \frac{\text{피해면적}}{\text{재배면적}}$$
>
> (가) 수확량 = 단위면적당 조사수확량 + 단위면적당 미보상감수량
>
> ① 단위면적당 조사수확량 = $\dfrac{\text{총조사수확량}}{\text{금차 수확면적}}$
>
> \*금차 수확면적 = 금차 수확칸수 × 지주목간격 × (두둑폭 + 고랑폭)
>
> ② 단위면적당 미보상감수량 = (기준수확량 – 단위면적당 조사수확량) × 미보상비율
>
> (나) 피해면적 = 금차 수확칸수
>
> (다) 재배면적 = 실제경작칸수
>
> (2) 표본조사 시
>
> $$\text{피해율} = \left(1 - \frac{\text{수확량}}{\text{연근별기준수확량}}\right) \times \frac{\text{피해면적}}{\text{재배면적}}$$
>
> (가) 수확량 = 단위면적당 조사수확량 + 단위면적당 미보상감수량
>
> ① 단위면적당 조사수확량 = $\dfrac{\text{표본수확량 합계}}{\text{표본칸 면적}}$
>
> \*표본칸 면적 = 표본칸 수 × 지주목간격 × (두둑폭 + 고랑폭)
>
> ② 단위면적당 미보상감수량 = (기준수확량 – 단위면적당 조사수확량) × 미보상비율

---

[62] 단, 재해보험사업자가 잔존물을 취득할 의사표시를 하고 잔존물을 취득한 경우에 한하여 지급한다.
[63] 보험의 목적이 인삼일 경우, 잔존물 제거비용은 지급하지 않는다.

(나) 피해면적 = 피해칸수
(다) 재배면적 = 실제경작칸수

2) 인삼 해가림시설 보험금 산정

  가) 지급 사유

  보험기간 내에 보상하는 손해로 손해액이 자기부담금을 초과하는 경우 보험금은 아래에 따라 계산한다.

  (1) 보험가입금액이 보험가액과 같거나 클 때

  보험가입금액을 한도로 손해액에서 자기부담금을 차감한 금액. 그러나 보험가입금액이 보험가액보다 클 때에는 보험가액을 한도로 한다.

  $$지급보험금 = (손해액 - 자기부담금)$$

  (2) 보험가입금액이 보험가액보다 작을 때

  보험가입금액을 한도로 다음과 같이 비례보상

  (가) 재조달가액 보장 특별약관에 가입하지 아니한 경우

  $$지급보험금 = (손해액 - 자기부담금) \times (보험가입금액 \div 보험가액)$$

  (나) 재조달가액 보장 특별약관에 가입한 경우

  $$지급보험금 = (손해액 - 자기부담금) \times (보험가입금액 \div 재조달가액)$$

  *자기부담금은 최소자기부담금(10만원)과 최대자기부담금(100만원)을 한도로 손해액의 10%에 해당하는 금액을 적용한다.

  (3) 위 (1)과 (2)에서 **손해액**이란 그 손해가 생긴 때와 곳에서의 보험가액을 말한다.

 나) 동일한 계약의 목적과 동일한 사고에 관하여 보험금을 지급하는 다른 계약[공제계약(각종 공제회에 가입되어 있는 계약)을 포함한다]이 있고 이들의 보험가입금액의 합계액이 보험가액보다 클 경우에는 〈별표8〉에 따라 보험금을 계산한다.

 이 경우 보험자 1인에 대한 보험금 청구를 포기한 경우에도 다른 보험자의 보험금 결정에는 영향을 미치지 않는다.

**Tip** 〈별표8〉 동일한 계약의 목적과 사고에 관한 보험금 계산방법

(1) 다른 계약이 이 계약과 지급보험금의 계산 방법이 같은 경우

$$\text{손해액} \times \frac{\text{이 계약의 보험가입금액}}{\text{다른 계약이 없는 것으로 하여 각각 계산한 보험가입금액의 합계액}}$$

(2) 다른 계약이 이 계약과 지급보험금의 계산 방법이 다른 경우

$$\text{손해액} \times \frac{\text{이 계약에 의한 보험금}}{\text{다른 계약이 없는 것으로 하여 각각 계산한 보험금의 합계액}}$$

다) 보험금 등의 지급한도

(1) 보장하는 재해로 재해보험사업자가 지급할 보험금과 잔존물 제거비용은 각각 상기 가)·나)를 적용하여 계산하며, 그 합계액은 보험증권에 기재된 해가림시설의 보험가입금액을 한도로 한다. 단, 잔존물 제거비용은 손해액의 10%를 초과할 수 없다.

$$\text{보험금} + \text{잔존물 제거비용(손해액 10\% 이내)} \leq \text{보험가입금액}$$

(2) 비용손해 중 손해방지비용, 대위권 보전비용, 잔존물 보전비용[64]은 상기 가)·나)를 적용하여 계산한 금액이 보험가입금액을 초과하는 경우에도 지급한다. 단, 농지별 손해방지비용은 20만원을 한도로 지급한다.

$$\text{농지별 손해방지비용} \leq 20\text{만원}$$

(3) 비용손해 중 기타 협력비용은 보험가입금액을 초과한 경우에도 전액 지급한다.

**Tip** 비가림시설(작물), 해가림시설(인삼), 농업용시설과 부대시설(시설작물, 버섯작물) 비용 손해

가) 작물(포도, 대추, 참다래, 인삼, 시설작물, 버섯작물)
   (1) 잔존물 제거비용 : 적용하지 않는다.
   (2) 손해방지비용(20만원을 한도), 대위권 보전비용, 잔존물 보전비용
      작물 보험금계산과 동일한 방법으로 계산하므로 자기부담비율(자기부담금)을 적용한다.
   (3) 기타 협력비용 : 다른 적용 없이 전액 지급한다.
다) 비가림시설, 해가림시설, 농업용시설과 부대시설 : 일부보험, 중복보험의 경우 비례 보상한다.
   (1) 잔존물 제거비용
      자기부담금을 적용하지 않고 보험금계산과 동일한 방법으로 계산한다. (다만, 아래 한도)

---

[64] 단, 재해보험사업자가 잔존물을 취득할 의사표시를 하고 잔존물을 취득한 경우에 한하여 지급한다

> 보험금 + 잔존물 제거비용(손해액 10% 한도) ≤ 보험가입금액

(2) 손해방지비용, 대위권 보전비용, 잔존물 보전비용
   자기부담금을 적용하지 않고 보험금계산과 동일한 방법으로 계산한다. (원칙 : 한도 없음)
   *해가림시설의 경우 : 농지별 손해방지비용은 20만원을 한도로 한다.

(3) 기타 협력비용 : 다른 적용 없이 전액 지급한다.

## 제5절 종합위험 시설작물 손해평가 및 보험금 산정(대상 : 원예시설 및 시설작물, 버섯재배사 및 버섯작물)

### 1 보험의 목적

#### 가. 원예시설

1) **농업용 시설물**

   단동하우스(광폭형하우스를 포함한다), 연동하우스 및 유리(경질판)온실의 구조체 및 피복재

2) **부대시설** : 보험의 목적인 부대시설은 아래의 물건 등을 말한다.

   가) 시설재배 농작물의 재배를 위하여 농업용 시설물 내부 구조체에 연결, 부착되어 외부에 노출되지 않은 시설물

   나) 시설재배 농작물의 재배를 위하여 농업용 시설물 내부 지면에 고정되어 이동 불가능한 시설물

   다) 시설재배 농작물의 재배를 위하여 지붕 및 기둥 또는 외벽을 갖춘 외부 구조체 내에 고정·부착된 시설물

3) **시설재배 농작물**

   가) 화훼류 : 국화, 장미, 백합, 카네이션

   나) 비화훼류 : 딸기, 오이, 토마토, 참외, 고추, 호박, 수박, 멜론, 파프리카, 상추, 부추, 시금치, 가지, 배추, 파(대파·쪽파), 무, 쑥갓, 미나리, 감자

#### 나. 버섯

1) **농업용 시설물(버섯재배사)**

   단동하우스(광폭형하우스를 포함한다), 연동하우스 및 경량철골조 등 버섯작물 재배용으로 사용하는 구조체, 피복재 또는 벽으로 구성된 시설

2) 부대시설

버섯작물 재배를 위하여 농업용시설물(버섯재배사)에 부대하여 설치한 시설(단, 동산시설은 제외함)

가) 버섯작물 재배를 위하여 농업용 시설물(버섯재배사) 내부 구조체에 연결, 부착되어 외부에 노출되지 않은 시설물

나) 버섯작물의 재배를 위하여 농업용 시설물(버섯재배사) 내부 지면에 고정되어 이동 불가능한 시설물

다) 버섯작물의 재배를 위하여 지붕 및 기둥 또는 외벽을 갖춘 외부 구조체 내에 고정·부착된 시설물

3) 시설재배

버섯농업용 시설물(버섯재배사) 및 부대시설을 이용하여 재배하는 느타리버섯(균상재배, 병재배), 표고버섯(원목재배, 톱밥배지재배), 새송이버섯(병재배), 양송이버섯(균상재배)

## 2  손해평가 및 보험금 산정

### 가. 손해평가 현지조사 방법

1) 농업용 시설물 및 부대시설 손해조사

가) 조사기준

(1) 손해가 생긴 때와 곳에서의 가액에 따라 손해액을 산출하며, 손해액 산출 시에는 농업용시설물 감가율을 적용한다.

⟨농업용 시설물 감가율⟩

1. 고정식 하우스

| 구분 | | 내용연수 | 경년감가율 |
|---|---|---|---|
| 구조체 | 단동하우스 | 10년 | 8%  Tip 80%÷10년 = 8% |
| | 연동하우스 | 15년 | 5.3%  Tip 80%÷15년 = 5.3% |
| 피복재 | 장수PE, 삼중EVA, 기능성필름, 기타 | 1년 | 40% 고정감가 |
| | 장기성Po | 5년 | 16%  Tip 80%÷5년 = 16% |

2. 이동식 하우스(최초 설치년도 기준)

| 구분 | 경과기간 | | | |
|---|---|---|---|---|
| | 1년 이하 | 2~4년 | 5~8년 | 9년 이상 |
| 구조체 (고정감가) | 0% | 30% | 50% | 70% |
| 피복재 | 40%(고정감가) | | | |

3. 유리온실 부대시설

| 구분 | | 내용연수 | 경년감가율 |
|---|---|---|---|
| 부대시설 | | 8년 | 10%  Tip 80%÷8년 = 10% |
| 유리온실 | 철골조/석조/연와석조 | 60년 | 1.33%  Tip 80%÷60년 = 1.33% |
| | 블록조/경량철골조/단열판넬조 | 40년 | 2.0%  Tip 80%÷40년 = 2% |

※ 유리온실은 손해보험협회가 발행한 『보험가액 및 손해액의 평가기준』 건물의 추정 내용 연수 및 경년 감가율표를 준용
※ 경년감가율은 월단위로 적용(경과 연수 = 사고년월 − 취득년월)하여 월단위 감가를 적용한다. 다만, 고정식하우스의 피복재(내용 연수 1년)와 이동식하우스의 구조체, 피복재는 고정감가를 적용

(2) 재조달가액 보장 특별약관에 가입한 경우에는 재조달가액(보험의 목적과 동형 동질의 신품을 조달하는 데 소요되는 금액)기준으로 계산한 손해액을 산출한다. 단, 보험의 목적이 손해를 입은 장소에서 실제로 수리 또는 복구되지 않은 때에는 재조달가액에 의한 보상을 하지 않고 시가(감가상각된 금액)로 보상한다.

나) 평가단위

물리적으로 분리 가능한 시설 1동을 기준으로 계약 원장에 기재된 목적물별로 평가한다.

다) 조사 방법

(1) 계약사항 확인

(가) 계약 원장 및 현지 조사표를 확인하여 사고 목적물의 소재지 및 보험시기 등을 확인한다.

(나) 계약 원장 상의 하우스 규격(단동, 연동, 피복재 종류 등)을 확인한다.

(2) 사고 현장 방문

(가) 계약 원장 상의 목적물과 실제 목적물 소재지 일치 여부를 확인한다.

(나) 면담을 통해 사고 경위, 사고 일시 등을 확인한다.

(다) 면담 결과, 사고 경위, 기상청 자료 등을 감안하여 보장하는 재해로 인한 손해가 맞는지를 판단한다.

(3) 손해평가

(가) 피복재

다음을 참고하여 하우스 폭에 피해길이를 감안하여 피해 범위를 산정한다.

① 전체 교체가 필요하다고 판단되어 전체 교체를 한 경우 전체 피해로 인정
② 전체 교체가 필요하다고 판단되지만 부분 교체를 한 경우 교체한 부분만 피해로 인정
③ 전체 교체가 필요하지 않는다고 판단되는 경우 피해가 발생한 부분만 피해로 인정

(나) 구조체 및 부대시설

다음을 참고하여 교체수량(비용), 보수 및 수리 면적(비용)을 산정하되, 재사용할 수 없는 경우(보수 불가) 또는 수리 비용이 교체비용보다 클 경우에는 재조달비용을 산정한다.

① 손상된 골조(부대시설)를 재사용할 수 없는 경우는 교체수량 확인 후 교체 비용 산정
② 손상된 골조(부대시설)를 재사용할 수 있는 경우는 수리 및 보수비용 산정

〈그림 2-29〉 시설하우스 손해조사

| 조사 방법 | 관련사진 |
|---|---|
| **1 손해액 조사**<br>- 피복재 : 피복재의 피해면적 조사<br>- 구조체<br>　• 손상된 골조를 재사용할 수 없는 경우<br>　　: 교체수량<br>　• 손상된 골조를 재사용할 수 있는 경우<br>　　: 보수면적 확인<br>- 부대시설<br>　: 보상 가능한 목적물 중 피해목적물에 대한 피해정도 조사 후 수리 및 보수비용 확인<br>**2 잔존물 확인**<br>- 피해목적물을 재사용(수리·복구)할 수 없는 경우 경제적 가치 확인 | <br>침수로 매몰된 하우스<br><br>강풍 피해 하우스<br><br>화재 피해 하우스 |

(다) 인건비

실제 투입된 인력, 시방서, 견적서, 영수증 및 시장조사를 통해 피복재 및 구조체 시공에 소모된 인건비 등을 감안하여 산정한다.

2) 원예시설작물·시설재배 버섯 손해조사

가) 조사기준

(1) 1사고마다 생산비보장 보험금을 보험가입금액 한도 내에서 보상한다.
(2) 평가단위는 목적물 단위로 한다.
(3) 동일 작기에서 2회 이상 사고가 난 경우 동일 작기 작물의 이전 사고의 피해를 감안하여 산정한다.
(4) 평가 시점은 피해의 확정이 가능한 시점으로 한다.

나) 조사 방법

(1) 계약사항 확인

(가) 계약 원장 및 현지 조사표를 확인하여 사고 목적물의 소재지 및 보험시기 등을 확인한다.
(나) 계약 원장 상의 하우스 규격 및 재배면적 등을 확인한다.

(2) 사고 현장 방문

(가) 면담을 통해 사고 경위, 사고 일자 등을 확인한다.

(나) 기상청 자료 확인, 계약자 면담, 작물의 상태 등을 고려하여 보장하는 재해로 인한 피해 여부를 확인하며, 필요 시 계약자에게 아래의 자료를 요청하여 보장하는 재해 여부를 판단한다.

① 농업기술센터 의견서
② 출하내역서(과거 출하내역 포함)
③ 기타 정상적인 영농활동을 입증할 수 있는 자료 등

(다) 재배 일정 확인(정식·파종·종균접종일, 수확개시·수확종료일 확인)

① 문답 조사를 통하여 확인
② 필요 시 재배 일정 관련 증빙서류 확인 ※ 모종 구매내역, 출하 관련 증명서, 영농일지 등

(라) 사고 일자 확인 : 계약자 면담, 기상청 자료 등을 토대로 사고 일자를 특정한다.

① 수확기 이전 사고

연속적인 자연재해(폭염, 냉해 등)로 사고 일자를 특정할 수 없는 경우에는 기상특보 발령 일자를 사고 일자로 추정한다. 다만 지역적 재해 특성, 계약자별 피해 정도 등을 고려하여 이를 달리 정할 수 있다.

② 수확기 중 사고

연속적인 자연재해(폭염, 냉해 등)로 사고 일자를 특정할 수 없는 경우에는 최종 출하 일자를 사고 일자로 추정한다. 다만 지역적 재해 특성, 계약자별 피해 정도 등을 고려하여 이를 달리 정할 수 있다.

다) 손해조사

(1) 경과비율 산출

사고 현장 방문 시 확인한 정식일자(파종·종균접종일), 수확개시일자, 수확종료일자, 사고 일자를 토대로 작물별 경과비율을 산출한다.

(2) 재배비율 및 피해비율 확인

해당 작물의 재배면적(주수) 및 피해면적(주수)를 조사한다.

(3) 손해정도비율

보험목적물의 뿌리, 줄기, 잎 과실 등에 발생한 부분의 손해정도비율〈별표6〉을 산정한다.

Tip 〈별표6〉 표본구간별 손해정도에 따른 손해정도비율

| 손해정도 | 1% ~ 20% | 21% ~ 40% | 41% ~ 60% | 61% ~ 80% | 81% ~ 100% |
|---|---|---|---|---|---|
| 손해정도비율 | 20% | 40% | 60% | 80% | 100% |

### 3) 화재대물배상책임 조사

피보험자가 보험증권에 기재된 농업용 시설물 및 부대시설 내에서 발생한 화재사고로 타인의 재물을 망가뜨려 법률상의 배상책임이 발생한 경우에 한하여 조사한다.

## 나. 보험금 산정 방법 및 지급기준

### 1) 농업용 시설물 및 부대시설 보험금 산정

가) 시설하우스의 손해액은 구조체(파이프, 경량철골조) 손해액에 피복재 손해액을 합하여 산정하고 부대시설 손해액은 별도로 산정한다.

나) 손해액 산출 기준

(1) 손해가 생긴 때와 곳에서의 가액에 따라 농업용 시설물 감가율을 적용한 손해액을 산출한다.

(2) 재조달가액 보장 특별약관에 가입한 경우에는 감가율을 적용하지 않고 재조달가액 기준으로 계산한 손해액을 산출한다. 단, 보험의 목적이 손해를 입은 장소에서 실제로 수리 또는 복구되지 않은 때에는 재조달가액에 의한 보상을 하지 않고 시가(감가상각된 금액)로 보상한다.

다) 보장하는 재해로 인하여 손해가 발생한 경우 계약자 또는 피보험자가 지출한 아래의 비용을 추가로 지급한다. 단, 보험의 목적 중 농작물의 경우 잔존물 제거비용은 지급하지 않는다.

(1) 잔존물 제거비용 : 사고현장에서의 잔존물의 해체비용, 청소비용 및 차에 싣는 비용. 보험금과 잔존물 제거비용의 합계액은 보험증권에 기재된 보험가입금액을 한도로 하며 잔존물 제거비용은 손해액의 10%를 초과할 수 없다.

> 보험금 + 잔존물 제거비용(손해액 10% 이내) ≤ 보험가입금액

(2) 손해방지비용 : 손해의 방지 또는 경감을 위하여 지출한 필요 또는 유익한 비용

(3) 대위권 보전비용 : 제3자로부터 손해의 배상을 받을 수 있는 경우에는 그 권리를 지키거나 행사하기 위하여 지출한 필요 또는 유익한 비용

(4) 잔존물 보전비용 : 잔존물을 보전하기 위하여 지출한 필요 또는 유익한 비용. 다만, 재해보험사업자가 보험금을 지급하고 잔존물의 취득한 경우에 한함

(5) 기타 협력비용 : 회사의 요구에 따르기 위하여 지출한 필요 또는 유익한 비용

라) 지급보험금의 계산

(1) 1사고마다 손해액이 자기부담금을 초과하는 경우 보험가입금액을 한도로 손해액에서 자기부담금을 차감하여 계산한다.

> 지급보험금 = (손해액 − 자기부담금)
> ※ 손해액은 그 손해가 생긴 때와 곳에서의 가액에 따라 계산한다.

(2) 동일한 계약의 보험목적과 동일한 사고에 관하여 보험금을 지급하는 다른 계약(공제 계약을 포함한다)이 있고 이들의 보험가입금액의 합계액이 보험가액보다 클 경우에는 〈별표8〉에 따

라 계산한다. 이 경우 보험자 1인에 대한 보험금 청구를 포기한 경우에도 다른 보험자의 지급보험금 결정에는 영향을 미치지 않는다.

> **Tip** 〈별표8〉 동일한 계약의 목적과 사고에 관한 보험금 계산방법
>
> (1) 다른 계약이 이 계약과 지급보험금의 계산 방법이 같은 경우
>
> $$\text{손해액} \times \frac{\text{이 계약의 보험가입금액}}{\text{다른 계약이 없는 것으로 하여 각각 계산한 보험가입금액의 합계액}}$$
>
> (2) 다른 계약이 이 계약과 지급보험금의 계산 방법이 다른 경우
>
> $$\text{손해액} \times \frac{\text{이 계약에 의한 보험금}}{\text{다른 계약이 없는 것으로 하여 각각 계산한 보험금의 합계액}}$$

(가) 이 보험계약이 타인을 위한 보험계약이면서 보험계약자가 다른 계약으로 인하여 상법 제682조에 따른 대위권 행사의 대상이 된 경우에는 실제 그 다른 계약이 존재함에도 불구하고 그 다른 계약이 없다는 가정하에 계산한 보험금을 그 다른 보험계약에 우선하여 이 보험계약에서 지급한다.

(나) 이 보험계약을 체결한 재해보험사업자가 타인을 위한 보험에 해당하는 다른 계약의 보험계약자에게 상법 제682조에 따른 대위권을 행사할 수 있는 경우에는 이 보험계약이 없다는 가정하에 다른 계약에서 지급받을 수 있는 보험금을 초과한 손해액을 이 보험계약에서 보상한다.

(3) 하나의 보험가입금액으로 둘 이상의 보험의 목적을 계약한 경우에는 전체가액에 대한 각 가액의 비율로 보험가입금액을 비례배분하여 상기 (1)과 (2)의 규정에 따라 지급보험금을 계산한다.

### 마) 자기부담금

(1) 최소자기부담금(30만원)과 최대자기부담금(100만원)을 한도로 보험사고로 인하여 발생한 손해액의 10%에 해당하는 금액을 적용한다.

(2) 피복재단독사고는 최소자기부담금(10만원)과 최대자기부담금(30만원)을 한도로 한다.

(3) 농업용 시설물과 부대시설 모두를 보험의 목적으로 하는 보험계약은 두 보험의 목적의 손해액 합계액을 기준으로 자기부담금을 산출하고 두 목적물의 손해액 비율로 자기부담금을 적용한다.

(4) 자기부담금은 단지 단위, 1사고 단위로 적용한다.

(5) 화재로 인한 손해는 자기부담금을 적용하지 않는다.

### 바) 보험금 등의 지급한도

(1) 재해보험사업자가 지급하여야 할 보험금과 잔존물 제거비용은 상기 라)의 (1), (2), (3)을 적용하여 계산하며, 그 합계액은 보험증권에 기재된 농업용시설물 및 부대시설의 보험가입금액

을 한도로 한다. 단, 잔존물 제거비용은 손해액의 10%를 초과할 수 없다.

> 보험금 + 잔존물 제거비용(손해액 10% 이내) ≤ 보험가입금액

(2) 비용손해 중 손해방지비용, 대위권 보전비용 및 잔존물 보전비용[65]은 상기 라)의 (1),(2),(3)을 적용하여 계산한 금액이 농업용 시설물 및 부대시설의 보험가입금액을 초과하는 경우에도 지급한다. 단, 이 경우에 자기부담금은 차감하지 않는다.

(3) 비용손해 중 기타 협력비용은 보험가입금액을 초과한 경우에도 전액 지급한다.

> **Tip** 비가림시설(작물), 해가림시설(인삼), 농업용시설과 부대시설(시설작물, 버섯작물) 비용 손해
>
> 가) 작물(포도, 대추, 참다래, 인삼, 시설작물, 버섯작물)
>   (1) 잔존물 제거비용 : 적용하지 않는다.
>   (2) 손해방지비용(20만원을 한도), 대위권 보전비용, 잔존물 보전비용
>      작물 보험금계산과 동일한 방법으로 계산하므로 자기부담비율(자기부담금)을 적용한다.
>   (3) 기타 협력비용 : 다른 적용 없이 전액 지급한다.
> 나) 비가림시설, 해가림시설, 농업용시설과 부대시설 : 일부보험, 중복보험의 경우 비례 보상한다.
>   (1) 잔존물 제거비용
>      자기부담금을 적용하지 않고 보험금계산과 동일한 방법으로 계산한다. (다만, 아래 한도)
>
>      > 보험금 + 잔존물 제거비용(손해액 10% 한도) ≤ 보험가입금액
>
>   (2) 손해방지비용, 대위권 보전비용, 잔존물 보전비용
>      자기부담금을 적용하지 않고 보험금계산과 동일한 방법으로 계산한다. (원칙 : 한도 없음)
>      *해가림시설의 경우 : 농지별 손해방지비용은 20만원을 한도로 한다.
>   (3) 기타 협력비용 : 다른 적용 없이 전액 지급한다.

### 2) 원예시설작물 및 시설재배 버섯 보험금 산정

가) 보험금 지급기준

(1) 보장하는 재해로 1사고마다 1동 단위로 생산비보장보험금이 10만원을 초과하는 경우에 그 전액을 보험가입금액 내에서 보상한다.

(2) 동일 작기에서 2회 이상 사고가 난 경우 동일 작기 작물의 이전 사고의 피해를 감안하여 산출한다.

나) 보험금 등의 지급한도

(1) 생산비보장보험금은 다음 다)의 품목별 보험금 산출 계산식을 적용하여 계산하며 하나의 작기(한 작물의 생육기간)에서 지급하는 보험금은 보험증권에 기재된 시설재배 농작물의 보험가입금액을 한도로 한다.

---

[65] 단, 재해보험사업자가 잔존물을 취득할 의사표시를 하고 잔존물을 취득한 경우에 한하여 지급

(2) 비용손해 중 손해방지비용, 대위권 보전비용 및 잔존물 보존비용66)은 다음 다)의 품목별 보험금 산출 계산식을 적용하여 계산한 금액이 해당 작기(작물의 생육기간)에서 재배하는 보험증권 기재 농작물의 보험가입금액을 초과하는 경우에도 지급한다.67) 단, 손해방지비용은 20만원을 초과할 수 없다.

> 손해방지비용 ≤ 20만원

(3) 비용손해 중 기타 협력비용은 보험가입금액을 초과한 경우에도 전액 지급한다.

다) 보험금 산출방법

(1) 적용 품목 : 딸기, 오이, 토마토, 참외, 고추, 호박, 수박, 멜론, 파프리카, 상추, 가지, 배추, 파(대파), 미나리, 감자, 국화, 백합, 카네이션

(가) 생산비보장보험금

보장하는 재해로 1사고마다 1동 단위로 생산비보장보험금이 10만원을 초과하는 경우에 그 전액을 보험가입금액 내에서 보상한다.

> 피해작물 재배면적 × 피해작물 단위 면적당 보장생산비 × 경과비율 × 피해율

(나) 경과비율

① 수확기 이전 사고

㉮ 경과비율 = $\alpha$ + {$(1-\alpha)$ × (생장일수 ÷ 표준생장일수)}

㉯ 준비기 생산비 계수 = $\alpha$ (40%, 단, 국화·카네이션 재절화재배는 20%)

※ 재절화재배 : 절화를 채취하고 난뒤 모주에서 곧바로 싹을 키워 절화하는 방법

㉰ 생장일수 : 정식(파종)일로부터 사고발생일까지 경과일수

㉱ 표준생장일수 : 정식일로부터 수확개시일까지 표준적인 생장일수

㉲ 생장일수를 표준생장일수로 나눈 값은 1을 초과할 수 없음

② 수확기 중 사고

㉮ 경과비율 = 1 − (수확일수 ÷ 표준수확일수)

㉯ 수확일수 : 수확개시일부터 사고발생일까지 경과일수

㉰ 표준수확일수 : 수확개시일부터 수확종료일까지의 일수

※ 사전에 설정된 값이며 오이, 토마토, 고추, 호박, 상추의 표준수확일수는 수확개시일로부터 수확종료일까지의 일수

㉱ 위 계산식에도 불구하고 국화·수박·멜론의 경과비율은 1

㉲ 위 계산식에 따라 계산된 경과비율이 10% 미만인 경우 경과비율을 10%로 한다.

---

66) 단, 재해보험사업자가 잔존물을 취득할 의사표시를 하고 잔존물을 취득한 경우에 한하여 지급
67) 농작물의 경우 잔존물 제거비용은 지급하지 않는다.

※ 단, 표준수확일수보다 실제 수확개시일부터 수확종료일까지의 일수가 적은 경우는 제외한다. ※ 오이·토마토·고추·호박·상추 제외

> **Tip** 시설작물 경과비율의 구분
>
>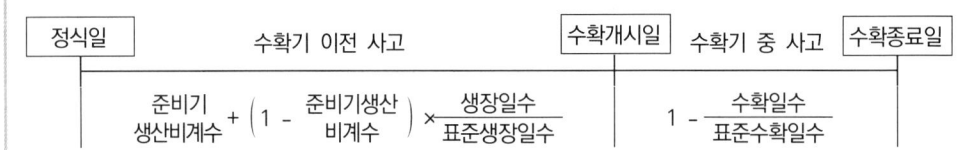
>
> **Tip** 경과비율(×) : 장미(관목에 해당), 부추(수시로 수확함. 생산비 일정비율(70%) 인정)
>
> (가) 준비기생산비계수
>
> ① 40% : 딸기 등 나머지  **Tip** 준비기에 피복재로 시설을 둘러싸는 비용, 둘러 **싸공**(40%)
>
> ② 20% : 국화 및 카네이션(재절화재배)  **Tip** **절반**(20%)만 인정
>
> ③ 10% : 시금치, 파(쪽파), 무, 쑥갓  **Tip** **시**, **쪽파**, **무**, **갓**(삽으로 씨 쭉 파먹을까?)
>
> (나) 표준생장일수, 표준수확일수 : 표에 주어짐
>
> (다) 수확기 중 사고 경과비율 "1" 적용 : 국화·수박·멜론  **Tip** **국**, **수**, **론** 생긴게 '1' 모양
>   - 표준수확일수가 없음. 항상 "1"을 적용 -
>
> (라) 수확기 중 사고 경과비율 : 10% 미만인 경우 → 경과비율은 10%
>   (단, 오이, 토마토, 고추, 호박, 상추 제외)  **Tip** **오**, **토**, **상**, **호**, **굳쳐**(고추)
>   - 표준수확일수가 없음. 원래대로(수확개시일로 ~ 수확종료일) 적용 -

(다) 피해율 = 피해비율 × 손해정도비율 × (1 − 미보상비율)

*피해비율 = 피해면적(주수) ÷ 재배면적(주수)
*손해정도에 따른 손해정도비율 〈별표6〉

> **Tip** 〈별표6〉 표본구간별 손해정도에 따른 손해정도비율
>
> | 손해정도 | 1% ~ 20% | 21% ~ 40% | 41% ~ 60% | 61% ~ 80% | 81% ~ 100% |
> |---|---|---|---|---|---|
> | 손해정도비율 | 20% | 40% | 60% | 80% | 100% |

(라) 단, 위 (가)의 경우에도 불구하고 피해작물 재배면적에 피해작물 단위면적당 보장생산비를 곱한 값이 보험가입금액보다 큰 경우에는 위에서 계산된 생산비보장보험금을 아래와 같이 다시 계산하여 지급

$$\text{위 (가)에서 계산된 생산비보장보험금} \times \frac{\text{보험가입금액}}{\text{피해작물 단위면적당 보장생산비} \times \text{피해작물 재배면적}}$$

(2) 적용 품목 : 장미

　(가) 생산비보장보험금

　　보장하는 재해로 1사고마다 1동 단위로 생산비보장보험금이 10만원을 초과하는 경우에 그 전액을 보험가입금액 내에서 보상한다.

　　① 보장하는 재해로 인하여 줄기, 잎, 꽃 등에 손해가 발생하였으나 나무는 죽지 않은 경우

　　　㉮ 생산비보장보험금

> 장미 재배면적 × 장미 단위면적당 나무생존시 보장생산비 × 피해율

　　　㉯ **피해율** = 피해비율 × 손해정도비율 × (1 – 미보상비율)
　　　　*피해비율 = 피해면적(주수) ÷ 재배면적(주수)
　　　　*손해정도에 따른 손해정도비율 〈별표6〉

　　　**Tip** 〈별표6〉 표본구간별 손해정도에 따른 손해정도비율

| 손해정도 | 1% ~ 20% | 21% ~ 40% | 41% ~ 60% | 61% ~ 80% | 81% ~ 100% |
|---|---|---|---|---|---|
| 손해정도비율 | 20% | 40% | 60% | 80% | 100% |

　　② 보장하는 재해로 인하여 나무가 죽은 경우

　　　㉮ 생산비보장보험금

> 장미 재배면적 × 장미 단위면적당 나무고사 보장생산비 × 피해율

　　　㉯ **피해율** = 피해비율 × 손해정도비율 × (1 – 미보상비율)
　　　　*피해비율 = 피해면적(주수) ÷ 재배면적(주수)
　　　　*손해정도비율은 100로 함

　(나) 단, 위 (가)의 경우에도 불구하고 장미 재배면적에 장미 단위면적당 나무고사 보장생산비를 곱한 값이 보험가입금액보다 큰 경우에는 위에서 계산된 생산비보장보험금을 아래와 같이 다시 계산하여 지급

> 위 (가)에서 계산된 생산비보장보험금 × (보험가입금액 / (장미 단위면적당 나무고사 보장생산비 × 장미 재배면적))

(3) 적용 품목 : 부추

　(가) 생산비보장보험금

　　보장하는 재해로 1사고마다 1동 단위로 아래와 같이 계산한 생산비보장 보험금이 10만원을 초과하는 경우에 한하여 그 전액을 보험증권에 기재된 보험가입금액의 70% 내에서 보상한다.

$$\text{부추 재배면적} \times \text{부추 단위면적당 보장생산비} \times \text{피해율} \times 70\%$$

(나) 피해율 = 피해비율 × 손해정도비율 × (1 − 미보상비율)

 *피해비율 = 피해면적(주수) ÷ 재배면적(주수)
 *손해정도에 따른 손해정도비율 〈별표6〉

**Tip** 〈별표6〉 표본구간별 손해정도에 따른 손해정도비율

| 손해정도 | 1% ~ 20% | 21% ~ 40% | 41% ~ 60% | 61% ~ 80% | 81% ~ 100% |
|---|---|---|---|---|---|
| 손해정도비율 | 20% | 40% | 60% | 80% | 100% |

(다) 단, 위 (가)의 경우에도 불구하고 부추 재배면적에 부추 단위면적당 보장생산비를 곱한 값이 보험가입금액보다 큰 경우에는 위에서 계산된 생산비보장보험금을 아래와 같이 다시 계산하여 지급

$$\text{위 (가)에서 계산된 생산비보장보험금} \times \frac{\text{보험가입금액}}{\text{부추 단위면적당 보장생산비} \times \text{부추 재배면적}}$$

(4) **적용 품목** : 시금치·파(쪽파)·무·쑥갓

 (가) 생산비보장보험금

  보장하는 재해로 1사고마다 1동 단위로 생산비보장보험금이 10만원을 초과하는 경우에 그 전액을 보험가입금액 내에서 보상한다.

$$\text{피해작물 재배면적} \times \text{피해작물 단위 면적당 보장생산비} \times \text{경과비율} \times \text{피해율}$$

 (나) 경과비율

  ① 수확기 이전 사고

   ㉮ 경과비율 = $\alpha$ + {(1 − $\alpha$) × (생장일수 ÷ 표준생장일수)}

   ㉯ 준비기 생산비 계수 = $\alpha$(10%)

   ㉰ 생장일수 : 파종일로부터 사고발생일까지 경과일수

   ㉱ 표준생장일수 : 파종일로부터 수확개시일까지 표준적인 생장일수

   ㉲ 생장일수를 표준생장일수로 나눈 값은 1을 초과할 수 없음

  ② 수확기 중 사고

   ㉮ 경과비율 = 1 − (수확일수 ÷ 표준수확일수)

   ㉯ 수확일수 : 수확개시일부터 사고발생일까지 경과일수

   ㉰ 표준수확일수 : 수확개시일부터 수확종료일까지의 일수

   ㉱ 위 계산식에 따라 계산된 경과비율이 10% 미만인 경우 경과비율을 10%로 한다. 단,

표준수확일수보다 실제수확개시일부터 수확종료일까지의 일수가 적은 경우는 제외로 한다.

(다) **피해율** = 피해비율 × 손해정도비율 × (1 − 미보상비율)

*피해비율 = 피해면적(주수) ÷ 재배면적(주수)

*손해정도에 따른 손해정도비율〈별표6〉

**Tip** 〈별표6〉 표본구간별 손해정도에 따른 손해정도비율

| 손해정도 | 1% ~ 20% | 21% ~ 40% | 41% ~ 60% | 61% ~ 80% | 81% ~ 100% |
|---|---|---|---|---|---|
| 손해정도비율 | 20% | 40% | 60% | 80% | 100% |

(라) 단, 위 (가)의 경우에도 불구하고 피해작물 재배면적에 피해작물 단위면적당 보장생산비를 곱한 값이 보험가입금액보다 큰 경우에는 위에서 계산된 생산비보장보험금을 아래와 같이 다시 계산하여 지급

$$\text{위 (가)에서 계산된 생산비보장보험금} \times \frac{\text{보험가입금액}}{\text{피해작물 단위면적당 보장생산비} \times \text{피해작물 재배면적}}$$

〈시설작물별 표준생장일수 및 표준수확일수〉

| 품목 | 품종 | 표준생장일수 | 표준수확일수 |
|---|---|---|---|
| 딸기(시설재배) | | 90일 | 182일 |
| 오이(시설재배) | | 45일(75일) | - |
| 토마토(시설재배) | | 80일(120일) | - |
| 참외(시설재배) | | 90일 | 224일 |
| 고추(시설재배) | 풋고추 | 55일 | - |
| | 홍고추 | 90일 | - |
| 호박(시설재배) | | 40일 | - |
| 수박(시설재배) | 일반 | 100일 | - |
| | 중소형 | 85일 | - |
| 멜론(시설재배) | | 100일 | - |
| 파프리카(시설재배) | | 100일 | 223일 |
| 상추(시설재배) | | 30일 | - |
| 시금치(시설재배) | | 40일 | 30일 |
| 국화(시설재배) | 스탠다드형 | 120일 | - |
| | 스프레이형 | 90일 | - |
| 가지(시설재배) | | 50일 | 262일 |

| 배추(시설재배) | | 70일 | 50일 |
|---|---|---|---|
| 파(시설재배) | 대파 | 120일 | 64일 |
| | 쪽파 | 60일 | 19일 |
| 무(시설재배) | 일반 | 80일 | 28일 |
| | 기타 | 50일 | 28일 |
| 백합(시설재배) | | 100일 | 23일 |
| 카네이션(시설재배) | | 150일 | 224일 |
| 미나리(시설재배) | | 130일 | 88일 |
| 쑥갓(시설재배) | | 50일 | 51일 |
| 감자(시설재배) | | 110일 | 9일 |

※ 단, 괄호안의 표준생장일수는 9월~11월에 정식하여 겨울을 나는 재배일정으로 3월 이후에 수확을 종료하는 경우에 적용함
※ 무 품목의 기타 품종은 알타리무, 열무 등 큰 무가 아닌 품종의 무임

(5) **적용 품목** : 표고버섯(원목재배)

(가) **생산비보장보험금**

보장하는 재해로 1사고마다 생산비보장보험금이 10만원을 초과하는 경우에 그 전액을 보험가입금액 내에서 보상한다.

$$재배원목(본)수 \times 원목(본)당 보장생산비 \times 피해율$$

(나) **원목(본)당 보장생산비**는 별도 정하는 바에 따른다.

(다) **피해율** = 피해비율 × 손해정도비율 × (1 − 미보상비율)

① **피해비율** = 피해원목(본)수 ÷ 재배원목(본)수
② **손해정도비율** = 원목(본)의 피해면적 ÷ 원목의 면적

〈표본원목수 표〉

| 피해 원목수 | 1,000본 이하 | 1,300본 이하 | 1,500본 이하 | 1,800본 이하 | 2,000본 이하 | 2,300본 이하 | 2,300본 초과 |
|---|---|---|---|---|---|---|---|
| 조사 표본수 | 10 | 14 | 16 | 18 | 20 | 24 | 26 |

(라) 단, 위 (가)의 경우에도 불구하고 재배원목(본)수에 원목(본)당 보장생산비를 곱한 값이 보험가입금액보다 큰 경우에는 위에서 계산된 생산비보장보험금을 아래와 같이 다시 계산하여 지급

$$위 (가)에서 계산된 생산비보장보험금 \times \frac{보험가입금액}{원목(본)당 보장생산비 \times 재배원목(본)수}$$

(6) 적용 품목 : 표고버섯(톱밥배지재배)

   (가) 생산비보장보험금

   보장하는 재해로 1사고마다 생산비보장보험금이 10만원을 초과하는 경우에 그 전액을 보험가입금액 내에서 보상한다.

   $$\text{재배배지(봉)수} \times \text{배지(봉)당 보장생산비} \times \text{경과비율} \times \text{피해율}$$

   (나) 배지(봉)당 보장생산비는 별도 정하는 바에 따른다.

   (다) 경과비율

   ① 수확기 이전 사고

   ㉮ 경과비율 = $\alpha$ + {(1 − $\alpha$) × (생장일수 ÷ 표준생장일수)}

   ㉯ 준비기 생산비 계수 = $\alpha$(66.3%)

   ㉰ 생장일수 = 종균접종일로부터 사고발생일까지 경과일수

   ㉱ 표준생장일수 : 종균접종일로부터 수확개시일까지 표준적인 생장일수

   ㉲ 생장일수를 표준생장일수로 나눈 값은 1을 초과 할 수 없음

   ② 수확기 중 사고

   ㉮ 경과비율 = 1 − (수확일수 ÷ 표준수확일수)

   ㉯ 수확일수 = 수확개시일로부터 사고발생일까지 경과일수

   ㉰ 표준수확일수 = 수확개시일부터 수확종료일까지의 일수

   ㉱ 배지(봉)당 보장생산비는 별도로 정하는 바에 따름

   (라) 피해율 = 피해비율 × 손해정도비율 × (1 − 미보상비율)

   *피해비율 = 피해배지(봉)수 ÷ 재배배지(봉)수

   *손해정도비율은 손해정도에 따라 50%, 100%에서 결정

   (마) 단, 위 (가)의 경우에도 불구하고 재배배지(봉)수에 배지(봉)당 보장생산비를 곱한 값이 보험가입금액보다 큰 경우에는 위에서 계산된 생산비보장보험금을 아래와 같이 다시 계산하여 지급

   $$\text{위 (가)에서 계산된 생산비보장보험금} \times \frac{\text{보험가입금액}}{\text{배지(봉)당 보장생산비} \times \text{재배배지(봉)수}}$$

(7) 적용 품목 : 느타리버섯(균상재배)

   (가) 생산비보장보험금

   보장하는 재해로 1사고마다 생산비보장보험금이 10만원을 초과하는 경우에 그 전액을 보험가입금액 내에서 보상한다.

$$\text{재배면적} \times \text{단위 면적당 보장생산비} \times \text{경과비율} \times \text{피해율}$$

(나) 단위 면적당 보장생산비는 별도 정하는 바에 따른다.

(다) 경과비율

① 수확기 이전 사고

㉮ 경과비율 = $\alpha + \{(1-\alpha) \times (\text{생장일수} \div \text{표준생장일수})\}$

㉯ 준비기 생산비 계수 = $\alpha(67.6\%)$

㉰ 생장일수 = 종균접종일로부터 사고발생일까지 경과일수

㉱ 표준생장일수 : 종균접종일로부터 수확개시일까지 표준적인 생장일수

㉲ 생장일수를 표준생장일수로 나눈 값은 1을 초과 할 수 없음

② 수확기 중 사고

㉮ 경과비율 = 1 - (수확일수 ÷ 표준수확일수)

㉯ 수확일수 = 수확개시일로부터 사고발생일까지 경과일수

㉰ 표준수확일수 = 수확개시일부터 수확종료일까지의 일수

(라) 피해율 = 피해비율 × 손해정도비율 × (1 - 미보상비율)

*피해비율 = 피해면적($m^2$) ÷ 재배면적(균상면적, $m^2$)

*손해정도에 따른 손해정도비율〈별표6〉

**Tip** 〈별표6〉 표본구간별 손해정도에 따른 손해정도비율

| 손해정도 | 1% ~ 20% | 21% ~ 40% | 41% ~ 60% | 61% ~ 80% | 81% ~ 100% |
|---|---|---|---|---|---|
| 손해정도비율 | 20% | 40% | 60% | 80% | 100% |

(마) 단, 위 (가)의 경우에도 불구하고 재배면적에 단위면적당 보장생산비를 곱한 값이 보험가입금액보다 큰 경우에는 위에서 계산된 생산비보장보험금을 아래와 같이 다시 계산하여 지급

$$\text{위 (가)에서 계산된 생산비보장보험금} \times \frac{\text{보험가입금액}}{\text{단위면적당 보장생산비} \times \text{재배면적}}$$

(8) 적용 품목 : 느타리버섯(병재배)

(가) 생산비보장보험금

$$\text{재배병수} \times \text{병당 보장생산비} \times \text{경과비율} \times \text{피해율}$$

(나) 경과비율 = 일자와 관계없이 88.7%

(다) **피해율** = 피해비율 × 손해정도비율 × (1 − 미보상비율)

\*피해비율 = 피해병수 ÷ 재배병수

\*손해정도에 따른 손해정도비율〈별표6〉

> **Tip** 〈별표6〉 표본구간별 손해정도에 따른 손해정도비율
>
> | 손해정도 | 1% ~ 20% | 21% ~ 40% | 41% ~ 60% | 61% ~ 80% | 81% ~ 100% |
> |---|---|---|---|---|---|
> | 손해정도비율 | 20% | 40% | 60% | 80% | 100% |

(라) 단, 위 (가)의 경우에도 불구하고 재배병수에 병당 보장생산비를 곱한 값이 보험가입금액보다 큰 경우에는 위에서 계산된 생산비보장보험금을 아래와 같이 다시 계산하여 지급

$$\text{위 (가)에서 계산된 생산비보장보험금} \times \frac{\text{보험가입금액}}{\text{병당 보장생산비} \times \text{재배병수}}$$

(마) 병당 보장생산비는 별도 정하는 바에 따른다.

(9) **적용 품목** : 새송이버섯(병재배)

(가) 생산비보장보험금

$$\text{재배병수} \times \text{병당 보장생산비} \times \text{경과비율} \times \text{피해율}$$

(나) 병당 보장생산비는 별도 정하는 바에 따른다.

(다) **경과비율** = 일자와 관계없이 91.7%

(라) **피해율** = 피해비율 × 손해정도비율 × (1 − 미보상비율)

\*피해비율 = 피해병수 ÷ 재배병수

\*손해정도에 따른 손해정도비율〈별표6〉

> **Tip** 〈별표6〉 표본구간별 손해정도에 따른 손해정도비율
>
> | 손해정도 | 1% ~ 20% | 21% ~ 40% | 41% ~ 60% | 61% ~ 80% | 81% ~ 100% |
> |---|---|---|---|---|---|
> | 손해정도비율 | 20% | 40% | 60% | 80% | 100% |

(마) 단, 위 (가)의 경우에도 불구하고 재배병수에 병당 보장생산비를 곱한 값이 보험가입금액보다 큰 경우에는 위에서 계산된 생산비보장보험금을 아래와 같이 다시 계산하여 지급

$$\text{위 (가)에서 계산된 생산비보장보험금} \times \frac{\text{보험가입금액}}{\text{병당 보장생산비} \times \text{재배병수}}$$

(10) 적용 품목 : 양송이버섯(균상재배)

(가) 생산비보장보험금

보장하는 재해로 1사고마다 생산비보장보험금이 10만원을 초과하는 경우에 그 전액을 보험가입금액 내에서 보상한다.

$$재배면적 \times 단위\ 면적당\ 보장생산비 \times 경과비율 \times 피해율$$

(나) 단위 면적당 보장생산비는 별도 정하는 바에 따른다.

(다) 경과비율

① 수확기 이전 사고
  ㉮ 경과비율 = $\alpha + \{(1 - \alpha) \times (생장일수 \div 표준생장일수)\}$
  ㉯ 준비기 생산비 계수 = $\alpha(75.3\%)$
  ㉰ 생장일수 = 종균접종일로부터 사고발생일까지 경과일수
  ㉱ 표준생장일수 : 종균접종일로부터 수확개시일까지 표준적인 생장일수
  ㉲ 생장일수를 표준생장일수로 나눈 값은 1을 초과할 수 없음

② 수확기 중 사고
  ㉮ 경과비율 = 1 - (수확일수 ÷ 표준수확일수)
  ㉯ 수확일수 = 수확개시일로부터 사고발생일까지 경과일수
  ㉰ 표준수확일수 = 수확개시일부터 수확종료일까지의 일수

(라) 피해율 = 피해비율 × 손해정도비율 × (1 - 미보상비율)

*피해비율 = 피해면적(㎡) ÷ 재배면적(㎡)

*손해정도에 따른 손해정도비율〈별표6〉

**Tip** 〈별표6〉 표본구간별 손해정도에 따른 손해정도비율

| 손해정도 | 1% ~ 20% | 21% ~ 40% | 41% ~ 60% | 61% ~ 80% | 81% ~ 100% |
|---|---|---|---|---|---|
| 손해정도비율 | 20% | 40% | 60% | 80% | 100% |

(마) 단, 위 (가)의 경우에도 불구하고 재배면적에 단위면적당 보장생산비를 곱한 값이 보험가입금액보다 큰 경우에는 위에서 계산된 생산비보장보험금을 아래와 같이 다시 계산하여 지급

$$위\ (가)에서\ 계산된\ 생산비보장보험금 \times \frac{보험가입금액}{단위면적당\ 보장생산비 \times 재배면적}$$

〈버섯작물별 표준생장일수〉

| 품목 | 품종 | 표준생장일수 |
|---|---|---|
| 표고버섯(톱밥배지재배) | 전체 | 90일 |
| 느타리버섯(균상재배) | 전체 | 28일 |
| 양송이버섯(균상재배) | 전체 | 30일 |

## 제6절 농업수입감소보장방식의 손해평가 및 보험금 산정

농업수입안정보험이란 기존 농작물재해보험에 농산물 가격하락을 반영한 농업수입 감소를 보장하는 보험이다. 농업수입감소보험금의 산출시가격은 기준가격과 수확기가격 중 낮은 가격을 적용한다. 즉, 수확기가격이 상승한 경우 보험금 지급에 적용되는 가격은 가입할 때 결정된 기준가격이다. 따라서, 실제수입을 산정할 때 실제수확량이 평년수확량보다 적은 상황이 발생한다면 수확기가격이 기준가격을 초과하더라도 수확량 감소에 의한 손해는 농업수입감소보험금으로 지급된다.

결과적으로 농업수입안정보험은 수확량감소에 따른 계약자의 손해에 농산물 가격하락에 의한 손해까지 더하여 보상한다.

### 1 과수(포도, 비가림시설)

#### 가. 시기별 조사종류

1) **조사 종류** : (종합위험방식과 동일) 피해사실 확인조사, 착과수조사, 과중조사, 착과피해조사, 낙과피해조사, 고사나무조사, 비가림시설피해 조사

#### 나. 손해평가 현지조사 방법

1) **피해사실 확인조사**

가) **조사 대상** : 대상 재해로 사고 접수 농지 및 조사 필요 농지

나) **대상 재해** : 자연재해, 조수해(鳥獸害), 화재, 가격하락

다) **조사 시기** : 사고 접수 직후 실시

라) **조사 방법** : 「피해사실 "조사 방법" 준용」

(1) 수확량조사 필요 여부 판단

보장하는 재해 여부 및 피해 정도 등을 감안하여 추가조사(수확량조사)가 필요한지를 판단하여 해당 내용에 대하여 계약자에게 안내하고, 추가조사가(수확량조사) 필요할 것으로 판단된 경우에는 수확기에 손해평가반구성 및 추가조사 일정을 수립한다.

## 2) 수확량조사

본 항의 수확량조사는 포도 품목에만 해당하며, 다음 호의 조사 종류별 방법에 따라 실시한다.

### 가) 착과수조사

(1) 조사 대상 : 사고 여부와 관계없이 보험에 가입한 농지

(2) 대상 재해 : 해당 없음

(3) 조사 시기 : 최초 수확 품종 수확기 직전

(4) 조사 방법

(가) 주수 조사

농지내 품종별·수령별 실제결과주수, 미보상주수 및 고사나무주수를 파악한다.

(나) 조사 대상주수 계산

품종별·수령별 실제결과주수에서 미보상주수 및 고사나무주수를 빼서 조사 대상주수를 계산한다.

(다) 표본주수 산정

① 과수원별 전체 조사 대상주수를 기준으로 품목별 표본주수표〈별표1〉에 따라 농지별 전체 표본주수를 산정한다.

② 적정 표본주수는 품종별·수령별 조사 대상주수에 비례하여 산정하며, 품종별·수령별 적정표본주수의 합은 전체 표본주수보다 크거나 같아야 한다.

**Tip** 〈별표1〉 품목별 표본주(구간)수 표

〈사과, 배, 단감, 떫은감, 포도(수입보장 포함), 복숭아, 자두, 감귤(만감류), 밤, 호두, 무화과〉

| 조사대상주수 | 표본주수 | 조사대상주수 | 표본주수 |
|---|---|---|---|
| 50주 미만 | 5 | 500주 이상 600주 미만 | 12 |
| 50주 이상 100주 미만 | 6 | 600주 이상 700주 미만 | 13 |
| 100주 이상 150주 미만 | 7 | 700주 이상 800주 미만 | 14 |
| 150주 이상 200주 미만 | 8 | 800주 이상 900주 미만 | 15 |
| 200주 이상 300주 미만 | 9 | 900주 이상 1,000주 미만 | 16 |
| 300주 이상 400주 미만 | 10 | 1,000주 이상 | 17 |
| 400주 이상 500주 미만 | 11 | | |

(라) 표본주 선정

① 조사대상주수를 농지별 표본주수로 나눈 표본주 간격에 따라 표본주 선정 후 해당 표본주에 표시리본을 부착

② 동일품종·동일수령의 농지가 아닌 경우에는 품종별·수령별 조사대상주수의 특성이 골고루 반영될 수 있도록 표본주를 선정

(마) **착과된 전체 과실수 조사**

선정된 표본주별로 착과된 전체 과실수를 조사하되, 품종별 수확 시기 차이에 따른 자연낙과를 감안한다.

(바) 품목별 미보상비율 적용표〈별표2〉에 따라 미보상비율을 조사한다.

> **Tip** 〈별표2〉 농작물재해보험 미보상비율 적용표

〈감자, 고추 제외 전 품목〉

| 구분 | 제초 상태 | 병해충 상태 | 기타 |
|---|---|---|---|
| 해당 없음 | 0% | 0% | 0% |
| 미흡 | 10% 미만 | 10% 미만 | 10% 미만 |
| 불량 | 20% 미만 | 20% 미만 | 20% 미만 |
| 매우 불량 | 20% 이상 | 20% 이상 | 20% 이상 |

미보상 비율은 보장하는 재해 이외의 원인이 조사 농지의 수확량 감소에 영향을 준 비율을 의미하여 제초 상태, 병해충 상태 및 기타 항목에 따라 개별 적용한 후 해당 비율을 합산하여 산정한다.

1. **제초 상태**(과수품목은 피해율에 영향을 줄 수 있는 잡초만 해당)

    가) **해당 없음** : 잡초가 농지 면적의 20% 미만으로 분포한 경우

    나) **미흡** : 잡초가 농지 면적의 20% 이상 40% 미만으로 분포한 경우

    다) **불량** : 잡초가 농지 면적의 40% 이상 60% 미만으로 분포한 경우 또는 경작불능조사 진행건으로 정상적인 영농활동 시행을 증빙하는 자료(비료 및 농약 영수증 등)가 부족한 경우

    라) **매우 불량** : 잡초가 농지 면적의 60% 이상으로 분포한 경우 또는 경작불능조사 진행건으로 정상적인 영농활동 시행을 증빙하는 자료(비료 및 농약 영수증 등)가 없는 경우

2. **병해충 상태**(각 품목에서 별도로 보상하는 병해충은 제외)

    가) **해당 없음** : 병해충이 농지 면적의 20% 미만으로 분포한 경우

    나) **미흡** : 병해충이 농지 면적의 20% 이상 40% 미만으로 분포한 경우

    다) **불량** : 병해충이 농지 면적의 40% 이상 60% 미만으로 분포한 경우 또는 경작불능조사 진행 건으로 정상적인 영농활동 시행을 증빙하는 자료(비료 및 농약 영수증 등)가 부족한 경우

라) **매우 불량** : 병해충이 농지 면적의 60% 이상으로 분포한 경우 또는 경작불능조사 진행 건으로 정상적인 영농활동 시행을 증빙하는 자료(비료 및 농약 영수증 등)가 없는 경우

3. **기타** : 영농기술 부족, 영농상 실수 및 단순 생리장애 등 보상하는 손해 이외의 사유로 피해가 발생한 것으로 추정되는 경우[해거리, 생리장애(원소결핍 등), 시비관리, 토양관리(연작 및 pH과다·과소 등), 전정(강전정 등), 조방재배, 재식밀도(인수기준 이하), 농지상태(혼식, 멀칭, 급배수 등), 가입이전 사고 및 계약자 중과실손해, 자연감모, 보상재해이외(종자불량, 일부가입 등)]에 적용

가) **해당 없음** : 위 사유로 인한 피해가 없는 것으로 판단되는 경우
나) **미흡** : 위 사유로 인한 피해가 10% 미만으로 판단되는 경우
다) **불량** : 위 사유로 인한 피해가 20% 미만으로 판단되는 경우
라) **매우 불량** : 위 사유로 인한 피해가 20% 이상으로 판단되는 경우

나) 과중조사

(1) **조사 대상** : 사고가 접수가 된 농지(단, 수입보장포도는 가입된 모든 농지 실시)

(2) **조사 시기** : 품종별 수확시기에 각각 실시

(3) **조사 방법**

(가) **표본 과실 추출**
① 품종별로 착과가 평균적인 3주 이상의 나무에서 크기가 평균적인 과실을 20개 이상 추출
② 표본 과실수는 농지당 30개 이상이어야 함

(나) **품종별 과실 개수와 무게 조사**
추출한 표본 과실을 품종별로 구분하여 개수와 무게를 조사한다.

(다) **미보상비율 조사**
품목별 미보상비율 적용표〈별표2〉에 따라 미보상비율을 조사하며, 품종별로 미보상비율이 다를 경우에는 품종별 미보상비율 중 가장 높은 미보상비율을 적용한다. 다만, 재조사 또는 검증조사로 미보상비율이 변경된 경우에는 재조사 또는 검증조사의 미보상비율을 적용한다.

(라) **과중조사 대체**
위 사항에도 불구하고 현장에서 과중조사를 실시하기가 어려운 경우, 품종별 평균과중을 적용하거나 증빙자료가 있는 경우에 한하여 농협의 품종별 출하 자료로 과중조사를 대체할 수 있다.

※ 수확 전 대상 재해 발생 시 계약자는 수확 개시 최소 10일 전에 보험 가입 대리점으로 수확 예정일을 통보하고 최초 수확 1일 전에는 조사를 실시

(마) 수확기 판단

조기수확 및 수확해태 등으로 수확기에 대한 분쟁이 발생할 경우 수확시기 판단은 지역의 농업기술센터 등 농업 전문기관의 판단에 따른다.

(바) 하나의 품종에 대하여 여러 차례의 과중조사가 실시된 경우에는 최초 조사 값을 적용한다. 다만, 재조사 또는 검증조사로 조사 값이 변경된 경우에는 재조사 또는 검증조사의 조사 값을 적용한다.

(사) 과중조사 시 사용된 표본 과실에서 보상하는 재해로 인한 착과피해 여부를 확인한다.

다) 착과피해조사

(1) 착과피해조사는 착과피해를 유발하는 재해가 있을 경우에만 시행하며, 해당 재해 여부는 재해의 종류와 과실의 상태 등을 고려하여 조사자가 판단한다.

(2) 착과된 과실에 대한 피해 정도를 조사하는 것으로 해당 피해에 대한 확인이 가능한 시기에 실시하며, 필요 시 품종별로 각각 실시할 수 있다.

(3) 조사 방법

(가) 착과수조사

착과피해조사에서는 가장 먼저 착과수를 확인하여야 하며, 이때 확인할 착과수는 수확 전 착과수조사와는 별개의 조사를 의미한다. 다만, 이전 실시한 착과수조사(이전 착과피해조사 시 실시한 착과수조사 포함)의 착과수와 착과피해조사 시점의 착과수가 큰 차이가 없는 경우에는 별도의 착과수 확인 없이 이전에 실시한 착과수조사 값으로 대체할 수 있다.

① 주수 조사

농지내 품종별·수령별 실제결과주수, 수확완료주수, 미보상주수 및 고사나무주수를 파악한다.

② 조사대상주수 계산

품종별·수령별 실제결과주수에서 수확완료주수, 미보상주수 및 고사나무주수를 뺀 조사 대상주수를 계산한다.

③ 적정 표본주수 산정

조사 대상주수를 기준으로 적정 표본주수를 산정한다.

④ 이후 조사 방법은 이전 착과수조사 방법과 같다.

(나) 품종별 표본과실 선정 및 피해구성조사

① 표본과실 추출

착과수 확인이 끝나면 수확이 완료되지 않은 품종별로 표본 과실을 추출한다. 이때 추출하는 표본 과실수는 품종별 20개 이상(포도 농지당 30개 이상)으로 하며 표본 과실을 추출할 때에는 품종별 3주 이상의 표본주에서 추출한다.

② 피해구성조사

추출한 표본 과실을 "과실 분류에 따른 피해인정계수표"〈별표3〉에 따라 품종별로 구분하여 해당 과실 개수를 조사한다.

**Tip** 〈별표3〉 과실 분류에 따른 피해인정계수

<복숭아, 감귤(온주밀감류) 외>

| 과실분류 | 피해인정계수 | 비고 |
|---|---|---|
| 정상과 | 0 | 피해가 없거나 경미한 과실 |
| 50%형 피해과실 | 0.5 | 일반시장에 출하할 때 정상과실에 비해 50% 정도의 가격하락이 예상되는 품질의 과실(단, 가공공장공급 및 판매 여부와 무관) |
| 80%형 피해과실 | 0.8 | 일반시장 출하가 불가능하나 가공용으로 공급될 수 있는 품질의 과실(단, 가공공장공급 및 판매 여부와 무관) |
| 100%형 피해과실 | 1 | 일반시장 출하가 불가능하고 가공용으로도 공급될 수 없는 품질의 과실 |

(다) 조사 당시 수확이 완료된 품종이 있거나 피해가 경미하여 피해구성조사가 의미가 없을 때에는 품종별로 피해구성조사를 생략할 수 있다.

라) 낙과피해조사

(1) 낙과피해조사는 착과수조사 이후 낙과피해가 발생한 농지에 대하여 실시한다.

(2) 조사 방법

(가) 보장하는 재해 여부 심사

농지 및 작물 상태 등을 감안하여 보장하는 재해로 인한 피해가 맞는지 확인하며, 필요시에는 이에 대한 근거자료(피해사실 확인조사 참조)를 확보한다.

(나) 표본조사

낙과피해조사는 표본조사로 실시한다(단, 계약자 등이 낙과된 과실을 한 곳에 모아 둔 경우 등 표본조사가 불가능한 경우에 한하여 전수조사를 실시한다).

① 주수 조사

농지내 품종별·수령별 실제결과주수, 수확완료주수, 미보상주수 및 고사나무주수를 파악한다.

② 조사 대상주수 계산

실제결과주수에서 수확완료주수, 미보상주수 및 고사나무주수를 뺀 조사 대상주수를 계산한다.

③ 적정표본주수 산정

조사 대상주수를 기준으로 농지별 전체 적정표본주수를 산정하되, 품종별·수령별 표본주수는 품종별·수령별 조사 대상주수에 비례하여 산정한다. 선정된 품종별·수령별 표본주수를 바탕으로 품종별·수령별 조사 대상주수의 특성이 골고루 반영될 수 있도록 표본주를 선정하고, 표본주별로 수관면적 내에 있는 낙과수를 조사한다(이때 표본주의 수관면적 내의 낙과는 표본주와 품종이 다르더라도 해당 표본주의 낙과로 본다).

(다) 전수조사

낙과수 전수조사 시에는 농지 내 전체 낙과를 품종별로 구분하여 조사한다. 단, 전체 낙과에 대하여 품종별 구분이 어려운 경우에는 전체 낙과수를 세고 전체 낙과수 중 100개 이상의 표본을 추출하여 해당 표본의 품종을 구분하는 방법을 사용한다.

(라) 품종별 표본과실 선정 및 피해구성조사

낙과수 확인이 끝나면 낙과 중 품종별로 표본 과실을 추출한다. 이때 추출하는 표본 과실 수는 품종별 20개 이상(포도는 농지당 30개 이상)으로 하며, 추출한 표본 과실을 과실 분류에 따른 피해 인정계수〈별표3〉에 따라 품종별로 구분하여 해당 과실 개수를 조사한다(다만, 전체 낙과수가 30개 미만일 경우 등에는 해당 기준 미만으로도 조사가 가능하다).

**Tip** 〈별표3〉 과실 분류에 따른 피해인정계수

| 〈복숭아, 감귤(온주밀감류) 외〉 | | |
|---|---|---|
| 과실분류 | 피해인정계수 | 비고 |
| 정상과 | 0 | 피해가 없거나 경미한 과실 |
| 50%형 피해과실 | 0.5 | 일반시장에 출하할 때 정상과실에 비해 50%정도의 가격하락이 예상되는 품질의 과실(단, 가공공장공급 및 판매 여부와 무관) |
| 80%형 피해과실 | 0.8 | 일반시장 출하가 불가능하나 가공용으로 공급될 수 있는 품질의 과실(단, 가공공장공급 및 판매 여부와 무관) |
| 100%형 피해과실 | 1 | 일반시장 출하가 불가능하고 가공용으로도 공급될 수 없는 품질의 과실 |

(마) 조사 당시 수확기에 해당하지 않는 품종이 있거나 낙과의 피해 정도가 심해 피해 구성 조사가 의미가 없는 경우 등에는 품종별로 피해 구성 조사를 생략할 수 있다.

3) 고사나무조사

본 항의 고사나무조사는 다음 각 호의 조사 방법에 따라 실시한다.

가) 나무손해보장 특약 가입 여부 및 사고 접수 여부 확인 해당 특약을 가입한 농지 중 사고가 접수된 모든 농지에 대해서 고사나무조사를 실시한다.

나) 조사 시기의 결정

고사나무조사는 수확 완료 시점 이후에 실시하되, 나무손해보장특약 종료 시점을 고려하여 결정한다.

다) 보장하는 재해 여부 심사

농지 및 작물 상태 등을 감안하여 보장하는 재해로 인한 피해가 맞는지 확인하며, 필요시에는 이에 대한 근거 자료(피해사실 확인조사 참조)를 확보할 수 있다.

라) 주수 조사

(1) 품종별·수령별로 실제결과주수, 수확 완료 전 고사주수, 수확 완료 후 고사주수 및 미보상 고사주수를 조사한다.

　(가) 수확 완료 전 고사주수

　고사나무조사 이전 조사(착과수조사, 착과피해조사, 낙과피해조사 및 수확개시 전·후 수확량조사)에서 보장하는 재해로 고사한 것으로 확인된 주수를 말한다.

　(나) 수확 완료 후 고사주수

　보장하는 재해로 고사한 나무 중 고사나무조사 이전 조사에서 확인되지 않은 나무주수를 말한다.

　(다) 미보상 고사주수

　보장하는 재해 이외의 원인으로 고사한 나무주수를 의미하며 고사나무조사 이전 조사(착과수조사, 착과피해조사 및 낙과피해조사)에서 보장하는 재해 이외의 원인으로 고사하여 미보상주수로 조사된 주수를 포함한다.

마) 수확 완료 후 고사주수가 없는 경우(계약자 유선 확인 등)에는 고사나무조사를 생략할 수 있다.

4) 비가림시설 피해조사

본 항의 비가림시설 피해조사는 다음 각 호의 조사 방법에 따라 실시한다.

가) 조사 기준 : 해당 목적물인 비가림시설의 구조체와 피복재의 재조달가액을 기준금액으로 수리비를 산출한다.

나) 평가 단위 : 물리적으로 분리 가능한 시설 1동을 기준으로 보험목적물별로 평가한다.

다) 조사 방법

(1) 피복재 : 피복재의 피해 면적을 조사한다.

(2) 구조체

　(가) 손상된 골조를 재사용할 수 없는 경우 : 교체 수량 확인 후 교체 비용 산정

　(나) 손상된 골조를 재사용할 수 있는 경우 : 보수 면적 확인 후 보수 비용 산정

## 다. 보험금 산정 방법 및 지급기준

### 1) 농업수입감소보험금 산정

가) 보험기간 내에 보장하는 재해로 피해율이 자기부담비율을 초과하는 경우 아래와 같이 계산한 농업수입감소보험금을 지급한다.

> 농업수입감소보험금 = 보험가입금액 × (피해율 − 자기부담비율)
> *피해율 = (기준수입 − 실제수입) ÷ 기준수입

나) 기준수입은 평년수확량에 농지별 기준가격을 곱하여 산출한다.

> 기준수입 = 평년수확량 × 농지별 기준가격

다) 실제 수입은 수확기에 조사한 수확량에 미보상감수량을 더한 값 또는 수확량조사를 하지 아니한 경우에는 평년수확량에 농지별 기준가격[68]과 농지별 수확기가격[69] 중 작은 값을 곱하여 산출한다.

> (1) 수확량조사를 실시한 경우
>   · 실제수입 = (수확기에 조사한 수확량 + 미보상감수량) × min(농지별 기준가격, 농지별 수확기가격)
> (2) 수확량조사를 하지 아니한 경우
>   · 실제수입 = 평년수확량 × min(농지별 기준가격, 농지별 수확기가격)

라) 계약자 또는 피보험자의 고의 또는 중대한 과실로 수확량조사를 하지 못하여 수확량을 확인할 수 없는 경우에는 농업수입감소보험금을 지급하지 않는다.

마) 자기부담비율은 보험 가입할 때 계약자가 선택한 비율로 한다.

바) 포도의 경우 착색 불량인 송이는 상품성 저하로 인한 손해로 보아 감수량에 포함되지 않는다.

### 2) 수확량감소 추가보장 특약의 보험금

가) 보장하는 재해로 피해율이 자기부담비율을 초과하는 경우 적용한다.

> 보험금 = 보험가입금액 × (피해율 × 10%)
> *피해율 = (평년수확량 − 수확량 − 미보상감수량) ÷ 평년수확량

### 3) 나무손해보장특약의 보험금은 다음과 같다.

가) 보험금

> 보험금 = 보험가입금액 × (피해율 − 자기부담비율)

---

[68] 기준가격 산정방법은 1권 〈농작물재해보험 및 가축재해보험의 이론과 실무〉의 농업수입감소보험 부분 참고
[69] 수확기가격 산정방법은 1권 〈농작물재해보험 및 가축재해보험의 이론과 실무〉의 농업수입감소보험 부분 참고

**나)** 피해율 = 피해주수(고사된 나무) ÷ 실제결과주수

**다)** 피해주수는 수확 전 고사주수와 수확 완료 후 고사주수를 더하여 산정하며, 미보상 고사주수는 피해주수에서 제외한다.

**라)** 대상품목 및 자기부담비율은 약관에 따른다.

### 4) 비가림시설 보험금 산정

**가)** 손해액이 자기부담금을 초과하는 경우 아래와 같이 계산한 보험금을 지급한다.

(1) 재해보험사업자가 보상할 손해액은 그 손해가 생긴 때와 곳에서의 가액에 따라 계산한다.

(2) 재해보험사업자는 1사고마다 재조달가액(보험의 목적과 동형·동질의 신품을 조달하는데 소요되는 금액을 말한다. 이하 같다) 기준으로 계산한 손해액에서 자기부담금을 차감한 금액을 보험가입금액 내에서 보상한다.

> 지급보험금 = MIN(손해액 − 자기부담금, 보험가입금액)

**나)** 동일한 계약의 목적과 동일한 사고에 관하여 보험금을 지급하는 다른 계약(공제계약을 포함한다)이 있고 이들의 보험가입금액의 합계액이 보험가액보다 클 경우에는 〈별표8〉에 따라 지급보험금을 계산한다. 이 경우 보험자 1인에 대한 보험금 청구를 포기한 경우에도 다른 보험자의 지급보험금 결정에는 영향을 미치지 않는다.

> **Tip** 〈별표8〉 동일한 계약의 목적과 사고에 관한 보험금 계산방법
>
> (1) 다른 계약이 이 계약과 지급보험금의 계산 방법이 같은 경우
>
> $$손해액 \times \frac{\text{이 계약의 보험가입금액}}{\text{다른 계약이 없는 것으로 하여 각각 계산한 보험가입금액의 합계액}}$$
>
> (2) 다른 계약이 이 계약과 지급보험금의 계산 방법이 다른 경우
>
> $$손해액 \times \frac{\text{이 계약에 의한 보험금}}{\text{다른 계약이 없는 것으로 하여 각각 계산한 보험금의 합계액}}$$

(1) 이 보험계약이 타인을 위한 보험계약이면서 보험계약자가 다른 계약으로 인하여 상법 제682조에 따른 대위권 행사의 대상이 된 경우에는 실제 그 다른 계약이 존재함에도 불구하고 그 다른 계약이 없다는 가정하에 계산한 보험금을 그 다른 보험계약에 우선하여 이 보험계약에서 지급한다.

(2) 이 보험계약을 체결한 재해보험사업자가 타인을 위한 보험에 해당하는 다른 계약의 보험계약자에게 상법 제682조에 따른 대위권을 행사할 수 있는 경우에는 이 보험계약이 없다는 가정하에 다른 계약에서 지급받을 수 있는 보험금을 초과한 손해액을 이 보험계약에서 보상한다.

다) 하나의 보험가입금액으로 둘 이상의 보험의 목적을 계약한 경우에는 전체가액에 대한 각 가액의 비율로 보험가입금액을 비례배분하여 가)항 또는 나)항의 규정에 따라 지급보험금을 계산한다.

라) 재해보험사업자는 보험의 목적이 손해를 입은 장소에서 실제로 수리 또는 복구되지 않은 때에는 재조달가액에 의한 보상을 하지 않고 시가(감가상각된 금액)로 보상한다.

마) 계약자 또는 피보험자는 손해 발생 후 늦어도 180일 이내에 수리 또는 복구 의사를 재해보험사업자에 서면으로 통지해야 한다.

바) 자기부담금을 다음과 같이 산정한다.

(1) 재해보험사업자는 최소자기부담금(30만원)과 최대자기부담금(100만원)을 한도로 보험사고로 인하여 발생한 손해액의 10%에 해당하는 금액을 자기부담금으로 한다. 다만, 피복재 단독사고는 최소자기부담금(10만원)과 최대자기부담금(30만원)을 한도로 한다.

(2) 제(1)항의 자기부담금은 단지 단위, 1사고 단위로 적용한다. 다만, 화재위험보장 특약에 가입한 경우 화재손해는 자기부담금을 적용하지 않는다.

사) 보험금 등의 지급한도는 다음과 같다.

(1) 보상하는 손해로 지급할 보험금과 잔존물 제거비용은 상기 가) ~ 마)의 방법을 적용하여 계산하고, 그 합계액은 보험증권에 기재된 보험가입금액을 한도로 한다. 단, 잔존물 제거비용은 손해액의 10%를 초과할 수 없다.

> 보험금 + 잔존물 제거비용(손해액 10% 이내) ≤ 보험가입금액

(2) 비용손해 중 손해방지비용, 대위권 보전비용, 잔존물 보전비용[70]은 상기 가) ~ 바)의 방법을 적용하여 계산한 금액이 보험가입금액을 초과하는 경우에도 지급한다.

(3) 비용손해 중 기타 협력비용은 보험가입금액을 초과한 경우에도 전액 지급한다.

## 2 논·밭작물[마늘, 양파, 양배추, 감자(가을재배), 고구마, 콩, 옥수수, 보리]

### 가. 시기별 조사종류

1) **조사 종류** : (종합위험방식과 동일) 피해사실 확인조사, 재파종조사(마늘만 해당), 재정식조사(양배추만 해당), 경작불능조사, 수확량조사

### 나. 손해평가 현지조사 방법

1) 피해사실 확인조사

가) 조사 대상 : 대상 재해로 사고 접수 농지 및 조사 필요 농지

나) 대상 재해 : 자연재해, 조수해(鳥獸害), 화재, 병해충(감자 품목만 해당)

---

[70] 단, 재해보험사업자가 잔존물을 취득할 의사표시를 하고 잔존물을 취득한 경우에 한하여 지급

다) 조사 시기 : 사고 접수 직후 실시

라) 조사 방법 :「피해사실 "조사 방법" 준용」

　(1) 추가조사 필요 여부 판단

　　보장하는 재해 여부 및 피해 정도 등을 감안하여 추가조사(재정식조사, 재파종조사, 경작불능조사 및 수확량조사)가 필요한지 여부를 판단하여 해당 내용에 대하여 계약자에게 안내하고, 추가조사가 필요할 것으로 판단된 경우에는 손해평가반 구성 및 추가조사 일정을 수립한다.

2) **재파종조사**(마늘)

　가) 적용 품목 : 마늘

　나) 조사 대상 : 피해사실 확인조사 시 재파종 조사가 필요하다고 판단된 농지

　다) 조사 시기 : 피해사실 확인조사 직후 또는 사고 접수 직후

　라) 조사 방법 : 다음 각 목에 해당하는 사항을 확인한다.

　　(1) 보장하는 재해 여부 심사

　　　농지 및 작물 상태 등을 감안하여 보장하는 재해로 인한 피해가 맞는지 확인하며, 필요시에는 이에 대한 근거자료(피해 사실확인조사 참조)를 확보한다.

　　(2) 실제 경작면적 확인

　　　GPS 면적측정기 또는 지형도 등을 이용하여 보험 가입 면적과 실제 경작면적을 비교한다. 이때 실제 경작면적이 보험 가입 면적 대비 10% 이상 차이가 날 경우에는 계약 사항을 변경해야 한다.

　　(3) 재파종 보험금 지급 대상 여부 조사[재파종 전(前)조사]

　　　(가) 표본구간수 산정

　　　　조사대상 면적 규모에 따라 적정 표본구간수 〈별표1〉 이상의 표본구간수를 산정한다. 다만 가입면적과 실제 경작면적이 10% 이상 차이가 나 계약 변경 대상일 경우에는 실제 경작면적을 기준으로 표본구간수를 산정한다.

> 조사대상 면적 = 실제 경작면적 − 타작물 및 미보상면적 − 고사면적 − 기수확면적

**Tip** 〈별표1〉 품목별 표본주(구간)수 표

| 〈고구마, 양파, 마늘, 옥수수, 양배추〉 ※ 수입보장 포함 ||||
|---|---|---|---|
| 조사대상면적 | 표본구간 | 조사대상면적 | 표본구간 |
| 1,500㎡ 미만 | 4 | 3,000㎡ 이상, 4,500㎡ 미만 | 6 |
| 1,500㎡ 이상, 3,000㎡ 미만 | 5 | 4,500㎡ 이상 | 7 |

(나) 표본구간 선정

선정한 표본구간수를 바탕으로 재배 방법 및 품종 등을 감안하여 조사 대상 면적에 동일한 간격으로 골고루 배치될 수 있도록 표본구간을 선정한다. 다만, 선정한 지점이 표본으로 부적합한 경우(해당 지점 마늘의 출현율이 현저히 높거나 낮아서 표본으로 대표성을 가지기 어려운 경우 등)에는 가까운 위치의 다른 지점을 표본구간으로 선정한다.

(다) 표본구간 길이 및 식물체 주수 조사

선정된 표본구간별로 이랑 길이 방향으로 식물체 8주 이상(또는 1m)에 해당하는 이랑 길이, 이랑 폭(고랑 포함) 및 식물체 주수를 조사한다.

(4) 재파종 이행 완료 여부 조사[재파종 후(後)조사]

(가) 조사 대상 농지 및 조사 시기 확인

재파종 보험금 대상 여부 조사(1차 조사) 시 재파종 보험금 대상으로 확인된 농지에 대하여, 재파종이 완료된 이후 조사를 진행한다.

(나) 표본구간 선정

재파종 보험금 대상 여부 조사(재파종 전 조사)에서와 같은 방법으로 표본구간을 선정한다.

(다) 표본구간 길이 및 파종주수 조사

선정된 표본구간별로 이랑 길이, 이랑 폭 및 파종주수를 조사한다.

3) **재정식조사**(양배추)

가) 적용 품목 : 양배추

나) 조사 대상 : 피해사실 확인조사시 재정식조사가 필요하다고 판단된 농지

다) 조사 시기 : 피해사실 확인조사 직후 또는 사고 접수 직후

라) 조사 방법 : 다음 각 목에 해당하는 사항을 확인한다.

(1) 보장하는 재해 여부 심사

농지 및 작물 상태 등을 감안하여 보장하는 재해로 인한 피해가 맞는지 확인하며, 필요시에는 이에 대한 근거자료(피해사실 확인조사 참조)를 확보할 수 있다.

(2) 실제 경작면적 확인

GPS 면적측정기 또는 지형도 등을 이용하여 보험 가입 면적과 실제 경작면적을 비교한다. 이때 실제 경작면적이 보험 가입 면적 대비 10% 이상 차이가 날 경우에는 계약 사항을 변경해야 한다.

(3) 재정식 보험금 지급 대상 여부 조사[재정식 전(前)조사]

(가) 피해면적 확인

GPS 면적측정기 또는 지형도 등을 이용하여 실제 경작면적 대비 피해면적을 비교 및 조사한다.

(나) 피해면적의 판정 기준

작물이 고사되거나 살아 있으나 수확이 불가능할 것으로 판단된 면적

(4) 재정식 이행완료 여부 조사[재정식 후(後)조사]

재정식 보험금 지급 대상 여부 조사[전(前)조사] 시 재정식 보험금 지급 대상으로 확인된 농지에 대하여, 재정식이 완료되었는지를 조사한다. 피해면적 중 일부에 대해서만 재정식이 이루어진 경우에는, 재정식이 이루어지지 않은 면적은 피해 면적에서 제외한다.

(5) 농지별 상황에 따라 재정식 전 조사를 생략하고 재정식 후(後)조사 시 면적조사(실제경작면적 및 피해면적)를 실시할 수 있다.

### 4) 경작불능조사

**가) 적용 품목** : 마늘, 양파, 양배추, 감자(가을재배), 고구마, 콩, 옥수수, 보리

**나) 조사 대상** : 피해사실 확인조사 시 경작불능조사가 필요하다고 판단된 농지 또는 사고 접수 시 이에 준하는 피해가 예상되는 농지

**다) 조사 시기** : 피해사실 확인조사 직후 또는 사고 접수 직후

**라) 경작불능 보험금 지급 대상 여부 조사[경작불능 전(前)조사]**

다음에 해당하는 사항을 확인한다.

(1) 보장하는 재해 여부 심사

농지 및 작물 상태 등을 감안하여 보장하는 재해로 인한 피해가 맞는지 확인하며, 필요시에는 이에 대한 근거자료(피해사실 확인조사 참조)를 확보한다.

(2) 실제 경작면적 확인

GPS 면적측정기 또는 지형도 등을 이용하여 보험 가입 면적과 실제 경작면적을 비교한다. 이때 실제 경작면적이 보험 가입면적 대비 10% 이상 차이가 날 경우에는 계약 사항을 변경해야 한다.

(3) 식물체 피해율 조사

목측 조사를 통해 조사 대상 농지에서 보장하는 재해로 인한 식물체 피해율이 65% 이상 여부를 조사한다.

※ 식물체 피해율 : 고사식물체수(또는 면적)를 보험 가입식물체 수(또는 면적)로 나눈 값을 의미하며, 고사식물체 판정의 기준은 해당 식물체의 수확 가능 여부임

(4) 계약자의 경작불능보험금 신청 여부 확인

식물체 피해율이 65% 이상인 경우 계약자에게 경작불능보험금 신청 여부를 확인한다.

(5) 수확량조사 대상 확인

식물체 피해율이 65% 미만이거나, 식물체 피해율이 65% 이상이 되어도 계약자가 경작불능보험금을 신청하지 않은 경우(콩 제외)에는 향후 수확량조사가 필요한 농지로 결정한다.

(6) 산지폐기 여부 확인[경작불능 후(後)조사]

마늘, 양파, 양배추, 감자(가을재배), 고구마, 옥수수, 콩, 보리 품목에 대하여 경작불능 전(前)조사에서 보장하는 재해로 식물체 피해율이 65% 이상인 농지에 대하여, 산지폐기 등으로 작물이 시장으로 유통되지 않은 것을 확인한다.

5) 수확량조사

가) 적용 품목 : 마늘, 양파, 양배추, 감자(가을재배), 고구마, 콩, 옥수수, 보리

나) 조사 대상 : 계약된 농지 전부에 대하여 수확량조사를 실시한다.

다) 손해조사 방법 : 다음에 해당하는 사항을 확인한다.

(1) 보장하는 재해 여부 심사

농지 및 작물 상태 등을 감안하여 보장하는 재해로 인한 피해가 맞는지 확인하며, 필요시에는 이에 대한 근거자료(피해사실 확인조사 참조)를 확보할 수 있다.

(2) 수확량조사 적기 판단 및 시기 결정

해당 작물의 특성에 맞게 아래 표에서 수확량조사 적기 여부를 확인하고 이에 따른 조사 시기를 결정한다.

〈품목별 수확량조사 적기〉

| 품목 | 수확량조사 적기 |
| --- | --- |
| 콩 | 콩잎이 누렇게 변하여 떨어지고 꼬투리의 80~90% 이상이 고유한 성숙(황색)색깔로 변하는 시기인 생리적 성숙기로부터 7~14일이 지난 시기 |
| 양배추 | 결구 형성이 완료된 때 |
| 양파 | 양파의 비대가 종료된 시점(식물체의 도복이 완료된 때) |
| 감자 (가을재배) | 감자의 비대가 종료된 시점 (파종일로부터 제주지역은 110일 이후, 이외 지역은 95일 이후) |
| 마늘 | 마늘의 비대가 종료된 시점 (잎과 줄기가 1/2~2/3 황변하여 말랐을 때와 해당 지역의 통상 수확기가 도래하였을 때) |
| 고구마 | 고구마의 비대가 종료된 시점(삽식일로부터 120일 이후에 농지별로 적용) |
| 옥수수 | 옥수수 수확의 적기(수염이 나온 후 25일 이후) |
| 보리 | 알곡이 여물어 수확이 가능한 시기 |

### (3) 수확량조사 재조사 및 검증조사

수확량 조사 실시 후 2주 이내에 수확을 하지 않을 경우 재조사 또는 검증조사를 실시할 수 있다.

### (4) 면적 확인

#### (가) 실제 경작면적 확인

GPS 면적측정기 또는 지형도 등을 이용하여 보험 가입 면적과 실제 경작면적을 비교한다. 이때 실제 경작면적이 보험 가입 면적 대비 10% 이상 차이가 날 경우에는 계약 사항을 변경해야 한다.

#### (나) 수확불능(고사)면적 확인

보장하는 재해로 인하여 해당 작물이 수확될 수 없는 면적을 확인한다.

#### (다) 타작물 및 미보상 면적 확인

해당 작물 외의 작물이 식재되어 있거나 보장하는 재해 이외의 사유로 수확이 감소한 면적을 확인한다.

#### (라) 기수확면적 확인

조사 전에 수확이 완료된 면적을 확인한다.

#### (마) 조사대상 면적 확인

실제경작면적에서 고사면적, 타작물 및 미보상면적, 기수확면적을 제외하여 조사 대상 면적을 확인한다.

### (5) 조사 방법 결정

품목 및 재배 방법 등을 참고하여 다음의 적절한 조사 방법을 선택한다.

#### (가) 표본조사 방법

① **적용 품목** : 마늘, 양파, 양배추, 감자(가을재배), 고구마, 콩, 옥수수, 보리

② **표본구간수 산정**

조사대상 면적 규모에 따라 적정 표본구간수 이상의 표본구간수를 산정한다. 다만, 가입면적과 실제 경작면적이 10% 이상 차이가 나 계약 변경 대상일 경우에는 실제 경작면적을 기준으로 표본구간수를 산정한다.

③ **표본구간 선정**

선정한 표본구간수를 바탕으로 재배 방법 및 품종 등을 감안하여 조사 대상 면적에 동일한 간격으로 골고루 배치될 수 있도록 표본구간을 선정한다. 다만, 선정한 구간이 표본으로 부적합한 경우(해당 지점 작물의 수확량이 현저히 많거나 적어서 표본으로 대표성을 가지기 어려운 경우 등)에는 가까운 위치의 다른 구간을 표본구간으로 선정한다.

④ 표본구간 면적 및 수확량 조사

해당 품목별로 선정된 표본구간의 면적을 조사하고, 해당 표본구간에서 수확한 작물의 수확량을 조사한다.

⑤ **양파, 마늘**의 경우 지역별 수확 적기보다 일찍 조사를 하는 경우, 수확 적기까지 잔여일 수별 비대지수를 추정하여 적용할 수 있다.

〈품목별 표본구간 면적조사 방법〉

| 품목 | 표본구간 면적 조사 방법 |
|---|---|
| 콩 | • 점파 : 이랑 길이(4주 이상) 및 이랑 폭 조사<br>• 산파 : 규격의 원형(1㎡) 이용 또는 표본구간의 가로·세로 길이 조사 |
| 양파, 마늘, | • 이랑폭 2m 미만 : 이랑길이(5주 이상) 및 이랑폭 조사<br>• 이랑폭 2m 이상 : 이랑길이(3주 이상) 및 이랑폭 조사 |
| 양배추, 감자(가을재배), 고구마, 옥수수 | • 이랑 길이(5주 이상) 및 이랑 폭 조사 |
| 보리 | • 점파의 경우 포본구간마다 4포기의 길이와 포기당 간격을 조사<br>• 산파이거나 이랑의 구분이 명확하지 않은 경우 규격의 테(50㎝ × 50㎝)를 사용하여 조사 |

(나) 전수조사 방법

① 적용 품목 : 콩

② 전수조사 대상 농지 여부 확인

전수조사는 기계수확(탈곡 포함)을 하는 농지 또는 수확 직전 상태가 확인된 농지 중 자른 작물을 농지에 그대로 둔 상태에서 기계 탈곡을 시행하는 농지에 한한다.

③ 중량 조사

대상 농지에서 수확한 전체 콩(종실)의 무게를 조사하며, 전체 무게 측정이 어려운 경우에는 10포대 이상의 포대를 임의로 선정하여 포대당 평균 무게를 구한 후 해당 수치에 수확한 전체 포대 수를 곱하여 전체 무게를 산출한다.

④ 콩(종실)의 함수율 조사

10회 이상 종실의 함수율을 측정 후 평균값을 산출한다. 단, 함수율을 측정할 때에는 각 횟수마다 각기 다른 포대에서 추출한 콩을 사용한다.

6) **미보상비율 조사**(모든 조사 시 동시 조사)

상기 모든 조사마다 미보상비율 적용표〈별표2〉에 따라 미보상비율을 조사한다.

**Tip** 〈별표2〉 농작물재해보험 미보상비율 적용표

〈감자, 고추 제외 전 품목〉

| 구분 | 제초 상태 | 병해충 상태 | 기타 |
|---|---|---|---|
| 해당 없음 | 0% | 0% | 0% |
| 미흡 | 10% 미만 | 10% 미만 | 10% 미만 |
| 불량 | 20% 미만 | 20% 미만 | 20% 미만 |
| 매우 불량 | 20% 이상 | 20% 이상 | 20% 이상 |

미보상 비율은 보장하는 재해 이외의 원인이 조사 농지의 수확량 감소에 영향을 준 비율을 의미하여 제초 상태, 병해충 상태 및 기타 항목에 따라 개별 적용한 후 해당 비율을 합산하여 산정한다.

1. **제초 상태**(과수품목은 피해율에 영향을 줄 수 있는 잡초만 해당)
   가) **해당 없음** : 잡초가 농지 면적의 20% 미만으로 분포한 경우
   나) **미흡** : 잡초가 농지 면적의 20% 이상 40% 미만으로 분포한 경우
   다) **불량** : 잡초가 농지 면적의 40% 이상 60% 미만으로 분포한 경우 또는 경작불능조사 진행건으로 정상적인 영농활동 시행을 증빙하는 자료(비료 및 농약 영수증 등)가 부족한 경우
   라) **매우 불량** : 잡초가 농지 면적의 60% 이상으로 분포한 경우 또는 경작불능조사 진행건으로 정상적인 영농활동 시행을 증빙하는 자료(비료 및 농약 영수증 등)가 없는 경우

2. **병해충 상태**(각 품목에서 별도로 보상하는 병해충은 제외)
   가) **해당 없음** : 병해충이 농지 면적의 20% 미만으로 분포한 경우
   나) **미흡** : 병해충이 농지 면적의 20% 이상 40% 미만으로 분포한 경우
   다) **불량** : 병해충이 농지 면적의 40% 이상 60% 미만으로 분포한 경우 또는 경작불능조사 진행건으로 정상적인 영농활동 시행을 증빙하는 자료(비료 및 농약 영수증 등)가 부족한 경우
   라) **매우 불량** : 병해충이 농지 면적의 60% 이상으로 분포한 경우 또는 경작불능조사 진행 건으로 정상적인 영농활동 시행을 증빙하는 자료(비료 및 농약 영수증 등)가 없는 경우

3. **기타** : 영농기술 부족, 영농상 실수 및 단순 생리장애 등 보상하는 손해 이외의 사유로 피해가 발생한 것으로 추정되는 경우[해거리, 생리장애(원소결핍 등), 시비관리, 토양관리(연작 및 pH과다·과소 등), 전정(강전정 등), 조방재배, 재식밀도(인수기준 이하), 농지상태(혼식, 멀칭, 급배수 등), 가입이전 사고 및 계약자 중과실손해, 자연감모, 보상재해이외(종자불량, 일부가입 등)]에 적용
   가) **해당 없음** : 위 사유로 인한 피해가 없는 것으로 판단되는 경우
   나) **미흡** : 위 사유로 인한 피해가 10% 미만으로 판단되는 경우
   다) **불량** : 위 사유로 인한 피해가 20% 미만으로 판단되는 경우
   라) **매우 불량** : 위 사유로 인한 피해가 20% 이상으로 판단되는 경우

<품목별 표본구간별 수확량 조사 방법>

| 품목 | 표본구간별 수확량 조사 방법 |
|---|---|
| 콩 | 표본구간 내 콩을 수확하여 꼬투리를 제거한 후 콩 종실의 무게 및 함수율(3회 평균) 조사 |
| 양배추 | 표본구간 내 작물의 뿌리를 절단하여 수확(외엽 2개 내외 부분을 제거)한 후,<br>가) 정상 양배추,<br>나) 80% 피해 양배추(일반시장에 출하할 때 정상양배추에 비해 50% 정도의 가격이 예상되는 품질이거나 일반시장 출하는 불가능하나 가공용으로 공급될 수 있는 품질),<br>다) 100% 피해 양배추(일반시장 및 가공용 출하 불가)로 구분하여 무게를 조사 |
| 양파 | 표본구간 내 작물을 수확한 후, 종구 5cm 윗부분 줄기를 절단하여 해당 무게를 조사<br>단, 양파의 최대 지름이 6cm 미만인 경우에는<br>가) 80%(보장하는 재해로 인해 피해가 발생하여 일반시장 출하가 불가능하나, 가공용으로는 공급될 수 있는 작물을 말하며, 가공공장 공급 및 판매 여부와는 무관),<br>나) 100%(보장하는 재해로 인해 피해가 발생하여 일반시장 출하가 불가능하고 가공용으로도 공급될 수 없는 작물) 피해로 인정하고 해당 무게의 20%, 0%를 수확량으로 인정 |
| 마늘 | 표본구간 내 작물을 수확한 후, 종구 3cm 윗부분을 절단하여 무게를 조사<br>단, 마늘통의 최대 지름이 2cm(한지형), 3.5cm(난지형) 미만인 경우에는<br>가) 80%(보장하는 재해로 인해 피해가 발생하여 일반시장 출하가 불가능하나, 가공용으로는 공급될 수 있는 작물을 말하며, 가공공장 공급 및 판매 여부와는 무관),<br>나) 100%(보장하는 재해로 인해 피해가 발생하여 일반시장 출하가 불가능하고 가공용으로도 공급될 수 없는 작물) 피해로 인정하고 해당 무게의 20%, 0%를 수확량으로 인정 |
| 감자<br>(가을<br>재배) | 표본구간 내 작물을 수확한 후<br>가) 정상 감자,<br>나) 병충해별 20% 이하, 21%~40% 이하, 41%~60% 이하, 61%~80% 이하, 81%~100% 이하 발병 감자로 구분하여 해당 병충해명과 무게를 조사하고<br>다) 최대 지름이 5cm 미만이거나 피해 정도 50% 이상인 감자의 무게는 실제 무게의 50%를 조사 무게로 함 |
| 고구마 | 표본구간 내 작물을 수확한 후<br>가) 정상 고구마,<br>나) 50%형 고구마(일반시장에 출하할 때, 정상 고구마에 비해 50% 정도의 가격 하락이 예상되는 품질. 단, 가공공장 공급 및 판매 여부와 무관),<br>다) 80% 피해 고구마(일반시장에 출하가 불가능하나, 가공용으로 공급될 수 있는 품질. 단, 가공공장 공급 및 판매 여부와 무관),<br>라) 100% 피해 고구마(일반시장 출하가 불가능하고 가공용으로 공급될 수 없는 품질)로 구분하여 무게를 조사 |
| 옥수수 | 표본구간 내 작물을 수확한 후 착립장 길이에 따라<br>상(17cm 이상)・중(15cm 이상 17cm 미만)・하(15cm 미만)로 구분한 후 해당 개수를 조사 |
| 보리 | 가) 점파의 경우 포본구간마다 4포기,<br>나) 산파이거나 이랑의 구분이 명확하지 않은 경우는 규격의 테(50cm × 50cm)를 사용하여 표본구간의 작물을 수확하여 해당 중량을 측정 |

## 다. 보험금 산정방법 및 지급기준

### 1) 재파종보험금 산정(마늘)

가) 지급 사유

보험기간 내에 보장하는 재해로 10a당 식물체 주수가 30,000주보다 적어지고, 10a당 30,000주 이상으로 재파종한 경우 재파종보험금은 아래에 따라 계산하며 1회에 한하여 보상한다.

> 지급보험금 = 보험가입금액 × 35% × 표준 피해율
> ※ 표준 피해율(10a 기준) = (30,000 - 식물체 주수) ÷ 30,000

### 2) 재정식보험금 산정(양배추)

가) 지급 사유

보험기간 내에 보장하는 재해로 면적 피해율이 자기부담비율을 초과하고, 재정식한 경우 재정식보험금은 아래에 따라 계산하며 1회 지급한다.

> 지급보험금 = 보험가입금액 × 20% × 면적 피해율
> *면적 피해율 = 피해면적 ÷ 보험 가입면적

### 3) 경작불능보험금 산정[마늘, 양파, 양배추, 감자(가을재배), 고구마, 콩, 옥수수, 보리]

가) 지급 사유

보험기간 내에 보장하는 재해로 식물체 피해율이 65% 이상이고, 계약자가 경작불능보험금을 신청한 경우 경작불능보험금은 자기부담비율에 따라 보험가입금액의 일정 비율로 계산한다.

〈품목별 자기부담비율별 경작불능보험금 지급 비율〉

| 자기부담비율 | 20%형 | 30%형 | 40%형 |
| --- | --- | --- | --- |
| 지급비율 | 보험가입금액 × 40% | 보험가입금액 × 35% | 보험가입금액 × 30% |

Tip 자기부담비율 ⇨ 보장수준 ⇨ 절반 예 20%(자기부담비율) ⇨ 80%(보장수준) ⇨ 40%(= 80%/2)

나) 지급거절 사유

보험금 지급 대상 농지 품목이 산지폐기 등의 방법을 통해 시장으로 유통되지 않게 된 것이 확인되지 않으면 경작불능보험금을 지급하지 않는다.

다) 경작불능보험금을 지급한 때에는 그 손해보상의 원인이 생긴 때로부터 해당 농지에 대한 보험계약은 소멸되며, 이 경우 환급보험료는 발생하지 않는다.

### 4) 농업수입감소보험금 산정(옥수수 외 품목)

가) 보험기간 내에 보장하는 재해로 피해율이 자기부담비율을 초과하는 경우 아래와 같이 계산한 농업수입감소보험금을 지급한다. 다만, 콩품목은 경작불능보험금 지급대상인 경우 농업수입감소보험금을 지급하지 아니한다.

> 농업수입감소보험금 = 보험가입금액 × (피해율 - 자기부담비율)
> *피해율 = (기준수입 - 실제수입) ÷ 기준수입

나) 기준수입은 평년수확량에 농지별 기준가격을 곱하여 산출한다.

> 기준수입 = 평년수확량 × 농지별 기준가격

다) 실제 수입은 수확기에 조사한 수확량에 미보상감수량을 더한 값 또는 수확량조사를 하지 아니한 경우에는 평년수확량에 농지별 기준가격과 농지별 수확기가격 중 작은 값을 곱하여 산출한다.

> (1) 수확량조사를 실시한 경우
>   · 실제수입 = (수확기에 조사한 수확량 + 미보상감수량) × min(농지별 기준가격, 농지별 수확기가격)
> (2) 수확량조사를 하지 아니한 경우
>   · 실제수입 = 평년수확량 × min(농지별 기준가격, 농지별 수확기가격)

라) 미보상감수량은 평년수확량에서 수확량을 뺀 값에 미보상비율을 곱하여 산출하며, 평년수확량 보다 수확량이 감소하였으나 보장하는 재해로 인한 감소가 확인되지 않는 경우에는 감소한 수량을 모두 미보상감수량으로 한다.

마) 계약자 또는 피보험자의 고의 또는 중대한 과실로 수확량조사를 하지 못하여 수확량을 확인할 수 없는 경우에는 농업수입감소보험금을 지급하지 않는다.

바) 자기부담비율은 보험 가입할 때 계약자가 선택한 비율로 한다.

5) **농업수입감소보험금 산정**(옥수수)

가) 농업수입감소보험금은 보험가입금액에 피해율에서 자기부담비율을 차감한 비율을 곱하여 산정한다.

> 농업수입감소보험금 = 보험가입금액 × (피해율 - 자기부담비율)
> *피해율 = (기준수입 - 실제수입) ÷ 기준수입

나) 피해율은 기준수입에서 실제수입을 뺀 값을 기준수입으로 나누어 산출한다.

다) 기준수입은 평년수확량에 농지별 기준가격을 곱하여 산출한다.

> 기준수입 = 평년수확량 × 농지별 기준가격

※ 기존 옥수수(수확감소보장)의 상품구조상 과거수확량 데이터가 존재하지 않으므로, 2024년도 옥수수(농업수입안정) 가입 농지의 평년수확량은 표준수확량의 100%를 일괄 적용함.

라) 실제수입은 해당 농지의 기준수입과 실제 조사한 농지의 손해액의 차이로 한다.

> 실제수입 = 해당 농지의 기준수입 - 실제 조사한 농지의 손해액

마) 손해액은 기준가격과 수확기가격을 비교하여 아래와 같이 산출한다.

(1) 기준가격 ≥ 수확기가격

> 손해액 = (기준가격 − 수확기가격) × (평년수확량 − 피해수확량) + 기준가격 × 피해수확량

(2) 기준가격 < 수확기가격

> 손해액 = 기준가격 × 피해수확량

(3) **피해수확량**은 종합위험 수확감소보장방식 옥수수 품목과 같은 방법으로 산출한다.

(4) **수확량조사를 실시하지 않아 조사한 피해수확량이 없는 경우** 피해수확량은 0으로 한다.

(5) 계약자 또는 피보험자의 고의 또는 중대한 과실로 수확량조사를 하지 못하여 수확량을 확인할 수 없는 경우에는 농업수입감소보험금을 지급하지 않는다.

# CHAPTER 03 가축재해보험 손해평가

## 제1절 손해의 평가

### 1 의의

가축재해보험에서 보험사고로 인한 보험금의 산정은 손해발생 사실을 확인하는 과정 이후 손해액과 보험가액의 평가가 이루어지고 확정된 손해액 및 보험가액을 기준으로 피보험자에게 지급되어야 하는 보험금을 산정하게 된다. 보험계약자 등의 사고 접수로 시작되는 손해평가에서 손해발생 사실의 확인 후 손해의 조사를 통하여 손해액을 확정하게 되는 과정은 손해평가에서 가장 중요한 과정이다. 축종별로 손해액을 확정하는 다양한 방식이 있을 수 있으나 가축재해보험약관에서는 축종별로 손해액을 확정하는 방식을 별도로 규정하고 있으며 손해액 평가와 관련하여 보험계약자, 피보험자에게 다양한 의무를 부여하고 있다.

### 2 보험계약자 등의 의무

#### 가. 계약 전 알릴 의무

계약자, 피보험자 또는 이들의 대리인은 보험계약을 청약할 때 청약서에서 질문한 사항에 대하여 알고 있는 사실을 반드시 사실대로 알려야 할 의무이다.

보험계약자 또는 피보험자가 고의 또는 중대한 과실로 계약 전 알릴 의무를 이행하지 않은 경우에 보험자는 그 사실을 안 날로부터 1월 내에, 계약을 체결한 날로부터 3년 내에 한하여 계약을 해지할 수 있다. 그러나 보험자가 계약 당시에 그 사실을 알았거나 중대한 과실로 인하여 알지 못한 때에는 그러하지 아니하다.

#### 나. 계약 후 알릴 의무

가축재해보험에서는 계약을 맺은 후 보험의 목적에 다음과 같은 사실이 생긴 경우에 계약자나 피보험자는 지체 없이 서면으로 보험자에게 알려야 할 의무로 재해보험사업자는 계약 후 알릴 의무의 통지를 받은 때에 위험이 감소된 경우에는 그 차액보험료를 돌려주고, 위험이 증가된 경우에는 통지를 받은 날부터 1개월 이내에 보험료의 증액을 청구하거나 계약을 해지할 수 있으며 보험계약자 또는 피보험자가 보험기간 중에 계약 후 알릴 의무를 위반한 경우에 보험자는 그 사실을 안 날로부터 1월 내에 계약을 해지할 수 있다.

가축재해보험에서는 모든 부문 축종에 적용되는 계약 후 알릴 의무와 특정 부분의 가축에게만 추가로 적용되는 계약 후 알릴 의무가 있다.

1) 계약 후 알릴 의무

　가) 이 계약에서 보장하는 위험과 동일한 위험을 보장하는 계약을 다른 보험자와 체결하고자 할 때 또는 이와 같은 계약이 있음을 알았을 때

　나) 양도할 때

　다) 보험목적 또는 보험목적 수용장소로부터 반경 10km 이내 지역에서 가축전염병 발생(전염병으로 의심되는 질환 포함) 또는 원인 모를 질병으로 집단폐사가 이루어진 경우

　라) 보험의 목적 또는 보험의 목적을 수용하는 건물의 구조를 변경, 개축, 증축하거나 계속하여 15일 이상 수선할 때

　마) 보험의 목적 또는 보험의 목적을 수용하는 건물의 용도를 변경함으로써 위험이 변경되는 경우

　바) 보험의 목적 또는 보험의 목적이 들어있는 건물을 계속하여 30일 이상 비워두거나 휴업하는 경우

　사) 다른 곳으로 옮길 때

　아) 도난 또는 행방불명되었을 때

　자) 의외의 재난이나 위험에 의해 구할 수 없는 상태에 빠졌을 때

　차) 개체 수가 증가되거나 감소되었을 때

　카) 위험이 뚜렷이 변경되거나 변경되었음을 알았을 때

2) 부문별 계약 후 알릴 의무

　가) 소 부문

　　(1) 개체 표시가 떨어지거나 오손, 훼손, 멸실되어 새로운 개체 표시를 부착하는 경우

　　(2) 거세, 제각, 단미 등 외과적 수술을 할 경우

　　(3) 품평회, 경진회, 박람회, 소싸움대회, 소등 타기 대회 등에 출전할 경우

　나) 말 부문

　　(1) 외과적 수술을 하여야 할 경우

　　(2) 5일 이내에 폐사가 예상되는 큰 부상을 입을 경우

　　(3) 거세, 단미(斷尾) 등 외과적 수술을 할 경우

　　(4) 품평회, 경진회, 박람회 등에 출전할 경우

　다) 종모우 부문

　　(1) 개체 표시가 떨어지거나 오손, 훼손, 멸실된 경우

　　(2) 거세, 제각, 단미 등 외과적 수술을 할 경우

　　(3) 품평회, 경진회, 박람회, 소싸움대회, 소등 타기 대회 등에 출전할 경우

다. 보험사고 발생 통지의무

　보험계약자 등의 보험사고 발생의 통지의무는 법정 의무로 상법에서는 "보험계약자 또는 피보험자나 보험

수익자는 보험사고의 발생을 안 때는 지체 없이 보험자에게 그 통지를 발송해야 한다(상법 제657조 제1항)"라는 내용으로 법률로서 규정하고 있다. 이러한 보험사고 발생 통지의무는 보험자의 신속한 사고조사를 통하여 손해의 확대를 방지하고 사고원인 등을 명확히 규명하기 위하여 법으로 인정하고 있는 의무인 동시에 약관상 의무이며, 보험계약자 등이 정당한 이유 없이 의무를 이행하지 않은 경우에는 그로 인하여 확대된 손해 또는 회복 가능한 손해는 재해보험사업자가 보상할 책임이 없다.

### 라. 손해방지의무

손해방지의무는 보험사고가 발생하였을 때 보험계약자와 피보험자가 손해발생을 방지 또는 경감하는데 적극적으로 노력해야 하는 의무로 "보험계약자와 피보험자는 손해의 방지와 경감을 위하여 노력하여야 한다. 그러나 이를 위하여 필요 또는 유익하였던 비용과 보상액이 보험금액을 초과한 경우라도 보험자가 이를 부담한다(상법 제680조)"라는 내용의 법정 의무인 동시에 약관상 의무이기도 하다.

계약자 또는 피보험자가 고의 또는 중대한 과실로 손해방지의무를 게을리한 때에는 방지 또는 경감할 수 있었을 것으로 밝혀진 손해를 손해액에서 공제한다.

### 마. 보험목적관리의무

가축재해보험에서는 보험의 목적이 사람의 지속적인 관리가 필요한 생명체라는 특수성 때문에 계약자 또는 피보험자에게 보험의 목적에 대한 관리의무를 아래와 같이 부여하고 있으며 만약 계약자 또는 피보험자가 보험목적 관리의무를 고의 또는 중대한 과실로 게을리한 때에는 방지 또는 경감할 수 있었을 것으로 밝혀진 손해를 손해액에서 공제하며, 재해보험사업자는 계약자 또는 피보험자에 대하여 아래의 조치를 요구하거나 또는 계약자를 대신하여 그 조치를 취할 수 있다.

1) 계약자 또는 피보험자는 보험목적을 사육, 관리, 보호함에 있어서 그 보험목적이 본래의 습성을 유지하면서 정상적으로 살 수 있도록 할 것
2) 계약자 또는 피보험자는 보험목적에 대하여 적합한 사료의 급여와 급수, 운동, 휴식, 수면 등이 보장되도록 적정한 사육관리를 할 것
3) 계약자 또는 피보험자는 보험목적에 대하여 예방접종, 정기검진, 기생충구제 등을 실시할 것
4) 계약자 또는 피보험자는 보험목적이 질병에 걸리거나 부상을 당한 경우 신속하게 치료하고 필요한 조치를 취할 것

가축재해보험 약관에서는 보험목적의 수용장소와 사용과 관련해서도 다음과 같이 보험계약자 또는 피보험자의 보험목적의 관리의무를 규정하고 있으며, 의무를 이행하지 않는 경우 재해보험사업자는 그 사실을 안 날부터 1개월 이내에 계약을 해지할 수 있는 해지권을 보험자에게 부여하고 있다.

1) 보험목적은 보험기간동안 언제나 보험증권에 기재된 지역 내에 있어야 한다. 다만, 계약자가 재해 발생 등으로 불가피하게 보험목적의 수용장소를 변경한 경우와 재해보험사업자의 승낙을 얻은 경우에는 그러하지 않는다.
2) 보험목적을 양도 또는 매각하기 위해 보험목적의 수용장소가 변경된 이후 다시 본래의 사육장소로 되돌아온 경우에는 가축이 수용장소에 도착한 때 원상복귀 되는 것으로 한다.

3) 보험목적은 보험기간 동안 언제나 보험증권에 기재된 목적으로만 사용되어야 한다. 다만, 재해보험사업자의 승낙을 얻은 경우에는 그러하지 않다.

### 3 보험목적의 조사

가축재해보험의 손해평가에서 피해 사실을 확인하고 손해액 및 보험가액을 평가하기 위해서는 재해보험사업자 또는 재해보험사업자에게 위탁을 받은 손해평가사의 보험목적에 발생한 손해에 대한 실질적이고 구체적인 조사는 손해평가 과정에서 필수적인 부분이므로 약관에서는 이러한 보험목적에 대한 조사를 원만히 수행할 수 있도록 다음과 같은 재해보험사업자의 권한을 규정하고 있다.

**가.** 보험의 목적에 대한 위험상태를 조사하기 위하여 보험기간 중 언제든지 보험의 목적 또는 이들이 들어 있는 건물이나 구내를 조사할 수 있다.

**나.** 손해의 사실을 확인하기 어려운 경우에는 계약자 또는 피보험자에게 필요한 증거자료의 제출을 요청할 수 있다 이 경우 재해보험사업자는 손해를 확인할 수 있는 경우에 한하여 보상한다.

**다.** 보험사고의 통지를 받은 때에는 사고가 생긴 건물 또는 그 구내와 거기에 들어있는 피보험자의 소유물을 조사할 수 있다.

### 4 손해액의 산정

보험사고로 인하여 보험의 목적에 손해가 발생한 경우에 그 손해액의 산정은 손해보험의 기본 원칙인 이득금지원칙에 상응하는 공정성이 필요하다. 따라서, 법률과 약관에서는 통상의 경우 손해액은 그 손해가 생긴 때와 곳의 가액에 의하여 산정하도록 규정하고 있다. 가축재해보험에서 손해액의 산정도 그 손해가 생긴 때와 곳에서 약관의 각 부문별 제 규정에 별도로 정한 방법으로 산정한다고 규정하고 있으므로 각 부문별로 손해액 산정 방식을 살펴보면 다음과 같다.

> 상법 제676조(손해액의 산정기준)
> ① 보험자가 보상할 손해액은 그 손해가 발생한 때와 곳의 가액에 의하여 산정한다. 그러나 당사자 간에 다른 약정이 있는 때에는 그 신품가액에 의하여 손해액을 산정할 수 있다.
> ② 제1항의 손해액의 산정에 관한 비용은 보험자의 부담으로 한다.

**가. 소 부문**

1) 손해액 산정

가축재해보험 소 부문에서 손해액은 손해가 생긴 때를 기준으로 아래의 축종별 보험가액 산정 방법에 따라서 산정한 보험가액으로 한다. 다만 고기, 가죽 등 이용물 처분액 및 보상금 등이 있는 경우에는 보험가액에서 이를 차감한 금액을 손해액으로 하고 이용물 처분액의 계산은 도축장 발행 정산서 자료가 있는 경우와 없는 경우로 분리하여 다음과 같이 계산한다.

| 이용물 처분액 산정 | |
|---|---|
| 도축장발행 정산자료인 경우 | 도축장발행 정산자료의 지육금액 × 75% |
| 도축장발행 정산자료가 아닌 경우 | 중량 × 지육가격 × 75% |

※ 중량 : 도축장발행 사고소의 도체(지육)중량

※ 지육가격 : 축산물품질평가원에서 고시하는 사고일 기준 사고소의 등급에 해당하는 전국평균가격(원/kg)

실무적으로 도축장발행 정산서가 없는 경우는 통상 축산물이력제에서 해당 소의 이력번호로 조회하여 도체중, 육질등급에서 확인되는 도체중량과 등급을 적용한다.

폐사의 경우는 보험목적의 전부손해에 해당하고 사고 시점에서 보험목적에 발생할 수 있는 최대 손해액이 보험가액이므로 보험가액이 손해액이 되며 긴급도축의 경우는 보험목적인 소의 도축의 결과로 얻어지는 고기, 가죽 등에 대한 수익을 이용물처분액이라고 하며 이러한 이용물처분액을 보험가액에서 공제한 금액이 손해액이 된다.

※ 이용물 처리에 소요되는 제반 비용은 피보험자의 부담을 원칙으로 한다.

소(한우, 육우, 젖소)의 보험가액 산정은 월령을 기준으로 산정하게 되며 월령은 폐사는 폐사 시점, 긴급도축은 긴급도축 시점의 월령을 만(滿)으로 계산하고 월 미만의 일수는 무시하고, 다만 사고 발생일까지가 1개월 이하인 경우는 1개월로 한다.

### 가) 한우(암컷, 수컷 – 거세우 포함) 보험가액 산정

한우의 보험가액 산정은 연령(월령)을 기준으로 6개월령 이하와 7개월령 이상으로 구분하여 다음과 같이 산정한다.

(1) 연령(월령)이 1개월 이상 6개월 이하인 경우

> 보험가액 = 「농협축산정보센터」에 등재된 전전월 전국산지평균 송아지 가격
> [연령(월령) 2개월 미만(질병사고는 3개월 미만)일때는 50% 적용]

※ 「농협축산정보센터」에 등재된 송아지 가격이 없는 경우

① 연령(월령)이 1개월 이상 3개월 이하인 경우

> 보험가액 = 「농협축산정보센터」에 등재된 전전월 전국산지평균가격 4~5월령 송아지 가격
> [단, 연령(월령)이 2개월 미만(질병사고는 3개월 미만)일때는 50% 적용]

※ 「농협축산정보센터」에 등재된 4~5월령 송아지 가격이 없는 경우 아래 ②의 4~5월령 송아지 가격을 적용

② 연령(월령)이 4개월 이상 5개월 이하인 경우

> 보험가액 = 「농협축산정보센터」에 등재된 전전월 전국산지평균가격 6~7월령 송아지 가격의
> 암송아지는 85%, 수송아지는 80% 적용

### (2) 연령(월령)이 7개월 이상인 경우

$$보험가액 = ① (체중) \times ② (kg당 금액)$$

**(가)** 체중은 약관에서 정하고 있는 월령별 "발육표준표"에서 정한 사고 소의 연령(월령)에 해당하는 체중을 적용한다.

**(나)** kg당 금액은 「산지가격 적용범위표」에서 사고소의 축종별, 성별, 월령에 해당되는 「농협축산정보센터」에 등록된 사고 전전월 전국산지평균가격을 그 체중으로 나누어 구한다.

〈산지가격 적용범위표〉

| 구분 | | 수컷 | 암컷 |
|---|---|---|---|
| 한우 | 성별 350kg 해당 전국 산지평균가격 및 성별 600kg 해당 전국 산지평균가격 중 kg당 가격이 높은 금액 | 생후 7개월 이상 | 생후 7개월 이상 |
| 육우 | 젖소 수컷 500kg 해당 전국 산지평균 가격 | 생후 3개월 이상 | 생후 3개월 이상 |

**(다)** 한우 수컷 월령이 25개월을 초과한 경우에는 655kg으로, 한우 암컷 월령이 40개월을 초과한 경우에는 470kg으로 인정한다.

**(라)** 월령별 보험가액이 위 **가)**의 송아지 가격보다 낮은 경우 위 **가)**의 송아지 가격을 적용한다.

### 나) 젖소(암컷) 보험가액 산정

젖소의 보험가액 산정은 연령(월령)을 기준으로 보험사고 「농협축산정보센터」에 등재된 전전월 전국산지평균가격을 기준으로 9단계로 구분하여 다음과 같이 산정한다.

| 월령 | 보험가액 |
|---|---|
| 1개월 ~ 7개월 | 분유떼기 암컷가격<br>[연령(월령)이 2개월미만(질병사고는 3개월 미만) 일때는 50% 적용] |
| 8개월 ~ 12개월 | 분유떼기 암컷가격 + $\dfrac{(수정단계가격 - 분유떼기 암컷가격)}{6}$ × (사고월령 - 7개월) |
| 13개월 ~ 18개월 | 수정단계가격 |
| 19개월 ~ 23개월 | 수정단계가격 + $\dfrac{(초산우가격 - 수정단계가격)}{6}$ × (사고월령 - 18개월) |
| 24개월 ~ 31개월 | 초산우가격 |
| 32개월 ~ 39개월 | 초산우가격 + $\dfrac{(다산우가격 - 초산우가격)}{9}$ × (사고월령 - 31개월) |
| 40개월 ~ 55개월 | 다산우가격 |

| 56개월 ~ 66개월 | 다산우가격 + $\dfrac{(노산우가격 - 다산우가격)}{12}$ × (사고월령 - 55개월) |
|---|---|
| 67개월 이상 | 노산우가격 |

> **Tip 기준이 되는 월령과 보험가액**
> - **일**(1) ~ **칠**(7) : 분유떼기 암컷가격
> - **일삼**(13) ~ **십팔**(18) : 수정단계가격
> - **이내**(24) ~ **쌀일**(31) : 초산우가격
> - **싸고**(40) ~ **또또**(55) : 다산우가격
> - **육실**(67)할 : 노산우가격

다) 육우 보험가액 산정

육우의 보험가액 산정은 연령(월령)을 기준으로 2개월령 이하와 3개월령 이상으로 구분하여 다음과 같이 산정한다.

| 월령 | 보험가액 |
|---|---|
| 2개월 이하 | 「농협축산정보센터」에 등재된 전월 전국산지평균 분유떼기 젖소 수컷 가격<br>[단, 연령(월령)이 2개월 미만(질병사고는 3개월 미만)일때는 50% 적용] |
| 3개월 이상 | 체중 × kg당 금액 |

(1) 사고 시점에서 산정한 월령별 보험가액이 위와 같이 산정한 분유떼기 젖소 수컷 가격보다 낮은 경우는 분유떼기 젖소 수컷 가격을 적용한다.

> 사고 시점에서 산정한 월령별 보험가액 < 사고 시점의 분유떼기 젖소 수컷 가격
> ⇨ 분유떼기 젖소 수컷 가격

(2) **체중**은 약관에서 확정하여 정하고 있는 월령별 "발육표준표"에서 정한 사고소(牛)의 월령에 해당 되는 체중을 적용한다. 다만 육우 월령이 25개월을 초과한 경우에는 600kg으로 인정한다.

(3) **kg당 금액**은 보험사고 「농협축산정보센터」에 등재된 전전월 젖소 수컷 500kg 해당 전국 산지평균가격을 그 체중으로 나누어 구한다. 단, 전국산지평균가격이 없는 경우에는「농협축산정보센터」에 등재된 전전월 전국도매시장 지육평균 가격에 지육율 58%를 곱한 가액을 kg당 금액으로 한다.

(가) kg당 금액

$$kg당 금액 = \dfrac{전전월\ 젖소\ 수컷\ 500kg\ 해당\ 전국\ 산지평균가격}{체중}$$

(나) kg당 금액 : 전국산지평균가격이 없는 경우

$$kg당 금액 = 전전월\ 전국도매시장\ 지육평균\ 가격 \times 지육율\ 58\%$$

\*지육율은 도체율이라고도 하며 도체중의 생체중에 대한 비율이며, 생체중은 살아있는 생물의 무게이고 도체중은 생체에서 두부, 내장, 족 및 가죽 등 부분을 제외한 무게를 의미한다.

## 나. 돼지 부문

### 1) 손해액 산정

가축재해보험 돼지 부문에서 손해액은 손해가 생긴 때를 기준으로 아래의 보험가액 산정 방법에 따라서 산정한 보험가액으로 한다. 다만 고기, 가죽 등 이용물 처분액 및 보상금 등이 있는 경우에는 보험가액에서 이를 차감한 금액을 손해액으로 한다.

피보험자가 이용물을 처리할 때에는 반드시 재해보험사업자의 입회하에 처리하여야 하며 재해보험사업자의 입회 없이 이용물을 임의 처분한 경우에는 재해보험사업자가 인정 평가하여 손해액을 차감하고, 보험가액 산정 시 보험목적물이 임신 상태인 경우는 임신하지 않은 것으로 간주하여 평가한다.

※ 이용물 처리에 소요되는 제반 비용은 피보험자의 부담을 원칙으로 한다.

#### 가) 종모돈의 보험가액 산정

종모돈은 종빈돈의 평가 방법에 따라 계산한 금액의 20%를 가산한 금액을 보험가액으로 한다.

#### 나) 종빈돈의 보험가액 산정

종빈돈의 보험가액은 재해보험사업자가 정하는 전국 도매시장 비육돈 평균지육단가(탕박)에 의하여 아래 표의 비육돈 지육단가 범위에 해당하는 종빈돈 가격으로 한다. 다만, 임신, 분만 및 포유 등 종빈돈으로서 기능을 하지 않는 경우에는 비육돈의 산출방식과 같이 계산한다.

> **Tip 탕박(湯剝, Scalding)**
> 돼지, 소, 가금류를 도축하는 방법 중 하나이다. 피부를 벗기지 않고, 뜨거운 물에 통째로 넣어 모공을 확장시켜 털이 빠지도록 하는 방식이다.

〈종빈돈 보험가액(비육돈 지육단가의 범위에 해당하는 종빈돈 가격)〉

| 비육돈 지육단가(원/kg) | 종빈돈 가격(원/두당) | 비육돈 지육단가(원/kg) | 종빈돈 가격(원/두당) |
|---|---|---|---|
| 1,949 이하 | 350,000 | 3,650 ~ 3,749 | 530,000 |
| 1,950 ~ 2,049 | 360,000 | 3,750 ~ 3,849 | 540,000 |
| 2,050 ~ 2,149 | 370,000 | 3,850 ~ 3,949 | 550,000 |
| 2,150 ~ 2,249 | 380,000 | 3,950 ~ 4,049 | 560,000 |
| 2,250 ~ 2,349 | 390,000 | 4,050 ~ 4,149 | 570,000 |
| 2,350 ~ 2,449 | 400,000 | 4,150 ~ 4,249 | 580,000 |
| 2,450 ~ 2,549 | 410,000 | 4,250 ~ 4,349 | 590,000 |
| 2,550 ~ 2,649 | 420,000 | 4,350 ~ 4,449 | 600,000 |
| 2,650 ~ 2,749 | 430,000 | 4,450 ~ 4,549 | 610,000 |

| 2,750 ~ 2,849 | 440,000 | 4,550 ~ 4,649 | 620,000 |
| 2,850 ~ 2,949 | 450,000 | 4,650 ~ 4,749 | 630,000 |
| 2,950 ~ 3,049 | 460,000 | 4,750 ~ 4,849 | 640,000 |
| 3,050 ~ 3,149 | 470,000 | 4,850 ~ 4,949 | 650,000 |
| 3,150 ~ 3,249 | 480,000 | 4,950 ~ 5,049 | 660,000 |
| 3,250 ~ 3,349 | 490,000 | 5,050 ~ 5,149 | 670,000 |
| 3,350 ~ 3,449 | 500,000 | 5,150 ~ 5,249 | 680,000 |
| 3,450 ~ 3,549 | 510,000 | 5,250 ~ 5,349 | 690,000 |
| 3,550 ~ 3,649 | 520,000 | 5,350 이상 | 700,000 |

다) 비육돈, 육성돈 및 후보돈의 보험가액

보험가액은 다음과 같이 산출한다.

(1) 대상범위(적용체중) : 육성돈[31kg 초과 ~ 110kg 미만(출하 대기 규격돈 포함)까지 10kg 단위 구간의 중간 생체중량]

| 단위구간(kg) | 31~40 | 41~50 | 51~60 | 61~70 | 71~80 | 81~90 | 91~100 | 101~110 미만 |
|---|---|---|---|---|---|---|---|---|
| 적용체중(kg) | 35 | 45 | 55 | 65 | 75 | 85 | 95 | 105 |

주) 1. 단위구간은 사고돼지의 실측중량(kg/1두)임
    2. 110kg 이상은 110kg으로 함

(2) 110kg 비육돈 수취가격

> 사고 당일 포함 직전 5영업일 평균돈육대표가격(전체, 탕박) × 110kg × 지급(육)율(76.8%)

(3) 보험가액

$$\text{자돈가격(30kg기준)} + (\text{적용체중} - 30\text{kg}) \times \frac{\text{110kg 비육돈 수취가격} - \text{자돈가격(30kg 기준)}}{80}$$

(4) 위 (2)의 돈육대표가격은 축산물품질평가원에서 고시하는 가격(원/kg) 적용

라) 자돈의 보험가액

자돈은 포유돈(젖먹이 돼지)과 이유돈(젖을 뗀 돼지)으로 구분하여 재해보험사업자와 계약 당시 협정한 가액으로 한다.

마) 기타 돼지의 보험가액

재해보험사업자와 계약 당시 협정한 가액으로 한다.

## 다. 가금 부문 (닭, 오리, 꿩, 메추리, 칠면조, 거위, 타조, 관상조, 기타 재해보험사업자가 정하는 가금)

### 1) 손해액 산정

가축재해보험 가금 부문에서 손해액은 손해가 생긴 때를 기준으로 아래의 보험가액 산정 방법에 따라서 산정한 보험가액으로 한다. 다만 고기, 가죽 등 이용물 처분액 및 보상금 등이 있는 경우에는 보험가액에서 이를 차감한 금액을 손해액으로 하며 피보험자가 이용물을 처리할 때에는 반드시 재해보험사업자의 입회하에 처리하여야 한다. 재해보험사업자의 입회 없이 이용물을 임의 처분한 경우에는 재해보험사업자가 인정 평가하여 손해액을 차감하고, 이용물 처리에 소요되는 제반 비용은 피보험자의 부담을 원칙으로 한다.

#### 가) 닭·오리의 보험가액

닭·오리의 보험가액은 종계, 산란계, 육계, 토종닭, 부화장 오리 모두 6가지로 분류하여 산정하며, 보험가액 산정에서 적용하는 평균 가격은 축산물품질평가원에서 고시하는 가격을 적용하여 산출하되 가격정보가 없는 경우에는 (사)대한양계협회의 가격을 적용한다.

##### (1) 종계의 보험가액

| 종계 | 해당주령 | 보험가액 |
|---|---|---|
| 병아리 | 생후 2주 이하 | 사고 당일 포함 직전 5영업일의 육용 종계 병아리 평균가격 |
| 성계 | 생후 3~6주 | 31주령 가격 × 30% |
| 성계 | 생후 7~30주 | 31주령 가격 × [100% - {(31주령 - 사고주령) × 2.8%}] |
| 성계 | 생후 31주 | 회사와 계약당시 협정한 가액 |
| 성계 | 생후 32~61주 | 31주령 가격 × [100% - {(사고주령 - 31주령) × 2.6%}] |
| 성계 | 생후 62주~64주 | 31주령 가격 × 20% |
| 노계 | 생후 65주 이상 | 사고 당일 포함 직전 5영업일의 종계 성계육 평균가격 |

##### (2) 산란계의 보험가액

| 산란계 | 해당주령 | 보험가액 |
|---|---|---|
| 병아리 | 생후 1주 이하 | 사고 당일 포함 직전 5영업일의 산란실용계 병아리 평균가격 |
| 병아리 | 생후 2~9주 | 산란실용계 병아리가격 + $\dfrac{(산란중추가격 - 산란실용계 병아리가격)}{9}$ × (사고주령 - 1주령) |
| 중추 | 생후 10~15주 | 사고 당일 포함 직전 5영업일의 산란중추 평균가격 |
| 중추 | 생후 16~19주 | 산란중추가격 + $\dfrac{(20주 산란계가격 - 산란중추가격)}{9}$ × (사고주령 - 15주령) |

| 산란계 | 생후 20~70주 | $\left(550\text{일} - \text{사고일령}\right) \times 70\% \times \left(\begin{array}{c}\text{사고 당일 포함 직전} \\ \text{5영업일의 계란 1개} \\ \text{평균가격}\end{array} - \begin{array}{c}\text{계란 1개의} \\ \text{생산비}\end{array}\right)$ |
|---|---|---|
| 산란노계 | 생후 71주 이상 | 사고 당일 포함 직전 5영업일의 산란성계육 평균가격 |

※ 계란 1개 평균가격은 중량규격(왕란/특란/대란 이하)별 사고 당일 포함 직전 5영업일 평균가격을 중량규격별 비중으로 가중평균한 가격을 말한다.
※ 중량규격별 비중 : 왕란(2.0%), 특란(53.5%), 대란 이하(44.5%)
※ 산란계의 계란 1개의 생산비는 77원으로 한다.
※ 사고 당일 포함 직전 5영업일의 계란 1개 평균가격에서 계란 1개의 생산비를 공제한 결과가 10원 이하인 경우 10원으로 한다.

### (3) 육계의 보험가액

| 육계 | 주령 | 보험가액 |
|---|---|---|
| 병아리 | 생후 1주 미만 | 사고 당일 포함 직전 5영업일의 육용실용계 병아리 평균가격 |
| 육계 | 생후 1주 이상 | 사고 당일 포함 직전 5영업일의 육용실용계 평균가격(원/kg)에 발육표준표 해당 일령 사고 육계의 중량을 곱한 금액 |

### (4) 토종닭의 보험가액

| 토종닭 | 주령 | 보험가액 |
|---|---|---|
| 병아리 | 생후 1주 미만 | 사고 당일 포함 직전 5영업일의 토종닭 병아리 평균가격 |
| 토종닭 | 생후 1주 이상 | 사고 당일 포함 직전 5영업일의 토종닭 평균가격(원/kg)에 발육표준표 해당 일령 사고 토종닭의 중량을 곱한 금액. 단, 위 금액과 사육계약서상의 중량별 매입단가 중 작은 금액을 한도로 한다. |

### (5) 부화장의 보험가액

| 구분 | 해당 주령 | 보험가액 |
|---|---|---|
| 종란 | - | 회사와 계약당시 협정한 가액 |
| 병아리 | 생후 1주 미만 | 사고당일 포함 직전 5영업일의 육용실용계 병아리 평균가격 |

### (6) 오리의 보험가액

| 오리 | 주령 | 보험가액 |
|---|---|---|
| 새끼오리 | 생후 1주 미만 | 사고 당일 포함 직전 5영업일의 새끼오리 평균가격 |
| 오리 | 생후 1주 이상 | 사고 당일 포함 직전 5영업일의 생체오리 평균가격(원/kg)에 발육표준표 해당 일령 사고 오리의 중량을 곱한 금액 |
| 종오리 | 생후 27주 이하 | 28주령 가격 × [1 - {(28주령 - 사고주령) × 2.9%}] |
| | 생후 28주 | 회사와 계약 당시 협정한 가액 |
| | 생후 29주~77주 | 28주령 가격 × [1 - {(사고주령-28주령) × 1.9%}] |
| | 생후 78주 이상 | 28주령 가격 × [1 - {(78주령-28주령) × 1.9%}] |

〈그림 3-1〉 발육표준표(가금)

| 육계 | | | | 토종닭 | | | | | | 오리 | | | |
|---|---|---|---|---|---|---|---|---|---|---|---|---|---|
| 일령 | 중량(g) | 일령 | 중량(g) | 일령 | 중량(g) | 일령 | 중량(g) | 일령 | 중량(g) | 일령 | 중량(g) | 일령 | 중량(g) |
| 1 | 42 | 29 | 1,439 | 1 | 41 | 29 | 644 | 57 | 1,723 | 1 | 51 | 29 | 2,123 |
| 2 | 56 | 30 | 1,522 | 2 | 52 | 30 | 677 | 58 | 1,764 | 2 | 75 | 30 | 2,219 |
| 3 | 71 | 31 | 1,606 | 3 | 63 | 31 | 712 | 59 | 1,805 | 3 | 100 | 31 | 2,315 |
| 4 | 89 | 32 | 1,692 | 4 | 74 | 32 | 748 | 60 | 1,846 | 4 | 127 | 32 | 2,411 |
| 5 | 108 | 33 | 1,776 | 5 | 86 | 33 | 785 | 61 | 1,887 | 5 | 156 | 33 | 2,506 |
| 6 | 131 | 34 | 1,862 | 6 | 99 | 34 | 823 | 62 | 1,928 | 6 | 187 | 34 | 2,601 |
| 7 | 155 | 35 | 1,951 | 7 | 112 | 35 | 861 | 63 | 1,969 | 7 | 220 | 35 | 2,696 |
| 8 | 185 | 36 | 2,006 | 8 | 127 | 36 | 899 | 64 | 2,010 | 8 | 267 | 36 | 2,787 |
| 9 | 221 | 37 | 2,050 | 9 | 144 | 37 | 936 | 65 | 2,050 | 9 | 330 | 37 | 2,873 |
| 10 | 256 | 38 | 2,131 | 10 | 161 | 38 | 973 | 66 | 2,090 | 10 | 395 | 38 | 2,960 |
| 11 | 293 | 39 | 2,219 | 11 | 179 | 39 | 1,011 | 67 | 2,130 | 11 | 461 | 39 | 3,046 |
| 12 | 333 | 40 | 2,300 | 12 | 198 | 40 | 1,049 | 68 | 2,170 | 12 | 529 | 40 | 3,130 |
| 13 | 376 | | | 13 | 218 | 41 | 1,087 | 69 | 2,210 | 13 | 598 | 41 | 3,214 |
| 14 | 424 | | | 14 | 239 | 42 | 1,125 | 70 | 2,250 | 14 | 668 | 42 | 3,293 |
| 15 | 472 | | | 15 | 260 | 43 | 1,163 | 71 | 2,290 | 15 | 748 | 43 | 3,369 |
| 16 | 524 | | | 16 | 282 | 44 | 1,202 | 72 | 2,329 | 16 | 838 | 44 | 3,434 |
| 17 | 580 | | | 17 | 305 | 45 | 1,241 | 73 | 2,367 | 17 | 930 | 45 | 3,500 |
| 18 | 638 | | | 18 | 328 | 46 | 1,280 | 74 | 2,405 | 18 | 1,025 | | |
| 19 | 699 | | | 19 | 353 | 47 | 1,319 | 75 | 2,442 | 19 | 1,120 | | |
| 20 | 763 | | | 20 | 379 | 48 | 1,358 | 76 | 2,479 | 20 | 1,217 | | |
| 21 | 829 | | | 21 | 406 | 49 | 1,397 | 77 | 2,515 | 21 | 1,315 | | |
| 22 | 898 | | | 22 | 433 | 50 | 1,436 | 78 | 2,551 | 22 | 1,417 | | |
| 23 | 969 | | | 23 | 461 | 51 | 1,477 | 79 | 2,585 | 23 | 1,519 | | |
| 24 | 1,043 | | | 24 | 490 | 52 | 1,518 | 80 | 2,619 | 24 | 1,621 | | |
| 25 | 1,119 | | | 25 | 519 | 53 | 1,559 | 81 | 2,649 | 25 | 1,723 | | |
| 26 | 1,196 | | | 26 | 504 | 54 | 1,600 | 82 | 2,679 | 26 | 1,825 | | |
| 27 | 1,276 | | | 27 | 580 | 55 | 1,641 | 83 | 2,709 | 27 | 1,926 | | |
| 28 | 1,357 | | | 28 | 612 | 56 | 1,682 | 84 | 2,800 | 28 | 2,027 | | |

- 보험가액(중량 × kg당 시세)이 병아리 시세보다 낮은 경우는 병아리 시세로 보상한다.
- 육계 일령이 40일령을 초과한 경우에는 2.3kg으로 인정한다.
- 토종닭 일령이 84일령을 초과한 경우에는 2.8kg으로 인정한다.
- 오리 일령이 45일령을 초과한 경우에는 3.5kg으로 인정한다.
- 삼계(蔘鷄)의 경우는 육계 중량의 70%를 적용한다.

나) 꿩, 메추리, 칠면조, 거위, 타조 등 기타 가금의 보험가액

보험계약 당시 협정한 가액으로 한다.

### 라. 말, 종모우, 기타 가축 부문

가축재해보험 말, 종모우, 기타 가축 부문에서 손해액은 계약체결 시 계약자와 협의하여 평가한 보험가액(이하 "협정보험가액"이라 한다)으로 한다. 다만, 고기, 가죽 등 이용물 처분액 및 보상금 등이 있는 경우에는 보험가액에서 이를 차감한 금액을 손해액으로 하며, 협정보험가액이 사고 발생 시의 보험가액을 현저하게 초과할 때에는 사고 발생 시의 가액을 보험가액으로 한다.

### 마. 축사 부문

일반적으로 주택화재보험에서는 부보비율 조건부 실손 보상조항이 많이 적용되는데 동 조항이 적용되면 전부 또는 초과보험의 경우는 보험가액을 한도로 손해액을 전액 지급하지만 일부보험인 경우는 보험가입금액이 보험가액의 일정 비율 이상이면 보험가입금액 이내에서 실제 발생한 손해를 실손보상하고 일정 비율에 미달하면 비례보상한다.

축사부문에서도 위와 같이 부보비율 조건부 실손 보상조항을 적용하여 보험가입금액이 보험가액의 80% 이상인 경우는 전부보험으로 보고 비례보상 조항을 적용하지 않고 있으며 구체적인 계산방식은 아래와 같다.

#### 1) 보험가입금액이 보험가액의 80% 해당액과 같거나 클 때

보험가입금액을 한도로 손해액 전액. 그러나, 보험가입금액이 보험가액보다 클 때에는 보험가액을 한도로 한다.

#### 2) 보험가입금액이 보험가액의 80% 해당액보다 작을 때

보험가입금액을 한도로 아래의 금액

$$\text{손해액} \times \frac{\text{보험가입금액}}{\text{보험가액의 80\% 해당액}}$$

#### 3) 동일한 계약의 보험목적과 동일한 사고에 관하여 보험금을 지급하는 다른 계약(공제 계약을 포함한다)이 있고 이들의 보험가입금액의 합계액이 보험가액보다 클 경우에는 〈별표8〉에 따라 계산한다. 이 경우 보험자 1인에 대한 보험금 청구를 포기한 경우에도 다른 보험자의 지급보험금 결정에는 영향을 미치지 않는다.

> **Tip** 〈별표8〉 동일한 계약의 목적과 사고에 관한 보험금 계산방법
>
> (1) 다른 계약이 이 계약과 지급보험금의 계산 방법이 같은 경우
>
> $$\text{손해액} \times \frac{\text{이 계약의 보험가입금액}}{\text{다른 계약이 없는 것으로 하여 각각 계산한 보험가입금액의 합계액}}$$

(2) 다른 계약이 이 계약과 지급보험금의 계산 방법이 다른 경우

$$손해액 \times \frac{이\ 계약에\ 의한\ 보험금}{다른\ 계약이\ 없는\ 것으로\ 하여\ 각각\ 계산한\ 보험금의\ 합계액}$$

가) 이 보험계약이 타인을 위한 보험계약이면서 보험계약자가 다른 계약으로 인하여 상법 제682조에 따른 대위권 행사의 대상이 된 경우에는 실제 그 다른 계약이 존재함에도 불구하고 그 다른 계약이 없다는 가정하에 계산한 보험금을 그 다른 보험계약에 우선하여 이 보험계약에서 지급한다.

나) 이 보험계약을 체결한 재해보험사업자가 타인을 위한 보험에 해당하는 다른 계약의 보험계약자에게 상법 제682조에 따른 대위권을 행사할 수 있는 경우에는 이 보험계약이 없다는 가정하에 다른 계약에서 지급받을 수 있는 보험금을 초과한 손해액을 이 보험계약에서 보상한다.

### 4) 자기부담금

풍재・수재・설해・지진으로 인한 손해일 경우에는 1) ~ 3)에 따라 계산한 금액에서 보험증권에 기재된 자기부담비율을 곱한 금액 또는 50만원 중 큰 금액을 자기부담금으로 한다. 단, 화재로 인한 손해일 경우에는 보험증권에 기재된 자기부담비율을 곱한 금액을 자기부담금으로 한다.

## 5 보험목적물의 감가

손해액은 그 손해가 생긴 때와 장소에서의 보험가액에 따라 계산한다. 보험목적물의 경년감가율은 손해보험협회의 "보험가액 및 손해액의 평가기준"을 준용하며, 이 보험목적물이 지속적인 개・보수가 이루어져 보험목적물의 가치증대가 인정된 경우 잔가율은 보온덮개・쇠파이프 조인 축사구조물의 경우에는 최대 50%까지, 그 외 기타 구조물의 경우에는 최대 70%까지로 수정하여 보험가액을 평가할 수 있다. 다만, 보험목적물이 손해를 입은 장소에서 6개월 이내 실제로 수리 또는 복구되지 않은 때에는 잔가율이 30% 이하인 경우에는 최대 30%로 수정하여 평가한다.

## 6 손해방지의무

보통약관의 일반조항 손해방지의무에 추가하여 손해방지 또는 경감에 소요된 필요 또는 유익한 비용(이하 "손해방지비용"이라 한다)은 보험가입금액의 보험가액에 대한 비율에 따라 상기 지급보험금의 계산을 준용하여 계산한 금액을 보상하며, 지급보험금에 손해방지비용을 합한 금액이 보험가입금액을 초과하더라도 이를 지급한다. 즉 손해방지비용도 부보비율(80%) 조건부 실손 보상조항을 적용하여 계산한다.

## 7 잔존보험가입금액

보상하는 손해에 따라 손해를 보상한 경우에는 보험가입금액에서 보상액을 뺀 잔액을 손해가 생긴 후의 나머지 보험기간에 대한 잔존보험가입금액으로 한다. 보험의 목적이 둘 이상일 경우에도 각각 적용한다.

## 제2절 특약의 손해평가

### 1 소(牛)도체결함[71]보장 특약

#### 가. 손해액의 산정

특약에서 손해액은 사고소의 도체등급과 같은 등급의 전국평균 경락가격[등외등급 및 결함을 제외한 도체(정상도체)의 가격]과 사고소 도체의 경락가격으로 계산한 1두가격의 차액으로 한다.

- 보험가액 = 정상도체의 해당등급(사고소 등급)의 1두가격
- 손해액 = 정상도체의 해당등급(사고소 등급) − 사고소의 1두 경락가격

※ 1두가격 = 사고 전월 전국지육경매평균가격(원/지육kg) x 사고소(牛)의 도체중(kg)
단, kg당 전월 전국지육경매평균가격은 축산물품질평가원이 제시하는 가격을 따른다.

※ 도축 후 경매를 통하지 않고 폐기처분된 소의 손해액은 보통약관 소 부문의 손해액 산정방식을 따른다.

#### 나. 지급보험금의 계산

상기 가. 손해액의 산정에서 정한 보험가액 및 손해액을 기준으로 하여 아래에 따라 계산한 금액에서 자기부담금을 차감한 금액을 지급보험금으로 한다.

**1) 보험가입금액이 보험가액과 같거나 클 때**

보험가입금액을 한도로 손해액 전액. 그러나, 보험가입금액이 보험가액보다 클 때에는 보험가액을 한도로 한다.

**2) 보험가입금액이 보험가액보다 작을 때**

보험가입금액을 한도로 아래의 금액

$$손해액 \times \frac{보험가입금액}{보험가액}$$

**3)** 동일한 계약의 보험목적과 동일한 사고에 관하여 보험금을 지급하는 다른 계약(공제 계약을 포함한다)이 있고 이들의 보험가입금액의 합계액이 보험가액보다 클 경우에는 〈별표8〉에 따라 계산한다. 이 경우 보험자 1인에 대한 보험금 청구를 포기한 경우에도 다른 보험자의 지급보험금 결정에는 영향을 미치지 않는다.

---

[71] 도체의 결함 : 결함은 축산물품질평가사가 판정한 "근출혈(ㅎ), 수종(ㅈ), 근염(ㅇ), 외상(ㅅ), 근육제거(ㄱ), 기타(ㅌ)"를 말한다.

> **Tip** 〈별표8〉 동일한 계약의 목적과 사고에 관한 보험금 계산방법
>
> (1) 다른 계약이 이 계약과 지급보험금의 계산 방법이 같은 경우
>
> $$\text{손해액} \times \frac{\text{이 계약의 보험가입금액}}{\text{다른 계약이 없는 것으로 하여 각각 계산한 보험가입금액의 합계액}}$$
>
> (2) 다른 계약이 이 계약과 지급보험금의 계산 방법이 다른 경우
>
> $$\text{손해액} \times \frac{\text{이 계약에 의한 보험금}}{\text{다른 계약이 없는 것으로 하여 각각 계산한 보험금의 합계액}}$$

4) 하나의 보험가입금액으로 둘 이상의 보험의 목적을 계약하는 경우에는 전체가액에 대한 각 가액의 비율로 보험가입금액을 비례배분하여 상기계산방법에 따라 지급보험금을 계산한다.

5) 상기 **나.**의 방법에 따라 계산된 금액의 20%를 자기부담금으로 한다.

## 2 돼지 질병위험보장 특약

### 가. 보상하는 손해

가축재해보험 보통약관의 일반조항 보상하지 않는 손해에도 불구하고 이 특약에 따라 아래의 질병을 직접적인 원인으로 하여 보험기간 중에 폐사 또는 맥박, 호흡 그 외 일반증상으로 수의학적으로 구할 수 없는 상태[72]가 확실시 되는 경우 그 손해를 보상한다.

> 1. 전염성위장염(Transmissible gastroenteritis ; TGE virus 감염증)
> 2. 돼지유행성설사병(Porcine epidemic diarrhea ; PED virus 감염증)
> 3. 로타바이러스감염증(Rota virus 감염증)

이 특약에 따른 질병에 대한 진단확정은 해부병리 또는 임상병리의 전문 수의사 자격증을 가진 자에 의하여 내려져야 하며, 이 진단은 조직(fixed tissue) 또는 분변, 혈액검사 등에 대한 형광항체법 또는 PCR(Polymerase chain reaction; 중합효소연쇄반응) 진단법 등을 기초로 하여야 한다. 그러나 상기의 병리학적 진단이 가능하지 않을 때는 임상적인 증거로 인정된다.

### 나. 보상하지 않는 손해

가축재해보험 보통약관의 일반조항 보상하지 않는 손해에 추가하여 아래의 사유로 인한 손해도 보상하지 않는다.

1) 국가, 공공단체, 지방자치단체의 명령 또는 사법기관 등의 결정 여부에 관계없이 고의적인 도살은 보상하지 않는다. 단, 재해보험사업자가 보험목적의 도살에 동의한 경우 또는 보험목적이 보상하는

---

[72] 보험기간 중에 질병으로 폐사하거나 보험기간 종료일 이전에 질병의 발생을 서면 통지한 후 30일 이내에 보험목적이 폐사할 경우를 포함한다.

손해의 질병으로 치유가 불가능하고, 상태가 극도로 불량하여 보험자가 선정한 수의사가 인도적인 면에서 도살이 필연적이라는 증명서를 발급한 경우에는 보상하며, 이 경우 보험자는 보험자가 선정한 수의사에게 부검을 실시하게 할 수 있다.

2) 다음의 결과로 발생하는 폐사는 원인의 직·간접을 묻지 않고 보상하지 않는다.
   가) 보상하는 손해의 주된 원인이 이 계약의 보장개시일(책임개시일) 이전에 발생한 경우
   나) 외과적 치료행위 및 약물 투약의 결과 발생한 폐사. 다만, 수의사가 치료 또는 예방의 목적으로 실행한 외과적 치료, 투약의 경우에는 보상한다. 약물이라 함은 순수한 음식물이 아닌 보조식품이나 단백질, 비타민, 호르몬, 기타 약품을 의미한다.
   다) 보험목적이 도난 또는 행방불명된 경우
   라) 제1회 보험료 등을 납입한 날의 다음 월 응당일(다음 월 응당일이 없는 경우는 다음 월 마지막 날로 한다.) 이내에 발생한 손해. 보험기간 중에 계약자가 보험목적을 추가하고 그에 해당하는 보험료를 납입한 경우에도 같다. 다만 이 규정은 보험자가 정하는 기간 내에 1년 이상의 계약을 다시 체결하는 경우에는 적용하지 않는다.

## 다. 손해액 산정

보상할 손해액은 보통약관 돼지 부문의 손해액 산정 방법에 따라 산정하며 이 특약의 보험가액은 다음과 같이 산정한다.

> 보험가액 = 모돈두수 × 2.5 × 자돈가격

## 라. 자기부담금

보통약관 지급보험금 계산방식에 따라서 계산한 금액에서 보험증권에 기재된 자기부담비율을 곱한 금액과 200만원 중 큰 금액을 자기부담금으로 한다.

### 3 돼지 축산휴지위험보장 특약

## 가. 용어의 정의

이 특약에서 사용하는 용어의 정의는 아래와 같다.

1) **축산휴지** : 보험의 목적의 손해로 인하여 불가피하게 발생한 전부 또는 일부의 축산업 중단을 말한다.
2) **축산휴지손해** : 보상위험에 의해 손해를 입은 결과 축산업이 전부 또는 일부 중단되어 발생한 사업이익과 보상위험에 의한 손해가 발생하지 않았을 경우 예상되는 사업이익의 차감금액을 말한다.
3) **사업이익** : 1두당 평균가격에서 경영비를 뺀 잔액을 말한다.
4) **보험가입금액** : 이 특약에서 지급될 수 있는 최대금액
5) **1두당 평균가격** : 제1절 4. 손해액의 산정, **나.** 돼지부문, **다)** 비육돈, 육성돈 및 후보돈의 보험가액

해당 페이지에서 정한 비육돈 생체중량 100kg의 가격을 말한다.

6) **경영비** : 통계청에서 발표한 최근의 비육돈 평균경영비를 말한다.

7) **이익률** : 손해발생시에 다음의 산식에 의해 얻어진 비율을 말한다.

$$이익률 = \frac{1두당\ 비육돈(100kg\ 기준)의\ 평균가격\ -\ 경영비}{1두당\ 비육돈(100kg\ 기준)의\ 평균가격}$$

※ 단, 이 기간 중에 이익률이 16.5% 미만일 경우 이익률은 16.5%로 한다.

### 나. 보상하는 손해

보험기간 동안 보험증권에 명기된 구내에서 보통약관 및 특약에서 보상하는 사고의 원인으로 피보험자가 영위하는 축산업이 중단 또는 휴지되었을 경우 생긴 손해액을 보상한다.

1) 보험금은 이 특약의 보험가입금액을 초과할 수 없다.
2) 피보험자가 피보험이익을 소유한 구내의 가축에 대하여 보통약관 또는 특약에 의한 보험금 지급이 확정된 경우에 한하여 보장한다.

### 다. 보상하지 않는 손해

보통약관의 일반조항 및 돼지부문에서 보상하지 않는 손해에 추가하여 아래의 사유로 인해 발생 또는 증가된 손해는 보상하지 않는다.

1) 사용, 건축, 수리 또는 철거를 규제하는 국가 또는 지방자치단체의 법령 및 이에 준하는 명령
2) 리스, 허가, 계약, 주문 또는 발주 등의 정지, 소멸, 취소
3) 보험의 목적의 복구 또는 사업의 계속에 대한 방해
4) 보험에 가입하지 않은 재산의 손해
5) 관계당국에 의해 구내 출입금지 기간이 14일 초과하는 경우. 단, 14일까지는 보상한다.

### 라. 손해액 산정

피보험자가 축산휴지손해를 입었을 경우 손해액은 보험가액으로 하며, 종빈돈에 대해서만 아래에 따라 계산한 금액을 보험가액으로 한다.

$$종빈돈 \times 10 \times 1두당\ 비육돈(100kg\ 기준)평균가격 \times 이익률$$

※ 단, 후보돈과 임신, 분만 및 포유 등 종빈돈으로서 기능을 하지 않는 종빈돈은 제외한다.

### 마. 이익률의 조정

영업에 있어서 특수한 사정의 영향이 있는 때 또는 영업추세가 현저히 변화한 때에는 손해사정에 있어서 이익률에 공정한 조정을 하는 것으로 한다.

### 바. 지급보험금의 계산

상기 **라.** 손해액 산정에서 정한 보험가액 및 손해액을 기준으로 하여 제3절 보험금 지급 및 심사의 지급보

험금 계산 방법에 따라 계산한다.

### 사. 자기부담금

자기부담금은 적용하지 않는다.

### 아. 손해의 경감

피보험자는 축산휴지로 인한 손해를 아래의 방법으로 경감할 수 있을 때는 이를 시행하여야 한다.
1) 보험의 목적의 전면적인 또는 부분적인 생산활동을 재개하거나 유지하는 것
2) 보험증권상에 기재된 장소 또는 기타 장소의 다른 재산을 사용하는 것

## 제3절 보험금 지급 및 심사

### 1 보험가액과 보험금액

가축재해보험은 상법상 손해보험에 해당하며 손해보험을 지배하는 기본적인 원칙 중의 하나는 이득금지원칙이다. 이득금지원칙은 "보험으로 이득을 보아서는 안 된다"라는 원칙으로 보험에 가입한 피보험자가 보험사고의 발생 결과 그 사고 발생 직전의 경제 상태보다 더 나은 상태에 놓인다면 고의로 보험사고가 유발되는 등 손해보험제도의 존립을 위협하기 때문에 손해보험의 본질과 보험단체의 형평을 유지하고 도덕적 위험을 강하게 억제하고자 하는 원칙이다.

손해보험에서 피보험자가 보험사고로 인하여 입게 될 경제적 이익을 피보험이익이라 하며, 피보험이익을 금전적 가치로 평가한 것이 보험가액이다. 그러므로 피보험이익의 평가액인 보험가액의 기능은 이득금지의 판정 기준이 되며 보험가액은 재해보험사업자의 법률상 보상한도액으로 보험계약상 재해보험사업자의 보상한도액인 보험가입금액과 비교된다.

보험가액과 보험가입금액이 통상 일치하는 것을 기대하지만 보험가액은 통상 사고가 발생한 곳과 때의 가액을 보험가액으로 평가되므로 수시로 변경될 수 있기에 보험가액과 보험가입금액과의 관계에서 상호 일치하는 경우를 전부보험이라 하고 양자가 일치하지 않는 경우에는 초과보험, 중복보험 및 일부보험의 문제가 발생한다.

### 2 지급보험금의 계산

지급보험금의 계산방식은 전부보험, 초과보험의 경우는 보험가액을 한도로 손해액 전액을 보상하고 일부보험의 경우는 보험가입금액의 보험가액에 대한 비율에 따라서 손해액을 보상하며 중복보험의 경우는 각 보험증권별로 지급보험금 계산방식이 동일한 경우는 가입금액 비례분담방식, 다른 경우는 독립책임액분담방식으로 산정하게 된다. 구체적인 계산방식은 아래와 같다.

## 가. 지급보험 계산 방식

**1) 지급할 보험금**은 아래에 따라 계산한 금액에서 약관 각 부문별 제 규정에서 정한 자기부담금을 차감한 금액으로 한다.

가) 보험가입금액이 보험가액과 같거나 클 때(보험가입금액 ≥ 보험가액) : 보험가입금액을 한도로 손해액 전액. 그러나, 보험가입금액이 보험가액보다 클 때에는 보험가액을 한도로 한다.

나) 보험가입금액이 보험가액보다 작을 때 : 보험가입금액을 한도로 아래의 금액

$$\text{손해액} \times \frac{\text{보험가입금액}}{\text{보험가액}}$$

**2)** 동일한 계약의 목적과 동일한 사고에 관하여 보험금을 지급하는 다른 계약이 있고 이들의 보험가입금액의 합계액이 보험가액보다 클 경우에는 〈별표8〉에 따라 계산한 금액에서 이 약관 각 부문별 제 규정에서 정한 자기부담금을 차감하여 지급보험금을 계산한다.

이 경우 보험자 1인에 대한 보험금 청구를 포기한 경우에도 다른 보험자의 지급보험금 결정에는 영향을 미치지 않는다.

> **Tip** 〈별표8〉 동일한 계약의 목적과 사고에 관한 보험금 계산방법
>
> (1) 다른 계약이 이 계약과 지급보험금의 계산 방법이 같은 경우
>
> $$\text{손해액} \times \frac{\text{이 계약의 보험가입금액}}{\text{다른 계약이 없는 것으로 하여 각각 계산한 보험가입금액의 합계액}}$$
>
> (2) 다른 계약이 이 계약과 지급보험금의 계산 방법이 다른 경우
>
> $$\text{손해액} \times \frac{\text{이 계약에 의한 보험금}}{\text{다른 계약이 없는 것으로 하여 각각 계산한 보험금의 합계액}}$$

가) 이 보험계약이 타인을 위한 보험계약이면서 보험계약자가 다른 계약으로 인하여 상법 제682조에 따른 대위권 행사의 대상이 된 경우에는 실제 그 다른 계약이 존재함에도 불구하고 그 다른 계약이 없다는 가정하에 계산한 보험금을 그 다른 보험계약에 우선하여 이 보험계약에서 지급한다.

나) 이 보험계약을 체결한 재해보험사업자가 타인을 위한 보험에 해당하는 다른 계약의 보험계약자에게 상법 제682조에 따른 대위권을 행사할 수 있는 경우에는 이 보험계약이 없다는 가정하에 다른 계약에서 지급받을 수 있는 보험금을 초과한 손해액을 보험계약에서 보상한다.

> 제682조(제3자에 대한 보험대위)
> ① 손해가 제3자의 행위로 인하여 발생한 경우에 보험금을 지급한 보험자는 그 지급한 금액의 한도에서 그 제3자에 대한 보험계약자 또는 피보험자의 권리를 취득한다. 다만, 보험자가 보상할 보험금의 일부를 지급한 경우에

는 피보험자의 권리를 침해하지 아니하는 범위에서 그 권리를 행사할 수 있다.
② 보험계약자나 피보험자의 제1항에 따른 권리가 그와 생계를 같이 하는 가족에 대한 것인 경우 보험자는 그 권리를 취득하지 못한다. 다만, 손해가 그 가족의 고의로 인하여 발생한 경우에는 그러하지 아니하다.

3) 하나의 보험가입금액으로 둘 이상의 보험의 목적을 계약하는 경우에는 전체가액에 대한 각 가액의 비율로 보험가입금액을 비례배분하여 상기 규정에 따라 지급보험금을 계산한다.

### 3 자기부담금

자기부담금은 보험사고 발생 시 계약자에게 일정 금액을 부담시키는 것으로 이를 통하여 재해보험사업자의 지출비용을 축소하여 보험료를 경감하고 피보험자의 자기부담을 통하여 도덕적 해이 및 사고방지에 대한 의식을 고취하는 기능을 하게 된다.

가축재해보험에서 소, 돼지, 종모우, 가금, 기타 가축 부분의 자기부담금은 상기 지급보험금의 계산방식에 따라서 계산한 금액에서 보험증권에 기재된 자기부담금비율을 곱한 금액을 자기부담금으로 한다. 다만 폭염·전기적장치·질병위험 특약의 경우 위의 자기부담금과 200만원 중 큰 금액을 자기부담금으로 하며, 축사 부문의 풍수재·설해·지진으로 인한 손해의 경우 위의 자기부담금과 50만원 중 큰 금액을 자기부담금으로 한다.

말 부문의 경우는 상기 지급보험금의 계산방식에 따라서 계산한 금액의 20%를 자기부담금으로 한다. 다만, 경주마(보험 가입 후 경주마로 용도 변경된 경우 포함)는 보험증권에 기재된 자기부담금 비율을 곱한 금액을 자기부담금으로 한다.

### 4 잔존보험가입금액

보험기간의 중도에 재해보험사업자가 일부손해의 보험금을 지급하였을 경우 손해발생일 이후의 보험기간에 대해서는 보험가입금액에서 그 지급보험금을 공제한 잔액을 보험가입금액으로 하여 보장하는데 이때 보험가입금액을 잔존보험가입금액이라고 한다.

가축재해보험은 돼지, 가금, 기타 가축, 축사부문에서 부문에서 약관 규정에 따라서 손해의 일부를 보상한 경우 보험가입금액에서 보상액을 뺀 잔액을 손해가 생긴 후의 나머지 보험기간에 대한 잔존보험가입금액으로 하고 있다.

### 5 비용손해의 지급한도

가축재해보험에서는 잔존물처리비용, 손해방지비용, 대위권 보전비용, 잔존물 보전비용, 기타 협력비용 등 5가지 비용손해를 보상하는 비용손해로 규정하고 있는데 이러한 비용손해의 지급한도는 다음과 같다.

**1) 가축재해보험 약관상 보험의 목적이 입은 손해에 의한 보험금과 약관에서 규정하는 잔존물 처리비용**은 각각 지급보험금의 계산을 준용하여 계산하며, 그 합계액은 보험증권에 기재된 보험가입금액을 한도

로 한다. 다만, 잔존물 처리비용은 손해액의 10%를 초과할 수 없다.

> 보험금 + 잔존물 처리비용(손해액 10% 이내) ≤ 보험가입금액

**2) 비용손해 중 손해방지비용, 대위권 보전비용 및 잔존물 보전비용**은 약관상 지급보험금의 계산을 준용하여 계산한 금액이 보험가입금액을 초과하는 경우에도 이를 지급한다. 단, 이 경우에 자기부담금은 차감하지 않는다.

**3) 비용손해 중 기타 협력비용**은 보험가입금액을 초과한 경우에도 이를 전액 지급한다.

일부보험이나 중복보험인 경우에는 손해방지비용, 대위권 보전비용 및 잔존물 보전비용은 상기 비례분담방식 등으로 계산하며 자기부담금은 공제하지 않고 계산한 금액이 보험가입금액을 초과하는 경우도 지급하고, 기타 협력비용은 일부보험이나 중복보험인 경우에도 비례분담방식 등으로 계산하지 않고 전액 지급하며 보험가입금액을 초과한 경우에도 전액 지급한다.

> **Tip 가축 잔존물 처리비용**
>
> 보험금 계산과 동일한 방법으로 계산하므로 자기부담비율(자기부담금)을 적용하며, 그 합계액은 보험증권에 기재된 보험가입금액을 한도로 한다. 다만, 잔존물 처리비용은 손해액의 10%를 초과할 수 없다.
>
> 보험금 + 잔존물 처리비용(손해액 10% 이내) ≤ 보험가입금액

> **Tip 손해방지비용・대위권 보전비용・잔존물 보전비용 및 기타 협력비용**
>
> 가) 손해방지비용, 대위권 보전비용, 잔존물 보전비용 : 일부보험, 중복보험의 경우 비례 보상
>   (자기부담금을 적용하지 않고 보험금계산과 동일한 방법으로 계산한다.)
> 나) 기타 협력비용 : 다른 적용 없이 전액 지급한다.

### 6 보험금 심사

보험사고 접수 이후 피해 사실의 확인, 보험가액 및 손해액의 평가 등 손해평가 과정 이후 재해보험사업자의 보험금 지급 여부 및 지급보험금을 결정하기 위하여 보험금 심사를 하게 되는데 사고보험금 심사는 우연한 사고로 발생한 재산상의 손해를 보상할 것을 목적으로 약관형식으로 판매되는 손해보험 특성상 약관 규정 내용을 중심으로 판단하게 되며 보험계약의 단체성과 부합계약성이라는 특수성 때문에 약관의 해석은 보험계약자 등을 보호하기 위하여 일정한 해석의 원칙이 필요하기 때문에 우리나라에서는 "약관의 규제에 관한 법률"에 약관의 해석과 관련하여 다양한 약관의 해석의 원칙을 규정하고 있으며 특별약관은 개별약정으로 보통약관에 우선 적용되나 특별약관에서 달리 정하지 아니한 부분에 대해서는 보통약관이 구속력을 가지게 된다. 보험금 심사방법 및 유의사항은 다음과 같다.

## 가. 보험금 지급의 면·부책 판단

보험금 지급의 면·부책 판단은 보험약관의 내용에 따르며, 보험금 청구서류 서면심사 및 손해조사 결과를 검토하여 보험약관의 보상하는 손해에 해당하는지 그리고 보상하지 아니하는 손해에 해당하지는 않는지 판단하게 되며 면·부책 판단의 요건은 다음과 같다.

1) 보험기간 내에 보험약관에서 담보하는 사고인지 여부
2) 원인이 되는 사고와 결과적인 손해 사이의 상당인과관계 여부
3) 보험사고가 상법과 보험약관에서 정하고 있는 면책조항에 해당되는지 여부
4) 약관에서 보상하는 손해 및 보상하지 아니하는 손해 조항 이외에도 알릴 의무 위반 효과에 의거 손해보상책임이 달라질 수 있으므로 주의

## 나. 손해액 평가

손해액 산정 및 평가는 약관 규정에 따라서 평가한다.

## 다. 보험금 지급심사 시 유의사항

### 1) 계약체결의 정당성 확인

보험계약 체결 시 보험 대상자(피보험자)의 동의 여부 등을 확인한다.

### 2) 고의, 역선택 여부 확인

가) 고의적인 보험사고를 유발하거나 허위사고 여부를 확인한다.
나) 다수의 보험을 가입하고 고의로 사고를 유발하는 경우가 있으므로 특히 주의를 요하며, 보험계약이 역선택에 의한 계약인지 확인한다.

### 3) 고지의무위반 등 여부 확인

약관에서 규정하고 있는 계약 전·후 알릴 의무 및 각종 의무 위반 여부를 확인한다.

### 4) 면책사유 확인

고지의무 위반 여부, 보험계약의 무효 사유, 보험사고 발생의 고의성, 청구서류에 고의로 사실과 다른 표기, 청구시효 소멸 여부 등을 확인한다.

### 5) 기타 확인

가) 개별약관을 확인하여 위에 언급한 사항 이외에 보험금 지급에 영향을 미치는 사항이 있는지 확인한다.
나) 미비된 보험금 청구 서류의 보완 지시로 인한 지연지급, 불필요한 민원을 방지하기 위하여, 보험금 청구서류 중 사고의 유무, 손해액 또는 보험금의 확정에 영향을 미치지 않는 범위 내에서 일부 서류를 생략할 수 있으며, 사고내용에 따라 추가할 수 있다.

## 7 보험사기 방지

### 가. 보험사기 정의

보험사기는 보험계약자 등이 보험제도의 원리상으로는 취할 수 없는 보험혜택을 부당하게 얻거나 보험제도를 역이용하여 고액의 보험금을 수취할 목적으로 고의적이며 악의적으로 행동하는 일체의 불법행위로써 형법상 사기죄의 한 유형으로 보험사기방지 특별법에서는 보험사기행위로 보험금을 취득하거나 제3자에게 보험금을 취득하게 한 자는 10년 이하의 징역 또는 5천만원 이하의 벌금에 처하도록 규정하고 있다.

### 나. 성립요건

#### 1) 계약자 또는 보험 대상자에게 고의가 있을 것
계약자 또는 보험 대상자의 고의에 보험자를 기망하여 착오에 빠뜨리는 고의와 그 착오로 인해 승낙의 의사표시를 하게 하는 것 등

#### 2) 기망행위가 있을 것
기망이란 허위진술을 하거나 진실을 은폐하는 것, 통상 진실이 아닌 사실을 진실이라 표시하는 행위를 말하거나 알려야 할 경우에 침묵, 진실을 은폐하는 것도 기망행위에 해당

#### 3) 상대방인 보험자가 착오에 빠지는 것
상대방인 보험자가 착오에 빠지는 것에 대하여 보험자의 과실 유무는 문제되지 않음

#### 4) 상대방인 보험자가 착오에 빠져 그 결과 승낙의 의사표시를 한 것
착오에 빠진 것과 그로 인해 승낙 의사표시를 한 것과 인과관계 필요

#### 5) 사기가 위법일 것
사회생활상 신의성실의 원칙에 반하지 않는 정도의 기망 행위는 보통 위법성이 없다고 해석

### 다. 사기행위자

사기행위에 있어 권유자가 사기를 교사하는 경우도 있으며, 권유자가 개입해도 계약자 또는 피보험자 자신에게도 사기행위가 있다면 고지의무 위반과 달리 보장개시일로부터 5년 이내에 계약을 취소할 수 있다.

### 라. 사기증명

계약자 또는 피보험자의 사기를 이유로 보험계약의 무효를 주장하는 경우에 사기를 주장하는 재해보험사업자 측에서 사기 사실 및 그로 인한 착오 존재를 증명해야 한다.

### 마. 보험사기 조치

1) 청구한 사고보험금 지급을 거절 가능
2) 약관에 의거하여 해당 계약을 취소할 수 있음

## 〈별표1〉 품목별 표본주(구간)수 표

### 〈사과, 배, 단감, 떫은감, 포도(수입보장 포함), 복숭아, 자두, 감귤(만감류), 밤, 호두, 무화과〉

| 조사대상주수 | 표본주수 | 조사대상주수 | 표본주수 |
|---|---|---|---|
| 50주 미만 | 5 | 500주 이상 600주 미만 | 12 |
| 50주 이상 100주 미만 | 6 | 600주 이상 700주 미만 | 13 |
| 100주 이상 150주 미만 | 7 | 700주 이상 800주 미만 | 14 |
| 150주 이상 200주 미만 | 8 | 800주 이상 900주 미만 | 15 |
| 200주 이상 300주 미만 | 9 | 900주 이상 1,000주 미만 | 16 |
| 300주 이상 400주 미만 | 10 | 1,000주 이상 | 17 |
| 400주 이상 500주 미만 | 11 | | |

### 〈유자〉

| 조사대상주수 | 표본주수 | 조사대상주수 | 표본주수 |
|---|---|---|---|
| 50주 미만 | 5 | 200주 이상, 500주 미만 | 8 |
| 50주 이상, 100주 미만 | 6 | 500주 이상, 800주 미만 | 9 |
| 100주 이상, 200주 미만 | 7 | 800주 이상 | 10 |

### 〈참다래, 블루베리, 매실, 살구, 대추, 오미자〉

| 참다래, 블루베리 | | 매실, 대추, 살구 | | 오미자 | |
|---|---|---|---|---|---|
| 조사대상주수 | 표본주수 | 조사대상주수 | 표본주수 | 조사대상 유인틀 길이 | 표본주수 |
| 50주 미만 | 5 | 100주 미만 | 5 | 500m 미만 | 5 |
| 50주 이상 100주 미만 | 6 | 100주 이상 300주 미만 | 7 | 500m 이상 1,000m 미만 | 6 |
| 100주 이상 200주 미만 | 7 | 300주 이상 500주 미만 | 9 | 1,000m 이상 2,000m 미만 | 7 |
| 200주 이상 500주 미만 | 8 | 500주 이상 1,000주 미만 | 12 | 2,000m 이상 4,000m 미만 | 8 |
| 500주 이상 800주 미만 | 9 | 1,000주 이상 | 16 | 4,000m 이상 6,000m 미만 | 9 |
| 800주 이상 | 10 | | | 6,000m 이상 | 10 |

〈오디, 복분자, 감귤(온주밀감류)〉

| 오디 | | 복분자 | | 감귤(온주밀감류) | |
|---|---|---|---|---|---|
| 조사대상주수 | 표본주수 | 가입포기수 | 표본포기수 | 가입면적 | 표본주수 |
| 50주 미만 | 6 | 1,000포기 미만 | 8 | 5,000㎡ 미만 | 4 |
| 50주 이상 100주 미만 | 7 | 1,000포기 이상 1,500포기 미만 | 9 | 10,000㎡ 미만 | 6 |
| 100주 이상 200주 미만 | 8 | 1,500포기 이상 2,000포기 미만 | 10 | 10,000㎡ 이상 | 8 |
| 200주 이상 300주 미만 | 9 | 2,000포기 이상 2,500포기 미만 | 11 | | |
| 300주 이상 400주 미만 | 10 | 2,500포기 이상 3,000포기 미만 | 12 | | |
| 400주 이상 500주 미만 | 11 | 3,000포기 이상 | 13 | | |
| 500주 이상 600주 미만 | 12 | | | | |
| 600주 이상 | 13 | | | | |

〈벼, 밀, 보리, 귀리〉

| 조사대상면적 | 표본구간 | 조사대상면적 | 표본구간 |
|---|---|---|---|
| 2,000㎡ 미만 | 3 | 4,000㎡ 이상 5,000㎡ 미만 | 6 |
| 2,000㎡ 이상 3,000㎡ 미만 | 4 | 5,000㎡ 이상 6,000㎡ 미만 | 7 |
| 3,000㎡ 이상 4,000㎡ 미만 | 5 | 6,000㎡ 이상 | 8 |

〈고구마, 양파, 마늘, 옥수수, 양배추〉  ※ 수입보장 포함

| 조사대상면적 | 표본구간 | 조사대상면적 | 표본구간 |
|---|---|---|---|
| 1,500㎡ 미만 | 4 | 3,000㎡ 이상, 4,500㎡ 미만 | 6 |
| 1,500㎡ 이상, 3,000㎡ 미만 | 5 | 4,500㎡ 이상 | 7 |

〈감자, 차, 콩, 팥, 수박(노지)〉  ※ 수입보장 포함

| 조사대상면적 | 표본구간 | 조사대상면적 | 표본구간 |
|---|---|---|---|
| 2,500㎡ 미만 | 4 | 7,500㎡ 이상, 10,000㎡ 미만 | 7 |
| 2,500㎡ 이상, 5,000㎡ 미만 | 5 | 10,000㎡ 이상 | 8 |
| 5,000㎡ 이상, 7,500㎡ 미만 | 6 | | |

〈인삼〉

| 피해칸수 | 표본칸수 | 피해칸수 | 표본칸수 |
|---|---|---|---|
| 300칸 미만 | 3칸 | 900칸 이상 1,200칸 미만 | 7칸 |
| 300칸 이상 500칸 미만 | 4칸 | 1,200칸 이상 1,500칸 미만 | 8칸 |
| 500칸 이상 700칸 미만 | 5칸 | 1,500칸 이상 1,800칸 미만 | 9칸 |
| 700칸 이상 900칸 미만 | 6칸 | 1,800칸 이상 | 10칸 |

〈고추, 메밀, 브로콜리, 배추, 무, 단호박, 파, 당근, 시금치(노지), 양상추, 두릅〉

| 실제경작면적 또는 피해면적 | 표본구간(이랑) 수 |
|---|---|
| 3,000㎡ 미만 | 4 |
| 3,000㎡ 이상, 7,000㎡ 미만 | 6 |
| 7,000㎡ 이상, 15,000㎡ 미만 | 8 |
| 15,000㎡ 이상 | 10 |

### 〈별표2〉 농작물재해보험 미보상비율 적용표

**〈감자, 고추 제외 전 품목〉**

| 구분 | 제초 상태 | 병해충 상태 | 기타 |
|---|---|---|---|
| 해당 없음 | 0% | 0% | 0% |
| 미흡 | 10% 미만 | 10% 미만 | 10% 미만 |
| 불량 | 20% 미만 | 20% 미만 | 20% 미만 |
| 매우 불량 | 20% 이상 | 20% 이상 | 20% 이상 |

미보상 비율은 보장하는 재해 이외의 원인이 조사 농지의 수확량 감소에 영향을 준 비율을 의미하여 제초 상태, 병해충 상태 및 기타 항목에 따라 개별 적용한 후 해당 비율을 합산하여 산정한다.

1. **제초 상태**(과수품목은 피해율에 영향을 줄 수 있는 잡초만 해당)
    가) 해당 없음 : 잡초가 농지 면적의 20% 미만으로 분포한 경우
    나) 미흡 : 잡초가 농지 면적의 20% 이상 40% 미만으로 분포한 경우
    다) 불량 : 잡초가 농지 면적의 40% 이상 60% 미만으로 분포한 경우 또는 경작불능조사 진행건으로 정상적인 영농활동 시행을 증빙하는 자료(비료 및 농약 영수증 등)가 부족한 경우
    라) 매우 불량 : 잡초가 농지 면적의 60% 이상으로 분포한 경우 또는 경작불능조사 진행건으로 정상적인 영농활동 시행을 증빙하는 자료(비료 및 농약 영수증 등)가 없는 경우

2. **병해충 상태**(각 품목에서 별도로 보상하는 병해충은 제외)
    가) 해당 없음 : 병해충이 농지 면적의 20% 미만으로 분포한 경우
    나) 미흡 : 병해충이 농지 면적의 20% 이상 40% 미만으로 분포한 경우
    다) 불량 : 병해충이 농지 면적의 40% 이상 60% 미만으로 분포한 경우 또는 경작불능조사 진행 건으로 정상적인 영농활동 시행을 증빙하는 자료(비료 및 농약 영수증 등)가 부족한 경우
    라) 매우 불량 : 병해충이 농지 면적의 60% 이상으로 분포한 경우 또는 경작불능조사 진행 건으로 정상적인 영농활동 시행을 증빙하는 자료(비료 및 농약 영수증 등)가 없는 경우

3. **기타** : 영농기술 부족, 영농상 실수 및 단순 생리장애 등 보상하는 손해 이외의 사유로 피해가 발생한 것으로 추정되는 경우[해거리, 생리장애(원소결핍 등), 시비관리, 토양관리(연작 및 pH과다·과소 등), 전정(강전정 등), 조방재배, 재식밀도(인수기준 이하), 농지상태(혼식, 멀칭, 급배수 등), 가입이전 사고 및 계약자 중과실손해, 자연감모, 보상재해이외(종자불량, 일부가입 등)]에 적용
    가) 해당 없음 : 위 사유로 인한 피해가 없는 것으로 판단되는 경우
    나) 미흡 : 위 사유로 인한 피해가 10% 미만으로 판단되는 경우
    다) 불량 : 위 사유로 인한 피해가 20% 미만으로 판단되는 경우
    라) 매우 불량 : 위 사유로 인한 피해가 20% 이상으로 판단되는 경우

### 〈감자, 고추 품목〉

| 구분 | 제초 상태 | 기타 |
|---|---|---|
| 해당 없음 | 0% | 0% |
| 미흡 | 10% 미만 | 10% 미만 |
| 불량 | 20% 미만 | 20% 미만 |
| 매우 불량 | 20% 이상 | 20% 이상 |

미보상 비율은 보장하는 재해 이외의 원인이 조사 농지의 수확량 감소에 영향을 준 비율을 의미하여 제초 상태, 병해충 상태 및 기타 항목에 따라 개별 적용한 후 해당 비율을 합산하여 산정한다.

1. **제초 상태**(과수품목은 피해율에 영향을 줄 수 있는 잡초만 해당)
   가) **해당 없음** : 잡초가 농지 면적의 20% 미만으로 분포한 경우
   나) **미흡** : 잡초가 농지 면적의 20% 이상 40% 미만으로 분포한 경우
   다) **불량** : 잡초가 농지 면적의 40% 이상 60% 미만으로 분포한 경우 또는 경작불능조사 진행건이나 정상적인 영농활동 시행을 증빙하는 자료(비료 및 농약 영수증 등)가 부족한 경우
   라) **매우 불량** : 잡초가 농지 면적의 60% 이상으로 분포한 경우 또는 경작불능조사 진행건이나 정상적인 영농활동 시행을 증빙하는 자료(비료 및 농약 영수증 등)가 없는 경우

2. **기타** : 영농기술 부족, 영농상 실수 및 단순 생리장애 등 보상하는 손해 이외의 사유로 피해가 발생한 것으로 추정되는 경우[해거리, 생리장애(원소결핍 등), 시비관리, 토양관리(연작 및 pH과다·과소 등), 전정(강전정 등), 조방재배, 재식밀도(인수기준 이하), 농지상태(혼식, 멀칭, 급배수 등), 가입이전 사고 및 계약자 중과실손해, 자연감모, 보상재해이외(종자불량, 일부가입 등)]에 적용
   가) **해당 없음** : 위 사유로 인한 피해가 없는 것으로 판단되는 경우
   나) **미흡** : 위 사유로 인한 피해가 10% 미만으로 판단되는 경우
   다) **불량** : 위 사유로 인한 피해가 20% 미만으로 판단되는 경우
   라) **매우 불량** : 위 사유로 인한 피해가 20% 이상으로 판단되는 경우

## 〈별표3〉 과실 분류에 따른 피해인정계수

### 〈복숭아〉

| 과실분류 | 피해인정계수 | 비고 |
| --- | --- | --- |
| 정상과 | 0 | 피해가 없거나 경미한 과실 |
| 50%형 피해과실 | 0.5 | 일반시장에 출하할 때 정상과실에 비해 50% 정도의 가격하락이 예상되는 품질의 과실(단, 가공공장공급 및 판매 여부와 무관) |
| 80%형 피해과실 | 0.8 | 일반시장 출하가 불가능하나 가공용으로 공급될 수 있는 품질의 과실<br>(단, 가공공장공급 및 판매 여부와 무관) |
| 100%형 피해과실 | 1 | 일반시장 출하가 불가능하고 가공용으로도 공급될 수 없는 품질의 과실 |
| 병충해 피해과실 | 0.5 | 세균구멍병 피해를 입은 과실 |

### 〈복숭아 외〉

| 과실분류 | 피해인정계수 | 비고 |
| --- | --- | --- |
| 정상과 | 0 | 피해가 없거나 경미한 과실 |
| 50%형 피해과실 | 0.5 | 일반시장에 출하할 때 정상과실에 비해 50% 정도의 가격하락이 예상되는 품질의 과실(단, 가공공장공급 및 판매 여부와 무관) |
| 80%형 피해과실 | 0.8 | 일반시장 출하가 불가능하나 가공용으로 공급될 수 있는 품질의 과실<br>(단, 가공공장공급 및 판매 여부와 무관) |
| 100%형 피해과실 | 1 | 일반시장 출하가 불가능하고 가공용으로도 공급될 수 없는 품질의 과실 |

### 〈감귤(온주밀감류)〉

| 과실분류 | | 비고 |
| --- | --- | --- |
| 정상과실 | 0 | 무피해 과실 또는 보상하는 재해로 과피 전체 표면 면적의 10% 내로 피해가 있는 경우 |
| 등급 내 피해과실 | 30%형 | 보상하는 재해로 과육은 피해가 없고 과피 전체 표면 면적의 10% 이상 30% 미만의 피해가 있는 경우 |
| | 50%형 | 보상하는 재해로 과육은 피해가 없고 과피 전체 표면 면적의 30% 이상 50% 미만의 피해가 있는 경우 |
| | 80%형 | 보상하는 재해로 과육은 피해가 없고 과피 전체 표면 면적의 50% 이상 80% 미만의 피해가 있는 경우 |
| | 100%형 | 보상하는 재해로 과피 전체 표면 면적의 80% 이상 피해가 있거나 과육의 부패 및 무름 등의 피해가 있는 경우 |

| | | |
|---|---|---|
| 등급 외 피해과실 | 30%형 | [제주특별자치도 감귤생산 및 유통에 관한 조례시행규칙]<br>제 18조 제4항에 준하여 과실의 크기만으로 등급 외 크기이면서 무피해 과실 또는 보상하는 재해로 과피 및 과육 피해가 없는 경우를 말함 |
| | 50%형 | [제주특별자치도 감귤생산 및 유통에 관한 조례시행규칙]<br>제18조 제4항에 준하여 과실의 크기만으로 등급 외 크기이면서 보상하는 재해로 과육은 피해가 없고 과피 전체 표면 면적의 10% 이상 피해가 있으며 과실 횡경이 71㎜ 이상인 경우를 말함 |
| | 80%형 | [제주특별자치도 감귤생산 및 유통에 관한 조례시행규칙]<br>제18조 제4항에 준하여 과실의 크기만으로 등급 외 크기이면서 보상하는 재해로 과육은 피해가 없고 과피 전체 표면 면적의 10% 이상 피해가 있으며 과실 횡경이 49㎜ 미만인 경우를 말함 |
| | 100%형 | [제주특별자치도 감귤생산 및 유통에 관한 조례시행규칙]<br>제18조 제4항에 준하여 과실의 크기만으로 등급 외 크기이면서 과육부패 및 무름 등의 피해가 있어 가공용으로도 공급될 수 없는 과실을 말함 |

### 〈별표4〉 매실 품종별 과실 비대추정지수

| 조사일 | 남고 | 백가하 | 재래종 | 천매 |
|---|---|---|---|---|
| 30일 전 | 2.871 | 3.411 | 3.389 | 3.463 |
| 29일 전 | 2.749 | 3.252 | 3.227 | 3.297 |
| 28일 전 | 2.626 | 3.093 | 3.064 | 3.131 |
| 27일 전 | 2.504 | 2.934 | 2.902 | 2.965 |
| 26일 전 | 2.381 | 2.775 | 2.740 | 2.800 |
| 25일 전 | 2.258 | 2.616 | 2.577 | 2.634 |
| 24일 전 | 2.172 | 2.504 | 2.464 | 2.518 |
| 23일 전 | 2.086 | 2.391 | 2.351 | 2.402 |
| 22일 전 | 2.000 | 2.279 | 2.238 | 2.286 |
| 21일 전 | 1.914 | 2.166 | 2.124 | 2.171 |
| 20일 전 | 1.827 | 2.054 | 2.011 | 2.055 |
| 19일 전 | 1.764 | 1.972 | 1.933 | 1.975 |
| 18일 전 | 1.701 | 1.891 | 1.854 | 1.895 |
| 17일 전 | 1.638 | 1.809 | 1.776 | 1.815 |
| 16일 전 | 1.574 | 1.728 | 1.698 | 1.735 |
| 15일 전 | 1.511 | 1.647 | 1.619 | 1.655 |
| 14일 전 | 1.465 | 1.598 | 1.565 | 1.599 |
| 13일 전 | 1.419 | 1.530 | 1.510 | 1.543 |
| 12일 전 | 1.373 | 1.471 | 1.455 | 1.487 |
| 11일 전 | 1.326 | 1.413 | 1.400 | 1.431 |
| 10일 전 | 1.280 | 1.355 | 1.346 | 1.375 |
| 9일 전 | 1.248 | 1.312 | 1.300 | 1.328 |
| 8일 전 | 1.215 | 1.270 | 1.254 | 1.281 |
| 7일 전 | 1.182 | 1.228 | 1.208 | 1.234 |
| 6일 전 | 1.149 | 1.186 | 1.162 | 1.187 |
| 5일 전 | 1.117 | 1.144 | 1.116 | 1.140 |
| 4일 전 | 1.093 | 1.115 | 1.093 | 1.112 |
| 3일 전 | 1.070 | 1.096 | 1.070 | 1.084 |
| 2일 전 | 1.047 | 1.057 | 1.046 | 1.056 |
| 1일 전 | 1.023 | 1.029 | 1.023 | 1.028 |
| 수확일 | 1 | 1 | 1 | 1 |

※ 위에 없는 품종은 남고를 기준으로 함 (출처 : 국립원예특작과학원)

### 〈별표5〉 무화과 품목 사고발생일에 따른 잔여수확량 비율

| 사고발생 월 | 잔여수확량 산정식(%) |
|---|---|
| 8월 | {100 − (1.06 × 사고발생일자)} |
| 9월 | {(100 − 33) − (1.13 × 사고발생일자)} |
| 10월 | {(100 − 67) − (0.84 × 사고발생일자)} |

※ 사고발생일자는 해당월의 사고발생 일자를 의미함

### 〈별표6〉 표본구간별 손해정도에 따른 손해정도비율

| 손해정도 | 1% ~ 20% | 21% ~ 40% | 41% ~ 60% | 61% ~ 80% | 81% ~ 100% |
|---|---|---|---|---|---|
| 손해정도비율 | 20% | 40% | 60% | 80% | 100% |

### 〈별표7〉 고추 병충해 등급별 인정비율

| 등급 | 종류 | 인정비율 |
|---|---|---|
| 1등급 | 역병, 풋마름병, 바이러스병, 세균성점무늬병, 탄저병 | 70% |
| 2등급 | 잿빛곰팡이병, 시들음병, 담배가루이, 담배나방 | 50% |
| 3등급 | 흰가루병, 균핵병, 무름병, 진딧물 및 기타 | 30% |

### 〈별표8〉 동일한 계약의 목적과 사고에 관한 보험금 계산방법

**(1) 다른 계약이 이 계약과 지급보험금의 계산 방법이 같은 경우**

$$\text{손해액} \times \frac{\text{이 계약의 보험가입금액}}{\text{다른 계약이 없는 것으로 하여 각각 계산한 보험가입금액의 합계액}}$$

**(2) 다른 계약이 이 계약과 지급보험금의 계산 방법이 다른 경우**

$$\text{손해액} \times \frac{\text{이 계약에 의한 보험금}}{\text{다른 계약이 없는 것으로 하여 각각 계산한 보험금의 합계액}}$$

## ⟨별표9⟩ 품목별 감수과실수 및 피해율 산정 방법

### 1 적과전 종합위험방식 과수 품목 - 감수과실수 산정방법

**가. 사과 · 배 · 단감 · 떫은감**

1) 조사시기 : 적과종료 이전

   가) 재해종류 : 자연재해 · 조수해 · 화재

   (1) 조사종류 : 피해사실 확인조사

   (가) 적과종료이전 보장하는 재해(자연재해, 조수해, 화재)로 발생한 착과감소량(과실수)은 아래와 산식과 같음

   ① 착과감소과실수 = 평년착과수 - 적과후착과수

   ② 적과종료이전의 미보상감수과실수

   = {(착과감소과실수 × 미보상비율) + 미보상주수 감수과실수}

   ※ 적과종료이전사고 조사에서 미보상비율적용은 미보상비율조사값 중 가장 큰 값만 적용

   (나) 단, 적과종료이전 사고로 일부 피해만 발생하는 경우 아래의 산식을 적용함(5종 한정 특약 가입건 제외)

   *일부피해 : 조수해 · 화재 사고접수되고 피해규모가 일부인 경우에 해당

   ① 착과감소과실수 = 최솟값(평년착과수 - 적과후착과수, 최대인정감소과실수)

   ② 최대인정감소량(과실수) = 평년착과량(수) × 최대인정피해율

   *최대인정피해율 = $\dfrac{\text{피해대상주수(고사주수, 수확불능주수, 일부피해주수)}}{\text{실제결과주수}}$

   ※ 해당 사고가 2회 이상 발생한 경우에는 사고별 피해대상주수를 누적하여 계산

   나) 재해종류 : 태풍(강풍) · 지진 · 집중호우 · 우박 · 화재

   (1) 조사종류 : 피해사실 확인조사

   (가) 「적과종료이전 특정위험 5종 한정 보장특별약관」 가입건의 적과종료 이전 보장하는 재해로 발생한 착과감소량(과실수)은 아래의 산식과 같음

   *적과종료이전 사고는 보장하는 재해가 중복해서 발생한 경우에도 아래 산식을 한 번만 적용함

   ① 착과감소과실수 = 최솟값(평년착과수 - 적과후착과수, 최대인정감소과실수)

   ② 최대인정감소량(과실수) = 평년착과량(수) × 최대인정피해율

   ※ 최대인정피해율은 아래의 값 중 가장 큰 값

㉮ 나무피해

$$\frac{\text{유실, 매몰, 도복, 절단(1/2), 소실(1/2), 침수주수}}{\text{실제결과주수}}$$

- 단, 침수주수는 침수피해를 입은 나무수에 과실침수율을 곱하여 계산함

$$\text{침수주수} = \text{침수피해를 입은 나무수} \times \text{과실침수율}$$

※ 해당 사고가 2회 이상 발생한 경우에는 사고별 나무피해주수를 누적하여 계산

㉯ 우박피해에 따른 유과타박률

$$\text{최댓값 (유과타박률1, 유과타박률2, 유과타박률3, }\cdots\text{)}$$

㉰ 6월 1일부터 적과종료 이전까지 단감·떫은감의 낙엽피해에 따른 인정피해율

$$\text{최댓값(인정피해율1, 인정피해율2, 인정피해율3, }\cdots\text{)}$$

다) 재해종류 : 자연재해

(1) 조사종류 : 해당 조사없음

(가) 적과종료 이전 자연재해로 인한 적과종료 이후 착과손해 감수과실수

① 적과후착과수가 평년착과수의 60% 미만인 경우

$$\text{감수과실수} = \text{적과후착과수} \times 5\%$$

② 적과후착과수가 평년착과수의 60% 이상 100% 미만인 경우

$$\text{감수과실수} = \text{적과후착과수} \times 5\% \times \frac{100\% - \text{착과율}}{40\%}$$

$$\text{*착과율} = \frac{\text{적과후착과수}}{\text{평년착과수}}$$

※ 상기 계산된 감수과실수는 적과종료 이후 누적감수과실수에 합산하며, 적과종료 이후 착과피해율(max A 적용)로 인식함

※ 적과전종합방식(Ⅱ)가입 건 중 「적과종료이전 특정위험 5종 한정 보장특별약관」 미가입시에만 적용

## 나. 사과·배

1) 조사시기 : 적과종료 이후

가) 재해종류 : 태풍(강풍)·화재·지진·집중호우

(1) 조사종류 : 낙과피해조사

(가) 낙과 손해(전수조사)

$$\text{총낙과과실수} \times (\text{낙과피해구성률} - \max A) \times 1.07$$

(나) 낙과 손해(표본조사)

$$\frac{\text{낙과과실수 합계}}{\text{표본주수}} \times \text{조사대상주수} \times (\text{낙과피해구성률} - \max A) \times 1.07$$

※ 낙과 감수과실수의 7%를 착과손해로 포함하여 산정
※ max A : 금차 사고전 기조사된 착과피해구성률 중 최댓값을 말함
※ "(낙과피해구성률 - max A)"의 값이 영(0)보다 작은 경우 : 금차 감수과실수는 영(0)으로 함

(2) 조사종류 : 나무피해조사

(가) 나무의 고사 및 수확불능 손해

$$(\text{고사주수} + \text{수확불능주수}) \times \text{무피해 나무 1주당 평균 착과수} \times (1 - \max A)$$

(나) 나무의 일부침수 손해

$$(\text{일부침수주수} \times \text{일부침수나무 1주당 평균 침수 착과수}) \times (1 - \max A)$$

※ max A : 금차 사고전 기조사된 착과피해구성률 중 최댓값을 말함

나) 재해종류 : 우박

(1) 조사종류 : 낙과피해조사

(가) 낙과 손해(전수조사)

$$\text{총낙과과실수} \times (\text{낙과피해구성률} - \max A)$$

(나) 낙과 손해(표본조사)

$$\frac{\text{낙과과실수 합계}}{\text{표본주수}} \times \text{조사대상주수} \times (\text{낙과피해구성률} - \max A)$$

※ max A : 금차 사고전 기조사된 착과피해구성률 중 최댓값을 말함
※ "(해당과실의 피해구성률 - max A)"의 값이 영(0)보다 작은 경우 : 금차 감수과실수는 영(0)으로 함

(2) 조사종류 : 착과피해조사

$$\text{사고당시 착과과실수} \times (\text{착과피해구성률} - \max A)$$

※ max A : 금차 사고전 기조사된 착과피해구성률 중 최댓값을 말함
※ "(착과피해구성률 - max A)"의 값이 영(0)보다 작은 경우 : 금차 감수과실수는 영(0)으로 함

다) 재해종류 : 가을동상해

(1) 조사종류 : 착과피해조사

$$\text{사고당시 착과과실수} \times (\text{착과피해구성률} - \max A)$$

※ max A : 금차 사고전 기조사된 착과피해구성률 중 최댓값을 말함
※ "(착과피해구성률 - max A)"의 값이 영(0)보다 작은 경우 : 금차 감수과실수는 영(0)으로 함

### 다. 단감 · 떫은감

1) 조사시기 : 적과종료 이후

가) 재해종류 : 태풍(강풍) · 화재 · 지진 · 집중호우

(1) 조사종류 : 낙과피해조사

(가) 낙과 손해(전수조사)

$$\text{총낙과과실수} \times (\text{낙과피해구성률} - \max A)$$

(나) 낙과 손해(표본조사)

$$\frac{\text{낙과과실수 합계}}{\text{표본주수}} \times \text{조사대상주수} \times (\text{낙과피해구성률} - \max A)$$

※ max A : 금차 사고전 기조사된 착과피해구성률 또는 인정피해율 중 최댓값을 말함
※ "(낙과피해구성률 - max A)"의 값이 영(0)보다 작은 경우 : 금차 감수과실수는 영(0)으로 함

(2) 조사종류 : 나무피해조사

(가) 나무의 고사 및 수확불능 손해

$$(\text{고사주수} + \text{수확불능주수}) \times \text{무피해 나무 1주당 평균 착과수} \times (1 - \max A)$$

(나) 나무의 일부침수 손해

$$(\text{일부침수주수} \times \text{일부침수나무 1주당 평균 침수 착과수}) \times (1 - \max A)$$

※ max A : 금차 사고전 기조사된 착과피해구성률 또는 인정피해율 중 최댓값을 말함

(3) 조사종류 : 낙엽피해조사

(가) 낙엽 손해

$$\text{사고당시 착과과실수} \times (\text{인정피해율} - \max A)$$

※ max A : 금차 사고전 기조사된 착과피해구성률 또는 인정피해율 중 최댓값을 말함
※ "(인정피해율 - max A)"의 값이 영(0)보다 작은 경우 : 금차 감수과실수는 영(0)으로 함

나) 재해종류 : 우박

  (1) 조사종류 : 낙과피해조사

    (가) 낙과 손해(전수조사)

$$총낙과과실수 \times (낙과피해구성률 - \max A)$$

    (나) 낙과 손해(표본조사)

$$\frac{낙과과실수 \ 합계}{표본주수} \times 조사대상주수 \times (낙과피해구성률 - \max A)$$

    ※ max A : 금차 사고전 기조사된 착과피해구성률 또는 인정피해율 중 최댓값을 말함
    ※ "(낙과피해구성률 − max A)"의 값이 영(0)보다 작은 경우 : 금차 감수과실수는 영(0)으로 함

  (2) 조사종류 : 착과피해조사

    (가) 착과 손해

$$사고당시 \ 착과과실수 \times (착과피해구성률 - \max A)$$

    ※ max A : 금차 사고전 기조사된 착과피해구성률 또는 인정피해율 중 최댓값을 말함
    ※ "(착과피해구성률 − max A)"의 값이 영(0)보다 작은 경우 : 금차 감수과실수는 영(0)으로 함

다) 재해종류 : 가을동상해

  (1) 조사종류 : 착과피해조사

    (가) 착과 손해

$$사고당시 \ 착과과실수 \times (착과피해구성률 - \max A)$$

    ※ 단, '잎 50% 이상 고사 피해'인 경우에는 착과피해구성률을 아래와 같이 적용함

$$착과피해구성률 = \frac{(정상과실수 \times 0.0031 \times 잔여일수^*) + (50\%형 피해과실수 \times 0.5) + (80\%형 피해과실수 \times 0.8) + (100\%형 피해과실수 \times 1)}{정상과실수 + 50\%형 피해과실수 + 80\%형 피해과실수 + 100\%형 피해과실수}$$

    *잔여일수 : 사고발생일로부터 예정수확일(가을동상해 보장종료일 중 계약자가 선택한 날짜)까지 남은 일수

    ※ max A : 금차 사고전 기조사된 착과피해구성률 또는 인정피해율 중 최댓값을 말함
    ※ "(착과피해구성률 − max A)"의 값이 영(0)보다 작은 경우 : 금차 감수과실수는 영(0)으로 함

### 라. 사과 · 배 · 단감 · 떫은감

1) 조사시기 : 적과종료 이후

  가) 재해종류 : 일소피해

   (1) 조사종류 : 낙과 · 착과피해조사

    (가) 낙과 손해

     ① 낙과 손해(전수조사 시)

> 총낙과과실수 × (낙과피해구성률 − max A)

     ② 낙과 손해(표본조사 시)

$$\frac{\text{낙과과실수 합계}}{\text{표본주수}} \times \text{조사대상주수} \times (\text{낙과피해구성률} - \max A)$$

※ max A : 금차 사고전 기조사된 착과피해구성률 또는 인정피해율 중 최댓값을 말함
※ "(낙과피해구성률 − max A)"의 값이 영(0)보다 작은 경우 : 금차 감수과실수는 영(0)으로 함

    (나) 착과손해

> 사고당시 착과과실수 × (착과피해구성률 − max A)

※ 사고당시 착과과실수 × (착과피해구성률 − max A)
※ max A : 금차 사고전 기조사된 착과피해구성률 또는 인정피해율 중 최댓값을 말함
※ "(착과피해구성률 − max A)"의 값이 영(0)보다 작은 경우 : 금차 감수과실수는 영(0)으로 함

    (다) 일소피해과실수

> 낙과 손해 + 착과 손해

     ① 일소피해과실수가 보험사고 한 건당 적과후착과수의 6%를 초과하는 경우에만 감수과실수로 인정
     ② 일소피해과실수가 보험사고 한 건당 적과후착과수의 6% 이하인 경우에는 해당 조사의 감수과실수는 영(0)으로 함

### ※ 용어 및 관련 산식 − 사과 · 배 · 단감 · 떫은감

### 가. 공통

1) 조사대상주수

> 실제결과주수 − 고사주수 − 수확불능주수 − 미보상주수 − 수확완료주수

2) 미보상주수 감수과실수

$$\text{미보상주수} \times \text{품종·재배방식·수령별 1주당 평년착과수}$$

3) 미보상감수과실수

$$\text{적과종료이전 미보상감수과실수} + \text{적과종료이후 미보상감수과실수}$$

4) 기준착과수 결정

가) 적과종료전에 인정된 착과감소과실수가 없는 과수원

$$\text{기준착과수} = \text{적과후착과수}$$

나) 적과종료전에 인정된 착과감소과실수가 있는 과수원

$$\text{기준착과수} = \text{적과후착과수} + \text{착과감소과실수}$$

## 나. 나무피해조사

1) 과실침수율

$$\text{과실침수율} = \frac{\text{침수 꽃(눈)·유과수의 합계}}{\text{침수 꽃(눈)·유과수의 합계} + \text{미침수 꽃(눈)·유과수의 합계}}$$

2) 나무피해 시 품종·재배방식·수령별 주당 평년착과수

$$\text{나무피해 시 품종·재배방식·수령별 주당 평년착과수} = \frac{\text{전체 평년착과수} \times \dfrac{\text{품종·재배방식·수령별 표준수확량 합계}}{\text{전체 표준수확량 합계}}}{\text{품종·재배방식·수령별실제결과주수}}$$

※ 품종·재배방식·수령별로 구분하여 산식에 적용

## 다. 유과타박률조사

○ 유과타박률

$$\text{유과타박률} = \frac{\text{표본주의 피해유과수의 합계}}{\text{표본주의 피해유과수의 합계} + \text{표본주의 정상유과수의 합계}}$$

## 라. 피해구성조사

○ 피해구성률

$$\text{피해구성률} = \frac{(50\%형\ 피해과실수 \times 0.5) + (80\%형\ 피해과실수 \times 0.8) + (100\%형\ 피해과실수 \times 1)}{\text{정상과실수} + 50\%형\ 피해과실수 + 80\%형\ 피해과실수 + 100\%형\ 피해과실수}$$

※ 착과 및 낙과피해조사에서 피해구성률 산정시 적용

## 마. 낙엽피해조사

1) 떫은감 인정피해율

$$0.9662 \times 낙엽률 - 0.0703$$

2) 단감 인정피해율

$$(1.0115 \times 낙엽률) - (0.0014 \times 경과일수)$$

※ 낙엽률 = $\dfrac{표본주의\ 낙엽수\ 합계}{표본주의\ 낙엽수\ 합계 + 표본주의\ 착엽수\ 합계}$

※ 경과일수 = 6월 1일부터 낙엽피해 발생일까지 경과된 일수

## 바. 착과피해조사

"사고당시 착과과실수"는
"적과후착과수 − 총낙과과실수 − 총적과종료후 나무피해과실수 − 총 기수확과실수"보다 클 수 없음

## 사. 적과후 착과수조사

○ 품종·재배방식·수령별 착과수

$$품종·재배방식·수령별\ 착과수 = \dfrac{품종·재배방식·수령별\ 표본주의\ 착과수\ 합계}{품종·재배방식·수령별\ 표본주\ 합계} \times 품종·재배방식·수령별\ 조사대상주수$$

※ 품종·재배방식·수령별 착과수의 합계를 과수원별 『적과후착과수』로 함

## 2 특정위험방식 밭작물 품목 − 피해율 산정방법

### 가. 인삼

1) 조사종류별 : 수확량조사

가) 조사시기 : 수확량 확인이 가능한 시점

(1) 전수조사 시

$$피해율 = \left(1 - \dfrac{수확량}{연근별기준수확량}\right) \times \dfrac{피해면적}{재배면적}$$

(가) 수확량 = 단위면적당 조사수확량 + 단위면적당 미보상감수량

① 단위면적당 조사수확량 = $\dfrac{총조사수확량}{금차\ 수확면적}$

*금차 수확면적 = 금차 수확칸수 × 지주목간격 × (두둑폭 + 고랑폭)

② 단위면적당 미보상감수량 = (기준수확량 − 단위면적당 조사수확량) × 미보상비율

(나) 피해면적 = 금차 수확칸수

(다) 재배면적 = 실제경작칸수

(2) 표본조사 시

$$피해율 = \left(1 - \frac{수확량}{연근별기준수확량}\right) \times \frac{피해면적}{재배면적}$$

(가) 수확량 = 단위면적당 조사수확량 + 단위면적당 미보상감수량

① 단위면적당 조사수확량 = $\dfrac{표본수확량 \ 합계}{표본칸 \ 면적}$

＊ 표본칸 면적 = 표본칸 수 × 지주목간격 × (두둑폭 + 고랑폭)

② 단위면적당 미보상감수량 = (기준수확량 − 단위면적당 조사수확량) × 미보상비율

(나) 피해면적 = 피해칸수

(다) 재배면적 = 실제경작칸수

## 3  종합위험 수확감소보장방식 과수 품목 − 피해율 산정방법

### 가. 자두, 복숭아, 포도, 감귤(만감류)

1) 조사종류별 : 수확량조사

가) 조사시기 : 착과수조사(최초 수확 품종 수확전), 과중조사(품종별 수확시기), 착과피해조사(피해 확인 가능 시기), 낙과피해조사(착과수조사 이후 낙과피해 시), 고사나무조사(수확완료 후)

(1) 착과수(수확개시 전 착과수조사 시)

$$품종별 \cdot 수령별 \ 착과수 = 품종별 \cdot 수령별 \ 조사대상주수 \times 품종별 \cdot 수령별 \ 주당 \ 착과수$$

(가) 품종별·수령별 조사대상주수

$$품종별 \cdot 수령별 \ 실제결과주수 - 품종별 \cdot 수령별 \ 고사주수 - 품종 \cdot 수령별 \ 미보상주수$$

(나) 품종별·수령별 주당 착과수

$$\frac{품종별 \cdot 수령별 \ 표본주의 \ 착과수}{품종별 \cdot 수령별 \ 표본주수}$$

(2) 착과수(착과피해조사 시)

$$품종별 \cdot 수령별 \ 착과수 = 품종별 \cdot 수령별 \ 조사대상주수 \times 품종별 \cdot 수령별 \ 주당 \ 착과수$$

(가) 품종별·수령별 조사대상주수

$$품종별·수령별\ 실제결과주수 - 품종별·수령별\ 고사주수 - 품종별·수령별\ 미보상주수 - 품종별·수령별수확완료주수$$

(나) 품종별·수령별 주당 착과수

$$\frac{품종별·수령별\ 표본주의\ 착과수}{품종별·수령별\ 표본주수}$$

(3) 과중조사(사고접수건에 대해 실시)

$$품종별\ 과중 = \frac{품종별\ 표본과실\ 무게}{품종별\ 표본과실\ 수}$$

(4) 낙과수 산정(착과수조사 이후 발생한 낙과사고마다 산정)

(가) 표본조사 시 : 품종별·수령별 낙과수 조사

$$품종별·수령별\ 낙과수 = 품종별·수령별\ 조사대상\ 주수 \times 품종별·수령별\ 주당\ 낙과수$$

① 품종별·수령별 조사대상주수

$$품종별·수령별\ 실제결과주수 - 품종별·수령별\ 고사주수 - 품종별·수령별\ 미보상주수 - 품종별·수령별수확완료주수$$

② 품종별·수령별 주당 낙과수

$$\frac{품종별·수령별\ 표본주의\ 낙과수}{품종별·수령별\ 표본주수}$$

(나) 전수조사 시 : 품종별 낙과수 조사

① 전체 낙과수에 대한 품종 구분이 가능할 때 : 품종별로 낙과수 조사
② 전체 낙과수에 대한 품종 구분이 불가능할 때(전체 낙과수 조사 후 품종별 안분)

$$품종별\ 주당\ 낙과수 = \frac{품종별\ 낙과수}{품종별\ 조사대상주수}$$

\*품종별 낙과수 = 전체 낙과수 $\times \dfrac{품종별\ 표본과실\ 수}{품종별\ 표본과실\ 수의\ 합계}$

\*품종별 조사대상주수
 = 품종별 실제결과주수 – 품종별 고사주수 – 품종별 미보상주수 – 품종별 수확완료주수

(5) 피해구성조사(낙과 및 착과피해 발생 시 실시)

　(가) 피해구성률

$$\frac{(50\%형\ 피해과실수 \times 0.5) + (80\%형\ 피해과실수 \times 0.8) + (100\%형\ 피해과실수 \times 1)}{표본과실\ 수}$$

　(나) 금차 피해구성률 = 피해구성률 − max A

　　① 금차 피해구성률은 다수 사고인 경우 적용
　　② max A : 금차 사고전 기조사된 착과피해구성률 중 최댓값을 말함
　　　※ 금차 피해구성률이 영(0)보다 작은 경우에는 영(0)으로 함

(6) 착과량 산정

$$착과량 = 품종별 \cdot 수령별\ 착과량의\ 합$$

　(가) 품종별·수령별 착과량

$$(품종별 \cdot 수령별\ 착과수 \times 품종별\ 과중) + (품종별 \cdot 수령별\ 주당\ 평년수확량 \times 미보상주수)$$

단, 품종별 과중이 없는 경우(과중 조사 전 기수확 품종)에는 품종별·수령별 평년수확량을 품종별·수령별 착과량으로 한다.

　　① 품종별·수령별 주당 평년수확량

$$품종별 \cdot 수령별\ 주당\ 평년수확량 = \frac{품종별 \cdot 수령별\ 평년수확량}{품종별 \cdot 수령별\ 실제결과주수}$$

　　② 품종별·수령별 평년수확량

$$품종별 \cdot 수령별\ 평년수확량 = 평년수확량 \times \frac{품종별 \cdot 수령별\ 표준수확량}{표준수확량}$$

　　③ 품종별·수령별 표준수확량

$$품종별 \cdot 수령별\ 표준수확량 = 품종별 \cdot 수령별\ 주당\ 표준수확량 \times 품종별 \cdot 수령별\ 실제결과주수$$

(7) 감수량 산정(사고마다 산정)

$$금차\ 감수량 = 금차\ 착과\ 감수량 + 금차\ 낙과\ 감수량 + 금차\ 고사주수\ 감수량$$

　(가) 금차 착과 감수량 = 금차 품종별·수령별 착과 감수량의 합

　　*금차 품종별·수령별 착과 감수량
　　= 금차 품종별·수령별 착과수 × 품종별 과중 × 금차 품종별 착과피해구성률

(나) 금차 낙과 감수량 = 금차 품종별·수령별 낙과수 × 품종별 과중 × 금차 낙과피해구성률

(다) 금차 고사주수 감수량 = (품종별·수령별 금차 고사분과실수) × 품종별 과중

*품종별·수령별 금차 고사주수
= 품종별·수령별 고사주수 - 품종별·수령별 기조사 고사주수

(8) 피해율 산정

(가) 피해율[포도, 자두, 감귤(만감류)]

$$\frac{평년수확량 - 수확량 - 미보상 감수량}{평년수확량}$$

(나) 피해율(복숭아)

$$\frac{평년수확량 - 수확량 - 미보상 감수량 + 병충해감수량}{평년수확량}$$

*미보상 감수량 = (평년수확량 - 수확량) × 최댓값(미보상비율1, 미보상비율2, …)

(9) 수확량 산정(착과수조사 이전 사고의 피해사실이 인정된 경우)

$$수확량 = 착과량 - 사고당 감수량의 합$$

(10) 수확량 산정(착과수조사 이전 사고의 접수가 없거나, 피해사실이 인정되지 않은 경우)

$$수확량 = \max[\,평년수확량,\ 착과량\,] - 사고당 감수량의 합$$

※ 수확량은 품종별 개당 과중조사 값이 모두 입력된 경우 산정됨.

(11) 병충해 감수량(복숭아만 해당)

$$병충해감수량 = 병충해 착과감수량 + 사고당 병충해 낙과감수량$$

(가) 병충해 착과감수량

$$품종별·수령별 병충해 인정피해(착과)과실수 × 품종별 과중$$

① 품종별·수령별 병충해 인정피해(착과)과실수

$$품종별·수령별 잔여착과수 × 품종별 병충해 착과피해구성률$$

② 품종별 병충해 착과피해구성률

$$품종별 병충해 착과피해구성률 = \frac{병충해 착과 피해과실수 \times 0.5}{표본 착과과실수}$$

(나) 금차 병충해 낙과감수량

$$\text{금차 품종별·수령별 병충해 인정피해(낙과)과실수} \times \text{품종별 과중}$$

① 금차 품종별·수령별 병충해 인정피해(낙과)과실수

$$\text{금차 품종별·수령별 낙과피해과실수} \times \text{품종별 병충해낙과피해구성률}$$

② 품종별 병충해 낙과피해구성률

$$\frac{\text{병충해 낙과 피해과실수} \times 0.5}{\text{표본 낙과과실수}}$$

## 나. 밤, 호두

1) 조사종류별 : 수확 개시 전 수확량조사(조사일 기준)

   가) 조사시기 : 최초 수확 전

   (1) 수확개시 이전 수확량 조사

   (가) 기본사항

   ① 품종별·수령별 조사대상 주수

   $$\text{품종별·수령별 실제결과주수} - \text{품종별·수령별 미보상주수} - \text{품종별·수령별 고사나무주수}$$

   ② 품종별·수령별 평년수확량

   $$\text{평년수확량} \times \frac{\text{품종별·수령별 주당 표준수확량} \times \text{품종별·수령별 실제결과주수}}{\text{표준수확량}}$$

   ③ 품종별·수령별 주당 평년수확량

   $$\frac{\text{품종별·수령별 평년수확량}}{\text{품종별·수령별 실제결과주수}}$$

   (나) 착과수 조사

   $$\text{품종별·수령별 주당 착과수} = \frac{\text{품종별·수령별 표본주의 착과수}}{\text{품종별·수령별 표본주수}}$$

   (다) 낙과수 조사

   ① 표본조사

   $$\text{품종별·수령별 주당 낙과수} = \frac{\text{품종별·수령별 표본주의 낙과수}}{\text{품종별·수령별 표본주수}}$$

② 전수조사

㉮ 전체 낙과에 대하여 품종별 구분이 가능한 경우 : 품종별 낙과수 조사

$$\text{품종별 낙과수 조사}$$

㉯ 전체 낙과에 대하여 품종별 구분이 불가한 경우 : 전체 낙과수 조사 후 낙과수 중 표본을 추출하여 품종별 개수 조사

- 품종별 낙과수

$$\text{전체 낙과수} \times \frac{\text{품종별 표본과실 수}}{\text{전체 표본과실 수의 합계}}$$

- 품종별 주당 낙과수

$$\frac{\text{품종별 낙과수}}{\text{품종별 조사대상 주수}}$$

- 품종별 조사대상 주수

$$\text{품종별 실제결과주수 - 품종별 고사주수 - 품종별 미보상주수}$$

(라) 과중 조사

① (밤) 품종별 개당 과중

$$\frac{\text{품종별 [ 정상 표본과실 무게 + (소과 표본과실 무게} \times 0.8) \text{]}}{\text{표본과실 수}}$$

② (호두) 품종별 개당 과중

$$\frac{\text{품종별 표본과실 무게 합계}}{\text{표본과실 수}}$$

(마) 피해구성 조사(품종별로 실시)

$$\text{피해구성률} = \frac{(50\%\text{형 피해과실수} \times 0.5) + (80\%\text{형 피해과실수} \times 0.8) + (100\%\text{형 피해과실수} \times 1)}{\text{표본과실 수}}$$

(바) 피해율

$$\text{피해율} = \frac{(\text{평년수확량 - 수확량 - 미보상감수량})}{\text{평년수확량}}$$

① 수확량

> {품종별·수령별 조사대상 주수 × 품종별·수령별 주당 착과수 × (1 - 착과피해구성률) × 품종별 과중} + {품종별·수령별 조사대상 주수 × 품종별·수령별 주당 낙과수 × (1 - 낙과피해구성률) × 품종별 과중} + (품종별·수령별 주당 평년수확량 × 품종별·수령별 미보상주수)

② 미보상 감수량

> (평년수확량 - 수확량) × 미보상비율

2) 조사종류별 : 수확 개시 후 수확량조사(조사일 기준)

   가) 조사시기 : 사고발생직후

      (1) 수확개시 후 수확량 조사

         (가) 착과수 조사

$$품종별 \cdot 수령별\ 주당\ 착과수 = \frac{품종별 \cdot 수령별\ 표본주의\ 착과수}{품종별 \cdot 수령별\ 표본주수}$$

         (나) 낙과수 조사

            ① 표본조사

$$품종별 \cdot 수령별\ 주당\ 낙과수 = \frac{품종별 \cdot 수령별\ 표본주의\ 낙과수}{품종별 \cdot 수령별\ 표본주수}$$

            ② 전수조사

               ㉮ 전체 낙과에 대하여 품종별 구분이 가능한 경우 : 품종별 낙과수 조사

> 품종별 낙과수 조사

               ㉯ 전체 낙과에 대하여 품종별 구분이 불가한 경우

                 전체 낙과수 조사 후 낙과수 중 표본을 추출하여 품종별 개수 조사

                • 품종별 주당 낙과수

$$\frac{품종별\ 낙과수}{품종별\ 조사대상\ 주수}$$

                • 품종별 낙과수

$$전체\ 낙과수 \times \frac{품종별\ 표본과실\ 수}{전체\ 표본과실\ 수의\ 합계}$$

- 품종별 조사대상 주수

> 품종별 실제결과주수 − 품종별 고사주수 − 품종별 미보상주수
> − 품종별 수확완료주수

(다) 과중 조사

① (밤) 품종별 개당 과중

$$\frac{품종별[정상\ 표본과실\ 무게 + (소과\ 표본과실\ 무게 \times 0.8)]}{표본과실\ 수}$$

② (호두) 품종별 개당 과중

$$\frac{품종별\ 표본과실\ 무게\ 합계}{표본과실\ 수}$$

(라) 피해구성 조사(품종별로 실시)

① 피해구성률

$$\frac{(50\%형\ 피해과실수 \times 0.5) + (80\%형\ 피해과실수 \times 0.8) + (100\%형\ 피해과실수 \times 1)}{표본과실\ 수}$$

② 금차 피해구성률

> 피해구성률 − max A

※ 금차 피해구성률은 다수 사고인 경우 적용
※ max A : 금차 사고전 기조사된 착과피해구성률 중 최댓값을 말함
※ 금차 피해구성률이 영(0)보다 작은 경우에는 영(0)으로 함

(마) 금차 수확량

> {품종별·수령별 조사대상 주수 × 품종별·수령별 주당 착과수 × 품종별 개당 과중 × (1 − 금차 착과피해구성률)} + {품종별·수령별 조사대상 주수 × 품종별·수령별 주당 낙과수 × 품종별 개당 과중 × (1 − 금차 낙과피해구성률)} + (품종별·수령별 주당 평년수확량 × 품종별·수령별 미보상주수)

(바) 감수량

> (품종별 조사대상 주수 × 품종별 주당 착과수 × 금차 착과피해구성률 × 품종별 개당 과중)
> + (품종별 조사대상 주수 × 품종별 주당 낙과수 × 금차 낙과피해구성률 × 품종별 개당 과중)
> + {품종별 금차 고사주수 × (품종별 주당 착과수 + 품종별 주당 낙과수) × 품종별 개당 과중
> × (1 − max A)}

- 품종별 조사대상 주수

  $$\text{품종별 실제 결과주수} - \text{품종별 미보상주수} - \text{품종별 고사나무주수} - \text{품종별 수확완료주수}$$

- 품종별 평년수확량

  $$\text{평년수확량} \times \frac{(\text{품종별 주당 표준수확량} \times \text{품종별 실제결과주수})}{\text{표준수확량}}$$

- 품종별 주당 평년수확량

  $$\frac{\text{품종별 평년수확량}}{\text{품종별 실제결과주수}}$$

- 품종별 금차 고사주수

  $$\text{품종별 고사주수} - \text{품종별 기조사 고사주수}$$

(2) 피해율 산정

　(가) 금차 수확 개시 후 수확량조사가 최초 조사인 경우(이전 수확량조사가 없는 경우)

　　① 『금차 수확량 + 금차 감수량 + 기수확량 < 평년수확량』인 경우

$$\text{피해율} = \frac{\text{평년수확량} - \text{수확량} - \text{미보상감수량}}{\text{평년수확량}}$$

　　・수확량 = 평년수확량 - 금차 감수량
　　・미보상 감수량 = 금차 감수량 × 미보상비율

　　② 『금차 수확량 + 금차 감수량 + 기수확량 ≧ 평년수확량』인 경우

$$\text{피해율} = \frac{\text{평년수확량} - \text{수확량} - \text{미보상감수량}}{\text{평년수확량}}$$

　　・수확량 = 금차 수확량 + 기수확량
　　・미보상 감수량 = {평년수확량 - (금차 수확량 + 기수확량)} × 미보상비율

　(나) 수확 개시 전 수확량 조사가 있는 경우(이전 수확량조사에 수확 개시 전 수확량조사가 포함된 경우)

　　① 『금차 수확량 + 금차 감수량 + 기수확량 > 수확 개시 전 수확량조사 수확량』
　　　⇒ 오류 수정 필요

　　② 『금차 수확량 + 금차 감수량 + 기수확량 > 이전 조사 금차 수확량 + 이전 조사 기수확량』
　　　⇒ 오류 수정 필요

　　③ 『금차 수확량 + 금차 감수량 + 기수확량 ≦ 수확 개시 전 수확량조사 수확량』이면서 『금차

수확량 + 금차 감수량 + 기수확량 ≦ 이전 조사 금차 수확량 + 이전 조사 기수확량』인 경우

$$피해율 = \frac{평년수확량 - 수확량 - 미보상감수량}{평년수확량}$$

- 수확량 = 수확 개시 전 수확량 - 사고당 감수량의 합
- 미보상감수량 = {평년수확량 - (수확 개시 전 수확량 - 사고당 감수량의 합)} × max (미보상비율)

(다) 수확 개시 후 수확량 조사만 있는 경우(이전 수확량조사가 모두 수확 개시 후 수확량조사인 경우)

① 『금차 수확량 + 금차 감수량 + 기수확량 > 이전 조사 금차 수확량 + 이전 조사 기수확량』
⇒ 오류 수정 필요

② 『금차 수확량 + 금차 감수량 + 기수확량 ≦ 이전 조사 금차 수확량 + 이전 조사 기수확량』인 경우

㉮ 최초 조사가 『금차 수확량 + 금차 감수량 + 기수확량 < 평년수확량』인 경우

$$피해율 = \frac{평년수확량 - 수확량 - 미보상감수량}{평년수확량}$$

- 수확량 = 평년수확량 - 사고당 감수량의 합
- 미보상 감수량 = 사고당 감수량의 합 × max(미보상비율)

㉯ 최초 조사가 『금차 수확량 + 금차 감수량 + 기수확량 ≧ 평년수확량』인 경우

$$피해율 = \frac{평년수확량 - 수확량 - 미보상감수량}{평년수확량}$$

- 수확량 = 최초 조사 금차 수확량 + 최초 조사 기수확량 - 2차 이후 사고당 감수량의 합
- 미보상감수량 = {평년수확량 - (최초 조사 금차 수확량 + 최초 조사 기수확량) + 2차 이후 사고당 감수량의 합} × max(미보상비율)

## 다. 참다래

1) 조사종류별 : 수확 개시 전 수확량조사(조사일 기준)

   가) 조사시기 : 최초 수확 전

   (1) 착과수조사

   품종별·수령별 착과수 = 품종별·수령별 표본조사 대상면적 × 품종별·수령별 면적(㎡)당 착과수

   (가) 품종별·수령별 표본조사 대상면적

   품종별·수령별 재식 면적 × 품종별·수령별 표본조사 대상 주수

(나) 품종별·수령별 면적(㎡)당 착과수

$$\frac{품종별·수령별\ 표본구간\ 착과수}{품종별·수령별\ 표본구간\ 넓이}$$

① 재식면적

$$주간\ 거리\ \times\ 열간\ 거리$$

② 품종별·수령별 표본조사 대상주수

$$품종별·수령별\ 실제\ 결과주수\ -\ 품종별·수령별\ 미보상주수\ -\ 품종별·수령별\ 고사나무주수$$

③ 표본구간 면적

$$\frac{(표본구간\ 윗변\ 길이\ +\ 표본구간\ 아랫변\ 길이)\ \times\ 표본구간\ 높이(윗변과\ 아랫변의\ 거리)}{2}$$

(2) 과중 조사

$$품종별\ 개당\ 과중\ =\ \frac{품종별\ 표본과실\ 무게\ 합계}{표본과실\ 수}$$

(3) 피해구성 조사(품종별로 실시)

(가) 피해구성률

$$\frac{(50\%형\ 피해과실수\ \times\ 0.5)\ +\ (80\%형\ 피해과실수\ \times\ 0.8)\ +\ (100\%형\ 피해과실수\ \times\ 1)}{표본과실\ 수}$$

(나) 금차 피해구성률

$$피해구성률\ -\ max\ A$$

※ 금차 피해구성률은 다수 사고인 경우 적용
※ max A : 금차 사고전 기조사된 착과피해구성률 중 최댓값을 말함
※ 금차 피해구성률이 영(0)보다 작은 경우에는 영(0)으로 함

(4) 피해율 산정

$$피해율\ =\ \frac{평년수확량\ -\ 수확량\ -\ 미보상감수량}{평년수확량}$$

(가) 수확량

$$\{품종별·수령별\ 착과수\ \times\ 품종별\ 과중\ \times\ (1\ -\ 피해구성률)\}\\ +\ (품종별·수령별\ 면적(㎡)당\ 평년수확량\ \times\ 품종별·수령별\ 미보상주수\ \times\ 품종별·수령별\ 재식면적)$$

① 품종별・수령별 면적(㎡)당 평년수확량

$$\frac{품종별・수령별\ 평년수확량}{품종별・수령별\ 재식면적\ 합계}$$

② 품종별・수령별 평년수확량

$$평년수확량 \times \frac{품종별・수령별\ 표준수확량}{표준수확량}$$

(나) 미보상 감수량

$$(평년수확량 - 수확량) \times 미보상비율$$

2) 조사종류별 : 수확 개시 후 수확량조사(조사일 기준)

　가) 조사시기 : 사고발생직후

　　(1) 착과수조사

$$품종별・수령별\ 착과수 = 품종별・수령별\ 표본조사\ 대상면적 \times 품종별・수령별\ 면적(㎡)당\ 착과수$$

　　(가) 품종별・수령별 조사대상 면적

$$품종별・수령별\ 재식\ 면적 \times 품종별・수령별\ 표본조사\ 대상\ 주수$$

　　(나) 품종별・수령별 면적(㎡)당 착과수

$$\frac{품종별・수령별\ 표본구간\ 착과수}{품종별・수령별\ 표본구간\ 넓이}$$

　　① 재식 면적

$$주간\ 거리 \times 열간\ 거리$$

　　② 품종별・수령별 조사대상 주수

$$품종별・수령별\ 실제\ 결과주수 - 품종별・수령별\ 미보상주수 - 품종별・수령별\ 고사나무주수 - 품종별・수령별\ 수확완료주수$$

　　③ 표본구간 넓이

$$\frac{(표본구간\ 윗변\ 길이 + 표본구간\ 아랫변\ 길이) \times 표본구간\ 높이(윗변과\ 아랫변의\ 거리)}{2}$$

(2) 낙과수 조사

　(가) 표본조사

　　품종별·수령별 낙과수 = 품종별·수령별 조사대상면적 × 품종별·수령별 면적(㎡)당 낙과수

　　*품종별·수령별 면적(㎡)당 낙과수

$$\frac{품종별·수령별\ 표본주의\ 낙과수}{품종별·수령별\ 표본구간\ 넓이}$$

　(나) 전수조사

　　① 전체 낙과에 대하여 품종별 구분이 가능한 경우 : 품종별 낙과수 조사

　　　품종별 낙과수 조사

　　② 전체 낙과에 대하여 품종별 구분이 불가한 경우

$$품종별\ 낙과수 = 전체\ 낙과수 \times \frac{품종별\ 표본과실수}{전체\ 표본과실수의\ 합계}$$

(3) 과중 조사

$$품종별\ 개당\ 과중 = \frac{품종별\ 표본과실\ 무게\ 합계}{표본과실\ 수}$$

(4) 피해구성 조사(품종별로 실시)

　(가) 피해구성률

$$\frac{(50\%형\ 피해과실수 \times 0.5) + (80\%형\ 피해과실수 \times 0.8) + (100\%형\ 피해과실수 \times 1)}{표본과실\ 수}$$

　(나) 금차 피해구성률

　　　피해구성률 - max A

　　※ 금차 피해구성률은 다수 사고인 경우 적용

　　※ max A : 금차 사고전 기조사된 착과피해구성률 중 최댓값을 말함

　　※ 금차 피해구성률이 영(0)보다 작은 경우에는 영(0)으로 함

(5) 금차 수확량

　　{품종별·수령별 착과수 × 품종별 개당 과중 × (1 - 금차 착과피해구성률)}
　　+ {품종별·수령별 낙과수 × 품종별 개당 과중 × (1 - 금차 낙과피해구성률)}
　　+ {품종별·수령별 ㎡당 평년수확량 × 미보상주수 × 품종별·수령별 재식면적}

(6) 금차 감수량

$$\{품종별 \cdot 수령별\ 착과수 \times 품종별\ 과중 \times 금차\ 착과피해구성률\}$$
$$+ \{품종별 \cdot 수령별\ 낙과수 \times 품종별\ 과중 \times 금차\ 낙과피해구성률\}$$
$$+ \{품종별 \cdot 수령별\ ㎡당\ 평년수확량 \times 금차\ 고사주수 \times (1 - \max A) \times 품종별 \cdot 수령별\ 재식면적\}$$

(가) 금차 고사주수

$$고사주수 - 기조사\ 고사주수$$

(나) 품종별·수령별 면적(㎡)당 평년수확량

$$\frac{품종별 \cdot 수령별\ 평년수확량}{품종별 \cdot 수령별\ 재식면적\ 합계}$$

(다) 품종별·수령별 평년수확량

$$평년수확량 \times \frac{품종별 \cdot 수령별\ 표준수확량}{표준수확량}$$

(7) 피해율 산정

(가) 금차 수확 개시 후 수확량조사가 최초 조사인 경우(이전 수확량조사가 없는 경우)

① 『금차 수확량 + 금차 감수량 + 기수확량 < 평년수확량』인 경우

$$피해율 = \frac{평년수확량 - 수확량 - 미보상감수량}{평년수확량}$$

㉮ 수확량 = 평년수확량 − 금차 감수량

㉯ 미보상 감수량 = 금차 감수량 × 미보상비율

② 『금차 수확량 + 금차 감수량 + 기수확량 ≧ 평년수확량』인 경우

$$피해율 = \frac{평년수확량 - 수확량 - 미보상감수량}{평년수확량}$$

㉮ 수확량 = 금차 수확량 + 기수확량

㉯ 미보상 감수량 = {평년수확량 − (금차 수확량 + 기수확량)} × 미보상비율

(나) 수확 개시 전 수확량 조사가 있는 경우(이전 수확량조사에 수확 개시 전 수확량조사가 포함된 경우)

① 『금차 수확량 + 금차 감수량 + 기수확량 > 수확 개시 전 수확량조사 수확량』
  ⇒ 오류 수정 필요

② 『금차 수확량 + 금차 감수량 + 기수확량 > 이전 조사 금차 수확량 + 이전 조사 기수확량』
⇒ 오류 수정 필요

③ 『금차 수확량 + 금차 감수량 + 기수확량 ≤ 수확 개시 전 수확량조사 수확량』이면서 『금차 수확량 + 금차 감수량 + 기수확량 ≤ 이전 조사 금차 수확량 + 이전 조사 기수확량』인 경우

$$피해율 = \frac{평년수확량 - 수확량 - 미보상감수량}{평년수확량}$$

㉮ 수확량 = 수확 개시 전 수확량 - 사고당 감수량의 합

㉯ 미보상감수량
= {평년수확량 - (수확 개시 전 수확량 - 사고당 감수량의 합)} × max(미보상비율)

(다) 수확 개시 후 수확량 조사만 있는 경우(이전 수확량조사가 모두 수확 개시 후 수확량조사인 경우)

① 『금차 수확량 + 금차 감수량 + 기수확량 > 이전 조사 금차 수확량 + 이전 조사 기수확량』
⇒ 오류 수정 필요

② 『금차 수확량 + 금차 감수량 + 기수확량 ≤ 이전 조사 금차 수확량 + 이전 조사 기수확량』인 경우

㉮ 최초 조사가 『금차 수확량 + 금차 감수량 + 기수확량 < 평년수확량』인 경우

$$피해율 = \frac{평년수확량 - 수확량 - 미보상감수량}{평년수확량}$$

- 수확량 = 평년수확량 - 사고당 감수량의 합

- 미보상 감수량 = 사고당 감수량의 합 × max(미보상비율)

㉯ 최초 조사가 『금차 수확량 + 금차 감수량 + 기수확량 ≥ 평년수확량』인 경우

$$피해율 = \frac{평년수확량 - 수확량 - 미보상감수량}{평년수확량}$$

- 수확량
= 최초 조사 금차 수확량 + 최초 조사 기수확량 - 2차 이후 사고당 감수량의 합

- 미보상감수량 = {평년수확량 - (최초 조사 금차 수확량 + 최초 조사 기수확량) + 2차 이후 사고당 감수량의 합} × max(미보상비율)

## 라. 매실, 대추, 살구

1) 조사종류별 : 수확 개시 전 수확량조사(조사일 기준)

   가) 조사시기 : 최초 수확 전

   (1) 피해율

$$피해율 = \frac{평년수확량 - 수확량 - 미보상감수량}{평년수확량}$$

   (가) 수확량

$$\{품종별 \cdot 수령별 \ 조사대상주수 \times 품종별 \cdot 수령별 \ 주당 \ 착과량 \times (1 - 착과피해구성률)\} \\ + (품종별 \cdot 수령별 \ 주당 \ 평년수확량 \times 품종별 \cdot 수령별 \ 미보상주수)$$

   (나) 미보상 감수량

$$(평년수확량 - 수확량) \times 미보상비율$$

   ① 품종별 · 수령별 조사대상주수

$$품종별 \cdot 수령별 \ 실제결과주수 - 품종별 \cdot 수령별 \ 미보상주수 - 품종별 \cdot 수령별 \ 고사나무주수$$

   ② 품종별 · 수령별 평년수확량

$$평년수확량 \times \frac{품종별 \ 표준수확량}{표준수확량}$$

   ③ 품종별 · 수령별 주당 평년수확량

$$\frac{품종별 \cdot 수령별 \ 평년수확량}{품종별 \cdot 수령별 \ 실제결과주수}$$

   ④ 품종별 · 수령별 주당 착과량

$$\frac{품종별 \cdot 수령별 \ 표본주의 \ 착과무게}{품종별 \cdot 수령별 \ 표본주수}$$

   ⑤ 표본주 착과무게

$$조사 \ 착과량 \times 품종별 \ 비대추정지수(매실) \times 2(절반조사 \ 시)$$

   (다) 피해구성 조사

$$피해구성률 = \frac{\left(\begin{array}{c}50\%형 \ 피해과실무게 \\ \times \ 0.5\end{array}\right) + \left(\begin{array}{c}80\%형 \ 피해과실무게 \\ \times \ 0.8\end{array}\right) + \left(\begin{array}{c}100\%형 \ 피해과실무게 \\ \times \ 1\end{array}\right)}{표본과실무게}$$

2) 조사종류별 : 수확 개시 후 수확량조사(조사일 기준)

　가) 조사시기 : 사고발생직후

　　(1) 금차 수확량

$$\{품종별 \cdot 수령별\ 조사대상주수 \times 품종별 \cdot 수령별\ 주당\ 착과량 \times (1 - 금차\ 착과피해구성률)\} \\ + \{품종별 \cdot 수령별\ 조사대상주수 \times 품종별 \cdot 수령별\ 주당\ 낙과량 \times (1 - 금차\ 낙과피해구성률)\} \\ + (품종별\ 주당\ 평년수확량 \times 품종별\ 미보상주수)$$

　　(2) 금차 감수량

$$(품종별 \cdot 수령별\ 조사대상주수 \times 품종별 \cdot 수령별\ 주당\ 착과량 \times 금차\ 착과피해구성률) \\ + (품종별 \cdot 수령별\ 조사대상\ 주수 \times 품종별 \cdot 수령별\ 주당\ 낙과량 \times 금차\ 낙과피해구성률) \\ + \{품종별 \cdot 수령별\ 금차\ 고사주수 \times (품종별 \cdot 수령별\ 주당\ 착과량 + 품종별 \cdot 수령별\ 주당\ 낙과량) \\ \times (1 - \max A)\}$$

　　(가) 품종별 · 수령별 조사대상주수

$$품종별 \cdot 수령별\ 실제\ 결과주수 - 품종별 \cdot 수령별\ 미보상주수 - 품종별 \cdot 수령별\ 고사나무주수 \\ - 품종별 \cdot 수령별\ 수확완료주수$$

　　(나) 품종별 · 수령별 평년수확량

$$\frac{평년수확량}{품종별 \cdot 수령별\ 표준수확량\ 합계} \times 품종별 \cdot 수령별\ 표준수확량$$

　　(다) 품종별 · 수령별 주당 평년수확량

$$\frac{품종별 \cdot 수령별\ 평년수확량}{품종별 \cdot 수령별\ 실제결과주수}$$

　　(라) 품종별 · 수령별 주당 착과량

$$\frac{품종별 \cdot 수령별\ 표본주의\ 착과량}{품종별 \cdot 수령별\ 표본주수}$$

　　(마) 표본주 착과무게

$$조사\ 착과량 \times 품종별\ 비대추정지수(매실) \times 2(절반조사\ 시)$$

　　(바) 품종별 · 수령별 금차 고사주수

$$품종별 \cdot 수령별\ 고사주수 - 품종별 \cdot 수령별\ 기조사\ 고사주수$$

(3) 낙과량 조사

   (가) 표본조사

$$품종별 \cdot 수령별 \text{ 주당 낙과량} = \frac{품종별 \cdot 수령별 \text{ 표본주의 낙과량}}{품종별 \cdot 수령별 \text{ 표본주수}}$$

   (나) 전수조사

$$품종별 \text{ 주당 낙과량} = \frac{품종별 \text{ 낙과량}}{품종별 \text{ 표본조사 대상 주수}}$$

   ① 전체 낙과에 대하여 품종별 구분이 가능한 경우 : 품종별 낙과량 조사

   품종별 낙과량 조사

   ② 전체 낙과에 대하여 품종별 구분이 불가한 경우

$$품종별 \text{ 낙과량} = 전체 \text{ 낙과량} \times \frac{품종별 \text{ 표본과실 수(무게)}}{표본 \text{ 과실 수(무게)}}$$

(4) 피해구성 조사

   (가) 피해구성률

$$\frac{50\%형 \text{ 피해과실무게} \times 0.5 + 80\%형 \text{ 피해과실무게} \times 0.8 + 100\%형 \text{ 피해과실무게}}{표본과실무게}$$

   (나) 금차 피해구성률

   피해구성률 − max A

   ※ 금차 피해구성률은 다수 사고인 경우 적용
   ※ max A : 금차 사고전 기조사된 착과피해구성률 중 최댓값을 말함
   ※ 금차 피해구성률이 영(0)보다 작은 경우에는 영(0)으로 함

(5) 피해율 산정

   (가) 금차 수확 개시 후 수확량조사가 최초 조사인 경우(이전 수확량조사가 없는 경우)

   ① 『금차 수확량 + 금차 감수량 + 기수확량 < 평년수확량』인 경우

$$피해율 = \frac{평년수확량 - 수확량 - 미보상감수량}{평년수확량}$$

   ㉮ 수확량 = 평년수확량 − 금차 감수량
   ㉯ 미보상 감수량 = 금차 감수량 × 미보상비율

② 『금차 수확량 + 금차 감수량 + 기수확량 ≥ 평년수확량』인 경우

$$피해율 = \frac{평년수확량 - 수확량 - 미보상감수량}{평년수확량}$$

㉮ 수확량 = 금차 수확량 + 기수확량

㉯ 미보상 감수량 = {평년수확량 - (금차 수확량 + 기수확량)} × 미보상비율

(나) 수확 개시 전 수확량 조사가 있는 경우(이전 수확량조사에 수확 개시 전 수확량조사가 포함된 경우)

① 『금차 수확량 + 금차 감수량 + 기수확량 > 수확 개시 전 수확량조사 수확량』
⇒ 오류 수정 필요

② 『금차 수확량 + 금차 감수량 + 기수확량 > 이전 조사 금차 수확량 + 이전 조사 기수확량』
⇒ 오류 수정 필요

③ 『금차 수확량 + 금차 감수량 + 기수확량 ≤ 수확 개시 전 수확량조사 수확량』이면서 『금차 수확량 + 금차 감수량 + 기수확량 ≤ 이전 조사 금차 수확량 + 이전 조사 기수확량』인 경우

$$피해율 = \frac{평년수확량 - 수확량 - 미보상감수량}{평년수확량}$$

㉮ 수확량 = 수확 개시 전 수확량 - 사고당 감수량의 합

㉯ 미보상감수량
= {평년수확량 - (수확 개시 전 수확량 - 사고당 감수량의 합)} × max(미보상비율)

(다) 수확 개시 후 수확량 조사만 있는 경우(이전 수확량조사가 모두 수확 개시 후 수확량조사인 경우)

① 『금차 수확량 + 금차 감수량 + 기수확량 > 이전 조사 금차 수확량 + 이전 조사 기수확량』
⇒ 오류 수정 필요

② 『금차 수확량 + 금차 감수량 + 기수확량 ≤ 이전 조사 금차 수확량 + 이전 조사 기수확량』인 경우

㉮ 최초 조사가 『금차 수확량 + 금차 감수량 + 기수확량 < 평년수확량』인 경우

$$피해율 = \frac{평년수확량 - 수확량 - 미보상감수량}{평년수확량}$$

• 수확량 = 평년수확량 - 사고당 감수량의 합

• 미보상 감수량 = 사고당 감수량의 합 × max(미보상비율)

㉯ 최초 조사가 『금차 수확량 + 금차 감수량 + 기수확량 ≥ 평년수확량』인 경우
피해율 = (평년수확량 - 수확량 - 미보상감수량) ÷ 평년수확량

$$\text{피해율} = \frac{\text{평년수확량} - \text{수확량} - \text{미보상감수량}}{\text{평년수확량}}$$

- 수확량
  = 최초 조사 금차 수확량 + 최초 조사 기수확량 - 2차 이후 사고당 감수량의 합
- 미보상감수량 = {평년수확량 - (최초 조사 금차 수확량 + 최초 조사 기수확량) + 2차 이후 사고당 감수량의 합} × max(미보상비율)

### 마. 오미자

1) **조사종류별** : 수확 개시 전 수확량조사(조사일 기준)

   가) 조사시기 : 최초 수확 전

$$\text{피해율} = \frac{\text{평년수확량} - \text{수확량} - \text{미보상감수량}}{\text{평년수확량}}$$

   (1) 수확량

   {형태・수령별 조사대상길이 × 형태・수령별 m당 착과량 × (1 - 착과피해구성률)}
   + (형태・수령별 m당 평년수확량 × 형태・수령별 미보상 길이)

   (가) 형태・수령별 조사대상길이

   형태・수령별 실제재배길이 - 형태・수령별 미보상길이 - 형태・수령별 고사길이

   (나) 형태・수령별 길이(m)당 착과량

$$\frac{\text{형태・수령별 표본구간의 착과무게}}{\text{형태・수령별 표본구간 길이의 합}}$$

   *표본구간 착과무게 = 조사 착과량 × 2(절반조사 시)

   (다) 형태・수령별 길이(m)당 평년수확량

$$\frac{\text{형태・수령별 평년수확량}}{\text{형태・수령별 실제재배길이}}$$

   *형태・수령별 평년수확량

$$\text{평년수확량} \times \frac{\text{형태・수령별 m당 표준수확량} \times \text{형태・수령별 실제재배길이}}{\text{표준수확량}}$$

(2) 미보상감수량

$$(평년수확량 - 수확량) \times 미보상비율$$

(3) 피해 구성 조사

$$피해구성률 = \frac{(50\%형\ 피해과실무게 \times 0.5) + (80\%형\ 피해과실무게 \times 0.8) + (100\%형\ 피해과실무게 \times 1)}{표본과실무게}$$

2) **조사종류별** : 수확 개시 후 수확량조사(조사일 기준)

　가) **조사시기** : 사고발생직후

　　(1) 기본사항

　　　(가) 형태·수령별 조사대상길이

$$형태·수령별\ 실제재배길이 - 형태·수령별\ 미보상길이 - 형태·수령별\ 고사\ 길이 - 수확완료길이$$

　　　(나) 형태·수령별 평년수확량

$$\frac{평년수확량}{표준수확량} \times 형태·수령별\ 표준수확량$$

　　　(다) 형태·수령별 길이(m)당 평년수확량

$$\frac{형태·수령별\ 평년수확량}{형태·수령별\ 실제재배길이}$$

　　　(라) 형태·수령별 길이(m)당 착과량

$$\frac{형태·수령별\ 표본구간의\ 착과무게}{형태·수령별\ 표본구간\ 길이의\ 합}$$

　　　(마) 표본구간 착과무게

$$조사\ 착과량 \times 2(절반조사\ 시)$$

　　　(바) 형태·수령별 금차 고사 길이

$$형태·수령별\ 고사\ 길이 - 형태·수령별\ 기조사\ 고사\ 길이$$

(2) 낙과량 조사

(가) 표본조사

$$형태 \cdot 수령별\ 길이(m)당\ 낙과량 = \frac{형태 \cdot 수령별\ 표본구간의\ 낙과량의\ 합}{형태 \cdot 수령별\ 표본구간\ 길이의\ 합}$$

(나) 전수조사

$$길이(m)당\ 낙과량 = \frac{낙과량}{전체\ 조사대상길이의\ 합}$$

(3) 피해구성 조사

(가) 피해구성률

$$\frac{50\%형\ 피해과실무게 \times 0.5 + 80\%형\ 피해과실무게 \times 0.8 + 100\%형\ 피해과실무게}{표본과실무게}$$

(나) 금차 피해구성률

$$피해구성률 - \max A$$

※ max A : 금차 사고전 기조사된 착과피해구성률 중 최댓값을 말함
※ 금차 피해구성률이 영(0)보다 작은 경우 : 금차 감수과실수는 영(0)으로 함

(4) 금차 수확량

$$\{형태 \cdot 수령별\ 조사대상길이 \times 형태 \cdot 수령별\ m당\ 착과량 \times (1 - 금차\ 착과피해구성률)\}$$
$$+ \{형태 \cdot 수령별\ 조사대상길이 \times 형태 \cdot 수령별\ m당\ 낙과량 \times (1 - 금차\ 낙과피해구성률)\}$$
$$+ (형태 \cdot 수령별\ m당\ 평년수확량 \times 형태별수령별\ 미보상\ 길이)$$

(5) 금차 감수량

$$(형태 \cdot 수령별\ 조사대상길이 \times 형태 \cdot 수령별\ m당\ 착과량 \times 금차\ 착과피해구성률)$$
$$+ (형태 \cdot 수령별\ 조사대상길이 \times 형태 \cdot 수령별\ m당\ 낙과량 \times 금차\ 낙과피해구성률)$$
$$+ \{형태 \cdot 수령별\ 금차\ 고사\ 길이 \times (형태 \cdot 수령별\ m당\ 착과량 + 형태 \cdot 수령별\ m당\ 낙과량)$$
$$\times (1 - \max A)\}$$

(6) 피해율 산정

(가) 금차 수확 개시 후 수확량조사가 최초 조사인 경우(이전 수확량조사가 없는 경우)

① 『금차 수확량 + 금차 감수량 + 기수확량 < 평년수확량』인 경우

$$피해율 = \frac{평년수확량 - 수확량 - 미보상감수량}{평년수확량}$$

㉮ 수확량 = 평년수확량 - 금차 감수량

㉯ 미보상 감수량 = 금차 감수량 × 미보상비율

② 『금차 수확량 + 금차 감수량 + 기수확량 ≧ 평년수확량』인 경우

$$피해율 = \frac{평년수확량 - 수확량 - 미보상감수량}{평년수확량}$$

㉮ 수확량 = 금차 수확량 + 기수확량

㉯ 미보상 감수량 = {평년수확량 - (금차 수확량 + 기수확량)} × 미보상비율

(나) 수확 개시 전 수확량 조사가 있는 경우(이전 수확량조사에 수확 개시 전 수확량조사가 포함된 경우)

① 『금차 수확량 + 금차 감수량 + 기수확량 > 수확 개시 전 수확량조사 수확량』
⇒ 오류 수정 필요

② 『금차 수확량 + 금차 감수량 + 기수확량 > 이전 조사 금차 수확량 + 이전 조사 기수확량』
⇒ 오류 수정 필요

③ 『금차 수확량 + 금차 감수량 + 기수확량 ≦ 수확 개시 전 수확량조사 수확량』이면서 『금차 수확량 + 금차 감수량 + 기수확량 ≦ 이전 조사 금차 수확량 + 이전 조사 기수확량』인 경우

$$피해율 = \frac{평년수확량 - 수확량 - 미보상감수량}{평년수확량}$$

㉮ 수확량 = 수확 개시 전 수확량 - 사고당 감수량의 합

㉯ 미보상감수량 = {평년수확량 - (수확 개시 전 수확량 - 사고당 감수량의 합)} × max(미보상비율)

(다) 수확 개시 후 수확량 조사만 있는 경우(이전 수확량조사가 모두 수확 개시 후 수확량조사인 경우)

① 『금차 수확량 + 금차 감수량 + 기수확량 > 이전 조사 금차 수확량 + 이전 조사 기수확량』
⇒ 오류 수정 필요

② 『금차 수확량 + 금차 감수량 + 기수확량 ≦ 이전 조사 금차 수확량 + 이전 조사 기수확량』인 경우

㉮ 최초 조사가 『금차 수확량 + 금차 감수량 + 기수확량 < 평년수확량』인 경우

$$피해율 = \frac{평년수확량 - 수확량 - 미보상감수량}{평년수확량}$$

• 수확량 = 평년수확량 - 사고당 감수량의 합

- 미보상 감수량 = 사고당 감수량의 합 × max(미보상비율)

㉯ 최초 조사가 『금차 수확량 + 금차 감수량 + 기수확량 ≥ 평년수확량』인 경우

$$피해율 = \frac{평년수확량 - 수확량 - 미보상감수량}{평년수확량}$$

- 수확량
  = 최초 조사 금차 수확량 + 최초 조사 기수확량 − 2차 이후 사고당 감수량의 합
- 미보상감수량 = {평년수확량 − (최초 조사 금차 수확량 + 최초 조사 기수확량) + 2차 이후 사고당 감수량의 합} × max(미보상비율)

## 바. 유자

1) 조사종류별 : 수확량조사

   가) 조사시기 : 수확개시전

   (1) 기본사항

   (가) 품종별·수령별 조사대상주수

   품종별·수령별 실제결과주수 − 품종별·수령별 미보상주수 − 품종별·수령별 고사주수

   (나) 품종별·수령별 평년수확량

   $$\frac{평년수확량}{표준수확량} \times 품종별·수령별 표준수확량$$

   (다) 품종별·수령별 주당 평년수확량

   $$\frac{품종별·수령별 평년수확량}{품종별·수령별 실제결과주수}$$

   (라) 품종별·수령별 과중

   $$\frac{품종별·수령별 표본과실 무게 합계}{품종별·수령별 표본과실수}$$

   (마) 품종별·수령별 표본주당 착과수

   $$\frac{품종별·수령별 표본주 착과수 합계}{품종별·수령별 표본주수}$$

(바) 품종별·수령별 표본주당 착과량

$$품종별·수령별 표본주당 착과수 \times 품종별·수령별 과중$$

(2) 피해구성 조사

$$피해구성률 = \frac{(50\%형\ 피해과실수 \times 0.5) + (80\%형\ 피해과실수 \times 0.8) + (100\%형\ 피해과실수 \times 1)}{표본과실수}$$

(3) 피해율

$$피해율 = \frac{평년수확량 - 수확량 - 미보상감수량}{평년수확량}$$

(가) 수확량

$$\{품종별·수령별\ 표본조사\ 대상\ 주수 \times 품종별·수령별\ 표본주당\ 착과량 \times (1 - 착과피해구성률)\} + (품종별·수령별\ 주당\ 평년수확량 \times 품종별·수령별\ 미보상주수)$$

(나) 미보상감수량

$$(평년수확량 - 수확량) \times 미보상비율$$

## 4 종합위험 및 수확전 종합위험 과실손해보장방식 - 피해율 산정방법

### 가. 복분자

1) **조사종류별** : 종합위험 과실손해조사, 특정위험 과실손해조사

   가) 조사시기 : • 종합위험 : 수정완료시점 ~ 수확 전,  • 특정위험 : 사고접수 직후

   (1) 종합위험 과실손해 고사결과모지수

   $$평년결과모지수 - (기준\ 살아있는\ 결과모지수 - 수정불량환산\ 고사결과모지수 + 미보상\ 고사결과모지수)$$

   (가) 기준 살아있는 결과모지수

   $$\frac{표본구간\ 살아있는\ 결과모지수의\ 합}{(표본구간수 \times 5)}$$

   (나) 수정불량환산 고사결과모지수

   $$\frac{표본구간\ 수정불량\ 고사결과모지수의\ 합}{(표본구간수 \times 5)}$$

(다) 표본구간 수정불량 고사결과모지수

$$\text{표본구간 살아있는 결과모지수} \times \text{수정불량환산계수}$$

(라) 수정불량환산계수

$$= \text{최댓값}\left(\left(\frac{\text{수정불량결실수}}{\text{전체결실수}}\right) - \text{자연수정불량률}\right)$$

$$= \text{최댓값}\left(\left(\frac{\text{표본포기 6송이 피해 열매수의 합}}{\text{표본포기 6송이 열매수의 합계}}\right) - 15\%,\ 0\right)$$

*자연수정불량률 : 15%(2014 복분자 수확량 연구용역 결과 반영)

(마) 미보상 고사결과모지수

$$\text{최댓값}\left(\left\{\text{평년결과모지수} - \left(\text{기준 살아있는 결과모지수} - \text{수정불량 환산결과모지수}\right)\right\} \times \text{미보상비율},\ 0\right)$$

(2) 특정위험 과실손해 고사결과모지수

$$\text{수확감소환산 고사결과모지수} - \text{미보상 고사결과모지수}$$

(가) 수확감소환산 고사결과모지수(종합위험 과실손해조사를 실시한 경우)

$$(\text{기준 살아있는 결과모지수} - \text{수정불량환산 고사결과모지수}) \times \text{누적수확감소환산계수}$$

(나) 수확감소환산 고사결과모지수(종합위험 과실손해조사를 실시하지 않은 경우)

$$\text{평년결과모지수} \times \text{누적수확감소환산계수}$$

① 누적수확감소환산계수

$$\text{특정위험 과실손해조사별 수확감소환산계수의 합}$$

② 수확감소환산계수

$$\text{최댓값}(\text{기준일자별 잔여수확량 비율} - \text{결실률},\ 0)$$

③ 결실률

$$\frac{\text{전체결실수}}{\text{전체개화수}} = \frac{\Sigma(\text{표본송이의 수확 가능한 열매수})}{\Sigma(\text{표본송이의 총열매수})}$$

(다) 미보상 고사결과모지수

$$\text{수확감소환산 고사결과모지수} \times \text{최댓값}(\text{특정위험 과실손해조사별 미보상비율})$$

### (3) 피해율

$$\frac{\text{고사결과모지수}}{\text{평년결과모지수}}$$

*고사결과모지수 = 종합위험 과실손해 고사결과모지수 + 특정위험 과실손해 고사결과모지수

## 나. 오디

**1) 조사종류별** : 과실손해조사

**가) 조사시기** : 결실완료시점 ~ 수확 전

$$\text{피해율} = \frac{\text{평년결실수} - \text{조사결실수} - \text{미보상 감수결실수}}{\text{평년결실수}}$$

**(1) 조사결실수**

$$\frac{\sum\left\{\left(\begin{array}{c}\text{품종·수령별}\\\text{환산결실수}\end{array} \times \begin{array}{c}\text{품종·수령별}\\\text{조사대상주수}\end{array}\right) + \left(\begin{array}{c}\text{품종별 주당}\\\text{평년결실수}\end{array} \times \begin{array}{c}\text{품종·수령별}\\\text{미보상주수}\end{array}\right)\right\}}{\text{전체 실제결과주수}}$$

**(가) 품종·수령별 환산결실수**

$$\frac{\text{품종별·수령별 표본가지 결실수 합계}}{\text{품종별·수령별 표본가지 길이 합계}}$$

**(나) 품종·수령별 표본 조사대상 주수**

품종별·수령별 실제결과주수 - 품종별·수령별 고사주수 - 품종별·수령별 미보상주수

**(다) 품종별 주당 평년결실수**

$$\frac{\text{품종별 평년결실수}}{\text{품종별 실제결과주수}}$$

**(라) 품종별 평년결실수**

$$\frac{(\text{평년결실수} \times \text{전체 실제결과주수}) \times (\text{대상 품종 표준결실수} \times \text{대상 품종 실제결과주수})}{\Sigma(\text{품종별 표준결실수} \times \text{품종별 실제결과주수})}$$

**(2) 미보상감수결실수**

$$\text{Max}((\text{평년결실수} - \text{조사결실수}) \times \text{미보상비율}, 0)$$

## 다. 감귤(온주밀감류)

1) 조사종류별 : 과실손해조사

   가) 조사시기 : 착과피해조사

   (1) 과실손해 피해율

   $$\frac{\text{등급 내 피해과실수} + \text{등급 외 피해과실수} \times 50\%}{\text{기준과실수}} \times (1 - \text{미보상비율})$$

   (2) 피해 인정 과실수

   $$\text{등급 내 피해 과실수} + \text{등급 외 피해과실수} \times 50\%$$

   (가) 등급 내 피해 과실수

   $$(\text{등급 내 30\%형 과실수 합계} \times 0.3) + (\text{등급 내 50\%형 과실수 합계} \times 0.5)$$
   $$+ (\text{등급 내 80\%형 과실수 합계} \times 0.8) + (\text{등급 내 100\%형 과실수} \times 1)$$

   (나) 등급 외 피해 과실수

   $$(\text{등급 외 30\%형 과실수 합계} \times 0.3) + (\text{등급 외 50\%형 과실수 합계} \times 0.5)$$
   $$+ (\text{등급 외 80\%형 과실수 합계} \times 0.8) + (\text{등급 외 100\%형 과실수} \times 1)$$

   (다) 기준과실수

   $$\text{모든 표본주의 과실수 총 합계}$$

※ 단, 수확전 사고조사를 실시한 경우에는 아래와 같이 적용한다.

〈수확전 사고조사 결과가 있는 경우 : 과실손해피해율〉

$$\left\{\frac{\text{최종 수확전 과실손해 피해율}}{1 - \text{최종 수확전 과실손해 조사 미보상비율}} + \left(1 - \frac{\text{최종 수확전 과실손해 피해율}}{1 - \text{최종 수확전 과실손해 조사 미보상비율}}\right) \times \frac{\text{과실손해 피해율}}{1 - \text{과실손해 미보상비율}}\right\}$$

$$\times \{1 - \text{최댓값}(\text{최종 수확전 과실손해 조사 미보상비율, 과실손해 미보상비율})\}$$

- 수확전 과실손해 피해율

$$= \frac{100\%\text{형 피해과실수}}{\text{정상 과실수} + 100\%\text{형 피해과실수}} \times (1 - \text{미보상비율})$$

- 최종 수확전 과실손해 피해율

$$= \frac{\text{이전 100\%피해과실수} + \text{금차 100\%피해과실수}}{\text{정상 과실수} + 100\%\text{형 피해과실수}} \times (1 - \text{미보상비율})$$

2) 조사종류별 : 동상해조사

   가) 조사시기 : 착과피해조사

   □ 동상해 과실손해 피해율

$$\frac{\text{동상해 피해 과실수}}{\text{기준과실수}} = \frac{80\%형\ 피해과실수 \times 0.8 + 100\%형\ 피해과실수 \times 1}{\text{정상과실수} + 80\%형\ 피해과실수 + 100\%형\ 피해과실수}$$

   (가) 동상해 피해과실수

$$80\%형\ 피해과실수 \times 0.8 + 100\%형\ 피해과실수 \times 1$$

   (나) 기준과실수(모든 표본주의 과실수 총 합계)

$$정상과실수 + 80\%형\ 피해과실수 + 100\%형\ 피해과실수$$

## 라. 블루베리

1) 조사종류별 : 과실손해조사

   가) 조사시기 : 수확완료 전

   (1) 피해율 산정

   (가) 꽃 피해조사를 실시하지 않은 경우

$$피해율 = 과실손해피해율 \times (1 - 미보상비율)$$

   ※ 과실손해피해율 $= \dfrac{\Sigma 재배종별\ 표본가지\ 피해과실\ 수 \times 재배종별\ 잔여수확량비율}{\Sigma 재배종별\ 표본가지\ 전체\ 과실\ 수}$

   (나) 꽃 피해조사를 실시한 경우

$$피해율 = 최종\ 꽃\ 피해율 + \{(1 - 최종\ 꽃\ 피해율) \times 과실손해피해율 \times (1 - 미보상비율)\}$$

   ※ 과실손해피해율 $= \dfrac{\Sigma 재배종별\ 표본가지\ 피해과실\ 수 \times 재배종별\ 잔여수확량비율}{\Sigma 재배종별\ 표본가지\ 전체\ 과실\ 수}$

   (다) 잔여수확량 비율 산출 방법

   ① 수확개시 이전 잔여 수확량 비율은 1로 계산

   ② 수확개시 이후 잔여 수확량 비율

$$수확개시\ 이후\ 잔여\ 수확량\ 비율 = 1 - \frac{(사고일자 - 수확개시일자)}{표준수확일수}$$

   ※ 단, 잔여수확량 비율은 0보다 작을 수 없음

   ※ 표준수확일수는 30일로 정함

   ③ 최종 꽃 피해율 = 최종 꽃 고사율 × 가중치

④ 최종 꽃 고사율 = 꽃눈 고사율 + (1 - 꽃눈 고사율) × 꽃 고사율

⑤ 꽃눈 고사율 = 피해 꽃눈 수 ÷ 조사 꽃눈 수

⑥ 꽃 고사율 = 피해 꽃 수 ÷ 조사 꽃 수

〈최종 꽃 고사율 범위에 따른 가중치〉

| 최종 꽃 고사율 | 0~20% 미만 | 20~35% 미만 | 35~50% 미만 | 50~65% 미만 | 65~80% 미만 | 80~95% 미만 | 95~100% 미만 |
|---|---|---|---|---|---|---|---|
| 가중치 | 0 | 0.5 | 0.6 | 0.7 | 0.8 | 0.9 | 1 |

## 마. 두릅

1) 조사종류별 : 과실손해조사

가) 조사시기 : 결실완료 시점 ~ 수확 전

(1) 피해율 산정

$$\text{피해율} = \frac{\text{피해 정아지 수}}{\text{총 정아지 수}} \times (1 - \text{미보상비율})$$

## 바. 무화과

1) 조사종류별 : 수확량조사

가) 조사시기 : 수확전, 수확후

(1) 기본사항

(가) 품종별·수령별 조사대상주수

$$\text{품종별·수령별 실제결과주수} - \text{품종별·수령별 미보상주수} - \text{품종별·수령별 고사주수}$$

(나) 품종별·수령별 평년수확량

$$\text{평년수확량} \times \frac{\text{품종별·수령별 주당 표준수확량} \times \text{품종별·수령별 실제결과주수}}{\text{표준수확량}}$$

(다) 품종별·수령별 주당 평년수확량

$$\frac{\text{품종별·수령별 평년수확량}}{\text{품종별·수령별 실제결과주수}}$$

(2) 7월 31일 이전 피해율

$$\text{피해율} = \frac{\text{평년수확량} - \text{수확량} - \text{미보상감수량}}{\text{평년수확량}}$$

(가) 수확량

$$\{품종별 \cdot 수령별 \ 조사대상주수 \times 품종별 \cdot 수령별 \ 주당 \ 수확량 \times (1 - 피해구성률)\} \\ + (품종별 \cdot 수령별 \ 주당 \ 평년수확량 \times 미보상주수)$$

① 품종·수령별 주당 수확량

$$품종별 \cdot 수령별 \ 주당 \ 착과수 \times 표준과중$$

② 품종·수령별 주당 착과수

$$\frac{품종별 \cdot 수령별 \ 표본주 \ 과실수의 \ 합계}{품종·수령별 \ 표본주수}$$

(나) 미보상감수량

$$(평년수확량 - 수확량) \times 미보상비율$$

(다) 피해구성 조사

$$피해구성률 = \frac{\left(\begin{array}{c}50\%형 \ 피해과실수 \\ \times \ 0.5\end{array}\right) + \left(\begin{array}{c}80\%형 \ 피해과실수 \\ \times \ 0.8\end{array}\right) + \left(\begin{array}{c}100\%형 \ 피해과실수 \\ \times \ 1\end{array}\right)}{표본과실수}$$

(3) 8월 1일 이후 피해율

$$피해율 = (1 - 수확전사고 \ 피해율) \times 경과비율 \times 결과지 \ 피해율$$

(가) 결과지 피해율

$$\frac{고사결과지수 + 미고사결과지수 \times 착과피해율 - 미보상고사결과지수}{기준결과지수}$$

(나) 기준결과지수

$$고사결과지수 + 미고사결과지수$$

(다) 고사결과지수

$$보상고사결과지수 + 미보상고사결과지수$$

※ 8월 1일 이후 사고가 중복 발생할 경우 금차 피해율에서 전차 피해율을 차감하고 산정함

## 5 종합위험 수확감소보장방식 논작물 품목 - 피해율 산정방법

### 가. 벼

1) 조사종류별 : 수량요소(벼만 해당)

   □ 조사시기 : 수확 전 14일(전후)

   $$피해율 = \frac{평년수확량 - 수확량 - 미보상감수량}{평년수확량}$$
   (단, 병해충 단독사고일 경우 병해충 최대인정피해율 적용)

   (1) 수확량

   $$표준수확량 \times 조사수확비율 \times 피해면적 보정계수$$

   (2) 미보상감수량

   $$(평년수확량 - 수확량) \times 미보상비율$$

2) 조사종류별 : 표본

   □ 조사시기 : 수확 가능시기

   $$피해율 = \frac{평년수확량 - 수확량 - 미보상감수량}{평년수확량}$$
   (단, 병해충 단독사고일 경우 병해충 최대인정피해율 적용)

   (1) 수확량

   $$(표본구간 단위면적당 유효중량 \times 조사대상면적) + \{단위면적당 평년수확량 \times (타작물 및 미보상면적 + 기수확면적)\}$$

   (가) 단위면적당 평년수확량

   $$\frac{평년수확량}{실제경작면적}$$

   (나) 조사대상면적

   $$실제경작면적 - 고사면적 - 타작물 및 미보상면적 - 기수확면적$$

   (다) 표본구간 단위면적당 유효중량

   $$\frac{표본구간 유효중량}{표본구간 면적}$$

- 표본구간 유효중량

$$\text{표본구간 작물 중량 합계} \times (1 - \text{Loss율}) \times \frac{(1 - \text{함수율})}{(1 - \text{기준함수율})}$$

- Loss율 : 7%
- 기준함수율 : 메벼(15%), 찰벼(13%), 분질미(14%)

- 표본구간 면적

$$\text{4포기 길이} \times \text{포기당 간격} \times \text{표본구간 수}$$

(2) 미보상감수량

$$(\text{평년수확량} - \text{수확량}) \times \text{미보상비율}$$

3) 조사종류별 : 전수

□ 조사시기 : 수확 시

$$\text{피해율} = \frac{\text{평년수확량} - \text{수확량} - \text{미보상감수량}}{\text{평년수확량}}$$

(단, 병해충 단독사고일 경우 병해충 최대인정피해율 적용)

(1) 수확량

$$\text{조사대상면적 수확량} + \{\text{단위면적당 평년수확량} \times (\text{타작물 및 미보상면적} + \text{기수확면적})\}$$

(가) 단위면적당 평년수확량

$$\frac{\text{평년수확량}}{\text{실제경작면적}}$$

(나) 조사대상면적

$$\text{실제경작면적} - \text{고사면적} - \text{타작물 및 미보상면적} - \text{기수확면적}$$

(다) 조사대상면적 수확량

$$\text{작물 중량} \times \frac{(1 - \text{함수율})}{(1 - \text{기준함수율})}$$

- 기준함수율 : 메벼(15%), 찰벼(13%), 분질미(14%)

(2) 미보상감수량

$$(\text{평년수확량} - \text{수확량}) \times \text{미보상비율}$$

## 나. 밀, 보리, 귀리

1) 조사종류별 : 표본

   □ 조사시기 : 수확 가능시기

   $$피해율 = \frac{평년수확량 - 수확량 - 미보상감수량}{평년수확량}$$

   (1) 수확량

   $$(표본구간 \ 단위면적당 \ 유효중량 \times 조사대상면적) \\ + \{단위면적당 \ 평년수확량 \times (타작물 \ 및 \ 미보상면적 + 기수확면적)\}$$

   (가) 단위면적당 평년수확량

   $$\frac{평년수확량}{실제경작면적}$$

   (나) 조사대상면적

   $$실제경작면적 - 고사면적 - 타작물 \ 및 \ 미보상면적 - 기수확면적$$

   (다) 표본구간 단위면적당 유효중량

   $$\frac{표본구간 \ 유효중량}{표본구간 \ 면적}$$

   • 표본구간 유효중량

   $$표본구간 \ 작물 \ 중량 \ 합계 \times (1 - Loss율) \times \frac{(1 - 함수율)}{(1 - 기준함수율)}$$

   - Loss율 : 7%
   - 기준함수율 : 밀(13%), 보리(13%), 귀리(13%)

   • 표본구간 면적

   $$4포기 \ 길이 \times 포기당 \ 간격 \times 표본구간 \ 수$$

   (2) 미보상감수량

   $$(평년수확량 - 수확량) \times 미보상비율$$

2) **조사종류별** : 전수

　□ **조사시기** : 수확 시

$$피해율 = \frac{평년수확량 - 수확량 - 미보상감수량}{평년수확량}$$

(1) 수확량

$$조사대상면적 수확량 + \{단위면적당 평년수확량 \times (타작물 및 미보상면적 + 기수확면적)\}$$

(가) 단위면적당 평년수확량

$$\frac{평년수확량}{실제경작면적}$$

(나) 조사대상면적

$$실제경작면적 - 고사면적 - 타작물 및 미보상면적 - 기수확면적$$

(다) 조사대상면적 수확량

$$작물 중량 \times \frac{(1 - 함수율)}{(1 - 기준함수율)}$$

　　• 기준함수율 : 밀(13%), 보리(13%), 귀리(13%)

(2) 미보상감수량

$$(평년수확량 - 수확량) \times 미보상비율$$

## 6 종합위험 수확감소보장방식 밭작물 품목 – 피해율 산정방법

### 가. 양배추

1) **조사종류별** : 수확량조사(수확 전 사고가 발생한 경우), 수확량조사(수확 중 사고가 발생한 경우)

　□ **조사시기** : • 수확량조사 : 수확직전,　• 수확량조사 : 사고발생 직후

$$피해율 = \frac{평년수확량 - 수확량 - 미보상감수량}{평년수확량}$$

(1) 수확량

$$(표본구간 단위면적당 수확량 \times 조사대상면적)\\ + \{단위면적당 평년수확량 \times (타작물 및 미보상면적 + 기수확면적)\}$$

(가) 단위면적당 평년수확량

$$\frac{평년수확량}{실제경작면적}$$

(나) 표본조사대상면적

$$실제경작면적 - 고사면적 - 타작물 및 미보상면적 - 기수확면적$$

(다) 표본구간 단위면적당 수확량

$$\frac{표본구간 \ 수확량 \ 합계}{표본구간 \ 면적}$$

- 표본구간 수확량 합계

$$표본구간 \ 정상 \ 양배추 \ 중량 + (80\% \ 피해 \ 양배추 \ 중량 \times 0.2)$$

(2) 미보상감수량

$$(평년수확량 - 수확량) \times 미보상비율$$

## 나. 양파, 마늘

1) **조사종류별** : 수확량조사(수확 전 사고가 발생한 경우), 수확량조사(수확 중 사고가 발생한 경우)

  □ **조사시기** : • 수확량조사 : 수확직전,  • 수확량조사 : 사고발생 직후

$$피해율 = \frac{평년수확량 - 수확량 - 미보상감수량}{평년수확량}$$

(1) 수확량

$$(표본구간 \ 단위면적당 \ 수확량 \times 조사대상면적) \\ + \{단위면적당 \ 평년수확량 \times (타작물 \ 및 \ 미보상면적 + 기수확면적)\}$$

(가) 단위면적당 평년수확량

$$\frac{평년수확량}{실제경작면적}$$

(나) 조사대상면적

$$실제경작면적 - 고사면적 - 타작물 및 미보상면적 - 기수확면적$$

(다) 표본구간 단위면적당 수확량

$$\frac{\text{표본구간 수확량 합계}}{\text{표본구간 면적}}$$

- 표본구간 수확량 합계

$$\{\text{표본구간 정상 작물 중량} + (80\% \text{ 피해 작물 중량} \times 0.2)\} \times (1 + \text{누적비대추정지수}) \times \text{환산계수}$$

※ 환산계수는 마늘에 한하여 0.7(한지형), 0.72(난지형)를 적용

- 누적비대추정지수

$$\text{지역별 수확적기까지 잔여일수} \times \text{일자별 비대추정지수}$$

(2) 미보상감수량

$$(\text{평년수확량} - \text{수확량}) \times \text{미보상비율}$$

## 다. 차(茶)

1) **조사종류별** : 수확량조사(조사 가능일 전 사고가 발생한 경우), 수확량조사(조사 가능일 후 사고가 발생한 경우)

   □ **조사시기** : • 수확량조사 : 조사가능일직전,   • 수확량조사 : 사고발생 직후

$$\text{피해율} = \frac{\text{평년수확량} - \text{수확량} - \text{미보상감수량}}{\text{평년수확량}}$$

(1) 수확량

$$(\text{표본구간 단위면적당 수확량} \times \text{조사대상면적}) + \{\text{단위면적당 평년수확량} \times (\text{타작물 및 미보상면적} + \text{기수확면적})\}$$

(가) 단위면적당 평년수확량

$$\frac{\text{평년수확량}}{\text{실제경작면적}}$$

(나) 조사대상면적

$$\text{실제경작면적} - \text{고사면적} - \text{타작물 및 미보상면적} - \text{기수확면적}$$

(다) 표본구간 단위면적당 수확량

$$\frac{\text{표본구간 수확량 합계}}{\text{표본구간 면적 합계}} \times \text{수확면적율}$$

- 표본구간 수확량 합계

$$\frac{\text{수확한 새싹무게}}{\text{수확한 새싹수}} \times \text{기수확 새싹수} \times \text{기수확지수} + \text{수확한 새싹무게}$$

(2) 미보상감수량

$$(\text{평년수확량} - \text{수확량}) \times \text{미보상비율}$$

## 라. 콩

1) **조사종류별** : 수확량조사(수확 전 사고가 발생한 경우), 수확량조사(수확 중 사고가 발생한 경우)

　가) 조사시기 : • 수확량조사 : 수확직전,　• 수확량조사 : 사고발생 직후

$$\text{피해율} = \frac{\text{평년수확량} - \text{수확량} - \text{미보상감수량}}{\text{평년수확량}}$$

(1) 수확량(표본조사)

$$(\text{표본구간 단위면적당 수확량} \times \text{조사대상면적}) + \{\text{단위면적당 평년수확량} \times (\text{타작물 및 미보상면적} + \text{기수확면적})\}$$

(2) 수확량(전수조사)

$$\left\{ \text{전수조사 수확량} \times \frac{(1 - \text{함수율})}{(1 - \text{기준함수율})} \right\} + \left\{ \text{단위면적당 평년수확량} \times \left( \text{타작물 및 미보상면적} + \text{기수확면적} \right) \right\}$$

(가) 표본구간 단위면적당 수확량

$$\frac{\text{표본구간 수확량 합계}}{\text{표본구간 면적}}$$

① 표본구간 수확량 합계

$$\text{표본구간별 종실중량 합계} \times \frac{(1 - \text{함수율})}{(1 - \text{기준함수율})}$$

② 기준함수율 : 콩(14%)

(나) 조사대상면적

$$\text{실경작면적} - \text{고사면적} - \text{타작물 및 미보상면적} - \text{기수확면적}$$

(다) 단위면적당 평년수확량

$$\frac{평년수확량}{실제경작면적}$$

(3) 미보상감수량

$$(평년수확량 - 수확량) \times 미보상비율$$

## 마. 감자

1) **조사종류별** : 수확량조사(수확 전 사고가 발생한 경우), 수확량조사(수확 중 사고가 발생한 경우)

   가) 조사시기 : • 수확량조사 : 수확직전,　• 수확량조사 : 사고발생 직후

   (1) 피해율

$$피해율 = \frac{평년수확량 - 수확량 - 미보상감수량 + 병충해감수량}{평년수확량}$$

   (가) 수확량

$$(표본구간 단위면적당 수확량 \times 조사대상면적) + \{단위면적당 평년수확량 \times (타작물 및 미보상면적 + 기수확면적)\}$$

   ① 단위면적당 평년수확량

$$\frac{평년수확량}{실제경작면적}$$

   ② 조사대상면적

$$실제경작면적 - 고사면적 - 타작물 및 미보상면적 - 기수확면적$$

   ③ 표본구간 단위면적당 수확량

$$\frac{표본구간 수확량 합계}{표본구간 면적}$$

   • 표본구간 수확량 합계

$$표본구간별 정상 감자 중량 + (최대 지름이 5cm 미만이거나 50\%형 피해 감자 중량 \times 0.5) + 병충해 입은 감자 중량$$

   (나) 병충해감수량

$$병충해 입은 괴경의 무게 \times 손해정도비율 \times 인정비율$$

※ 위 산식은 각각의 표본구간별로 적용되며, 각 표본구간 면적을 감안하여 전체 병충해 감수량을 산정
※ 손해정도비율과 인정비율은 3. 밭작물, 마) 보험금, (1) 종합위험 수확감소보장 (가) 주11) 참조

(다) 미보상감수량

$$(평년수확량 - 수확량) \times 미보상비율$$

## 바. 고구마

1) **조사종류별** : 수확량조사(수확 전 사고가 발생한 경우), 수확량조사(수확 중 사고가 발생한 경우)

   가) 조사시기 : • 수확량조사 : 수확직전,   • 수확량조사 : 사고발생 직후

   (1) 피해율

   $$피해율 = \frac{평년수확량 - 수확량 - 미보상감수량}{평년수확량}$$

   (가) 수확량

   $$(표본구간 단위면적당 수확량 \times 조사대상면적) + \{단위면적당 평년수확량 \times (타작물 및 미보상면적 + 기수확면적)\}$$

   ① 단위면적당 평년수확량

   $$\frac{평년수확량}{실제경작면적}$$

   ② 조사대상면적

   $$실제경작면적 - 고사면적 - 타작물 및 미보상면적 - 기수확면적$$

   ③ 표본구간 단위면적당 수확량

   $$\frac{표본구간 수확량 합계}{표본구간 면적}$$

   · 표본구간 수확량

   $$표본구간별 정상 고구마 중량 + (50\% 피해 고구마 중량 \times 0.5) + (80\% 피해 고구마 중량 \times 0.2)$$

   (나) 미보상감수량

   $$(평년수확량 - 수확량) \times 미보상비율$$

## 사. 옥수수

1) **조사종류별** : 수확량조사(수확 전 사고가 발생한 경우), 수확량조사(수확 중 사고가 발생한 경우)

   가) 조사시기 : • 수확량조사 : 수확직전,　• 수확량조사 : 사고발생 직후

   (1) 손해액

   $$（피해수확량 - 미보상감수량） \times 표준가격$$

   (가) 피해수확량

   $$（표본구간 단위면적당 피해수확량 \times 조사대상면적） + （단위면적당 표준수확량 \times 고사면적）$$

   ① 단위면적당 표준수확량

   $$\frac{표준수확량}{실제경작면적}$$

   ② 조사대상면적

   $$실제경작면적 - 고사면적 - 타작물 및 미보상면적 - 기수확면적$$

   ③ 표본구간 단위면적당 피해수확량

   $$\frac{표본구간 피해수확량 합계}{표본구간 면적}$$

   ④ 표본구간 피해수확량 합계

   $$\{표본구간별 \text{"하"}품 이하 옥수수 개수 + （\text{"중"}품 옥수수 개수 \times 0.5）\} \\ \times 표준중량 \times 재식시기지수 \times 재식밀도지수$$

   (나) 미보상감수량

   $$피해수확량 \times 미보상비율$$

## 아. 수박(노지)

1) **조사종류별** : 수확량조사(수확 전 사고가 발생한 경우)

   가) 조사시기 : • 수확량조사 : 수확직전

   (1) 피해율

   $$피해율 = \frac{평년수확량 - 수확량 - 미보상감수량}{평년수확량}$$

(가) 수확량

$$(표본구간\ 단위면적당\ 수확량 \times 조사대상면적)$$
$$+ \{단위면적당\ 평년수확량 \times (타작물\ 및\ 미보상면적 + 기수확면적)\}$$

① 단위면적당 평년수확량

$$\frac{평년수확량}{실제경작면적}$$

② 표본조사대상면적

$$실제경작면적 - 고사면적 - 타작물\ 및\ 미보상면적 - 기수확면적$$

③ 표본구간 단위면적당 수확량

$$\frac{표본구간\ 수확량\ 합계}{표본구간\ 면적}$$

· 표본구간 수확량 합계 = 표본구간 정상 수박 중량

(나) 미보상감수량

$$(평년수확량 - 수확량) \times 미보상비율$$

## 7 종합위험 생산비 보장방식 밭작물 품목 – 보험금 산정 방법

### 가. 고추, 브로콜리, 배추, 무, 단호박, 파, 당근, 메밀, 시금치(노지), 양상추

1) 조사종류별 : 생산비보장 손해조사

가) 조사시기 : 사고발생 직후

(1) 보험금 산정(고추, 브로콜리)

$$보험금 = (잔존보험가입금액 \times 경과비율 \times 피해율) - 자기부담금$$

(단, 고추는 병충해가 있는 경우 병충해등급별 인정비율 추가하여 피해율에 곱함)

(가) 경과비율

① 수확기 이전에 사고 시

$$\alpha + (1 - \alpha) \times \frac{생장일수}{표준생장일수}$$

② 수확기 중 사고 시

$$1 - \frac{수확일수}{표준수확일수}$$

α(준비기생산비계수) = (고추 : 49.5%, 브로콜리 : 55.9%)

〈용어의 정의〉
① 생장일수 : 정식일로부터 사고발생일까지 경과일수
   (단, 고추, 브로콜리의 경우 재정식 면적피해율이 100%일 경우 재정식일자를 정식일자로 한다.)
② 표준생장일수 : 정식일로부터 수확개시일까지의 일수로 작목별로 사전에 설정된 값
   (고추 : 100일, 브로콜리 : 130일)
③ 수확일수 : 수확개시일로부터 사고발생일까지 경과일수
④ 표준수확일수 : 수확개시일부터 수확종료(예정)일까지 일수

(나) 자기부담금

$$잔존보험가입금액 \times (3\% \text{ 또는 } 5\%)$$

(2) 보험금 산정(배추, 무, 단호박, 파, 당근, 메밀, 시금치, 양상추)

$$보험금 = 보험가입금액 \times (피해율 - 자기부담비율)$$

(3) 품목별 피해율 산정

(가) 고추 피해율

$$면적피해율 \times 평균손해정도비율 \times (1 - 미보상비율)$$

① 면적피해율

$$\frac{피해면적(주수)}{실제경작면적(주수)}$$

② 평균손해정도비율

$$\frac{\{(20\%형\ 피해\ 고추주수 \times 0.2) + (40\%형\ 피해\ 고추주수 \times 0.4) + (60\%형\ 피해\ 고추주수 \times 0.6) + (80\%형\ 피해\ 고추주수 \times 0.8) + (100\%형\ 피해\ 고추주수)\}}{(정상\ 고추주수 + 20\%형\ 피해\ 고추주수 + 40\%형\ 피해\ 고추주수 + 60\%형\ 피해\ 고추주수 + 80\%형\ 피해\ 고추주수 + 100\%형\ 피해\ 고추주수)}$$

(나) 브로콜리 피해율

$$\text{면적피해율} \times \text{작물피해율} \times (1 - \text{미보상비율})$$

① 면적피해율

$$\frac{\text{피해면적}}{\text{실제경작면적(재배면적)}}$$

② 작물피해율

$$\frac{\left\{\binom{50\%\text{형 피해}}{\text{송이 개수} \times 0.5} + \binom{80\%\text{형 피해}}{\text{송이 개수} \times 0.8} + \binom{100\%\text{형 피해}}{\text{송이 개수}}\right\}}{\left(\begin{array}{c}\text{정상} \\ \text{송이 개수}\end{array} + \begin{array}{c}50\%\text{형} \\ \text{피해송이 개수}\end{array} + \begin{array}{c}80\%\text{형} \\ \text{피해송이 개수}\end{array} + \begin{array}{c}100\%\text{형} \\ \text{피해송이 개수}\end{array}\right)}$$

(다) 배추, 무, 단호박, 파, 당근, 시금치, 양상추 피해율

$$\text{면적피해율} \times \text{평균손해정도비율} \times (1 - \text{미보상비율})$$

① 면적피해율

$$\frac{\text{피해면적(주수)}}{\text{재배면적(주수)}}$$

② 평균손해정도비율

$$\frac{\left\{\binom{20\%\text{형}}{\text{피해작물 개수} \times 0.2} + \binom{40\%\text{형}}{\text{피해작물 개수} \times 0.4} + \binom{60\%\text{형}}{\text{피해작물 개수} \times 0.6} + \binom{80\%\text{형}}{\text{피해작물 개수} \times 0.8} + \binom{100\%\text{형}}{\text{피해작물 개수}}\right\}}{\left(\begin{array}{c}\text{정상} \\ \text{작물} \\ \text{개수}\end{array} + \begin{array}{c}20\%\text{형} \\ \text{피해작물} \\ \text{개수}\end{array} + \begin{array}{c}40\%\text{형} \\ \text{피해작물} \\ \text{개수}\end{array} + \begin{array}{c}60\%\text{형} \\ \text{피해작물} \\ \text{개수}\end{array} + \begin{array}{c}80\%\text{형} \\ \text{피해작물} \\ \text{개수}\end{array} + \begin{array}{c}100\%\text{형} \\ \text{피해작물} \\ \text{개수}\end{array}\right)}$$

(라) 메밀 피해율

$$\text{면적피해율} \times (1 - \text{미보상비율})$$

① 면적피해율

$$\frac{\text{피해면적}}{\text{재배면적}}$$

② 피해면적

$$(\text{도복으로 인한 피해면적} \times 70\%) + (\text{도복 이외로 인한 피해면적} \times \text{평균손해정도비율})$$

③ 평균손해정도비율

$$\frac{\left(\begin{array}{c}20\%형\\피해\ 표면적\\\times 0.2\end{array}\right)+\left(\begin{array}{c}40\%형\\피해\ 표면적\\\times 0.4\end{array}\right)+\left(\begin{array}{c}60\%형\\피해\ 표면적\\0.6)\end{array}\right)+\left(\begin{array}{c}80\%형\\피해\ 표면적\\\times 0.8\end{array}\right)+\left(\begin{array}{c}100\%형\\피해\ 표면적\\\times 1\end{array}\right)}{\left(\begin{array}{c}정상\\표면적\end{array}+\begin{array}{c}20\%형\\피해\ 면적\end{array}+\begin{array}{c}40\%형\\피해\ 표면적\end{array}+\begin{array}{c}60\%형\\피해\ 표면적\end{array}+\begin{array}{c}80\%형\\피해\ 표면적\end{array}+\begin{array}{c}100\%형\\피해\ 표면적\end{array}\right)}$$

## 8 농업수입감소보장방식 과수작물 품목 - 피해율 산정방법

### 가. 포도

1) 조사종류별 : 수확량조사

가) 조사시기 : 착과수조사(최초 수확 품종 수확전), 과중조사(품종별 수확시기), 착과피해조사(피해 확인 가능 시기), 낙과피해조사(착과수조사 이후 낙과피해 시), 고사나무조사(수확완료 후)

(1) 착과수(수확개시 전 착과수조사 시)

> 품종별·수령별 착과수 = 품종별·수령별 조사대상주수 × 품종별·수령별 주당 착과수

(가) 품종별·수령별 조사대상주수

> 품종별·수령별 실제결과주수 − 품종별·수령별 고사주수 − 품종별·수령별 미보상주수

(나) 품종별·수령별 주당 착과수

$$\frac{품종별·수령별\ 표본주의\ 착과수}{품종별·수령별\ 표본주수}$$

(2) 착과수(착과피해조사 시)

> 품종별·수령별 착과수 = 품종별·수령별 조사대상주수 × 품종별·수령별 주당 착과수

(가) 품종별·수령별 조사대상주수

> 품종별·수령별 실제결과주수 − 품종별·수령별 고사주수 − 품종별·수령별 미보상주수
> − 품종별·수령별 수확완료주수

(나) 품종별·수령별 주당 착과수

$$\frac{품종별·수령별\ 표본주의\ 착과수}{품종별·수령별\ 표본주수}$$

(3) 과중조사(사고접수 여부와 상관없이 모든 농지마다 실시)

$$품종별\ 과중 = \frac{품종별\ 표본과실\ 무게}{품종별\ 표본과실\ 수}$$

(4) 낙과수 산정(착과수조사 이후 발생한 낙과사고마다 산정)

(가) 표본조사 시 : 품종별·수령별 낙과수 조사

$$품종별·수령별\ 낙과수 = 품종별·수령별\ 조사대상\ 주수 \times 품종별·수령별\ 주당\ 낙과수$$

① 품종별·수령별 조사대상주수

$$품종별·수령별\ 실제결과주수 - 품종별·수령별\ 고사주수 - 품종별·수령별\ 미보상주수 - 품종별·수령별\ 수확완료주수$$

② 품종별·수령별 주당 낙과수

$$\frac{품종별·수령별\ 표본주의\ 낙과수}{품종별·수령별\ 표본주수}$$

(나) 전수조사 시 : 품종별 낙과수 조사

① 전체 낙과수에 대한 품종 구분이 가능할 때 : 품종별로 낙과수 조사

$$품종별로\ 낙과수\ 조사$$

② 전체 낙과수에 대한 품종 구분이 불가능할 때(전체 낙과수 조사 후 품종별 안분)

$$품종별\ 주당\ 낙과수 = \frac{품종별\ 낙과수}{품종별\ 조사대상주수}$$

㉮ 품종별 낙과수

$$전체\ 낙과수 \times \frac{품종별\ 표본과실\ 수}{품종별\ 표본과실\ 수의\ 합계}$$

㉯ 품종별 조사대상주수

$$품종별\ 실제결과주수 - 품종별\ 고사주수 - 품종별\ 미보상주수 - 품종별\ 수확완료주수$$

(5) 피해구성조사(낙과 및 착과피해 발생 시 실시)

(가) 피해구성률

$$\frac{(50\%형\ 피해과실\ 수 \times 0.5) + (80\%형\ 피해과실\ 수 \times 0.8) + (100\%형\ 피해과실\ 수 \times 1)}{표본과실\ 수}$$

(나) 금차 피해구성률

$$\text{피해구성률} - \max A$$

※ 금차 피해구성률은 다수 사고인 경우 적용
※ max A : 금차 사고전 기조사된 착과피해구성률 중 최댓값을 말함
※ 금차 피해구성률이 영(0)보다 작은 경우에는 영(0)으로 함

(6) 착과량 산정

$$\text{착과량} = \text{품종별·수령별 착과량의 합}$$

(가) 품종별·수령별 착과량

$$(\text{품종별·수령별 착과수} \times \text{품종별 과중}) + (\text{품종별·수령별 주당 평년수확량} \times \text{미보상주수})$$

(나) 품종별·수령별 주당 평년수확량

$$\frac{\text{품종별·수령별 평년수확량}}{\text{품종별·수령별 실제결과주수}}$$

(다) 품종별·수령별 평년수확량

$$\text{평년수확량} \times \frac{\text{품종별·수령별 표준수확량}}{\text{표준수확량}}$$

(라) 품종별·수령별 표준수확량

$$\text{품종별·수령별 주당 표준수확량} \times \text{품종별·수령별 실제결과주수}$$

(7) 감수량 산정(사고마다 산정)

$$\text{금차 감수량} = \text{금차 착과 감수량} + \text{금차 낙과 감수량} + \text{금차 고사주수 감수량}$$

(가) 금차 착과 감수량

$$\text{금차 품종별·수령별 착과 감수량의 합}$$

*금차 품종별·수령별 착과 감수량

$$\text{금차 품종별·수령별 착과수} \times \text{품종별 과중} \times \text{금차 품종별 착과피해구성률}$$

(나) 금차 낙과 감수량

$$\text{금차 품종별·수령별 낙과수} \times \text{품종별 과중} \times \text{금차 낙과피해구성률}$$

(다) 금차 고사주수 감수량

$$금차\ 품종별 \cdot 수령별\ 고사분과실수 \times 품종별\ 과중$$

(라) 품종별 · 수령별 금차 고사주수

$$품종별 \cdot 수령별\ 고사주수 - 품종별 \cdot 수령별\ 기조사\ 고사주수$$

(8) 피해율 산정

$$피해율 = \frac{기준수입 - 실제수입}{기준수입}$$

(가) 기준수입

$$평년수확량 \times 농지별\ 기준가격$$

(나) 실제수입

$$(수확량 + 미보상감수량) \times 최솟값(농지별\ 기준가격,\ 농지별\ 수확기가격)$$

*미보상 감수량 = (평년수확량 - 수확량) × 최댓값(미보상비율)

(9) 수확량 산정(착과수조사 이전 사고의 피해사실이 인정된 경우)

※ 품종별 개당 과중이 모두 있는 경우

$$수확량 = 착과량 - 사고당\ 감수량의\ 합$$

(10) 수확량 산정(착과수조사 이전 사고의 접수가 없거나, 피해사실이 인정되지 않은 경우)

$$수확량 = \max[\,평년수확량,\ 착과량\,] - 사고당\ 감수량의\ 합$$

※ 수확량은 품종별 개당 과중조사 값이 모두 입력된 경우 산정됨

## 9 농업수입감소보장방식 밭작물 품목 - 피해율 산정방법

### 가. 콩

1) 조사종류별 : 수확량조사

 가) 조사시기 : 수확직전

  (1) 피해율

$$피해율 = \frac{기준수입 - 실제수입}{기준수입}$$

(가) 기준수입

$$\text{평년수확량} \times \text{농지별 기준가격}$$

(나) 실제수입

$$(\text{수확량} + \text{미보상감수량}) \times \text{최솟값}(\text{농지별 기준가격, 농지별 수확기가격})$$

① 수확량(표본조사)

$$(\text{표본구간 단위면적당 수확량} \times \text{조사대상면적}) + \{\text{단위면적당 평년수확량} \times (\text{타작물 및 미보상면적} + \text{기수확면적})\}$$

㉮ 표본구간 단위면적당 수확량

$$\frac{\text{표본구간 수확량 합계}}{\text{표본구간 면적}}$$

㉯ 표본구간 수확량 합계

$$\text{표본구간별 종실중량 합계} \times \frac{(1 - \text{함수율})}{(1 - \text{기준함수율})}$$

㉰ 기내준함수율 : 콩(14%)

㉱ 조사대상면적

$$\text{실경작면적} - \text{고사면적} - \text{타작물 및 미보상면적} - \text{기수확면적}$$

㉲ 단위면적당 평년수확량

$$\frac{\text{평년수확량}}{\text{실제경작면적}}$$

② 수확량(전수조사)

$$\text{전수조사 수확량} \times \frac{(1 - \text{함수율})}{(1 - \text{기준함수율})} + \{\text{단위면적당 평년수확량} \times (\text{타작물 및 미보상면적} + \text{기수확면적})\}$$

(다) 미보상감수량

$$(\text{평년수확량} - \text{수확량}) \times \text{미보상비율}$$
(또는 보장하는 재해가 없이 감소된 수량)

## 나. 양파

1) 조사종류별 : 수확량조사

    가) 조사시기 : 수확직전

    (1) 피해율

$$\text{피해율} = \frac{\text{기준수입} - \text{실제수입}}{\text{기준수입}}$$

    (가) 기준수입

$$\text{평년수확량} \times \text{농지별 기준가격}$$

    (나) 실제수입

$$(\text{수확량} + \text{미보상감수량}) \times \text{최솟값}(\text{농지별 기준가격},\ \text{농지별 수확기가격})$$

    (다) 미보상감수량

$$(\text{평년수확량} - \text{수확량}) \times \text{미보상비율}$$
(또는 보장하는 재해가 없이 감소된 수량)

    (2) 수확량

$$(\text{표본구간 단위면적당 수확량} \times \text{조사대상면적}) + \{\text{단위면적당 평년수확량} \times (\text{타작물 및 미보상면적} + \text{기수확면적})\}$$

    (가) 단위면적당 평년수확량

$$\frac{\text{평년수확량}}{\text{실제경작면적}}$$

    (나) 조사대상면적

$$\text{실경작면적} - \text{수확불능면적} - \text{타작물 및 미보상면적} - \text{기수확면적}$$

    (다) 표본구간 단위면적당 수확량

$$\frac{\text{표본구간 수확량}}{\text{표본구간 면적}}$$

    ① 표본구간 수확량

$$(\text{표본구간 정상 양파 중량} + 80\%형\ \text{피해 양파 중량의 } 20\%) \times (1 + \text{누적비대추정지수})$$

② 누적비대추정지수

$$\text{지역별 수확적기까지 잔여일수} \times \text{비대추정지수}$$

## 다. 마늘

1) 조사종류별 : 수확량조사

   가) 조사시기 : 수확직전

   (1) 피해율

   $$\text{피해율} = \frac{\text{기준수입} - \text{실제수입}}{\text{기준수입}}$$

   (가) 기준수입

   $$\text{평년수확량} \times \text{농지별 기준가격}$$

   (나) 실제수입

   $$(\text{수확량} + \text{미보상감수량}) \times \text{최솟값}(\text{농지별 기준가격, 농지별 수확기가격})$$

   (다) 미보상감수량

   $$(\text{평년수확량} - \text{수확량}) \times \text{미보상비율}$$
   $$(\text{또는 보장하는 재해가 없이 감소된 수량})$$

   (2) 수확량

   $$(\text{표본구간 단위면적당 수확량} \times \text{조사대상면적})$$
   $$+ \{\text{단위면적당 평년수확량} \times (\text{타작물 및 미보상면적} + \text{기수확면적})\}$$

   (가) 단위면적당 평년수확량

   $$\frac{\text{평년수확량}}{\text{실제경작면적}}$$

   (나) 조사대상면적

   $$\text{실경작면적} - \text{수확불능면적} - \text{타작물 및 미보상면적} - \text{기수확면적}$$

   (다) 표본구간 단위면적당 수확량

   $$\frac{\text{표본구간 수확량 합계}}{\text{표본구간 면적}}$$

① 표본구간 수확량 합계

$$(\text{표본구간 정상 작물 중량} + 80\%\text{형 피해 작물 중량의 } 20\%) \times (1 + \text{누적비대추정지수}) \times \text{환산계수}$$

② 환산계수 : 0.7(한지형), 0.72(난지형)

③ 누적비대추정지수

$$\text{지역별 수확적기까지 잔여일수} \times \text{비대추정지수}$$

## 라. 고구마

1) 조사종류별 : 수확량조사

　가) 조사시기 : 수확직전

　　(1) 피해율

$$\text{피해율} = \frac{\text{기준수입} - \text{실제수입}}{\text{기준수입}}$$

　　　(가) 기준수입

$$\text{평년수확량} \times \text{농지별 기준가격}$$

　　　(나) 실제수입

$$(\text{수확량} + \text{미보상감수량}) \times \text{최솟값}(\text{농지별 기준가격, 농지별 수확기가격})$$

　　　(다) 미보상감수량

$$(\text{평년수확량} - \text{수확량}) \times \text{미보상비율}$$
(또는 보장하는 재해가 없이 감소된 수량)

　　(2) 수확량

$$(\text{표본구간 단위면적당 수확량} \times \text{조사대상면적}) + \{\text{단위면적당 평년수확량} \times (\text{타작물 및 미보상면적} + \text{기수확면적})\}$$

　　　(가) 단위면적당 평년수확량

$$\frac{\text{평년수확량}}{\text{실제경작면적}}$$

　　　(나) 조사대상면적

$$\text{실경작면적} - \text{수확불능면적} - \text{타작물 및 미보상면적} - \text{기수확면적}$$

(다) 표본구간 단위면적당 수확량

$$\frac{표본구간\ 수확량}{표본구간\ 면적}$$

(라) 표본구간 수확량

$$표본구간\ 정상\ 고구마\ 중량 + (50\%\ 피해\ 고구마\ 중량 \times 0.5) + (80\%\ 피해\ 고구마\ 중량 \times 0.2)$$

※ 위 산식은 표본구간 별로 적용됨

## 마. 감자(가을재배)

1) 조사종류별 : 수확량조사

   가) 조사시기 : 수확직전

   (1) 피해율

   $$피해율 = \frac{기준수입 - 실제수입}{기준수입}$$

   (가) 기준수입

   $$평년수확량 \times 농지별\ 기준가격$$

   (나) 실제수입

   $$(수확량 + 미보상감수량 - 병충해감수량) \times 최솟값(농지별\ 기준가격,\ 수확기가격)$$

   (다) 미보상감수량

   $$(평년수확량 - 수확량) \times 미보상비율$$
   (또는 보장하는 재해가 없이 감소된 수량)

   (라) 병충해감수량

   $$병충해\ 입은\ 괴경의\ 무게 \times 손해정도비율 \times 인정비율$$

   (2) 수확량

   $$(표본구간\ 단위면적당\ 수확량 \times 조사대상면적) + \{단위면적당\ 평년수확량 \times (타작물\ 및\ 미보상면적 + 기수확면적)\}$$

   (가) 단위면적당 평년수확량

   $$\frac{평년수확량}{실제경작면적}$$

(나) 조사대상면적

$$\text{실경작면적 - 수확불능면적 - 타작물 및 미보상면적 - 기수확면적}$$

(다) 표본구간 단위면적당 수확량

$$\frac{\text{표본구간 수확량}}{\text{표본구간 면적}}$$

(라) 표본구간 수확량

$$\text{표본구간 [정상 감자 중량 + (50\%형 피해 감자 중량} \times 0.5\text{) + 병충해 입은 감자 중량]}$$

※ 위 산식은 각각의 표본구간별로 적용되며, 각 표본구간 면적을 감안하여 전체 병충해 감수량을 산정

※ 손해정도비율과 인정비율은 3. 밭작물, 마) 보험금, (1) 종합위험 수확감소보장 (가) 주11) 참조

## 바. 양배추

1) 조사종류별 : 수확량조사

   가) 조사시기 : 수확직전

   (1) 피해율

   $$\text{피해율} = \frac{\text{기준수입 - 실제수입}}{\text{기준수입}}$$

   (가) 기준수입

   $$\text{평년수확량} \times \text{농지별 기준가격}$$

   (나) 실제수입

   $$(\text{수확량 + 미보상감수량}) \times \text{최솟값(농지별 기준가격, 농지별 수확기가격)}$$

   (다) 미보상감수량

   $$(\text{평년수확량 - 수확량}) \times \text{미보상비율}$$
   $$(\text{또는 보장하는 재해가 없이 감소된 수량})$$

   (2) 수확량

   $$(\text{표본구간 단위면적당 수확량} \times \text{조사대상면적})$$
   $$+ \{\text{단위면적당 평년수확량} \times (\text{타작물 및 미보상면적 + 기수확면적})\}$$

(가) 단위면적당 평년수확량

$$\frac{평년수확량}{실제경작면적}$$

(나) 조사대상면적

$$실경작면적 - 수확불능면적 - 타작물 및 미보상면적 - 기수확면적$$

(다) 표본구간 단위면적당 수확량

$$\frac{표본구간 수확량}{표본구간 면적}$$

(라) 표본구간 수확량

$$표본구간 정상 양배추 중량 + (80\% \text{ 피해 양배추 중량} \times 0.2)$$

※ 위 산식은 각각의 표본구간별로 적용됨

## 사. 옥수수

1) 조사종류별 : 수확량조사

가) 조사시기 : 수확직전

(1) 피해율

$$피해율 = \frac{기준수입 - 실제수입}{기준수입}$$
*단, 피해율은 100%를 초과할 수 없음

(가) 기준수입

$$평년수확량 \times 기준가격$$

(나) 실제수입

$$기준수입 - 손해액$$

(다) 손해액

손해액은 기준가격과 수확기 가격을 비교하여 아래와 같이 산출

① 「기준가격 ≥ 수확기가격」인 경우

$$손해액 = (기준가격 - 수확기가격) \times (평년수확량 - 피해수확량) + 기준가격 \times 피해수확량$$

② 「기준가격 < 수확기가격」인 경우

$$손해액 = 기준가격 \times 피해수확량$$

③ 피해수확량

$$(표본구간 \ 단위면적당 \ 피해수확량 \times 조사대상면적) + (단위면적당 \ 표준수확량 \times 고사면적)$$

④ 단위면적당 표준수확량

$$\frac{표준수확량}{실제경작면적}$$

⑤ 조사대상면적

$$실제경작면적 - 고사면적 - 타작물 \ 및 \ 미보상면적 - 기수확면적$$

⑥ 표본구간 단위면적당 피해수확량

$$\frac{표본구간 \ 피해수확량 \ 합계}{표본구간 \ 면적}$$

⑦ 표본구간 피해수확량 합계

$$\{표본구간별 \ "하"품 \ 이하 \ 옥수수 \ 개수 + ("중"품 \ 옥수수 \ 개수 \times 0.5)\} \\ \times 표준중량 \times 재식시기지수 \times 재식밀도지수$$

*미보상감수량 = 피해수확량 × 미보상비율

## 아. 보리

1) 조사종류별 : 수확량조사

   가) 조사시기 : 수확직전

   (1) 피해율

   $$피해율 = \frac{기준수입 - 실제수입}{기준수입}$$

   (가) 기준수입

   $$평년수확량 \times 농지별 \ 기준가격$$

   (나) 실제수입

   $$(수확량 + 미보상감수량) \times 최솟값(농지별 \ 기준가격, \ 농지별 \ 수확기가격)$$

(다) 수확량

① 수확량(표본조사)

> (표본구간 단위면적당 유효중량 × 조사대상면적)
> + {단위면적당 평년수확량 × (타작물 및 미보상면적 + 기수확면적)}

㉮ 표본구간 단위면적당 유효중량 = 표본구간 유효중량 ÷ 표본구간 면적
  *표본구간 유효중량
    = 표본구간 작물 중량 합계 × (1 - Loss율) × {(1 - 함수율) ÷ (1 - 기준함수율)}
  *Loss율 : 7% / 기준함수율 : 보리(13%)
㉯ 조사대상면적 = 실제경작면적 - 고사면적 - 타작물 및 미보상면적 - 기수확면적
㉰ 단위면적당 평년수확량 = 평년수확량 ÷ 실제경작면적

② 수확량(표본조사)

> {조사대상면적 수확량 × (1 - 함수율) ÷ (1 - 기준함수율)}
> + {단위면적당 평년수확량 × (타작물 및 미보상면적 + 기수확면적)}

(라) 미보상감수량 = (평년수확량 - 수확량) × 미보상비율

# 부록 01
# 관련 용어

01 농어업재해보험 관련 용어
02 농작물재해보험 관련 용어
03 가축재해보험 관련 용어

# 부록 01 관련 용어

## 01 농어업재해보험 관련 용어

- **(농어업재해)** 농작물·임산물·가축 및 농업용 시설물에 발생하는 자연재해·병충해·조수해(鳥獸害)·질병 또는 화재와 양식수산물 및 어업용 시설물에 발생하는 자연재해·질병 또는 화재
- **(농어업재해보험)** 농어업재해로 발생하는 재산 피해에 따른 손해를 보상하기 위한 보험
- **(보험가입금액)** 보험가입자의 재산 피해에 따른 손해가 발생한 경우 보험에서 최대로 보상할 수 있는 한도액으로서 보험가입자와 재해보험사업자 간에 약정한 금액
- **(보험가액)** 재산보험에 있어 피보험이익을 금전으로 평가한 금액으로 보험목적에 발생할 수 있는 최대 손해액(재해보험사업자가 실제 지급하는 보험금은 보험가액을 초과할 수 없음)
- **(보험기간)** 계약에 따라 보장을 받는 기간
- **(보험료)** 보험가입자와 재해보험사업자 간의 약정에 따라 보험가입자가 재해보험사업자에게 내야 하는 금액
- **(계약자부담보험료)** 국가 및 지방자치단체의 지원보험료를 제외한 계약자가 부담하는 금액
- **(보험금)** 보험가입자에게 재해로 인한 재산 피해에 따른 손해가 발생한 경우 보험가입자와 재해보험사업자 간의 약정에 따라 재해보험사업자가 보험가입자에게 지급하는 금액
- **(시범사업)** 보험사업을 전국적으로 실시하기 전에 보험의 효용성 및 보험 실시 가능성 등을 검증하기 위하여 일정 기간 제한된 지역에서 실시하는 보험사업

## 02 농작물재해보험 관련 용어

### 가. 농작물재해보험 계약관련 용어

- **(가입(자)수)** 보험에 가입한 농가, 과수원(농지)수 등
- **(가입률)** 가입대상면적 대비 가입면적을 백분율(100%)로 표시한 것
- **(가입금액)** 보험에 가입한 금액으로, 재해보험사업자와 보험가입자 간에 약정한 금액으로 보험사고가 발생할 때 재해보험사업자가 지급할 최대 보험금 산출의 기준이 되는 금액
- **(계약자)** 재해보험사업자와 계약을 체결하고 보험료를 납부할 의무를 지는 사람
- **(피보험자)** 보험사고로 인하여 손해를 입은 사람(법인인 경우에는 그 이사 또는 법인의 업무를 집행하는 그 밖의 기관)
- **(보험증권)** 계약의 성립과 그 내용을 증명하기 위하여 재해보험사업자가 계약자에게 드리는 증서
- **(보험의 목적)** 보험의 약관에 따라 보험에 가입한 목적물로 보험증권에 기재된 농작물의 과실 또는 나무, 시설작물 재배용 농업용시설물, 부대시설 등
- **(농지)** 한 덩어리의 토지의 개념으로 필지(지번)에 관계없이 실제 경작하는 단위로 보험가입의 기본 단위임.

하나의 농지가 다수의 필지로 구성될 수도 있고, 하나의 필지(지번)가 다수의 농지로 구분될 수도 있음
- **(과수원)** 한 덩어리의 토지의 개념으로 필지(지번)와는 관계없이 과실을 재배하는 하나의 경작지
- **(나무)** 계약에 의해 가입한 과실을 열매로 맺는 결과주
- **(농업용시설물)** 시설작물 재배용으로 사용되는 구조체 및 피복재로 구성된 시설
- **(구조체)** 기초, 기둥, 보, 중방, 서까래, 가로대 등 철골, 파이프와 이와 관련된 부속자재로 하우스의 구조적 역할을 담당하는 것
- **(피복재)** 비닐하우스의 내부온도 관리를 위하여 시공된 투광성이 있는 자재
- **(부대시설)** 시설작물 재배를 위하여 농업용시설물에 설치한 시설
- **(동산시설)** 저온저장고, 선별기, 소모품(멀칭비닐, 배지, 펄라이트, 상토 등), 이동 가능(휴대용) 농기계 등 농업용 시설물 내 지면 또는 구조체에 고정되어 있지 않은 시설
- **(계약자부담 보험료)** 국가 및 지방자치단체의 지원보험료를 제외한 계약자가 부담하는 보험료
- **(보험료율)** 보험가입금액에 대한 보험료의 비율
- **(환급금)** 무효, 효력상실, 해지 등에 의하여 환급하는 금액
- **(자기부담금)** 손해액 중 보험가입 시 일정한 비율을 보험가입자가 부담하기로 약정한 금액. 즉, 일정비율 이하의 손해는 보험가입자 본인이 부담하고, 손해액이 일정비율을 초과한 금액에 대해서만 재해보험사업자가 보상
  - 자기부담제도 : 소액손해의 보험처리를 배제함으로써 비합리적인 운영비 지출의 억제, 계약자 보험료 절약, 피보험자의 도덕적 위험 축소 및 방관적 위험의 배제 등의 효과를 위하여 실시하는 제도로, 가입자의 도덕적 해이를 방지하기 위한 수단으로 손해보험에서 대부분 운용
- **(자기부담비율)** 보험사고로 인하여 발생한 손해에 대하여 보험가입자가 부담하는 일정 비율로 보험가입금액에 대한 비율

## 나. 농작물재해보험 보상관련 용어

- **(보험사고)** 보험계약에서 재해보험사업자가 어떤 사실의 발생을 조건으로 보험금의 지급을 약정한 우연한 사고(사건 또는 위험이라고도 함)
- **(사고율)** 사고수(농가 또는 농지수) ÷ 가입수(농가 또는 농지수) × 100
- **(손해율)** 보험료에 대한 보험금의 백분율
- **(피해율)** 보험금 계산을 위한 최종 피해수량의 백분율
- **(식물체피해율)** 경작불능조사에서 고사한 식물체(수 또는 면적)를 보험가입식물체(수 또는 면적)으로 나누어 산출한 값
- **(전수조사)** 보험가입금액에 해당하는 농지에서 경작한 수확물을 모두 조사하는 방법
- **(표본조사)** 보험가입금액에 해당하는 농지에서 경작한 수확물의 특성 또는 수확물을 잘 나타낼 수 있는 일부를 표본으로 추출하여 조사하는 방법

- **(재조사)** 보험가입자가 손해평가반의 손해평가결과에 대하여 설명 또는 통지를 받은 날로부터 7일 이내에 손해평가가 잘못되었음을 증빙하는 서류 또는 사진 등을 제출하는 경우 재해보험사업자가 다른 손해평가반으로 하여금 실시하게 할 수 있는 조사
- **(검증조사)** 재해보험사업자 또는 재보험사업자가 손해평가반이 실시한 손해평가결과를 확인하기 위하여 손해평가를 실시한 보험목적물 중에서 일정수를 임의 추출하여 확인하는 조사

## 다. 수확량 및 가격 관련 용어

- **(평년수확량)** 가입년도 직전 5년 중 보험에 가입한 연도의 실제 수확량과 표준수확량을 가입 횟수에 따라 가중 평균하여 산출한 해당 농지에 기대되는 수확량
- **(표준수확량)** 가입품목의 품종, 수령, 재배방식 등에 따라 정해진 수확량
- **(평년착과량)** 가입수확량 산정 및 적과 종료 전 보험사고 시 감수량 산정의 기준이 되는 착과량
- **(평년착과수)** 평년착과량을 가입과중으로 나누어 산출한 것
- **(가입가격)** 보험에 가입한 농작물의 kg당 가격
- **(가입과중)** 보험에 가입할 때 결정한 과실의 1개당 평균 과실무게
- **(가입수확량)** 보험 가입한 수확량으로 평년수확량의 일정범위(50%~100%) 내에서 보험계약자가 결정한 수확량으로 가입금액의 기준
- **(감수과실수)** 보장하는 자연재해로 손해가 발생한 것으로 인정되는 과실 수
- **(감수량)** 감수과실수에 가입과중을 곱한 무게
- **(기준가격)** 보험에 가입할 때 정한 농작물의 kg당 가격
- **(기준착과수)** 보험금을 산정하기 위한 과수원별 기준 과실수
- **(기준수확량)** 기준착과수에 가입과중을 곱하여 산출한 양
- **(미보상감수량)** 감수량 중 보장하는 재해 이외의 원인으로 감소한 양
- **(보장생산비)** 생산비에서 수확기에 발생되는 생산비를 차감한 값
- **(생산비)** 작물의 생산을 위하여 소비된 재화나 용역의 가치로 종묘비, 비료비, 농약비, 영농광열비, 수리비, 기타 재료비, 소농구비, 대농구 상각비, 영농시설 상각비, 수선비, 기타 요금, 임차료, 위탁 영농비, 고용노동비, 자가노동비, 유동자본용역비, 고정자본용역비, 토지자본용역비 등을 포함
- **(수확기가격)** 보험에 가입한 농작물의 수확기 kg당 가격
    ※ **올림픽 평균** : 연도별 평균가격 중 최대값과 최소값을 제외하고 남은 값들의 산술평균
    ※ **농가수취비율** : 도매시장 가격에서 유통비용 등을 차감한 농가수취가격이 차지하는 비율로 사전에 결정된 값
- **(적과후착과수)** 통상적인 적과 및 자연낙과 종료 시점의 착과수
- **(적과후착과량)** 적과후 착과수에 가입과중을 곱하여 산출한 양
- **(평년결실수)** 가입연도 직전 5년 중 보험에 가입한 연도의 실제결실수와 표준결실수(품종에 따라 정해진

결과모지당 표준적인 결실수)를 가입 횟수에 따라 가중평균하여 산출한 해당 과수원에 기대되는 결실수
- **(평년결과모지수)** 가입연도 직전 5년 중 보험에 가입한 연도의 실제결과모지수와 표준결과모지수(하나의 주지에서 자라나는 표준적인 결과모지수)를 가입 횟수에 따라 가중 평균하여 산출한 해당 과수원에 기대되는 결과모지수

  ※ 결과지 : 과수에 꽃눈이 붙어 개화 결실하는 가지(열매가지라고도 함)

  ※ 결과모지 : 결과지보다 1년이 더 묵은 가지
- **(표준가격)** 농작물을 출하하여 통상 얻을 수 있는 표준적인 kg당 가격

## 라. 조사 관련 용어

- **(고사주수)** 실제결과나무수 중 보상하는 손해로 고사된 나무 수
- **(기수확면적)** 실제경작면적 중 조사일자를 기준으로 수확이 완료된 면적
- **(실제결과주수)** 가입일자를 기준으로 농지(과수원)에 식재된 모든 나무 수. 다만, 인수조건에 따라 보험에 가입할 수 없는 나무(유목 및 제한 품종 등) 수는 제외
- **(미보상주수)** 실제결과나무수 중 보상하는 손해 이외의 원인으로 고사되거나 수확량(착과량)이 현저하게 감소된 나무 수
- **(기수확주수)** 실제결과나무수 중 조사일자를 기준으로 수확이 완료된 나무 수
- **(수확불능주수)** 실제결과나무수 중 보상하는 손해로 전체주지·꽃(눈) 등이 보험약관에서 정하는 수준 이상 분리되었거나 침수되어, 보험기간 내 수확이 불가능하나 나무가 죽지는 않아 향후에는 수확이 가능한 나무 수
- **(조사대상주수)** 실제결과나무수에서 고사나무수, 미보상나무수 및 수확완료나무수, 수확불능나무수를 뺀 나무 수로 과실에 대한 표본조사의 대상이 되는 나무 수
- **(실제경작면적)** 가입일자를 기준으로 실제 경작이 이루어지고 있는 모든 면적을 의미하며, 수확불능(고사)면적, 타작물 및 미보상면적, 기수확면적을 포함
- **(수확불능(고사)면적)** 실제경작면적 중 보상하는 손해로 수확이 불가능한 면적
- **(타작물 및 미보상면적)** 실제경작면적 중 목적물 외에 타작물이 식재되어 있거나 보상하는 손해 이외의 원인으로 수확량이 현저하게 감소된 면적

## 마. 재배 및 피해형태 구분 관련 용어

- **(꽃눈분화)** 영양조건, 기간, 기온, 일조시간 따위의 필요조건이 다 차서 꽃눈이 형성되는 현상
- **(꽃눈분화기)** 과수원에서 꽃눈분화가 50% 정도 진행된 때
- **(기상특보 관련 재해)** 태풍, 호우, 홍수, 강풍, 풍랑, 해일, 대설, 폭염 등을 포함
- **(낙과)** 나무에서 떨어진 과실
- **(착과)** 나무에 달려있는 과실
- **(적과)** 해거리를 방지하고 안정적인 수확을 위해 알맞은 양의 과실만 남기고 나무로부터 과실을 따버리는 행위
- **(열과)** 과실이 숙기에 과다한 수분을 흡수하고 난 후 고온이 지속될 경우 수분을 배출하면서 과실이 갈라지는 현상
- **(나무)** 보험계약에 의해 가입한 과실을 열매로 맺는 결과주
- **(발아)** (꽃 또는 잎) 눈의 인편이 1 ~ 2mm 정도 밀려 나오는 현상
- **(발아기)** 과수원에서 전체 눈이 50% 정도 발아한 시기
- **(신초발아)** 신초(당년에 자라난 새가지)가 1 ~ 2mm 정도 자라기 시작하는 현상을 말한다.
- **(신초발아기)** 과수원에서 전체 신초(당년에 자라난 새가지)가 50% 정도 발아한 시점을 말한다.
- **(수확기)** 농지(과수원)가 위치한 지역의 기상여건을 감안하여 해당 목적물을 통상적으로 수확하는 시기
- **(유실)** 나무가 과수원 내에서의 정위치를 벗어나 그 점유를 잃은 상태
- **(매몰)** 나무가 토사 및 산사태 등으로 주간부의 30% 이상이 묻힌 상태
- **(도복)** 나무가 45° 이상 기울어지거나 넘어진 상태
- **(절단)** 나무의 주간부가 분리되거나 전체 주지·꽃(눈) 등의 2/3 이상이 분리된 상태
- **(절단(1/2))** 나무의 주간부가 분리되거나 전체 주지·꽃(눈) 등의 1/2 이상이 분리된 상태
- **(시비관리)** 수확량 또는 품질을 높이기 위해 비료성분을 토양 중에 공급하는 것
- **(신초 절단)** 단감, 떫은감의 신초의 2/3 이상이 분리된 상태
- **(침수)** 나무에 달린 과실(꽃)이 물에 잠긴 상태
- **(소실)** 화재로 인하여 나무의 2/3 이상이 사라지는 것
- **(소실(1/2))** 화재로 인하여 나무의 1/2 이상이 사라지는 것
- **(이앙)** 못자리 등에서 기른 모를 농지로 옮겨심는 일
- **(직파(담수점파))** 물이 있는 논에 파종 하루 전 물을 빼고 종자를 일정 간격으로 점파하는 파종방법
- **(종실비대기)** 두류(콩, 팥)의 꼬투리 형성기
- **(출수)** 벼(조곡)의 이삭이 줄기 밖으로 자란 상태
- **(출수기)** 농지에서 전체 이삭이 70% 정도 출수한 시점
- **(정식)** 온상, 묘상, 모밭 등에서 기른 식물체를 농업용 시설물 내에 옮겨 심는 일
- **(정식일)** 정식을 완료한 날

- **(작기)** 작물의 생육기간으로 정식일(파종일)로부터 수확종료일까지의 기간
- **(출현)** 농지에 파종한 씨(종자)로부터 자란 싹이 농지표면 위로 나오는 현상
- **((버섯)종균접종)** 버섯작물의 종균을 배지 혹은 원목을 접종하는 것

## 바. 기타 보험 용어

- **(연단위 복리)** 재해보험사업자가 지급할 금전에 이자를 줄 때 1년마다 마지막 날에 그 이자를 원금에 더한 금액을 다음 1년의 원금으로 하는 이자 계산방법
- **(영업일)** 재해보험사업자가 영업점에서 정상적으로 영업하는 날을 말하며, 토요일, '관공서의 공휴일에 관한 규정'에 따른 공휴일과 근로자의 날을 제외
- **(잔존물제거비용)** 사고 현장에서의 잔존물의 해체비용, 청소비용 및 차에 싣는 비용. 다만, 보장하지 않는 위험으로 보험의 목적이 손해를 입거나 관계법령에 의하여 제거됨으로써 생긴 손해에 대해서는 미보상
- **(손해방지비용)** 손해의 방지 또는 경감을 위하여 지출한 필요 또는 유익한 비용
- **(대위권보전비용)** 제3자로부터 손해의 배상을 받을 수 있는 경우에는 그 권리를 지키거나 행사하기 위하여 지출한 필요 또는 유익한 비용
- **(잔존물 보전비용)** 잔존물을 보전하기 위하여 지출한 필요 또는 유익한 비용
- **(기타 협력비용)** 재해보험사업자의 요구에 따르기 위하여 지출한 필요 또는 유익한 비용

    ※ **청소비용** : 사고 현장 및 인근 지역의 토양, 대기 및 수질 오염물질 제거 비용과 차에 실은 후 폐기물 처리비용은 포함되지 않는다.

## 03 가축재해보험 관련 용어

### 가. 가축재해보험 계약관련

- **(보험의 목적)** 보험에 가입한 물건으로 보험증권에 기재된 가축 등
- **(보험계약자)** 재해보험사업자와 계약을 체결하고 보험료를 납입할 의무를 지는 사람
- **(피보험자)** 보험사고로 인하여 손해를 입은 사람
  ※ 법인인 경우에는 그 이사 또는 법인의 업무를 집행하는 그 밖의 기관
- **(보험기간)** 계약에 따라 보장을 받는 기간
- **(보험증권)** 계약의 성립과 그 내용을 증명하기 위하여 재해보험사업자가 계약자에게 드리는 증서
- **(보험약관)** 보험계약에 대한 구체적인 내용을 기술한 것으로 재해보험사업자가 작성하여 보험계약자에게 제시하는 약정서
- **(보험사고)** 보험계약에서 재해보험사업자가 어떤 사실의 발생을 조건으로 보험금의 지급을 약정한 우연한 사고(사건 또는 위험)
- **(보험가액)** 피보험이익을 금전으로 평가한 금액으로 보험목적에 발생할 수 있는 최대 손해액
  ※ 재해보험사업자가 실제 지급하는 보험금은 보험가액을 초과할 수 없음
- **(자기부담금)** 보험사고로 인하여 발생한 손해에 대하여 계약자 또는 피보험자가 부담하는 일정 금액
- **(보험금 분담)** 보험계약에서 보장하는 위험과 같은 위험을 보장하는 다른 계약(공제계약 포함)이 있을 경우 비율에 따라 손해를 보상
- **(대위권)** 재해보험사업자가 보험금을 지급하고 취득하는 법률상의 권리
- **(재조달가액)** 보험의 목적과 동형, 동질의 신품을 재조달하는 데 소요되는 금액
- **(가입률)** 가입대상 두(頭)수 대비 가입두수를 백분율(100%)
- **(손해율)** 보험료에 대한 보험금의 백분율(100%)
- **(사업이익)** 1두당 평균 가격에서 경영비를 뺀 잔액
- **(경영비)** 통계청에서 발표한 최근의 비육돈 평균 경영비
- **(이익률)** 손해발생 시에 다음의 산식에 의해 얻어진 비율. 단, 이 기간 중에 이익률이 16.5% 미만일 경우 이익률은 16.5%

> 이익률 = (1두당 비육돈(100kg 기준)의 평균가격 – 경영비) / 1두당 비육돈(100kg 기준)의 평균가격

### 나. 가축재해 관련

- **(풍재·수재·설해·지진)** 태풍, 홍수, 호우, 강풍, 풍랑, 해일, 대설, 조수, 우박, 지진, 분화 등으로 인한 피해
- **(폭염)** 대한민국 기상청에서 내려지는 폭염특보(주의보 및 경보)

- **(소(牛)도체결함)** 도축장에서 도축되어 경매시까지 발견된 도체의 결함이 경락가격에 직접적인 영향을 주어 손해 발생한 경우
- **(축산휴지)** 보험의 목적의 손해로 인하여 불가피하게 발생한 전부 또는 일부의 축산업 중단을 말함
- **(축산휴지손해)** 보상위험에 의해 손해를 입은 결과 축산업 전부 또는 일부 중단되어 발생한 사업이익과 보상위험에 의한 손해가 발생하지 않았을 경우 예상되는 사업이익의 차감금액을 말한다.
- **(전기적장치위험)** 여자기(정류기 포함), 변류기, 변압기, 전압조정기, 축전기, 개폐기, 차단기, 피뢰기, 배전반 및 이와 비슷한 전기장치 또는 설비 중 전기장치 또는 설비가 파괴 또는 변조되어 온도의 변화로 보험의 목적에 손해가 발생한 경우

## 다. 가축질병 관련

- **(돼지 전염성 위장염(TGE))** Coronavirus 속에 속하는 전염성 위장염 바이러스의 감염에 의한 돼지의 전염성 소화기병 구토, 수양성 설사, 탈수가 특징으로 일령에 관계없이 발병하며 자돈일수록 폐사율이 높게 나타남, 주로 추운 겨울철에 많이 발생하며 전파력이 높음
- **(돼지 유행성설사병(PED))** Coronavirus에 의한 자돈의 급성 유행성설사병으로 포유자돈의 경우 거의 100%의 치사율을 나타냄
- **(로타바이러스감염증)** 레오바이러스과의 로타바이러스 속의 돼지 로타바이러스가 병원체이며, 주로 2~6주령의 자돈에서 설사를 일으키며 3주령부터 폐사가 더욱 심하게 나타남
- **(구제역)** 구제역 바이러스의 감염에 의한 우제류 동물(소·돼지 등 발굽이 둘로 갈라진 동물)의 악성가축전염병(1종법정가축전염병)으로 발굽 및 유두 등에 물집이 생기고, 체온상승과 식욕저하가 수반되는 것이 특징
- **(AI(조류인플루엔자, Avian Influenza))** AI 바이러스 감염에 의해 발생하는 조류의 급성 전염병으로 병원의 정도에 따라 고병원성과 저병원성으로 구분되며, 고병원성 AI의 경우 세계 동물보건기구(OIE)의 관리대상질병으로 지정되어 있어 발생 시 OIE에 의무적으로 보고해야 함
- **(돼지열병)** 제1종 가축전염병으로 사람에 감염되지 않으나, 발생국은 돼지 및 돼지고기의 수출이 제한 ※ '01년 청정화 이후, '02년 재발되어 예방접종 실시
- **(난계대 전염병)** 조류의 특유 병원체가 종란에 감염하여 부화 후 초생추에서 병을 발생시키는 질병(추백리 등)

## 라. 기타 축산 관련

- **(가축계열화)** 가축의 생산이나 사육·사료공급·가공·유통의 기능을 연계한 일체의 통합 경영활동을 의미
- **(가축계열화 사업)** 농민과 계약(위탁)에 의하여 가축·사료·동물용 의약품·기자재·보수 또는 경영지도 서비스 등을 공급(제공)하고, 당해 농민이 생산한 가축을 도축·가공 또는 유통하는 사업방식
- **(돼지 MSY(Marketing per Sow per Year))** 어미돼지 1두가 1년간 생산한 돼지 중 출하체중(110kg)이 될 때까지 생존하여 출하한 마리 수

- **(산란수)** 산란계 한 계군에서 하루 동안에 생산된 알의 수를 의미하며, 산란계 한 마리가 산란을 시작하여 도태 시까지 낳는 알의 총수는 산란지수로 표현
- **(자조금관리위원회)** 자조금의 효과적인 운용을 위해 축산업자 및 학계·소비자·관계 공무원 및 유통 전문가로 구성된 위원회이며 품목별로 설치되어 해당 품목의 자조금의 조성 및 지출, 사업 등 운용에 관한 사항을 심의·의결
  ※ **(축산자조금(9개 품목))** 한우, 양돈, 낙농, 산란계, 육계, 오리, 양록, 양봉, 육우
- **(축산물 브랜드 경영체)** 특허청에 브랜드를 등록하고 회원 농가들과 종축·사료·사양관리 등 생산에 대한 규약을 체결하여 균일한 품질의 고급육을 생산·출하하는 축협조합 및 영농조합법인
- **(쇠고기 이력제도)** 소의 출생부터 도축, 포장처리, 판매까지의 정보를 기록·관리하여 위생·안전에 문제가 발생할 경우 이를 확인하여 신속하게 대처하기 위한 제도
- **(수의사 처방제)** 항생제 오남용으로 인한 축산물 내 약품잔류 및 항생제 내성문제 등의 예방을 위해 동물 및 인체에 위해를 줄 수 있는 "동물용 의약품"을 수의사의 처방에 따라 사용토록 하는 제도

# 부록 02
# 주요 법령

01 농어업재해보험법
02 농어업재해보험법 시행령
03 농업재해보험 손해평가요령
04 재보험사업 및 농업재해보험사업의 운영 등에 관한 규정
05 농업재해보험에서 보상하는 보험목적물의 범위

# 부록 02 주요 법령

## 01 농어업재해보험법

농어업재해보험법
[시행 2024. 5. 14.] [법률 제20275호, 2024. 2. 13., 타법개정]

농림축산식품부(재해보험정책과) 044-201-1792, 1793
해양수산부(소득복지과) 044-200-5468, 5471

### 제1장 총칙

**제1조(목적)** 이 법은 농어업재해로 인하여 발생하는 농작물, 임산물, 양식수산물, 가축과 농어업용 시설물의 피해에 따른 손해를 보상하기 위한 농어업재해보험에 관한 사항을 규정함으로써 농어업 경영의 안정과 생산성 향상에 이바지하고 국민경제의 균형 있는 발전에 기여함을 목적으로 한다. 〈개정 2011. 7. 25.〉

**제2조(정의)** 이 법에서 사용하는 용어의 뜻은 다음과 같다. 〈개정 2011. 7. 25., 2013. 3. 23.〉

1. "농어업재해"란 농작물・임산물・가축 및 농업용 시설물에 발생하는 자연재해・병충해・조수해(鳥獸害)・질병 또는 화재(이하 "농업재해"라 한다)와 양식수산물 및 어업용 시설물에 발생하는 자연재해・질병 또는 화재(이하 "어업재해"라 한다)를 말한다.
2. "농어업재해보험"이란 농어업재해로 발생하는 재산 피해에 따른 손해를 보상하기 위한 보험을 말한다.
3. "보험가입금액"이란 보험가입자의 재산 피해에 따른 손해가 발생한 경우 보험에서 최대로 보상할 수 있는 한도액으로서 보험가입자와 보험사업자 간에 약정한 금액을 말한다.
4. "보험료"란 보험가입자와 보험사업자 간의 약정에 따라 보험가입자가 보험사업자에게 내야 하는 금액을 말한다.
5. "보험금"이란 보험가입자에게 재해로 인한 재산 피해에 따른 손해가 발생한 경우 보험가입자와 보험사업자 간의 약정에 따라 보험사업자가 보험가입자에게 지급하는 금액을 말한다.
6. "시범사업"이란 농어업재해보험사업(이하 "재해보험사업"이라 한다)을 전국적으로 실시하기 전에 보험의 효용성 및 보험 실시 가능성 등을 검증하기 위하여 일정 기간 제한된 지역에서 실시하는 보험사업을 말한다.

**제2조의2(기본계획 및 시행계획의 수립・시행)** ① 농림축산식품부장관과 해양수산부장관은 농어업재해보험(이하 "재해보험"이라 한다)의 활성화를 위하여 제3조에 따른 농업재해보험심의회 또는 「수산업・어촌 발전 기본법」 제8조 제1항에 따른 중앙 수산업・어촌정책심의회의 심의를 거쳐 재해보험 발전 기본계획(이하 "기본계획"이라 한다)을 5년마다 수립・시행하여야 한다. 〈개정 2023. 10. 31.〉

② 기본계획에는 다음 각 호의 사항이 포함되어야 한다.
　1. 재해보험사업의 발전 방향 및 목표
　2. 재해보험의 종류별 가입률 제고 방안에 관한 사항
　3. 재해보험의 대상 품목 및 대상 지역에 관한 사항
　4. 재해보험사업에 대한 지원 및 평가에 관한 사항
　5. 그 밖에 재해보험 활성화를 위하여 농림축산식품부장관 또는 해양수산부장관이 필요하다고 인정하는 사항
③ 농림축산식품부장관과 해양수산부장관은 기본계획에 따라 매년 재해보험 발전 시행계획(이하 "시행계획"이라 한다)을 수립·시행하여야 한다.
④ 농림축산식품부장관과 해양수산부장관은 기본계획 및 시행계획을 수립하고자 할 경우 제26조에 따른 통계자료를 반영하여야 한다.
⑤ 농림축산식품부장관 또는 해양수산부장관은 기본계획 및 시행계획의 수립·시행을 위하여 필요한 경우에는 관계 중앙행정기관의 장, 지방자치단체의 장, 관련 기관·단체의 장에게 관련 자료 및 정보의 제공을 요청할 수 있다. 이 경우 자료 및 정보의 제공을 요청받은 자는 특별한 사유가 없으면 그 요청에 따라야 한다.
⑥ 그 밖에 기본계획 및 시행계획의 수립·시행에 필요한 사항은 대통령령으로 정한다.
[본조신설 2021. 11. 30.]

**제2조의3(재해보험 등의 심의)** 재해보험 및 농어업재해재보험(이하 "재보험"이라 한다)에 관한 다음 각 호의 사항은 제3조에 따른 농업재해보험심의회 또는 「수산업·어촌 발전 기본법」 제8조 제1항에 따른 중앙 수산업·어촌정책심의회의 심의를 거쳐야 한다.
　1. 재해보험에서 보상하는 재해의 범위에 관한 사항
　2. 재해보험사업에 대한 재정지원에 관한 사항
　3. 손해평가의 방법과 절차에 관한 사항
　4. 농어업재해재보험사업(이하 "재보험사업"이라 한다)에 대한 정부의 책임범위에 관한 사항
　5. 재보험사업 관련 자금의 수입과 지출의 적정성에 관한 사항
　6. 그 밖에 제3조에 따른 농업재해보험심의회의 위원장 또는 「수산업·어촌 발전 기본법」 제8조 제1항에 따른 중앙 수산업·어촌정책심의회의 위원장이 재해보험 및 재보험에 관하여 회의에 부치는 사항
[본조신설 2023. 10. 31.]

**제3조(농업재해보험심의회)** ① 농업재해보험 및 농업재해재보험에 관한 다음 각 호의 사항을 심의하기 위하여 농림축산식품부장관 소속으로 농업재해보험심의회(이하 이 조에서 "심의회"라 한다)를 둔다. 〈개정 2023. 10. 31.〉
　1. 제2조의3 각 호의 사항
　2. 재보험 목적물의 선정에 관한 사항
　3. 기본계획의 수립·시행에 관한 사항
　4. 다른 법령에서 심의회의 심의사항으로 정하고 있는 사항

② 심의회는 위원장 및 부위원장 각 1명을 포함한 21명 이내의 위원으로 구성한다.

③ 심의회의 위원장은 농림축산식품부차관으로 하고, 부위원장은 위원 중에서 호선(互選)한다. 〈개정 2013. 3. 23., 2023. 10. 31.〉

④ 심의회의 위원은 다음 각 호의 어느 하나에 해당하는 사람 중에서 농림축산식품부장관이 임명하거나 위촉하는 사람으로 한다. 이 경우 다음 각 호에 해당하는 사람이 각각 1명 이상 포함되어야 한다. 〈개정 2011. 7. 25., 2013. 3. 23., 2014. 11. 19., 2017. 7. 26., 2020. 2. 11., 2023. 3. 28., 2023. 10. 31.〉

1. 농림축산식품부장관이 재해보험이나 농업에 관한 학식과 경험이 풍부하다고 인정하는 사람
2. 농림축산식품부의 재해보험을 담당하는 3급 공무원 또는 고위공무원단에 속하는 공무원
3. 자연재해 또는 보험 관련 업무를 담당하는 기획재정부·행정안전부·해양수산부·금융위원회·산림청의 3급 공무원 또는 고위공무원단에 속하는 공무원
4. 농림축산업인단체의 대표
5. 삭제 〈2023. 10. 31.〉

⑤ 제4항 제1호의 위원의 임기는 3년으로 한다.

⑥ 심의회는 그 심의 사항을 검토·조정하고, 심의회의 심의를 보조하게 하기 위하여 심의회에 다음 각 호의 분과위원회를 둔다. 〈개정 2023. 3. 28.〉

1. 농작물재해보험분과위원회
2. 임산물재해보험분과위원회
3. 가축재해보험분과위원회
4. 삭제 〈2023. 10. 31.〉
5. 그 밖에 대통령령으로 정하는 바에 따라 두는 분과위원회

⑦ 심의회는 제1항 각 호의 사항을 심의하기 위하여 필요한 경우에는 농업재해보험에 관하여 전문지식이 있는 자, 농업인 또는 이해관계자의 의견을 들을 수 있다. 〈신설 2020. 12. 8., 2023. 10. 31.〉

⑧ 제1항부터 제7항까지에서 규정한 사항 외에 심의회 및 분과위원회의 구성과 운영 등에 필요한 사항은 대통령령으로 정한다. 〈개정 2020. 12. 8.〉

[제목개정 2023. 10. 31.]

## 제2장 재해보험사업

**제4조(재해보험의 종류 등)** 재해보험의 종류는 농작물재해보험, 임산물재해보험, 가축재해보험 및 양식수산물재해보험으로 한다. 이 중 농작물재해보험, 임산물재해보험 및 가축재해보험과 관련된 사항은 농림축산식품부장관이, 양식수산물재해보험과 관련된 사항은 해양수산부장관이 각각 관장한다. 〈개정 2011. 7. 25., 2013. 3. 23.〉

[제목개정 2013. 3. 23.]

**제5조(보험목적물)** ① 보험목적물은 다음 각 호의 구분에 따르되, 그 구체적인 범위는 보험의 효용성 및 보험 실시 가능성 등을 종합적으로 고려하여 제3조에 따른 농업재해보험심의회 또는 「수산업·어촌 발전 기본법」 제8조 제1항에 따른 중앙 수산업·어촌정책심의회를 거쳐 농림축산식품부장관 또는 해양수산부장관이 고시한다. 〈개정 2011. 7. 25., 2015. 8. 11., 2023. 3. 28., 2023. 10. 31.〉

1. 농작물재해보험 : 농작물 및 농업용 시설물

1의2. 임산물재해보험 : 임산물 및 임업용 시설물

2. 가축재해보험 : 가축 및 축산시설물

3. 양식수산물재해보험 : 양식수산물 및 양식시설물

② 정부는 보험목적물의 범위를 확대하기 위하여 노력하여야 한다. 〈신설 2023. 3. 28.〉

**제6조(보상의 범위 등)** ① 재해보험에서 보상하는 재해의 범위는 해당 재해의 발생 빈도, 피해 정도 및 객관적인 손해평가방법 등을 고려하여 재해보험의 종류별로 대통령령으로 정한다. 〈개정 2016. 12. 2.〉

② 정부는 재해보험에서 보상하는 재해의 범위를 확대하기 위하여 노력하여야 한다. 〈신설 2016. 12. 2.〉

[제목개정 2016. 12. 2.]

**제7조(보험가입자)** 재해보험에 가입할 수 있는 자는 농림업, 축산업, 양식수산업에 종사하는 개인 또는 법인으로 하고, 구체적인 보험가입자의 기준은 대통령령으로 정한다.

**제8조(보험사업자)** ① 재해보험사업을 할 수 있는 자는 다음 각 호와 같다. 〈개정 2011. 7. 25.〉

1. 삭제 〈2011. 3. 31.〉

2. 「수산업협동조합법」에 따른 수산업협동조합중앙회(이하 "수협중앙회"라 한다)

2의2. 「산림조합법」에 따른 산림조합중앙회

3. 「보험업법」에 따른 보험회사

② 제1항에 따라 재해보험사업을 하려는 자는 농림축산식품부장관 또는 해양수산부장관과 재해보험사업의 약정을 체결하여야 한다. 〈개정 2013. 3. 23.〉

③ 제2항에 따른 약정을 체결하려는 자는 다음 각 호의 서류를 농림축산식품부장관 또는 해양수산부장관에게 제출하여야 한다. 〈개정 2013. 3. 23.〉

1. 사업방법서, 보험약관, 보험료 및 책임준비금산출방법서

2. 그 밖에 대통령령으로 정하는 서류

④ 제2항에 따른 재해보험사업의 약정을 체결하는 데 필요한 사항은 대통령령으로 정한다.

**제9조(보험료율의 산정)** ① 제8조 제2항에 따라 농림축산식품부장관 또는 해양수산부장관과 재해보험사업의 약정을 체결한 자(이하 "재해보험사업자"라 한다)는 재해보험의 보험료율을 객관적이고 합리적인 통계자료를 기초로 하여 보험목적물별 또는 보상방식별로 산정하되, 다음 각 호의 구분에 따른 단위로 산정하여야 한다. 〈개정 2013. 3. 23., 2017. 11. 28., 2021. 11. 30., 2023. 3. 28.〉

1. 행정구역 단위 : 특별시·광역시·도·특별자치도 또는 시(특별자치시와 「제주특별자치도 설치 및 국제자유도시 조성을 위한 특별법」 제10조 제2항에 따라 설치된 행정시를 포함한다)·군·자치구. 다만,

「보험업법」 제129조에 따른 보험료율 산출의 원칙에 부합하는 경우에는 자치구가 아닌 구·읍·면·동 단위로도 보험료율을 산정할 수 있다.

2. 권역 단위 : 농림축산식품부장관 또는 해양수산부장관이 행정구역 단위와는 따로 구분하여 고시하는 지역 단위

② 재해보험사업자는 보험약관안과 보험료율안에 대통령령으로 정하는 변경이 예정된 경우 이를 공고하고 필요한 경우 이해관계자의 의견을 수렴하여야 한다. 〈신설 2023. 3. 28.〉

[제목개정 2017. 11. 28.]

**제10조(보험모집)** ① 재해보험을 모집할 수 있는 자는 다음 각 호와 같다. 〈개정 2011. 3. 31., 2011. 7. 25., 2016. 5. 29.〉

1. 산림조합중앙회와 그 회원조합의 임직원, 수협중앙회와 그 회원조합 및 「수산업협동조합법」에 따라 설립된 수협은행의 임직원
2. 「수산업협동조합법」 제60조(제108조, 제113조 및 제168조에 따라 준용되는 경우를 포함한다)의 공제규약에 따른 공제모집인으로서 수협중앙회장 또는 그 회원조합장이 인정하는 자
2의2. 「산림조합법」 제48조(제122조에 따라 준용되는 경우를 포함한다)의 공제규정에 따른 공제모집인으로서 산림조합중앙회장이나 그 회원조합장이 인정하는 자
3. 「보험업법」 제83조 제1항에 따라 보험을 모집할 수 있는 자

② 제1항에 따라 재해보험의 모집 업무에 종사하는 자가 사용하는 재해보험 안내자료 및 금지행위에 관하여는 「보험업법」 제95조·제97조, 제98조 및 「금융소비자 보호에 관한 법률」 제21조를 준용한다. 다만, 재해보험사업자가 수협중앙회, 산림조합중앙회인 경우에는 「보험업법」 제95조 제1항 제5호를 준용하지 아니하며, 「농업협동조합법」, 「수산업협동조합법」, 「산림조합법」에 따른 조합이 그 조합원에게 이 법에 따른 보험상품의 보험료 일부를 지원하는 경우에는 「보험업법」 제98조에도 불구하고 해당 보험계약의 체결 또는 모집과 관련한 특별이익의 제공으로 보지 아니한다. 〈개정 2011. 3. 31., 2011. 7. 25., 2012. 12. 18., 2020. 3. 24.〉

**제10조의2(사고예방의무 등)** ① 보험가입자는 재해로 인한 사고의 예방을 위하여 노력하여야 한다.

② 재해보험사업자는 사고 예방을 위하여 보험가입자가 납입한 보험료의 일부를 되돌려줄 수 있다. 〈개정 2020. 2. 11.〉

[본조신설 2016. 12. 2.]

**제11조(손해평가 등)** ① 재해보험사업자는 보험목적물에 관한 지식과 경험을 갖춘 사람 또는 그 밖의 관계 전문가를 손해평가인으로 위촉하여 손해평가를 담당하게 하거나 제11조의2에 따른 손해평가사(이하 "손해평가사"라 한다) 또는 「보험업법」 제186조에 따른 손해사정사에게 손해평가를 담당하게 할 수 있다. 〈개정 2014. 6. 3., 2020. 2. 11.〉

② 제1항에 따른 손해평가인과 손해평가사 및 「보험업법」 제186조에 따른 손해사정사는 농림축산식품부장관 또는 해양수산부장관이 정하여 고시하는 손해평가 요령에 따라 손해평가를 하여야 한다. 이 경우 공정하고

객관적으로 손해평가를 하여야 하며, 고의로 진실을 숨기거나 거짓으로 손해평가를 하여서는 아니 된다. 〈개정 2013. 3. 23., 2014. 6. 3., 2016. 12. 2.〉

③ 재해보험사업자는 공정하고 객관적인 손해평가를 위하여 동일 시·군·구(자치구를 말한다) 내에서 교차손해평가(손해평가인 상호 간에 담당지역을 교차하여 평가하는 것을 말한다. 이하 같다)를 수행할 수 있다. 이 경우 교차손해평가의 절차·방법 등에 필요한 사항은 농림축산식품부장관 또는 해양수산부장관이 정한다. 〈신설 2016. 12. 2.〉

④ 농림축산식품부장관 또는 해양수산부장관은 제2항에 따른 손해평가 요령을 고시하려면 미리 금융위원회와 협의하여야 한다. 〈개정 2013. 3. 23., 2016. 12. 2.〉

⑤ 농림축산식품부장관 또는 해양수산부장관은 제1항에 따른 손해평가인이 공정하고 객관적인 손해평가를 수행할 수 있도록 연 1회 이상 정기교육을 실시하여야 한다. 〈신설 2016. 12. 2.〉

⑥ 농림축산식품부장관 또는 해양수산부장관은 손해평가인 간의 손해평가에 관한 기술·정보의 교환을 지원할 수 있다. 〈신설 2016. 12. 2.〉

⑦ 제1항에 따라 손해평가인으로 위촉될 수 있는 사람의 자격 요건, 제5항에 따른 정기교육, 제6항에 따른 기술·정보의 교환 지원 및 손해평가 실무교육 등에 필요한 사항은 대통령령으로 정한다. 〈개정 2016. 12. 2., 2020. 2. 11.〉

[제목개정 2016. 12. 2.]

**제11조의2(손해평가사)** 농림축산식품부장관은 공정하고 객관적인 손해평가를 촉진하기 위하여 손해평가사 제도를 운영한다.

[본조신설 2014. 6. 3.]

**제11조의3(손해평가사의 업무)** 손해평가사는 농작물재해보험 및 가축재해보험에 관하여 다음 각 호의 업무를 수행한다.

1. 피해사실의 확인
2. 보험가액 및 손해액의 평가
3. 그 밖의 손해평가에 필요한 사항

[본조신설 2014. 6. 3.]

**제11조의4(손해평가사의 시험 등)** ① 손해평가사가 되려는 사람은 농림축산식품부장관이 실시하는 손해평가사 자격시험에 합격하여야 한다.

② 보험목적물 또는 관련 분야에 관한 전문 지식과 경험을 갖추었다고 인정되는 대통령령으로 정하는 기준에 해당하는 사람에게는 손해평가사 자격시험 과목의 일부를 면제할 수 있다.

③ 농림축산식품부장관은 다음 각 호의 어느 하나에 해당하는 사람에 대하여는 그 시험을 정지시키거나 무효로 하고 그 처분 사실을 지체 없이 알려야 한다. 〈신설 2015. 8. 11.〉

1. 부정한 방법으로 시험에 응시한 사람
2. 시험에서 부정한 행위를 한 사람

④ 다음 각 호에 해당하는 사람은 그 처분이 있은 날부터 2년이 지나지 아니한 경우 제1항에 따른 손해평가사 자격시험에 응시하지 못한다. 〈개정 2015. 8. 11.〉
  1. 제3항에 따라 정지·무효 처분을 받은 사람
  2. 제11조의5에 따라 손해평가사 자격이 취소된 사람
⑤ 제1항 및 제2항에 따른 손해평가사 자격시험의 실시, 응시수수료, 시험과목, 시험과목의 면제, 시험방법, 합격기준 및 자격증 발급 등에 필요한 사항은 대통령령으로 정한다. 〈개정 2015. 8. 11.〉
⑥ 손해평가사는 다른 사람에게 그 명의를 사용하게 하거나 다른 사람에게 그 자격증을 대여해서는 아니 된다. 〈신설 2020. 2. 11.〉
⑦ 누구든지 손해평가사의 자격을 취득하지 아니하고 그 명의를 사용하거나 자격증을 대여받아서는 아니 되며, 명의의 사용이나 자격증의 대여를 알선해서도 아니 된다. 〈신설 2020. 2. 11.〉
[본조신설 2014. 6. 3.]

**제11조의5(손해평가사의 자격 취소)** ① 농림축산식품부장관은 다음 각 호의 어느 하나에 해당하는 사람에 대하여 손해평가사 자격을 취소할 수 있다. 다만, 제1호 및 제5호에 해당하는 경우에는 자격을 취소하여야 한다. 〈개정 2020. 2. 11.〉
  1. 손해평가사의 자격을 거짓 또는 부정한 방법으로 취득한 사람
  2. 거짓으로 손해평가를 한 사람
  3. 제11조의4 제6항을 위반하여 다른 사람에게 손해평가사의 명의를 사용하게 하거나 그 자격증을 대여한 사람
  4. 제11조의4 제7항을 위반하여 손해평가사 명의의 사용이나 자격증의 대여를 알선한 사람
  5. 업무정지 기간 중에 손해평가 업무를 수행한 사람
② 제1항에 따른 자격 취소 처분의 세부기준은 대통령령으로 정한다. 〈신설 2020. 2. 11.〉
[본조신설 2014. 6. 3.]

**제11조의6(손해평가사의 감독)** ① 농림축산식품부장관은 손해평가사가 그 직무를 게을리하거나 직무를 수행하면서 부적절한 행위를 하였다고 인정하면 1년 이내의 기간을 정하여 업무의 정지를 명할 수 있다. 〈개정 2020. 2. 11.〉
② 제1항에 따른 업무 정지 처분의 세부기준은 대통령령으로 정한다. 〈신설 2020. 2. 11.〉
[본조신설 2014. 6. 3.]

**제11조의7(보험금수급전용계좌)** ① 재해보험사업자는 수급권자의 신청이 있는 경우에는 보험금을 수급권자 명의의 지정된 계좌(이하 "보험금수급전용계좌"라 한다)로 입금하여야 한다. 다만, 정보통신장애나 그 밖에 대통령령으로 정하는 불가피한 사유로 보험금을 보험금수급계좌로 이체할 수 없을 때에는 현금 지급 등 대통령령으로 정하는 바에 따라 보험금을 지급할 수 있다.
② 보험금수급전용계좌의 해당 금융기관은 이 법에 따른 보험금만이 보험금수급전용계좌에 입금되도록 관리하여야 한다.

③ 제1항에 따른 신청의 방법·절차와 제2항에 따른 보험금수급전용계좌의 관리에 필요한 사항은 대통령령으로 정한다.

[본조신설 2020. 2. 11.]

**제11조의8(손해평가에 대한 이의신청)** ① 제11조 제2항에 따른 손해평가 결과에 이의가 있는 보험가입자는 재해보험사업자에게 재평가를 요청할 수 있으며, 재해보험사업자는 특별한 사정이 없으면 재평가 요청에 따라야 한다.

② 제1항의 재평가를 수행하였음에도 이의가 해결되지 아니하는 경우 보험가입자는 농림축산식품부장관 또는 해양수산부장관이 정하는 기관에 이의신청을 할 수 있다.

③ 신청요건, 절차, 방법 등 이의신청 처리에 관한 구체적인 사항은 농림축산식품부장관 또는 해양수산부장관이 정하여 고시한다.

[본조신설 2023. 3. 28.]

**제12조(수급권의 보호)** ① 재해보험의 보험금을 지급받을 권리는 압류할 수 없다. 다만, 보험목적물이 담보로 제공된 경우에는 그러하지 아니하다. 〈개정 2020. 2. 11.〉

② 제11조의7 제1항에 따라 지정된 보험금수급전용계좌의 예금 중 대통령령으로 정하는 액수 이하의 금액에 관한 채권은 압류할 수 없다. 〈신설 2020. 2. 11.〉

**제13조(보험목적물의 양도에 따른 권리 및 의무의 승계)** 재해보험가입자가 재해보험에 가입된 보험목적물을 양도하는 경우 그 양수인은 재해보험계약에 관한 양도인의 권리 및 의무를 승계한 것으로 추정한다.

**제14조(업무 위탁)** 재해보험사업자는 재해보험사업을 원활히 수행하기 위하여 필요한 경우에는 보험모집 및 손해평가 등 재해보험 업무의 일부를 대통령령으로 정하는 자에게 위탁할 수 있다.

**제15조(회계 구분)** 재해보험사업자는 재해보험사업의 회계를 다른 회계와 구분하여 회계처리함으로써 손익관계를 명확히 하여야 한다.

**제16조** 삭제 〈2015. 8. 11.〉

**제17조(분쟁조정)** 재해보험과 관련된 분쟁의 조정(調停)은 「금융소비자 보호에 관한 법률」 제33조부터 제43조까지의 규정에 따른다. 〈개정 2020. 3. 24.〉

**제18조(「보험업법」 등의 적용)** ① 이 법에 따른 재해보험사업에 대하여는 「보험업법」 제104조부터 제107조까지, 제118조 제1항, 제119조, 제120조, 제124조, 제127조, 제128조, 제131조부터 제133조까지, 제134조 제1항, 제136조, 제162조, 제176조 및 제181조 제1항을 적용한다. 이 경우 "보험회사"는 "보험사업자"로 본다. 〈개정 2015. 8. 11., 2020. 3. 24.〉

② 이 법에 따른 재해보험사업에 대해서는 「금융소비자 보호에 관한 법률」 제45조를 적용한다. 이 경우 "금융상품직접판매업자"는 "보험사업자"로 본다. 〈신설 2020. 3. 24.〉

[제목개정 2020. 3. 24.]

**제19조(재정지원)** ① 정부는 예산의 범위에서 재해보험가입자가 부담하는 보험료의 일부와 재해보험사업자의 재해보험의 운영 및 관리에 필요한 비용(이하 "운영비"라 한다)의 전부 또는 일부를 지원할 수 있다. 이

경우 지방자치단체는 예산의 범위에서 재해보험가입자가 부담하는 보험료의 일부를 추가로 지원할 수 있다. 〈개정 2011. 7. 25.〉

② 농림축산식품부장관・해양수산부장관 및 지방자치단체의 장은 제1항에 따른 지원 금액을 재해보험사업자에게 지급하여야 한다. 〈개정 2011. 7. 25., 2013. 3. 23.〉

③ 「풍수해・지진재해보험법」에 따른 풍수해・지진재해보험에 가입한 자가 동일한 보험목적물을 대상으로 재해보험에 가입할 경우에는 제1항에도 불구하고 정부가 재정지원을 하지 아니한다. 〈개정 2024. 2. 13.〉

④ 제1항에 따른 보험료와 운영비의 지원 방법 및 지원 절차 등에 필요한 사항은 대통령령으로 정한다.

## 제3장 재보험사업 및 농어업재해재보험기금

**제20조(재보험사업)** ① 정부는 재해보험에 관한 재보험사업을 할 수 있다.

② 농림축산식품부장관 또는 해양수산부장관은 재보험에 가입하려는 재해보험사업자와 다음 각 호의 사항이 포함된 재보험 약정을 체결하여야 한다. 〈개정 2013. 3. 23.〉

1. 재해보험사업자가 정부에 내야 할 보험료(이하 "재보험료"라 한다)에 관한 사항
2. 정부가 지급하여야 할 보험금(이하 "재보험금"이라 한다)에 관한 사항
3. 그 밖에 재보험수수료 등 재보험 약정에 관한 것으로서 대통령령으로 정하는 사항

③ 농림축산식품부장관은 해양수산부장관과 협의를 거쳐 재보험사업에 관한 업무의 일부를 「농업・농촌 및 식품산업 기본법」 제63조의2 제1항에 따라 설립된 농업정책보험금융원(이하 "농업정책보험금융원"이라 한다)에 위탁할 수 있다. 〈신설 2014. 6. 3., 2017. 3. 14.〉

**제21조(기금의 설치)** 농림축산식품부장관은 해양수산부장관과 협의하여 공동으로 재보험사업에 필요한 재원에 충당하기 위하여 농어업재해재보험기금(이하 "기금"이라 한다)을 설치한다. 〈개정 2013. 3. 23.〉

**제22조(기금의 조성)** ① 기금은 다음 각 호의 재원으로 조성한다. 〈개정 2016. 12. 2.〉

1. 제20조 제2항 제1호에 따라 받은 재보험료
2. 정부, 정부 외의 자 및 다른 기금으로부터 받은 출연금
3. 재보험금의 회수 자금
4. 기금의 운용수익금과 그 밖의 수입금
5. 제2항에 따른 차입금
6. 「농어촌구조개선 특별회계법」 제5조 제2항 제7호에 따라 농어촌구조개선 특별회계의 농어촌특별세사업계정으로부터 받은 전입금

② 농림축산식품부장관은 기금의 운용에 필요하다고 인정되는 경우에는 해양수산부장관과 협의하여 기금의 부담으로 금융기관, 다른 기금 또는 다른 회계로부터 자금을 차입할 수 있다. 〈개정 2013. 3. 23.〉

**제23조(기금의 용도)** 기금은 다음 각 호에 해당하는 용도에 사용한다. 〈개정 2013. 3. 23.〉

1. 제20조 제2항 제2호에 따른 재보험금의 지급

2. 제22조 제2항에 따른 차입금의 원리금 상환
3. 기금의 관리·운용에 필요한 경비(위탁경비를 포함한다)의 지출
4. 그 밖에 농림축산식품부장관이 해양수산부장관과 협의하여 재보험사업을 유지·개선하는 데에 필요하다고 인정하는 경비의 지출

**제24조(기금의 관리·운용)** ① 기금은 농림축산식품부장관이 해양수산부장관과 협의하여 관리·운용한다. 〈개정 2013. 3. 23.〉

② 농림축산식품부장관은 해양수산부장관과 협의를 거쳐 기금의 관리·운용에 관한 사무의 일부를 농업정책보험금융원에 위탁할 수 있다. 〈개정 2013. 3. 23., 2017. 3. 14.〉

③ 제1항 및 제2항에서 규정한 사항 외에 기금의 관리·운용에 필요한 사항은 대통령령으로 정한다.

**제25조(기금의 회계기관)** ① 농림축산식품부장관은 해양수산부장관과 협의하여 기금의 수입과 지출에 관한 사무를 수행하게 하기 위하여 소속 공무원 중에서 기금수입징수관, 기금재무관, 기금지출관 및 기금출납공무원을 임명한다. 〈개정 2013. 3. 23.〉

② 농림축산식품부장관은 제24조 제2항에 따라 기금의 관리·운용에 관한 사무를 위탁한 경우에는 해양수산부장관과 협의하여 농업정책보험금융원의 임원 중에서 기금수입담당임원과 기금지출원인행위담당임원을, 그 직원 중에서 기금지출원과 기금출납원을 각각 임명하여야 한다. 이 경우 기금수입담당임원은 기금수입징수관의 업무를, 기금지출원인행위담당임원은 기금재무관의 업무를, 기금지출원은 기금지출관의 업무를, 기금출납원은 기금출납공무원의 업무를 수행한다. 〈개정 2013. 3. 23., 2017. 3. 14.〉

## 제4장 보험사업의 관리

**제25조의2(농어업재해보험사업의 관리)** ① 농림축산식품부장관 또는 해양수산부장관은 재해보험사업을 효율적으로 추진하기 위하여 다음 각 호의 업무를 수행한다. 〈개정 2020. 2. 11., 2020. 5. 26.〉
1. 재해보험사업의 관리·감독
2. 재해보험 상품의 연구 및 보급
3. 재해 관련 통계 생산 및 데이터베이스 구축·분석
4. 손해평가인력의 육성
5. 손해평가기법의 연구·개발 및 보급

② 농림축산식품부장관 또는 해양수산부장관은 다음 각 호의 업무를 농업정책보험금융원에 위탁할 수 있다. 〈개정 2017. 3. 14., 2020. 5. 26.〉
1. 제1항 제1호부터 제5호까지의 업무
2. 제8조 제2항에 따른 재해보험사업의 약정 체결 관련 업무
3. 제11조의2에 따른 손해평가사 제도 운용 관련 업무
4. 그 밖에 재해보험사업과 관련하여 농림축산식품부장관 또는 해양수산부장관이 위탁하는 업무

③ 농림축산식품부장관은 제11조의4에 따른 손해평가사 자격시험의 실시 및 관리에 관한 업무를 「한국산업인력공단법」에 따른 한국산업인력공단에 위탁할 수 있다. 〈신설 2017. 3. 14.〉

[본조신설 2014. 6. 3.]

[제목개정 2020. 5. 26.]

**제26조(통계의 수집·관리 등)** ① 농림축산식품부장관 또는 해양수산부장관은 보험상품의 운영 및 개발에 필요한 다음 각 호의 지역별, 재해별 통계자료를 수집·관리하여야 하며, 이를 위하여 관계 중앙행정기관 및 지방자치단체의 장에게 필요한 자료를 요청할 수 있다. 〈개정 2013. 3. 23., 2016. 12. 2., 2023. 3. 28., 2023. 10. 31.〉

1. 보험대상의 현황
2. 보험확대 예비품목(제3조 제1항 제2호에 따라 선정한 보험목적물 도입예정 품목을 말한다)의 현황
3. 피해 원인 및 규모
4. 품목별 재배 또는 양식 면적과 생산량 및 가격
5. 그 밖에 농림축산식품부장관 또는 해양수산부장관이 필요하다고 인정하는 통계자료

② 제1항에 따라 자료를 요청받은 경우 관계 중앙행정기관 및 지방자치단체의 장은 특별한 사유가 없으면 요청에 따라야 한다.

③ 농림축산식품부장관 또는 해양수산부장관은 재해보험사업의 건전한 운영을 위하여 재해보험 제도 및 상품개발 등을 위한 조사·연구, 관련 기술의 개발 및 전문인력 양성 등의 진흥 시책을 마련하여야 한다. 〈개정 2013. 3. 23.〉

④ 농림축산식품부장관 및 해양수산부장관은 제1항 및 제3항에 따른 통계의 수집·관리, 조사·연구 등에 관한 업무를 대통령령으로 정하는 자에게 위탁할 수 있다. 〈개정 2013. 3. 23.〉

**제27조(시범사업)** ① 재해보험사업자는 신규 보험상품을 도입하려는 경우 등 필요한 경우에는 농림축산식품부장관 또는 해양수산부장관과 협의하여 시범사업을 할 수 있다. 〈개정 2013. 3. 23.〉

② 정부는 시범사업의 원활한 운영을 위하여 필요한 지원을 할 수 있다.

③ 제1항 및 제2항에 따른 시범사업 실시에 관한 구체적인 사항은 대통령령으로 정한다.

**제28조(보험가입의 촉진 등)** 정부는 농어업인의 재해대비의식을 고양하고 재해보험의 가입을 촉진하기 위하여 교육·홍보 및 보험가입자에 대한 정책자금 지원, 신용보증 지원 등을 할 수 있다. 〈개정 2016. 12. 2.〉

**제28조의2(보험가입촉진계획의 수립)** ① 재해보험사업자는 농어업재해보험 가입 촉진을 위하여 보험가입촉진계획을 매년 수립하여 농림축산식품부장관 또는 해양수산부장관에게 제출하여야 한다.

② 보험가입촉진계획의 내용 및 그 밖에 필요한 사항은 대통령령으로 정한다.

[본조신설 2016. 12. 2.]

**제29조(보고 등)** 농림축산식품부장관 또는 해양수산부장관은 재해보험의 건전한 운영과 재해보험가입자의 보호를 위하여 필요하다고 인정되는 경우에는 재해보험사업자에게 재해보험사업에 관한 업무 처리 상황을 보고하게 하거나 관계 서류의 제출을 요구할 수 있다. 〈개정 2013. 3. 23.〉

**제29조의2(청문)** 농림축산식품부장관은 다음 각 호의 어느 하나에 해당하는 처분을 하려면 청문을 하여야 한다.
1. 제11조의5에 따른 손해평가사의 자격 취소
2. 제11조의6에 따른 손해평가사의 업무 정지

[본조신설 2014. 6. 3.]

## 제5장 벌칙

**제30조(벌칙)** ① 제10조 제2항에서 준용하는 「보험업법」 제98조에 따른 금품 등을 제공(같은 조 제3호의 경우에는 보험금 지급의 약속을 말한다)한 자 또는 이를 요구하여 받은 보험가입자는 3년 이하의 징역 또는 3천만원 이하의 벌금에 처한다. 〈개정 2017. 11. 28.〉

② 다음 각 호의 어느 하나에 해당하는 자는 1년 이하의 징역 또는 1천만원 이하의 벌금에 처한다. 〈개정 2020. 2. 11.〉
1. 제10조 제1항을 위반하여 모집을 한 자
2. 제11조 제2항 후단을 위반하여 고의로 진실을 숨기거나 거짓으로 손해평가를 한 자
3. 제11조의4 제6항을 위반하여 다른 사람에게 손해평가사의 명의를 사용하게 하거나 그 자격증을 대여한 자
4. 제11조의4 제7항을 위반하여 손해평가사의 명의를 사용하거나 그 자격증을 대여받은 자 또는 명의의 사용이나 자격증의 대여를 알선한 자

③ 제15조를 위반하여 회계를 처리한 자는 500만원 이하의 벌금에 처한다.

**제31조(양벌규정)** 법인의 대표자나 법인 또는 개인의 대리인, 사용인, 그 밖의 종업원이 그 법인 또는 개인의 업무에 관하여 제30조의 위반행위를 하면 그 행위자를 벌하는 외에 그 법인 또는 개인에게도 해당 조문의 벌금형을 과(科)한다. 다만, 법인 또는 개인이 그 위반행위를 방지하기 위하여 해당 업무에 관하여 상당한 주의와 감독을 게을리하지 아니한 경우에는 그러하지 아니하다.

**제32조(과태료)** ① 재해보험사업자가 제10조 제2항에서 준용하는 「보험업법」 제95조를 위반하여 보험안내를 한 경우에는 1천만원 이하의 과태료를 부과한다.

② 재해보험사업자의 발기인, 설립위원, 임원, 집행간부, 일반간부직원, 파산관재인 및 청산인이 다음 각 호의 어느 하나에 해당하면 500만원 이하의 과태료를 부과한다. 〈개정 2015. 8. 11., 2020. 3. 24.〉
1. 제18조 제1항에서 적용하는 「보험업법」 제120조에 따른 책임준비금과 비상위험준비금을 계상하지 아니하거나 이를 따로 작성한 장부에 각각 기재하지 아니한 경우
2. 제18조 제1항에서 적용하는 「보험업법」 제131조 제1항·제2항 및 제4항에 따른 명령을 위반한 경우
3. 제18조 제1항에서 적용하는 「보험업법」 제133조에 따른 검사를 거부·방해 또는 기피한 경우

③ 다음 각 호의 어느 하나에 해당하는 자에게는 500만원 이하의 과태료를 부과한다. 〈개정 2020. 3. 24.〉
1. 제10조 제2항에서 준용하는 「보험업법」 제95조를 위반하여 보험안내를 한 자로서 재해보험사업자가 아닌 자

2. 제10조 제2항에서 준용하는 「보험업법」 제97조 제1항 또는 「금융소비자 보호에 관한 법률」 제21조를 위반하여 보험계약의 체결 또는 모집에 관한 금지행위를 한 자
3. 제29조에 따른 보고 또는 관계 서류 제출을 하지 아니하거나 보고 또는 관계 서류 제출을 거짓으로 한 자

④ 제1항, 제2항 제1호 및 제3항에 따른 과태료는 농림축산식품부장관 또는 해양수산부장관이, 제2항 제2호 및 제3호에 따른 과태료는 금융위원회가 대통령령으로 정하는 바에 따라 각각 부과·징수한다. 〈개정 2013. 3. 23.〉

## 부칙 〈제20275호, 2024. 2. 13.〉 (풍수해·지진재해보험법)

**제1조(시행일)** 이 법은 공포 후 3개월이 경과한 날부터 시행한다.

**제2조(다른 법률의 개정)** ① 생략

② 농어업재해보험법 일부를 다음과 같이 개정한다.

**제19조 제3항 중** "「풍수해보험법」"을 "「풍수해·지진재해보험법」"으로, "풍수해보험"을 "풍수해·지진재해보험"으로 한다.

**제3조** 생략

# 02 농어업재해보험법 시행령

농어업재해보험법 시행령
[시행 2024. 12. 27.] [대통령령 제35038호, 2024. 12. 3., 타법개정]

농림축산식품부(재해보험정책과) 044-201-1792, 1793
해양수산부(소득복지과) 044-200-5468, 5471

**제1조(목적)** 이 영은 「농어업재해보험법」에서 위임된 사항과 그 시행에 필요한 사항을 규정함을 목적으로 한다.

**제2조(위원장의 직무)** ① 「농어업재해보험법」(이하 "법"이라 한다) 제3조에 따른 농업재해보험심의회(이하 "심의회"라 한다)의 위원장(이하 "위원장"이라 한다)은 심의회를 대표하며, 심의회의 업무를 총괄한다. 〈개정 2013. 3. 23., 2024. 4. 30.〉

② 심의회의 부위원장은 위원장을 보좌하며, 위원장이 부득이한 사유로 직무를 수행할 수 없을 때에는 그 직무를 대행한다.

**제3조(회의)** ① 위원장은 심의회의 회의를 소집하며, 그 의장이 된다.

② 심의회의 회의는 재적위원 3분의 1 이상의 요구가 있을 때 또는 위원장이 필요하다고 인정할 때에 소집한다.

③ 심의회의 회의는 재적위원 과반수의 출석으로 개의(開議)하고, 출석위원 과반수의 찬성으로 의결한다.

**제3조의2(위원의 해촉)** 농림축산식품부장관은 법 제3조 제4항 제1호에 따른 위원이 다음 각 호의 어느 하나에 해당하는 경우에는 해당 위원을 해촉(解囑)할 수 있다. 〈개정 2024. 4. 30.〉

1. 심신장애로 인하여 직무를 수행할 수 없게 된 경우
2. 직무와 관련된 비위사실이 있는 경우
3. 직무태만, 품위손상이나 그 밖의 사유로 인하여 위원으로 적합하지 아니하다고 인정되는 경우
4. 위원 스스로 직무를 수행하는 것이 곤란하다고 의사를 밝히는 경우

[본조신설 2016. 1. 22.]

**제4조(분과위원회)** ① 법 제3조 제6항 제5호에 따른 분과위원회는 농업인안전보험분과위원회로 한다. 〈개정 2024. 4. 30.〉

② 법 제3조 제6항 각 호에 따른 분과위원회(이하 "분과위원회"라 한다)는 다음 각 호의 구분에 따른 사항을 검토·조정하여 심의회에 보고한다. 〈개정 2016. 1. 22., 2023. 9. 26., 2024. 4. 30.〉

1. 농작물재해보험분과위원회 : 법 제3조 제1항에 따른 심의사항 중 농작물재해보험에 관한 사항
2. 임산물재해보험분과위원회 : 법 제3조 제1항에 따른 심의사항 중 임산물재해보험에 관한 사항
3. 가축재해보험분과위원회 : 법 제3조 제1항에 따른 심의사항 중 가축재해보험에 관한 사항
4. 삭제 〈2024. 4. 30.〉
5. 농업인안전보험분과위원회 : 「농어업인의 안전보험 및 안전재해예방에 관한 법률」 제5조에 따른 심의사항 중 농업인안전보험에 관한 사항

6. 삭제 〈2024. 4. 30.〉

7. 삭제 〈2024. 4. 30.〉

③ 분과위원회는 분과위원장 1명을 포함한 9명 이내의 분과위원으로 성별을 고려하여 구성한다. 〈개정 2016. 1. 22.〉

④ 분과위원장 및 분과위원은 심의회의 위원 중에서 전문적인 지식과 경험 등을 고려하여 위원장이 지명한다.

⑤ 분과위원회의 회의는 위원장 또는 분과위원장이 필요하다고 인정할 때에 소집한다.

⑥ 제1항부터 제5항까지에서 규정한 사항 외에 분과위원장의 직무 및 분과위원회의 회의에 관해서는 제2조 제1항 및 제3조 제1항·제3항을 준용한다.

**제5조(수당 등)** 심의회 또는 분과위원회에 출석한 위원 또는 분과위원에게는 예산의 범위에서 수당, 여비 또는 그 밖에 필요한 경비를 지급할 수 있다. 다만, 공무원인 위원 또는 분과위원이 그 소관 업무와 직접 관련하여 심의회 또는 분과위원회에 출석한 경우에는 그러하지 아니하다.

**제6조(운영세칙)** 제2조, 제3조, 제3조의2, 제4조 및 제5조에서 규정한 사항 외에 심의회 또는 분과위원회의 운영에 필요한 사항은 심의회의 의결을 거쳐 위원장이 정한다. 〈개정 2016. 1. 22.〉

**제7조** 삭제 〈2016. 1. 22.〉

**제8조(재해보험에서 보상하는 재해의 범위)** 법 제6조 제1항에 따라 재해보험에서 보상하는 재해의 범위는 별표 1과 같다. 〈개정 2017. 5. 29.〉

**제9조(보험가입자의 기준)** 법 제7조에 따른 보험가입자의 기준은 다음 각 호의 구분에 따른다. 〈개정 2011. 12. 28., 2017. 5. 29.〉

1. 농작물재해보험 : 법 제5조에 따라 농림축산식품부장관이 고시하는 농작물을 재배하는 자

1의2. 임산물재해보험 : 법 제5조에 따라 농림축산식품부장관이 고시하는 임산물을 재배하는 자

2. 가축재해보험 : 법 제5조에 따라 농림축산식품부장관이 고시하는 가축을 사육하는 자

3. 양식수산물재해보험 : 법 제5조에 따라 해양수산부장관이 고시하는 양식수산물을 양식하는 자

**제10조(재해보험사업의 약정체결)** ① 법 제8조 제2항에 따라 재해보험 사업의 약정을 체결하려는 자는 농림축산식품부장관 또는 해양수산부장관이 정하는 바에 따라 재해보험사업 약정체결신청서에 같은 조 제3항 각 호에 따른 서류를 첨부하여 농림축산식품부장관 또는 해양수산부장관에게 제출하여야 한다. 〈개정 2013. 3. 23.〉

② 농림축산식품부장관 또는 해양수산부장관은 법 제8조 제2항에 따라 재해보험사업을 하려는 자와 재해보험사업의 약정을 체결할 때에는 다음 각 호의 사항이 포함된 약정서를 작성하여야 한다. 〈개정 2013. 3. 23.〉

1. 약정기간에 관한 사항
2. 재해보험사업의 약정을 체결한 자(이하 "재해보험사업자"라 한다)가 준수하여야 할 사항
3. 재해보험사업자에 대한 재정지원에 관한 사항
4. 약정의 변경·해지 등에 관한 사항
5. 그 밖에 재해보험사업의 운영에 관한 사항

③ 법 제8조 제3항 제2호에서 "대통령령으로 정하는 서류"란 정관을 말한다.
④ 제1항에 따른 제출을 받은 농림축산식품부장관 또는 해양수산부장관은 「전자정부법」 제36조 제1항에 따른 행정정보의 공동이용을 통하여 법인 등기사항증명서를 확인하여야 한다. 〈개정 2010. 5. 4., 2013. 3. 23.〉

**제11조(변경사항의 공고)** 법 제9조 제2항에서 "대통령령으로 정하는 변경이 예정된 경우"란 다음 각 호의 어느 하나에 해당하는 경우를 말한다.
1. 보험가입자의 권리가 축소되거나 의무가 확대되는 내용으로 보험약관안의 변경이 예정된 경우
2. 보험상품을 폐지하는 내용으로 보험약관안의 변경이 예정된 경우
3. 보험상품의 변경으로 기존 보험료율보다 높은 보험료율안으로의 변경이 예정된 경우
[본조신설 2023. 9. 26.]

**제12조(손해평가인의 자격요건 등)** ① 법 제11조에 따른 손해평가인으로 위촉될 수 있는 사람의 자격요건은 별표 2와 같다.
② 재해보험사업자는 제1항에 따른 손해평가인으로 위촉된 사람에 대하여 보험에 관한 기초지식, 보험약관 및 손해평가요령 등에 관한 실무교육을 하여야 한다.
③ 법 제11조 제5항에 따른 정기교육에는 다음 각 호의 사항이 포함되어야 하며, 교육시간은 4시간 이상으로 한다. 〈신설 2017. 5. 29.〉
  1. 농어업재해보험에 관한 기초지식
  2. 농어업재해보험의 종류별 약관
  3. 손해평가의 절차 및 방법
  4. 그 밖에 손해평가에 필요한 사항으로서 농림축산식품부장관 또는 해양수산부장관이 정하는 사항
④ 제3항에서 규정한 사항 외에 정기교육의 운영에 필요한 사항은 농림축산식품부장관 또는 해양수산부장관이 정하여 고시한다. 〈신설 2017. 5. 29.〉

**제12조의2(손해평가사 자격시험의 실시 등)** ① 법 제11조의4 제1항에 따른 손해평가사 자격시험(이하 "손해평가사 자격시험"이라 한다)은 매년 1회 실시한다. 다만, 농림축산식품부장관이 손해평가사의 수급(需給)상 필요하다고 인정하는 경우에는 2년마다 실시할 수 있다.
② 농림축산식품부장관은 손해평가사 자격시험을 실시하려면 다음 각 호의 사항을 시험 실시 90일 전까지 인터넷 홈페이지 등에 공고해야 한다. 〈개정 2020. 8. 12.〉
  1. 시험의 일시 및 장소
  2. 시험방법 및 시험과목
  3. 응시원서의 제출방법 및 응시수수료
  4. 합격자 발표의 일시 및 방법
  5. 선발예정인원(농림축산식품부장관이 수급상 필요하다고 인정하여 선발예정인원을 정한 경우만 해당한다)
  6. 그 밖에 시험의 실시에 필요한 사항
③ 손해평가사 자격시험에 응시하려는 사람은 농림축산식품부장관이 정하여 고시하는 응시원서를 농림축산

식품부장관에게 제출하여야 한다.
④ 손해평가사 자격시험에 응시하려는 사람은 농림축산식품부장관이 정하여 고시하는 응시수수료를 내야 한다.
⑤ 농림축산식품부장관은 다음 각 호의 어느 하나에 해당하는 경우에는 제4항에 따라 받은 수수료를 다음 각 호의 구분에 따라 반환하여야 한다.
  1. 수수료를 과오납한 경우 : 과오납한 금액 전부
  2. 시험일 20일 전까지 접수를 취소하는 경우 : 납부한 수수료 전부
  3. 시험관리기관의 귀책사유로 시험에 응시하지 못하는 경우 : 납부한 수수료 전부
  4. 시험일 10일 전까지 접수를 취소하는 경우 : 납부한 수수료의 100분의 60
[본조신설 2014. 12. 3.]

**제12조의3(손해평가사 자격시험의 방법)** ① 손해평가사 자격시험은 제1차 시험과 제2차 시험으로 구분하여 실시한다. 이 경우 제2차 시험은 제1차 시험에 합격한 사람과 제12조의5에 따라 제1차 시험을 면제받은 사람을 대상으로 시행한다.
② 제1차 시험은 선택형으로 출제하는 것을 원칙으로 하되, 단답형 또는 기입형을 병행할 수 있다.
③ 제2차 시험은 서술형으로 출제하는 것을 원칙으로 하되, 단답형 또는 기입형을 병행할 수 있다.
[본조신설 2014. 12. 3.]

**제12조의4(손해평가사 자격시험의 과목)** 손해평가사 자격시험의 제1차 시험 과목 및 제2차 시험 과목은 별표 2의2와 같다.
[본조신설 2014. 12. 3.]

**제12조의5(손해평가사 자격시험의 일부 면제)** ① 법 제11조의4 제2항에서 "대통령령으로 정하는 기준에 해당하는 사람"이란 다음 각 호의 어느 하나에 해당하는 사람을 말한다.
  1. 법 제11조 제1항에 따른 손해평가인으로 위촉된 기간이 3년 이상인 사람으로서 손해평가 업무를 수행한 경력이 있는 사람
  2. 「보험업법」 제186조에 따른 손해사정사
  3. 다음 각 목의 기관 또는 법인에서 손해사정 관련 업무에 3년 이상 종사한 경력이 있는 사람
    가. 「금융위원회의 설치 등에 관한 법률」에 따라 설립된 금융감독원
    나. 「농업협동조합법」에 따른 농업협동조합중앙회. 이 경우 법률 제10522호 농업협동조합법 일부개정법률 제134조의5의 개정규정에 따라 농협손해보험이 설립되기 전까지의 농업협동조합중앙회에 한정한다.
    다. 「보험업법」 제4조에 따른 허가를 받은 손해보험회사
    라. 「보험업법」 제175조에 따라 설립된 손해보험협회
    마. 「보험업법」 제187조 제2항에 따른 손해사정을 업(業)으로 하는 법인
    바. 「화재로 인한 재해보상과 보험가입에 관한 법률」 제11조에 따라 설립된 한국화재보험협회
② 제1항 각 호의 어느 하나에 해당하는 사람에 대해서는 손해평가사 자격시험 중 제1차 시험을 면제한다.

③ 제2항에 따라 제1차 시험을 면제받으려는 사람은 농림축산식품부장관이 정하여 고시하는 면제신청서에 제1항 각 호의 어느 하나에 해당하는 사실을 증명하는 서류를 첨부하여 농림축산식품부장관에게 신청해야 한다. 〈신설 2019. 12. 10.〉

④ 제3항에 따른 면제 신청을 받은 농림축산식품부장관은 「전자정부법」 제36조 제1항에 따른 행정정보의 공동이용을 통하여 신청인의 고용보험 피보험자격 이력내역서, 국민연금가입자가입증명 또는 건강보험 자격득실확인서를 확인해야 한다. 다만, 신청인이 확인에 동의하지 않는 경우에는 그 서류를 첨부하도록 해야 한다. 〈신설 2019. 12. 10.〉

⑤ 제1차 시험에 합격한 사람에 대해서는 다음 회에 한정하여 제1차 시험을 면제한다. 〈개정 2019. 12. 10.〉
[본조신설 2014. 12. 3.]

**제12조의6(손해평가사 자격시험의 합격기준 등)** ① 손해평가사 자격시험의 제1차 시험 합격자를 결정할 때에는 매 과목 100점을 만점으로 하여 매 과목 40점 이상과 전 과목 평균 60점 이상을 득점한 사람을 합격자로 한다.

② 손해평가사 자격시험의 제2차 시험 합격자를 결정할 때에는 매 과목 100점을 만점으로 하여 매 과목 40점 이상과 전 과목 평균 60점 이상을 득점한 사람을 합격자로 한다.

③ 제2항에도 불구하고 농림축산식품부장관이 손해평가사의 수급상 필요하다고 인정하여 제12조의2 제2항 제5호에 따라 선발예정인원을 공고한 경우에는 매 과목 40점 이상을 득점한 사람 중에서 전(全) 과목 총득점이 높은 사람부터 차례로 선발예정인원에 달할 때까지에 해당하는 사람을 합격자로 한다.

④ 제3항에 따라 합격자를 결정할 때 동점자가 있어 선발예정인원을 초과하는 경우에는 해당 동점자 모두를 합격자로 한다. 이 경우 동점자의 점수는 소수점 이하 둘째자리(셋째자리 이하 버림)까지 계산한다.

⑤ 농림축산식품부장관은 손해평가사 자격시험의 최종 합격자가 결정되었을 때에는 이를 인터넷 홈페이지에 공고하여야 한다.
[본조신설 2014. 12. 3.]

**제12조의7(손해평가사 자격증의 발급)** 농림축산식품부장관은 손해평가사 자격시험에 합격한 사람에게 농림축산식품부장관이 정하여 고시하는 바에 따라 손해평가사 자격증을 발급하여야 한다.
[본조신설 2014. 12. 3.]

**제12조의8(손해평가 등의 교육)** 농림축산식품부장관은 손해평가사의 손해평가 능력 및 자질 향상을 위하여 교육을 실시할 수 있다.
[본조신설 2014. 12. 3.]

**제12조의9(손해평가사 자격 취소 처분의 세부기준)** 법 제11조의5 제1항에 따른 손해평가사 자격 취소 처분의 세부기준은 별표 2의3과 같다.
[본조신설 2020. 8. 12.]

**제12조의10(손해평가사 업무 정지 처분의 세부기준)** 법 제11조의6 제1항에 따른 손해평가사 업무 정지 처분의 세부기준은 별표 2의4와 같다.
[본조신설 2020. 8. 12.]

**제12조의11(보험금수급전용계좌의 신청 방법·절차 등)** ① 법 제11조의7 제1항 본문에 따라 보험금을 수급권자 명의의 지정된 계좌(이하 "보험금수급전용계좌"라 한다)로 받으려는 사람은 재해보험사업자가 정하는 보험금 지급청구서에 수급권자 명의의 보험금수급전용계좌를 기재하고, 통장의 사본(계좌번호가 기재된 면을 말한다)을 첨부하여 재해보험사업자에게 제출해야 한다. 보험금수급전용계좌를 변경하는 경우에도 또한 같다.

② 법 제11조의7 제1항 단서에서 "대통령령으로 정하는 불가피한 사유"란 보험금수급전용계좌가 개설된 금융기관의 폐업·업무 정지 등으로 정상영업이 불가능한 경우를 말한다.

③ 재해보험사업자는 법 제11조의7 제1항 단서에 따른 사유로 보험금을 이체할 수 없을 때에는 수급권자의 신청에 따라 다른 금융기관에 개설된 보험금수급전용계좌로 이체해야 한다. 다만, 다른 보험금수급전용계좌로도 이체할 수 없는 경우에는 수급권자 본인의 주민등록증(모바일 주민등록증을 포함한다) 등 신분증명서의 확인을 거쳐 보험금을 직접 현금으로 지급할 수 있다. 〈개정 2024. 12. 3.〉

[본조신설 2020. 8. 12.]

**제12조의12(보험금의 압류 금지)** 법 제12조 제2항에서 "대통령령으로 정하는 액수"란 다음 각 호의 구분에 따른 보험금 액수를 말한다.

1. 농작물·임산물·가축 및 양식수산물의 재생산에 직접적으로 소요되는 비용의 보장을 목적으로 법 제11조의7 제1항 본문에 따라 보험금수급전용계좌로 입금된 보험금 : 입금된 보험금 전액
2. 제1호 외의 목적으로 법 제11조의7 제1항 본문에 따라 보험금수급전용계좌로 입금된 보험금 : 입금된 보험금의 2분의 1에 해당하는 액수

[본조신설 2020. 8. 12.]

**제13조(업무 위탁)** 법 제14조에서 "대통령령으로 정하는 자"란 다음 각 호의 자를 말한다. 〈개정 2011. 12. 28., 2014. 4. 22., 2016. 11. 8., 2023. 9. 26.〉

1. 「농업협동조합법」에 따라 설립된 지역농업협동조합·지역축산업협동조합 및 품목별·업종별협동조합
1의2. 「산림조합법」에 따라 설립된 지역산림조합 및 품목별·업종별산림조합
2. 「수산업협동조합법」에 따라 설립된 지구별 수산업협동조합, 업종별 수산업협동조합, 수산물가공 수산업협동조합 및 수협은행
3. 「보험업법」 제187조에 따라 손해사정을 업으로 하는 자
4. 농어업재해보험 관련 업무를 수행할 목적으로 「민법」 제32조에 따라 농림축산식품부장관 또는 해양수산부장관의 허가를 받아 설립된 비영리법인

**제14조** 삭제 〈2017. 5. 29.〉

**제15조(보험료 및 운영비의 지원)** ① 법 제19조 제1항 전단 및 제2항에 따라 보험료 또는 운영비의 지원금액을 지급받으려는 재해보험사업자는 농림축산식품부장관 또는 해양수산부장관이 정하는 바에 따라 재해보험 가입현황서나 운영비 사용계획서를 농림축산식품부장관 또는 해양수산부장관에게 제출하여야 한다. 〈개정 2011. 12. 28., 2013. 3. 23.〉

② 제1항에 따른 재해보험 가입현황서나 운영비 사용계획서를 제출받은 농림축산식품부장관 또는 해양수산부장관은 제9조에 따른 보험가입자의 기준 및 제10조 제2항 제3호에 따른 재해보험사업자에 대한 재정지원에 관한 사항 등을 확인하여 보험료 또는 운영비의 지원금액을 결정·지급한다. 〈개정 2013. 3. 23.〉

③ 법 제19조 제1항 후단 및 같은 조 제2항에 따라 지방자치단체의 장은 보험료의 일부를 추가 지원하려는 경우 재해보험 가입현황서와 제9조에 따른 보험가입자의 기준 등을 확인하여 보험료의 지원금액을 결정·지급한다. 〈신설 2011. 12. 28.〉

**제16조(재보험 약정서)** 법 제20조 제2항 제3호에서 "대통령령으로 정하는 사항"이란 다음 각 호의 사항을 말한다.

1. 재보험수수료에 관한 사항
2. 재보험 약정기간에 관한 사항
3. 재보험 책임범위에 관한 사항
4. 재보험 약정의 변경·해지 등에 관한 사항
5. 재보험금 지급 및 분쟁에 관한 사항
6. 그 밖에 재보험의 운영·관리에 관한 사항

**제16조의2** 삭제 〈2017. 5. 29.〉

**제17조(기금계정의 설치)** 농림축산식품부장관은 해양수산부장관과 협의하여 법 제21조에 따른 농어업재해재보험기금(이하 "기금"이라 한다)의 수입과 지출을 명확히 하기 위하여 한국은행에 기금계정을 설치하여야 한다. 〈개정 2013. 3. 23.〉

**제18조(기금의 관리·운용에 관한 사무의 위탁)** ① 농림축산식품부장관은 해양수산부장관과 협의하여 법 제24조 제2항에 따라 기금의 관리·운용에 관한 다음 각 호의 사무를 「농업·농촌 및 식품산업 기본법」 제63조의2에 따라 설립된 농업정책보험금융원(이하 "농업정책보험금융원"이라 한다)에 위탁한다. 〈개정 2013. 3. 23., 2017. 5. 29.〉

1. 기금의 관리·운용에 관한 회계업무
2. 법 제20조 제2항 제1호에 따른 재보험료를 납입받는 업무
3. 법 제20조 제2항 제2호에 따른 재보험금을 지급하는 업무
4. 제20조에 따른 여유자금의 운용업무
5. 그 밖에 기금의 관리·운용에 관하여 농림축산식품부장관이 해양수산부장관과 협의를 거쳐 지정하여 고시하는 업무

② 제1항에 따라 기금의 관리·운용을 위탁받은 농업정책보험금융원(이하 "기금수탁관리자"라 한다)은 기금의 관리 및 운용을 명확히 하기 위하여 기금을 다른 회계와 구분하여 회계처리하여야 한다. 〈개정 2017. 5. 29.〉

③ 제1항 각 호의 사무처리에 드는 경비는 기금의 부담으로 한다.

**제19조(기금의 결산)** ① 기금수탁관리자는 회계연도마다 기금결산보고서를 작성하여 다음 회계연도 2월 15일까지 농림축산식품부장관 및 해양수산부장관에게 제출하여야 한다. 〈개정 2013. 3. 23.〉

② 농림축산식품부장관은 해양수산부장관과 협의하여 기금수탁관리자로부터 제출받은 기금결산보고서를 검토한 후 심의회의 심의를 거쳐 다음 회계연도 2월 말일까지 기획재정부장관에게 제출하여야 한다. 〈개정 2013. 3. 23.〉

③ 제1항의 기금결산보고서에는 다음 각 호의 서류를 첨부하여야 한다.
1. 결산 개요
2. 수입지출결산
3. 재무제표
4. 성과보고서
5. 그 밖에 결산의 내용을 명확하게 하기 위하여 필요한 서류

**제20조(여유자금의 운용)** 농림축산식품부장관은 해양수산부장관과 협의하여 기금의 여유자금을 다음 각 호의 방법으로 운용할 수 있다. 〈개정 2010. 11. 15., 2013. 3. 23.〉
1. 「은행법」에 따른 은행에의 예치
2. 국채, 공채 또는 그 밖에 「자본시장과 금융투자업에 관한 법률」 제4조에 따른 증권의 매입

**제20조의2** 삭제 〈2017. 5. 29.〉

**제21조(통계의 수집·관리 등에 관한 업무의 위탁)** ① 농림축산식품부장관 또는 해양수산부장관은 법 제26조 제4항에 따라 같은 조 제1항 및 제3항에 따른 통계의 수집·관리, 조사·연구 등에 관한 업무를 다음 각 호의 어느 하나에 해당하는 자에게 위탁할 수 있다. 〈개정 2011. 12. 28., 2013. 3. 23., 2016. 11. 8., 2017. 5. 29., 2023. 9. 26.〉
1. 「농업협동조합법」에 따른 농업협동조합중앙회
1의2. 「산림조합법」에 따른 산림조합중앙회
2. 「수산업협동조합법」에 따른 수산업협동조합중앙회 및 수협은행
3. 「정부출연연구기관 등의 설립·운영 및 육성에 관한 법률」 제8조에 따라 설립된 연구기관
4. 「보험업법」에 따른 보험회사, 보험료율산출기관 또는 보험계리를 업으로 하는 자
5. 「민법」 제32조에 따라 농림축산식품부장관 또는 해양수산부장관의 허가를 받아 설립된 비영리법인
6. 「공익법인의 설립·운영에 관한 법률」 제4조에 따라 농림축산식품부장관 또는 해양수산부장관의 허가를 받아 설립된 공익법인
7. 농업정책보험금융원

② 농림축산식품부장관 또는 해양수산부장관은 제1항에 따라 업무를 위탁한 때에는 위탁받은 자 및 위탁업무의 내용 등을 고시하여야 한다. 〈개정 2016. 11. 8.〉

**제22조(시범사업 실시)** ① 재해보험사업자는 법 제27조 제1항에 따른 시범사업을 하려면 다음 각 호의 사항

이 포함된 사업계획서를 농림축산식품부장관 또는 해양수산부장관에게 제출하고 협의하여야 한다. 〈개정 2013. 3. 23.〉

1. 대상목적물, 사업지역 및 사업기간에 관한 사항
2. 보험상품에 관한 사항
3. 정부의 재정지원에 관한 사항
4. 그 밖에 농림축산식품부장관 또는 해양수산부장관이 필요하다고 인정하는 사항

② 재해보험사업자는 시범사업이 끝나면 지체 없이 다음 각 호의 사항이 포함된 사업결과보고서를 작성하여 농림축산식품부장관 또는 해양수산부장관에게 제출하여야 한다. 〈개정 2013. 3. 23.〉

1. 보험계약사항, 보험금 지급 등 전반적인 사업운영 실적에 관한 사항
2. 사업 운영과정에서 나타난 문제점 및 제도개선에 관한 사항
3. 사업의 중단·연장 및 확대 등에 관한 사항

③ 농림축산식품부장관 또는 해양수산부장관은 제2항에 따른 사업결과보고서를 받으면 그 사업결과를 바탕으로 신규 보험상품의 도입 가능성 등을 검토·평가하여야 한다. 〈개정 2013. 3. 23.〉

**제22조의2(보험가입촉진계획의 제출 등)** ① 법 제28조의2 제1항에 따른 보험가입촉진계획에는 다음 각 호의 사항이 포함되어야 한다.

1. 전년도의 성과분석 및 해당 연도의 사업계획
2. 해당 연도의 보험상품 운영계획
3. 농어업재해보험 교육 및 홍보계획
4. 보험상품의 개선·개발계획
5. 그 밖에 농어업재해보험 가입 촉진을 위하여 필요한 사항

② 재해보험사업자는 법 제28조의2 제1항에 따라 수립한 보험가입촉진계획을 해당 연도 1월 31일까지 농림축산식품부장관 또는 해양수산부장관에게 제출하여야 한다.

[본조신설 2017. 5. 29.]

[종전 제22조의2는 제22조의3으로 이동 〈2017. 5. 29.〉]

**제22조의3(고유식별정보의 처리)** ① 재해보험사업자는 법 제7조에 따른 재해보험가입자 자격 확인에 관한 사무를 수행하기 위하여 불가피한 경우 「개인정보 보호법 시행령」 제19조 제1호에 따른 주민등록번호가 포함된 자료를 처리할 수 있다.

② 재해보험사업자(법 제8조 제1항 제3호에 따른 보험회사는 제외한다)는 「상법」 제639조에 따른 타인을 위한 보험계약의 체결, 유지·관리, 보험금의 지급 등에 관한 사무를 수행하기 위하여 불가피한 경우 「개인정보 보호법 시행령」 제19조 제1호에 따른 주민등록번호가 포함된 자료를 처리할 수 있다.

③ 농림축산식품부장관(법 제25조의2 제2항 및 제3항에 따라 농림축산식품부장관의 업무를 위탁받은 자를 포함한다)은 다음 각 호의 사무를 수행하기 위하여 불가피한 경우 「개인정보 보호법 시행령」 제19조 제1호에 따른 주민등록번호가 포함된 자료를 처리할 수 있다. 〈신설 2014. 12. 3., 2017. 5. 29., 2020. 8. 12.〉

1. 법 제11조의4에 따른 손해평가사 자격시험에 관한 사무
2. 법 제11조의5에 따른 손해평가사의 자격 취소에 관한 사무
3. 법 제11조의6에 따른 손해평가사의 감독에 관한 사무
4. 법 제25조의2 제1항 제1호에 따른 재해보험사업의 관리·감독에 관한 사무

[본조신설 2014. 8. 6.]
[제22조의2에서 이동, 종전 제22조의3은 제22조의4로 이동 〈2017. 5. 29.〉]

**제22조의4(규제의 재검토)** ① 농림축산식품부장관 또는 해양수산부장관은 제12조 및 별표 2에 따른 손해평가인의 자격요건에 대하여 2018년 1월 1일을 기준으로 3년마다(매 3년이 되는 해의 1월 1일 전까지를 말한다) 그 타당성을 검토하여 개선 등의 조치를 하여야 한다. 〈신설 2017. 12. 12.〉

② 삭제 〈2020. 3. 3.〉

[전문개정 2016. 12. 30.]
[제22조의3에서 이동 〈2017. 5. 29.〉]

**제23조(과태료의 부과기준)** 법 제32조 제1항부터 제3항까지의 규정에 따른 과태료의 부과기준은 별표 3과 같다.

## 부칙 〈제35038호, 2024. 12. 3.〉 (주민등록법 시행령)

**제1조(시행일)** 이 영은 2024년 12월 27일부터 시행한다. 〈단서 생략〉

**제2조(다른 법령의 개정)** ①부터 ⑪까지 생략

⑫ 농어업재해보험법 시행령 일부를 다음과 같이 개정한다.
제12조의11 제3항 단서 중 "주민등록증"을 "주민등록증(모바일 주민등록증을 포함한다)"으로 한다.

⑬부터 ㉓까지 생략

[별표 1] 재해보험에서 보상하는 재해의 범위(제8조 관련)
[별표 2] 손해평가인의 자격요건(제12조 제1항 관련)
[별표 2의2] 손해평가사 자격시험의 과목(제12조의4 관련)
[별표 2의3] 손해평가사 자격 취소 처분의 세부기준(제12조의9 관련)
[별표 2의4] 손해평가사 업무 정지 처분의 세부기준(제12조의10 관련)
[별표 3] 과태료의 부과기준(제23조 관련)

■ 농어업재해보험법 시행령 [별표 1] 〈개정 2016.1.22.〉

### 재해보험에서 보상하는 재해의 범위(제8조 관련)

| 재해보험의 종류 | 보상하는 재해의 범위 |
| --- | --- |
| 1. 농작물·임산물 재해보험 | 자연재해, 조수해(鳥獸害), 화재 및 보험목적물별로 농림축산식품부장관이 정하여 고시하는 병충해 |
| 2. 가축 재해보험 | 자연재해, 화재 및 보험목적물별로 농림축산식품부장관이 정하여 고시하는 질병 |
| 3. 양식수산물 재해보험 | 자연재해, 화재 및 보험목적물별로 해양수산부장관이 정하여 고시하는 수산질병 |

※ 비고 : 재해보험사업자는 보험의 효용성 및 보험 실시 가능성 등을 종합적으로 고려하여 위의 대상 재해의 범위에서 다양한 보험상품을 운용할 수 있다.

■ 농어업재해보험법 시행령 [별표 2] 〈개정 2024. 11. 26.〉

**손해평가인의 자격요건**(제12조 제1항 관련)

| 재해보험의 종류 | 손해평가인의 자격요건 |
|---|---|
| 농작물 재해보험 | 1. 재해보험 대상 농작물을 5년 이상 경작한 경력이 있는 농업인<br>2. 공무원으로 농림축산식품부, 농촌진흥청, 통계청 또는 지방자치단체나 그 소속기관에서 농작물재배 분야에 관한 연구·지도, 농산물 품질관리 또는 농업 통계조사 업무를 3년 이상 담당한 경력이 있는 사람<br>3. 교원으로 고등학교에서 농작물재배 분야 관련 과목을 5년 이상 교육한 경력이 있는 사람<br>4. 조교수 이상으로 「고등교육법」 제2조에 따른 학교에서 농작물재배 관련학을 3년 이상 교육한 경력이 있는 사람<br>5. 「보험업법」에 따른 보험회사의 임직원이나 「농업협동조합법」에 따른 중앙회와 조합의 임직원으로 영농 지원 또는 보험·공제 관련 업무를 3년 이상 담당하였거나 손해평가 업무를 2년 이상 담당한 경력이 있는 사람<br>6. 「고등교육법」 제2조에 따른 학교에서 농작물재배 관련학을 전공하고 농업전문 연구기관 또는 연구소에서 5년 이상 근무한 학사학위 이상 소지자<br>7. 「고등교육법」 제2조에 따른 전문대학에서 보험 관련 학과를 졸업했거나 졸업 예정인 사람<br>8. 「학점인정 등에 관한 법률」 제8조에 따라 전문대학의 보험 관련 학과 졸업자(졸업예정자를 포함한다)와 같은 수준 이상의 학력이 있다고 인정받은 사람이나 「고등교육법」 제2조에 따른 학교에서 80학점(보험 관련 과목 학점이 45학점 이상이어야 한다) 이상을 이수한 사람 등 제7호에 해당하는 사람과 같은 수준 이상의 학력이 있다고 인정되는 사람<br>9. 「농수산물 품질관리법」에 따른 농산물품질관리사<br>10. 재해보험 대상 농작물 분야에서 「국가기술자격법」에 따른 기사 이상의 자격을 소지한 사람 |
| 임산물 재해보험 | 1. 재해보험 대상 임산물을 5년 이상 경작한 경력이 있는 임업인<br>2. 공무원으로 농림축산식품부, 농촌진흥청, 산림청, 통계청 또는 지방자치단체나 그 소속기관에서 임산물재배 분야에 관한 연구·지도 또는 임업 통계조사 업무를 3년 이상 담당한 경력이 있는 사람<br>3. 교원으로 고등학교에서 임산물재배 분야 관련 과목을 5년 이상 교육한 경력이 있는 사람<br>4. 조교수 이상으로 「고등교육법」 제2조에 따른 학교에서 임산물재배 관련학을 3년 이상 교육한 경력이 있는 사람<br>5. 「보험업법」에 따른 보험회사의 임직원이나 「산림조합법」에 따른 중앙회와 조합의 임직원으로 산림경영 지원 또는 보험·공제 관련 업무를 3년 이상 담당하였거나 손해평가 업무를 2년 이상 담당한 경력이 있는 사람<br>6. 「고등교육법」 제2조에 따른 학교에서 임산물재배 관련학을 전공하고 임업전문 연구기관 또는 연구소에서 5년 이상 근무한 학사학위 이상 소지자 |

|  |  |
|---|---|
|  | 7. 「고등교육법」 제2조에 따른 전문대학에서 보험 관련 학과를 졸업했거나 졸업 예정인 사람<br>8. 「학점인정 등에 관한 법률」 제8조에 따라 전문대학의 보험 관련 학과 졸업자(졸업예정자를 포함한다)와 같은 수준 이상의 학력이 있다고 인정받은 사람이나 「고등교육법」 제2조에 따른 학교에서 80학점(보험 관련 과목 학점이 45학점 이상이어야 한다) 이상을 이수한 사람 등 제7호에 해당하는 사람과 같은 수준 이상의 학력이 있다고 인정되는 사람<br>9. 재해보험 대상 임산물 분야에서 「국가기술자격법」에 따른 기사 이상의 자격을 소지한 사람 |
| 가축<br>재해보험 | 1. 재해보험 대상 가축을 5년 이상 사육한 경력이 있는 농업인<br>2. 공무원으로 농림축산식품부, 농촌진흥청, 통계청 또는 지방자치단체나 그 소속기관에서 가축사육 분야에 관한 연구·지도 또는 가축 통계조사 업무를 3년 이상 담당한 경력이 있는 사람<br>3. 교원으로 고등학교에서 가축사육 분야 관련 과목을 5년 이상 교육한 경력이 있는 사람<br>4. 조교수 이상으로 「고등교육법」 제2조에 따른 학교에서 가축사육 관련학을 3년 이상 교육한 경력이 있는 사람<br>5. 「보험업법」에 따른 보험회사의 임직원이나 「농업협동조합법」에 따른 중앙회와 조합의 임직원으로 영농 지원 또는 보험·공제 관련 업무를 3년 이상 담당하였거나 손해평가 업무를 2년 이상 담당한 경력이 있는 사람<br>6. 「고등교육법」 제2조에 따른 학교에서 가축사육 관련학을 전공하고 축산전문 연구기관 또는 연구소에서 5년 이상 근무한 학사학위 이상 소지자<br>7. 「고등교육법」 제2조에 따른 전문대학에서 보험 관련 학과를 졸업했거나 졸업 예정인 사람<br>8. 「학점인정 등에 관한 법률」 제8조에 따라 전문대학의 보험 관련 학과 졸업자(졸업예정자를 포함한다)와 같은 수준 이상의 학력이 있다고 인정받은 사람이나 「고등교육법」 제2조에 따른 학교에서 80학점(보험 관련 과목 학점이 45학점 이상이어야 한다) 이상을 이수한 사람 등 제7호에 해당하는 사람과 같은 수준 이상의 학력이 있다고 인정되는 사람<br>9. 「수의사법」에 따른 수의사<br>10. 「국가기술자격법」에 따른 축산기사 이상의 자격을 소지한 사람 |
| 양식<br>수산물<br>재해보험 | 1. 재해보험 대상 양식수산물을 5년 이상 양식한 경력이 있는 어업인<br>2. 공무원으로 해양수산부, 국립수산과학원, 국립수산물품질관리원 또는 지방자치단체에서 수산물양식 분야 또는 수산생명의학 분야에 관한 연구 또는 지도업무를 3년 이상 담당한 경력이 있는 사람<br>3. 교원으로 수산계 고등학교에서 수산물양식 분야 또는 수산생명의학 분야의 관련 과목을 5년 이상 교육한 경력이 있는 사람<br>4. 조교수 이상으로 「고등교육법」 제2조에 따른 학교에서 수산물양식 관련학 또는 수산생명의학 관련학을 3년 이상 교육한 경력이 있는 사람<br>5. 「보험업법」에 따른 보험회사의 임직원이나 「수산업협동조합법」에 따른 수산업협동조합중앙회, 수협은행 및 조합의 임직원으로 수산업지원 또는 보험·공제 관련 업무를 3년 이상 담당하였거나 손해평가 업무를 2년 이상 담당한 경력이 있는 사람<br>6. 「고등교육법」 제2조에 따른 학교에서 수산물양식 관련학 또는 수산생명의학 관련학을 전공하고 |

수산전문 연구기관 또는 연구소에서 5년 이상 근무한 학사학위 소지자
7. 「고등교육법」 제2조에 따른 전문대학에서 보험 관련 학과를 졸업했거나 졸업 예정인 사람
8. 「학점인정 등에 관한 법률」 제8조에 따라 전문대학의 보험 관련 학과 졸업자(졸업예정자를 포함한다)와 같은 수준 이상의 학력이 있다고 인정받은 사람이나 「고등교육법」 제2조에 따른 학교에서 80학점(보험 관련 과목 학점이 45학점 이상이어야 한다) 이상을 이수한 사람 등 제7호에 해당하는 사람과 같은 수준 이상의 학력이 있다고 인정되는 사람
9. 「수산생물질병 관리법」에 따른 수산질병관리사
10. 재해보험 대상 양식수산물 분야에서 「국가기술자격법」에 따른 기사 이상의 자격을 소지한 사람
11. 「농수산물 품질관리법」에 따른 수산물품질관리사

■ 농어업재해보험법 시행령 [별표 2의2] 〈개정 2023. 9. 26.〉

### 손해평가사 자격시험의 과목(제12조의4 관련)

| 구분 | 과목 |
| --- | --- |
| 1. 제1차 시험 | 가. 「상법」 보험편<br>나. 농어업재해보험법령(「농어업재해보험법」, 「농어업재해보험법 시행령」 및 농림축산식품부장관이 고시하는 손해평가 요령을 말한다)<br>다. 농학개론 중 재배학 및 원예작물학 |
| 2. 제2차 시험 | 가. 농작물재해보험 및 가축재해보험의 이론과 실무<br>나. 농작물재해보험 및 가축재해보험 손해평가의 이론과 실무 |

■ 농어업재해보험법 시행령 [별표 2의3] 〈신설 2020. 8. 12.〉

### 손해평가사 자격 취소 처분의 세부기준(제12조의9 관련)

1. 일반기준
   가. 위반행위의 횟수에 따른 행정처분의 가중된 처분 기준은 최근 3년간 같은 위반행위로 행정처분을 받은 경우에 적용한다. 이 경우 기간의 계산은 위반행위에 대해 행정처분을 받은 날과 그 처분 후에 다시 같은 위반행위를 하여 적발된 날을 기준으로 한다.
   나. 가목에 따라 가중된 행정처분을 하는 경우 가중처분의 적용 차수는 그 위반행위 전 행정처분 차수(가목에 따른 기간 내에 행정처분이 둘 이상 있었던 경우에는 높은 차수를 말한다)의 다음 차수로 한다.
   다. 위반행위가 둘 이상인 경우로서 그에 해당하는 각각의 처분기준이 다른 경우에는 그 중 무거운 처분기준에 따른다.

2. 개별기준

| 위반행위 | 근거 법조문 | 처분기준 | |
| --- | --- | --- | --- |
| | | 1회 위반 | 2회 이상 위반 |
| 가. 손해평가사의 자격을 거짓 또는 부정한 방법으로 취득한 경우 | 법 제11조의5 제1항 제1호 | 자격 취소 | |
| 나. 거짓으로 손해평가를 한 경우 | 법 제11조의5 제1항 제2호 | 시정명령 | 자격 취소 |
| 다. 법 제11조의4 제6항을 위반하여 다른 사람에게 손해평가사의 명의를 사용하게 하거나 그 자격증을 대여한 경우 | 법 제11조의5 제1항 제3호 | 자격 취소 | |
| 라. 법 제11조의4 제7항을 위반하여 손해평가사 명의의 사용이나 자격증의 대여를 알선한 경우 | 법 제11조의5 제1항 제4호 | 자격 취소 | |
| 마. 업무정지 기간 중에 손해평가 업무를 수행한 경우 | 법 제11조의5 제1항 제5호 | 자격 취소 | |

## ■ 농어업재해보험법 시행령 [별표 2의4] 〈신설 2020. 8. 12.〉

### 손해평가사 업무 정지 처분의 세부기준(제12조의10 관련)

1. 일반기준

   가. 위반행위의 횟수에 따른 행정처분의 가중된 처분 기준은 최근 3년간 같은 위반행위로 행정처분을 받은 경우에 적용한다. 이 경우 기간의 계산은 위반행위에 대해 행정처분을 받은 날과 그 처분 후에 다시 같은 위반행위를 하여 적발된 날을 기준으로 한다.

   나. 가목에 따라 가중된 행정처분을 하는 경우 가중처분의 적용 차수는 그 위반행위 전 행정처분 차수(가목에 따른 기간 내에 행정처분이 둘 이상 있었던 경우에는 높은 차수를 말한다)의 다음 차수로 한다.

   다. 위반행위가 둘 이상인 경우로서 그에 해당하는 각각의 처분기준이 다른 경우에는 그 중 가장 무거운 처분기준에 따르고, 가장 무거운 처분기준의 2분의 1까지 그 기간을 늘릴 수 있다. 다만, 기간을 늘리는 경우에도 법 제11조의6 제1항에 따른 업무 정지 기간의 상한을 넘을 수 없다.

   라. 농림축산식품부장관은 다음의 어느 하나에 해당하는 경우에는 제2호에 따른 처분기준의 2분의 1의 범위에서 그 기간을 줄일 수 있다.

   1) 위반행위가 사소한 부주의나 오류로 인한 것으로 인정되는 경우
   2) 위반의 내용·정도가 경미하다고 인정되는 경우
   3) 위반행위자가 법 위반상태를 바로 정정하거나 시정하여 해소한 경우
   4) 그 밖에 위반행위의 내용, 정도, 동기 및 결과 등을 고려하여 업무 정지 처분의 기간을 줄일 필요가 있다고 인정되는 경우

2. 개별기준

| 위반행위 | 근거 법조문 | 처분기준 | | |
|---|---|---|---|---|
| | | 1회 위반 | 2회 위반 | 3회 이상 위반 |
| 가. 업무 수행과 관련하여 「개인정보 보호법」, 「신용정보의 이용 및 보호에 관한 법률」 등 정보 보호와 관련된 법령을 위반한 경우 | 법 제11조의6 제1항 | 업무 정지 6개월 | 업무 정지 1년 | 업무 정지 1년 |
| 나. 업무 수행과 관련하여 보험계약자 또는 보험사업자로부터 금품 또는 향응을 제공받은 경우 | 법 제11조의6 제1항 | 업무 정지 6개월 | 업무 정지 1년 | 업무 정지 1년 |
| 다. 자기 또는 자기와 생계를 같이 하는 4촌 이내의 친족(이하 "이해관계자"라 한다)이 가입한 보험계약에 관한 손해평가를 한 경우 | 법 제11조의6 제1항 | 업무 정지 3개월 | 업무 정지 6개월 | 업무 정지 6개월 |
| 라. 자기 또는 이해관계자가 모집한 보험계약에 대해 손해평가를 한 경우 | 법 제11조의6 제1항 | 업무 정지 3개월 | 업무 정지 6개월 | 업무 정지 6개월 |
| 마. 법 제11조 제2항 전단에 따른 손해평가 요령을 준수하지 않고 손해평가를 한 경우 | 법 제11조의6 제1항 | 경고 | 업무 정지 1개월 | 업무 정지 3개월 |
| 바. 그 밖에 손해평가사가 그 직무를 게을리하거나 직무를 수행하면서 부적절한 행위를 했다고 인정되는 경우 | 법 제11조의6 제1항 | 경고 | 업무 정지 1개월 | 업무 정지 3개월 |

■ 농어업재해보험법 시행령 [별표 3] 〈개정 2021. 3. 23.〉

## 과태료의 부과기준(제23조 관련)

1. 일반기준

    농림축산식품부장관, 해양수산부장관 또는 금융위원회는 위반행위의 정도, 위반횟수, 위반행위의 동기와 그 결과 등을 고려하여 개별기준에 따른 해당 과태료 금액을 2분의 1의 범위에서 줄이거나 늘릴 수 있다. 다만, 늘리는 경우에도 법 제32조 제1항부터 제3항까지의 규정에 따른 과태료 금액의 상한을 초과할 수 없다.

2. 개별기준

| 위반행위 | 해당 법 조문 | 과태료 |
| --- | --- | --- |
| 가. 재해보험사업자가 법 제10조 제2항에서 준용하는 「보험업법」 제95조를 위반하여 보험안내를 한 경우 | 법 제32조 제1항 | 1,000만원 |
| 나. 법 제10조 제2항에서 준용하는 「보험업법」 제95조를 위반하여 보험안내를 한 자로서 재해보험사업자가 아닌 경우 | 법 제32조 제3항 제1호 | 500만원 |
| 다. 법 제10조 제2항에서 준용하는 「보험업법」 제97조 제1항 또는 「금융소비자 보호에 관한 법률」 제21조를 위반하여 보험계약의 체결 또는 모집에 관한 금지행위를 한 경우 | 법 제32조 제3항 제2호 | 300만원 |
| 라. 재해보험사업자의 발기인, 설립위원, 임원, 집행간부, 일반간부직원, 파산관재인 및 청산인이 법 제18조 제1항에서 적용하는 「보험업법」 제120조에 따른 책임준비금 또는 비상위험준비금을 계상하지 아니하거나 이를 따로 작성한 장부에 각각 기재하지 아니한 경우 | 법 제32조 제2항 제1호 | 500만원 |
| 마. 재해보험사업자의 발기인, 설립위원, 임원, 집행간부, 일반간부직원, 파산관재인 및 청산인이 법 제18조 제1항에서 적용하는 「보험업법」 제131조 제1항·제2항 및 제4항에 따른 명령을 위반한 경우 | 법 제32조 제2항 제2호 | 300만원 |
| 바. 재해보험사업자의 발기인, 설립위원, 임원, 집행간부, 일반간부직원, 파산관재인 및 청산인이 법 제18조 제1항에서 적용하는 「보험업법」 제133조에 따른 검사를 거부·방해 또는 기피한 경우 | 법 제32조 제2항 제3호 | 200만원 |
| 사. 법 제29조에 따른 보고 또는 관계 서류 제출을 하지 아니하거나 보고 또는 관계 서류 제출을 거짓으로 한 경우 | 법 제32조 제3항 제3호 | 300만원 |

## 03 농업재해보험 손해평가요령

농업재해보험 손해평가요령
[시행 2024. 3. 29.] [농림축산식품부고시 제2024-25호, 2024. 3. 29., 일부개정.]

농림축산식품부(재해보험정책과), 044-201-1728

**제1조(목적)** 이 요령은 「농어업재해보험법」 제11조 제2항에 따른 손해평가에 필요한 세부사항을 규정함을 목적으로 한다.

**제2조(용어의 정의)** 이 요령에서 사용하는 용어의 정의는 다음 각호와 같다.
1. "손해평가"라 함은 「농어업재해보험법」(이하 "법"이라 한다) 제2조 제1호에 따른 피해가 발생한 경우 법 제11조 및 제11조의3에 따라 손해평가인, 손해평가사 또는 손해사정사가 그 피해사실을 확인하고 평가하는 일련의 과정을 말한다.
2. "손해평가인"이라 함은 법 제11조 제1항과 「농어업재해보험법 시행령」(이하 "시행령"이라 한다) 제12조 제1항에서 정한 자 중에서 재해보험사업자가 위촉하여 손해평가업무를 담당하는 자를 말한다.
3. "손해평가사"라 함은 법 제11조의4 제1항에 따른 자격시험에 합격한 자를 말한다.
4. "손해평가보조인"이라 함은 제1호에서 정한 손해평가 업무를 보조하는 자를 말한다.
5. "농업재해보험"이란 법 제4조에 따른 농작물재해보험, 임산물재해보험 및 가축재해보험을 말한다.

**제3조(손해평가 업무)** ① 손해평가 시 손해평가인, 손해평가사, 손해사정사는 다음 각 호의 업무를 수행한다.
1. 피해사실 확인
2. 보험가액 및 손해액 평가
3. 그 밖에 손해평가에 관하여 필요한 사항

② 손해평가인, 손해평가사, 손해사정사는 제1항의 임무를 수행하기 전에 보험가입자("피보험자"를 포함한다. 이하 동일)에게 손해평가인증, 손해평가사자격증, 손해사정사등록증 등 신분을 확인할 수 있는 서류를 제시하여야 한다.

**제4조(손해평가인 위촉)** ① 재해보험사업자는 법 제11조 제1항과 시행령 제12조 제1항에 따라 손해평가인을 위촉한 경우에는 그 자격을 표시할 수 있는 손해평가인증을 발급하여야 한다.
② 재해보험사업자는 피해 발생 시 원활한 손해평가가 이루어지도록 농업재해보험이 실시되는 시·군·자치구별 보험가입자의 수 등을 고려하여 적정 규모의 손해평가인을 위촉할 수 있다.
③ 재해보험사업자 및 법 제14조에 따라 손해평가 업무를 위탁받은 자는 손해평가 업무를 원활히 수행하기 위하여 손해평가보조인을 운용할 수 있다.

**제5조(손해평가인 실무교육)** ① 재해보험사업자는 제4조에 따라 위촉된 손해평가인을 대상으로 농업재해보험에 관한 기초지식, 보험상품 및 약관, 손해평가의 방법 및 절차 등 손해평가에 필요한 실무교육을 실시하여야 한다.
② 삭제
③ 제1항에 따른 손해평가인에 대하여 재해보험사업자는 소정의 교육비를 지급할 수 있다.

**제5조의2(손해평가인 정기교육)** ① 법 제11조 제5항에 따른 손해평가인 정기교육의 세부내용은 다음 각 호와 같다.
  1. 농업재해보험에 관한 기초지식 : 농어업재해보험법 제정 배경·구성 및 조문별 주요내용, 농업재해보험 사업현황
  2. 농업재해보험의 종류별 약관 : 농업재해보험 상품 주요내용 및 약관 일반 사항
  3. 손해평가의 절차 및 방법 : 농업재해보험 손해평가 개요, 보험목적물별 손해평가 기준 및 피해유형별 보상사례
  4. 피해유형별 현지조사표 작성 실습
② 재해보험사업자는 정기교육 대상자에게 소정의 교육비를 지급할 수 있다.

**제6조(손해평가인 위촉의 취소 및 해지 등)** ① 재해보험사업자는 손해평가인이 다음 각 호의 어느 하나에 해당하게 되거나 위촉 당시에 해당하는 자이었음이 판명된 때에는 그 위촉을 취소하여야 한다.
  1. 피성년후견인
  2. 파산선고를 받은 자로서 복권되지 아니한 자
  3. 법 제30조에 의하여 벌금 이상의 형을 선고받고 그 집행이 종료(집행이 종료된 것으로 보는 경우를 포함한다)되거나 집행이 면제된 날로부터 2년이 경과되지 아니한 자
  4. 동 조에 따라 위촉이 취소된 후 2년이 경과하지 아니한 자
  5. 거짓 그 밖의 부정한 방법으로 제4조에 따라 손해평가인으로 위촉된 자
  6. 업무정지 기간 중에 손해평가업무를 수행한 자
② 재해보험사업자는 손해평가인이 다음 각 호의 어느 하나에 해당하는 때에는 6개월 이내의 기간을 정하여 그 업무의 정지를 명하거나 위촉 해지 등을 할 수 있다.
  1. 법 제11조 제2항 및 이 요령의 규정을 위반 한 때
  2. 법 및 이 요령에 의한 명령이나 처분을 위반한 때
  3. 업무수행과 관련하여 「개인정보보호법」, 「신용정보의 이용 및 보호에 관한 법률」 등 정보보호와 관련된 법령을 위반한 때
③ 재해보험사업자는 제1항 및 제2항에 따라 위촉을 취소하거나 업무의 정지를 명하고자 하는 때에는 손해평가인에게 청문을 실시하여야 한다. 다만, 손해평가인이 청문에 응하지 아니할 경우에는 서면으로 위촉을 취소하거나 업무의 정지를 통보할 수 있다.
④ 재해보험사업자는 손해평가인을 해촉하거나 손해평가인에게 업무의 정지를 명한 때에는 지체 없이 이유를 기재한 문서로 그 뜻을 손해평가인에게 통지하여야 한다.
⑤ 제2항에 따른 업무정지와 위촉 해지 등의 세부기준은 [별표 3]과 같다.
⑥ 재해보험사업자는 「보험업법」 제186조에 따른 손해사정사가 「농어업재해보험법」 등 관련 규정을 위반한 경우 적정한 제재가 가능하도록 각 제재의 구체적 적용기준을 마련하여 시행하여야 한다.

**제7조** 삭제

**제8조(손해평가반 구성 등)** ① 재해보험사업자는 제2조 제1호의 손해평가를 하는 경우에는 손해평가반을 구성하고 손해평가반별로 평가일정계획을 수립하여야 한다.

② 제1항에 따른 손해평가반은 다음 각 호의 어느 하나에 해당하는 자로 구성하며, 5인 이내로 한다.
1. 제2조 제2호에 따른 손해평가인
2. 제2조 제3호에 따른 손해평가사
3. 「보험업법」 제186조에 따른 손해사정사

③ 제2항의 규정에도 불구하고 다음 각 호의 어느 하나에 해당하는 손해평가에 대하여는 해당자를 손해평가반 구성에서 배제하여야 한다.
1. 자기 또는 자기와 생계를 같이 하는 친족(이하 "이해관계자"라 한다)이 가입한 보험계약에 관한 손해평가
2. 자기 또는 이해관계자가 모집한 보험계약에 관한 손해평가
3. 직전 손해평가일로부터 30일 이내의 보험가입자 간 상호 손해평가
4. 자기가 실시한 손해평가에 대한 검증조사 및 재조사

**제8조의2(교차손해평가)** ① 재해보험사업자는 공정하고 객관적인 손해평가를 위하여 교차손해평가가 필요한 경우 재해보험 가입규모, 가입분포 등을 고려하여 교차손해평가 대상 시·군·구(자치구를 말한다. 이하 같다)를 선정하여야 한다.

② 재해보험사업자는 제1항에 따라 선정한 시·군·구 내에서 손해평가 경력, 타지역 조사 가능여부 등을 고려하여 교차손해평가를 담당할 지역손해평가인을 선발하여야 한다.

③ 교차손해평가를 위해 손해평가반을 구성할 경우에는 제2항에 따라 선발된 지역손해평가인 1인 이상이 포함되어야 한다. 다만, 거대재해 발생, 평가인력 부족 등으로 신속한 손해평가가 불가피하다고 판단되는 경우 그러하지 아니할 수 있다.

**제9조(피해사실 확인)** ① 보험가입자가 보험책임기간 중에 피해발생 통지를 한 때에는 재해보험사업자는 손해평가반으로 하여금 지체 없이 보험목적물의 피해사실을 확인하고 손해평가를 실시하게 하여야 한다.

② 손해평가반이 손해평가를 실시할 때에는 재해보험사업자가 해당 보험가입자의 보험계약사항 중 손해평가와 관련된 사항을 손해평가반에게 통보하여야 한다.

**제10조(손해평가준비 및 평가결과 제출)** ① 재해보험사업자는 손해평가반이 실시한 손해평가결과와 손해평가 업무를 수행한 손해평가반 구성원을 기록할 수 있도록 현지조사서를 마련하여야 한다.

② 재해보험사업자는 손해평가를 실시하기 전에 제1항에 따른 현지조사서를 손해평가반에 배부하고 손해평가시의 주의사항을 숙지시킨 후 손해평가에 임하도록 하여야 한다.

③ 손해평가반은 현지조사서에 손해평가 결과를 정확하게 작성하여 보험가입자에게 이를 설명한 후 서명을 받아 재해보험사업자에게 최종 조사일로부터 7영업일 이내에 제출하여야 한다(다만, 하우스 등 원예시설과 축사 건물은 7영업일을 초과하여 제출할 수 있다). 또한, 보험가입자가 정당한 사유 없이 서명을 거부하는 경우 손해평가반은 보험가입자에게 손해평가 결과를 통지한 후 서명없이 현지조사서를 재해보험사업자에게 제출하여야 한다.

④ 손해평가반은 보험가입자가 정당한 사유 없이 손해평가를 거부하여 손해평가를 실시하지 못한 경우에는 그 피해를 인정할 수 없는 것으로 평가한다는 사실을 보험가입자에게 통지한 후 현지조사서를 재해보험사업자에게 제출하여야 한다.

⑤ 재해보험사업자는 보험가입자가 손해평가반의 손해평가결과에 대하여 설명 또는 통지를 받은 날로부터 7일 이내에 손해평가가 잘못되었음을 증빙하는 서류 또는 사진 등을 제출하는 경우 재해보험사업자는 다른 손해평가반으로 하여금 재조사를 실시하게 할 수 있다.

**제11조(손해평가결과 검증)** ① 재해보험사업자 및 법 제25조의2에 따라 농어업재해보험사업의 관리를 위탁받은 기관(이하 "사업 관리 위탁 기관"이라 한다)은 손해평가반이 실시한 손해평가결과를 확인하기 위하여 손해평가를 실시한 보험목적물 중에서 일정수를 임의 추출하여 검증조사를 할 수 있다.

② 농림축산식품부장관은 재해보험사업자로 하여금 제1항의 검증조사를 하게 할 수 있으며, 재해보험사업자는 특별한 사유가 없는 한 이에 응하여야 하고, 그 결과를 농림축산식품부장관에게 제출하여야 한다.

③ 제1항 및 제2항에 따른 검증조사결과 현저한 차이가 발생되어 재조사가 불가피하다고 판단될 경우에는 해당 손해평가반이 조사한 전체 보험목적물에 대하여 재조사를 할 수 있다.

④ 보험가입자가 정당한 사유 없이 검증조사를 거부하는 경우 검증조사반은 검증조사가 불가능하여 손해평가결과를 확인할 수 없다는 사실을 보험가입자에게 통지한 후 검증조사결과를 작성하여 재해보험사업자에게 제출하여야 한다.

⑤ 사업 관리 위탁 기관이 검증조사를 실시한 경우 그 결과를 재해보험사업자에게 통보하고 필요에 따라 결과에 대한 조치를 요구할 수 있으며, 재해보험사업자는 특별한 사유가 없는 한 그에 따른 조치를 실시해야 한다.

**제12조(손해평가 단위)** ① 보험목적물별 손해평가 단위는 다음 각 호와 같다.
  1. 농작물 : 농지별
  2. 가축 : 개별가축별(단, 벌은 벌통 단위)
  3. 농업시설물 : 보험가입 목적물별

② 제1항 제1호에서 정한 농지라 함은 하나의 보험가입금액에 해당하는 토지로 필지(지번) 등과 관계없이 농작물을 재배하는 하나의 경작지를 말하며, 방풍림, 돌담, 도로(농로 제외) 등에 의해 구획된 것 또는 동일한 울타리, 시설 등에 의해 구획된 것을 하나의 농지로 한다. 다만, 경사지에서 보이는 돌담 등으로 구획되어 있는 면적이 극히 작은 것은 동일 작업 단위 등으로 정리하여 하나의 농지에 포함할 수 있다.

**제13조(농작물의 보험가액 및 보험금 산정)** ① 농작물에 대한 보험가액 산정은 다음 각 호와 같다.
  1. 특정위험방식인 인삼은 가입면적에 보험가입 당시의 단위당 가입가격을 곱하여 산정하며, 보험가액에 영향을 미치는 가입면적, 연근 등이 가입당시와 다를 경우 변경할 수 있다.
  2. 적과전종합위험방식의 보험가액은 적과후착과수(달린 열매 수)조사를 통해 산정한 기준수확량에 보험가입 당시의 단위당 가입가격을 곱하여 산정한다.
  3. 종합위험방식 보험가액은 보험증권에 기재된 보험목적물의 평년수확량에 보험가입 당시의 단위당 가입가격을 곱하여 산정한다. 다만, 보험가액에 영향을 미치는 가입면적, 주수, 수령, 품종 등이 가입당시와 다를 경우 변경할 수 있다.

4. 생산비보장의 보험가액은 작물별로 보험가입 당시 정한 보험가액을 기준으로 산정한다. 다만, 보험가액에 영향을 미치는 가입면적 등이 가입당시와 다를 경우 변경할 수 있다.

5. 나무손해보장의 보험가액은 기재된 보험목적물이 나무인 경우로 최초 보험사고 발생 시의 해당 농지 내에 심어져 있는 과실생산이 가능한 나무 수(피해 나무 수 포함)에 보험가입 당시의 나무당 가입가격을 곱하여 산정한다.

② 농작물에 대한 보험금 산정은 [별표1]과 같다.

③ 농작물의 손해수량에 대한 품목별·재해별·시기별 조사방법은 [별표2]와 같다.

④ 재해보험사업자는 손해평가반으로 하여금 재해발생 전부터 보험품목에 대한 평가를 위해 생육상황을 조사하게 할 수 있다. 이때 손해평가반은 조사결과 1부를 재해보험사업자에게 제출하여야 한다.

**제14조(가축의 보험가액 및 손해액 산정)** ① 가축에 대한 보험가액은 보험사고가 발생한 때와 곳에서 평가한 보험목적물의 수량에 적용가격을 곱하여 산정한다.

② 가축에 대한 손해액은 보험사고가 발생한 때와 곳에서 폐사 등 피해를 입은 보험목적물의 수량에 적용가격을 곱하여 산정한다.

③ 제1항 및 제2항의 적용가격은 보험사고가 발생한 때와 곳에서의 시장가격 등을 감안하여 보험약관에서 정한 방법에 따라 산정한다. 다만, 보험가입당시 보험가입자와 재해보험사업자가 보험가액 및 손해액 산정 방식을 별도로 정한 경우에는 그 방법에 따른다.

**제15조(농업시설물의 보험가액 및 손해액 산정)** ① 농업시설물에 대한 보험가액은 보험사고가 발생한 때와 곳에서 평가한 피해목적물의 재조달가액에서 내용연수에 따른 감가상각률을 적용하여 계산한 감가상각액을 차감하여 산정한다.

② 농업시설물에 대한 손해액은 보험사고가 발생한 때와 곳에서 산정한 피해목적물의 원상복구비용을 말한다.

③ 제1항 및 제2항에도 불구하고 보험가입당시 보험가입자와 재해보험사업자가 보험가액 및 손해액 산정 방식을 별도로 정한 경우에는 그 방법에 따른다.

**제16조(손해평가업무방법서)** 재해보험사업자는 이 요령의 효율적인 운용 및 시행을 위하여 필요한 세부적인 사항을 규정한 손해평가업무방법서를 작성하여야 한다.

**제17조(재검토기한)** 농림축산식품부장관은 이 고시에 대하여 2024년 1월 1일 기준으로 매 3년이 되는 시점(매 3년째의 12월 31일까지를 말한다)마다 그 타당성을 검토하여 개선 등의 조치를 하여야 한다.

## 부칙 〈제2024-25호, 2024. 3. 29.〉

이 고시는 공포한 날부터 시행한다. 다만, 제8조의 개정규정은 공포 후 3개월이 경과한 날부터 시행한다.

[별표 1] 농작물의 보험금 산정
[별표 2] 농작물의 품목별·재해별·시기별 손해수량 조사방법
[별표 3] 업무정지·위촉해지 등 제재조치의 세부기준

[별표 1]
## 농작물의 보험금 산정

| 구분 | 보장 범위 | 산정내용 | 비고 |
|---|---|---|---|
| 특정위험방식 | 작물특정위험 보장 | 보험가입금액 × (피해율 − 자기부담비율)<br>※ 피해율 = (1 − 수확량/연근별기준수확량) × 피해면적/재배면적 | 인삼 |
| 적과전 종합위험방식 | 착과감소 | (착과감소량 − 미보상감수량 − 자기부담감수량) × 가입가격 × 보장수준(50%, 70%) | |
| | 과실손해 | (적과종료 이후 누적감수량 − 자기부담감수량) × 가입가격 | |
| | 나무손해보장 | 보험가입금액 × (피해율 − 자기부담비율)<br>※ 피해율 = 피해주수(고사된 나무) ÷ 실제결과주수 | |
| 종합위험방식 | 해가림시설 | − 보험가입금액이 보험가액과 같거나 클 때:<br>　보험가입금액을 한도로 손해액에서 자기부담금을 차감한 금액<br>− 보험가입금액이 보험가액보다 작을 때:<br>　(손해액 − 자기부담금) × (보험가입금액 ÷ 보험가액) | 인삼 |
| | 비가림시설 | MIN(손해액 − 자기부담금, 보험가입금액) | |
| | 수확감소 | 보험가입금액 × (피해율 − 자기부담비율)<br>※ 피해율(감자·복숭아 제외)<br>　= (평년수확량 − 수확량 − 미보상감수량) ÷ 평년수확량<br>※ 피해율(감자·복숭아)<br>　= {(평년수확량 − 수확량 − 미보상감수량) + 병충해감수량}<br>　　÷ 평년수확량 | 옥수수 외 |
| | 수확감소 | MIN(보험가입금액, 손해액) − 자기부담금<br>※ 손해액 = 피해수확량 × 가입가격<br>※ 자기부담금 = 보험가입금액 × 자기부담비율 | 옥수수 |
| | 수확량감소 추가보장 | 보험가입금액 × (피해율 × 10%)<br>단, 피해율이 자기부담비율을 초과하는 경우에 한함<br>※ 피해율 = (평년수확량 − 수확량 − 미보상감수량) ÷ 평년수확량 | |
| | 나무손해 | 보험가입금액 × (피해율 − 자기부담비율)<br>※ 피해율 = 피해주수(고사된 나무) ÷ 실제결과주수 | |
| | 이앙·직파불능 | 보험가입금액 × 15% | 벼 |
| | 재이앙·재직파 | 보험가입금액 × 25% × 면적피해율<br>단, 면적피해율이 10%를 초과하고 재이앙(재직파) 한 경우<br>※ 면적피해율 = 피해면적 ÷ 보험가입면적 | 벼 |

| | | |
|---|---|---|
| 재정식·재파종 | 보험가입금액 × 20% × 면적피해율<br>단, 면적피해율이 자기부담비율을 초과하고, 재정식·재파종한 경우에 한함<br>※ 면적피해율 = 피해면적 ÷ 보험가입면적 | 마늘 외 |
| 조기파종 | 보험가입금액 × 35% × 표준출현피해율<br>단, 10a당 출현주수가 30,000주보다 작고, 10a당 30,000주 이상으로 재파종한 경우에 한함<br>※ 표준출현피해율(10a 기준)<br>= (30,000 - 출현주수) ÷ 30,000 | 마늘 |
| 경작불능 | 보험가입금액 × 일정비율<br>단, 식물체 피해율이 65%(가루쌀 60%) 이상이고, 계약자가 경작불능보험금을 신청한 경우에 한함<br>※ 자기부담비율에 따라 적용 비율 상이<br><br>\| 자기부담비율별 \| 10%형 \| 15%형 \| 20%형 \| 30%형 \| 40%형 \|<br>\|---\|---\|---\|---\|---\|---\|<br>\| 보험가입금액 대비 비율 \| 45% \| 42% \| 40% \| 35% \| 30% \| | 사료용 옥수수, 조사료용 벼 외 |
| | 보험가입금액 × 보장비율 × 경과비율<br>단, 식물체 피해율이 65% 이상이고, 계약자가 경작불능보험금을 신청한 경우에 한함<br>※ 경과비율은 사고발생일이 속한 월에 따라 다름<br><br>\| 월별 \| 5월 \| 6월 \| 7월 \| 8월 \|<br>\|---\|---\|---\|---\|---\|<br>\| 벼 \| 80% \| 85% \| 90% \| 100% \|<br>\| 옥수수 \| 80% \| 80% \| 90% \| 100% \| | 사료용 옥수수, 조사료용 벼 |
| 수확불능 | 보험가입금액 × 일정비율<br>단, 제현율이 65%(가루쌀 70%) 미만으로 떨어져 정상 벼로서 출하가 불가능하게 되고, 계약자가 수확불능보험금을 신청한 경우에 한함<br>※ 자기부담비율에 따라 적용 비율 상이<br><br>\| 자기부담비율별 \| 10%형 \| 15%형 \| 20%형 \| 30%형 \| 40%형 \|<br>\|---\|---\|---\|---\|---\|---\|<br>\| 보험가입금액 대비 비율 \| 60% \| 57% \| 55% \| 50% \| 45% \| | 벼 |
| 생산비보장 | (잔존보험가입금액 × 경과비율 × 피해율) - 자기부담금<br>※ 잔존보험가입금액<br>= 보험가입금액 - 보상액(기 발생 생산비보장보험금 합계액)<br>※ 자기부담금 = 잔존보험가입금액 × 계약 시 선택한 비율 | 브로콜리 |

| | | |
|---|---|---|
| | - 병충해가 없는 경우<br>  (잔존보험가입금액 × 경과비율 × 피해율) - 자기부담금<br>- 병충해가 있는 경우<br>  (잔존보험가입금액 × 경과비율 × 피해율<br>    × 병충해 등급별 인정비율) - 자기부담금<br>※ 피해율 = 피해비율 × 손해정도비율 × (1 - 미보상비율)<br>※ 자기부담금 = 잔존보험가입금액 × 계약 시 선택한 비율 | 고추<br>(시설 고추<br>제외) |
| | 보험가입금액 × (피해율 - 자기부담비율)<br>※ 피해율(단호박, 당근, 양상추)<br>  = 피해비율 × 손해정도비율 × (1 - 미보상비율)<br>※ 피해율(배추, 무, 파, 시금치)<br>  = 면적피해율 × 평균손해정도비율 × (1 - 미보상비율)<br>※ 피해율(메밀)<br>  = 면적피해율 × (1 - 미보상비율)<br><br>면적피해율 : 피해면적(㎡) ÷ 재배면적(㎡)<br>- 피해면적 : (도복(쓰러짐)으로 인한 피해면적 × 70%) +<br>  (도복(쓰러짐) 이외 피해면적 × 평균 손해정도비율) | 배추, 파,<br>무, 단호박,<br>당근<br>(시설 무<br>제외), 메밀 |
| | 피해작물재배면적 × 단위면적당 보장생산비 × 경과비율 × 피해율<br>※ 피해율 = 피해비율 × 손해정도비율 × (1 - 미보상비율)<br>※ 단, 장미, 부추, 시금치, 파, 무, 쑥갓, 버섯은 별도로 구분하여<br>  산출 | 시설작물 |
| 농업시설물·<br>버섯재배사·<br>부대시설 | 한 사고마다 재조달가액(재조달가액보장 특약 미가입시 시가) 기준<br>으로 계산한 손해액에서 자기부담금을 차감한 금액을 보험가입금액<br>내에서 보상<br>* 단, 수리, 복구를 하지 않은 경우 시가로 손해액 계산 | |
| 과실손해보장 | 보험가입금액 × (피해율 - 자기부담비율)<br>※ 피해율(7월 31일 이전에 사고가 발생한 경우)<br>  (평년수확량 - 수확량 - 미보상감수량) ÷ 평년수확량<br>※ 피해율(8월 1일 이후에 사고가 발생한 경우)<br>  (1 - 수확전사고 피해율) × 경과비율 × 결과지 피해율 | 무화과 |
| | 보험가입금액 × (피해율 - 자기부담비율)<br>※ 피해율 = 고사결과모지수 ÷ 평년결과모지수 | 복분자 |
| | 보험가입금액 × (피해율 - 자기부담비율)<br>※ 피해율 = (평년결실수 - 조사결실수 - 미보상감수결실수) ÷<br>  평년결실수 | 오디 |

| | | | |
|---|---|---|---|
| | 과실손해보험금 = 손해액 − 자기부담금<br>※ 손해액 = 보험가입금액 × 피해율<br>※ 자기부담금 = 보험가입금액 × 자기부담비율<br>※ 피해율<br>　= (등급 내 피해과실수 + 등급 외 피해과실수 × 50%) ÷ 기준과실수 × (1 − 미보상비율) | | 감귤<br>(온주<br>밀감류) |
| | 동상해손해보험금 = 손해액 − 자기부담금<br>※ 손해액 = {보험가입금액 − (보험가입금액 × 기사고 피해율)} × 수확기 잔존비율 × 동상해피해율수 × (1 − 미보상비율)<br>※ 자기부담금 = |보험가입금액 × min(주계약피해율 − 자기부담비율, 0)|<br>※ 동상해 피해율<br>　= {(동상해 80%형 피해과실수 합계 × 80%) + (동상해 100%형 피해과실수 합계 × 100%)} ÷ 기준과실수 | | |
| 과실손해<br>추가보장 | 보험가입금액 × 주계약피해율 × 10%<br>단, 손해액이 자기부담금을 초과하는 경우에 한함<br>※ 피해율<br>　= {(등급 내 피해과실수 + 등급 외 피해과실수 × 50%) ÷ 기준과실수} × (1 − 미보상비율) | | 감귤<br>(온주<br>밀감류) |
| 농업수입감소 | 보험가입금액 × (피해율 − 자기부담비율)<br>※ 피해율 = (기준수입 − 실제수입) ÷ 기준수입 | | |

* 다만, 보험가액이 보험가입금액보다 적을 경우에는 보험가액에 의하며, 기타 세부적인 내용은 재해보험사업자가 작성한 손해평가 업무방법서에 따름

[별표 2]
## 농작물의 품목별·재해별·시기별 손해수량 조사방법
### 1. 특정위험방식 상품(인삼)

| 생육 시기 | 재해 | 조사내용 | 조사시기 | 조사방법 | 비고 |
|---|---|---|---|---|---|
| 보험 기간 | 태풍(강풍)·폭설·집중호우·침수·화재·우박·냉해·폭염 | 수확량 조사 | 피해 확인이 가능한 시기 | 보상하는 재해로 인하여 감소된 수확량 조사<br>• 조사방법 : 전수조사 또는 표본조사 | |

### 2. 적과전종합위험방식 상품(사과, 배, 단감, 떫은감)

| 생육 시기 | 재해 | 조사내용 | 조사시기 | 조사방법 | 비고 |
|---|---|---|---|---|---|
| 보험계약 체결일 ~ 적과 전 | 보상하는 재해 전부 | 피해사실 확인 조사 | 사고접수 후 지체 없이 | 보상하는 재해로 인한 피해발생여부 조사 | 피해사실이 명백한 경우 생략 가능 |
| | 우박 | | 사고접수 후 지체 없이 | 우박으로 인한 유과(어린과실) 및 꽃(눈) 등의 타박비율 조사<br>• 조사방법 : 표본조사 | 적과종료 이전 특정위험 5종 한정 보장 특약 가입건에 한함 |
| 6월1일 ~ 적과전 | 태풍(강풍), 우박, 집중호우, 화재, 지진 | | 사고접수 후 지체 없이 | 보상하는 재해로 발생한 낙엽피해 정도 조사<br>– 단감·떫은감에 대해서만 실시<br>• 조사방법 : 표본조사 | |
| 적과 후 | – | 적과 후 착과수 조사 | 적과 종료 후 | 보험가입금액의 결정 등을 위하여 해당 농지의 적과종료 후 총 착과 수를 조사<br>• 조사방법 : 표본조사 | 피해와 관계없이 전 과수원 조사 |
| 적과후 ~ 수확기 종료 | 보상하는 재해 | 낙과피해 조사 | 사고접수 후 지체 없이 | 재해로 인하여 떨어진 피해과실수 조사<br>– 낙과피해조사는 보험약관에서 정한 과실피해분류기준에 따라 구분하여 조사<br>• 조사방법 : 전수조사 또는 표본조사 | |
| | | | | 낙엽률 조사(우박 및 일소 제외)<br>– 낙엽피해정도 조사<br>• 조사방법 : 표본조사 | 단감·떫은감 |

| 생육시기 | 재해 | 조사내용 | 조사시기 | 조사방법 | 비고 |
|---|---|---|---|---|---|
| | 우박, 일소, 가을동상해 | 착과피해 조사 | 수확 직전 | 달려 있는 과실 중 재해로 인한 피해과실 수 조사<br>- 착과피해조사는 보험약관에서 정한 과실피해분류기준에 따라 구분 하여 조사<br>• 조사방법 : 표본조사 | |
| 수확 완료 후 ~ 보험종기 | 보상하는 재해 전부 | 고사나무 조사 | 수확완료 후 보험 종기 전 | 보상하는 재해로 고사되거나 또는 회생이 불가능한 나무 수를 조사<br>- 특약 가입 농지만 해당<br>• 조사방법 : 전수조사 | 수확완료 후 추가 고사나무가 없는 경우 생략 가능 |

\* 전수조사는 조사대상 목적물을 전부 조사하는 것을 말하며, 표본조사는 손해평가의 효율성 제고를 위해 재해보험사업자가 통계이론을 기초로 산정한 조사표본에 대해 조사를 실시하는 것을 말함.

## 3. 종합위험방식 상품(농업수입보장 포함)

① 해가림시설·비가림시설 및 원예시설

| 생육시기 | 재해 | 조사내용 | 조사시기 | 조사방법 | 비고 |
|---|---|---|---|---|---|
| 보험 기간 내 | 보상하는 재해 전부 | 해가림시설 조사 | 사고접수 후 지체 없이 | 보상하는 재해로 인하여 손해를 입은 시설 조사<br>• 조사방법 : 전수조사 | 인삼 |
| | | 비가림시설 조사 | | | |
| | | 시설 조사 | | | 원예시설, 버섯재배사 |

② 수확감소보장·과실손해보장 및 농업수입보장

| 생육시기 | 재해 | 조사내용 | 조사시기 | 조사방법 | 비고 |
|---|---|---|---|---|---|
| 수확 전 | 보상하는 재해 전부 | 피해사실 확인 조사 | 사고접수 후 지체 없이 | 보상하는 재해로 인한 피해발생 여부 조사<br>(피해사실이 명백한 경우 생략 가능) | |
| | | 이앙(직파) 불능피해 조사 | 이앙 한계일 (7.31)이후 | 이앙(직파)불능 상태 및 통상적인영 농활동 실시여부조사 | 벼만 해당 |
| | | 재이앙 (재직파) 조사 | 사고접수 후 지체 없이 | 해당농지에 보상하는 손해로 인하여 재이앙(재직파)이 필요한 면적 또는 면적비율 조사 | 벼만 해당 |

| | | 재파종 조사 | 사고접수 후 지체 없이 | 해당농지에 보상하는 손해로 인하여 재파종이 필요한 면적 또는 면적비율 조사 | 마늘만 해당 |
|---|---|---|---|---|---|
| | | 재정식 조사 | 사고접수 후 지체 없이 | 해당농지에 보상하는 손해로 인하여 재정식이 필요한 면적 또는 면적비율 조사 | 양배추만 해당 |
| | | 경작불능 조사 | 사고접수 후 지체 없이 | 해당 농지의 피해면적비율 또는 보험목적인 식물체 피해율 조사 | 벼·밀, 밭작물(차(茶)제외), 복분자만 해당 |
| | | 과실손해 조사 | 수정완료 후 | 살아있는 결과모지수 조사 및 수정불량(송이)피해율 조사<br>• 조사방법 : 표본조사 | 복분자만 해당 |
| | | | 결실완료 후 | 결실수 조사<br>• 조사방법 : 표본조사 | 오디만 해당 |
| | | 수확전 사고조사 | 사고접수 후 지체 없이 | 표본주의 과실 구분<br>• 조사방법 : 표본조사 | 감귤(온주밀감류)만 해당 |
| 수확 직전 | - | 착과수조사 | 수확직전 | 해당농지의 최초 품종 수확 직전 총 착과 수를 조사<br>- 피해와 관계없이 전 과수원 조사<br>• 조사방법 : 표본조사 | 포도, 복숭아, 자두, 감귤(만감류)만 해당 |
| | 보상하는 재해 전부 | 수확량 조사 | 수확직전 | 사고발생 농지의 수확량 조사<br>• 조사방법 : 전수조사 또는 표본조사 | |
| | | 과실손해 조사 | 수확직전 | 사고발생 농지의 과실피해조사<br>• 조사방법 : 표본조사 | 무화과, 감귤(온주밀감류)만 해당 |
| 수확 시작 후 ~ 수확종료 | 보상하는 재해 전부 | 수확량조사 | 조사 가능일 | 사고발생농지의 수확량조사<br>• 조사방법 : 표본조사 | 차(茶)만 해당 |
| | | | 사고접수 후 지체 없이 | 사고발생 농지의 수확 중의 수확량 및 감수량의 확인을 통한 수확량조사<br>• 조사방법 : 전수조사 또는 표본조사 | |

| | | 동상해 과실손해 조사 | 사고접수 후 지체 없이 | 표본주의 착과피해 조사<br>12월 21일~익년 2월말일 사고 건에 한함<br>• 조사방법 : 표본조사 | 감귤(온주밀감류)만 해당 |
|---|---|---|---|---|---|
| | | 수확불능 확인 조사 | 조사 가능일 | 사고발생 농지의 제현율 및 정상 출하 불가 확인 조사<br>• 조사방법 : 전수조사 또는 표본조사 | 벼만 해당 |
| | 태풍(강풍), 우박 | 과실손해 조사 | 사고접수 후 지체 없이 | 전체 열매수(전체 개화수) 및 수확 가능 열매수 조사<br>6월 1일~6월 20일 사고 건에 한함<br>• 조사방법 : 표본조사 | 복분자만 해당 |
| | | | | 표본주의 고사 및 정상 결과지수 조사<br>• 조사방법 : 표본조사 | 무화과만 해당 |
| 수확 완료 후 ~ 보험종기 | 보상하는 재해 전부 | 고사나무 조사 | 수확완료 후 보험 종기 전 | 보상하는 재해로 고사되거나 또는 회생이 불가능한 나무 수를 조사<br>– 특약 가입 농지만 해당<br>• 조사방법 : 전수조사 | 수확완료 후 추가 고사나무가 없는 경우 생략 가능 |

③ 생산비 보장

| 생육 시기 | 재해 | 조사내용 | 조사시기 | 조사방법 | 비고 |
|---|---|---|---|---|---|
| 정식 (파종) ~ 수확 종료 | 보상하는 재해 전부 | 생산비 피해조사 | 사고발생시 마다 | ① 재배일정 확인<br>② 경과비율 산출<br>③ 피해율 산정<br>④ 병충해 등급별 인정비율 확인<br>(노지 고추만 해당) | |
| 수확전 | 보상하는 재해 전부 | 피해사실 확인 조사 | 사고접수 후 지체 없이 | 보상하는 재해로 인한 피해발생 여부 조사<br>(피해사실이 명백한 경우 생략 가능) | 메밀, 단호박, 시금치, 양상추, 노지 배추, 노지 당근, 노지 파, 노지 무만 해당 |
| | | 재파종 조사 | 사고접수 후 지체 없이 | 해당농지에 보상하는 손해로 인하여 재파종이 필요한 면적 또는 면적 비율 조사<br>*월동무, 쪽파, 시금치, 메밀만 해당 | |
| | | 재정식 조사 | 사고접수 후 지체 없이 | 해당농지에 보상하는 손해로 인하여 재정식이 필요한 면적 또는 면적 | |

| | | | 비율 조사<br>*가을배추, 월동배추, 브로콜리, 양상추만 해당 |
|---|---|---|---|
| | 경작불능조사 | 사고접수 후 지체 없이 | 해당 농지의 피해면적비율 또는 보험목적인 식물체 피해율 조사 |
| 수확 직전 | 생산비 피해조사 | 수확직전 | 사고발생 농지의 피해비율 및 손해정도 비율 확인을 통한 피해율 조사<br>• 조사방법 : 표본조사 |

[별표 3]

## 업무정지 · 위촉해지 등 제재조치의 세부기준

### 1. 일반기준

가. 위반행위가 둘 이상인 경우로서 각각의 처분기준이 다른 경우에는 그 중 무거운 처분기준을 적용한다. 다만, 각각의 처분기준이 업무정지인 경우에는 무거운 처분기준의 2분의 1까지 가중할 수 있으며, 이 경우 업무정지 기간은 6개월을 초과할 수 없다.

나. 위반행위의 횟수에 따른 제재조치의 기준은 최근 1년간 같은 위반행위로 제재조치를 받는 경우에 적용한다. 이 경우 제재조치 기준의 적용은 같은 위반행위에 대하여 최초로 제재조치를 한 날과 다시 같은 위반행위로 적발한 날을 기준으로 한다.

다. 위반행위의 내용으로 보아 고의성이 없거나 특별한 사유가 인정되는 경우에는 그 처분을 업무정지의 경우에는 2분의 1의 범위에서 경감할 수 있고, 위촉해지인 경우에는 업무정지 6개월로, 경고인 경우에는 주의 처분으로 경감할 수 있다.

### 2. 개별기준

| 위반행위 | 근거조문 | 처분기준 | | |
|---|---|---|---|---|
| | | 1차 | 2차 | 3차 |
| 1. 법 제11조 제2항 및 이 요령의 규정을 위반한 때 | 제6조 제2항 제1호 | | | |
| 1) 고의 또는 중대한 과실로 손해평가의 신뢰성을 크게 악화 시킨 경우 | | 위촉해지 | | |
| 2) 고의로 진실을 숨기거나 거짓으로 손해평가를 한 경우 | | 위촉해지 | | |
| 3) 정당한 사유 없이 손해평가반구성을 거부하는 경우 | | 위촉해지 | | |
| 4) 현장조사 없이 보험금 산정을 위해 손해평가행위를 한 경우 | | 위촉해지 | | |

| | | | | |
|---|---|---|---|---|
| 5) 현지조사서를 허위로 작성한 경우 | | 위촉해지 | 업무정지 3개월 | 위촉해지 |
| 6) 검증조사 결과 부당·부실 손해평가로 확인된 경우 | | 경고 | | |
| 7) 기타 업무수행상 과실로 손해평가의 신뢰성을 약화시킨 경우 | | 주의 | 경고 | 업무정지 3개월 |
| 2. 법 및 이 요령에 의한 명령이나 처분을 위반한 때 | 제6조 제2항 제2호 | 업무정지 6개월 | 위촉해지 | |
| 3. 업무수행과 관련하여「개인정보보호법」,「신용정보의 이용 및 보호에 관한 법률」 등 정보보호와 관련된 법령을 위반한 때 | 제6조 제2항 제3호 | 위촉해지 | | |

## 04 재보험사업 및 농업재해보험사업의 운영 등에 관한 규정

재보험사업 및 농업재해보험사업의 운영 등에 관한 규정
[시행 2020. 2. 12.] [농림축산식품부고시 제2020-16호, 2020. 2. 12., 일부개정.]

농림축산식품부(재해보험정책과), 044-201-1793

**제1조(목적)** 이 고시는 「농어업재해보험법」(이하 "법"이라 한다) 및 동법 시행령(이하 "영"이라 한다)에 의한 재보험사업 및 농업재해보험사업의 효율적인 관리·운영에 필요한 세부적인 사항에 대해 규정함을 목적으로 한다.

**제2조(용어의 정의)** 이 고시에서 사용하는 용어의 뜻은 다음과 같다.

1. "수탁기관"이라 함은 법 제20조 및 법 제25조의2에 따라 재보험사업 및 농업재해보험사업에 관한 업무를 위탁받은 농업정책보험금융원을 말한다.
2. "재해보험 가입현황서"란 재해보험사업자가 법 제19조 제1항에 따른 보험료의 일부를 지원받기 위하여 작성·제출하는 보험계약사항 및 보험료 현황이 기재된 서류를 말한다.
3. "운영비 사용계획서"란 재해보험사업자가 법 제19조 제1항에 따른 운영비의 일부 또는 전부를 지원받기 위하여 작성·제출하는 운영비사용현황이 기재된 서류를 말한다.
4. "통계작업방법서"란 농림축산식품부장관 또는 수탁기관의 장이 각 재해보험사업자에게 농업재해보험사업의 통계 축적, 보험료 및 재보험료 정산 등을 위하여 필요한 자료 작성 및 제출방법을 규정한 것으로 농업재해보험사업약정서 또는 재보험사업약정서에 첨부하는 서류를 말한다.

**제3조(적용범위)** 법, 영, 「농림축산식품분야재정사업관리기본규정」 및 「농특회계융자업무지침」에서 따로 정하고 있는 사항을 제외하고는 이 고시에서 정하는 바에 따른다. 다만, 양식수산물재해보험에 대해서는 적용하지 아니한다.

**제4조(업무의 위탁)** 삭제

**제5조(위탁업무의 처리)** ① 수탁기관은 위탁업무를 처리함에 있어서 재보험 및 농업재해보험사업 수행 목적에 맞도록 하여야 한다.
② 수탁기관은 위탁업무의 처리를 위하여 농업재해보험을 전담하는 부서(이하 "보험관리부서"라 한다)를 설치하고 인원 및 장비 등을 지원하여야 한다.
③ 농림축산식품부장관은 예산의 범위에서 제2항에 따른 보험관리부서의 인건비 및 경비 등을 지원하여야 한다.

**제6조(약정의 체결)** ① 수탁기관은 재해보험사업자와 법 제20조 제2항 및 영 제16조에서 정한 사항이 포함된 재보험사업 약정을 체결하여야 한다.
② 수탁기관은 재해보험사업자와 법 제8조 제3항 및 영 제10조 제2항에서 정한 사항이 포함된 재해보험사업 약정을 체결하여야 한다.

③ 제1항 및 제2항에 따른 약정은 매년 체결하는 것을 원칙으로 한다. 다만, 기 체결된 약정서 상에 자동연장 조항이 있고, 약정 내용이 변경되지 않는 경우에는 약정 체결을 생략할 수 있다.

**제7조(재보험 사업관리)** ① 수탁기관은 매년 영 제16조에서 정한 사항에 대하여 재해보험사업자와 협의하여야 한다.

② 수탁기관은 재해보험사업자가 제6조 제1항에 따라 체결한 약정을 준수하는지 여부를 조사하기 위하여 재해보험사업자에게 재보험약정서에 정한 자료의 제출을 요구할 수 있다.

③ 수탁기관은 제1항에 따른 협의결과와 제2항에 따른 조사결과를 농림축산식품부장관에게 보고하여야 한다.

④ 농림축산식품부장관은 제3항에 따라 수탁기관이 보고한 자료 등을 검토하여 재보험조건 등을 확정하거나 관련법령에 따른 필요한 조치를 강구하여야 한다.

⑤ 기타 재보험사업 관리와 관련한 구체적인 사항은 재보험사업약정서 및 「농어업재해재보험기금운용규정」에 따른다.

**제8조(재해보험 사업의 관리)** ① 재해보험사업자는 법 제19조 및 영 제15조에 따른 보험료 및 운영비(이하"사업비"라 한다)를 지원받기 위해서는 재해보험 가입현황서나 운영비 사용계획서를 수탁기관에 제출하여야 한다.

② 수탁기관은 제1항에 따라 제출된 자료를 지체 없이 검토하고 그 결과를 농림축산식품부장관에게 보고하여야 한다.

③ 수탁기관은 「보조금 관리에 관한 법률」, 농업재해보험사업시행지침 및 농업재해보험사업약정서 등에 따라 재해보험사업자에 대한 사업점검 및 사업비 정산 업무를 정기적으로 수행하고 그 결과를 농림축산식품부장관에게 보고하여야 한다.

④ 수탁기관은 제2항 및 제3항의 업무에 대한 세부 검토를 위하여 재해보험사업자에게 관련법령과 농업재해보험약정서에 정한 자료의 제출을 요구할 수 있다.

⑤ 농림축산식품부장관은 제2항 및 제3항에 따라 수탁기관이 보고한 자료 등을 검토하여 사업비 지원 및 정산 금액 등을 확정하거나 관련법령에 따른 필요한 조치를 강구하여야 한다.

**제9조(상품 연구 및 보급)** ① 수탁기관은 농업현장의 수요 등이 반영될 수 있도록 재해보험상품 연구에 철저를 기해야 하며, 필요한 경우 재해보험사업자와 공동연구를 실시하거나 외부 전문기관에 위탁하여 실시할 수 있다.

② 재해보험사업자는 수탁기관의 재해보험상품 연구 및 보급 업무에 적극 협조하여야 하며, 재해보험상품 개발을 위하여 연구 자료가 필요한 경우 수탁기관에 그 자료를 요구할 수 있다.

**제10조(재해 관련 통계 생산 및 데이터베이스 구축·분석)** ① 수탁기관은 농업재해보험의 관리 및 보험상품 개발 등에 활용하기 위하여 법 제25조의2 제1항에 따라 재해 관련 통계를 생산·축적하고 데이터베이스를 구축·분석하여야 한다.

② 재해보험사업자는 재해보험상품 개발을 위하여 수탁기관의 통계 생산 자료 및 데이터베이스의 제공을 요구할 수 있다.

**제11조(통계작업방법서 작성)** ① 수탁기관은 재해 관련 통계를 생산·축적하고, 재보험사업 및 농업재해보험사업의 관리를 위하여 재해보험사업자와 제6조에 따른 재보험사업약정 및 재해보험사업약정 체결시 통계작업방법서를 제시하여 첨부하도록 하여야 한다.

② 통계작업방법서에는 재해보험상품의 각 계약자별·보험증권별 계약정보, 사고정보, 보험금 지급정보 등이 포함되어야 한다.

**제12조(손해평가기법의 연구·개발 및 보급)** ① 수탁기관은 손해평가의 신속성, 편리성 및 공정성 강화를 위하여 법 제25조의2 제1항에 따른 손해평가기법을 연구·개발하여 재해보험사업자 및 손해평가사 등에게 보급할 수 있다.

② 수탁기관은 필요한 경우 손해평가기법 연구·개발 및 보급 업무를 재해보험사업자와 공동으로 수행하거나 외부 전문기관에 위탁하여 실시할 수 있다.

③ 재해보험사업자는 수탁기관의 손해평가기법의 연구·개발 및 보급 업무에 협조하여야 한다.

**제13조(손해평가사 자격시험의 응시원서 및 수수료)** ① 영 제12조의2 제3항에 따라 손해평가사 자격시험에 응시하려는 사람은 한국산업인력공단 이사장이 정하는 서식에 따른 응시원서를 한국산업인력공단에 제출하여야 한다.

② 영 제12조의2 제4항에 따른 응시수수료는 다음 각 호와 같다.
  1. 제1차 시험 : 2만원
  2. 제2차 시험 : 3만3천원

③ 제1항에 따라 손해평가사 자격시험에 응시하려는 사람은 제2항에 따른 응시수수료를 응시원서 제출시 한국산업인력공단에 납부하여야 한다.

**제13조의2(손해평가사 자격시험 면제신청서류)** 영 제12조의5 제3항에 따라 제1차 시험을 면제받으려는 사람은 별지 제4호 서식에 따른 면제신청서를 농림축산식품부장관에게 제출하여야 한다.

**제14조(손해평가사 자격증의 발급 등)** ① 수탁기관의 장은 영 제12조의7에 따라 손해평가사 자격시험에 합격한 사람에게 별지 제1호 서식의 손해평가사 자격증을 발급하여야 한다.

② 수탁기관은 제1항에 따라 손해평가사 자격증 발급시 그 사실을 별지 제2호 서식에 따른 발행대장에 기록하여야 한다.

③ 제1항에 따라 손해평가사 자격증을 발급받은 자는 발급받은 자격증을 잃어버리거나 훼손 등으로 쓸 수 없게 된 경우 별지 제3호 서식에 따라 손해평가사 자격증 재발급 신청서를 수탁기관에 제출하여 자격증을 재발급 받을 수 있다.

**제15조(손해평가사 교육 및 자격시험 등)** ① 수탁기관은 법 제11조의2 및 영 제12조의8에 따라 손해평가사의 손해평가 능력 및 자질향상을 위한 교육을 실시하여야 하며, 필요한 경우 다음 각 호의 어느 하나에 해당하는 기관에게 위탁할 수 있다.
  1. 농림축산식품부 소속 교육기관
  2. 사단법인 보험연수원

3. 제6조 제2항에 따라 약정을 체결한 재해보험사업자
4. 「민법」 제32조에 따라 농림축산식품부장관의 허가를 받아 설립된 비영리법인

② 수탁기관 또는 제1항에 따라 위탁받은 교육기관(이하 "교육기관"이라 한다)이 실시하는 손해평가사 교육에는 다음 각 호의 내용을 포함하여야 한다.
1. 농업재해보험 관련 법령 및 제도에 관한 사항
2. 농업재해보험 손해평가의 이론과 실무에 관한 사항
3. 그 밖에 농업재해보험과 관련된 교육

③ 손해평가사는 제2항에 따른 교육을 다음 각 호와 같이 이수하여야 한다.
1. 실무교육 : 자격증 취득 후 1회 이상
2. 보수교육 : 자격증 취득년도 후 3년마다 1회 이상

④ 교육기관은 필요한 경우 제2항에 따른 교육을 정보통신매체를 이용한 원격교육으로 실시할 수 있다.

⑤ 교육기관은 교육을 이수한 사람에게 이수증명서를 발급하여야 하며, 교육을 실시한 다음 해 1월 15일까지 수탁기관의 장에게 그 결과를 제출하여야 한다.

⑥ 수탁기관은 교육기관이 실시하는 교육에 필요한 경비(교재비, 강사료 등을 포함한다)를 예산의 범위에서 지원할 수 있다.

**제16조(수탁기관의 지도·감독 등)** 농림축산식품부장관은 수탁기관의 지도·감독을 위하여 필요하다고 인정할 때에는 관계서류, 장부 기타 참고자료의 제출을 명하거나 소속 공무원으로 하여금 수탁기관의 업무를 점검하게 할 수 있다.

**제17조(기타 세부사항)** 수탁기관은 이 고시의 시행에 필요한 세부사항에 대해서는 법, 영 및 이 고시에 저촉되지 않는 범위에서 별도로 농림축산식품부장관의 승인을 받아 제정·시행할 수 있다.

**제18조(재검토기한)** 농림축산식품부장관은 이 고시에 대하여 2020년 7월 1일 기준으로 매 3년이 되는 시점(매 3년째의 6월 30일까지를 말한다)마다 그 타당성을 검토하여 개선 등의 조치를 하여야 한다.

### 부칙 〈제2020-16호, 2020. 2. 12.〉

이 고시는 발령한 날부터 시행한다.

## 05 농업재해보험에서 보상하는 보험목적물의 범위

농업재해보험에서 보상하는 보험목적물의 범위
[시행 2023. 5. 15.] [농림축산식품부고시 제2023-36호, 2023. 5. 15., 일부개정.]

농림축산식품부(재해보험정책과), 044-201-1793

**제1조(보험목적물)** 「농어업재해보험법」 제5조에 따라 농업재해보험에서 보상하는 보험목적물의 범위는 다음 표와 같다.

| 재해보험의 종류 | 보험 목적물 |
| --- | --- |
| 농작물재해보험 | 사과·배·포도·단감·감귤·복숭아·참다래·자두·감자·콩·양파·고추·옥수수·고구마·마늘·매실·벼·오디·차·느타리버섯·양배추·밀·유자·무화과·메밀·인삼·브로콜리·양송이버섯·새송이버섯·배추·무·파·호박·당근·팥·살구·시금치·보리·귀리·시설봄감자·양상추·시설(수박·딸기·토마토·오이·참외·풋고추·호박·국화·장미·멜론·파프리카·부추·시금치·상추·배추·가지·파·무·백합·카네이션·미나리·쑥갓) |
| | 위 농작물의 재배시설<br>(부대시설 포함) |
| 임산물재해보험 | 떫은감·밤·대추·복분자·표고버섯·오미자·호두 |
| | 위 임산물의 재배시설<br>(부대시설 포함) |
| 가축재해보험 | 소·말·돼지·닭·오리·꿩·메추리·칠면조·사슴·거위·타조·양·벌·토끼·오소리·관상조(觀賞鳥) |
| | 위 가축의 축사<br>(부대시설 포함) |

※ 비고 : 재해보험사업자는 보험의 효용성 및 보험 실시 가능성 등을 종합적으로 고려하여 위의 보험목적물의 범위에서 다양한 보험상품을 운용할 수 있다.

**제2조(재검토기한)** 농림축산식품부장관은 이 고시에 대하여 「훈령·예규 등의 발령 및 관리에 관한 규정」에 따라 2023년 7월 1일 기준으로 매 3년이 되는 시점(매 3년째의 6월 30일까지를 말한다)마다 그 타당성을 검토하여 개선 등의 조치를 하여야 한다.

### 부칙 〈제2023-36호, 2023. 5. 15.〉

이 고시는 발령한 날부터 시행한다.

# 부록 03 참고문헌

강봉순. 2006. 『농업경영의 새로운 패러다임』. 서울대학교 농경제사회학부.
구재서·권원달·김영수·이동호. 2004. 『개정 농업경영학』. 선진문화사.
권 오. 2011. 『보험학원론』. 형지사.
김미복·김용렬·김태후·이형용·박진우. 2020. 『농업재해보험의 손해평가제도 발전 방안 연구』. 한국농촌경제연구원.
김미복·엄진영·유찬희. 2021. 『농업 부문 위험, 어떻게 관리할 것인가?』. 한국농촌경제연구원.
김배성·김태균·김태영·백승우·신용광·안동환·유찬주·정원호. 2019. 『스마트시대 농업경영학』. 박영사.
김용택·김석현·김태균. 2003. 『농업경영학』. 한국방송통신대학교출판부
김진만(대표 역자). 1988. oxford Advanced Learner's Dictionary of Current English. 범문사.
김창기. 2020. 『보험학원론』. 문우사.
문 원(대표 역자). 2011. 『원예학』. 방송통신대학교 출판부
석승훈. 2020. 『위험한 위험』. 서울대학교출판문화원.
신창구. 2019. 『농어업재해보험법』. 지식과 감성
심영근·이상무. 2003. 『새로 쓴 농업경영학의 이해』. 삼경문화사.
이경룡. 2013. 『보험학원론』. 영지문화사.
최경환. 2003. 『작목별 농작물재해보험의 확대 가능성 분석』. 한국농촌경제연구원.
최경환·정원호·김우태. 2013. 『농작물재해보험 조사체계 및 선진사례 분석 연구』. 한국농촌경제연구원.
최정호. 2014. 『리스크와 보험』. 청람.
한낙현·김흥기. 2008. 『위험관리와 보험』. 우용출판사.
허 연. 2000. 『생활과 보험』. 문영사.
황희대. 2010. 『핵심 보험이론 및 실무』. 보험연수원.

Kay, R. D., W.M.Edwards, and P.A.Duffy. 2016. Farm Management(8th edition). McGraw-Hill.
P.K.Ray. 1981. Agricultural Insurance : Priciples, organization and Application to Developing Countries, Pergamon Press Ltd., London.
Moschini, G. and D. A. Hennessy. 2001. Uncertainty, risk aversion, and risk management for agricultural producers. Handbook of agricultural economics 1, 87-153.
World Bank . 2013. World Development Report 2014 : Risk and Opportunity|Managing Risk for Development. World Bank Publications, Washington, DC.

농림축산식품부. 2021. 『2021농업재해대책업무편람』.
농림축산식품부. 2021. 『농작물재해보험 사업시행지침』.
농림축산식품부. 2021. 『가축재해보험 사업시행지침』.
농림축산식품부, 농업정책보험금융원. 2021. 『농업정책보험 정책방향 및 업무편람』.
농업정책보험금융원. 2020. 『농업재해보험연감』.
농업정책보험금융원. 2020. 『농업재해보험 기본자료집』.
농촌진흥청. 2021. 『농사로 : 작물개황, 재배환경 등』.
농협, 농림수산식품부. 2011. 『농작물재해보험 10년사』. 농협중앙회 농업정책보험부
농협. 2021. 『농작물재해보험 및 가축재해보험 각 품목(축종)별 약관』.
농협. 2021. 『농작물재해보험 및 가축재해보험 각 품목(축종)별 상품요약서』.
보험경영연구회. 2013. 『리스크와 보험』. 문영사.
보험경영연구회. 2021. 『리스크와 보험(제3판)』. 문영사.
(사)한국농어업재해보험협회. 2015. 『농업재해보험손해평가사』.

## 박문각
## 손해평가사

한용호
**손해평가사**

2차 | 기본서

---

**제2판 인쇄** 2025. 4. 25. | **제2판 발행** 2025. 4. 30. | **편저자** 한용호
**발행인** 박 용 | **발행처** (주)박문각출판 | **등록** 2015년 4월 29일 제2019-0000137호
**주소** 06654 서울시 서초구 효령로 283 서경 B/D 4층 | **팩스** (02)584-2927
**전화** 교재 문의 (02)6466-7202

이 책의 무단 전재 또는 복제 행위를 금합니다.

정가 46,000원
ISBN 979-11-7262-742-3

저자와의
협의하에
인지생략